中国水利水电
第八工程局有限公司志

———（2002—2022）———

《中国水利水电第八工程局有限公司志》编纂委员会 / 编

中国经济出版社
CHINA ECONOMIC PUBLISHING HOUSE
·北京·

图书在版编目（CIP）数据

中国水利水电第八工程局有限公司志：2002—2022 /《中国水利水电第八工程局有限公司志》编纂委员会编. -- 北京：中国经济出版社，2024.6
　　ISBN 978-7-5136-7779-0

Ⅰ.①中…　Ⅱ.①中…　Ⅲ.①水利水电工程 – 工业企业 – 概况 – 中国 – 2002-2022　Ⅳ.①F426.9

中国国家版本馆 CIP 数据核字（2024）第 103363 号

中国水利水电第八工程局有限公司志：2002—2022

指导专家：李祥柱
责任编辑：姜　莉
责任印制：马小宾

出版发行：中国经济出版社
承　　印：北京富泰印刷有限责任公司
经　　销：各地新华书店
开　　本：889mm×1194mm　1/16
印　　张：38.25
插页印张：5
字　　数：1300 千字
版　　次：2024 年 6 月第 1 版
印　　次：2024 年 6 月第 1 次
定　　价：498.00 元
广告经营许可证：京西工商广字第 8179 号

中国经济出版社　网址 http://epc.sinopec.com/epc/　社址 北京市东城区安定门外大街 58 号　邮编 100011
本版图书如存在印装质量问题，请与本社发行中心联系调换（联系电话：010-57512564）

版权所有　盗版必究（举报电话：010-57512600）
国家版权局反盗版举报中心（举报电话：12390）　服务热线：010-57512564

《中国水利水电第八工程局有限公司志》编纂委员会

主　　任　姜清华　肖　军

副 主 任　杨一心　刘技专

委　　员　黄启斌　邓文明　谢卫东　任朗明　唐　明
　　　　　朱　枫　吴三线　于永军　李　刚

编　　审　郭　健　黄　斌　刘细军　孟　刚　郑逢贺
　　　　　周本强　李超雄　翟　睿　李烨宇　马利东
　　　　　黄　巍　付建平　谢新明　曹振宇　罗长青
　　　　　隋　勇　龚玉凤　周小林　戴克任　谭　峰
　　　　　赵伟国　高　陵　肖　剑　李海峰　王杰生
　　　　　谈峰玲　周震钧　江世勇　张建清　贺　辉

顾　　问　郝颂东

主　　编　郭　健

副 主 编　蒋湘明

执行主编　邓　凯

编　　辑　易　溢　侯　超

▲ 2019年，水电八局荣获国家科学技术进步奖特等奖1项

▲ 2017年10月起，水电八局拥有建筑工程、水利水电工程、市政公用工程3项施工总承包特级资质。图为2023年证书

◀ 2009年开始，水电八局获评高新技术企业。图为2021年证书

▼ 2002—2022年，水电八局荣获国际里程碑工程奖7项。图为2022年证书

▼ 2002—2022年，水电八局荣获国家优质工程金奖8项，国家优质工程奖17项。图为2016—2017年荣誉

| 企业荣誉 |

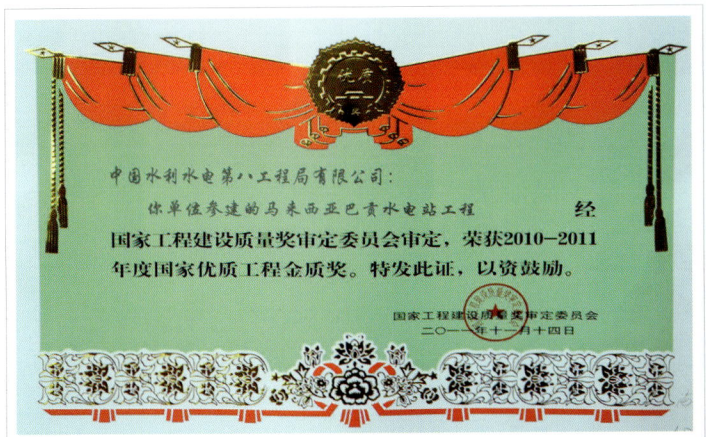

▶ 马来西亚巴贡水电站工程获2010—2012年度国家优质工程金质奖

◀ 贵州北盘江光照水电站工程获2011—2012年度国家优质工程金质奖

▶ 金沙江龙开口水电站工程获2016—2017年度国家优质工程金质奖

◀ 云南澜沧江小湾水电站工程获2016—2017年度国家优质工程金质奖

▸ 深圳市城市轨道交通7号线BT项目获2016—2017年度国家优质工程金质奖

▸ 四川大渡河大岗山水电站获2018—2019年度国家优质工程金奖

▸ 水电八局全资子公司湖南江海科技发展有限公司监理的四川雅砻江锦屏一级、二级水电站工程获2018—2019年度国家优质工程金奖

▸ 云南澜沧江黄登水电站获2022—2023年度国家优质工程金奖

| 企业荣誉 |

▲ 云南大朝山水电站枢纽工程获2004年度鲁班奖

▲ 贵州乌江洪家渡水电站获2008年度鲁班奖

▲ 黑麋峰抽水蓄能电站工程获2010—2011年度鲁班奖

▲ 重庆乌江彭水水电站工程获2012—2013年度鲁班奖

▲ 柬埔寨甘再BOT水利水电工程获2012—2013年度鲁班奖（境外工程）

▲ 马来西亚沐若水电站工程获2016—2017年度鲁班奖（境外工程）

加纳布维3X133MW水电站工程获2016—2017年度鲁班奖（境外工程）

武汉市轨道交通8号线一期工程获2020—2021年度鲁班奖

云南省牛栏江-滇池补水工程获2020—2021年度鲁班奖

云南省澜沧江大华桥水电站工程获2020—2021年度鲁班奖

| 企业荣誉 |

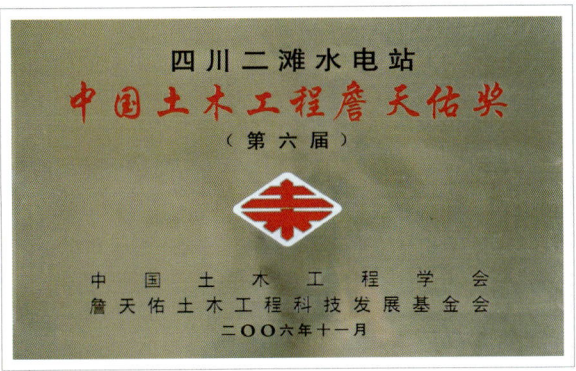
▲ 2006年,四川二滩水电站获第六届中国土木工程詹天佑奖

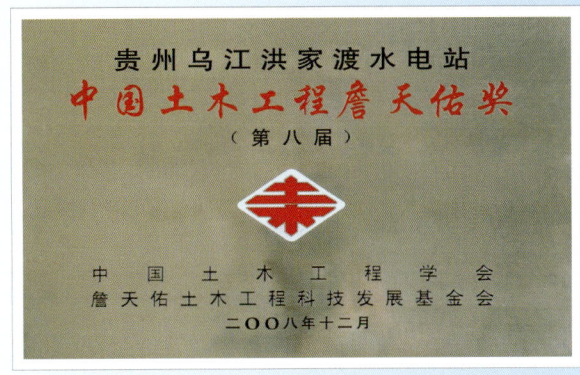
▲ 2008年,贵州乌江洪家渡水电站获第八届中国土木工程詹天佑奖

▲ 2011年,贵州乌江索风营水电站获第十届中国土木工程詹天佑奖

▲ 2014年,京沪高速铁路获第十二届中国土木工程詹天佑奖

▲ 2017年,糯扎渡水电站工程获第十五届中国土木工程詹天佑奖

▲ 2018年,深圳市轨道交通7号线工程获第十六届中国土木工程詹天佑奖

▲ 2018年，云南澜沧江小湾水电站获第十六届中国土木工程詹天佑奖

▲ 海南大隆水利枢纽工程获2008年度大禹奖

▲ 武汉后湖四期泵站工程获2019—2020年度大禹奖

▲ 湖南沅水桃源水电站工程获2019—2020年度大禹奖

▲ 2019年，水电八局获评中华人民共和国成立70周年功勋企业

▲ 2014年，水电八局获评中国建筑业竞争力百强企业

| 企业荣誉 |

▲ 2002—2022年，水电八局3次获评中央企业先进基层党组织。图为2010年荣誉

▲ 2002—2022年，水电八局2次获评中央企业先进集体。图为2004年荣誉

▲ 水电八局获评2012年度湖南省发展开放型经济突出贡献企业

▲ 2002—2022年，水电八局2次获评全国建筑业先进企业。图为2009年荣誉

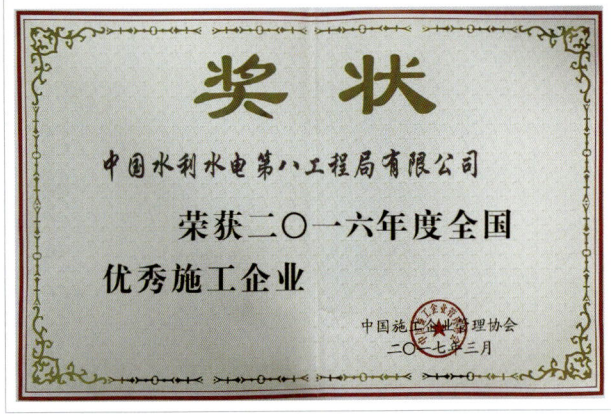

▲ 2002—2022年，水电八局5次获评全国优秀施工企业。图为2016年度荣誉

▲ 2002—2022年，水电八局7次获评全国电力建设优秀施工企业。图为2017年度荣誉

▲ 水电八局获评2020年度中国对外承包工程A级企业（最高等级）

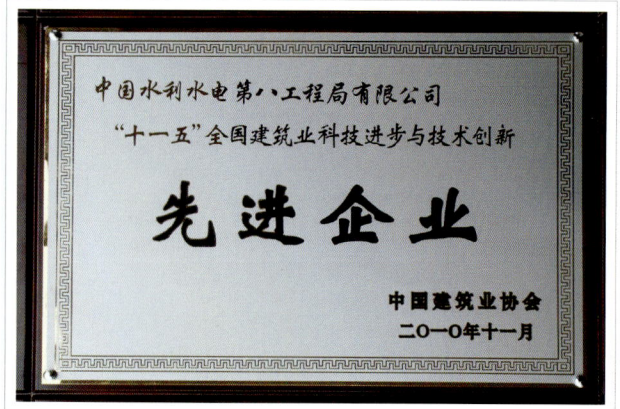

▲ 2002—2022年，水电八局2次获评全国建筑业科技进步与技术创新先进企业。图为"十一五"荣誉

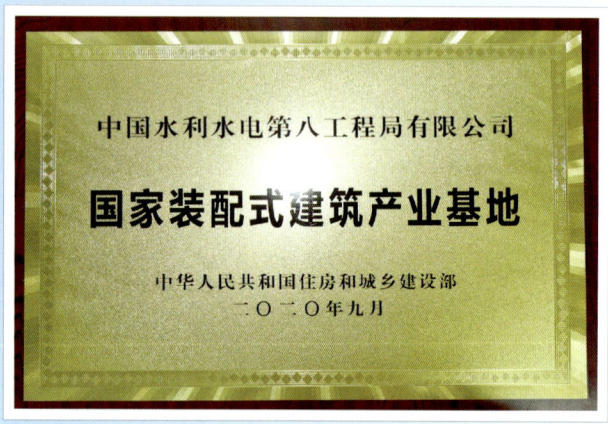

▲ 2020年，水电八局获评国家装配式建筑产业基地

▲ 2021年，水电八局获评国家技能人才培育突出贡献单位

▲ 水电八局获评2004年度全国用户满意施工企业

▲ 2002—2022年，水电八局3次获评全国优秀质量管理小组。图为2020年证书

| 企业荣誉 |

▲ 水电八局获评2012—2013年度全国守合同重信用企业

▲ 2002—2022年，水电八局持续获评企业信用评价AAA级信用企业。图为2018—2021年荣誉

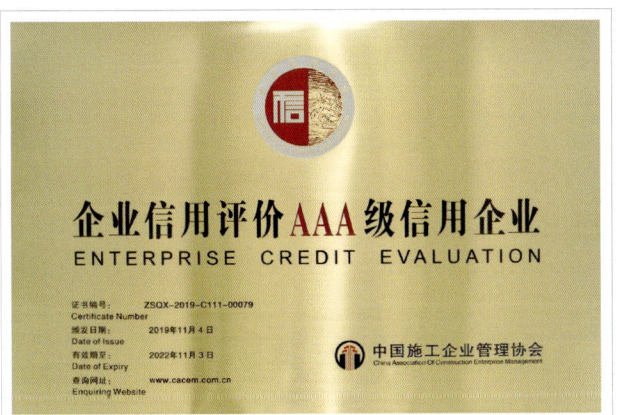
▲ 2002—2022年，水电八局持续获评企业信用评价AAA级信用企业。图为2019—2022年荣誉

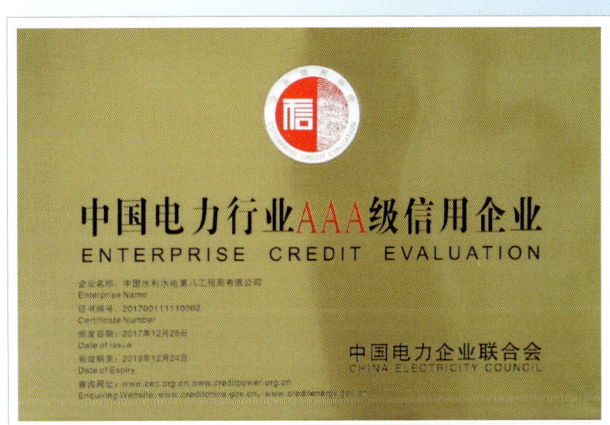
▲ 2002—2022年，水电八局持续获评中国电力行业AAA级信用企业。图为2017—2019年荣誉

▲ 2002—2022年，水电八局持续获评中国对外承包AAA级信用企业。图为2023—2026年证书

▲ 2002—2022年，水电八局3次获评工程建设诚信典型企业。图为2023年荣誉

2011年，水电八局获评全国模范劳动关系和谐企业

2002—2022年，水电八局4次获全国五一劳动奖状。图为2009年奖状

2002—2022年，水电八局2次获全国工人先锋号称号

2002—2022年，水电八局3次获评全国模范职工之家。图为2018年荣誉

| 企业荣誉 |

▶ 2012年，水电八局获评中央企业思想政治工作先进单位

▶ 2021年，水电八局获评2016—2020年全国普法工作先进单位

▶ 2002—2022年，水电八局3次获全国青年文明号称号。图为2017—2018年度荣誉

▶ 2002—2022年，水电八局3次获评全国青年安全生产示范岗。图为2018年度荣誉

湖南长沙水电八局科研楼（2017年获国家优质工程奖）

印度尼西亚雅万高铁项目（2022年11月16日，习近平主席和佐科总统共同下达指令，宣布启动印度尼西亚雅万高铁试验运行。该项目是中国高铁首次全系统、全要素、全产业链在海外建设项目）

长江三峡水利枢纽工程（2009年获评新中国成立60周年"百项经典暨精品工程"，2019年获国家科学技术进步奖特等奖）

金沙江白鹤滩水电站（2023年建设团队获"央企楷模"称号）

金沙江溪洛渡水电站（2015年获国家科学技术进步奖二等奖）

金沙江乌东德水电站（2021年6月16日，全部机组投产发电）

广西龙滩水电站（2007年获国际里程碑工程奖）

云南小湾水电站（2016年获国际里程碑工程奖，2017年获国家优质工程金质奖，2018年获詹天佑奖）

云南糯扎渡水电站（2013年，水电八局水电机组投产32台，总装机容量达1023.8万千瓦，创下水电行业单个企业年装机容量世界纪录；2017年获詹天佑奖）

四川二滩水电站（2006年获詹天佑奖）

工程建造 / 水利水电工程

南水北调工程（2008年获湖南省优质工程奖，2014年获中国电建优质工程奖）

贵州构皮滩水电站（2013年获中国水电优质工程奖）

贵州光照水电站（2012年获国家优质工程金质奖）

贵州省洪家渡水电站（2008年获鲁班奖，2009年获詹天佑奖）

贵州索风营水电站（2011年获詹天佑奖）

四川锦屏一级水电站（2022年获国际里程碑工程奖）

四川沙牌水电站（2015年获国际里程碑工程奖）

西藏藏木水电站（2019年获国家优质工程奖）

云南大朝山水电站（2004年获鲁班奖）

云南大华桥水电站（2021年获鲁班奖）

云南龙开口水电站（2017年获国家优质工程金质奖）

重庆彭水水电站（2013年获鲁班奖）

| 工程建造 / 水利水电工程 |

广西大藤峡水利枢纽工程（2016年6月12日，获水利部表扬信：表扬水电八局承建的大藤峡水利枢纽工程顺利达到设计度汛高程）

贵州平寨航电枢纽工程（2017年7月—2022年12月）

湖南韶山灌区"十四五"续建配套与现代化改造工程（2022年9月开工）

湖南邵阳犬木塘水库工程（2020年12月开工）

四川武引二期灌区工程西梓干渠工程（2022年8月28日，全线试通水成功）

湖南桃源水电站枢纽工程（2021年获大禹奖）

云南牛栏江—滇池补水工程（2021年获鲁班奖）

湖南长沙湘江航电枢纽工程（2013年获中国水电优质工程奖）

| 工程建造 / 水利水电工程 |

重庆利泽航运枢纽二期工程（2021年11月13日，成功实现大江截流）

| 工程建造 / 水环境治理 |

湖南衡阳耒水东岸城市防洪风光带项目（2019年获湖南省优质工程奖）

江西萍乡海绵城市项目（2018年获评江西省建筑结构示范工程，2021年获江西省优质建设工程杜鹃花奖）

江西南昌市梅湖水系截污工程（2018年获中国电建优质工程奖）

广东深圳荔枝湖水环境综合整治工程（2019年11月—2020年3月）

广东深圳茅洲河流域水环境综合整治工程（2016年7月—2020年12月）

河北雄安南拒马河生态景观提升工程（2020年9月—2021年5月）

河北雄安新区府河河口湿地水质净化工程（2019年7月—2020年6月）

长江大保护江西九江项目十里河生态景观改造工程（2018年长江大保护先行先试的第一站）

长江大保护湖南岳阳东风湖项目（2020年湖南美丽河湖优秀案例）

巴基斯坦巴罗塔水电站（1997年2月—2005年9月）

柬埔寨甘再水电站（2013年获鲁班奖）

马来西亚巴贡水电站（2013年获国际里程碑工程奖）

马来西亚沐若水电站（2017年获鲁班奖）

加纳布维水电站（2017年获鲁班奖）

越南松邦4水电站（2016年获越南国家优质工程大奖）

莱索托麦特隆大坝工程（2015年获美国工程协会优秀基础设施奖、优秀国际项目奖）

柬埔寨桑河二级水电站（2021年获国家优质工程奖）

乌干达卡鲁玛水电站（2013年8月开工，东部非洲地区最大的水电站）

尼日利亚宗格鲁水电站（2013年5月开工，尼日利亚最大的水电站）

印度尼西亚亚齐火电厂（2008年4月—2014年6月）

委内瑞拉新中心电厂（2010年5月—2017年4月）

马来西亚康诺桥联合循环燃气电站（2013年5月—2016年2月）

马来西亚凯德隆联合循环电站（2015年12月开工）

印度尼西亚庞卡兰苏苏火电站（2015年5月—2021年5月）

印度尼西亚明古鲁火电站（2017年2月—2021年7月）

科威特大学城商学院及女子学院工程（2021年获国家优质工程奖）

科威特7环公路（2016年12月开工）

马来西亚诗里阿曼医院项目（2015年10月—2022年5月）

沙特沙巴机场跑道扩建项目（2019年获沙特阿美石油公司"杰出执行奖"）

科威特大学城5A&B基础设施项目（2012年12月—2019年6月）

安徽六安叶集文化中心（2016年12月—2021年5月）

安徽师范大学附属叶集中学（2016年12月—2021年5月）

湖南长沙蓝天保障房（2021年获国家优质工程奖）

湖北武汉泛悦城（2022年获国家优质工程奖）

湖南湘西高新区双河片区开发项目（2017年1月—2020年11月）

湖南株洲奥园（2013年2月—2020年12月）

浙江宁波诚通财富中心项目（2020年12月开工）

江苏南京洺悦华府（2019年2月—2021年7月）

湖南长沙建发电建江山悦（2020年6月开工）

衢常铁路工程（2005年7月—2007年9月，水电八局首次进入铁路建筑市场）

京沪高铁（2009年邹城制梁场获火车头奖杯，2016年获国家科技进步奖特等奖）

石济铁路（2014年1月—2017年4月）

青连铁路（2014年11月—2018年12月）

广东深圳地铁7号线安托山停车场（2017年获国家优质工程奖、2018年获詹天佑奖）

湖北武汉地铁8号线一期（2021年获鲁班奖）

湖北武汉地铁11号线（2019年获国家优质工程奖）

江苏南京宁句城际轨道交通工程（2023年获鲁班奖）

福建福州地铁5号线（2017年9月—2019年9月）

广东深圳地铁12号线赤湾停车场（2018年1月开工）

湖南长沙地铁4号线（2020年获湖南省优质工程奖）

湖南长沙地铁6号线（2022年6月28日，正式开通运营）

太澳高速公路（2008年3月—2010年6月）

天津塘承高速公路（2017年获国家优质工程奖）

云南建(个)元高速公路红河特大桥(2017年5月—2020年12月)

贵州贵龙纵线干道(2019年获评贵州省建筑工程优质量结构工程)

湖北武汉市后湖泵站工程（2021年获大禹奖）

江西南昌梅湖景区花博园（2015年11月—2018年3月）

湖北武汉江南泵站（2015年9月—2018年4月）

湖北武汉周家河泵站（2017年10月—2019年3月）

河北雄安金湖公园·体育公园（2021年8月—2022年7月）

河北沧州沧海生态综合治理工程（2017年4月—2020年6月）

安徽池州长九神山绿色矿山项目工程（2022年生产销售骨料5600吨）

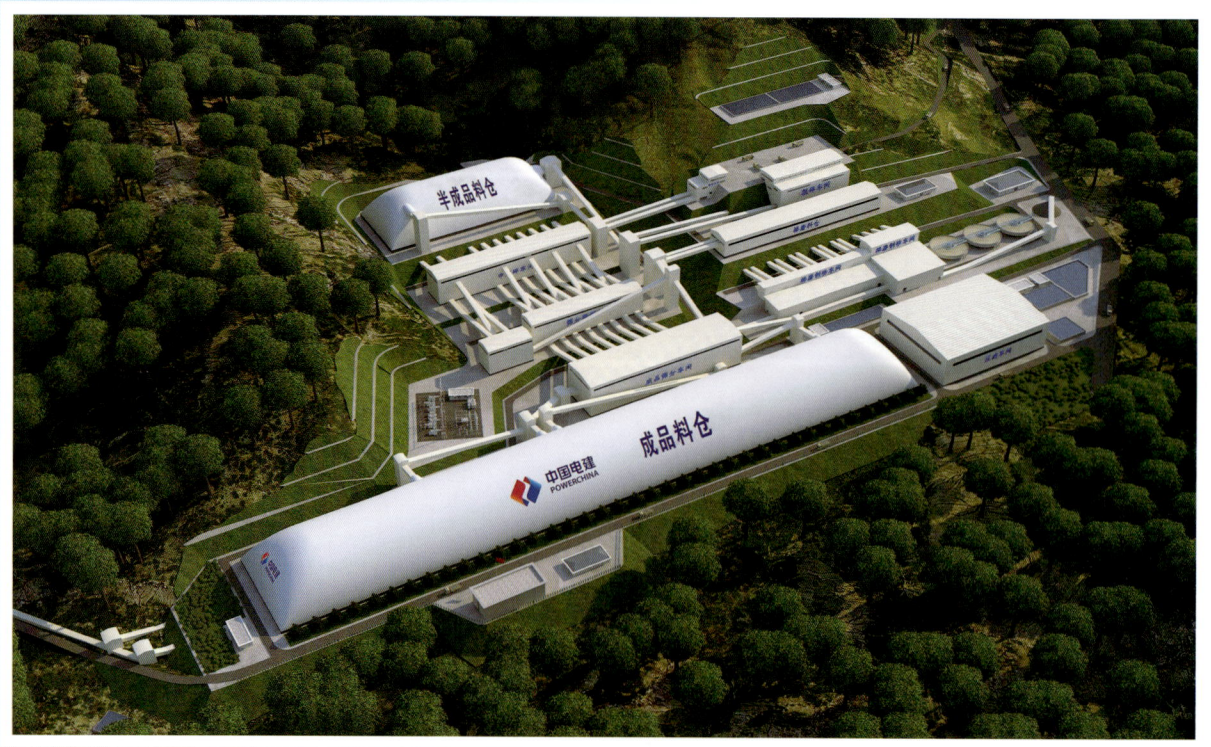
广东阳西县溪头镇凤凰岭矿区建筑用片麻岩矿项目工程（2022年7月竞得采矿权）

湖北浠水长岖卧龙庵绿色矿山项目工程（2021年4月开工）

南水北调调蓄库弃渣综合利用工程（2020年5月开工）

西藏加查水电站骨料加工系统及混凝土生产系统工程项目（2014年6月—2021年12月）

金沙江向家坝水电站太平料场及马延坡人工砂石加工系统（2022年获国际里程碑工程奖）

陕西东庄水利枢纽砂石料加工系统1工程（2020年5月开工）

湖北咸宁核电站一期砂石场项目工程（2009年11月—2015年3月）

西藏林芝砂石加工场（2020年12月开工）

中电建池州长智建工有限公司（2021年获评国家高新技术企业）

福建厦门抽水蓄能电站工程（2018年8月开工）

广东梅州抽水蓄能电站工程（2022年6月，一期四台机组全面投产发电）

广东阳江抽水蓄能电站工程（2022年2月25日，取出25.5米芯样，刷新抽水蓄能电站碾压混凝土大坝取芯世界纪录）

湖南黑麋峰抽水蓄能电站工程（2011年获鲁班奖）

湖北白莲河抽水蓄能电站工程（2013年获国家优质工程奖）

广东惠州抽水蓄能电站工程（2003年10月—2008年7月）

辽宁清原抽水蓄能电站工程（2017年7月开工）

广东深圳抽水蓄能电站工程（2021年获国家优质工程奖）

| 绿色能源 / 抽水蓄能 |

浙江仙居抽水蓄能电站工程（2011年10月—2016年6月）

| 绿色能源 / 风电工程 |

湖南郴州江口风电场工程（2019年3月—2020年9月）

湖南衡阳金觉峰风电场工程（2018年3月—2020年5月）

湖南株洲凤凰山风电场工程（2014年9月—2016年5月）

| 绿色能源 / 风电工程 |

江苏如东二期风电工程（2011年，荣获中国电力优质工程奖和国家优质工程银质奖）

新疆五凌鄯善风电场一期工程（2013年10月—2014年12月）

云南巧家县海坝光伏电站EPC总承包工程（2021年6月开工）

云南巧家县小羊窝光伏电站EPC总承包工程（2021年10月开工）

| 企业文化与社会责任 |

▶ 2021年，水电八局获评湖南省脱贫攻坚先进集体

▲ 2022年，水电八局获评新时代党建+企业文化标杆单位

▲ 2019年，水电八局宗格鲁项目荣获尼日利亚"工会管理友好奖"

▶ 2019年，水电八局的《一双劳保靴的奇妙之旅》获中央企业故事大赛一等奖

73

▸ 水电八局党委召开学习贯彻党的二十大精神宣讲会

▸ 水电八局组织学习贯彻党的二十大精神一线宣讲会

▸ 2021年2月18日（大年初七），水电八局举办"遇见美好·新春大吉"开工仪式

| 企业文化与社会责任 |

▶ 水电八局在重大节日举行升旗仪式

◀ 水电八局新春开工誓师大会

▶ 2022年12月16日,水电八局举办"起始江河·起势未来"成立70周年庆典

2019年1月25日，水电八局正式发布"尚水"文化体系

水电八局白鹤滩施工局党员在施工现场宣誓，白鹤滩建设团队荣获"央企楷模"称号

2020年7月15日，水电八局举行应急救援队成立授旗仪式

| 企业文化与社会责任 |

▶ 2015年春节,非洲加纳布维项目员工放飞纸飞机,将思念带回家乡

◀ 2021年5月20日,水电八局9对新人情定大国重器,在白鹤滩水电站举办了浪漫的中式集体婚礼

▶ 新冠疫情期间,水电八局向武汉捐赠物资

77

水电八局新员工入职晚会

水电八局企业使命：建设美好生活

序言一

起始江河，起势未来。2022年，中国水利水电第八工程局有限公司（以下简称水电八局或八局）成立70周年。

70载风霜雨雪，70载沧海桑田。"人生七十古来稀"，拥有70年历史的企业同样难得。在激荡的市场浪潮中，"生存还是死亡"是企业无时无刻不在经受的考验。在漫长的70年发展历程中，八局人经受住了考验，抵御住了风浪，战胜了每一个寒冬。

70载风华正茂，70载热血依旧。70年发展历史给八局人留下了丰厚的物质积累，更给予了八局人宝贵的精神财富。"鉴往知来，向史而新。"八局以什么为支撑走过了漫长的70年发展历程？八局又将以何种力量继续下一个征程？

起始江河，为国为民

大江流日夜，慷慨歌未央。整个八局的历史，就是一条波澜壮阔的大河，浮浮沉沉，浩浩荡荡。八局人重温历史、缅怀过去，从历史深处追寻血脉之源。

1952年春夏之交，为确保荆江大堤及两岸人民群众的安全，中央一声令下，30万军民投入荆江分洪工程大会战。带着毛主席亲笔题词"为广大人民的利益"的旗帜，参战军民艰苦奋斗、顽强拼搏，以75天的惊人速度建成了第一期主体工程，荆江河道安全泄洪能力得到显著提高。在此次大会战中，诞生了一支水利水电建筑施工专业化队伍——长江水利委员会工程总队，它就是水电八局的前身。1955年8月，长江水利委员会工程总队与水利部工程总局文化学校部分学员合并，成立水利部工程总局第六机械工程总队。1982年8月，湖南省水电工程局与水利电力部第八工程局合并，仍称水利电力部第八工程局。2008年7月，改制为中国水利水电第八工程局有限公司，隶属中国水利水电建设集团公司。2011年9月，中国电力建设集团有限公司成立，水电八局成为中国电建骨干成员企业。

通过企业历史沿革，可以清晰看见这70年的发展脉络。这70年，是八局人"艰难困苦、玉汝于成"的70年，是"志建山河、以身许国"的70年。70年很短，短到只有史册上"1952—2022"

的数字变化；70年很长，长到几代人几十年为同一个目标接续奋斗。这70年的历史，值得每一个八局人仔细研读、揣摩、品味和感悟。

合上史册，回望来路，八局人可以自豪地宣告：

70年来，八局人从未动摇。红色基因，蓝色梦想，历代八局人始终高举"为广大人民的利益"的伟大旗帜，不更弦，不动摇。人民渴望江河安澜，八局人就兴修水利；人民需要光与电，八局人就奉献火与热；人民期盼美好生活，八局人就投身基建、能源等领域，延伸人类文明的触角……"江山就是人民，人民就是江山。"无数八局人用70年时光为这句话写下最生动的注脚。

70年来，八局人从未退缩。水电八局成立于急难险重的时刻，奋进于急难险重的关头，闪耀于战胜急难险重的瞬间。每一个急难险重中，都闪耀着八局人的身影。从荆江分洪，到三峡，再到雅万高铁，八局人始终激流勇进、奋力向前，勇敢坚毅的精神在一次次任务中得到淬炼、锻造和磨砺。狭路相逢，勇于亮剑，每个时代，八局人总能找到并吹响激昂嘹亮的冲锋号。

70年来，八局人从未止步。"一切皆变，唯变不变。"这是八局人在70年发展历程中的切身体会。上善若水、顺势勇为，永远与时代无缝对接，这是八局人的生存之道。因此，历代八局人从不迷信经验、从不墨守成规、从不沉迷过往。从国内到国外，从深山到城市，从计划经济到市场经济，从规模扩张到提质增效，八局人始终用"自强不息、勇于超越"的精神回答着每一次时代之问。

"不动摇、不退缩、不止步"，是八局人70年发展历史的宝贵结晶，也必将成为八局人继续前行的动力之源。

起跑当下，初心如磐

经过历代八局人的艰苦创业，八局的发展取得了长足进步，值得每一名八局人自豪和骄傲，这是八局人起跑当下的历史方位和坐标锚点。

八局的名片光彩夺目。八局是湖南省首家、中国电建唯一一家国家三特级资质企业；参建中国十大水电站中的前九家，是"千年大计、国运所系"三峡工程建设主力军和第一度电的生产者；单独承建的水电工程总装机容量达5200多万千瓦，创水电行业单个企业年装机投产数量和容量超1000万千瓦的世界纪录；先后在亚太、欧亚、美洲、东南非、中西非和中东六大区域近30个国家承建180多个工程项目，国际业务规模位居湖南省对外承包企业之首和电建行业第一方阵；开创了采用人工砂石骨料之先河，并建成了全球最大的绿色建材生产基地，享有"八局砂石，世界品牌，绿色典范"美誉。

八局的荣誉数不胜数。八局荣获国家优质工程金质奖8项、中国建设工程鲁班奖（以下简称鲁班奖）10项、国家优质工程奖17项、中国土木工程詹天佑奖（以下简称詹天佑奖）7项；拥有新中国成立70周年功勋企业、中国建筑业竞争性百强企业、全国最佳施工企业、全国五一劳动奖状等数百项国家级荣誉称号。

八局的人才青蓝相继。中国工程院院士谭靖夷是中国水电施工技术的奠基者和开拓者，被誉为"从江河里走来的院士"，是全体八局人深切缅怀、永远学习的榜样；八局拥有各类中高级技术管理人员7000余人、员工11000余人以及一大批关心八局发展的离退休老同志，是水电八局最宝贵的财富。一代代八局人从前辈手中接过接力棒，又一代代传承下去。薪火相传，弦歌不辍，这是每个时代八局人改革发展的最大底气。

八局的科技实力雄厚。八局是国家高新技术企业和国家科技进步特等奖获得者，拥有322项重大科研成果获国家和省部级科技进步奖；发明专利54件，国家级工法16项，17项纪录入选中国施工企业新纪录。八局在坝工、机电安装、基础处理、绿色建材等领域积累了一大批先进技术，"行业领先、世界一流"，这是八局当之无愧的标签。

70年来，八局从一家依靠原始肩扛手提的水电施工队伍，发展成中国水电事业的领跑者、绿色建材行业的引领者、国际业务的先行者、基础设施建设的主力军；从单一水利水电业务，向工程建造、绿色建材和绿色能源的"一体两翼"布局升级；从单一施工承包模式，向"承包＋投融资"模式转变；由传统的粗放型、经验型管理，向以标准化、信息化为特征的现代化管理演进。

以如此高的成绩为起点，八局人有信心开辟更广阔的发展前景。但是，企业发展高峰低谷并非一成不变，春暖冬寒总是交错出现，经历风雨，爬坡过坎才是企业发展常态。无须讳言，2022年，八局发展遇到一些难题，这其中既有数十年传统管理难以解决的老问题，也有高速发展带来的不适应、不匹配、不协调问题；既面临外部形势变化带来的挑战，也存在内部管理低下的顽疾。八局人必须加以重视，这既是对历史的尊重，也是对未来的负责。

身处逆境，唯有奋起！尽管当前八局改革发展面临一些问题，但八局整体向好的基本面没有变，也不会变，八局高质量发展的动力没有衰减，且必将更加澎湃。八局人坚信，困难打不倒勇敢顽强的八局人！

起势未来，奔赴山海

新时代，新征程。习近平新时代中国特色社会主义思想为党和国家事业发展、实现第二个百年奋斗目标指明了前进方向，确立了行动指南，是八局人推进改革发展各项工作的根本遵循。八局人坚信，只要坚持以习近平新时代中国特色社会主义思想为引领，水电八局必将迎来高质量发展的光明未来！到那时：

八局必将是更加强大的八局。在中国电建战略部署的引领下，八局人正全力推进"一体两翼"产业结构布局。可以预见，未来，工程建造将起着"扩规模、稳就业、强品牌"的压舱石作用，绿色建材与绿色能源肩负着"优结构、增效益、促转型"的新动能使命。工程建造将会让八局的地基更牢、底盘更稳，绿色建材和绿色能源将让八局的发展质量更优、后劲更足。做大做强的工程建造业务，将会推动规模和效益持续增长，并使企业品牌影响力和行业地位持续上升，为员工提供充足的就业岗位。快速发展的绿色建材和绿色能源业务，将成为效益的主要增长极，每年可带来可观的营业收入和利润。以此为利润点、增长极和压舱石，八局人就更有底气在工程建造领域优中选优，形成良性循环，轻装上阵，从而实现高质量的发展。

八局必将是更加健康的八局。当前，八局人以猛药去疴、刮骨疗毒的魄力与毅力狠抓亏损治理，其目的就是让八局的肌体更加健康，免疫力更加强大。未来，八局人将把亏损治理作为常态化工作抓实抓牢，严格落实"治亏先治人"要求，强化总部穿透式管理，坚持"亏损项目必审"，严肃追责问责。相信只要全局上下牢固树立"逢建必盈""盈利为荣，亏损为耻""一切成本皆可控"等理念，通过驰而不息的努力，八局人一定能逐步有序消化潜亏，为将来发展打下坚实基础。

八局必将是更加高效的八局。八局已经发展了70年，有荣耀，也有"包袱"。锚定"百年老店"的奋斗目标，八局人需要不断深化内部改革。八局人要把改革当成一项系统工程、一场体系作战，加强顶层设计和具体执行的密切联动，推动思想、文化、体制、机制的全方位融合，全面提升改革的系统性、协同性、持续性。只有始终拥抱改革、融入改革，八局才能真正在刀光剑影的市场竞争中开辟出更大的生存空间。

八局必将是更加务实的八局。"空谈误国，实干兴邦。"八局人大兴执行文化、实干文化，真正为担当者担当，为负责者负责，为干事者撑腰，让实干者、有功者得到重用、得到褒奖。相信经过持续不断的文化培育与氛围滋养，未来的八局将是一个袖手旁观者没有生存土壤、起而行之者你追我赶的企业。只有每个人的工作更扎实一些，企业的地基才能更厚实一些。

八局必将是更加幸福的八局。"人民对美好生活的向往，就是八局人的奋斗目标。"实现全体八局员工的美好生活，是八局存在的意义之一。"水电八局"四个字从来都不是抽象的存在，它具象于每一名八局员工身上。正是因为那些平凡而又伟大、可爱而又可敬的基层员工，八局才能70年风雨兼程，不断壮大。人就是意义，人就是希望，人就是一切。回应每一声呼唤，援手每一次困顿，温暖每一个家庭，只有每一名员工都有尊严、有底气地生活，八局人的成功才足够伟大。

70载砥砺前行，九万里风鹏正举。新的号角已经吹响，新的征程已经开启，八局人沿着先辈们奋斗的足迹，扛起先辈们传承的旗帜，以热爱赴山海，以奋斗向未来，朝着胜利，再出发！

修志问道，以启未来。

是为序。

中国水利水电第八工程局有限公司党委书记、董事长

中国水利水电第八工程局有限公司党委副书记、总经理

2022年10月

序言二

存史立言、资政育人、启迪未来。经过一年半的努力编纂，《中国水利水电第八工程局有限公司志（2002—2022）》即将出版，志书如实记录了水电八局2002—2022年自强不息、勇于超越的发展史，记录了水电八局人20年敢为人先、艰苦奋斗的创业历程，蕴含着水电八局人"专业、敬业，人品、精品"的不懈追求，是水电八局人20年共同创作的壮美画卷，是企业追求高质量发展可资借鉴的一部宝典。

20年，水电八局人接续奋斗、矢志基业长青。在改革开放市场经济的大潮中，紧跟时代发展步伐，顺应市场变化，拓展业务领域，融入城市、深耕本土，由单一水利水电业务向相关多元化转型，由单一承包模式向"承包＋投融资"模式升级，实现了规模发展的跃升。在管理体制和机构设置上不断进行变革创新，适时对企业的产权结构、产业结构和队伍结构进行战略性调整，发展的每一步都迈得铿锵有力，既经历了市场挑战和机遇带来的阵痛与喜悦，也品尝了志建山河的苦涩与甘甜。水电八局人始终勇立潮头，敢于面对曲折，勇于修正错误，攻克了一个又一个看似不可攻克的难关，创造了一个又一个载入史册的发展机遇和经典工程。

20年，水电八局始终以服务国家战略为己任。南征北战，匠心铸造大国重器，参与三峡工程、京沪高铁、溪洛渡水电站、乌东德水电站、白鹤滩水电站、雄安新区、赣抚尾闾等一大批重点工程建设，创造了单个企业年总装机容量1000万千瓦的世界纪录，承建水利水电水环境工程300多项、机电安装200余项、基础处理120余项、砂石系统50多项。扬帆出海，大力践行"走出去"战略和"一带一路"倡议，从2003年巴基斯坦巴罗塔水电站正式投产发电运行开始，坚定不移地实施国际优先发展战略，在30多个国家承建柬埔寨甘再水电站、马来西亚沐若水电站、加纳布维水电站、乌干达卡鲁玛水电站、委内瑞拉新中心电厂、印度尼西亚雅万高铁等工程180多项，名列中国对外承包工程业务前30，成为湖南省最大的海外工程承包商。顺势勇为，投身国内基础设施建设，承建了房建工程100余项、路桥工程110余项、市政工程90余项、轨道交通30多项；积极响应"双碳"目标，承建近30个抽水蓄能电站，50余个大中型光伏、风电项目；深耕绿色建材领域，致力集约化、规模化开发、生产、销售和应用，投资建设全球最大绿色建筑骨料生产基地——长九神山灰岩矿项目。矢志不渝，履行社会责任，抢险救灾，防控疫情，带领湖南洞口县老艾坪村胜利脱贫，推动五里坪村乡村振兴驶入"快车道"，共同建设美好生活。

20年，水电八局荣誉如山、驰名天下。这一时期，水电八局承建的海内外工程荣获新中国成立60周年百项经典暨精品工程1项、国家优质工程金奖8项、国家优质工程奖17项、海外所在国国家优质工程奖2项、鲁班奖10项、詹天佑奖7项、中国水利优质工程大禹奖（以下简称大禹奖）3项、国际里程碑工程奖7项、中国电力优质工程奖29项、省部级优质工程奖44项、中国电建优质工程奖71项，全国优秀质量管理小组3个。围绕重点工程开展科技攻关活动，水电八局63项科技成果被鉴定达到世界先进和领先水平，荣获8项国家级科技进步奖、334项省部级科技进步奖、63项国家级BIM大赛奖励，17项纪录入选中国企业新纪录。20年共获专利1019件、软件著作权15项、国家级工法16项、省部级工法453项，发布国家技术标准7项、行业技术标准30项、地方技术标准5项、团体技术标准13项。水电八局获得新中国成立70周年功勋企业、全国优秀施工企业、全国用户满意施工企业、全国行业诚信经营示范单位、全国建筑业科技进步与技术创新先进企业、中国建筑业竞争力百强企业、全国模范劳动关系和谐企业、全国五一劳动奖状、中央企业先进基层党组织、湖南省发展开放型经济突出贡献企业、全国企业文化建设典范企业等荣誉。

20年，水电八局选树了一大批先进代表人物，第七届光华工程科技奖工程奖获得者谭靖夷院士，享受国务院政府特殊津贴专家涂怀健、朱素华，全国五一劳动奖章获得者龚长清、熊明华、吴海涛、张志平、李雪江、秦昌文、肖光彩，全国先进女职工刘明英，全国技术能手杨国强、张志平、罗秀堂、李明举、李海滨，全国青年岗位能手梁海军、王沁，全国三八红旗手肖双仁，全国优秀工会工作者肖华民，全国优秀农民工王光球，全国优秀女焊工童中华，全国首届"盾构工匠"简晓辉，以及省部级劳动模范7人，省部级五一劳动奖章获得者18人，国家级及省部级先进个人50余人，中国电建劳动模范、先进工作者35人，水电八局标兵120余人，更有一大批埋头苦干、拼命硬干的八局人，以汗水浇灌收获，以实干笃定前行。翻看志书，似乎能感受到八局人撸起袖子加油干、甩开膀子大胆干的豪情与力量，似乎能看见八局人开动脑筋、不断创新时的智慧光芒。

创业难，创造价值不易，历史需要铭记，历史更待创造。谨以此书向为水电八局20年发展奋斗的前辈们、英雄们致敬，向支持水电八局发展的朋友们致谢。通过编写志书，让我们能够站在前辈的肩膀上眺望远方，从企业发展历史中汲取营养和智慧，研究和把握企业发展规律，找准企业的发展定位和发展方向，继往开来、再创辉煌，铸就水电八局百年基业。

是为序。

中国水利水电第八工程局有限公司党委副书记

中国水利水电第八工程局有限公司党委委员、工会主席

2024年5月

凡 例

一、《中国水利水电第八工程局有限公司志（2002—2022）》坚持以习近平新时代中国特色社会主义思想为指导，以《地方志工作条例》为依据，运用辩证唯物主义和历史唯物主义观点，比较全面、系统、真实、客观地记述了中国水利水电第八工程局有限公司（以下简称水电八局）2002—2022年20年的历史，是一本文、图、表并茂的资料书，也是一本人、事、物俱丰实的历史书。

二、本志的年代断限：上限从《中国水电八局五十年》的下限时间2002年10月31起，下限至2022年12月31日止，1952—2002年的历史参照《中国水利水电建设集团公司志——中国水利水电第八工程局卷（1952—2006）》，根据历史延续性需要，本志有少部分内容往前后延伸。

三、本志资料来源于水电八局各职能部门、各二级单位和员工提供的文字材料，档案室现存文献，企业网站等，本着"科学选材、求实存真"原则，编者认真整理、核实，横列项目，纵写历史，全面反映水电八局在党的建设、生产经营、科学技术等各方面发展轨迹，突出其在铸造水利水电"大国重器"、践行"一带一路"倡议、响应"双碳"目标的伟大实践，突出其在工程建设、绿色建材、绿色能源等领域取得的丰富经验和业绩。

四、本志采用规范语体文，行文力求朴实简洁、严谨流畅、述而不论。《大事记》用编年体，志书主体部分采用"横排门类、竖写史实"的基本体例形式，采用篇、章、节三级编次。

五、本志书凡未作特别说明时，中国水利水电工程总公司、中国水利水电建设集团（股份）公司简称为"中国水电"；中国电力建设集团（股份）有限公司简称为"中国电建"；中国水利水电第八工程局、中国水利水电第八工程局有限公司简称为"水电八局"；

志书单独出现的"工程局""八局"或"局",均为"水电八局"。

六、本志中的机构名称首次出现时用全称,再次出现时用简称,外国国名、地名、政府机构、工程项目名称一般用中文译名,无中文译名时用英文名称。标点符号、计量单位、统计数字均执行国家标准,表格按篇、章顺序编号。

目 录

概述 1
大事记 7

第一篇　组织机构沿革

第一章　概况 38
　第一节　领导体制改革 38
　第二节　体制演变 38
第二章　中国水利水电第八工程局时期 39
　第一节　机构设置 39
　第二节　领导班子 40
　第三节　人员编制 42
第三章　中国水利水电第八工程局有限公司时期 ... 42
　第一节　机构设置 42
　第二节　领导班子 44
　第三节　人员编制 47
第四章　成员单位 48
　第一节　分支机构 48
　第二节　分支机构选介 56

第二篇　工程建设

第一章　水利电力业务 68
　第一节　水电工程 68
　第二节　水利工程 74
　第三节　水资源与水环境工程 81
　第四节　岩基处理工程 88
　第五节　机电安装工程及金属结构制作 92
第二章　国际业务 106
　第一节　国际水利电力工程 106
　第二节　国际机电安装工程 117
　第三节　国际绿色建材工程 122
　第四节　国际火电工程 125
　第五节　国际基础设施工程 128

第三章　基础设施业务 139
　第一节　房建工程 139
　第二节　路桥工程 146
　第三节　市政工程 152
　第四节　轨道交通工程 159
　第五节　城市软基处理工程 166
　第六节　地铁站后安装及装饰装修工程 170
　第七节　装配式钢结构工程 172
第四章　绿色建材业务 174
　第一节　总概述 174
　第二节　传统砂石工程 175
　第三节　线性工程配套砂石工程 182
　第四节　绿色矿山工程 183
第五章　绿色能源业务 186
　第一节　总概述 186
　第二节　抽水蓄能工程 186
　第三节　风电工程 192
　第四节　风电设备 196
　第五节　光伏工程 201
第六章　其他业务 203
　第一节　勘察设计 203
　第二节　试验检测 211
　第三节　监理咨询 213
　第四节　特种设备运营 215

第三篇　党的建设

第一章　党委与党代会 222
　第一节　水电八局党委 222
　第二节　党代会 222
第二章　党建工作 223
　第一节　机构 223
　第二节　组织建设 224
　第三节　制度建设 224
　第四节　党建活动 225

第五节　党员教育 …………………… 225
　　第六节　党建荣誉 …………………… 226
第三章　宣传思想工作 ………………………… 226
　　第一节　机构 ………………………… 227
　　第二节　新闻宣传平台 ……………… 227
　　第三节　重要宣传活动 ……………… 227
　　第四节　思想政治研究 ……………… 228
第四章　企业文化建设 ………………………… 229
　　第一节　机构 ………………………… 229
　　第二节　企业文化活动 ……………… 230
　　第三节　企业文化理念 ……………… 230
　　第四节　企业文化载体 ……………… 231
　　第五节　企业文化荣誉 ……………… 232
第五章　纪律监督工作 ………………………… 233
　　第一节　历任纪委负责人 …………… 233
　　第二节　机构 ………………………… 233
　　第三节　制度建设 …………………… 233
　　第四节　教育宣传 …………………… 235
　　第五节　监督执纪 …………………… 235
第六章　巡视巡察工作 ………………………… 236
　　第一节　巡察机构 …………………… 236
　　第二节　上级党委巡视情况 ………… 237
　　第三节　巡察工作开展情况 ………… 237
　　第四节　巡察整改及成效评估 ……… 238
第七章　工会工作 ……………………………… 239
　　第一节　历任工会负责人 …………… 239
　　第二节　工会组织建设 ……………… 239
　　第三节　民主管理与民主监督 ……… 239
　　第四节　工会品牌活动 ……………… 242
　　第五节　关爱与服务员工 …………… 246
　　第六节　工会财务及经审管理 ……… 248
　　第七节　女职工工作 ………………… 248
　　第八节　精准扶贫与乡村振兴 ……… 248
　　第九节　新冠疫情防控与复工复产 … 249
第八章　共青团与青年工作 …………………… 249
　　第一节　机构 ………………………… 249
　　第二节　历次团代会 ………………… 250
　　第三节　共青团活动 ………………… 250
　　第四节　共青团荣誉 ………………… 252

第四篇　企业管理

第一章　改革与战略管理 ……………………… 254
　　第一节　机构 ………………………… 254
　　第二节　发展规划 …………………… 255
　　第三节　规划实施成果 ……………… 256
第二章　市场营销管理 ………………………… 260
　　第一节　机构 ………………………… 260
　　第二节　市场营销网络的建立和沿革 … 260
　　第三节　市场营销发展规划和演变 … 262
　　第四节　市场营销主要成果 ………… 263
　　第五节　市场营销主要管理制度 …… 266
第三章　经营管理 ……………………………… 267
　　第一节　机构 ………………………… 267
　　第二节　经营业绩考核 ……………… 267
　　第三节　合同管理 …………………… 268
　　第四节　分包管理 …………………… 269
　　第五节　全面风险与内控管理 ……… 270
　　第六节　资质信用管理 ……………… 272
　　第七节　经营计划统计管理 ………… 274
第四章　投资运营管理 ………………………… 274
　　第一节　机构 ………………………… 275
　　第二节　管理制度体系 ……………… 275
　　第三节　投资项目情况 ……………… 275
　　第四节　投资收益情况 ……………… 279
　　第五节　项目退出处置 ……………… 280
第五章　海外业务管理 ………………………… 281
　　第一节　海外业务战略管理 ………… 281
　　第二节　海外项目经营模式 ………… 282
　　第三节　海外非传统安全风险 ……… 285
　　第四节　海外合规管理 ……………… 286
　　第五节　外事管理 …………………… 286
第六章　财务资金管理 ………………………… 287
　　第一节　机构 ………………………… 287
　　第二节　资金管理 …………………… 288
　　第三节　资产管理 …………………… 293
　　第四节　投资及产权管理 …………… 295
　　第五节　成本管理 …………………… 296
　　第六节　预决算管理 ………………… 297
　　第七节　税务保险管理 ……………… 298
　　第八节　财务信息化建设及管理 …… 300
第七章　法治、合规管理 ……………………… 301
　　第一节　机构 ………………………… 302
　　第二节　法律事务管理 ……………… 302
　　第三节　合规管理 …………………… 305
　　第四节　法治宣传教育 ……………… 305

第八章　工程技术管理 306	第三节　业务信息化 350
第一节　历届技术负责人 306	第四节　信息化系统集成管理 351
第二节　机构 307	第五节　信息化基础建设 351
第三节　管理制度 307	第六节　信息化安全保障 352
第四节　工程技术档案管理 308	第十六章　标准化管理 352
第九章　工程项目管理 308	第一节　机构 353
第一节　机构 308	第二节　企业管理标准建设 353
第二节　项目生产管理 308	第十七章　行政办公管理 354
第三节　文明施工 314	第一节　机构 354
第十章　安全生产与职业健康、节约能源与生态环境保护 314	第二节　文秘工作 354
第一节　责任体系与组织机构 314	第三节　印章管理 354
第二节　安全管理制度 314	第四节　企业证照管理 355
第三节　安全技术措施 315	第五节　档案管理 355
第四节　安全教育培训 316	第六节　机要保密工作 355
第五节　安全检查考核 316	第七节　应急管理 356
第六节　职业健康管理 317	第八节　国家安全人民防线建设 356
第七节　生态环境保护 318	第九节　履职待遇、业务支出管理 356
第八节　节约能源 318	第十节　对外捐赠管理 356
第九节　安全事故处理 318	第十一节　信息公开管理 356
第十节　安全管理成效 319	第十二节　综合后勤管理 357
第十一章　质量管理 319	第十三节　学会/协会管理 357
第一节　机构 319	第十八章　教育 360
第二节　管理制度 319	第一节　机构 360
第三节　质量管理情况 320	第二节　职业教育 361
第四节　QC小组活动 322	第三节　职工培训 362
第五节　优质工程 323	第四节　技能鉴定 364
第十二章　设备物资管理 330	第十九章　基地建设 368
第一节　机构 330	第一节　机构 368
第二节　设备资产情况 330	第二节　基地管理 368
第三节　设备物资现场管理 332	第三节　生活基地 369
第十三章　采购管理 333	第四节　地产和房产 373
第一节　机构 333	第二十章　审计监督 380
第二节　设备物资采购 333	第一节　机构 380
第三节　工程采购 335	第二节　管理制度 381
第十四章　人力资源管理 337	第三节　工作开展情况 381
第一节　机构 337	
第二节　干部管理 337	**第五篇　科学技术**
第三节　用工管理 339	
第四节　薪酬福利管理 342	第一章　科技进步与科研成果 384
第十五章　信息化管理 349	第一节　科技规划 384
第一节　机构 349	第二节　科技大会与技术年会 392
第二节　管理信息化 349	第三节　自主研发成果 397
	第四节　合作研发成果 400

第二章　水利电力技术 400
第一节　概述 400
第二节　土石方开挖技术 401
第三节　土石坝施工技术 403
第四节　常态混凝土坝施工技术 404
第五节　碾压混凝土坝施工技术 406
第六节　金属结构制作安装与机电安装技术 410
第七节　基础处理技术 419
第八节　水环境治理技术 422
第九节　监测试验技术 422

第三章　火电技术 424
第一节　概述 424
第二节　火电技术 424

第四章　新能源技术 425
第一节　概述 425
第二节　风电技术 425
第三节　光伏技术 426

第五章　绿色建材技术 427
第一节　概述 427
第二节　绿色砂石技术 428
第三节　装配式建筑技术 431

第六章　基础设施技术 432
第一节　概述 432
第二节　房屋建筑施工技术 433
第三节　道路桥梁施工技术 436
第四节　市政施工技术 438
第五节　轨道交通施工技术 439

第七章　勘测设计技术 442
第一节　概述 442
第二节　工程勘察 442
第三节　工程设计 442
第四节　工程测绘 443

第八章　BIM技术 445
第一节　BIM技术标准化 445
第二节　BIM技术应用 445
第三节　BIM技术开发成果 446
第四节　BIM奖项 446

第九章　获奖 447
第一节　概述 447
第二节　获奖统计 447

第十章　知识产权 469
第一节　概述 469
第二节　专利及软件著作权 469
第三节　工法 514
第四节　标准 527

第十一章　科研机构 529
第一节　概述 529
第二节　省认定建筑业企业技术中心 529
第三节　国家级博士后科研工作站 531
第四节　湖南省装配式建筑工程技术研究中心 532
第五节　国家装配式建筑产业基地 532

第六篇　先进集体与人物

第一章　先进集体 534
第一节　国家、省部级先进集体 534
第二节　全国行业优秀企业 537

第二章　人物简介 539
第一节　工程院院士 539
第二节　历任主要领导 540

第三章　人物表 541
第一节　享受国务院政府特殊津贴专家 541
第二节　全国五一劳动奖章获得者 541
第三节　省部级劳动模范获得者 541
第四节　省部级五一劳动奖章获得者 542
第五节　国家、省部级先进个人 542
第六节　全国行业先进个人 545
第七节　集团公司劳动模范、先进工作者 546
第八节　水电八局标兵 548
第九节　高级职称人员名录 548

附录一　丹心筑大坝 574
附录二　一个人和80座大坝 576
索引 579
后记 599

概述

中国水利水电第八工程局有限公司（以下简称水电八局）组建于1952年荆江分洪工程工地，是新中国最早组建的水利水电机械化专业施工队伍，毛泽东主席曾经亲笔题词："为广大人民的利益，争取荆江分洪工程的胜利。"原国家主席李先念曾盛赞"八局是支好队伍"。70年光辉历程，八局人用勤劳和智慧创造了辉煌的业绩。

2002—2022年，水电八局站在半个世纪发展积淀的基础上，紧跟国家战略部署，适应时代变迁、行业变局，接续奋斗20年。这一时期，走出"水电门"，由单一水利水电业务向相关多元化转型，由单一承包模式向"承包+投融资"模式升级；走出国门，发展成为湖南省最大的对外工程承包商；资质升级，成长为拥有"水利水电工程、建筑工程、市政公用工程"施工总承包特级资质的"三特三甲"国家高新技术企业；构建以工程建造为主体、以绿色建材和绿色能源为两翼的"一体两翼"产业格局等成为企业发展可圈可点的经典事件。

20年，企业在产业结构、体制机制、能力提升、科技创新、党建工作与企业品牌等各方面都发生了深刻变化，综合实力得到了明显提升，企业经营规模快速增长，员工收入稳步提升。2022年实现营业收入275.91亿元，为2002年18.73亿元的14.73倍，年均增长15.02%，高于同期全国GDP年均增长率12.14%；年人均产值由2002年的12.66万元增长到2022年的244.43万元，增长了19.3倍，年均增长15.95%；企业净资产由2002年的3.63亿元增长到2022年的100.94亿元，增长了27.81倍，年均增长率18.1%；固定职工年平均工资由2000年的1.24万元增长到2022年的11.85万元，增长了9.56倍，年均增长10.8%。

一、转型升级谋发展

2002年以来，水电八局在错综复杂的经济环境、不断深化改革的政治环境、机遇和挑战并存的市场环境中，持续推动业务转型升级，在巩固水利水电业务领先优势的同时，先后重点拓展国际、基础设施、投资、轨道交通、绿色建材、新能源等业务，在行业内形成了"水电强局""国际强局""砂石强局""基础设施强局"等多个品牌。

在业务转型方面。从规划目标来看，水电八局始终致力于建设质量效益型企业，根据企业内外部环境变化，"十四五"规划目标确定由"产业多元化、组织集团化、管理现代化、经营国际化"调整为"治理体系科学、产业结构合理、管理水平一流、质量效益优良"，产业发展更加聚焦，法人穿透管理更加注重风险管控，从注重规模增长向高质量发展升级，从传统施工建造向智能化、绿色化建造升级，从工程承包向集成投建营一体化发展升级。从业务发展来看，主要经历了3个阶段，一是由水利水电专业化向相关专业多元化迈进的跨越式发展阶段，主要表现为水电、非水电、国际"三驾马车"并驾齐驱，工程建造业务横向拓展到路桥、市政、房建、铁路等基础设施领域。二是以专业化为基础、以多元化获得扩张后，快速进入国际化可持续发展阶段，主要表现为以"无水电不稳、无非电不大、无国际不优、无投资不富"为发展理念，融入城市拓展区域发展空间，承揽大量海外业务、基础设施业务、投资绿色砂石产业等。三是以专业化为基础，以多元化、国际化获得扩张后，开启属地化经营的高质量发展阶段，主要表现为聚焦国内"三大三小"重点区域、国际八个重点国别市场、设置属地化经营机构长期深耕、业务领域向产业链上下游纵向延伸，提升投资、建设、运营、销售一体化经营能力。

在区域布局方面。2002年以前，水电八局以水利水电业务为主，国内市场主要集中在湖南、云南、贵州、四川4省；随着专业多元化发展，逐步向广东、广西、湖北、江西、安徽、福建、重庆、西藏、河北、河南、新疆等省市地区发展；2019年，聚焦华南、华北、华东、湖南、湖北、江西"三大三小"重点区域，成立区域公司，深耕区域市场。2022年，更加注重服务国家发展战略，将发展重心放在粤港澳、京津冀、长三角、华中、西部5个区位优势明显、要素持续流入的重点区域。国际业务从巴基斯坦单一国别单一项目，延伸到马来西亚、柬埔寨、加纳、孟加拉国、科威特、委内瑞拉、越南、老挝、莱索托、印度尼西亚、沙特、秘鲁、伊拉克等30多个国家；2017年，紧跟集团全球化发展战略，组建中东、欧亚、亚太、美洲、中西非、东南非6个区域部；2020年，受新冠疫情、全球经济影响，国际业务区域布局向加纳、科威特、沙特、孟加拉国、印度尼西亚、柬埔寨、马来西亚、尼日利亚、伊拉克等重点国别市场聚焦。

在产业结构方面。20年来，水电八局致力成为"行业一流的工程建造商，行业领先的绿色建材制造商，具有独特优势的绿色能源服务商"。在工程建造领域，以匠心筑造大国重器，在水利电力行业内拥有领先的科技优势和施工生产能力，建设300余项水利水电水环境工程，中国十大水电站参建前九，是三峡工程建设主力军和第一度电的生产者，创造了单个企业年总装机容量1000万千瓦的世界纪录；以共建美好服务城市，在粤港澳大湾区、雄安新区、长三角、长江经济带及中部地区承建市政、房建、路桥、轨道交通等工程330余项；坚定不移地实施国际优先战略，积极践行"一带一路"倡议，在海外承建各类工程180余项，2019年位居中国对外工程承包百强企业第21位，是湖南省最大的海外工程承包商。在绿色建材领域，水电八局致力绿色建材的集约化规模化开发、生产和销售，作为机制砂石开创者、绿色建材引领者，在绿色建材领域拥有50年历史积淀，专业技术世界领先，投建营经验丰富，树立起了"八局砂石，世界品牌，绿色典范"形象，2022年砂石产量5600万吨；2020年成为国家装配式建筑产业基地，打造完整、成熟的装配式建筑全产业链。在绿色能源领域，具有抽水蓄能、风电、太阳能发电等业务领先的设计能力、工程建造能力、技术研发能力和资源配置能力，在广东、浙江、福建、江苏、湖南等地承建了近20个具有国际领先水平的抽水蓄能电站，50余个大中型光伏、风电项目，积累了在高原、山地、戈壁等各类地貌新能源项目"投建营"一体化及EPC综合服务能力。

2022年，水电八局加快构建以工程建造为主体，以绿色建材和绿色能源为两翼的"一体两翼"产业发展新格局。做大做强工程建造，推动规模和效益双提升，更好发挥"扩规模、稳就业、强品牌"的"压舱石"作用；做精做优绿色建材与绿色能源，发挥两翼"优结构、增效益、促转型"的新动能作用，打造提质增效的新引擎。

二、企业改革增活力

2002年以来，水电八局始终以"国有资本保值增值，提高核心竞争力，放大国有资本功能"为目标，适应时代变化，顺应业务转型、区域布局、产业结构调整，持续推进领导体制、管理机制、组织机构、主辅分离、三项制度等全方位体制机制改革，不断创新管理模式、商业模式，推动企业可持续发展。

在领导体制方面。20年来，企业领导体制经历了局长负责制，执行董事、总经理负责制，法人治理阶段。2018年，开始实行"董事长、党委书记一人担任""董事、总经理、党委副书记一人担任"的领导体制，并逐步厘清了党委与董事会、经理层等治理主体的权责边界，形成了权责法定、权责透明、有效制衡、协调运转的治理体系。水电八局同步对二级单位领导体制进行调整，由分局长负责制，调整为总经理兼党委副书记、党委书记兼副总经理的领导体制；2019年，明确党组织在决策、执行、监督各环节的权责和工作方式，二级单位领导体制调整为党委书记兼总经理、党委副书记兼执行总经理。2020年开始，推动落实国有企业改革三年行动，全面加强党的领导，落实董事会职权，推进经理层成员任期制和契约化考核。

在管理机制方面。2002年12月，中国水利水电工程总公司更名为中国水利水电建设集团公司，水电八局为成员企业。2003年起，水电八局对企业产权结构、产业结构和队伍结构进行调整，从劳务密集型向技术密集型、管理型、集约型现代企业转变，管理人员比例由2002年的17.89%增长到2022年的50.98%。2008年，水电八局公司改制，由"工程局"变更为"工程局有限公司"，逐步建立现代企业制度。2009年，水电八局围绕大力发展"水电、非水电、国际"三大业务，设立市场营销"水利水电部、基础设施部、国际部"三个事业部机构，推动生产要素向非水电、国际的合理流动。2015年，水电八局加快推进"总部集团化"管控模式，实行国际、铁路、水电、投资、基础设施五大板块公司以及专业公司"模拟法人"实体化运作，并对各二级单位模拟注资。2016年，实施项目全生命周期考核。2022年，水电八局调整管理体制，实施"战略+运营"管理模式，强化"一级法人"，提升总部穿透化管理能力，明确总部"战略决策、资源配置、绩效评价、价值服务、风险管控"五大中心定位，二级单位"市场拓展、项目管理、能力建设"三个中心定位，项目部"利润创造、成本控制、风险防控、精品创建"功能定位，逐步向成为最具行业特色的一流国际工程公司迈进。

在组织机构方面。水电八局以市场需求为导向，持续优化企业组织机构，适时调整职能部门工作职责，推进管理机制改革，升级总部、二级单位、项目管理体系，逐步形成了清单化、流程化、信息化、数字化管控模式。大力实施资源整合，精简管理机构，缩短管理链条，重点对六个分局、机械制造业务、投资业务、三产分局等进行了整合重组，形成了"投资、国际、基础设施、水电、轨道交通"5个板块公司、"绿色建材、机电安装、新能源、工程装备、科研设计"5个专业公司、5个区域公司、多个"直管项目"的"5+5+5+N"的组织机构，有效解决了二级单位同质化竞争问题，打造了专业化、精细化、特色化的二级单位品牌。同步加强对全资、控股、参股企业的管理，截至2022年底，全资子企业10家，控股企业11家，参股企业55家。

20年来，水电八局锚定"管理人员能上能下、员工能进能出、收入能增能减"目标，持续推进三项制度改革，打破处、科级职务身份界限，明确了行政（党群）干部管理序列，设置了专业技术、项目管理、高技能人才3条通道，打通了项目经理和专业干部晋身通道；延伸推广二级单位经理层成员任期制和契约化管理，推进市场化用工。积极稳妥地推进企业办社会、辅业和劳务层分离，完成改制分流工作；实现对南托、东江、贵阳、常德、武汉5个基地统一管理；完成职工家属区"三供一业"分离移交工作、退休人员社会化管理工作等专项改革。

三、管理创新提能力

2002年以来，水电八局坚持价值导向、问题导向、目标导向，不断推进市场营销、项目履约、经营采购、财务资金、投资运营、海外业务、法治合规、信息化建设等各方面的管理创新，致力全方位提升企业核心竞争力。

在市场营销方面。坚持"市场引领、战略谋划、全员营销"，实施"优质市场、优质客户、优质项目"营销策略，强化"现场即市场""进城融城、本土织网"，构建市场营销网络，完善市场营销管理机制，狠抓重大单项，抢抓优质订单，先后规范联营体投标、市场开发运行、投标全流程、营销质量、投融资项目营销等规则，持续提升市场营销竞争力。

在项目履约方面。逐步从生产型向管理型、经营型转变，制定项目管理手册、项目分级标准、项目履约管理体系，建立项目组织策划机制，制定9个专业组织策划模板，开发工期管理系统。建立安全生产四个责任体系、组织体系、制度体系，深入开展安全环保检查、隐患排查、教育培训、专项整治。实行安全生产保证金制度，制定《安全生产标准化图册》10册、《安全生产标准化可视化图册》5册，参编行业安全标准4项。持续实施优质工程战略。实行专业设备群"大机长"管理模式、设备处置网络竞拍。建立农民工管理体系，决不拖欠农民工工资。

在经营采购方面。建立项目前期经济策划制度、重大经营风险项目处置机制；推行中小型项目风险抵押承包、项目全生命周期考核；建立诚信经营责任体系、成本管理体系与成本管理系统，规范材料核销责任与流程。树立"盈利为荣、亏损为耻"理念，适时调整经营业绩考核指标，更加注重效益。持续更新升级企业资质，跻身"三特"企业。对工程采购、设备物资采购实行集中招标采购管理，推广应用集中采购平台，扩大年度框架招标范围和区域联采，建立集中采购集中支付制度，发挥规模采购优势。开发建设工程采购平台，实现分包商准入、履约评价、信息预警等全流程电子化操作，实现国际国内分包商一体化管理，实现公开招标全社会公开。

在财务资金方面。围绕价值创造与风险防控，以"降杠杆、减负债、防风险"为重心，强化现金流管理，推进资金管理信息化、集约化、全面预算管理，多措并举创新外部融资业务；落实清产核资、资产经营，推动从"以资产为纽带"向"以资本为纽带"的经济责任制转变；建成中国电建国内首批、海外首家"业财资税一体化"的财务共享中心。

在投资运营方面。致力发挥投资"调结构、优布局、促转型"的牵引作用，拉动工程总承包，带动产业发展，创造稳定的利润来源。投资范围涵盖绿色砂石、基础设施、轨道交通、水资源与环境、安置房、装配式建筑、能源电力、装备制造以及非生产性固定投资项目。

在海外业务方面。专业领域由单一水电转向"宽领域、多元化"发展，继而由多至专，形成"水利电力、房建、市政、路桥"四大专业，2022年调整为"水、能、城、矿"。海外经营模式持续拓展，包括专业分包、施工总承包、DB、EPC、EPC+F、BOT、出口卖方信贷+延付、联营合作等多种模式。有效应对各类海外非传统安全风险，建立海外合规管理体系。

在法治合规方面。建立专门法律合规机构，施行委派法律顾问制度，设置专职总法律顾问、首席合规官，系统规范经营行为法律审核内容和流程、法律纠纷案件管理，建立家庭志愿服务法律援助机制，制定合同示范文本，强化法律前置审核要求；建立合规机构、明确合规管理岗位职责清单；加强法治宣传教育，荣获全国普法先进单位。

在信息化建设方面。建立数字化建设总体架构，建成以协同办公、PRP系统、人力资源共享、财务共享、移动应用五大平台为依托的业财资税融合数字化管理平台，覆盖各项生产经营活动。

2022年，水电八局锚定成为中国电建旗下综合型龙头企业的目标，统筹优化国内国际两个市场布局，大力发展工程建造、绿色建材、绿色能源三大产业，着力提升精益管理、融合创新、资本运营、城市经营、生态构建5种能力，推动工程局实现从注重规模增长向高质量发展升级、从传统施工建造向智能化绿色化建造升级、从工程承包向集成投建营一体化发展升级。

四、科技创新强支撑

水电八局不断推进科技进步，勇攀科技高峰，培养发展了一支以中国工程院院士谭靖夷为榜样的专业人才队伍，其中高级工程技术管理人员1100多名。

20年来，始终坚持创新驱动战略，发挥科技创新对企业发展的支撑作用，依托在建项目，大力开展科技攻关，63项科技成果达到世界先进和领先水平，17项纪录入选中国企业新纪录。荣获国家科技进步奖8项，省部级科技进步奖334项，国家级BIM大赛奖励63项，专利1019件、软件著作权15项，国家级工法16项，省部级工法453项，发布国家技术标准7项、行业技术标准30项。

20年来，持续保持传统水利水电施工技术领先优势，引领行业特高拱坝与大型水利枢纽建设、百万千瓦级水轮发电机组安装领域关键技术，攻克三峡巨型水电站机组制造、安装及调试重大技术难题，在国家水力发电重大装备自主研究上取得重大突破，荣获国家科技进步奖特等奖。碾压混凝土拱坝筑坝配套技术、200米级高碾压混凝土重力坝关键技术、300米级溪洛渡拱坝智能化建设关键技术等荣获国家科技进步奖二等奖。持续突破高铁建设、装配式建筑全产业链、绿色砂石、火电、勘测设计等领域关键技术，有效提升轨道交通、市政与水环境治理、路桥、新能源等领域施工技术水平。

20年来，持续推进科技发展规划，不断完善自主创新和协同创新相结合的创新体系，获评国家级博士后科研工作站，被认定为国家级高新技术企业、湖南省建筑业企业技术中心，2019年成立了地下工程、混凝土坝、土石坝、机电金结、建筑骨料、路桥、软基、施工信息化、市政与水环境、轨道交通、装配式建筑11个专业技术研究分中心，2017年联合组建湖南省装配式建筑工程技术研究中心，2020年获批国家装配式建筑产业基地。荣获全国建筑业科技进步与技术创新先进企业、中国施工企业科技创新先进企业、中国水电科技管理先进企业、中国电建科技创新先进集体。

五、党建引领塑品牌

2003年，温家宝总理视察三峡工程，全国政协主席贾庆林视察巴基斯坦巴罗塔水电站。

2005年，胡锦涛总书记视察贵州索风营水电站。

2016年，张高丽副总理视察南昌市赣东大堤岸线整治工程。

2018年，习近平总书记视察三峡工程时强调："大国重器必须掌握在我们自己手里。"

2019年，王岐山副主席视察印度尼西亚雅万高铁。

2020年，习近平总书记祝贺乌东德水电站发电，作出重要指示："坚持新发展理念，勇攀科技新高峰。"

2021年，习近平总书记祝贺白鹤滩水电站发电，嘱咐我们："为实现碳达峰、碳中和目标，促进经济社会发展全面绿色转型作出更大贡献！"

2022年，李克强总理视察江西赣江尾闾工程，点赞水电八局建设者，并嘱咐："保质保量将赣江尾闾项目建设成有利子孙后代的大工程！"

20年来，水电八局带着毛主席亲笔题词的锦旗，带着共和国国家领导人的关怀和殷殷嘱托，持续加强党的建设，全面推进党的政治建设、思想建设、组织建设、作风建设、纪律建设、制度建设，不断提升各级党组织的凝聚力、创造力和战斗力，深化党建带工建、带团建，为推动企业持续健康发展提供了强有力的保障。

20年来，水电八局旗帜鲜明讲政治，坚决执行党中央、上级党委决策部署，认真组织开展各项党内教育活动，先后召开5次党代会，推动党政领导交叉任职。坚决贯彻"两个一以贯之"，实现党建入章程，持续优化党委议事规则、"三重一大"决策制度，切实把党的领导落实到公司治理各环节。倡导"党群工作也是生产力"，严格落实"四同步四对接"，截至2022年底，水电八局设置基层党委16个，党（总）支部321个，确保项目发展到哪里、党的建设就跟进到哪里、作用就发挥到哪里。抓住党建责任制考核"牛鼻子"，构建"明责履责、考责问责"党建工作机制。坚持"党的一切工作到支部"，以提升组织力为重点，推进党支部标准化建设。各级党组织通过党委理论学习中心组、支部"三会一课"、主题党日等方式，持续加强党的创新理论学习。持续抓好"三支队伍"建设，有效改进党组织书记、党务干部和党员三支队伍教育管理。创建水电八局"云党校"，不断提升党员教育管理信息化、精准化水平。深入开展党员示范岗、责任区创建，组建党员突击队、技术攻关小组，充分发挥基层党组织战斗堡垒作用和党员先锋模范作用，推动党建工作与生产经营深度融合。认真落实党委主体责任和纪委监督责任，充分发挥纪检、巡察、审计、法律等监督联动协同作用，加强党风廉政建设和反腐败工作。打造"三微一网"宣传矩阵，不断提升宣传工作的传播力、引导力、影响力。加大文化改造力度，形成"尚水"文化体系。建立主席接待日、项目职代会、困难职工帮扶制度，开展群众性经济技术创新，建立"员工创新工作室"。履行央企社会责任，积极投身疫情防控、抗洪救灾、应急救援、志愿服务、扶贫攻坚、乡村振兴等任务。服务青年成长，引领广大青年围绕企业发展建功立业。构建企业与员工命运共同体，共同建设美好生活。

在20年的奋斗中，水电八局品牌影响力和行业影响力日益彰显，承建或参建的170余项工程荣获国家和省部级优质工程奖。水电八局被授予"全国五一劳动奖状、全国工人先锋号、全国模范劳动关系和谐企业、全国模范职工之家、全国青年文明号、中央企业先进基层党组织、中央企业思想政治工作先进单位、中央企业职工技能竞赛先进单位"等众多荣誉称号。获评中华人民共和国成立70周年功勋企业、全国优秀施工企业、全国AAA级信用企业、全国用户满意施工企业、全国首批对外承包工程行业A级企业、全国行业诚信示范经营单位、全国电力行业优秀企业、全国建筑业先进企业、中国行业十大影响力品牌、中国境外工程承包优秀企业、全国企业文化建设典范企业等。

70载光辉历程，20年接续奋斗。八局的昨天已经写下，八局的今天正在八局人的手中创造，八局的明天必将更加美好。

大事记

2002年

10月31日 中国水利水电工程总公司（以下简称中国水电总公司）调整水电八局领导班子：李鹏程任水电八局局长，林修建（兼）、陈正平、陈义海、张汉龙、朱素华、龚长清任副局长，涂怀健任总工程师，陈正平兼任总经济师，王意桥任总会计师；免去杨荣强水电八局局长职务，免去陈光元、陈德义副局长职务和刘炎生总工程师、张建人总经济师、刘义德总会计师职务，免职的6人改任咨询，保留原级别待遇；杨南安不再担任副局长职务，另有任用（九局局长）。是日，中国水电总公司党组任命：林修建任水电八局党委书记，李鹏程兼任局党委副书记，余其年任局党委副书记、纪委书记，刘敏立任局工会主席；免去樊建平水电八局党委书记职务，另有任用（五局党委书记）。

11月4日 中国水电总公司总经理、党组书记郭建堂专程赴长沙出席调整水电八局领导班子干部大会并作重要讲话。局长李鹏程作题为《继往开来，与时俱进，确保企业持续发展》的讲话，党委书记林修建作题为《贯彻"三个代表"思想，做好企业党建工作》的讲话。

11月7日 三峡工程左岸电站厂房首台发电机组——2号机组转子吊装成功。中国水电总公司总经理郭建堂、副总经理付元初到安装现场检查指导工作。

11月25日 国家电力公司电源建设部副主任陈东平率国家电力公司水电规划设计总院、大坝安全监察中心、国家开发银行、省建设厅、省电力公司、省交通厅、省水利厅等有关单位专家到洪江水电站工程进行电站下闸蓄水验收工作。随行专家高度赞誉、充分肯定洪江工程质量、进度、安全和文明生产等方面的工作，顺利通过专家组的验收。

12月16日 湖南省副省长庞道沐到洪江水电站工程视察。

是日 水电八局在长沙市田汉大剧院举行隆重的建局50周年庆祝大会及文艺会演。湖南省人大常委会副主任高锦屏，中国水电总公司总经理兼党组书记郭建堂，原水电八局局长、老红军黎旭，中共湖南省委组织部副部长李映华，湖南省委宣传部副部长覃晓光，中国长江三峡工程开发总公司（以下简称三峡开发总公司）建设部主任彭启友，武警水电指挥部少将马玉民，中国东方电气集团公司总经理李宗文，湖南省电力公司总经理周绍文以及湖南省有关厅局、国务院有关部委及其驻湘单位、省内外业主和设计研究单位、上级单位、兄弟单位、协作单位的代表共300余名作为嘉宾出席了庆典大会。水电八局党政领导和局本部职工、离退休老同志、省部级以上劳动模范、工程局所属单位职工代表800余名参加了庆典大会。

原水利电力部部长钱正英、水利部部长汪恕诚、水利部副部长张基尧、国家电力公司副总经理周大兵、国家电力公司总经理贺恭等上级领导，水电泰斗张光斗，著名水电专家潘家铮、谭靖夷，国家电力公司、水利部建设与管理司等上级单位，广西交通厅等地方政府部门，红岩子电航工程指挥部等业主单位，中国施工企业管理协会等单位，水利部东北勘测设计研究院等科研院所，中国东方电气集团公司、葛洲坝集团有限公司、中国水电三局等共计60多家单位和个人分别题词和发来了贺信贺电。

12月18日 贵州索风营水电站工程顺利实现大江截流。贵州省副省长包克辛出席大江截流仪式，宣读了中共贵州省委书记钱运录、省长石秀诗的贺信，并宣布索风营水电站大江截流取得圆满成功。

12月23日 四川南部县红岩子电航工程举行全面竣工庆典。

12月27日 为庆祝建局50周年，充分反映水电八局发展壮大的陈列馆正式对外开放，编辑的《中国水电八局五十年》局史、回忆录《光明之旅》和纪念画册正式出版发行。

是年 水电八局完成企业总产值16.81亿元，为年度计划的107.4%；中标合同项目93项，中标金额19.57亿元；全员劳动生产率12.24万元/（人·年）；自营施工实现利润1101万元。

2003年

1月5日 水利部副部长张基光到长沙水电八局指导工作。

1月8日 贵州省构皮滩水电站大坝坝肩开挖工程正式开工。贵州省副省长包克辛出席开工仪式并宣读了中共贵州省委书记钱运录、省长石秀诗联名发来的贺信。局长李鹏程出席开工仪式并代表施工单位讲话。

1月12日 湖南省慈善总会举行2003年新春献爱心送温暖慈善联合大行动，给水电八局湖南片贫困职工送去1.5万斤大米和2500斤食用油。

1月28日 中共湖南省委常委、省委宣传部部长黄建国到水电八局王家巷职工宿舍看望慰问85岁高龄的全国劳动模范李家谟。

1月31日 三峡下岸溪人工砂石开采加工系统在1月完成砂石料供应112.23万吨，突破月供应百万吨大关，超系统设计生产能力30万吨，刷新1999年12月供应83万吨的纪录，创造了新的世界纪录。

2月10日 湖南省水利厅厅长王孝忠到湖南资兴程江口水电站工程考察指导工作。

是月 水电八局在沙牌电站碾压混凝土大坝钻取13.15米长的混凝土芯样，刷新全国纪录。

3月8日 中华全国总工会授予水电八局工会干部刘明英"全国先进女职工"称号。

3月11日—14日 水电八局第五次党代会、第五届职代会、第五次工代会暨2003年工作会在湖南宁乡灰汤召开。局长李鹏程作题为《把握形势，与时俱进，迎接挑战，锐意创新，为实现水电八局跨越式发展而努力奋斗》的行政报告；党委书记林修建作题为《加强和改进党建工作，营造聚精神搞建设、一心一意谋发展的良好政治环境》的党群工作报告；副局长、总经济师陈正平作水电八局2003—2006年四年改革与发展规划报告、2002年生产经营完成情况及2003年生产计划安排情况的报告；总会计师王意桥作2002年财务决算和2003年财务预算报告；党委副书记、纪委书记余其年代表中共水电八局纪律检查委员会向水电八局第五次党代会作工作报告，工会主席刘敏立作为《发挥优势，团结动员广大职工与时俱进，开拓创新，为实现工程局四年规划确定的跨越发展目标而努力奋斗》的工会工作报告；副局长张汉龙作关于职工代表提案处理情况的报告。

会议确定了今后四年工作的总方针：把握形势、与时俱进、锐意创新、实现跨越。会议明确了今后四年的工作思路：高举邓小平理论伟大旗帜，以"三个代表"重要思想为指导，认真贯彻党的十六大精神，按照中国水利水电建设集团公司（以下简称中国水电）2003年工作会议部署，解放思想、转变观念，以市场为导向，以发展为主线，大力加强人才的开发和培养，建设一支能顺应时代要求的水电劲旅，增强发展后劲；倾全局之力开拓国际国内市场，最大限度地占有市场份额；以建立现代企业制度为目标，以提高经济效益为中心，积极探索新的产权制度形式和多种有效的内部经营管理模式，在管理体制和激励机制的改革中取得新的突破，构筑科学管理体系；认真落实水电八局未来四年发展规划，全面完成各项目标任务，奠定水电八局从劳务密集型向技术密集型、管理集约型的一流施工企业转变的基础，确保水电八局跨越式目标的实现。

3月11日 中国水电副总经理刘经迪出席水电八局"四会"开幕式并作重要讲话。

4月22日 水电八局成立传染性非典型肺炎防治工作领导小组，由李鹏程任组长，林修建、余其年、刘敏立任副组长，同时发布做好传染性非典型肺炎防治工作的紧急通知。

6月5日 广西壮族自治区代主席陆兵视察龙滩水电站工程。

6月12日 三峡左岸电站厂房2号机组相继在三峡水电站首批发电机组中率先开机试运行成功，中央电视台等媒体予以重点报道。

6月16日 三峡工地举行隆重的三峡工程双线五级船闸试通航仪式。中共中央政治委员、国务院副总理、三峡工程建设委员会副主任曾培炎宣布通航。局长李鹏程出席仪式。

6月24日 三峡左岸电站厂房2号机组，在三峡水电站首批发电机组中率先一次性并网成功。水电八局成为三峡第一度电的生产者。

7月1日 发布强制实施施工设备机长管理制度的通知。

7月28日 成立水电八局南宁分局。

8月14日 成立水电八局福州分局。

8月19日 巴基斯坦巴罗塔水电站1号、2号机组正式投入商业发电运行，巴基斯坦总统穆沙拉夫将军、众多巴基斯坦政要、多国大使亲临工地现场参加庆典仪式。

8月23日—24日 水电八局在三峡下岸溪砂石项目部召开全局"厂务公开"研讨会，局长李鹏程作题为《实践"三个代表"重要思想，乘势而上，努力把厂务公开工作全面引向深入》的报告。

8月27日 湖南省副省长郑茂清到三峡工地考察，对水电八局在三峡创造的业绩给予高度评价。

9月1日 由建设部和商务部联合组成的对外承包工程量安全检查组到水电八局承建的巴基斯坦巴罗塔水电站工程进行质量安全检查和指导工作。检查组对巴罗塔水电站工程施工质量和安全取得的成绩给予了高度评价。

9月16日—20日 中国水电总经理郭建堂先后到小湾水电站工程、龙滩水电站工程检查指导工作。

9月30日 成立主辅分离改制分流工作领导小组和工作小组，李鹏程任领导小组组长，林修建、余其年、王意桥、刘敏立、刘义德任领导小组副组长。

10月20日—22日 湖南省树水电八局为"国企改革创新"活动典型，中共湖南省委宣传部省经贸委组织《湖南日报》、湖南电视台、湖南省经济电视台、湖南人民广播电台、红网等10余家新闻单位和中央报刊驻湘记者站对水电八局进行集中采访活动，还专程前往三峡工地进行为期两天的采访。

10月23日 中华全国总工会表彰在三峡工程建设中作出突出贡献的集体和个人，机电制造安装分局局长龚长清、三峡下岸溪砂石项目部总工程师熊明华被授予"全国五一劳动奖章"。

10月24日 撤销水工机械总厂，东江机械厂划归机电制造安装分局管理，贵阳、常德、武汉3个机械厂由工程局直接管理。

10月26日 中共中央政治局常委、国务院总理温家宝在水利部部长汪恕诚、三峡开发总公司总经理陆佑楣等一行陪同下视察了三峡永久船闸、左岸大坝小和水电站厂房。

10月28日 在全国第25次质量管理小组代表会议暨质量管理小组活动25周年大会上，基础分局三峡项目部QC小组获评"全国优秀质量管理小组"。

11月6日 广西龙滩水电站工程截流成功。广西壮族自治区党委副书记马铁山参加截流仪式，并宣读了温家宝总理对龙滩水电站工程的贺电。

11月8日 贵州构皮滩水电站正式开工。中共贵州省委书记钱运录、贵州省省长石秀诗、中国华电集团公司总经理贺恭、中国水电总经理郭建堂等领导出席开工庆典仪式。

11月19日 获北京中质协质量保证中心颁发的质量管理体系认证证书。

11月22日 三峡左岸电站1号机组正式并网发电并投入商业运行。至此，三峡工程首批发电的6台机组全部投产，创造了一年内装机420万千瓦、连续投产6台70万千瓦的水电安装和机组投产的世界纪录。

12月3日 广西壮族自治区代主席陆兵，广西壮族自治区党委副书记、中共南宁市委书记李纪恒，南宁市市长林国强在广西壮族自治区交通厅厅长黄华宽等领导的陪同下，到水电八局承建的水南高速公路安吉互通视察工作。

12月5日 全国政协主席贾庆林视察巴基斯坦巴罗塔水电站。

12月6日 河北省张河湾抽水蓄能电站举行开工庆典仪式，中共河北省委副书记、省长季元石出席庆典并宣布张河湾抽水蓄能电站开工。

12月22日 中国水电党组对水电八局领导班子进行调整。中国水电副总经理袁柏松在水电八局干部大会上宣读任命文件，聘任林修建为局长，黄敏、曹跃生为副局长，免去李鹏程局长职务、林修建副局长职务、陈正平总经济师职务。任命陈正平为党委书记，免去林修建党委书记和李鹏程党委副书记职务。李鹏程调国务院南水北调工程办公室任职。

12月25日 撤销科研所，成立科研设计院。水电八局现有设计试验、监测、测量等专业资源划归科研设计院管理。科研设计院下设设计中心、试验中心、监测中心、测绘大队、贵阳施工科研所。

是年 水电八局完成总包产值22亿元，为年计划的122%，首次突破20亿元大关；全年新中标项目98个，新增合同总金额25.34亿元，为年计划的149.1%，中标金额创历史新高；全员劳动生产率17.9万元/（人·年）；实现利润268万元。

2004年

1月1日 湘江大源渡航电枢纽工程获2003年度国家优质工程银质奖。

2月8日 中国工程院院士，水电八局原副局长、总工程师谭靖夷到贵州洪家渡工地检查指导工作。

2月20日—22日 2004年工作会暨五届二次职代会在长沙召开。局长林修建作题为《求真务实抓管理，与时俱进谋发展，努力开创水电八局改革与发展的新局面》的行政工作报告；党委书记陈正平作题为《创新党群工作，建设先进文化，为企业改革和发展提供精神动力和智力支持》的党群工作报告；副局长陈义海、总会计师王意桥分别作生产经营和财务工作报告。

会议明确了2004年工作的基本思路：在中共十六届三中全会和中央经济工作会议精神指导下，按照中国水电2004年工作会议的整体部署，深化改革，稳步推进主辅分离、改制分流工作，实现年度改革目标；与时俱进，坚持科技创新、机制创新和管理创新，优化产业布局和资源配置，构筑科学管理体系，提升核心竞争力和可持续发展力；抓住机遇，全力开拓国际国内市场，力争取得重大份额；求真务实，强化管理，提升制度执行力和获利能力，切实提高经济效益，确保年度各项工作目标全面完成，努力开创改革与发展新局面。

会议确定2004年工作主要目标：实现企业总包产值24亿元，力争全员劳动生产率达到18.5万元/（人·年），新中标承揽任务国内市场确保25亿元，力争突破30亿元，实现利润1400万元；积极推进主辅分离、改制分流工作，初步完成首批列入改制的中心医院、贵阳职工医院、教培中心（二中）、贵阳一中、江海公司的改制分流工作，为后续改制积累经验和奠定基础。

2月23日　世界银行咨询团一行15人到湖北松树岭水电站工地检查指导工作。

2月26日　成立西南分局，作为二级单位，机关办公地点设在成都。三峡施工局、龙滩施工局、溪洛渡项目部隶属西南分局管理；成立砂石分局，与三峡下岸溪砂石项目部"一套人马、两块牌子"；构皮滩八九联营体、张河湾砂石项目部隶属砂石分局管理；成立洒渔河施工局，隶属三分局管理。

是日　湖南省召开全省实施职业培训年电视电话会议，会议宣布了全省首批（7家）高技能人才培训基地名单，水电八局名列榜首。

2月28日　中国水电党组调水电八局党委副书记兼纪委书记余其年到水电十二局任党委书记。

3月28日　湖南省经济委员会和湖南省电力行业协会授予水电八局"电建湘军"称号。

4月13日　中国水电同意水电八局设立湖南恒丰投资置业有限公司，主营业务趋向多元化。

5月31日　成立职工素质工程领导小组，贯彻落实国务院国资委党委加强实施职工素质工程建设。

6月18日　贵州洪家渡水电站首台机组投产发电。贵州省副省长包克辛、省人大常委会副主任步智信出席首台机组发电庆典。

7月7日　中国水电批准水电八局注册设立湖南朝阳房地产开发有限责任公司。

7月20日—22日　水电八局安全生产工作会在长沙召开，局长林修建作题为《以人为本，强化管理，开创我局安全生产工作新局面》的工作报告。

是月　水电八局获评"2004年度湖南省质量管理小组活动优秀企业"；林修建获评"湖南省质量管理先进个人"；张汉龙获评"湖南省质量管理小组活动卓越领导者"。

8月19日　局长林修建、党委书记陈正平代表局领导班子向全局职工作出廉政六项承诺。

8月23日　撤销采购管理中心，其职责划归设备物资管理处；项目稽查部更名为工程管理部；彭水砂石施工局更名为彭水施工局。

8月25日　三峡机电制造安装项目部安装的三峡左岸电站2号机组，被共青团中央授予"全国青年文明号"称号。共青团中央企业团工委在三峡左岸电站厂房举行隆重的授牌仪式和"三峡青年创新立功竞赛"授旗仪式。

9月28日　广西水南高速公路全线通车。广西壮族自治区政府在南宁市武鸣工地举行盛大的通车庆典，广西壮族自治区主席陆兵出席庆典仪式。

9月29日　机电制造安装分局三峡机电制造安装项目部获评"中央企业先进集体"。

10月12日　湖南省人大常委会副主任、湖南省总工会主席王四连到三峡工地视察工作。

10月14日　水电八局通过中质协质量保证中心审核组2000质量管理体系标准首次监督审核。

10月16日　谭靖夷院士率专家组到重庆彭水水电站考察指导工作。

11月17日　水电八局湖南朝阳房地产开发有限责任公司正式挂牌。

12月　水电八局公路施工总承包一级、公路路基工程专业承包一级、土石方工程专业承包一级三项增项资质顺利通过交通部和建设部的评审；获评"湖南省2002—2003年度纳税信用等级A级单位"。

是年　水电八局完成企业总包产值29.2亿元，为年度计划的121.7%；全员劳动生产率25.18万元/（人·年）；新中标项目113个，合同金额43.23亿元，为年度计划的172.9%；实现利润4082.42万元，为年度计划的291.6%，实现重大跨越，再写崭新纪录。

2005年

1月21日　由水电八局为责任方承建的云南大朝山水电站枢纽工程获鲁班奖。

2月10日　（大年初三）中共中央总书记、国家主席、中央军委主席胡锦涛在中共贵州省委书记钱运录、省长石秀诗陪同下，视察贵州索风营水电建设工地，并致新年的问候。

2月26日—28日 水电八局2005年工作会暨五届三次职代会在长沙召开。局长林修建作题为《抓住机遇，乘势而上，努力加快水电八局跨越式发展步伐》的行政工作报告；党委书记陈正平作题为《把握新的形势，更新思想观念，以党群工作创新促进企业管理创新》的党群工作报告；副局长陈义海、总会计师王意桥分别作生产经营工作和财务工作报告；副局长龚长清作五届三次职代会职工提案处理情况报告。

大会明确了2005年的总体工作思路：坚持以邓小平理论和"三个代表"重要思想为指导，深入贯彻中共十六届四中全会及中央经济工作会议精神，认真落实中国水电2005年工作会议部署，按照"把握形势，与时俱进，锐意创新，实现跨越"的四年工作总方针，以经济增长方式的转变为突破口，以科学管理培育企业执行力，以持续盈利打造企业成长力，坚持以科学发展观统领全局，坚持市场取向的改革方向，更新观念，调整结构，加强管理，实施人才强企和科技兴局战略，抓住机遇，乘势而上，努力加快工程局跨越式发展的步伐。

大会确定了2005年主要奋斗目标：完成企业总包产值29亿元，全员劳动生产率25万元/（人·年），新中标金额28亿元，实现利润3500万元。

3月2日 成立设备租赁中心为水电八局内部独立核算单位，实施自主经营、自负盈亏、自我发展。

3月4日 与通用电气亚洲水电设备有限公司签订框架式战略合作意向书。意向书明确水电八局作为通用电气亚洲水电设备有限公司的定点分包单位和战略合作伙伴，全面承担通用电气亚洲水电设备有限公司的水轮机埋件、蜗壳、导水机构、上下机架、转轮室及转轮等水轮发电机设备制作业务，时间为2005年3月—2008年3月。

3月30日 获评中国施工企业管理协会"2004年度全国用户满意施工企业"。

4月7日 行文调整提高职工住房公积金标准，由原5%提高到6%。

4月15日 机电制造安装分局焊工童中华在全国工程建设系统第七届焊工技术比赛中取得了第33名的好成绩，获评"全国优秀女焊工"。

5月13日 重庆市委书记黄镇东视察彭水水电站工程。

5月21日 中国工程院院士谭靖夷、陆佑楣考察贵州索风营水电站工程。

5月21日—22日 中国华电集团公司总经理贺恭在贵州乌江水电开发有限责任公司董事长戴绍良等领导陪同下，视察贵州索风营水电站工地和构皮滩水电站工地。

5月23日—24日 由资深水电专家王圣培、阮光华、翁定伯、李裕营等组成的专家组到贵州光照水电站检查指导工作。

6月1日 水电八局成立独立的测绘生产机构——中国水利水电第八工程局测绘中心。

6月12日 中国水电副总经理到溪洛渡施工局检查指导工作。

7月6日 中共四川省委书记张学忠视察四川武都水库建设工地。

7月7日 水电八局开展保持共产党员先进性教育活动。

7月20日 广东惠州抽水蓄能电站人工碎石系统钢结构制造安装与设备安装调试工程竣工，工程全部一次验收合格，并获评优质工程。

7月25日 撤销人事处和劳务部，成立人力资源部；撤销物业管理处，除基建管理职能划归总经办和财务处外，其债权、债务、人员、资产等整体并入三产实业分局。

8月1日 云南谷拉水电站发生一起门机整体倾覆坠落特大事故，造成14人死亡、1人重伤、2人轻伤。水电八局当即组成"8·1"事故调查组连夜赶赴现场进行调查和善后处理。

8月5日 水电八局取得铁道工程交易许可证。

8月12日 全国人大常委会副委员长蒋正华视察贵州索风营水电站建设工地。

9月7日 中国工程院院士张超然、马洪琪率开挖专家、地质专家一行30余人莅临金沙江溪洛渡工地指导工作。

9月9日 湖南省副省长贺同新到湖南新邵晒谷滩水电站工程视察工作。

9月10日 湖南省成立院士专家咨询委员会，中国工程院院士、水电八局原副局长、总工程师谭靖夷当选为咨询委员会委员。

9月14日 中国水电副总经理到水电八局了解开展保持共产党员先进性教育活动情况，并在中层干部大会上作题为《以品牌一流，技术一流，业绩一流，创造效益一流》的讲话。

9月15日 中国工程院院士谭靖夷率专家组到贵州构皮滩水电站建设工地指导工作。

9月16日 三峡开发总公司在三峡左岸电站厂房举行

左岸电站14台机组全部投产发电的庆典仪式，国务院副总理曾培炎出席庆典仪式并发表重要讲话。

9月28日 重庆彭水水电站正式开工，工地现场举行庆典。重庆市市长王鸿举、贵州省副省长蒙启良、中国大唐集团公司总经理翟若愚、中国水电副总经理袁柏松等领导出席庆典仪式。

10月31日 中共中央政治局委员、湖北省委书记俞正声到水电八局承建的松树岭水电站工地考察调研。

是月 贵州响水电站高压埋管修复工程获得中国工程建设焊接协会颁发的"全国优秀焊接工程2005年一等奖"；水电八局获评"全国行业诚信经营示范单位"。

11月1日 四川武都水库大坝工程隆重举行奠基仪式。四川省省长张中伟、全国政协委员敬正书、四川省政协副主席阿称等领导出席奠基庆典，四川省省长张中伟等各级领导执铲为大坝奠基。

11月6日—7日 水利部部长汪恕诚视察马来西亚巴贡水电站建设工地。

11月18日 2005年中央企业职工技能大赛在江苏扬州胜利闭幕。代表中国水电参赛的水电八局机电制造安装分局的女焊工选手童中华获铜奖，被授予"中央企业技术能手""中央企业青年岗位能手"称号。

11月26日 中国企业联合会和中国企业家协会在北京隆重召开第十批中国新纪录新闻发布会暨新纪录发布10周年表彰大会。会上共发布全国275家企业的585项新纪录，水电八局3项纪录入选。

11月28日 水电八局党委召开保持共产党员先进性教育活动总结大会。

12月14日 水电八局通过北京中电联认证中心进行的质量、环境、职业健康安全管理体系认证审核。

12月19日 三峡左岸电站9号机组最后一台实现"首稳百日"考核目标，标志着三峡左岸电站机组在制造、安装和运行管理上达到国际先进水平。

12月28日 水电八局首次取得由北京中电联认证中心颁发的质量管理体系、环境管理体系、职业健康安全管理体系3项认证证书。

是年 水电八局全年完成企业总产值35.78亿元，比上年同期增长22.5%，首次突破30亿元大关；新中标项目101项，金额57.9亿元，比上年增加14.67亿元，增长幅度为34%；实现账面利润4615万元，为年度计划的132%。

2006年

1月1日 西南分局更名为五分局；成立川渝分局，作为水电八局派出机构，负责四川、重庆等地市场开拓等事宜。

1月9日 水电八局与国家电网公司成都勘测设计研究院等单位共同承担的四川沙牌碾压混凝土拱坝筑坝技术研究项目，获得2005年度国家科学技术进步奖二等奖。该研究项目于2004年底获得中国电力科技进步奖一等奖。

1月11日 水电八局四中移交湖南常德市地方政府。

1月13日 广东惠州抽水蓄能电站顺利通过NOSA一星评级，为全国水电系统中首家NOSA评级上一星的水电站。

2月14日 局长林修建获评"湖南省电力行业优秀企业家"。

2月23日 柬埔寨甘再水电站项目BOT实施协议（IA）、购电协议（PPA）和土地租赁协议（LA）签约仪式在柬埔寨首都金边隆重举行。柬埔寨副总理兼内阁事务部部长宋安、工业部部长苏赛、财政部部长吉春和外交国务秘书等政府官员，中国驻柬大使张金凤、商务部国际合作司司长吴喜宁、中国水电副总经理刘起涛等出席签字仪式。

2月27日 国务院国资委、全国妇联在北京人民大会堂召开中央企业巾帼建功标兵和巾帼文明岗表彰大会，水电八局机电制造安装分局三峡项目部女子焊接班获评中央企业"巾帼文明岗"，焊工童中华获评"巾帼建功标兵"。

2月28日 水电八局二中移交湖南长沙县地方政府。

3月21日 水电八局三中及附小移交湖南资兴市地方政府。

3月31日 设立投资管理部，旨在加大投资管理力度，提高投资效益。国际合作部改为国际部，作为水电八局二级核算单位。

是月 在第二届（2005年度）中国行业十大影响力品牌新闻发布会上，水电八局砂石分局被授予"中国行业十大影响力品牌"称号。

4月3日—5日 水电八局2006年工作会暨五届四次

职代会在长沙召开，局长林修建作题为《认真落实科学发展观，全面实施企业发展战略，为实现水电八局又快又好发展而努力奋斗》的行政工作报告；党委书记陈正平作题为《围绕改革发展，创新工作思路，为建设和谐进步的现代企业提供坚强政治保证》的党群工作报告；副局长陈义海、总会计师王意桥分别作经营和财务工作报告。

大会明确2006年的工作指导思想：以"三个代表"重要思想为指导，认真落实科学发展观，深入贯彻中国水电2006年工作会精神，抢抓历史机遇，奋力开拓市场；深化企业改革，加强精细管理；全面启动企业发展战略，全面提升企业创新水平，全面提高企业发展质量，全面构建和谐企业，不断提高全局的核心竞争力、获利能力和可持续发展力，推动企业又快又好地发展。

大会确定了2006年奋斗目标：完成企业总产值40亿元，全员劳动生产率35万元/（人·年），中标45亿元，实现考核利润1亿元。

4月8日 中国水电第一个BOT项目——柬埔寨甘再水电站项目启动揭幕仪式在柬埔寨王国总理府新址隆重举行，中华人民共和国国务院总理温家宝与柬埔寨王国政府总理洪森分别代表两国政府亲手为项目启动揭幕。中国水电党委书记、副总经理刘起涛出席了揭幕仪式。

4月10日 三峡开发总公司副总经理樊启祥到向家坝水电站马延坡砂石加工系统等工程项目考察和指导工作。

是日 成立云南分局，作为水电八局派出机构，负责云南省市场开拓等事宜。

4月19日—20日 中国水电总经理、副总经理等一行到马来西亚巴贡水电站项目工地视察指导工作。

4月28日 "索风营大坝碾压混凝土温度控制施工技术"科技成果通过贵州省科技厅组织的科技成果鉴定；局长林修建获评"2005年湖南工商界百位诚信人物"。

5月11日 历时4个月的三峡工程诚信单位评比活动结果揭晓，三七八联营总公司荣膺"最佳诚信单位"称号，并以唯一的全票通过，位居榜首。

5月31日 水电八局一中132名在职和离退休老师分别移交贵阳市高新区政府和遵义县政府管理。

6月5日—6日 水电八局在长沙召开2006年纪委书记座谈会，中国水电纪委书记唐苏军到会指导。

6月7日 广西壮族自治区党委书记、自治区人大常委会主任曹伯纯到龙滩水电站工程视察指导工作。

6月13日—15日 由中国工程院院士谭靖夷等水电专家组成的咨询专家组到贵州构皮滩水电站工程检查指导工作。

6月15日 水电八局珠海分局由局派出机构变更为基础分局管理机构。

6月23日 重庆市常务副市长黄奇帆到彭水水电站工程检查指导工作。

7月4日—6日 三峡开发总公司总经理李永安、副总经理樊启祥先后到向家坝水电站和溪洛渡水电站建设工地考察指导工作。

7月9日—10日 美国通用电气亚洲水电设备有限公司高层管理人员一行5人先后到东江机械厂和常德机械厂进行实地考察。他们赞赏厂区生产、生活环境和文明生产管理，充分肯定水电八局水工制造安装生产能力和工艺水平，对创新开发出混凝土布料机表示赞赏和钦佩。

7月22日 由中国工程院院士谭靖夷、马洪琪等专家组成的质量检查组到云南小湾水电站砂石系统检查指导工作。

8月3日 发布2006—2010年水电八局企业文化建设规划。

8月9日 中国水电党委书记刘起涛到小湾施工局检查指导工作。

8月25日 全国政协副主席李蒙视察向家坝水电站工程。

是月 由中国施工企业管理协会组织开展的2005年度施工企业新纪录评选活动揭晓，全国共有41家施工企业创造或打破68项纪录，水电八局有9项纪录入选。

9月1日 由水电八局常德职工医院改制成立的常德德星医院隆重举行揭牌庆典仪式，成为中国水电医疗系统第一家完成改制的单位。

9月8日 水电八局教培中心技工学校荣膺"国家重点技校"称号，值庆祝2006年教师节之际举行"国家重点技校"挂牌典礼。

9月18日 四川黑龙凼水库工程全面竣工。全国政协副主席张梅颖、四川省副省长张作哈等政府主要领导出席庆典仪式。

9月20日 中国水电副总经理到黑麋峰工地检查指导工作。

9月22日 水电八局党委在长沙举行学习《江泽民文选》报告会，号召全局职工认真学习《江泽民文选》，以"三个代表"重要思想统领全局工作。

9月25日 中国水电副总经理袁柏松、总经济师王宗敏到水电八局指导工作。

9月26日 劳动和社会保障部授予水电八局机电制造安装分局焊工高级技师杨国强"全国技术能手"称号。

是月 水电八局机电制造安装分局三峡项目部大件安装班被国务院国资委授予"中央企业学习型红旗班组（科

室）"称号；局长林修建被中国建筑协会工程项目管理委员会授予"建设工程项目管理优秀工作者"称号。

10月16日 中国水电总会计师孙瑾到水电八局调研。

10月19日 参股投资中国水电四川电力公司。

10月21日—23日 中国工程院院士、华能澜沧江水电开发有限公司高级顾问马洪琪到云南小湾水电站工程检查指导工作。

10月22日—27日 由中央电视台新影制作中心、国家电力监管委员会、中国电力报社联合出品，各大电力集团协助拍摄的大型文献纪录片《照亮中国》剧组到水电八局拍摄节目，就乌江渡水电站、二滩水电站、三峡水电站的建设分别采访了中国工程院院士、水电八局高级技术顾问谭靖夷，水电八局局长林修建，副局长龚长清，总工程师涂怀健等。

10月24日 中广核能源开发公司副总经理游雁凌等一行4人到水电八局考察，水电八局领导林修建、陈正平、龚长清、涂怀健参加座谈，双方就核电、风电、抽水蓄能电站等项目施工及广东阳江抽水蓄能电站建设进行了广泛交流。

11月15日 柬埔寨矿产能源部部长瑞赛等一行20多人，视察甘再水电站工地现场。

11月20日 根据武汉市城市发展及中国水电内部管理体制改革的总体要求，撤销武汉机械厂，其人员实施合理分流安置。

11月26日 金沙江向家坝水电站正式开工建设。中共中央政治局委员、国务院副总理曾培炎出席开工仪式并宣布正式开工。水电八局局长林修建、党委书记陈正平出席庆典仪式。

11月27日 在中国企业联合会、中国企业家协会召开的中国企业新纪录（第十批）表彰大会上，水电八局有7项中国企业新纪录受表彰。

11月28日 水电八局获评"长沙市2004—2005年度A级纳税信用单位"。

是月 通用电气亚洲水电设备有限公司产品质量大会在杭州举行。会上，通用电气亚洲水电设备有限公司颁发了"质量优秀奖""环境职业安全""电子商务"三个奖项。水电八局凭借先进的质量管理理念、科学的质量保证体系及优良的产品质量，获得"质量优秀奖"；东江机械厂16名焊工通过国际权威电焊专业技术认证考试，取得美国ABS焊二氧化碳（CO_2）气体保护焊的技术证书。

12月11日 德国柯林输送技术有限公司高管人员、大中华区总裁首席代表阿克曼一行到水电八局常德机械厂考察，洽谈合作意向。

12月14日 中国驻柬埔寨大使馆商务参赞孙维仁一行到甘再水电站施工现场视察。

12月20日—21日 中国华能集团公司总经理李小鹏到景洪工地、小湾工地检查指导工作。

12月20日—21日 国家安全生产监督管理总局专员郭新庆、司长王力争率检查组到金沙江溪洛渡水电站开展安全生产检查。

12月23日 柬埔寨第一副首相、国会委员、陆军四星上将瓦尼德（Nhim Vand）到甘再水电站施工现场视察。

是月 中国水电调水电八局副局长龚长清到中国水电设备租赁控股有限公司工作。

是年 水电八局全年完成企业总产值45.39亿元，首次突破40亿元大关；中标项目140项，中标合同金额66.88亿元，再创历史新高，首次突破60亿元大关；全员劳动生产率37.23万元/（人·年），为年度计划的148.92%；实现业绩考核利润1.47亿元，为年度计划的167%。

2003—2006年 水电八局累计完成企业总产值132.37亿元，为四年发展规划的132%；累计中标金额193.35亿元，为四年发展规划的154.6%；累计实现考核利润总额3.11亿元，完成四年发展规划目标的517.93%。同时，职工收入超额实现了四年规划要求逐年增长10%的目标。

2007年

1月27日 中国水电副总经理王彤宙一行到水电八局检查指导工作。

1月28日 水电八局参与承建的二滩水电站荣获中国土木工程建设领域最高奖项詹天佑奖。

3月10日—11日 水电八局召开2007年工作会暨五届五次职代会。局长林修建作题为《坚持科学发展，加快改革创新，为打造中国水电龙头企业和第一品牌而努力奋斗》的行政工作报告；党委书记陈正平作题为《加强基层党的建设，倡导先进企业文化，以企业软实力推动企业发展硬指标的全面实现》的党委工作报告；副局长陈义海作2006年生产经营完成情况和2007年生产经营计划安排情况报告；总会计师王意桥作2006年财务决算和2007年财务预算报告。

会议明确提出：进一步深化改革，优化结构，努力把水电八局打造成为中国水电龙头企业和第一品牌。2007年基本工作思路：坚持以邓小平理论和"三个代表"重要思想为指导，牢固树立科学发展观，深入贯彻中国水电第一次党代会和2007年工作会议精神，以提高经济效益为中心，进一步深化改革，调整结构，加快发展，力争主业发展和结构优化实现新突破，机制创新和强化管理取得新进展，"四好"班子创建和企业文化建设再上新台阶，确保企业持续快速健康发展，确保职工收入稳步提高，为打造中国水电龙头企业和第一品牌而努力奋斗。

2007年主要奋斗目标：企业总产值45亿元，中标55亿元，利润总额1.2亿元，职工人均收入增长率不低于8%。

3月21日 水电八局与三峡开发总公司签订了金沙江溪洛渡水电站大坝及金属结构制作安装工程项目合同，合同金额30.05亿元。这是国内最大的水电工程单项合同项目，巩固发展了水电八局在混凝土高拱坝施工技术领域的领先地位。

3月27日 中国工程院院士、金沙江质量专家组权威专家谭靖夷、张超然到向家坝马延坡成品砂石系统考察系统建设与山体滑坡治理施工进展情况。

4月12日 中国水电副总经理李跃平到甘再水电站施工现场实地考察。

4月28日 全国人大常委会副委员长、全国妇联主席顾秀莲为水电八局三峡工程两个"全国巾帼文明岗"授牌。

5月18日 水电八局高级技工学校举行挂牌庆典仪式，湖南省劳动和社会保障厅、长沙市劳动和社会保障局有关领导到场揭牌。

5月29日 "中国铝业杯"首届中央企业青年创新奖颁奖典礼在人民大会堂召开。水电八局完成的三峡VGS700兆瓦水轮发电机组安装技术研究荣获金奖。

是日 中国水电纪委书记唐苏军到贵州构皮滩水电站工地调研。

6月17日 中国工程院院士谭靖夷等有关专家到彭水水电站进行检查指导。

6月28日 金沙江向家坝水电站人工砂石系统投产运行，成为此时世界上生产能力最大的人工砂石系统。

是月 中国工程院院士、著名水电工程专家罗绍基到惠州抽水蓄能电站工地调研。

7月16日 水电八局全资设立西昌八局机电建设有限责任公司，其经营范围包括水电金属结构制造、安装，机械加工，机电产品安装调试，金属结构设备安装调试，起重设备制造、安装、改造、维修，钢结构制造、安装，压力管道安装。

8月10日 著名水电施工专家、中国工程院院士谭靖夷一行到挂治水电站检查指导工作。

8月24日 加纳布维水电站举行开工仪式，加纳共和国总统约翰出席。

是月 水电八局团委荣获"中央企业五四红旗团委"称号，是该年度中国水电系统唯一获此殊荣的单位。

9月13日 水电八局举行《员工素质读本》发行仪式。

10月19日 投资建设西昌公司。

11月7日 中国水电副总经理李跃平到溪洛渡水电站截流施工现场检查指导工作。

11月8日 金沙江溪洛渡水电站成功截流，创造了我国水电站截流史上的新纪录。

11月12日 正式签订加纳布维项目合同，这是水电八局开拓非洲市场的第一个项目，合同总额为3.8亿美元，工期为56.5个月，总装机容量为400兆瓦。

11月24日 中国企业联合会、中国企业家协会发布了第12批中国企业新纪录，水电八局5项技术入选。近3年，水电八局共创17项中国企业新纪录。

11月30日 中国水电党委书记刘起涛等一行到柬埔寨甘再水电站项目工地检查指导工作。

是月 由湖南省工业经济联合会、湖南省企业管理协会和湖南省企业家协会3家机构组织评选的2006年度"湖南企业100强"综合分析结果揭晓，水电八局被授予"湖南企业100强"称号。

12月16日 中国水电建设集团房地产（长沙）有限公司正式成立。主营业务为长沙及周边城市房地产的开发和水电八局各基地存量土地的房地产开发。公司注册资金5000万元，中国水电建设集团房地产公司占60%的股份，水电八局占40%的股份。

12月18日 金沙江阿海水电站新源沟人工砂石加工系统提前14天投产，创全国同类大型人工砂石加工系统建设最快速度。

12月24日 融城医院举行挂牌庆典仪式。

是月 湖南朝阳房地产开发有限责任公司引入股东增资扩股后更名为中国水电建设集团房地产（长沙）有限公司，水电八局参股。

是年 水电八局全年完成营业收入58.23亿元，中标合同总金额92.17亿元，实现业绩考核利润1.65亿元，营业收入考核利润率3.23%，全员劳动生产率47.73万元/（人·年），人均年收入同比增长14.01%。

2008年

1月17日 中国水电党委书记、副总经理刘起涛，党委委员、副总经理袁柏松，总经理助理、人力资源部主任李燕明到水电八局宣布领导班子调整决定。水电八局新一届领导班子由14人组成：林修建同志任局长兼党委副书记，朱素华同志任党委书记兼副局长，张汉龙、黄敏、曹跃生、姜清华、戴科夫、刘光华、杨刚、刘中刚8位同志任副局长，朱国强同志任党委副书记兼纪委书记，王意桥同志任会计师，涂怀健同志任总工程师，肖华民同志为工会主席（候选人）。原党委书记陈正平退休、副局长陈义海改任咨询。

2月20日 元宵佳节之际，中国水电总经理、党委副书记等一行到京沪高速铁路六工区看望慰问广大员工。

3月1日 水电八局召开第六次党代会、工代会。会议由局长、党委副书记林修建主持。党委书记朱素华代表水电八局第五届党委作题为《以改革创新精神推进党建工作，发挥政治优势，建设全新八局》的党委工作报告。党委副书记、纪委书记朱国强代表水电八局第五届纪委作工作报告。肖华民代表第五届工会委员会作题为《围绕中心、共创和谐，为全面实现工程局发展目标努力奋斗》的工会工作报告。

3月2日—3日 水电八局召开2008年工作会暨第六届职代会。局长林修建作题为《解放思想、创新思路、科学规划，为推动八局新一轮发展而努力奋斗》的工作报告；副局长姜清华作2007年生产经营情况和2008年计划安排报告；总会计师王意桥作2007年财务决算和2008年财务预算报告；副局长曹跃生作职工代表提案处理情况的报告；总工程师涂怀健作集体合同修订草案说明。

会议指出，要按照"做优国内水电，做强国际业务，做大非水电业务，适度开展投资业务"的战略布局，转变发展观念，创新发展机制，理顺经济关系，全力推动新一轮发展，努力将水电八局打造成为"发展质量更优、速度更快、规模更大、效益更好、品牌更亮、实力更强、职工收入更高、影响力更显著"的中国水电龙头企业和第一品牌。

3月7日 中国水电纪委书记唐苏军到柬埔寨甘再水电站项目工地检查指导工作。

4月21日 南托基地融和园住宅小区交付使用。

4月29日 中国水电副总经理王彤宙到京沪高速铁路施工局检查指导工作。

6月5日 中国水电副总经理到柬埔寨甘再水电站项目工地检查指导工作。

6月10日 中国水电总经理、副总经理等一行到马来西亚巴贡水电站检查指导工作。

6月24日 小湾水电站放空底孔1#事故检修门，门叶与整体门槽设备制造在机电制造安装分局东江机械厂成功通过联合试验，成为此时世界最大的放空底孔链轮闸门。

6月26日 中国水电纪委书记唐苏军到武邵高速公路项目指导工作。

7月17日 中国水电总经济师、工会主席王宗敏到向家坝水电站工地检查指导工作。

是日 中国水电纪委书记唐苏军到南托基地进行检查指导工作。

7月 经湖南省工商局核准，中国水利水电第八工程局改建为"中国水利水电第八工程局有限公司"，出资人为中国水电。经湖南省工商局核准，湖南江海科技实业发展公司改制为湖南江海科技发展有限公司；长沙明珠工贸公司改制为长沙明珠建材贸易有限公司；长沙县拓海商贸服务部改制为长沙明珠建材贸易有限公司，出资人均为水电八局。

9月7日 中国水电副总经理袁柏松到柬埔寨甘再水电站项目工地检查指导工作。

11月4日 撤销投资管理部，原投资管理部职责划入经营管理部。

11月10日 中国水电副总经理袁柏松来到京沪高铁建设工地检查指导工作。

11月18日 中国水电副总经理袁柏松出席水电八局领导班子民主生活会。

11月20日 中国水电党委书记刘起涛等一行到马来西亚巴贡水电站检查指导工作。

12月2日 加纳布维水电站提前一年截流，总统库福尔亲临现场出席庆典。

12月26日 贵州洪家渡水电站获2008年度鲁班奖。

是年 水电八局技术中心被认定为湖南省第一批"建筑业企业技术中心"；获评"全国建筑业科技进步和技术创新先进企业""技术创新先进企业"。水电八局高级顾问、中国工程院院士谭靖夷荣获第七届光华工程科技奖工程奖。

是年 水电八局全年完成营业收入62.61亿元，新签合同总金额119.36亿元，实现利润2.04亿元。

2009年

1月2日 中国水电党委委员、纪委书记唐苏军到京沪高铁工地看望员工并指导工作。

3月7日—8日 在水电八局召开的2009年工作会暨六届三次职代会上，执行董事、总经理、党委副书记林修建作题为《坚定发展信心，凝聚发展力量，转变发展方式，提升发展质量，全力打造集团公司龙头企业和第一品牌》的工作报告；副总经理姜清华作题为《认清形势、坚定信心、迎难而上，确保公司市场营销工作稳中求进》的市场营销工作报告；副总经理戴科夫作题为《抓住机遇促发展，调整流程上水平，推动转型时期公司经营效益快速增长》的生产经营工作报告；总会计师王意桥作2008年财务决算和2009年财务预算报告；副总经理黄敏作国际业务工作报告。

会议确定了2009年基本工作思路：坚持以科学发展观为指导，认真贯彻落实中国水电工作会议精神，准确把握当前经济形势，沉着应对，迎难而上，强力推动产业结构优化，着力防范经营财务风险，奋力提高内部管理水平，努力构建和谐企业，保增长，强效益，创品牌，全力打造中国水电龙头企业和第一品牌。

2009年主要工作目标：完成企业营业收入65亿元，其中国际业务14.91亿元，国内非水电业务11.94亿元；新增合同额65亿元，其中国际业务15亿元，国内非水电业务30亿元；实现利润2.0亿元；在岗职工人均年收入增长率达8%以上。

3月26日 贵州乌江洪家渡水电站工程获中国土木工程詹天佑奖。

4月8日 中国水电副总经理袁柏松一行到糯扎渡工地开展检查指导调研活动。

4月10日—13日 中国水电党委书记刘起涛、工会主席王宗敏一行分别深入水电八局三分局、溪洛渡大坝施工局、砂石分局向家坝砂石项目部，开展深入学习实践科学发展观活动指导检查调研工作。

是月 海南三亚大隆水利枢纽工程获评"2008年度中国水利优质工程（大禹）奖"。

6月 水电八局溪洛渡大坝施工局、向家坝砂石项目部荣获全国"五一劳动奖状"；三峡机电制造安装项目部厂用电班荣获全国"工人先锋号"称号；溪洛渡大坝施工局原局长吴海涛荣获全国"五一劳动奖章"；向家坝砂石项目部经理邓三才荣获云南省"五一劳动奖章"。

7月13日 中国驻赞比亚大使李强民到水电八局指导工作。

7月20日 水电八局总经理林修建获评第八届"湖南十大杰出经济人物"。

7月25日 京沪高铁项目获"火车头"奖杯。

7月29日 中国水电副总经理李跃平到金沙江溪洛渡水电站工地开展践行科学发展观调研。

8月17日 水电八局召开《公务礼仪基本规范》学习推广应用启动会。

9月21日 中国水电副总经理袁柏松率集团调研组到水电八局开展公司治理情况实地调研。

10月 水电八局通过湖南省科技厅、省财政厅、省国家税务局、省地方税务局的"高新技术企业"认定；总经理林修建获评"全国电力行业优秀企业家"。

11月27日 中国工程院院士谭靖夷及专家组一行对官地砂石骨料生产系统进行检查指导。

11月28日—29日 在北京召开的全国职工教育职业培训先进个人先进单位表彰大会上，水电八局获得"全国企业职工教育培训先进单位"荣誉称号、臧建光同志获得"全国职工教育培训先进个人"荣誉称号、周伟生同志获得"中国技工院校优秀教师"荣誉称号。

是月 水电八局获评"全国建筑业先进企业"。

12月13日 中标孟加拉国首都达卡至最大港口吉大港四车道公路建设项目，中标价约11.5亿元，这是水电八局在海外承接的第一个公路项目。

12月22日 水电八局常德基地五强溪生活小区正式移交沅陵县管理。

12月28日 水电八局安装的贵州构皮滩水电站最后一台机组正式移交电厂，创造了一年安装投产5台60万千瓦大型水电机组的国内奇迹。

是月 水电八局参股投资中国水电建设集团新能源开

发有限责任公司。

是年 水电八局共安装投产14台机组，总装机容量为435.95万千瓦，再次刷新全国施工企业新纪录。

是年 水电八局全年完成营业收入80.99亿元，新签合同总金额81.43亿元，实现利润2.729亿元，营业收入利润率3.37%，经济增加值（EVA）17008万元。

2010年

2月11日 水电八局召开职工工资集体协商会议。总经理林修建为出资方首席代表、工会主席肖华民为职工方首席代表出席会议，首次以出资方和职工方协商的形式，就职工工资分配发放进行协商。

2月13日—14日 中国长江三峡集团公司（以下简称三峡集团）总经理、党组成员陈飞等到向家坝砂石项目部、溪洛渡工地进行现场考察。

2月26日—27日 水电八局召开2010年工作会暨六届四次职工代表大会。总经理、执行董事、党委副书记林修建作题为《抢抓机遇塑品牌，调整结构促转型，全力确保公司更好更快发展》的报告；党委书记、副总经理朱素华作题为《把握新机遇，迎接新挑战，开创公司更好更快科学发展新局面》的总结；中国工程院院士、水电八局高级技术顾问谭靖夷出席会议并讲话；副总经理姜清华作市场营销工作报告，副总经理刘光华作生产经营工作报告，副总经理黄敏作国际业务工作报告，总会计师王意桥作财务工作报告，副总经理戴科夫作职工代表提案处理情况报告。

会议明确2010年"1321"工作思路，即一个重点：拓市场，保订单，调结构；三项改革：管理模式改革、干部制度改革和分配方式改革；两个提升：努力提升企业经济效益和品牌影响力；一个目标：确保公司更好更快发展。

确定2010年主要工作目标：完成企业营业收入82亿元，其中国际业务24亿元，国内非水电业务16亿元；新增合同额82亿元，其中国际业务25亿元，国内非水电业务30亿元（自主营销15亿元以上）；实现利润2.5亿元；在岗职工人均年收入增长率达10%以上。

4月26日 中国水电总经理、中国水利水电建设股份有限公司（以下简称中国水电股份公司）董事长等到向家坝工程项目检查指导工作，慰问向家坝建设者。

是月 水电八局获评"2009年度全国电力建设优秀施工企业"。

5月27日 长沙融城医院新门诊综合大楼开工。

6月22日 中共湖南省委书记周强深入湘江长沙综合枢纽工程施工现场检查指导湘江防汛工作。

6月25日—27日 中国水电总经理、股份公司董事长、党委书记等到马来西亚项目检查指导工作。

7月 水电八局党委被国务院国资委党委授予"中央企业先进基层党组织"称号。

8月28日 以水电八局为主要服务对象的企业型社区——长沙市天心区大托镇融城社区在南托基地正式揭牌成立。

9月12日 三峡集团总经理陈飞等一行到溪洛渡大坝工程施工现场和右岸电站机组埋件工程安装现场检查指导工作。

9月14日—16日 第七届全国电力行业职业技能竞赛坝工模板工决赛在银盘施工局举行，水电八局选手夺得第一名、第二名、第三名。

10月28日 水电八局获得公路工程综合试验检测乙级资质。

11月15日 水电八局参建的福建省首条以BOT方式建成的武夷山至邵武高速公路通车。

11月25日 水电八局获评"'十一五'全国建筑业科技进步与技术创新先进企业"；涂怀健获评"'十一五'全国建筑业科技进步与技术创新先进个人"。

12月8日 水电八局科研综合楼开工。

12月11日 在原四分局的基础上成立基础设施部、基础设施分局，基础设施部和基础设施分局实行"一套人马、两块牌子"运作。撤销一分局、四分局，将京沪高铁施工局整体并入基础设施分局。

12月23日 华能巢湖电厂一期工程荣获"2010年度国家优质工程银质奖"。

是月 签约广西壮族自治区平南县大同江流域水电站设计任务。

是年 对基础工程分局、三分局、中水重工分公司、设备租赁中心4个单位进行了领导班子换届。

是年 水电八局全年完成营业收入106.2亿元，新签合同总金额134.07亿元，实现利润4.25亿元，营业收入利润率4%，经济增加值（EVA）5.85亿元。

2011年

1月7日 印度尼西亚亚齐火电项目部荣获印度尼西亚国家电力公司"2010年最佳工程履约奖"。

2月24日—25日 水电八局召开2011年工作会暨六届五次职代会。总经理、执行董事、党委副书记林修建作题为《转型升级谋跨越,提升质量上水平,全力推进公司迈向科学发展新阶段》的报告;党委书记、副总经理朱素华作题为《立足新起点,抢抓新机遇,谋划新跨越,为开创"十二五"新辉煌而努力奋斗》的总结讲话;中国工程院院士、水电八局高级技术顾问谭靖夷讲话;副总经理姜清华作市场营销工作报告,副总经理刘光华作生产经营工作报告,副总经理黄敏作国际业务工作报告,总会计师王意桥作财务工作报告,副总经理戴科夫作职工代表提案处理情况报告。

会议明确2011年工作思路:深入贯彻落实科学发展观,全面落实股份公司安排部署,解放思想,把握时局,改革创新,锐意进取,科学调整组织架构、优化内部体制、完善管理机制、强化管理手段,进一步提升营销能力、履约能力和管控能力,为实现水电八局的持续快速发展而努力奋斗!

确定2011年主要工作目标:完成企业营业收入120亿元,其中国际业务40亿元,国内非水电业务25亿元;新增合同额120亿元,其中国内水电业务、国际业务、国内非水电业务各40亿元(含铁路业务10亿元);实现利润4.5亿元;在岗职工人均年收入增长率达10%以上。

会上,对国际部、五分局、砂石分局、机电制造安装分局4家为公司实现"双百亿"企业目标作出特别贡献的单位进行了表彰,并对其班子成员进行了重奖。

是月 贵州乌江索风营水电站荣获第十届中国土木工程詹天佑奖。

3月23日 中国水电副总经理李跃平到湘江长沙综合枢纽工程建设工地检查指导度汛工作。

3月25日 印度尼西亚东加—巴厘巴板2×110兆瓦燃煤电站项目举行开工仪式,印度尼西亚东加里曼丹省省长Awang Faroek下达开工令。

4月7日 中国驻委内瑞拉大使赵荣宪及政务参赞陈平一行在新中心电厂指导工作。

5月8日 三峡集团董事长等一行到马来西亚沐若水电站检查指导工作。

8月16日 水电八局被授予"全国模范劳动关系和谐企业"称号。

8月 水电八局获评"2011年度中国境外工程承包优秀企业",曹跃生获评"2011年度中国对外承包工程优秀管理企业家"。

9月16日 在山西省大同市南郊的引黄北干线工程——墙框堡水库工地隆重举行引黄入晋北干线工程通水仪式。水利部副部长李国英、山西省委书记袁纯清、省长王君和省委、省政府、省人大、省政协以及工程沿线各市县、黄河水利委员会、海河水利委员会、参建各方等单位领导应邀出席通水仪式。

9月21日 发布《高原地区工作补贴制度实施方案(试行)》,对高原地区工作人员发放高原地区工作补贴。

10月23日 中国大唐集团公司党组书记、董事长刘顺达一行到昭化水电站建设工地考察。

11月7日 湖南黑糜峰抽水蓄能电站获评2010年度中国建设工程鲁班奖。

12月7日 柬埔寨甘再水电站竣工庆典暨PH1发电仪式在项目现场隆重举行。柬埔寨政府总理洪森亲王,中国驻柬埔寨大使潘广学,中国电力建设集团有限公司(以下简称中国电建)党委常委、中国水电副总经理等出席庆典仪式。

12月9日 三峡集团总经理陈飞一行到溪洛渡工地现场检查指导工作。

12月12日 银盘水电站4号机组圆满完成72小时试运行。至此,银盘水电站机组实现"一年四投"目标,创造全国同类型水电站机组安装投产最快速度。

12月24日 三峡集团董事长、党组书记等一行到溪洛渡工程现场检查指导工作。

12月26日 柬埔寨王国首相洪森到沃代水电站工地视察。

12月27日 水电八局参建的马来西亚巴贡水电站获评"国家优质工程金质奖",这是我国第一个海外工程金质奖。江苏如东二期风电扩建工程获评"国家优质工程银质奖"。

是年 水电八局被国务院国资委授予"2011年度中央企业技能竞赛先进单位"称号。

是年 水电八局全年完成营业收入114.1亿元,新签合同总金额132.17亿元,实现利润6.072亿元,营业收入利润率5.32%,经济增加值(EVA)7.356亿元,全员劳动生产率100.14万元/(人·年)。

2012年

2月15日 水电八局被中共湖南省委、湖南省人民政府授予"湖南省安全生产先进单位"称号。江先春获评"2011年度湖南省安委会联络组织工作先进个人"。

2月28日—29日 水电八局召开2012年工作会暨六届六次职代会。总经理林修建作题为《顺势勇为调结构,稳中求进促发展,为加快建设全新八局而努力奋斗》的工作报告;党委书记朱素华作题为《在新的起点上奋勇向前,加快推进全新八局建设》的总结讲话;中国工程院院士、公司高级技术顾问谭靖夷发表讲话;副总经理姜清华作市场营销工作报告,副总经理刘光华作生产经营工作报告,副总经理黄敏作国际业务工作报告,总会计师王意桥作财务工作报告,副总经理张汉龙作职工代表提案处理情况报告。

会议明确2012年工作总体要求:深入贯彻科学发展观,全面落实中国电建、中国水电股份公司工作会议决策部署,牢牢把握加快转型升级、建设全新八局的核心任务,继续解放思想,坚持稳中求进,拓市场、调结构、强管理、重创新、惠民生、促和谐,在转变发展方式、优化业务结构上取得新进展;在深化内部改革、创新体制机制上取得新进步;在强化内部管理、提升品牌形象上取得新业绩;在谋求员工福祉、营造和谐环境上取得新成效;努力实现更好更快更大发展,以优异成绩迎接党的十八大胜利召开和建团60周年。

2012年主要工作目标:完成营业收入125亿元,其中国际业务收入45亿元,国内非水电业务收入21亿元;新增合同额150亿元,其中国际业务70亿元,国内水电业务、非水电业务各40亿元;实现利润5.5亿元;在岗职工人均年收入增长率达14%以上。

3月14日 中国电建、中国水电在长沙宣布水电八局新一届领导班子成员。经中国电建推荐并征得湖南省委组织部同意,聘任朱素华为水电八局执行董事、法定代表人、总经理;黄敏(兼)、张汉龙、曹跃生、姜清华、戴科夫、刘光华、杨刚、刘中刚、杨一心为副总经理;朱国强为监事,涂怀健为总工程师,戴科夫为总经济师(兼),冯正文为总会计师;免去林修建执行董事、法定代表人、总经理职务;免去王意桥总会计师职务,改任咨询。中国电建党委决定,任命黄敏为党委书记,朱素华为党委副书记(兼),朱国强为党委副书记、纪委书记,肖华民为工会主席。免去朱素华党委书记职务,免去林修建党委副书记职务,另有任用。

3月19日 为加大产业结构调整和市场营销力度,设立投资部。

3月22日 湖南省委副书记、省长徐守盛到湘江长沙综合枢纽左汊泄水闸及水电站厂房二期工程检查指导。

3月23日 三峡集团总经理陈飞、副总经理樊启祥一行到溪洛渡大坝工程施工现场和下游围堰进行拆除与度汛工程检查指导工作。

是月 水电八局全面开展管理提升活动。

4月25日 湖南省直共青团隆重举行纪念"建团90周年"颁奖典礼,水电八局加纳布维项目部团工委获评"省直五四标兵红旗团委",湖南省委书记周强与代表握手并合影。

5月11日 五凌电力公司组成专家组,对托口电站大坝、厂房工程进行技术检查。应五凌公司邀请,中国工程院院士谭靖夷到托口电站指导工作,对坝体灌浆作技术性指导。

是月 水电八局被国务院国资委授予"2012年度中央企业技能竞赛先进单位"称号。

6月28日 中国电建副总经理姚强出席水电八局第一届"砂石节"启动庆典。

10月13日 水利部原部长汪恕诚、三峡集团总经理陈飞到溪洛渡工程考察指导工作。

10月23日 深圳轨道交通7号线举行开工典礼仪式。广东省委常委、深圳市委书记王荣宣布工程开工。深圳市委副书记、市长许勤,常务副市长吕锐锋,市委秘书长李华楠,市政府秘书长高振怀,深圳地铁集团董事长林茂德,中国电建董事长,水电八局总经理朱素华、副总经理杨刚应邀出席庆典。

是月 水电八局获评"科学技术奖技术创新先进企业"。

11月12日 印发标准化管理办法。

11月29日 国家发展改革委副主任胡祖才、三峡集团相关领导到溪洛渡工地考察。

是月 参建的贵州光照水电站荣获"国家优质工程金质奖"。

12月 住房和城乡建设部发布《关于核准2012年第四批建设工程企业资质资格名单的公告》，正式核准水电八局具备机电安装工程施工总承包贰级、电力工程施工总承包叁级、矿山工程施工总承包叁级资质。

是年 水电八局全年完成企业总产值127.47亿元，新增项目合同金额201.63亿元，实现利润7.237亿元，全员劳动生产率111.975万元/（人·年），国有资产保值增值率129.79%。

2013年

1月12日 由水电八局控股的长沙市融城医院新综合楼落成开业。

1月15日 水电八局举办首届青年"号、手"先进举荐峰会。

2月26日 加纳共和国总统马哈马到布维水电站项目工地视察。

2月26日—27日 水电八局召开2013年工作会议暨第七届职代会、第七次党代会、第七次工代会。总经理朱素华作题为《优化机制，强化执行，提升质量，确保效益，为加快推进公司做强做优而努力奋斗》的工作报告；党委书记黄敏作党委工作报告；党委副书记、纪委书记朱国强作纪委工作报告；工会主席肖华民作工会工作报告。副总经理张汉龙主持会议。

会议明确2013年总体思路：深入贯彻党的十八大精神，全面落实中国电建、中国水电股份公司工作会议决策部署，坚持以科学发展观为指导，解放思想，深化改革，转型升级，突出机制优化、管理提升、执行力建设、质量效益、人才培养、作风建设六大重点，凝心聚力，攻坚克难，全面推动公司各项工作再上新台阶，加快推进公司做强做优。

2013年主要工作目标：完成营业收入150亿元，其中国内水电业务60亿元，国际业务50亿元，国内非水电业务40亿元；确保新增合同额200亿元，其中国内水电业务40亿元；国际业务80亿元，国内非水电业务80亿元；实现利润6.8亿元；安全、环境、质量指标达到股份公司考核要求；员工人均年收入与企业发展协同增长；党建责任制与党风廉政建设考核获中国水电股份公司优秀。

3月18日 中国水电下发《关于对水电八局有限公司参股投资四川电力开发有限公司事项的批复》（中水电股投〔2013〕27号），同意水电八局参股投资中国水电建设集团四川电力开发有限公司（2014年8月更名为中电建水电开发集团有限公司），在水电领域从施工延伸到投资。

是月 水电八局获评"2012年度全国优秀施工企业"，获得国家质量监督检验检疫总局特种设备安装改造维修（压力管道）许可证资质。

4月3日 江西省委书记强卫、省长鹿心社到南昌市象湖、抚河截污工程施工现场考察指导工作。

5月3日 加纳共和国总统马哈马出席布维水电站首台机组发电庆典。

5月27日 全国政协副主席马飚到加纳阿科松博P7项目考察。

5月28日 尼日利亚宗格鲁水电站项目举行开工典礼，尼日利亚总统古德勒克·埃伯勒·乔纳森出席并致辞。

6月19日 湖南省委书记徐守盛到湘江土谷塘航电枢纽工程考察。

7月19日 水电八局获评"全国水利建设市场主体信用AAA级施工单位"。

是月 水电八局获得湖南省公安厅核发的营业性爆破作业单位许可证一级资质。

8月15日 乌干达卡鲁玛水电站项目举办动工仪式，乌干达总统约韦里·卡古塔·穆塞韦尼、能源和矿业发展部部长艾琳·卡古塔·穆洛妮出席庆典。

8月14日 莱索托王国首相莫措阿哈·托马斯·塔巴内到麦特隆工程视察。

9月5日 国际部更名为国际公司；成立海外事业部，与国际公司合署办公。

9月26日 厄瓜多尔总统拉斐尔·科雷亚·德尔加多到美纳斯项目工地视察。

10月9日 贵阳机械厂整体并入机电制造安装分局。

10月18日 水电八局第一期短期融资券5亿元在全国银行间债券市场成功发行。

10月27日 中国电建总工程师宗敦峰一行到厄瓜多

尔美纳斯项目部调研指导工作。

11月 水电八局正式开通"八局之声"微信信息发布和交流平台；马来西亚巴贡水电站工程获评"国际里程碑工程奖"；湖北白莲河抽水蓄能电站工程获"国家优质工程奖"。

12月1日 印发《市场营销质量评价考核管理办法》。

12月3日 印发《施工项目经营策划管理办法》。

12月6日 水电八局举行迎奖仪式，庆祝柬埔寨甘再水电站和重庆乌江彭水水电站工程荣获鲁班奖。

12月19日 加纳布维水电站举行竣工典礼，加纳总统马哈马出席典礼仪式。

是月 水电八局参建的三峡水利枢纽、京沪高铁和龙滩水电站获得"FIDIC百年工程项目奖"。

是年 水电八局全年完成营业收入152.01亿元，新签合同总金额257.62亿元，实现利润7.14亿元，应收账款周转率7.65%，资金流量集中度95.69%，经济增加值（EVA）7.73亿元，国有资产保值增值率121.7%。

2014年

1月14日 撤销投资部，成立投资事业部。

2月1日 委内瑞拉圣塔露西亚—坎比斯高速公路项目举行开工仪式，中国驻委内瑞拉大使赵荣宪代表中方出席庆典。

2月27日—28日 水电八局召开2014年工作会暨七届二次职代会。总经理朱素华作题为《深化改革，激发活力，夯实基础，提升能力，为持续推进公司做强做优而努力奋斗》的行政工作报告；副总经理戴科夫作生产经营工作报告；副总经理张汉龙作职工代表提案处理情况报告。会议由副总经理姜清华主持。

会议明确2014年总体思路：深入贯彻党的十八届二中全会精神，落实中国电建2014年工作会议部署，坚持以科学发展观为指引，解放思想，深化改革，以组织机构调整、人事制度改革为重点，激发组织活力，夯实基础管理，抢抓机遇，顺势勇为，努力开创水电八局发展新局面。

2014年主要目标：实现营业收入180亿元，其中国内水电业务60亿元，非水电业务52亿元，国际业务68亿元；确保新增合同额250亿元，其中国内水电业务60亿元，非水电业务95亿元，国际业务95亿元；实现利润6亿元；员工人均年收入与企业发展协同增长；安全、环境、质量等管理评价指标进入中国电建考核前列；党建责任制与党风廉政建设考核在中国电建排名前列。

4月15日 委内瑞拉总统马杜罗主持委内瑞拉新中心电厂项目竣工典礼。

4月25日 中国工程院院士、著名水利水电施工专家、国家南水北调专家委员会成员马洪琪到水电八局指导工作。

4月29日 印发《水电八局企业文化建设规划（2014—2016年）》。

5月24日 印度尼西亚国家电力公司总裁努尔·巴姆齐一行到东加火电项目工地指导工作。

7月5日 住房和城乡建设部发布《关于核准2014年第六批建设工程企业资质资格名单的公告》，正式核准水电八局具备矿山工程施工总承包贰级、冶炼工程施工总承包贰级、化工石油工程施工总承包贰级资质。

7月8日 云南省委书记到溪洛渡水电站检查指导工作。

8月1日 越南松邦4水电站下闸蓄水。

8月28日 江海科技公司顺利取得高新技术企业资质。

8月31日 中国电建《关于水电八局南昌市BT项目的批复》，获批投资南昌市BT项目，此为水电八局第一个全资BT类投资项目。

9月1日 深圳地铁7号线车公庙站至上沙站区间右线盾构贯通，为水电八局独立组织施工建设的首个盾构区间贯通。

是月 水电八局获评"中国建筑业竞争力百强企业"。

10月16日 湖南省拓海商贸有限公司正式挂牌成立。

11月27日 华能澜沧江公司董事长王永祥到大华桥水电站施工现场检查指导工作。

12月4日 京沪高铁工程荣获詹天佑奖。

是年 纪检监察部与审计部合署办公；撤销质量管理部，职能并入工程管理部；撤销基础设施部、投资部，机关部门从19个减至15个。将二级经营实体更名为分公司。重新划分管理界面，撤销三公司、五公司、六公司，成立水电公司，与水电事业部合署办公。

是年 水电八局全年完成营业收入178.41亿元，新签合同总金额287.05亿元，实现利润5.07亿元，期末资产总额138.78亿元，资产负债率77.96%，经济增加值（EVA）6.52亿元，国有资产保值增值率113.35%。

2015年

1月12日 额勒赛下游水电站竣工庆典在柬埔寨国公省举行，柬埔寨首相洪森出席庆典仪式并讲话。

1月13日 住房和城乡建设部下发《关于核准2015年第一批建设工程企业资质资格名单的公告》，同意水电八局具备矿山工程施工总承包壹级、桥梁工程专业承包壹级及电力工程施工总承包贰级资质。其中，矿山工程、电力工程为总承包升级资质，桥梁工程为专业承包新增资质。

2月14日—15日 水电八局召开2015年工作会暨七届三次职代会、反腐倡廉建设工作会议。总经理朱素华作题为《完善机制，严格执行，精细管理，提升效益，确保公司在新常态下取得新发展》的总经理工作报告；副总经理张汉龙作职工代表提案处理情况报告；党委副书记、纪委书记朱国强作反腐倡廉建设工作报告。

报告明确2015年工作主题：完善机制，严格执行，精细管理，提升效益。总体思路：深入贯彻党的十八届三中、四中全会精神，落实中国电力建设股份有限公司（以下简称股份公司）2015年工作会议部署，围绕企业创利增效中心任务，统一思想，坚定信心，以强有力的执行加快推进模拟集团化运作，推进体制机制完善和制度流程再造，推进精细化管理，确保公司在新常态下取得新发展。

2015年主要目标：实现营业收入200亿元，新增合同额270亿元，实现利润6亿元，员工收入与企业效益协同增长，安全、质量、财务、经营、科技等各项管理评价指标进入股份公司考核前列，党建责任制与反腐倡廉建设考核在股份公司排名前列。

4月15日 黄登·大华桥长距离胶带机成功联动试运行，为国内水电功底单线最长的一条胶带机。

4月24日 水电八局与北京首创股份有限公司联合体中标广东茂名水东湾城区引罗供水工程PPP项目，为水电八局首个PPP项目。

5月4日 印度尼西亚庞卡兰苏苏2×200兆瓦燃煤水电站项目开工，印度尼西亚总统佐科远程见证。

6月26日 湖南省省长杜家毫，省委常委、长沙市委书记易炼红到湘江长沙综合枢纽工程检查指导工作。

7月21日 中国电建董事长晏志勇、党委书记马宗林一行到深圳地铁7号线工程施工现场考察调研。

8月26日 水电八局获评"全国建筑行业信息宣传先进集体"。

8月28日—30日 三峡集团董事长卢纯一行到白鹤滩工地检查指导工作。

是月 布维水电站获加纳国家"2013年度能源建设工程大奖"和"2014年度卓越工程奖"。

9月8日 乌东德公路项目弯腰树大桥合龙，桥梁全长338米，为水电八局承建的首座百米级连续钢构大桥。

9月13日—15日 中国电建总工程师宗敦峰率队到乌干达卡鲁玛水电建设工地指导工作。

9月18日 中国电建副总经理袁柏松一行到深圳地铁7号线施工现场调研工程建设情况。

9月24日—26日 中国大坝协会2015学术年会暨第七届碾压混凝土坝国际研讨会在成都召开，水电八局承建的沙牌水电站、马来西亚沐若水电站荣获第三届"碾压混凝土坝国际里程碑工程奖"。

是月 水电八局出台模拟集团模式下法人运作财务资源分配方案。

10月20日 莱索托麦特隆供水项目获得美国工程管理协会颁发的"优秀基础设施奖"和"优秀国际项目奖"。

10月29日 水电八局首部廉洁微电影《以父之名》举行首映仪式。

11月12日 中国电建发布《关于水电八局投资安徽省池州市灰岩矿项目的批复》，开启绿色砂石产业投资的道路。

11月12日—13日 中国企业文化促进会"适应新常态·创新企业文化"研讨会暨2015年年会在长沙召开。水电八局获评"企业文化创新优秀单位"，党委书记、副总经理黄敏荣获"企业文化创新优秀管理者"称号。

11月17日 水电八局在全国银行间债券市场发行首期永续债。

11月20日 莱索托王国政府举行麦特隆供水项目竣工庆典，国王莱齐耶三世和王后及首相帕卡利塔·莫西西利出席并致辞。

11月30日 中国华能澜沧江公司总经理袁湘华一行赴柬埔寨桑河二级水电站指导工作。

12月13日 中国水利部部长陈雷到大藤峡工地检查指导工作。

是月 水电八局参股投资中国电建集团海外投资有限公司。

是年 水电八局全年完成营业收入185.98亿元,新签合同总金额263.41亿元,实现利润2.43亿元,资产规模达到166.07亿元,资产负债率74.38%,全员劳动生产率171.21万元/(人·年)。

2016年

1月8日 在2015年度国家科学技术奖励大会上,京沪高速铁路工程荣获国家科学技术进步奖特等奖;300米级溪洛渡拱坝智能化建设关键技术荣获国家科学技术进步奖二等奖。

1月21日 雅万高铁开工仪式在印度尼西亚西爪哇省瓦利尼举行,印度尼西亚总统佐科、中国国务委员王勇以及中印尼两国官员一同按响开工汽笛。

1月30日—31日 水电八局召开2016年工作会暨七届四次职代会、反腐倡廉建设工作会。总经理朱素华作题为《市场引领,价值导向,全力推进企业能力和效益提升》的总经理工作报告;党委书记黄敏主持会议;党委副书记、纪委书记朱国强作反腐倡廉建设工作报告;副总经理姜清华作职工代表提案处理情况报告。

报告提出三年(2016—2018年)规划目标:三年累计完成营业收入700亿元,累计完成市场营销1000亿元,累计完成利润超21亿元,劳动生产率2018年达到240万元/人,职工收入与企业发展同步增长。三年(2016—2018年)主营业务规划目标:国内水利电力业务累计完成市场营销150亿元,营业收入155亿元;国内基础设施业务累计完成市场营销380亿元,营业收入176亿元;国际业务累计完成市场营销260亿元,营业收入238亿元;铁路业务累计完成市场营销210亿元,营业收入131亿元;投资业务三年完成投资101亿元。

明确2016年工作主题:市场引领,价值导向,全力推进企业能力和效益提升。总体思路:深入贯彻党的十八届五中全会精神,落实股份公司2016年工作会议部署,以市场为引领,坚持价值导向,围绕能力和效益提升,深化改革,力拓市场,升级管控,诚信履约,力促公司新发展。

2016年主要目标:实现营业收入210亿元,实现新增合同额300亿元(奋斗目标360亿元),实现利润6亿元,安全、环境、质量指标达到股份公司考核要求,党建责任制、反腐倡廉建设考核等管理评价指标居股份公司前列,员工人均年收入与企业发展协同增长。

是月 水电八局获湖南省科技厅、财政厅、国税局和地税局联合颁发的"高新技术企业"牌匾和证书,有效期三年。

3月24日 越南松邦4水电站被越南政府授予"国家优质工程奖"。

5月19日—20日 中国电建总工程师兼安全总监宗敦峰一行到武汉地铁21号线BT项目二标段、武汉排水项目检查指导工作。

5月23日 张高丽副总理视察南昌市赣东大堤岸线整治工程。

6月14日—16日 三峡集团总经理王琳一行到白鹤滩水电站进行防汛工作调研。

6月27日 水电八局党委荣获"中央企业先进基层党组织"称号。

6月28日 水电八局召开首次BIM经验交流会,为首批BIM工作站授牌。

是月 四川武引二期武都水库金属结构工程荣获"2015年度中国钢结构金奖"(国家优质工程);水电八局首次以一线员工名字命名先进操作法及设备等群众性经济技术创新成果。

7月1日 水电八局党委举行庆祝建党95周年表彰大会暨"两学一做"专题党课。

7月4日 撤销投资事业部,成立投资管理部,与经营管理部合署办公。

7月11日 成功设立中国电建首只基础设施产业投资基金。

7月21日 贵州省委书记陈敏尔、省长孙志刚一行赴清镇住宅产业化项目观摩指导工作。

7月27日 柬埔寨首相洪森视察柬埔寨桑河二级水电站厂坝工程。

8月16日 中国核工业建设集团公司董事长、党组书记王寿君到新疆阿尔塔什水利枢纽调压井、电站厂房工程检查指导工作。

是月 住房和城乡建设部下发《关于核准2016年度第十批建设工程企业资质资格名单的公告》,核准水电八局具备电力工程施工总承包壹级资质。

9月12日 水电八局取得股份公司《关于参与湘西经济开发区双河文教卫新区PPP项目投标工作的批复》(中电建股基础〔2016〕147号),获批投资湘西双河文教卫新区PPP项目,成功进入PPP项目控股领域。

9月26日 溪洛渡水电站获得国际咨询工程师联合会(FIDIC,菲迪克)颁发的2016年杰出项目奖。

9月28日 企业歌曲《说唱八局》获评"全国最美企业之声金奖"。

10月20日—21日 小湾水电站工程获评"国际里程碑工程奖"。

10月30日—31日 中国建筑业协会成立30周年暨建筑业改革发展经验交流会在北京召开。水电八局获评"全国建筑业先进企业",田承宇获评"全国建筑业先进工作者"。

11月3日 中国电建在水电八局召开干部大会。聘任朱素华为水电八局执行董事(法定代表人)、总经理,朱国强为监事,姜清华、戴科夫、杨刚、刘中刚、杨一心、邓文明、蹇尚友、谢卫东、肖军、白延庆为副总经理,涂怀健为总工程师,冯正文为总会计师;任命姜清华为党委书记,朱素华为党委副书记,朱国强为党委副书记、纪委书记,肖华民为工会主席。

是日 投资管理部分立,不再与经营管理部合署办公。

11月12日 中国共产党优秀党员、中国工程院院士、著名水利水电工程专家、水电八局原总工程师谭靖夷同志因病医治无效,于长沙逝世,享年95岁。

11月15日 长沙中电建江河物业管理有限公司挂牌成立。

11月29日 马来西亚沐若水电站工程荣获中国建设工程鲁班奖(境外工程)。

12月5日 龙开口水电站工程荣获"国家优质工程金质奖",科研综合楼工程、塘承高速公路二期工程荣获"国家优质工程奖"。

12月11日 水电八局检测中心通过中国合格评定国家认可委员会(CNAS)监督评审。

12月15日—16日 水电八局举办第一届BIM技术应用大赛。

是年 成立战略与信息化部、投资管理部,撤销工程管理部、技术管理部,合并成立工程科技部,撤销水电、基础设施、投资、铁路4个事业部。

是年 水电八局全年完成营业收入191.13亿元,新签合同总金额271.32亿元,实现利润4.30亿元,资产规模达到223.07亿元,资产负债率78.79%。

2017年

1月16日 水电八局连续三年获评"对外承包工程信用等级评价AAA级企业"。

1月19日—20日 水电八局召开2017年工作会议暨第八届职代会、第八次党代会、第八次工代会。总经理朱素华作题为《履约提质,管理升级,规范运营,稳中求进,全力推进企业能力与效益提升》的总经理工作报告;党委书记姜清华作题为《发挥核心作用,聚焦价值创造,以全面加强党的建设引领公司新一轮发展》的党委工作报告;党委副书记、纪委书记朱国强作题为《推进依规治企,坚持挺纪在前,为公司健康稳定发展保驾护航》的纪委工作报告;副总经理刘中刚作职工代表提案处理情况报告;工会主席肖华民作题为《厘清工作思路,全面履行职责,为建设和谐幸福的全新八局而努力奋斗》的工会工作报告。

会议明确了四年工作主题:以市场引领、价值导向为主线,2017年为项目履约提质年,2018年为标准化建设年,2019年为信息化建设年,2020年为品牌文化年。

2017年工作总体思路:贯彻落实股份公司工作部署,完善责权利体系,健全法律、纪检监察、审计三大监督体系,以实施集团化管控、二级单位模拟法人运作、项目全生命周期考核、项目管理团队建设、整治分包采购管理5项举措为抓手,升级管理,规范运营,促进公司履约提质,稳中求进,全力推进企业能力与效益提升。

2月7日 老挝人民革命党中央政治局委员、中央纪委书记、政府副总理本通·吉玛尼视察南塔河1#水电站工程。

2月24日 住房和城乡建设部发布《关于核准2017年度第二批建设工程企业资质资格名单的公告》,水电八局被核准授予建筑工程施工总承包特级资质。

是月 国务院批准发布《关于公布2016年享受政府特殊津贴人员名单的通知》,水电八局执行董事、总经理朱素华获评"国务院政府特殊津贴专家"。

3月25日 水电八局获评"2016年度优秀施工企业""首批全国建筑业文化建设示范企业"。

4月27日 斯伦河流域水利开发工程（二期）喜获柬埔寨王国"最高工程质量奖"。

4月28日 水电八局签约萍乡市安源区白源河片区海绵城市建设PPP项目。

4月30日 中国驻加纳大使孙保红、政务参赞蒋周滕、商务参赞柴之京一行到中国电建加纳代表处指导工作，开展庆"五一国际劳动节"联谊交流活动。

5月18日 水电八局召开第三次共青团代表大会。

6月2日 水电八局与长沙仲裁委员会签订战略合作协议，并举行"建设工程仲裁调解机制创新基地"揭牌仪式。

6月16日 水电八局与中国建筑科学研究院签订战略合作协议。

6月20日 水电八局被核准授予不动产测绘和摄影测量与遥感两项乙级测绘资质。

6月30日 水电八局举行庆祝建党96周年"两学一做"专题党课暨重温入党誓词活动。

7月 四川省雅砻江官地水电站砂石加工系统获得中国投资协会颁发的"2016—2017年度国家优质投资项目施工单位奖"。

8月18日 湖南省住房和城乡建设厅下发《关于公布2017年第六批第二次建筑业行政许可审批结果的通知》，水电八局新增建筑装修装饰工程、消防设施工程两项专业承包资质。

9月21日 水电八局党委首次专项巡察工作在水电公司橄榄坝项目开展。

9月25日 柬埔寨桑河二级水电站大坝和厂房工程举行下闸蓄水仪式，柬埔寨首相洪森出席仪式。

10月30日 住房和城乡建设部发布了《关于核准2017年度第十二批建设工程企业资质资格名单的公告》，水电八局再添一项特级资质——市政公用工程施工总承包，成为中国电建首家"三特"企业，同时拥有水利水电、建筑、市政公用3项工程施工总承包特级资质。

11月7日 水电八局举行迎奖仪式，庆祝承建的加纳布维水电站和马来西亚沐若水电站分获2017年度和2016年度的鲁班奖。

11月10日 "2016—2017年度国家优质工程奖"获奖名单揭晓，云南小湾水电站、深圳地铁7号线荣获"国家优质工程金奖"。

11月18日 企业宣传片《我叫中国水电八局》获评"最美形象之声代言作品"。

11月 水电八局获评"2017年度电力企业管理认证优秀企业"；水电八局参股的贵州省绿筑科建住宅产业化发展有限公司被认定为"国家第一批装配式建筑产业基地"。

是月 中国工程院院士、水利专家、EH建管局局长邓铭江一行到新疆XE工程Ⅵ标项目部检查指导工作；华能桑河二级水电站首台机组顺利投产发电。

是年 水电八局全年完成营业收入210.57亿元，实现利润总额4.59亿元，新签合同总金额308.45亿元，全员劳动生产率196.19万元/（人·年），资产总额251.53亿元，资产负债率75.14%。

2018年

1月4日 深圳地铁5号线获得深圳市"安全生产示范工地"第一名。

1月9日 签约福建厦门抽水蓄能电站土建及金属结构安装工程施工合同。

1月10日 深圳地铁四期工程举行开工典礼，广东省委常委、深圳市委书记王伟中，深圳市市长，中国电建董事长晏志勇，中国电建南方公司董事长范富国，水电八局深圳地铁12号线项目员工代表参加开工仪式。

1月17日 成立路桥事业部、市政公用工程事业部、房建事业部。

2月1日—2日 水电八局召开2018年工作会暨八届二次职代会。朱素华作题为《贯彻新思想、树立新理念，坚持创新驱动、从严全面治企，为建设质量效益型幸福美好八局而努力奋斗》的总经理工作报告；姜清华传达中央经济工作会议精神、中国电建2018年工作会议精神；戴科夫作职工代表提案处理情况报告。朱国强主持2月1日上午会议。

报告提出了2018年总体思路：以习近平新时代中国特色社会主义思想为指导，深入贯彻党的十九大精神，认真落实股份公司工作部署；以提升质量效益为中心，全面升级法人管项目，全面升级采购管控，狠抓班子建设、作风建设、标准化建设，强力推进市场开拓、履约管控、创新驱动、人才强企，为建设质量效益型幸福美好八局而努力奋斗。

2月12日 成立采购中心。

3月5日 凯德隆火电项目部荣获马来西亚沙捞越能源公司首届"SEB承包商环境影响评估（EIA）合规奖"。

3月10日 巴基斯坦塔贝拉四期扩建工程首台机组举行投产庆典仪式。巴基斯坦总理沙希德·哈坎·阿巴西、水电开发署主席穆扎米尔·侯赛因、中国驻巴基斯坦大使姚敬等出席仪式。

3月23日 长沙地铁4号线穿湘江区间——阜埠河站至碧沙湖站左线盾构贯通。

3月27日 水电八局在南部非洲首个工程项目——莱索托麦特隆大坝工程履约完工。

3月28日 水电八局首个线性砂石系统——云南省红河州建（个）元高速公路陡岩取料场顺利投产。

4月18日 水电八局召开2018年党建、党风廉政建设和反腐败、工会工作会。

4月24日 习近平总书记考察三峡工程时强调："大国重器必须掌握在我们自己手里。"

5月14日 水电八局召开2018年公开发行可续期绿色公司债券首轮推介会。

5月28日 首个物业小区——南托基地移交协议签约仪式在基地服务管理中心举行，正式进入社会化、市场化物业管理。

6月3日 云南糯扎渡水电站工程荣获中国土木工程詹天佑奖。

6月4日 撤销云南公司。

6月11日 水电八局技校测量代表队荣获"2018年全国职业院校技能大赛中职组测量比赛团体一等奖"。

6月19日 陕西省副省长魏增军到东庄水利枢纽工程调研。

6月29日 水电八局举行庆祝建党97周年党委书记讲党课暨表彰大会。

是日 陕西省委书记胡和平、省长刘国中参加东庄水利枢纽工程全面建设推进会。

7月2日 中国驻马来西亚古晋总领事馆总领事程广中一行到凯德隆火电项目部指导工作。

7月6日 科威特7环公路项目部提前42小时完成既有IC3-3互通立交桥的拆除工作，创造了科威特桥梁拆除新纪录。

7月13日 安徽长九项目码头第一榀皮带机跨堤钢引桥完成安装。这是当时长江沿线最大的一跨过堤钢引桥，跨度54米，宽9米，重约108吨，净空高度5米。

7月19日 中国工程院院士邓铭江到新疆XE工程调研。

8月9日 湖南省住房和城乡建设厅下发《关于公布2017年第七批建筑业行政许可审批结果的通知》，水电八局获得建筑装修装饰工程专业承包壹级资质。

8月21日 中国驻加纳大使王世廷、经济商务参赞柴之京一行到中国电建加纳代表处检查指导工作。

8月23日 乌干达总统约韦里·卡古塔·穆塞韦尼及能矿部部长艾琳·卡古塔·穆洛妮一行到卡鲁玛水电站项目视察。

8月24日 水电八局举办首届招聘官培训班。

9月11日 反映水电八局员工奉献"一带一路"建设的纪录片《扎根雅万》在长沙电视台等14家城市台同步播出。

是日 厄瓜多尔美纳斯项目部受邀参加中国驻瓜亚基尔总领馆举办的"中华人民共和国成立69周年"国庆节招待会。

是月 成立中电建池州长智建工有限公司（以下简称长智公司）。

10月29日 撤并社会保险管理部。

10月30日 中国驻尼日利亚特命全权大使周平剑率使领馆人员到宗格鲁水电站建设工地指导工作。

11月6日 水利部总工程师刘伟平率专家组到大藤峡工地现场检查指导工作。

12月5日 夹岩水利枢纽及黔西北供水工程首条深埋长隧洞——余家寨隧洞全线贯通。

12月17日 柬埔寨桑河二级水电站正式投产竣工，柬埔寨首相洪森出席仪式并讲话。

12月24日 水电八局召开财务共享第一批试点上线培训会。

是年 四川大渡河大岗山水电站、华能雅鲁藏布江藏木水电站工程荣获"2018—2019年度第一批国家优质工程奖"；糯扎渡水电站工程荣获第十五届中国土木工程詹天佑奖；深圳市轨道交通7号线工程和云南澜沧江小湾水电站荣获第十六届中国土木工程詹天佑奖；水电八局获得"全国工程造价咨询企业AAA信用等级"。

是年 水电八局全年完成营业收入223.81亿元，较上年增长6.29%；实现利润总额5.12亿元，较上年增长11.55%；产值利润率为2.29%，较上年增长0.11%；年末资产总额352.35亿元，较上年增长40.08%；经济增加值（EVA）5.2亿元，较上年增长3.55%；全员劳动生产率219.55万元/（人·年），较上年增长24.44%。

2019年

1月3日 中国电建下发《关于水电八局参股投资建设九江市中心城区水环境系统综合治理一期项目的批复》，该项目是水电八局第一个小比例参股的拉动施工总包PPP项目，进一步丰富了投资拉动基础设施建设业务的商业模式。

1月6日 尼日利亚矿产和钢铁发展部、国务部部长阿布巴卡·布瓦力一行到访宗格鲁水电站。

1月25日 水电八局召开2019年党建工作会、工作会暨八届三次职代会、党风廉政建设和反腐败工作会。党委书记、董事长朱素华作题为《不忘初心，顺势勇为，奋力打造最具行业特色投资建设集团》的工作报告；总经理、党委副书记姜清华作题为《夯实基础，升级管控，强化执行，严格问责，全力实现工程局规模效益双提升》的工作报告；党委副书记、纪委书记朱国强作题为《从严治党，纵深推进，挺纪在前，不负使命，为打造最具行业特色的投资建设集团提供坚强纪律保障》的工作报告。

报告明确了2019年工作思路：认真学习贯彻习近平新时代中国特色社会主义思想和党的十九大精神，落实股份公司工作部署，以建设美好生活为使命，加强党的建设，优化战略布局，推进改革创新，升级企业管理，强化内部执行，不忘初心，顺势勇为，真抓实干，提升效益，为打造最具行业特色的投资建设集团而努力奋斗！

报告提出了2019年主要目标：完成营业收入260亿元，新增合同额400亿元，实现利润6亿元；员工人均收入增长10%以上；党建责任制、党风廉政建设和反腐败工作等考核位居股份公司前列；安全、环境、质量指标达到股份公司考核要求；大会明确提出了"倍增行动"的战略目标——到2022年，营业收入突破400亿元，规模与效益倍增，员工收入同步增长。

是日 水电八局召开企业文化发布会，正式推出"尚水"文化体系。

是月 中国铁道科学研究院与水电八局联合研究的"铁路桥梁静载试验自动控制装置研制"获得中国铁道科学技术奖三等奖，同时该课题获得了中国铁道科学研究院科学技术奖一等奖。水电八局编制的行业规范《水电水利基础处理工程竣工资料整编及验收规范》（DL/T 5774—2018）获国家能源局批准发布。

2月6日 中国驻科威特大使李名刚一行到科威特大学城走访慰问。

2月15日 乌干达总理鲁哈卡那·鲁贡达到卡鲁玛工程视察。

2月25日 中国驻印度尼西亚大使肖千一行赴雅万高铁1号隧道和1号制梁场施工现场考察。

是月 《超深大直径全断面反井施工先导孔高精度控制方法》荣获"全国能源化学地质系统优秀职工创新成果一等奖"。

3月31日 印度尼西亚雅万高铁项目直径13.19米的泥水平衡盾构机缓缓转动，标志着中国高铁技术走向海外的第一台盾构机正式启用。

4月4日 白鹤滩水电站右岸大坝取出一根直径219毫米、长25.7米的常态混凝土长芯，刷新世界纪录。

4月9日 水电八局承建的首个海外机场项目沙特沙巴机场完成现场移交并提前4个月正式投入运行。

4月10日 加纳路桥一揽子优先项目举行开工仪式，加纳总统纳纳·阿库福-阿多出席仪式。

4月13日—14日 水电八局检测中心通过CMA资质认定扩项现场评审。

4月22日 中国电建党委书记、董事长晏志勇率队到白鹤滩水电站调研。

4月24日 宗格鲁项目获尼日利亚政府颁发工业安全、健康、劳资政三方合作卓越成就奖。

4月26日 马来西亚凯德隆火电项目循环水系统最后一节钢筋混凝土钢筒管（Reinforced Concrete Cylinder Pipe，RCCP）顶推入海。顶管总长1260米、共计340节，打破马来西亚最大口径RCCP顶管纪录，创造水电八局顶管施工的全新纪录。

5月7日 成立绿色建筑骨料研发中心，隶属砂石公司管理。

5月10日 湖南省副省长隋忠诚率湖南省财政厅、商务厅一行到水电八局加纳代表处指导工作。

5月26日 中国驻印度尼西亚大使肖千考察调研雅万高铁项目。

5月30日 中国高铁海外最大制梁场——雅万高铁1号梁场通过制梁许可。

6月1日 江西省委常委、副省长刘强一行调研萍乡六中海绵化技术改造工程和鹅湖公园系统联通工程。

6月4日 长九公司取得《中华人民共和国港口经营许可证》（试运行）。

6月13日 马来西亚凯德隆火电项目大型HDPE取水管成功下沉并铺设到海底，其1110米的长度、2.5米的直径，创造了全亚洲该类管道铺设施工新纪录。

6月14日 水电八局召开"不忘初心、牢记使命"主题教育工作会议。

6月17日 水电八局召开2019年职工健康管理服务工作动员大会。

6月21日 水电八局旗下子公司中电建安徽长九新材料股份有限公司首次砂石产品竞价交易活动圆满完成，实现骨料竞卖交易约39万吨，并于6月28日隆重举行长九（神山）灰岩矿项目一期投产动员大会，全球彼时在建的最大绿色建筑骨料生产基地正式投产运营。

6月22日 全国人大常委会副委员长、中国国际交流协会会长吉炳轩率团调研印度尼西亚雅万高铁项目。

6月26日 印度尼西亚庞卡兰苏苏火电站正式投入商业发电运行（COD）。

6月27日 水电八局参加首届中非经贸博览会暨合作论坛、中非农业合作发展研讨会、中非基础和融资合作对话会。现场，由中国电建集团国际工程有限公司（以下简称电建国际）签约、水电八局牵头，实施加纳帕鲁谷灌溉项目EPC合同协议、布维灌溉项目EPC合同协议以及加纳北部农村电气化项目。

6月28日 马来西亚国家纪录颁证庆典隆重举行，凯德隆火电工程一举拿下4项马来西亚全国纪录：HDPE拖管距离最长（27500千米）、沉井体积最大（长39.10米×宽37.10米×高24.5米，下沉深度22.48米）、顶管直径最大（外径4.32米、总长330米）和HDPE沉管最长（1110米）。

7月10日 水电八局与三一集团签署战略合作协议。

7月14日 发布企业文化歌曲——《上善若水》。

7月16日 举行"不忘初心、牢记使命"主题教育专题党课。

7月27日 《一双劳保靴的奇妙之旅》荣获"2018年度中央企业典型品牌故事"称号。

10月5日 金沙江白鹤滩水电站大坝工程最复杂泄洪深孔钢衬底板仓号（21#-062仓、高程为724~727m）验收通过，该仓号19.5天完成备仓，创造了水电同类施工纪录。

10月14日 白鹤滩水电站大坝首个泄洪深孔历时95天施工完成，领先于类似工程的施工水平。

10月19日 国家主席习近平特使、国家副主席王岐山考察水电八局承建的雅万高铁1号隧道项目。

10月23日 韩国江陵建设株式会社代表团到长沙地铁6号线交流盾构施工经验。

10月24日 水电八局—方正证券—中企云链首期4.91亿元供应链金融资产支持专项计划（ABS）在上海证券交易所成功发行。

10月28日 由共青团湖南省委携水电八局、长沙轨道集团打造的"青年之家"特色车站亮相长沙地铁4号线，并同步上线主题专列，被共青团湖南省委授予"湖南省示范性青年之家"称号。

11月16日 由中国施工企业管理协会主办的工程建设行业庆祝"中华人民共和国成立70周年"宣传展示总结大会在北京召开。水电八局荣获"新中国成立70周年功勋企业"称号。

11月21日 加纳副总统马罕姆杜·巴武米亚、中国驻加纳大使王世廷出席加纳路桥项目LOT7标段（西部省和海岸角城市道路项目）开工庆典。

12月12日 印度尼西亚总统佐科视察雅万高铁项目。

12月16日 世界首台85万千瓦水轮发电机转子在金沙江乌东德水电站吊装成功。

12月26日 设立国内六大直属区域公司；企业领导干部管理部更名为党委组织部或党委干部部；撤销路桥事业部、房建事业部、市政公用工程事业部。

12月28日 孟加拉国总理谢赫·哈西娜参加首都达卡沙阿贾拉勒机场（HSIA）T3航站扩建项目奠基仪式。

是年 水电八局全年完成营业收入273.26亿元，同比增长22.10%；实现利润总额6.04亿元，较上年增长17.97%；产值利润率2.21%，较上年下降0.08%；年末资产总额401.903亿元，较上年增长14.06%；经济增加值（EVA）5.75亿元，较上年增长10.58%；全员劳动生产率261.22万元/（人·年），较上年增长18.98%。

2020年

1月2日 水电八局新版网站正式上线运行。

1月9日 江西省省长易炼红一行到九江施工总承包部沙阎路生态化改造工程调研。

1月10日 中共中央、国务院在北京人民大会堂隆重举行2019年度国家科学技术奖励大会，长江三峡枢纽工程荣获国家科学技术进步奖特等奖。

1月11日 水电八局召开领导班子扩大会。中国电建纪委办公室主任周春来宣布：黄启斌同志任水电八局党委委员、纪委书记、监事，朱国强同志不再担任工程局党委副书记、纪委书记、监事，改任咨询。

1月18日 水电八局召开2020年党建工作会、工作会、第八届四次职代会、党风廉政建设和反腐败工作会。党委书记、董事长朱素华作题为《加强党的领导，聚焦品牌文化，升级集团化管控，加快区域化建设，全力推进工程局高质量发展》的工作报告；总经理、党委副书记姜清华传达股份公司2020年工作会精神；副总经理（正职级）刘中刚主持大会；党委副书记、纪委书记朱国强作题为《深化标本兼治，推进全面监督，为实现工程局高质量发展提供不竭动力和坚强保障》的工作报告；副总经理戴科夫作职工代表提案处理情况报告。

报告明确了2020年工作思路：认真学习贯彻习近平新时代中国特色社会主义思想和党的十九届四中全会精神，落实股份公司工作部署，坚持党的领导，聚焦品牌文化，升级集团化管控，加快区域化建设，向倍增行动战略目标加速迈进，全力推进水电八局高质量发展！

报告提出了2020年主要目标：完成营业收入310亿元，新增合同额500亿元，实现利润8亿元。员工人均收入增长8%以上。

2月9日 水电八局党委专题研究部署疫情防控和复工工作安排。次日，经向地方政府部门报备，水电八局全面有序复工。

3月5日 中国商务部发布"2019年我国对外承包工程业务完成营业额前100家企业"排名。水电八局以11.3亿美元的对外承包完成额，名列百强企业第21位，同时蝉联湖南省对外工程承包完成额第一名。

4月9日 成立军民融合管理部。

4月28日 教育部职业技术教育中心研究所正式行文公布《关于进入产业导师资源库的部分职业院校、企业技术技能大师名单的通知》，水电八局员工刘杰成功入选，成为首批进入教育部产业导师资源库的技术技能大师，同时被中电联全国电力职业教育教学指导委员列为电力行业专家资源库专家。

是月 水电八局协办首届中非经贸博览会，获评"筹办先进单位"。

5月7日 水电八局与浏阳市签订首份《退休人员社会化管理移交协议》。

6月29日 金沙江乌东德水电站首批机组投产发电。中共中央总书记、国家主席、中央军委主席习近平对金沙江乌东德水电站首批机组投产发电作出重要指示，代表党中央对首批机组投产发电表示热烈的祝贺，向全体建设者和为工程建设作出贡献的广大干部群众表示诚挚的问候。习近平强调，乌东德水电站是实施"西电东送"的国家重点工程。希望同志们再接再厉，坚持新发展理念，勇攀科技新高峰，高标准高质量完成后续工程建设任务，努力把乌东德水电站打造成精品工程。要坚持生态优先、绿色发展，科学有序推进金沙江水能资源开发，推动金沙江流域在保护中发展、在发展中保护，更好造福人民。

是日 穗莞深城际轨道交通深圳机场至前海段工程开工仪式在前海站举行，广东省委副书记、深圳市委书记王伟中，深圳市市长，中国电建党委书记、董事长晏志勇，中国电建总经理丁焰章等领导出席开工仪式。

7月1日 水电八局举行庆祝建党99周年暨"两优一先"表彰大会。

7月6日 水电八局青年代表王沁获评"全国青年岗位能手"。

7月22日 水电八局与江西省水利投资集团有限公司在南昌签署战略合作框架协议。

是月 水电八局成为中国BIM发展联盟观察员单位。

8月1日 水电八局与中国安能一局在长沙举行庆祝建军93周年暨2020迎新联谊会演。

8月18日—19日 四川省委书记、省人大常委会主任彭清华，三峡集团党组书记、董事长雷鸣山一行到白鹤滩水电站进行工程调研，中国电建党委书记、董事长晏志勇和东方电气集团党组书记、董事长邹磊及中国电建相关参建单位领导参与。

8月19日 中国电建党委常委、副总经理刘源率队到水电八局调研。

8月27日 水电八局与湖南中医药大学第一附属医院签署新冠疫情防控咨询合作协议。

9月5日 云南省红河州建（个）元高速公路项目红河特大桥主跨合龙，这是全国首座跨越红河的高速公路悬索特大桥。

9月6日 大藤峡水利枢纽工程库水位首次达到52米高程。中央电视台《新闻30分》对此进行报道。

9月24日 第二届"一带一路"基建供应链绿色发展论坛在北京举行。水电八局承建的乌干达卡鲁玛水电站项目及马来西亚凯德隆火电站项目获评"国际工程绿色供应链管理领先项目"。

9月25日 加纳路桥LOT6项目举行开工仪式。加纳副总统马罕姆杜·巴武米亚出席并讲话，中国电建党委书记、董事长晏志勇录制视频表示祝贺。

9月27日 水电八局包机返岗员工平安抵达尼日利亚。至此，水电八局海外项目全面复工复产。

9月28日 湖南椒花水库工程举行开工仪式，湖南省委副书记、省长许达哲宣布工程开工。

是月 水电八局获批"国家装配式建筑产业基地"，获评"中国装配式建筑优秀供应商"。

10月20日 加纳共和国为中加建交60周年发行纪念邮票，加纳布维水电站作为见证两国友谊的援建项目之一登上了纪念邮票。

10月21日 加纳总统纳纳·阿库福-阿多到加纳东部走廊公路LOT10项目视察。

11月4日 水电八局召开海外财务共享试点上线启动会。

11月15日 工程设备公司员工简晓辉获评全国首届"盾构工匠"。

11月17日 由水电八局作为原始权益人、中电建（北京）基金管理有限公司（以下简称电建基金公司）担任财务顾问的"方正证券—水电八局六安叶集PPP项目资产支持专项计划"在上海证券交易所成功发行，发行总额为5.32亿元，期限为3+3年。

是日 云南红河蒙自机场举行开工仪式。云南省副省长邱江，红河州委书记姚国华，红河州委副书记、州长罗萍，中国电建党委常委、副总经理刘源等领导出席仪式。

11月19日 中国电建总经理、党委副书记丁焰章到水电八局检查指导工作，调研改革发展党建各项工作落实情况。

11月20日 长智公司获批"安徽省首批装配式建筑产业基地"。

是日 《当歪果仁穿汉服跳中国风的〈生僻字〉》获颁第二届"一带一路"百国印记短视频大赛"文化传播大使奖"。

11月24日 成立纪委办公室、审计部。

是月 水电八局获批设立"国家级博士后科研工作站"；沙巴机场跑道项目被沙特阿美公司评选为"2020年度欧洲、中东和非洲杰出项目奖"。

12月1日 深圳抽水蓄能电站荣获"国家优质工程奖"。

12月2日 中电建八局武汉建设投资有限公司揭牌，为水电八局首个在武汉落地的全资子公司，是"三大三小"市场战略的一项重要部署。

12月4日 水电八局获评"2020年度工程建设诚信典型企业"。

12月5日 水电八局荣获全国"'优路杯'BIM大赛金奖"。

12月20日 乌干达总统穆塞韦尼、能矿部国务部长西蒙、能矿部常秘罗伯特、发电公司首席执行官哈里森等官员到卡鲁玛水电站项目视察工作。

12月21日 湖南省第一届"寻找湖湘最美丝路青年故事分享会"在红网演播厅举行，水电八局印度尼西亚雅万高铁项目部获评"湖湘最美丝路青年"集体殊荣。

12月30日 成立工程管理部，水电八局承建的"海外第一高楼"——柬埔寨金边城市中心综合体项目主体结构工程正式移交。

是年 水电八局实现营业收入314.58亿元，较上年增长15.12%；实现利润总额8.01亿元，较上年增长32.62%；产值利润率2.55%，较上年增长0.34%；年末资产总额428.01亿元，较上年增长8.79%；经济增加值（EVA）6.34亿元，较上年增长10.26%；全员劳动生产率39.54万元/（人·年），较上年增长17.74%。

2021年

1月6日 水电八局雅万高铁项目部员工王光球喜获"全国优秀农民工"称号。

1月29日 水电八局召开2021年党建工作会、工作会、第八届五次职代会、党风廉政建设和反腐败工作会。党委书记、董事长朱素华作题为《深化改革创新，对标提升管理，以高质量党建引领高质量发展》的工作报告；总经理、党委副书记姜清华作大会总结；副总经理（正职级）刘中刚作职工代表提案处理情况报告；纪委书记黄启斌作题为《聚焦监督第一职责，提高监督治理效能，为深化改革创新推动高质量发展提供坚强保障》的工作报告。

报告提出了"十四五"发展规划，要求坚持推进"倍增行动"，以"投资发展战略、经营城市战略、数字化转型战略、国际双优战略、创新驱动战略、文化引领战略"为核心，全力推动高质量发展，加快向"最具行业特色的投资建设集团"迈进，建设幸福美好八局。

报告明确了2021年工作思路：认真学习贯彻习近平新时代中国特色社会主义思想和党的十九届五中全会精神，落实股份公司工作部署，坚持党的领导，深化改革创新，对标提升管理，升级市场营销，聚焦履约提质，以高质量党建引领高质量发展，共同建设美好生活。

是月 水电八局全面推行项目法务经理制度；"尚水"文化入选2020年度电力行业企业文化建设优秀成果。

2月5日 水电八局党委召开全面深化改革三年行动部署研讨会。

2月18日 水电八局举行网络开工仪式暨《遇见美好》广告片首映。

是月 水电八局获评"中国对外承包工程企业最高等级——A级"。川藏铁路尼洋河项目"砂石成品料仓气膜"试运行，这是该创新技术在砂石行业首次应用。

3月23日 水电八局党校揭牌仪式在教培中心举行。水电八局党校为中国电建党校水电八局分校，承担分校相应职能；朱素华兼任水电八局党校校长；刘技专、易仲明、贺辉兼任水电八局党校副校长。

3月25日 水电八局牵头实施的"超大型矿山绿色环保—节能高效开采爆破综合技术"科技项目经专家组鉴定，达到国际领先水平。

4月8日 水电八局与中水电新能源公司签署战略合作协议。

4月9日 由水电八局承担施工的美纳斯水电站整体移交厄瓜多尔国家电力公司，成为该国众多中资企业承建大型水电项目中首个完成整体最终移交的工程。

4月12日 国务院国资委2021年采购管理对标评估调研组一行到水电八局考察指导工作。

4月20日 中国电建党委常委、纪委书记黄埔到党建工作联系点——水电八局调研并讲授党史学习教育专题党课。

4月27日 长九公司党委书记、副董事长肖光彩荣获"全国五一劳动奖章"。

5月7日 水电八局乡村振兴工作队进驻湘西州泸溪县兴隆场镇五里坪村，正式开启乡村振兴驻村帮扶工作。

5月18日 印度尼西亚总统佐科到雅万高铁建设工地现场视察项目建设情况。印度尼西亚海洋与投资事务统筹部部长卢胡特、国有企业部部长艾瑞克、财政部部长英卓华，中国驻印度尼西亚大使肖千和中印尼两国参建企业现场负责人参加。

5月20日 水电八局获评"水利建设市场AAA级信用企业"。

5月28日 中国电建下发《关于水电八局投资湖北省浠水县卧龙庵矿区建筑用花岗岩、片麻岩矿项目的批复》，该项目是水电八局第二个控股投资的绿色建材项目。

5月29日 河北省省长许勤率队到雄安新区新盖房枢纽改扩建工程调研防洪工程建设工作。

6月4日 国家防总副总指挥、水利部部长李国英到雄安新区新盖房项目调研指导防汛抗旱工作。河北省委常委、省政府副省长张成中，雄安新区党工委书记、管委会主任张国华，河北省副省长时清霜等领导参加。

6月8日 水电八局与湖南长大建设集团签署战略合作协议。

6月9日 中国电建党委常委、副总经理李燕明到水电八局调研指导国际业务。

6月28日 习近平总书记致金沙江白鹤滩水电站首批机组投产发电的贺信：在金沙江白鹤滩水电站首批机组安全准点投产发电之际，我对此表示热烈的祝贺！白鹤滩水电站是实施"西电东送"的国家重大工程，是当今世界在建规模最大、技术难度最高的水电工程。全球单机容量最大功率百万千瓦水轮发电机组，实现了我国高端装备制造的重大突破。你们发扬精益求精、勇攀高峰、无私奉献的精神，团结协作、攻坚克难，为国家重大工程建设作出了贡献。这充分说明，社会主义是干出来的，新时代是奋斗出来的。希望你们统筹推进白鹤滩水电站后续各项工作，为实现碳达峰、碳中和目标，促进经济社会发展全面绿色转型作出更大贡献！

6月30日 水电八局召开庆祝"中国共产党成立100周年"大会。

8月1日 平江抽水蓄能电站主体工程举行开工仪式。

8月7日 加纳总统纳纳·阿库福-阿多视察加纳路桥塔马利立交桥项目，对工程建设情况表示满意。

9月3日 深圳地铁12号线工程全线贯通。水电八局创下深圳地铁建设领域两项纪录——首次下穿海域盾构隧道、首次采用泥水平衡盾构机掘进。

9月4日 西藏自治区党委书记吴英杰到尼洋河砂石项目调研。

9月26日 贵州省第一座交通输水两用大桥——西溪河特大桥主拱合龙。

9月29日 水电八局与中国三峡建工（集团）有限公司签订战略合作框架协议。

10月9日 水电八局召开"讲担当、抓落实、保目标"动员大会。

10月17日 湖南工程技师学院（筹）举行揭牌仪式，为湖南省第一所由企业申报获批筹设的技师学院，也是长沙市第一所技师学院。

10月26日 湖南省委常委、常务副省长谢建辉到邵阳市犬木塘水库枢纽工程项目调研。

是月 长智公司通过2021年第一批国家高新技术企业认定，系中国电建旗下同级企业首家。

11月2日 水电八局召开领导班子扩大会议，中国电建党委副书记、干部考核组组长李燕明参加。中国电建党委研究决定：朱素华同志不再担任水电八局党委书记、董事长、法定代表人职务，改任咨询；聘任姜清华同志为水电八局法定代表人（主持全面工作）。

11月23日 水电八局召开干部大会，中国电建党委副书记李燕明参加，水电八局本届领导班子任期届满，即日启动换届考核工作。

12月6日 水电八局承建的柬埔寨桑河水电站、科威特大学城商学院及女子学院两项海外工程项目获评"国家优质工程奖"。

12月10日 水电八局（联合体牵头人）与中南院组成的联合体，以68.74亿元中标赣江下游尾闾综合整治工程设计、采购、施工总承包项目。

12月17日 广东梅州抽水蓄能电站举行首台机组移交生产仪式。主体开工至首机投产发电仅用时41个月，创造了国内抽水蓄能电站最快建设工期纪录。

是月 云南澜沧江大华桥水电站、武汉市轨道交通8号线一期工程、云南省牛栏江—滇池补水工程荣获鲁班奖；后湖四期泵站工程荣获"中国水利工程优质（大禹）奖"。

是年 水电八局实现营业收入313.24亿元，较上年下降0.43%；实现利润总额7.34亿元，较上年下降8.36%；营业收入利润率2.29%，较上年减少0.15%；实现净利润5.26亿元，较上年下降15.96%；研发投入强度3.34%；年末资产总额482.64亿元，较上年增长12.76%；经济增加值（EVA）6.12亿元，较上年下降3.47%；全员劳动生产率39.81万元/（人·年），较上年增长6.83%。

2022年

1月18日 中国电建召开水电八局干部大会。宣布水电八局新一届领导班子任职文件：姜清华同志任水电八局党委书记、法定代表人，推荐为董事长人选；肖军同志任党委副书记，推荐为董事、总经理人选；杨一心同志任党委副书记；黄启斌同志任党委委员、纪委书记，推荐为监事人选；推荐邓文明、谢卫东、任朗明为副总经理人选；推荐唐明为总会计师人选。

1月20日 水电八局召开党史学习教育总结会议，水电八局党委召开党史学习教育专题民主生活会。

是月 水电八局荣获"全国普法工作先进单位"；大华桥机电安装工程荣获"2021—2022年度中国安装工程优质奖"（中国安装之星）。

2月8日 投资管理部更名为投资与运营管理部，加强投资与运营管理工作，保障投资收益。

2月9日—15日 水电八局水电公司、基础设施公司、机电公司、国际公司、投资公司、绿色建材公司、轨道交通公司、新能源公司、工程装备公司分别召开干部大会，会议宣布了砂石公司更名为绿色建材公司、铁路公司更名为轨道交通公司、基础公司更名为新能源公司、工程设备公司更名为工程装备公司的决定及各公司领导班子的任职文件。

2月12日　水电八局承建的中国海外最大制梁场——雅万高铁1号梁场完成最后一榀预制箱梁浇筑，成为全线首个完成箱梁预制的制梁场，共预制箱梁1018榀。

2月25日　水电八局承建的广东阳江抽水蓄能电站上水库大坝，成功取出长度25.5米、直径200毫米的C20碾压混凝土芯样，一举刷新抽水蓄能电站碾压混凝土大坝取芯的世界纪录。

3月7日—8日　水电八局召开2022年党建工作会、工作会、第九届职代会、第九次工代会、党风廉政建设和反腐败工作会。水电八局党委书记、董事长姜清华作题为《聚力强基固本、以实干开新局，铆劲提质增效、以业绩论英雄，奋力打造最具行业特色的一流国际工程公司》的工作报告；党委副书记、总经理肖军主持会议；杨一心作职工代表提案处理情况报告；纪委书记黄启斌作题为《坚持全面从严治党，强化监督执纪问责，为打造最具行业特色的一流国际工程公司提供坚强保障》的党风廉政建设和反腐败工作报告；工会主席刘技专作题为《弘扬实干精神，勇于担当作为，团结动员职工群众以主人翁姿态推进企业高质量发展》的工会委员会工作报告。

会议明确"十四五"发展规划：坚守"建设美好生活"的企业使命，锚定"成为最具行业特色的一流国际工程公司"的企业愿景，围绕股份公司"聚焦水能城砂，集成投建营"的战略部署，加快构建以工程建造为主体，以绿色建材和绿色能源为两翼的"一体两翼"产业发展新格局。

2022年工作总体思路：以习近平新时代中国特色社会主义思想为指导，全面贯彻党的十九大和十九届历次全会精神，坚决落实股份公司工作部署，坚持党的全面领导，坚持稳中求进工作总基调，完整、准确、全面贯彻新发展理念，突出高质量发展主题不动摇，锚定转型发展不松劲，"依法、从严、精细"管理，"勤俭、务实、高效"办企，聚力强基固本、以实干开新局，铆劲提质增效、以业绩论英雄，全面开启打造最具行业特色的一流国际工程公司新征程，迎接党的二十大胜利召开。

3月9日　水电八局召开外部董事见面会暨第一届董事会2022年第1次会议。

3月19日　广西壮族自治区党委书记、自治区人大常委会主任刘宁深入大藤峡水利枢纽施工一线调研工程建设情况。

3月29日　加纳路桥项目LOT3标段——塔马利立交桥举行竣工庆典，加纳总统纳纳·阿库福－阿多出席并揭牌剪彩。

是日　水电八局举行领导班子成员岗位聘任书和目标责任书签订仪式。

3月30日　中国驻印度尼西亚大使陆慷到雅万高铁1号制梁场指导工作。

4月11日　中共中央政治局常委、国务院总理李克强视察的赣江尾闾综合整治水利工程，点赞水电八局建设者，并嘱托："保质保量将赣江尾闾项目建设成有利子孙后代的大工程"。

4月28日　水电八局党委召开"双引双建"工作启动会。

是月　水电八局参建的向家坝水电站、锦屏水电站荣获第三届"高混凝土坝国际里程碑工程奖"。

5月18日　河北省委书记倪岳峰，省委副书记、省长王正谱到雄安新区新盖房项目调研。

5月21日　水电八局控股子公司中电建安徽长九新材料股份有限公司突破销售亿吨大关。

6月6日　江西省委书记、省人大常委会主任易炼红深入九江八赛项目调研防汛工作。

6月8日　水电八局召开学习贯彻习近平总书记在庆祝"中国共产主义青年团成立100周年"大会上重要讲话精神专题会。

6月19日　国家防总副总指挥、水利部部长李国英，广西壮族自治区党委书记、自治区人大常委会主任、自治区应急管理委员会主任刘宁来到大藤峡水利枢纽工程现场指挥调度珠江流域防汛抗洪工作。

6月30日　水电八局举行庆祝"建党101周年"暨"建功新时代、喜迎二十大""两优一先"表彰大会。

是月　岳阳分公司改扩建项目全面投产。水电八局印度尼西亚雅万高铁项目团支部喜获"全国铁路五四红旗团支部"称号。

7月14日　中共水电八局第九次代表大会胜利召开。党委书记、董事长姜清华代表水电八局第八届党委向大会作题为《忠诚拥护"两个确立"、坚决做到"两个维护"，始终牢记"国之大者"、深刻践行"双引双建"，以高质量党建引领保障高质量发展》的报告；纪委书记黄启斌代表水电八局第八届纪委向大会作题为《坚持全面从严治党，涵养清廉政治生态，为推动水电八局"十四五"高质量发展提供坚强保障》的报告。

7月20日　水电八局与国投电力签订战略合作协议。

7月28日 水电八局召开2022年年中工作会。水电八局党委书记、董事长姜清华作题为《知重负重，迎难克难，为努力完成年度目标任务不懈奋斗》的讲话。

是日 水电八局承建的湖南平江抽水蓄能电站自流排水洞TBM掘进全线贯通，较合同工期提前35天，较钻爆法提前40个月，TBM掘进速度不仅创国内同级别纪录，也创国内同级别抽水蓄能电站隧洞施工新纪录。

7月30日 中国电建下发《关于水电八局广东省阳西县溪头镇凤凰岭矿区建筑用片麻岩矿项目投资的批复》，该项目为水电八局第三个控股投资的绿色建材项目。

8月2日 西安地铁1号线三期工程秦都站至宝泉路站区间双线盾构成功下穿陇海铁路徐兰高铁无砟道床路基段，成功攻克下穿高铁无砟道床路基段这一工程技术难题，属全国首例。

8月26日 中电建长九新材料（广东）有限公司2022年股东会暨第一届第一次董事会在长沙顺利召开。

9月8日 加纳路桥LOT10项目举办竣工庆典，加纳副总统马罕姆杜·巴武米亚、中国驻加纳大使卢坤出席典礼并致辞。

9月18日 中国电建党委书记、董事长丁焰章赴中电建安徽长九新材料公司开展安全环保督导并讲授"安全公开课"。

9月23日 水电八局与长沙建发集团签订战略合作框架协议。

9月28日 水电八局EPC总承包的云南省小羊窝50兆瓦光伏电站项目正式投产，为金沙江下游国家级大型水风光储示范基地首个实现投产发电的光伏项目。

是月 水电八局获批首批中电联电力行业职业能力评价基地及职业技能等级认定分支机构。

10月1日 白鹤滩水电站在右岸大坝25号坝段，取出一根直径245毫米、长34.86米的常态混凝土芯样，再次刷新水电八局保持的世界纪录。

10月27日 水电八局党委召开全面贯彻落实党的二十大精神工作部署会。

11月15日 中国电建党委常委、纪委书记黄埔到基层党建联系点——水电八局宣讲党的二十大精神并调研。

11月16日 国家主席习近平在巴厘岛同印度尼西亚总统佐科举行会谈，共同视频观摩雅万高铁试验运行。

12月16日 中标惠州中洞抽水蓄能电站上水库土建工程。

12月20日 在建规模全球第一、单机容量世界第一、装机规模全球第二大水电站——白鹤滩水电站全面投产发电。

12月28日 孟加拉国首条城市轻轨（6号线）正式通车的剪彩仪式在首都达卡举行，孟加拉国总理谢赫·哈西娜出席。

是年 水电八局实现营业收入275.91亿元，较上年下降11.92%；实现利润总额2.01亿元，较上年下降72.62%；营业收入利润率0.69%，较上年下降1.60%；实现净利润0.41亿元，较上年下降92.21%；研发投入强度3.04%；年末资产总额536.91亿元，较上年增长11.24%；经济增加值（EVA）-0.15亿元，较上年下降102.45%；全员劳动生产率38.76万元/（人·年），较上年下降2.64%。

第一篇 组织机构沿革

- ◇ 第一章　概况
- ◇ 第二章　中国水利水电第八工程局时期
- ◇ 第三章　中国水利水电第八工程局有限公司时期
- ◇ 第四章　成员单位

第一章 概 况

水电八局始建于1952年7月，前身为长江水力委员会工程总队，历经70年沿革变迁，先后更名为水利部工程总局第六机械工程总队、湖南省柘溪水力发电工程局、湖南省水利水电建设公司、水利电力部第八工程局、电力工业部第八水电工程局，1992年更名为中国水利水电第八工程局，2008年更名为中国水利水电第八工程局有限公司。

第一节 领导体制改革

一、局长负责制

2002年至2008年6月，水电八局执行局长负责制。局长作为工程局的法人代表，全权负责经营决策和日常行政指挥。水电八局于1986年4月开始试行局长负责制，于1988年3月通过局长负责制相关实施细则并开始实行。

二、执行董事、总经理负责制

2008年6月—7月，中国水电确定水电八局改制后名称为中国水利水电第八工程局有限公司，聘任林修建为中国水利水电第八工程局有限公司执行董事（法定代表人）、总经理。

三、法人治理阶段

2018年3月，中国电建党委对水电八局领导体制进行调整，实行"董事长（执行董事）、党委书记一人担任""董事、总经理、党委副书记一人担任"的领导体制，明确子企业决策机构为党委会、董事会、董事长办公会和总经理办公会，不再设立党政联席会。聘任朱素华为中国水利水电第八工程局有限公司董事长（执行董事）、法定代表人；姜清华为中国水利水电第八工程局有限公司董事、总经理。

2019年11月22日，水电八局党委决定对二级单位领导体制作出调整，二级单位正职职务由"总经理兼党委副书记、党委书记兼副总经理"的领导体制机制调整为"党委书记兼总经理、党委副书记兼执行总经理"。

四、董事会建设

2021年7月，中国电建推荐丁拯国、刘洪、李明英为中国水利水电第八工程局有限公司外部董事，丁拯国为外部董事召集人，推动水电八局新一届董事会高效运转。

2022年1月，中国电建行文明确姜清华为中国水利水电第八工程局有限公司法定代表人，推荐为董事长人选；推荐肖军为董事；黄启斌为监事。2月，中国电建行文明确刘技专为职工董事人选。3月7日，水电八局召开职工代表大会，选举刘技专为职工董事。3月9日，水电八局召开第一届董事会2022年第一次股东会，通过了《关于聘任公司董事和选举董事长的议案》《关于聘任公司经理层成员的议案》《关于聘任公司董事长秘书的议案》等18项议案，聘任钟玉平为董事会秘书。8月，水电八局推荐杨一心、职小前为董事人选，其中职小前为外部董事。10月，水电八局召开2022年第二次股东会，通过了增选杨一心、职小前为董事的决议。

2022年底，水电八局逐步厘清了党委与董事会、经理层等治理主体的权责边界，形成了权责法定、权责透明、有效制衡、协调运转的治理体系。董事会共9人，分别为姜清华、肖军、丁拯国、刘洪、李明英、徐东、杨一心、刘技专、职小前，姜清华担任董事长。董事会设立战略与投资委员会、薪酬与考核委员会、审计与风险委员会3个专门委员会。战略与投资委员会由姜清华、丁拯国、刘洪3位委员组成，主任由董事长姜清华担任；薪酬与考核委员会由丁拯国、刘洪、李明英3位委员组成，主任由丁拯国担任；审计与风险委员会由刘洪、丁拯国、李明英3位委员组成，主任由刘洪担任。

第二节 体制演变

2002年12月，中国水利水电工程总公司更名为中国水利水电建设公司，为国务院国资委直接管理的中央企业。水电八局为其成员企业。

2008年7月，按照中国水利水电建设集团公司整体战略部署，为建立现代企业制度，完善公司治理结构，中国水利水电第八工程局更名为中国水利水电第八工程局有限公司。体制由"工程局"变更为"工程有限公司"。

2009年11月30日，由中国水利水电建设集团公司和中国水电工程顾问集团公司在北京共同发起设立中国水利水电建设股份有限公司。2011年10月18日，中国水利水电建设股份有限公司股票在上海证券交易所上市（证券简称"中国水电"，股票代码：601669）。水电八局由国有独资变为上市公司中国水电的一部分。

2011年9月，中国电建成立，水电八局为中国电建、中国水电子企业。

2014年1月，中国水利水电建设股份有限公司变更为中国电力建设股份有限公司，证券简称由"中国水电"变更为"中国电建"。水电八局变为上市公司中国电建的一部分。

第二章　中国水利水电第八工程局时期

（1992年8月—2008年6月）

第一节　机构设置

2002年5月，水电八局与水电九局联合成立贵州索风营工程八九联营体，水电八局为责任方。7月，撤销构皮滩项目部，成立构皮滩施工局，为水电八局直管项目机构。

2003年3月，成立市场开发部，作为水电八局内部独立核算单位，实行内部核算，自负盈亏；成立项目稽查部，作为机关职能部门；技术处更名为总工办；经营处更名为总经办；成立水布垭施工局，由水电八局直接管理，并将原隶属三峡下岸溪砂石项目部的水布垭砂石项目部、原隶属三峡施工局的水布垭尾水工程项目经理部并入水布垭施工局统一管理。4月，为适应市场需求，拓展对外合作市场，成立八局珠海分局。7月，小湾水电站工程八七葛联营体更名为小湾水电站工程八七联营体；成立彭水砂石施工局，由水电八局直接管理。10月，撤销水工机械总厂，东江机械厂划归机电制造安装分局管理，贵阳机械厂、常德机械厂、武汉机械厂由水电八局直接管理。12月，撤销科研所，成立科研设计院，为水电八局内部独立核算单位，下设设计中心、试验中心、监测中心、测绘大队、贵阳施工科研所。

2004年2月，为拓展广东市场，成立广州分局；成立西南分局和砂石分局作为水电八局二级单位，三峡施工局、龙滩施工局、溪洛渡项目部隶属西南分局管理；原三峡下岸溪砂石项目部与砂石分局实施"一套人马、两块牌子"；成立构皮滩八九联营体。8月，撤销采购管理中心，其职责划归设备物资管理处；项目稽查部更名为工程管理部；彭水砂石施工局更名为彭水施工局，为水电八局直管项目。11月，成立溪洛渡大坝施工局，为水电八局直管项目机构。

2005年3月，成立设备租赁中心，为水电八局内部独立核算单位。6月，成立测绘中心，形成专业的、独立的测绘生产机构。7月，撤销人事处、劳务部，成立人力资源部；撤销物业管理处，全局基建管理职能划归总经办和财务处，其余整体并入三产实业分局。9月，水电八局与闽江局联合组成贵州乌江思林电站大坝工程八闽联营体，水电八局为责任方。

2006年1月，撤销西南分局，成立五分局，作为水电八局的二级单位，原西南分局及彭水施工局整体划归五分局；成立川渝分局，作为工程局派出机构，负责四川、重庆等地的市场开拓事项。2月，成立小湾二道坝施工局，隶属水电八局管理。3月，决定设置投资管理部；将国际部变更为二级核算单位，加强对国际工程项目的管理。4月，成立云南分局，负责在云南省的市场开拓，作为水电八局派出机构。5月，成立起重机械大队，负责全局起重机械的安装改造维修工作任务，与设备租赁中心合署办公，实行"一套人马、两块牌子"。6月，决定珠海分局由水电八局直管变更为基础工程分局管理。8月，撤销武汉机械厂。10月，溪洛渡施工局划归水电八局直管，原水电八局直管的三峡施工局、龙滩施工局分别划归五分局管辖；原水电八局直管的构皮滩施工局划归三分局管辖。

2007年1月，决定成立基地服务管理中心，与南托基地合署办公，授权统一管理南托、东江、贵阳、常德、武汉5个基地；政研督察室更名为企业发展部，财务处更名为财务部，内部银行更名为资金管理部，总经济师办公室更名为经营管理部，总工程师办公室更名为技术管理部，安全生产管理委员办公室更名为安全管理部，全面质量管理办公室更名为质量管理部，设备物资处更名为设备物资部，审计处更名为审计部，纪检监察室更名为纪检监察部，社会保险事业管理中心更名为社会保险管理部。10月，决定成立水电八局境内业务分公司，一分局、二分局、三分局、四分局、五分局、机电制造安装分局、砂石分局、基础工程分局、常德机械厂、贵阳机械厂、科研设计院、设备租赁分局、水布垭施工局、溪洛渡大坝施工局、澜沧江施工局、三峡三七八联营总公司、索风营工程捌玖联营体、构皮滩工程八九联营体、龙滩七局八局葛洲坝联营体、龙滩1478联营体、小湾八七联营体隶属水电八局境内业务分公司管理。

2008年6月中国水利水电第八工程局机构设置见图1-2-1。

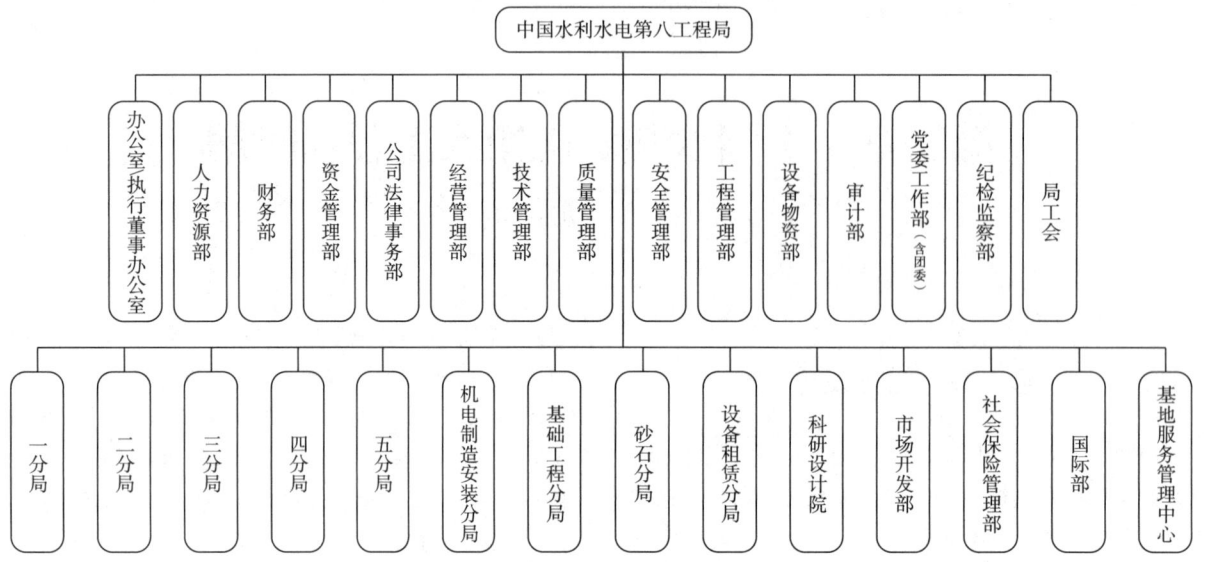

图1-2-1 2008年6月中国水利水电第八工程局机构设置

第二节 领导班子

2002年至2008年7月，中国水利水电第八工程局时期历任主要领导、副职任职情况分别见表1-2-1、表1-2-2。

表1-2-1 中国水利水电第八工程局时期历任主要领导任职情况

姓名	职务	任职时间	任免机关	备注
李鹏程	局长	2002年10月—2003年12月	中国水电总公司	中水电人〔2002〕101号 调南水北调
林修建	党委书记	2002年10月—2003年11月	中国水电总公司党组	中水电党〔2002〕56号
林修建	局长	2003年12月—2008年1月	中国水电总公司	中水电人〔2003〕144号
林修建	局长	2008年1月—6月	中国水利水电建设集团公司	中水电人〔2008〕7号
林修建	执行董事（法定代表人）	2008年6月—7月	中国水利水电建设集团公司	中水电人〔2008〕131号
林修建	总经理	2008年6月—7月	中国水利水电建设集团公司	中水电人〔2008〕144号
陈正平	党委书记	2003年12月—2008年1月	中国水电总公司党组	中水电党〔2003〕96号
朱素华	党委书记	2008年1月—9月	中国水利水电建设集团公司党委	中水电党〔2008〕8号

表1-2-2 中国水利水电第八工程局时期历任副职任职情况

姓名	职务	任职时间	任免机关	备注
佘其年	纪委书记	1994年12月—2004年2月	中国水电公司党组	中水电党〔1994〕36号
林修建	副局长	1998年10月—2003年11月	中国水电总公司党组	中水电党〔1998〕31号
林修建	党委副书记（兼）	2003年12月—2008年1月	中国水利水电建设集团公司党组	中水电党〔2003〕96号
林修建	党委副书记（兼）	2008年1月—9月	中国水利水电建设集团公司党委	中水电党〔2008〕8号

续表

姓名	职务	任职时间	任免机关	备注
余其年	党委副书记	1998年12月—2004年2月	中国水电总公司党组	中水电党〔1998〕31号 调离八局
陈正平	副局长	2000年6月—2008年1月	中国水电总公司党组	中水电干〔2000〕33号 改任咨询
陈正平	总经济师（兼）	2002年10月—2003年12月	中国水电总公司	中水电人〔2002〕101号
陈义海	副局长	2000年6月—2008年1月	中国水电总公司党组	中水电干〔2000〕33号 改任咨询
朱素华	副局长	2002年4月—2008年1月	中国水电总公司党组	中水电人〔2002〕45号
朱素华	副局长	2008年1月—6月	中国水利水电建设集团公司	中水电人〔2008〕7号
朱素华	副总经理	2008年6月—7月	中国水利水电建设集团公司	中水电人〔2008〕144号
张汉龙	副局长	2002年4月—2008年1月	中国水电总公司党组	中水电人〔2002〕45号
张汉龙	副局长	2008年1月—6月	中国水利水电建设集团公司	中水电人〔2008〕7号
张汉龙	副总经理	2008年6月—7月	中国水利水电建设集团公司	中水电人〔2008〕144号
李鹏程	党委副书记（兼）	2002年10月—2003年12月	中国水利水电建设集团公司党组	中水电党〔2002〕56号
涂怀健	总工程师	2002年10月—2008年1月	中国水电总公司	中水电人〔2002〕101号
涂怀健	总工程师	2008年1月—6月	中国水利水电建设集团公司	中水电人〔2008〕7号
涂怀健	总工程师	2008年6月—7月	中国水利水电建设集团公司	中水电人〔2008〕144号
王意桥	总会计师	2002年10月—2008年1月	中国水电总公司	中水电人〔2002〕101号
王意桥	总会计师	2008年1月—6月	中国水利水电建设集团公司	中水电人〔2008〕7号
王意桥	总会计师	2008年6月—7月	中国水利水电建设集团公司	中水电人〔2008〕144号
黄敏	副局长	2003年12月—2008年1月	中国水利水电建设股份有限公司	中水电人〔2003〕144号
黄敏	副局长	2008年1月—6月	中国水电总公司	中水电人〔2008〕7号
黄敏	副总经理	2008年6月—7月	中国水利水电建设股份有限公司	中水电人〔2008〕144号
曹跃生	副局长	2003年12月—2008年1月	中国水利水电建设股份有限公司	中水电人〔2003〕144号
曹跃生	副局长	2008年1月—6月	中国水利水电建设集团公司	中水电人〔2008〕7号
曹跃生	副总经理	2008年6月—7月	中国水利水电建设集团公司	中水电人〔2008〕144号
刘敏立	工会主席	2000年6月—2004年4月	中国水电总公司	中水电党〔2000〕20号
刘敏立	党委副书记兼纪委书记	2004年4月—2008年1月	中国水电总公司党组	中水电党〔2004〕26号
朱国强	工会主席	2004年4月—2008年1月	中国水利水电建设集团公司	中水电党〔2004〕26号
朱国强	党委副书记、纪委书记（兼）	2008年1月—7月	中国水利水电建设集团公司党委	中水电党〔2008〕8号
朱国强	监事	2008年6月—7月	中国水利水电建设集团公司	中水电人〔2008〕131号
姜清华	副局长兼总经济师	2005年10月—2008年1月	中国水利水电建设集团公司	中水电人〔2005〕145号
姜清华	副局长	2008年1月—7月	中国水利水电建设集团公司	中水电人〔2008〕7号
姜清华	副总经理	2008年6月—7月	中国水利水电建设集团公司	中水电人〔2008〕144号
戴科夫	副局长	2008年1月—6月	中国水利水电建设集团公司	中水电人〔2008〕7号
戴科夫	副总经理	2008年6月—7月	中国水利水电建设集团公司	中水电人〔2008〕144号
刘光华	副局长	2008年1月—6月	中国水利水电建设集团公司	中水电人〔2008〕7号
刘光华	副总经理	2008年6月—7月	中国水利水电建设集团公司	中水电人〔2008〕144号
杨刚	副局长	2008年1月—6月	中国水利水电建设集团公司	中水电人〔2008〕7号

续表

姓名	职务	任职时间	任免机关	备注
杨刚	副总经理	2008年6月—7月	中国水利水电建设集团公司	中水电人〔2008〕144号
刘中刚	副局长	2008年1月—6月	中国水利水电建设集团公司	中水电人〔2008〕7号
刘中刚	副总经理	2008年6月—7月	中国水利水电建设集团公司	中水电人〔2008〕144号
肖华民	工会主席（候选人）	2008年1月—7月	中国水利水电建设集团公司党委	中水电党〔2008〕8号

第三节　人员编制

中国水利水电第八工程局时期，随着市场经济的发展，工程局建立了内部劳务市场，并逐步与社会接轨，形成了员工能上能下、能出能进的竞争聘任机制。中国水利水电第八工程局时期人员编制情况见表1-2-3。

表1-2-3　中国水利水电第八工程局时期人员编制情况　　　　单位：人

年份	人员编制			职工合计（4）
	在岗职工（1）	管理人员（2）	内退人员（3）	
2002	10531	2376	1425	13278
2003	10426	2340	1473	13044
2004	10176	2506	1586	12785
2005	10078	2367	1693	12698
2006	9599	2974	1975	12286
2007	9436	2723	2237	12200
2008	9314	2943	2154	11821

注：（2）栏为（4）栏的其中数，（1）栏+（3）栏<（4）栏。

第三章　中国水利水电第八工程局有限公司时期

（2008年7月—2022年12月）

第一节　机构设置

2008年8月，设立公司执行董事办公室。10月，设立公司法律事务部，撤销企业发展部。11月，撤销投资管理部。

2009年1月，撤销市场开发部，成立市场营销管理部，下设水利水电部、基础设施部；技术管理部更名为技术中心。7月，成立六分局。

2010年12月，成立基础设施部、基础设施分局，撤销一分局、四分局，京沪高速铁路施工局整体并入基础设施分局。

2011年8月，撤销市场营销管理部原下设的部门，原下设部门人员所任职务自然免除；市场营销管理部重新下设4个部门：综合部、公共关系部、技术部、商务部。11月，撤销川渝分局和云南分局。

2012年1月，成立白鹤滩施工局，成立投资部，基础设施部与基础设施分局分离。

2013年8月，撤销设备租赁中心及其党群组织机构，原设备租赁中心所任领导职务全部自然免除；成立一分局，负责公司设备租赁、大型起吊设备管理及机械化施工业务。9月，国际部更名为国际公司，成立海外事业部，与国际公司合署办公。10月，贵阳机械厂整体并入机电制造安装分局。

2014年1月，决定纪检监察部与审计部合并，撤销质量管理部，成立群众工作部，安全管理部更名为安全环保部，法律事务部更名为法律与风险管理部；撤销基础设施部、投资部，成立基础设施事业部、水电事业部、铁路事业部、投资事业部；成立机电公司、砂石公司、基础公司、土木公司、工程设备公司、铁路公司和科研设计院，设立二公司、三公司、五公司、六公司；成立中东公司、柬埔寨公司、马来西亚公司、印度尼西亚公司，由国际公司代管。4月，成立委内瑞拉公司、西非公司、东非公司，由国际公司代管；成立企业文化部，与党委工作部合署办公；成立投资公司，与投资事业部合署办公。10月，成立越老公司，由国际公司代管。11月，成立水电公司，与水电事业部合署办公；撤销三公司、五公司、六公司，原任分公司领导职务全部自然免除。12月，成立基础设施公司，与基础设施事业部合署办公。

2015年3月，成立技术管理部。12月，成立公司BIM技术中心；撤销二公司、土木公司，部分人员、设备、项目并入基础设施公司，原基础设施公司、二公司、土木公司所任领导职务全部自然免除；二公司机关人员、土木公司佛肇铁路项目及人员分流到铁路公司；除二公司浙江项目及人员外，二公司其他水电项目及人员分流到水电公司，其中湘航项目尾工结算人员到水电公司，湘航项目其他人员到铁路公司。

2016年2月，总经理办公室更名为总经理工作部，技术管理部更名为工程科技部，纪检监察、审计部"两块牌子"合并，更名为纪检监察审计部；成立企业领导人员管理部，与人力资源部合署办公；成立设备物资采购中心，与设备物资部合署办公；撤销工程管理部，原工程管理部负责的公司标准化工作、三标体系（质量、环境、职业健康）认证相关工作划归战略与信息化部，原工程管理部负责的公司生产进度、质量管理工作划归工程科技部。3月，成立中电建长九新材料股份有限公司。4月，成立印度尼西亚雅万高铁项目部。7月，撤销水电事业部、铁路事业部、基础设施事业部、投资事业部，成立投资管理部。

2017年2月，撤销中东公司、柬埔寨公司、马来西亚公司、印度尼西亚公司、委内瑞拉公司、西非公司、东非公司、越老公司、孟加拉国区域营销部、南非区域营销部，成立中东区域部、欧亚区域部、亚太区域部、美洲区域部、中西非区域部、东南非区域部。3月，成立工程采购中心，隶属公司经营管理部管理。5月，成立云南公司，按二级单位管理（专业公司层级）。

2018年1月，水电八局全资子公司湖南省拓海商贸有限公司更名为中电建（湖南）拓海实业有限公司；成立路桥事业部；成立市政公用工程事业部、房建事业部，与基础设施公司合署办公。2月，撤销工程采购中心、设备物资采购中心，成立采购中心。4月，撤销执行董事办公室/总经理工作部，成立办公室；成立水电八局党委巡察工作领导小组和巡察工作领导小组办公室。6月，撤销云南公司。9月，成立中电建池州长智建工有限公司。10月，撤销社会保险管理部。

2019年12月，成立华南公司、华北公司、华东公司、湖南公司、湖北公司、江西公司6个区域公司；企业领导人员管理部更名为党委组织部/干部部，与人力资源部合署办公。撤销房建事业部、路桥事业部、市政公用工程事业部。

2020年4月，成立军民融合管理部，与工程科技部合署办公；成立军民融合保密办公室，与军民融合管理部合署办公；成立党委宣传部，与党委工作部/企业文化部合署办公。6月，军民融合管理部/军民融合保密办公室不再与工程科技部合署办公。11月，撤销纪检监察审计部，成立纪委办公室，原纪检监察审计部纪检工作职能划归纪委办公室；成立审计部，原工程局纪检监察审计部的审计职能划归审计部，巡察工作办公室与党委工作部合署办公。12月，成立工程管理部。

2021年6月，财务部和资金管理部合并，成立财务资金部；战略与信息化部更名为信息化部。10月，成立董事会办公室，与办公室合署办公。12月，成立赣江下游尾闾综合整治工程设计、采购、施工总承包项目部。

2022年2月，撤销信息化部，成立信息中心，由董事会办公室/办公室统一管理；撤销设备物资部；军民融合管理部与工程管理部合署办公；投资管理部更名为投资与运营管理部；党委工作部下设政工专家中心，财务资金部下设财会专家中心，工程科技部下设工程专家中心，经营管理部下设经济专家中心，工程管理部下设项目专家中心；铁路公司更名为轨道交通公司，砂石公司更名为绿色建材公司，工程设备公司更名为工程装备公司，基础公司更名为新能源公司。3月，法律与风险管理部更名为公司律师事务部。9月，中电建（湖南）拓海实业有限公司不再作为二级单位管理，明确中电建（湖南）拓海实业有限公司隶属采购中心管理；湖南公司不再作为水电八局区域公司管理，明确湖南公司隶属市场营销管理部管理。10月，撤销湖南公司。

2022年12月底中国水利水电第八工程局有限公司机构设置如图1-3-1所示。

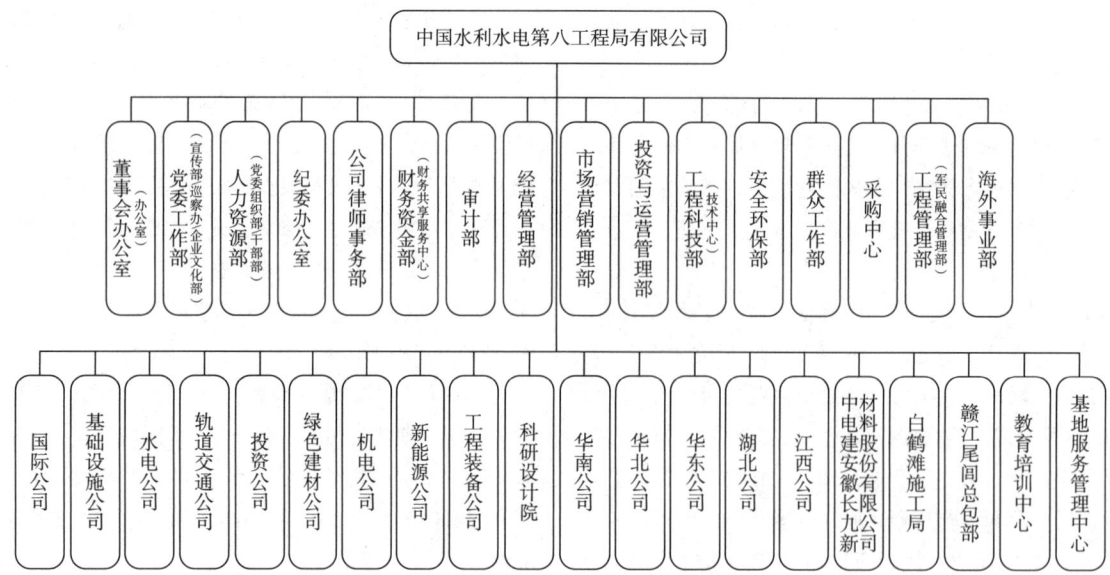

图1-3-1 2022年12月底中国水利水电第八工程局有限公司机构设置

第二节 领导班子

2008年至今，中国水利水电第八工程局有限公司时期历任主要领导、副职任职情况分别见表1-3-1、表1-3-2。

表1-3-1 中国水利水电第八工程局有限公司时期历任主要领导任职情况

姓名	职务	任职时间	任免机关	备注
林修建	执行董事（法定代表人）、总经理	2008年6月—2012年4月	中国水利水电建设集团公司	中水电人〔2008〕131号
林修建	总经理	2008年6月—2012年4月	中国水利水电建设集团公司	中水电人〔2008〕144号
朱素华	党委书记	2008年1月—9月	中国水利水电建设集团公司党委	中水电党〔2008〕8号
朱素华	党委书记	2008年9月—2013年5月	中国水利水电建设集团公司党委	中水电党〔2008〕98号
朱素华	总经理、执行董事（法定代表人）	2012年4月—2016年10月	中国水利水电建设股份有限公司	中水电股干〔2012〕8号
朱素华	总经理、执行董事（法定代表人）	2016年10月—2018年3月	中国电力建设股份有限公司	中电建股干〔2016〕75号
朱素华	党委书记	2018年3月—2021年11月	中国电力建设股份有限公司党委	中电建股党干〔2018〕52号
朱素华	执行董事（法定代表人）	2018年3月—2021年11月	中国电力建设股份有限公司	中电建股干〔2018〕84号改任咨询
黄敏	党委书记	2013年5月—2016年5月	中国电力建设股份有限公司党委	中电建党〔2013〕80号
姜清华	党委书记	2016年10月—2017年2月	中国电力建设股份有限公司党委	中电建股党干〔2016〕60号
姜清华	党委书记	2017年2月—2018年3月	中国电力建设股份有限公司党委	中电建股党干〔2017〕25号
姜清华	总经理	2018年3月—2022年1月	中国电力建设股份有限公司	中电建股干〔2018〕84号
姜清华	法定代表人、主持工作	2021年11月—2022年1月	中国电力建设股份有限公司	中电建股干〔2021〕136号
姜清华	党委书记	2022年1月—7月	中国电力建设股份有限公司党委	中电建股党干〔2022〕2号
姜清华	法定代表人、董事长	2022年1月至今	中国电力建设股份有限公司	中电建股干〔2022〕2号
姜清华	党委书记	2022年7月至今	中国电力建设股份有限公司党委	中电建股党函〔2022〕26号
肖军	总经理	2022年1月至今	中国电力建设股份有限公司	中电建股干函〔2022〕3号

表 1-3-2　中国水利水电第八工程局有限公司时期历任副职任职情况

姓名	职务	任职时间	任免机关	备注
林修建	党委副书记（兼）	2008年1月—9月	中国水利水电建设集团公司党委	中水电党〔2008〕8号
林修建	党委副书记（兼）	2008年9月—2012年4月	中国水利水电建设集团公司党委	中水电党〔2008〕98号
朱国强	党委副书记、纪委书记（兼）	2008年1月—9月	中国水利水电建设集团公司党委	中水电党〔2008〕8号
朱国强	监事	2008年6月—2012年4月	中国水利水电建设集团公司	中水电人〔2008〕131号
朱国强	党委副书记、纪委书记（兼）	2008年9月—2013年5月	中国水利水电建设集团公司党委	中水电党〔2008〕98号
朱国强	监事	2012年4月—2016年10月	中国水利水电建设股份有限公司	中水电股干〔2012〕8号
朱国强	党委副书记、纪委书记（兼）	2013年5月—2016年10月	中国电力建设集团有限公司党委	中电党〔2013〕80号
朱国强	党委副书记、纪委书记	2016年10月—2017年2月	中国电力建设股份有限公司党委	中电建股党干〔2016〕60号
朱国强	监事	2016年10月—2020年12月	中国电力建设股份有限公司	中电建股干〔2016〕75号
朱国强	党委副书记、纪委书记	2017年2月—2020年12月	中国电力建设股份有限公司党委	中电建股党干〔2017〕25号 改任咨询
肖华民	工会主席（候选人）	2008年1月—9月	中国水利水电建设集团公司党委	中水电党〔2008〕8号
肖华民	工会主席	2008年9月—2016年10月	中国水利水电建设集团公司党委	中水电党〔2008〕98号
肖华民	工会主席	2016年10月—2020年2月	中国电力建设股份有限公司党委	中电建股党干〔2016〕60号 改任咨询
朱素华	副总经理	2008年6月—2012年4月	中国水利水电建设集团公司	中水电人〔2008〕144号
朱素华	党委副书记	2013年5月—2016年10月	中国电力建设集团有限公司党委	中电建〔2013〕80号
朱素华	党委副书记	2016年10月—2017年2月	中国电力建设股份有限公司党委	中电建股党干〔2016〕60号
朱素华	党委副书记	2017年2月—2018年3月	中国电力建设股份有限公司党委	中电建股党干〔2017〕25号
姜清华	副总经理	2008年6月—2012年4月	中国水利水电建设集团公司	中水电人〔2008〕144号
姜清华	副总经理	2012年4月—2016年10月	中国水利水电建设股份有限公司	中水电股干〔2012〕8号
姜清华	副总经理	2016年10月—2018年3月	中国电力建设股份有限公司	中电建股干〔2016〕75号
姜清华	党委副书记	2018年3月—2022年1月	中国电力建设股份有限公司党委	中电建股党干〔2018〕52号
姜清华	董事	2018年3月—2022年1月	中国电力建设股份有限公司	中电建股干〔2018〕84号
张汉龙	副总经理	2008年6月—2012年4月	中国水利水电建设集团公司	中水电人〔2008〕144号
张汉龙	副总经理	2012年4月—2015年9月	中国水利水电建设股份有限公司	中水电股干〔2012〕8号
黄敏	副总经理	2008年6月—2012年4月	中国水利水电建设集团公司	中水电人〔2008〕144号
黄敏	副总经理	2012年4月—2016年5月	中国水利水电建设股份有限公司	中水电股干〔2012〕8号
曹跃生	副总经理	2008年6月—2012年4月	中国水利水电建设集团公司	中水电人〔2008〕144号
曹跃生	副总经理	2012年4月—11月	中国水利水电建设股份有限公司	中水电股干〔2012〕8号 调电建海投
戴科夫	副总经理	2008年6月—2012年4月	中国水利水电建设集团公司	中水电人〔2008〕144号
戴科夫	总经济师（兼）	2011年3月—2012年4月	中国水利水电建设股份有限公司	中水电股人〔2011〕30号
戴科夫	副总经理兼总经济师	2012年4月—2016年10月	中国水利水电建设股份有限公司	中水电股干〔2012〕8号
戴科夫	副总经理	2016年10月—2021年6月	中国电力建设股份有限公司	中电建股干〔2016〕75号 改任咨询
刘光华	副总经理	2008年6月—2012年4月	中国水利水电建设集团公司	中水电人〔2008〕144号
刘光华	副总经理	2012年4月—2016年10月	中国水利水电建设股份有限公司	中水电股干〔2012〕8号

续表

姓名	职务	任职时间	任免机关	备注
刘中刚	副总经理	2008年6月—2012年4月	中国水利水电建设集团公司	中水电人〔2008〕144号
刘中刚	副总经理	2012年4月—2016年10月	中国水利水电建设股份有限公司	中水电股干〔2012〕8号
刘中刚	副总经理	2016年10月—2019年8月	中国电力建设股份有限公司	中电建股干〔2016〕75号
刘中刚	副总经理（正职级）	2019年8月—2022年1月	中国电力建设股份有限公司	中电建股干〔2019〕84号 改任咨询
杨 刚	副总经理	2008年6月—2012年4月	中国水利水电建设股份有限公司	中水电人〔2008〕144号
杨 刚	副总经理	2012年4月—2016年10月	中国水利水电建设股份有限公司	中水电股干〔2012〕8号
杨 刚	副总经理	2016年10月—2021年12月	中国电力建设股份有限公司	中电建股干〔2016〕75号 调华东区域公司
涂怀健	总工程师	2008年6月—7月	中国水利水电建设集团公司	中水电人〔2008〕144号
涂怀健	总工程师	2012年4月—2016年10月	中国水利水电建设股份有限公司	中水电股干〔2012〕8号
涂怀健	总工程师	2016年10月—2021年2月	中国电力建设股份有限公司	中电建股干〔2016〕75号 改任咨询
王意桥	总会计师	2008年6月—2012年4月	中国水利水电建设集团公司	中水电人〔2008〕144号 改任咨询
杨一心	副总经理	2012年4月—2016年10月	中国水利水电建设股份有限公司	中水电股干〔2012〕8号
杨一心	副总经理	2016年10月—2022年1月	中国电力建设股份有限公司	中电建股干〔2016〕75号
杨一心	党委副书记	2022年1月—7月	中国电力建设股份有限公司党委	中电建股党干〔2022〕2号
杨一心	党委副书记	2022年7月至今	中国电力建设股份有限公司党委	中电建股党函〔2022〕26号
冯正文	总会计师	2012年4月—2016年10月	中国水利水电建设股份有限公司	中水电股干〔2012〕8号
冯正文	总会计师	2016年10月—2021年11月	中国电力建设股份有限公司	中电建股干〔2016〕75号 调山东电建三公司
邓文明	副总经理	2012年9月—2016年10月	中国水利水电建设股份有限公司	中水电股干〔2012〕46号
邓文明	副总经理	2016年10月—2022年1月	中国电力建设股份有限公司	中电建股干〔2016〕75号
邓文明	副总经理	2022年1月至今	中国电力建设股份有限公司	中电建股干函〔2022〕3号
肖 军	副总经理	2016年2月—10月	中国电力建设股份有限公司	中电建股干〔2016〕13号
肖 军	副总经理	2016年10月—2022年1月	中国电力建设股份有限公司	中电建股干〔2016〕75号
肖 军	党委副书记	2022年1月—7月	中国电力建设股份有限公司党委	中电建股党干〔2022〕2号
肖 军	党委副书记	2022年7月至今	中国电力建设股份有限公司党委	中电建股党函〔2022〕26号
肖 军	董事	2022年1月至今	中国电力建设股份有限公司	中电建股干〔2022〕2号
蹇尚友	副总经理	2016年2月—10月	中国电力建设股份有限公司	中电建股干〔2016〕13号
蹇尚友	副总经理	2016年10月—2021年7月	中国电力建设股份有限公司	中电建股干〔2016〕75号 调华中区域
谢卫东	副总经理	2016年2月—10月	中国电力建设股份有限公司	中电建股干〔2016〕13号
谢卫东	副总经理	2016年10月—2022年1月	中国电力建设股份有限公司	中电建股干〔2016〕75号
谢卫东	副总经理	2022年1月至今	中国电力建设股份有限公司	中电建股干函〔2022〕3号
白延庆	副总经理	2016年10月—2019年7月	中国电力建设股份有限公司	中电建股干〔2016〕75号
任朗明	副总经理	2020年11月—2022年1月	中国电力建设股份有限公司	中电建股干〔2020〕89号
任朗明	副总经理	2022年1月至今	中国电力建设股份有限公司	中电建股干函〔2022〕3号
李志伟	副总经理	2020年11月—2022年1月	中国电力建设股份有限公司	中电建股干〔2020〕89号

续表

姓名	职务	任职时间	任免机关	备注
黄启斌	纪委书记	2020年12月—2022年1月	中国电力建设股份有限公司党委	中电建股党干〔2020〕60号
黄启斌	纪委书记	2022年1月—7月	中国电力建设股份有限公司党委	中电建股党干〔2022〕2号
黄启斌	纪委书记	2022年7月至今	中国电力建设股份有限公司党委	中电建股党函〔2022〕26号
黄启斌	监事	2020年12月—2022年1月	中国电力建设股份有限公司	中电建股干〔2020〕114号
黄启斌	监事	2022年1月至今	中国电力建设股份有限公司	中电建股干〔2022〕2号
丁拯国	董事	2021年7月至今	中国电力建设股份有限公司	中电建股干〔2021〕87号
刘 洪	董事	2021年7月至今	中国电力建设股份有限公司	中电建股干〔2021〕87号
李明英	董事	2021年7月至今	中国电力建设股份有限公司	中电建股干〔2021〕87号
唐 明	总会计师	2021年12月—2022年1月	中国电力建设股份有限公司	中电建股干函〔2021〕28号
唐 明	总会计师	2022年1月至今	中国电力建设股份有限公司	中电建股干函〔2022〕3号
朱 枫	副总经理	2022年1月至今	中国电力建设股份有限公司	中电建股干函〔2022〕8号
吴三线	副总经理	2022年1月至今	中国电力建设股份有限公司	中电建股干函〔2022〕8号
刘技专	工会主席（候选人）	2022年1月至今	中国电力建设股份有限公司党委	中电建股党干〔2022〕11号
刘技专	董事	2022年2月至今	中国电力建设股份有限公司	中电建股干〔2022〕42号
于永军	总工程师	2022年1月至今	中国电力建设股份有限公司	中电建股干函〔2022〕8号
徐 东	董事	2022年3月至今	中国水利水电第八工程局有限公司	八局〔2022〕41号

第三节　人员编制

中国水利水电第八工程局有限公司时期，随着现代企业制度的逐渐完善，企业用工结构发生显著改变，管理人员比例迅速提升，形成了规范的干部管理体系。中国水利水电第八工程局有限公司时期人员编制情况见表1-3-3。

表1-3-3　中国水利水电第八工程局有限公司时期人员编制情况　　　　　单位：人

年份	人员编制			职工合计（4）
	在岗职工（1）	管理人员（2）	内退人员（3）	
2008	9314	2943	2154	11821
2009	9282	3155	2143	11716
2010	9189	3463	2133	11544
2011	9002	3688	2176	11399
2012	8900	3832	2364	11264
2013	9001	4012	1985	10986
2014	8497	3883	2285	10782
2015	8737	4297	2010	10865
2016	8929	4524	1918	10938
2017	8928	4163	1746	10753
2018	8993	4653	1627	10624
2019	9255	5452	1537	10792
2020	9596	5878	1532	11128
2021	9866	5997	1568	11434
2022	9665	5751	1617	11282

注：（2）栏为（4）栏的其中数，（1）栏+（3）栏≤（4）栏。

第四章　成员单位

第一节　分支机构

一、全资、控股及参股公司

水电八局全资、控股及参股公司详见表1-4-1。

表1-4-1　水电八局全资、控股及参股公司

编号	公司名称	成立/变更时间	股比（%）	登记状态
全资				
1	中水电八局武汉建设管理有限公司	2015年5月12日	100	存续
2	中电建第八工程局（广东）建设有限公司	2020年9月9日	100	在业
3	中电建（湖南）拓海实业有限公司	1997年7月3日	100	存续
4	中电建八局武汉建设投资有限公司	2020年6月23日	100	存续
5	江西海赋电建工程项目管理有限公司	2014年8月18日	100	存续
6	西昌八局机电建设有限责任公司	2007年7月16日	100	存续
7	湖南海赋电建工程项目管理有限公司	2015年3月12日	100	存续
8	湖南腾达科技有限责任公司	2006年4月27日	100	存续
9	湖南江海科技发展有限公司	1993年5月7日	100	存续
10	湖南基业常青企业管理服务有限公司	2014年10月23日	100	存续
11	安徽神州新材料有限公司	2015年12月29日	100	注销
12	南昌市越翔工程项目管理有限公司	2014年5月5日	100	注销
13	南昌聚鸿兴工程项目管理有限公司	2013年5月2日	100	注销
14	珠海市中水建设有限公司	2013年7月10日	100	注销
15	武汉科禹水利工程有限公司	2017年11月2日	100	注销
16	珠海聚鸿兴工程项目管理有限公司	2012年8月29日	100	注销
17	宁波高新区中水建设工程有限公司	2010年4月30日	100	注销
18	贵州拓海科技有限责任公司	2007年8月30日	100	注销
19	中国水利水电第八工程局物资公司	1992年7月1日	100	注销
20	合肥市中水建设有限公司	2013年12月2日	100	注销
21	深圳平安达贸易发展公司	1994年6月30日	100	注销
控股				
1	六安市叶集区新城建联项目管理有限责任公司	2016年12月19日	94.9985	存续
2	长沙玉屏山食品产业区开发建设有限公司	2016年11月24日	90	存续
3	池州四好公路建设管理有限公司	2019年12月9日	80	存续
4	中电建长宜能源开发（湖北）有限公司	2021年9月29日	71	存续
5	罗田城乡建设发展有限公司	2022年9月14日	70	存续

续表

编号	公司名称	成立/变更时间	股比（%）	登记状态
6	中电建新邵资江防洪风光带建设开发有限公司	2017年8月17日	56.0772	存续
7	萍乡市水电八局万龙湾海绵城市建设有限公司	2017年1月10日	55	存续
8	中电建长九新材料（广东）有限公司	2021年9月23日	51	在业
9	中电建池州长智建工有限公司	2018年9月10日	51	存续
10	中电建长峡（浠水）新材料有限公司	2021年1月6日	50	存续
11	中电建水电八局深圳工程有限公司	2020年3月6日	50	存续
12	湖南朝阳房地产开发有限责任公司	2004年7月7日	99.266	注销
13	湖南省常德贵光娱乐实业有限公司	1996年8月21日	83.3333	注销
14	湖南恒丰投资置业有限公司	2004年7月7日	76.145	注销
15	长沙市润东制管有限公司	2000年5月22日	72.2918	注销
16	湘潭城发电建生态治理有限公司	2016年10月10日	70	注销
17	湘潭城乡电建水环境治理项目管理有限公司	2016年10月9日	70	注销
18	常德市金太阳商品混凝土有限公司	1996年3月4日	51	注销
参股				
1	湘西经开区双河片区项目管理有限公司	2016年12月12日	46.7496	存续
2	中电建安徽长九新材料股份有限公司	2016年1月14日	45.3821	存续
3	中电建安徽长九贸易有限公司	2019年6月19日	45.3821	存续
4	中电建路桥集团浦城发展有限公司	2015年10月23日	45	存续
5	长沙中电建江河物业管理有限公司	1994年9月16日	40	存续
6	罗田流域生态环境治理有限公司	2023年2月7日	39	存续
7	赣州章良建设开发有限公司	2018年6月8日	32.3328	存续
8	赣州中水八局洋田建设开发有限公司	2018年6月8日	32.3328	存续
9	湖南界牌瓷城建设项目管理有限公司	2018年7月2日	32.3328	存续
10	罗田引莲入城水务有限公司	2022年1月29日	30.4432	存续
11	花垣县龙腾城乡一体化建设有限责任公司	2017年9月8日	28.9828	存续
12	中电建（济南）投资发展有限公司	2019年5月31日	28.5	在业
13	神农架日清生态治理有限公司	2021年3月18日	15	存续
14	五峰日清生态治理有限公司	2021年4月30日	15	存续
15	都昌县三峡水环境综合治理有限责任公司	2021年5月21日	11	存续
16	中电建河南万山绿色建材有限公司	2020年9月15日	10	存续
17	华容县三峡水环境综合治理有限责任公司	2021年7月8日	10	存续
18	浏阳三峡水环境综合治理有限公司	2021年5月28日	10	存续
19	岳阳市三峡水环境综合治理有限公司	2019年9月11日	9	存续
20	中电建（蕲春）新材料有限公司	2022年6月30日	8.5	存续
21	中电建（辰溪）能源开发有限公司	2022年3月21日	8.4844	存续
22	中电建（罗城）能源开发有限公司	2023年3月1日	6.345	存续
23	彭泽县三峡水环境综合治理有限责任公司	2019年12月13日	6.12	存续
24	岳阳市三峡二期水环境综合治理有限责任公司	2021年1月12日	5	存续
25	中电建水电开发集团有限公司	2006年10月19日	4.6459	存续
26	中电建西南电力销售有限公司	2016年5月31日	4.6459	存续

续表

编号	公司名称	成立/变更时间	股比（％）	登记状态
27	中电建电力检修工程有限公司	2012年11月1日	4.6459	存续
28	四川中铁能源五一桥水电有限公司	2004年8月12日	4.6459	存续
29	中电建（宝清县）能源开发有限公司	2022年8月1日	4.5065	存续
30	株洲市三峡水环境综合治理有限责任公司	2022年11月11日	4.5	存续
31	中电建（禄丰）抽水蓄能开发有限公司	2021年11月26日	4.2742	存续
32	四川足木足河流域水电开发有限公司	2009年12月15日	4.1813	存续
33	四川盐源甲米河水电开发有限公司	2007年12月21日	4.0921	存续
34	中国电建集团海外投资有限公司	2012年9月4日	3.931	存续
35	中电建海外投资（昆明）有限公司	2012年12月19日	3.931	存续
36	克州新隆能源开发有限公司	2008年6月10日	3.2521	存续
37	阿坝水电开发有限公司	2004年4月13日	3.1128	存续
38	云阳县建全抽蓄能源开发有限公司	2021年9月14日	3.0198	存续
39	中电建（新星）能源开发有限公司	2021年12月22日	2.9734	存续
40	阿坝明达水电开发有限公司	2006年4月13日	2.7875	存续
41	河北建远能源有限公司	2021年12月2日	2.5552	存续
42	中国水电建设集团圣达水电有限公司	2005年9月15日	2.5229	存续
43	四川圣达水电开发有限公司	2003年5月23日	2.3694	存续
44	四川松林河流域开发有限公司	2002年12月13日	2.323	存续
45	四川小金川水电开发有限公司	2009年12月16日	2.2997	存续
46	四川美姑河水电开发有限公司	2003年6月18日	2.2765	存续
47	四川华能太平驿水电有限责任公司	1994年4月23日	1.2451	存续
48	九江市三峡水环境综合治理有限责任公司	2018年10月17日	1	存续
49	中电建（长沙）大泽湖生态智慧城投资发展有限公司	2021年1月5日	1	存续
50	中电建生态投资发展（济南）有限公司	2023年4月6日	1	在业
51	乐山中电建生态环保科技有限公司	2019年10月29日	0.9292	存续
52	四川紫兰坝水电开发有限责任公司	1998年9月4日	0.8533	存续
53	华能道孚新能源有限公司	2022年6月13日	0.1868	存续
54	四川电力交易中心有限公司	2016年5月6日	0.1452	存续
55	重庆电力交易中心有限公司	2017年8月17日	0.0031	存续
56	中电建路桥武汉投资发展有限公司	2015年3月11日	30	迁出
57	湖北朝阳房地产开发有限责任公司	2005年11月25日	40	注销
58	中水电贵阳投资发展有限公司	2011年5月12日	30	注销
59	中电建长沙城市更新有限公司	2021年12月30日	10	注销
60	中山洺悦置业有限公司	2017年12月12日	10	注销
61	中铁能源投资有限公司	2004年4月19日	4.6459	注销
62	四川晶源电力开发有限公司	2014年2月13日	4.6459	注销
63	北京中铁能源工程项目管理有限公司	2004年7月23日	4.6459	注销
64	中水电海外投资（北京）有限公司	2014年3月31日	3.931	注销
65	四川省乐山市沫若宾馆有限公司	1999年5月26日	2.3694	注销

二、境内非法人分支机构

水电八局境内非法人分支机构详见表1-4-2。

表1-4-2 水电八局境内非法人分支机构

序号	公司名称	成立/变更时间	登记状态
1	中国水利水电第八工程局一分局	1993年3月11日设立；2010年12月11日注销	注销
	中国水利水电第八工程局有限公司一分局	2008年7月29日更名；2014年1月14日撤销	撤销
2	中国水利水电第八工程局有限公司工程设备公司	2014年1月14日成立；2022年2月8日更名	—
	中国水利水电第八工程局有限公司工程装备公司	2022年2月8日成立	内设机构
3	中国水利水电第八工程局二分局	1999年1月成立；2008年7月29日更名	—
	中国水利水电第八工程局有限公司二分局	2008年7月29日更名；2014年1月14日更名	—
	中国水利水电第八工程局有限公司二公司	2014年1月14日成立；2015年12月7日撤销	撤销
4	中国水利水电第八工程局有限公司基础设施分局	2010年12月11日成立；2014年1月14日更名	—
	中国水利水电第八工程局有限公司土木公司	2014年1月14日成立；2015年12月7日撤销	撤销
	中国水利水电第八工程局有限公司基础设施公司	2014年12月30日成立	内设机构
5	中国水利水电第八工程局三分局	1999年1月成立；2014年1月14日更名；2019年7月8日注销	注销
	中国水利水电第八工程局有限公司三公司	2014年1月14日成立；2014年11月14日撤销	撤销
6	中国水利水电第八工程局四分局	2001年8月成立；2008年7月29日更名	—
	中国水利水电第八工程局有限公司四分局	2008年7月29日更名；2010年12月11日撤销	撤销
7	中国水利水电第八工程局五分局	2004年4月6日成立；2008年7月29日更名	—
	中国水利水电第八工程局有限公司五分局	2008年7月29日更名；2014年1月14日更名	—
	中国水利水电第八工程局有限公司五公司	2014年1月14日成立；2014年11月14日注销	注销
8	中国水利水电第八工程局有限公司六分局	2009年7月22日内设机构成立；2013年3月13日注册成立	注销
	中国水利水电第八工程局有限公司六公司	2014年1月14日更名；2014年11月14日注销	注销
9	中国水利水电第八工程局机械化施工分局	1992年8月26日成立	注销
10	中国水利水电第八工程局西南分局	2004年2月26日成立；2006年1月1日注销	注销
11	中国水利水电第八工程局有限公司基础工程分局	1997年1月成立；2014年1月14日撤销	撤销
	中国水利水电第八工程局有限公司基础公司	2014年1月14日成立；2022年2月8日更名	—
	中国水利水电第八工程局有限公司新能源公司	2022年2月8日成立	内设机构
12	中国水利水电第八工程局机电制造安装分局	1997年1月成立；2008年7月29日更名	—
	中国水利水电第八工程局有限公司机电制造安装分局	2008年7月29日更名；2014年1月14日更名	—
	中国水利水电第八工程局有限公司机电公司	2014年1月14日成立	内设机构
13	中国水利水电第八工程局砂石分局	2004年2月26日成立；2008年7月29日更名	—
	中国水利水电第八工程局有限公司砂石分局	2008年7月29日更名；2014年1月14日撤销	撤销
	中国水利水电第八工程局有限公司砂石公司	2014年1月14日成立；2022年2月8日更名	—
	中国水利水电第八工程局有限公司绿色建材公司	2022年2月8日成立	内设机构
14	中国水利水电第八工程局科研设计院	2003年12月25日成立；2008年7月29日更名	—
	中国水利水电第八工程局有限公司科研设计院	2008年7月29日成立	内设机构

续表

序号	公司名称	成立/变更时间	登记状态
15	中国水利水电第八工程局基地服务管理中心	2007年1月6日成立；2008年7月29日更名	—
	中国水利水电第八工程局有限公司基地服务管理中心	2008年7月29日成立	内设机构
16	中国水利水电第八工程局有限公司铁路公司	2014年1月14日成立；2022年2月8日更名	—
	中国水利水电第八工程局有限公司轨道交通公司	2022年2月8日成立	内设机构
17	中国水利水电第八工程局有限公司云南公司	2017年5月12日成立；2018年6月4日撤销	撤销
18	中国水利水电第八工程局有限公司国际部	2006年4月成立；2013年9月5日更名	—
	中国水利水电第八工程局有限公司国际公司	2013年9月5日成立	内设机构
19	中国水利水电第八工程局有限公司水电公司	2014年11月14日成立	内设机构
20	中国水利水电第八工程局有限公司投资公司	2014年4月30日成立	内设机构
21	中国水利水电第八工程局有限公司教育培训中心	1994年7月22日成立	内设机构
22	中国水利水电第八工程局有限公司华南公司	2019年12月26日成立	内设机构
23	中国水利水电第八工程局有限公司华北公司	2019年12月26日成立	内设机构
24	中国水利水电第八工程局有限公司华东公司	2019年12月26日成立	内设机构
25	中国水利水电第八工程局有限公司湖北公司	2019年12月26日成立	内设机构
26	中国水利水电第八工程局有限公司江西公司	2019年12月26日成立	内设机构
27	中国水利水电第八工程局有限公司湖南公司	2019年12月26日成立；2022年10月28日撤销	撤销
28	中国水利水电第八工程局有限公司白鹤滩施工局	2012年1月9日成立	内设机构
29	中国水利水电第八工程局有限公司赣江尾闾总包部	2021年12月24日成立	内设机构
30	中国水利水电第八工程局有限公司祁东分公司	2023年5月31日成立	存续
31	中国水利水电第八工程局有限公司江西抚河尾闾项目部	2023年3月27日成立	存续
32	中国水利水电第八工程局有限公司浏阳分公司	2023年2月28日成立	存续
33	中国水利水电第八工程局有限公司深圳市分公司	2023年1月4日成立	存续
34	中国水利水电第八工程局有限公司湘西分公司	2022年12月19日成立	存续
35	中国水利水电第八工程局有限公司江西赣抚尾闾项目部	2022年6月10日成立	存续
36	中国水利水电第八工程局有限公司邵阳分公司	2022年5月7日成立	存续
37	中国水利水电第八工程局有限公司罗田分公司	2022年4月28日成立	存续
38	中国水利水电第八工程局有限公司安化分公司	2022年4月20日成立	存续
39	中国水利水电第八工程局有限公司望城分公司	2021年7月16日成立	存续
40	中国水利水电第八工程局有限公司滇中引水天景山砂石项目部	2020年7月6日成立	存续
41	中国水利水电第八工程局有限公司河北南水北调雄安调蓄库弃渣综合利用工程总包部	2020年6月30日成立	存续
42	中国水利水电第八工程局有限公司岳麓分公司	2020年4月29日成立	存续
43	中国水利水电第八工程局有限公司清原分公司	2019年6月26日成立	存续
44	中国水利水电第八工程局有限公司长九新材料工程项目部	2018年5月14日成立	存续
45	中国水利水电第八工程局有限公司红河州建元高速公路砂石项目部	2018年4月25日成立	存续
46	中国水利水电第八工程局有限公司红河州高速公路砂石项目部	2018年3月23日成立	存续

续表

序号	公司名称	成立/变更时间	登记状态
47	中国水利水电第八工程局有限公司宁乡分公司	2017年8月3日成立	存续
48	中国水利水电第八工程局有限公司湖南管片厂	2016年8月1日成立	存续
49	中国水利水电第八工程局有限公司贵州黔南分公司	2016年6月6日成立	存续
50	中国水利水电第八工程局有限公司大藤峡砂石项目部	2015年11月9日成立	存续
51	中国水利水电第八工程局有限公司机电设备制造贵定分公司	2014年12月29日成立	存续
52	中国水利水电第八工程局有限公司机电设备制造岳阳分公司	2010年12月22日成立	存续
53	中国水利水电第八工程局有限公司境内业务分公司	2009年6月9日成立	存续
54	中国水利水电第八工程局有限公司武汉分公司	2009年2月20日成立	存续
55	中国水利水电第八工程局有限公司东江基地	1995年10月12日成立	存续
56	中国水利水电第八工程局有限公司贵阳施工科研所	1995年5月11日成立	存续
57	中国水利水电第八工程局有限公司设计院	1992年12月18日成立	存续
58	中国水利水电第八工程局有限公司大华桥项目部	2017年4月5日成立；2017年5月18日注销	注销
59	中国水利水电第八工程局有限公司常德基地	2016年8月15日成立；2019年8月8日注销	注销
60	中国水利水电第八工程局有限公司南昌分公司	2015年11月22日成立；2019年7月13日注销	注销
61	中国水利水电第八工程局有限公司武穴分公司	2015年5月8日成立；2018年5月21日注销	注销
62	中国水利水电第八工程局有限公司河南分公司	2015年5月4日成立；2018年10月16日注销	注销
63	中国水利水电第八工程局有限公司辛集市制梁场	2014年11月24日成立；2016年7月7日注销	注销
64	中国水利水电第八工程局有限公司韶关分公司	2014年10月16日成立；2017年9月11日注销	注销
65	中国水利水电第八工程局有限公司景洪金结项目部	2014年5月29日成立；2022年6月15日注销	注销
66	中国水利水电第八工程局有限公司维西金结项目部	2014年4月15日成立；2017年10月17日注销	注销
67	中国水利水电第八工程局有限公司思林升船机项目部	2014年3月26日成立；2022年8月30日注销	注销
68	中国水利水电第八工程局有限公司舟山分公司	2013年11月7日成立；2018年11月12日注销	注销
69	中国水利水电第八工程局有限公司丹东分公司	2013年4月2日成立；2015年5月14日注销	注销
70	中国水利水电第八工程局有限公司江苏分公司	2012年8月1日成立；2018年12月4日注销	注销
71	中国水利水电第八工程局有限公司江西进贤金结项目部	2012年2月8日成立；2017年5月9日注销	注销
72	中国水利水电第八工程局有限公司青岛分公司	2012年1月4日成立	注销
73	中国水利水电第八工程局有限公司上海分公司	2011年11月10日成立；2018年11月1日注销	注销
74	中国水利水电第八工程局有限公司佳木斯分公司	2011年10月19日成立；2018年10月29日注销	注销
75	中国水利水电第八工程局有限公司长寨项目部	2011年10月11日成立	注销
76	中国水利水电第八工程局有限公司龙岩分公司	2011年8月19日成立	注销
77	中国水利水电第八工程局有限公司惠州分公司	2011年8月12日成立	注销
78	中国水利水电第八工程局有限公司海南分公司	2011年7月13日成立；2019年7月17日注销	注销
79	中国水利水电第八工程局有限公司重庆分公司	2011年7月5日成立；2019年5月22日注销	注销
80	中国水利水电第八工程局有限公司清远分公司	2011年6月7日成立；2019年7月25日注销	注销

续表

序号	公司名称	成立/变更时间	登记状态
81	中国水利水电第八工程局有限公司平阳分公司	2011年4月14日成立；2018年2月2日注销	注销
82	中国水利水电第八工程局有限公司江门分公司	2011年3月18日成立；2019年12月5日注销	注销
83	中国水利水电第八工程局有限公司安徽分公司	2011年3月16日成立；2019年9月19日注销	注销
84	中国水利水电第八工程局有限公司湛江分公司	2010年11月30日成立	注销
85	中国水利水电第八工程局有限公司三峡机电制造安装项目部	2010年9月8日成立；2017年6月19日注销	注销
86	中国水利水电第八工程局有限公司云南分公司	2010年7月15日成立；2019年7月22日注销	注销
87	中国水利水电第八工程局有限公司长沙县分公司	2010年5月27日成立；2017年8月16日注销	注销
88	中国水利水电第八工程局有限公司青海分公司	2010年5月17日成立；2019年8月14日注销	注销
89	中国水利水电第八工程局有限公司漳州分公司	2010年5月10日成立；2021年9月16日注销	注销
90	中国水利水电第八工程局有限公司中山分公司	2009年8月13日成立；2017年12月19日注销	注销
91	中国水利水电第八工程局有限公司构皮滩机电安装项目部	2009年6月19日成立；2016年10月9日注销	注销
92	中国水利水电第八工程局有限公司三峡下岸溪砂石项目部	2009年5月15日成立；2016年11月4日注销	注销
93	中国水利水电第八工程局有限公司江西分公司	2009年4月1日成立；2019年6月10日注销	注销
94	中国水利水电第八工程局有限公司厦门分公司	2009年3月13日成立；2022年2月25日注销	注销
95	中国水利水电第八工程局有限公司佛山分公司	2009年1月4日成立；2019年9月5日注销	注销
96	中国水利水电第八工程局有限公司东莞南城分公司	2008年12月29日成立	注销
97	中国水利水电第八工程局有限公司广西分公司	2008年12月5日成立；2019年7月3日注销	注销
98	中国水利水电第八工程局有限公司东莞分公司	2008年12月3日成立；2017年4月13日注销	注销
99	中国水利水电第八工程局有限公司东江机械厂	2008年12月3日成立；2016年6月17日注销	注销
100	中国水利水电第八工程局有限公司邹城制梁场	2008年9月19日成立；2019年4月3日注销	注销
101	中国水利水电第八工程局有限公司杭州工程部	2007年12月13日成立	注销
102	中国水利水电第八工程局有限公司深圳分公司	2007年9月18日成立；2020年8月31日注销	注销
103	中国水利水电第八工程局有限公司广州分公司	2006年12月21日成立；2018年10月18日注销	注销
104	中国水利水电第八工程局有限公司机电制造安装分局景洪项目部	2005年6月28日成立；2018年7月4日注销	注销
105	中国水利水电第八工程局砂石项目部职工之家服务部	2004年8月6日成立；2017年4月25日注销	注销
106	中国水利水电第八工程局有限公司福州分公司	2003年8月27日成立	注销
107	中国水利水电第八工程局有限公司珠海分公司	2003年5月13日成立	注销
108	中国水利水电第八工程局有限公司贵阳机械厂	2002年12月24日成立；2021年7月28日注销	注销
109	中国水利水电第八工程局构皮滩施工局	2002年9月2日成立	注销
110	中国水利水电第八工程局三板溪项目部	2002年4月15日成立	注销
111	中国水利水电第八工程局贵阳物业管理中心	2002年4月10日成立；2019年7月31日注销	注销
112	中国水利水电第八工程局输变电工程处	2000年4月27日成立	注销
113	中国水利水电第八工程局有限公司常德机械厂	1999年3月31日成立；2008年10月9日更名	—
	中国水利水电第八工程局有限公司中水重工分公司	2008年10月9日更名；2019年5月20日注销	注销
114	中国水利水电第八工程局一分局再就业服务中心	1998年7月2日成立	注销

续表

序号	公司名称	成立/变更时间	登记状态
115	中国水利水电第八工程局长沙再就业服务部	1998年6月17日成立	注销
116	中国水利水电第八工程局职工技术服务部	1995年5月23日成立	注销
117	中国水利水电第八工程局共青实业公司	1994年3月15日成立	注销
118	中国水利水电第八工程局一分局设备物资采购供应站	1994年1月20日成立；2019年10月30日注销	注销
119	中国水利水电第八工程局贵阳工程公司	1993年6月17日成立；2019年8月9日注销	注销
120	中国水利水电第八工程局测绘大队	1993年2月15日成立	注销
121	中国水利水电第八工程局特种货物运输处	1992年12月18日成立	注销
122	中国水利水电第八工程局建筑工程处	1992年12月18日成立	注销
123	中国水利水电第八工程局武汉机械厂汽车客运站	1992年4月28日成立；2018月8月29日注销	注销
124	中国水利水电第八工程局东江机械厂	1988年4月4日成立	注销
125	中国水利水电第八工程局东江分局第二工程处	1986年9月10日成立	注销

三、境外分支机构

水电八局境外分支机构详见表1-4-3。

表1-4-3　水电八局境外分支机构

序号	公司名称	成立/撤（注）销时间	备注
1	中国水利水电第八工程局有限公司阿布扎比分公司	2021年5月10日成立	
2	中国水利水电第八工程局有限公司秘鲁分公司	2018年5月10日成立	
3	中国水利水电第八工程局有限公司哥伦比亚分公司	2019年12月27日成立	
4	中国水利水电第八工程局有限公司莱索托分公司	2022年11月21日成立	
5	中国水利水电第八工程局有限公司巴基斯坦分公司	2015年9月30日成立	
6	中国水利水电第八工程局有限公司非洲分公司	2015年6月23日成立；2021年1月26日注销	
7	中国水利水电第八工程局有限公司国际公司中东公司	2017年2月24日撤销	内部机构，未注册
8	中国水利水电第八工程局有限公司国际公司柬埔寨公司	2017年2月24日撤销	内部机构，未注册
9	中国水利水电第八工程局有限公司国际公司马来西亚公司	2017年2月24日撤销	内部机构，未注册
10	中国水利水电第八工程局有限公司国际公司印度尼西亚公司	2017年2月24日撤销	内部机构，未注册
11	中国水利水电第八工程局有限公司国际公司委内瑞拉公司	2017年2月24日撤销	内部机构，未注册
12	中国水利水电第八工程局有限公司国际公司西非公司	2017年2月24日撤销	内部机构，未注册
13	中国水利水电第八工程局有限公司国际公司东非公司	2017年2月24日撤销	内部机构，未注册
14	中国水利水电第八工程局有限公司国际公司越老公司	2017年2月24日撤销	内部机构，未注册
15	中国水利水电第八工程局有限公司国际公司孟加拉国区域营销部	2017年2月24日撤销	内部机构，未注册
16	中国水利水电第八工程局有限公司国际公司南非区域营销部	2017年2月24日撤销	内部机构，未注册
17	中国水利水电第八工程局有限公司国际公司中东区域部	2017年2月24日成立	内部机构，未注册
18	中国水利水电第八工程局有限公司国际公司欧亚区域部	2017年2月24日成立	内部机构，未注册
19	中国水利水电第八工程局有限公司国际公司亚太区域部	2017年2月24日成立	内部机构，未注册
20	中国水利水电第八工程局有限公司国际公司美洲区域部	2017年2月24日成立	内部机构，未注册

续表

序号	公司名称	成立/撤（注）销时间	备注
21	中国水利水电第八工程局有限公司国际公司中西非区域部	2017年2月24日成立	内部机构，未注册
22	中国水利水电第八工程局有限公司国际公司东南非区域部	2017年2月24日成立	内部机构，未注册
23	中国水利水电第八工程局有限公司国际公司科威特区域部	2014年7月16日撤销	内部机构，未注册
24	中国水利水电第八工程局有限公司国际公司沙特区域部	2014年7月16日撤销	内部机构，未注册
25	中国水利水电第八工程局有限公司国际公司西非区域部	2014年7月16日撤销	内部机构，未注册
26	中国水利水电第八工程局有限公司尼日利亚分公司	2023年2月2日成立	内部机构，未注册
27	中国水利水电第八工程局有限公司加纳分公司	2023年2月2日成立	内部机构，未注册
28	中国水利水电第八工程局有限公司科威特分公司	2023年2月2日成立	内部机构，未注册
29	中国水利水电第八工程局有限公司沙特分公司	2023年2月2日成立	内部机构，未注册
30	中国水利水电第八工程局有限公司马来西亚分公司	2023年2月2日成立	内部机构，未注册
31	中国水利水电第八工程局有限公司印度尼西亚分公司	2023年2月2日成立	内部机构，未注册
32	中国水利水电第八工程局有限公司孟加拉国分公司	2023年2月2日成立	内部机构，未注册
33	中国水利水电第八工程局有限公司柬埔寨分公司	2023年2月2日成立	内部机构，未注册

第二节　分支机构选介

一、国际公司

中国水利水电第八工程局有限公司国际公司（以下简称国际公司）于2013年9月成立，前身为国际合作部。

水电八局海外业务的历史最早可以追溯到20世纪70年代，1995年2月，成立国际合作部。2006年4月，国际合作部改组为国际部。2013年9月，国际部更名为国际公司，承担水电八局海外业务管理和海外事业部的管理职能。

1970—1997年，水电八局海外业务处于初生孕育期，主要参与中国政府援建项目，其间参与意大利英波吉洛公司联营承建的二滩水电站。1997—2007年，处于10年探索期，1996年顺利签约巴基斯坦巴罗塔水电站，1997年成功获取中国对外工程经营权，开始"走出去"，独立承接海外工程业务。2007—2017年，处于10年上升期，其间正是中国加入世界贸易组织（WTO）、推进"一带一路"倡议的时代黄金机遇期，公司业务由单一水电拓展至多元化领域。2017—2020年，进入成熟稳定期、探索高质量转型升级期，公司业务由多至专，拓展"水利水电、房建、市场、路桥"四大专业领域。2020年以来，遭遇（全球）疫情严重冲击，内外交困下，规模效益步入历史周期性低谷期，公司调整战略，逐步构建国内国际双循环新发展格局，业务由专至精，聚焦国际"水、能、城、矿"和国内"新能源"布局。

国际公司业务涉及水利水电、火电、房建、市政、路桥、基础设施、新能源、矿产、冶炼、石油化工、农业灌溉等多个领域，业务区域覆盖亚、非、拉美三大洲31个国家，于2017年成立中西非、中东、欧亚、亚太、美洲、东南非6个区域部，逐步成立加纳、尼日利亚、科威特、沙特阿拉伯、伊拉克、莱索托、柬埔寨、孟加拉国、马来西亚、印度尼西亚、秘鲁共11个国别分公司。截至2022年底，累计承建工程130余项，累计签订合同金额200亿美元，拥有轮胎式提梁机MDEL900、运梁车YL900A和架桥机JQ900E等机械设备4528台（套），设备原值10.35亿元，净值1.92亿元。2019年以11.3亿美元的对外承包完成额列中国对外承包工程业务企业第21位。

国际公司孟加拉国石卡巴哈安装调试小组获评2010年度"中央企业红旗班组"；国际公司获评2013年度"中央企业先进集体"；厄瓜多尔美纳斯项目地下闸室施工班组获评2013年度"全国安康杯优胜班组"；宗格鲁项目荣获尼日利亚"工会管理友好奖"；印度尼西亚雅万高铁项目部获得湖南省第一届"湖湘最美丝路青年集体"荣誉称号。截至2022年底，荣获境外工程国际以及国家质量最高奖48项、鲁班奖3项、国际里程碑奖15项、国家省部级科技进步奖19项、国家专利34件。

国际公司历任主要领导任职情况：2006年4月—2009年11月，黄敏、杨一心；2009年11月—2012年3月，杨一心、刘秀平；2012年3月—2016年6月，肖军、彭光友；2016年6月—2022年2月，李雪江、钟玉平；2022年

2月—12月，李雪江、周小林；2022年12月任起，周小林、李刚。

二、基础设施公司

中国水利水电第八工程局有限公司基础设施公司（以下简称基础设施公司）于2015年12月成立，前身是工业与民用建筑工程分局。

1953年5月，水电八局承建河南许昌机场，为满足施工所需仓库、机房、值班室、食堂和部分职工住房，专门组建房建队。1978年，参与建设首个局外房建项目——贵阳电视塔工程。20世纪80年代后，提出"水电为主，多种经营，面向社会，在改革中求发展"的方针，对体制进行改革，将长沙房建队、基建办和综合加工厂合并，组建建筑工程公司。1997年1月，设立建筑工程分局，具体负责房屋、公路、桥梁、机场、码头、火电厂、土建工程等项目招投标和工程施工。1999年1月，成立工业与民用建筑工程分局，将原建筑工程分局、南托基地工程公司和常德分局深圳项目划归工业与民用建筑工程分局管理。2000年8月，工业与民用建筑工程分局更名为四分局。2008年，提出将基础设施业务发展为"第一主业"的发展战略。2010年12月，撤销四分局，成立基础设施部、基础设施分局，实行"一套人马、两块牌子"。2014年1月，基础设施分局更名为土木公司。2015年12月，对基础设施业务板块进行进一步改革整合，撤销二公司、土木公司，在基础设施部的基础上成立基础设施公司。

基础设施公司主要经营范围包括房建、市政、公路、水环境治理、住宅产业化等建筑施工领域，经营区域覆盖湖南、湖北、江西、广东、安徽、云南、贵州、福建、浙江、海南等10余个省（区、市），多个工程获国家优质工程奖项。

基础设施公司先后多次获得"大禹奖"、国家优质工程奖、"火车头"奖杯、湖南省建设工程"芙蓉奖"、湖南省优质工程奖、湖南省质量示范施工单位、四川省建筑工程"天府杯奖"、全国青年安全生产示范岗、山西省五一劳动奖状、湖南省直工委先进基层党组织等荣誉。

基础设施公司历任主要领导任职情况：2002年1月—2003年2月，刘海深、刘德琪；2003年2月—2005年7月，刘海深、刘新华；2005年7月—2008年10月，刘海深、闫英才；2008年10月—2010年12月，任朗明、李朝；2010年12月—2012年5月，任朗明、谢卫东；2012年5月—2020年11月，任朗明、强嵘；2020年11月—2022年2月，强嵘、隋勇；2022年2月任起，隋勇、戴克任。

三、水电公司

中国水利水电第八工程局有限公司水电公司（以下简称水电公司）于2014年12月成立。

2014年12月，水电八局整合重组原三公司、原五公司、原六公司所有人员和业务，组建成立水电公司。2015年，原二公司部分人员和业务并入水电公司。水电公司主要在四川、云南、贵州、重庆、西藏等地开拓坝工、路桥、洞室开挖、房建、基础设施、砂石及混凝土拌合系统、金结制安领域市场。近年来，水电公司紧抓国家实施"一带一路"和长江经济带发展战略的历史机遇，承建（参建）了二滩、三峡、龙滩、溪洛渡、彭水、银盘、藏木、大岗山、龙开口、构皮滩等国内大型特大型水电工程建设的主体工程，积累了丰富的坝工技术和管理经验。目前参与水利部最大的工程大藤峡水利枢纽工程、清原抽水蓄能电站、夹岩水利枢纽等一大批国家、省市重点工程建设。随着水电八局转型升级步伐加快，水电公司全力稳定传统优势水电业务市场，为水电八局实现产业多元化战略创造稳定局面，同时逐步谋求转型发展，为实现中长期战略目标奠定基础，力争把水环境治理、水利、路桥、洞室开挖等基础设施业务和投资做大做强。

水电公司先后获得广西工人先锋号、云南工人先锋号、湖南省先进基层党组织、全国青年文明号、四川省五一劳动奖章、"优路杯"全国BIM技术大赛金奖、工程建设行业BIM大赛水电能源类一等奖等数十项省部级与国家级的荣誉。

水电公司历任主要领导任职情况：2014年11月—2016年6月，邓文明（兼）、张勇；2016年6月—2017年1月，吴三线、张勇；2017年1月—2020年11月，吴三线、殷长城；2020年12月—2022年2月，吴三线、李战锋；2022年2月任起，李刚、李战锋。

四、轨道交通公司

中国水利水电第八工程局有限公司轨道交通公司（以下简称轨道交通公司）于2014年1月成立，前身是水电八局铁路公司。

2005年8月，水电八局成功办理铁道部工程交易许可证，拿到了铁路建筑市场的入场券，积极参与衢常铁路施工，迈出铁路业务的第一步。2008年1月，中国水电中标京沪高铁三标段，水电八局作为重点单位参与建设。2012年5月，中国水电中标深圳地铁7号线，水电八局首次进入城市轨道交通领域。2014年1月，为更好地整合资源和统筹推进发展，水电八局调整组织架构和业务板块，组建成立铁路公司。2015年1月，铁路公司实体化运作。其间，石济铁路项目、武汉地铁8号线项目、武汉地铁11号线项目、青连铁路项目相继动工。2015年以来，铁路公司深圳区域项目以现场促市场，两场联动，随后接连参建5号线、9号线、10号线、12号线及深惠、穗莞深城际铁路等多个工程，逐步形成区域化管理格局。同时，以深圳为起点，逐步进入武汉、长沙、福州、南京、西安、郑州……轨道交通业务在多个省会城市落地生根。

在跟随市场经济大潮和水电八局转型升级的过程中，公司敢闯敢干，先试先行。2016年3月，率先进入水资源与环境治理领域，让深圳茅洲河从"墨水"变为"生态水"。随后，陆续参与大空港截流河、深圳龙岗龙观两河、济南创新谷片区河道、雄安府河湿地、珠三角水资源配置工程、珠海前山河、佛山北村水系、南京六合农污等水资源与环境治理工程，把水治理打造成水电八局聚焦城市建设的优势业务。2017年7月，率先进入特大桥建设领域，在红河之上横跨1366米建起首座高速公路悬索特大桥，填补了中国电建特大型桥梁建设的业绩空白。

2022年2月，水电八局遵循中国电建"水能砂城数"战略部署和"一体两翼"产业格局要求，强调把轨道交通专业做强做优，发挥工程建造主体"压舱石"作用，将铁路公司更名为轨道交通公司。

自公司实体化运作以来，陆续进军铁路、水环境、市政、公路、JR等市场，覆盖区域从深圳扩大至华南、华中、华东、华北、西北、西南等区域，先后成立湖南管片厂、盾构分公司，实现在京津冀、长三角、珠三角的全面布局。截至2022年底，共承接项目47个，已建地铁标准站35个、停车场5个，盾构隧洞掘进里程95千米，生产管片28138环，完成水环境主管网400余千米，建成铁路54千米、公路11.625千米，顺利完成"十三五"JR工程目标。

轨道交通公司获得鲁班奖、国家优质工程奖、詹天佑奖等国家级奖项5项；获得省部级科技进步奖16项、省部级工法53项、国家专利166件；参编标准规范10项、软件著作4项，出版专著3册。

铁路公司历任主要领导任职情况：2015年1月—11月，周裕岳；2015年11月—2016年11月，周裕岳、姚正鸿；2016年11月—2019年5月，周裕岳、唐勇；2019年5月—2020年11月，周裕岳、刘邦；2020年11月—2022年2月，周震钧、刘邦。

轨道交通公司历任主要领导任职情况：2022年2月—4月，周震钧、刘邦；2022年4月任起，朱文敏、刘邦。

五、投资公司

中国水利水电第八工程局有限公司投资公司（以下简称投资公司）于2014年4月成立。

投资公司是水电八局专业从事综合类投融资业务的板块公司，以产业投资为重心，主要布局在珠三角、京津冀、长三角和湖南、湖北、江西"三大三小"重点区域，广泛参与了绿色建材、绿色能源、装配式建筑、水环境治理、海绵城市、小型地产开发等领域的投资建设与运营管理，打造了一支集投融资、建设管理、运营维护于一体的专业化团队。

投资公司成立至今，投资成立了中电建长崃（浠水）新材料有限公司、中电建长宜能源开发（湖北）有限公司、长智公司等，投资承建了萍乡海绵城市建设项目、精美湘潭绿道项目、江西南昌BT项目群、株洲凤凰山风电项目、湖南宁乡玉屏山食品产业区PPP项目、赣州新能源汽车科技城项目等，小比例参股投资了贵州绿筑科建项目、九江长江大保护项目、济南高新区河道治理及市政配套PPP项目等。

投资公司历任主要领导任职情况：2014年4月—2015年9月，成新文；2015年9月—2018年1月，成新文、邓三才；2018年1月任起，高喜财、邓三才。

六、绿色建材公司

中国水利水电第八工程局有限公司绿色建材公司（以下简称绿色建材公司）于2004年2月成立，前身为水电八局砂石分局。

20世纪70年代，在贵州乌江渡水电站建设中，水电八局开创了采用人工砂石骨料的先河。2004年2月，在三峡下岸溪砂石项目部的基础上，组建水电八局砂石分局，业务范围涵盖人工砂石料系统设计、金属结构制造、系统安装、石料开采加工、运行管理与生产销售全过程。2014年1月，为更好地整合资源、发挥组织效能，砂石分局更名为砂石公司。2022年2月，水电八局遵循中国电建"水能砂城数"战略部署和"一体两翼"产业格局要求，把绿色建材业务摆在重要位置，砂石公司更名为绿色建材公司。

绿色建材公司是以砂石骨料开采加工为主的专业公司，业务范围涵盖大型土石方开挖、矿山开采加工、金结制造安装、砂石系统设计、安装、运行与销售全过程。先后承建了三峡、溪洛渡、白鹤滩等30余个国内大型、特大型砂石系统工程，参与了阿尔及利亚东西高速公路、老挝南涅河等20余个国外工程，在国内外砂石骨料开采加工行业享有盛誉，被誉为"八局砂石、世界品牌、绿色典范"。已建成的安徽池州神山灰岩矿长九新材料基地，为国内乃至世界最大的人工砂石系统和建筑材料基地。截至2022年底，绿色建材业务"东西南北中"全国布局基本完成。此外，随着业务的拓展，公司积极进军线性工程领域，建成红河州高速公路砂石项目，承接安徽六安市叶集区东部生态新城PPP项目（二期）基础设施建设。

绿色建材公司先后获得"全国五一劳动奖状""中国十大影响力品牌""全国职工职业道德建设先进单位""三峡工程建设先进集体""中国水电总公司双文明单位""国家电力公司双文明单位""湖南省文明单位""湖南省先进基层党组织""中央基层先进党组织""电力科技推广先进单位"等数十个省部级与国家级的荣誉。

砂石分局历任主要领导任职情况：2004年2月—2008年11月，连普选、张正刚；2008年11月—2014年1月，肖光彩、杨建安。

砂石公司历任主要领导任职情况：2014年1月—10月，肖光彩、杨建安；2014年10月—2016年6月，肖光彩、李辉；2016年3月—2019年11月，李辉、高喜财；2019年11月—2020年11月，李辉、蒋海军；2020年11月—2022年2月，李辉、肖雨龙。

绿色建材公司历任主要领导任职情况：2022年2月任起，李辉、肖雨龙。

七、机电公司

中国水利水电第八工程局有限公司机电公司（以下简称机电公司）于1952年成立，前身是长江水利委员会工程总队制配厂。

1952—2002年，水电八局发展壮大，制配厂不断优化组织结构，先后改制为工程总队修配厂、水利部工程总局第六机械工程总队修配厂、柘溪水力发电工程局机械化站、湖南省水电建设公司修配厂、水电八局修配厂、水工机械总厂、机电制造安装公司、机电制造安装处、机电制造安装分局，参与了柘溪水电站、凤滩水电站、东江水电站、乌江渡水电站等工程施工建设。2014年1月，为推进管理提升，改革管理模式，优化组织结构，机电制造安装分局改名为机电公司。

机电公司主要业务涵盖各种类型的水电站机电设备安装、金属结构制造与安装、地铁常规设备安装与站后装饰装修、水环境治理、风电设备制造安装、电站运维检修等。参与了水电行业许多重要标准的制定，拥有众多工法和专利。参建了乌江渡、东江、五强溪、二滩、三峡、溪洛渡、糯扎渡、彭水、构皮滩、大藤峡、白鹤滩、乌东德等众多水电工程，湖南黑糜峰、广东梅州、重庆蟠龙等抽水蓄能电站工程，深圳地铁7号线、武汉地铁11号线、深圳地铁5号线南延线、深圳地铁10号线益田停车场、深圳地铁9号线、福州地铁5号线、深圳地铁12号线等地铁站后工程，深圳大空港新城水环境治理工程、珠三角水资源配置工程以及与华能、大唐、中电投等合作的一系列风电工程。同时，公司积极服务国家"走出去"战略和"一带一路"倡议，参建的海外工程遍布东南亚、南亚、非洲、南美等地，打造了一系列中外合作典范工程。

机电公司先后获得鲁班奖、土木工程詹天佑奖、"全国青年文明号"、中国安装协会颁发的"中国安装之星"、中国电力建设企业协会颁发的"电力建设功臣单位"、通用电气公司颁发的"GE亚洲地区最佳供货商""GE质量优秀奖"等数十个省部级及以上荣誉称号。

机电制造安装分局历任主要领导任职情况：1999年1月—2003年11月，龚长清、李道顺；2003年11月—2004年8月，杨刚、李道顺；2004年8月—2008年2月，杨刚、王胜利；2008年2月—10月，姚正鸿、王胜利；2008年10月—2012年3月，姚正鸿、刘运华；2012年3月—2014年1月，姚正鸿、臧建光。

机电公司历任主要领导任职情况：2014年1月—2015年6月，姚正鸿、周光荣；2015年6月—2020年11月，周光荣、黄斌；2020年11月任起，黄斌、王剑。

八、新能源公司

中国水利水电第八工程局有限公司新能源公司（以下简称新能源公司）于1958年成立，前身是水电八局湖南柘溪水电站大坝工区、厂房工区灌浆队。

1958年，水电八局承建湖南柘溪水电站工程，以参加广东流溪河水电站工程的基础灌浆人员和长沙勘测设计院留下的少数勘探人员为骨干，成立了大坝工区、厂房工区灌浆队。1969年4月，水利电力部基础处理总队撤销，其所属三队及在泸州的基础五队人员划归水电八局。1970年，成立基础处理支队。1979年，基础处理支队更名为第四工程处，下设3个灌浆作业队。1982年8月，与湖南省水电工程局合并，第四工程处更名为第八工程处，原湖南省水电工程局承担基础处理施工的第六工程处更名为第七工程处。1983年12月，将两处合并为第七工程处。1992年，第七工程处更名为基础处理工程处。1997年，基础处理工程处更名为基础工程分局，主要负责水利水电工程基础、工民建基础项目管理。2006年4月，将珠海分局由工程局直管变更为由基础工程分局管理。2007年10月，基础工程分局隶属境内业务分公司管理。2014年1月，成立基础公司。2022年2月，基础公司更名为新能源公司，统筹参与太阳能、风电、抽水蓄能、储能等新能源项目开发建设。

新能源公司自20世纪50年代组建至今，在高边坡处理、高压灌浆、高压喷射灌浆、预应力锚固、大孔径及高精度钻孔、断层破碎带处理、混凝土长芯钻取等方面，技术水平均处于国内先进或国内领先地位；在深层岩溶处理、地下暗河封堵、砂砾石基础防渗、江岸堤防整治加固、病险水库处理等方面，具有丰富的施工经验；在乌江渡水电站首创高压灌浆工艺——《孔内封闭水泥灌浆施工工法》被批准为国家级施工工法，为水电基础处理施工中的主要工艺。

2006年，新能源公司首次进入新能源业务，项目模式从专业分包向施工总承包、PC总承包、EPC总包稳步升级，产业建设实现从单纯建设到"建设+装备制造""参与投资""投建营一体化"的全产业链覆盖。先后在云南、湖南、江苏、安徽、甘肃、四川、新疆、广西等地实施新能源项目50余个，总装机容量超5000兆瓦。2022年承建小羊窝光伏电站项目，成功在金沙江下游风光水储一体化基地（云南侧）建设中实现率先投产。

新能源公司荣获国家级科技进步奖2项、省部级科技进步奖11项、发明专利6件、国家级工法3项、省部级工法10余项，多项成果被写入行业规范。

基础工程分局历任主要领导任职情况：2002年1月—2003年5月，李志斌、石汉生；2003年6月—2005年9月，涂建湘、邓文明；2005年9月—2006年5月，邓文明；2006年5月—2010年3月，邓文明、何培章；2010年3月—2013年12月，何庚生、何培章。

基础公司历任主要领导任职情况：2014年1月—2015年2月，何庚生、李刚；2015年3月—2016年12月，何庚生、赵志红；2017年1月—6月，孟刚、赵志红；2017年7月—2022年1月，孟刚、李桃凡。

新能源公司历任主要领导任职情况：2022年2月任起，孟刚、李桃凡。

九、工程装备公司

中国水利水电第八工程局有限公司工程装备公司（以下简称工程装备公司）于2005年5月成立，前身为水电八局设备租赁中心。

2004年6月，水电八局筹建设备租赁中心，负责经营局内大型或特大型设备。2005年5月，设备租赁中心正式投入运行，同时成立起重机械大队，负责全局起重机械的安装改造维修工作任务，与设备租赁中心合署办公，全面加强设备管理，提高设备完好、利用率，盘活存量资产，提高设备效益。2013年，设备租赁中心更名为一分局。2014年，一分局更名为工程设备公司。2022年2月，工程设备公司更名为工程装备公司，聚焦TBM、矿山（大型土石方开挖）、基础设施、新能源四大业务。

工程装备公司拥有推挖装、门、塔、缆机等起重设备，高速铁路架桥设备，专用隧道掘进TBM盾构设备等专业特种设备共计400多台（套），满足水电、矿山、高速公路、高速铁路、市政、地铁、水环境治理等多种行业施工。主要参与了"一带一路"重点工程印度尼西亚雅万高铁、新疆XE工程；贵州瓮福磷矿穿岩洞矿、英坪地下采矿、云南文铝采矿等矿山工程；京沪高铁、石济客运专线等高铁项目；厄瓜多尔美纳斯水电站、白鹤滩水电站、溪洛渡水电站、大藤峡水电枢纽、南水北调、湘江航电综合枢纽等一批大型水利水电工程施工；深圳、武汉、长沙、福州、南京等城市地铁建设；湖北大悟346国道改扩建工程、云南红河州建（个）元高速公路、深圳楼村水水生态治理、新邵资江风光带PPP等市政、公路、水环境工程施工。

工程装备公司解决了特硬岩地质TBM快速掘进等系列技术难题。获得省部级以上科技进步奖14项、国家专利33件、省部级工法10余项，多项成果填补国内空白。

设备租赁中心历任主要领导任职情况：2005年4月—2011年1月，夏曙东；2011年1月—2012年7月，夏曙东、林爱民；2012年8月—2013年8月，朱文敏、林爱民。

一分局历任主要领导任职情况：2013年8月—2014年1月，朱文敏、林爱民。

工程设备公司历任主要领导任职情况：2014年1月—2015年12月，朱文敏、林爱民；2016年1月—2022年1月，朱文敏、李文革；2022年2月—4月，朱文敏。

工程装备公司历任主要领导任职情况：2022年4月任起，周震钧、王文超。

十、科研设计院

中国水利水电第八工程有限公司科研设计院（以下简称科研设计院）于1969年成立，前身为水电八局科研所。

1969年，在世界岩溶地区首座高坝——乌江渡水电站建设期间，为解决工程的技术和质量控制问题，由时任项目总工程师谭靖夷院士牵头组建水电八局科研所。1984年，水电八局成立技术处设计室。1987年，水电八局技术处设计室更名为水电八局设计室。1993年，水电八局设计室更名为水电八局设计院。1994年，明确水电八局设计院、测绘大队、科研所、监理部由湖南江海科技实业发展公司归口领导，单独核算，自负盈亏。1995年，湖南江海科技实业发展公司更名为局科技发展中心，下设建材研究所、建筑物安全监测研究所、施工研究所、机电研究所、设计院、工程监理部，对外仍保留水电八局科研所名称。1999年1月初，水电八局调整机构设置，总工办改为技术处，撤销科技发展中心，由建筑物安全监测研究所、建材研究所和劳动环境监测站组成水电八局科研所，业务归口技术处管理；工程监理部从技术处划出，隶属三产实业分局。2003年12月，为拓展新的经济增长点，进一步优化资源配置，形成独立的技术产业，成立科研设计院，撤销水电八局科研所，水电八局设计、试验、监测、测量等专业资源划归科研设计院管理。科研设计院下设设计中心、试验中心、监测中心、测绘大队（现测绘中心）、贵阳施工科研所，对外保留水电八局设计院的牌子。2006年，三产实业分局合并到科研设计院，工程监理业务（湖南江海科技实业发展有限公司）划归科研设计院管理，科研设计院增设监理中心（湖南江海科技实业发展有限公司）。2006年，水电八局成立湖南腾达科技有限责任公司，与水电八局检测中心合署办公，由科研设计院代管。2008年5月，湖南江海科技实业发展有限公司更名为湖南江海科技发展有限公司。截至2022年，科研设计院下设设计中心、试验中心、监测中心、测绘中心、监理中心、贵阳施工科研所；代管湖南江海科技发展有限公司、湖南腾达科技有限责任公司，水电八局试验、测量、监测业务监管中心办公室；对外保留水电八局设计院的牌子。

科研设计院主要从事科研试验、质量检测、安全监测、工程检测、工程设计、工程咨询、工程监理、新材料研发等业务。拥有水利、市政、建筑行业设计甲级资质，试验室认可证书，国家测绘甲级资质，国家CMA计量认证证书，水利工程施工监理甲级资质等。

科研设计院先后承担三峡、向家坝、索风营、思林、观音岩、南欧江等30多个业主试验中心；承担龙滩、南水北调、白鹤滩、大藤峡等近百个工程施工现场试验检测和质量控制任务；1998年至今，作为联营体责任方负责"世界第一"的三峡水电站运行期监测工作，为大朝山、向家坝、鲁地拉、黄登、大华桥、南欧江等数十个大中型水利水电工程提供施工与运行期观测服务；承担国内在建最大、最复杂的白鹤滩水电站监测控制网任务；承担溪洛渡监测任务，开创了我国300米级高拱坝建设"数字化""智能化"先河；自主研发的安全监测实时预警系统处于国际领先水平；承担飞仙关、乌东德、古瓦、锅浪跷水电站，武汉地铁、深圳地铁、印度尼西亚雅万高铁等测量中心的管理与运行任务；开发的拱坝放样和检测机载应用软件为国内水电系统的首创技术；承接设计项目300余个，在水生态治理、景观、中小型水电站、水利工程、工民建及市政工程设计方面积累了丰富的经验，并具有PPP、EPC项目建设的全产业链服务能力；承担白鹤滩、锦屏缆机、华能澜沧江漫湾二期、山西万家寨、黑石罗水库等工程监理任务，承揽江苏如东、新邵龙山、山东海阳等风电项目以及吉林农安三岗镇、安徽巢湖坝镇光伏发电等监理任务。

科研设计院先后获得"全国五一劳动奖状""山西省五一劳动奖状""四川省工人先锋号""中国水利工程优质（大禹）奖""国家优质工程金质奖""国际里程碑工程奖""中国电力优质工程奖""安徽省建设工程'黄山杯'奖（省优质工程）""湖南省第三次国土调查先进集体"等数十个省部级与国家级的荣誉称号。

水电八局科研所历任主要领导任职情况：2002年—2003年12月，陈双权。

科研设计院历任主要领导任职情况：2003年12月—2005年12月，陈双权；2006年1月—11月，李桃凡；2006年11月—2008年11月，李桃凡、张振湘；2008年11月—2009年12月，李桃凡；2009年12月—2012年8月，李桃凡、吴海涛；2012年9月—2017年1月，李桃凡、江世勇；2017年1月—8月，江世勇、李桃凡；2017年8月—2021年9月，江世勇、赵志红；2021年9月—2022年4月，江世勇；2022年4月任起，江世勇、田承宇。

十一、华南公司

中国水利水电第八工程局有限公司华南公司（以下简称华南公司）于2019年12月成立，是水电八局华南区域营销和履约监管设立的常设派出机构。

水电八局自1992年承接英德白石窑水电站开始进入华南区域市场，经过多年发展，业务领域从传统水利水电扩展至房建、轨道交通、公路、水务水环境、抽水蓄能等领域，项目分布广东、广西、海南等地区，华南区域逐渐成为水电八局重要的市场及经营区域之一。2019年12月，华南公司正式组建，全面负责统筹广东、广西、海南、中国香港、中国澳门等地市场营销及履约监管工作。

华南公司坚持客户导向，持续深化合作，与南方电网、深圳水务、粤海水务、番禺水务、南海水务、前海控股、深圳地铁、大唐、三峡、电建南方区域总部、电建铁路、电建生态、电建地产、电建路桥、玉林市政府、河池市政府等客户建立了合作关系，同时积极拓展新的优质客户、重点核心区域，推动公司业务可持续发展。成立3年来，实现市场中标额约232亿元，中标一批行业影响力较大的项目，实现"水能砂城"领域全覆盖。佛山北村水环境、珠海前山河整治、龙岗河整治、公明—清林径水库联通工程，推动水环境业务发展壮大；广西首个抽蓄——南宁抽蓄、国内首个超大容量变速抽蓄——惠州中洞抽蓄，全面融入南网抽蓄战略布局；百色水利枢纽、龙云灌区等国家重大水利工程，彰显水利核心优势、品牌效应；穗莞深城际、深惠城际、深圳地铁12号线二期，轨道事业发展彰显更大力量；阳西凤凰岭矿山、大湾区建材市场，助力水电八局砂石产业完成"东西南北中"战略布局；协同大唐、三峡、电建水电开发集团等能源企业锁定北流风光水储、罗城抽蓄等新能源项目，开创资源获取总承包新模式。

华南公司历任主要领导任职情况：2019年12月—2021年11月，高陵；2021年11月任起，赵伟国。

十二、华北公司

中国水利水电第八工程局有限公司华北公司（以下简称华北公司）于2019年12月成立，是水电八局京津冀鲁区域营销和履约监管设立的常设派出机构。

华北公司主要负责雄安新区、北京、天津、河北（除雄安新区）、山东五域的市场开拓和项目履约监管。自2021年9月以来，为响应国家"双碳"战略目标要求，且随着国家能源局《抽水蓄能中长期发展规划（2021—2035年）》的发布，整个北方区域风、电等新能源以及抽水蓄能项目发展形势繁荣，华北公司审时度势，及时跟进内蒙古、新疆、山西、东北等地新能源及抽水蓄能业务。

华北公司主要布局北方区域内传统水利水电、市政管网、房建、新能源、抽水蓄能、绿色建材以及轨道交通类项目。依托传统优势，立足与"水"相关的主业，获取骨干水网、流域治理、抽水蓄能等现汇业务；响应战略布局，发力获取新能源指标，争取北方风电、光伏等产业方面的突破。

自2020年以来，累计中标府河湿地项目、藻苲淀生态治理、K1快速路、调蓄库弃渣综合利用项目、南拒马河生态景观提升工程施工二标段、新盖房枢纽改扩建二标段、新盖房分洪道（左堤）堤防加固和治理工程施工三标段、雄安新区起步区海岳大街、燕赵大街综合管廊机电及附属工程、启动区市政道路、综合管廊机电及附属工程四标段、金湖公园—体育公园、容东1号地块（三标段、四标段）、白沟引河左堤生态防洪堤建设工程、济南市雨污分流项目、新疆霍尔古吐水电站、内蒙古乌海抽水蓄能砂石标、雄安新区启动区XACR-2022-001号地块项目施工总承包项目等，中标金额逾150亿元，覆盖水利水电、水环境、市政管廊、房建、道路、机电安装等各类工程。

华北公司历任主要领导任职情况：2019年12月—2021年9月，汶宏超；2021年9月任起，谭峰。

十三、华东公司

中国水利水电第八工程局有限公司华东公司（以下简称华东公司）于2019年12月成立，是水电八局华东区域营销和履约监管设立的常设派出机构。

华东公司紧跟中国电建区域总部及平台公司，以江苏省为核心，积极辐射周边市场，近年来，已逐步形成以南京、池州、宣城、连云港、盐城等地为重点区域，以水利项目、新能源（抽蓄、光伏、风电）、绿色建材、城市基础设施等业务为重点领域的营销体系结构，重点跟踪项目覆盖江苏、安徽、浙江等地，全力推动了南京地铁11号线一期、六安恒大文化旅游城住宅三期、电建地产G07地块等重大项目的落地。

华东公司历任主要领导任职情况：2019年12月任起，许卫球。

十四、湖南公司

中国水利水电第八工程局有限公司湖南公司（以下简称湖南公司）于2019年12月成立，是水电八局湖南区域营销和履约监管设立的常设派出机构。

湖南公司紧紧围绕水电八局本土化、区域化战略部署，主动融入地方经济建设，以湖南"三高四新"新发展、"十四五"规划和湖南经济发展新格局为战略引领，明确了以长株潭一体化，岳阳、衡阳两大增长极，郴州、怀化、张家界3个门户为中心的"1+2+3"战略区域，兼顾其他城市；明确了电建生态环境集团、电建地产集团、电建铁路集团、湖南湘江新区发展集团、湖南湘水集团、湖南轨道交通集团、湖南高速公路集团、长沙城市发展集团、长沙轨道交通集团等"3+6"核心客户。

湖南公司紧盯城市基础设施、水环境治理、新能源、片区开发、城市更新等战略市场，跳出"旧圈子"，联系政府平台、依托集团平台开展自主营销工作，与湖南交水建集团组建联合体中标了椒花水库、犬木塘水库，联合电建生态环境集团中标了大泽湖生态智慧城综合开发项目，联合电建地产集团锁定了九峰整村改造项目。

2022年9月，湖南公司不再作为工程局区域公司管理，明确湖南公司隶属工程局市场营销管理部管理。10月，撤销湖南公司。

湖南公司历任主要领导任职情况：2019年12月—2021年9月，黄启斌；2021年9月—2022年10月，赵志红。

十五、湖北公司

中国水利水电第八工程局有限公司湖北公司（以下简称湖北公司）于2019年12月成立，是水电八局湖北区域营销和履约监管设立的常设派出机构。

湖北公司主要负责以湖北省为核心的区域市场规划、客户拓展、资源统筹、项目营销、履约监管、品牌及信用维护等工作。经过近3年的深耕，已逐步形成以武汉、宜昌、黄冈等地为重点区域，以绿色建材、新能源（抽蓄、光伏、风电）、水利项目、城市基础设施等业务为重点领域的营销体系结构，重点跟踪项目覆盖湖北全省乃至河南、陕西等地。

湖北公司全力推动浠水矿山项目、蕲春绿色砂石矿山项目、宜都市潘家湾抽水蓄能电站、罗田县乡村振兴工程、"生态家园"城西小区及"引莲入城"供水工程等重大项目落地。积极牵头长江大保护业务，协调各二级单位对沿江相关重点城市进行市场调研，深度联合中国三峡集团相关单位，提供价值服务，共同推进项目的包装、入库、招标、落地。岳阳东风湖水环境综合治理工程、华盛佳园小区海绵改造、九江项目老旧小区改造等惠民工程先后登上中央电视台《新闻联播》、学习强国等官方平台。

湖北公司历任主要领导任职情况：2019年12月任起，章建湘。

十六、江西公司

中国水利水电第八工程局有限公司江西公司（以下简称江西公司）于2019年12月成立，是水电八局江西区域营销和履约监管设立的常设派出机构。

2016年，水电八局所属基础设施公司在江西省南昌市红谷滩区成立江西区域公司，对南昌的市政、水环境治理、房建等项目进行集约式管控、集中式营销。2019年12月26日，为更好地整合区域内的各种资源，统筹区域内重大项目的营销活动、大客户管理，对接中国电建各平台公司及监管区域项目履约，江西公司正式成立。

江西公司坚持"综合营销""专业支撑"和"大区域"带动"小区域"营销管理模式，以房屋建筑、水环境治理、水利工程、市政建设为核心，多个专业领域并进为发展方向，逐渐实现以南昌、赣州、景德镇、宜春、抚州、九江为重点区域，对应实施县域区域营销网络覆盖的"6+N"市场布局。先后承建了梅湖水系花博园、昌南新城南北连通渠、景德镇陶瓷产业加速基地二期项目等30余个在赣工程，业务范围涵盖水利、市政、园林绿化、房建、公路等工程领域。其中，在建的赣抚尾闾综合整治工程，为江西省迄今投资最多、规模最大、功能最新的治水工程。

江西公司历任主要领导任职情况：2019年12月任起，王杰生。

十七、长九公司

中电建安徽长九新材料股份有限公司（以下简称长九公司）于2016年1月14日注册成立。

2014—2015年，安徽省国土资源厅及池州市贵池区政府开展并完成矿山储量详查、开发利用方案制定和矿业权价款评估，计划以挂牌出让的方式确定项目矿业权开发人。自2015年初开始，中国电建组织水电八局、水电十三局和华东院针对性地开展大量前期工作。2015年6月，水电八局与当地政府签订了《贵池区神山水泥用灰岩建筑骨料项目移民征地、拆迁、安置、补偿等费用测算备忘录》《贵池区神山水泥用灰岩建筑骨料项目投资框架协议》。2015年7月8日，中国电建投资项目评审委员会召开评审会议，出具《水电八局安徽池州神山灰岩矿项目评审意见》，在项目达到预期产出和预期市场销售的情况下，项目初步测算税后全投资内部收益率达到16.03%，投资效益良好，符合战略发展要求。2015年11月12日，中国电建出具《关于水电八局投资安徽省池州市灰岩矿项目的批复》（中电建股投资〔2015〕97号），同意水电八局参与采矿权竞拍，并按约定股比成立项目公司。2016年1月，水电八局牵头成立长九公司。2016年2月3日，长九公司以38.95亿元成功竞得池州市贵池区牌楼镇神山灰岩矿采矿权，投资建设长九（神山）灰岩矿资源综合开发利用项目。项目总投资100亿元，系目前全球单体最大的建筑骨料生产基地。项目矿山位于安徽省池州市主城区西南方向，一次规划分两期实施，设计开采规模为7000万吨/年，每期3500万吨/年，开发运营期为28年。一期矿山工程于2016年12月开工建设，2019年6月底正式投产；二期矿山工程于2021年12月底建成试运行。

长九公司由水电八局作为发起人，联合安徽池州金桥投资集团有限公司（以下简称池州金桥）、中国电建市政建设集团有限公司（以下简称电建市政）、西藏天路股份有限公司（以下简称西藏天路）、中国电建华东勘测设计研究院有限公司（以下简称华东院）等7家企业共同出资设立。历经四次股权变更，截至2021年6月30日，长九公司各股东单位及持股比例为水电八局（股比为45.3821%）、池州金桥（股比为20%）、电建市政（股比为16.6032%）、西藏天路（股比为11.0688%）、华东院（股比为3.3206%）、北京华川卓越投资有限公司（股比为

1.6%）、江苏豪峰建设工程有限公司（股比为1.01265%）、安徽睿峻贸易有限公司（股比为1.01265%），公司注册资本为11.85亿元。

长九公司先后获得中国砂石协会砂石骨料行业"2017年度企业文化建设先进单位"、中国砂石协会"砂石科技进步奖一等奖""砂石科学技术奖"、中国建筑行业协会"建设工程项目管理成果推广活动Ⅰ类成果"、中国施工企业管理协会"工程建设科学进步奖一等奖"、中关村绿色矿山产业联盟"绿色矿山突出贡献奖"、全国建材机械行业科技进步奖一等奖、安徽省"黄山"杯优质工程奖、中国有色金属建设协会有色金属建设行业（部级）优秀工程咨询成果奖三等奖等荣誉。

长九公司历任主要领导任职情况：2016年1月—2019年6月，姜清华、肖光彩；2019年6月—2020年4月，杨刚、肖光彩；2020年4月—2022年9月，杨刚、肖光彩、刘孟辉；2022年9月任起，肖光彩、刘孟辉。

十八、拓海公司

中电建（湖南）拓海实业有限公司（以下简称拓海公司）于1997年7月成立，前身为长沙县拓海商业服务部。

1997年5月，水电八局注册成立长沙县拓海商业服务部，注册资本为20万元，为水电八局全资子公司，隶属劳务部管理。1998年12月，划归三产实业分局管理。2007年1月，移交基地服务管理中心管理。2008年6月，更名为长沙县拓海商贸有限公司。2013年7月，更名为湖南省拓海商贸有限公司，注册资本增至200万元。2016年4月，隶属国际公司管理，注册资本为600万元。2017年5月，为整合各项资源，打造一个专业的、具有较强实力的一流物贸服务专业队伍，将原科研设计院下属机电物资公司人、财、物并入拓海公司，拓海公司实体化运作，按二级单位管理，注册资本为1亿元。2018年1月，湖南省拓海商贸有限公司更名为中电建（湖南）拓海实业有限公司。2022年9月，拓海公司不再作为水电八局二级单位管理，隶属局采购中心管理。

拓海公司成立之初是为解决企业失业职工和待岗（下岗）职工再就业而开拓的新产业，公司自负盈亏，独立核算。2002—2006年，主营招待所、超市、饭店等。2007—2015年，主营招待所、超市、门面租赁、生活物资销售等。2016年，公司业务转型，主营设备物资销售。2016年，公司获得对外贸易经营资质。2016年—2017年5月，公司主要为水电八局国内外项目提供钢材、成套设备、小型工器具、劳保用品等服务。2017年5月，水电八局增资重组，拓海公司规模和经营范围进一步扩大，主营钢材、水泥等大宗物资销售，由局内市场走向局外市场。2022年9月，水电八局调整拓海公司定位，公司调整业务方向，主要为局内项目提供建材、劳保用品等设备物资，为水电八局做好增值服务。

拓海公司历任主要领导任职情况：2008年6月—2011年9月，饶新民、李运芽；2011年9月—2016年3月，潘德辉、徐卫国；2016年4月—2017年5月，王文超、谢云华；2017年6月—2021年9月，汪建军、谢云华；2021年10月—2022年9月，谢云华；2022年10月任起，徐望满。

十九、白鹤滩施工局

中国水利水电第八工程局有限公司白鹤滩施工局（以下简称白鹤滩施工局）于2012年1月成立。

1958年，国家计划在白鹤滩兴建特大型水电站。1959年6月，捷克斯洛伐克专家组和国内专家组到云南省昭通市巧家县现场勘查，为白鹤滩选址；1959年11月，昆明水电设计院勘测队进驻白鹤滩做地质勘测，开展前期工作。1965年，白鹤滩水电站工程被列入国家国民经济和社会发展第三个五年计划。2002年，国家计划委员会正式批准了金沙江下游水电开发建设规划，同意溪洛渡、向家坝水电站在2005年开工建设，白鹤滩水电站开始预可研设计，争取在"十一五"期间开工。2010年10月，国家发展改革委下发《国家发展改革委办公厅关于同意金沙江乌东德和白鹤滩水电站开展前期工作的复函》，白鹤滩水电站正式启动前期筹建工作。2011年，水电八局成立白鹤滩施工局筹建处。2012年1月，成立白鹤滩施工局，作为水电八局直管项目，业务范围覆盖开挖与支护、基础处理、大体积混凝土浇筑、金属结构安装等。

白鹤滩施工局先后承建了右岸下红岩边坡治理工程（BHT/0119）、白鹤滩水电站大寨沟沟口挡渣坝（BHT/0299）、金沙江白鹤滩水电站下红岩堆积体抗滑桩工程（BHT/0353）、白鹤滩水电站大寨沟泥石流治理梯级拦砂坝工程（BHT/0506）、白鹤滩水电站右岸边坡开挖降尘措施研究（BHT/0412）、白鹤滩水电站右岸边坡快速开挖与支护及防止石渣下江综合措施研究（BHT/0413）、金沙江白鹤滩水电站右岸坝肩开挖（高程834~600米）工程（BHT/0401）、金沙江白鹤滩水电站大坝土建及金属结构安装工程Ⅱ标段（BHT/0667）、金沙江白鹤滩水电站全厂控制楼建筑工程（BHT/0767）共9个项目，其中工程类合同7项、科研类合同2项，合同签订总金额约为456315.13万元。

白鹤滩施工局坚持"八局出品、必属精品"的理念，在700米高陡边坡开挖中创造了单月最大下挖30米，全年下挖300米的世界纪录，成功突破柱状节理玄武岩作为特高拱坝坝基的世界级难题。大坝首次全坝使用低热水泥，创新实施百米门槽一期直埋，开展智能建造，掌握了拱坝温度控制核心技术，解决了干热河谷大风恶劣气候环境下300米级特高拱坝施工系列世界难题等，研发了多种新型筑坝技术，建成了精品"无缝"大坝和世界规模最大的反拱型水垫塘。创造了"百日"过深孔、33天坝顶全线贯通，联合创造大坝月最大浇筑强度27.3万方[1]、年最大浇筑强度270万方、长34.86米的常态混凝土芯样等同类工程新的世界纪录。

白鹤滩施工局获得四川省五一劳动奖状、云南省工人先锋号、中央企业五四红旗团支部、中国电建先进基层党组织、金沙江流域白鹤滩水电工程劳动竞赛先进单位等荣誉。

白鹤滩施工局历任主要领导任职情况：2012年1月—9月，刘中刚、谢卫东；2012年9月—2014年1月，谢卫东；2014年1月—2018年1月，谢卫东、陈勇；2018年1月—4月，谢卫东、周震钧；2018年4月—2020年3月，周震钧；2020年3月—2022年9月，张建清（主持工作）；2020年9月—2022年11月，张建清；2022年11月任起，杨区伟（主持工作）。

二十、赣江尾闾总包部

中国水利水电第八工程局有限公司赣江下游尾闾综合整治工程设计、采购、施工总承包项目部（以下简称赣江尾闾总包部）于2021年12月成立。

南昌市赣江、抚河流域是江西省经济分量最重的地区。21世纪，赣江、抚河最低枯水位大幅下降、枯水期提前、枯水时段延长，加剧了区域内其他河湖水系困境，难以适应区域经济社会发展要求。2014年，江西省政府提出建设赣抚工程，以南昌市城区为核心，构建"四纵三横"骨干水系连通格局；2014年4月，相关筹备工作完成，南昌市政府启动实施项目建设。赣江下游尾闾综合整治工程是赣江抚河流域"四纵三横"骨干水系连通格局的一纵水系，通过主要河道建闸抬高枯水期河道水位，是国务院常务会议部署的2022年重点推进的55项重大水利工程之一。工程由赣江主支、北支、中支、南支四支水利枢纽工程，扬子洲头、焦矶头洲头防护工程等组成；规模为Ⅱ等大（2）型工程。

2021年12月16日，水电八局和中国电建中南院组成联合体，中标赣江下游尾闾综合整治设计、采购、施工总承包项目，工程概算为81.3亿元，合同工程价款总额（含税费）为68.7亿元。主要工程任务为在河道主支、北支、中支、南支设置四座拦河闸，组成水利枢纽工程。设计范围：包含但不限于施工图设计（含水土保持、环境保护工程和库区防护工程）、施工至竣工阶段全过程设计技术服务以及后续现场配合服务；采购范围：赣江下游尾闾综合整治工程项目涉及采购、安装、调试和技术指导等全过程采购服务内容；施工范围：赣江下游尾闾综合整治工程施工、调试、试验、竣工验收及保修期内的保修（不包含征地移民安置）等工程内容。

2023年1月18日，水电八局中标抚河下游尾闾综合整治及河湖水系连通工程设计、采购、施工总承包项目，合同总额为12.4亿元。2023年2月21日，成立抚河下游尾闾综合整治及河湖水系连通工程设计、采购、施工总承包项目部（抚河尾闾总包部），隶属赣江尾闾总包部管理。

赣江尾闾工程于2022年3月8日创造性地实现汛期节流，雨季实施江心围堰防渗施工，推动"四支联动"重大技术方案变更落地，使整体枢纽具备抬水条件时间由2024年12月31日提前至2023年8月，使工程完全具备调控功能时间由2025年8月提前至2024年12月31日。

赣江尾闾总包部历任主要领导任职情况：2021年12月—2022年11月，戴科夫、王杰生；2022年11月任起，王杰生、张建清。

二十一、教培中心、湖南工程技师学院（筹）、湖南省水利水电建设工程学校

中国水利水电第八工程局有限公司教培中心（以下简称教培中心）、湖南工程技师学院（筹）、湖南省水利水电建设工程学校实行"一套人马、三块牌子"，是一所集学历教育、职业培训和技能认定于一体的多层次、多形式、综合性的职业技术学校。多年来，秉承"厚德强技，自强不息"的校训，一手抓职业教育，一手抓培训业务，为地方经济发展和促进就业作出积极贡献。

教培中心同时作为中国电建职教集团长沙分部，立足行业、面向市场，服务社会，主要开展企业内训、社会各类取证培训以及技能认定，拥有38项培训资质，培训资质涵盖企业职工岗位素质提升培训、创业培训、高技能人才企业评价培训、高技能人才社会培训、岗前培训、农村劳动力转移培训、退伍军人培训、移民局技能培训、建筑业三类人员、建筑行业技能人才、建筑类八大员、水利部五大员、应急厅特种作业人员取证培训、市场监督管理局特种设备作业人员考证培训等项目。年培训量达6万人次以上，开发了"尚水学堂"线上平台、"云党校"党建平台，线上课程资源3200余门，总访问量超过141万人次，为行业企业提供优质培训服务。职业技能认定工作资质

---

[1] 注：1方=1立方米，下同。

齐全、业务体系成熟，与企业合作开展电工、钳工、管道工、钢筋工等职业技能等级认定的教材、题库、实操、认定工作，资质资源合作优势明显。

积极发挥企业办学优势，贯彻"以人为本、规范治校、质量立校、效益强校"的办学理念，以培养实用型、技能型人才，教育培训和社会技术技能培养服务为目标，为社会和各行各业培养了大量高技能人才，涌现了诸如"大国工匠—盾构先锋"简晓辉、"技能大师"童中华等优秀毕业生。紧密对接产业升级和技术变革趋势，以市场需求和区域经济发展为依据，打造以工程建设、工程机电、工程设计与管理、智慧健康管理为核心的特色专业体系，常设专业14个，涵盖预备技师、高级工、中级工等层次，在籍学生3000余人。学校师生获全国行业类竞赛奖项40余项，在全国职业院校技能大赛中荣获一等奖、二等奖。教师获国赛、省赛和市赛奖项共计190余项，学生获国赛、省赛和市赛奖项共计166项。

教培中心获评全国企业职工教育培训先进单位、全国百家诚信院校、全国创建和谐校园先进单位、全国第一批"阳光德育校"创建活动宣传学校、国家技能人才培育突出贡献单位、电力行业高技能人才培训基地、湖南省农民工就业创业十佳培训基地等荣誉。

教培中心历任主要领导任职情况：1999年1月—2005年2月，李必增；2005年2月—2008年11月，陈齐雄；2008年11月—2017年1月，马玉敏、颜卫鹏；2017年1月—2019年11月，马玉敏、贺辉；2019年11月任起，贺辉、谢新明。

二十二、基地服务管理中心

中国水利水电第八工程局有限公司基地服务管理中心（以下简称基地服务管理中心）于2007年1月6日成立，与南托基地合署办公，授权统一管理南托、贵阳、常德、东江、武汉5个基地和长沙综合管理部。设综合、财务、经营、社保、物业5个职能部门。其主要职能是负责水电八局后线离退休人员管理服务、生活小区物业管理服务、各基地不动产管理、各基地生活小区房屋和配套设施设备维修维护等，主要任务是全面提升后线服务管理水平和经营创收能力，逐步消化和解决历史遗留问题，盘活资产，整合资源，完善后线市场体系，健全社会服务功能，借助政策力量，获得政府支持，尽早实现企业"小社会"与城市"大社会"的接轨，加快基地职能社会化进程。

基地服务管理中心的诞生伴随着国家经济建设的发展和水电施工企业生产经营以及职工生活的需要。自20世纪50年代初的"长总"时期到20世纪60年代末的水电八局时期，水电八局的职工家属基本上是跟着工地走的，电站建到哪里，大本营就设到哪里，学校、医院、幼儿园、食堂等后勤工作就跟到哪里，工程建设完工后，队伍就举家搬迁。为了解决职工生活的后顾之忧，水电八局先后在常德、长沙、东江、贵阳、武汉等地建立了后方基地，对企业开展经营、稳定队伍、改善生存条件、保障离退休职工生活起到了重要作用。

基地服务管理中心成立以来，承担水电八局后线经营、管理、协调和服务职能。在社保工作方面，贯彻"老有所养、老有所医、老有所学、老有所为"的离退休管理工作方针，各基地生活小区先后成立老年艺术团体，大力开展老年文娱体育活动，承办水电八局老年体育运动会，开展离退休人员慰问和帮扶活动。在物业服务方面，积极做好各基地生活小区的保安、保洁、绿化、水电维修、基建管理、房地产管理、公共设施维护供水供电、收费等工作，确保后线生活秩序。在不动产管理方面，克服不动产老旧破损和历史遗留问题，加强资产安全管理，大力推进资产盘活，每年收回资产租赁费用约400万元；大力推进经适房建设，先后参与长沙融和园、丰和苑、常德莲池园、乌江经适房和廉租房项目等经适房项目建设，有效解决了内部职工和离退休人员住房主办权难的问题。积极承担社会职能，落实职工家属参保待遇，协助地方开展社会治安综合法理，落实计生相关政策和户籍办理工作，配合地方政府开展棚户区改造。

基地服务管理中心按照国家政策和中国电建要求，大力推进企业办社会职能的社会化移交工作。2018年12月完成各基地的供水、供电、供气和生活小区物业移交工作，实现各基地生活小区整体移交地方政府管理，移交生活小区相继成立业主委员会，物业服务实现市场化运作。2020年启动并完成退休人员社会化移交工作，各基地向属地政府社区移交退休人员近万人，让退休人员更好地享受地方各项政策待遇，实现企业与社会的无缝对接。

基地服务管理中心获得国务院国资委"抗冰救灾先进单位"荣誉称号。各基地生活小区先后获得属地省市的"文明单位""文明社区""社区治安综合治理工作先进单位""城管爱卫工作先进单位""老年体育工作先进单位"等多项荣誉。

基地服务管理中心历任主要领导任职情况：2007年1月—2010年3月，饶新民、王晋国；2010年4月—2011年6月，饶新民、杨卫军；2011年7月—2014年1月，潘德辉、杨卫军；2014年1月任起，潘德辉。

第二篇 工程建设

◇ 第一章　水利电力业务
◇ 第二章　国际业务
◇ 第三章　基础设施业务
◇ 第四章　绿色建材业务
◇ 第五章　绿色能源业务
◇ 第六章　其他业务

第一章 水利电力业务

水利电力工程业务是水电八局的核心主业、支柱产业，在行业内拥有领先的科技优势和施工生产能力。从1952年长江水利委员会工程总队开始，从最初的以人力劳作为主的单一水利施工企业起步，发展成为集设计、科研、施工、制造、安装、投资于一体，拥有"水利水电工程、建筑工程、市政公用工程"三个施工总承包特级资质的国家高新技术企业，以混凝土高拱坝、碾压混凝土筑坝、基础处理、大容量发电机组安装和人工砂石料生产等优势著称。

第一节 水电工程

一、概述

21世纪，水电八局始终走在水电开发建设的前列，攻破了小湾水电站系列难题，建成了当时世界上最高的混凝土拱坝；挑战300米级溪洛渡超级拱坝，建成"最聪明"的数字化大坝；扎根白鹤滩，推动世界第二大水电站、全球在建规模最大的水电工程全面崛起……2021年6月28日，在中国共产党成立100周年之际，白鹤滩水电站首批机组投产发电；习近平总书记在贺信中嘱咐："为实现碳达峰、碳中和目标作出重大贡献！"

到2022年，中国水电总装机容量约4亿千瓦、年发电量约1.2万亿千瓦时，均保持世界第一。70年来，水电八局承建或参与建设了水利水电工程300多项，中国十大电站参建前九，总装机容量超过5200万千瓦，创造了单个企业年装机容量1000万千瓦的世界纪录。

2002—2022年水电工程一览见表2-1-1。

表2-1-1 2002—2022年水电工程一览

项目名称	业主单位	合同总额（万元）	开工时间	竣工时间
广西斧子口水利枢纽工程	桂林市大禹水利基础设施建设投资有限公司	39592.15	2011年11月	2019年6月
广西龙滩水电站工程	龙滩水电开发有限公司	151053.21	2000年11月	2010年12月
广西平班水电站工程	广西平班水电开发有限公司	35909.30	2001年8月	2006年4月
广西长洲水利枢纽工程	广西长洲水电开发有限责任公司	10386.90	2004年6月	2006年1月
贵州大花水水电站工程	贵州乌江清水河水电开发有限公司	29563.72	2004年1月	2017年1月
贵州高生水电站工程	国家电投集团贵州金元股份有限公司	322115.01	2013年11月	2018年12月
贵州构皮滩水电站工程	贵州乌江水电开发有限责任公司	393695.90	2001年11月	2017年11月
贵州光照水电站工程	贵州黔源电力股份有限公司	36508.26	2003年5月	2011年12月
贵州赫章县河口水库工程	毕节市水务投资集团有限责任公司	11415.46	2017年1月	在建
贵州洪家渡水电站工程	贵州乌江水电开发有限责任公司	42605.79	1998年8月	2004年4月
贵州清水河格里桥水电站工程	贵州清水河水电开发有限公司	37119.02	2006年5月	2011年1月
贵州清水江白市水电站工程	五凌电力有限公司	32079.82	2006年1月	2013年12月
贵州沙沱水电站工程	贵州乌江水电开发有限责任公司	46723.33	2007年7月	2018年8月
贵州上尖坡水电站工程	中电投贵州金元集团股份有限公司	32541.43	2012年12月	2017年4月
贵州思林水电站工程	贵州乌江水电开发有限责任公司	106430.48	2004年1月	2018年4月
贵州索风营水电站工程	贵州乌江水电开发有限责任公司	38470.36	2001年11月	2006年9月
贵州乌江沙沱水电站发电厂房工程	贵州乌江水电开发有限责任公司	21373.90	2009年11月	2013年3月
贵州乌江水电站工程	贵州乌江水电开发有限责任公司	18202.38	1991年11月	2005年6月

续表

项目名称	业主单位	合同总额（万元）	开工时间	竣工时间
贵州习水马沙沟水电站工程	贵州电力公司	5118.16	2001年1月	2003年5月
贵州兴义老江底水电站工程	贵州兴义黄泥河发电有限责任公司	12001.36	2005年7月	2008年9月
贵州盘县卡河水库工程	贵州盘县水利局卡河水利工程管理局	12995.15	2012年1月	2015年11月
海南大隆水利枢纽工程	海南三亚大隆水库有限责任公司	6814.53	2005年6月	2006年12月
河北白沟引河左堤生态防洪堤建设工程	中国雄安集团生态建设投资有限公司	20445.44	2021年12月	在建
河北新盖房分洪道（左堤）堤防加固和治理工程	中国雄安集团生态建设投资有限公司	53748.80	2021年3月	在建
湖北清江水布垭工程	湖北清江水布垭工程建设公司	28801.06	2002年6月	2007年12月
湖北松树岭电站大坝工程	国电长源堵河水电有限公司	13588.10	2002年11月	2006年6月
湖南程江口水电站工程	湖南联诚程江口发电有限公司	5903.90	2002年1月	2007年3月
湖南凤滩水电站扩机工程	湖南凤滩发电厂	1081.00	2002年4月	2004年5月
湖南挂治水电站工程	贵州清水江水电有限公司	41491.10	2004年4月	2009年12月
湖南洪江水电站工程	五凌电力有限公司	33781.09	1998年5月	2005年7月
湖南江华县泽丰水电站工程	湖南江华大林江水电有限公司	610.00	2003年8月	2004年5月
湖南麻阳铜信溪水电站工程	湖南麻阳苗族自治县铜信溪水电站发展有限公司	8150.30	2003年12月	2007年12月
湖南清水塘水电站工程	湖南辰溪清水塘水电开发有限公司	10169.10	2006年	2008年10月
湖南汝城宝沙水电站工程	汝城县宝沙水电有限公司	1284.20	2000年12月	2003年4月
湖南汝城扶竹洲电站主体工程	汝城县湘粤水电有限责任公司	1177.60	2002年6月	2003年12月
湖南汝城老坡口水电站主体工程	汝城县老坡口电力有限公司	1066.40	2005年12月	2007年6月
湖南汝城莲花湾水电站工程	汝城县渔仔口水电有限责任公司	567.70	2004年1月	2005年6月
湖南汝城两江口水电站土建工程	汝城县两江电力有限公司	2460.00	2002年1月	2004年5月
湖南汝城渔仔口水电站土建工程	汝城县渔仔口水电有限责任公司	5630.31	2004年5月	2007年8月
湖南三板溪水电站工程	五凌电力有限公司	13455.89	2002年2月	2011年7月
湖南三江口水电站工程	湖南石门县政府	6071.30	1985年5月	2004年3月
湖南晒谷滩水电站工程	湖南新邵晒谷滩水电开发有限公司	21741.65	2004年9月	2008年
湖南托口水电站	五凌电力有限公司	80792.53	2007年3月	2018年2月
湖南碗米坡水电站工程	湖南五凌水电开发有限公司	728.90	2001年9月	2003年6月
湖南五强溪水电站扩机工程Ⅳ标	五凌电力有限公司五强溪水电厂	52289.72	2019年3月	在建
湖南小东江左岸滑坡处理工程	湖南电力局	341.60	2003年8月	2004年12月
湖南中州水电站厂房及拦河坝工程	湖南中州水电开发有限公司	2080.00	2005年9月	2006年12月
陕西榆林大柳塔小区橡胶坝工程	中国长江三峡工程开发总公司	6587.70	2006年5月	2007年11月
四川博瓦水电站引水隧洞工程施工	四川凉山水洛河电力开发有限公司	14398.85	2015年6月	2021年12月
四川大渡河沙坪二级水电站工程	国电大渡河流域水电开发有限公司	96990.03	2013年9月	2018年8月
四川俄日河红卫桥水电站厂区枢纽工程	四川华electric金川水电开发有限公司	34615.85	2016年3月	2022年3月
四川凤滩水电站工程	四川巴河水电开发有限责任公司	7397.54	2004年11月	2007年9月
四川官地水电站工程	雅砻江流域水电开发有限公司	94049.83	2005年11月	2013年7月
四川红岩子电航工程	红岩子电力集团有限责任公司	15471.69	1998年8月	2003年1月

续表

项目名称	业主单位	合同总额（万元）	开工时间	竣工时间
四川嘉陵江小龙门航电工程右岸标	四川嘉陵江小龙门航电开发有限公司	10692.25	2003年12月	2007年1月
四川锦屏水电站工程	二滩水电开发有限责任公司	25438.65	2004年9月	2012年12月
四川卡基娃水电站引水发电系统工程Ⅳ标	中国华电集团公司木里河水电开发有限公司	28705.92	2010年12月	2016年1月
四川两河口水电站工程	二滩水电开发有限责任公司	5473.00	2006年7月	2018年6月
四川美姑河坪头电站厂区枢纽工程	四川美姑河水电开发有限公司	5502.84	2006年3月	2007年1月
四川瀑布沟水电站工程	国电大渡河流域水电开发有限公司	7032.28	2004年12月	2008年8月
四川青居水电站工程	华能嘉陵江水电有限责任公司	10293.90	2001年9月	2004年12月
四川三台县吴家渡电航工程	四川永安水利电力股份有限公司	15250.88	2005年12月	2008年6月
四川沙牌水电站工程	四川华西沙牌发电有限责任公司	10613.83	1997年4月	2003年12月
四川石洞口水电站土建工程	大唐通江电力开发有限公司	1155.76	2011年11月	2012年5月
四川双滩水电站工程	四川巴河水电开发有限公司	9105.10	2003年11月	2008年12月
四川武都水库工程	四川武都水利水电集团有限责任公司	72688.85	2005年1月	2012年12月
四川小龙门航电枢纽工程	四川南充小龙门航电工程建设指挥部	16212.65	2003年1月	2018年12月
乌江沙沱水电站工程	贵州乌江水电开发有限责任公司	24368.55	2009年11月	2013年3月
西藏藏木水电站工程	华能西藏雅鲁藏布江水电开发投资有限公司	155305.06	2008年9月	2010年9月
西藏新荣水电站工程	中国电力建设集团有限公司援建西藏昌都地区工程建设管理处	14162.79	2015年12月	2018年8月
新疆喀群三级水电站工程	喀什四方水电开发有限公司	1625.87	2010年4月	2016年6月
云南TB水电站工程	华能澜沧江水电股份有限公司	175190.19	2019年7月	在建
云南白鹤滩水电站工程	中国长江三峡集团有限公司	928824.48	2011年12月	在建
云南大朝山水电站工程	国投云南大朝山水电有限公司	53911.69	1994年2月	2002年12月
云南大华桥水电站工程	华能澜沧江水电股份有限公司	178194.27	2011年6月	2020年4月
云南丹达河水电站工程	云南大唐国际德钦水电开发有限公司	12901.67	2011年5月	2013年12月
云南富宁谷拉水电站工程	云南富宁谷拉水电开发有限责任公司	6487.53	2003年8月	2006年6月
云南高桥柏香林水电站工程	云南昭通高桥发电有限公司	5419.50	2003年5月	2007年6月
云南高桥电站工程	云南滇能（集团）昭通高桥发电有限公司	5486.73	1998年5月	2004年6月
云南金安桥水电站工程	金安桥水电站有限公司	58563.07	2007年1月	2015年12月
云南金平茅草坪电站工程	云南金平茅草坪发电有限责任公司	2030.40	2004年3月	2006年2月
云南澜沧江景洪水电站工程	华能澜沧江水电股份有限公司	40892.59	2004年8月	2020年12月
云南雷打滩水电站工程	云南弥勒雷打滩电站工程建设指挥部	13208.80	2002年8月	2006年5月
云南龙开口水电站工程	华能龙开口水电有限公司	316646.65	2007年10月	2014年6月
云南龙陵腊寨水电站工程	云南龙陵腊寨水电发展有限公司	9727.65	2005年8月	2008年12月
云南鲁地拉水电站工程	云南华电鲁地拉水电有限公司	147083.46	2007年5月	2015年6月
云南曼棍电站厂房枢纽工程	麻栗坡县水电开发有限公司曼棍发电厂	826.85	2002年11月	2003年10月
云南芒里水电站工程	潞西市德源电力开发有限公司	8021.56	2006年10月	2008年5月
云南木底箐电站大坝枢纽工程	宁蒗彝族自治县木底箐水库工程建设管理处	6357.79	2003年6月	2006年3月
云南糯扎渡水电站工程	华能澜沧江水电股份有限公司	51186.80	2006年9月	2011年6月

续表

项目名称	业主单位	合同总额（万元）	开工时间	竣工时间
云南盘龙河马鹿塘水电站工程	云南文山州电力总公司	1956.06	2002年8月	2007年12月
云南泗南江水电站工程	云南滇能泗南江水电开发有限公司	6655.30	2003年11月	2006年5月
云南文山东方红电站一、二期工程	云南文山州电力总公司	2437.10	2001年8月	2003年8月
云南文山落水洞电站工程	云南文山州电力总公司	1158.00	2002年3月	2003年12月
云南溪洛渡水电站工程	中国长江三峡工程开发总公司	542196.26	2003年7月	2016年12月
云南向家坝水电站工程	中国长江三峡工程开发总公司	198994.40	2006年4月	2018年12月
云南小湾水电站工程	华能澜沧江水电股份有限公司	288763.23	2000年9月	2013年12月
长江三峡水利枢纽工程	中国长江三峡工程开发总公司	496440.88	1994年1月	2015年12月
重庆江口水电站工程	重庆江口水电有限责任公司	12982.30	2000年3月	2003年12月
重庆彭水水电站工程	重庆大唐彭水水电开发有限公司	219119.30	2003年11月	2011年12月
重庆三峡水库开县消落区生态环境综合治理水位调节坝工程	重庆澎溪河流域生态环境综合整治有限公司	14785.53	2007年6月	2012年3月
重庆滕子沟水电站工程	重庆九龙电力股份有限公司	3131.90	2001年1月	2005年6月
重庆武隆大溪河三级电站土建工程Ⅱ标	中国大唐集团公司渝能（集团）有限责任公司	3811.70	2002年1月	2003年3月
重庆银盘水电站工程	重庆大唐国际武隆水电开发有限公司	224643.33	2006年1月	2015年12月
重庆鱼剑口水电站工程	重庆鱼剑口水电开发有限公司	9217.20	2001年3月	2004年6月

备注：因承担工程前期、后期项目，工程一览表的开工时间、竣工时间与工程选介的主体工程正式开工时间、完工时间不一致，下同。

二、工程选介

（一）广西龙滩水电站工程

项目位于红水河上游的广西天峨县境内，是西部大开发的标志性工程和"西电东送"的重点项目之一。

电站枢纽主要由大坝、地下发电厂房和通航建筑物三大部分组成。拦河大坝为碾压混凝土重力坝，坝高一期为192米，二期为216.5米；一期装机容量为420万千瓦，二期装机容量为630万千瓦。

项目于2000年11月开工，2010年12月完工。

2007年，龙滩大坝被国际大坝委员会授予碾压混凝土里程碑工程奖。2013年，获国际咨询工程师联合会百年工程项目奖。

（二）广西平班水电站工程

项目位于广西壮族自治区和贵州省交界的南盘江上，是以发电为主的发电站枢纽工程。电站总装机容量为40.5万千瓦。

项目于2001年10月23日开工建设；2004年12月4日，电站第一台机组正式投入商业运营；2005年8月23日，工程完工。

2005年，平班水电站被湖南省建设厅评为湖南省优质工程。

（三）贵州大花水水电站工程

项目位于贵州省开阳县与福泉市交界处，为乌江一级支流清水河的第一个梯级，位于清水河中游，具有年调节能力。项目拦河大坝为抛物线双曲拱坝+重力墩，左岸为重力墩，右岸为双曲拱坝，大坝轴线总长287.56米，最大坝高134.5米，厚高比0.171，是国内已建成的最高碾压混凝土双曲薄拱坝。

项目于2004年1月开工，2017年1月完工。

（四）贵州高生水电站工程

项目位于贵州省务川县境内洪渡河中游，为洪渡河规划的第7级梯级电站，其主要任务是发电，电站装机容量为106兆瓦。主要建筑物由碾压混凝土挡水坝、坝身泄洪道、护坦护坡、坝身生态流量放水管、发电引水隧洞及地下厂房组成。

拦河大坝为碾压混凝土重力挡水坝，最大坝高120.50米，主要建筑物为挡水大坝、坝顶溢流表孔、生态流量放水管、下游护坦护坡、发电引水系统建筑物、发电大坝；临时建筑物为导流建筑物、围堰等。

项目于2013年11月开工，2018年12月完工。

（五）贵州构皮滩水电站工程

项目位于贵州省余庆县境内，是乌江流域梯级滚动开发的第五级，开工累计完成合同总额393695.90万元，建设单位为贵州乌江水电开发有限责任公司。

构皮滩水电站大坝为混凝土双曲拱坝，坝顶高程

640.5米，最大坝高232.5米，坝顶弧长557.11米。该工程在峡谷地区、岩溶系统、高200米以上的薄拱坝，大流量泄洪消能设计，大型地下厂房洞室群，穿过软岩的大口径导流隧洞以及高70多米的RCC围堰等方面颇具挑战性。2014年，该电站工程荣获贵州省"黄果树杯"优质施工工程奖。

构皮滩通航工程是贵州省融入长江经济带、实现"通江达海"愿景目标、造福沿江群众的重要工程之一，具有多项世界之最。它是目前世界上通航水头最高、水位变幅最大、航道最复杂的通航设施，具有世界上提升高度最大的升船机。

项目于2012年10月正式开工，2017年12月完工。

（六）贵州上尖坡水电站工程

项目位于贵州省罗甸县董王乡境内蒙江的左源支流涟江下游，是涟江第4级开发的水电工程。电站装机容量为6万千瓦，拦河大坝为碾压混凝土重力坝，最大坝高82.80米，坝顶全长256.35米，由右岸挡水坝段、溢洪道表孔坝段及左岸挡水坝段组成。电站以发电为主，主要满足贵阳市南电网南部局部地区（惠水、罗甸、长顺等县）的工农业用电需要。

项目于2012年12月开工，2017年4月完工。

（七）贵州思林水电站工程

项目位于贵州省思南县境内的乌江干流上，枢纽工程开发任务以发电为主，其次为航运，兼顾防洪、灌溉等。项目于2006年10月正式开工，2009年12月电站4台机组已全部投入运行。

项目获国家专利1件，省部级以上科技进步奖1项，省部级以上荣誉奖8项，省部级以上优秀勘测设计奖3项。2011年，思林水电站荣获贵州省"黄果树杯"优质施工工程奖。

（八）湖南凤滩水电站扩机工程

项目位于湖南省沅陵县、沅水支流酉水下游，该项目以发电为主，兼顾防洪、航运、灌溉、养殖等功能，坝型为混凝土空腹重力拱坝，装机容量为40万千瓦。

项目于1970年10月开工，1978年5月第一台机组发电，1979年完工。

2002年4月，中国水电八局中标老厂增容工程，新增装机容量为41.5万千瓦，2004年5月完工。

（九）湖南挂治水电站工程

项目位于沅水干流上游河段清水江的中下游，坝址位于贵州省黔东南苗族侗族自治州锦屏县境内。拦河大坝为混凝土重力坝，坝顶高程327米，最大坝高44米，坝顶长317.1米。

项目于2005年1月开工，2008年2月完工。

2009年，挂治水电站工程被湖南省建设厅评为湖南省优质工程。

（十）湖南洪江水电站工程

项目位于湖南省怀化地区沅水干流中上游河段，是沅水干流开发规划中的重要梯级工程，工程以发电为主，兼顾航运、灌溉等功能。项目于1998年3月正式开工，2002年12月8日下闸蓄水，2003年2月25日首台机组发电，年底全部机组投产发电，主体工程完工。

2005年，洪江水电站工程被湖南省建设厅评为湖南省优质工程。

（十一）湖南五强溪水电站扩机工程Ⅳ标

项目位于沅水下游的湖南沅陵县境内，项目总装机容量为120万千瓦，年平均发电量达53.7亿千瓦时，是一座以发电为主，兼有防洪、航运等综合效益的水电水利枢纽工程，是湖南省最大的水电站。工程由混凝土重力坝、厂房、泄水建筑物和三级船闸组成。

项目于2019年3月开工。

（十二）四川大渡河沙坪二级水电站工程

项目位于四川省乐山市峨边彝族自治县和金口河区交界处的大渡河干流上，是大渡河规划的22级梯级水电站中第20级沙坪梯级水电站的第二级。枢纽建筑物主要由左岸河床式厂房、拦河闸坝坝段和右岸连接坝段等组成，装机容量为34.8万千瓦，年平均发电量为16.10亿千瓦时。

项目于2013年9月开工，于2019年12月27日通过省政府验收委员会移民安置竣工验收。

（十三）四川沙牌水电站工程

项目位于汶川县境内岷江一级支流草坡河上游，是草坡河流域最上游的一个梯级龙头电站，开工累计完成合同总额10613.83万元，建设单位为四川华西沙牌发电有限责任公司。

沙牌水库大坝为碾压混凝土单曲拱坝，坝高132米。在工程建设中，水电八局与10个科研单位和院校共同开展拱坝筑坝技术21个课题的研究。其中，100米级真空溜管入仓工艺、全自动连续强制式混凝土搅拌设备等项目达到国内乃至世界领先水平，获得国家专利。2003年大坝钻孔取芯最长达13.15米，为当时国内最长纪录。2008年，大坝经受住了"5·12"汶川地震的考验，完好无损，被专家称赞为地震中最"牛"的大坝。

项目于1997年4月正式开工，2003年12月完工。

（十四）西藏藏木水电站工程

项目位于西藏自治区山南地区加查县境内。本枢纽工程开发任务为发电，无航运、漂木、防洪、灌溉等综合利用要求。电站具有日调节能力，总装机容量为51万千瓦，年平均发电量为25.008亿千瓦时。

项目于2008年9月开工，2014年10月首台机组发电。

（十五）云南白鹤滩水电站工程

项目位于四川省宁南县和云南省巧家县境内，是金沙江下游干流河段梯级开发的第二个梯级电站，具有以发电为主，兼有防洪、拦沙、改善下游航运条件和发展库区通航等综合效益。水库正常蓄水位为825米，相应库容为206亿立方米。地下厂房装有14台机组，总装机容量为1400万千瓦，年平均发电量为602.4亿千瓦时。工程静态投资846亿元，是仅次于三峡水电站的中国第二大水电站，也是我国"西电东送"重要项目之一，建设单位为中国长江三峡集团有限公司。

水电八局中标承建白鹤滩水电站右岸大坝坝肩开挖、土建及金属结构安装、大坝砂石加工系统建安及运行、巧家县下红岩边坡治理等工程，开工累计完成合同总额928824.48万元。

拦河大坝为混凝土双曲拱坝，高289米，坝顶高程834米，顶宽13米，最大底宽72米。

项目于2011年12月正式开工，2022年12月完工。

（十六）云南大朝山水电站工程

项目位于云南省景东县和云县交界处的澜沧江中游河段上，是澜沧江梯级规划中紧接漫湾水电站的一个梯级电站，坝体为碾压混凝土重力坝。

该电站是继漫湾水电站澜沧江梯级开发的以发电为主的又一大型水电工程，装机容量为135万千瓦，也是国家"八五"计划重点建设项目。

该项目于1997年8月4日获准开工，同年11月10日完成大江截流。2001年底首台机组发电，2003年，所有机组全部投产发电，工程基本建成。

2004年，荣获中国建筑工程质量最高奖——鲁班奖。

（十七）云南大华桥水电站工程

项目位于云南省怒江州兰坪县，是澜沧江上游河段规划推荐开发方案的第六级电站。

项目控制流域面积为9.26万平方千米，水库正常蓄水位为1477米，相应库容为2.62亿立方米；校核洪水位为1479.5米，水库总库容为2.93亿立方米。电站总装机容量为920兆瓦。电站由碾压混凝土重力坝、坝身溢流表孔、左岸泄洪排沙底孔、岸塔式进水口、左岸地下引水发电系统等组成。大坝为碾压式混凝土重力坝，坝轴线直线布置。

项目于2011年6月正式开工，2020年4月完工。

（十八）云南龙开口水电站工程

项目位于金沙江中游、云南省大理州与丽江市交界的鹤庆县龙开口镇河段上，是金沙江中游河段规划的第六个梯级电站，上接金安桥水电站，下邻鲁地拉水电站。

枢纽工程主要由左、右岸挡水建筑物，泄洪、冲沙、引水建筑物，右岸坝后式引水发电系统及左、右岸灌溉取水口等建筑物组成。拦河大坝为碾压混凝土重力坝，最大坝高119米。电站装机规模为180万千瓦。

项目于2007年10月正式开工，2014年6月完工。

（十九）云南鲁地拉水电站工程

项目位于云南省丽江地区永胜县与大理白族自治州宾川县交界处的金沙江干流上。

鲁地拉水电站是以发电为主，兼有水土保持、库区航运、旅游等综合效益的水利水电枢纽工程。电站总装机容量为216万千瓦，正常蓄水位为1223米，总库容为17.18亿立方米。

项目于2007年5月开工，2015年6月完工。

（二十）云南溪洛渡水电站工程

项目位于四川省和云南省交界的金沙江上，水电八局中标承建大坝土建和金属结构安装、坝肩开挖及缆机平台工程第Ⅱ标段、右岸电站机电设备安装与调试、右岸水垫塘边坡开挖及支护、坝肩连通开挖及供料平台等工程。

溪洛渡水电站大坝为混凝土双曲拱坝，坝顶高程610米，最大坝高285.5米，混凝土浇筑方量为672.4万立方米；具有高地震区、高拱坝、高水头、大泄流量等特点。水电八局在溪洛渡大坝建设中，不仅应用了世界先进的机械设备技术与工艺，还应用了计算机技术、仿真技术、精确温控技术、卫星导航技术、信息传输技术等。溪洛渡大坝内埋了7200个先进的监测仪器，可全方位、全时空精确监控，开创了我国300米级高拱坝建设运营数字化先河。

项目于2003年7月正式开工，2016年12月完工。

（二十一）云南小湾水电站工程

项目位于云南省大理白族自治州南涧县和临沧市凤庆县交界处，是澜沧江上的第三座梯级电站，开工累计完成合同总额288763.23万元，建设单位为华能澜沧江水电股份有限公司。

小湾水电站大坝为混凝土双曲拱坝，坝高292米，坝顶高程1245米，坝顶弧长892.79米，拱冠梁顶宽12米，底宽72.91米。泄水建筑物由坝顶5个开敞式溢流表孔、6个有压深式泄水中孔和左岸两条泄洪洞及坝后水垫塘与二道坝等部分组成。

项目于2000年9月正式开工，2013年12月完工。

（二十二）长江三峡水利枢纽工程

该项目是长江上游段建设的大型水利工程项目，分布在重庆市到湖北省宜昌市的长江干流上，由中国建造，是人类有史以来规模最大的水电站。

枢纽主要建筑物由大坝、厂房、船闸和升船机组成。电站大坝为混凝土重力坝，最大坝高175米，坝顶高程185米，坝轴线全长2335米。设计正常蓄水位为175米，总库容为393亿立方米，其中防洪库容为221.5亿立方米。电站采用坝后式左、右厂房，先期分别安装14台、12台70万千瓦机组，前期总容量为1820万千瓦，年平均发电量为847亿千瓦时。后期在右岸厂房预留6台×70万千瓦位置扩机，总容量达2240万千瓦。

水电八局是三峡电站工程的主力施工队伍之一，1993年3月，以50%股权占比与水电三局、水电七局组建三峡工程建设三七八联营总公司，正式进入三峡工地施工。主要承担三峡左岸厂房土建工程、右岸厂房土建工程、船闸部分土建和金属结构制安、6台70万千瓦机组安装、22台机组埋件等4.6万吨金属结构制作及下岸溪人工砂石系统建设运营管理等任务。在三峡一期、二期、三期施工中，按期优质建造厂房工程，确保了三峡电站蓄水、通航、发电三大目标的实现，是三峡工程"第一度电"的生产者。

项目于1994年12月14日正式开工，2015年12月完工。

（二十三）重庆彭水水电站工程

项目位于乌江干流下游、彭水县城，是集发电、航运、防洪及其他综合利用于一体的大型水电站，是重庆市有史以来最大的能源建设项目。项目总装机容量为175万千瓦，年平均发电量达63.51亿千瓦时。大坝为弧形碾压混凝土重力坝；电站厂房布置在右岸，为地下式厂房，通航建筑物布置在左岸，由单线船闸、升船机两级过坝建筑物组成，按500吨级船舶过坝设计。

拦河大坝于2005年9月28日开工，2009年10月通过单项工程完工验收。

2009年获中国电力优质工程奖；2013年获中国建设工程鲁班奖。

（二十四）重庆银盘水电站工程

项目位于乌江下游河段，坝址位于重庆市武隆县境内，是兼顾彭水水电站的反调节任务和渠化航道的枢纽工程，是重庆电网的主力电站。该电站的开发任务以发电为主，其次为航运。厂房为河床式厂房，装机容量为60万千瓦，年发电量为26.9亿千瓦时。通航建筑物为500吨级单级船闸。

项目于2006年1月开工，2015年12月完工。

第二节　水利工程

一、概述

70年来，水电八局承建的水利工程遍及祖国大江南北，形成了水利领域工程建造的领军品牌，成就了中国世界水利大国的辉煌。2003—2022年，主要参与建设了四川武都引水工程、南水北调中线、重庆草街航电枢纽、湖南湘江航电枢纽、广西大藤峡水利枢纽、贵州夹岩水利枢纽及黔西北供水、新疆阿尔塔什水利枢纽、陕西泾河东庄水利枢纽、黔西县凹水河水库、湖南椒花水库、海南琼西北供水、河北雄安新盖房分洪道、湖南资水犬木塘水库、重庆嘉陵江利泽航运枢纽、江西赣抚尾闾综合整治等水利工程。

2002—2022年水利工程一览见表2-1-2。

表2-1-2　2002—2022年水利工程一览

项目名称	业主单位	合同总额（万元）	开工时间	竣工时间
安徽滁州红丰水库除险加固工程	滁州市中型水库除险加固工程建设管理局	1968.83	2012年9月	2015年10月
安徽淮水北调工程侯王站及侯王沟治理工程	安徽治淮重点工程建设管理局	2694.36	2014年10月	2016年5月
安徽岳西县大龙潭水库除险加固工程	安徽水电有限责任公司	3711.89	2011年9月	2015年12月
福建福州市闽江北港南岸建新防洪堤工程	福州市闽江下游防洪工程建设公司	475.80	2002年7月	2003年12月
福建木兰溪郑板段防洪工程	福建木兰溪防洪工程建设管理局	3957.54	2003年12月	2009年5月
福建平潭及闽江口水资源配置工程官烈隧洞工程	福州水务平潭引水开发有限公司	8711.62	2015年8月	2022年4月
福建浦城县王家洲水库大坝工程	浦城县梦笔水源工程建设有限公司	10000.00	2016年6月	2019年5月
福建石兜水库除险加固改造工程	厦门水务集团有限公司	1245.89	2010年9月	2016年8月
福建政和县中小河流治理及水系连通、小型水库除险加固EPC工程	政和县闽江上游防洪工程建设管理有限责任公司	25704.53	2013年11月	2017年11月
福建闽江防洪工程南平段	浦城县闽江上游防洪工程建设有限责任公司	10000.00	2016年4月	2019年4月

续表

项目名称	业主单位	合同总额（万元）	开工时间	竣工时间
广东广州市番禺区石龙联围堤围达标加固工程	广州市番禺区城乡防灾减灾水利工程建设指挥部	4400.78	2006年4月	2009年6月
广东化州鉴江干堤加固工程	化州市河道堤防管理处	2890.81	2004年11月	2007年12月
广东惠州市大亚湾引水工程D-1标	大亚湾中海壳牌石化项目配套工程建设指挥部	967.50	2003年9月	2004年9月
广东清远水利枢纽库区防护工程	清远市水利工程建设指挥部	4280.52	2012年1月	2021年12月
广东清新区清西片、上滨江片、下滨江片灌区节水配套改造工程	清新区水利水电建设管理中心	13001.01	2013年3月	2015年11月
广东深圳清林径引水调蓄工程	深圳市水务工程建设管理中心	3445.92	2009年10月	2011年12月
广东深圳市地下原水隧洞（茜坑—鹅颈）新建EPC工程	深圳市龙华区建筑工务署	8752.48	2021年5月	在建
广东深圳市公明供水调蓄第八标段工程	公明供水调蓄工程扩建办公室	14200.40	2009年3月	2012年12月
广东深圳市小型水库除险加固大鹏标段工程	深圳市水务工程建设管理中心	2485.68	2009年11月	2010年12月
广东阳山县白莲洪涝灾害治理工程	阳山县水利管理中心	5351.96	2014年12月	2017年2月
广东中山市三角镇福隆、福禄泵站工程	民三联围三角水利工程建设管理中心	8376.60	2011年1月	2012年12月
广东珠海市临港工业区鸡啼门西滩东大堤南段工程	珠海临港工业区管委会	16379.66	2006年1月	2012年3月
广东珠海市南屏片区排洪工程	珠海市水务集团有限公司	1357.06	2010年6月	2012年12月
广东珠海市竹银水源工程	珠海市水务建设管理中心	23121.96	2009年3月	2011年12月
广西百色水利枢纽工程	百色枢纽通航投资有限公司	87516.02	2022年8月	在建
广西大藤峡水利枢纽工程	广西大藤峡水利枢纽开发有限责任公司	519935.24	2015年9月	在建
广西斧子口水利枢纽工程	桂林市大禹水利基础设施建设投资有限公司	26253.91	2011年11月	在建
广西落久水利枢纽工程	柳州市龙溪水利水电建设投资有限公司	3417.24	2018年1月	2020年6月
广西梧州市城市防洪工程地区医院泵站工程	—	559.80	2002年4月	2004年2月
广西玉林市龙云灌区工程EPC第1标	广西玉林市龙云水利工程有限公司	76922.67	2022年10月	在建
贵州岑巩县下溪水库工程C2标段	贵州水投水务集团岑巩有限公司	11905.97	2015年2月	2021年12月
贵州从江县往洞水库枢纽工程Ⅵ标段	从江县往洞水库管理所	7272.19	2014年4月	2017年12月
贵州赫章县河头上水库工程大坝枢纽工程	贵州水投水务集团赫章有限公司	6985.79	2015年7月	2017年11月
贵州夹岩水利枢纽及黔西北供水工程	贵州水利投资(集团)有限责任公司	92388.66	2015年9月	在建
贵州雷山县鸡鸠水库工程	中国电建集团贵阳勘测设计研究院有限公司	27159.74	2013年12月	2021年8月
贵州平桥水库枢纽工程	安龙县平桥水库有限责任公司	25688.45	2018年5月	在建
贵州黔西县凹水河水库工程Ⅰ标	毕节市水务投资集团有限责任公司	78580.69	2020年7月	在建
贵州清水江平寨航电枢纽工程	贵州航电开发投资公司	43923.39	2017年7月	在建
贵州桐梓县新桥水库工程	桐梓县新桥水库管理处	3376.51	2012年1月	2014年11月
贵州铜仁市碧江区马岩水库工程	中国水电顾问贵阳院总承包项目部	23661.91	2014年11月	2017年5月
贵州沿河县甘溪水库工程EPC总承包	中国水电顾问集团贵阳勘测设计研究院岩土工程有限公司	29508.17	2015年1月	2019年12月
贵州贞丰县七星水库灌溉工程	贞丰县七星水库工程管理所	33772.51	2012年12月	在建

续表

项目名称	业主单位	合同总额（万元）	开工时间	竣工时间
贵州贞丰县水车田水库灌溉工程大坝下游右岸坡脚河床涌水应急抢险处理工程	安龙县平桥水库有限责任公司	606.45	2017年6月	2018年3月
海南琼西北供水工程第二标段	海南水利电力集团有限公司	86969.58	2020年12月	在建
河北滦河迁安市段堤防工程	迁安市水务局	1010.40	2003年9月	2004年4月
河北滦河右岸张官营至爪村扬水站段防洪堤工程	迁安市水务局	329.80	2008年6月	2009年3月
河北南水北调中线京石段应急供水工程	河北南水北调工程建设管理局	49965.70	2006年1月	2010年6月
河北南水北调中线一期总干渠洺河渡槽段工程	南水北调中线干线工程建设管理局	20608.03	2010年6月	2013年6月
河北秦皇岛市温泉堡水库除险加固工程	抚宁县小型水库除险加固工程建设处	640.60	2009年2月	2009年12月
河北雄安新盖房分洪道（左堤）堤防加固和治理工程三标段	中国雄安集团生态建设投资有限公司	53748.80	2021年3月	2022年12月
河北雄安新区新盖房枢纽改扩建工程二标段	中国雄安集团生态建设投资有限公司	38239.20	2020年9月	在建
河南南水北调受水区漯河供水配套工程施工4标段	漯河市南水北调配套工程建设管理局	3754.59	2012年11月	2014年6月
河南南水北调受水区平顶山13号口门供水工程	平顶山市南水北调配套工程建设管理局	563.02	2013年4月	2014年4月
河南南水北调受水区新乡供水配套十二标段工程	新乡市南水北调中线工程领导小组办公室	1927.82	2013年3月	2015年5月
河南南水北调受水区许昌17号口门供水线路工程	许昌市南水北调配套工程建设管理局	1630.03	2012年1月	2014年3月
河南南水北调中线一期总干渠沙河南—黄河南宝丰郏县段工程	南水北调中线干线工程建设管理局	28954.05	2010年12月	2014年6月
河南南水北调中线一期总干渠陶岔—沙河南段澧河渡槽工程	河北南水北调工程建设管理局	26983.10	2010年12月	2014年6月
湖北汉江堤防工程1标	襄阳市河道堤防管理局	2221.00	2002年1月	2002年4月
湖北南水北调中线一期引江济汉工程第四标段工程	河北南水北调工程建设管理局	13452.68	2011年4月	2014年11月
湖北仙桃东荆河堤二标段工程	仙桃东荆河堤加固工程建设管理办公室	1421.20	2003年4月	2003年7月
湖南涔天河水库扩建工程左右岸灌溉渠首工程	湖南涔天河工程建设投资有限责任公司	3664.16	2015年3月	2017年1月
湖南常德艳洲水闸除险加固工程	澧县艳洲水利水电工程管理局	5734.12	2014年10月	2018年3月
湖南郴州市高峰水库除险加固工程	湖南水利厅	2159.50	2008年12月	2009年12月
湖南大兴寨水库工程	湘西自治州吉兴开发投资有限公司	198277.62	2022年9月	在建
湖南东安县芦江水库枢纽工程	东安县芦江水库工程建设项目部	8500.90	2014年10月	2018年12月
湖南椒花水库工程	湖南椒花水利枢纽开发建设股份有限公司	82167.73	2020年8月	在建
湖南酒埠江除险加固工程	湖南酒埠江水库管理局	370.30	2003年9月	2004年1月
湖南澧水石门至澧县航道建设工程艳洲枢纽工程	湖南水运建设投资集团有限公司	22987.10	2021年12月	在建
湖南浏阳关山水库除险加固工程	浏阳关山水库管理所	350.60	2003年9月	2004年3月
湖南韶山灌区"十四五"续建配套与现代化改造工程	湖南韶山灌区工程管理局	57262.35	2022年9月	在建

续表

项目名称	业主单位	合同总额（万元）	开工时间	竣工时间
湖南湘江长沙综合枢纽工程	长沙市湘江综合枢纽开发有限责任公司	127058.49	2009年12月	2015年12月
湖南湘江长沙综合枢纽长沙库区水利建设项目（市本级二期）工程第五标段	长沙市城区排水设施运行服务中心	1014.13	2013年3月	2015年3月
湖南潇水涔天河水库扩建工程	湖南涔天河工程建设投资有限责任公司	3505.18	2012年11月	2017年12月
湖南永州市新田杨家洞水库除险加固工程	湖南永州市新田县杨家洞水库除险加固工程建设项目部	3750.99	2013年11月	2018年9月
湖南张家界茅溪水库除险加固工程施工	张家界市永定区茅溪水库管理处	1366.83	2012年11月	2013年12月
湖南株树桥水库除险加固工程（三期）	浏阳株树桥水库管理局	521.80	2003年11月	2005年8月
湖南资水犬木塘水库工程	湖南水利发展投资有限公司犬木塘水库建设分公司	175367.05	2020年12月	在建
湖南土谷塘航电枢纽工程船闸工程	湖南省水运建设投资集团有限公司	38398.49	2012年11月	2015年4月
吉林桓集隧道二标段工程	集安桓集工程管理有限公司	28413.99	2012年8月	2018年12月
江苏宜兴横山水库除险加固工程	宜兴市横山水库管理所	960.50	2001年10月	2002年4月
江西赣江下游尾闾综合整治工程	江西赣抚尾闾整治有限公司	678869.82	2021年12月	在建
江西南昌新建区大塘坪乡南坪圩防渗整治工程	南昌市新建区水利投资有限公司	100.44	2019年1月	在建
江西泰和老营盘水库	江西泰和县老营盘水利水电工程管理局	366.00	2003年11月	2004年12月
辽宁辽西北供水工程	辽宁西北供水有限责任公司	47077.61	2013年4月	2019年12月
内蒙古阿巴嘎旗工业供水水源工程	京能阿巴嘎旗生态科技有限公司	6927.16	2014年9月	2016年4月
内蒙古赤峰三座店水库工程	内蒙古赤峰市三座店水利枢纽工程建设管理局	17018.75	2005年9月	2010年6月
山西金沙滩水库工程	山西万家寨引黄工程总公司	28955.47	2009年6月	2011年12月
山西临汾市引沁入汾浮山供水工程施工03标段	引沁入汾浮山供水工程项目部	9595.11	2015年2月	2022年2月
陕西泾河东庄水利枢纽工程	陕西东庄水利枢纽工程建设有限责任公司	97811.21	2017年12月	在建
陕西三河口水利枢纽工程	陕西引汉济渭工程建设有限公司	16653.75	2016年7月	在建
深圳市大鹏半岛水源工程	深圳市水务局	5351.98	2009年3月	2014年12月
四川北川县开茂水库引水隧洞工程	北川羌族自治县开茂水库建设开发有限责任公司	1343.00	2012年4月	2017年7月
四川广东清远清城联围北江干堤加固工程	清远市水利局	776.90	2003年12月	2005年1月
四川黑龙凼水库工程	四川黑龙凼水库工程建设管理处	1818.90	2003年12月	2005年8月
四川金沙江牛筋树河道整治工程	四川能投攀枝花水电开发有限公司	35503.63	2015年3月	2017年5月
四川升钟水库灌区二期工程南充干渠二标段工程	四川南充升钟水利工程建设管理局渠首工程管理所	5222.07	2014年7月	2018年12月
四川遂宁麻子滩水库除险加固工程	四川遂宁安居区麻子滩水库管理所	961.50	2005年5月	2006年6月
四川武都引水第二期灌区工程	四川武都水利水电集团有限责任公司	56796.42	2014年8月	在建
四川武都引水工程	四川武都水利水电集团有限责任公司	77479.38	2005年2月	2015年6月
四川小龙门航电枢纽工程	四川嘉陵江小龙门航电开发有限公司	15793.45	2003年10月	2008年12月
四川新民集镇大渡河护岸抢险加固工程	石棉县水利局	414.00	2009年7月	2009年8月
四川吴家渡电航工程	四川永安水利电力股份有限公司	14702.60	2005年12月	2008年9月
天津南水北调中线一期天津干线天津市1段TJ5-6标段工程	南水北调中线工程建设管理局	16315.23	2008年10月	2013年3月
西藏拉洛水利枢纽及配套灌区工程贝琼隧洞工程	西藏自治区拉洛水利枢纽及灌区管理局	11534.36	2015年4月	2019年12月

续表

项目名称	业主单位	合同总额（万元）	开工时间	竣工时间
新疆XE工程Ⅵ标段	新疆额尔齐斯河流域开发工程建设管理局	91590.73	2017年3月	在建
新疆阿尔塔什水利枢纽工程	新疆新华叶尔羌河流域水利水电开发有限公司	63674.96	2013年9月	在建
新疆白杨河水库溢洪道工程施工	阜康市白杨河水库建设管理处	3817.42	2010年6月	2014年9月
云南德泽水库导流泄洪隧洞工程	云南牛栏江—滇池补水工程建设指挥部	12903.87	2008年12月	2012年12月
云南多依林水库除险加固工程	澜沧县水库管理局	277.20	2002年8月	2003年6月
云南临沧市康家坝水库工程	临沧市康家坝水库工程建设管理局	2128.00	2010年8月	2011年12月
云南南等水库输水总干渠工程	双江自治县南等水库输水干渠工程建设管理局	2240.36	2010年8月	2014年3月
云南腾冲县花园水库拦河坝工程	腾冲市花园水库工程建设管理局	5014.57	2013年10月	2016年5月
云南威信天星水库工程	威信县水务局	166.40	2001年4月	2003年2月
云南元阳县肥香村水库呼山灌区倒虹吸迁改工程	建个元高速公路（元阳段）征地拆迁指挥部	390.80	2020年1月	2020年4月
浙江苍南县横阳支江堤防加固工程Ⅱ标段	苍南县国有资产投资集团有限公司	4930.15	2013年11月	2017年12月
浙江宁海西溪水库工程	浙江宁海县西溪水库发展有限公司	10992.80	2003年9月	2006年6月
浙江仙居县盂溪水库工程大坝主体工程	仙居县盂溪水库发展有限公司	6550.53	2015年9月	2018年6月
重庆草街航电枢纽工程	重庆航运建设发展有限公司	83680.84	2006年10月	2011年11月
重庆嘉陵江利泽航运枢纽工程二期工程	重庆嘉陵江利泽航电开发有限公司	74350.17	2021年7月	在建
重庆乌江白马航电枢纽工程二期工程	重庆白马航运发展有限公司	264225.19	2021年11月	在建

二、工程选介

（一）广东珠海市竹银水源工程

项目总库容为4018万立方米，工程等级为Ⅱ级，主要建筑物为2级，坝型为均质土坝，控制流域面积为2.99平方千米。正常蓄水位49.4米，坝顶高程51.6米，水电八局承建主副坝开挖填筑、溢洪道混凝土施工、2#副坝坝下涵管混凝土施工，金属结构安装，库区交通，环保工程，工程管理设施，安全监测设施和临时设施。主要完成工程量包括土石方开挖253万立方米，填筑737万立方米，坝内反滤料35万立方米，帷幕灌浆3万立方米，固结灌浆5850米，块石排水体和抛压块石5.2万立方米，浆砌块石1.1万立方米。该项目为澳门、珠海东区供水系统增加4011万立方米调节库容，比现状6190万立方米增加了约65%，澳门和珠海东区供水系统调节库容增加一倍多，对提高供水系统压咸补淡能力，改善供水水质，保障澳门、珠海供水的安全和稳定发挥了重要作用。

（二）广西大藤峡水利枢纽工程

项目位于广西壮族自治区珠江流域西江水系的黔江河段末端，是红水河十大梯级规划中的最末一个，工程规模为Ⅰ等大（1）型工程，是国务院批准的珠江流域防洪控制性枢纽工程，是珠江—西江经济带和"西江亿吨黄金水道"基础设施建设的标志性工程，是两广合作、桂澳合作的重大工程。

枢纽建筑物主要包括泄水、发电、通航、挡水、灌溉取水及过鱼建筑物等，挡水建筑物由黔江主坝、黔江副坝、南木江副坝组成。泄水、发电、通航建筑物布置在黔江主坝上，鱼道分别布置在黔江主坝和南木江副坝上。灌溉取水口及生态放流设施布置在南木江副坝上。

项目于2015年9月29日开工，总工期9年。2016年6月12日，水利部向中国电建发出表扬信，表扬所属水电八局承建的大藤峡水利枢纽工程顺利达到设计度汛高程，圆满实现度汛目标。

（三）广西斧子口水利枢纽工程

项目位于广西桂林市兴安县的陆洞河下游峡谷出口河段，是国务院批准立项的《珠江流域防洪规划》的桂江重点控制性防洪工程，主要建筑物由碾压混凝土重力坝、发电厂房、升压站、进厂及上坝公路、交通桥、导流隧洞等组成，是以城市防洪及漓江生态补水为主，结合发电等综合利用的水利工程。总库容为1.88亿立方米。

项目于2011年12月21日动工，2017年4月9日大坝最后一仓碾压混凝土顺利完成，2017年10月31日实现下闸蓄水。

（四）贵州夹岩水利枢纽及黔西北供水工程

项目位于贵州省毕节市及遵义市境内。项目的任务以供水和灌溉为主，兼顾发电、区域扶贫开发及改善生态环境。

项目由水源工程、毕大供水工程、灌区骨干输水工程三部分组成。水库总库容为13.23亿立方米，设计灌溉面积为90.03万亩[①]，电站总装机容量为90兆瓦，属Ⅰ等大（1）型工程。

项目于2015年9月开工，建设中。

（五）贵州雷山县鸡鸠水库工程

项目位于黔东南苗族侗族自治州雷山县欧哈河中下游河段，工程任务主要是供水、灌溉。水库正常蓄水位为946.0米，相应库容为1085.71万立方米，总库容为1202万立方米，工程规模属于Ⅲ等中型。

项目于2013年12月开工，2016年12月通过蓄水阶段验收，2021年8月竣工。

（六）贵州平桥水库枢纽工程

项目位于贵州省黔西南州安龙县境内，项目工程分期实施，一期工程包括水源工程和供水灌溉工程的总干渠、左干渠（管）、右干渠（管）及泵站工程。水源工程主要建筑物包括混凝土面板堆石坝、岸边溢洪道、引水放空隧洞等，供水灌溉工程主要建筑物包括总干渠、左干渠（管）、右干渠（管）及附属设施，总库容为7898万立方米，年可供水量达7569万立方米。挡水建筑物形式采用混凝土面板堆石坝。坝顶宽10米，最大坝高74.5米，坝顶全长475米。

项目于2018年5月开工，建设中。

（七）贵州清水江平寨航电枢纽工程

项目位于贵州省清水江干流黔东南苗族侗族自治州施秉、台江两县交界处，是清水江干流革东以上干流梯级的第9级电站，总库容为3829万立方米，工程的主要开发任务为航运、发电，设计通航船舶吨级为500吨，装机容量为42兆瓦。枢纽主要建筑物包括溢流坝段、底孔冲沙泄洪坝段、重力坝连接坝段、船闸上下闸首和闸室、发电厂房、引航道等。

项目于2017年7月开工，建设中。

（八）贵州铜仁市碧江区马岩水库工程

项目位于贵州省铜仁市，项目任务为向铜仁市灯塔工业园区供水，同时满足水库周边地区农村人畜用水和农田灌溉用水的需求。水库正常蓄水位为279米，相应库容为1546万立方米，兴利库容为1462万立方米，为年调节水库，工程规模属于Ⅲ等中型水利工程。大坝为混凝土面板堆石坝，最大坝高63米，坝总长202米。

项目于2014年10月开工，2017年5月竣工。

（九）海南琼西北供水工程第二标段

琼西北供水工程是海南省水网规划的重要节水供水工程之一，是海南省"十三五"规划重大水利工程项目。位于海南省西北部，范围主要包括儋州市，涉及白沙县，由东南向西和向北主要为珠碧江和春江两大水系，以及排浦江、山鸡江等河流。主要内容包括：西干渠新建工程长13.74千米及新上干支、雅兴南、北干支、鱼塘干支、乐满干支等建筑物；排灌分干渠长15.67千米及东光支渠、大雅支渠等7条支渠；穿越4处铁路项目。2020年12月开工，建设中。

（十）河北雄安新区新盖房枢纽改扩建工程二标段

项目是雄安新区在建的最大水利工程。工程位于雄县新盖房村北，大清河北支南拒马河、白沟河交汇处下游2千米，由引河闸、灌溉闸、分洪闸、溢流堰等建筑物组成，具有流量控制、水位调节、洪水调度、灌溉输砂等综合效能，是保障起步区、雄县组团、昝岗组团防洪安全的重要屏障。工程总投资约4.2亿元，主要工程内容包括：重建分洪闸、灌溉闸、分洪堰、雄县引水闸，改建引河闸、配套建筑景观及物联网建设。

（十一）湖南大兴寨水库工程

项目位于湖南省吉首市，主要建设内容包括枢纽、供水和灌区三个部分，为Ⅱ等大（2）型水库工程。水库最大坝高68.5米，总库容11320万立方米，防洪库容4917万立方米，调节库容8650万立方米，死库容1130万立方米。水库平均日供水量28.5万立方米。设计灌溉面积2.47万亩，年平均灌溉水量811万立方米，业主为湘西自治州吉兴开发投资有限公司。

水电八局先后承揽大兴寨水库工程导流隧洞工程总承包项目、大兴寨水库主体工程总承包项目，合同金额约为19.83亿元。项目2022年6月25日开工，计划完工时间为2025年6月24日。

（十二）湖南韶山灌区"十四五"续建配套与现代化改造工程

项目涉及湘潭、长沙、娄底3个市，湘乡市、湘潭县、韶山市、雨湖区、宁乡市、岳麓区、双峰县7个县（市、区）39个乡（镇）。

项目设计灌溉面积100万亩。灌区改造施工主要包括渠首工程、总干渠、南干渠、北干渠、左干渠及右干渠5条干渠渠道，另包括洋潭支渠等49条支渠及相关渠系建筑物的续建配套及提升改造。该项目是一个长藤结瓜式的灌

[①] 注：1亩≈666.67平方米，下同。

溉系统民生工程。渠首工程是总干进水闸拆除重建。干渠防渗衬砌总长54千米，其中总干渠13段长6.703千米、北干渠11段长6.952千米、左干渠22段长14.962千米、右干渠9段长7.114千米、南干渠12段长18.502千米。支渠防渗衬砌共计49条支渠，总长238千米。干渠除险加固总长29.359千米，其中总干渠2段长2.184千米、南干渠20段长10.214千米、北干渠11段长4.831千米、左干渠11段长6.85千米、右干渠14段长5.28千米。渠系建筑物改造共91处；其中，渡槽改造14座、拆除重建2座、隧洞加固改造10座、渠下涵加固改造65处。渠系附属建筑物改造共计118处；其中，水闸加固改造26处、新建1处、机埠更新改造4处、跨渠桥拆除重建47座、新建干渠清污设施4处。灌区管理设施改造新建灌溉试验站1处、加固改造管理站所6处、设施设备检修车间1处，干渠维养道路28.649千米。

项目于2022年9月开工，建设中。

（十三）湖南湘江长沙综合枢纽工程

项目位于长沙市下游望城区境内的蔡家洲，湘江长沙枢纽工程为湘江干流9级开发的最下游一级，其主要开发任务是保证长株潭城市群生产、生活用水，以适应滨水景观带建设和进一步改善长沙—株洲段航道通航条件为主，兼顾发电等功能。枢纽工程正常蓄水位为29.7米，相应库容为6.75亿立方米，属Ⅰ等大（1）型水闸工程。

水电八局承建左右岸开挖、护岸及混凝土工程，电站厂房、泄水闸土建及金属结构安装工程，截流及围堰工程施工，供电制安及公路桥工程，安全监测工程。

项目于2010年8月开工，2015年12月完工。

2011年，在该项目建设中，水电八局被湖南省人民政府评为湖南省重点建设项目施工先进单位。

（十四）湖南资水犬木塘水库工程

项目是中华人民共和国成立以来湖南省投资最大的单体水利工程，是国家规划的172项重大水利工程之一，是缓解"衡邵干旱走廊"水资源短缺问题的关键性工程。项目位于邵阳市境内资水中上游，水库总库容为1.4亿立方米，年发电量为1.13亿千瓦时。项目包括枢纽工程和灌区工程两大部分，是一个以灌溉为主，结合城乡供水，兼顾灌区水生态环境改善以及航运、发电等综合利用效益的水利工程。可灌溉113.16万亩农田，保障90万人口供水，有效解决农村70.2万人饮水难题。

项目于2020年12月开工，水电八局先后承揽枢纽主体标、祁东干支渠标、灌区C5标。

1.祁东干支渠标。祁东干支渠标位于湖南衡阳市境内，主要建设内容包括1条干渠、4条支渠，渠线总长约45.25千米。永久工程项目主要包括明渠总长8.66千米、渡槽11处、倒虹吸8处、隧洞14处、暗涵3处、节制闸2处、分水闸1处、泄水闸6处、斗门8处、渠下涵35处、人行桥15座、公路桥及机耕桥4座、陡坡114处等附属建筑物。

2.灌区C5标段。施工范围包括总干渠鸟山渡槽进口至九龙岭隧洞进口段、黄家坝提水泵站、黄家坝提干渠、峡口山提水泵站、峡口山支渠。渠线总长约14.4千米，穿越2个县、3个镇、8个村，涉及征拆建筑住房8栋、林地农田232697.1平方米。

（十五）湖南土谷塘航电枢纽船闸工程

项目位于湖南省衡阳市衡南县，项目等别为Ⅱ等，设计洪水标准为50年一遇，校核洪水标准为500年一遇；次要水工建筑物为4级，设计洪水位为30年一遇，校核洪水位为200年一遇。建筑物包括枢纽主体工程及跨江公路桥、千吨级码头等配套工程。船闸年设计通航能力为1420万吨，水电站总装机容量为90兆瓦。

项目于2013年5月开工，2015年5月竣工。

（十六）江西赣江下游尾闾综合整治工程

项目位于江西省南昌市，由南昌水利枢纽工程、洲头防护工程两大部分等组成，是一项重大民生生态工程。其中，水利枢纽工程设置主支、北支、中支、南支4座拦河闸，洲头防护工程防护长度9.32千米。

项目于2021年12月开工，是国务院2022年重点推进的55项重大水利工程、江西省重大重点建设项目。项目建成后，将科学调控当地水资源分配，提高综合利用率，提升南昌城区取用水条件，有效保障城乡居民用水，大幅改善赣江下游尾闾区域水生态环境。

（十七）内蒙古赤峰三座店水库工程

项目是内蒙古自治区"十五"期间最大的水利建设项目，是一座以城市防洪、供水为主，兼顾生态农业灌溉和发电等综合利用功能的国家大（Ⅱ）型水库电站枢纽。主要由主坝（沥青砼心墙堆石坝），左、右岸泄洪排砂隧洞，左岸副坝及溢洪道和供水兼发电系统组成。

主坝最大坝高52.4米，坝顶长614.4米；副坝最大坝高4.5米，坝顶长490米；电站总装机容量为2400千瓦。

项目于2005年9月开工，2010年6月竣工。

（十八）山西金沙滩水库工程

项目位于山西省朔州市怀仁县，是山西省万家寨引黄入晋北干线上的一座调节水库，主要任务是调节引黄水量，保证8月、9月停止引水期间向大同市和怀仁市供水。水库为半挖半填型，碾压均质土坝，总库容为1120.2万立方米，采用土工膜全库盆防渗。为国内类似工程之最。

项目于2009年6月开工，2011年11月竣工。

（十九）陕西泾河东庄水利枢纽工程

项目位于陕西省咸阳市泾河峡谷，水库总库容为32.76亿立方米，是陕西省最大的水库工程。水电站装机规模为11万兆瓦，最大坝高230米。枢纽主要建筑物由混凝土拱坝、泄洪排沙孔、水垫塘、引水发电系统、库区防渗工程及供水取水口等组成。工程建成后，将形成完整的渭河下游防洪体系。

项目于2017年12月开工，建设中。

（二十）陕西三河口水利枢纽工程

项目位于陕西省佛坪县的子午河峡谷下游段，是陕西省引汉济渭工程［Ⅰ等、大（1）型工程］的两个水源之一，水库总容量为7.1亿立方米，调节库容为6.5亿立方米。主要由大坝、坝身泄洪防水系统、坝后供水系统和连接洞等组成。总装机容量为60兆瓦。

项目于2016年8月开工，建设中。

（二十一）四川武都引水工程

项目位于绵阳市的游仙区沉抗镇境内，项目是四川省"西水东调"总体规划、涪江流域规划中确定的大（1）型水利工程，工程以防洪、灌溉为主，结合发电，兼顾城乡工业生活及环境供水等综合利用。大坝为碾压混凝土重力坝，最大坝高120.34米，坝顶长736米，电站装机容量为150兆瓦。

项目于2005年2月开工，2015年6月竣工。

2015年获中国钢结构金奖（国家优质工程）。2016年获中国电建优质工程奖。

（二十二）四川小龙门航电枢纽工程

项目位于四川省嘉陵江中游南充市顺庆区和高坪区河段上，是以发电和航运为主，兼有美化城市环境、旅游等综合防治效益的工程，电站装机容量为52兆瓦。项目主要由拦河坝、厂房、船闸、接头坝、交通桥等建筑物组成。船闸设计为四级，通航船队为1000吨，沿水流方向主要有上引航道、上闸首、闸室、下闸首及下引航道组成，设计水头5.2米。

项目于2004年1月开工，2010年6月竣工。

（二十三）四川吴家渡电航工程

项目位于涪江中游四川省三台县灵兴镇。项目电站为河床式电站，装机容量为42兆瓦，是以发电为主，兼有改善航运条件作用的综合利用水利水电枢纽工程。主体

工程项目包括主厂房、副厂房、升压站、泄洪冲沙闸、船闸、左岸防洪堤、左岸下游护岸、尾水渠等所有土建、金属结构设备安装工程等；枯水期导流标准为10年一遇，围堰设计流量841立方米/秒；汛期导流标准为20年一遇。

项目于2005年12月开工，2009年1月竣工。

（二十四）浙江宁海西溪水库工程

项目位于浙江省宁波市宁海县境内的白溪支流大溪上，设计总库容为0.85亿立方米，为多年调节水库，是一座以防洪、供水为主，结合灌溉、发电等效益的综合利用水利枢纽工程。水库主体大坝为全断面碾压混凝土重力坝。总装机容量为6兆瓦。

项目于2003年10月开工，2006年12月竣工。

2007年，该工程获湖南省优质工程奖、宁波市甬江杯优质工程奖。

（二十五）重庆草街航电枢纽工程

项目位于重庆合川区境内草街附近的嘉陵江干流河段上，是以航运为主，兼顾发电，并具有拦沙减淤、改善灌溉条件等效益的水资源综合利用工程。工程建设主要包括三项内容：枢纽工程、航道整治工程和合川港码头工程。电站总装机容量为50万千瓦（4台12.5万千瓦机组）。

项目于2006年10月开工，2011年11月竣工。

2011年，水电八局二分局草街施工局荣获重庆市五一劳动奖状。

第三节　水资源与水环境工程

一、概述

水电八局因水而生、因水而兴，与江河湖海血脉相连，建设绿水青山的美丽中国。作为全球清洁低碳能源、水资源与环境建设领域的引领者，水电八局做强涉水及生态产业，加快发展水利工程、水环境治理与水生态修复业务，全面参与国家水网建设及城市综合体建设，实现以"水"美城、以"能"绿城、"水""能"兴城、"水""能""城"交融发展。

水电八局具有水环境治理工程建设的独特优势，建设了南昌象湖及抚河截污，衡阳耒水风光带水环境治理，武汉后湖、江南泵站，萍乡海绵城市，深圳茅洲河流域水环境综合治理等一系列精品工程，为"还原城市洁净绿色，打造美丽生态城市"作出了积极贡献。

2002—2022年水资源与水环境工程一览见表2-1-3。

表 2-1-3　2002—2022 年水资源与水环境工程一览

项目名称	业主单位	合同总额（万元）	开工时间	竣工时间
广东佛山市南海区北村水系流域水环境综合治理项目大沥东部片区 EPC 总承包	佛山市南海区水利投资建设有限公司	82828.48	2020 年 3 月	在建
广东佛山市南海区解放水系水环境综合治理项目三标段工程	佛山市南海区解放水系水环境综合治理项目	5138.85	2021 年 6 月	在建
广东广州市番禺区 62 条河涌管网完善及农村生活污水查缺补漏工程	中国电建集团成都勘测设计研究院有限公司	19997.30	2019 年 10 月	2021 年 12 月
广东广州市番禺区南村净水厂三期工程	广州市番禺污水治理有限公司	17444.75	2020 年 4 月	2021 年 12 月
广东广州市番禺区前锋净水厂技改扩容项目工程	广州市番禺污水治理有限公司	1375.24	2022 年 12 月	在建
广东广州市花都区天马河整治工程 A 标段	广州市花都区水利建设工程指挥部	2046.25	2009 年 9 月	2010 年 7 月
广东茅洲河流域（宝安片区）水环境综合整治项目 EPC 总承包	深圳市宝安区环境保护和水务局	75765.81	2016 年 7 月	2018 年 12 月
广东茅洲河流域（宝安片区）正本清源工程	深圳市宝安区环境保护和水务局	52230.08	2018 年 6 月	2020 年 12 月
广东茅洲河流域水环境综合整治工程——楼村水综合整治工程	深圳市光明新区建筑工务和土地开发中心	13380.66	2016 年 9 月	2018 年 8 月
广东茂名市水东湾城区引罗供水工程（PPP 项目）	茂名首创水务有限责任公司	106679.72	2016 年 3 月	2018 年 6 月
广东深圳市 2019 年龙岗区龙观两河流域消除黑臭及河流水质保障工程	深圳市龙岗区环境保护和水务局	104510.34	2019 年 2 月	在建
广东深圳市 2020 年龙岗区龙岗河流域、观澜河流域河流水质提升及污水处理提质增效工程	深圳市龙岗区环境保护和水务局	52442.06	2020 年 5 月	2021 年 5 月
广东深圳市 2021 年龙岗区龙岗河流域、观澜河流域、深圳河流域水务工程（7 标）	深圳市龙岗区环境保护和水务局	22785.57	2022 年 7 月	在建
广东深圳市宝安区 2019 年全面消除黑臭水体工程（茅洲河片区）	深圳市宝安区环境保护和水务局	37167.00	2019 年 4 月	2019 年 12 月
广东深圳市大空港新城区截流河综合治理工程	深圳市水务工程建设管理中心	239606.10	2018 年 1 月	在建
广东深圳市东部海堤重建工程（三期）Ⅲ标段	华润置地城市运营管理（深圳）有限公司	32742.06	2020 年 8 月	在建
广东深圳市凤塘河等五河暗涵段清淤和截污工程	深圳市福田区水务局	19234.30	2018 年 10 月	2020 年 12 月
广东深圳市福田区福荣路旧村雨水口整治工程及福田红树林生态公园西区水环境综合整治工程	深圳市福田区水务局	3558.49	2019 年 3 月	2020 年 11 月
广东深圳市福田区排水管网正本清源工程（第五期）第一部分	深圳市福田区水务局	54053.29	2017 年 6 月	2018 年 7 月
广东深圳市公明核心区及白花社区工业区正本清源工程 EPC 总承包	深圳市光明新区建筑工务局	30140.07	2018 年 5 月	2021 年 4 月
广东深圳市广深高速排水沟（福田段）生态环境整治工程及福田区排水管网正本清源查漏补缺小区整治工程	深圳市福田区水务局	9247.68	2019 年 3 月	2020 年 12 月
广东深圳市荔枝湖水环境综合治理工程	深圳市土地投资开发中心	9210.23	2019 年 11 月	2020 年 3 月
广东深圳市龙岗河流域下游及观澜河流域雨污分流项目 EPC 项目（Ⅰ标段）	深圳市龙岗区环境保护和水务局	24356.32	2018 年 8 月	2018 年 12 月
广东深圳市南山水质净化厂预处理扩能工程	深圳市利源水务设计咨询有限公司	576.49	2019 年 1 月	2019 年 4 月
广东深圳市铁岗水库入库小流域河口治理工程（第二标段）	深圳市水务工程建设管理中心	1432.18	2011 年 3 月	2013 年 12 月
广东深圳市新洲河（五洲宾馆—河口水闸）清淤工程	深圳市禹人水务环保有限公司	1036.02	2017 年 10 月	2018 年 3 月

续表

项目名称	业主单位	合同总额（万元）	开工时间	竣工时间
广东市政文锦渠及东湖公园暗涵综合整治和清污剥离工程	深圳市罗湖区水务局	11713.89	2019年4月	2020年11月
广东珠海市凤凰河综合整治工程	珠海市河渠管理中心	5902.61	2008年2月	2009年11月
广东珠海市香洲区前山河流域综合整治项目	中电建珠海市香洲区前山河流域综合整治项目总承包部	66033.38	2020年1月	2020年12月
广东珠海市香洲区前山河流域综合整治项目（二期）	中电建珠海市香洲区前山河流域综合整治项目（二期）总承包部	40678.80	2021年9月	在建
广东珠海西湖城区2号泵站配套河道整治工程	珠海市金湾区堤围管理中心	795.23	2011年5月	2012年6月
广东珠江三角洲水资源配置工程A4标	广东粤海珠三角供水有限公司	166599.00	2019年9月	在建
广西合浦县南流江西门江整治工程总承包（EPC）项目	合浦县农业农村局	11090.44	2020年12月	2021年8月
河北沧州渤海新区沧海文化产业园PPP项目沧海生态综合治理工程	中国电建集团环境工程有限公司	128876.07	2017年4月	2020年6月
河北南拒马河（二期）生态景观提升工程（生态堤及河滩地部分）二标段	中国雄安集团生态建设投资有限公司	19205.82	2020年9月	2021年5月
河北雄安新区府河河口湿地水质净化工程	南水北调中线雄安调蓄库工程	4159.21	2019年7月	2020年6月
河北雄安新区藻苲淀退耕还淀生态湿地恢复工程一期	中国雄安集团生态建设投资有限公司	2159.61	2020年8月	2021年6月
河南巩义市汜水河杜沟至巩义界段治理工程	巩义市中小河流治理工程建设管理局	442.53	2011年9月	2012年12月
湖北安陆市府河水环境治理及配套工程	安陆市涢通环保科技有限公司	4524.48	2021年8月	2021年11月
湖北后湖泵站三期机组改造及后湖泵站四期工程BT项目	中电建路桥集团有限公司	66848.00	2015年9月	2018年4月
湖北黄冈市罗田县"引莲入城"PPP项目	罗田引莲入城水务有限公司	63676.17	2022年4月	在建
湖北黄孝河、机场河水环境综合治理二期PPP项目前期工程	黄孝河、机场河水环境综合治理工程	613.09	2018年7月	2020年9月
湖北龙王嘴污水处理厂尾水出江箱涵工程BT项目	武汉市城市建设投资开发集团有限公司	21094.00	2015年5月	2018年9月
湖北神农架林区生态环保PPP项目	神农架日清生态治理有限公司	48192.06	2021年8月	2024年8月
湖北通山县洪港河洪港镇段治理工程	通山县地方水务公司	1904.48	2014年9月	2016年12月
湖北武汉新建周家河泵站主体工程	武汉车都四水共治项目管理有限公司	18994.99	2017年10月	2019年3月
湖北长存污水及豹澥污水厂尾水结合管工程总承包（EPC）项目	武汉市三峡光谷水环境投资有限公司	9188.31	2021年9月	2022年2月
湖北长江大保护五峰流域综合治理PPP项目	五峰土家族自治县住房和城乡建设局	39695.97	2021年9月	2023年1月
湖南常德经开区东风河片区水系综合治理项目	湖南德山建设投资股份有限公司	1993.12	2018年9月	2018年10月
湖南衡阳市耒水东岸城市防洪风光带片区综合开发建设BT项目	衡阳市城市建设投资有限公司	38363.59	2014年6月	2018年5月
湖南浏阳市城区污水管网建设改造工程—淮川河截污工程	浏阳市水利建设投资有限公司	5130.46	2014年12月	2015年4月
湖南浏阳市城镇生活污水处理提质增效PPP项目Ⅰ标	浏阳市城镇生活污水处理项目	50343.45	2021年9月	在建
湖南浏阳市永安联合水厂（一期）工程	浏阳市永安供水公司	2253.61	2015年6月	2015年12月
湖南石马江新邵县治理工程（EPC）总承包项目	湖南石马江新邵治理工程	7718.86	2022年5月	在建
湖南新邵县资江防洪风光带及市政配套设施建设工程（右岸）PPP项目	新邵县住房和城乡建设局	75000.00	2017年11月	在建
湖南岳阳市中心城区污水系统综合治理PPP项目	岳阳市三峡二期水环境综合治理有限责任公司	105669.16	2021年1月	2023年7月

续表

项目名称	业主单位	合同总额（万元）	开工时间	竣工时间
湖南岳阳市中心城区污水系统综合治理PPP项目（一期）Ⅰ标	长江生态环保集团有限公司	101785.00	2019年3月	2021年9月
湖南长江大保护华容县水环境综合治理PPP工程	长江生态环保集团有限公司	37758.50	2021年11月	2022年11月
湖南株洲市中心城区污水系统综合治理一期（PPP）先期实施工程	中国安能集团第一工程局有限公司南宁分公司	1182.16	2020年6月	2020年10月
湖南株洲市中心城区污水系统综合治理一期工程PPP项目Ⅲ标	—	31292.97	2022年12月	在建
江苏南京市六合区农村污水处理设施全覆盖二期工程（二标段）	三峡北控（南京六合）生态环境治理有限公司	55239.40	2020年8月	2021年12月
江西都昌县水环境综合治理PPP项目EPC工程总承包	都昌县三峡水环境综合治理有限责任公司	82859.53	2021年6月	在建
江西共青城市高新园区排水管网改造工程建设项目工程总承包	江西赣北水务发展有限公司	24757.55	2022年9月	在建
江西红谷滩新区住宅小区雨污分流改造工程EPC总承包工程	南昌市红谷滩区住房和城乡建设局	8619.34	2021年7月	2022年5月
江西吉水县城市防洪路堤结合工程	吉水城防工程指挥部	14789.35	2012年2月	2013年11月
江西九江市八里湖赛城湖控制枢纽工程	上海勘测设计研究院有限公司	19366.84	2018年9月	2020年9月
江西九江市中心城区水环境系统综合治理一期工程	九江市三峡水环境综合治理有限责任公司	216296.00	2018年12月	2021年9月
江西南昌航空城防洪排涝一期工程	南昌水利投资发展有限公司	46039.05	2015年7月	2018年2月
江西南昌市昌南新城南北连通渠工程	南昌水利投资发展有限公司	77602.94	2020年3月	2021年4月
江西南昌梅湖水系截污工程BT项目	南昌水利投资发展有限公司	43731.00	2013年12月	2019年11月
江西南昌市水环境综合治理工程（前湖水系及乌沙河上游段）—云溪水治理工程	南昌水利投资发展有限公司	7996.18	2021年7月	2022年4月
江西南昌市象湖、抚河截污工程——附属工程BT项目	南昌水利投资发展有限公司	20653.00	2013年12月	2014年12月
江西南昌市象湖及抚河截污工程BT项目	南昌水利投资发展有限公司	84936.38	2012年11月	2012年12月
江西南昌市幸福水系综合整治工程BT项目	南昌水利投资发展有限公司	90000.00	2013年5月	2015年4月
江西南昌市玉带河水系截污提升BT施工项目二标段	南昌水利投资发展有限公司	36558.68	2014年12月	2018年1月
江西萍乡市安源区白源河海绵城市建设PPP项目	白源河海绵城市建设PPP项目	12684.61	2017年7月	2018年11月
江西萍乡市老城区海绵城市建设、运维PPP项目	萍乡市海绵城市试点建设工作领导小组办公室	93969.24	2017年3月	运维期
江西萍乡万龙湾海绵城市建设PPP项目	—	60730.65	2017年3月	2019年3月
江西青云谱区大梵寺周边截污整治（设计、采购、施工）EPC总承包项目	中电建生态环境集团有限公司	1463.89	2020年7月	2020年12月
江西中小河流近期治理项目会昌县周田镇防洪工程	会昌县中小河流治理工程项目部	2174.02	2012年1月	2013年6月
内蒙古自治区阿巴嘎旗工业供水水源工程	神华国能阿巴嘎旗水务有限公司	6927.16	2014年9月	2016年7月
山东济南高新区创新谷片区河道治理及市政配套PPP项目	济南高新技术产业开发区管理委员会孙村街道办事处	60051.00	2019年3月	在建
浙江杭州市第二水源千岛湖配水工程输水隧洞施工Ⅲ标	中国电建集团华东勘测设计研究院有限公司	30443.44	2015年2月	2019年12月

二、工程选介

（一）广东省水资源与水环境系列工程

1. 广东广州市番禺区62条河涌管网完善及农村生活污水查缺补漏工程。该项目是广州市番禺区水环境治理"大兵团作战"3个标段之一，主要建设内容包括对全区六大污水系统62条河涌管网进行完善，新建排水管（渠）约172千米，摸查修复管网约118千米，对191.5公顷排水单元进行达标改造，对68个农村生活污水治理开展查缺补漏，破除修复路面约41万平方米。2019年11月开工，2021年12月竣工。

2. 广东广州市番禺区南村净水厂三期工程。南村净水厂位于番禺区南村镇，北临珠江后航道沥滘水道，服务范围40余平方千米，主要收集南村镇、新造镇的城市生活污水。为满足区域内污水处理现状和城市发展建设需求，三期工程在一期、二期建设基础上进行技术改造，主要包括土建扩建及设备加装升级，使工程构筑物污水处理规模由8万吨/日提升至13万吨/日。南村净水厂三期是番禺区污水处理设施建设中的典范工程之一。2020年7月开工，2021年12月竣工。荣获广州市建设工程结构优质奖。

3. 广东茅洲河流域水环境综合整治工程——楼村水综合整治工程。项目位于深圳市光明新区。主要工程涵盖河道防洪、水质改善、堤岸覆绿及便民服务设施三大方面建设内容，治理长度约5.75千米。其中，河道防洪工程包括河道堤防、护脚护坡、巡河路、桥涵改造、翠湖水闸改造、穿堤涵等；水质改善包括河道沿河截流系统及补水等；堤岸覆绿及便民服务设施包括沿河绿化、景观节点、步行系统等。水电八局于2016年10月14日启动开工建设，2018年10月13日主体完工。项目完工后，提升河段堤防设计防洪标准按50年一遇设防，堤防工程级别达2级，主要建筑物达2级、次要建筑物达3级、临时性建筑物达4级、地震设防烈度达7度。累计完成合同额1.29亿元。

4. 广东茂名市水东湾城区引罗供水工程（PPP项目）。项目分为原水工程和配水工程两大部分。原水工程主要建筑物包括罗坑干渠、沙琅取水泵站、输水线路和河湾备用泵站。其中输水线路总长约39.5千米（其中利用原罗坑干渠7.15千米，原水输水管线32.35千米，管径DN1800）。河湾二级加压泵站后配水线路为埋地管道，管径DN1400，双管走向，一根管道供水东镇，长约10.56千米；另一根管道供陈村镇和旦场镇，长约5.4千米。该项目日最大取水量为26.7万立方米，最大取水流量为3.1立方米/秒，日均取水量为24.3万立方米，年取水规模为8870万立方米。

5. 广东深圳市2019年龙岗区龙观两河流域消除黑臭及河流水质保障工程，2020年龙岗区龙岗河流域、观澜河流域河流水质提升及污水处理提质增效工程，2021年龙岗区龙岗河流域、观澜河流域、深圳河流域水务工程（7标）。2019年项目主要涉及深圳龙岗河流域"一网、两片、一调蓄"。"一网"为现状排水干支管网完善、排查、修复；"两片"为新生排水渠流域、龙岗中学排水渠流域正本清源雨污分流全覆盖；"一调蓄"为五联河口新建初雨调蓄池，释放下游沿河截污管雨季转输压力，就地处理并为回龙河生态补水。2020年项目主要涉及正本清源工程、雨污分流工程、河道挡墙安全隐患修复工程整治、雨污干支管网完善、碧道及暗涵整治工程。2021年水务工程内容主要包括龙岗河流域、观澜河流域内48条河流，河流总长度约170.28千米，流域面积共327.76平方千米。对39处积水点和内涝点进行整治，消除或缓解积水和内涝问题；工程主要施工内容有正本清源质量提升工程（立管改造工程、管网工程）、暗涵整治修复工程（暗涵拆除工程、修复工程、清淤工程）、生态补水工程（补水管网工程、泵站建设工程）、总口及点截污整改工程、精品海绵等其他类工程。

6. 广东深圳市大空港新城区截流河综合治理工程。项目位于广东省深圳市，是对截流河及南、北连通渠进行综合治理，总整治长度为8.76千米。主要建设任务包括防洪治涝工程、水质控制工程、生态修复工程及截污箱涵工程（长度5.12千米）。根据综合规划对空港片区德丰围涌至玻璃围涌8条河涌归并为4个入珠江口通道（截流河南、北出口及南、北连通渠出口）。建设内容包括：截流河主河道1条，南、北连通渠共2条，截污闸站8座，节制闸5座，提升泵站2座，排涝泵站1座。

7. 广东深圳市东部海堤重建工程（三期）Ⅲ标段。项目位于深圳市大鹏新区。工程主要施工内容包括苗木改迁工程、管线改迁工程、土石方工程、基坑支护工程、基础工程、堤身工程、栈桥工程、堤岸防护工程、外接电源工程等。采用"三重防护、生态海堤"的总体理念，通过复式断面海堤重建、景观改造、海岸生态修复等措施，提升海堤防御能力和滨水景观品质。并提升工程防潮标准按200年一遇设防，堤防级别达1级。水电八局于2022年8月20日中标，11月19日启动开工建设，合同签约金额为32742.06万元。涉及海岸线总长约3.4千米，包含官湖东海堤、沙鱼涌海堤两个施工段，其中官湖东海堤长约1.17千米，沙鱼涌海堤长约2.23千米，栈道长约1.37千米。

8. 广东珠海市香洲区前山河流域综合整治项目。一期项目为香洲区前山河流域综合整治（珠海市城区污水治理综合整治提升工程）项目勘察设计施工（含采购）一体化总承包项目（EPC），建设范围为前山河流域，总面积为114.35平方千米，项目分为4个工区，分别为前山北区、前山南区、拱北片区、南湾片区；水电八局承建范围为南湾片区，施工内容包含正本清源工程、市政管网工程、河道清淤工程、污水调配系统工程等。二期项目水电八局承建范围为南屏片区，总面积约40平方千米，施工内容包含收污控源工程［正本清源完善工程、市政污水管道查漏补缺工程、市政雨水管道清淤修复及查漏补缺工程、合流制溢流及初雨污染控制工程（调蓄池）、污水控制与处理工程、提质增效工程、重点面源污染整治工程］、通脉活水工程（闸泵改造及新建工程、支渠河涌补水工程等）。

9.广东珠江三角洲水资源配置工程A4标。起点为佛山市顺德区勒流街道的LG05#（SD05#）工作井（本标不含该井），线路向东布置，在龙洲公路南、北两侧各布置一条隧洞，穿过佛江高速南水立交，并在伦教街道仕版村附近设置顺德应急分水口，线路向东南向下穿广州绕城高速后，沿广州绕城高速南侧布置，穿过广进汽车城，至伦教街道的LG08#（SD08#）工作井。项目主要包括深基坑围护结构、深竖井开挖与衬砌、长7.54千米隧洞盾构掘进、隧洞内衬钢管制造与安装、自密实混凝土浇筑等施工内容。项目合同总金额为16.66亿元，计划开工日期为2019年9月30日，完工日期为2024年4月30日，合同总工期为55个月。

（二）广西合浦县南流江西门江整治工程总承包（EPC）项目

广西合浦县南流江流域水环境治理南流江西门江整治项目共包含四个子项目工程，分别为：①农村污水处理厂工程；②汇水区强化人工湿地系统工程；③水生态环境修复工程；④饮用水水源地环境保护工程。主要工作内容为：农村污水处理厂49个，配套建设场外管网总长75.474千米；汇水区强化人工湿地系统工程10个，治理河道总长6.47千米；合浦县南流江西门江环境综合整治引用水源地环境保护工程保护范围2.185千米、种植绿化植物13447平方米；水生态环境修复工程治理面积为208295平方米。

（三）河北省水资源与水环境系列工程

1.河北沧州渤海新区沧海文化产业园PPP项目沧海生态综合治理工程。工程位于河北省沧州市渤海新区东南部，工程占地面积为14.5平方千米，为PPP+施工总承包模式。工程包括沧海工程和海鲜一条街工程。子项一（沧海工程）主要是对原有的盐田地貌进行生态改造，建设人工湿地，改善区域小气候，包含纳潮闸工程、沉沙池工程、生态湿地工程、绿化工程、退水闸工程。子项二（海鲜一条街工程）总用地面积为29.8万平方米；总建筑面积为14.3万平方米，主体根据宣惠北路划分的A、B区域进行设计，建筑层数以3层为主，局部4~5层，高低错落，整体商业业态主要为餐饮。

2.河北南拒马河（二期）生态景观提升工程（生态堤及河滩地部分）二标段。项目位于雄安新区容城县境内，东河引水闸至白沟引河右堤，面积约为4.29平方千米。主要有银滩整体湿地风貌景观、银滩渔人码头、秀滩海绵湿地活动区、水之环滨水公共活动绿地、白沟大桥处水之湾城市沙滩活动区。建设内容包括水系开挖、土方工程、园路广场、绿化种植、驳岸护坡、景观桥梁、给排水、电气工程、设施及小品以及主河槽蓄水气盾坝等相关水利工程设施。

（四）湖北省水资源与水环境系列工程

1.湖北后湖泵站三期机组改造及后湖泵站四期工程BT项目。后湖泵站是汉口黄孝河排水系统的出口泵站，位于武汉市汉口解放大堤北端里程碑约3千米处，担负着汉口黄孝河地区约51.4平方千米汇水面积的排渍重任。后湖四期泵站为新建工程，主要工作内容有：进水间、格栅间、前池、泵房基坑支护工程；堤内泵站工程（除进水间、格栅间、前池、泵房基坑支护外）；翻江堤出江工程。

2.湖北黄冈市罗田县"引莲入城"PPP项目。项目位于湖北省东北部黄冈市境内，紧邻大别山山脉。项目包括：引莲入城供水工程、平坦原抽水蓄能电站省道S323复建工程、浠水160兆瓦渔光互补光伏项目2标段、罗田县乡村振兴工程PPP以及两河治理共五个项目，投资金额约为47.3亿元。

（五）长江大保护工程

2017年12月29日，中国三峡集团与中国电建在北京签署"共抓长江大保护"战略合作框架协议。水电八局在长江大保护中发挥先锋作用，在江西九江、彭泽及湖南岳阳均参与长江大保护建设。以城镇污水处理为切入点，按照"一个城镇、一个主体、一种模式"的要求推进先行先试，打造城市绿色生态典范工程，不断把绿水青山建设推向前进。

1.湖北长江大保护五峰流域综合治理PPP项目。主要施工内容为水生态修复和水污染治理两大部分，位于湖北省宜昌市五峰县境内，建设内容包括：善溪冲流域园区段水环境治理工程，治理长度为7.15千米，治理面积为140000平方米；湾潭镇生态河道治理工程，主要由防洪安全工程、河道防渗工程、污染防治工程、生态修复工程、景观文化工程五部分组成；渔洋河生态修复工程，治理长度共计1.82千米；渔洋河流域雨污管网建设及基础设施项目，含道路、给排水、照明、绿化、交通等各项工程建设。2022年4月开工，建设中。

2.湖南岳阳市中心城区污水系统综合治理PPP项目。是岳阳市与三峡集团携手实施的"共抓长江大保护"重点项目。包括东风湖水环境综合治理工程，临港污水系统收集管网完善工程，临港污水处理厂一期提标改造及二期扩建工程等10个子项目与4个存量污水厂。项目建成达效后，将解决"三河一湖"的黑臭水体问题，使岳阳市中心城区水环境和居民生活环境得到有效改善。

3.江西都昌县水环境综合治理PPP项目EPC工程总承包。包括东风大道改造工程，鄱阳湖大道改造工程，二级管网改造、管道修复工程，小区改造工程，鄱阳湖岸线、蔡岭污水处理厂及配套管网工程，21个乡镇生活污水处理工程，对都昌县城及周边乡镇进行全面治理。项目建成达效后，将解决县城及乡镇生活污水处置问题，使都昌县水环境和居民生活环境得到有效改善。

（六）江苏南京市六合区农村污水处理设施全覆盖二期工程（二标段）

项目包括金牛湖、横梁、龙袍、雄州4个街道，涉及610个自然村，覆盖33842户，人口12.6万人，面积约487平方千米。

合同总金额为55239.40万元，开工时间为2020年8月10日，计划竣工时间为2021年12月31日，合同工期为508天。

（七）江西省水资源与水环境系列工程

1.江西共青城市高新园区排水管网改造工程建设项目工程总承包。位于江西省九江市共青城市核心位置，主要建设内容包括高新园区排水管网的改造、提升以及开挖后恢复工程和非开挖修复工程，其中污水管约59.68千米，雨水管约19.2千米。项目建成后，将进一步完善共青城市高新园区排水体系，对当地防洪及保障水环境质量起到重要作用。2022年7月开工，建设中。

2.江西南昌市梅湖水系截污工程BT项目。该项目是一项综合性、系统性很强的工程，综合整治措施包括工程措施与管理措施两大部分。其中，工程措施包括河道截污、河道清淤、饮水活化、岸线治理及景观提升；管理措施包括宣传教育、提升市民环保意识和加强排水设施的养护。

3.江西南昌市象湖、抚河截污工程——附属工程BT项目。位于新洲二路以南，中山西路以北，新洲桥西侧、道路放坡。本工程结构形式为框架结构，开敞式地下一层，盖板总建筑面积24874.25平方米。南昌市象湖、抚河截污工程包含盖板土建、总图、绿化景观、配套公建等，主要分为三大区：人杰休闲广场、大巴旅游车停放区和社会车辆停放区。2014年5月开工，2017年9月竣工。

4.江西南昌市象湖及抚河截污工程BT项目。项目南起昌南大道，北至滕王阁西侧的新洲闸及新洲电排站，工程沿象湖、抚河东西两岸岸线及现状挡土墙布设，新建将军渡闸污水泵站1座，改建现有孺子桥污水泵站、海关桥污水泵站、朝新路污水泵站3座，新建新洲闸前调节池和新洲电排站前调节池2座，新建部分二级挡墙及现状排污口接入改造。

5.江西南昌市幸福水系综合整治工程BT项目。项目主要位于南昌市青山湖区，主要工程量包括：渠道扩宽断面、裁弯取直、生态边坡；渠道清淤；水系两侧截污管；溢流井、雨水调蓄池；截污泵房及幸福水渠管理用房；渠道配套工程如绿化、亮化、步道等。

（八）山东济南高新区创新谷片区河道治理及市政配套PPP项目

1.子项一（水环境综合整治工程）：本工程主要对北大沙河、大彦河及其支流、小刘河、皇姑井村河及其支流进行河道治理，总长度为18.13千米。建（构）筑物72座，其中橡胶坝2座、提水泵站5座、溢流堰37座、跌水28座。新建输水管道10682米，新建D500~D800截污管道26692米。包含中央绿心景观工程及北大沙河、皇姑井村河、大彦河、小刘河及其支流的滨水河道景观工程，设计总面积为118.88公顷（含水域面积）。

2.子项二（中水处理站工程）：本项目建设一座规模为1.5万立方米/日的中水处理站。包括预处理区、生物处理区、污泥处理区以及生产辅助区。

3.子项三（社会停车场建设项目）：占地面积约15.03亩，主要为地上停车场、仓库、修理房、洗车库、配套商业及供水、供电等配套设施。

4.子项四（片区封闭式垃圾自动收集系统）：总用地面积27平方千米，设计规模为244.2吨/日，包括气力收集系统中的公共管道、转运车辆、中央收集站及相关的土建工程、电气、自控、给排水、消防、环保等工程。

（九）浙江杭州市第二水源千岛湖配水工程输水隧洞施工Ⅲ标

项目主要施工区域为杭州市富阳区渌渚镇境内，桩号69+100米~76+400米，全长7.3千米，钢衬长度约1417米，倒虹吸管长度约842.8米，混凝土衬砌段长度约5050米。上游69+100米~69+867米、下游70+700米~76+400米段为输水隧洞，中间69+867米~70+700米段为倒虹吸管。本工程合同总工期34个月。2015年2月开工，2017年11月完工。

第四节 岩基处理工程

水电八局岩基处理业务主要是对水利水电工程大坝、厂房、岸坡及洞挖等工程的基础进行防渗及加固处理，采用帷幕、固结、回填、高压喷射、化学等灌浆工艺施工，对围堰、堤坝进行防渗及加固处理，采用稳定浆液灌注、防渗墙、高压喷射、水泥搅拌桩墙等工艺施工，对隧道、高边坡或深基坑的喷锚支护，对河床深厚砂砾石覆盖层地基进行加固处理，采用振冲碎石桩、沉管砂石桩、柱锤冲扩桩、多桩型复合地基等工艺施工。截至2022年底，水电八局已具有地基基础工程专业承包壹级资质，拥有各类先进岩基处理设备装备，具有完成建安产值6亿元以上，帷幕、固结灌浆40万米以上，防渗墙2万平方米以上的年施工生产能力。水电岩基处理已经成为水电八局的优势产业。

一、概述

2003—2022年，水电八局先后参与建设完成的水电岩基工程有50余项，其中具有代表性的大中型水利水电工程的基础处理工程有小湾、龙滩、溪洛渡、光照、彭水、晒谷滩、构皮滩、思林、银盘、武都、龙开口、鲁地拉、大华桥、沙坪、黔中水利枢纽工程、观音岩、大藤峡、白鹤滩、七星水库、赣江尾闾、柬埔寨甘再、马来西亚沐若、加纳布维、厄瓜多尔美纳斯、莱索托麦特隆、柬埔寨桑河、乌干达卡鲁玛、尼日利亚宗格鲁等，具有代表性的病险水库的除险加固工程有湖南永州杨家洞水库、常德桃源会人溪水库等。其防渗帷幕和固结灌浆等基础处理工程均作为质量优良项目和质量安全优秀过程控制项目参与柬埔寨甘再、重庆彭水、云南大华桥、贵州光照等多项鲁班奖、中国电力优质工程奖评选。

水利水电岩基处理工程采用的高压灌浆、高压喷射灌浆、预应力锚固、大孔径及高精度钻孔、灌注桩、深层搅拌桩、振冲桩、混凝土防渗墙、断层破碎带处理、混凝土长芯钻取等施工技术均处于国内先进或领先水平。在深层岩溶处理、地下暗河封堵、砂砾石及大块石架空、堤防整治加固、病险水库处理等方面具有丰富的施工经验；多项科技成果获评中国电建科学技术奖、中国大坝工程学会技术发明奖等省部级奖项。

2002—2022年岩基处理工程一览见表2-1-4。

表2-1-4　2002—2022年岩基处理工程一览

项目名称	业主单位	合同总额（万元）	开工时间	竣工时间
安徽临淮岗洪水控制工程主坝混凝土防渗墙	水利部淮委临淮岗洪水控制工程建设管理局	3360.39	2004年2月	2004年9月
安徽岳西县大龙潭水库除险加固工程	安徽水电有限责任公司	3711.89	2011年9月	2015年12月
厄瓜多尔美纳斯水电站基础处理工程	厄瓜多尔国电公司	6915.12	2012年3月	2016年3月
福建宁德核电厂砼防渗墙工程	中国水电基础局有限公司	359.28	2009年5月	2009年10月
福建厦门抽水蓄能电站基础处理工程	福建厦门抽水蓄能有限公司	2511.72	2021年6月	在建
广东恒大中心基岩截水帷幕灌浆工程	—	1799.84	2019年3月	2020年1月
广东神湾镇神湾大桥至斗门大桥堤段达标加固工程	中山市神湾镇堤段加固工程建设管理所	2936.30	2014年3月	2015年9月
广东珠海市乾务赤坎大联围加固达标工程应急项目雷蛛堤段工程	珠海市水务管理局	13040.66	2009年2月	2014年12月
广西大藤峡水利枢纽工程基础处理工程	广西大藤峡水利枢纽开发有限责任公司	7317.29	2017年12月	在建
广西南宁抽水蓄能电站基础处理工程	南方电网调峰调频发电有限公司工程建设管理分公司	3044.46	2022年12月	在建
贵州高生水电站大坝工程基础处理工程	国家电投集团贵州金元股份有限公司	7416.86	2016年11月	2018年8月
贵州格里桥电站大坝防渗帷幕灌浆工程	贵州清水河水电开发有限公司	3453.06	2007年3月	2008年12月
贵州构皮滩水电站基础处理、渗控工程	贵州乌江水电开发有限责任公司	66275.68	2004年7月	2012年7月
贵州光照水电站大坝防渗帷幕工程	贵州黔源电力股份有限公司	2541.34	2006年6月	2008年6月
贵州夹岩水利枢纽基础处理工程	贵州水利投资（集团）有限责任公司	10341.18	2015年9月	在建
贵州平桥水库枢纽工程基础处理工程	安龙县平桥水库有限责任公司	2424.44	2019年1月	在建

续表

项目名称	业主单位	合同总额（万元）	开工时间	竣工时间
贵州黔南上尖坡水电站大坝基础处理工程	中电投贵州金元集团股份有限公司	2011.84	2015年1月	2017年3月
贵州黔西县凹水河水库工程基础处理工程	毕节市水务投资集团有限责任公司	6123.26	2022年2月	在建
贵州黔中水利枢纽左岸帷幕灌浆工程	贵州水利投资（集团）有限责任公司	14170.52	2010年8月	2015年4月
贵州沙坝水电站大坝混凝土取芯工程	贵州中水能源股份有限公司遵义分公司	53.44	2009年11月	2009年12月
贵州沙沱水电站基础处理、大坝取芯、右岸防渗帷幕灌浆、上游二期围堰防渗闭气工程	贵州乌江水电开发有限责任公司	23487.02	2008年1月	2014年6月
贵州思林水电站基础处理、渗控工程	贵州乌江水电开发有限责任公司	5185.51	2005年11月	2009年11月
贵州索风营水电站防渗帷幕灌浆工程	贵州乌江水电开发有限责任公司	6770.21	2003年1月	2005年9月
贵州索风营水电站基础处理工程	贵州乌江水电开发有限责任公司	—	2003年5月	2006年1月
贵州乌江水电站进水口挡水岩坎帷幕灌浆工程	贵州乌江水电开发有限责任公司	682.20	2001年1月	2001年4月
湖北三峡工程V185平台至船闸段基础处理工程	中国长江三峡工程开发总公司	8418.57	2000年9月	2002年5月
湖南凤滩水电站扩机工程防渗帷幕灌浆工程	湖南凤滩发电厂	459.60	2002年12月	2005年3月
湖南衡阳白渔潭电站灌浆标工程	—	421.90	2001年2月	2002年2月
湖南三板溪水电站电厂灌浆、锚索工程	五凌电力有限公司	782.86	2010年3月	2010年12月
湖南晒谷滩水电站基础处理工程	—	—	2004年9月	2008年8月
湖南松树岭水电站基础处理工程	—	—	2003年1月	2006年7月
湖南托口水电站锚索工程	五凌电力有限公司	270.67	2009年8月	2009年12月
湖南岳阳平江抽水蓄能电站基础处理工程	湖南平江抽水蓄能有限公司	8452.68	2021年1月	在建
湖南长沙椒花水库基础处理工程	湖南椒花水利枢纽开发建设股份有限公司	2237.66	2021年9月	在建
湖南资水犬木塘水库工程基础处理工程	湖南水利发展投资有限公司犬木塘水库建设分公司	1798.85	2021年9月	在建
加纳布维水电站基础处理及支护工程	加纳沃尔特河流管理局	6150.24	2008年11月	2013年3月
柬埔寨甘再水电站BOT项目基础处理工程	柬埔寨王国水资源及气象部	5529.7	2007年9月	2011年11月
柬埔寨斯登沃代水电站基础处理工程	柬埔寨水电开发公司	4334.84	2010年11月	2012年12月
老挝南塔河1#电站基础处理工程	老挝南塔河1号电力有限公司	4533.28	2016年4月	2017年1月
辽宁清原抽水蓄能电站基础处理工程	上海福伊特水电设备有限公司	2655.67	2020年5月	在建
马来西亚沐若水电站边坡支护及基础处理工程	沙捞越能源公司	21320.01	2010年1月	2013年1月
尼日利亚宗格鲁水电站基础处理工程	尼日利亚国家电力公司	23921.94	2013年8月	在建
山西万家寨引黄工程5#洞缺陷处理工程	山西万家寨引黄工程总公司	2610.20	2002年12月	2004年2月
四川大渡河沙坪二级水电站基础处理工程	国电大渡河流域水电开发有限公司	4053.77	2013年11月	2016年5月
四川大渡河长河坝水电站放空洞防渗及加强固结灌浆工程	四川大唐国际甘孜水电开发有限公司	2449.66	2018年12月	2020年11月
四川观音岩灌浆及排水孔工程	大唐观音岩水电开发有限公司	11480.55	2012年6月	2014年12月
四川嘉陵江亭子口基础处理、灌浆工程	嘉陵江亭子口水利水电开发有限公司	1135.35	2010年1月	2013年12月
四川武都二期帷幕灌浆工程	四川武都水利水电集团有限责任公司	535.80	2002年3月	2006年11月

续表

项目名称	业主单位	合同总额（万元）	开工时间	竣工时间
四川长河坝水电站汤坝土料场高边坡安全治理支护工程	四川大唐国际甘孜水电开发有限公司	6375.48	2020年10月	在建
乌干达卡鲁玛水电站项目基础处理工程	乌干达能源与矿产发展部	9108.50	2014年1月	在建
西藏藏木水电站厂房土建工程基础处理工程	华能西藏雅鲁藏布江水电开发投资有限公司	1711.32	2012年7月	2013年12月
新疆阿尔塔什水利枢纽工程围堰高喷灌浆	新疆新华叶尔羌河流域水利水电开发有限公司		2016年3月	2016年6月
越南松邦4水电站基础处理工程	越南电力公司	2179.19	2012年5月	2014年12月
云南TB水电站基础处理工程	华能澜沧江水电股份有限公司	5181.68	2021年9月	在建
云南白鹤滩水电站基础处理工程	中国长江三峡集团有限公司	58457.52	2016年7月	在建
云南大龙潭水库除险加固工程	安徽水电有限责任公司	1877.80	2011年9月	2014年3月
云南金沙江鲁地拉水电站基础处理工程	云南华电鲁地拉水电有限公司	984.31	2008年11月	2013年7月
云南龙开口水电站基础处理工程	华能龙开口水电有限公司	12192.57	2009年9月	2012年9月
云南怒江大华桥水电站大坝基础处理工程	华能澜沧江水电股份有限公司	3700.02	2014年1月	2018年12月
云南溪洛渡水电站大坝基坑渗水减渗工程	三峡水电开发总公司	1021.19	2009年1月	2009年3月
云南溪洛渡水电站基础处理工程	三峡水电开发总公司	39046.68	2003年7月	2015年6月
云南小湾水电站大坝基础处理工程	华能澜沧江水电有限公司	4526.48	2005年10月	2011年12月
浙江仙居抽水蓄能电站基础处理工程	浙江仙居抽水蓄能有限公司	640.00	2014年10月	2015年5月
重庆利泽航运枢纽基础处理工程	重庆嘉陵江利泽航电开发有限公司	460.79	2021年1月	在建
重庆彭水水电站基础处理工程	重庆大唐彭水水电开发有限公司	—	2003年9月	2008年12月
重庆银盘水电站基础处理工程	重庆大唐国际武隆水电开发有限公司	—	2004年1月	2007年12月
江西赣江下游尾闾综合整治工程项目基础处理工程	江西省赣抚尾闾整治有限公司	—	2021年12月	在建

二、工程选介

（一）厄瓜多尔美纳斯水电站基础处理工程

美纳斯水电站位于厄瓜多尔南部，大坝为坝高78米的碾压混凝土重力坝，帷幕灌浆工作水头为63.2米。大坝区域岩石主要为安山质凝灰岩和角砾凝灰岩。左岸海拔为900米（坝顶高程795米），凝灰岩火山沉积序列，厚度约为200米。其特点是含有分米到厘米的层状细凝灰岩、凝灰质砂岩、粉砂岩、砾岩和燧石。层理的主要方向是西南方向，倾斜150度，海拔1000米出现流纹熔岩，颜色为奶白色或粉白色，石英含量5%~10%。Jubones河流域的较高部分形成垂直的墙壁（海拔1150米），出现斑状结构安山岩，含有细小的斜长石斑晶，局部夹花岗闪长岩侵入岩（约50米厚），切断南北方向的安山质火山岩序列。崩积土存在于整个大坝区域，主要分布在Jubones河两岸，厚度为10~15米，由碎石和沙质淤泥组成。

（二）广东恒大中心基岩截水帷幕灌浆工程

恒大中心项目位于深圳红树湾区域，地处深圳市中心，设计高度约为400米，拥有6层地下室，基坑面积约为8400平方米，为我国目前民用建筑最深的基坑，也是水电八局首次进行的城市岩基处理施工。

该基坑北侧紧邻地铁9号线和11号线，距离地铁最小距离仅3.8米，最深需要入微风化花岗岩12.5米，地质情况非常复杂，有一条断层破碎带自西向东贯穿整个基坑，属于填海地层，包含回填的花岗岩块石、黏泥、流沙。最大花岗岩块石直径达2米，黏土、砂层会造成抱套管，流沙造成反沙等特殊情况，所以该项目施工难点实属国内罕见。项目设计进行灌浆处理，设计基坑帷幕灌浆深度为60~80米，基坑底部以下灌浆深度约为40米，灌浆方法采用3排3序，垂直度要求控制在1%以内。为了保证灌浆管下放到设计深度，须采用146毫米直径的钢套管穿透回填块石层、淤泥、黏土、风化岩、微风化岩石等地层，钢套管跟进最大深度达60米。项目部大力应用BIM技术，严格按照技术规范，合理规划、有效布控、精细施工，最终克服重重困难顺利完工。此外，施工过程中引入泥浆固化系统，现场文明施工形象获得了深圳市水务部门、现场业主、监理代表的高度评价。

（三）广西大藤峡水利枢纽工程基础处理工程

大藤峡水利枢纽工程位于珠江流域西江水系的黔江河段末端，坝址在广西桂平市黔江彩虹桥上游6.6千米处。基础处理主要施工内容包含导流明渠工程边坡支护、纵向混凝土围堰工程基础处理、一期基坑岩溶区防渗处理工程、左岸泄水坝段土建工程基础处理及边坡支护、纵向围堰坝段土建工程基础处理及左岸厂房土建工程基础处理与边坡支护等。

（四）贵州黔中水利枢纽左岸帷幕灌浆工程

左岸帷幕灌浆工程包括4层灌浆平洞，平洞及交通支洞总长1084米，帷幕线平面投影总长2045米，帷幕下线最大深度236米，帷幕灌浆总量16万米，高峰期施工强度23000米/月。

（五）贵州沙沱水电站基础处理、大坝取芯、右岸防渗帷幕灌浆、上游二期围堰防渗闭气工程

沙沱水电站位于贵州省沿河县城上游约7千米处，距贵阳市280千米，距遵义市175千米，距重庆市230千米，至乌江口河道为250.5千米，下游有彭水水电站，上游为思林水电站。本工程防渗帷幕分为坝区防渗及左岸库首构造缺陷防渗两部分，坝区防渗包括左、右两岸及坝基三部分。左岸库首构造缺陷防渗工程包括2#施工支洞工程、右岸防渗帷幕灌浆工程、左岸库首构造缺口防渗处理工程及受业主委托的5#坝段抗滑体及抗剪洞工程、下游引航道隔流堤桩基础工程。其中右岸防渗帷幕灌浆主要为：右坝肩及坝内廊道内（坝横0+126.0米以右）的帷幕灌浆、下游帷幕灌浆，右岸371、328米高程灌浆隧洞内的帷幕灌浆及右岸高程328米灌浆隧洞的搭接帷幕灌浆。

（六）湖南岳阳平江抽水蓄能电站基础处理工程

平江抽水蓄能电站位于湖南省平江县境内，上水库位于平江县福寿山大福坪，下水库位于平江县福寿山镇百福村。本标段钻孔与灌浆工程主要工程量为：防渗墙20582平方米，回填灌浆62602.371平方米，固结灌浆钻孔151528米，固结灌浆150948米，固结灌浆超灌量523吨；帷幕灌浆18971米，帷幕灌浆超灌量61.4吨；接触灌浆933.6平方米；接缝灌浆1552.7平方米；化学灌浆（改性环氧树脂类）8吨。

（七）湖南资水犬木塘水库工程基础处理工程

犬木塘水库工程包括枢纽工程和灌区工程两大部分，是一个以灌溉为主，结合城乡供水，兼顾灌区水生态环境改善以及航运、发电等综合利用效益的水利工程。本工程基础处理包括泄水闸、发电厂房、船闸、左右岸连接坝段、左右岸堤防、围堰、徐家山涵闸以及鱼道等部位的施工，施工项目包括高喷灌浆、固结灌浆、帷幕灌浆、接触灌浆、接缝灌浆和水泥土搅拌桩等。

（八）马来西亚沐若水电站边坡支护及基础处理工程

马来西亚沐若水电站大坝基岩主要为砂岩、页岩以及砂岩与页岩互层，岩层、裂隙发育等以陡倾角为主。基础固结灌浆采用浅孔加密有混凝土盖重固结灌浆施工工艺。固结灌浆分为Ⅰ、Ⅱ两序孔，孔间距主要按2.5米×2.5米或2.0米×2.5米布置，固结灌浆钻孔以顶角为20度的斜孔为主，混凝土盖重为2~3米。灌浆采用自下而上、孔内阻塞、纯压式工艺，浆液主要采用1.5:1、1:1、0.5:1三级水灰比进行灌注，部分缺陷部位采用1:1、0.5:1两级水灰比进行灌注。灌浆结束标准为在规定设计压力下，吸浆量小于1升/分继续灌注30分钟即可结束本段灌浆。

水电八局承担马来西亚沐若水电站大坝基础固结灌浆的全部施工任务，工程于2010年开工，2013年完成施工，共完成固结灌浆134800米。固结灌浆检查孔压水透水率合格标准为不大于3Lu，经过检查，压水合格率为100%，物探检测的声波值均满足设计要求，检查孔岩芯采取率较高，均达到了设计要求，并取得了较多水泥结石，水泥结石的强度较高，密实度好，部分检查孔的孔内录像情况反映出固结灌浆对基岩内的大多数裂隙填充较好。

（九）四川大渡河长河坝水电站放空洞防渗及加强固结灌浆工程

长河坝水电站位于四川省甘孜藏族自治州康定县境内，为大渡河干流水电梯级开发的第11级电站，工程区地处大渡河上游金汤河口以下4000~7000米河段上，坝址上距丹巴县城82千米，下距泸定县城49千米。长河坝水电站枢纽永久泄水建筑物布置在河道右岸，由3条泄洪洞和一条放空洞组成，从左至右依次为1#泄洪洞、2#泄洪洞、3#泄洪洞和放空洞。

放空洞建成投运后，其进口闸室在蓄水和泄流过程中，闸室、边墙有渗水、析钙现象；其洞身一定范围内有排水孔排水量较大、局部底板渗漏、底板混凝土局部冲刷破坏等问题。为确保放空建筑物永久运行安全，减少水库水量损失，设计对放空洞进口闸室及洞身段桩号（放）（0+050.00）~（0+550.00）米进行加固处理。

（十）四川观音岩灌浆及排水孔工程

观音岩水电站左岸大坝基础帷幕灌浆及排水孔工程建设内容包括左岸EL.985米灌浆洞帷幕灌浆、左岸EL.4043米灌浆洞帷幕灌浆、左岸EL.1093米灌浆洞帷幕灌浆、左岸EL.1139米灌浆洞帷幕灌浆、1#~13#坝段帷幕灌浆及左岸截水帷幕灌浆。本工程于2014年9月12日施工完成，已完成单元工程质量经评定全部合格，其中92%达到优良等级，未发生质量事故，本项目分部工程质量等级被评定为"优良"。

（十一）云南TB水电站基础处理工程

TB水电站位于云南省迪庆州维西县中路乡境内，灌浆工程主要包括大坝帷幕灌浆、固结灌浆和接触灌浆以及各洞室的顶拱回填灌浆、堵头固结灌浆、接触灌浆和接缝灌浆施工等。其中，帷幕灌浆设计工程量为6.03万米，固结灌浆设计工程量为5.99万米，接触灌浆设计工程量为1.95万平方米。

本工程灌浆采用智能灌浆系统进行全程控制，该系统可实现灌前模拟优化施工参数、灌浆工艺自动控制、水泥浆液自动配制、压力流量自动调节、数据自动记录、灌浆过程实时监控、灌浆成果自动统计、灌后质量评价的灌浆工程全过程智能化控制。

（十二）云南白鹤滩水电站基础处理工程

白鹤滩水电站为金沙江下游四个水电梯级中的第2级。为Ⅰ等大（1）型工程，枢纽工程由拦河坝、泄洪消能建筑物和引水发电系统等主要建筑物组成。其中，基础处理相关施工内容包括右岸坝基固结灌浆、水垫塘及二道坝固结灌浆、大坝帷幕灌浆、二道坝帷幕灌浆、大坝接缝灌浆、洞室回填固结灌浆、闸墩锚索等。工程量包括回填灌浆13717平方米、固结灌浆316380米、帷幕灌浆179032米、接缝接触灌浆178393平方米、化学灌浆2020米、排水孔167530米、混凝土质量检查孔770米。大坝坝基固结灌浆主要采用岩石盖重灌浆、无盖重灌浆、混凝土盖重钻孔灌浆和混凝土盖重引管灌浆等方式及其组合方式。

（十三）云南龙开口水电站基础处理工程

龙开口水电站基础处理工程主要包括大坝及左右岸平洞帷幕灌浆、大坝固结灌浆、厂坝接缝灌浆、特大深槽内的接缝接触灌浆、防渗墙工程、回填灌浆、闸墩锚索和排水孔工程等。其中，帷幕灌浆完成5.9万米，固结灌浆完成9.46万米，接缝灌浆完成1.5万米，深槽防渗墙完成0.13万平方米，回填灌浆完成0.2万米，各类锚索、锚杆及锚筋桩共计完成16824根，大坝坝基及坝体排水孔完成4.1万米。

（十四）云南怒江大华桥水电站大坝基础处理工程

大华桥水电站位于云南省怒江州兰坪县兔峨乡境内的澜沧江干流上，土石围堰及下游土石围堰基础防渗采用混凝土防渗墙+墙下帷幕结构，墙厚0.8米，防渗墙深入基岩不少于1.0米，防渗墙下设帷幕灌浆。上游临时土石围堰防渗墙轴线长度为126米，成墙面积为3110平方米，防渗墙施工平台高程为1418米，防渗墙最大深度约为39米。下游土石过水围堰防渗墙轴线长度约为120米，面积为3327平方米，防渗平台高程为1412米，最大深度约为44米。

（十五）云南溪洛渡水电站基础处理工程

溪洛渡水电站大坝为混凝土双曲拱坝，最大坝高285.5米，正常蓄水位600米，防渗帷幕底线最低高程180米，最大水头420米，对坝基的物理、力学性能要求高。大坝建基面地层均为二叠系上统峨眉山玄武岩（P_2^β），建基面岩体类型主要为Ⅲ（1）类和Ⅱ类岩体，岩体结构类型主要为次块状、块状、镶嵌碎裂结构等。防渗帷幕采用"孔口封闭灌浆法"施工工艺，最大孔深167米，最大灌浆压力6.5兆帕。

（十六）江西赣江下游尾闾综合整治工程项目基础处理工程

赣江下游尾闾综合整治工程地基防渗及基础处理工程量大、强度高，主要包括TRD等厚水泥土防渗墙、混凝土防渗墙、高喷灌浆、灌注桩、水泥土搅拌桩和预应力混凝土管桩等。其中，主支一期围堰TRD等厚水泥土防渗墙设计工程量为125423平方米，二期围堰TRD等厚水泥土防渗墙设计工程量为62646平方米；一期液压抓斗混凝土防渗墙设计工程量为12333平方米，泄水闸防渗墙设计工程量为3576.17立方米；高压旋喷桩喷浆设计工程量为35157米；水泥土搅拌桩设计工程量为90163.9立方米；预应力混凝土管桩设计工程量为361905.1米；灌注桩设计工程量为5250米（0.8米桩径）+12819米（1.2米桩径）。

第五节 机电安装工程及金属结构制作

一、概述

水利水电机电安装和金属结构制作是水电八局传统优势业务，能独立承担大、中、小型金属结构制造与安装工程，主要从事水电站所用的水工闸门、引水压力钢管、卷扬式启闭机、门式起重机、水轮发电机组配套设备（尾水管、蜗壳、座环、发电机转子、机座等）的制造，在四川西昌、湖南岳阳和贵州贵定拥有三大金属结构制造基地，具备年20万吨以上的金属结构制造安装能力，先后参与三峡、溪洛渡、乌东德、白鹤滩、大藤峡等百余个水电站的金属结构制造安装工程。

能够独立承担各种类型水轮发电机组、电动水泵等机电设备安装和500千伏及以下电压等级的输变电设备安装，参与了国内外百余座水电站的机电安装工程，是三峡第一度电的生产者，是水电行业单年装机千万千瓦、单个电站"一年十投"等世界纪录的创造者，总装机容量超过5500万千瓦，位于中国电建各子企业之首，在行业内广受赞誉。

2002—2022年机电安装及金属结构工程（国内）一览见表2-1-5。

表2-1-5　2002—2022年机电安装及金属结构工程（国内）一览

项目名称	业主单位	合同总额（万元）	开工时间	竣工时间
安徽金寨抽水蓄能电站机电制安工程	安徽金寨抽水蓄能有限公司	1618.76	2018年9月	2019年5月
安徽琅琊山水轮机埋件制作工程	—	434.10	2003年9月	2005年3月
福建街面水电站水轮机埋件制作项目	—	317.30	2005年3月	2005年12月
福建厦门抽水蓄能电站水轮机埋件、闸门机电安装工程	上海福伊特水电设备有限公司	3684.46	2020年9月	在建
福建永泰水轮机埋件制作项目	东方电气集团东方电机有限公司	671.22	2019年10月	2021年8月
福建周宁抽水蓄能电站压力钢管、机坑里衬、肘管制作项目	水电十二局电建工程公司	480.61	2018年10月	在建
甘肃汉坪嘴电站座环蜗壳制作项目	—	129.10	2004年2月	2005年2月
甘肃刘家峡洮河口机坑里衬、尾水锥管、蜗壳制作项目	哈尔滨电机厂有限责任公司	527.26	2014年8月	2014年11月
广东惠州抽水、保全、白莲河水机埋件制作项目	广东蓄能发电有限公司	4089.20	2005年12月	2008年12月
广东梅州抽水蓄能电站机电设备安装工程	梅州蓄能发电有限公司	19522.57	2019年9月	在建
广东清远市中心城区电排站水闸改造工程	清远市中心城区电排站水闸改造工程建设项目部	2767.72	2012年1月	2014年12月
广东深圳地铁7号线BT项目7503标段机电设备工程安装	深圳市地铁集团有限公司	7860.00	2014年10月	2016年12月
广东深圳市前海—南山排水深隧系统工程机电装修	深圳市前海建设投资控股集团有限公司	7048.26	2021年11月	在建
广东深圳西部电厂金结制作项目	—	4621.00	2001年7月	2002年1月
广东阳山县秤架、兴阳、上水虾等电站扩容改造机电安装工程	阳山县兴阳上水虾电站有限公司	6112.72	2013年8月	2014年5月
广西百色电站尾水管制造项目	—	188.00	2003年2月	2004年1月
广西大藤峡水利枢纽工程机电安装、金属结构制作	广西大藤峡水利枢纽开发有限责任公司	16922.21	2016年10月	在建
广西龙滩水电站第二批闸门及启闭机设备制造项目	龙滩水电开发有限公司	1402.90	2007年1月	2008年6月
广西那吉航运枢纽工程闸门设备制造项目	—	2091.00	2006年12月	2008年12月
广西平班水电站机电安装工程	—	2893.10	2002年9月	2005年2月
广西桥巩水电站水轮发电管型制作及机电安装工程	—	1647.00	2005年8月	2008年10月
广西右江鱼梁航运枢纽工程金属结构制造项目	广西西江航运建设发展有限公司	1599.17	2010年6月	2011年9月

续表

项目名称	业主单位	合同总额（万元）	开工时间	竣工时间
广西长洲水利枢纽机电安装工程、闸门制造项目	—	8068.90	2004年6月	2007年1月
贵州白市水电站机电安装工程	五凌电力有限公司	12811.36	2006年1月	2013年7月
贵州北盘江董箐水电站机电安装工程	贵州北盘江电力股份有限公司	4831.01	2008年1月	2018年12月
贵州大花水水电站机电安装工程	贵州乌江清水河水电开发有限公司	1902.91	2005年8月	2007年1月
贵州东风电站改造增容机电设备安装工程	—	128.20	2003年11月	2005年3月
贵州高生水电站水工金属结构制作及安装工程	贵州中水能源股份有限公司务川发电分公司	2558.33	2017年8月	2019年12月
贵州格里桥水电站工程拦污栅、闸门制造项目	贵州清水河水电开发有限公司	1408.30	2008年1月	2010年12月
贵州光照水电站机电安装工程	贵州黔源电力股份有限公司	8123.59	2003年10月	2009年12月
贵州洪家渡水电站泄洪系统闸门制作及启闭机安装工程	贵州乌江水电开发有限责任公司	305.90	2002年1月	2002年4月
贵州角木塘水电站工程闸门设备制作工程	贵州大唐国际道真水电开发有限公司	2857.24	2015年1月	2017年12月
贵州马马崖一级水电站机电安装工程（含水轮机部分埋件）	贵州北盘江电力股份有限公司	6223.19	2012年3月	2015年10月
贵州毛家河水电站闸门及拦污栅制造工程	贵州中水能源股份有限公司	1677.11	2011年8月	2013年12月
贵州南明河综合治理（景观坝）气动盾闸门项目运维护工程	中天城投集团城市建设有限公司	247.86	2015年5月	2017年12月
贵州七里塘水电站水工金属结构制造安装工程	贵州黔水建设工程有限公司	148.25	2012年4月	2013年12月
贵州沙沱水电站机电安装工程	贵州乌江水电开发有限责任公司	18948.44	2007年11月	2018年10月
贵州善泥坡水电站金属结构安装工程	贵州西源发电有限责任公司	397.29	2013年3月	2017年11月
贵州石垭子水电站机电设备安装工程	中国水电顾问集团贵阳勘测设计研究院	2113.06	2009年2月	2011年1月
贵州思林水电站机电安装工程（含升船设备安装改造）	贵州乌江水电开发有限责任公司	17776.06	2004年10月	2017年8月
贵州索风营水电站金结制造及安装标工程	贵州乌江水电开发有限责任公司	2500.61	2003年7月	2006年1月
贵州天生桥水电站调压井闸门改造（1#、2#、3#井土建及设备安装）	天生桥水力发电总厂	1691.22	2014年12月	2016年4月
贵州乌江构皮滩水电站机电安装工程	贵州乌江水电开发有限责任公司	31103.97	2002年3月	2008年12月
贵州乌江水电站机电设备安装及扩机增容改造工程	贵州乌江水电开发有限责任公司	2755.20	2001年10月	2005年6月
贵州永康桥水电站闸门、启闭机制造安装	兴义市永康发电有限责任公司	503.19	2012年6月	2013年4月
贵州长滩水电站金属结构制安工程	思南腾元双河电力有限公司	451.43	2005年10月	2006年11月
贵州中天城投南明河综合治理工程气动盾闸门工程安装	中天城投集团城市建设有限公司	585.01	2013年4月	2013年8月
海南大隆水利枢纽金结制作及安装工程	海南三亚大隆水库有限责任公司	1893.19	2005年9月	2006年5月
海南戈枕水电站门机、闸门及卷扬启闭机设备采购	华能海南发电股份有限公司	7073.83	2007年4月	2009年12月
海南琼中抽水蓄能电站金属结构设备制安工程	海南蓄能发电有限公司	2414.32	2015年6月	2016年12月

续表

项目名称	业主单位	合同总额（万元）	开工时间	竣工时间
河北丰宁水电站尾水肘管承揽订单	哈尔滨电机厂有限责任公司	475.90	2017年5月	在建
河北雄安新区干线支线管廊机电及附属工程	中国雄安集团基础建设有限公司	12359.35	2021年9月	在建
河北雄安新区海岳大街、燕赵大街综合管廊机电及附属工程	中国雄安集团基础建设有限公司	4731.04	2021年8月	2022年4月
河北易县抽水蓄能水电站尾水肘管、锥管制安	哈尔滨电机厂有限责任公司	591.60	2022年5月	在建
河南盘石头水库金结制作	—	703.50	2001年9月	2002年10月
河南天池抽水蓄能电站水轮机埋件制造	上海福伊特水电设备有限公司	497.53	2019年2月	2021年6月
河南西霞院水利枢纽机电安装工程	—	8376.40	2004年12月	2008年9月
黑龙江尼尔基水利枢纽金结弧门制造	哈尔滨电机厂有限责任公司	2733.90	2002年11月	2003年4月
湖北白莲河抽水蓄能电站闸门及启闭机制安	湖北白莲河抽水蓄能有限公司	2932.90	2005年1月	2008年12月
湖北葛洲坝50KV开关站改造工程土建和金属结构及部分机电设备安装工程	中国长江电力股份有限公司	1428.45	2011年7月	2012年12月
湖北汉北河新沟二线船闸金属结构制作安装	汉川市交通运输局	1952.01	2016年9月	2017年10月
湖北潘口水电站尾水锥管、肘管装配	—	307.90	2009年5月	2009年12月
湖北三峡工程永久船闸、机电设备制作、安装、调试工程	三峡集团公司	83121.13	1997年10月	2008年12月
湖北水布垭水电站机坑里衬制作工程	湖北清江水布垭工程建设公司	152.30	2005年4月	2006年5月
湖南白竹洲水电站机电安装工程	湖南锦源白竹洲水电有限公司	1670.51	2008年12月	2011年6月
湖南宝沙电站机电安装工程	湖南汝城县政府	103.50	2001年3月	2003年4月
湖南东坪水电站机电设备安装工程	—	2186.50	2005年7月	2007年12月
湖南凤滩电站扩机工程金结设备采购工程	湖南凤滩发电厂	627.40	2002年4月	2004年5月
湖南高滩水电站水轮发电机组A级检修及监控设备改造工程	湖南湘投沅陵高滩发电有限责任公司	368.94	2018年1月	2020年12月
湖南高椅水电站机电安装工程	大唐华银巫水流域水电开发有限公司	485.37	2010年8月	2013年3月
湖南功果桥电站机组进水口拦污漂大修工程	华能澜沧江水电股份有限公司	198.45	2015年5月	2015年7月
湖南黑麋峰抽水蓄能电站机电设备及金属结构安装工程	五凌电力有限公司	13553.75	2006年1月	2009年12月
湖南洪江水电站机电设备安装工程	五凌电力有限公司	1762.40	2001年8月	2005年7月
湖南怀化托口西山尾水管制造工程	五凌电力有限公司	583.50	2007年3月	2008年9月
湖南会人溪电站金结制安工程	—	339.30	2008年5月	2010年9月
湖南耒阳火电厂钢结构制作工程	—	1484.20	2002年3月	2002年12月
湖南耒中电站金结制作工程	—	1353.30	1999年9月	2002年2月
湖南鲤鱼江火电厂钢结构制作工程	—	193.90	2002年3月	2002年6月
湖南龙塘河水库沱江倒虹吸管主梁钢管制作工程	湖南凤凰县水利局	130.12	2009年1月	2011年5月
湖南鸟儿巢电站金结制安工程	—	258.20	2008年11月	2009年6月

续表

项目名称	业主单位	合同总额（万元）	开工时间	竣工时间
湖南清水塘电站金结制安工程	湖南辰溪清水塘水电开发有限责任公司	11555.60	2006年5月	2009年12月
湖南三板溪水电站机电安装及金结制安工程	五凌电力有限公司	12359.80	2002年2月	2006年6月
湖南三一重工外协件加工工程	三一重工	1648.50	2002年3月	2004年12月
湖南山河智能股份公司长短船制造工程	山河智能股份公司	219.10	2002年9月	2002年12月
湖南桃源水电站金结制作工程	—	8092.47	2011年8月	2013年6月
湖南铜湾水电站机电设备安装工程	—	2107.80	2005年12月	2009年7月
湖南铜信溪水电站金结制作工程	—	719.90	2004年3月	2006年12月
湖南土谷塘航电枢纽船闸工程	湖南水运建设投资集团有限公司	32915.52	2013年5月	2019年5月
湖南碗米坡水电站金结制作工程	—	728.90	2001年9月	2003年6月
湖南五强溪扩机工程金属结构制安工程	五凌电力有限公司五强溪水电厂	5822.87	2021年1月	在建
湖南筱溪水电站闸门制造及防腐工程	湖南新邵筱溪水电开发有限责任公司	2643.80	2005年9月	2005年11月
湖南沅水托口水电站机电安装工程	五凌电力有限公司	14711.68	2010年7月	2014年12月
湖南皂市水电站压力钢管制造工程	—	350.90	2005年6月	2005年10月
湖南张家渡电站闸门及拦污栅制造工程	—	240.00	2003年11月	2004年5月
湖南长沙湘江航电枢纽机电安装工程	长沙市湘江综合枢纽开发有限责任公司	6074.27	2010年4月	2019年10月
湖南长寨水电站机电安装	大唐华银电力有限公司	549.56	2010年8月	2012年11月
湖南柘溪水电站金结制作	—	1680.70	2002年11月	2006年2月
湖南中国铁建重工刀盘加工	中国铁建重工集团有限公司	1034.67	2016年8月	2016年12月
江苏句容抽水蓄能电站机坑里衬制作工程	哈尔滨电机厂有限责任公司	342.00	2022年3月	在建
江苏徐洪河刘集船闸制作工程	—	207.20	2004年8月	2005年9月
江西郭家滩电站金结及启闭机制安工程	江西颐杰鸿方实业发展有限公司	443.90	2003年9月	2004年12月
江西井冈山水电站闸门及拦污栅金属结构制作工程	浙富控股集团股份有限公司	2049.48	2018年3月	在建
江西廖坊电站机电安装工程	—	834.30	2003年10月	2006年9月
江西峡江水利枢纽工程电站机电制安工程	江西峡江水利枢纽工程建设总指挥部	8677.57	2010年10月	2013年5月
江西信江航运枢纽工程泄水闸金属结构制造工程	江西港航建设投资集团有限公司	4369.99	2018年11月	在建
江西跃洲水电站工程闸门制造工程	江西三和电力股份有限公司	3006.69	2010年7月	2012年3月
金沙江白鹤滩水电站机电安装、金结制作工程	中国三峡开发总公司	27877.06	2017年5月	在建
金沙江乌东德右岸水电站机电安装、金属结构制作	三峡金沙江川云水电开发有限公司	40574.86	2012年10月	在建
金沙江溪洛渡水电站机电设备安装与调试工程	三峡水电开发总公司	30517.60	2009年5月	2016年12月
内蒙古呼和浩特抽水蓄能电站水泵水轮机埋入部件、高压岔管制造工程	东方电气集团东方电机有限公司	2602.85	2011年1月	2012年2月
青海黄江拉西瓦电站布料机制造工程	—	319.00	2005年3月	2006年3月
青海直岗拉卡电站尾水管制作工程	—	167.80	2002年12月	2003年5月

续表

项目名称	业主单位	合同总额（万元）	开工时间	竣工时间
山东泰安水电站水管、坑里衬、接力器基础板制作工程	—	462.70	2003年10月	2005年7月
山东文登抽水蓄能电站尾水肘管、锥管装配工程	哈尔滨电机厂有限责任公司	774.00	2019年10月	在建
山西西龙池抽水蓄能电站水泵、水轮机埋件制作工程	—	1905.60	2005年6月	2007年4月
山西小浪底及中部引黄水泵进水肘管及锥管装配工程	—	136.36	2017年2月	2017年3月
陕西旬阳水电站蜗壳制作工程	哈尔滨电机厂有限责任公司	716.28	2017年6月	2019年9月
陕西榆林进水肘管、锥管制作工程	哈尔滨电机厂有限责任公司	117.96	2022年5月	在建
陕西镇安抽水蓄能电站尾水肘管、锥管、坑里衬装配工程	哈尔滨电机厂有限责任公司	706.11	2021年3月	2022年8月
上海宝钢热风火炉制造工程	上海宝钢	1832.80	2003年3月	2004年5月
四川巴拉路工程巴楚河隧道机电设备采购及安装	华电金沙江上游水电开发有限公司	561.21	2014年4月	2015年1月
四川巴塘机坑里衬装配承揽	哈尔滨电机厂有限责任公司	153.00	2021年4月	2021年12月
四川大岗山电站拦污栅制造	国电大渡河大岗山水电开发有限公司	811.04	2011年5月	2013年1月
四川俄日河红卫桥水电站厂区枢纽工程	四川华电金川水电开发有限公司	—	2019年4月	2022年3月
四川二江电站大机拦污栅制作	—	123.00	2004年4月	2005年1月
四川凤仪航电工程船闸金属结构制造	四川嘉陵江凤仪航电开发有限公司	1091.14	2008年8月	2010年10月
四川甘洛玉田水电站压力钢管制造及安装	—	1455.07	2010年6月	2012年9月
四川观音岩水电站金结制作工程	大唐观音岩水电开发有限公司	11602.12	2011年12月	2013年12月
四川官地水电站金结制作工程	雅砻江流域水电开发有限公司	12237.29	2007年1月	2010年12月
四川华电木里河立洲3×110兆瓦水电闸门制作工程	四川华电木里河水电开发有限公司	1035.16	2013年4月	2014年9月
四川黄金坪水电站水轮机埋件制作工程	东方电气集团东方电机有限公司	2878.54	2011年11月	2013年12月
四川江油水电站金属结构制安	—	2407.33	2009年1月	2011年1月
四川金龙潭电站座环蜗壳制作	—	129.30	2004年4月	2014年11月
四川金沙水电站金属结构设备制作工程	四川能投攀枝花水电开发有限公司	5618.67	2018年4月	2022年10月
四川金银台航电枢纽启闭机制造Ⅰ、Ⅱ标	—	1566.70	2003年3月	2004年8月
四川锦屏二级水电站机电安装、金结制作工程	二滩水电开发有限责任公司	19256.07	2007年2月	2012年12月
四川卡基娃电站机电安装、金结制作工程	四川华电木里河水电开发有限公司	5207.45	2011年6月	2014年1月
四川两河口水电站蜗壳制造工程	哈尔滨电机厂有限责任公司	2343.22	2018年1月	2019年9月
四川泸定水电站闸门（含拦污栅）制造工程	四川华电泸定水电有限公司	3540.43	2009年5月	2012年6月
四川瀑布沟水电站水轮机埋件、启闭机制作工程	—	3311.80	2004年12月	2008年8月

续表

项目名称	业主单位	合同总额（万元）	开工时间	竣工时间
四川深溪沟水电站蜗壳中墩护头制安	国电大渡河流域水电开发有限公司	329.70	2008年11月	2009年5月
四川双江口水电站平面闸门采购	四川大渡河双江口水电开发有限公司	6023.19	2021年5月	在建
四川田湾河梯级电站压力钢管制作	—	9946.40	2005年2月	2007年10月
四川亭子口水利枢纽泄洪底孔弧形闸门制作工程	嘉陵江亭子口水利水电开发有限公司	3231.11	2011年6月	2013年5月
四川桐子壕电站启闭机制造	—	356.50	2001年4月	2002年11月
四川桐子林水电站尾水建筑物闸门制作	雅砻江流域水电开发有限公司	1633.34	2013年8月	2013年9月
四川瓦屋山水电站压力钢管、金结设备制造	四川瓦屋山电力实业有限公司	3039.58	2005年10月	2005年12月
四川小龙门航电枢纽工程闸门及启闭机制安	四川南充小龙门航电工程建设指挥部	5520.40	2003年10月	2008年12月
四川新政航电枢纽闸坝及厂房启闭机、闸门制造	—	2996.90	2003年9月	2005年10月
四川银江A、B包标水轮机埋件制安	哈尔滨电机厂有限责任公司	1686.00	2022年12月	在建
四川长河坝水电站闸门（含拦污栅）制造采购	四川大唐国际甘孜水电开发有限公司	3071.95	2014年1月	2016年8月
四川昭化水电站工程闸门（拦污栅）制造、安装工程	大唐四川川北电力开发有限公司	4783.27	2010年8月	2012年12月
四川紫坪铺电站金结制作工程	—	1013.80	2003年6月	2004年5月
西藏新荣水电站机电安装工程	中国电力建设集团有限公司援建西藏昌都地区工程建设管理处	3821.91	2015年1月	2017年12月
新疆大石坝抽水蓄能电站蜗壳装配、尾水肘管、中敦护头制安工程	哈尔滨电机厂有限责任公司	1202.40	2021年11月	在建
云南阿海水电站金属结构设备制安工程	云南金沙江中游水电开发有限公司	9202.98	2008年12月	2011年3月
云南大华桥水电站机电设备安装与金属结构制造工程	华能澜沧江水电股份有限公司	10917.82	2011年6月	2019年1月
云南高桥电站闸门制造	云南滇能（集团）昭通高桥发电有限公司	282.00	2002年12月	2003年5月
云南金安桥水轮机及其附属设备埋件制作	金安桥水电站有限公司	5911.30	2007年1月	2008年12月
云南金沙江鲁地拉水电站机电安装、金结制作工程	云南华电鲁地拉水电有限公司	11492.82	2009年1月	2013年12月
云南景洪水电站机电设备安装与金属结构制作工程	华能澜沧江水电股份有限公司	41055.11	2004年8月	在建
云南腊寨水电站导流洞事故检修闸门制造安装及启闭机安装工程	云南龙陵腊寨水电发展有限公司	261.19	2005年11月	2006年4月
云南澜沧江特大桥钢梁制造及成桥焊接工程	中铁大桥局集团第五工程有限公司	6525.00	2019年6月	在建
云南里底水电站导流明渠、溢洪道系统闸门设备制造	云南华能澜沧江水电有限公司	1439.43	2010年11月	2010年12月

续表

项目名称	业主单位	合同总额（万元）	开工时间	竣工时间
云南龙江水电站尾水管制作	—	183.10	2008年1月	2008年9月
云南龙开口电站机电设备安装与金属结构制作工程	哈尔滨电机厂有限责任公司	14594.39	2008年6月	2014年6月
云南苗尾水电站溢洪道及冲沙兼放空洞闸门设备	华能澜沧江水电股份有限公司	2726.37	2013年12月	2016年6月
云南南极洛河水电站压力钢管制造与安装工程	云南江海投资开发有限公司	1204.49	2013年12月	2015年12月
云南糯扎渡水电站机电安装工程	华能澜沧江水电股份有限公司	18739.64	2007年12月	2011年10月
云南盘龙河马鹿塘电站二期工程水轮机部分埋件制作	云南文山州电力总公司	200.90	2006年11月	2008年
云南向家坝水电站金属结构设备制安工程	三峡水电开发总公司	29993.95	2009年8月	2013年11月
云南小湾水电站机电安装工程	华能澜沧江水电股份有限公司	21506.29	2004年3月	2006年11月
浙江缙云抽水蓄能电站机坑里衬、尾水肘管、锥管制作	哈尔滨电机厂有限责任公司	1200.60	2022年4月	在建
浙江京杭运河船闸扩容工程皂河三线船闸工程闸阀门制造与安装工程	—	459.40	2005年2月	2006年4月
浙江滩坑电站水轮机蜗壳制作	—	924.90	2006年4月	2006年12月
浙江通用电气亚洲水电设备NT2座环及蜗壳制安工程	—	696.70	2006年3月	2006年11月
浙江新安江15千伏母线安装工程	—	102.00	1999年3月	2000年3月
浙江长龙山抽水蓄能电站机组埋件、蜗壳制作	东方电气集团东方电机有限公司	853.06	2017年8月	在建
重庆芙蓉江浩口水电站闸门设备制作	贵州大唐国际道真水电开发有限公司	3036.92	2015年1月	2017年12月
重庆江口水电站金结设备制造及启闭机设备安装	重庆江口水电有限责任公司	2332.60	2001年3月	2003年12月
重庆蟠龙抽水蓄能电站机电安装工程	重庆蟠龙抽水蓄能电站有限公司	28287.93	2019年12月	2020年3月
重庆乌江彭水水电站机电安装工程	重庆大唐彭水水电开发有限公司	12605.34	2005年8月	2008年12月
重庆银盘水电站机电安装工程	重庆大唐国际武隆水电开发有限公司	6908.94	2006年2月	2008年7月

二、工程选介

（一）广东梅州抽水蓄能电站机电设备安装工程

梅州抽水蓄能电站地处广州—汕头粤东部分的中部，位于广东省梅州市五华县南部的龙村镇黄狮村境内，电站距广州市、汕头市、梅州市的直线距离分别为210千米、120千米、115千米，站点布局于广东省东翼沿海产业带中部，电站建成后，主要服务于广东电网，在电网中承担调峰、填谷、紧急事故备用任务，兼有调频、调相和黑启动任务。

广东梅州抽水蓄能电站规划装机容量为2400兆瓦，分两期建设，其中一期装机容量为1200兆瓦，厂房内共安装4台单机容量为300兆瓦的单级立轴单转速混流可逆式水泵水轮电动发电机组。该电站全面了解和掌握了大型抽蓄机组水操作球阀安装调试技术以及国内首次抽蓄机组国产GCB安装调试技术，创新采用带转轮预装导水机构技术和发电机轴与下机架一钩双吊技术。

梅州抽水蓄能电站一期电站机电安装工程首台机组投产19个月，4台机组全投25个月，首投、全投刷新同类型工程最快纪录，比国内平均工期缩短8个月。机组运行后，其三部导轴承摆度均小于50微米，开启了抽水蓄能机组的"5道时代"；机组运行振动小于1毫米/秒，各轴承运行温度小于60℃，在同类型机组运行性能中居领先地位。

2022年1月11日，梅蓄项目部荣获首台机组投产发电先进集体；2022年3月21日，梅蓄项目部荣获业主表彰，获评电源工程劳动竞赛2021年第四季度示范单位。

（二）广西大藤峡水利枢纽工程机电安装、金属结构制作

大藤峡水利枢纽工程位于珠江流域西江水系黔江河段末端，坝址在桂平市黔江彩虹桥上游6.6千米处，地理坐标为北纬23°28′，东经110°01′，是红水河梯级规划中最末的梯级，是国务院确定的172项节水供水重大水利工程的标志性工程之一，集防洪、航运、发电、水资源配置、灌溉等综合效益于一体，是珠江流域关键控制性水利枢纽，也是两广合作、桂澳合作的重大工程。枢纽建筑物主要包括泄水、发电、通航、挡水、灌溉取水及过鱼建筑物等，挡水建筑物由黔江主坝、黔江副坝、南木江副坝组成。

河床式厂房分左、右两岸布置在泄水闸两侧，共8台机组，右侧布置5台机组，左侧布置3台机组，单机容量为200兆瓦，总装机容量为1600兆瓦。26孔泄水闸布置在主河床中部，泄水闸共设2个高孔和24个低孔，布置在碾压混凝土纵向围堰坝段两侧。

该工程采用二期方式，一期导流先围左岸，江水由束窄后的右岸河床过流。在一期围堰的保护下，施工河床20孔泄流低孔、1孔泄流高孔、左厂房、左岸挡水坝等建筑物。二期导流围右岸，江水由一期建成的20孔泄流低孔、1孔泄流高孔过流。在二期围堰的保护下，施工河床4孔泄流低孔、1孔泄流高孔、右岸厂房、右岸挡水坝等建筑物。

2015年9月，水电八局与广西大藤峡水利枢纽开发有限责任公司签订一期分包合同，工作范围包括大藤峡水利枢纽工程左岸泄水坝段、左岸厂房工程土建及机电、金属结构安装等内容。2016年11月19日，左岸厂房首仓混凝土开仓；2019年4月4日，左岸泄水闸低孔弧门安装全部完成；2019年8月，开始进行首台机组（8#）安装；2020年4月30日，首台机组投产发电；2020年7月31日，大藤峡水利枢纽左岸厂房6#水轮发电机组接入广西电网投产发电，随着6#机组的投产发电，大藤峡水利枢纽左岸厂房所有机组全面投产运行。其中8#机组获得南方电网2022年度发电金牌机组。

2019年4月，水电八局与广西大藤峡水利枢纽开发有限责任公司签订二期分包合同，工作范围包括大藤峡水利枢纽工程右岸泄水坝段、右岸厂房工程、右岸挡水坝段、黔江鱼道工程土建及机电、金属结构安装等内容。2019年10月26日，大藤峡水利枢纽工程实现大江截流；2022年4月24日，完成首台机组定子吊装；2022年4月30日，完成挡水目标；2022年9月28日，大藤峡水利枢纽工程顺利通过水利部主持的二期蓄水（61米高程）验收；2022年10月31日，1#机组投产发电；2022年12月31日，2#机组投产发电，全面实现了2022年所有节点目标，其中投产发电工期较合同工期提前90天，后续机组在2023年全部投产发电。

2016—2021年，水电八局还先后承揽了大藤峡闸门、水机、基础埋件、蜗壳、钢衬、机坑里衬、机组检修等项目，其中检修闸门为平面滑动闸门：长8.067米、宽21.786米、水头54米；事故闸门为平面定轮闸门：长8.067米、宽17.096米、水头56米。

（三）贵州乌江构皮滩水电站机电安装工程

构皮滩水电站位于贵州省余庆县境内，是乌江流域梯级滚动开发的第5级，上距乌江渡水电站137千米，下距河口涪陵455米，控制流域面积为43250平方千米，占全流域的49%，坝址年平均流量为717立方米/秒，坝址年平均径流量为226亿立方米。是"西电东送"南部通道中承东启西、承南启北的骨干支撑电源点，共安装有5台600兆瓦水轮发电机组，总装机容量为3000兆瓦。

构皮滩水电站水轮发电机组为我国首次自主设计、制造的特大型机组。转子铁芯是当时国内最高的，铁芯高度为3500毫米，转子重约1200吨。水电八局根据高铁芯机组特点优化座环焊接工艺，创新定子、转子铁芯的七次叠装压紧工艺，精心组织，优化施工工序，实现了发电目标，树立行业新标杆。机组运行状况良好，工程质量优于国际标准。为同类型水轮发电机组高铁芯定转子组装、安装提供了经验借鉴。

电站于2003年11月8日正式开工，2004年11月16日大江截流，2009年7月首台机组（5#）投产发电，2009年12月29日实现了国产特大型机组"一年五投"的壮举。

（四）河南西霞院水利枢纽机电安装工程

西霞院水利枢纽工程位于黄河干流中游的河南省境内，坝址左、右岸分别为洛阳市的吉利区和孟津县，坝址上距小浪底工程16千米，是小浪底水电站的配套工程，起反调节作用，为Ⅱ等大（2）型工程，坝轴线全长3122米，竣工时是黄河上最长的大坝。

电站共有4台单机容量35兆瓦轴流转桨式机组，总装机容量为140兆瓦。2007年6月首台机组并网发电，2008年1月4台机组全部并网发电。2011年2月通过了由水利部主持的竣工技术预验收。

（五）湖南东坪水电站机电设备安装工程

东坪水电站为湖南省重点工程，位于安化县东坪镇闵家湾村，上距柘溪水电站10千米，工程为桥坝合一，将成为安化县连通南北的又一交通要道。该电站是资水干流益阳河段开发规划中的第一级低水头电站，是以发电为主的中型水电工程。设计总装机容量为4台单机容量20兆瓦水轮发电机组，总计80兆瓦，年平均发电量为2.912亿千瓦时，总投资为7.4亿元。水电八局承担电站机电设备安装任务。

2005年10月机电安装工程开始施工；2007年3月31日首台机组开始发电；2007年6月20日东坪水电站第二台机组发电；2007年8月20日第三台机组发电；2007年10月30日第四台机组发电，实现了"一年四投"的发电目标任务。

（六）湖南沅水托口水电站机电安装工程

托口水电站是沅江流域开发的最后一座大型电站，为湖南省重点工程。托口水电站位于沅水干流上游，湖南省怀化市洪江区托口镇下游约3.5千米的东游祠。本工程枢纽采用分散式布置，主坝、泄洪闸门、生态放水小电站布置在托口镇下游东游祠附近，大电站发电厂房、通航建筑物及副坝等布置在王家坳垭口处。大电站厂房区距黔城镇公路约20千米、距洪江市公路约30千米、距怀化市公路约70千米。洪江水电站库区尾水已到厂房附近。

托口水电站的开发任务以发电为主，兼航运等综合利用效益，属Ⅰ等大（1）型工程，航运按50吨级船只过坝设计，设计货运量为20万吨/年，航道等级为Ⅶ级。托口水电站正常蓄水位为250.00米，相应库容为12.49亿立方米，调节库容为6.15亿立方米，库容系数为0.037，具有不完全年调节性能。

托口水电站包括大电站及生态放水小电站，大电站主厂房安装4台单机容量为200兆瓦的混流式水轮发电机组。大电站以500千伏电压等级接入电力系统，发电机与变压器组合采用联合单元接线，500千伏高压侧2进1出采用单母线接线。

托口水电站副坝主电站厂区设计安装4台单机容量为200兆瓦的混流式水轮发电机组，最大水头59.75米，最小水头43.85米，额定水头54.00米，额定转速为88.2转/分，额定电压为15.75千伏，额定功率因素为0.9（滞后）。生态放水小电站设计安装2台单机容量为15兆瓦的混流式水轮发电机组，最大水头56.0米，最小水头34.0米，额定水头49.0米，额定转速为300转/分，额定电压为6.3千伏，额定功率因素为0.85（滞后）。电站装机容量为83万千瓦，年均发电量为21.31亿千瓦时，总投资为95亿元。

托口水电站机电安装及金属结构设备安装施工项目各项质量指标满足设计及规范要求。分部工程质量评定均为优良，单元工程质量评定合格率为100%，优良率为96%，工程设备投运正常，整体工程质量良好。

（七）湖南长沙湘江航电枢纽机电安装工程

长沙湘江综合枢纽工程是以保证长株潭城市群生产生活用水、适应滨水景观带建设和进一步改善长沙—株洲段通航条件为主，兼顾发电等功能的公益性基础设施建设工程。坝址位于湘江丁字湾卡口下游的蔡家洲分汊河段。电站为河床式电站，厂房位于左汊右岸蔡家洲左侧，电站厂房内装设6台单机容量为9.5兆瓦的灯泡贯流式水轮发电机组，总装机容量为57兆瓦，年平均发电量为2.315亿千瓦时，年发电利用小时数达4061小时。该电站选用2台容量均为40000千伏安的升压变。发电机电压（10.5千伏）侧采用单母线接线，即每3台发电机组与1台主变压器组成单母线接线形式；高压（110千伏）侧2进1出，采用单母线接线。

电站采用开放式全分布计算机监控系统。电站设有中控室，中控室内布置有计算机监控系统操作员工作站等，负责对全厂设备进行操作、控制和监视。每台机旁布置有机组励磁、调速器、辅助设备控制屏和保护屏、计算机监控系统LCU等，负责对本机组的控制与安全监视。水电八局承担长沙湘江综合枢纽工程厂房金属结构及机电设备安装任务。

2013年8月机电安装工程开工，2015年2月10日首台机组发电，2015年9月15日湘江航电枢纽第二台机组发电，2015年12月13日第三台机组发电，2016年2月4日第四台机组发电，2017年4月14日第五台机组发电，2017年4月28日第六台机组发电，完成所有机组安装调试任务。

（八）金沙江白鹤滩水电站机电安装、金结制作工程

金沙江白鹤滩水电站水库正常蓄水位为825米，相应库容为206亿立方米。白鹤滩水电站安装了16台中国自主研制、全球单机容量最大功率达百万千瓦的水轮发电机组，电站总装机容量为1600万千瓦。

水电八局承揽了白鹤滩右岸大坝土建及金属结构安装

工程、砂石系统等项目，与中国三峡开发总公司、哈尔滨电机厂有限责任公司、东方电气集团东方电机有限公司签订合同，内容包括导流洞与尾水隧洞闸门、定子机座及基础板、左岸电站水轮机埋件、尾水管检修闸门、蜗壳和机坑里衬、尾水锥管等金属结构制作安装。其中平面滑动闸门分别长17.5米、宽22.25米、水头42米，长12米、宽18米、水头102米；负责8套蜗壳制作，单重692吨，合计重5536吨，最大进口直径φ8600毫米。项目按期交货，满足业主并网发电要求。

（九）金沙江乌东德右岸水电站机电安装、金属结构制作

乌东德水电站位于云南、四川界河河段，右岸隶属云南省昆明市禄劝县，左岸隶属四川省会东县，是金沙江下游河段四个水电梯级电站——乌东德、白鹤滩、溪洛渡和向家坝中的第一级电站，下距白鹤滩水电站182.5千米。乌东德水电站坝址至昆明、成都的直线距离分别为125千米、470千米，开发任务以发电为主，兼顾防洪，是"西电东送"的骨干电源点。

乌东德水电站枢纽由大坝、引水发电系统、泄洪洞、导流洞等组成。电站建筑物采用首（中）部式地下厂房的形式，左右两岸均采用岸塔式进水口，6条引水洞几近平行布置，主厂房、主变洞和尾水调压室三大洞室平行布置，尾水调压室采用长廊型阻抗式，尾水隧洞在调压室底部汇流为两机一洞，左、右岸均有2条尾水隧洞与导流洞结合布置，尾水出口布置于下游围堰的下游侧。

乌东德水电站的主机设备尺寸大、水轮发电机设备安装重量为世界之最。电站共装设12台（左、右岸各6台）单机容量为850兆瓦的立轴混流式水轮发电机组，总装机容量为10200兆瓦，是目前投产和在建的世界单机容量第二大水轮发电机组，首批机组于2020年6月底投产发电，末批机组于2021年6月全部投产发电。

水电八局承担了乌东德水电站右岸电站6台单机容量850兆瓦混流式水轮发电机组的安装调试工作，对巨型水轮发电机组加工、组装、安装和调试中的重难点进行了系统研究，解决了现场加工、现场组装、安装和调试等方面的技术难题，提高了生产效率，提升了施工质量，取得了多项技术成果。例如：座环、转子现场加工技术；定子下线"微正温、微正压"环境构建技术；三维激光跟踪测量技术运用；水发大轴销套现场同镗技术；开展转动部件轴系同心度、垂直度和平衡性研究；自主完成巨型机组安装调试技术工作，填补百万级巨型水轮发电机组安装与调试技术空白；采用BIM技术优化管线排布，对电缆桥架、管路及支吊架进行二次优化设计。

水电八局承揽了该工程部分金属结构制作。主要包括表孔事故检修闸门：长12米、宽16米、水头16.15米；泄洪洞事故检修门：长6米、宽10米、水头97米。进水口拦污栅：长4.5米、宽58.5米、水头4.5米；进水口分层取水闸门：长4米、宽36米、水头6米；尾水调压室检修门：长12米、宽23米、水头59.2米；1#~2#导流洞封堵门：长8.25米、宽24米、水头106.88米；进水口拦污栅：长4米、宽62米、水头4.5米；进水口分层取水闸门：长4米、宽40米、水头6米；尾水调压室检修门：长12米、宽23米、水头59.2米；3#~4#导流洞封堵门：长8.25米、宽24米、水头108.88米。

2021年11月16日，乌东德项目荣获云南省五一劳动奖。"乌东德电站850兆瓦水轮发电机组安装技术研究"荣获2022年度中国电建科学技术进步奖一等奖、湖南省水利水电科技进步奖三等奖等奖项。

（十）金沙江溪洛渡水电站机电设备安装与调试工程

溪洛渡水电站是国家"西电东送"骨干工程，位于四川省雷波县和云南省永善县接壤的金沙江峡谷段，是一座以发电为主，兼有拦沙、防洪和改善下游航运等综合效益的大型水电站。拦河坝为混凝土双曲拱坝，坝顶高程610米，最大坝高278米，坝顶弧长69807米；左、右两岸布置地下厂房，各安装9台水轮发电机组，电站总装机容量为13860兆瓦，年平均发电量达571.2亿千瓦时。

水电八局承揽了金沙江溪洛渡水电站大坝土建和金属结构安装工程、右岸电站机电设备安装与调试工程、坝肩开挖及缆机平台工程、人工骨料加工系统工程、引水发电系统和大坝导流底孔金属结构设备制作等。

溪洛渡水电站深孔共8孔，每孔孔道内设一期钢衬，面板所用钢材为不锈钢复合钢板（以下简称复合钢板），基层厚度20毫米，复层厚度4毫米。钢衬最大外形尺寸为15833毫米×8448（9310）毫米×2523毫米，单节最大重量为28.181吨。为保证钢衬安装的焊接施工质量，将钢衬焊缝改成非对称的"X"形坡口形式，坡口钝边取2~4毫米，坡口熔深与宽度比取1.5~1.8，且优化焊接工艺，加大焊接的现场质量管理力度，搭设焊接防雨棚，保证了每次焊接的合格率。为减少安装时间，保证了混凝土浇筑间歇期，在左岸EL.610米卸料平台搭设组装平台，对钢衬进行两两组拼、焊接，缩短了仓面安装时间。平面滑动闸门：长8米、宽10.401米、水头82米。

溪洛渡水电站安装调试标准领先三峡工程，其中水轮机圆筒阀安装技术、发电机定子自身坑组装与座环加工同步施工工艺、水轮发电机组轴线总装调整技术、电站500千伏GIS安装技术、电站500千伏升压变压器安装技

术、500千伏高落差GIL安装技术以及机组启动调试试运行等一系列创新工艺技术，满足了国家骨干工程的高标准要求，并创造了溪洛渡右岸电站800兆瓦级机组"一年六投"的新纪录。

溪洛渡右岸电站800兆瓦级机组优质高效安装技术获2014年度中国电建科学技术奖一等奖。

（十一）四川俄日河红卫桥水电站厂区枢纽工程

红卫桥水电站位于四川省阿坝藏族羌族自治州金川县境内俄日河上，系俄日河干流水电规划"一库四级"自上而下的最末一级，上接俄日梯级。闸址位于二安沟沟口下游约1.7千米处，经右岸引水至距俄日河沟口约580米处的右岸山体内建地下厂房发电，电站装机容量为111兆瓦，正常蓄水位为2867.0米，正常蓄水位以下库容为98.8万立方米，调节库容为38.0万立方米，闸坝最大坝高为20.00米。

水电八局承担红卫桥水电站厂区枢纽工程，并负责枢纽金属结构制作、机电和金属结构安装任务，工作范围为3台水轮发电机组及辅助设备的安装、压力钢管的制作及现场安装、水工金属结构闸门的制作及现场安装等内容。2019年5月开始第一仓埋件安装，2019年9月8日开始机组埋件安装，2020年11月3日开始首台机组水轮机安装。2021年9月30日完成首台机组无水调试，2021年12月5日开始首台机组有水调试。2021年12月30日完成3台机组涉网前的全部试验。2022年3月10日开始首台机组涉网试验，2022年3月14日1#机组移交业主进入商业运行，2022年3月22日3#机组移交业主进入商业运行。

在不到13天的时间，完成了3台水轮发电机组的涉网试验和72小时试运行工作，顺利完成业主投产目标。

（十二）四川观音岩水电站金结制作工程

电站水库正常蓄水位为1134米，库容约为20.72亿立方米。装机容量为300万千瓦（5×60万千瓦）。单独运行时保证出力47.8万千瓦，年均发电量达122.40亿千瓦时，年发电利用小时数达4080小时。水电八局承揽了观音岩水电站水轮机埋件、蜗壳、尾水管、基坑里衬、中敦护头、进水口及溢流表孔闸门等金属结构制作任务。其中蜗壳单重468.1吨，5套合计重2340.5吨，最大进口直径ϕ10500毫米。

本工程于2012年5月开工，5套蜗壳全部于2013年8月交货完成，满足业主并网发电要求。

（十三）四川锦屏二级水电站机电安装、金结制作工程

水库正常蓄水位为1646米，回水长度为7.5千米，相应库容为1401万立方米；水库死水位为1640米，固定库容为905万立方米，调节库容仅为496万立方米。电站总装机容量为480万千瓦（8×60万千瓦），年平均发电量242.3亿千瓦时。

本工程蜗壳、进水口事故闸门门叶、拦河闸弧形工作闸门制作由水电八局负责。平面定轮闸门和弧形工作闸门分别为：长9.5米、宽11.8米、水头38米；长13米、宽22米、水头22米。蜗壳单重310.473吨，8套合计重2483.784吨，最大进口直径ϕ6050毫米。

本工程于2009年4月开工，全部于2012年2月交货完成，满足业主并网发电要求。

（十四）四川两河口水电站蜗壳制造工程

坝址处多年平均流量为664立方米/秒，水库正常蓄水位为2865米，相应库容为101.54亿立方米，调节库容为65.60亿立方米，具有多年调节能力，电站装机容量为3000兆瓦（6×500兆瓦），年平均发电量为110.62亿千瓦时。蜗壳单重314.865吨，6套合计重1889.19吨，最大进口直径ϕ5900毫米。

本工程于2018年7月开工，6套蜗壳全部于2019年9月交货完成，满足业主并网发电要求。

（十五）西藏新荣水电站机电安装工程

新荣水电站位于西藏昌都地区洛隆县北部的新荣乡境内、怒江左岸一级支流达曲上，为不完全日调节引水式电站。厂（坝）址距新荣乡政府17千米，距洛隆县城68千米，距昌都市298千米，距拉萨市1294千米，距成都市1320千米。

该电站是以蓄能调节为主，担任洛隆县调频调峰任务的水电站。发电厂房为引水式地面厂房，厂房内安装4台1.25兆瓦混流式立式水轮机组，总装机容量为5兆瓦。水轮发电机额定水头为19.00米，设计引用流量为31.72立方米/秒。水库正常蓄水位为3269.20米，设计洪水位为3271.37米，校核洪水位为3272.38米，死水位为3267.10米，水库正常蓄水位对应库容为102.35万立方米，总库容为140.12万立方米，调节库容为20.89万立方米。

该工程于2015年1月进场施工，2015年9月大江截流成功，2016年3月，大坝首仓混凝土浇筑，2016年10月，大坝混凝土到顶EL.3273.60米；2016年5月，厂房首仓混凝土浇筑，2016年10月，副厂房框架到顶；2017年1月，蓄水阶段验收通过，具备蓄水条件。工程首台机组于2017年3月投产发电，2017年4月，最后一台机组试运行成功；2017年11月，水淹厂房后4台机组全部恢复发电，并取得运行交接证书；2018年1月，本合同工程全部施工完成，现场良好运行。

（十六）云南阿海水电站金属结构设备制安工程

阿海水电站最大坝高130米，水库总库容为8.82亿立方米，有效库容为2.18亿立方米，具有日调节能力。电站总装机容量为200万千瓦，年平均发电量为88.77亿千瓦时，静态投资约136亿元。

水电八局承揽了阿海水电站新源沟砂石加工系统工程，水轮机埋件、左岸泄洪冲沙底孔弧形工作闸门门槽、右岸冲沙底孔弧形工作闸门门槽制作等任务。其中潜孔弧形工作闸门：长4米、宽4米、水头77米。

本工程于2010年1月开工，全部于2011年3月交货完成，满足业主并网发电要求。

（十七）云南大华桥水电站机电设备安装与金属结构制造工程

云南大华桥水电站位于云南省怒江州兰坪县兔峨乡境内的澜沧江干流上，是澜沧江上游河段规划推荐开发方案的第6级电站，上游距黄登水电站约34千米，下游距苗尾水电站约69千米。电站坝址左岸有三级公路通过，由坝址至大理、昆明的公路里程分别为251千米、571千米。大华桥水电站为Ⅱ等大（2）型工程，电站由挡水工程、引水发电系统及地面开关站等组成。引水发电系统布置于左岸，采用首部式地下厂房。引水发电建筑物由电站进水口、压力管道、主厂房、主变洞、开关站、尾水调压室、尾水隧洞等组成。引水系统采用"单管单机"布置形式，尾水系统采用"两机一室一洞"布置形式。电站水库正常蓄水位为1477.00米，死水位为1472.00米，调节库容为0.413亿立方米，水库具有日调节性能。电站装机容量为920兆瓦，电站保证出力250兆瓦，年发电利用小时数达4504小时，年发电量为41.44亿千瓦时（七库联调）。本电站以500千伏电压等级接入电力系统，供电云南电网和南方电网，在系统中担负调峰及调频，枯水期担负峰荷、腰荷，汛期主要担负基荷，是云南电力系统中主要电站之一。

大华桥水电站装设4台混流式水轮发电机组，单机容量为230兆瓦，以500千伏电压等级接入电力系统，电站按"无人值班"设计。该电站机组设备为4台单机容量230兆瓦混流式机组，水轮机型号为HLA1284-LJ-660，额定水头62.5米；发电机型号为SF230-60/14600。电站外送线路采用两回500千伏高压电缆，该高压电缆截面积800平方毫米，外径152毫米，重量25千克/米，垂直竖井段长度约184米，敷设高差约200米，单相长度约7000米。在该500千伏电缆敷设中，克服了线路长、落差大、洞室内通信不畅等困难，其安装质量获得了参建各方好评。本工程按《水电水利工程达标投产验收规程》（DL5278—2012）的标准进行验收，荣获2020—2021年度中国建设工程鲁班奖、2021—2022年度中国安装工程优质奖（中国安装之星）。

（十八）云南金沙江鲁地拉水电站机电安装、金结制作工程

鲁地拉水电站以发电为主，兼有水土保持、库区航运和旅游等综合利用功能。根据预可研阶段设计成果，电站正常蓄水位为1223米，总库容为17.18亿立方米，装有6台360兆瓦混流式水轮发电机组，总装机容量为2160兆瓦，年平均发电量达99.57亿千瓦时，年利用小时数达4610小时，属Ⅰ等大（1）型工程。工程枢纽建筑物主要由碾压混凝土重力坝、河床溢流表孔和底孔、引水隧洞、右岸地下厂房和开关站等建筑物组成。

水电八局承揽了金沙江鲁地拉水电站大坝土建及金属结构设备安装工程、水轮机埋件、蜗壳制作等，蜗壳单重387.07吨，6套合计重2322.42吨，最大进口直径φ9000毫米。鲁地拉水电站安装的主要机电设备包含3台（套）单机额定出力为367兆瓦的混流式水轮机，设计额定水头为80米，额定转速为100转/分，转轮直径为7.1米，水轮机总重量为1690吨。3台（套）单机容量为360兆瓦的三相、立轴、空冷、半伞式同步发电机，整体定子尺寸（外径×高度）φ16230毫米×445毫米，整体转子尺寸（外径×高度）φ15100毫米×2120毫米，发电机单机安装总重约为1986吨。6台（套）单台容量为140兆伏安、500千伏的单台双绕组升压变压器及附属设备，变压器单相单元最大尺寸约为6900毫米×54000毫米×7350毫米。电站全厂500千伏SF6气体绝缘金属封闭开关设备（GIS）和出线设备，包括3串3/2断路器接线间隔、2个保护间隔、2段主母线、2组快速接地开关、3组GIS与变压器连接部分、GIS所需的支撑结构，支撑固定件的操作维护平台和梯架、主变与GIS连接的输电线路、GIS与出线设备连接的输电线路。电站全厂高差约为75米，出线竖井内的500千伏交联聚乙烯电力电缆3回及其附属设备，500千伏高压电缆安装约为800单相米。以上工程安装技术精良，各项指标均达到设计规范要求，质量优良，3台机组截至移交电厂投产运行以来，各设备工作状态优良稳定。

（十九）云南龙开口电站机电设备安装与金属结构制作工程

该工程是以发电为主，兼顾灌溉、供水及防洪的Ⅰ等大（1）型水电水利工程。枢纽由碾压混凝土重力坝、泄洪冲沙建筑物、右岸坝后式厂房、左右两岸灌溉取水口等建筑物组成。最大坝高116米，坝顶高程1303米，坝顶长768米。水库正常蓄水位为1298米，总库容为5.07亿立方

米，调节库容为1.13亿立方米，具有日调节性能。电站装机容量为1800兆瓦，安装5台360兆瓦的混流式水轮发电机组，年均发电量达73.96亿千瓦时。

水电八局承揽了金沙江龙开口水电站大坝土建及金属结构安装工程，与哈尔滨电机厂有限责任公司签订了泄洪中孔工作闸门、水轮机转轮、埋件等制作合同。其中潜孔弧形工作闸门：长5米、宽8米、水头60米。

本工程于2010年8月开工，2012年6月交货完成，满足业主并网发电要求。

（二十）云南糯扎渡水电站机电安装工程

糯扎渡水电站位于云南省普洱市思茅区与澜沧县交界处的澜沧江下游干流上，电站距昆明公路约521千米。地下式厂房内共装设9台单机容量为650兆瓦的水轮发电机组，转轮直径7.2米，按无人值班（少人值守）设计。

机电安装的主要工程内容包括：糯扎渡水电站地下厂房工程6台（套）（1#～6#机组）单机额定功率650兆瓦的立轴混流式水轮机（包括圆筒阀及其附属设备，不包括尾水肘管、锥管及EL.579.50米以下埋件）；6台（套）单机额定容量为722.3兆伏安的全空冷发电机；6台（套）机组的调速系统；6台（套）机组的励磁系统；6台（套）机组配套的附属设备及管路、自动化元件、控制柜等；6台（套）机组技术供水系统设备安装与调试；电气一次系统6台（套）封闭母线及相关设备安装与调试，6台（套）机组段相关场地照明设备安装与调试；电气二次系统6台（套）机组发变组保护及故障录波系统设备安装与调试；6台（套）机组现地控制单元（LCU）设备安装与调试。另增加合同外2项工程：升压变电工程出线场构件安装；引水发电工程拦污漂安装。

2012年2月29日，糯扎渡项目部荣获糯扎渡水电工程2011年度质量管理先进集体称号；2014年7月8日，糯扎渡机电安装项目部荣获云南省总工会、华能澜沧江劳动竞赛先进集体称号。该工程荣获第十五届中国土木工程詹天佑奖。

（二十一）云南向家坝水电站金属结构设备制安工程

电站装机容量为775万千瓦（8台80万千瓦巨型水轮机和3台45万千瓦大型水轮机），保证出力2009兆瓦，年平均发电量达307.47亿千瓦时。

水电八局承揽了向家坝水电站砂石加工系统，金属结构设备采购，埋件、泄洪中孔平面检修门等制作。其中平面滑动闸门：长8.6米、宽18.745米、水头75米。本工程2012年5月开始制作，2013年11月交货完成，满足业主并网发电要求。

（二十二）重庆蟠龙抽水蓄能电站机电安装工程

重庆蟠龙抽水蓄能电站位于重庆市綦江区中峰镇境内，电站装机规模为1200兆瓦，厂房内共安装4台单机容量为300兆瓦的单级立轴单转速混流可逆式水泵水轮发电机组，额定转速为428.60转/分，水轮机工况额定水头为428米，主要承担重庆电力系统调峰填谷、调频调相、事故紧急备用等任务。电站年发峰荷电量为20.04亿千瓦时，年发电利用小时数达1670小时，年抽水耗用低谷电量为26.72亿千瓦时，年抽水利用小时数达2227小时。

项目为施工总承包项目，是继梅州抽水蓄能电站之后第二个由水电八局负责施工的带土建抽水蓄能项目。业主单位为国家电网，设计单位为中南勘测设计研究院有限公司，监理单位为浙江华东工程咨询有限公司。

2019年8月，水电八局与国家电网签订了《重庆蟠龙抽水蓄能电站机电安装工程》施工总承包合同，合同内容包括开关站土建及建筑装修工程、主厂房土建及建筑装修工程、主变洞土建及建筑装修工程、4台可逆式水泵水轮发电机及附属设备安装工程、公用系统安装工程等。首台机组于2021年10月27日开始施工，计划于2023年10月31日投产发电，4台机组间隔1个月依次投产，最后一台机组计划于2024年1月31日投产发电。

（二十三）重庆乌江彭水水电站机电安装工程

彭水水电站位于乌江干流下游，是乌江水电基地12级开发中的第10个梯级，其上游为沙沱水电站，下游为乌江银盘水电站，是集发电、航运、防洪及其他综合利用于一体的大型水电站，电站安装5台单机容量为350兆瓦的混流式水轮发电机组，总装机容量为1750兆瓦，是重庆市有史以来最大的能源建设项目。

电站首台机组于2007年10月投产发电，2009年电站全部建成投产，当时其装机规模相当于重庆市电网现有装机规模的32%，年均发电量达63亿千瓦时。

（二十四）重庆银盘水电站机电安装工程

银盘水电站位于乌江下游河段，上游接彭水水电站，下游为白马梯级，是兼顾彭水水电站反调节任务和渠化航道的枢纽工程，是重庆电网的主力电站。共安装4台单机容量为150兆瓦的轴流转桨式水轮发电机组，年均发电量达26.9亿千瓦时。

2011年5月25日，银盘水电站首台机组发电投入商业运行。2011年12月13日，银盘水电站4#机组顺利投产发电，至此，银盘水电站机组全部完成投产，实现"一年四投"目标。

第二章　国际业务

20世纪60年代末至80年代初，水电八局组织施工队伍参与援外，承担了尼泊尔王国逊可西水电站、斯里兰卡尼兰比水电站工程的建设，开国际业务先河。1989年底，由世界银行贷款建设的四川二滩水电站工程筹备建设，水电八局作为当时国内的主要水电施工力量，在1991年与意大利英布吉诺、法国杜梅斯等公司组成EJV联营体，中标承建二滩水电站大坝工程；在这个"家门口的国际工程"建设过程中，水电八局逐步学到国际先进的水电施工管理经验。1996年12月，水电八局作为主办方与东方电气集团组成联营体，中标巴基斯坦巴罗塔水电站厂房工程，首次在市场条件下走出国门，承建海外工程。2005年11月，承建马来西亚巴贡电站进水口与溢洪道工程，拉开了全面承接国际业务的帷幕。

截至2022年底，水电八局在海外30多个国家相继承建了180余项海外工程，项目遍布亚非美三大洲，并在亚太、亚欧、美洲、东南非、中西非和中东北非组建了6个区域公司和9个国别分公司，构建起了一个覆盖五大洲的市场布局，业务由单一的海外水电工程承包发展为涵盖水电、火电、核电、风电等能源建设，承接公路、铁路、地铁、市政交通施工，涉足矿山、海港、农业、环保等多个基础设施建设领域的国际专业化施工队伍。

第一节　国际水利电力工程

一、概述

水利电力工程是水电八局的核心业务，国际业务的发展也是从水利电力工程开始的。从2002年到2022年，水电八局在海外承建了21座水电站主体工程，大坝工程包括碾压混凝土重力坝、混凝土重力坝、面板堆石坝、均质土坝、沥青混凝土芯墙土石坝等形式。参与建设了多个风力发电和光伏发电项目，为推动所在国经济发展、改善当地民生作出了积极努力。

2002—2022年国际水利电力工程一览见表2-2-1。

表2-2-1　2002—2022年国际水利电力工程一览

项目名称	业主单位	合同总额（万元）	开工时间	竣工时间
阿根廷潭波拉综合水利枢纽工程	阿根廷圣胡安属能源公司	274529.63	2019年7月	在建
埃塞俄比亚阿伊萨Ⅱ期风电项目	东方电气集团国际合作有限公司	6507.48	2018年6月	2022年12月
巴基斯坦巴罗塔水电站	巴基斯坦国家电力开发公司	200000.00	1997年2月	2004年9月
巴基斯坦科哈拉水电站	长江三峡技术经济发展有限公司巴基斯坦分公司	4958.81	2017年9月	2021年退出
巴拿马城饮用水管线扩展及蓄水扩容工程	巴拿马总统府	104300.00	2018年5月	停建
厄瓜多尔美纳斯水电站	厄瓜多尔国电公司	196132.00	2012年3月	2020年6月
加纳PK输变电工程	加纳国家电网	7762.25	2016年4月	2018年5月
加纳阿科松博水电站修复工程	加纳沃尔特河管理局	4000.00	2010年3月	2011年10月
加纳布维水电站项目	加纳能源部	422868.18	2007年8月	2013年12月
加纳凯蓬大坝修复工程	沃尔特河流管理局	3283.13	2018年7月	2020年1月
加纳奈柯风电群—安牧兰可博200兆瓦项目	UPWIND INTERNATIONAL AG	201388.85	2022年10月	在建
加纳帕鲁谷枢纽电站与灌溉项目	加纳食品农产品管理局	325689.97	2020年4月	在建
加纳上东330千伏输变电工程	加纳国家电网	15819.78	2016年8月	2018年8月
柬埔寨卜哥山大坝及配套工程	柬埔寨索卡卜哥山投资公司	2000.00	2011年1月	2011年8月

项目名称	业主单位	合同总额（万元）	开工时间	竣工时间
柬埔寨额勒赛水电站	中国华电额勒赛下游水电项目（柬埔寨）有限公司	22000.00	2010年4月	2013年12月
柬埔寨甘再水电站	柬埔寨王国水资源及气象部	114400.00	2007年9月	2011年12月
柬埔寨桑河二级水电站	桑河二级水电有限公司	105000.00	2013年11月	2018年5月
柬埔寨桑河二级水电站道路工程	柬埔寨国家电力公司	11089.34	2013年11月	2014年12月
柬埔寨上达岱水电站前期道路工程	柬埔寨达岱水电有限公司	6518.17	2021年12月	在建
柬埔寨斯登沃代水电站	柬埔寨水电开发公司	61000.00	2010年4月	2013年6月
柬埔寨斯东河流域水利开发工程（一期）	柬埔寨水资源与气象部	29599.80	2014年4月	2017年3月
柬埔寨斯伦河流域水利开发工程（一期）	柬埔寨水资源与气象部	30735.11	2011年12月	2013年6月
柬埔寨斯伦河流域水利开发工程（二期）	柬埔寨水资源与气象部	26518.74	2015年6月	2018年2月
肯尼亚输变电土建施工及设备安装工程	中国水电顾问集团华东勘测设计研究院	684.62	2012年12月	2013年10月
莱索托波利哈利水利工程进场公路	莱索托高地开发署	10996.24	2018年10月	在建
莱索托高地水利工程二期	莱索托、南非政府	340000.00	2022年11月	在建
莱索托麦特隆大坝及原水泵站项目	莱索托、南非政府	61501.92	2012年1月	2015年11月
老挝南俄4水电站	老挝国家电力公司、中国重型机械有限公司	72985.36	2017年7月	在建
老挝南俄5水电站安全监测技术服务项目	南俄5发电有限公司	630.00	2020年12月	在建
老挝南公1水电站项目试验检测、测量及安全监测	中国水利电力对外有限公司	1501.01	2017年10月	在建
老挝南芒1水电站	老挝国家电力公司	40874.86	2013年12月	2017年6月
老挝南欧江二级、五级、六级水电站安全监测	中国水电（香港）控股有限公司、老挝南欧江发电有限公司	5092.74	2012年10月	在建
老挝南欧江一级、三级、四级、七级水电站安全监测、试验检测	中国水电（香港）控股有限公司、老挝南欧江发电有限公司	13233.50	2016年8月	在建
老挝南湃水电站安全监测	南湃电力有限公司	284.92	2020年1月	在建
老挝南杉3A水电站	老挝彭莎公司	26000.00	2013年8月	2017年6月
老挝南塔河1#水电站	老挝南塔河1号电力有限公司	105000.00	2014年1月	2019年4月
老挝色拉龙一级水电站公路工程	老挝岛沙湾有限公司	1751.77	2016年1月	2016年6月
马来西亚巴贡水电站	沙捞越水电开发有限公司	47100.00	2003年5月	2010年12月
马来西亚班谷供水工程	砂捞越州政府交通公共事业部	28400.00	2008年8月	2010年12月
马来西亚班谷水坝项目补充	砂捞越州政府交通公共事业部	4199.80	2014年11月	2016年1月
马来西亚沐若水电站	沙捞越能源公司	305999.80	2008年1月	2015年12月
秘鲁伯埃楚斯水库加固工程	秘鲁皮乌拉政府-皮乌拉奇拉特殊项目部	28503.56	2018年1月	2019年3月
秘鲁利马科里奥区域城市网管施工建设项目	利马及卡亚俄安全水务管理署	75523.36	2019年1月	在建
秘鲁乔里约斯水务项目	秘鲁利马及卡亚俄安全水务管理署	47593.30	2019年1月	在建
尼泊尔上马相迪A水电站安全监测工程	中国水电-萨格玛塔电力有限公司、中电建海外投资（昆明）有限公司	2895.32	2016年7月	在建
尼日利亚宗格鲁水电站	尼日利亚国家电力公司	601000.00	2013年5月	在建

续表

项目名称	业主单位	合同总额（万元）	开工时间	竣工时间
乌干达卡鲁玛水电站	乌干达能源与矿产发展部	1043242.17	2013年8月	在建
印度尼西亚万普1号水电站设计	PT.AEK SIMONGGO ENERGY	100.00	2018年6月	2019年6月
越南邦威水电站项目现场施工指导和监理及运行培训	越南国电公司	153.04	2006年12月	2011年6月
越南乐和二期130兆瓦风电项目	T&T GROUP	126609.24	2021年3月	2021年10月
越南松邦4水电站	越南国电公司	75858.18	2010年9月	2015年1月

二、工程选介

（一）阿根廷潭波拉综合水利枢纽工程

潭波拉综合水利枢纽工程位于阿根廷圣胡安省西北部，坐落在圣胡安省潭波拉河与圣胡安河交汇处，是该流域梯级规划开发5座水电工程的第二级电站，也是圣胡安河上的龙头水库。工程主要由上下游围堰、挡水建筑物、泄水建筑物、引水建筑物、发电建筑物、开关站及输电线路等组成。枢纽拦河坝为面板堆石坝，坝长487米，最大坝高131米，蓄水库容近7亿立方米。发电厂房为明挖式地面厂房，总装机容量为83.5兆瓦，年均发电量为343千瓦时。该项目为近年来阿根廷境内最大的现汇工程项目。

2019年7月3日，中国电建组成联营体与阿根廷圣胡安省能源公司（EPSE）签署工程总承包合同，合同金额为4.82亿美元，工期60个月。共4家公司组成联营体，各占股25%（水电国际占25%），另外3家为Panedile（牵头方）、Sacde、Petersen。项目建设期预计将为当地提供超过1400个工作岗位。

（二）埃塞俄比亚阿伊萨Ⅱ期风电项目

阿伊萨（AYSHA）Ⅱ期风电场位于埃塞俄比亚索马里州阿伊萨镇，共安装48台单机容量2.5兆瓦的永磁直驱风电机组，总装机规模为120兆瓦。项目由东方电气EPC总承包，并安装东方电气自主研制的DF103-2500型永磁直驱风力发电机组，风机轮毂高80.00米，是目前埃塞俄比亚单机容量最大的风电项目。

项目由西北电力建设工程监理有限责任公司承担现场监理工作。水电八局分包该项目机电安装工程，主要负责风机、风机箱变、33千伏集电线路、230千伏升压变电站所有设备和二次盘柜安装和调试、230千伏线路以及整个风场机电设备的调试和运行等，是水电八局在埃塞俄比亚的第一个风电项目。

2018年6月29日，项目举办开工仪式；2021年10月27日，项目首台机组并网发电。

（三）巴基斯坦巴罗塔水电站

巴基斯坦巴罗塔水电站位于塔贝拉大坝下游62千米的印度河与哈罗河交汇处，距巴基斯坦首都伊斯兰堡约90千米。设计安装5台290兆瓦发电机组，总装机容量为1450兆瓦。项目由世行、亚行等国际金融组织提供贷款，按菲迪克条款实行国际招标。土建工程分大坝、发电引水渠和发电厂房3个标段。

水电八局作为主办方与中国东方电气集团组成联营体，中标承建厂房（C03）标段，合同额86亿卢比（约合人民币20亿元）。合同的永久工程包括一个有5台290兆瓦发电机组的发电厂房、发电引水渠的渠尾调节闸、南北库和前池堤坝、进水口建筑物、压力钢管（制作安装除外）、底坎建筑物、南北库的出水底孔、溢洪道、尾水渠、开关站和其他相关工程，主要工作量为2500万立方米开挖、1741万立方米填筑、101万立方米混凝土浇筑。

1996年12月1日，举办合同的签字仪式；1997年2月17日，项目正式开工；2001年美国"9·11"恐怖袭击后，巴基斯坦和阿富汗局势日趋复杂，参建巴罗塔工程的他国人员大批撤离，水电八局员工坚守工地施工，得到了巴基斯坦政府的高度评价；2003年7月、8月，电站1#、2#机组投入商业运行；2003年8月19日，举办投产庆典仪式；2004年9月17日，工程全面竣工；2005年9月，项目正式移交。

2006年末，巴罗塔水电站合同争议"一揽子"解决协议正式签订，水电八局一举扭转项目亏损局面，为巴罗塔C03标工程项目画上了一个圆满的句号。

中巴两国高度重视巴罗塔水电站建设，时任国家主席江泽民亲自出席合同的签字仪式，总统穆沙拉夫亲自出席工程投产庆典。

（四）巴基斯坦科哈拉水电站

科哈拉水电站位于巴基斯坦东北部的巴控克什米尔境内的印度河支流吉拉姆河上，是吉拉姆河规划的6个梯级电站的第2级。项目由中国三峡集团投资约25亿美元建设，总装机容量为1124兆瓦，其中主电站安装4台单机容量为275兆瓦的机组，生态基流电站安装2台单机容量为12兆瓦的机组，电站额定水头300米，设计年均发电量约51亿千瓦时。枢纽工程主要由混凝土重力坝、电站进水口、引水隧洞、调压井、压力管道、地面厂房、升压站等建筑物组成。

2017年11月27日，水电八局与三峡集团巴基斯坦分公司签署C2-2标合约，主要内容为科哈拉水电站前期开工项目A4施工支洞和R11进场道路的施工，计划总工期16个月。项目于2018年初进场；2021年因故退出。

（五）巴拿马城饮用水管线扩展及蓄水扩容工程

巴拿马城饮用水管线扩展（环城供水管线向巴拿马城东扩展）及蓄水扩容工程的可研、设计和施工项目主要工作包含从ANILLO HIDRÁULICO到PANAMÁ东部的管线扩展和蓄水扩容。其中，①管线扩展：球墨铸铁管线长度约38.50千米，排水沟拆除及恢复30千米。②蓄水扩容：600万、330万、300万、150万和100万加仑等蓄水罐的设计和施工工作。

项目业主为巴拿马共和国总统府下属的全国可持续发展委员会（CONADES），项目金额1.49亿美元，项目工期28个月。由电建国际与COPISA公司按照50∶50组成联营体，并采用EPC总承包模式承建。

2017年11月7日，双方签署EPC合同；2018年4月30日，业主发布开工令；2018年5月9日，项目正式开工；截至2022年底，由于部分合同条件不具备，项目履约仅完成75%，项目正在进行签署主合同补充协议的流程。

（六）厄瓜多尔美纳斯水电站

美纳斯水电站位于具有"赤道之国"之称的南美国家厄瓜多尔第三大城市昆卡西南方向的胡邦河上，距厄瓜多尔第一大城市瓜亚基尔约150千米，对外交通条件良好，电站以发电为主，兼具水土保持、旅游等综合功能。

电站安装3台水轮发电机组，总装机容量为275兆瓦，年最大发电量为1.3亿千瓦时。电站土建部分主要包括最大坝高78米的碾压混凝土大坝，以及左岸导流洞、右岸引水隧洞、高压管道、调压井、地下厂房洞室群和地面开关站等，施工总工期48个月。

2011年12月，哈尔滨电气国际工程公司与厄瓜多尔国家电力公司签订EPC合同，并将土建及安装施工委托给水电八局，其中土建工程为单价承包，机电安装为EPC总承包。

2012年3月，项目正式开工；2013年5月21日，TBM管片预制厂投产；2013年8月27日，砂石系统投产；2014年2月27日，实现工程截流；2016年12月，碾压大坝全线封顶；2017年3月，TBM引水隧洞全线贯通；2018年1月12日，大坝下闸蓄水；2018年9月，首机并网发电；2020年1月15日，电站举办正式竣工仪式；2020年6月2日，工程完成最终移交，成为厄瓜多尔第三大水电站项目。

施工过程中，水电八局在碾压混凝土重力坝中取出13米长的完整芯样，采用全断面反井扩挖技术完成直径5.5米、深度452米的竖井开挖，并在高达300兆帕超硬岩引水隧洞的全断面TBM掘进中，实现14千米长隧洞的精准贯通。

（七）加纳PK输变电工程

加纳Prestea-Kumasi Power Enhancement Project输变电工程（以下简称PK项目）是加纳乃至整个西非电力网的重要组成部分，也是加纳330千伏骨干输电网络南北纵线的主要部分，起点为沿海城市普雷斯蒂尔（Prestea），终点为加纳第二大城市库玛西（Kumasi）。项目业主为加纳国家电网公司，韩国进出口银行提供资金，韩国GS公司与韩国三星公司联合中标，GS公司具体执行。

2016年8月，水电八局分包其中的PKG 1#和 PKG 2#部分，合同金额约1600万美元，主要工程量包括建设两个标段之间一条183千米的330千伏输变电线路的土建施工，以及安装1座330千伏/161千伏配套变电站，其中仅输变电线塔就有476个混凝土基础，合同工期24个月。项目于2016年9月开工建设；2018年11月27日，全线贯通，项目主体工程完工。

（八）加纳阿科松博水电站修复工程

阿科松博水电站修复工程合同名称为西非电力网330千伏沿海输变电骨干网工程P7项目，由世界银行出资，业主为加纳能源部下属的沃尔特河管理局，工程师为挪威咨询公司。

2010年2月8日，加纳沃尔特河管理局向水电八局发出中标通知书，合同总价约4000万元。项目的主要工作内容是对加纳的最大水电站——阿科松博水电站的厂房、进水口、溢洪道的门机、启闭机、压力钢管进行修复和除锈防腐，并为水电站提供一台全地形50吨汽车吊及相应的配件和培训服务。项目总工期15个月。

该项目是水电八局独立竞标并成功击败欧洲公司的世界银行融资项目，也是加纳政府2009年换届后中标的第一个工程，标志着水电八局在加纳市场进入深度开发阶段。项目于2010年3月正式开工，并于2011年10月全部完成。

（九）加纳布维水电站项目

布维水电站位于加纳北部和科特迪瓦交界处，在世界最大水库——沃尔特水库上游150千米的青沃尔特河上。枢纽建筑物主要有110米高的碾压混凝土大坝和坝后式厂房。电站装机3台混流式发电机组，电站装机总容量为4000兆瓦，年发电量为10亿千瓦时。该工程是以防洪、发电为主，兼水产养殖、灌溉、旅游等综合效益的加纳国家大型水利水电枢纽工程。

2007年4月19日，随同全国政协原主席贾庆林出访非洲四国的中国水电建设集团董事长与加纳共和国能源部长约瑟夫·阿达亲自签署加纳布维水电站EPC合同，合同金额约6亿美元。中国水电国际工程公司委托西北水电勘察设计院担任设计，水电八局承担了包括土建施工、金属结构制作安装、输变电线路和机组安装在内的所有施工任务。该工程是中国水电在欠发达地区实施的第一个EPC合同项目，全面委托水电八局独立实施的大型国际水电站EPC项目。

布维水电站于2007年8月正式开工建设；2008年12月比合同工期提前一年实现大江截流；2009年7月开始大坝混凝土浇筑；2011年6月下闸蓄水；2012年5月完成大坝碾压混凝土施工；到2013年底，3台机组全部并网发电，项目基本建成，成为加纳第二大水电站。

水电八局在实际履约中还根据加纳布维水电站实际情况，于工程主合同外新增容量4000千瓦的小机组项目，对于提高布维水电站实际出力具有重要意义。

（十）加纳凯蓬大坝修复工程

凯蓬大坝被当地人称为阿克塞大坝，是位于西非加纳东部省阿库赛附近伏尔塔河下游的一个装机4台、总装机容量为160兆瓦的水力发电工程。阿克塞大坝与加纳另一座著名大坝——阿科松博水电站相邻，两座大坝均建造于二十世纪六七十年代，电站运行时间较长，年久失修。这次启动的大坝修复工程，就是对这两座大坝进行修复。其中，阿克塞大坝修复的主要工作为大坝上游坝面受侵蚀区域的护坡块石回填，下游坝址低洼处的土方回填，排水沟清理和坝体内渗压计重新钻孔等；阿科松博大坝修复的主要工作为主坝、副坝局部区域上下游坝面护坡块石回填和挂网处理，左岸进水口支护，溢洪道平硐衬砌，溢洪道走道护面混凝土和栏杆安装等项目。

项目业主为加纳沃尔特河流管理局，总承包为中国电建集团华东院，水电八局负责项目具体实施并于2018年8月17日与华东院签订分包合同，分包合同金额为425.5万美元。项目将采用单价合同模式，总工期18个月，项目资金为业主自筹。项目于2018年9月4日破土动工。

（十一）加纳上东330千伏输变电工程

加纳上东330千伏项目位于北部省，是加纳首个330千伏等级的变电站，项目距离首都阿克拉约900千米，与邻国布基纳法索边境相距20千米，承担着向北部省周边和邻国布基纳法索送电的任务。项目业主为加纳国家电网（Grid Co.Ghana），项目资金来源于法国开发署，咨询单位为业主聘请的英国公司（WSP PARSONS BRINCKERHOFF）。该项目主要包括新建一个安装有2台330/161/34.5千伏自耦变压器（容量为200/200/10兆伏安）的开关站、161千伏开关站以及34.5千伏开关站。

2017年，水电八局与业主签订项目EPC总承包协议，进行该项目的设计、采购和施工，合同金额约为8000万美元，总工期18个月。项目于2017年11月开工建设；2018年6月，首台变压器一次性带电成功；2018年7月30日，项目建成投运；2021年11月9日，业主颁发履约完工证明。

（十二）柬埔寨卜哥山大坝及配套工程

卜哥山大坝及配套工程位于贡布省，是柬埔寨著名的旅游区和国家保护区。项目为旅游风景区提供水源地和供水供电配套，其主要工作为：一是新建一个全长135.6米、最大坝高11.5米的混凝土挡水大坝；二是新建一条国家电网连接贡布省卜哥山风景区的115千伏输变电线路工程；三是新建一座满足风景区供水的塔高25米的300立方米水塔。

2011年1月1日，水电八局与项目业主索卡卜哥山投资公司签订了卜哥山大坝工程项目，合同总金额为92万美元；2011年1月15日，水电八局与项目业主索卡卜哥山投资公司又分别签订了卜哥山115千伏输变电线路工程和卜哥山300立方米水塔工程，合同金额分别为190万美元和17.8万美元。

项目于2011年1月3日开工，并于当年5月31日完成竣工移交。卜哥山115千伏输变电线路工程于2011年1月15日签订合同当天开工，并于当年8月15日完成竣工移交。卜哥山300立方米水塔工程于2011年1月31日开工，当年8月31日完成竣工移交。

（十三）柬埔寨额勒赛水电站

额勒赛水电站位于柬埔寨王国西部戈公省额勒赛河上，电站由相距约8千米的上、下游两个梯级组成。上电站设计为2台单机为1.03万千瓦的水轮发电机组，下电站设计为2台单机为6.6万千瓦的水轮发电机组，总装机容量为15.26万千瓦。项目由中国华电柬埔寨额勒赛下游水电站项目（柬埔寨）有限公司以EPC模式总承包，水电八局相继中标下游电站导流、泄洪隧洞土建及金属结构埋件安装工程施工和上、下两个电站4台机组的安装任务，后期包括由科研设计院承担的额勒赛下游水电站上电站和下电站的安全监测任务，合同总金额约2918.6万美元，其中导流隧洞施工总工期9个月，泄洪施工总工期13个月。

电站于2010年4月1日正式开工，12月28日成功截流；截至2013年底，电站工程基本建成，上、下两个电站4台机组全部并网发电,额勒赛工程于2015年荣获中国电力优质工程奖。

(十四)柬埔寨甘再水电站

甘再水电站是中国水电建设集团在境外实施的第一个BOT水电投资项目。电站位于柬埔寨贡布省会城市上游的甘再河干流上,最大坝高114米。甘再BOT水电站项目包括PH1电站、PH2电站和坝后PH3电站。总装机容量为19.41万千瓦。水电八局承建该工程土建施工、机电设备安装及金属结构制造安装等,合同金额为11.44亿元,总工期49.5个月。

工程于2007年9月18日开工,2008年11月18日大江截流,2009年9月26日PH2厂房首台机组发电,比合同工期提前23天。2011年完成大坝、厂房主体土建工程,于12月7日举行竣工庆典暨PH1发电仪式。2012年主要进行工程消缺、竣工验收和工程移交等工作。截至2012年底,累计完成合同金额15.2亿元。柬埔寨甘再水电站获2012—2013年度鲁班奖。

(十五)柬埔寨桑河二级水电站

桑河二级水电站位于柬埔寨王国上丁省西山区境内的桑河干流上,安装8台容量为50兆瓦的灯泡贯流式机组,总装机容量为400兆瓦。枢纽主要由左岸均质土坝、河床式厂房、河床泄洪闸坝、混凝土挡水连接坝段、混凝土侧墙式接头、右岸均质土坝等建筑物组成。其中坝轴线全长6500米(混凝土坝段长约500米,其余为均质土坝)。总工期57个月。

2013年11月26日,中国华能集团云南澜沧江国际能源有限公司与柬埔寨皇家集团签订购电协议和投资交易,项目由华东院负责设计,中南院担任工程监理,水电八局承担大坝工程(C2标段)和对外专用公路、场内干线道路工程(R1标),以及左岸进厂公路以及坝址下游临时浮桥的设计、采购、安装、维护,总合同金额约1.5亿美元。

2013年11月16日,项目正式开工;2015年1月,实现大江截流;2017年12月,首台机组投产发电;2018年4月,3台机组全部投产发电;2018年12月17日,电站正式投产竣工,柬埔寨首相洪森出席竣工仪式。

桑河二级水电站被誉为柬埔寨的"三峡工程",装机容量占全国总量的20%。电站自开工到全部建成投产仅用5年,创造了柬埔寨水电工程建设史上的纪录,成为中柬能源合作的典范工程。工程先后获2019年度中国电建优质工程奖和2020年度中国电力优质工程奖。

(十六)柬埔寨上达岱水电站前期道路工程

上达岱水电站位于柬埔寨王国国公省已建成的达岱水电站上游,距国公省国公市约46千米,距西哈努克港约125千米,对外交通条件较好。项目规划装机2台,装机容量共150兆瓦,年平均发电量达5.3亿千瓦时。2020年,经中国重型机械有限公司与柬埔寨政府多轮谈判,签署了上达岱水电站BOT投资项目执行协议(IA)、购电协议(PPA)和租赁协议(LA),预计项目静态投资额约4亿美元。

2021年12月1日,水电八局中标承建上达岱水电站前期进场道路,合同范围主要包含总长约30千米的4条地面道路,总长244米的3座桥梁和总长约1.5千米的施工支洞。

(十七)柬埔寨斯登沃代水电站

斯登沃代水电站位于柬埔寨西北部菩萨省境内额勒赛河上游支流沃代河上,由中国大唐公司控股的柬埔寨水电开发有限公司投资建设。电站分两级,第一级为坝后式电站,装机容量为20兆瓦;第二级为引水式发电站,装机4台,单机容量为25兆瓦,装机容量为100兆瓦。

2009年12月22日,水电八局收到柬埔寨斯登沃代水电站业主发来的预中标通知书,中标水电站Ⅱ标二级水电站壅水坝土建施工、金属结构及设备安装工程承包标(含一级、二级电站砂石料加工系统)及电站Ⅲ标二级水电站厂房及引水系统土建、金属结构与机电设备安装施工项目,预中标金额为8959万美元(约合人民币6.1亿元),合同总工期32个月。

水电八局于2010年4月签订项目委托实施协议;截至2013年6月,一级、二级电站全部建成并投产发电。

(十八)柬埔寨斯东河流域水利开发工程(一期)

斯东河流域水利开发工程(一期)位于柬埔寨中北部的磅同省斯东县,项目总投资5078万美元,资金来源为中国政府优惠出口买方信贷,业主为柬埔寨政府水资源与气象部。项目主要工程为150多千米渠道及引水枢纽施工,建筑物主要包括:修复加固辅助坝(长11.711千米,为均质土坝),临时桥梁(长250米,宽2米),修复一个出水口水闸,重建2个进水口水闸,新建一条宽1.5米,高1.5米的管路;规划灌区位于斯东河两岸,分别布置1#、2#、3# 3条干渠及3#分干渠,其中1#干渠全长16.25千米,含支渠5条(总长24千米);2#干渠全长5.55千米,含支渠1条(总长2千米);3#干渠全长16.2千米,含支渠4条(总长60千米);3#分干渠全长19千米,含支渠4条(总长20千米);土坝支渠3条(总长14千米),可灌溉3万公顷的耕作面积。该项目实物工程量:混凝土浇筑约21万立方米,土石方开挖约87万立方米,土石方回填约194万立方米。

2014年5月24日,中国水电国际工程有限公司与柬埔寨水资源与气象部签订EPC总承包合同，并委托水电八局具体实施。工程于2014年4月开工建设；2017年3月4日，工程顺利通过柬埔寨政府完工验收。

（十九）柬埔寨斯伦河流域水利开发工程（一期）

项目位于柬埔寨西北部地区，横跨奥多棉芷、暹粒、柏迭棉芷三省的斯伦河流域上，项目为中国政府优惠出口买方信贷，计划分两期开发。其中，一期工程为新建从原有天然河道的引水枢纽、新建及修复下游的灌渠工程，满足农田灌溉，兼顾防洪与生态供水。主要建筑物包括4.5千米长的拦河坝以及东、西两条干渠；其中，东干渠长38.11千米，支渠10条（总长47.55千米），西干渠全长43千米，支渠7条（总长28.77千米），可灌溉2.5万公顷农田。项目二期工程内容为在斯伦河上游地区新建蓄水枢纽工程，即一座蓄水拦河土石坝，坝体全长约3千米，最大坝高18米。

2010年12月13日，中国水电建设集团国际公司与柬埔寨政府水资源与气象部签订EPC总承包合同，合同金额为5350万美元，并于2011年2月9日委托水电八局实施，委托协议金额为4922万美元。

项目于2011年1月开工建设，并于2015年2月建成通水。2016年3月12日，一年质保期满的斯伦河流域水利开发工程（一期）顺利移交业主。

（二十）柬埔寨斯伦河流域水利开发工程（二期）

斯伦河流域水利开发工程（二期）位于柬埔寨西北部奥多棉芷省的斯伦河流域，距世界著名的吴哥遗迹约60千米，工程主要满足蓄水灌溉需求，兼顾防洪与生态供水。

项目二期工程内容为在斯伦河上游地区新建蓄水枢纽工程，主要由两岸均质土坝、泄洪闸及全长240米的溢流堰组成，其中蓄水拦河土石坝全长约3千米，最大坝高约26米。

2013年12月5日，中国水电股份公司和柬埔寨水资源与气象部正式签署斯伦河流域水利开发工程（二期）的EPC总承包协议，合同金额约4500万美元，并委托水电八局全面实施。

项目于2015年6月正式开工建设；2017年3月13日，提前一年多实现下闸蓄水；2017年3月30日，柬埔寨水资源与气象部正式签发完工验收鉴定书，项目完美履约；2017年4月，项目荣获柬埔寨王国最高工程质量奖。

（二十一）肯尼亚输变电土建施工及设备安装工程

城市广场变电站及输电线路总承包项目位于肯尼亚首都内罗毕市中心，主要工作范围包括2台主变（45兆伏安，66/11千伏）、66千伏GIS开关设备、11千伏户内开关装置、监控保护、通信及相应66千伏和11千伏输电线路等电气和土建工作的设计、制造、供货、施工、安装、调试以及现场培训等。项目业主为肯尼亚电力公司，总承包商为中国水电顾问集团华东勘测设计研究院，中国水电八局分包了项目土建施工与机电安装施工。

肯尼亚城市广场输变电项目是继尼日利亚后水电八局与电建华东院的第二次合作，也是在东非市场的第一次合作。依靠电建华东院拿标设计、水电八局施工这种新的合作模式，两家单位共同打开了肯尼亚输变电的市场，为以后的市场开拓与进一步合作奠定了基础。项目于2012年6月6日正式开工；2014年10月8日，收到业主签发的完工证书。

（二十二）莱索托波利哈利水利工程进场公路

波利哈利进场公路是莱索托高地水利二期工程的第一个单元项目，业主为莱索托高地发展管理局。高地水利工程分为多期实施，第一期项目在2003年完工并于2004年投入使用。第二期内容为修建波利哈利（Polihali）大坝及其配套工程，进场公路就是大坝建设的"三通"工程之一。该进场公路全长16千米，起始点为马霍拉宁镇（Mapholaneng），终点至波利哈利（Polihali）大坝坝址。

2018年10月5日，中国水电南非分公司与莱索托Nthane Brothers公司按照4∶6组成联营体，中标承建波利哈利进场公路，合同工期为20个月。2018年12月7日，进场公路正式动工。

（二十三）莱索托高地水利工程二期

莱索托高地水利项目位于东北部高地莫霍特隆镇附近，距莱索托首都马塞卢约200千米。该工程是莱索托与南非政府共同设立和管理的跨境水利项目，两国于1986年签署协议，启动总共需30年、分五期开发完成的巨大水利工程，总投资预计超过160亿美元，设计输水量可达70立方米/秒，其主要内容是在莱索托的Senqu/Orange河流修建大坝及水渠，一方面，为莱索托供应电力；另一方面，为南非豪登省（Gauteng）地区供水。项目一期工程已在2003年完工，并于2004年投入使用。两国政府在2011年8月签署二期工程协议，计划于2019年12月或2020年1月开工建设，但项目整体进展滞后。

莱索托高地水利二期是在一期工程的基础上建设波利哈利（Polihali）大坝以及副坝和围堰，包括从波利哈利大坝到凯茨大坝的输水隧道等。其中，波利哈利大坝设计最大坝高163.5米，顶宽10米，长915米；输水隧道长38.2千米，管径5.2米，输水量可达18.8立方米/秒。

按照合同约定，大坝主体工程标段的主要工作范围如下：一座最大坝高166米的混凝土面板堆石主坝（CFRD）；一座43米高的混凝土面板堆石副坝；40米宽的混凝土泄槽和98米长的前段反弧溢洪道挑流鼻坎及横跨溢洪道的桥梁；一个带有出水井的钢筋混凝土进水塔；连接左坝肩和进水塔顶部的交通桥；出水口厂房一个装机容量为2×2.1兆瓦的水电站；上游和下游围堰；堵塞和装备两条已有的河流"导流洞"；在Khubelu、Senqu、Moremoholo、Mokhotlong和Sehonghong河上游的水文站及相关的道路；相关的施工基础设施，包括当地临时和永久通行道路、跨河设施、采石场、设备停放场、混凝土搅拌站、骨料破碎系统、劳务住房等和其他工作区域；在合同期限内由他人安装的工地基础设施的管理、运营、维修和维护。

2022年11月，由中国水电牵头组成的联营体中标莱索托高地水利项目二期工程大坝主体工程标段，投标金额为莱索托洛蒂3047690025.00LSL+美元287881070.00USD，折合约4.86亿美元。本项目采用单价合同模式，合同为FIDIC多边银行2010红皮书。

联营体由水电八局、水电十四局、UNIK CIVIL ENGINEERING PTY LTD、NTHANE BROTHERS PTY LTD.组成，份额分别为48%、32%、10%、10%。

（二十四）莱索托麦特隆大坝及原水泵站项目

麦特隆大坝及原水泵站距离莱索托首都约35千米，工程主要任务为向首都马塞卢及周边地区提供工业及生活用水。项目主要由麦特隆大坝工程、水处理厂工程、下游管道输送工程三个主体项目组成。其中碾压混凝土重力坝最大坝高83米，坝顶轴线长278米。大坝正常蓄水位高程为1671米，设计最大库容为6300万立方米；原水泵站设计供水能力为93000立方米/日。

项目由莱索托政府、南非政府、欧洲投资银行、沙特发展基金、世界银行四方共同出资建设，由世界银行统筹管理。2011年8月8日，水电八局中标承建碾压混凝土大坝和原水泵站工程，后期签署补充协议新增坝顶公路桥等项目，合同总金额约9800万美元。

2012年1月12日，工程正式开工；2012年12月18日，砂石系统投产；2013年1月4日，导流洞贯通；2013年2月18日，工程截流；2013年6月20日，坝肩及原水泵站开挖启动；2014年1月，工程下闸蓄水；2014年5月26日首次供水成功；2014年11月29日，达到1200升/秒、93000立方米/日的设计最大供水要求；2015年2月4日，碾压混凝土大坝封顶；2015年11月20日，项目竣工庆典，国王莱齐耶三世为工程竣工揭牌，王后及首相莫西西里等出席庆典。

2015年10月20日，麦特隆工程获美国工程管理协会颁发的优秀基础设施奖和优秀国际项目奖。

（二十五）老挝南俄4水电站

南俄4水电站是老挝南俄河上游第Ⅳ级阶梯电站，位于川圹省境内，距首都万象约370千米。电站采用引水式发电，安装了3台80兆瓦的混流式水轮发电机组，总装机容量为240兆瓦。机组采用一洞三机联合供水方式，由一条压力隧洞、调压井、地下压力钢管、钢岔管及三条支管组成。工程永久建筑物主要由首部枢纽、引水工程和厂区枢纽三部分组成。首部枢纽布置由碾压混凝土重力坝、溢流表孔、左岸冲沙底孔及消力池组成；右岸引水发电系统由进水口、引水隧洞、调压井、压力钢管及地面厂房组成。电站由中国进出口银行贷款建设，业主为老挝国家电力公司。

2015年11月，中国重型机械总公司与业主在万象签署南俄4水电站项目EPC合同。项目由中国电建昆明院承担设计，水电八局中标承建首部枢纽（C1标）和引水隧洞前段（C2标）2个标段，合同金额约7.3亿元。其中，枢纽工程包括最大坝高74米的碾压混凝土重力坝和围堰、进水口土建及金属结构安装工程。水电八局组建项目部于2017年1月进场。2018年1月25日，项目举行开工典礼。2019年10月15日，项目实现大江截流。2021年9月12日，大坝碾压混凝土施工全部完成。2021年9月27日，总长17.8千米的引水隧洞全线贯通。2022年1月5日，大坝溢流面混凝土全线封顶。

（二十六）老挝南芒1水电站

南芒1水电站位于老挝中部波里坎塞省境内的湄公河一级支流南芒河上，距首都万象约105千米。工程以发电为主，采用引水式发电布置，总装机容量为64兆瓦，年发电量为2.25亿千瓦时。枢纽建筑物包括最大坝高约70米的混凝土面板堆石坝，以及溢洪道、泄洪冲沙兼导流洞、引水系统、发电系统等工程。

2013年1月9日，东方电气集团与老挝政府签订南芒1水电站特许经营协议，总投资9949万美元采用BOT模式建设，特许经营期25年，计划于2016年3月建成发电。2013年，水电八局中标承建南芒1水电站施工总承包，合同总额为5836万美元。2013年12月8日，项目正式开工；2014年4月15日，导流洞贯通；2014年10月30日，大江截流；2014年12月29日，完成坝基开挖并开始大坝填筑施工；2016年4月13日，首部枢纽工程下闸蓄水；2016年10月7日，首台机组（1#）完成72小时试运行，移交电厂正式投产发电。自南芒河1水电站项目的3台机组于2016年10月14日完成试运行并正式投产发电以来，电站各个枢纽的运行状况良好，得到了项目各相关方的高度认可与赞誉,并于2017年1月取得老挝政府颁发的完工证书和老挝国家电力公司颁发的商业运行证书,正式进入商业运行。

(二十七)老挝南欧江二级、五级、六级水电站安全监测

南欧江发源于中国云南江城与老挝北部丰沙里接壤地区,是湄公河老挝境内的最大支流,全长475千米,天然落差约430米,水能指标优良,是老挝政府极力推进开发的水能资源基地之一。2012年,中国水电与老挝国电公司签订南欧江流域梯级水电项目共同开发协议,按"一库七级"分两期开发,总装机容量达1272兆瓦,年平均发电量达50.17亿千瓦时,总投资为27.33亿美元。

项目一期建设二级、五级、六级水电站,总装机容量为540兆瓦。2013年1月,水电八局中标并签订老挝南欧江二级、五级、六级水电站变形控制网、高陡边坡安全监测、观测设施维护及监测成果处理分析等任务。2019年11月,承揽3个水电站安全监测工程运行、维护和管理服务。

2012年10月,3个水电站主体开工建设;2015年底实现3个水电站首台机组投产发电;2016年4月,机组全部投产;2016年12月24日,通过完工验收;2017年1月1日,一期工程全部建成并进入商业运行期。

(二十八)老挝南欧江一级、三级、四级、七级水电站安全监测、试验检测

南欧江流域梯级水电项目由中国水电和老挝国电公司按"一库七级"共同开发,项目一期建设的二级、五级、六级水电站于2017年全部进入商业运行期。项目二期建设的一级、三级、四级、七级4个水电站,总装机容量为732兆瓦。2016年8月,水电八局承揽4个水电站试验检测、安全监测工程运行、维护和管理服务项目。

二期项目于2016年开工建设;2019年12月,首机发电;2021年4月28日,一级、三级、四级3个水电站同时获得老挝政府工程完工证书(COC),标志着南欧江一级、三级、四级水电站工程正式完工;2021年9月28日,七级水电站并网发电,标志着南欧江七级电站全流域投产发电,发电量占老挝全国的12%。

(二十九)老挝南杉3A水电站

南杉3A水电站是总装机容量为115兆瓦的南杉水电站的第一座电站,项目位于老挝人民共和国川圹省境内的南杉河上游河段。

南杉3A水电站为引水式发电系统,安装1台容量为69兆瓦高水头冲击式机组,年平均发电量达2.784亿千瓦时。电站由首部枢纽、引支流、引水系统和岸边地面厂房等组成,混凝土坝最大坝高40.5米。其中,需安装的压力钢管全长2400多米,最大坡度达到35度,施工难度较大。

2012年7月29日,中国东方电气集团国际合作有限公司与老挝彭莎路桥公司签订南杉水电站EPC总承包合同;2013年7月2日,水电八局与东方电气签订南杉3A水电站合同,承担电站施工总承包任务,合同总工期为22个月,合同总金额为3363.8万美元。

工程于2013年8月开工建设;2014年10月28日,工程截流;2016年1月27日,机组并网发电。

(三十)老挝南塔河1#水电站

南塔河1#水电站位于老挝北部的博胶省湄公河左岸支流南塔河上,距湄公河汇合处约62千米。工程以发电为主,装机3台,总装机容量为168兆瓦。电站枢纽由左岸溢洪道、混凝土面板堆石坝、右岸引水发电系统及右岸引水式发电厂房组成,面板堆石坝最大坝高为93.65米。

项目由南方电网国际公司和老挝电力部采用BOT的方式,共同组成南塔河1#电力公司,南网占股80%,老挝方占股20%,特许经营期为28年,建设期计划为4年。

2014年10月,业主发布中标公告,水电八局拿下电站大坝厂房主标,设计由广西设计院担纲,二滩国际担任监理,机组由双富公司生产。2014年11月20日,水电八局与业主签订电站主体工程建安合同,合同总额为14980万美元(含风险金318.78万美元、暂列金500万美元),固定总价合同,合同工期49个月。2014年10月12日,项目举办开工仪式。2014年11月22日,监理工程师正式发布开工令。2015年11月6日,项目实现大江截流。2016年10月31日,电站面板堆石坝封顶。2016年12月24日,电站主厂房混凝土结构封顶。即使在因地质原因而造成溢洪道大滑坡地质灾害和两次特大洪灾的情况下,项目仍于2018年7月实现下闸蓄水,并在当年10月实现3台机组全部投产发电。2019年6月21日,老挝能矿部正式发函,确认南塔河1#水电站于2019年4月1日进入商业运行。2020年1月10日,南塔河1#水电站顺利通过老挝电力部组织的枢纽工程专项验收,标志着整个项目工程建设画上了圆满句号。

(三十一)老挝色拉龙一级水电站公路工程

色拉龙一级水电站位于老挝中部的沙湾拿吉省色邦亨河的支流色拉龙河上,由云南能投集团与老挝电力公司采用BOT模式开发,特许经营期为30年。电站枢纽工程由碾压混凝土重力坝、溢流坝、坝式取水口、坝后式发电厂房等组成,共安装2台单机容量为35兆瓦的立轴混流式水轮发电机组,总装机容量为70兆瓦。该项目由中国电建

成都院总承包，水电八局采用EPC总承包方式承担了约40千米的进场公路施工，包括1座全长180米的色邦亨河大桥，4座单跨在21~33米的贝雷桥改造，以及4座新建小型贝雷桥。其中，色邦亨河大桥于2016年3月4日正式动工，5月26日完成下部结构施工，6月16日全部建成。

色拉龙一级水电站于2017年5月正式开工。2019年6月，工程下闸蓄水。2020年7月，首台机组并网发电。电站正式投入商业运行，将有效促进老挝当地经济社会发展。

（三十二）马来西亚巴贡水电站

巴贡水电站位于马来西亚沙捞越州的巴雷河上，安装了8台单机容量为300兆瓦的混流式发电机组，总装机容量为2400兆瓦。工程主要由混凝土面板堆石坝、开敞式溢洪道和引水发电系统组成，堆石坝坝高205米，为目前世界第二高混凝土面板堆石坝；电站水库库容为438亿立方米，超过三峡水电站库容。

2002年10月，中国水电与当地公司组成的马中水电联营体以EPC模式中标承建该项目，水电八局承担了电站进水口与溢洪道混凝土施工 2&3B 标段，主要工程量为厂房进水口，溢洪道分堰前引水渠道、过水堰、泄槽段和尾端挑水坎，合同总价4.71亿元。

工程于2003年5月开工建设，2010年底建成移交，2012年10月获得完工验收证书。该项目荣获2010—2011年度国家优质工程（海外工程）金质奖，2013年荣获第三届堆石坝国际里程碑工程奖。

（三十三）马来西亚班谷供水工程

班谷碾压混凝土大坝及金属结构工程位于马来西亚沙捞越州辖下古晋行政区，属于市政蓄水取水工程。中国水电八局于2008年6月30日签订承建合同，合同金额为1.3亿马来西亚币（折合人民币2.84亿元），合同工期为30个月。

班谷项目于2008年8月13日开浇第一仓混凝土；2009年4月30日，实现工程截流；2010年5月14日，大坝浇筑到顶；截至2010年底完成了所有的土建及机电安装工程，具备蓄水条件。

（三十四）马来西亚沐若水电站

沐若水电站地处马来西亚婆罗洲岛的沙捞越州，该项目位于民都鲁地区巴雷河上游，是该流域四级开发中的第2级梯级电站，距下游的巴贡水电站约70千米。电站安装了4台236兆瓦的混流式发电机组，总装机容量为944兆瓦。该工程主要建筑物有碾压混凝土重力坝、坝身表孔溢洪道、引水系统（含调压井）、发电厂房、生态流量引水发电系统。碾压混凝土大坝最大坝高141米，坝顶长度473米。该项目由三峡发展（马）公司以EPC模式总承包，水电八局负责土建、金属结构制作安装和永久机电设备安装工程，合同金额30.18亿元。

项目于2008年10月1日开工，2010年5月实现大江截流；2014年4月下闸蓄水，2014年12月首台机组发电，2015年获碾压混凝土坝国际里程碑工程奖。

2016年12月23日，业主SEB与三峡发展（马）公司签订GIS扩建工程合同，作为沐若水电站的后续建设项目，仍由水电八局负责项目履约。项目于2017年1月4日开工，业主于2021年11月8日颁发GIS扩建工程最终移交证书，项目履约圆满结束。

（三十五）秘鲁伯埃楚斯水库加固工程

伯埃楚斯水库加固工程项目位于秘鲁北部皮乌拉省苏亚纳城奇拉河上，距离厄瓜多尔边界约30千米，距离首都利马1000千米。伯埃楚斯水库原有大坝坝高49米，水库汇水面积14000平方米，库容约10亿立方米，为秘鲁最大的水库工程。

水库加固项目主要工程量为新建长8695米、高3米、厚0.3米的混凝土挡墙以及溢洪道加固，并新建100米宽、带有6扇弧形闸门的溢洪道土建和金属结构工程等。项目合同金额为1.4亿索尔，约合4375万美元，合同工期395天。项目是当地的重点水利工程和民生工程，对整个PEOCHOS区域农业灌溉、日常生活用水有重要意义。

2017年12月底，由水电八局和当地公司组织联营休中标该项目。其中，项目所需设备由水电八局组织采购、运输和安装调试，现场土建施工主要由联营体合作方承担。项目自2018年开工，项目联营体与业主、监理方积极沟通协调，计划统筹、科学调度，多工点平行施工，至2019年3月5日，闸门、启闭机系统通过验收并下闸蓄水，标志着项目主体工程全部完工。

（三十六）秘鲁乔里约斯水务项目

秘鲁乔里约斯水务项目业主为利马及卡亚俄安全水务管理署，主要工程量包括：储水罐的新建和修缮；水压检测室及阀门室、解压室安装等新建工作；城市输水管线安装；供水及污水管网连接入户；等等。项目建成后将健全利马大区乔里约斯区城市管网系统，有效改善居民饮用水供水及污水处理等民生问题。

项目位于首都利马CHORRILLOS、SAN JUAN DE MIRAFLORES、SANTIAGO DE SURCO 3个区域，业主为利马及卡亚俄安全水务管理署，由Sinohydro和Cesbe公司组成紧密联营体中标施工总承包。项目主要工作包括新建12个储水塔、修缮13个原有储水罐、安装阀门室和解压室、新建26个水压检测室、一次管网79千米、二次管网209千米、供水及污水管网连接入户24000户等。工程合同工期890天，项目于2019年1月开工，于2021年6月完工。

（三十七）尼日利亚宗格鲁水电站

宗格鲁水电站位于尼日利亚尼日尔州境内，距首都阿布贾约150千米，工程以发电为主，兼有防洪、灌溉、供水、养殖、航运等综合利用效益，是目前尼日利亚在建的最大水电站。电站枢纽包括200多万立方米的碾压混凝土重力坝，左右岸沥青混凝土芯墙土坝，以及进水塔、引水洞、地下厂房、输变电线路、进场道路以及其他辅助设施工程等，设计安装4台175兆瓦立轴混流式水轮机组，总装机容量为700兆瓦，年平均发电量达26.4亿千瓦时。

2012年12月11日，中国水电与中电工组成的联合体与尼日利亚电力部正式签署宗格鲁水电站EPC项目合同，合同金额约为12.9亿美元。项目由中国水电委托水电八局与水电三局组成"八三"联营体负责具体实施，合同金额为8.73亿美元。

2013年5月28日，项目举行开工典礼，总统古德勒克·乔纳森出席并致辞；之后因资金不到位工程停滞不前；2016年12月15日，工程截流；2018年1月22日，大坝碾压混凝土开碾；2021年2月18日，大坝全线封顶；2021年4月28日，工程下闸蓄水；2022年3月28日，首台机组正式发电；2022年12月28日，最后一台机组发电，成功实现"一年四投"，项目基本完建。

（三十八）乌干达卡鲁玛水电站

卡鲁玛水电站位于乌干达西北部，工程主要内容为拦河大坝、引水发电系统以及配套电力输出工程，安装6台10兆瓦混流式发电机组，总装机容量为600兆瓦，合同施工期为60个月，项目总投资约16.9亿美元（折合人民币约100亿元），由中国进出口银行承担主要资金来源。

卡鲁玛水电枢纽设计为拦河大坝、引水发电系统以及配套电力输出工程，其中引水发电系统包括规模宏大的地下厂房、尾调室、长尾水洞、主变洞等，整个工程仅石方开挖就近500万立方米，其中洞挖占比在85%以上。2013年8月16日，中国电建集团水电国际与乌干达国家电力公司签订EPC总承包合同，并委托水电八局为责任方组成812联营体，负责施工总承包；其中，水电站设计由华东院、河南电力设计院等单位负责，长尾水隧洞施工由水电五局分包。

2013年8月12日，乌干达总统穆塞韦尼出席电站奠基仪式，项目进入实施阶段；2015年12月25日，近1.5亿美元首笔工程款到达中国水电账户，项目履约全面步入正轨，工程建设迎来高峰；2016年8月12日，地下厂房完成主体开挖，开挖土方量超过16万立方米；2016年10月11日，两条尾水隧洞全部完成开挖；2017年11月26日，电站左岸大坝封顶；2017年，项目施工产值突破10亿元；2019年9月30日，电站右岸大坝封顶；2022年12月26日，电站对外输变电线路全线贯通并带电运行。2023年项目6台机组全部发电，成为东部非洲最大的水电站。

（三十九）越南邦威水电站项目现场施工指导和监理及运行培训

邦威（BANVE）水电站位于越南卡（Ca）河通都（Tuong-Duong）地区义安（NgheAn）省，为单管引水隧洞及压力钢管引水发电方式。水电站安装2台160兆瓦混流式水轮发电机组，总装机容量为320兆瓦。水电站业主为越南电力集团，四川东方电力设备联合公司承担了电站机组安装及相应配套设备安装工程。

2006年1月，水电八局分包2台混流式水轮发电机组的安装指导工作。项目于2008年7月31日实现首台机组投产发电。

（四十）越南乐和二期130兆瓦风电项目

乐和二期风电项目位于越南南部九龙江平原朔庄省永州县，业主为越南新能源投资公司T&T Group。项目计划安装40台远景3.3兆瓦风力发电机组，由国内分5个批次运送至项目现场。该项目由电建国际与越南当地IPC公司组成联营体，并以EPC总承包方式承建该项目，现场施工由中国水电八局和水电十二局组成联营体具体承担。

2021年4月，项目正式启动。2021年7月，前两个批次风筒、风机等永久性机电设备运达项目。2021年9月，项目因故叫停。

（四十一）越南松邦4水电站

项目位于越南中部岘港市西南方向的松邦河上，电站主要建筑物有碾压混凝土坝、引水隧洞、发电厂房、开关站和导流涵洞，总装机容量为156兆瓦（2×78兆瓦）。该项目资金来源于亚行贷款。业主为越南国家电力公司，项目完全按FIDIC条款运作管理。

中国水电于2010年5月中标大坝和引水隧洞及厂房工程，合同金额为1亿美元，合同工期50个月，项目于2010年9月3日正式开工，项目前期由水电十二局实施，但工程进度严重滞后、项目亏损严重，几被业主要求退场。在中国水电国际工程公司的协调安排下，以水电八局为责任方与水电十二局组成联营体共同实施该工程未完成部分。

联营体组建后,于2012年1月16日实现大坝截流;2012年7月31日,厂房1#肘管安装工作面成功移交;2012年8月31日,厂房2#肘管安装工作面成功移交。到2014年2月,项目已彻底扭转工期严重滞后的不利局面,赢得了越南国家电力集团等单位的称赞。

2014年8月1日,电站下闸蓄水;2014年9月30日,首台机组并网发电;2015年1月20日,项目圆满实现竣工移交;2016年6月17日,越南建设部授予松邦4水电站国家优质工程奖。

第二节 国际机电安装工程

一、概述

水电八局承接了近60项机电安装施工,安装水轮发电机组超过150台,机组涉及混流式、贯流式、轴流式、冲击式和抽水蓄能多种类型,总装机容量也超过了10000兆瓦。2002—2022年国际机电工程一览见表2-2-2。

表2-2-2 2002—2022年国际机电工程一览

项目名称	业主单位	合同总额（万元）	开工时间	竣工时间
埃塞俄比亚GERD水轮机埋件制造项目	上海福伊特水电设备有限公司	1039.56	2021年8月	2022年6月
埃塞俄比亚GRR蜗壳U7制作项目	通用电气水电设备（中国）有限公司	183.58	2020年6月	2020年12月
埃塞俄比亚泰克泽机电设备工程检修安装项目	东方电气集团国际合作有限公司	1420.00	2019年12月	在建
埃塞俄比亚复兴大坝水电站水轮机埋件制作项目	上海福伊特水电设备有限公司	2937.14	2019年7月	2019年8月
埃塞俄比亚吉布Ⅲ水电站机电制安工程	东方电气集团国际投资有限公司	30321.65	2011年1月	2012年2月
巴基斯坦DASU水电站机电安装、金结制造工程	通用电气水电设备（中国）有限公司	2599.84	2022年2月	在建
巴基斯坦巴罗塔水电站机电制造、安装工程	巴基斯坦国家电力开发公司	2670.60	1999年5月	2004年5月
巴基斯坦马兰坎水电站机电制安工程	哈尔滨电机厂有限责任公司	952.01	2004年11月	2009年1月
巴基斯坦塔贝拉水电站机电安装工程	哈尔滨电气国际工程有限责任公司	14251.93	2021年10月	在建
巴西杰瑞项目座环安装工程	东方电机有限公司	2319.31	2009年9月	2010年8月
厄瓜多尔美纳斯水电站机电设备及金属结构制作项目	哈尔滨电气国际工程有限责任公司	26716.27	2012年12月	2013年11月
哥斯达黎加托瑞托水电站机电安装工程	东电电气集团国际合作有限公司	531.61	2014年6月	2015年6月
加拿大乌斯克瓦顿项目尾水管里衬及进入门制作	—	408.50	2008年5月	2009年12月
加纳P7阿库松博水电站压力钢管和尾水门机修复项目	加纳沃尔特河流管理局	4026.72	2010年10月	2014年4月
加纳布维水电站永久设备采购项目	加纳能源部	52917.28	2009年4月	2014年11月
柬埔寨达岱水电站机组及附属设施检修项目	柬埔寨达岱水电有限公司	1066.69	2015年3月	在建
柬埔寨额勒赛水电站机电安装工程	中国华电额勒赛下游水电项目（柬埔寨）有限公司	4482.58	2011年1月	2014年12月
柬埔寨甘再水电站水轮发电机组部分埋件及附件供货、大修项目	柬埔寨王国水资源及气象部	849.60	2008年7月	2015年6月
柬埔寨桑河二级水电站机电安装、检修服务项目	桑河二级水电有限公司	5953.44	2017年7月	在建
老挝南涅河一级水电站机电设备安装工程	日本日立三菱水力株式会社	408.71	2015年8月	2019年3月

续表

项目名称	业主单位	合同总额（万元）	开工时间	竣工时间
老挝纳姆欣本电站闸门供货工程	浙江华汇机械装备有限公司	163.76	2015年1月	2015年5月
老挝南欧江水电站金结制造工程	老挝南欧江电力有限公司	9083.06	2017年10月	2020年10月
老挝南杉3A水电站闸门、压力钢管及附属设备制作与服务项目	老挝彭莎公司	3873.85	2013年10月	2015年7月
马来西亚樱花项目（机电标）	SAKURA FERROALLOYS SDN.BHD	10971.41	2014年3月	2016年4月
孟加拉国轻CP02标轻轨钢结构/屋顶彩钢瓦制作安装	孟加拉国达卡公共交通公司有限公司	16121.16	2019年1月	在建
孟加拉卡国际机场扩建项目样板间天花吊顶安装工程	SAMSUNG C&T CORPORATION 三星物产建设	130.00	2021年10月	在建
缅甸HSS2段金属结构设备制作工程	—	3616.30	2006年9月	2007年2月
缅甸耶涯水电站机电安装、金结制作工程	中信—中水联营体	7882.44	2006年12月	2012年8月
缅甸道耶坎二级水电站机电安装工程	中国机械设备进出口总公司	8439.16	2011年5月	2013年12月
缅甸瑞丽江水电站水轮机埋件及前四台机坑里衬改造工程	—	315.90	2005年10月	2007年8月
尼泊尔上马相迪-A水电站弧形、平面闸门及拦污栅设备制造工程	—	1099.57	2013年12月	2014年10月
尼日利亚凯恩吉水电站机电安装改造项目一	中国电建集团华东勘测设计研究院有限公司	14731.11	2011年12月	2015年12月
尼日利亚凯恩吉水电站机电安装改造项目二	中国电建集团华东勘测设计研究院有限公司	7999.00	2022年5月	在建
尼日利亚宗格鲁水电站机电制安工程	—	7966.93	2015年8月	在建
泰国Lam Takong水电站机电安装工程	上海福伊特水电设备有限公司	214.91	2015年8月	2016年12月
坦桑尼亚朱利诺水电站（9×235MW）主机设备工程安装工程	东方电气集团国际合作有限公司	5047.89	2021年8月	在建
土耳其达普娜等3个水电站机电安装工程	哈尔滨哈电电气公司	1593.80	2007年1月	2011年12月
委内瑞拉古里水电站1-6号机增容改造机电设备EPC项目	东方电气集团国际合作有限公司a	19000.00	2015年6月	在建
乌干达布贾卡里机电及金结设备安装	乌干达布贾卡里能源公司	6352.60	2008年9月	2012年7月
乌干达卡鲁玛水电站机电安装工程	乌干达能源与矿产发展部	16350.00	2017年12月	2019年12月
印度竹拉兰水电站机电安装工程及咨询项目	哈尔滨哈电电气公司、中国机械设备工程股份有限公司	6194.09	2005年6月	2012年9月
越南班查水电站机电安装工程	中国技术进出口公司	422.20	2006年10月	2009年9月
越南SONLA尾水锥管、肘管、机坑里衬、中墩护头等制造	中国技术进出口公司	7119.40	2007年12月	2009年3月
越南波夏河套水电站机电安装咨询项目	四川东方电力设备联合公司	388.48	2008年6月	2011年12月
越南斯雷伯克机电安装工程	中国技术进出口总公司	288.70	2007年2月	2008年10月
越南松拉机坑里衬制作	—	408.00	2008年8月	2008年12月
越南西山3A-2水电站金结制造	—	2386.00	2003年10月	2005年9月
越南西山4水电站机电安装咨询项目	—	—	2004年10月	2009年9月
越南西山水电站机电安装工程	哈尔滨哈电电气公司	1998.00	2005年1月	2008年6月
越南邦威水电站机电安装咨询项目	四川东方电力设备联合公司	383.46	2009年8月	2011年12月

续表

项目名称	业主单位	合同总额（万元）	开工时间	竣工时间
越南宣光水电站机电安装工程	哈尔滨哈电电气公司	797.90	2005年6月	2009年10月
越南中宋水电站机电安装工程	越南电力公司	1505.70	2013年12月	2017年12月
赞比亚Kariba水电站机电安装工程	GE HYDRO FRANCE	2066.20	2019年11月	在建

二、工程选介

（一）埃塞俄比亚泰克泽机电设备工程检修安装项目

泰克泽水电站建设在尼罗河支流上游峡谷，安装4台单机容量75兆瓦的混流式水轮发电机组，装机容量占埃塞俄比亚总装机容量的1/3，电站4台机组于2009年11月全部投产发电，投入商业运营。在埃塞吉布Ⅲ水电站投运前，该电站担负着埃塞俄比亚近40%的电力供应，在埃塞俄比亚能源供应中有着举足轻重的地位和作用。

由于年久失修，泰克泽水电站部分设备出现问题，需要进行较大规模检修。2019年12月，水电八局机电安装公司与电站方签订泰克泽水电站检修项目合同，原拟2020年初进场，由于全球新冠疫情暴发，埃塞俄比亚受疫情自2020年3月以来逐渐严重等因素影响，进场计划不得不推迟到2020年9月。

（二）埃塞俄比亚吉布Ⅲ水电站机电制安工程

吉布Ⅲ电站距离埃塞俄比亚首都亚的斯亚贝巴约360千米，是OMO河梯级开发中的第3级水电站，也是埃塞俄比亚在建单机和总装机容量最大水电站，共安装10台187兆瓦悬吊式混流水轮发电机组，总装机容量为1870兆瓦，机组全部发电后约占埃塞俄比亚电网总容量的一半。

项目为EPC项目，土建由意大利知名建筑公司SI公司承建，机电总承包商是东方电气，电建集团成都勘测设计研究院承担设计工作，水电八局承担金属结构制作、机电和金属结构安装任务。

2010年12月，水电八局与东方电气集团国际公司签订分包合同，工作范围为10台水轮发电机组的安装、压力钢管的国内制作及现场安装、水工金属结构闸门的国内制作等内容。2011年，完成进场准备、现场临建的搭建、机电预埋、金结安装等的准备工作；2011年7月，开始第一仓埋件安装；2012年，进入压力钢管制作高峰期；2015年8月，开始第1台机的无水调试；2015年10月11日，1#机组成功并网发电，11月11日，移交业主；2016年9月，完成最后一台机组的试运行；2016年12月17日，埃塞俄比亚最大水电站——埃塞吉布Ⅲ水电站隆重举行了10台机组投产庆典仪式。

从2015年11月11日首台机组移交业主，到2016年9月9日最后一台机组移交业主，在仅仅不到10个月的时间，水电八局机电人完成了10台大型水轮发电机组的安装和移交工作，提前完成"一年十投"的目标。

（三）巴基斯坦马兰坎水电站机电制安工程

巴基斯坦马兰坎水电站位于巴基斯坦西北边境省马兰坎地得尔盖镇约3千米、距西北边境省省会城市白沙瓦约100千米、距首都伊斯兰堡约220千米。该电站为西北边境省水力开发公司开发的第一个中型水电项目，电站共设计3台单机容量为27.2兆瓦的立式混流式机组，共投资约60亿卢比。

2004年8月，水电八局从哈尔滨电站工程公司（HPE）分包3台机组的安装、调试工作。直到2007年6月，电站才具备安装条件。3台机组分别于2008年5月31日、7月16日、7月28日投产发电，实现了年内全部机组并网发电。

（四）巴基斯坦塔贝拉水电站机电安装工程

巴基斯坦塔贝拉水电站位于巴基斯坦、印度河（Indus R.）干流上。工程具有灌溉、发电、防洪等效益，是印度河西水东调的关键工程。塔贝拉坝控制流域面积为17万平方千米，总库容为137亿立方米，系斜心墙土石坝，最大坝高143米，坝顶长2743米，坝体体积1.21亿立方米，是世界上已建填筑量最大的土石坝。水电站装机容量为347.8万千瓦，项目于1968年开工，1976年正式蓄水发电。

塔贝拉水电站四期扩建扩容施工由VOITH作为机电EPC总承包商，水电八局作为机电安装分包商，承担了内容为增加3台单机470兆瓦混流式水轮机安装任务，从而使现有电站装机容量由3478兆瓦增大到4888兆瓦。

水电八局于2015年12月进场施工；2016年2月15日，完成新增第一台机组（17#）座环吊装；2016年9月6日，17#机组定子开始叠片；2018年3月10日，新增首台机组投产发电；2018年9月28日，16#、17#两台机组同时实现满负荷（达954兆瓦）发电；2018年10月22日，最后一台（15#）机组投产发电，3台机组全部按期移交。

（五）老挝南涅河一级水电站机电设备安装工程

南涅河（NamNgiep）一级水电站（NNP1）项目位于老挝北汕县境内，设计为上下两座大坝组成的反调节水电站，装机3台，总装机容量为290兆瓦。其中，反调节电站副坝长90米，高20米，设计安装1台单机容量为18兆瓦的灯泡贯流式机组。主要起到如下三大作用：一是提供优质的电力；二是为右侧河岸农田提供灌溉用水；三是24小时平稳向下游放水，极力缓和对下游河流的自然环境保护，维持下游河流的流量。

2015年，水电八局从EPC机电总承包商日本日立三菱水力株式会社（HM公司）中标反调节电站18兆瓦灯泡式机组及部分辅助设备安装、试验和调试项目，同年12月，开始尾水管安装；2017年6月，完成水轮发电机组安装；2018年10月，无水调试；2019年3月16日，完成72小时试运行并正式移交业主运行发电。

（六）老挝南欧江水电站金结制造工程

南欧江由中国水电和老挝国电公司共同开发。2016年，项目二期一级、三级、四级、七级4个水电站开工建设。其中，七级水电站是"一库七级"的"龙头"，安装全流域单机容量最大的机组105兆瓦。

2017年5月，水电八局分包了一级、七级水电站闸门制安分包施工项目，内容包括制作闸门11套、金属结构约3000吨。2017年7月，项目启动；2022年8月16日，七级电站三孔溢洪道工作弧门动水启闭试验成功，闸门制安项目全部完成。

（七）缅甸耶涯水电站机电安装、金结制作工程

耶涯水电站位于缅甸中部曼德勒省距曼德市50千米的Myitnge河上，使用中国政府提供的优惠出口信贷，是缅甸目前装机容量最大的电站。电站安装4台197.5兆瓦机组，总装机容量为790兆瓦，设计年供电量可达35.5亿千瓦时。

2006年9月，水电八局和水电六局组成联合体，与中信—中水联营体签订分包合同。水电八局分包该电站金属结构设备采购与安装、水轮机埋件制作与机电设备安装工程，总承包金额为7094.5万元。2007年1月，施工人员进场；6月开始压力钢管现场制作；当年完成压力钢管制作安装551.17吨、进水口件安装151.22吨。2010年12月，电站最后一台机组并网发电，项目竣工投产。2011年，经中国水电安排，水电八局又承担了耶涯水电站机组检修工作，并在2011年完成机组的首次检修。

（八）缅甸道耶坎二级水电站机电安装工程

道耶坎二级水电站位于缅甸道耶卡河上，距离首都仰光约300千米，距离仰光北部东吁市约21千米。电站安装3台单机容量为40兆瓦的立轴混流式水轮发电机组，总装机容量为120兆瓦，是缅甸在建最大水电工程。电站由最大坝高91米的面板堆石主坝、副坝、溢洪道、导流洞、引水洞和厂房组成。

2010年10月，水电八局中标缅甸道耶坎二级水电站大坝及溢洪道工程、厂房工程施工及技术服务标，中标金额合计2474.69万美元。

2010年12月14日，水电八局从中国机械设备进出口总公司分包水电站压力钢管制造、金结及机电安装工程，工作范围为3台水轮发电机组的安装、压力钢管的国内制作及现场安装等工作内容。2011年，完成全部压力钢管的国内制作并全部运送到达工地。在工地现场完成进场准备、现场临建的搭建、机电预埋、金结安装等的准备工作。2012年，进入施工高峰期。首台机组于2013年1月25日发电，最后一台机组于2013年3月21日发电。

（九）尼日利亚凯恩吉水电站机电安装改造项目一

凯恩吉（Kainji）水电站位于尼日尔河流域，是采用单管单机布置的坝后式电站，大坝为混凝土重力坝，电站设计布置12台机组，分两期进行；其中一期工程9~12#机组于1968年底投产发电；二期工程5~6#机组于1976年投产，7~8#机组于1978年投产，其余1~4#为预留机坑，尚未安装机组设备。由于经营不善，到2010年底，8台机组中仅3台可以正常运转，其余机组需要安装和修复。为此，尼日利亚通过世界银行贷款8200万美元，用于凯恩吉水电站修复。

2011年6月，中国电建华东院和哈尔滨电机公司组成联营体，与尼日利亚国家电力公司（PHCN）正式签订了凯恩吉电站2×120兆瓦及1×100兆瓦水电机组总包供货合同，合同总额超过5亿元，哈尔滨电机公司承担水轮机、发电机及附属设备的供应。

2011年12月15日，水电八局与总承包华东院签约凯恩吉水电站机电安装改造项目合同，合同范围包括5#、6#、12#共3台轴流转桨式机组以及部分辅助设备的拆除、修复、安装及调试，现场生活营地临时设施的建设及运营管理等，总工期42个月。2012年2月，水电八局进场施工；2014年12月，项目首台（5#）机组成功发电；2015年12月，3台机组全部投产发电。

（十）尼日利亚凯恩吉水电站机电安装改造项目二

凯恩吉水电站是尼日利亚最大的水电工程，位于尼日尔河流域，电站设计布置12台机组，历经50余年建设，继2015年水电八局对部分机组进行修复后，电站目前仍有4台机组待安装、1台机组待修复，现有总装机容量为760兆瓦。

2021年12月7日，中国电力建设集团以电建华东院名义与尼日利亚国家电力公司签署凯恩吉水电站续建及修复合同，工程项目包括在现有3#、4#空机坑安装2台110兆瓦的水轮发电机组及相关附属设备，并对9#机水轮发电

机组及相关附属设备进行修复。项目完成后，电站装机容量将增至980兆瓦，将极大地缓解尼日利亚电力缺口和推动西非清洁能源进一步转型。

2022年5月，水电八局与电建华东院签订分包协议，承担3#、4#机续建及9#机修复工作。2022年6月9日，尼日利亚电力部长Abubakar Aliyu出席项目举行的开工仪式，并现场见证了9#老机组上机架从机坑内吊出的全过程。

（十一）土耳其达普娜等3个水电站机电安装工程

2010年，哈尔滨电气国际工程有限责任公司采用EPC模式承建土耳其3个小水电建设项目，并将这3个电站的机电安装与调试工作分包给长期合作的水电八局安装分局。其中，达拉普纳（DAMLAPINAR）水电站和卡帕西亚（KEPEZKAYA）水电站位于土耳其南部山区，另一个库姆科伊（KUMKOY）水电站位于土耳其最北面的黑海边上。

水电八局分包主要施工内容为：达拉普纳水电站2×7200千瓦混流式机组及辅助设备的安装调试，2台主变压器、2台进水蝶阀的安装以及少量公用系统安装调试等；卡帕西亚水电站2×14210千瓦混流式机组及辅助设备的安装调试，2台主变压器、2台进水蝶阀的安装以及部分公用系统安装调试等；库姆科伊水电站3×5750千瓦混流式机组及辅助设备的安装调试，3台主变压器、3台进水蝶阀的安装以及部分公用系统安装调试等。

2011年1月23日，库姆科伊水电站首台机组首次开机一次性成功。到2012年底，达拉普纳、卡帕西亚和库姆科伊3个水电项目圆满完成质保期工作，获得土耳其业主正式颁发的最终完工证书。

（十二）乌干达布贾卡里机电及金结设备安装

布贾卡里（Bujagali）水电站位于乌干达境内的维多利亚尼罗河上，距乌干达第二大城市金赞约10千米，是乌干达最大的水电站。项目由多个投资主体组成，布贾卡里能源公司投资7.99亿美元建设。布贾卡里水电站采用坝后式厂房，安装5台单机容量50兆瓦的发电机组，总装机容量为250兆瓦，发电水头20米，年平均发电量为14亿千瓦时。布贾卡里能源公司采用BOT（建设、运营、移交）开发模式，特许30年经营权，期满后移交乌干达政府。

水电八局于2009年6月30日签订该电站机电设备和水工设备的安装分包合同，合同总价6819万元，主要工作内容是5台50兆瓦轴流转桨式水轮发电机组安装，一个132千伏开关站包括钢结构在内的一次、二次设备安装，厂房内包括油、水、汽、公用电气、照明、监控系统等在内的所有机电安装工作；金结安装包括号门、翻板门、定轮门、叠梁门、进水口门机、尾水门机在内的约3200吨金结安装。

项目于2009年7月进场，同年9月，开始开关站及厂房桥机的施工；2009年12月4日签订机电安装项目委托实施协议；从2010年9月起至2011年，进入机电安装施工高峰期；首台机组于2012年1月20日发电，最后一台机组于2012年6月1日发电；2013年7月底，工程全部竣工，提供了乌干达全国约45%的电量。

（十三）印度竹拉兰水电站机电安装工程及咨询项目

竹拉兰水电站位于印度安德拉邦海德拉巴市境内的KRISHN河上，采用河床式布置，安装6台单机容量为46兆瓦的灯泡贯流式机组，总装机容量为276兆瓦，设计水头18米，最大水头21.4米，最小水头9米，水轮机转轮直径为6.2米。电站由湖南省水利设计院设计，中国机械设备进出口总公司（CMEC）和哈尔滨哈电电气公司中标提供机组及其他机电设备，水电八局安装分局于2004年11月签订合同，分别承担竹拉兰水电站、水轮机组、定子安装及消缺三套管形座的生产制造，以及6台灯泡贯流式机组的安装咨询工作。2006年10月，完成管形座出厂验收并海运到港；2008年4月8日，首台机组顺利发电。

（十四）越南班查水电站机电安装工程

越南班查（BAN COC）水电站位于中越边境河口市附近，为河床式电站，安装2台单机容量为110兆瓦的混流式水轮发电机组，总装机容量为220兆瓦。电站业主方为越南国家电力公司EVN第一水电管理局，中国东方电气集团国际合作公司负责电站机电设备总承包，成都院负责机电设计及土建协调，水电八局承担机组安装。项目合同于2009年10月生效；2012年9月，完成所有图纸设计；2013年2月9日，首台机组并网发电。

（十五）越南波夏河套水电站机电安装咨询项目

波夏河水电站位于越南富安省境内的山和县斋泉乡，是集防洪、灌溉和发电于一体的综合性水利建设项目。电站为单管单机引水方式，通过引水隧洞及压力钢管从水库引水至电站2台110兆瓦混流式水轮发电机组，总装机容量为220兆瓦，年发电量为825亿千瓦时，项目总投资2.72亿美元，业主为越南电力集团。

2006年7月，水电八局从四川东方电力设备联合公司分包电站2台机组安装指导和监理工作，合同金额为347万元。项目于2008年5月进场施工；2013年，2台机组并网发电，进入发电机质保期运行阶段。

（十六）越南斯雷伯克机电安装工程

斯雷伯克Ⅲ（SP3）水电站位于越南中部多乐省省会邦美蜀市30千米的斯雷博克河上，是斯雷伯克河梯级开发水电站之一，电站安装2台110兆瓦混流式水轮发电机组，总装机容量220兆瓦。项目由越南电力集团投资兴建，中国技术进出口总公司承担机组供应和机电设备安装工程。

2008年4月，水电八局从中国技术进出口总公司分包2台机组的指导安装和监理工作；2008年8月，安装项目部进场；2010年6月，实现首台机组发电；2010年12月，2台机组全部并网发电，并进入质保期运行。

（十七）越南西山4水电站机电安装咨询项目

项目位于越南Gia Lai省Pleiku市西70千米处的Se San河上，电站装设3台单机容量为120兆瓦的混流式水轮发电机组，是一个兼具灌溉、防洪、供水、发电功能的水电综合利用项目。

项目由中国水电顾问集团华东院与天津ALSTOM组成联营体，负责电站机电成套设备的设计、采购、供货以及安装、调试现场指导，由水电八局担任机电安装咨询。项目于2004年10月开始履约，到2009年9月，项目1#机组顺利并网发电。

（十八）越南宣光水电站机电安装工程

宣光水电站位于越南宣光省呐夯县境内，距首都河内约300千米，电站拦河坝为最大坝高91米的面板堆石坝，安装3台114兆瓦混流式机组，总装机容量为342兆瓦。项目由越南国家电力总公司投资兴建，越南沱江公司总承包。

2004年10月7日，哈尔滨电气国际工程有限责任公司中标宣光水电站成套机电设备设计和技术服务标；2005年1月15日，越南第一电力公司批准并正式签订了宣光水电站成套机电设备设计和技术服务合同，内容包括3台混流式机组，6孔进水口（6米×12米）、8道泄洪底孔（4.5米×6米）和4道溢流表孔（14.5米×11米），3条直径为7.5米的引水压力钢管道，以及18套液压启闭机和3台门机，金属结构共约7300吨。水电八局从哈尔滨电气国际工程有限责任公司分包电站3台机组的安装调试工作，并在2012年完成全部3台机组投产发电。

2013年1月28日，越南电力集团正式颁发项目最终完工证书。

（十九）越南中宋水电站机电安装工程

越南中宋（Trung Son）水电站位于越南清化省西北部马河上游，总装机容量为260兆瓦，安装4台单机容量65兆瓦混流式水轮发电机组，是越南水电建设重点项目。

2013年8月15日，中国电建水电顾问集团和东芝水电设备（杭州）公司组成联营体，与项目业主越南第二发电集团中宋水电工程管理公司EVN正式签订水电站机电设备供应和安装项目合同，合同工期43个月。项目由中南勘测设计研究院作为EPC总承包单位，水电八局承担机电安装工作。2013年12月1日，中宋水电站项目成功截流；2014年6月开始机组埋件安装；2016年6月，机组安装正式开始；2016年9月，首台机组转子顺利吊装；2017年2月，首台机组发电并进入商业运行；2017年6月，4台机组全部投产发电。

第三节　国际绿色建材工程

一、概述

一直以来，水电八局统筹国内、国际两大市场，注重国际砂石业务的建设与运营，在东南亚、非洲、南美等地共承建国外项目30余个，"八局砂石、世界品牌、绿色典范"的美誉远播海外。

2002—2022年国际绿色建材工程一览见表2-2-3。

表2-2-3　2002—2022年国际绿色建材工程一览

项目名称	业主单位	合同总额（万元）	开工时间	竣工时间
阿尔及利亚东西高速公路砂石系统	—	2327.48	2007年4月	2010年12月
厄瓜多尔美纳斯水电站砂石系统	厄瓜多尔国电公司	—	2012年3月	2020年6月
加纳布维水电站砂石系统	加纳能源部	—	2007年8月	2013年12月
柬埔寨甘再水电站砂石系统	柬埔寨王国水资源及气象部	—	2007年10月	2011年11月
柬埔寨桑河二级水电站砂石系统	桑河二级水电有限公司	—	2013年11月	2018年5月
柬埔寨斯登沃代水电站砂石系统	柬埔寨水电开发公司	—	2010年4月	2013年6月
老挝南俄4水电站砂石系统	老挝国家电力公司、中国重型机械有限公司	—	2017年7月	在建
老挝南涅河一级水电站砂石系统	OBAYASHI CORPORATION	32526.65	2014年9月	2018年12月
老挝南塔河1#水电站砂石系统	老挝南塔河1号电力有限公司	—	2014年1月	2019年4月
马来西亚班谷供水工程砂石系统	砂捞越州政府交通公共事业部、三峡发展（马）有限公司	—	2008年8月	2010年12月

续表

项目名称	业主单位	合同总额（万元）	开工时间	竣工时间
马来西亚哥打丁宜料场运行项目	AGRIJEWEL SDN.BHD	—	2015年11月	2016年7月
马来西亚沐若水电站砂石系统	沙捞越能源公司、三峡发展（马）有限公司	—	2008年1月	2015年12月
缅甸密松水电站兰家坡砂石系统	中国电力投资集团公司云南电力投资有限公司	11382.50	2011年3月	2013年3月
尼日利亚宗格鲁水电站砂石系统	尼日利亚国家电力公司	—	2013年5月	在建
乌干达卡鲁玛水电站砂石系统	乌干达能源与矿产发展部	—	2013年8月	在建
越南松邦4水电站砂石系统	越南电力公司	—	2010年9月	2015年1月

二、工程选介

（一）阿尔及利亚东西高速公路砂石系统

阿尔及利亚东西高速公路中段M6标段工程，工期为两年，长24.5千米（含12座桥、69道涵洞，涵洞总长3269米），位于谢里夫省内，人工砂石料系统位于谢里夫省，离谢里夫市约30千米，离首都阿尔及尔市约240千米。

水电八局砂石分局承担该砂石系统的设计、建设期的土建施工、系统设备安装，系统联动调试及试运行；成品料生产加工运行；料源岩性为灰岩，高速公路工程需要砂石成品料总量120万立方米；其中，碎石规格为5~25毫米、5~31.5毫米、0~14毫米、0~16毫米，砂0~5毫米。另需提供铁路工程需要的成品料20万立方米（为25~50毫米道砟）。

（二）厄瓜多尔美纳斯水电站砂石系统

厄瓜多尔美纳斯砂石水电系统位于大坝上游右岸，泛南美洲洲际公路靠山侧，系统承担MINAS水电站支洞前段、大坝及进水口等工程的混凝土骨料加工生产任务，系统处理能力为360吨/小时（计入喷混凝土，以及超挖回填和混凝土施工损耗）。

（三）加纳布维水电站砂石系统

加纳布维砂石加工系统坐落在加纳布朗阿哈富省黑沃尔特河右岸，采用干式生产工艺，系统毛料处理能力是1000吨/小时，成品生产能力750吨/小时，主要生产大石、中石、小石、砂四种砂石骨料，系统安装设备86台（套），胶带机35条；整个系统全部为钢结构，是水电八局首次在砂石生产全过程中采用除尘设备回收石粉的项目。该工程于2009年1月16日正式开始系统金结制作安装工作，成品骨料生产加工车间于2009年6月28日重载联动成功。

（四）柬埔寨甘再水电站砂石系统

柬埔寨甘再水电站工程位于柬埔寨王国Kamchay河干流上，位于距首都金边西南部约150千米的贡布省（Kampot）境内，坝址距省会城市贡布约15千米。该工程的主要任务是发电，水电站总装机容量为193.2兆瓦，年平均发电量为4.98亿千瓦时。工程所需的全部砂石料来自人工砂石加工系统。人工砂石加工系统分为半成品加工部分和成品加工部分，生产工艺流程参照国内人工砂石系统（料源同为石灰岩）的成熟工艺，采用半干半湿式（一筛采用湿式生产，其余采用干式生产）进行设计，并配有相应的水处理系统和除尘系统。人工砂石加工系统生产的石粉替代粉煤灰，在筑坝技术尚属新课题。

人工砂石加工系统生产规模按毛料处理能力1200吨/小时设计，成品有40~80毫米、20~40毫米、5~20毫米三种粗细骨料，小于5毫米的成品砂和石粉（暂按12吨/小时考虑），满足高峰月浇筑强度15万立方米砼所需砂石料，生产料源为石灰岩。

人工砂石加工系统工程于2007年10月28日开工建设，2008年3月15日，粗碎投入运行，2008年6月21日，系统全线投产，工程运行期至2011年11月1日结束。

（五）柬埔寨桑河二级水电站砂石系统

桑河二级水电站C2标工程的砂石加工系统建安及运行，砂石成品料生产主要包括混凝土骨料约145万吨，系统设计处理能力500吨/小时，料源岩性为砂岩，工期为2014—2018年。

（六）柬埔寨斯登沃代水电站砂石系统

沃代砂石系统主要承担沃代电站建设约52万立方米混凝土的砂石骨料生产供应任务，系统设计处理能力320吨/小时，料源岩性为砂岩。

（七）老挝南俄4水电站砂石系统

南俄4水电站项目装机容量240兆瓦，计划安装3台80兆瓦混流式水轮发电机组。水电站设计坝体为碾压混凝土重力坝，共设10个坝段，坝顶高程1046米，坝底高程972米，坝高74米。砂石项目负责砂石料生产供应，主要加工灰岩。

（八）老挝南涅河一级水电站砂石系统

南涅河（Nam Ngiep）一级水电站（NNP1）位于老挝北汕县境内，距离老挝首都万象约200千米，设计为上下两座大坝组成的反调节水电站。其中，主坝安装两台单机容量为136兆瓦的水轮发电机组，总装机容量为272兆瓦；副坝为反调节坝，安装一台单机容量为18兆瓦的灯泡式机组；整个电站总装机容量为290兆瓦，项目总投资约9亿美元，由日本KANSAI电力公司、泰国电力和老挝电力公司以BOT方式共同建设。

2014年6月，水电八局签订水电站砂石系统建设合同，主要承担水电站人工砂石料的生产及供应。系统主要分为石料场、砂石加工系统和长距离胶带机输送系统三大施工区域，设计处理能力为1000吨/小时，计划生产465.9万吨砂石骨料，料源为灰岩。项目于2014年9月正式开工，2015年开始正常输送供应砂石骨料。

（九）老挝南塔河1#水电站砂石系统

老挝南塔河水电站砂石料供应工程负责提供南塔河水电站工程施工所需的全部混凝土、大坝垫层料的人工砂石料。砂石骨料58.11万吨，大坝垫层加工料约11.4万吨。本系统加工处理能力约为280吨/小时，成品料的生产能力约为230吨/小时。建安期于2015年5月29日完工，于2015年5月30日开始试运行。

（十）马来西亚班谷供水工程砂石系统

马来西亚班谷供水工程人工砂石加工系统工程位于马来西亚古晋，设计处理能力为200吨/小时，供应供水工程大坝混凝土总量161077立方米所需的砂石料。

（十一）马来西亚哥打丁宜料场运行项目

项目位于马来西亚柔佛州哥打丁宜县，距离新山市区约50千米，紧邻新加坡，海运发达。主要工作内容为料场开采及砂石加工，生产花岗岩。项目2015年11月开工建设，建安期7个月，采石场开采能力约为500吨/小时。生产的砂石料将主要销往马来西亚、新加坡、文莱等国。

（十二）马来西亚沐若水电站砂石系统

沐若水电站安装有4台236兆瓦容量的混流式发电机组，总装机容量944兆瓦，该工程主要由碾压混凝土重力坝、坝身表孔溢洪道、引水系统（含调压井）、发电厂房、生态流量引水发电系统等组成。坝顶长度473米，最大坝高141米。水库正常蓄水位540米，总库容120.43亿立方米，调节库容54.75亿立方米。

沐若水电站工程人工砂石系统由两个砂石系统组成：右岸厂房砂石系统和左岸大坝砂石系统。

马来西亚沐若厂房人工砂石加工系统位于电站右岸进水口和发电厂房之间，调压井附近，料源为厂房料场爆破的石料，岩石状况为砂岩，主要供应厂房二级配混凝土骨料和边坡支护混凝土骨料，该系统设计毛料处理能力为150吨/小时，厂房砂石加工系统主要建安工程量为混凝土170立方米，浆砌石150立方米，金结和设备安装152吨，主要供应沐若水电站厂房混凝土骨料。生产系统于2008年8月开工，2009年1月17日10时18分，正式投入运行，实现了按期投产的目标，并成为沐若水电站第一个按期投产的项目。

大坝人工砂石加工系统位于左坝肩圣石下方，主要供应大坝碾压混凝土所需骨料。大坝砂石系统主要加工生产大石、中石、小石和砂四种骨料，砂石料总量约368万吨，其中成品砂132万吨，成品碎石236万吨。加工系统毛料处理能力为1000吨/小时，成品料生产能力约840吨/小时，其中人工砂生产能力约340吨/小时。料源为瀑布料场爆破的石料，岩石状况为砂岩。

大坝混凝土生产系统承担混凝土供应总量约167.5万立方米，其中大坝碾压混凝土工程量约为144.4万立方米。混凝土系统生产能力满足混凝土月高峰浇筑强度12.9万立方米，其中碾压混凝土为12.7万立方米/月，常态混凝土0.2万立方米/月，最大骨料直径为80毫米（三级配混凝土）。系统设计生产能力：常态混凝土600立方米/小时，预冷碾压混凝土450立方米/小时。混凝土出机口温度：常温混凝土30℃、预冷碾压混凝土21℃。

（十三）缅甸密松水电站兰家坡砂石系统

密松水电站位于缅甸伊洛瓦底江干流上游，是伊江上游规划的7座水电站之一。项目由缅甸电力部、中国电力投资集团、缅甸亚洲世界公司组成的合资公司投资建设，电站设计以发电为主，兼顾防洪，安装发电机组8台，总装机容量为600兆瓦，是缅甸境内规划装机容量最大的电站，建成后平均每年可为缅甸提供308亿千瓦时电力。

2009年12月21日，电站举行开工仪式；2011年3月1日，水电八局中标处理能力为3000吨/小时的兰家坡砂石加工系统建设与运行管理，并于当月进场施工；2011年9月30日，缅甸总统吴登盛通知国会：根据人民的意愿，在本届政府任内搁置兴建伊洛瓦底江密松水电站项目；2013年3月，中方参建单位和设备全部撤出。

（十四）尼日利亚宗格鲁水电站砂石系统

尼日利亚宗格鲁水电站砂石加工系统包括左岸、右岸两个砂石系统，主要供应工程建设所需400万吨砂石骨料。其中，左岸砂石系统毛料处理能力为1300吨/小时，成品生产能力为1000吨/小时；右岸砂石系统毛料处理能力为250吨/小时，成品生产加工能力为200吨/小时。

（十五）乌干达卡鲁玛水电站砂石系统

卡鲁玛水电站坝址位于乌干达Kiryandongo区的吉奥格（Kyoga）尼罗河上，坝址地理坐标为北纬1°29′45″，东经32°49′45″。工程区地处东非高原腹地，区内地貌主要有准平原、侵蚀残坡及河谷地貌，分布有大小各异的裂谷湖泊。工程区地势较为开阔平坦，一般地面高程960~1075米。根据工艺要求，砂石加工系统共由粗碎、第一筛分、中碎、细碎、第二筛分、制砂、第三筛分车间等车间组成。

卡鲁玛人工骨料生产系统由砂石加工系统和系统公路组成，料源主要为花岗片麻岩。生产系统由粗碎车间、半成品料仓、中细碎车间及中细碎钢制调节料仓、制砂车间及制砂原料仓、一筛车间、二筛车间、三筛车间、修理车间、库房、风水电和通信系统、场内交通及现场办公室等组成，系统加工处理能力约为350吨/小时，成品料的生产能力约为260吨/小时。石料堆场至粗碎车间采用自卸汽车运输。场内主干道与水电站4号道路相连，场内各支路分别连通至各筛分车间、破碎车间及骨料料仓，各车间砂料的输送采用胶带机连接。

（十六）越南松邦4水电站砂石系统

越南松邦4水电站砂石系统主要供应电站主体工程79.5万立方米碾压混凝土骨料，石料场为花岗岩，密度为2.78克/立方厘米，自然抗压强度930千克/平方厘米。系统毛料处理能力为630吨/小时，成品生产能力为500吨/小时。

第四节 国际火电工程

一、概述

2008年，一个偶然的机会摆在水电八局面前——孟加拉国石卡巴哈燃气电站原施工方因故退场，业主正在寻找更为放心的承包商。而正在积极寻找海外发展机会的水电八局，勇敢地作出"吃"第一个海外火电"螃蟹"的决策。

短短10余年，水电八局在海外承建了14项火电工程，涵盖了燃煤、燃气、燃油、重油发电和联合循环等多种类型，承接了EPC、EP、EPC+O&M和单项分包等多种合同模式，安装火电机组29台（套），承接施工的项目火电总装机容量近5000兆瓦，为水电八局赢得了近240亿元的海外合同份额，成为水电八局增长最快的新兴产业之一，有力地支撑了国际业务的大发展。

2002—2022年国际火电工程一览见表2-2-4。

表2-2-4 2002—2022年国际火电工程一览

项目名称	业主单位	合同总额（万元）	开工时间	竣工时间
柬埔寨西哈努克港燃煤电站	华电西港发电有限公司	670.00	2020年6月	2023年3月
马来西亚景兴纸业热电站	景兴控股（马）有限公司	14396.79	2021年2月	在建
马来西亚凯德隆燃气电厂	沙捞越能源有限公司	235234.40	2015年12月	在建
马来西亚康诺桥燃气电站	马来西亚国家能源公司	145590.94	2013年5月	2016年2月
孟加拉国玛塔巴雷燃煤电站	韩国浦项集团孟加拉国分公司	11390.31	2020年3月	在建
孟加拉国石卡巴哈燃气电厂	孟加拉国能源开发部	58000.00	2008年2月	2014年2月
委内瑞拉巴里纳斯重油电厂	委内瑞拉国家石油公司	210000.00	2014年5月	2017年7月
委内瑞拉新中心电厂	委内瑞拉国家石油公司	726600.00	2010年5月	2017年4月
印度尼西亚北苏三燃煤电站	PT MINAHASA CAHAYA LESTARI	92567.24	2018年7月	在建
印度尼西亚东加燃煤电厂	PT.PLN（Persero）	194600.00	2011年3月	2017年1月
印度尼西亚明古鲁燃煤电站	中水电海外投资（北京）有限公司	155088.86	2017年2月	2021年7月
印度尼西亚庞卡兰苏苏燃煤电厂	印度尼西亚国家电力公司	263464.18	2015年5月	2021年5月
印度尼西亚亚齐燃煤电厂	PT.PLN（Persero）	173000.00	2008年4月	2014年6月

二、工程选介

（一）柬埔寨西哈努克港燃煤电站

西哈努克港燃煤电站项目位于柬埔寨西哈努克市东北磅逊湾，是一座2台350兆瓦超临界燃煤机组的大型火电工程，同时配套建设1个8000吨级煤炭泊位和1个2000吨级重件泊位的港口，是中国华电在柬埔寨最大的电源投资项目。

水电八局科研设计院在工程建设中承担了第三方土建试验室的建设及运行管理工作。项目于2020年8月18日正式开工；到2022年11月1日，首台机组投产发电；2022年11月16日，第二台机组投产发电。水电八局项目团队发挥积极作用，服务态度和服务质量得到了建设单位、监理单位和各参建单位的好评，两次收到业主发来的感谢信。

（二）马来西亚景兴纸业热电站

景兴纸业热电站项目位于马来西亚雪莱莪州瓜拉冷岳县万津工业园区，项目主要是为80万吨/年废纸浆板和60万吨/年箱板瓦楞纸产能的纸厂提供配套电源。项目范围包括1台33兆瓦燃气轮机发电机组、1台7兆瓦背压式汽轮发电机组、1台75吨/小时固体废物焚烧锅炉、1台100吨/小时余热锅炉、1台75吨/小时燃气锅炉及其配套设施的安装，项目预计总工期为13个月，计划于2022年5月21日竣工。

景兴纸业热电项目由景兴纸业集团投资建设，水电八局于2020年12月25日与项目业主签订承建合同，合同金额分为两部分。其中马来西亚境外部分为84349794.27元，马来西亚境内部分为37039080.64林吉特（折合人民币约5500万元），总金额约1.33亿元。

项目于2021年初开工建设，由于受到当地疫情传播加剧、政府实施全国封锁政策的影响，工程施工被迫在6月叫停，后经业主申请，项目终于在2021年8月下旬获得复工。

（三）马来西亚凯德隆燃气电厂

凯德隆燃气电厂位于马来西亚沙捞越州民都鲁省，是水电八局在马来西亚承建的第二座联合循环燃气电站，项目分两期实施，共安装2台（套）F级燃气轮机、汽轮机、余热锅炉以及其他辅助设备，设计净出力共为826兆瓦。项目由沙捞越能源有限公司（SEB）投资建设。

2015年底，由中国电建国际工程公司、中国水电马来西亚公司、GE瑞士公司以及GE马来西亚公司组成的联营体，以EPC方式中标凯德隆联合循环燃气电厂一期工程项目，水电八局负责项目土建工程的具体实施。一期工程合同是在原有电厂基础上扩建一个新的联合循环电厂，主要设备配置为1台（套）GT26燃气轮发电机组，1台余热锅炉，1台（套）汽轮发电机组，设计净出力为413兆瓦，建设周期共32个月，合同金额折合人民币9.71亿元。

凯德隆一期工程施工过程的标准化管理和施工安全质量进度管控，得到了业主的充分肯定，最终在2018年6月，业主以议标形式将增建的2号机组（二期）直接授标给中国水电和美国GE联营体，并增签了扩建2号机的补充协议。项目即扩展为在原电厂基础上扩建一个新的天然气发电的联合循环电厂，包括2台（套）F级燃气轮机、汽轮机、余热锅炉以及其他辅助设备，设计净出力为826兆瓦，建设工期顺延12个月，合同金额折合人民币6.82亿元。

在项目建设特别是循环水泵房和海事作业工程的实施过程中，水电八局创造了HDPE拖管距离最长（27500千米）、沉井体积最大（长39.10米×宽37.10米×高24.50米，下沉深度22.48米）、顶管直径最大（外径4.32米、总长300米）和HDPE沉管最长（1110米）4项马来西亚国家纪录，载入马来西亚国家纪录史册。

2016年1月，一期工程项目开工建设，经过建设者的辛勤努力，电站1号机燃机于2019年11月25日点火一次成功并迎来发电时刻；2021年1月20日，1号机移交业主并进入质保期。

2018年6月，二期工程启动；2021年11月6日，2号机组点火一次成功；2022年6月15日，马来西亚沙捞越能源公司（SEB）签发2号机组TOC和PAC的完全移交证书，宣告项目全面完成建设并进入质保阶段。

（四）马来西亚康诺桥燃气电站

康诺桥燃气电站位于已建马来西亚康诺桥电厂内，地处吉隆坡市西南32千米的巴生谷。项目于2013年5月2日收到业主（TNB）的中标函，同期正式开工。2013年7月15日，与马来西亚国家电力公司（TNB）正式签订施工合同，内容包含1台384.7兆瓦的单轴联合循环燃气机组的设计、采购、供应、施工、安装、试运行等，项目总工期28个月，合同总额约15亿元。该项目是中国水利水电建设股份有限公司承建的第一个海外燃气联合循环电站EPC项目，也是水电八局在马来西亚市场首次进入火电建设领域，对巩固马来西亚市场、优化国际业务产业结构和市场布局具有十分重要的意义，也为非水电建设领域的发展和业绩提升创造了更加有利的条件。

项目于2013年5月开始施工，2015年1月，三大主机全部就位，2016年2月27日，正式投入商业发电运行并移交业主。

(五)孟加拉国玛塔巴雷燃煤电站

玛塔巴雷2×660兆瓦燃煤电站位于孟加拉国吉大港市的马塔巴里区,项目由日本JICA基金总投资约44亿美元建设,韩国POSCO公司负责全厂土建及输煤系统采购与安装,浙江火电承建该工程的土建1号包项目,水电八局负责该项目3#、4#临时码头,拌合站系统建设和运营等项目建设。

受总包方韩国Poscs公司邀请,水电八局参与项目3#、4#临时码头EPC竞标。经过积极跟进,双方于2019年5月15日正式签订施工合同,合同内容包含3#、4#临时码头钢板桩施工、拉索安装及张拉、开挖及回填、路面摊铺、疏浚、码头附属设施安装等工程,并于2019年6月23日开始第一根永久钢板桩的插打施工。项目部后续中标承建PHC管桩1标、拌合系统及管桩运输项目,合同金额1.6亿元。

(六)孟加拉国石卡巴哈燃气电厂

石卡巴哈燃气电站位于孟加拉国吉大港市,装机150兆瓦的单循环燃气机组一台,工程包括设计、制造、供货、土建、安装及调试等内容。2008年2月20日,中国水电建设集团国际工程公司与业主签订EPC总承包合同,合同金额为8240万美元,合同总工期18个月,委托水电八局有限公司负责实施。

经过2年的建设,石卡巴哈燃气电站已于2010年9月8日投产发电,创造了孟加拉国同类电站建设的最快速度,并实现了安全零事故、设备零缺陷的目标,被业主与当地媒体称赞为所有中资公司在孟加拉国承建的最好的项目。2011—2013年,项目进行质保期中的运行维护,2014年2月,项目正式移交孟方。

(七)委内瑞拉巴里纳斯重油电厂

巴里纳斯重油项目位于委内瑞拉巴里纳斯州巴里纳斯市约40千米的SANTA INES Batalla炼油厂附近,合同内容主要包括设计、供货、施工、保管、运输、安装、调试、移交以及获得工程最终证书前的一切工作任务。

2012年3月28日,中国水电国际工程公司与委内瑞拉国家石油公司签署燃油发电EPC总价承包合同,合同内容包括总装机100兆瓦的6台瓦锡兰(Wärtsilä)18V46GD柴油机组和一座115/34.5千伏的变电站以及配套115千伏输出线,以及所有配套设施的设计、土建施工、设备供应、安装和调试。项目合同总金额为2.99亿美元,合同工期15个月。由水电八局为责任方与水电十二局组成的812联营体负责具体项目实施。

项目于2012年5月开始场平和营地建设工作,后因预付款迟迟未到位暂缓建设。经过多方努力,2014年2月,业主与水电八局签订补充协议,重油项目50%预付款正式到账,项目建设重新启动。

2014年5月18日,正式开工;2015年12月,主机设备运输到现场,开始机组安装;2017年5月11日,项目1号、2号、4号机组满负荷试运行成功;2015年5月16日,3号、5号、6号机组试运行成功,全部机组具备发电条件;2017年7月28日,项目举行竣工典礼。委内瑞拉总统马杜罗视频出席典礼仪式并高度赞赏中国电建优质高效的履约能力,感谢中国对委内瑞拉人民的帮助。

(八)委内瑞拉新中心电厂

新中心电厂项目是委内瑞拉紧急电站一期工程的两个电厂之一。位于委内瑞拉最大海港卡贝略附近,距离首都加拉加斯约220千米,项目安装193兆瓦燃气发电机组4台,总装机容量77.2万千瓦,项目合同额10.38亿美元。

该项目由委内瑞拉国家石油公司(PDVSA)投资兴建,中国水电建设集团采用EPC方式承建,内容包括设计、供货、施工、保管、运输、安装、调试、移交、质保期维修以及获得工程最终证书前的一切工作任务。2010年3月26日,中国水电与委内瑞拉国家石油公司正式签署紧急电站一期工程项目合同,以水电八局为责任方与水电十二局组成委内瑞拉新中心电厂812联营体,由联营体负责新中心电厂具体项目实施。

项目于2011年3月下达开工令;2011年,完成电站主机及辅机基础混凝、浇筑,完成燃机和发电机、旁路烟囱、主变、辅机的安装。2012年7月25日,首台机组并网发电;2012年9月18日,第二台机组并网发电;到2012年12月,4台机组全部并网发电。截至2013年底,项目基本完建,只剩具体移交条件。2017年4月17日,委内瑞拉国家石油公司正式签署最终移交证书,紧急电站全面移交委内瑞拉。此时,两座电站已为委内瑞拉贡献了超过200亿千瓦时的电力供应。

(九)印度尼西亚北苏三燃煤电站

北苏三火电项目位于印度尼西亚北苏拉威西省,是由中国电建所属电建国际以10%小比例投资,并与印度尼西亚TBS集团共同开发的火电站,项目建设2×50兆瓦的汽轮发电机组及其附属系统、输变电线路、开关站和码头。项目由水电八局以EPC总承包方式承建,合同金额1.47亿美元,合同工期33个月。项目由江西省电力设计院分包设计,湖北电力建设工程公司分包两机两炉及全场公用系统设备安装。

2018年7月19日,项目正式开工;2021年1月2日,1号机组并网发电;2021年6月11日,2号机组并网发电;2021年12月10日,业主正式签发两台机组移交(TOC)证书,项目全面完建并进入质保期。

（十）印度尼西亚东加燃煤电厂

东加—巴厘巴板2×110兆瓦火电项目是印度尼西亚第一批1000万千瓦加速电站建设规划中的最后一个项目。电站位于印度尼西亚东加里曼丹省巴厘巴板市，主要工程内容包括设计安装两台循环流化床锅炉和两台110兆瓦蒸汽轮机发电机组；新建厂房、BOP、卸煤码头、开关站和2千米输变电线路等。2010年12月21日，中国水电与印度尼西亚国家电力公司签订本项目EPC总承包合同，金额约2.78亿美元，合同工期33个月。项目由水电八局与印度尼西亚ADHI公司组成的联合体实施。

项目于2011年3月25日举行开工仪式；2015年11月，1#机组并网发电；2016年6月，2#机组成功点火；2017年1月12日，获得印度尼西亚国家电力公司的商业运行许可证书（SLO），项目移交业主。

（十一）印度尼西亚明古鲁燃煤电站

明古鲁燃煤电站项目位于印度尼西亚苏门答腊岛的明古鲁市东南方向约15千米处。合同工程内容为：新建1座2×100兆瓦的燃煤电站及相关附属设施的勘察设计、采购供货、土建施工、安装调试、培训和移交；新建1座150千伏变电站及配套设施、1条22.5千米的150千伏输电线路、1个8000吨泊位卸煤码头及配套设施。项目总投资约3.6亿美元，其中75%为中国工商银行和中国进出口银行的银团融资贷款，25%为合资企业自有资金。项目由印度尼西亚国家电力公司面向全球公开招标。

2015年8月，中国电建海外投资公司持股70%与印度尼西亚当地公司组成合资企业，并中标明古鲁燃煤电站项目，于2015年11月与印度尼西亚国家电力公司签署协议，以"建设—运营—移交"（BOT）方式进行项目的投资建设，运营期25年。2016年9月30日，电建海投与电建国际签订EPC总承包协议，决定由水电八局牵头实施明古鲁2×100兆瓦燃煤电站施工。

2016年10月25日，项目举行开工仪式；2019年10月31日，项目1#机组并网发电；2019年12月31日，2#机组并网发电；2020年6月28日，项目2台机组同时完成96小时NDC试验，各项检测指标均优于设计要求；2021年，项目获得湖南省优质工程"芙蓉奖"。

（十二）印度尼西亚庞卡兰苏苏燃煤电厂

庞卡兰苏苏项目位于印度尼西亚北苏门答腊省郎卡特县庞卡兰苏苏区丹戎帕希村，距离棉兰120千米，是水电八局在印度尼西亚继亚齐、东加之后承接的第三个燃煤电站EPC总承包项目。项目由印度尼西亚国家电力公司出资兴建，项目主要工作内容是在原有电厂的基础上新建2×210兆瓦机组（3号、4号），总装机容量420兆瓦，相关建筑物的设计、施工以及2台210兆瓦等级锅炉、汽轮机、发电机、150千伏变电站及配套设备、辅助生产系统、结构等全套电站设备的供货、安装和调试，并移交商业发电。

2013年7月15日，中国水电国际工程公司与印度尼西亚国家电力公司签订EPC总承包合同，合同总金额4.8亿美元，并委托由水电八局为责任方、水电十二局为合作方组成的812联营体具体实施。

项目于2015年5月4日破土动工；2019年4月23日，首台机组（3号机）首次满负荷并持续运行，具备商业发电条件；2019年9月5日，顺利完成2台机组性能试验并投入商业运营；2020年12月，完成合同内的最后一台机组检查性大修工作；2021年5月31日，印度尼西亚国家电力公司（PLN）正式签发最终移交证书（FAC），项目履约圆满完成。

（十三）印度尼西亚亚齐燃煤电厂

亚齐燃煤电项目位于印度尼西亚苏门答腊岛北部亚齐自治区。工程包括采购、安装2台110兆瓦汽轮发电机组、一台循环流化床锅炉，修建厂房、卸煤码头等建筑以及变电站、开关站和其他辅助生产设施，合同总金额2.47亿美元，合同工期33个月。2008年4月25日，由中国水电建设集团国际公司中标，并委托水电八局为责任方、水电十二局为合作方组成812联营体承建。

2008年5月8日，项目正式启动；2009年11月25日，打下第一根永久工程桩；2010年7月27日，开始吊装锅炉钢架；2011年1月7日，完成1号锅炉汽包吊装；2012年3月8日，实现1号机组倒送电；2012年4月11日，亚齐省海域发生8.6级地震并引发超级大海啸，项目员工平安度过；2013年1月1日，1号机组并网发电；2013年11月2日，2号机组并网发电；2014年6月，2台机组完成移交，项目以良好的履约业绩荣获印度尼西亚电力系统"2010年最佳工程履约奖"。

第五节　国际基础设施工程

一、概述

近年来，水电八局极力倡导"大土木"工程建设，海外工程建设领域涉及房建、路桥、市政、轨道交通以及石油化工、农业基础设施等土建工程，并逐步发展壮大建设规模，为水电八局贡献了约500亿元的产值，有力地支撑了水电八局国际业务的大发展。

其中，自2009年底首次在海外承接房建工程以来，水电八局已在海外承建了近200亿元合同金额的项目工程，合同模式包括EPC总承包、采购+施工（PB）总价承包、单价分包等多种形式，并主动采用与当地公司联营承包、与中国伙伴合作施工等灵活方式，在海外取得了良好的履约记录。特别是在中东市场，水电八局大力实施属地化履约管理，强化从市场开拓到项目履约一条龙服务体系，逐步形成从无到有、从弱到强的完整管理模式，为水电八局扩展海外规模、提升管理水平作出了贡献。

2002—2022年国际基础设施工程一览见表2-2-5。

表2-2-5 2002—2022年国际基础设施工程一览

项目名称	业主单位	合同总额（万元）	开工时间	竣工时间
哥伦比亚缇比特克水处理厂项目	EMPRESA DE ACUEDUCTO Y ALCANTARILLADO DE BOGOTA	40105.86	2021年2月	2023年10月
加纳阿克拉—特马高速公路一期项目	加纳公路部	4383.94	2016年11月	2017年5月
加纳库马西市内道路工程	加纳公路部	11915.73	2022年6月	在建
加纳沃尔特河管理局房建及进场道路项目	加纳沃尔特河流管理局	5607.62	2020年12月	2022年3月
加纳政府优先基础设施项目	加纳公路部	124162.95	2019年7月	2022年12月
柬埔寨金边城市中心综合体项目	GFC COMPANY LIMITED	33566.08	2018年10月	在建
柬埔寨金边利登高层公寓项目	ST ADVANTIUM CONSTRUCTION（CAMBODIA）CO.，LTD	53292.26	2020年9月	在建
柬埔寨金边新国际机场堤防项目	上海宝冶集团有限公司	59003.84	2021年8月	2022年11月
柬埔寨岭南花园排屋项目施工总承包工程	ZHONG JIAN HESHENG PROPERTIES CO.，LTD	2192.95	2018年12月	2019年6月
柬埔寨西哈努克高荣岛公路项目	柬埔寨皇家集团	4277.06	2020年7月	2022年5月
科威特7环公路项目	科威特公共工程部	136694.00	2016年12月	在建
科威特T-1158基础设施项目	科威特住房福利部	155325.15	2018年12月	2021年5月
科威特T-1210别墅群项目	科威特住房福利部	141607.11	2021年8月	在建
科威特大学城5A&B基础设施项目	科威特大学城秘书处	219571.88	2012年12月	2019年7月
科威特大学城商学院和女子学院项目	科威特大学城秘书处	326211.81	2012年10月	2021年1月
科威特萨巴赫新城项目	科威特住房福利部	27093.57	2009年8月	2013年6月
老挝南芒1水电站业主营地工程	老挝国家电力公司	557.04	2013年10月	2014年2月
马来西亚沐若移民村交通桥项目	沙捞越能源公司Sarawak Energy Berhad	2014.12	2012年10月	2014年12月
马来西亚OM铁合金厂项目	OM Materials（Sarawak）Sdn.Bhd	187540.92	2013年3月	2017年6月
马来西亚诗里阿曼医院项目	马来西亚公共事业发展局	12810.05	2015年10月	2022年5月
马来西亚新山石化土建工程	PRPC REFINERY AND CRACKER SDN.BHD	44617.05	2016年3月	2018年2月
马来西亚樱花锰铁冶炼厂项目	SAKURA FERROALLOYS SDN.BHD	25617.35	2014年2月	2016年11月
孟加拉国达吉项目设备租赁	SMCC-ITD JV	2431.45	2017年10月	2022年12月
孟加拉国达吉公路项目	孟加拉国公路与高速公路管理局	134177.54	2010年10月	2016年6月
孟加拉国BAC大学新校区工程	武汉市市政建设集团有限公司	309.47	2018年10月	2018年12月
孟加拉国达卡高架快速路项目灌注桩工程	孟加拉国达卡第一高架公路公司	919.09	2021年7月	在建
孟加拉国达卡机场高架快速路项目	孟加拉国达卡第一高架公路公司	719441.28	2020年4月	在建
孟加拉国达卡机场扩建项目	孟加拉国民航局	4390.63	2020年6月	2021年3月
孟加拉国达卡轻轨6号线CP-02标	孟加拉国达卡公共交通公司有限公司	123863.74	2017年9月	在建
孟加拉国达卡沙阿贾拉勒国际机场扩建航站楼开挖与回填工程	孟加拉国民航局	1287.32	2020年1月	在建

续表

项目名称	业主单位	合同总额（万元）	开工时间	竣工时间
孟加拉国达锡公路第12A标段项目	孟加拉国高速公路管理局	37338.03	2023年1月	在建
孟加拉国栋吉机械化仓库项目桩基工程	孟加拉国达卡配电公司	212.88	2021年8月	2021年11月
秘鲁万卡班巴公路修缮项目	秘鲁国家交通部-公路局	76081.03	2018年11月	2022年停建
秘鲁帕亚斯卡公路修缮项目	秘鲁国家交通部-公路局	40995.03	2019年1月	2022年停建
秘鲁塔拉拉炼油厂扩建项目	秘鲁国际石油公司	3724.84	2018年2月	2020年7月
沙特阿拉伯阿玛德商业园酒店公寓项目	沙特阿美石油公司	67996.80	2020年8月	在建
沙特阿拉伯贾富拉工业配套设施项目	沙特阿美石油公司	94562.75	2021年10月	在建
沙特阿拉伯达赫兰房建项目	沙特阿美石油公司	250596.45	2015年12月	2021年12月
沙特阿拉伯塔纳吉布道路升级项目	沙特阿美石油公司	20727.94	2020年2月	2023年6月
沙特阿拉伯萨勒曼国王能源城项目	沙特阿美石油公司	68927.36	2021年11月	在建
沙特阿拉伯沙巴机场跑道升级项目	沙特阿美石油公司	17951.43	2018年7月	2019年10月
沙特阿拉伯沙巴石油配套设施项目	沙特阿美石油公司	63953.85	2014年11月	2017年8月
委内瑞拉巴里纳斯亚诺阿里托生态农业项目	国家农业发展局	3095.73	2011年6月	2013年6月
委内瑞拉帕里多炼油厂详细设计项目	委内瑞拉国家石油公司PDVSA	8796.32	2014年4月	2014年8月
委内瑞拉圣坎高速公路项目	委内瑞拉Corpomiranda公司	420133.00	2014年2月	2016年停建
委内瑞拉维奥高速公路项目	委内瑞拉Corpomiranda公司	622923.00	2017年1月	2018年停建
委内瑞拉阿里托农业生态园项目	委内瑞拉国家农业发展局	3095.73	2010年12月	2012年12月
乌干达恩德培长沙示范学校援建工程	中华人民共和国长沙市人民政府	305.00	2019年3月	2020年9月
新加坡地铁汤申线T227标段项目	新加坡LTA（陆路交通局）	9452.41	2017年5月	2018年12月
伊拉克示范学校（瓦西特省）项目	伊拉克内阁秘书处	55643.83	2022年2月	在建
印度尼西亚雅万高铁项目	印尼中国高速铁路有限公司	363029.74	2018年6月	2021年6月
印度尼西亚阿曼铜冶炼厂项目	印度尼西亚阿曼矿业公司	14084.45	2022年4月	在建

二、工程选介

（一）加纳阿克拉—特马高速公路一期项目

阿克拉—特马高速公路一期项目位于加纳首都和最大港口特马之间，是全国交通咽喉之一。因原有双向四车道已不能满足交通要求，一期工程主要是将原有双向四车道拓展为双向六车道，包括环形转盘的扩宽和转盘连接道路的新建和维护。

2016年9月，水电八局中标阿克拉—特马高速公路一期项目工程，合同金额650万美元。该项目是水电八局在西非区域的第一个公路项目。2016年10月11日，项目举行开工仪式，加纳国家公路部部长、交通部部长、港口局局长等官员出席。2017年9月27日，项目举行竣工通车典礼，加纳交通部部长科瓦希·阿毛咔·阿塔为通车仪式揭幕。

（二）加纳政府优先基础设施项目

非洲西部的加纳共和国近年来经济发展迅速，对路桥等基础设施建设的要求越来越迫切，规划建设道路多达50余条，建成后可构建起全国公路交通网。经加纳政府和中国电建集团多年推动，2018年9月，双方在北京中非合作论坛上签署了"一揽子"重点融资项目EPC合同，工程分两期实施，其中，一期工程"打包"建设10个项目（5个路桥项目、5个公路项目），完建后可彻底打通加纳一东一西两条公路"走廊"，总投资约10亿美元。

2018年，由水电八局牵头组建中国水电加纳路桥项目联营体，联营比例为：水电八局36%，中南院和华东院各占18%，北京院和西北院各占14%。2018年7月22日，水电八局负责的LOT3项目率先开工，标志着加纳路桥正式启动。

2019年，加纳路桥联营体因故解散，一期项目由联营单位各自承建。其中，LOT2、LOT3、LOT4、LOT5、LOT6、LOT10由水电八局承建；LOT1由西北院承建；LOT7由中南院承建；LOT8由电建市政公司承建；LOT9由北京院承建。

LOT2项目：位于库马西市，路线总长37千米，为老旧道路提升改造项目，施工工期为24个月。2022年6月22日，项目建设动工。

LOT3项目：又称塔玛利立交桥，位于塔玛利市贯通市区的南北主干道上，全长684米，是塔玛利市的第一座现代化立交桥，也是水电八局在海外承建的首座现浇箱梁式立交桥。项目于2019年7月22日开工建设；2022年3月29日，LOT3比合同工期提前3个月举行竣工典礼，加纳总统纳纳·阿库福-阿多、中国驻加纳大使卢坤出席典礼；2022年5月4日，收到业主签发的移交证书，标志着LOT3项目完美移交。

LOT4项目：位于西部省的省会塔科拉迪（Takoradi）市中心5路交叉口，为三层分离式立交桥，桥梁设计为双向四车道，桥梁结构为预应力现浇多跨连续梁，分为A、B两线，全长595米，共17跨，其中A线从B线下穿。项目于2021年7月开工建设。

LOT6项目：加纳路桥LOT6道路路线总长39千米。项目工作范围包括清表、开挖、回填、涵管、排水沟、底基层回填、基层回填、双层沥青表处路面、路缘石、原结构拆除、道路中间隔离带、标识标牌、路灯、植被恢复等。2020年12月，项目开工建设。

LOT7项目（中南院承建）：线路全长33千米，均为老旧道路提升改造项目。

LOT8项目（电建市政公司承建）：线路总长约60千米，均为老旧道路提升改造项目。2022年5月6日，收到业主颁发的完工证书。

LOT10项目：路线总长56.4千米，宽12.3米，位于加纳奥蒂省杰西坎和多佩佩苏之间南北走向的N2国道上，是国家高速公路东部走廊的一部分。2019年11月5日，项目正式启动；2022年4月21日，LOT10项目顺利通过完工验收；2022年5月13日，加纳高速公路管理局签发移交证书，LOT10正式移交；2022年7月26日，LOT10项目在召开的工程承包商交流会上获加纳奥蒂省政府嘉奖；2022年9月8日，LOT10项目举行竣工庆典，加纳副总统马哈茂杜·巴武米亚、中国驻加纳大使卢坤出席。

截至2022年12月，LOT1、LOT5、LOT9因故未启动。由于资金不到位，整个加纳路桥项目基本停滞。

（三）柬埔寨金边城市中心综合体项目

金边城市中心综合体项目位于首都金边市中心的万谷湖，与柬埔寨总理府隔街相望，属于市区核心地段，项目由新加坡GFC Company Limited和Global（KH）Tech Exchange Co.，Ltd投资兴建，总建筑面积约18万平方米。项目包括一栋29层的T1写字楼，一栋31层的T3写字楼，一栋27层的T2酒店和7层裙楼，其中裙楼还包括2层商业零售层、1层设备层和4层停车场。这3栋超高层建筑覆盖面广，包括五星级酒店和高档写字楼。项目设计包含的类型较多，如玻璃幕墙、大型屋顶钢结构、直升机停机坪等，其主体结构基本采用框架剪力墙结构，裙楼部分为框架结构。最高的写字楼建筑总高为150米。

金边城市中心综合体项目分别按照主体结构工程、装修工程、机电安装工程三个阶段来公开进行招标，参与竞标的承建公司近20家，竞争非常激烈。

2018年10月13日，水电八局中标主体结构工程，合同金额为3507万美元（折合人民币2.41亿元）；2019年4月26日，水电八局又夺得装修工程标，合同金额为2270万美元（折合人民币1.53亿元）；2020年6月16日，水电八局再次竞得机电安装工程标，合同金额为4767万美元（折合人民币3.27亿元），将整个项目主体结构、装修工程、机电安装三大工程全部收入囊中，合同总金额达到1.5亿美元（折合人民币7.21亿元）。

项目于2018年10月动工兴建；2020年9月9日，号称水电八局"海外第一高楼"的金边城市中心综合体150米高的T3主楼实现结构封顶；2021年12月30日，金边城市中心综合体主体结构工程正式移交。

（四）柬埔寨金边利登高层公寓项目

利登高层公寓项目位于柬埔寨金边森速区吴哥大道与街道1003拐角处，紧邻金边最大的购物中心AEON 2。项目一期工程占地面积约2万平方米，由建筑面积约17.6万平方米的6栋高层住宅组成，分别为T1号楼、T2号楼、T3号楼、T5楼号、T6号楼、T8号楼。其中，T1号楼、T2号楼、T3号楼和T5号楼为地下结构2层、地上结构36层的超高层建筑，地上高度均为123.25米；T6号及T8号为高层建筑，地上高度分别为78.8米和90.45米，地下室深度为8.9米。

2021年1月，水电八局中标柬埔寨金边利登公寓项目，合同金额7531万美元（折合人民币5.14亿元）。2021年2月5日，利登公寓项目展示大厅率先开始管桩施工；2022年6月，进入地下室结构施工阶段。

（五）柬埔寨金边新国际机场堤防项目

项目位于柬埔寨首都金边市，水电八局承建的主要合同内容：堤防工程合同主要包括机场外围长17.038千米的堤防、2座排水泵站、机场两侧调洪水池及堤防内侧周边排水渠道等项目。堤防为黏土斜墙坝，坝壳料主要为砂，坝顶高程11.00米，最大坝高约9.5米，顶宽2米，2座泵站设计排水能力共56立方米/秒。

由于总包方中建三局、上海宝冶与项目业主在增值税等问题上谈不拢，水电八局与总包方的合同迟迟未签订，采用边施工边单价结算方式承建。2021年8月，项目开工建设。到2022年11月4日，终止项目合同。

（六）柬埔寨西哈努克高荣岛公路项目

西哈努克高荣岛（Koh Rong）公路项目位于泰国湾东北部的高荣岛上，该岛距西哈努克市约30分钟船程。柬埔寨皇家集团（Royal Group）于2019年12月28日宣布投资2.85亿美元将高荣岛建成世界一流的度假胜地，高荣岛公路即为初步开发项目。按照皇家集团的商业开发规划，高荣岛项目后期将有码头、机场、供水、供电、房建等一系列基础设施进行建设。2020年6月，高荣岛公路项目启动招标，内容主要是为岛上现有道路加铺钢筋混凝土路面。项目分为两期进行，一期预计约35千米，二期约30千米。

2020年7月14日，水电八局柬埔寨金边房建项目部成功中标，并与皇家集团高荣岛开发有限公司签订西哈努克高荣岛公路一期施工承包合同。合同内容为全长35千米、宽6米的道路，包括单层钢筋网片制作安装、20厘米模板安装以及钢筋混凝土路面施工。公路里程按照暂定40千米计算，合同金额暂定为689万美元（最终结算里程34.6千米，结算金额658万美元）。

项目于签约当天正式开工；2022年5月7日，项目通过竣工验收；2022年5月26日，业主签发项目移交证书，生效时间为2022年5月10日，质保期至2023年5月1日结束。

（七）科威特7环公路项目

项目是既有的7环公路的改移项目之一，项目全长21.8千米，主要施工内容包括路基、路面及6座大型立交桥、一个地下通道等建设和维护，道路交通设施、公共设施（供水、排水、电力、通信）建设等。

水电八局作为总承包商在2016年4月中标RA240标段，合同总金额约13.6亿元，总工期1440天。2016年11月23日，水电八局和中铁五局签订联营承建项目协议，由中铁五局负责RA240项目现场施工。

项目于2016年12月开工；2018年4月，项目完成22.6%；2020年2月1日，包括4座主桥、4个环形路的3-3互通立交桥建成通车；2022年11月7日，最后一处匝道桥开通，项目具备通车条件。

（八）科威特T-1158基础设施项目

项目位于科威特杰赫拉省70号公路边往南15千米处，是科威特住房福利部的安居保障工程，承载着泰马（Taima）和苏莱比亚（Al-Sulaibiya）两个区域移民的安置任务，项目总占地面积830万平方米，完全处于沙漠无人地带。项目为完全竞标项目，采用固定单价承包模式，业主为科威特住房福利部，工程主要内容包括开挖和回填等场平工作、路基和沥青路面及交通信号控制系统、公共管线设施（包括灌溉、雨水、污水、电缆管线及街灯）等，另包含区域内的150座变电站和1个灌溉水池。

2018年11月11日，中国电建国际工程公司与业主正式签订施工总承包合同，总金额6811.7万科威特第纳尔（折合人民币15.3418亿元），项目总工期900天，维护期730天。项目委托水电八局具体实施。

2018年12月12日，业主正式移交场地，项目开工建设；2021年6月30日，项目正式完工移交。T-1158基础设施项目是水电八局在科威特继萨巴赫新城、大学城商学院与女子学院、大学城5A&B、7环公路之后承建的第五个总承包项目，对稳步拓展中东市场具有重要意义。

（九）科威特T-1210别墅群项目

T-1210别墅群项目位于科威特东萨巴赫区，项目占地面积62.82万平方米，主要工程包括所占区域内的基础设施、别墅597套、清真寺2座、宣礼厅2个、商铺2个、超市1个、变电站15个，以及配套住宅区内的道路、管网、灌溉绿化等基础设施工程。合同金额6398万科威特第纳尔（折合人民币13.7亿元），合同工期900天。水电八局携手中铁五局联合竞标成功，并于2021年8月17日与科威特住房福利部（PAHW）签订合同，项目随后正式启动。

（十）科威特大学城5A&B基础设施项目

5A&B基础设施项目位于科威特市区6环路，是科威特大学城项目群的子项目，业主为科威特大学城秘书处。项目主要工作范围包括环大学城道路、服务设施、变电站、地面停车场、绿化和喷泉景观等工程，项目总占地面积为253.1万平方米。主要工程量包括土方开挖161.7万立方米，土方回填189.2万立方米，混凝土11.3万立方米，钢筋15274.8吨，砖砌1815立方米，金结（镀锌钢栏杆）3167米，雨水人孔877个，污水人孔244个，管道62979米，灌注桩（900毫米）351根。

2012年8月13日，中国水电国际工程公司接到中标通知，2012年10月15日与业主签订项目合同，总金额9800万科威特第纳尔（折合人民币约21.56亿元），总工期为1250天，维护期730天。项目委托水电八局具体实施。

项目于2012年12月23日开工建设。2016年12月27日，业主和施工方因业主每期进度结算中扣除6%的结算款作为反投资义务保证金产生争议。2019年3月31日，双方就争议问题签署和解协议，并于2019年6月25日将所有反投资扣款179.87万科威特第纳尔（折合人民币4030万元）返还给施工方。至此，项目履约结束。

（十一）科威特大学城商学院和女子学院项目

科威特大学城位于科威特穆巴拉克省区市6号环路，是全球最大的大学教学基地之一。其中商学院和女子学院是科威特大学城的重点学院，含4栋教学楼、1座清真寺，占地面积约6.7万平方米，建筑面积26.41万平方米，可容纳师生8400人。主要工作内容包括：商学院的男子校区和女子校区，女子学院的男子校区和女子校区、祈祷中心及男女校区地下连接通道建筑的建设、运行与维护工作。主要实物工程量为：土方开挖90315.37立方米，土方回填47000立方米，混凝土浇筑212082立方米，钢筋28200吨，砖砌34700立方米，钢结构10313吨以及配套的门窗、幕墙、机电、装饰装修、家具等设施。

科威特大学城项目业主为科威特大学城秘书处，项目于2011年启动招标；2012年2月14日，中国水电国际工程公司收到商学院和女子学院项目授标函，2012年5月22日与业主签订项目合同，并委托水电八局具体实施，合同总金额为31.56亿元，总工期为1222天，维护期730天。

项目工程于2012年10月15日开工建设；2015年5月，完成主体结构施工；2019年9月8日，项目竣工。

（十二）科威特萨巴赫新城项目

项目位于科威特首都科威特城南部，总占地面积35平方千米，规划建设9000套住房及商店、医院、银行、学校等配套设施，预算总投资达276亿美元。

水电八局承建的萨巴赫·艾哈迈迪城C区项目属新城项目的一期工程，合同总价约1212万科威特第纳尔（折合人民币约2.8亿元），工期690天，主要建设内容为C区块的基础设施工程，包括现场临时道路、永久道路及停车区，供水及污水管道系统，1564户界标标识，48座分变电站的施工建设。

该项目于2009年8月3日开始主体工程施工，2009年9月29日开仓浇筑混凝土。2010年7月25日，完成20块停车场及其附属设施的移交，顺利实现第一个里程碑目标。2011年2月13日，完成第二个节点目标。2011年7月13日，完成第三个节点目标。2012年7月30日，完成停车场雨水管道CCTV检测和移交工作。2013年，项目全部完工并移交业主。

（十三）马来西亚OM铁合金厂项目

项目位于马来西亚沙捞越州民都鲁市萨马拉著工业区内，距市中心约70千米，规划年产量60万吨硅铁和锰铁，项目总投资约5亿美元，项目业主为OM Materials（Sarawak）Sdn.Bhd.。项目厂区占地面积约121.1万平方米，工程分两期实施：一期为A区+B区硅铁厂房及其附属建筑物，占地面积约25万平方米，合同工期为30.5个月，主要内容包括8座大型厂房，计划安装16台冶炼高炉；二期工程为C区锰铁厂房及其附属建筑物。

2013年1月15日，中国水电国际工程公司与业主签署OM铁合金冶炼厂一期工程总承包协议，2013年4月8日正式签订项目EPC合同，合同额9.38亿林吉特，合同主要实物工程量有混凝土15.96万立方米、钢筋12.6万吨、钢结构10618吨、开挖32.1万立方米、回填9.6万立方米、管桩697根、方桩606根等。项目由中国水电国际公司总承包，中钢集团负责项目设计和设备采购安调，水电八局承担项目土建施工。

2013年4月5日，项目开工建设；2014年9月17日，首台高炉点火投产；2017年6月，项目基本建成。

（十四）马来西亚诗里阿曼医院项目

诗里阿曼医院项目位于马来西亚沙捞越州古晋市的诗里阿曼省，距州府古晋市约192千米。该医院为马来西亚联邦政府竞选承诺的民生工程，总建筑面积约为26000平方米，设置108个床位，项目工作内容主要包括：基础开挖，桩基础工程，一栋4层医院主楼，一栋7层职工宿舍，外部场地道路、水沟、绿化及辅助设施等。

水电八局于2015年10月中标并启动项目施工；2022年5月19日，收到项目业主（JKR）签发的项目移交文件（CPC），进入1年的质保期。

（十五）马来西亚新山石化土建工程

新山RAPID项目是目前马来西亚最大的石油炼化工程，也是水电八局海外承建的第一个石化基建项目。项目位于马来半岛最南端柔佛州的伊斯干达经济特区D区域，主要内容包括日提炼能力30万桶的炼油厂和年产量300万吨的综合石化厂。其中，P2包总承包商中石化SEG（M）承包范围为1500万吨/年常压蒸馏装置，880万吨油渣加氢装置，氢气收集与分布装置及燃料油系统。

水电八局作为中石化的土建分包商，主要负责PAPID-P2-CN-TD-PW-03/05/06共三个标段，主要工作内容为土建施工、地下管道安装、场内沥青道路、碎石地坪、排水沟及基础换填等。

2016年3月，签订合同，开始施工准备；2019年1月29日，03标段完建并进入质保期；2019年1月30日，06标段完建并进入质保期；2019年3月26日，05标段完建并进入质保期；2020年3月17日、6月11日和6月22日，总包方签署三个标段的最终移交证书。

（十六）马来西亚樱花锰铁冶炼厂项目

项目由南非Metix总包,项目位于距民都鲁市中心约60千米的一个工业园内,项目占地面积100多万平方米,建筑面积约40万平方米,安装2台81兆伏安高炉生产高碳铁和硅两种合金,年最大产量分别为21.5万吨和14.4万吨。主要施工内容包括1座高炉车间及原料系统、成品系统和附属建筑物以及外围风水电供应设施。

2013年12月26日,水电八局与业主达成前期工程分包一致性意见,先行启动清表等前期施工;随后,双方签订项目金属结构制安及设备安装施工的单价分包合同,合同金额约7200万美元(折合人民币约5亿元)。

项目于2015年进入施工高峰期,2016年5月,第一台高炉点火调试;2017年,基本完成。

(十七)孟加拉国达吉公路项目

孟加拉国达卡至吉大港四车道高等级公路项目,是连接孟加国拉首都达卡和该国最大的港口城市吉大港的交通要道,为孟加拉国的经济命脉线路。水电八局于2009年12月13日收到中标通知书,中标2标段、3标段、4标段、5标段、6标段、8标段和9标段共计7个标段,总长139.35千米,总金额11.5亿元。计划合同工期36个月,质保期12个月。合同内容主要为将现有的二车道道路扩建为四车道道路,施工范围主要包括路基施工、沥青混凝土路面、小桥、涵洞、道路标记、交通标志、绿化带等。

2010年,项目完成机构组建、人员进场、主材备料等工作和临建施工;2011年,该项目完成所有标段的清表;2012年,完成路基110.93千米、砂基填筑139.35千米、涵洞152座、桥梁2座;2013年,基本完成路面沥青混凝土施工;2016年7月,项目举行通车典礼。

(十八)孟加拉国达卡机场高架快速路项目

孟加拉国达卡机场高架快速路项目起点位于达卡机场,终点为孟加拉国南部的贾特拉巴里,区间纵穿首都达卡市的老商业区,并连接达卡至吉大港公路,项目全长20千米,匝道长26.58千米,全程高架双向四车道。项目由中国电建集团水电国际公司(Sinohydro)、山东对外经济技术合作集团有限公司(CSI)和泰国意大利泰公司(ITD)合作投资、建设和运营,中国进出口银行和中国工商银行提供项目贷款,是孟加拉国首个由国际投资的高速公路PPP项目。

作为贯穿达卡市中心中轴线的高架快速道路,通车后将大幅降低居民出行的时间成本,缓解达卡市区极度拥挤的交通现状,对促进达卡经济快速发展、建设孟中印缅经济走廊具有重要意义。

水电八局和山东路桥组成紧密联营体(联营比例20%:80%),中标项目第二、第三标段施工,合同金额5.7亿美元。主要工作内容包括12.45千米双向四车道主线高架桥、18.6千米进出匝道、8个收费站(含43个收费亭)、1座中心控制大楼、1座警察局、10个地磅站、桥面附属设施、收费系统、交通控制监控系统、运维系统等,合同工期30个月。

2020年2月25日,机场高架快速路项目协议签署仪式在达卡举行,孟加拉国交通部部长、中国驻孟大使、泰国驻孟大使共同出席。2020年3月17日,第二、第三标段中心控制大楼桩基施工正式开钻。

(十九)孟加拉国达卡机场扩建项目

项目位于孟加拉国首都达卡阿贾拉勒沙贾拉机场(HSIA),新扩建的T3航站旨在增加整个机场容量,其中载客量将由现有的800万人增至约2000万人,载货量将由现有的20万吨量增至50万吨量。

机场扩建项目业主为孟加拉国民航局(CAAB),项目由韩国三星与日本三菱、藤田公司组成的联合体(SAMSUNG C&T)总承包,项目预计将花费2130亿孟加拉塔卡(约27.3亿美元),其中500亿孟加拉塔卡为政府自筹资金,其余资金由日本国际合作社出资,建设工期为4年。

中国水电作为总包方的战略合作伙伴,先后中标机场项目的围挡工程标段、场地工程标段、机场主体结构灌注桩基工程标段、航站楼开挖与回填工程标段、沥青场道工程标段,并委托水电八局承担施工。

达卡机场扩建项目的中标,意味着水电八局正式进入境外国际机场空港施工领域,为提高市场营销业绩、培养专业管理队伍打下了坚实基础。2019年12月28日,孟加拉国总理谢赫·哈西娜出席扩建项目奠基仪式。

(二十)孟加拉国达锡公路第12A标段项目

项目位于孟加拉国首都达卡市和东北部最大城市锡莱特之间,水电八局中标的第12A标段主要工作内容为:将现有的11.1千米N2国道从两车道改扩建为双向四车道高等级公路,并在道路两侧新建两条非机动车辅道,还包括新建过水涵洞及服务区、新建人行天桥、安装道路标识标牌等相关工作。该标段中标金额5760551469.80孟加拉塔卡(折合人民币约4亿元),总工期11年,包括4年建设期、1年质保期以及6年维护期。

2022年11月23日,水电八局孟加拉国分公司收到孟加拉国高速公路管理局(RHD)发来的中标通知书,确认水电八局以自主品牌中标达卡至锡莱特公路项目第12A标段。2022年12月8日,达锡公路第12A标段合同在达卡洲际酒店正式签约,标志着水电八局自主品牌在孟加拉国别市场首次落地生根。

(二十一)秘鲁万卡班巴公路修缮项目

万卡班巴项目位于秘鲁北部皮乌拉大区万卡班巴省，距离皮乌拉市214千米，为现有道路升级改造工程，自桩号K71+600至K142+613，总长为71千米，双向二车道沥青路面，道路宽6.6~9.0米，设计时速为30千米，工期为720天，合同金额4.3亿秘鲁索尔（折合人民币约8.85亿元）。该公路项目修筑于海拔高程800~3200米的崇山峻岭，施工难度较大。

项目业主为秘鲁交通部国道局，工程监理为CESEL S.A.设计公司，由水电八局为牵头方与秘鲁两家当地承包商组成的联营体（联营比例4：3：3），负责工程项目具体实施。

2018年11月20日，项目举行开工仪式。秘鲁交通部部长特鲁希罗莫里、万卡班巴省省长马可·拿砍仑·贝拉斯科加西亚出席。2021年12月15日，联营体向业主申请了合同终止。2021年12月28日，联营体主动向业主进行了移交，但业主只是接收了现场完工工程，未接收剩余工程材料。截至2022年底，项目处于双方合同终止问题的仲裁状态。

(二十二)秘鲁帕亚斯卡公路修缮项目

帕亚斯卡（Mollepata–Pallasca）公路修缮项目位于秘鲁安卡什拉（Ancash）和利伯塔德（La Libertad）两个大区之间，道路全长30.11千米，起点为Mollepata村，终点为Pallasca村，属秘鲁高原山区公路。该项目业主为秘鲁交通部国道局（MTC），资金来源为政府现汇。

2019年1月，中国水电与当地MALAGA公司组成联营体，中标承建秘鲁帕亚斯卡公路修缮项目，合同金额235168404.25秘鲁索尔（约合7010万美元）。按照双方各占50%的联营协议，水电八局负责从Pallasca村起的kM0+000至kM15+000的路段施工，占合同金额的47.34%；MALAGA公司负责kM15+000之后路段施工，占合同金额的52.66%。由水电八局项目部负责的道路有15千米海拔在2100~3200米的盘山道路，并穿越3个村落，征地拆迁困难，且项目经过1条河流和3个峡谷，需修建4座桥。

项目于2019年1月18日开工建设，合同工期540天。开工120天时，工程由于征地拆迁带来的阻挠而停工，后调整完工日期为2020年11月8日。2022年6月，联营体因故向业主申请了合同终止。截至2022年底，项目处于双方合同终止问题的仲裁状态。

(二十三)秘鲁塔拉拉炼油厂扩建项目

项目位于秘鲁西北部皮乌拉大区塔拉拉省，陆路距离派塔港（Paita）约100千米，距离首都利马1000千米，是秘鲁石油公司多年来一直计划开工项目，其主要功能区已经由西班牙TR公司中标。本次招标是针对辅助功能区招标。辅助区共包含供水系统、制氨、酸处理、自备电站等15个单元工程，合同金额约10亿美元；该项目已经过三次招标，由于秘鲁石油公司前三次模式为BOT，需要承包商带资，因此前三次均流标。2017年，秘鲁石油公司通过发行债券，解决了其资金问题，该项目将以现汇方式按照EPC模式进行招标。西班牙阿本戈集团已经跟踪了该项目前三次招标，15项工程中的10项工程已经有了技术方案和报价。由于其财务能力有限，需要引入财务能力较强的电建国际配合其投标。电建国际美洲部决定参与本项目，比例为电建国际40%，阿本戈集团60%。

2017年12月12日，项目开标，联营体综合排名第一；2017年12月30日，联营体收到业主签发的确认授标函；2018年1月30日完成合同签约；2018年2月8日，项目举行启动仪式。此后，秘鲁炼油厂项目迟迟未进入建设期，水电八局退出项目。

(二十四)沙特阿拉伯阿玛德商业园酒店公寓项目

阿玛德商业园酒店公寓项目的业主是沙特法赫德国王石油大学的全资子公司达赫兰科技谷公司（DTVC）的下属阿玛德商业园公司。该项目合同类型为PB（采购+施工）总价合同，项目中标价格为3.6亿沙特里亚尔（折合人民币6.72亿元），合同工期1095天。项目位于沙特东部省达曼市市区，占地面积24976平方米，总建筑面积约54700平方米，主要工作内容是建设一个10层高的四星级酒店公寓，其中酒店房间216套，公寓房间118套，还包括餐厅、健身房、游泳池、会议室、球场以及地下停车场等配套设施。项目由中国水电以项目总承包模式签约承建，水电八局承担具体施工。

2020年7月19日，阿玛德商业园酒店公寓工程总承包项目签约和开工仪式在沙特达曼举行。签约仪式后，水电八局组织的两台挖掘机驶入现场工地，并进行了第一斗土方的开挖，标志工程项目正式步入施工阶段。

在全球疫情肆虐、阴霾笼罩中东的时刻，阿玛德商业园酒店公寓项目的签约和开工为项目履约按下了"快进键"，表明水电八局在沙特片区稳步发展的坚定信心。

(二十五)沙特阿拉伯贾富拉工业配套设施项目

2021年9月，阿美石油公司计划投资约1100亿美元重启沙特东部地区的贾富拉气田开发，该天然气田绵延长170千米、宽100千米，预计有200万亿立方英尺[①]的储量，是沙特王国最大的天然气田。

---

① 注：1立方英尺 ≈ 0.0283168立方米。

贾富拉天然气开发工业配套设施工程项目是该开发系列项目的第6包（PKG6），项目距离石油工业中心城市达曼市约140千米，距沙特中东部最大城市胡富夫市约60千米，其项目主要工作内容包括行政楼、生产维护楼、消防站、配电楼、完井楼、完井化工棚、仓库、仓库棚、加油站、应急发电机楼、吸烟棚、候车棚、垃圾场、停车棚、放射性物质存储楼、发电房、安保楼等建筑物或构筑物，以及饮用水系统、污水系统、消防系统、通信系统、灌溉系统等的设计、采购、施工和试运行。

2021年10月9日，中国水电与沙特阿美公司签订贾富拉PKG6项目EPC总承包合同，项目总建筑面积约42000平方米，总合同工期1305天，合同金额为5.47亿沙特里亚尔（折合1.46亿美元），并委托水电八局负责具体实施。2022年7月31日，完成60%阶段设计审查；2022年9月18日，举行开工仪式。

（二十六）沙特阿拉伯达赫兰房建项目

项目位于沙特东部省达曼市达赫兰区，业主为世界著名的沙特阿美石油公司，项目为EPC总承包，总建筑面积约36万平方米，施工内容包括791套（后改为779套）别墅、2座清真寺、1个娱乐配套设施及相关基础设施（道路、地下管线、电力系统、通信系统等）；整个建筑群分为2D（17个小区）和2E（15个小区）两个大区。经过激烈竞争，由电建国际委托水电八局（40%）与当地公司AZMEEL（60%）组成的联营体中标，合同总金额14.715亿沙特里亚尔（折合3.92亿美元），按照联营约定，工程主体及临建工程由当地AZMEEL公司负责实施。

项目于2016年初启动；2020年10月，实现工程移交过半的节点目标；2021年1月，创下单月移交三个区共计89套别墅的最高纪录；2021年10月14日，最后一个施工区——第18区通过验收并正式移交业主，至此，项目所有合同范围工作任务全部实现移交。

（二十七）沙特阿拉伯塔纳吉布道路升级项目

塔纳吉布道路升级项目位于沙特东部省，距离省会城市达曼约220千米，是沙特阿美石油公司马尔疆油田系列项目的第15包。项目合同类型为施工采购总承包合同（LSPB），合同工期330天，主要工作内容为将现有的长度为42千米的两车道道路升级至四车道，并安装太阳能路灯及交通信号灯等设施。

2020年2月18日，中国水电与沙特阿美石油公司签订塔纳吉布道路升级项目合同，合同形式为PC（采购和施工）承包合同，合同金额为113361126.68沙特里亚尔（折合30229633美元）。项目由电建国际（收取总价0.5%的管理费）委托水电八局负责具体实施。

项目于2020年3月动工建设，经沙特阿美石油公司确认将分解为PMCC#1北海路新增道路、PMCC#2工业路新增道路、PMCC#3北海路现有路、PMCC#4工业路现有道路、PMCC#5南海路（西侧）、PMCC#6南海路（东侧）、PMCC#7太阳能路灯和交通信号灯7项PMCC验收单元。截至2021年9月1日，PMCC#1即北海路新增道路已通过业主组织的完工验收，项目正式进入完工移交阶段。

（二十八）沙特阿拉伯萨勒曼国王能源城项目

萨勒曼国王能源城工程位于沙特东部省，距离达曼约50千米，距离最近的布盖格城约20千米，紧邻达曼第三工业城，项目业主单位为沙特阿美石油公司，设计单位为沙特阿拉伯帕森斯有限公司。本项目是国王能源城项目的基础设施配套工程，采用采购+施工总价合同（LSPB）模式承建，合同金额为40018.2万沙特里亚尔（约合人民币68431万元），项目总工期为730天，计划开工日期为2021年11月1日。本项目主要工作内容包含维护区的车间及相关配套建筑，陆运港区的约10千米双向六车道的进场道路、化工冶金区的200多万平方米的场平及6千米的道路、中央培训中心，以及上述区域的基础设施（包括饮用水、污水、灌溉、雨水、消防、供电、通信等各类管网）。

2021年6月6日，水电八局以水电国际的名义投标该项目，2021年9月19日收到中标函意向函，2021年10月28日与业主签订合同，合同于2021年11月1日正式生效。2021年12月12日，项目开工建设；2022年5月26日，项目中央培训中心完工移交，受到业主嘉奖。

（二十九）沙特阿拉伯沙巴机场跑道升级项目

项目地点位于沙特东部省沙巴区，地处常年高温的沙漠腹地，离东部省重要城市达曼800千米。项目总合同额7600万沙特里亚尔（折合人民币约1.4亿元），合同类型为PB总包合同，总工期450天，主要工作范围：对现有3千米长的机场跑道进行破除并重新铺设，以及相关电力设施安装。

项目于2018年7月签订合同；2019年4月，比原定工期提前4个多月实现了项目移交，一举获得阿美公司根据合同奖励的提前完工奖金，折合人民币上千万元，并获得了沙特阿美石油公司92分的历史最高评分。

（三十）沙特阿拉伯沙巴石油配套设施项目

沙巴石油配套设施项目位于沙特阿拉伯东部省达曼市以东800千米处，紧邻阿联酋。本工程为中国水电国际工程公司与沙特阿美石油公司签订的EPC交钥匙工程，项目为满足沙巴采油工作需要，主要分为配套设施、边境防护及临建设施三大部分，包括道路、基础设施、电缆、管线和变电站的建设等。

其中，配套设施主要包括RIC综合楼、四大炼油厂外部的围栏、沥青道路施工及大门和警卫室升级改造、FSB服务楼、消防培训中心、X射线检查站以及足球场等娱乐设施；边境防护主要为边防军营，包括10套士兵宿舍楼、1栋士兵办公楼、1栋多功能楼、1栋军官宿舍楼、1栋清真寺、1栋拘留所、2栋帐篷房、1栋警卫室、1座加油站等，以及沥青道路及路灯、停车场、地下管线、园林绿化、13.8千伏高压输变电线等基础设施；临建设施主要包含劳务营地、现场办公室及业主办公室等内容；项目合同金额9350万美元，工期990天。

项目于2015年4月14日开工建设；2017年12月，项目完工移交；项目履约期间多次收到业主代表的感谢信函，肯定和祝贺施工团队取得的成果。

（三十一）委内瑞拉帕里多炼油厂详细设计项目

帕里多炼油厂详细设计项目是一个庞大的炼化工程，业主委内瑞拉国家石油公司将项目分成四大块进行设计咨询。其中Ⅰ标段、Ⅳ标段的设计咨询工作由水电八局承担，包括场地平整、14千米自备公路、11万千瓦自备电厂、储油卸油罐区、石油运输管道、消防演练场、码头、行政办公区等所有附属建筑物。韩国三星、浦项制铁公司分别承担项目的Ⅱ标段、Ⅲ标段，包括加氢装置、柴油加氢装置、LPG装置、钢结构等主要炼化装备。

2014年4月16日，项目合同正式签订，合同金额约为2500万美元。这是水电八局首次签约石油化工类的设计及咨询合同。2014年7月，帕里多炼油厂扩建设计咨询项目设计协调会在北京召开，会议就多家单位参与的扩建项目的设计接口、界面进行了分割，有助于项目设计工作的快速推进。

（三十二）委内瑞拉圣坎高速公路项目

项目位于委内瑞拉首都加拉加斯和米兰达州之间，是贯穿委内瑞拉的南北通道，项目可极大地减轻首都加拉加斯的交通"瓶颈"压力。项目包括新建20千米高速公路的设计、采购、施工以及对现有4千米公路的拓宽，工程项目将分为两期实施，总工期为24个月，合同金额为6.0019亿美元，使用中委联合融资基金建设。

项目是中国、委内瑞拉和巴西三国多边合作框架下的第一个EPC单价总承包工程，项目由中国水电（Sinohydro）、巴西Camargo Correa公司（以下简称CC公司）和委内瑞拉Ansar公司3家组成的联营体共同实施，中方占80%的合同份额。

2014年1月24日，中国水电国际工程公司与业主签订EPC合同，并委托水电八局和水电十二局联营体具体实施，现场施工主要由巴西CC公司组织。2014年2月1日，项目举行隆重开工仪式，中国驻委大使、巴西驻委大使和委内瑞拉外长等出席典礼。2014年3月11日，项目动工建设，标志水电八局正式进入南美高速公路市场。2014年12月10日，4千米扩建段举行竣工通车庆典，委内瑞拉副总统兼圣坎高速公路项目总裁埃利亚斯·豪亚出席仪式。2015年8月，业主不再确认工程量和办理结算，要求联营体重新提交新商务方案和报价。此时项目已完成的主要工程量为：土方开挖770万立方米，土方回填和弃土722万立方米，路基料回填21万立方米，沥青铺筑4万吨，钢结构制作4300吨等。截至2015年底，项目支付工程款折合2.99亿美元，占合同总金额的49.81%。业主累计拖欠已结算未支付的工程款达9111万美元，项目因故停工。进入2016年，业主认为项目进展不利主要由巴西CC公司导致，多次直接发函巴西CC公司要求尽快恢复施工，但未得到有效回应。2016年6月14日，业主签发行政裁决指令驱逐巴西CC公司，终止其继续参与圣坎高速公路的合同，并要求中国水电重新提交商务方案并继续执行工程。2016年7月21日，业主通知终止圣坎高速公路项目合同，要求中国水电与业主签订新合同。至此，圣坎高速公路项目合同终止。

（三十三）委内瑞拉维奥高速公路项目

由于委内瑞拉圣坎高速公路项目未能按照原合同全部完成，业主在驱逐巴西CC公司后，于2016年7月21日通知终止圣坎高速公路项目合同，要求中国水电与业主签订新合同，并希望扩大合同范围，增加贝罗塔—圣塔露西亚段17千米延伸段道路的施工。该合同即委内瑞拉维奥高速公路项目，仍采用中委联合融资基金投资建设。

维洛塔—奥鲁萨高速公路工程（以下简称维奥高速）位于米兰达（Miranda）州，邻近首都加拉加斯市以及米兰达州瓜蒂雷市，是委内瑞拉东西方向交通大动脉的关键路段，全长38.8千米，项目由两段道路组成。其中：西段维贝罗塔—圣塔露西亚17千米，东段圣塔露西亚—奥鲁萨21.8千米，即原圣坎高速公路合同的剩余工作，项目采用中委联合融资基金投资建设，合同总金额8.899亿美元（含IVA税），工期计划为48个月。

维奥高速公路要穿过两段较长的陡峭丘陵和山谷地带，开挖、回填及护坡工程量大，且需要修建2座跨河桥和4座高架桥，桥梁总长1532米。另外，由于土质多为风化岩，边坡防护施工难度极大。主要工程量如下：开挖1642万立方米，回填686万立方米，路基料104万立方米，沥青54万吨，混凝土18万立方米，钢筋12500吨，钢结构9660吨，锚杆和锚索20万米。

2016年10月5日，中国水电与SIPSA公司组成联营体，与业主Corpomiranda公司（联营比例80%：20%）签订了维奥高速公路项目EPC单价合同，金额为8.8989亿美元（含12%的IVA税），合同工期48个月。2016年12月23日，水电八局与水电十二局组成812联营体，并与中国水电建设集团国际有限公司签订委托实施协议，委托实施金额为6.6920亿美元，占中方合同额的94%。2017年1月，项目开工建设。2017年3月9日，812联营体收到业主支付的800万美元预付款。2017年4月27日，维奥高速公路项目全钢结构的首座跨河大桥——瓜伊尔大桥完成顶推；2017年底，瓜伊尔大桥全线贯通，连通两岸2.5千米交通，为当地5000多名居民提供了交通便利。此后，中委联合融资基金池资金难以到位，项目建设停滞。

（三十四）委内瑞拉阿里托农业生态园项目

阿里托农业生态园项目位于委内瑞拉巴里纳斯州境内，是委内瑞拉政府为改善当地农民生产生活条件进行的农业生态建设工程，也是中国水电国际工程公司与委内瑞拉农业土地部下属的委内瑞拉农业公司和国家农村发展署于2010年12月签署的两项合同之一。阿里托农业生态园项目分三期进行，其中一期工程合同金额约为500万美元，由水电八局为责任方与水电十二局组成的812联营体承担项目实施。该项目于2011年2月25日开工，2012年8月，完成了全部一期工程合同施工。

（三十五）新加坡地铁汤申线T227标段项目

新加坡地铁汤申线全长30千米，是新加坡地铁网连接北部兀兰地区与南部商业中心与滨海湾的线路。项目采用全地下设计，共分为22个施工标段，项目总价4.88亿新加坡元，计划总工期6年5个月（2014年7月25日—2020年12月30日）。业主是新加坡陆路交通局（LTA）。

由中国电建国际公司新加坡分公司与当地胜科公司组成的联营体，中标总包了T227标段的施工，内容主要包括一座地下车站、一段双向盾构隧道和一段双向明挖隧道。

盾构掘进段由水电八局承担施工，采用单机往返掘进，其中由兀兰始发的称兀兰线，全长为776米；由樟宜始发的称樟宜线，全长为761米；双向均衬砌外径6.35米、长度1.4米的标准管片。

2014年6月，项目正式动工建设。在项目部员工的不懈努力下，兀兰线在2017年11月30日实现盾构机贯通，又在2018年1月底创下33天组装盾构机并始发的纪录，稍后在2018年3月21日创下13环（18.2米）日进尺纪录，2018年3月31日创下月进尺250环（350米）佳绩。2018年4月14日，双向盾构掘进提前96天贯通，施工质量赢得了新加坡陆路交通局、业主监管机构（QP）和总承包商（SSJV）的一致好评。

（三十六）伊拉克示范学校（瓦西特省）项目

基于伊拉克政府公共财政预算制定的新建7000所学校项目，是伊拉克在历尽战乱后重新起航的希望，受到国际社会的广泛关注。中国电建集团承载着伊拉克人民的期盼，承担了其中10个省份679所学校的施工任务，并调集9个在伊子企业的精兵强将，有条不紊地推动项目群的全面实施。按照集团分工，水电八局承建瓦西特省共48所示范学校。

瓦西特省位于伊拉克南部，拟建的48所示范学校分散在从东到西157千米、从南到北106千米的各乡镇，学校设计分为A24、B24、B18、B12共4种类型，每所学校均为合院式全功能建筑，两层和三层钢筋混凝土框架结构，是兼具现代风格又符合伊拉克传统要求的学校，工作内容包括学校围墙及围墙内教学楼的建筑、结构、给排水、电气、消防、装饰装修以及水电管线与市政的连接。项目中标合同总额87932735.31美元（折合人民币6.16亿元）。

2022年3月18日，瓦西特省第19号示范学校项目破土动工，拉开施工序幕。2022年11月28日，随着第27号示范学校基础混凝土浇竣，瓦西特省的48所学校基础全部浇筑完成。

（三十七）印度尼西亚雅万高铁项目

印度尼西亚雅加达至万隆高速铁路全长142.3千米，设计时速350千米，沿途设哈利姆、加拉旺、瓦利尼和哥德贝格4个车站，建成后行程将由现在的3个多小时缩短至40分钟。该项目预计总投资超过50亿美元，其中土建施工约为25亿美元。

该项目采用了全新的建设模式，由印度尼西亚的国企Wika公司牵头的多家印度尼西亚公司与中国铁路总公司牵头的多家中国公司共同组建的印中高铁公司（PT Kereta Cepat Indonesia China），来实施这个项目。

雅万高铁线路主要采用桥梁加隧道结构形式连接而成，中国电建（中国水电）负责起点至DK85+046段的部分线下工程土建施工和全线的制板、铺轨工程，水电八局承担约42千米的线路，合同金额5.954亿美元。工程包括1号隧道、2号特大桥、1号梁场施工。其中，1号隧道采用直径13.19米的泥水平衡盾构机掘进，是中国高铁海外首次使用盾构，而由水电八局建设的1号梁场，承担了42千米正线1018榀箱梁的预制、运输和架设任务，是目前中国在海外唯一一个生产规模达"千榀级"的制梁场，其占地面积350余亩，仅存梁台座就可容存200榀，且涉及梁型多达35种。

2016年1月，印度尼西亚总统佐科维出席象征性动工仪式并宣布项目开工。2019年6月，项目正式起算工期。2020年，水电八局承建的1号盾构机隧道精准贯通；2021年底，水电八局承建的1018榀箱梁完成全部制作、运输、架设施工，承担的25座现浇连续梁全部实现合龙。2022年底，水电八局管段桥面系施工基本完成，项目基本完工。习近平总书记见证试运行。

（三十八）印度尼西亚阿曼铜冶炼厂项目

阿曼（AMIN）铜冶炼厂项目位于印度尼西亚西努沙登加拉省松巴哇岛西部的本尼特湾和南本尼特，项目包括电解精炼厂、稀贵厂、渣选厂等工程建设内容，年产量90万吨，业主为印度尼西亚国企部下辖的阿曼矿业（PT AMMAN MINERAL INDUSTRI）公司。2021年12月28日，中国有色金属建设股份有限公司印度尼西亚子公司与印度尼西亚阿曼矿业公司签署《印尼阿曼铜冶炼厂项目设计施工服务合同》，负责业主在印度尼西亚本尼特南部和本尼特湾铜精矿冶炼厂与贵金属精炼厂项目的设计和施工服务等工作，合同价款3.54亿美元。

中国电建国际工程公司于2022年4月中标该项目一个单独标段的临时建筑工程，并委托水电八局施工，委托项目合同金额2073.27万美元（不含税）。该项目部临建工程占地面积约11万平方米，主要包括办公区、生活区、医务室及急救站、警卫室、临建供电系统、临建供水系统、临建排水系统、网络通信、监控系统、消防系统、围墙及大门、临时道路等。2022年4月15日，临建项目营地标段开工建设。

第三章　基础设施业务

基础设施业务作为水电八局板块业务，经营区域涵盖湖南、湖北、江西、广东、安徽、云南、贵州、福建、浙江、海南等十余个省份，主要经营范围包括房建、路桥、市政、轨道交通等。

第一节　房建工程

一、概述

自20世纪50年代开始，水电八局涉足房屋建筑工程领域，积累了丰富的房屋建筑施工技术及施工总承包管理能力，是湖南省少数拥有"建筑工程施工总承包特级资质"的企业，高层和大体量公共建筑优势明显。

2002—2022年国内房建工程一览见表2-3-1。

表2-3-1　2002—2022年国内房建工程一览

项目名称	业主单位	合同总额（万元）	开工时间	竣工时间
安徽江景苑（池口安置点）建设项目EPC总承包	池州市贵池汇财置业有限责任公司	17500.00	2020年8月	2022年1月
安徽金寨恒大养生谷项目	金寨恒鹏置业有限公司	38320.00	2020年12月	在建
安徽六安恒大文化旅游城系列项目	六安恒大童世界旅游开发有限公司，六安恒睿、恒昱、恒慧、恒茂旅游开发有限公司	365312.69	2019年4月	在建
安徽六安叶集区东部生态新城PPP项目	六安市叶集区重点工程建设管理处	113899.51	2016年12月	2021年5月
安徽六安叶集区广场东苑小区、未名湖畔小区住宅项目	六安市叶集区城投置业有限公司	152941.61	2017年12月	2021年1月
安徽装配式建筑预制件生产基地建设项目	中电建池州长智建工有限公司	33587.88	2018年11月	2020年11月
福建福清渔溪至平潭大桥高速公路及江阴疏港支线房屋建筑工程	福州渔平高速公路有限责任公司	4229.78	2010年6月	2011年6月
福建行政服务中心建设、浦城县梦笔文化中心设备用房项目	浦城县行政服务中心管理委员会	3654.80	2016年12月	在建

续表

项目名称	业主单位	合同总额（万元）	开工时间	竣工时间
广东江门市蓬江区道路工程	中电建路桥集团有限公司	16720.00	2019年5月	在建
广东深圳光明洺悦府项目	中国电建地产（深圳）有限公司、深圳市福粤置业有限公司	82615.54	2019年11月	2022年5月
广东台山广东大学附属中学及台山市水步镇中心小学扩建项目	台山市恒瑞源房地产开发有限公司	2500.00	2020年6月	在建
广东台山恒大翡翠华庭项目南、北地块主体及配套建设工程施工	台山市俊恒房地产开发有限公司	30000.00	2019年6月	2020年7月
广西大藤峡水利枢纽工程业主永久营地工程	广西大藤峡水利枢纽开发有限责任公司	8777.61	2019年3月	2019年12月
广西南宁天池山小区二期工程	南宁海田房地产开发有限公司	2322.30	2003年12月	2007年12月
贵州安顺"人和苑"建设项目	安顺市城投房地产开发有限公司	40397.59	2017年6月	2021年9月
贵州观山湖区上枧安置房项目	贵阳市金阳建设投资集团房地产置业有限公司	17352.99	2017年4月	2020年6月
贵州贵阳水电八局基地职工住宅工程35—40栋	中国水利水电第八工程局	1500.80	2006年3月	2008年9月
贵州贵阳小河—孟关装备制造生态工业园区标准厂房一期工程	贵阳经济技术开发区贵合投资发展有限公司	4403.00	2011年5月	2012年3月
贵州贵阳中国水电观府壹号项目	中国电建地产集团贵阳有限公司	15322.05	2013年2月	2015年9月
贵州恒大文化旅游城项目	贵阳恒大凯源旅游开发有限公司	65100.00	2020年7月	在建
贵州黔西南州义龙新区棒垒球体育公园二期项目	贵州义龙（集团）投资管理有限公司	6447.00	2020年10月	在建
贵州省建设学校二期建设工程	贵州省建设学校、贵州大学	11211.82	2013年7月	2014年12月
贵州乌江安居小区工程	中国水利水电第八工程局	1206.70	2006年4月	2009年5月
贵州乌江廉租房项目1#-3#栋住宅工程	中国水利水电第八工程局	1708.18	2011年6月	2012年12月
贵州西南国际二手名车广场项目	贵州天翔运二手车交易市场有限公司	12026.00	2015年9月	2017年1月
河北容东片区1号地块项目（XARD0040-0049宗地）	中电建河北雄安智汇城建设发展有限公司	105747.84	2021年11月	在建
河南泷悦华筑项目建设工程施工总承包	郑州悦恒置业有限公司	52384.09	2019年6月	在建
黑龙江佳木斯木材(滨江)小区工程	佳木斯市新时代城市基础设施建设投资(集团)有限公司	16831.37	2011年10月	2014年9月
湖北鄂州恒大童世界首期住宅项目	湖北合瑞旅游开发有限公司	44321.55	2019年1月	在建
湖北鄂州恒大文化旅游城繁花锦里、汀澜水岸主体及配套建设工程项目	湖北嘉翔旅游开发有限公司	87200.00	2020年5月	在建
湖北武汉泛悦城二期项目	中国电建地产集团有限公司	37793.29	2018年3月	2020年12月
湖北武汉海赋江城二期建设项目	中国水电建设集团房地产武汉有限公司	12959.37	2013年9月	2015年11月
湖北武汉罗田县"生态家园"城西新城工程总承包	罗田县开源投资置业有限公司	105000.00	2021年11月	在建
湖北武汉洺悦府项目	武汉南国融汇商业有限责任公司	16667.16	2016年9月	2017年12月
湖北武汉水岸华庭经济适用房项目	湖北朝阳房地产开发有限责任公司	1517.69	2007年1月	2008年12月
湖北浠水巴河镇乡村振兴农村新社区建设示范点项目总承包	浠水县农业投资开发有限公司	145765.28	2022年2月	在建
湖北咸宁梓山湖恒大养生谷项目	恒大集团有限公司	21300.00	2019年4月	2022年5月
湖南安化县玉溪新城建设项目	安化县梅山城投集团有限公司	172887.62	2021年10月	在建

续表

项目名称	业主单位	合同总额（万元）	开工时间	竣工时间
湖南奥园神农养生城项目	株洲金业房地产开发有限公司	100000.00	2013年2月	2020年12月
湖南常德"莲池园"经济适用房一期工程	中国水电建设集团房地产（长沙）有限公司	2126.97	2008年12月	2010年11月
湖南大泽湖生态智慧城综合开发建设项目城市展示中心项目	中电建生态环境集团有限公司	1682.00	2021年2月	在建
湖南衡阳高端配网设备智能工厂厂房工程	特变电工衡阳变压器有限公司	1520.00	2019年12月	2020年5月
湖南衡阳市滨江新区东山安置房工程	衡阳市城市建设投资有限公司	87249.35	2015年1月	2017年6月
湖南衡阳县界牌陶瓷工业园项目	湖南界牌瓷城建设项目管理有限公司	174214.58	2018年7月	在建
湖南花垣县城乡一体化PPP项目	花垣县龙腾城乡一体化建设有限责任公司	210000.00	2017年11月	在建
湖南怀化恒大中央华府项目一期	怀化恒御置业有限公司	36700.00	2021年5月	在建
湖南宁乡经开区玉屏山食品产业区项目	宁乡经济技术开发区管理委员会	99000.00	2016年10月	在建
湖南桑植县红色教育培训暨研学基地建设项目	桑植中合长城文化产业发展有限公司	47537.80	2020年10月	2022年9月
湖南邵东机场整修工程	湖南水利水电勘测设计协会	2332.82	2020年10月	2021年6月
湖南水电八局东江基地职工家属区三供一业维修改造工程	北京北控物业管理有限责任公司	888.63	2019年11月	2020年1月
湖南湘西恒大御龙天峰首期项目	湘西恒玺置业有限公司	56029.51	2018年6月	2019年7月
湖南湘西经济开发区双河文教卫新区PPP项目	湘西经开区双河片区项目管理有限公司	95000.00	2017年1月	2020年11月
湖南长沙星城映象住宅小区工程	中国水电建设集团房地产（长沙）有限公司	6869.36	2010年10月	2011年5月
湖南长沙国会山小区项目	湖南三湘置业有限公司	3131.65	2011年4月	2012年4月
湖南长沙恒大滨江华府首期标段一、标段二项目	湖南浅水湾湘雅温泉花园有限公司	21434.13	2021年2月	2022年2月
湖南长沙恒大时代广场项目	长沙盛世艺海投资有限公司	12449.30	2020年7月	2021年8月
湖南长沙恒大童世界住宅项目	长沙恒大童世界旅游开发有限公司	151240.31	2019年4月	在建
湖南长沙建发电建·江山悦（二期、三期）工程	长沙兆泽房地产有限公司	69877.10	2020年6月	在建
湖南长沙卢浮原著项目	湖南金光华海赋房地产开发有限公司	23304.24	2012年7月	2018年12月
湖南长沙南托丰和苑职工经济适用房	中国水电建设集团房地产（长沙）有限公司	5596.32	2012年7月	2013年12月
湖南长沙南托基地49—54栋住宅楼、砂石分局办公楼及转运中心、教培中心新建实验楼及实习车间	—	3262.40	2005年7月	2007年7月
湖南长沙南托融和苑经济适用房项目	中国水电建设集团房地产（长沙）有限公司	5021.40	2006年11月	2008年2月
湖南长沙市保利金香槟项目分期工程	长沙天骄房地产开发有限公司	19996.38	2020年11月	2022年6月
湖南长沙湘熙水郡项目	中国水电建设集团房地产（长沙）有限公司	74117.17	2013年12月	2020年5月
湖南长沙洋湖片区蓝天保障性住房项目	中国水电建设集团房地产（长沙）有限公司	146310.84	2013年9月	2019年12月
湖南长沙重型机器厂棚户区改造安置房建设工程	长沙市企业国有资产经营有限公司	18000.00	2013年5月	2015年12月

续表

项目名称	业主单位	合同总额（万元）	开工时间	竣工时间
湖南长重棚改安置房建设工程	长沙市国有资产经营集团有限公司	13026.15	2013年5月	2018年6月
湖南中国水电八局管片厂项目	长沙市轨道交通六号线建设发展有限公司	14252.52	2016年11月	2021年11月
湖南中国水电八局科研综合楼工程	中国水利水电第八工程局有限公司	18656.82	2010年12月	2013年12月
江苏NO.2022G07地块建设项目	南京泓盛置业有限公司	17000.00	2022年7月	在建
江苏南京恒大养生谷项目	恒宁健康产业南京有限公司	44600.00	2020年8月	在建
江苏南京龙潭新市镇二期保障房项目	南京新港东区建设发展有限公司	74616.98	2020年12月	在建
江苏南京洺悦华府项目	南京泓通置业有限公司	79999.68	2019年2月	2022年12月
江西东城花园拆迁安置房BT项目	南昌红江实业发展有限公司	23600.00	2016年3月	2019年1月
江西奉新县黄溪天工创业园项目	奉新国有资产投资集团有限公司	67000.00	2018年8月	2021年12月
江西赣州新能源汽车科技城PPP项目	赣州中水八局洋田建设开发有限公司	115320.70	2018年7月	在建
江西赣州新能源汽车科技城医院（二期）设计施工（EPC）总承包项目	赣州新能源汽车科技城建设开发有限公司	22800.00	2021年6月	在建
江西景德镇市昌南新区陶瓷产业孵化、加速基地二期项目	景德镇市兴陶建设开发有限责任公司	41923.54	2019年12月	2021年11月
江西南昌技术协同创新园（二期）项目	南昌金开工业地产有限公司	230455.96	2021年5月	在建
江西南昌经开区双港大道沿线高校周边整治工程	南昌金开环保工程有限公司	8056.89	2020年5月	2021年5月
金沙江白鹤滩水电站全厂控制管理楼建筑工程	中国长江三峡集团公司白鹤滩工程建设部	1844.51	2019年7月	2020年8月
辽宁丹东恒景体育休闲运动住宅小区	丹东市振安区鸭绿江街道办事处	4026.20	2011年9月	2012年2月
辽宁丹东溪山壹号院住宅小区一期工程	丹东恒景置业投资有限公司	9936.35	2012年10月	2016年12月
四川巴塘县城综合营地	华电金沙江上游水电开发有限公司	5565.81	2014年6月	2018年5月
四川眉山市南天府公园EPC项目	眉山环天园林绿化工程有限公司	129746.45	2020年12月	在建
四川雅砻江上游梯级水电站新龙营地房屋工程	雅砻江流域水电开发有限公司	11103.11	2013年4月	2015年8月
云南黄登水电站坝尾移民安置点场地平整及基础设施工程	中国水电顾问集团昆明勘测设计研究院	1060.66	2012年12月	2013年12月
云南昆明恒大文化旅游项目	云南御行中天房地产开发有限公司	117451.07	2019年6月	在建
云南澜沧江大华桥水电站移民工程建设项目黄龙坝集中安置工程	中国电建集团北京勘测设计研究院有限公司	12076.99	2014年2月	2017年12月
云南省景洪监狱改扩建项目二期工程	云南省景洪监狱	1709.81	2011年3月	2012年3月
云南县华山水园住宅小区项目建设工程	中国水电建设集团地产（昆明）有限公司	15069.16	2011年11月	2013年8月
浙江诚通财富中心（宁波）项目	宁波诚胜生态建设有限公司	19124.80	2020年12月	在建
浙江杭政储出〔2019〕33号地块商品住宅项目	杭州泛悦置业有限公司	62580.91	2020年1月	2022年3月

二、工程选介

（一）安徽江景苑（池口安置点）建设项目EPC总承包

池州江景苑项目为EPC安置保障房项目，合同约定新建安置房490套（其中保障性住房96套），配套建设社区综合楼、社会卫生服务站、物管用房、社区养老用房、地下汽车库（含人防工程）、岗亭等。并完成规划范围内所有工程的地质勘察、测量、物探、初步设计（含概算编制）、施工图设计（含绿色建筑设计、预算编制、图纸审查）及其他专项（业）工程设计、施工总承包、室外配套工程施工及其他技术服务等，直至项目竣工验收合格并整体移交、工程保修期内的缺陷修复和保修，并配合相关部门结（决）算、审计等全部工作。施工工作内容包括（但不限于）：建筑、结构、给排水、强弱电、暖通、室内装修、道路、景观、绿化、停车位、室外管网及管线等；临时用水和用电、场地平整、地下基坑支护（含基坑监测）、楼门牌（含人防标识牌）和竣工标示牌、人防防护门及防化设备安装、地库停车位画线、充电桩设施、太阳能安装、电梯、防感应雷保护器、永久性供水和供电（含外水、外电和水表、电表报装、二次供水加压设备、二次供水设施维护和管网建设费用）、燃气、有线电视、FTTH光纤、室外路灯、监控、楼体亮化、门卫室、各类检测服务（常规检测、节能检测、主体结构检测、桩基检测、消防检测、环保检测、室内环境检测、电梯检测、人防设备设施检测、防雷检测）、沉降观测、物业用房装饰等，总建筑面积66656.02平方米。

（二）安徽六安叶集区东部生态新城PPP项目

该工程位于安徽省六安市，PPP项目采用"建设—运营—移交"BOT方式运作，工程包括文化中心、叶集中学、小学，孙岗中学、小学迁建，以及S430、S435、G312叶集段道路工程。主要房建工程包括：

1.六安·叶集文化中心工程：总规模约2.5886万平方米，主要建筑功能分别为剧场、文化馆、图书馆、青少年活动中心，是叶集东部生态新城"公服中心"建设的重要节点之一。工程建成之后将会是六安市叶集区的地标性建筑。2017年8月开工。

2.六安·叶集小学工程。工程用地约93亩，建筑面积约2.8万平方米，工程由教学楼、行政楼、食堂、宿舍楼、风雨操场、装饰装修、室外园林绿化组成。2017年1月开工，2018年2月竣工。

（三）安徽六安叶集区广场东苑小区、未名湖畔小区住宅项目

项目由住宅楼、商业及社区用房、地下室及附属配套构成，该工程所有标准层均采用预制装配整体式进行施工，采用现浇剪力墙结构体系。工程总建筑面积65万平方米，其中未名湖畔安置小区建筑面积为43万平方米，广场东苑安置小区建筑面积为22万平方米。2017年12月开工，2020年9月竣工。

（四）广东深圳光明洺悦府项目

深圳光明项目建筑面积约9.6万平方米。建2幢33层装配式高层住宅，3幢32层装配式高层住宅，1幢3层幼儿园。地上计容建筑面积为74684.14平方米，地下室面积21505.22平方米。2019年11月开工，2020年4月竣工。

（五）广西南宁天池山小区二期工程

天池山小区二期工程位于南宁市青秀区仙葫大道，小区南临邕江，拥有南宁独一无二的山顶湖泊——天池。依山就势开发，充分关注生态、景观和居住氛围等规划关键节点，建成以景观、自然为主题的集合式住宅区，构筑集住宅、商业街、会所、森林幼儿园、休闲运动等其他配套于一体的综合性大社区。

（六）贵州安顺"人和苑"建设项目

"人和苑"建设工程位于贵州省安顺市西秀区黄果树大道北侧。本工程集住宅、商业于一体，由1#~8#（住宅）、集中商业及2层地下室组成。结构形式包括部分框支剪力墙结构、剪力墙结构以及框架结构。2017年6月开工，2019年11月竣工。

（七）贵州观山湖区上枧安置房项目

观山湖区上枧安置房建设工程是贵州省重点建设项目，项目规划用地面积为6.8万平方米，总建筑面积约26.2万平方米，项目建筑标准层采用装配式新工艺进行施工，采用等效现浇剪力墙结构体系，也是贵州省内第一个采用装配式工艺施工的住宅项目。包含基础工程、主体工程、屋面工程、装饰工程、消防工程、给排水、电气、暖通等工程。2017年4月开工，2020年6月竣工。

（八）贵州贵阳中国水电观府壹号项目

中国水电·观府壹号工程位于贵州省贵阳市金阳新区商务中心，项目用地形状较规则，东西最长距离约800米，南北最长距离约700米，总用地面积883.1亩，容积率为1.95，绿化率为40%，总建筑面积116万平方米，建筑密度23%，项目全面入住后将达到7000余户，入住人口超过20000人。2013年2月开工，2015年2月竣工。

（九）贵州恒大文化旅游城项目

恒大文化旅游城51#、53#地块主体及配套建设工程位于贵州省贵阳市花溪区，本项目用地面积139.91亩（93270.76平方米），总建筑面积约38.4万平方米。包含51#地块1#~17#栋及地下室、53#地块1#~8#栋及地下室，共29栋高层住宅（22~26层）、1栋2层综合楼。2020年7月开工，2022年8月竣工。

（十）贵州省建设学校二期建设工程

建设学校新校区建设项目二期工程包含A1实训楼，地上6层，建筑面积约13000平方米；A4实训楼，地上5层+1层实现厂房（净高12米，钢屋面），建筑面积约10000平方米；西门及广场，广场道路600米，道路断面3米人行道+9米车行道+3米人行道，C30混凝土路面厚度

为20厘米，道路同期建设给排水及消防管网，广场面积18000平方米及工程量清单所列全部工作内容。2015年5月开工，2016年5月竣工。

（十一）河南泷悦华筑项目建设工程施工总承包

泷悦华庭工程建筑面积约22万平方米，地下一层和二层，地上29层，该工程为装配式结构，装配率约为50%。2019年6月开工，2023年5月竣工。

（十二）湖北武汉泛悦城二期项目

泛悦城工程位于武汉市东湖高新区，项目总建筑面积约64万平方米，二期工程建设包含了写字楼及商业建筑，超高层写字楼共33层，总建筑高度178.3米，项目工期766天，总建筑面积为134565.06平方米，其中南塔写字楼56287.36平方米，商业街9600.87平方米，地下室68676.83平方米，包括南塔写字楼、商业街及对应地下室。2018年4月开工，2020年12月竣工。获得第二批湖北省建筑工程安全文明施工现场荣誉。

（十三）湖北武汉海赋江城二期建设项目

武汉海赋江城二期建设项目位于武汉市江岸区兴业路与建设大道延长线的交会处东北角，总建筑面积为89467.52平方米，由4栋高层和地下室组成。小区为34层高住宅小区，包括土方开挖（承台及地梁土方开挖）和回填，地上部分的土建、装饰（含楼梯栏杆）和安装工程（含预留预埋）。2013年10月开工，2015年11月竣工。获评2014年武汉市建筑安全文明施工示范项目、湖北省武汉市黄鹤杯奖等。

（十四）湖北武汉罗田县"生态家园"城西新城工程总承包

罗田县"生态家园"城西新城总承包工程位于湖北省罗田县凤山镇，大士阁路以东、石源河规划路以南、环西路以西。总建筑面积约376779平方米，主要由25栋二类高层纯住宅楼、14栋二类高层住宅带底商楼、1栋邻里中心、商业配套设施等组成。该项目是罗田县"生态家园"百亿规模项目中的重要一环，建成后将有效改善周边居住生活环境，吸引村民积极搬迁，打造罗田城市社区新标杆。2021年12月开工，计划于2023年12月竣工。

（十五）湖北武汉洺悦府项目

武汉洺悦府工程依托武汉八大百年历史学校之一的武汉四中，为了打造一个可以与之匹配的硚口好作品，开发商聘请东南亚规模庞大的建筑及工程事务所"巴马丹拿"、景观设计集团"奥雅"、国内室内设计品牌"刘威室内设计"合力打造一座集绿色、科技、装修于一体的学院府邸。小区为33层高住宅小区和配套商业、幼儿园建设。2013年10月开工，2015年11月竣工。

（十六）湖北武汉水岸华庭经济适用房项目

水岸华庭工程是武汉机械厂经济住房工程，地处武汉市硚口区建一路55号水电八局武汉机械厂，该项目由2栋11层小高层住宅楼组成，建筑高度为37.5米，该工程外墙装饰采用涂料饰面，内墙采用石灰浆罩面。基础为桩承台及基础梁结构，上部为钢筋砼框架柱剪力墙结构。2007年10月10日开工，2009年7月21日竣工。

（十七）湖北浠水巴河镇乡村振兴农村新社区建设示范点项目总承包

浠水巴河镇乡村振兴农村新社区建设示范点项目总承包工程位于湖北省黄冈市浠水县，工程建设安置房4214套，总用地面积263888.22平方米，总建筑面积510902.31平方米。建设内容包含4栋一类高层商住楼、1栋一类高层纯住宅楼、29栋二类高层商住楼、17栋二类高层纯住宅楼、1栋单层农贸市场及配套附属工程。2022年2月开工，计划于2025年2月竣工。

（十八）湖南安化县玉溪新城建设项目

项目位于湖南省益阳市安化县。项目规划总用地面积199.6万平方米，总建筑面积31.53万平方米。建设工程包括市政配套工程、玉带河景观工程、吉祥山旅游建设工程、教育配套（高中、小学、安化县劳动技校）、梅山商务中心建设工程、安置房建设工程、对项目用地进行场地平整工程，项目由水电八局EPC总承包。2021年9月开工，建设中。

（十九）湖南奥园神农养生城项目

株洲奥园·神农养生城项目位于株洲市天元区神农湖畔，毗邻湖南工业大学，占地15.7万平方米，由高层建筑以及部分商业、公用配套建筑物组成。工程分五期开发建设。2013年11月开工，2020年12月竣工。

（二十）湖南衡阳市滨江新区东山安置房工程

东山安置房工程位于衡阳市珠晖区东山村，规划总用地147.85亩，总建筑面积约40万平方米，建设内容包括高层住宅以及部分高层住宅附带的经济服务用房裙楼、社区文化设施及物业管理用房、幼儿园、小学和地下室等，项目由水电八局投资建设。2015年4月开工，2019年1月竣工。

（二十一）湖南湘西恒大御龙天峰首期项目

项目总用地面积为65271.99平方米，建筑总面积为283171.36平方米，地上面积228451.96平方米，地下面积54719.40平方米。项目分两期建设。其中，一期建筑面积为153000平方米，建设内容为高层洋房区、9厅影城、综合楼会所及青少年宫；二期建筑面积为130171.36平方米，建设内容主要为高层洋房区及幼儿园。2018年4月开工，2019年6月竣工。

（二十二）湖南湘西经济开发区双河文教卫新区PPP项目

工程位于湖南省吉首市，PPP项目采用"建设—运营—移交"BOT方式运作，工程包括双河东路道路工程、丰达路延长线道路工程、张社大道道路工程、吉凤山生态公园工程、双河路片区综合管廊工程、溶江中学（州民中经开区分校–湘西济南中学）、双河路道路工程、学院路延长线道路工程、吉首大学师范学院附属小学经开区校区工程。主要房建工程包括：

1. 吉首大学师范学院附属小学经开区校区建设项目位于湘西高新区双河片区。本项目共建有宿舍楼A、B栋，体育馆，图书科技馆，学生食堂，教学楼A、B、C、D栋，报告厅，艺术楼，田径场地下车库共11栋单体建筑和地下建筑，总建筑面积61437.4平方米，可容纳2700名学生就读；2016年12月开工，2018年10月竣工。

2. 溶江中学（州民中经开区分校—湘西济南中学）建设项目位于湘西高新区双河片区。本项目共建宿舍楼四栋、综合楼、学生食堂、教学楼三栋、科技实验楼、体艺馆11栋单体建筑，总建筑面积62369.72平方米，可容纳3600名学生就读；2018年1月开工，2018年10月竣工。

（二十三）湖南长沙星城映象住宅小区工程

星城映象住宅小区工程地处长沙市东城的体育新城白沙湾路与石坝路交会处东南，东邻京珠高速公路，项目占地70200平方米，是中国水电地产在长沙开发的首个高端商品住宅社区。2009年5月进场建设，2010年10月竣工。本项目获得湖南省"芙蓉奖"优质工程荣誉。

（二十四）湖南长沙恒大时代广场项目

该项目位于长沙市望城区金星北路与振兴路交会处，总建筑面积71405.82平方米，包括1~3#公寓和7#商业楼，其中未包含1栋售楼部、4个样板间，以及1栋美凯龙商业综合体的剩余安装工程。1~3#公寓地上为剪力墙结构，商业楼为框架结构，1~2#为桩筏+褥垫层复合地基，建筑最大高度为99.95米。2020年6月开工，2021年8月竣工。

（二十五）湖南长沙卢浮原著项目

卢浮原著住宅小区工程位于长沙市天心区高层住宅小区及别墅区，包括住宅、商业和地下室主体工程、装饰工程、水电安装、园林绿化、电梯、消防、室外等全部附属工程。工程分三期开发建设。2012年7月进场，2017年6月竣工。获得湖南省建筑工程施工质量标准化示范工地荣誉。

（二十六）湖南长沙南托融和苑经济适用房项目

南托融和苑经济适用房工程位于湖南省长沙县，整个小区运用新的设计观念及手法，外形美观，经济适用，功能齐全。通过巧妙的规划设计，将优美的社区内部小环境与外部自然环境、人文环境相融合。2006年7月开工，2007年12月竣工。

（二十七）湖南长沙市保利金香槟项目分期工程

保利金香槟项目工程位于长沙市长沙县，本项目1#栋包含6层住宅、物业管理用房、公厕及消防控制室。住宅面积为100118.35平方米，商业面积为1539.36平方米，四班幼儿园面积为1323.43平方米，地下建筑面积为26891.70平方米。2021年1月开工，2023年2月竣工。

（二十八）湖南长沙湘熙水郡项目

湘熙水郡住宅小区工程位于长沙市岳麓区洋湖大道以南，兴联路以北，潇湘大道南延线东、西线之间，总用地面积为18万平方米。为高层住宅小区，包含沿江小型集中商业、临街商业、公寓式办公、普通高层住宅、沿江高层住宅、次沿江高层住宅、酒店式公寓、地下车库等。工程分四期开发建设。2013年12月开工，2020年5月竣工。获评2015—2016年度第一批湖南省优质工程称号。

（二十九）湖南长沙洋湖片区蓝天保障性住房项目

蓝天保障房工程属洋湖垸水利综合整治工程拆迁安置保障房项目，是洋湖片区拆迁村民的安置小区，被列为长沙市2014年度"六个走在前列"重点建设的民生工程。作为湖南省在建体量最大的装配式住宅小区，蓝天保障房是长沙市首批住宅产业化示范项目。

该项目位于湘江新区洋湖片区，用地面积约15.8万平方米，总建筑面积近60万平方米。工程包括20栋住宅楼、2栋公租房及项目配套服务设施，安置住宅约4186套，项目容积率为3.31、绿地率约为36.2%。蓝天保障房采用装配式建筑技术，促进了集成住宅结构体系与装配式建筑技术在长沙市的广泛运用。工程分三期开发建设。2013年8月开工，2019年12月竣工。

（三十）湖南长沙重型机器厂棚户区改造安置房建设工程

重型机器厂棚户区改造安置房建设工程被列为建筑产业转型发展和湖南省两型社会的示范区，同时被列为长沙市"六个走在前列"重点建设的民生工程，水电八局于2013年首次在长沙市内与长沙远大住宅工业有限公司合作开展装配式房屋建设的项目，为公司的装配式住宅施工取得了宝贵的经验。

项目由5栋高层组成，工程建筑面积7.2万平方米，地下建筑面积1.6万平方米，总建筑面积8.8万平方米。其中，B地块1栋，地下室1层，地上架空层1层，标准层31层；C地块共4栋，每栋地下室2层，地上架空层1层，标准层33层。本工程地下室及架空层采用传统工艺施工，标准层采用远大装配式住宅工艺施工。2013年5月开工，2015年12月竣工。

（三十一）湖南中国水电八局科研综合楼工程

水电八局科研综合楼位于长沙市天心区内，毗邻天心区政府和湖南省政府。建筑用地面积9052.73平方米，建筑高度77.35米，加顶部装饰构件共计85米，地上20层，地下2层，总建筑面积36646.67平方米。2011年2月进场，2014年1月竣工。荣获2015年度湖南省建设工程"芙蓉奖"、2016年国家优质工程奖。

（三十二）江苏南京洺悦华府项目

南京洺悦华府工程位于南京市雨花台区，占地面积56261.25平方米，建筑总面积为208298.33平方米，地上建筑面积共计154798.33平方米，其中住宅面积150573.21平方米；地下建筑面积53500平方米，主要为人防和车库。主要有10栋33F住宅、2栋29F住宅及地下室、商业及配套用房。2019年2月开工，2021年7月竣工。

（三十三）江西东城花园拆迁安置房BT项目

东城花园总承包合同金额为23600万元，合同范围约定11栋建筑物，建筑总面积为92744.06平方米，标段内建设内容包括土方工程、土建、设备安装、市政、园林、供水、供电、供气等。

（三十四）江西赣州新能源汽车科技城PPP项目

赣州新能源汽车科技城PPP项目位于江西省赣州市经开区，主要施工内容为新建房建和新建市政道路以及部分改扩建市政道路工程，共包括2个标段，17个子项，于2021年调整为15个子项（2个标段各减少1个），总建筑面积约8.43万平方米，市政道路长度21.6千米。

Ⅰ标段由7个子项组成。其中，市政道路包含5个子项，分别为城西大道三江段、城西大道下穿大广高速段、章潭路、洋田路和洋田组团内部道路；房建项目包含2个子项，分别为新能源汽车科技城幼儿园和洋田小学。

Ⅱ标段由8个子项组成。其中，市政道路包括6个子项，分别为赣丰路、思源路、园岭路、章良组团内部道路、旭日大道和新能源大道；房建项目包含2个子项，分别为科技城学校和科技城医院（一期）。

（三十五）江西南昌技术协同创新园（二期）项目

技术协同创新园（二期）工程分为工业地块及科研地块，总建筑面积约641373.94平方米，其中工业地块总建筑面积449074.64平方米，科研地块总建筑面积192299.30平方米。建设内容包括建筑的土建及外立面装饰工程、部分建筑室内二次装饰工程、强电工程、弱电工程、给排水工程、消防工程、空调暖通、电梯、道路硬化、室外绿化、室外管线工程、场地平整、外接水电等。2021年5月开工，建设中。

（三十六）辽宁丹东溪山壹号院住宅小区一期工程

丹东溪山壹号工程位于丹东市振安区鸭绿江办事处珍珠村四组刘家沟，项目南侧新建珍珠山公园（已开工），西侧东楼线公路由8米宽改为28米（已开始动迁），大沙河从西面流过，距项目300米便是市区主干路3#干线。项目周边交通发达。共计17栋25层高层建筑、77栋独栋建筑、27栋联排建筑、12栋洋房建筑，总建筑面积211500平方米。2013年8月开工，2015年11月竣工。

（三十七）云南昙华山水园住宅小区项目建设工程

昙华山水园住宅小区工程位于昆明市盘龙区东二环石闸立交桥与大树营立交桥中央绿化带旁，由3栋高层住宅楼组成，分别为3#、4#、5#，均为32层住宅楼及地下室。建筑类别为一类高层住宅。2012年4月进场，2013年11月竣工。荣获2014年度昆明市"春城杯市优质工程"一等奖。

（三十八）浙江诚通财富中心（宁波）项目

诚通财富中心（宁波）项目位于宁波市北仑区下辖的梅山岛，西至港湾路、北至梅山大道；本项目可建设用地面积15112平方米，总建筑面积49119.53平方米，其中地上建筑面积38750.72平方米，地下开挖面积约10368.81平方米；业态形式包括酒店、办公、商业、地下一层车库。2020年12月开工，预计2023年12月竣工。

第二节 路桥工程

一、概述

水电八局公路桥梁建设工程遍及湖南、广西、广东、福建、四川、重庆、天津、云南等多个省（区、市），专业能力突出，积累了明显的技术优势，具备在大中型繁华城市、平原地区、丘陵地区、山区修建高等级公路和高速公路施工技术能力，并拥有公路建设持续领先的核心技术。

2002—2022年国内路桥工程一览见表2-3-2。

表 2-3-2　2002—2022 年国内路桥工程一览

项目名称	业主单位	合同总额（万元）	开工时间	竣工时间
安徽贵池区"四好农村路"PPP 项目	贵池区交通运输局	154096.49	2020 年 2 月	在建
福建武夷山至邵武高速公路项目	中国水电集团路桥公司武邵高速公路总承包部	21818.00	2007 年 10 月	2010 年 6 月
福建福州绕城公路东南段工程	福州东南绕城高速公路有限公司	56964.20	2015 年 3 月	2019 年 11 月
福建南平市延平区大横镇渡改桥工程（埂埠大桥）	南平市延平区大横镇人民政府	4979.73	2016 年 12 月	2018 年 12 月
福建浦城县国道改造工程	中电建路桥集团有限公司浦城县国道改造 BT 项目总承包部	27437.82	2015 年 11 月	2021 年 12 月
广东东莞市疏港大道延长线工程	东莞市交通投资集团有限公司	47954.26	2015 年 8 月	2022 年 9 月
广东官龙路道路工程	深圳市交通公用设施管理处	325.04	2011 年 11 月	2012 年 11 月
广东江门市蓬江区道路工程	中电建路桥集团有限公司	16720.00	2019 年 5 月	在建
广东南海红沙高新产业基地配套道路工程	佛山市南海大业佳诚投资有限公司	20806.43	2012 年 12 月	2014 年 8 月
广东太澳公路广东顺德碧江至中山沙溪段工程	太澳公路顺德至中山段高速公路项目筹建处	13487.63	2007 年 9 月	2009 年 3 月
广东西宝线城市公路整治工程	深圳市交通公用设施管理处	558.27	2010 年 11 月	2011 年 4 月
广西大藤峡水利枢纽工程左岸进场永久道路保养维护工程	广西大藤峡水利枢纽开发有限责任公司	1029.24	2019 年 4 月	在建
广西水任—南宁高速公路第九段工程	广西区交通基建管理局	34065.70	2001 年 8 月	2005 年 1 月
贵州白市库区公路复建工程远口至锦屏公路（天柱段）	贵州清水江水电有限公司	12289.15	2009 年 3 月	2012 年 12 月
贵州白云至修文道路改扩建工程	贵阳金阳建设投资（集团）有限公司	16524.67	2013 年 7 月	2014 年 6 月
贵州格里桥水电站场内 1#、2# 公路	贵州清水河水电开发有限公司	456.36	2006 年 5 月	2006 年 12 月
贵州贵龙纵线十道二期工程	贵州贵龙实业（集团）有限公司	106006.00	2017 年 1 月	2020 年 9 月
贵州贵阳国家级经济技术开发区一号路工程	贵阳经济技术开发区贵合投资发展有限公司	9200.74	2011 年 1 月	2013 年 5 月
贵州马马崖一级水电站左岸进场公路工程	贵州北盘江电力股份有限公司	1874.45	2010 年 1 月	2011 年 1 月
贵州湄潭县茶圣大道工程	湄潭县兴源国有资产投资有限公司	755.84	2014 年 5 月	2015 年 5 月
贵州清溪水电站库区小雅至二河公路淹没复建工程	国家电力公司贵阳勘测设计研究院	1020.22	2008 年 11 月	2010 年 9 月
贵州善泥坡水电站场内交通 4# 公路工程	贵州西源发电有限责任公司	964.09	2010 年 2 月	2010 年 10 月
贵州尾水调压井公路工程	贵州乌江水电开发有限责任公司	616.00	2003 年 12 月	2005 年 2 月
贵州义龙新区职教路延伸段道路工程	贵州义龙（集团）投资管理有限公司	5854.09	2018 年 12 月	2019 年 9 月
贵州遵义忠金道路工程	遵义市红花岗区国有资产投资经营有限责任公司	10993.33	2017 年 9 月	2020 年 12 月
海南国际旅游岛先行试验区文黎大道项目桥梁工程	海南国际旅游岛开发建设有限公司	30238.19	2013 年 5 月	2019 年 12 月
海南琼中抽水蓄能电站进场公路工程	中国南方电网有限责任公司调峰调频发电公司	2810.63	2011 年 4 月	2013 年 12 月
河北 K1 快速路（一期）项目	中国雄安集团基础建设有限公司	2087.68	2019 年 10 月	2021 年 6 月
湖北 G346 国道大悟县河口至城关段一级公路改扩建工程	大悟县交通运输局	41838.67	2015 年 7 月	2021 年 10 月
湖北 G346 国道大悟县河口至城关段恢复原设计路面工程	大悟县交通运输局	5582.46	2019 年 12 月	2021 年 10 月

续表

项目名称	业主单位	合同总额（万元）	开工时间	竣工时间
湖北平坦原抽水蓄能电站道 S323 复建工程	中国电建集团中南勘测设计研究院有限公司	12877.00	2022 年 1 月	在建
湖北武汉市沌口至水洪口高速公路一期土建工程	湖北汉洪高速公路有限责任公司	8535.38	2005 年 8 月	2007 年 8 月
湖南 G209 线怀化池回至黔城公路改建工程第 A1 段	怀化市池黔公路建设管理有限公司	19363.91	2010 年 12 月	2011 年 6 月
湖南 G209 线怀化池回至黔城公路改建工程第 A2 段	怀化市池黔公路建设管理有限公司	23445.17	2011 年 3 月	2015 年 7 月
湖南常德莲池公路工程	常德市德山经济科技开发区建设管理局	509.50	2003 年 1 月	2004 年 5 月
湖南衡阳至桂阳高速公路工程	湖南高速公路建设开发总公司	22749.06	2009 年 7 月	2012 年 11 月
湖南怀化市二环路改造工程	湖南自投资有限公司	5751.95	2011 年 11 月	2013 年 5 月
湖南界化垄至茶陵高速公路项目	湖南高速公路建设开发总公司	24369.02	2010 年 4 月	2013 年 6 月
湖南靳江河路（窑咀路—滨河路）道路工程	长沙先导城市建设投资有限公司	6688.51	2012 年 11 月	2014 年 12 月
湖南耒宜高速公路工程	湖南交通厅	19483.89	1997 年 10 月	2003 年 3 月
湖南南托基地路面恢复及提质改造工程	中国水利水电第八工程局有限公司	709.89	2013 年 10 月	2014 年 12 月
湖南新邵县新邵大道二期道路工程	—	2802.06	2013 年 5 月	2014 年 12 月
湖南溆浦至怀化高速公路项目	湖南高速公路建设开发总公司	24836.48	2009 年 12 月	2013 年 12 月
湖南长沙恒大文化旅游城市政道路工程	长沙恒大童世界旅游开发有限公司	3991.84	2020 年 12 月	在建
湖南长沙县开元东路工程	长沙县通途公路建设投资公司	727.24	2003 年 6 月	2003 年 12 月
湖南长沙洋湖垸片区中央大道、岳塘路、兴联路、兆新路工程	长沙市城市建设投资开发有限公司	3049.24	2011 年 6 月	2014 年 12 月
湖南长沙至韶山至娄底高速公路项目	湖南长韶娄高速公路有限公司	14947.22	2011 年 1 月	2015 年 2 月
湖南长株潭防洪景观道路南托垸防洪道路工程	长沙市城市建设投资开发集团有限公司	2951.50	2011 年 2 月	2014 年 12 月
湖南株洲县至株洲航电枢纽联络线工程	湖南株洲兴旺公用事业发展有限公司	2976.00	2004 年 2 月	2007 年 1 月
江西吉安至莲花（赣湘界）高速公路土建工程	湖南高速公路建设开发总公司	15654.60	2011 年 1 月	2012 年 12 月
江西萍乡 319 国道三板桥至观丰段（萍莲公路改造）	—	1345.60	2002 年 6 月	2004 年 8 月
江西武华山风电场项目道路抢险工程	江西龙源新能源有限公司	95.15	2022 年 11 月	2022 年 11 月
江西兴业大道（曰修路—临港大道）工程	南昌经济技术开发区投资控股有限公司	35071.00	2017 年 9 月	在建
辽宁丹东市振安区东楼线拓宽改造项目	丹东市振安区鸭绿江街道办事处	5172.47	2015 年 3 月	2015 年 10 月
南宁市西明江堤堤路园道路（路基、排水）工程	南宁市水利局	1200.00	2004 年 3 月	2005 年 1 月
青海东川工业园区 S 路、民和路南延伸段道路工程	西宁经济技术开发区集团有限公司	2091.00	2011 年 9 月	2013 年 10 月
四川大渡河大岗山水电站左上坝公路治理工程	国电大渡河大岗山水电开发有限公司	155.68	2008 年 12 月	2009 年 4 月
四川甘孜州巴拉路（夏邛至拉哇段）工程	华电金沙江上游水电开发有限公司拉哇分公司	17972.04	2010 年 10 月	2014 年 12 月

续表

项目名称	业主单位	合同总额（万元）	开工时间	竣工时间
四川甘孜州大渡河猴子岩水电站库区S211线淹没复建公路工程	国电大渡河猴子岩水电建设有限公司	21517.12	2011年3月	2015年10月
四川官地打俅临时道路工程	雅砻江流域水电开发有限公司	88.91	2005年12月	2006年8月
四川广元市元坝区宝红路、虎七路段、虎陈路	长江勘测规划设计有限公司	9280.43	2011年4月	2015年12月
四川广元至巴中高速公路工程	四川交通厅广巴高速公路工程建设指挥部	18260.00	2006年12月	2011年7月
四川国道317线汶川至马尔康公路改建工程	四川兴蜀公路发展有限责任公司	13406.68	2008年6月	2012年3月
四川会东至河门口公路工程施工	中国长江三峡集团公司乌东德工程建设筹备组	34096.88	2011年11月	2017年6月
四川卡基娃水电站库区色翁桥、桐窝桥、洼桥工程施工	四川华电木里河水电开发有限公司	1417.12	2014年3月	2015年4月
四川两河口水电站右岸低线公路工程	二滩水电开发有限责任公司	959.06	2007年11月	2008年5月
四川绵阳S302线北川曲山至茂县段灾后重建工程（任家坪至禹里段）	绵阳市重点公路建设指挥部	5692.00	2009年9月	2012年7月
四川木里县下麦地乡铧口至新安定桥沿河公路路面改建工程	四川华电木里河水电开发有限公司	6644.89	2011年6月	2012年8月
四川坪头水电站4#&5#公路工程	中国水电顾问集团成都勘测设计院	85.20	2006年3月	2007年2月
四川石坝（黔川界）至纳溪公路工程	四川纳黔高速公路有限公司	15242.53	2009年3月	2011年6月
四川石渠至马尼干戈段公路改建工程	甘孜州交通投资建设集团有限公司	26328.56	2012年9月	2014年9月
四川苏洼龙水电站下游索桥工程	华电金沙江上游水电开发有限公司	2025.72	2013年12月	2015年12月
四川雅江至两河口水电站坝区右岸公路（二期）整治工程	二滩水电开发有限责任公司	763.07	2006年7月	2007年1月
四川雅砻江甲西水电站左岸高线过坝公路工程	雅砻江流域水电开发有限公司	25961.05	2012年12月	2017年9月
四川枕头坝一级水电站库区S306线淹没复建公路工程	国电大渡河枕头坝水电建设有限公司	17227.77	2011年11月	2014年12月
天津塘承高速公路二期工程	天津高速公路集团有限公司	21096.06	2011年12月	2014年12月
西藏波罗电站对外交通同波路改（扩）建工程	华电金沙江上游水电开发有限公司	13114.66	2015年7月	2018年8月
西藏金沙江上游波罗电站对外交通同波路改（扩）建工程	华电金沙江上游水电开发有限公司	13114.66	2015年7月	2018年8月
西藏尼洋河多布水电站右岸汽车便道工程	国电西藏尼洋河流域水电开发有限公司	1689.41	2014年3月	2015年4月
西藏区道306线加查至曲松段公路改造整治工程	—	3275.81	2008年5月	2008年11月
新疆阿尔塔什水利枢纽工程电站厂房对外交通工程	新疆新华叶尔羌河流域水利水电开发有限公司	4113.32	2013年9月	2015年12月
新山市铝产业示范入园道路第一期工程	田阳县恒茂开发投资有限公司	2767.49	2009年11月	2010年9月
云南阿海水电站裤脚村村民便道工程	云南金沙江中游水电开发有限公司	115.65	2008年5月	2011年11月
云南大朝山水电站西线对外公路路面工程	云南公路建设监理公司	3180.84	2010年9月	2012年3月

续表

项目名称	业主单位	合同总额（万元）	开工时间	竣工时间
云南橄榄坝水电站左岸过坝公路工程	华能澜沧江水电股份有限公司	17885.87	2014年9月	2017年8月
云南红河州建水（个旧）至元阳高速公路工程	中电建路桥集团有限公司	168339.20	2017年12月	2020年12月
云南黄登公路营盘至梅冲河段弃渣场道路工程	华能澜沧江水电股份有限公司	1014.65	2010年11月	2011年2月
云南澜沧江上游沿江公路工程	中国水利水电建设集团路桥工程有限公司	53491.79	2010年12月	2018年1月
云南澜沧江上游沿江公路营盘至梅冲河段公路工程	华能澜沧江水电股份有限公司	16083.00	2009年2月	2013年12月
云南澜沧江乌弄龙水电站场内左岸干线公路工程	华能澜沧江水电股份有限公司	5665.16	2010年6月	2014年3月
云南龙开口水电站进场公路	华能龙开口水电有限公司	6306.80	2007年10月	2009年3月
云南鲁地拉水电站左岸干线公路工程	云南华电鲁地拉水电有限公司	5451.70	2008年1月	2010年11月
云南弥渡县德苴二期复合型光伏发电项目进场道路改建工程	中电建（弥渡）电力有限公司	359.17	2022年10月	在建
云南苗尾水电站库区淹没公路改复建工程	中国电建集团华东勘测设计研究院有限公司	2899.01	2015年3月	2016年5月
云南托巴水电站左岸场内15#高线公路工程	华能澜沧江水电股份有限公司	6864.12	2014年11月	2016年12月
云南祥云县小营村复合型光伏发电项目进场道路改建工程	中电建（祥云）新能源开发有限公司	359.22	2022年10月	在建
云南向家坝电站马延坡16号公路工程	中国长江三峡工程开发总公司	758.73	2007年5月	2008年9月
云南向家坝水电站大塔至屏山公路工程	中国电建集团中南勘测设计研究院	3960.62	2015年3月	2016年12月
云南小黑江回龙山水电站进厂公路及下游施工桥工程	云南华润电力（西双版纳）有限公司	982.70	2010年8月	2012年3月
云南右岸2#、6#公路调整段工程	中国长江三峡工程开发总公司	351.20	2006年4月	2006年12月
云南昭通柿子至凤磡公路第七段	昭通市柿凤公路建设有限公司	2386.94	2009年8月	2012年12月
云南昭通柿子至镇雄公路工程	五矿二十三冶建设集团有限公司	2386.94	2009年8月	2012年12月
浙江温州梅电路—金丽温高速入口道路改建工程	—	672.00	2005年6月	2005年8月
重庆梁平至忠县高速公路	—	2522.89	2013年4月	2015年9月
重庆市永川区板桥镇公路改建工程	重庆市永川区政鑫国有资产经营有限责任公司	2671.88	2011年7月	2014年12月
重庆武隆银盘水电站319国道改线工程	重庆大唐国际武隆水电开发有限公司	4366.82	2005年10月	2006年7月

二、工程选介

（一）安徽贵池区"四好农村路"PPP项目

由水电八局和池州金桥投资集团共同投资建设，项目合作期限为12年，其中建设期为2年，运营期为10年。

项目建设主要包括贵池区所辖范围内15个镇街部分县道、乡道、村道的建设、改造提升和运营，以及区级农村物流中心、综合运输服务站、村级综合运输服务点和相关配套服务设施的建设和运营。其中，农村公路扩面延伸工程对20户以上较大自然村道路进行硬化，拟硬化道路里程合计482.44千米；建设农村公路安全生命防护工程合计218.58千米；示范路创建工程结合产业路、旅游路、资源路、美丽乡村路等创建示范路（乡道）367.63千米。

建设通车的乡村公路筑点成线、由线带面，服务贵池区15个镇街800余个居民村落，惠及当地群众30余万人。打造了陈村路、霄坑路、大佬路等一批极具贵池风光的

"绿色产业路",成为山区群众的致富路。蔡殿路、黄栗路获评安徽省"四好农村路"品质示范路,黄栗路获评全国"十大最美农村路"、交通运输部"乡风文明路"。

(二)福建福州绕城公路东南段工程

福州绕城公路东南段A14合同段位于长乐区玉田镇及闽侯县青口镇境内,主要控制点工程为鳌峰山隧道和青口枢纽互通。工程主要有新建桥梁、加宽桥梁、通道涵洞、隧道、互通式立交等建筑物。2015年3月开工,2017年8月竣工。

(三)福建浦城县国道改造工程

浦城县国省道改造渔梁岭隧道工程属国道205渔梁岭段,路线基本走向为由北至南,为改善原国道越岭段,拟建渔梁岭隧道,以降低纵坡,改善通行条件。全长4.32千米,主要利用拟建渔梁岭隧道改善该段205国道平纵线形,设计基准期:100年,设计速度:60千米/小时。2015年11月开工,2018年1月竣工。

(四)广东东莞市疏港大道延长线工程

东莞市疏港大道延长线工程位于东莞市西部,起于疏港大道B段终点,经洪梅镇、道滘镇,终于厚街镇港口大道。项目路线全长7.141千米,按一级公路(兼具城市道路功能)标准建设,全宽33.5米,沥青混凝土路面,双向六车道。主要构筑物包括:大桥3座,分别是东海大桥(全长675米)、南大桥(全长545米)、南阁大桥(全长834.5米);中桥1座,长65米;人行天桥1座;人行梯道4处;斜拉桥拆除1座。2015年8月开工,2018年疏港大道延长线望沙(起点)至南大大桥段交工验收,2022年9月东莞疏港大道南阁大桥建成通车。

(五)广东太澳公路广东顺德碧江至中山沙溪段工程

太(原)澳(门)国家重点公路广东省顺德碧江至中山沙溪段起于顺德碧江,顺接广珠西线一期工程终点,工程标段全长1.675千米,全线为高架桥,公路等级为高速公路,设计时速100千米,桥面宽度全桥按六车道设计,由分离式、左右幅桥组成。2008年3月开工,2010年6月竣工。

(六)广西水任—南宁高速公路第九段工程

道路全长13.8千米,路基宽26米,路基计价土石方576.5804万立方米,排水防护工程12.2052万立方米,分离立交桥55米、1座,涵洞通道4217米、86道,互通式立交1处595.68米、5座,碎石底基层549468平方米,水泥稳定碎石基层484874平方米,水泥砼面层46万平方米,交通安全设施和绿化工程等。2001年6月开工,2004年8月竣工。

(七)贵州贵龙纵线干道二期工程

贵龙纵线干道二期工程全长7.58千米,路基宽34米,共有大桥700米、1座,中桥72米、1座;涵洞16道、通道7道、天桥9座。设计速度60千米/小时的城市干道。项目实施内容包括土石方工程、排水防护工程、桥涵工程、交叉工程及沿线设施、道路工程及其附属工程。2017年1月开工。2018年12月竣工。获得"2019年贵州省建筑业绿色施工示范工程""2019年度贵州省建筑安全文明施工样板工地""2019年度贵州省建筑工程优质质量结构工程"等荣誉。

(八)海南国际旅游岛先行试验区文黎大道项目桥梁工程

海南省文黎大道桥梁工程共3座桥梁,分别为黎安互通立交桥、黎安高架桥、机耕天桥。黎安互通立交桥位于文黎景观大道与现况东线高速公路相交节点处,是实现先行试验区及陵水县城等地方交通系统与高速公路系统交通转换的重要设施。黎安互通立交桥采用B型单喇叭互通式立体交叉、主线下穿形式,双向四车道。2013年5月开工,2019年12月竣工。

(九)湖北G346国道大悟县河口至城关段一级公路改扩建工程

项目位于湖北省孝感市大悟县境内,属于规划国道346的一部分。项目起于大悟县与红安县交界的河口镇,途经刘集镇、夏店镇、新城镇、高店乡、大悟城关,一期建设第一合同段终点至孝感北站,里程长39.05千米。全线采用设计速度80千米/小时、路基宽21.5米的双向四车道一级公路标准建设。主要建设内容包括路基、路面、桥梁涵洞、排水、防护、平面交叉、交通安全设施等工程。水电八局于2015年7月中标,于2015年11月18日正式开工建设,于2021年1月10日完工,2021年10月1日完成交工验收,累计合同签约金额4.45亿元。

(十)湖南衡阳至桂阳高速公路工程

衡阳至临武高速公路是湖南省规划的"五纵七横"高速公路网的第三纵[岳阳(湘鄂界)至临武(湘粤界)高速公路]的南段。本路线由北往南,在衡南县以西过境并互通,在松柏镇西跨湘江并设互通,而后在常宁以东的宜潭乡过境并设互通,沿线经罗桥、庙前镇(设互通),终于桂阳流峰(设互通),路线总长95.1千米。2010年2月开工,2012年8月竣工。

(十一)江西兴业大道(日修路—临港大道)工程

南昌兴业大道工程是南昌经开区儒乐湖新城"内外两环、四纵四横"路网框架的重要组成部分。兴业大道规划起于皇姑路,由西向东延伸,终于赣江堤;西起日修路,东至临港大道(金水大道),路线全长7.766千米,路幅宽度为50米,设计速度50千米/小时,双向六车道,道路等级为城市主干路,包括道路、桥梁、排水、照明、强弱电管道、绿化交通设施等工程。2016年12月开工，建设中。

（十二）四川广元至巴中高速公路工程

广巴高速公路工程位于元坝区柳桥乡境内，路线在长滩河右侧鸡爪地形中穿行，起于蒲家湾，穿二郎扁、花树沟隧道，经谭家沟、岭后头、王家庙，至贯家湾，全长5.8千米。其中整体式路线长2.742千米，分离式路线长6.111千米，设大桥9座（其中分离式大桥8座，折算为整幅式共长1352米，整体式大桥1座）；隧道2座，双洞单向行车；人行天桥兼渡槽1座，钢筋混凝土板拱；涵洞通道20道。2006年11月开工，2009年4月竣工。获评"2010年度四川省建筑工程天府杯金奖"。

（十三）四川国道317线汶川至马尔康公路改建工程

项目实际建设里程约198.28千米（其中改建171千米，新建约27千米），技术标准：二级公路，设计速度60（40）千米/小时，路基宽度12（8.5）米，车辆荷载公路-Ⅱ级，路面结构沥青混凝土、水泥混凝土。主要为改建，局部调整路线。2009年7月开工，2011年7月竣工。

（十四）四川石坝（黔川界）至纳溪公路工程

纳黔高速公路系国家高速公路网干线厦门至成都公路四川境内的一段，也是四川省高速公路网规划的24个省际高速公路出川通道之一。总长约134.664千米，设计标准为双向四车道高速公路，路基宽24.5米，设计时速80千米，沥青砼路面。2009年12月开工，2012年6月竣工。

（十五）天津塘承高速公路二期工程

塘承高速公司工程是天津市规划高速公路网中"九横五纵"中的一纵，是蓟州区县域公路网中高速公路的重要组成部分。工程标段全长6419.8米，包括蓟运河大桥和杨玉互通立交桥，对完善天津市综合运输体系具有重要作用。2011年12月开工，2014年12月竣工。荣获2016年国家优质工程奖。

（十六）云南红河州建水（个旧）至元阳高速公路工程

本标段线路起止里程为K64+216.00~K73+465.552，线路全长9.25千米，起于建水县他依村，沿线依次设置他依隧道（他依隧道1/3）、1#路基、大湾1#大桥、2#路基、大湾2#大桥、3#路基、红河特大桥、4#路基、甘蔗山1#桥、5#路基、甘蔗山2#桥、6#路基、团结大桥、7#路基、呼山大桥、8#路基、呼山隧道、9#路基，止于元阳县西北侧呼山村，设置呼山枢纽与元蔓高速进行衔接。

本标段共设一般桥梁2028米、6座，特大桥1366米、1座；隧道1268米、1.5道，枢纽1处，桥隧比50.5%。本项目计划建设工期36个月，2017年5月开工，2020年12月竣工。

第三节 市政工程

一、概述

市政建设工程是水电八局开拓基础设施业务的重点领域之一，目前，市政工程、基础设施建设在水电八局总业务中的占比已超过30%。公司致力于建设民生工程，业务范围涵盖了城市道路、桥梁、供水、防洪、海绵城市、污水处理、机场、园林绿化等多个领域。拥有市政公用工程施工总承包一级资质，掌握了一系列国内和国际领先的核心技术。承建了海南文黎景观大道工程、南昌花博园景区工程、郑州污水处理厂工程、武汉江南泵站工程、武汉后湖泵站工程等，一批经典之作获得了"国家优质工程"等荣誉，不断提升城市品位，彰显央企本色。

2002—2022年国内市政工程一览见表2-3-3。

表2-3-3　2002—2022年国内市政工程一览

项目名称	业主单位	合同总额（万元）	开工时间	竣工时间
安徽中安联合煤制170万吨/年甲醇及转化烯烃项目中央控制室土建工程	中国石化工程建设有限公司	1123.97	2017年5月	2019年1月
福建道201线莆田市东吴路堤工程	莆田市东吴临港工业园区开发建设有限公司	8643.60	2006年5月	2007年11月
福建福清港头镇洋边洋土地整理项目	—	1342.13	2005年3月	2007年11月
福建浦城县五一三路城西段道路及雨污管网改造工程	浦城县住房和城乡建设局（浦城县人民防空办公室）	4400.00	2016年11月	2018年1月
福建浦城新城南启动区市政设施配套工程	浦城县城市建设开发有限公司	12600.00	2019年10月	2022年9月
福建清市洋土地整理工程	福清市港头镇人民政府	—	2005年3月	2006年3月

续表

项目名称	业主单位	合同总额（万元）	开工时间	竣工时间
福建省浦城县马莲河两岸基础设施和公建设施项目工程	浦城县交通工程建设开发有限公司	19491.30	2016年10月	2020年12月
福建行政服务中心建设、浦城县梦笔文化中心设备用房工程	浦城县行政服务中心管理委员会	3654.80	2016年12月	2019年11月
广东东莞市疏港大道延长线工程	东莞市交通投资集团有限公司	33921.85	2014年8月	2017年8月
广东福强路—沙嘴路人行地下通道工程	深圳市地铁集团有限公司	6557.20	2016年4月	2019年1月
广东公明水库—清林径水库连通工程公明取水口及配套交通工程	深圳市原水有限公司	48259.96	2022年11月	在建
广东广东江门市蓬江区PPP项目建设工程	中电建路桥集团有限公司	16720.00	2019年5月	2021年5月
广东广州地区高校新校区堤防工程（北亭—赤坎大桥—南亭段）	广州市珠江堤岸防护工程建设办公室	901.60	2003年12月	2005年9月
广东海八路隧道二期车库工程	佛山市南海大业佳诚投资有限公司	21305.18	2012年12月	2013年12月
广东炼化一体化（标段六）EPC项目	中国石化工程建设有限公司	2215.73	2018年7月	2019年11月
广东南方电网2022年充电设施基建EPC框架项目	南方电网电动汽车服务有限公司	1860.00	2022年9月	在建
广东南海金融公园工程	佛山市南海大业佳诚投资有限公司	18227.73	2012年12月	2017年9月
广东千灯湖三期灯湖市政公园工程	佛山市南海大业佳诚投资有限公司	32019.39	2012年12月	2018年12月
广东深云文体公园设备设施升级改造工程	深圳市市政设计研究院有限公司	306.93	2022年7月	在建
广东深圳LNG项目迭福片区防洪排涝实验段（西段）工程	中海石油深圳天然气有限公司	574.50	2009年4月	2009年9月
广东深圳LNG项目海水取水工程	中海石油深圳天然气有限公司	12419.90	2013年8月	2015年4月
广东深圳地铁1号线受前海建设项目影响区段整治项目	深圳市地铁集团有限公司	4100.00	2015年1月	2015年5月
广东深圳市地下原水隧洞（茜坑—鹅颈）新建工程	深圳市龙华区建筑工务署	8489.91	2021年5月	在建
广东深圳市东部海堤重建工程（三期）	华润置地城市运营管理（深圳）有限公司	32742.06	2020年8月	在建
广东珠海港高栏港区南迳湾作业区铁炉湾防波堤工程	珠海汇华基础设施投资有限公司	48708.15	2012年4月	2014年12月
广东珠海西部工业园区引水主管道工程	—	1149.70	2003年12月	2004年6月
广西二环北路和玉东大道等6条主要道路提升改造项目	玉林投资集团有限公司	3660.69	2022年12月	在建
广西内环路片区和平路13号会堂宿舍巷口等小巷及第二电影口袋公园项目	玉林市金桂投资有限公司	296.48	2021年10月	2021年12月
广西玉林公园城市交通设施提质增效项目（一期）	玉林市金桂投资有限公司	5325.45	2022年3月	2022年11月
贵州黔西南州义龙新区棒垒球体育公园二期建设项目	贵州义龙(集团)投资管理有限公司	6447.00	2020年10月	2021年12月
贵州水电八局"三供一业"物业改造工程	中国水利水电第八工程局有限公司	1982.32	2019年7月	2019年12月
海南文黎景观大道道路与交通工程	海南国际旅游岛开发建设有限公司	51975.97	2012年5月	2013年6月
河北起步区海岳大街综合管廊机电及附属工程	中国雄安集团基础建设有限公司	4731.04	2021年8月	在建
河北容东片区金湖公园四个专业公园工程	河北雄安新区管理委员会	24333.30	2021年8月	2022年7月

续表

项目名称	业主单位	合同总额（万元）	开工时间	竣工时间
河南郑州市马寨污水处理厂	郑州市污水净化有限公司	3580.82	2013年10月	2014年11月
湖北黄陂区四联垸二站工程土建工程	武汉市黄陂区水务和湖泊局	8901.61	2020年12月	在建
湖北黄家湖大道与三环线交会节点区域环境综合整治提升工程	武汉桥建集团有限公司	155671.53	2018年5月	2020年6月
湖北罗田县乡村振兴工程PPP项目	罗田县农业农村局	107660.48	2022年11月	在建
湖北神农架林区生态环保PPP项目	神农架日清生态治理有限公司	48192.06	2021年8月	在建
湖北武汉市教育中路公共停车场项目	武汉光谷交通建设有限公司	16897.66	2016年1月	2017年1月
湖北武汉市汤逊湖北路公共停车场工程	武汉光谷交通建设有限公司	3893.33	2016年11月	2017年2月
湖北武汉巡司河第二出江泵站（江南泵站）工程	武汉市自来水有限公司	14831.79	2016年8月	2018年1月
湖南2020年桂花坪街道微改造项目建设工程	长沙市天心区城市人居环境局	325.06	2020年8月	2020年10月
湖南合丰垸浏阳河风光带工程	长沙市武广新城开发建设有限责任公司	14239.68	2020年2月	在建
湖南衡阳市耒水东岸城市防洪风光带片区综合开发建设项目	衡阳市城市建设投资有限公司	38363.59	2014年6月	2018年5月
湖南衡阳县界牌陶瓷工业园基础设施建设及园区配套工程	湖南界牌瓷城建设项目管理有限公司	174214.58	2018年7月	2022年3月
湖南花垣县城乡一体化PPP项目总承包	花垣县龙腾城乡一体化建设有限责任公司	210000.00	2017年11月	2021年11月
湖南津市市澧水风光带建设项目工程	湖南津盛投资开发有限公司	16138.34	2018年3月	2019年7月
湖南九华经开区沿江风光带尾水排放工程	湘潭九华经济建设投资有限公司	3846.61	2014年8月	2018年9月
湖南浏阳市城镇生活污水处理提质增效PPP项目	浏阳三峡水环境综合治理有限公司	50343.45	2021年9月	2023年12月
湖南水电八局东江基地三供一业维修改造工程	北京北控物业管理有限责任公司	888.63	2019年11月	2020年1月
湖南桃源县沅江风光带旅游开发前期工程	桃源县大美文化旅游发展有限责任公司	3063.32	2017年7月	2019年7月
湖南湘潭九华示范区湘江流域防洪、道路、景观工程	湖南发展集团九华城市建设投资有限公司	12039.59	2012年10月	2016年12月
湖南湘潭市"绿道"建设项目（百亩湖、爱劳渠）	湘潭绿道生态治理有限公司	37781.00	2016年11月	2021年12月
湖南湘西经济开发区双河文教卫新区PPP项目二标段	湘西经开区双河片区项目管理有限公司	250000.00	2017年1月	2020年1月
湖南湘西民族文化园景区提质改造项目地下游客通道工程	湘西自治州吉凤投资开发有限责任公司	6001.30	2021年8月	2022年12月
湖南湘西州经开区吉大师院附小丰达路南侧边坡崩塌地质灾害应急排险工程	湘西自治州吉凤投资开发有限责任公司	560.00	2019年11月	2020年2月
湖南新邵县资江防洪风光带及市政配套设施建设工程（右岸）PPP项目	新邵县住房和城乡建设局	75000.00	2017年11月	在建
湖南长沙大泽湖生态湿地公园（先行启动区）项目	中电建生态环境集团有限公司	—	2022年1月	在建
湖南长沙恒大文化旅游城住宅15-17#地块市政道路及配套建设工程	长沙恒大童世界旅游开发有限公司	3991.84	2020年12月	2021年11月
湖南长沙靳江河南岸防洪整治道路工程	长沙先导城市建设投资有限公司	6688.51	2012年11月	2014年12月
湖南长沙市乒乓球厂小区基础配套设施改造项目建设工程	长沙市天心区黑石铺街道办事处	143.46	2020年7月	2020年9月

续表

项目名称	业主单位	合同总额（万元）	开工时间	竣工时间
湖南长沙市天心区南托港河除险加固工程建设工程	长沙市天心区南托坑水利管理站	259.53	2020年8月	在建
吉林桓集隧道工程地质勘探试验洞二标	集安桓集工程管理有限公司	2305.39	2011年9月	2012年6月
江西赣州新能源汽车科技城PPP项目	赣州中水八局洋田建设开发有限公司	92520.70	2018年7月	2021年12月
江西南昌经开区双港大道沿线高校周边整治工程	南昌金开环保工程有限公司	8056.89	2020年5月	在建
江西南昌市昌南新城南北连通渠工程	南昌市交通投资集团有限公司	77602.94	2020年3月	在建
江西南昌市赣东大堤风光带防洪工程BT项目	南昌水利投资发展有限公司	24593.33	2012年10月	2015年10月
江西南昌市梅湖景区花博园及景区提升改造市政园林项目	南昌水利投资发展有限公司	36600.14	2015年11月	2018年3月
江西南昌市湾里区岭秀湖市民公园改造工程建设项目工程总承包	南昌市湾里区城市管理局	4235.75	2019年8月	2020年5月
江西南斯友好路综合改造工程设计、采购、总承包（EPC）	南昌市红谷滩区住房和城乡建设局	18000.00	2021年7月	在建
江西萍乡市老城区海绵城市建设PPP项目	萍乡市海绵城市试点建设工作领导小组办公室	91249.24	2017年3月	在建
江西新建区大塘坪乡南坪圩防渗整治工程	南昌市新建区水利投资有限公司	100.44	2019年1月	在建
江西新建区望城镇三联村、四联村市政道路建设工程	南昌九望工程管理有限公司	36366.17	2021年5月	在建
江西兴业大道（日修路—临港大道）工程建设工程	南昌经济技术开发区投资控股有限公司	35071.00	2016年12月	2018年12月
辽宁丹东市振安区珍珠山公园建设项目	丹东市振安区鸭绿江街道办事处	1699.29	2012年10月	2015年12月
南宁江南堤路园项目市政工程(中兴大桥—亭江泵站)路基及排水工程	南宁市邕江堤岸建设发展有限责任公司	2167.20	2005年1月	2005年11月
内蒙古鄂尔多斯煤炭深加工示范项目厂外输水管道系统工程	中石化胜利油建工程有限公司	6716.03	2014年6月	2016年12月
内蒙古自治区阿巴嘎旗工业供水水源工程主体	京能阿巴嘎旗生态科技有限公司	6927.16	2014年9月	2016年4月
青海青海东部黄河谷地土地开发（李家峡）整治工程	尖扎县国土资源局	4888.72	2011年9月	2014年12月
陕西咸阳市彩虹二路（渭河—宝泉路）雨水管道应急工程	咸阳市市政工程管理处	2100.00	2022年1月	在建
四川成都市自来水七厂一期工程	成都市自来水有限责任公司	20461.92	2011年11月	2014年12月
四川眉山市南天府公园项目	眉山环天园林绿化工程有限公司	129746.45	2020年12月	2023年12月
云南昆明恒大文化旅游城科4路（文旅城段）市政道路及配套工程	云南御行中天房地产开发有限公司	2656.40	2020年11月	2021年5月
云南蒙自机场外围东北角地块洪涝灾害水毁修复工程、小龙树坡低洼回填处置工程	红河蒙自机场建设征地拆迁指挥部	3130.00	2022年6月	在建
浙江苍南县横阳支江堤防加固工程Ⅱ标段	苍南县国有资产投资集团有限公司	4930.15	2013年11月	2017年12月
浙江宁波镇海区澥浦大闸外移工程	宁波市镇海区围垦局	31616.98	2014年7月	2017年8月

二、工程选介

（一）福建浦城县五一三路城西段道路及雨污管网改造工程

工程西起205国道，东至七星桥头，道路全长1264米。包括道路工程、给水、排水、排污工程、照明工程、景观工程等。主要工程量：挖方29973立方米，沥青混凝土58288平方米，水泥稳定碎石13139立方米，雨污水管（D300—1500）4664米，雨污水检查井114座。2016年11月开工，2017年9月竣工。

（二）福建省浦城县马莲河两岸基础设施和公建设施项目工程

工程总承包由19个子项目组成，包含：公路交通类——"镇镇有干线"（仙富路管厝—殿基）2个子项目，水利水务类——"马莲河两岸河道景观建设项目"4个子项目，公建及市政类——"马莲河南岸基础设施市政项目"13个子项目。2016年4月开工，2022年9月竣工。

（三）海南文黎景观大道道路与交通工程

工程道路等级为城市主干路Ⅱ级，道路路幅宽度为60米，全长9.583千米，计算行车速度为50千米/小时，路面类型为沥青混凝土路面，路面设计荷载为标准轴载BZZ-100，道路红线宽度为60米。总工期为365天。项目施工招标共划分1个合同段，工作内容为项目的道路工程、交通工程、绿化工程、给排水工程、照明工程、电信工程等工程的实施、完成以及施工缺陷责任期的修复工作等。2012年5月开工，2021年9月竣工。

（四）河北容东片区金湖公园四个专业公园工程

雄安容东金湖公园二标段新建体育公园，总体划分为七个区段，建筑面积约为35.6公顷。其中，硬质面积约80557平方米，绿地面积约240620平方米，水体面积约25091平方米。建筑物有10座，建筑面积约2284平方米。桥梁5座，自行车棚8座，廊架8个。2021年10月开工，2022年7月竣工。

（五）河南郑州市马寨污水处理厂

郑州市马寨污水处理厂工程位于郑州市马寨镇，规划远期总规模为10万吨/日，近期规模为5万吨/日，用地规模69亩，出水满足《城镇污水处理厂污染物排放标准》（GB 18918—2002）一级A标准。主要建设内容为污水处理厂厂区工程、配套铺设d1350的出厂干管4.16千米（其中穿越河道管线长0.35千米）、5万吨/日污水泵站1座。2013年10月开工，2014年11月竣工。

（六）湖北黄家湖大道与三环线交会节点区域环境综合整治提升工程

工程位于湖北省武汉市洪山区，是2019年世界军运会保障项目，连接武汉三环线与军运会运动员村的重要通道，起着快速通过型交通兼顾城市形象展示的重要作用。项目主要建设内容为黄家湖大道与三环线交会节点区域内的综合管廊、电力隧道及高压电缆、青菱河河道整治及景观整治提升。其中综合管廊工程总长度2925.04米；新建监控中心，总用地面积800平方米，总建筑面积约600平方米。电力隧道工程全长5110米，新建工作井20座。2018年5月开工，2021年3月竣工。

（七）湖北罗田县乡村振兴工程PPP项目

罗田县乡村振兴工程PPP项目是罗田县践行"绿水青山就是金山银山"理论的具体实践，将探索生态文明建设背景下县域经济高质量发展新路径，全面体现生态发展和产城融合理念。罗田县乡村振兴工程PPP项目于2022年10月10日举行开工仪式，项目合作期为17年，其中建设期2年，运营期15年。该项目位于罗田县行政区，重点工作范围为县域"一主四副三区四带"空间结构中的"一主"（凤山镇）和"一圈二水五廊"资源体系中的"二水"（巴河、长河），建设范围涉及三里畈镇、凤山镇、大河岸镇、白庙河镇等。

主要建设内容为河道治理工程、全民健身工程、道路交通工程、智慧工程。该项目建成后，将有效完善罗田城乡交通路网，提升巴河、长河流域水安全保障水平，改善沿线群众生产生活条件，促进全县经济社会生态发展迈向更高台阶。

（八）湖南衡阳市耒水东岸城市防洪风光带片区综合开发建设项目

耒水东岸城市防洪风光带片区综合开发建设项目包含防洪工程、漫步道、健身场、风光带及其他配套设施；滨江大道工程建设总长3200米（船山东路—白鱼潭水电站），宽30米，按城市Ⅱ级标准建设，配套建设道路人行涵道、绿化、路灯等其他市政公用设施及其他配套设施工程。绿化面积371493平方米，园林面积约70000平方米。2014年6月开工，2018年3月竣工。获得"中国电建优质工程奖""2018年度衡阳市优质工程""2017—2018年度第二批湖南省优质工程奖""衡阳市金雁奖""湖南省水利建设优质工程奖"等荣誉。

（九）湖南衡阳县界牌陶瓷工业园基础设施建设及园区配套工程

界牌陶瓷工业园基础设施建设及园区配套工程整体开

发PPP项目是湖南省人民政府100个重大产业项目和100个重点建设项目之一，位于湖南省衡阳县界牌陶瓷工业园。建设内容包含：创业大道建设工程；富园大道、旺园大道、乐园大道建设工程；声馨大道建设工程；污水处理厂及配套管网建设项目；自来水厂及配套管网建设项目；创新创业孵化中心建设项目；标准厂房和综合配套工程。2018年7月开工；2020年11月，创业大道进入运营期；2022年9月，创业孵化中心子项目竣工。获评2021年度"衡阳市优质工程"，湖南省2021年度建筑施工质量管理、安全生产标准化"年度项目考评优良工地"等荣誉。

（十）湖南花垣县城乡一体化PPP项目总承包

项目位于湘西州花垣县，建设范围包括城市基础设施建设，坝塘溪、润水溪综合治理改造，城市停车场建设项目，公园和休闲广场建设项目，棚户区提质改造项目，智慧城市建设项目。项目的实施将极大地推动花垣县建设成为以"集约高效、功能完善、环境友好、社会和谐、个性鲜明、城乡一体"为主要特征的新型城镇，更快地实现花垣县城乡统筹，更好地解决县城民生领域等问题。2017年11月开工，2020年11月竣工。获得2021年度湘西州"武陵杯"工程奖，2021年度湘西州优良工程，湖南省2021年度建筑施工质量管理、安全生产标准化"年度项目考评优良工地"，2022年度"电建优质工程奖"，2022年度"湖南省优质工程奖"等荣誉。

（十一）湖南浏阳市城镇生活污水处理提质增效PPP项目

本项目为第三期，主要工程包括大栗坪污水处理厂提升改造及扩建工程、浏阳市主城区雨污分流工程、智慧水务及乡镇污水处理提质增效工程。主要针对浏阳市主城区以及乡镇的排水系统进行完善，削减排入浏阳河及其支流的污染物，实现浏阳河出境断面水质的提升。浏阳市主城区雨污分流工程主要包括现状截流总管改迁工程、雨污混接改造及污水管网建设工程、污水泵站建设工程、现状排水管网检测及修复工程。智慧水务及乡镇污水处理提质增效工程主要包括村镇生活污水治理工程、流域水环境智慧管控系统。

（十二）湖南湘潭市"绿道"建设项目（百亩湖、爱劳渠）

项目总投资13705万元，位于湘潭市岳塘区霞城乡，东邻湘潭大道延长段（规划路），西邻湘潭钢铁厂，南、北方向为居民住宅区。总用地面积90509平方米，其中陆地面积52973平方米，水域面积37536平方米，水塘表层有植被覆盖，底部布满淤泥。项目主要建设内容包括土方工程（包括场地清理、清淤、土方平衡、回填等）、驳岸工程、给排水工程、园路广场工程（园路、入口广场、停车场、篮球场、羽毛球场、跑道等）、一体化水处理工程、景观小品工程（湖、溪流、人工湿地、游船码头、泊舟湾、景观桥、栈道、水榭、汀步、平台、廊架、片石挡墙、景观石、雕塑小品等）、园林绿化工程（乔灌木、水生植物、地被植物、花卉等的种植、养护等）。主要施工内容包括地面清表、水塘清淤、驳岸、给排水、园林广场、景观小品、园林绿化、地面铺装、电气及管网等工程。项目于2017年1月13日开工；2021年4月30日，建设单位出具完工证明。

（十三）湖南湘西经济开发区双河文教卫新区PPP项目二标段

项目主要为房建、市政和道路工程，包括吉首大学师范学院附属小学（经开区校区）、张社大道（经开区段）、学院路、丰达路、学院路延长线等子项目。其中，丰达路延长线全长1.2千米，宽度25米；学院路延长线全长2.822千米；吉首张社大道全长6.776千米；吉凤大道地下综合管廊（1332米）及其附属工程、学院路延长线地下综合管廊（2822米）及其附属工程、张社大道（经开区段）地下综合管廊（4260米）及其附属工程。吉首大学师范学院附属小学经开区校区项目占地146.13亩，建筑面积约5.5万平方米，最大地面层高6层，桩基础混凝土框架结构。2017年1月开工，2020年11月竣工，获得湖南省建设工程"芙蓉奖"、湘西州"武陵杯"工程、"湘西州结构优良工程"、"湘西州优良工程"等荣誉。

（十四）湖南湘西民族文化园景区提质改造项目地下游客通道工程

湘西民族文化园景区提质改造项目地下游客通道标段设计、采购、施工（EPC）总承包项目，围绕湘西民族文化园景区建设三个地下游客通道：工业大道与公园地下游客通道、武陵山大道与丰达路地下游客通道、武陵山大道与长潭路地下游客通道，设置4个出入口。该项目为游客中心的改扩建项目，按州级旅游集散中心建设标准改造。2021年1月开工，2022年12月竣工。

（十五）湖南新邵县资江防洪风光带及市政配套设施建设工程（右岸）PPP项目

项目位于湖南省邵阳市新邵县酿溪镇境内。项目整体建设期4年，运营维护期8年，整体合作期限不超过12年。采取"设计—建设—运营—移交"（DBOT）模式。本项目建筑安装工程费计价最终以新邵县财政投资评审中心评审结果（财政投资评审按相关计价文件标准全额计费，不下浮）×（1-中标的下浮率）为准，下浮率为2.4%。水电八局于2017年8月6日启动开工建设，合同签约金额59990.04万元。建设内容包含水利防洪工程、园林景观配套设施建设、综合管线工程等内容的基础设施类市政综合性工程，主要包括土石方开挖、回填、混凝土挡墙、园林绿化、综合管线等。

（十六）湖南长沙大泽湖生态湿地公园（先行启动区）项目

项目位于大泽湖·海归小镇核心区，规划总用地面积2869.78亩，水域面积654.47亩，规划道路及广场用地面积409.17亩，绿地面积1722.68亩。建设内容包括道路广场工程、桥梁工程、净化湿地工程、照明工程、河湖连通工程、建（构）筑物工程、护岸工程及室外附属配套等工程。2022年3月开工，建设中。

（十七）湖南长沙靳江河南岸防洪整治道路工程

工程道路全长2530米，道路标准段宽16米，包含道路部分及排水部分；靳江河堤防工程（白菜湖—滨河路段）全长1856米，包括白菜湖—坪塘大道段（904米），坪塘大道—滨河路段（952米）等2段的堤防工程，主要进行堤防加固、堤防护砌、基础防渗等工程建设，不含龙骨寺泵站。2012年11月开工，2016年5月竣工。

（十八）江西南昌市赣东大堤风光带防洪工程BT项目

南昌市赣东大堤风光带防洪工程BT项目北起滕王阁南侧新洲闸，南至生米大桥桥头立交，途经南昌朝阳洲、朝阳新城，全长约8千米，用地面积约120万平方米，集生态环境、文化艺术、园林景观于一体，形成水体—堤防—滨江路—建筑（环境）"四位一体"的滨江水地区景观环境。主要建设内容由混凝土挡墙建设及土方开挖回填组成，景观部分主要包括绿化面积约99万平方米，硬质铺装面积约18万平方米（包括园林小品等）。2012年12月开工，2018年4月竣工。

（十九）江西南昌市梅湖景区花博园及景区提升改造市政园林项目

南昌梅湖景区花博园及景区提升改造工程项目位于南昌市八大山人梅湖景区内，是江西省第四届花卉园艺博览交易会的举办地，也是江西省重点建设工程。项目总占地面积2443亩，其中主园区943亩，采用施工总承包合同模式，主要包含土方、景观、绿化、铺装、水电、智能化等施工内容。2015年11月开工，2017年4月竣工。荣获"中国电建优质工程奖"。

（二十）江西南昌市湾里区岭秀湖市民公园改造工程建设项目工程总承包

工程位于江西省南昌市，是湾里区中心城区规划的"活力核心片区"，是湾里区委、区政府所在地。本次改造面积约300亩，主要包括岭秀湖及周边亮化提升（含智能化系统改造）、外电扩容、湖底清淤、木栈道更换或维修、游步道改造、外围慢行绿道改造六大项。2019年8月开工，2019年11月竣工。

（二十一）江西萍乡市老城区海绵城市建设PPP项目

项目位于江西省萍乡市，北以武功山大道（G320）、东以家兴小区—苏州河畔—凤凰山庄—康庄路—五丰河东街—五丰河河口、南以萍水南路、西以萍水河为界，协调区包括五丰河上游全流域，面积25平方千米，主要采取"上截、中蓄、下排"的河道治理方案解决萍乡市万龙湾区域内涝问题。施工内容主要包括海绵型建筑与小区改造工程16项，海绵型公园与绿地改造工程3项，海绵型道路改造工程9项，内涝治理工程调蓄池5座，五丰河15立方米/秒排涝泵站1座，赤山引水泄洪隧洞工程1项，共计35个子项工程。项目于2017年3月18日开工；2018年11月26日，完成工程整体竣工验收；2018年12月1日起，进入运营期，运营期至2026年11月30日止。

萍乡是全国首批16个海绵建设试点城市之一，也是全国首批5个由试点转为示范的城市之一。由水电八局负责承建的萍乡海绵城市项目是决定萍乡整体海绵城市建设能否成功的关键。2017年7月8日，《人民日报》第九版报道萍乡海绵城市项目建设情况。2017年9月24日，央视《新闻联播》播出萍乡海绵城市建设短片。2019年2月18日，央视《焦点访谈》节目组专门拍摄一期以萍乡海绵城市建设为主题的"会呼吸，才宜居"的专题访谈。2018年5月，获江西省结构示范工程奖；2020年1月，获萍乡市建设工程优良结构工程奖和萍乡市建设工程优良工程奖；2021年5月，获江西省优质建设工程杜鹃花奖。

（二十二）江西新建区望城镇三联村、四联村市政道路建设工程

南昌市新建区望城镇三联村、四联村市政道路建设工程位于南昌市新建区望城地区，祥云大道以南、向莆铁路以北、320国道以西。本次工程范围包含兴业东大道、春台路、文台路、凤台路、金福路、银福路、天福路、规划横一路8条市政道路，总长约9.9千米，设计内容包含道路、给排水、照明、绿化、强电弱电（土建部分）及交通设施工程等。2021年5月开工，建设中。

第四节 轨道交通工程

一、概述

2005年11月,水电八局参与浙江新建衢常铁路建设,这是水电八局第一次进入铁路系统的首项铁路工程,也是中国水电成员企业承建的首项铁路工程。随后,水电八局先后参与了京沪高铁、青连铁路、石济制梁场、南京句容城际、印度尼西亚雅万高铁和川藏铁路等多条铁路项目建设。2012年5月,中国电建集团中标深圳地铁7号线工程。水电八局承担土建7303标段、土建7308标段和机电7503标段施工任务,首次进入城市轨道交通建设领域。深圳地铁7号线的成功建设,给水电八局轨道交通建设的业务发展带来了"蝴蝶效应"。

2014年10月1日,武汉地铁8号线一标段土建工程正式动工;2014年10月28日,武汉地铁11号线一标段正式开工。2015年5月,武汉地铁21号线开工建设;2015年6月,长沙地铁4号线一期工程开工建设;2015年12月,深圳地铁5号线南延线工程和深圳地铁12号线先后开工建设。2016年,武汉地铁8号线二期、深圳地铁9号线、福州地铁6号线先后开工。2017年,福州地铁5号线、南京地铁5号线、长沙地铁6号线先后开工。2018年,深圳地铁12号线一期、南京宁句城际轨道先后开工。2019年,西安地铁1号线三期开工建设。2020年,郑州地铁8号线、穗莞深城际轨道、深圳地铁12号线二期先后开工。2021年,深惠城际轨道、长沙地铁7号线一期、南京地铁11号线先后开工。

10余年以来,水电八局在深圳、武汉、长沙、福州、南京、西安、郑州等地建设30余个城市轨道交通项目,已建地铁标准站35个、地铁停车场5个、盾构隧洞掘进里程95千米。

2005—2022年轨道交通工程一览见表2-3-4。

表2-3-4　2005—2022年轨道交通工程一览

项目名称	业主单位	合同总额(万元)	开工时间	竣工时间
安徽华能巢湖电厂铁路专用线	华能巢湖发电有限公司	210.00	2007年5月	2008年5月
福建福州地铁5号线项目	福州地铁集团有限公司	126704.29	2017年9月	2021年9月
福建福州地铁6号线项目	福州地铁集团有限公司	36115.73	2016年12月	2020年12月
广东深惠城际铁路项目	深圳市地铁集团有限公司	91588.91	2021年11月	在建
广东深圳地铁12号线赤湾停车场项目	深圳市地铁集团有限公司	3987.46	2020年1月	2020年7月
广东深圳地铁12号线项目	深圳市地铁集团有限公司	431978.38	2018年1月	在建
广东深圳地铁5号线南延线工程	深圳市地铁集团有限公司	98061.45	2015年12月	2019年12月
广东深圳地铁7号线项目	深圳市地铁集团有限公司	153955.00	2015年4月	2016年12月
广东深圳地铁9号线二期南海大道支线工程	深圳市地铁集团有限公司	56008.25	2016年6月	2020年5月
广东深圳市城市轨道交通10号线项目益田停车场工程	深圳市地铁集团有限公司	85987.65	2015年10月	2020年8月
广东穗莞深城际轨道交通深圳机场至前海段工程	深圳市地铁集团有限公司	150192.27	2020年6月	在建
广东珠三角城际轨道交通广佛肇项目	广东珠三角城际轨道交通有限公司	30429.27	2010年6月	2015年12月
河南郑州地铁8号线一期工程	郑州地铁集团有限公司	82933.65	2020年5月	在建
湖北武汉地铁11号线东段(关谷火车站—左岭站)工程	武汉光谷交通建设有限公司	129608.00	2014年10月	2018年7月
湖北武汉地铁21号线土建施工部分BT项目	武汉地铁集团有限公司	153761.50	2015年5月	2017年9月
湖北武汉地铁6号线一期工程江汉路站部分施工	中铁十七局集团	771.12	2016年9月	2016年10月
湖北武汉地铁8号线一期、二期工程	武汉地铁集团有限公司	157379.98	2014年10月	2020年12月
湖南长沙地铁4号线一期工程	长沙市轨道交通集团有限公司	203704.20	2015年6月	2019年3月

续表

项目名称	业主单位	合同总额（万元）	开工时间	竣工时间
湖南长沙地铁6号线中段工程	长沙市轨道交通六号线建设发展有限公司	205111.40	2017年11月	2020年4月
湖南长沙地铁7号线一期工程（云塘站—五里牌站）	长沙市轨道交通集团有限公司	306566.25	2021年12月	在建
江苏南京地铁11号线一期工程	南京地铁建设有限责任公司	76505.71	2021年11月	在建
江苏南京地铁5号线工程TA04-1标	南京绿地铁五号线项目投资发展有限公司	46282.94	2017年10月	2019年12月
江苏南京至句容城际轨道交通工程	江苏宁句轨道交通有限公司	92877.98	2018年12月	2021年12月
京沪高铁项目	京沪高速铁路股份有限公司	139046.95	2007年8月	2011年6月
青岛至连云港铁路工程	青连铁路有限责任公司	164198.36	2013年10月	2018年12月
山东董家口经济区与青连铁路交叉口预留工程	中国铁路设计集团有限公司	4864.00	2018年6月	2019年12月
陕西西安市地铁1号线三期工程	西安市轨道交通集团有限公司	81943.28	2019年12月	在建
石家庄至济南铁路客运专线站前工程	石济铁路客运专线有限公司	65220.81	2014年1月	2017年4月
西藏川藏铁路安至林芝段	中国水利水电第十四工程局有限公司	10519.34	2021年2月	在建
亚洲孟加拉国达卡轻轨6号线CP-02标乌托拉站土建施工	孟加拉国达卡公共交通公司	123863.74	2017年9月	在建
亚洲印度尼西亚雅万高铁项目	印尼中国高速铁路有限公司	363029.74	2018年6月	在建
浙江新建衢常铁路站前工程	衢常铁路有限公司	4003.90	2005年7月	2007年9月

二、工程选介

（一）福建福州地铁5号线项目

福州地铁5号线土建2标3工区承建地铁5号线3站2区间，分别为福湾路站、福湾路站—齐安路站盾构区间、齐安路站（含35千伏电缆廊道工程）、齐安路站—吴山站盾构区间、吴山站。项目于2017年9月开工，2019年9月竣工。

（二）福建福州地铁6号线项目

福州市滨海新城轨道交通机场快线北起福州火车站，南至福州长乐机场，线路总长约56.9千米，共设站14座。水电八局承建先期开工站点机场站，机场站位于福州长乐机场现状地面停车场地块内，为福州—长乐机场轨道交通工程第13座车站。车站西侧为机场T1航站楼与停车场，北侧为机场进站匝道与过夜停车场，东侧为绿化带及旅馆，南侧为机场塔台及配套办公用房。该车站为地下两层岛式车站，主体基坑总长度为432.4米，标准段宽度为23.5米，车站基坑开挖深度为16.95~18.55米。设置2个出入口及2组风亭。

项目于2016年12月开工，2020年12月竣工。

（三）广东深惠城际铁路项目

1.车站。

怡海站位于前湾一路与怡海大道交叉口西侧，沿怡海大道地下铺设，与既有地铁9号线怡海站通道换乘，预留与规划深莞城际、地铁27号线平行换乘条件，为地下三层（局部四层）双柱三跨岛式框架结构，车站总长240米，标准段宽31.6米，基坑深34.6米，总建筑面积34537平方米。车站共设置4个出入口，2组风亭，1个与9号线换乘通道。

2.区间。

怡海站—鲤鱼门站区间出怡海站后沿怡海大道东北向地下铺设，下穿电力隧道、桂湾渠、规划穗莞深城际线、桂庙路立交桥、地铁11号线南山站—前海湾站区间，侧穿12号明渠，下穿学府路高架桥、规划星海电缆隧道及2#井、桂湾四路桥（桩基托换8根）及地铁1号线鲤鱼门站—大新站区间后，在前海车辆段上盖物业东侧、怡海大道与桂湾四路交叉口东北侧接入鲤鱼门站。

怡海站—鲤鱼门路站区间左线长1688.232米，右线长1727.336米，设3座联络通道，其中1座兼泵房，联络通道处覆土均大于30米。

项目于2021年11月开工，建设中。

（四）广东深圳地铁12号线项目

项目全长为40.56千米，起于南山蛇口左炮台，终于海上田园东站，连接蛇口、南山中心区、宝安中心、航空城、大空港地区，支撑整个西部发展轴，覆盖西部地区南北向交通需求，是进一步支撑深圳西部发展，提升前海蛇口自贸区、空港新城发展品质的交通骨干线。

水电八局承揽了深圳地铁12号线施工总承包场段一工区主体工程、二期工程施工总承包三工区、赤湾停车场及左炮台站红线范围内堆土清运项目、常规设备安装与装修一工区等项目，2018年1月开工建设。

深圳地铁12号线土建一工区4座地下车站（左炮台站、太子湾站、创业路站、南山站），5个区间（赤湾停车场出入线、左炮台站—太子湾站、太子湾站—海上世界站、创业路站—南山站、南山站—桃园站）土建，线路全长5580米。

三工区长810米，宽123米。设计规模为停车列检12列位，双周三月检2列位，同时设镟轮库、洗车库等运用检修设施及相关办公生活设施，总用地规模为8.52公顷。出入线于海上田园东至蚝乡区间及蚝乡站分别引出，采用八字线接轨方案与停车场衔接，南出入线长1177.65米，北出入线长1786.78米。

赤湾停车场主要承担12号线部分配属车辆的停放、列检、洗刷、双周三月检等工作。设置有综合楼（14F）、洗车库、水处理间、垃圾房、混合变电所、雨水泵房、出入线配电间、门卫室等单体结构，工程内容包括停车场前期、土建、建筑装修、常规设备安装等工程施工。赤湾停车场长约1050米，最宽处约370米，最窄处约90米。用地面积为13.58公顷，边坡治理区域面积为10.65公顷，总征地面积为24.1公顷，大平台面积115525平方米，生产及办公用房59530平方米，其中土石方工程量为98.73万立方米，混凝土34.5万立方米（含钻桩孔），钢筋4.91万吨。

（五）广东深圳地铁5号线南延线工程

深圳地铁5号线南延线作为串联前海蛇口自贸新城的重要地铁线路，建成后将有效改善前海片区交通出行条件，优化片区交通格局，对加速自贸新城与深圳市各组团间的沟通交流，带动沿线经济发展具有重要意义。

工程于2015年12月开工建设，线路自北向南贯穿前海新区，线路全长约7.65千米。共设车站7座，均为地下站，其中换乘站4座，分别为前湾站、妈湾站、铁路公园站、赤湾站，可与深圳地铁9号线、2号线以及规划的15号线、21号线、24号线进行换乘。中国电建是深圳地铁5号线二期工程的主要承建单位，负责全线7站6区间的土建工程、常规设备安装及建筑装修工程。

水电八局承担了2站3区间的土建工程，以及7站6区间常规设备安装和站后装饰装修工程。工程于2019年9月28日正式开通运营。

（六）广东深圳地铁7号线项目

水电八局承担7303标和7308-1标两个土建标段和该范围内建筑装饰工程、常规设备安装（7503标），2个土建合同额约14.6亿元。

深圳地铁7号线7303标位于深圳市福田区，长3.932千米，土建施工包括3个车站、4个盾构区间。3个车站分别为上沙站、沙尾站、石厦站，4个盾构区间分别为车公庙—上沙区间、上沙—沙尾区间、沙尾—石厦区间、石厦—皇岗村区间。沙尾—石厦区间硬岩段采用矿山法初支+盾构空推拼装管片的方法施工。

深圳地铁7308-1标主要是安托山停车场土建结构施工、常规设备安装及系统设备埋件施工、停车场装饰装修施工等。安托山停车场为双层错台结构，一层高11米，二层高21米，占地面积52398平方米，建筑面积73168.5平方米，包括运用库、牵引变电所、污水处理站、工程车库等结构。

工程于2012年10月23日开工建设，2016年10月28日，正式开通试运营，在深圳地铁7号线的建设过程中，攻克了全线路最难、风险最大的石厦站建设难关，建成了深圳首座双层地铁停车场（安托山停车场），被专家誉为"能代表深圳质量的时代精品"，获2016—2017年度国家优质工程金质奖和第十六届中国土木工程詹天佑奖。

（七）广东深圳地铁9号线二期南海大道支线工程

深圳市城市轨道交通9号线二期南海大道支线工程9130-2工区线路全长约1.9千米，由南向北分别为工业6路站、工业6路站—四海站区间、四海站、四海站—南油站区间的土建工程，含2个车站、2个区间、1个区间联络通道和区间竖井。

项目于2016年6月开工，2020年5月竣工。

（八）广东深圳市城市轨道交通10号线项目益田停车场工程

工程位于福保2#及3#隧道、广深高速公路及福荣路之间的绿化用地的地下空间内，为全地下双层五跨停车场。主要由停车线、列检线、洗车线和工程车停放线组成，主要承担10号线配备列车停放和列检、一般故障处理、清洗及定期消毒等日常维护工作及夜间工程车停放任务。益田停车场全长555米，标准段宽度为50.5米，占地面积为29658平方米，结构高度为19.6米，基坑深度为21.6米。

益田停车场基坑围护结构采用地下连续墙+混凝土支撑+临时立柱、抗拔支撑桩形成受力结构体系。共设三道混凝土支撑（冠梁、二道腰梁）。

主体结构框架水平方向由底板、中板、顶板组成，层厚分别为1300毫米、800毫米、1000毫米，中板顶标高为-7.9米，顶板顶标高为1.3米。停车场负一层及负二层CD/DE跨为停车列检库区域，BC/EF跨为消防车道区域，AB跨为设备房及洗车线区域，负一层结构净高为8.2米，负二层结构净高为7.1米，列检库每跨净宽为11.2米，消防车道每跨净宽为6米，洗车线及设备房区域宽度为5.2米。

益田停车场防水工程主要采用柔性外包防水层，其中底板、侧墙防水材料为高分子自黏防水卷材，卷材全厚度为1.7毫米，高分子主材厚度为1.2毫米，黏胶层厚度为0.5毫米。卷材由三种材料组成：高分子主材、反应黏胶层、反应黏胶层上的隔离纸。顶板防水材料为P类湿铺防水卷材，卷材全厚度为1.5毫米，高分子主材为0.5毫米，双面黏胶层为1毫米。水平、环向施工缝采用钢板橡胶（丁基橡胶）泥子止水带（宽200毫米，厚5毫米，钢板厚1.0毫米），外设防水卷材加强层，宽度为500毫米。

项目于2015年11月20日开工，2018年7月8日主体结构工程封顶，总工期957天。

（九）广东穗莞深城际轨道交通深圳机场至前海段工程

穗莞深城际工程Ⅱ标施工总承包项目土建一工区施工范围1站1区间，具体包括西乡站（不含）—宝安站（含）的前期工程、土建工程、装饰装修工程。

宝安站位于宝安大道上，处于裕安一路与创业一路之间，车站规模314米（长）×25.1米（宽），基坑开挖深度为30.5~33.2米，地下三层双柱三跨岛式车站，围护结构为地连墙+内支撑，明挖顺筑法施工，附属设4个出入口、2组风亭，西乡站—宝安站区间长3460双延米，管片内径8.0米，外径8.8米。

工程投资额15.81亿元，其中土建及前期工程14.229亿元，常规设备安装及装修工程1.581亿元。

项目于2020年6月开工，建设中。

（十）河南郑州地铁8号线一期工程

郑州市轨道交通8号线一期工程土建施工01标段线路正线全长20.34千米，起于绕城高速公路东侧的天健湖站，主要沿科学大道、瑞达路、甜园街、东风路铺设，终于东风路与花园路路口的东风路站（与2号线换乘），共包括11座车站（不含同乐站、白庙路站）、12个区间和1个梧桐街停车场及1个圃田车辆段。其中，水电八局承建郑州市轨道交通8号线一期工程土建施工01标段07工区，主要沿东风路铺设，依次设同乐站—丰庆路站区间、丰庆路站、丰庆路站—白庙站、白庙站—东风路站、东风路站，共2站3区间。

丰庆路站位于东风路与丰庆路交口处，车站顺东风路呈东西走向布置。车站主体为地下二层双跨箱型框架结构，车站总长293.7米，车站标准段宽20.1米，底板埋深16.39米（中心里程处），顶板覆土3.0米，是郑州市轨道交通8号线一期工程的第11座车站，大里程端设双停车线。丰庆路站主体围护结构采用钻孔灌注桩+内支撑的支护体系，三轴搅拌桩帷幕止水，基坑内降水方案，主体结构采用明挖顺筑法施工。

东风路站位于东风路与花园路交叉口西北象限绿化带内，车站顺东风路呈东西走向布置。车站主体为半地面二层三跨闭合箱型框架结构（局部三层），车站总长243米，车站标准段宽22.1米，底板埋深10.205米（中心里程处），车站站厅层与站外下沉广场相接。本站是郑州市轨道交通8号线一期工程的第13座车站，与2号线东风路站通道换乘。车站主体围护结构采用钻孔灌注桩+内支撑支护形式，结合基坑内降水方案，主体结构采用明挖顺筑法施工。

同乐站—丰庆路站区间，左线长度为962.76米，右线长度为955.733米，DK30+040.736处设置1座联络通道（兼废房），区间线路出同乐站后，沿东风路东行，途经丰乐路、天旺广场、天明路、五洲大酒店、天明森林国际公寓，到达丰庆路站。

丰庆路站—白庙站区间左线长度1445.479米，右线长度1447.474米。区间在右DK31+390.441（左DK31+390.398）设置1座联络通道，在右DK31+939.462（左DK31+936.850）处设置1座联络通道（兼废水泵房），联络通道施工采用冷冻法加固，矿山法开挖施工。

白庙站—东风路站区间左线长度为927.312米，右线长度为926.654米。区间于里程左DK32+951.207（右DK32+952.930）处设置1座1#联络通道。联络通道施工采用冷冻法加固，矿山法开挖施工。

项目于2020年8月开工，建设中。

（十一）湖北武汉地铁11号线东段（关谷火车站—左岭站）工程

武汉地铁11号线线路全长约70千米，设站38座，是武汉市最长的轨道交通线路，为武汉市首条穿越高铁的地铁线路。水电八局承建东段预埋工程土建一标段，主要包括光谷火车站、光谷4路站，车站为明挖车站。主要施工内容为11号线土建一期工程范围内的光谷火车站、光谷4路站的土建结构。施工合同总造价为4.198亿元。

该工程分为车站、附属结构共计4个子单位工程。武汉地铁11号线光谷火车站位于湖口一路与规划中的光谷2路交叉口，车站沿湖口一路布设，呈东西走向，相邻为教育中路站。车站北侧为武汉正大有限公司公车站，南侧为规划的东广场，东北侧为天成美雅小区Ⅰ期，东南侧为天成美雅Ⅱ期：西侧为武黄城际铁路，南侧为规划中的光谷东广场。

光谷火车站11号线东段部分为局部地下三层、局部地下二层岛式站台车站，站台宽度为14米，结构型式为钢筋混凝土箱型框架结构。车站顶板覆土为0.65~6米，站台中心里程处路面恢复标高为38.387米。车站底板底埋深度：小里程端约为25.38米，站台中心里程处约为24.521米，大里程端盾构井段约为21.63米。车站长约419.75米，宽为23.5~27.2米，起点里程为右DK40+479.583，终点里程为右DK40+897.600，站台中心里程为右DK40+606.500。本站点采用明挖施工大里程盾构为始发。车站有效站台长度为186米。车站主体结构为双层三跨、局部三层四跨（五跨）矩形框架结构，采用明挖法施工。

光谷4路站为地下两层标准岛式站台车站，车站两端区间为盾构区间，其中车站大里程端为盾构始发井，小里程端也为盾构始发井。车站有效站台中心里程为DK46+509.000，车站起点里程为右DK46+407.349，车站终点里程为DK46+654.325。车站总长247.3米。标准宽21.1米，盾构井宽度25.2米，采用明挖法施工。

该工程于2014年10月开工建设，2018年10月1日，正式开通试运营，在光谷火车站实现与2号线南延线换乘。施工期间，项目负责施工的盾构区间（湖口站—光谷同济医院站），隧道双线成功下穿运行速度为300千米/小时的京广高铁，为全国首次，隧道边线距离京广高铁桩基最小垂直距离仅8.1米，桥梁结构物实现"零沉降"。

武汉轨道交通11号线东段（光谷火车站—左岭站）BT投融资建设项目荣获2018—2019年度国家优质工程奖。

（十二）湖北武汉地铁21号线土建施工部分BT项目

武汉地铁21号线（阳逻线）起于江岸区后湖大道站，与轨道3号线换乘，线路向东经新荣汽车客运站、黄埔新城，然后线路下穿三环线、武广高铁及其联络线，线路由地下线转为高架线，跨汉北河后进入黄陂区，线路基本沿汉施公路高架，直至线路终点——新洲金台。

水电八局承建的第二标段起止里程为右DK19+706.385—DK34+334.000，全长14.628千米。本工程包括路桥分界—武湖大道站高架区间、武湖大道站（现名青龙站）、武湖大道站—梅教街站高架区间、梅教街站（现名高车站）、梅教街站—武湖站高架区间、武湖站、武湖站—沙口站高架区间（武沙区间牵引降压混合变电所）、沙口站、沙口站—军民村站高架区间、军民村站、武湖停车场出入线区间及武湖停车场、110千伏武湖主变电所、武湖控制中心所有土建施工部分，除了主体验收，还包括桥面系、附属及设备安装等验收。工程总造价为158854.25万元。

其中，高架区间简支梁412榀、连续梁31联；高架车站5座，总建筑面积6.14万平方米；武湖控制中心总建筑面积20331平方米，武湖停车场围墙内用地面积11.883万平方米，总建筑面积3.41万平方米。主要工程量：全线土方开挖40.95万立方米，混凝土约41.3万立方米，钢筋约5万吨。

武汉市轨道交通21号线土建施工部分BT项目第二标段于2015年7月1日正式开工，2017年9月13日竣工。

（十三）湖北武汉地铁8号线一期、二期工程

武汉市轨道交通8号线一期土建施工部分BT项目一标段位于武汉市东西湖区内，本工程包含三金潭车辆段出入段线明挖段、检修库、运用库、牵引变电所及调度楼、站场与路基、咽喉区上盖（含洗车库）、联络线上盖、门卫室、三金潭车辆段站、三金潭车辆段站—宏图大道站区间、宏图大道站—塔子湖站区间（含2个联络通道及1个泵房）、塔子湖站、塔子湖站—幸福大道站区间（含1个联络通道及泵房）。工程总造价为114102.576万元。

武汉市轨道交通8号线二期工程第五标段土建工程合同范围包含洪山区政府站（半盖挖车站）、洪山区政府站—文昌路站（不含）区间（盾构），共1站1区间。

车站起点里程为右DK28+165.950，终点里程为右DK28+773.409（左DK28+774.587），有效站台中点里程为右DK28+274.500。车站结构外包总长607.459米（右线）。本站采用半盖挖顺作法进行施工，车站主体采用连续墙+内支撑的围护体系。主体围护结构采用800毫米厚的地下连续墙加内支撑方案，竖向设四道、五道支撑及一道换撑。其中，标准段第一道、第二道、第三道及第五道支撑采用900毫米×1000毫米混凝土支撑；第四道支撑及换撑采用Φ800毫米、壁厚16毫米的钢管支撑；盾构井段第一道、第五道支撑均采用900毫米×1000毫米混凝土支撑。标准段混凝土支撑间距为6米，钢支撑间距为3米。

洪山区政府站为8号线二期工程第8座车站，位于文秀街及文治街与珞狮南路交叉口之间，沿珞狮南路南北向布置。车站周边建筑物密集，站位西北象限为丽岛紫园及洪山区政府，东北象限为丽岛花园，配线段北侧为恺得南湖国际，其余为南湖水域。本站主体采用地下两层双跨（局部三跨）的钢筋混凝土箱型结构。车站标准段结构外包宽度21.3米，标准段结构外包高度13.740米，基坑深度18.0~18.87米，顶板覆土厚度3.2~3.8米。车站共设有3组风亭、5个出入口（2个预留）、2个紧急疏散口。

洪山区政府站—文昌路站盾构区间里程为右

DR28+773.409~右DK30+060.65（左DK28+774.587~左DK30+060.65，长链20.242米），右线全长1287.241米，左线全长1306.305米，设置2处联络通道（其中1处兼泵房）。区间采用盾构法施工，区间隧道埋深11.15~22.35米，线间距13.0~15.2米，线路平面最小曲线半径为500米，竖向曲线半径为5000米，最大纵坡为-22度，由位于文祥街的文昌路站小里程端出来后沿文祥街向东左转，横穿书城路、下穿南湖连通渠，横穿文馨街后，沿珞狮南路向北到达洪山区政府站大里程端接收。

一期工程于2014年10月26日开工建设，于2017年12月26日开通；获2020—2021年度第一批中国建设工程鲁班奖。二期工程于2017年3月10日开工，2020年8月31日竣工；获2022—2023年度国家优质工程奖。

（十四）湖南长沙地铁4号线一期工程

长沙地铁4号线全长33.5千米，起于罐子岭站，终于杜家坪站。中国电建以"投资+施工总承包"的模式承建4号线二标段项目，水电八局承担了土建二标5座地下车站、5个区间土建、1个停车场出入线及河东段铺轨工程。这是水电八局在长沙参与建设的第一条地铁，项目开创了长沙地铁建设首例"一次始发、二次组装"分体始发方式，成功实现横贯湘江安全质量"双零目标"。工程于2019年5月26日正式开通试运营。获2019—2020年度第一批湖南省建设工程奖和"芙蓉奖"。

（十五）湖南长沙地铁6号线中段工程

本标段工程为中段的东区部分，位于长沙市东北部，沿东西向布置，线路穿过岳麓区、开福区、芙蓉区和长沙县，标段里程长度约10.47千米。主要工作内容包括桐梓坡路站（含）—文昌阁站（不含）、芙蓉区政府站（不含）—东四线站（含）+黄梨路车辆基地出入段线区间（盾构+明挖），共7站8区间。本标段计划开工日期为2017年11月1日，计划2020年9月30日前实现车站主体封顶，标段区间双线洞通。

本标段共划分为四个工区。一工区包含六沟垅站、六沟垅站—文昌阁站区间，共1站1区间，共需投入2台泥水平衡盾构机、2台土压平衡盾构机；二工区包含芙蓉区政府站—人民东路站区间、人民东路站、人民东路站—花桥站区间、花桥站、花桥站—水稻博物馆站区间，共2站3区间，共需投入4台土压平衡盾构机；三工区包含水稻博物馆站、水稻博物馆站—农科院农大站区间、农科院农大站、出入段线区间（盾构段+明挖段），共2站1区间1出入段线，共需投入2台土压平衡盾构机；四工区包含农科院农大站—东湖站区间、东湖站、东湖站—韶光站区间、韶光站，共2站2区间，共需投入2台土压平衡盾构机。

项目于2018年10月进场施工，投入9台盾构机，穿过湘江、圭塘河及浏阳河，并四次穿越既有线、攻克三个换乘结构、打通七个暗挖通道，于2022年6月30日实现开通试运营。

在项目生产过程中共完成以下科研项目：①以六沟垅站—文昌阁站区间风井有限空间泥水平衡盾构分体始发为研究对象，完成课题为《有限空间泥水平衡盾构分体始发应用技术研究》的科研项目；②以人民东路站、花桥站邻近圭塘河、浏阳河的高富水砂卵石地层地连墙成槽施工为依托，对地铁车站高富水砂卵石地层地连墙施工工艺、紧邻建筑物地连墙工艺关键技术措施及大直径地下管线下地连墙施工工艺进行研究，完成课题为《高富水砂卵石地层地下连续墙工艺技术研究》的科研项目；③以农科院农大站为研究对象，在河流冲蚀地带进行钻孔咬合桩围护结构综合技术研究，完成课题为《河流冲蚀堆积地带钻孔咬合桩围护结构综合技术研究》的科研项目；④以花桥站工程为研究对象，针对车站采用的常规钢支撑系统及钢支撑伺服系统，完成课题为《钢支撑伺服系统对基坑围护结构水平位移控制技术研究》的科研项目；⑤依托六文区间，针对区间存在高水压强渗透地层水下盾构、两次穿越300米断裂带、局部地段出现风化深槽等特点，完成课题为《断层破碎带泥水盾构过江地铁隧道成套建造技术研究》的科研项目；⑥以长沙市轨道交通6号线水稻博物馆站—农科院农大站区间上跨京广高铁浏阳河隧道为背景，完成课题为《大型河道内跨高铁段的地铁隧道关键技术研究》的科研项目；⑦以六沟垅站工程为研究对象，完成课题为《地铁车站与公路隧道合建技术研究》的科研项目。编制专利2件、工法2项，发表论文3篇。

项目获评湖南省2019年度、2022年度建筑施工安全生产标准化优良工地荣誉。

（十六）湖南长沙地铁7号线一期工程（云塘站—五里牌站）

1. 车站。

（1）汽车南站采用明挖顺作法施工；

（2）红星大市场站7号线采用半盖挖顺筑法施工，车站与风井之间隧道采用暗挖法施工，8号线采用明挖顺筑法施工；

（3）正塘坡站采用明挖顺作法施工；

（4）井湾子站采用明挖顺作法施工；

（5）林科大站采用半盖挖顺作法施工；

（6）铁道学院东站大里程端约45米范围内为全盖挖逆

作顶板施工（其余采用半盖挖顺作法施工）。

2.区间。

区间除铁道学院东站—雨花亭站区间采用盾构法+矿山法（联络通道）及明挖法施工外，其余区间均采用盾构法施工，联络通道采用矿山法施工。

项目于2021年12月开工，建设中。

（十七）江苏南京地铁11号线一期工程

车站2座：1.南浦路站：位于江山路两侧的明发外滩中心东、西楼之间，沿江山路铺设的地下两层箱型岛式车站。站点周边规划以居住、商业用地为主，均已实现规划。车站长223米，标准段宽度20.10米，底板埋深约16.60米，结构顶板覆土深度约3米。车站设4个出入口，2组风亭。

2.柳州东路站：位于江山路与柳州东路交叉口，沿江山路铺设，车站主体位于规划商业用地及公交场站地块内，为地下双柱三跨四层岛式车站，与已运营3号线（柳州东路站）大通道换乘。车站总长177.4米，标准段宽23.5米，底板埋深约29.6米，结构顶板覆土深度约1.12米。车站设3个出入口，3组风亭，1个地下换乘通道。

区间：南浦路站—柳州东路站区间：南浦路站始发，向北沿江山路铺设，下穿京新河箱涵、3号线柳州东路站5号出入口后进入柳州东路站，区间上行线长746.500米，下行线长734.928米，设置1座联络通道。区间共设置2段曲线，曲线半径分别为450米、800米，线间距为13~17.2米。纵断面为单向坡，上行线以15‰下坡，下行线以15.23‰下坡。主要穿越地层为粉砂及粉细砂，地下管线对区间设计、施工无控制性影响，覆土厚度为10.4~21.5米。

项目于2014年10月开工，2018年7月竣工。

（十八）江苏南京地铁5号线工程TA04-1标

南京地铁5号线工程南起吉印大道站，北至方家营站，是南京市城市轨道交通线网中东南至西北方向的重要的城区干线之一。

水电八局承建TA04-1标段，共2站3区间，包含小天堂站主体及附属、光华门站主体及附属、七桥瓮站（不含）—小天堂站区间、小天堂站—光华门站区间、光华门站—大中桥站（不含）盾构区间及区间联络通道土建施工。

小天堂站为地下两层双柱三跨岛式车站，为5号线与8号线换乘站，换乘节点为三层，车站总长310米，底板埋深为15.9~23.2米，车站采用明挖顺作法施工，基坑支护形式为钻孔灌注桩、内支撑体系。光华门站为地下两层双柱三跨岛式车站，为5号线与6号线换乘站，换乘节点为三层，车站总长230米，底板埋深为15.9~27.1米，车站采用半盖挖顺作法施工，基坑支护形式为钻孔灌注桩、内支撑体系。七桥瓮站—小天堂站盾构区间右线长705米，左线长706米，平面曲线最小半径为800米，覆土厚度为9.17~18.6米，设1座联络通道及泵房。小天堂站—光华门站盾构区间右线长1234米，左线长1201米，平面曲线最小半径为350米，覆土厚度为8.47~22.14米，设2座联络通道及泵房。光华门站—大中桥站盾构区间右线长461米，左线长722米，平面曲线最小半径为800米，覆土厚度为9.27~13.07米，设1座联络通道及泵房。

该标段先后成功应用地铁车站换乘节点盾构接收临时板施工工法、半盖挖车站盖板下洞门钢环安装施工工法、盖挖地铁车站嵌入式盖板与砼支撑同步施工工法、车站铺盖体系合配既有道路施工工法、盖挖地铁车站盾构反力支撑系统拆除施工工法、盾构区间克泥效工艺下穿放钴铯放射源存放站，均获得良好成效，截至2022年12月，标段共获得测斜管变径对中装置、脚手架用高度调节装置等6件实用新型专利。

项目于2017年10月开工，2019年12月竣工。

（十九）江苏南京至句容城际轨道交通工程

宁句城际轨道交通工程起于南京东部综合枢纽马群站，途经麒麟、汤山、黄梅、句容北部新城，终于句容高铁站，线路全长43.70千米。全线设站13座，其中地下站7座、高架站6座，设置东郊小镇停车场和句容车辆段。水电八局承建马群站土建部分、既有2号线马群站改造、马群站至白水桥站区间等工程。

项目于2018年12月开工，2021年12月10日通过竣工验收。

（二十）青岛至连云港铁路工程

青岛至连云港铁路工程胶南（不含）至赣榆北（不含）段站前工程位于胶东半岛东南部，连接山东省胶东半岛、日照地区与江苏省连云港地区。水电八局负责承建青连铁路ZQ-2标，是水电八局首个独立中标的大铁项目，正线全长54.064千米，线路主要工点共计56个，包含路基27段，特大桥8座，大桥11座，中桥7座，车站3座。建设标准为国铁Ⅰ级，双线电气化，设计速度为200千米/小时。

项目于2014年11月20日开工，2018年12月26日正式通车运营。

（二十一）陕西西安市地铁1号线三期工程

西安市地铁1号线三期工程施工总承包项目1标段二工区包含3站2区间，分别为秦都站、秦都站—宝泉路站区间、宝泉路站、宝泉路站—中华西路站区间、中华西路站。

秦都站起止里程为YCK0+67.011~YCK0+339.989，车站主体为地下三层框架结构，总长406.4米，标准宽度23.1米，埋深约25.5米，11米宽岛式站台。设置2组风亭、8个出入口。总建筑面积36206平方米。

秦都站—宝泉路站区间线路从秦都站南端出站后，沿现状彩虹二路地下铺设，依次下穿徐兰高铁、陇海铁路、咸阳西货场后在彩虹二路与宝泉路交会处进入宝泉路站。区间左线隧道设计里程为FYDK10+339.704~FYDK11+010.704，长671.00米。区间右线隧道设计里程为FYDK10+339.713~FYDK11+012.003，长672.29米。在里程FYDK10+755.000处设置一座联络通道兼泵房。区间隧道洞顶覆土为18.19~21.27米，结构底板埋深为23.01~27.47米，左右线各含一处平曲线，线间距为17.0~18.127米。线路纵坡呈"V"字形，最大纵坡25‰。拟采用2台土压平衡盾构机从宝泉路站始发，最终到达秦都站吊出。

宝泉路站起止里程为YCK1+010.606~YCK1+191.541，车站主体为地下三层框架结构，总长180.63米，标准宽度为22.9米，埋深约为24.6米，11米宽岛式站台。设置2组风亭、3个出入口。总建筑面积20847平方米。

宝泉路站—中华西路站区间线路从宝泉路站出站后，沿现状彩虹二路地下铺设，区间下穿彩虹专线后在彩虹二路与中华西路交会处进入中华西路站。区间由北向南下穿彩虹厂铁路专用线、渭阳西路及金华路。区间设计里程为FY（Z）DK11+191.641~FY（Z）DK12+532.819，左线短链10.4米，区间右线长1341.178米；区间左线长1330.778米。区间隧道洞顶覆土为10.5~21.4米，线间距为16.0~17.5米，左右线各含两处平曲线，最小曲线半径为450米。线路纵坡呈"V"字形，最大纵坡25‰。区间主要穿越地层为3-2古土壤、3-4-1粉质黏土、3-6-2细砂、3-7中砂。区间道路两侧以住宅、办公为主，主要有华电东区、长虹景苑、投诚时代、彩虹集团等。区间隧道工程影响范围内的建（构）筑物主要有彩虹专线、长虹景苑等。本区间施工拟采用2台盾构机从中华西路站北端头盾构井下井始发，由南向北掘进，最终到达宝泉路站南端头盾构井吊出，完成整个区间的掘进任务。区间设置2座联络通道，1座兼泵房，联络通道采用暗挖法施工。

中华西路站起止里程为YDK2+532.818~YDK2+830.818，车站主体为地下两层框架结构，车站总长298米，标准段宽度21.7米，埋深约17.4米。设置2组风亭、4个出入口。总建筑面积16907平方米。

项目于2019年12月开工，建设中。

（二十二）石家庄至济南铁路客运专线站前工程

工程位于河北省辛集市田家庄乡。制梁场占地约190亩，制运架范围28.34千米，水电八局承担藁辛特大桥、辛集东特大桥2座桥梁的预制箱梁制运架施工任务，制运架箱梁总数809孔，预制生产能力2榀/日，场内最大存梁能力140榀。梁场自2014年1月开工建设，制运架总工期17个月。建设期间项目积极投入科技创新，其中参与国家省部级重点科研课题1项；获发明专利1件、实用新型专利获证5件；获省级优秀质量管理QC小组荣誉2项。

项目于2014年1月开工，2017年4月竣工。

第五节　城市软基处理工程

一、概述

水电八局城市软基处理工程，由水利水电、厂房及洞挖的基础处理业务，逐步拓展至市政公用工程、工业及民用建筑、公路与桥梁的基础工程。水电八局拥有地基与基础工程专业承包一级资质，具有每年完成建安产值6亿元以上的施工生产能力，已发展成为基础处理的优势产业。

2006—2022年，先后参建城市软基处理工程70余项。参与的管理人员120余人。城市软基处理工程具有短平快的特点，针对此特征，所属基础公司成立了孟加拉国区域公司、广珠区域公司、深圳区域公司、武汉区域公司等多个区域公司，集中管理力量，合理调配设备及材料资源，合理降低了施工成本。

2018年，原基础公司成立软基事业部，全力拓展城市软基业务。从市场到履约，紧抓经营效益。深耕广州、深圳、武汉、华东、国际等市场，由一个项目拉动一片区域市场，由项目履约带动整个周边市场。

2018—2022年，水电八局先后承建了广州、珠海、深圳、汕尾、六安、南京、上海、武汉、长沙、湘阴、雄安、眉山、贵阳、南宁、南昌、印度尼西亚雅万、孟加拉国达卡等国内外房建、市政、水利等工程的软基处理工程。深圳小梅沙项目，深圳0099、0152地块项目，六安桩基础项目，上海奉贤新区项目，广州花都电建科创中心基地项目，江西赣江尾闾项目等，均以良好的质量和信誉赢得了业主及有关方面的赞誉。

2002—2022年城市软基工程一览见表2-3-5。

表 2-3-5　2002—2022 年城市软基工程一览

项目名称	业主单位	合同总额（万元）	开工时间	竣工时间
安徽滁州恒大文化旅游康养城桩基工程	滁州恒昇旅游开发有限公司	2921.42	2020 年 6 月	2021 年 9 月
安徽六安恒大文化旅游城预制桩工程	六安恒大童世界旅游开发有限公司	23203.68	2019 年 7 月	停工
广东番禺区沙头街禺山大道南侧横江地块一项目桩基、降水、基坑支护工程施工	广州洺悦置业有限公司	2829.00	2019 年 7 月	2020 年 6 月
广东广州南沙物流保税区软基处理	广州南沙龙穴岛围垦区内西南侧	5158.20	2004 年 3 月	2004 年 9 月
广东恒大滨江左岸花园项目桩基础工程施工	珠海市坤恒房地产开发经营有限公司	6652.66	2019 年 11 月	2020 年 7 月
广东恒大中心项目基岩灌浆截水帷幕工程施工	恒大集团有限公司	1799.84	2019 年 3 月	2019 年 12 月
广东江门恒大江湾花园项目灌注桩工程施工	江门市昱坤房地产开发有限责任公司	7161.40	2018 年 8 月	停工
广东汕尾恒大都汇华庭项目抗浮锚杆及旋挖灌注桩工程施工	海丰保源房地产开发有限公司	3336.14	2020 年 12 月	停工
广东汕尾恒大御景湾项目新二期桩基础工程	汕尾市恒瑞祥房地产开发有限公司	4173.31	2020 年 3 月	2021 年 7 月
广东深圳市大空港新城区截流河综合治理工程基础处理工程	深圳市水务工程建设管理中心	—	2018 年 1 月	2019 年 12 月
广东深圳市光明区 A510-0152 宗地项目基坑支护、土石方及桩基础工程	电建地产（深圳）有限公司	4984.76	2019 年 12 月	2020 年 4 月
广东深圳市光明区 A515-0099 宗地项目基坑支护、土石方及桩基础工程	深圳市福粤置业有限公司	5685.36	2020 年 12 月	2021 年 4 月
广东深圳小梅沙片区城市更新单元 03-01-2 地块基坑支护、土石方及桩基础工程	深圳市特发小梅沙投资发展有限公司	5231.57	2021 年 3 月	2021 年 11 月
广东深圳盐田二期佳兆业山海苑（2 地块）项目桩基及锚杆工程	深圳市盐田佳兆业房地产开发有限公司	3077.05	2020 年 12 月	停工
广东神湾镇神湾大桥至斗门大桥堤段达标加固工程	中山市神湾镇堤段加固工程建设管理所	2936.30	2014 年 3 月	2015 年 9 月
广东中国电建大湾区科创中心基地基础工程、基坑支护工程	中电建（广州）城市投资发展有限公司	14875.98	2021 年 11 月	在建
广东中山市翠亨新区项目 2~5 号楼及对应地下室区域桩基础工程施工	中山市恒锐房地产有限公司	10117.86	2020 年 5 月	2021 年 5 月
广东珠海恒大林溪郡花园项目 S7 地块桩基础工程	珠海红湾亿豪置业有限公司	4133.13	2020 年 3 月	2021 年 8 月
广东珠海恒大悦龙台项目 S6 地块首开区桩基础工程	珠海红湾亿豪置业有限公司	2847.31	2019 年 12 月	2020 年 8 月
广东珠海市乾务赤坎大联围加固达标工程应急项目	珠海市水务管理局	13040.66	2009 年 2 月	2014 年 12 月
广西扶绥文化旅游康养养生谷 LY04 地块永久边坡支护工程	广西扶绥恒利健康产业发展有限公司	2259.99	2020 年 9 月	2020 年 11 月
广州南沙物流保税区软基处理工程	广州南沙国际物流有限公司	5840.50	2004 年 3 月	2005 年 9 月
湖北国博四小（HY6 小 4）建设项目基坑支护及桩基施工	武汉洺悦领江房地产有限公司	2771.28	2020 年 9 月	2021 年 1 月
湖北武汉泷悦朗庭项目基坑支护及土石方、桩基工程施工	武汉洺悦领江房地产有限公司	6430.75	2021 年 12 月	2022 年 4 月
湖南电建地产·湘熙水郡项目三期、四期桩基础工程施工	中国水电建设集团房地产（长沙）有限公司	2520.85	2016 年 12 月	2017 年 6 月
湖南湘阴恒大新能源汽车总装车间桩基工程施工	恒大新能源汽车（湖南）有限公司	1752.99	2020 年 6 月	2020 年 9 月

续表

项目名称	业主单位	合同总额（万元）	开工时间	竣工时间
湖南湘阴恒大御湖庄园二期6~10栋及周边地下室预制桩基础工程	恒大地产集团长沙置业有限公司	1455.97	2020年6月	2020年8月
湖南长沙恒大浅水湾（暂定）项目首期桩基工程	湖南浅水湾湘雅温泉花园有限公司	3429.05	2020年12月	2021年9月
湖南长沙恒大文化旅游城乐园巴溪大道挡土墙（A-Ⅰ段）工程	长沙恒大童世界旅游开发有限公司	1551.84	2021年6月	2021年11月
湖南长沙卢浮原著项目二期桩基础工程	中国水电建设集团房地产（长沙）有限公司	959.19	2014年11月	2017年7月
湖南长沙市天心区南托港河除险加固工程建设工程施工	长沙市天心区南托坑水利管理站	259.53	2020年8月	2020年11月
江苏南通恒大新能源汽车有限公司预制桩工程	恒大新能源汽车（江苏）有限公司	3317.49	2019年8月	2020年9月
江西赣江下游尾闾综合整治工程	江西赣抚尾闾整治有限公司	—	2021年12月	在建
孟加拉国达卡高架快速路项目灌注桩工程	孟加拉国达卡第一高架公路公司	919.09	2021年7月	在建
孟加拉国达卡机场扩建项目桩基工程	孟加拉国民航局	4390.63	2020年6月	2021年3月
孟加拉国达卡轻轨6号线CP-02标桩基工程	孟加拉国达卡公共交通有限公司	—	2017年9月	2020年8月
孟加拉国栋吉机械化仓库项目桩基工程	孟加拉达卡配电公司	212.88	2021年8月	2021年11月
上海临港奉贤园区B17-01地块项目桩基工程	上海泷港置业有限公司	1842.61	2021年5月	2021年7月
四川天府恒大文化旅游城3-2#、3-3#地块桩基础工程	眉山恒思旅游开发有限公司	7897.34	2020年12月	停工
印度尼西亚雅万高铁项目二号特大桥桩基工程	印尼中国高速铁路有限公司	—	2018年6月	2021年3月

二、工程选介

（一）安徽六安恒大文化旅游城预制桩工程

水电八局在安徽六安恒大文化旅游城2017—2020年连续签订施工合同9个，涉及灌注桩7万多立方米，预制管桩近38万米。主要桩型为PHC600-AB-130（米）、PHC400-AB-95（米）。预制管桩均采用柴油锤击方式进行。

（二）广东番禺区沙头街禺山大道南侧横江地块一项目桩基、降水、基坑支护工程施工

电建地产·广州·洺悦府项目建筑用地面积38118平方米，布置有8栋高层（19~33层）和3栋低层建筑。本项目1#基坑坑底绝对标高为8.2米，2#基坑坑底绝对标高为4.6米，3#基坑坑底绝对标高为4.6米。由于1#、2#基坑主要位于砂质黏性土上，设计采用放坡、排桩和钢板桩三种支护方案。桩基工程采用预应力用PHC-500AB管桩形式，合计长度为25985米。该项目为水电八局与电建地产华南区域合作的第一个项目。项目的优质完工为水电八局在华南地区软基处理市场创造了良好的开端。

（三）广东深圳市大空港新城区截流河综合治理工程基础处理工程

深圳市大空港新城区截流河综合治理工程位于深圳市宝安西北部空港新城建设区域。该区域地处珠江口东岸，邻近远东航运中心——中国香港。主要承建新建建筑物加固基础处理，基坑围护结构加固与防渗处理。施工内容有S兆瓦工法桩、钻孔灌注桩、高压旋喷桩、管状劲性体。场地地层从上到下有第四系人工堆积层（Q4s），第四系海积层（Q4米），第四系冲洪积层（Q4al+pl），第四系风化残积层（Qel），下伏基岩为加里东期混合花岗岩。本项目最大难度为PRC-800管桩项目，桩径大，工艺较复杂，2018—2019年此类桩型在国内使用率较低。最终于2019年12月顺利完成，合格率为100%，优良率为95.1%。

（四）广东深圳市光明区A510-0152宗地项目基坑支护、土石方及桩基础工程

电建地产光明·洺悦府项目位于深圳市光明区光明大道、华裕路与光明广场路合围区域，拟建场地占地面积约为18428平方米，设两层地下室，基坑底标高约为16.9米，基坑开挖深度为5.6~8.9米，基坑周长约为472.0米。本工程采用的管桩桩径有Φ400毫米、Φ500毫米，共2种；塔楼共5栋，均采用Φ500毫米桩作为抗压桩，共760根；裙楼采用Φ400毫米桩作为抗拔桩，共721根。场区属于剥蚀残丘地貌，勘察时地形经过平整变化不大，钻孔揭露深度范围内第四系土层为人工填土、冲积土、残积土，基岩为燕山期地层，岩性为花岗岩。

（五）广东深圳市光明区A515-0099宗地项目基坑支护、土石方及桩基础工程

深圳光明区A510-0099地块地上共设置5栋建筑，项目位于深圳光明新区，西临富安花园，东临光侨路，北临洁亚环卫公司停车场，南临华夏路，用地面积为21866.53平方米，总建筑面积为1220784平方米，用地性质为二类居住用地。根据勘察报告，场区属于剥蚀残丘地貌，钻孔范围内场地地面标高为28.46~44.04米，最大相对高差为15.58米，钻孔揭露深度范围内第四系土层为人工填土、冲积土、残积土，基岩为燕山期地层，岩性为花岗岩。本项目基坑支护包括咬合桩、灌注桩、旋喷桩、三轴搅拌桩、锚索等多种组合支护形式。桩基础采用钻孔灌注桩，有0.8米和1米两种直径。

（六）广东深圳盐田二期佳兆业山海苑（2地块）项目桩基及锚杆工程

小梅沙片区03-01地块项目位于深圳市盐田区梅沙街道小梅沙海滨旅游区，是深圳市旅游业态的首个城市更新项目。本工程03-01-2地块位于场地的西南侧，基坑开挖面积为8350平方米，支护周长为412米，考虑底板厚度及垫层，开挖深度为9.5~15.0米；坑中坑开挖深度为6.0米，支护长度为144米。基坑支护采用钻孔灌注桩+内支撑支护方案。主要施工内容包括：施工排桩（试桩及检测）、三轴搅拌止水桩、立柱桩（格构柱）、挂网喷砼、腰梁、冠梁、钢筋砼内支撑、施工；土石方、泥浆外运；工程桩（试桩及其检测）、破桩头等。该项目支护形式复杂，场地较狭窄，涉及支护及工程桩同时施工等问题。为城市大型基坑支护、土石方施工积累了丰富的经验。

（七）广东中山市翠亨新区项目2~5号楼及对应地下室区域桩基础工程施工

该项目位于广东省中山市南朗镇（翠亨新区起步区）西二围，项目开发建设用地面积103140.70平方米，该工程地下1层地下室，局部2层，地上部分包括12栋30~33层的高层住宅，2栋4层公建配套，2栋2层公建配套，1栋1~2层综合楼，1栋2层售楼中心，1栋大门及1栋3层幼儿园，1栋1层公交站。地层有人工填土层（Q4米1）、第四系冲积层及白垩系基岩。桩基础为预制PHC管桩D500-125、AB型。工程数量188055米，本项目从进场到施工结束仅用了2个月，高峰锤击设备达26台。竣工验收桩基合格率为100%，优良率为95.3%。

（八）广西扶绥文化旅游康养城养生谷LY04地块永久边坡支护工程

该项目位于崇左市扶绥县空港大道王村屯东侧、那标屯与那烈屯南侧，距离扶绥县中心约15千米，工程内容包括框格梁、锚杆、灌注桩、挡墙、预应力锚索、网喷等。地貌单元属丘陵原始地貌，其主要特征是：山体圆滑低矮，以圆包状山体为主，基岩少露，地表覆盖残坡积层及腐殖土层，覆盖层有一定厚度。场地现已基本整平，因拟建建筑物场地的平整和工程布置需要而对原始山体进行开挖，场地周边及内部形成了永久性土质边坡，切坡高度0~22.0米，切坡坡度20~60度。项目挡土墙预应力锚索工程合格率为100%，优良率为98.4%。

（九）湖北武汉泷悦朗庭项目基坑支护及土石方、桩基工程施工

武汉洺悦领江房地产有限公司拟在武汉市汉阳区兴建泷悦朗庭项目，项目位于武汉市汉阳区十升一路旁。该项目主要由1栋42层（4#楼）超高层住宅、1栋46层（1#楼）超高度高层住宅、2栋48层（2#、3#楼）超高度高层住宅以及多层商业楼组成。地下2层，主要作为地下车库、设备用房。基坑开挖深度4.35~7.9米，上坑口周长589.0米，上坑口面积22195平方米。基坑支护形式采用钻孔灌注桩+桩顶放坡+土钉挂网喷砼支护；钻孔灌注桩直径800毫米，间距1300米。本工程桩基础总计有344根灌注桩。

（十）湖南长沙恒大浅水湾（暂定）项目首期桩基工程

长沙恒大浅水湾项目首期桩基工程分为两个标段，水电八局同时中标此两标段。该项目位于小湖河南路与马桥路（规划）交会处，项目部分位置存在苗木、鱼塘待拆迁。本次施工区域首期多层及地下室采用预制管桩，高层塔楼采用预制管桩形式。完成PHC-500AB管桩67239.46米，合格率为100%，优良率为93.8%。

（十一）江西赣江下游尾闾综合整治工程

赣江下游尾闾综合整治工程基础加固及防渗类工程主要分为三大项目：主体基础加固、主体基础防渗、围堰防渗。主体基础加固采用的主要形式为长螺旋引孔预制桩（PHC-800C-130、PHC-800AB-130）、混凝土灌注桩（孔

径1.2米、孔径0.8米、孔径0.4米)、水泥搅拌桩。主体基础防渗采用的主要形式为液压抓斗混凝土防渗墙、TRD等厚度水泥土防渗墙。围堰防渗采用的主要形式为TRD等厚度水泥土防渗墙、高压旋喷注浆三管法、水泥搅拌桩。该项目于2022年初正式开工，一年即完成了主支、南支全部一期围堰防渗工程以及船闸、泄水闸全部预制管桩工程。完成了全部节点工期目标。

(十二) 孟加拉国达卡轻轨6号线CP-02标桩基工程

该项目位于孟加拉国达卡，CP02标是达卡轻轨6号线路起点站乌托拉站的北边车库和运营维护中心项目标段，土建工程包含桩径0.5米、0.6米、0.8米3种规格的钻孔灌注桩，施工任务共计14.6万米，其中桩径0.5米桩基10.38万米，占比71.9%。CP03标、CP04标主要工作内容为达卡轻轨6号线项目(Dhaka Mass Transit Line 6)高架车站及区间土建施工。该土建工程包含桩径1.0米、1.2米、1.5米、1.8米、2.2米共5种规格的钻孔灌注桩，施工任务共计6.6万米。

(十三) 上海临港奉贤园区B17-01地块项目桩基工程

上海市临港奉贤园区B17-01地块项目位于上海市奉贤区，北侧紧邻莲桂路，南至万水路(距离5~10米)，东至B17-03地块公共绿地，西侧紧邻承贤路。本工程地下一层，基坑开挖深度为5.25~6.35米，基坑周长约为874米，开挖面积约40486平方米；基坑支护体系一般区域采用重力坝，局部深坑区域采用重力坝内插型钢围护，南侧空间充足区域采用放坡，北侧、东侧局部采用椅子型重力坝，西侧局部采用土工法+斜抛撑。西南角采用旋喷桩施工。桩基础采用预制管桩形式PHC-400(95)AB。该项目为水电八局第一次进军上海基础处理市场，2021年5月—12月，半年多的时间，安全、优质地完成所有工期目标，为今后上海市场的开拓打下了基础。

(十四) 印度尼西亚雅万高铁项目二号特大桥桩基工程

雅万高铁承包联合体中国水电项目部起点为CAK10+048.6，终点为CK85+046.45，整个主线路长86.598千米，桥梁26座共计长51.468千米。表层覆盖第四系全新统人工堆积层杂填土；第四系全新统冲积层黏土、粉质黏土、粉砂，主要分布于DK11+530.75~DK13+200表层；第四系更新统冲洪积——2-1层粉质黏土、黏土、粉土、粉砂、细砂、中砂、砾砂、细圆砾土。本段桥址区地下水为第四系孔隙潜水，地下水位埋深为1~12米。水位季节变化幅度为2~3米。地下水主要由大气降水补给，靠入渗、蒸发排泄。涉及的旋挖灌注桩桩型有1米、1.25米、1.5米、2米。

第六节　地铁站后安装及装饰装修工程

一、概述

近年来，水电八局积极推进转型升级、加快融城步伐、加速拓展市政建设领域，业务范围已拓展到城市地铁站后安装及装饰装修工程、水环境治理、城市管廊弱电设备安装等领域，并在地铁站后安装装修等重点领域市场形成了良好的品牌效应。

水电八局参与建设深圳地铁7号线、武汉地铁11号线、深圳地铁5号线南延线、深圳地铁10号线、福州地铁5号线、南京至句容城际轨道、深圳地铁12号线、深圳市前海—南山排水深隧系统工程机电装修工程、雄安新区管廊弱电设备安装等精品工程，获得"国家优质工程金奖""国家优质工程奖"等荣誉。

二、工程选介

(一) 深圳地铁项目7号线安装、装饰工程

深圳地铁7号线是中国广东省深圳市境内的一条地铁线路，于2016年10月28日开通运营，其标志色为深蓝色。截至2022年6月，深圳地铁7号线起于西丽湖站，途经南山区、福田区、罗湖区，贯穿龙珠大道、福民路、华强北路、田贝路，终于太安站。截至2022年6月，深圳地铁7号线全长30.197千米，全部为地下线；共设28座车站，全部为地下车站；列车设计速度80千米/小时，采用6节编组A型列车。

水电八局承担深圳地铁7号线"三站五区间"的常规设备安装工程及装饰装修工程。其中车站为上沙站、沙尾站、石厦站，车站总施工面积39868.5平方米，区间为农林—车公庙区间、车公庙—上沙区间、上沙—沙尾区间、沙尾—石厦区间、石厦—皇岗区间，区间总长度4.63千米。

2016年11月18日，深圳地铁7号线工程荣获深圳市地铁集团"突出贡献奖"。2017年11月10日，深圳地铁7号线荣获"国家优质工程金奖"。

(二) 武汉地铁11号线安装、装饰工程

武汉地铁11号线是湖北省武汉市第8条建成运营的地铁线路，于2018年10月1日开通运营一期工程(武汉东站—左岭站)，于2021年1月2日开通运营三期工程葛店段(左岭站—葛店南站)，是武汉都市圈首条跨城地铁线路，其标志色为云鹤黄。

水电八局中标武汉地铁11号线安装一标，主要负责"五站六区间"的常规设备安装及装修工程，其中车站为

光谷火车站、教育中路站、药监局站、生物园站、光谷四路站，区间总长度7.69千米，总施工面积130376平方米。

（三）深圳地铁项目5号线安装、装饰工程

深圳地铁5号线是广东省深圳市境内的一条地铁线路，于2011年6月22日开通运营一期工程，2019年9月28日开通运营二期工程，其标志色为紫色。截至2022年6月，深圳地铁5号线呈"M"形东南—西北—西南走向，东起黄贝岭站，途经罗湖区、龙岗区、龙华区、南山区、宝安区，西至赤湾站。

水电八局负责深圳市城市轨道交通5号线二期工程（5号线南延线）。南起赤湾站，北至既有5号线起点前海湾站南端桂湾站，全线采用地下铺设方式，线路全长7.65千米，共设7座车站。其中换乘站3座，赤湾站与既有2号线换乘，铁路公园站与规划15号线换乘，前湾公园站与9号线西延线换乘。

建设内容包括常规设备安装工程（通风空调系统、给排水及水消防系统、低压动力照明系统）、装饰装修工程。合同金额为25593万元，工程已于2019年9月28日通车，目前处于维保阶段，运营整改销项率为100%。

（四）福州地铁5号线安装、装饰工程

福州地铁5号线是福建省福州市境内第3条建成运营的城市轨道交通线路，一期首通段（荆溪厚屿站—螺洲古镇站）于2022年4月29日开通初期运营，标志色为典雅紫。

福州市轨道交通5号线一期工程起点站为荆溪新城站，终点站为福州南站，全线长为27.3千米，共设站20座，全线均采用地下线铺设。在金山设停车场1座，在樟岚设车辆段1座。

5号线一期工程合同总工期为2017年9月30日—2021年9月30日，施工总承包第2标段金山站（不含）—帝封江站（不含），9站10区间具体为金山站（不含）—金环路站—浦上大道站—建新南路站—凤山路站—福湾路站—齐安路站—吴山站—当埔路站—欢乐谷站—帝封江站（不含）。合同金额为34.71亿元。

（五）南京宁句城际轨道交通工程DS6-TA01标安装、装饰工程

南京地铁S6号线（又称宁句线）是南京地铁第11条建成的地铁线路，也是南京地铁第一条开通的跨市域地铁线路。

水电八局负责宁句城际轨道交通工程DS6-TA01标安装装修二工区工程。项目设站5座，其中地下站2座、高架站3座，施工范围包括：麒麟门站明挖出口段—东郊小镇站，东郊小镇站（高架车站）、东郊小镇—侯家塘站、侯家塘站（高架车站）、侯家塘站—汤泉西路站、汤泉西路站（高架车站）、汤泉西路站—汤山镇站、汤山镇站（地下车站）、汤山镇站—汤山站、汤山站（地下车站）、汤山站—黄梅明挖出口段。其中5个车站建筑面积49380平方米（内外装修总面为72098平方米），所属施工区间总长度17.4千米。2021年12月28日，顺利通车试运行，目前已进入运营维保阶段。

合同总工期为2018年12月30日—2021年12月31日，项目部所承担的主要合同工作内容为东郊小镇站—汤山站共5站6区间及区间内2个变电所范围内的装修和安装工程，包括车站外立面装修、动力照明、通风空调、给水排水与消防、声屏障、绿化工程、标识导向及路引系统、站前广场、环卫设施、人防工程等。

合同形式为固定总价承包方式，中电建总承包部与水电八局签署暂定协议价款为34163.7万元（含总承包部的管理费用），最终协议价款以政府批准的初步设计概算、业主方下发的计量支付清单、乙方施工范围和工作内容分劈的价款为准。

2022年1月8日，宁句项目荣获"市级标准化文明示范工地"称号。

（六）深圳地铁12号线安装、装饰工程

深圳地铁12号线，也称深圳地铁南宝线，是广东省深圳市境内第14条建成运营的地铁线路，于2022年11月28日开通运营，其标志色为淡紫色。深圳地铁12号线一期工程起于左炮台东站，途经南山区、宝安区，串联前海蛇口自贸片区、南山中心片区、宝安中心片区、西乡片区、机场东片区、福永片区、大空港片区及会展片区等地区，止于海上田园东站；二期工程延伸至松岗。深圳地铁12号线一期全长40.56千米，共设33座车站；采用6节编组A型列车，采用自动化无人驾驶技术，最高运营速度为80千米/小时。

深圳地铁12号线工程总承包安装装修一工区主要工作内容包括左炮台（含）—太子湾站—海上世界站（不含），创业路站（含）—南山站—桃园站—南头古城站—中山公园站—同乐站（含），赤湾停车场出入场线共计8站8区间工程范围内的常规设备安装与装饰装修工程。

合同金额为46947.33万元。

（七）深圳市前海—南山排水深隧系统工程机电装修工程

深圳市前海—南山排水深隧系统工程沿月亮湾大道西侧布设，起点为关口渠，终点为前湾河水廊道，主要由主隧、支隧、预处理站及大型枢纽泵站组成。主要工程内容包括深隧主隧工程，关口渠、郑宝坑渠、桂庙渠进水接驳

工程，枢纽泵站工程等。排涝设计标准为50年一遇，初（小）雨截流标准为10毫米。沿途分别收集关口渠、郑宝坑渠、桂庙渠的初（小）雨、涝水。建设规模：主隧长约3.74千米，内径6.0米，埋深约45米，为深层隧道；支隧长约0.90千米，内径分别为5.4米及4.0米；枢纽泵站基坑最大直径156米，开挖深度55米，为超大超深基坑。

该工程主要负责3座浅层进水竖井及3座预处理站的机电及装修工作。合同金额为70482589.49元。

第七节 装配式钢结构工程

一、概述

水电八局践行国家绿色发展理念，大力拓展装配式钢结构业务，致力于钢结构制造和安装与新型集成建筑的开发和经营。在岳阳、西昌、贵定建有完整的生产线，逐步形成钢结构装备、工业厂房钢结构、轻型钢结构、桥梁钢结构、箱式集成房屋等完备的制造体系。

钢结构是指由钢制材料组成的结构，是主要的建筑结构类型之一。钢结构主要由型钢和钢板等制成的钢梁、钢柱、钢桁架等组成，并采用硅烷化、纯锰磷化、水洗烘干、镀锌等除锈防锈工艺。各构件或部件之间通常采用焊缝、螺栓或铆钉连接。因其自重较轻，且施工简单，广泛应用于大型厂房、场馆、超高层等领域。钢结构容易锈蚀，一般钢结构要进行除锈、镀锌或涂料处理，且要定期维护。水电八局完成红河特大桥、澜沧江大桥、孟加拉国达卡轻轨厂房、孟加拉国玛塔巴雷厂房等多个钢结构业务工程。

箱式集成房屋采用以设计标准化、生产模块化、工厂化、施工装配化、装修一体化和管理信息化为主要特征的生产方式，并在设计、生产、施工、研发等环节形成完整的、有机的产业链，实现房屋建造过程的工业化、集约化和社会化，从而提高建筑工程质量和效益，实现节能减排。水电八局已建成珠江三角洲水资源配置项目部、川藏莫朵娃砂石项目部、深惠城际铁路项目部等多个临时建筑。

2002—2022年装配式建筑工程一览见表2-3-6，钢结构桥梁工程一览见表2-3-7，钢结构厂房工程一览见表2-3-8，箱式集成房屋规格一览见表2-3-9，箱式营地配置一览见表2-3-10。

表2-3-6 2002—2022年装配式建筑工程一览

序号	项目名称	项目地点	工程量（套）	执行情况	质量情况	交付时间
1	雄安项目箱式房屋	河北省保定市	139	已完工	良好	2021年11月15日
2	川藏铁路莫朵娃营地房建	西藏自治区昌都市	94	已完工	良好	2022年4月27日
3	雄安白沟项目工区营地箱式集成房屋	河北省保定市	39	已完工	良好	2022年5月14日
4	新办公楼建设材料	贵州省黔南布依族苗族自治州	38	已完工	良好	2022年3月18日
5	职工之家集装箱房	湖南省长沙市	13	已完工	良好	2022年5月10日
6	深惠城际1标（前保—五和）土建二工区项目营地打包箱	广东省深圳市	163	已完工	良好	2022年7月20日
7	长沙地铁7号线箱房	湖南省长沙市	51	已完工	良好	2022年11月29日
8	赣江尾闾主支项目总包部集装箱式房屋	江西省南昌市	313	已完工	良好	2022年9月18日
9	赣江尾闾主支项目钢结构大会议室集装箱式房	江西省南昌市		建设中	良好	—
10	赣江尾闾南支项目活动板房		66	已完工	良好	—
11	岳阳自贸片区EOD数字经济产业综合体建设项目箱房	湖南省长沙市	52	已完工	良好	—
12	平蓄项目箱式房屋	湖南省岳阳市	110	已完工	良好	—
13	南托技校箱式板房		44	已完工	良好	—
14	大泽湖生态智慧城综合开发项目部箱式集成房屋	湖南省长沙市	32	已完工	良好	—

表 2-3-7 钢结构桥梁工程一览

序号	项目名称	项目地点	工程量（吨）	执行情况	质量情况	交付时间	备注
1	云南省红河特大桥	云南省元阳县南沙镇	10760.6	已完工	良好	2022年2月26日	
2	云南省澜沧江特大桥	云南省西双版纳州景洪市	12690	已完成	良好	2022年2月	

表 2-3-8 钢结构厂房工程一览

序号	项目名称	项目地点	工程量（吨）	执行情况	质量情况	交付时间	备注
1	孟加拉国达卡轻轨厂房工程	孟加拉国	8009	已完工	良好	2022年6月	
2	孟加拉国玛塔巴雷厂房工程	孟加拉国	11977	建设中	良好	2024年3月	
3	衡阳界牌项目标准厂房工程	湖南省衡阳市	6453	建设中	良好	未交付	

表 2-3-9 箱式集成房屋规格一览

产品	规格	外观尺寸（毫米）			内部尺寸（毫米）			重量（千克）
		长度	宽度	高度	长度	宽度	高度	
高端箱	6055×3000×2900	6055	3000	2900	5790	2735	2520	1800
标箱	6055×3000×2900	6055	3000	2900	5790	2735	2520	1700
加长箱	7820×3000×2900	7820	3000	2900	7555	2735	2520	2300
出口箱	6055×2435×2900	6055	2435	2900	5790	2170	2520	1500
走廊箱	6015×1800×2900	6015	1800	2900	6015	1665	2520	1200
定制箱	7820×3000×4400	7820	3000	4400	7555	2735	4020	2600

表 2-3-10 箱式营地配置一览

设计参数	结构设计使用年限	20年
	屋面形式	面包顶，有组织内排水
	层数	≤3层
	地面荷载	2.0千牛/立方米
	屋面荷载	0.5千牛/平方米
	风荷载	0.6千牛/立方米
	抗震设防烈度	8度
电气	电压	220伏
	电线	入户总电源4平方米，空调线4平方米，插座线2.5平方米，照明开关线1.5平方米
	配电箱及漏报	暗装配电箱×1，小型漏保型号：NXB-63 C32×1、NXB-63 C16×1、NXBLE-40 C20×2
	插座、开关	五孔插座×3，空调插座×1，单联开关×1
	灯管	两组单管日光灯，18瓦×2

二、工程选介

（一）雄安项目箱式房屋

雄安项目箱式房屋坐落于河北省保定市，工程量为139套，合同金额为255.13万元，项目于2021年8月23日开工，于2021年10月10日完工，于2021年9月15日首套发货。

（二）川藏铁路莫朵娃营地房建

川藏铁路莫朵娃营地房建及各类仓库坐落于西藏自治区昌都市，工程量为94套，合同金额为195.01万元，项目于2021年10月11日开工，于2022年4月21日完工，于2021年11月15日首套发货。

(三)深惠城际1标(前保—五和)土建二工区项目营地打包箱

深惠城际1标(前保—五和)土建二工区项目营地打包箱坐落于广东省深圳市，工程量为163套，合同金额为390.26万元，项目于2022年4月6日开工，于2022年6月19日完工，于2022年5月14日首套发货。

(四)赣江尾闾主支项目总包部集装箱式房屋

赣江尾闾主支项目总包部集装箱式房屋坐落于江西省南昌市，工程量为313套，合同金额为724.42万元，项目于2022年6月28日开工，于2022年9月7日完工，于2022年7月20日首套发货。

(五)岳阳自贸片区EOD数字经济产业综合体建设项目箱房

岳阳自贸片区EOD数字经济产业综合体建设项目箱房坐落于湖南省岳阳市。工程量为52套，合同金额为130万元，项目于2022年8月25日开工，于2022年9月28日完工，于2022年9月19日首套发货。

(六)平蓄项目箱式房屋

平蓄项目箱式房屋坐落于湖南省岳阳市，工程量为110套，合同金额为309.76万元，项目于2022年11月25日开工，于2023年1月13日完工，于2022年11月29日首套发货。

(七)云南省红河特大桥

红河特大桥位于云南省红河州元阳县南沙镇南沙水电站库区，于2017年11月开工建设。该桥是建水(个旧)至元阳高速公路(建水至元阳段)控制性工程，大桥全长1366米，桥面宽25.5米，主跨700米，为悬索桥结构。水电八局负责10760.6吨的钢结构制造与安装，库区水面距桥面188.4米，红河特大桥于2020年9月5日合龙，2021年1月11日至12日，总载重1800吨的44辆大货车，分批次开上建(个)元高速公路红河特大桥，进行了为期三天的荷载测试，标志着大桥顺利通车。

(八)云南省澜沧江特大桥

澜沧江特大桥是新建大理至瑞丽铁路大保段的"咽喉"工程，大桥横跨澜沧江两岸，位于我国地形最为复杂的横断山脉西段，全长528.1米，主跨342米，为上承式劲性骨架钢筋混凝土提篮拱桥。全桥共用混凝土8.5万立方米，主体结构共用钢量约1.4万吨，共用高强螺栓11.52万套。2016年11月15日，新建大理至瑞丽铁路澜沧江特大桥钢管拱实现高精度合龙；2020年6月28日，大瑞铁路澜沧江特大桥主体工程完工；2021年12月3日，由西双版纳景海高速公路建设投资公司投资建设，云南省交通规划设计研究院设计，中铁大桥局参建的景海高速澜沧江特大桥通车。

第四章　绿色建材业务

水电八局绿色建材业务由贵州乌江渡水电站开创人工砂石骨料先河，由时任水电八局总工程师的谭靖夷牵头组成了科研小组，迈开了人工砂石生产技术研究的步伐。经过各项工程的洗礼与市场竞争的锤炼，水电八局已经全面掌握了石灰岩、流纹岩、正长岩、花岗岩、白云岩等原料制砂技术和高强度、超硬石英岩、玄武岩的制砂技术；全面掌握了乳化炸药爆破工艺、成品砂快速脱水、废水回收、石粉利用工艺，干式、湿式、半干式生产法；已具备各类人工、天然砂石特大型项目独立设计、建设、运营能力，领跑国内水电人工制砂行业，先后承建了五强溪、小湾、三峡、向家坝、溪洛渡、白鹤滩、大藤峡等国内外砂石系统80余个，占据行业半壁江山，成为行业的引领者。

随着国家政策的调整、经济社会的发展以及市场呈现出的新形势，水电八局绿色建材业务专注砂石主业，优化战略布局，集中优势资源，深入探索砂石建材的转型之路。在此发展大势下，先后投资建设了长九、雄安、长峨、阳西等大型矿山，"东西南北中"产业布局基本完成，实现由水电砂石向绿色建材砂石的华丽转型。

第一节　总概述

20世纪70年代，水电八局在贵州乌江渡水电站建设中，全部采用人工砂石骨料。开此先河以来，"八局砂石"一直领跑国内人工制造砂石料行业。

20世纪80年代，在云南漫湾首先使用硬质流纹岩轧制人工砂石料；在湖南五强溪首先使用莫氏硬度达7.0以上的石英岩制砂；在云南大朝山首先解决碾压混凝土所需人工砂石料石粉含量高问题；在四川二滩率先设计安装国内第一个自动化人工砂石加工系统。

20世纪90年代，在三峡下岸溪建成当时世界上规模最大的人工砂石生产系统，年生产能力达540万立方米，并创月供人工砂石骨料112万吨的世界纪录；21世纪，在向家坝建成目前世界最大的人工砂石加工系统，半成品骨料输送胶带长达31.1千米，处理能力达到3200吨/小时。

为适应不断发展的建设市场，走专业化人工砂石产业的道路。2004年，在三峡下岸溪砂石项目部的基础上，组建了水电八局砂石分局。业务范围涵盖人工砂石料系统设计、金属结构制造、系统安装、石料开采加工、运行管理与生产销售全过程，承建了三峡下岸溪、向家坝、金安桥、溪洛渡、官地、构皮滩、光照、小湾、彭水、思林、银盘、洪家渡、大花水、白市、水布坪、张河湾等众多大型、特大型砂石项目。2014年，砂石分局更名为砂石公司；2022年，根据水电八局"一体两翼"战略布局，为明晰主责主业，打造企业发展新引擎，砂石公司更名为绿色建材公司，成为国内人工制造砂石料实力最强的专业化队伍。

水电八局绿色建材公司先后获得"全国五一劳动奖状""中国十大影响力品牌""全国最佳施工企业""全国职工职业道德建设先进单位""三峡工程建设先进集体""中国水电总公司双文明单位""国家电力公司双文明单位""湖南省文明单位""湖南省先进基层党组织""中央基层先进党组织""电力科技推广先进单位"等数十项国家级与省部级荣誉；先后有十余项纪录入选中国企业新纪录。

第二节　传统砂石工程

一、概述

在砂石行业，水电八局品牌享有盛誉，先后承建了国内外50余个大中型水电工程的砂石加工系统，负责系统的设计、安装、运行及管理，其业务范围涵盖大型土石方开挖、砂石骨料生产、混凝土生产、水处理等。

2002—2022年传统砂石工程一览见表2-4-1。

表2-4-1　2002—2022年传统砂石工程一览

项目名称	业主单位	合同总额（万元）	开工时间	竣工时间
阿尔及利亚东西高速公路砂石系统建设及运行工程	—	2327.48	2007年4月	2010年12月
广东惠州抽水蓄能电站人工碎石系统钢结构制安	广东蓄能发电有限公司	394.10	2005年2月	2005年7月
广东阳江抽水蓄能电站成品砂石加工系统工程及砂石料供应	水电二局、七局、十四局	31585.29	2019年10月	在建
广西大藤峡水利枢纽工程砂石料系统工程	广西大藤峡水利枢纽开发有限责任公司	98151.38	2015年9月	在建
广西龙滩水电站大法坪砂石系统	龙滩水电开发有限公司	1636.60	2002年7月	2003年7月
广西平班水电站砂石加工系统建设及生产运行管理	广西平班水电开发有限公司	8579.87	2001年8月	2005年11月
贵州白市水电站砂石加工系统建设及运行管理	五凌电力有限公司	14852.92	2005年3月	2012年6月
贵州大花水水电站二桥料场及砂石加工系统	贵州乌江清水河水电开发有限公司	5945.58	2004年6月	2007年8月
贵州构皮滩水电站右岸烂泥沟砂石系统建设与运行管理工程	贵州乌江水电开发有限责任公司	29826.98	2003年3月	2004年3月
贵州光照水电站基地砂石加工系统建设及运行管理	贵州黔源电力股份有限公司	19704.86	2004年9月	2009年9月
贵州老江底砂石加工系统工程	贵州兴义黄泥河发电有限责任公司	2848.93	2005年7月	2008年9月
贵州马马崖一级水电站砂石系统建设及生产运行管理工程	贵州北盘江电力股份有限公司	11384.54	2010年12月	2014年12月
贵州清水河格里桥水电站左岸下游人工砂石加工系统工程	贵州清水河水电开发有限公司	6634.04	2006年9月	2011年10月
贵州思林水电站岩门人工砂石系统工程	贵州乌江水电开发有限公司	7835.37	2005年11月	2009年1月

续表

项目名称	业主单位	合同总额（万元）	开工时间	竣工时间
贵州乌江水电站进场交通洞及砂石加工系统	贵州乌江水电开发有限责任公司	4688.70	2000年9月	2002年1月
河北南水北调中线雄安调蓄库骨料加工系统建设及下库一期（含沉藻池）开挖支护工程	河北南水北调中线调蓄库建材有限公司	324797.93	2020年5月	在建
河北张河湾抽水蓄能电站砂石生产运行	河北张河湾蓄能发电有限责任公司	3155.91	2003年12月	2007年12月
河南天池抽水蓄能电站砂石骨料加工系统及混凝土拌合系统工程建设与生产运行	河南天池抽水蓄能有限公司	11645.78	2016年1月	在建
湖北清江水布垭水电站砂石系统	湖北清江水布垭工程建设公司	7019.46	2001年12月	2007年12月
湖北三峡工程下岸溪人工砂石加工系统工程	中国三峡水电开发总公司	209120.07	1996年6月	2015年12月
湖北咸宁核电厂一期砂石场工程	咸宁核电有限公司	4064.68	2009年11月	2015年3月
吉林丰满水电站全面治理（重建）工程砂石料加工系统建设及砂石料供应工程	国网新源控股有限公司	52500.32	2013年4月	2020年11月
老挝南涅河一级水电站砂石加工系统工程	OBAYASHI CORPORATION	32526.65	2015年10月	2018年12月
缅甸密松水电站兰家坡砂石加工系统建设	中国电力投资集团公司云南电力投资有限公司	11382.50	2011年3月	2012年3月
内蒙古呼和浩特抽水蓄能电站砂石加工系统工程	内蒙古呼和浩特抽水蓄能发电有限责任公司	11848.68	2010年9月	2014年12月
陕西东庄水利枢纽砂石料加工系统1建设及运行管理工程	陕西东庄水利枢纽工程建设有限责任公司	35441.69	2020年5月	在建
四川大岗山水电站大坝人工骨料加工系统工程	国电大渡河大岗山水电开发有限公司	52106.02	2008年8月	2015年3月
四川官地水电站竹子坝、打傈人工骨料系统工程	雅砻江流域水电开发有限公司	53871.42	2007年4月	2013年1月
四川拉哇水电站格茸沟砂石混凝土系统成品砂石骨料及混凝土供应	水电十四局、安能三局、葛洲坝第二工程、水电十二局、水电十一局、水电一局	111493.42	2021年11月	在建
四川毛滩水电站砂石骨料系统	国电四川毛滩水电开发有限公司	25481.02	2010年4月	2013年12月
四川木里河卡基娃水电站人工骨料生产系统工程	四川华电木里河水电开发有限公司	19138.58	2009年10月	2015年6月
四川深溪沟水电站骨料加工系统、混凝土生产系统工程	国电大渡河流域水电开发有限公司	31023.64	2006年2月	2012年5月
西藏加查水电站骨料加工系统及混凝土生产系统工程	华能西藏雅鲁藏布江水电开发投资有限公司	101310.14	2014年6月	2021年12月
西藏瓦托水电站骨料加工系统及混凝土生产系统工程	西藏开投金河流域水电开发有限公司	17903.45	2016年2月	2020年2月
西藏新建川藏铁路雅安至林芝段CZXZZQ-1标段项目尼洋河砂石加工场工程	中国水利水电第十四工程局有限公司	10519.34	2020年12月	在建
新疆阿尔塔什水利枢纽工程发电洞洞身工程砂石骨料采购	中国水利水电第四工程局有限公司	564.09	2016年12月	2020年6月
云南阿海水电站新源沟砂石加工系统工程	云南金沙江中游水电开发有限公司	53194.05	2007年6月	2014年12月
云南白鹤滩水电站大坝砂石加工系统建安及运行工程	三峡金沙江川云水电开发有限公司	178782.42	2015年2月	2022年6月
云南滇中引水工程大理Ⅱ段砂石加工系统	云南滇中引水工程建设管理局	12296.64	2020年4月	在建
云南高桥水电站榨塘沟砂石系统建设与生产运行工程	云南滇能（集团）昭通高桥发电有限公司	533.27	2002年8月	2004年5月

续表

项目名称	业主单位	合同总额（万元）	开工时间	竣工时间
云南黄登及大华桥水电站砂石加工系统工程	华能澜沧江水电股份有限公司黄登大华桥水电工程建设管理局	82353.66	2010年7月	2018年12月
云南金安桥水电站左岸砂石加工系统及相关工程	金安桥水电站有限公司	42041.37	2004年11月	2012年1月
云南弥勒雷打滩水电站铺龙沟料场及人砂系统	云南弥勒雷打滩水电站工程建设指挥部	786.87	2002年8月	2006年1月
云南梨园水电站砂石加工及混凝土生产系统工程（祝拿垦料场）	云南金沙江中游水电开发有限公司	31177.99	2008年6月	2016年12月
云南龙开口水电站燕子崖砂石加工系统工程	华能龙开口水电有限公司	80539.60	2007年10月	2012年10月
云南鲁地拉水电站砂石加工系统建设及运行管理	云南华电鲁地拉水电有限公司	25911.04	2008年4月	2014年7月
云南苗尾水电站丹坞堑石料场及砂石加工系统工程	华能澜沧江水电有限公司	56398.28	2011年3月	2017年12月
云南三岔河水电站右岸砂石加工系统建安及运行工程	云南保山槟榔江水电开发有限公司	4338.02	2012年9月	2016年6月
云南溪洛渡水电站中心场人工骨料加工系统工程	中国三峡开发总公司	26476.57	2004年4月	2016年12月
云南向家坝太平料场和马延坡砂石加工系统工程建设及生产供应	中国三峡水电开发总公司	158890.40	2006年3月	2018年12月
云南小湾水电站孔雀沟石料场开采及左岸砂石加工系统工程	华能澜沧江水电有限公司	87246.05	2002年2月	2013年12月
重庆银盘电站左岸董家沟砂石加工系统建设与运行管理	重庆大唐国际武隆水电开发有限公司	30351.65	2006年1月	2013年12月
重庆右岸鸭公溪砂石系统	重庆大唐彭水水电开发有限公司	17719.36	2003年9月	2008年11月

二、工程选介

（一）广东阳江抽水蓄能电站成品砂石加工系统工程及砂石料供应

广东阳江抽水蓄能电站位于广东省阳春市与电白县交界处的八甲山区，是国家"十二五"规划及广东省的重点项目，也是目前世界水头最高、国内抽水蓄能机组单机容量最大、埋深最大的抽水蓄能电站。

阳江砂石项目部主要供应上库区所需混凝土细骨料和输水发电系统、下库区所需混凝土骨料，还需供应下库大坝填筑所需反滤料及垫层料。

砂石加工系统集中布置在下库进出水口西侧库盆内，承担下库坝体堆石及砌石480.0万吨（净需求、下同）、过渡层26.2万吨的供应任务。

上、下水库工程成品骨料及反滤料共229.5万吨的生产任务。本系统以生产二级、三级配混凝土骨料为主，按每日两班制生产。

（二）广西大藤峡水利枢纽工程砂石料系统工程

广西大藤峡水利枢纽工程位于珠江流域西江水系黔江干流大藤峡出口弩滩上，距下游广西壮族自治区桂平市黔江彩虹桥约6.6千米，属于红水河梯级规划中最末一级，具有防洪、航运、发电、补水压咸、灌溉等综合效益。工程正常蓄水位61米，总库容34.79亿立方米，防洪库容15亿立方米。坝址控制流域面积19.86万平方千米，占西江流域面积的56%。

大藤峡水利枢纽工程砂石料系统工程砂石是以江口料场的天然砂砾料作为本工程砂石加工料源。江口料场位于长洲水电站水库库尾，江口砂砾石料场位于坝址下游江口镇浔江干流的砂洲上（为长洲水电站库区），距坝址约40千米（水路）。

大藤峡水利枢纽工程砂石料系统工程主要负责供应大藤峡水利枢纽工程主体及导流工程所需混凝土的砂石骨料，以及主体工程土石坝和导流围堰的反滤料、垫层料、戗堤砂砾石等用料。根据大藤峡工程对砂石料种类的要求，砂石加工系统按生产常态混凝土骨料为主进行工艺设计，同时能生产碾压混凝土骨料和砂石填筑级配料。工程混凝土高峰时段平均浇筑强度18.58×10^4立方米/月，反滤、垫层料及砂料第3年平均填筑强度$4.04 \times$

10^4 立方米/月。

（三）贵州白市水电站砂石加工系统建设及运行管理

贵州白市水电站装机容量为42万千瓦，位于沅水干流上游河段清水江的下游，坝址为贵州省黔东南苗族侗族自治州天柱县境内。电站右岸人工砂石加工系统由水电八局砂石分局独立承建。

该系统主要承担水电站工程建设砂石骨料的生产任务；设计毛料处理能力为500吨/小时，生产能力为400吨/小时，能生产二级、三级、四级配混凝土所需砂石骨料，满足主体工程高峰月混凝土浇筑强度5.78万立方米的要求。

该系统于2005年3月30日正式开工，于2005年9月26日比合同工期提前35天投产运行。项目部严把质量关，合同履约率达到100%，产品质量合格率达到100%。

（四）贵州构皮滩水电站右岸烂泥沟砂石系统建设与运行管理工程

贵州构皮滩水电站烂泥沟人工砂石加工系统是水电八局砂石分局第一次以70%的股份组建联营体参与竞争夺得的工程项目。该系统承担水电站主体工程388万立方米混凝土所需砂石骨料的生产任务，合同工期为2003—2010年，共需供应成品砂石骨料576.81万立方米，该系统毛料处理能力为1450吨/小时，满足月混凝土浇筑强度15万立方米及生产常态混凝土和碾压混凝土的要求。

该系统于2004年3月28日投产运行，比合同工期提前2个月。项目部注重系统维护管理，多次突破设计生产能力，创下月生产供应39万多吨的好成绩，及时满足了工程用料需要。项目部在水回收、污泥处理与系统生产工艺等方面处于行业领先地位。项目部科技攻关小组研究改进的《构皮滩砂石系统废水处理及水回收工艺研究及应用》于2006年8月获得了"水电八局科技进步一等奖"；研究改进的《构皮滩砂石系统环保节能型生产工艺研究》获得了"2006年度贵州省科技进步三等奖"。

（五）河北南水北调中线雄安调蓄库骨料加工系统建设及下库一期（含沉藻池）开挖支护工程

工程位于河北省保定市徐水区崖儿峪，是将南水北调雄安调蓄库下库工程开挖弃料中的有用料通过骨料加工系统加工成不同粒径的建筑骨料产品，以满足新区的建设需要。本项目由骨料加工系统、胶带机运输系统、调蓄库下库一期（含沉藻池）组成，调蓄库总库容水量2.35亿立方米，相当于半个白洋淀储水量。

项目可利用开挖料总量约为4亿吨，毛料开挖量约6490万立方米，其中可利用料约为4406万立方米。项目建设及运营期约为16年。2020年8月31日实现一期试运行，9月15日一期投产，于12月31日全面投产。整体按2条生产线，8个模块分台阶阵列式布置。骨料加工系统设计年产能力2500万吨，处理能力5500吨/小时。

骨料通过长距离带式输送机输送至中转仓，长胶运输能力5200吨/小时，距离约4.3千米。中转仓设14个储料罐，总容积10万立方米，可实现自动化装料，车辆智能化调度，骨料装车运输高效、规范。

河北南水北调雄安调蓄库项目不仅将大大提高新区供水供电安全保障程度，而且将有力保障雄安新区大规模快速建设对砂石骨料的需求，是践行总书记"绿水青山就是金山银山"发展理念的生动实践，对推动京津冀协同发展和保障雄安新区建设具有重大意义。

（六）河北张河湾抽水蓄能电站砂石生产运行

河北张河湾抽水蓄能电站上水库人工砂石加工系统是水电八局砂石分局进入北方水电市场的第一个工程项目。该系统主要生产上水库工程所需骨料、碎石垫层料与沥青混凝土半成品骨料、地下系统与水库工程所需砂料，共计150.37万吨。设计毛料处理能力为220吨/小时，成品料生产能力为190吨/小时。该系统于2003年11月28日投产，比合同工期提前一个月；工程环保建设多次受到上级表扬，实现了废水零排放。

（七）河南天池抽水蓄能电站砂石骨料加工系统及混凝土拌合系统工程建设与生产运行

河南天池抽水蓄能电站位于河南省南召县马市坪乡境内，电站由上水库、输水系统、地下厂房系统、下水库及地面开关站等建筑物组成。本工程装机容量为1200兆瓦，属Ⅰ等大（1）型工程，主要永久性建筑物按Ⅰ级建筑物设计，次要永久性建筑物按3级建筑物设计。

水电八局承建了该抽水蓄能电站TCP/Q7标，主要施工项目包括砂石骨料加工系统及下库混凝土拌合系统工程。

天池抽水蓄能电站是承担河南电力系统调峰填谷、调频调相、事故紧急备用和黑启动等任务的重点工程。工程建成后将有效缓解系统严重的调峰矛盾，改善系统火电机组运行工况，提高系统的供电质量和运行安全稳定性。

（八）湖北三峡下岸溪人工砂石加工系统工程

湖北三峡下岸溪人工砂石加工系统工程由水电八局负责设计、建设、安装、运行的三峡下岸溪人工砂石开采加工系统，坐落于三峡大坝左岸下游12千米处的宜昌市夷陵区乐天溪镇下岸溪村，是三峡工程混凝土浇筑所需砂石骨料的主要生产供应基地，被誉为"三峡大坝粮仓"。

系统占地面积165万平方米，安装配置各类设备1140多台（套），原值2.63亿元，均属国内乃至国际最先进的设备，胶带机76台，总长8.5千米。该系统设计毛料处理能力为2400吨/小时，砂石成品月生产最高强度可达45.2万立方米（69.2万吨），砂石料供应总量达2587万立方米。

该工程分两个阶段建设：第一阶段于1995年4月正式开工，1996年6月单线投产，仅用了440天；第二阶段为系统增容，1998年4月动工，1999年8月建成投产，创造了15天安装两台大型进口旋回式破碎机的纪录，并实现了全系统砂石生产和销售的自动控制与现代化管理，系统运行工期长达14年（1996—2009年）。

在运行中，完全满足了三峡工程建设的需要，并创造了日供应4.2万吨、月供应112万吨人工砂石骨料的世界纪录，大大超过了设计月供应70万吨的生产能力；近八年连续实现质量"零"缺陷、安全"零"事故的管理目标。

2005年12月，中国企业联合会和中国企业家协会在北京隆重召开第十批中国新纪录新闻发布会暨新纪录发布10周年表彰大会上，具有水电劲旅之誉的水电八局建设、营运、管理的三峡下岸溪人工砂石生产加工系统入选中国企业新纪录。

（九）湖北咸宁核电厂一期砂石场工程

咸宁核电厂位于湖北省咸宁市通山县大畈镇，是中国广东核电集团公司向国家申请建设的AP1000内陆首座核电站，是我国内陆第一座核电站，装机400万千瓦，年发电量大约800亿千瓦时，计划2015年首台机组发电。

咸宁核电厂一期砂石场项目工程位于咸宁核电主厂区北规划区，距1#反应堆厂房约3.5千米，主要承担咸宁核电厂一期工程的核岛、常规岛、冷却塔等土建工程约150万吨砂石成品料供应任务，其中生产碎石85.5万吨，中砂64.5万吨；系统处理能力为270吨/小时，生产能力为210吨/小时，运行期为58个月，月高峰需求量约9万吨。

该工程于2010年2月3日开工，8月22日实现投产，较合同工期提前10天；系统安装各种主要设备18台（套），水系统设备10台（套），电气设备27台（套），电缆22150米，胶带机40台，总计1960米。

（十）吉林丰满水电站全面治理（重建）工程砂石料加工系统建设及砂石料供应工程

工程主要承担丰满大坝、厂房工程全部混凝土骨料的加工生产任务。

本项目工程的合同工作内容：腰屯石料场工程、砂石加工系统工程、施工道路（包括交通隧洞及两座桥梁加固）、腰屯弃碴场的维护和管理、段吉村弃碴场的施工道路设计与修建。

丰满水电站全面治理（重建）工程位于吉林省境内第二松花江干流上的丰满峡谷口，本工程是按恢复水电站原任务和功能，在原大坝下游120米处新建一座大坝，并利用原丰满三期工程。本工程为Ⅰ等大（1）型工程，水电站枢纽工程主要建筑物由碾压混凝土重力坝，最大坝高94.50米，坝顶长1068米，坝顶高程269.50米。

（十一）内蒙古呼和浩特抽水蓄能电站砂石加工系统工程

2010年9月30日，水电八局砂石分局中标内蒙古呼和浩特抽水蓄能电站砂石系统改造及运行管理工程项目。

内蒙古呼和浩特抽水蓄能电站位于内蒙古自治区呼和浩特市东北部大青山山脉中麓哈拉沁沟下游，距离呼和浩特市公路约20千米。电站总装机容量1200兆瓦，装机4台，单机容量300兆瓦。电站建成后接入蒙西电网，在系统中承担调峰、填谷和紧急事故备用的任务，兼有调频、调相的作用。砂石加工系统工程主要由大西沟采石场原料开采、砂石加工系统改造及生产供应等部分组成，主要生产主体、临建工程混凝土及喷射混凝土所需的人工砂石骨料。

（十二）陕西东庄水利枢纽砂石料加工系统1建设及运行管理工程

陕西东庄水利枢纽工程是国务院确定的172项水利重大项目之一，位于陕西省礼泉县东庄乡、淳化县车坞乡河段处，距西安市约90千米。主要由混凝土双曲拱坝、坝后水垫塘、左岸发电引水系统、供水取水洞及防渗工程等组成。

砂石料加工系统置于庙上灰岩料场北侧，施工内容包括：砂石料加工系统1的勘测设计、建设安装、系统生产运行及维护，庙上料场的开采，3#渣场的水土保持工程，3#渣场弃渣过程中的维护等。

（十三）四川大岗山水电站大坝人工骨料加工系统工程

大岗山水电站是大渡河流域的梯级电站，位于四川省雅安市石棉县境内。自2008年10月进场开工以来，大岗山砂石项目部精心组织，科学施工，坚持"质量为根，安全为天，环保为本，拼搏为魂"的管理理念，克服了地质条件差、雨季时间长、施工环境恶劣、工期紧、征地滞后、施工技术难度大等诸多困难，于2009年11月28日实现系统投产，比合同工期提前3天。

（十四）四川官地水电站竹子坝、打罴人工骨料系统工程

工程位于四川省境内中国卫星发射基地西昌市与盐源县交界的打罴河弯段上，电站装机容量为240万千瓦。水电八局中标的官地砂石项目共有两个砂石料生产加工系统：右岸竹子坝人工骨料系统和左岸打倮砂石料、混凝土生产系统。

本系统主要承担官地水电站大坝（含消力池）进水口闸门井及引水洞上平段和斜井段、下游河道整治等工程的混凝土所需的骨料供应任务。完成总量约400万立方米混凝土和约2万立方米喷混凝土的骨料生产，其中碾压混凝土约308万立方米，常态混凝土约92万立方米；共需生产成品粗骨料约640万吨，碾压混凝土细骨料约265万吨，常态混凝土细骨料约75万吨，料源出处为竹子坝玄武岩人工骨料场。

（十五）四川拉哇水电站格茸沟砂石混凝土系统成品砂石骨料及混凝土供应

四川拉哇水电站是金沙江上游13级开发方案中的第8级，为Ⅰ等大（1）型工程。水库总库容为24.67亿立方米，调节库容为8.24亿立方米。电站装4台500兆瓦机组，总装机容量为2000兆瓦，年平均发电量为84.24亿千瓦时/90.89亿千瓦时（岗托投入前/后），年利用4212小时/4545小时（岗托投入前/后）。

该工程主要由格茸沟砂石加工系统、格茸沟混凝土生产系统、废水处理系统三大部分组成，砂石加工系统负责供应2021年12月31日之前主体工程所需的粗骨料、细骨料及2022年1月1日后主体工程所需的细骨料，格茸沟混凝土生产系统主要供应导流及左右岸岸坡开挖工程标、泄洪工程标、输送发电工程标所需混凝土。

（十六）四川毛滩水电站砂石骨料系统

工程位于青衣江干流夹江县顺河乡境内，是千佛岩下游青衣江汇口河段水电规划推荐的三级规划方案中的第一级。干流夹江县境内河段梯级开发的第2级电站。工程区上游为千佛岩电站，下游尾水渠出口为牛头堰取水口。本工程开发的主要任务为发电、防洪、灌溉、兼顾城市景观用水，远期长征渠修建后，服从长征渠灌溉用水，余水发电。电站为混合式开发，水库正常蓄水位为406.00米，电站装机容量为102兆瓦，水库总库容为3000万立方米，年平均发电量为48853万千瓦时。

毛滩砂石系统及尾水渠工程的范围主要包括：尾水渠桩号0+300~3+000段、沉沙池和导沙坎、相应河道疏浚等项目的施工；毛滩水电站工程成品砂石骨料的生产和供应；为完成本合同工程所需的所有临时工程。毛滩水电站砂石骨料生产系统规模满足毛滩水电站高峰时段8.2万立方米/月混凝土施工强度的成品骨料供应能力设计需要。系统于2010年4月20日开工，8月16日比合同工期提前4天投产。

（十七）西藏加查水电站骨料加工系统及混凝土生产系统工程

西藏加查水电站骨料加工系统及混凝土生产系统工程主要承担加查水电站导流工程和主体工程的混凝土供应任务，以及其他设施所需要的少量成品骨料及混凝土供应任务。

混凝土生产系统要求规模不低于10万立方米的混凝土月高峰浇筑强度，制冷温控混凝土不低于9.6万立方米的月高峰浇筑强度，制热温控混凝土不低于8.5万立方米的月高峰浇筑强度。本系统设置2座4×3立方米自落式拌合楼，混凝土生产总量约236万立方米，其中导流工程约为44.7万立方米，主体工程约为191.3万立方米，其中高温季节需要预冷的温控混凝土约96.21万立方米，低温季节需要预热的温控混凝土约为69.96万立方米。高温季节要求拌合楼出机口温度不高于10℃的混凝土约42.7万立方米，不高于14℃的混凝土约53.51万立方米；低温季节要求拌合楼出机口温度为10~15℃。混凝土生产系统总计运行时间长达63个月。

加查水电站是雅鲁藏布江干流中游桑日至加查峡谷段规划5级电站的第5级，上游衔接藏木水电站。

（十八）西藏瓦托水电站骨料加工系统及混凝土生产系统工程

西藏瓦托水电站位于西藏自治区昌都市卡若镇列巴村金河下游约2.5千米处，下游距离昌都市察雅县吉塘镇12.2千米，为金河水能开发的次末级（末级为金河水电站）。

瓦托水电站工程为Ⅲ等中型工程，开发任务为发电。坝址控制集水面积6771平方千米，年平均流量71.2立方米/秒，正常蓄水位为3315.00米，死水位为3313米，总库容为$1378×10^4$立方米。装机容量为54兆瓦，年发电量为2.16亿千瓦时。

骨料加工系统主要承担整个工程的混凝土成品骨料生产任务。本系统根据招标文件及投标施工进度计划要求，工程混凝土高峰时段第3年（2017年）平均浇筑强度为$2.5×10^4$立方米/月，考虑混凝土浇筑强度全年均处于高峰时段，取不均匀系数1.3。

本工程砂石骨料主要料源为乃巴1号、3号、4号砂砾石料场。各料场砂石料采用汽车运输，直接送至砂石加工厂受料仓。

砂石加工厂布置在大坝左岸下游约1.5千米台地处。该处地形平坦，地面高程为3300~3310米，加工厂布置工程为3300米。总占地面积为$3.4×10^4$平方米。

本工程混凝土生产系统根据招标文件提供的资料总生

产任务约为35.91万立方米，其中主体工程约为34.05万立方米，导流工程为1.16万立方米，临建工程为0.70万立方米。

系统内设置1座2×3立方米的自落式拌合楼（并根据合同谈判要求增设1座HZS50拌合站），该拌合楼铭牌混凝土产量为常态混凝土120立方米/小时（50立方米/小时）。混凝土生产系统制冷规模满足夏季混凝土出机口温度不高于12℃的要求。

（十九）云南阿海水电站新源沟砂石加工系统工程

云南阿海水电站位于云南省丽江市玉龙县和宁蒗县交界的金沙江中游河段。阿海新源沟砂石加工系统地势险峻，建安工期极短，系统一期建设至投产的时间不到6个月。系统自6月25日开工后，砂石分局在道路不通、通信不畅、无住房、无饮用水等情况下，采取施工目标责任到人、对施工队伍采取工期责任考核、将施工任务分解到每一天等有力措施，施工形象进展神速。

（二十）云南白鹤滩水电站大坝砂石加工系统建安及运行工程

云南白鹤滩水电站砂石系统工程由三滩砂石拌合系统和大坝砂石系统组成。

白鹤滩水电站三滩砂石加工及混凝土生产系统位于右岸坝址上游约2.8千米（直线距离）处的三滩村台地。

三滩混凝土生产系统生产各种级配、种类的常温混凝土及预冷混凝土。本系统按2座4×3立方米自落式拌合楼规模设计，其预冷混凝土出机口温度按14℃设计。

大坝砂石加工系统主要承担加工白鹤滩水电站大坝工程878.0万立方米混凝土所需的成品骨料供应任务，其中第一阶段为约10万立方米垫座混凝土所需的毛料开采及运输任务；第二阶段为约868.0万立方米混凝土所需骨料的开采、生产、运输任务，共需加工生产混凝土骨料约1910万吨，其中粗骨料约1340万吨，细骨料约570万吨。

成品骨料采用汽车运输，运输距离约为47千米，运输路径主要为大坝砂石加工系统—骨料运输专用公路（含地方公路2千米）—葫芦口大桥—葫白公路（左岸高线进场专用公路）—坝区存料场。

大坝砂石加工系统满足混凝土浇筑高峰月强度约26万立方米的混凝土的粗骨料、细骨料供应需求，加工系统成品料生产能力约为1700吨/小时，其中人工砂生产能力约为500吨/小时，毛料处理能力约为2100吨/小时，短期内（约6个月）需满足月强度约为30万立方米混凝土的粗骨料、细骨料供应。

（二十一）云南黄登及大华桥水电站砂石加工系统工程

工程位于云南省怒江州兰坪县境内，是澜沧江上游河段规划的8座梯级电站中的第5级。上游与托巴水电站相连，下游与大华桥水电站衔接。工程以发电为主。坝址为兰坪县的营盘镇上游，电站坝址以上控制流域面积$9.19×10^4$平方千米，年平均流量901立方米/秒。水库正常蓄水位为1619米，总库容约为14亿立方米。拦河大坝为碾压混凝土重力坝，坝顶高程为1624米，坝顶长度为454米，最大坝高为202米。引水发电系统为左岸地下式厂房，共安装4台单机容量为475兆瓦的水轮发电机组，总容量为1900兆瓦，保证出力为508兆瓦，年发电量为86.29亿千瓦时。

黄登·大华桥砂石系统主要任务是承担黄登和下游大华桥2座水电站主体工程共约$550×10^4$立方米碾压混凝土和常态混凝土，以及$25×10^4$立方米工程喷混凝土所需的$1280×10^4$吨粗骨料、细骨料的生产和供料。加工系统设计规模为2500吨/小时毛料处理能力和不低于2150吨/小时的成品生产能力。根据工程进度计划，本合同进场时间不迟于2010年7月上旬，计划于2011年11月30日完成本合同的全部建安工程和试运行，于2011年12月1日开始供应满足质量、数量和品种规格要求的成品砂石料。系统生产运行期为2011年12月1日—2016年3月31日，本合同工程计划在2016年6月30日全部结束。

（二十二）云南梨园水电站砂石加工及混凝土生产系统工程（祝拿垦料场）

云南梨园水电站砂石加工及混凝土生产系统位于云南省哈巴雪山东侧的金沙江右岸（玉龙县境内）。该系统负责向电站建设前期部分临建工程、导流工程以及主体工程的溢洪道引渠、闸室、泄槽等部位提供各种标号的混凝土，同时为工程提供部分喷射混凝土用砂石骨料。

2008年7月19日，砂石分局中标梨园水电站右岸砂石加工及混凝土生产系统工程，于7月20日工程正式开工建设。历时5个月，完成了土石方开挖45万立方米，金属结构制作安装540余吨，设备安装137台（套），实现了12月18日的砂石加工系统联动，12月23日的砂石骨料和混凝土试生产，12月26日砂石加工系统和混凝土生产系统投产。

（二十三）云南龙开口水电站燕子崖砂石加工系统工程

云南龙开口水电站燕子崖砂石加工系统成品生产能力为1650吨/小时。该系统石料场开采与系统开采高差大，首次采用"三竖井三平洞连续运输骨料"的超高落差散装物料多级竖井连续运输技术，解决了该项目的半成品料运输难问题，成功实践了长距离空间转弯胶带机在骨料运输中的应用与创新。

（二十四）云南溪洛渡水电站中心场人工骨料加工系统工程

云南溪洛渡水电站中心场人工骨料加工系统是水电八局砂石分局进入金沙江流域开发的第一个工程项目。该系统主要承担溪洛渡水电站导流洞、泄洪洞、地下厂房系统、场内交通、场平及其他设施施工约280万立方米混凝土和喷射混凝土的粗细骨料，共计670万吨的生产。

溪洛渡地区岩石属于玄武岩，比花岗岩硬度更高、脆性更大，干湿抗压强度达160~293兆帕，不易破碎成形，制造合格砂石难度极大。砂石分局在水电八局的大力支持下，加大科研力度，成功攻克了玄武岩制砂难题，溪洛渡砂石项目部加工的砂石骨料粒径均匀，中小石料均显方形，成品砂完全达到技术质量要求，并很好地解决了玄武岩制砂石粉含量不足的问题，得到了专家的高度评价。

（二十五）云南向家坝太平料场和马延坡砂石加工系统工程建设及生产供应

工程主要承担电站一期主体工程、二期导流基坑开挖及非溢流坝与泄水坝工程、二期厂坝及升船机工程和右岸地下厂房等主体工程约1220万立方米混凝土所需骨料的供应任务，共需生产混凝土骨料约2680万吨，其中粗骨料约1820万吨、细骨料约860万吨。

砂石系统由太平料场开采区与大湾口半成品加工区、马延坡成品加工区与尾碴坝、长距离带式输送机输送线三部分组成。大湾口半成品加工区布置在太平料场附近的大湾口缓坡山地上，马延坡成品加工区布置在右坝头附近的马延坡冲沟左侧缓坡山地上，输送线由5条长距离带式输送机组成，总长约31.1千米，主要布置在隧洞内，隧洞共分为9段，总长约29.3千米，主洞断面净空尺寸为5米（宽）×4米（高）。主体工程施工期间，砂石系统采用太平料场开采的石料生产混凝土骨料，分别供应右岸高程380米、300米和310米三个混凝土生产系统。

第三节　线性工程配套砂石工程

一、概述

近年来，水电八局坚持以市场为引领、以价值为导向，除传统砂石项目、绿色矿山项目外，积极开拓线性工程配套砂石工程，不断优化市场布局。承建了红河州、滇中引水、川藏铁路尼洋河、莫朵娃项目等线性工程配套砂石项目，积累了丰富的线性工作配套砂石系统开发建设营运经验。

二、工程选介

（一）红河州高速公路砂石项目工程

红河州高速公路砂石项目部位于中国云南省红河州建水县，于2017年5月16日成立，主要供应建水（个旧）至元阳高速公路（初步设计方案）所需混凝土。

本工程主要分为陡岩砂石加工系统、大山砂石加工系统、小寨砂石加工系统、尼格砂石加工系统和丫沙底砂石加工系统五大砂石加工系统，共需成品砂石料约1170万吨。

（二）云南滇中引水工程大理Ⅱ段砂石项目工程

滇中引水工程是云南省可持续发展的战略性基础工程，工程建成投入运行后可以从根本上解决滇中区的水资源短缺问题，具有显著的经济、社会和生态效益。

大理Ⅱ段总干渠线路位于澜沧江、金沙江与红河水系分水岭地带，地势为西高东低，主要山脉和水系在祥云以西呈北西西向展布、以东呈南北向展布，输水总干渠起点为大理市长村村，末点为祥云县万家村，全长104.071千米，设计引水流量为120~135立方米/秒，渠首水面高程为1986.00米，渠末水面高程为1956.00米，总水头为30米，全线平均底坡为0.29‰。

大理Ⅱ段砂石加工系统施工2标，为天景山砂石开采加工系统，位于祥云县刘厂镇西部、磨盘山隧洞东北侧，主要承担滇中引水工程共约 180.9×10^4 立方米（含喷射混凝土）混凝土所需骨料的生产任务。

（三）西藏川藏铁路林芝尼洋河砂石加工场工程

川藏铁路林芝尼洋河砂石加工场位于西藏自治区林芝市尼池村西侧，新建川藏铁路DK1257北（右）侧约350米，地形平坦，地势开阔，地表植被以稀疏灌木为主，地面高程为2952~2954米，占地面积约3.5万平方米。

砂石加工场加工料源为尼洋河河滩料和本标段色季拉山隧道出口段洞渣料，设计处理能力为200吨/小时，成品生产能力为160吨/小时，生产20~31.5毫米、10~20毫米、5~10毫米三种级配的粗骨料和<5毫米的细骨料，砂石骨料生产总量约180万吨，其中粗骨料约100万吨，细骨料约80万吨。

尼洋河河滩料料场开采区地表水发育，紧邻尼洋河，尼洋河为雅鲁藏布江一级支流，常年流水，且流量较大。地下水以第四系孔隙水为主，水量丰富，已完成钻孔揭示勘察期间（2019年9月—10月），地下水位埋深0.5~2米。

尼洋河河滩料料场开采区地层主要为第四系冲积粗圆砾土局部夹卵石土，粗圆砾土层状分布，地层稳定，厚度为25~30米。成分以花岗岩、闪长岩、片麻岩等为主，粒径20~40毫米的约占30%，粒径40~60毫米的约占30%，大于60毫米的约占10%，其余为杂砂、土充填，圆棱状/浑圆状。中密/密实，饱和，Ⅳ级软石。粗圆砾土下层为中砂，层状分布，厚度大于30米，灰褐色，颗粒均匀，成分以石英、长石为主，砂质不纯，局部含少量黏粒。密实、饱和，Ⅰ级松土。

川藏铁路作为西藏城乡一体协调发展、推动成都国际性综合交通通信枢纽功能建设工程，建成后将大幅提升中国西部地区特别是进藏通道的交通能力，增强川西地区交通基础设施建设，意义十分重大。

作为川藏铁路的附属工程、全线的标志性示范工程，尼洋河砂石加工场是川藏铁路第一个自采砂石料系统工程，引领着砂石骨料高质量、高标准在川藏线推广，也是2021年川藏铁路第一季度建功立业劳动竞赛活动的五个样板示范点之一。

川藏作为水电八局绿色建材公司三大名片之一，对市场营销、推动铁路配套线性工程、树立标准性样板工程具有重要意义。

（四）西藏川藏铁路莫朵娃砂石项目工程

工程主要供应范围为川藏铁路扩达站至昌都站，铁路里程约55千米。主要供应工点有桥梁4座，车站2座，主体隧道按照分修、合修类型共分为5条，总长约101千米，辅助坑道13个，包含横洞、斜井、竖井，长度约29千米。莫朵娃砂石料加工系统生产供应总量约为675万立方米，主体工程工期约10年，设计毛料处理能力为500吨/小时，月供应量约为10.5万立方米。同尼洋河砂石料加工系统生产级配，满足铁路混凝土需求，生产16~31.5毫米、10~20毫米、5~10毫米和<5毫米四种级配的砂石料，在生产过程中可根据需要进行级配调整。

川藏铁路莫朵娃砂石料场位于西藏自治区昌都市察雅县王卡乡莫朵娃村境内，料源岩性为石灰岩，主要保障川藏铁路塔如2号大桥至昌都站约55千米的主体工程砂石料供应需求，生产供应年限约为8年。主要供应工点有桥梁、车站、主体隧道以及辅助坑道等，砂石料需求总量约为657万立方米，无洞碴可利用料。料场距察雅县公路里程约50千米，距王卡乡公路里程约10千米，距川藏铁路主线约3千米。料源附近有乡村道路通往王卡乡，王卡乡有X502县道通往察雅县。

第四节　绿色矿山工程

一、概述

随着业务的拓展，水电八局开始涉足建筑材料市场。并在雄安新区、安徽池州、湖北浠水等地建设了世界级绿色矿山。

2002—2022年绿色矿山工程一览见表2-4-2。

表2-4-2　2002—2022年绿色矿山工程一览

项目名称	业主单位	合同总额（万元）	开工时间	竣工时间
安徽池州长九（神山）灰岩矿施工总承包	中电建安徽长九新材料股份有限公司	392681.58	2017年12月	在建
广东阳西县溪头镇凤凰岭矿区建筑用片麻岩矿施工总承包	中电建新材料（广东）有限公司	44316.62	2022年10月	在建
广西200吨/日难处理金精矿场区平整工程	广西田阳中金业有限公司	1234.79	2011年2月	2011年8月
贵州5万吨黄磷尾气发电厂房东、南侧边坡治理工程施工（2017年度）	贵州瓮安县瓮福黄磷有限公司	199.64	2017年4月	2021年6月
贵州瓮福磷矿项目	瓮福（集团）有限责任公司	161909.77	2011年10月	在建
贵州英坪矿段尾矿充填治理采空区生态修复工程	瓮福（集团）有限责任公司	27421.09	2017年11月	2020年8月
黑龙江伊春鹿鸣钼矿尾矿工程	伊春鹿鸣矿业有限公司	2383.72	2021年7月	2022年3月
湖北蕲春县刘河镇石鼓冲矿区建筑用石料矿施工总承包	中电建（蕲春）新材料有限公司	272331.74	2023年11月	在建
湖北武穴市凤凰山石灰石矿产开采、加工施工总承包	武穴市东南矿业有限公司	9800.00	2014年7月	2020年6月
湖北浠水县卧龙庵、马畈矿区建筑用花岗岩、片麻岩矿施工总承包	中电建长峡（浠水）新材料有限公司	389268.51	2021年4月	在建

续表

项目名称	业主单位	合同总额（万元）	开工时间	竣工时间
湖南有色新田岭钨业有限公司西岭沟尾矿库工程Ⅱ标段	茶陵县汉背办事处	6055.84	2010年12月	2014年6月
湖南原湘东钨矿1#、2#、3#尾矿库闭库工程施工第二标段	—	243.54	2011年9月	2013年3月
云南广南县板茂铝土矿采矿工程	文山铝业广南矿业有限公司	4682.61	2019年8月	2020年12月

二、工程选介

（一）安徽池州长九（神山）灰岩矿施工总承包

该项目工程位于安徽省池州市西南方向牌楼镇，距离池州市区约37千米。长九（神山）灰岩矿矿区是目前我国华东地区最大的特大型水泥用灰岩矿，面积约为4.72993平方千米，总储量约为19.08亿吨，开采矿种为水泥用灰岩、普通建筑石料，其中水泥用灰岩矿18.16亿吨，普通建筑石料矿0.92亿吨。项目总运营期约29.5年，总投资约83.49亿元。

项目生产规模为7000万吨/年，分为矿山开采及矿石加工、物流廊道及矿石码头三大部分。矿石爆破开采后经溜井平硐运输至矿石加工系统，加工后成品混合料经长距离胶带机运输至码头堆场，经筛洗分级后由装船机装船外销。

矿山工程：矿山采用露天开采方式，公路—溜井平硐联合开拓运输方案。矿区分四个区域开采，每个区域分别设置一组溜井平硐对应四个相对独立的加工生产线。

物流廊道工程：物流廊道工程起点为矿石加工系统成品混合料堆场，终点为牛头山港区成品混合料堆场。采用长距离带式输送机单线单条运输方式，带宽2.4米，带速5米/秒，运输能力13000吨/小时，全长约12.98千米，总功率7×2500千瓦，全程共设总长约4.9千米的4条隧洞，穿杨公岭、南泉岭、姥山3座山体；物流廊道先后下穿铜九铁路、横跨S236省道、下穿G50高速、横跨G318国道后进入牛头山港区堆场。物流廊道工程采用全线封闭、降噪、除尘措施，最大限度地降低对社会环境的影响，创造了矿地和谐型环境。

码头工程：矿石码头工程位于牛头山港区，岸线为深水Ⅱ类岸线，港区条件较好，地理位置佳，是适宜建设吞吐能力达6000万吨/年的巨型内陆港口。根据长九（神山）灰岩矿项目市场需求预测，拟按"一次规划，分期实施"原则进行分期建设。一期规划建设12个5000载重吨散货出口泊位，使用岸线总长达1600米；二期建设5个5000载重吨泊位。矿石码头工程的水工建筑物包括靠船装卸平台、接岸引桥、皮带机栈桥等，采用高桩梁板式结构。

（二）广东阳西县溪头镇凤凰岭矿区建筑用片麻岩矿施工总承包

广东省阳西县溪头镇凤凰岭矿区建筑用片麻岩矿项目工程的实施响应了阳西县着力打造广东省绿色建材阳江生产基地的理念，将绿色矿区纳入阳西县"一区五园"临港产业园规划，构建"矿业带动、土地集约、港口支撑、产业完备、可持续发展"的高质量临港产业发展格局，远期可承接粤港澳大湾区的产业转移和阳江市滨海新区的产业功能溢出，进一步壮大临港产业集群，推动港产城一体化发展。项目建设内容包括矿山开采、长距离运输廊道、砂石工厂陆域及码头。

矿山开采：矿山开采矿种为建筑用片麻岩矿，矿区面积为1.164平方千米，矿区范围内保有建筑用片麻岩矿资源量（矿石量）为9171.51万立方米，可采资源储量为7514.54万立方米（约2亿吨）。矿山生产规模为3000万吨/年，出让年限为9年。本矿山以绿色矿山为发展目标，大力推进绿色矿山创建事业，并在正式产后2年内建成广东省绿色矿山。

长距离运输廊道：长距离运输廊道总长3.725千米，由三段廊道组成，自砂石工厂成品库沿海岸线布置，带式输送机带宽为2000毫米，带速为4米/秒，运输能力可达9000吨/小时。廊道全线采取封闭配备降噪、除尘等措施，最大限度地减轻对周围环境的污染，对社会环境的影响，营造和谐矿区。

砂石工厂：砂石工厂骨料加工系统年总处理能力为3000万吨，系统设计处理能力为6000吨/小时，砂石工厂加工工艺采用"三段一闭路破碎筛分+开路筛分立轴整形（整形量可调）+棒磨机制砂调节成品砂粒度分布"的全湿法生产工艺方案。

陆域及码头：阳江市丰头港港务有限公司投资承建F1#~F2#泊位工程，为水电八局提供仓储保管、取料、运输、装船等所有服务。陆域堆场设计总堆容量为58万立方米；码头F1#~F2#泊位等级为2个50000吨（水工结构按靠泊100000DWT船舶设计），码头占用岸线长度521米，配置3台6000吨/小时装船机，年吞吐量大于3500万吨。

（三）贵州瓮福磷矿项目

瓮福磷矿工程位于贵州省瓮安县和福泉市境内。瓮福磷矿作为矿区面积达4207平方千米、地质储量为8.2亿吨的特大型海相沉积磷矿岩矿床，是水电八局第一个大型矿山施工项目工程。水电八局先后承揽穿岩洞矿段基建剥离工程、磨坊矿段采矿项目剥离采矿工程等50多项合同。

穿岩洞矿段基建剥离工程基建剥离总量约为2800万立方米，分为两个矿段，其中穿岩洞矿段建设为350万吨/年的露天矿山，采用分区强化开采及分期建设，服务年限为26年。

工程于2012年底启动建设，施工内容主要是基建剥离，计划剥离工程量约为1300万立方米，剥离高程为1386~1176米，平均运距为2.5千米，工程承包内容包括穿孔、爆破、铲装、运输、推排及采空区治理等工作的设计及施工以及为完成上述工作需采取的相应施工措施。

磨坊剥离工程项目位于贵州省福泉市谷龙村，主要类型为山坡露天矿，主要施工内容为采矿与剥离、分铲装、运输、穿孔作业。

该工程于2016年5月18日开工建设，于2020年8月23日完工向建设单位进行移交。其中，开采最高标高为1290米，最低开采标高为1130米，垂直开采高度达160米，台阶高度为10米，最终边坡角为45度。项目建设过程中攻克了现场涌水量过大、施工平面狭窄、穿孔效率极低等难关，累计完成矿石开采量139.25万吨，矿石运输完成139.25万吨，土石方剥离量达221.51万立方米。

水电八局利用自身优势，在露天矿山穿孔爆破、铲装运输、排土工艺、矿山道路和排土场维护、大型专业矿山设备选型配置、维护保养、安全生产标准化和数字化矿山建设等施工技术经验等方面优质履约，先后获中国电建"安全生产先进单位"、瓮福集团"最佳协作单位"、"质量管理先进单位"、"安全生产模范单位"等多项荣誉。

（四）贵州英坪矿段尾矿充填治理采空区生态修复工程

项目位于贵州省福泉市高坪镇英坪采矿区境内。项目（3年基建期+12年生产服务）总投资预计为18亿元。合同期限15年，含基建期2年9个月，采矿期12年，计划采矿生产期为100万吨/年矿山开采以及6500米每年巷道施工。

水电八局于2017年11月中标，施工内容包括开拓工程、采矿生产、采切工程及井下填充等。建设内容涉及深竖井、盲竖井、斜井及各类硐室施工等，基建期主要包含南北回风井、辅助斜坡道、830中段运输巷道、820胶带运输巷及井下排水设备与胶带安装等。在施工过程中，采用工作面短掘短砌混合作业、预注浆以及竖井简易改绞等新举措，先后克服遭遇溶洞涌泥、地处大断层交会处、破碎带片帮垮塌等困难，于2020年7月实现南、北风井2条竖井顺利落地。

项目累计完成辅助斜坡道3354米，南回风井413米，北回风井379米；830中段巷道（主巷道）1422米，Y2#胶带巷道1456米，Y1#胶带运输巷道456米，842分段运输巷道515米。

（五）湖北浠水县卧龙庵、马畈矿区建筑用花岗岩、片麻岩施工总承包

该项目是湖北省重点项目之一，位于黄冈市浠水县，总投资约58.7亿元，建设运营期16年。项目由矿山及骨料加工系统、长胶廊道和码头三大工程组成，其中加工系统分两期报建、实施，码头工程分两期实施。一期工程于2021年5月19日正式开工，二期工程于2023年1月1日正式开工。

浠水县卧龙庵（一期）、马畈（二期）矿区是项目砂石骨料的源头，矿区面积2.76平方千米，总资源储量约6.03亿吨，矿石岩性主要为花岗岩、片麻岩，岩石平均饱和抗压强度超过120兆帕，矿体品质满足建筑石料矿业指标Ⅰ~Ⅱ级质量要求。矿山为露天开采方式，运用行业先进爆破工艺，采取湿式钻孔、高压喷雾等抑尘技术，通过电动卡车转运矿石毛料。骨料加工系统一期、二期设计处理能力均为4000吨/小时，年产能为2000万吨，采用"三段破碎筛分、棒磨整形制砂"全湿法生产工艺流程。矿石经破碎、筛分、水洗等车间加工后，生成成品骨料，产品主要为0~4.75毫米、5~10毫米、10~16毫米、16~25毫米四种粒径的砂石骨料。加工系统采用先进设备、工艺，具有产量高、能耗低、智能化、产品品质稳定等优势。半成品堆场、成品料堆场采用先进、环保的气膜仓封闭技术，实现生产车间、带式输送机全封闭；废水通过"细砂回收+膏体浓密机+压滤机"处理工艺，可实现粉尘零排放、废水循环利用。

长胶廊道是项目产品输出的生命线，总长6.1千米，其中隧洞总长约3.2千米。廊道沿西南方向单线单条布置，通过长距离带式输送机，将加工系统成品骨料运输至码头陆域堆场，依次途经油铺湾、G45高速公路、袁家湖等区

域，全程仅需20分钟。长胶带式输送机带宽2.2米，带速5.6米/秒，设计运输能力11000吨/小时，年输送能力达4000万吨。廊道采取全线封闭，配备降噪、除尘等措施，可最大限度地降低对周边生态、社会环境的影响。

码头工程位于矿山西南方向，是项目产品外销的关键渠道，由现代化、智能化的水域码头平台和陆域堆场组成。码头工程使用长江岸线903米，120天完成岸线审批等所有前置工作，创造了行业最快报建速度。码头采用高桩梁板式结构，分两期建设7个5000吨级（水工结构按靠泊10000吨级船设计）散货泊位，配置7台2500吨/小时的直线轨道式装船机，设计年吞吐量4120万吨，可适应长江航运船舶规模化、大型化的发展需求，集约高效地利用岸线资源，实现节能减排。陆域配套建设相应的堆场、道路、仓库等生产、辅助生产设备、设施，用地274亩。堆场采用气膜仓封闭技术，可堆存约51万立方米成品骨料。

项目9个月完成加工系统和码头陆域堆场一期主体建设，11个月完成码头水域一期4个泊位主体建设，18个月完成长胶廊道主体建设，提前123天实现一期"2022.12.28"投产目标，创造了"当年全面开工、当年建成投产"的非凡长峡速度。

2024年6月30日，项目两期工程整体投产后，可向长江中下游房屋、道路、轨道交通等建筑工程每年提供4000万吨高品质绿色砂石骨料。

第五章　绿色能源业务

第一节　总概述

抽水蓄能业务是水电八局开拓基础设施业务，扎根能源领域的重要板块。水电八局自21世纪初就投身抽水蓄能电站建设，先后参建了惠州、深圳、梅州、阳江、南宁、厦门、清原等多座抽水蓄能电站。抽水蓄能电站的持续建设，使水电八局在抽水蓄能业务方面优势显著，施工技术能力更为突出。其中，深圳抽水蓄能电站荣膺"国家优质工程奖"；梅州抽水蓄能电站创下国内抽水蓄能电站主体工程建设最短工期纪录；25.5米！阳蓄电站刷新了抽水蓄能电站大坝混凝土取芯的世界纪录……水电八局坚持服务"双碳"战略，以优质履约践诺央企形象，为推动乡村振兴，促进地方经济发展，助力粤港澳大湾区打造世界清洁能源利用示范湾区贡献了强劲力量。

水电八局自2006年涉足新能源市场以来，工程遍及云南、湖南、湖北、江苏、安徽、甘肃、四川、新疆、江西、广东多个省市地区，拥有高原、山地、戈壁、平原、滩涂等多种地貌的施工经验。项目类型从单一施工逐步发展为投资、施工总承包、PC总承包、EPC总承包等多种模式。截至2022年12月，新能源公司已实施新能源项目50余个，累计完成建安产值近30亿元。2011年承建江苏如东二期风电特许权项目一期（100.5兆瓦）扩建工程，荣获"国家优质工程银奖"并入选"新中国成立六十周年百项经典暨精品工程"；2015年承建的株洲凤凰山项目获评"中国最美风电场"；2022年承建的小羊窝光伏电站项目成功在金沙江下游风光水储一体化基地（云南侧）建设中实现率先投产，建设质量、进度形象广受好评。

第二节　抽水蓄能工程

一、概述

十成抽蓄，九成电建。

抽水蓄能电站，指利用电网中负荷低谷时的电力，由下水库抽水到上水库蓄能，待电网高峰负荷时，放水回到下水库发电的水电站，又称蓄能式水电站。

抽水蓄能是我国能源革命电力转型的重要标志。随着"碳达峰、碳中和"目标的提出，绿色发展按下"加速键"，生态文明建设进入"快车道"，"十四五"时期，抽水蓄能电站建设迎来了蓬勃的发展期。作为中国电建旗下抽蓄建设的骨干子企业，水电八局贯彻落实"碳达峰、碳中和"目标要求，发挥70年来在绿色能源领域积累的核心实力，在湖南、湖北、广东、广西、浙江、福建、辽宁等地建设了20余座具有世界先进水平的抽水蓄能电站，总装机量约2500万千瓦。

经过大量抽水蓄能项目的施工，积累了丰富的施工经验，掌握了洞室开挖、坝工、机电安装等方面的关键技术，拥有多项工法和专利，多次受到业主及当地政府的高度赞赏，先后获得鲁班奖、国家优质工程奖、中国电力优质工程奖。

黑麋峰抽水蓄能电站是湖南省第一个抽水蓄能电站。在这里，水电八局全力以赴，为家乡人民奉上了科技与创新，也收获了一座金灿灿的鲁班奖。

深圳抽水蓄能电站是我国第一座在城市核心景区中建设的大型水电站，水电八局将山水的艺术与城市的需求完美融合，荣获"国家优质工程奖"。

阳江抽水蓄能电站是我国抽水蓄能电站中最高（101米）的碾压混凝土重力坝，水电八局将坝工技术发挥到极致，创造了抽水蓄能电站25.5米长碾压混凝土芯样的世界纪录。

梅州抽水蓄能电站得益于多年累积的快速施工核心技术，从开工至首台机组试运行，仅用时41个月，其中机电安装工程仅用时18个月，创造国内最短纪录。

厦门抽水蓄能电站是福建省最大抽水蓄能电站，下斜井扩挖支护施工最大月进尺达116米，创造全国最高纪录。

平江抽水蓄能电站是湖南省最大抽水蓄能电站，全国首批采用全断面硬岩隧道掘进机（TBM）掘进，月进尺达602.1米，创造全国最快纪录。

在新能源发展的道路上，水电八局坚持立足清洁低碳的主战场，全面贯彻新发展理念；当好抽水蓄能建设主力军，紧抓调整能源结构的"牛鼻子"；打好绿色发展主动仗，积极响应"绿水青山就是金山银山"的时代号召。作为水电八局"一体两翼"发展战略的重要组成部分，抽水蓄能在可持续发展中发挥出了强大的动力，水电八局以不断扎实的核心技术、不断进步的人才培养、不断创新的产业特色为"建设美丽中国"架桥铺路。

2002—2022年抽水蓄能工程一览见表2-5-1。

表2-5-1　2002—2022抽水蓄能工程一览

项目名称	业主单位	合同总额（万元）	开工时间	竣工时间
安徽金寨抽水蓄能电站	安徽金寨抽水蓄能有限公司	1554.17	2018年12月	2020年10月
安徽石台抽水蓄能电站	长江勘测规划设计研究有限责任公司	3001.80	2021年10月	在建
安徽桐城抽水蓄能电站	安徽桐城抽水蓄能有限公司	639.84	2021年9月	在建
福建厦门抽水蓄能电站	福建厦门抽水蓄能有限公司	190669.94	2018年8月	在建
福建周宁抽水蓄能电站	华电福新周宁抽水蓄能有限公司	1285.00	2017年8月	2022年2月
广东惠州抽水蓄能电站	广东蓄能发电有限公司	27197.20	2003年10月	2008年7月
广东惠州中洞抽水蓄能电站	中国南方电网有限责任公司	55362.08	2022年12月	在建
广东梅州抽水蓄能电站	梅州蓄能发电有限公司	66123.55	2015年9月	在建
广东深圳抽水蓄能电站	深圳蓄能发电有限公司	27086.86	2012年10月	2017年7月
广东阳江抽水蓄能电站	中国南方电网有限责任公司调峰调频发电公司	75932.26	2018年1月	2022年5月
广西南宁抽水蓄能电站	南方电网调峰调频发电有限公司工程建设管理分公司	77581.51	2021年7月	在建
海南琼中抽水蓄能电站	海南蓄能发电有限公司	2374.71	2013年6月	2014年5月
河北易县抽水蓄能电站	哈尔滨电机厂有限责任公司	591.60	2022年5月	在建
河南天池抽水蓄能电站	河南天池抽水蓄能有限公司	11645.78	2016年1月	在建
湖北白莲河抽水蓄能电站	湖北白莲河抽水蓄能有限公司	11641.70	2004年9月	2009年5月
湖北宜都潘家湾抽水蓄能电站	中电建长宜能源开发（湖北）有限公司	—	前期阶段	—
湖北张河湾抽水蓄能电站	河北张河湾蓄能发电有限责任公司	4906.08	2003年12月	2007年12月
湖南黑麋峰抽水蓄能电站	五凌电力有限公司	12889.30	2006年1月	2009年9月
湖南平江抽水蓄能电站	湖南平江抽水蓄能有限公司	200401.95	2021年8月	在建
江西洪屏抽水蓄能电站	武警水电第二总队	1426.32	2011年11月	2014年4月

续表

项目名称	业主单位	合同总额（万元）	开工时间	竣工时间
辽宁清原抽水蓄能电站	辽宁清原抽水蓄能有限公司	103577.42	2017年7月	在建
内蒙古呼和浩特抽水蓄能电站	内蒙古呼和浩特抽水蓄能发电有限责任公司	12962.99	2010年9月	2014年10月
山东文登抽水蓄能电站	哈尔滨电机厂有限责任公司	774.00	2019年10月	2021年2月
山西西龙池抽水蓄能电站	—	1830.00	2005年6月	2007年4月
陕西镇安抽水蓄能电站	哈尔滨电机厂有限责任公司、上海福伊特水电设备有限公司	1133.10	2020年8月	2022年8月
新疆大石峡抽水蓄能电站	哈尔滨电机厂有限责任公司	1202.40	2021年11月	在建
浙江缙云抽水蓄能电站	哈尔滨电机厂有限责任公司	1200.60	2022年4月	在建
浙江仙居抽水蓄能电站	浙江仙居抽水蓄能有限公司	40886.06	2011年10月	2016年6月
浙江长龙山抽水蓄能电站	东方电气集团东方电机有限公司、上海福伊特水电设备有限公司	853.06	2017年8月	2019年4月
重庆蟠龙抽水蓄能电站	国家电网重庆蟠龙抽水蓄能电站有限公司	28287.93	2019年12月	在建

二、工程选介

（一）福建厦门抽水蓄能电站

福建厦门抽水蓄能电站是福建省目前在建最大的抽水蓄能电站，也是福建省"十三五"发展规划的重点项目。厦门抽水蓄能电站为大Ⅰ等（1）型工程，主要永久建筑物按1级建筑物设计，次要永久建筑物按3级建筑物设计。安装4台单机容量为350兆瓦的混流可逆式水轮发电机组，总装机容量为1400兆瓦，平均年发电量23.45亿千瓦时。项目建设总工期为89个月，2024年全面投产。

福建厦门抽水蓄能电站工程在质量管理上全面引入GPS数字技术和智能监控技术，完善数字化大坝碾压系统；利用GPS动态控制原理，对坝面填筑测量实行准确、快速放样，缩短测量放样工序时间，用机械施工参数控制自动化，提高了操作效率和管控效率。岩锚梁是一项集光面（预裂）爆破、锚固技术、混凝土技术、应力、应变和位移量测技术于一体的综合性技术。为确保岩锚梁混凝土顺利浇筑，项目部在浇筑过程中，按照"有章可循，执行从准，检查从严"的原则，对混凝土拌合的生产运输、入仓振捣、温度控制和养护等各个环节进行统筹协调，使岩锚梁施工最终达到整体创建优质工程的标准。2020年11月20日，水电八局跨度最大的福建厦门抽水蓄能电站地下厂房岩锚梁混凝土，历时32天浇筑完成，混凝土浇筑质量达到"镜面效果"。

值得一提的是，厦门抽水蓄能电站竖井开挖打破了全国纪录。厦门抽水蓄能电站的400米长斜井，其导孔贯通偏斜率小于2.5‰，处行业领先水平；下斜井最大月进尺达116米，打破全国最高纪录；下斜井扩挖支护施工最大月进尺达116米，创造全国最高纪录。

厦门抽水蓄能电站工程建设完成后，将有效缓解福建电网调峰问题，提供源源不断的清洁电力。

（二）广东惠州抽水蓄能电站

惠州抽水蓄能电站位于广东省惠州市博罗县，是世界上一次性建成的最大抽水蓄能电站，也是"西电东送"项目的重要配套工程，正式蓄水的电站上水库由1座主坝、4座副坝、库岸防渗系统及上水库进/出水口等组成。主坝采用全断面碾压混凝土重力坝，坝顶长156米，最大坝高为56.1米，重力坝坝顶高程为764.36米，正常蓄水位为762米，死水位为740米，总库容为3171万立方米，调节库容为2740万立方米。

该工程于2003年10月中标承建惠州抽水蓄能电站自流排水洞土建工程A、B标段，后中标永久公路3、4标段和上水库大坝土建工程，合同金额为2.39亿元。上水库为范家田水库，位于小金河的上游，由1座主坝、4座副坝和库周山岭组成，主坝坝顶长156米，最大坝高为56.1米；副坝一~副坝四坝高分别为12.76米、39.3米、26.23米、32.1米，总库容为3171万立方米，有效库容为2739万立方米，水库水位最大消落深度为22米，相应的设计正常蓄水位为762.0米，死水位为740.0米。

（三）广东惠州中洞抽水蓄能电站

广东惠州中洞抽水蓄能电站位于广东省惠州市惠东县高潭镇中洞村境内，直线距离距广州约216千米，距惠东县约96千米。该工程为Ⅰ等大（1）型工程，为国家能源局"十四五"规划重点建设项目、广东省重点工程。占地约5000亩，规划装机容量120万千瓦，安装3台40万千瓦可逆式水泵水轮发电机组。电站建成投运后，将有效提升粤港澳大湾区电网调节能力，促进清洁能源消纳，确保电网安全稳定运行。电站每年可节约标煤耗量约16万吨，减排二氧化碳约32万吨，对于服务"双碳"目标实现，促进经济社会绿色低碳发展具有重要意义。2022年12月，水电八局中标惠州中洞抽水蓄能电站上水库土建工程，主要施工内容包含1座主坝、5座副坝以及库周防渗及库岸防护、扩库开挖及防护、进/出水口开挖及支护、导流及生态放流等工程，主坝和副坝1为混凝土面板堆石坝，副坝2、副坝3、副坝4和副坝5为混凝土心墙土石坝，其中主坝最大坝高71米（趾板处），坝顶长300米。

（四）广东梅州抽水蓄能电站

广东梅州抽水蓄能电站位于广东省梅州市五华县境内，是广东省内建成的第5座抽水蓄能电站；总库容位居全国抽水蓄能电站第二，是国内为数不多能实现周调节的抽水蓄能电站。

电站总装机容量240万千瓦，分两期建设，首期装机容量120万千瓦，安装4台30万千瓦立轴单级混流可逆式水轮发电机组。其中机组成套开关是电站的关键机电设备之一，不仅设计制造难度大，对安装技术的水平要求也非常高。梅州抽水蓄能电站作为国内首座使用国产化抽水蓄能机组成套的抽水蓄能电站，在成套开关设备安装调试阶段，水电八局便编制了《成套开关设备现场安装调试紧急预案》，协同其他单位一起严格按照规程、标准对设备的安装调试进行了全过程管控，用专业的安装水平为首台国产化抽水蓄能机组成套开关的成功应用提供了坚实的技术保障。

2022年2月14日，2号机组进入15天投产试运行；2022年4月3日，3号机组正式迈入15天投产试运行；2022年5月28日，一期第4台机组开始正式发电，标志着梅州抽水蓄能电站已实现一期全面投产的目标。

得益于多年累积的快速施工核心技术经验，从主体工程开工，至电站全面投产，梅州抽水蓄能电站用48个月创造了国内抽水蓄能电站主体工程建设最短工期纪录，也用"半年四投"创造了国内安装调试最快速度，更是创造了4台机组3导轴承摆度均为5度时代，刷新了行业机组运行性能的新标杆。同时，大坝沉降率国内最佳，梅州抽水蓄能上库大坝创造水沉降率不到0.04%的面板堆石坝，为国内最佳水平。

抽水蓄能电站的建设是水电八局服务"双碳"目标的关键一环，梅州抽水蓄能电站施工任务的圆满完成，不仅为水电八局在新型电力系统的搭建上积攒了丰富的施工经验，也通过优质的履约行为在新能源发展的大潮中打响了品牌。

梅州抽水蓄能电站全面投产发电后，预计年发电量可达15.7亿千瓦时，可节约标准煤17.1万吨、减少二氧化碳排放量42.8万吨、减少二氧化硫及粉尘排放量0.15万吨，将大幅提升粤港澳大湾区电网调节能力，更好地服务于粤港澳大湾区的日常用电，优化电源结构，促进新能源发展和粤港澳大湾区的建设；还能提高电网快速响应能力和运行灵活性、可再生能源的利用效率，为粤港澳大湾区构建新型电力系统、促进能源清洁低碳转型作出重大贡献。

（五）广东深圳抽水蓄能电站

深圳抽水蓄能电站是我国第一座在城市核心景区中建设的大型水电站，位于深圳市东北部的盐田区和龙岗区内，距离香港、大亚湾核电站、岭澳核电站约25千米，处于广东的电力负荷中心，为"西电东送"的落点和粤港电网的连接点，电站装机容量为1200兆瓦，安装4台单机功率为300兆瓦的立轴混流可逆式蓄能机组，具备强大的调峰能力，被誉为粤港澳大湾区超级"充电宝"。该电站是国内首个在特大型城市内建设的抽水蓄能电站，集抽水发电、城市供水和景观功能于一体。首次实现地下厂房系统排水"清污分排"，实现水资源和环境效益利用最大化。项目概算静态投资49.48亿元，动态投资59.79亿元，主体工程建设工期为69个月。电站主要承担电力系统调峰、填谷、调频、调相以及紧急事故备用任务，减轻深圳地区供电压力，减小火电及西电的调峰幅度，促进核电和新能源接入系统，改善环境质量，保证安全可靠、优质的电力供应，促进社会经济的可持续发展。

深圳抽水蓄能电站枢纽工程主要由上水库、下水库、输水发电系统及地下厂房洞室群等辅助工程组成。上水库主坝最大坝高55米，调节库容为825万立方米，上库区位于盐田区北面的小三洲盆地内，占地面积为64万平方米；下水库利用龙岗区已建的铜锣径水库进行扩容改建而成，主坝最大坝高50米，调节库容为1625万立方米。下库区位于横岗街道的铜锣径水库，占地面积为99万平方米；上下库联络道路长10千米。该工程将建设4台30万千瓦的立轴单级可逆混流式机组，总装机容量为120万千瓦，平均水头448米，电站以4回220千伏出线分别接入深圳变电站和远丰变电站。电站调节性能为日调节，日调节满发时间为6.37小时，事故备用满发时间为1小时。电站年均抽水用电量为19.55亿千瓦时，年均发电量为15.11亿千瓦时。

水电八局用三年高质高效地完成了深圳抽水蓄能电站上库工程建设，9个分部工程质量优良率达100%，主要技术经济指标达到国内同类工程领先水平，荣获"国家优质工程奖"。

（六）广东阳江抽水蓄能电站

阳江抽水蓄能电站位于广东省阳春市与电白县交界处的八甲山区，地理位置处于广州—湛江粤西片的中部，直线距离距广州市230千米、距阳江市60千米、距阳春市50千米。工程区属阳春市行政区管理范围。

阳江抽水蓄能电站是国家和广东省的重点建设工程，也是目前国内核准建设的单机容量最大、净水头最高、埋深最大的抽水蓄能电站，拥有我国抽水蓄能电站中最高（101米）的碾压混凝土重力坝，水电八局将坝工技术发挥到极致，创造了抽水蓄能电站25.5米长碾压混凝土芯样的世界纪录。工程创新采用非开挖导向钻机施工技术等，成功攻克了十余项重大关键技术难点，总结出了一大批新技术、新工艺，实现了工程高标准建设，为国内后续大规模建设同类电站奠定了坚实的技术基础。

上水库地处阳春市八甲镇南西约8千米的河尾山林场，即白水河的源头九曲河处；下水库位于阳春市八甲镇南西5千米处的高屋村石祥、更口、丰田一带，上、下水库落差约为670米。

阳江抽水蓄能电站规划装机容量为2400兆瓦，分两期建设，近期装机容量为1200兆瓦，远期工程根据电力市场的发展情况适时建设。

该电站枢纽工程主要由上水库、下水库、输水系统、地下厂房洞室群、地面开关站及场内永久交通道路等建筑物组成。

1. 上水库。

上水库设计正常蓄水位为773.7米，相应库容为2542万立方米，死水位为745米，死库容为330.2万立方米，调节库容为2211.8万立方米。上水库大坝为碾压混凝土重力坝，坝顶总长为476.8米，坝顶宽度为8.0米，最大坝高为101米。

2. 输水系统。

输水系统建筑物包括：上、下水库进/出水口、近期输水隧洞、引水调压井、尾水调压井及尾调通气洞等。

输水系统采用1管3机供水布置形式，设置引水、尾水调压井方案。输水系统纵剖面采用上竖井+下竖井方案，输水系统水道为衬砌形式，除引水支管、尾水支管采用埋藏式压力钢管衬砌外，其余均采用钢筋混凝土衬砌。

3. 场内永久交通道路。

场内永久交通道路包括上下库连接道路、下库坝顶连接支线、下库进/出水口支线、开关站支线以及上库进/出水口支线。

场内永久交通道路总里程为16.471千米，包括涵洞72道，桥梁1座，隧道3座。

场内永久交通道路参照四级公路标准设计，设计速度为20千米/小时，设两车道。行车道路面宽6.5米，每侧土路肩宽0.5米，部分路段设置电缆沟。

本合同工程主要内容包括上水库碾压混凝土重力坝、库周防渗工程、库岸防护工程、码头工程、建筑与装修、安全监测工作、预埋件（管）埋设、旧白水大坝拆除及其他工作、普通电气照明、金属结构制造与安装以及为完成这些主体工程而建设的施工临时设施等。

（七）广西南宁抽水蓄能电站

广西南宁抽水蓄能电站上水库土建工程位于广西壮族自治区南宁市武鸣区太平镇白凿山顶部，包括上水库主体坝、扩库开挖及库岸防护、生态流量管、环库公路、生态流量管检修道路、上水库进/出水口、导流洞等工程内容。广西南宁抽水蓄能电站作为国家"十四五"重大项目，也是广西境内首座抽水蓄能电站，为Ⅰ等大（1）型工程，计划工期43个月。上水库正常蓄水位时库容为636.8万立方米。挡水坝为钢筋混凝土面板堆石坝，坝顶高程为780.5米，最大坝高为92.5米，坝顶长为499.5米。

（八）湖北宜都潘家湾抽水蓄能电站

湖北宜都潘家湾抽水蓄能电站是国家、湖北省抽水蓄能中长期规划重点实施项目，位于湖北省宜都市潘家湾土家族乡境内，电站上水库位于潘家湾乡梁山村杨家湾，下水库为已建的熊渡水库。电站安装4台单机容量为300兆瓦的可逆式水轮发电机组，总装机容量为1200兆瓦，连续满发小时数按9小时设计（湖北省唯一），电站设计年发电量为15.36亿千瓦时，年抽水电量为20.49亿千瓦时。电站以1200兆瓦装机规模投入系统运行后，每年可节省标准煤34.28万吨，相当于减排二氧化碳85.45万吨，全生命周期减少碳排放量核算约2290.06万吨，对推动湖北省发展低碳经济及社会经济可持续发展具有重要意义。

枢纽布置：上水库主要建筑物由大坝、库岸防渗及库底防渗结构等部分组成。主坝为混凝土面板堆石坝，坝顶高程632.00米，最大坝高65.0米，坝顶宽10.00米，坝顶长360.00米，坝顶上游设钢筋混凝土防浪墙，下游设波形防护栏。初拟大坝上游面坡比为1∶1.4，下游面坡比为1∶1.4。上水库坝址集雨面积为2.29平方千米，校核洪水（$P=0.1\%$）24小时洪量为86.1万立方米，集雨面积及洪峰流量较小，本阶段在库岸周边设置截水沟，不设置泄水建筑物。下水库采用已建熊渡水库。熊渡水库坝址以上集雨面积为1015.00平方千米，年平均流量为29.70立方米/秒，年平均径流量为9.37亿立方米。水库原防洪设计标准为100年一遇，其设计洪峰流量为3630立方米/秒，设计洪水位为144.446米，校核防洪标准为500年一遇，校核洪峰流量为4770立方米/秒，校核洪水位为144.91米。水库设计总库容为9552万立方米，大坝为混凝土重力拱坝，最大坝高为74.00米，属Ⅲ等中型水库，主要建筑物级别为3级，次要建筑物级别为4级，临时建筑物级别为5级。水库枢纽工程由大坝、右岸翼坝、放空兼冲砂底孔、左/右岸进水口等建筑物组成。

输水系统布置：上库进水口布置于上水库右岸下游山脊处，输水发电系统引水系统隧洞轴线经过22.576度平面转弯后，由北向南，斜进厂房，尾水支洞垂直出场后，尾水系统隧洞轴线在尾水主洞经41.597度和2.956度两个平面转弯后，尾水主洞轴线方向调整为S58.641° E，下水库进/出水口处于下水库坝址上游约1.00千米处"几"字形河弯的山脊上，上、下水库进/出水口水平距离约3.26千米，距高比为7.25。上水库进/出水口由两个组成，形式采用侧式进水口，前缘总宽80.50米。引水系统采用两洞四机的供水方式，立面采用一级竖井布置，由上平段、竖井和下平段组成。尾水系统采用两洞四机的供水方式，尾水主洞立面采用一坡到底布置，长为1351.688米/1314.847米。尾水闸门室平行布置在主变洞下游侧的支洞上，与主变洞之间净间距39.25米。下水库进/出水口与上水库进/出水口的布置形式基本相同。上、下水库进/出水口之间输水系统总长3767.956米/3719.9米，其中引水系统长2207.128米/2195.913米，尾水系统长1560.828米/1523.987米。

发电系统布置：厂房采用中部式布置方式，距上水库进水口平面直线距离约为1.81千米，距下水库出水口约为1.50千米。厂区建筑物主要分为地下建筑物和地面建筑物两部分：地下建筑物主要包括主/副厂房洞、主变洞、母线洞、进厂交通洞、通风兼安全洞、主变运输洞、电缆交通洞、排水廊道、集中排水洞等洞室；地面建筑物主要是地面开关站，包括GIS楼、继保楼、出线平台及柴油发电机房。进厂交通洞洞口设在熊渡水库左岸，位于下水库进/出水口北侧约0.20千米处。通风兼安全洞洞口设在熊渡水库左岸，紧靠下水库进/出水口右侧。环绕厂房和主变洞外围设上、中、下三层排水廊道，并有排水孔互为相通形成排水帷幕，排水廊道采用钻爆法施工，城门洞形，净尺寸为3.00米×3.00米，厂内岩体、设备渗漏水，以及消防、生产生活废水经处理后通过抽排至排水洞，然后自流至熊渡水库。主变洞和地面开关站通过高压电缆平洞及高压电缆竖井连接，高压电缆平洞总长为1123.00米，城门洞形高约为202米。根据地形条件，开关站布置在水库进/出水口西侧约0.30千米处，开关站平面尺寸为110米×62米，平台高程为280米。

（九）湖南黑麋峰抽水蓄能电站

黑麋峰抽水蓄能电站是湖南省第一个抽水蓄能电站，位于望城县桥驿镇境内，紧邻湖南电网负荷中心长株潭地区，电站距离长沙市区仅25千米，距离湘潭、株洲也不足60千米。黑麋峰抽水蓄能电站由上水库、下水库、发电厂房等组成，上水库位于黑麋峰西侧山顶，建有2座主坝和2座副坝，正常蓄水位为400米，总库容为996.50万立方米；下水库位于杨桥东侧山麓，正常蓄水位为103.7米，总库容为959.32万立方米。电站发电机组由4台单机容量为30万千瓦的可逆式机组组成，总装机容量为120万千瓦。主体工程于2005年5月开工，动态投资35亿元。

2006年4月，水电八局机电制造安装分局中标全部机电设备安装项目。同年5月进场施工。经过3年的努力，完成主厂房2×300吨桥机安装、机组埋件安装、进/出水口金属结构安装、1号主机及辅助设备安装、GIS开关站及出线塔架安装、500千伏高压电缆安装等工作。2009年5月完成充水试验；2009年6月机组一次启动成功，一次并网成功，创造了目前国内同类型机组安装调试工期的新纪录；2009年8月23日，湖南省首座抽水蓄能电站——黑麋峰电站首台机正式通过考核开始试运行。

据悉，黑麋峰电站是利用上、下两个水库水流所形成的落差产生的势能，带动4台30万千瓦可逆式发电机组发电。抽水蓄能电站可把水抽到上水库储存起来，反复循环使用，提供源源不断的电力。黑麋峰抽水蓄能电站陆续投产后，将带来多方面的效益：一是可作长株潭地区的可靠应急电源，黑麋峰抽水蓄能电站建成后，满负荷运行每天可发电600多万千瓦时，创造产值200多万元，可以补充供应长株潭电力5小时；二是抽水蓄能电站的发电启动速度比水电、火电都快，只需3分钟；三是能极大地优化我省的电源结构，解决湖南电网负荷季节性不均衡问题；四是能为湖南未来建设的岳阳小墨山等核电项目配套，及时吸收消化、储存核电的富余能量，并通过电网调度为核电提供调峰负荷。

在这里，水电八局全力以赴，为家乡人民奉上了科技与创新，也收获了一座金灿灿的鲁班奖。黑麋峰抽水蓄能电站首次采用国产化大型蓄能机组，水电八局首创BTB进行机组水泵工况调试并取得成功，"转子动平衡试验不配重""蜗壳和座环安装焊接""发电机下端轴与下机架整体吊装"获得中国电力建设企业协会颁发的工法证书。

（十）湖南平江抽水蓄能电站

湖南平江抽水蓄能电站是湖南省最大的抽水蓄能电站，电站重装机容量为140万千瓦，安装4台单机容量为

35万千瓦可逆式水泵水轮发电机组，设计年发电量为7.37亿千瓦时，年抽水电量为9.83万亿千瓦时。电站枢纽由上水库、下水库、输水系统和地下厂房系统组成。工程总工期为72个月，预计首台机组于2026年投产发电。

平江抽水蓄能电站和众多抽水蓄能电站一样，是一个复杂的"地下城"。在项目建设过程中，所涉及的施工种类繁多，各分部工程进度相互制约，各工序施工过程相互交叉。为确保优质履约，自项目开工建设以来，项目坚持按照设计图纸和规范施工，严格遵循"管超前、严注浆、短进尺、弱爆破、强支护、控安距、重投入、勤量测"的原则，奋力克服斜井隧洞内涌水、塌方频发、安全风险高等重重困难，狠抓工序循环衔接，不断缩短各工序循环作业时间和加快各工作面施工进度。同时，在施工建设中通过采取合理控制开挖进尺、增加小导管数量、减小工字钢架间距、增加底板横撑及自进式管棚数量，以控制隧洞变形；加强初期支护和超前地质预报及安全监测、超前灌浆固结堵水等施工工艺，及时进行二衬混凝土施工，真正形成平面多工序立体交叉作业，有效保障了项目施工质量、进度的可控。

平江抽水蓄能电站好比巨型"充电宝"，在电力系统中承担调峰、填谷、调频、储能等作用，是最具安全性和经济性的绿色清洁电源。平江抽水蓄能电站作为全国首批采用TBM技术进行小隧洞施工掘进的抽水蓄能电站，"平江号"在自流排水洞施工时最大月进尺达602.1米，刷新了当时抽蓄电站同级别曲线小断面TBM施工进尺纪录，将原本4年的工期缩短至8个月，创造全国最快纪录。2022年平江抽水蓄能电站BIM参赛作品《平江抽水蓄能电站项目智慧工地应用》获得"电力建设工程智慧工地管理成果二等奖"。

电站建成后，将以500千伏线路接入湖南电网，承担调峰、填谷、调频、调向及紧急事故备用等任务，每年可节省标准煤8.2万吨，减少二氧化碳排放量15万吨，对积极稳妥推进"碳达峰、碳中和"目标、构建新型能源体系、积极履行央企责任担当、绿色发展清洁能源具有深远意义，为湖南和华中电网的安全稳定运动提供了坚强的保障。

（十一）辽宁清原抽水蓄能电站

辽宁清原抽水蓄能电站位于辽宁省抚顺市清原县北三家镇内，是目前国内抽水蓄能行业的第一大EPC项目，也是国家电网公司推进能源结构调整和振兴东北地区战略实施的重大工程，电站为调节抽水蓄能电站。作为东北最大的抽水蓄能电站，工程规模为Ⅰ等大（1）型，规划装机容量为180万千瓦，单机容量为30万千瓦，安装6台发电机组。设计年发电量30亿千瓦时，建设总工期84个月，计划2023年实现首台机组发电。

在技术工艺方面，水电八局充分发挥央企优势，联合国内顶尖大学学者解决现场存在的技术问题，同时借鉴局内、行业内的各种先进管理理念、施工工艺，不断提升项目管理水平及业务水平。一系列对症下药的措施，使得项目部逐渐"身强体健"，跑出了优异速度：2021年8月1日大坝面板浇筑完成，呈现出的"镜面效果"获得一致好评；2022年5月22日，下水库围堰截流成功；2022年10月17日，大坝填筑封顶仅用时5个月，创造了清原速度。清原项目洞挖质量优良，洞室开挖半孔残留率超过95%，竖井导孔偏斜率仅为1.76‰，实现了百米级竖井精准贯通。

项目建成后，作为硕大的"调节器""稳压器"和"电力粮仓"，在辽宁电网中承担调峰、填谷、调频、调相、负荷备用和紧急事故备用等任务，同时电站具备黑启动能力，对保证辽宁电网和东北电网安全稳定运行，有效吸纳风电、光伏发电、核电等新能源，进一步优化东北电网电源结构起到重要作用。

第三节　风电工程

一、概述

2006年9月，江苏如东风电特许权二期项目风机基础工程正式开工。经过项目部全体员工的努力，精心组织施工，克服了征地、进场临时施工道路、大风潮汛等诸多困难，于2006年12月16日圆满完成江苏如东风电特许权二期项目刘埠闸东侧28~40#风机基础土建工程。

2007年8月，水电八局承建山西神池风电场110千伏升压变电站土建及设备安装工程，是首个山地风电工程。2008年10月，承建江苏如东二期风电特许权项目一期（100.5兆瓦）扩建工程，同年获"中国电力工程优质奖"。2010年5月，承建甘肃瓜州干河口第四风电场风机基础及箱变基础工程，是首个戈壁风电工程；同年，承建江苏如东二期风电特许权项目风机基础上部结构浇筑荣获2010—2011年度国家优质工程优质奖、中国电力优质工程奖。2013年10月，承包五凌鄯善县风电场一期工程施工总承包项目，项目管控能力迈上新台阶。

2014年10月，湖南株洲凤凰山风电场工程施工总承包项目是水电八局首个"投资+"风电项目，同时获得"中国最美风电场"称号。2015—2017年，新能源公司先后承建了江苏盱眙、江苏大丰、湖南永顺大青山、湖南省桂阳县子顶山等风电项目。2018年3月，承建的金觉峰风电场工程施工总承包及设备采购项目正式开工，实现由施工总承包向PC采购施工总承包转型，2018年4月，中标大唐广元何家山风电场主体工程施工Ⅰ标（102兆瓦），总包承建首个超1万千瓦级风电场。2019年2月，郴州江口风电场项目PC施工总承包合同正式签约，同年9月，石盖塘风电场项目采购施工总承包合同签约，综合服务能力再上新台阶。

2002—2022年风电工程一览见表2-5-2。

表2-5-2 2002—2022年风电工程一览

项目名称	业主单位	合同总额（万元）	开工时间	竣工时间
埃塞俄比亚阿伊萨Ⅱ期风电项目	—	6507.48	2018年6月	2022年12月
安徽定远大金山（49.5兆瓦）风电项目	龙源定远风力发电有限公司	1998.46	2011年9月	2012年10月
安徽明光鲁山（49.5兆瓦）风电项目	龙源明光鲁山风力发电有限公司	1852.84	2012年7月	2013年10月
安徽宣城南漪湖（49.5兆瓦）风电项目	龙源宣城风力发电有限公司	735.85	2014年4月	2014年12月
巴基斯坦50兆瓦风电项目	华东勘测设计研究院有限公司	2141.12	2014年12月	2015年12月
甘肃安北第五风电场A区风电项目	瓜州新盛安北风力发电有限公司	3300.00	2021年8月	在建
甘肃瓜州第四风电场项目	中国水电建设集团瓜州风电有限公司	3198.73	2010年6月	2010年12月
甘肃马鬃山公婆泉（49.5兆瓦）风电项目	龙源（肃北）电力集团股份有限公司	1627.90	2011年6月	2011年9月
广西全州白竹风电场项目	全州优能风电有限公司	6796.46	2022年10月	在建
贵州韭菜坪风电场二期项目	华能赫章风电有限公司	7473.54	2011年6月	2011年12月
贵州雪山陡口子风电场项目	华能威宁风力发电有限公司	12171.65	2016年11月	2017年12月
河南商水风远清洁能源40兆瓦分散式风电项目	华电集团公司	708.00	2021年9月	在建
湖南郴州江口风电场项目	中电建郴州新能源有限公司	23204.95	2019年3月	2020年9月
湖南桂阳子顶山风电场项目	郴州湘水天塘山风力发电有限公司	3295.90	2015年6月	2017年9月
湖南金觉峰风电场项目	中电建衡东风电有限公司	31521.00	2018年3月	2020年5月
湖南石盖塘风电场项目	中电建郴州新能源有限公司	21400.00	2019年10月	2020年12月
湖南溆浦紫荆山风电场项目	中国水电顾问集团溆浦风电开发有限公司	980.00	2014年12月	2016年3月
湖南永顺大青山风电场项目	湖南中水投资有限公司	2894.05	2015年4月	2016年3月
湖南株洲凤凰山风电场工程施工总承包	中电建株洲凤凰山风力发电有限公司	9461.93	2014年9月	2016年5月
加纳奈柯风电群—安牧兰可博200兆瓦项目	UPWIND INTERNATIONAL AG	201388.85	2022年10月	在建
江苏大丰三期200兆瓦风电项目	龙源大丰风力发电有限公司	2030.40	2015年4月	2015年7月
江苏国信临海风电场二期工程项目	江苏国信临海风力发电有限公司	1417.81	2015年1月	2015年11月
江苏启东风电系列项目	江苏龙源风电公司	4119.44	2007年8月	2008年4月
江苏如东风电系列项目	江苏龙源风电公司	7283.92	2006年9月	2011年10月
江苏盱眙低风速风电系列示范项目	龙源盱眙风力发电有限公司	8686.29	2012年1月	2020年1月
江西钓鱼台48兆瓦风电场工程、天湖山48兆瓦风电场项目	中电投江西电力有限公司新能源发电分公司	5953.42	2014年8月	2015年12月
江西乐安鸭公嶂风电场项目	龙源乐安风力发电有限公司	2642.58	2018年6月	2018年12月
江西龙源钩刀咀（48.4兆瓦）风电项目	江西龙源风力发电有限公司	1760.83	2018年12月	2019年11月
江西宁都武华山(48兆瓦)风电项目	江西龙源风力发电有限公司	7066.00	2020年3月	2021年10月
山西神池风电场项目	中南勘测设计院	419.50	2007年8月	2009年5月

续表

项目名称	业主单位	合同总额（万元）	开工时间	竣工时间
四川大唐广元何家山风电场主体工程施工Ⅰ标	大唐广元风电开发有限公司	11051.58	2018年4月	2020年8月
四川盐源凉风坳风电场项目	四川盐源华电新能源有限公司	4199.19	2016年3月	2016年12月
四川盐源银头山风电场项目	四川盐源华电新能源有限公司	1080.11	2017年1月	2018年6月
新疆哈密烟墩第一风电场（200兆瓦）项目	中电投新疆能源化工集团哈密有限公司	847.99	2012年9月	2013年8月
新疆鄯善风电场一期工程项目	五凌鄯善电力有限公司	5481.67	2013年10月	2014年12月
越南乐和二期130兆瓦风电项目	T&T GROUP	126609.24	2021年3月	2021年10月
云南莲花山42兆瓦风电场项目	云南华电莲花山风力发电有限公司	4079.75	2013年5月	2014年11月
云南禄丰县大荒山风电场项目	云南中云电新能源有限责任公司	10218.96	2014年11月	2016年2月
云南巧家大岩洞风电场项目	国电云南新能源有限公司	5356.21	2014年4月	2015年4月
云南丘北赶马路风电场项目	—	2224.42	2012年5月	2012年12月
云南丘北羊雄山风电场项目	中国水利水电第六工程局有限公司	2068.59	2011年4月	2011年12月
云南永善大坪子风电场项目	大唐永善风电有限责任公司	3663.14	2014年1月	2017年3月

二、工程选介

（一）安徽明光鲁山（49.5兆瓦）风电项目

光明鲁山风电场由33台单机容量为1.5兆瓦的远景能源EN93/15型风力发电机组成，总装机容量为49.5兆瓦。该项目新建10千伏龙溪变电站一座。场址为明光市涧溪镇白沙王村附近，距离明光市约30千米，风电场海拔高度为150~300米。项目于2013年1月3日进行首台风机基础开挖，于2013年7月5日首台风机并网发电。

（二）甘肃安北第五风电场A区风电项目

项目位于酒泉地区瓜州县东北约73千米、玉门镇西北约55千米处的戈壁滩上。风电场北高南低，场址区海拔高度为1350~1580米，场址开阔，地形相对较平坦，风能资源丰富。甘肃瓜州安北第五风电场A区200兆瓦工程共安装50台4.0兆瓦风力发电机组，其中GW165-4.0兆瓦机型25台，WD164-4.0兆瓦机型25台。项目机型为GW165-4.0兆瓦机型的风力发电机组，轮毂高度为97.5米，叶轮直径为165米。风机基础采用C40F150混凝土，单机基础混凝土量为580立方米，钢筋量为53.37吨。

（三）甘肃瓜州第四风电场项目

项目位于甘肃省瓜州县西北约56.5千米处，在气候上属于半干旱半沙漠大陆季风气候区，主要气候特点：年降水量少、蒸发量大，风沙天气多，气候干燥，光热资源丰富，昼夜温差较大。场址区揭露的地层为第四系上更新统洪积松散堆积物。该工程为73台金风风机及箱变基础，总装机规模为109.5兆瓦。风电场土建工程主要包括风机基础、箱式变压器基础。风机基础（含预埋）和箱式变压器的基础全部为钢筋混凝土基础。

（四）湖南郴州江口风电场项目

郴州江口风电场位于湖南省郴州市北湖区境内，场址总面积约3.4平方千米，总装机容量50兆瓦，主要施工内容包括20台2.5兆瓦风力发电机组、34千米的3回35千伏直埋集电线路、新建1座110千伏升压站、1回110千伏送出工程以及21.732千米的场内运输道路等。工程于2019年4月1日开工，于2020年10月29日竣工。工程运营至今，设备运行、年平均利用小时数及发电量等各项功能均满足设计规范要求，整体工程质量达到了同类工程领先水平。先后获得湖南省第42届QC小组成果二等奖，2022年度中国电建"优质工程"称号。

（五）湖南桂阳子顶山风电场项目

桂阳子顶山风电场工程位于湖南省郴州市桂阳县西北部，属中低山—丘陵地带，场址面积约10平方千米，规划总装机容量为49.9兆瓦，设计安装24台单机容量为2000千瓦和1台单机容量为1900千瓦的风力发电机组，预计年上网电量为11101万千瓦时。工程风机基础直径为19.4米，高度为3.3米，基础采用C35混凝土，单机基础混凝土量为553.5立方米，钢筋为49.53吨。2016年7月1日开始第一台风机基础浇筑，于2016年11月18日完成最后一台风机及箱变基础浇筑，于2017年3月全部风机完成并网发电。

（六）湖南金觉峰风电场项目

衡阳金觉峰风电场位于湖南省衡东县境内，风电场距衡东县县城直线距离约15千米，地表海拔高度为120~560米，属低山—丘陵地貌。风电场工程等级为Ⅲ级，工程规模为中型。改造道路总长度为1.12千米，新建道路14.47千米。直埋电缆线路长18.2千米。金觉峰风电场总装机规模为48兆瓦，安装24台单机容量2000千瓦的金风GW121/2000直驱风力发电机组，一座110千伏升压站，送出线路全长为10.5千米，预计年上网电量为9617万千瓦时，年等效满负荷小时数为2004小时。风机轮毂高度为85米，叶轮直径为121米。风机基础采用C40混凝土，单机基础混凝土量为426.1立方米，钢筋为40.1吨。

（七）湖南石盖塘风电场项目

郴州石盖塘风电场位于湖南省郴州市北湖区境内，风电场距郴州市区公路距离约34千米，地表海拔高度为1000~1350米，属南方山地地貌，建设容量50兆瓦。建设单机容量2.0兆瓦的风电机组25台，并配套建设场内道路、35千伏集电线路等，风电场通过35千伏集电线路接入已建江口风电场110千伏升压站，升压站内扩建1台50千伏主变压器。工程于2019年12月8日开工，于2020年12月18日竣工。工程运营至今，年平均利用小时数、年度发电量均优于设计规划，整体工程质量达到了同类行业领先水平。获得湖南省第43届QC小组成果二等奖。

（八）湖南株洲凤凰山风电场工程施工总承包

株洲凤凰山风电场位于湖南省株洲市株洲县龙潭乡附近，地理位置介于北纬27°13′~27°17′和东经113°06′~113°10′之间，场址区域呈"人"字形，东西最宽约3.7千米，南北最长约5千米，场区总面积约5.9平方千米，场址海拔高度为300~700米。场区距株洲市区约95千米，场区西面有省道S211、G107和京珠高速经过，对外交通便利。凤凰山风电场工程设计安装19台单机容量为2.0兆瓦的风力发电机组，总装机容量为38兆瓦。预计年上网电量为7147万千瓦时，年等效满负荷利用小时数为1881小时，容量系数为0.215，风电场项目施工内容主要包括新建道路工程、风电机组工程、埋地电缆工程、升压站工程等。

2014年投资公司与中电建株洲凤凰山风力发电有限责任公司签订了施工总承包部合同，实施施工总承包管理，合同总金额为88443741.70元，主要包括土建部分37306073.44元，设备及安装工程47362333.74元，项目验收费863617.75元，工程保险费338673.63元，联合试运转费32990.92元，总承包管理费2540052.22元。

工程于2014年7月8日正式开工，凤凰山风电场项目部组建于2014年8月，对工程进度、质量、安全、资金等进行全面宏观管控，下设综合办、工程办、财经办三个部门。土建施工由基础分公司成立的项目分包机构负责施工，设备安装由安装公司成立的项目分包机构负责施工。

株洲凤凰山风电场是中国首个低风速风电项目，多次被中国风能协会评选为"中国最美风电场"。

（九）江苏如东风电系列项目

江苏如东二期风电特许权项目一期（100.5兆瓦）扩建工程第二批风机基础上部结构施工工程建设内容包括：风机基础土方开挖；基础碎石垫层铺设；管桩填芯、垫层、风机基础及箱变基础混凝土浇筑；基础环支架安装及基础环吊装；风机基础及箱变基础钢筋制作安装；接地扁钢焊接；电缆管安装；箱变砖砌体施工；抹灰；土方回填等施工内容。风机基础上部结构施工工程于2008年11月30日开工，于2009年8月31日完工。工程在整个建设过程中，施工单位按照合同约定的要求精心组织施工。工程共包括①东凌场区：29#~40#、56#~58#、61#~62#风机；②环港场区：46#~51#、56~58#、63#~65#、68#~69#、72#~74#共33台风机。该工程验收分项工程429项，合格429项，合格率达100%。验收分部工程33项，合格33项，合格率达100%。经综合评定，江苏如东二期风电特许权项目一期（100.5兆瓦）扩建工程第二批风机基础上部结构施工工程观感质量为好，验收合格。2008年10月，承建江苏如东二期风电特许权项目一期（100.5兆瓦）扩建工程，同年获"中国电力工程优质奖"。

（十）江西龙源钩刀咀（48.4兆瓦）风电项目

龙源钩刀咀（48.4兆瓦）风电项目位于江西省赣州市宁都县钩刀咀山脊一带，半坡至山顶植被茂密，局部有少量灌木及杂草，钩刀咀山脊一带海拔高度为1000~1400米，属中低山地貌，风机地基基础设计级别为1级，基础结构安全等级为1级，设计使用年限为50年，采用22台钢筋混凝土扩展基础。

（十一）四川大唐广元何家山风电场主体工程施工Ⅰ标

大唐广元何家山风电场位于四川省广元市利州区境内。整个风电场内由数条近西南—东北走向的主山脊及支脉山脊组成，海拔高度为1350~1670米，场址总面积约28.9平方千米。工程设计安装51台单机容量为2兆瓦的风力发电机组，总装机容量为102兆瓦。主要施工内容包括风机安装平台、2兆瓦风电机组基础（采用现浇钢筋混凝土扩展基础）、35千伏箱式变电站基础、场内外道路工程、风电场接地工程等。单台风机钢筋用量为74.749吨，混凝土量为480.3立方米。风机安装轮毂高度85米，机舱重87吨，叶轮重67.18吨（轮毂重26.8吨、叶片重13.46吨×3），叶轮直径为121米。

（十二）新疆鄯善风电场一期工程项目

五凌鄯善风电场一期（49.5兆瓦）工程位于新疆维吾尔自治区吐鲁番地区鄯善县。属于楼兰风区，距离鄯善县城90千米，距离乌鲁木齐市公路里程为370千米，平均海拔高度为1000米。该工程主要工作任务：33台风机及箱变基础施工；33台风机机组及塔筒吊装及安装；33台箱变安装及试验；3条35千伏集电线路，1条110千伏送出。

第四节 风电设备

一、概述

水电八局2011年进入风电市场，具备成熟的风电塔筒制作能力，自有的西昌、贵定、岳阳3个基地年生产能力达15万吨，合计约600套塔筒。与华能、大唐、华电、国电投等20余家企业建立了良好的合作关系，项目分布于湖南、四川、云南、贵州、甘肃、内蒙古、宁夏、河北、江西、广西等地。截至2022年底，承担制作了超1600套风电塔筒，塔筒年产能可达60万吨。

2002—2022年风电设备制造一览见表2-5-3，2002—2022年风电塔筒制作一览见表2-5-4。

表2-5-3 2002—2022年风电设备制造一览

项目名称	业主单位	合同总额（万元）	开工时间	竣工时间
非洲埃塞俄比亚阿伊萨Ⅱ期风电项目	东方电气集团国际合作有限公司	6507.48	2018年6月	2022年12月
甘肃安北第五风电场A区、B区风力发电机塔筒	瓜州新盛安北风力发电有限公司	15025.53	2021年9月	2022年3月
广东150兆瓦农光互补光伏支架	亚华新能源科技（高州）有限公司	4198.90	2022年10月	在建
广西华能宁南二期风电场塔筒	华能宁南风力发电有限公司	4339.57	2015年12月	2016年11月
贵州册亨县大顶柱风电场塔架、基础环	上海乾钰新能源发展有限公司	3292.57	2018年1月	2019年5月
贵州从江达棒山风电场塔筒（含基础环）	贵州粤电从江风能有限公司	5967.69	2017年12月	2018年6月
贵州从江县秀塘风电场塔筒	中国电建集团贵阳勘测设计研究院有限公司	3788.03	2019年7月	2020年6月
贵州都匀市螺丝壳风电场搬迁项目基础环	中国电建集团贵阳勘测设计研究院有限公司	545.00	2021年10月	在建
贵州观风海七里半项目基础段	浙江运达风电股份有限公司	307.20	2017年7月	2018年3月
贵州华能息烽南山风电项目成套设备	华电曹妃甸重工装备有限公司	4247.42	2018年6月	2018年12月
贵州华能雪山陡口子风电场塔筒	华能威宁风力发电有限公司	4500.99	2017年1月	2017年12月
贵州华能雪山法地风电塔筒	华能威宁风力发电有限公司	937.71	2017年8月	2018年1月
贵州开阳高寨风电场组塔筒及法兰设备	中广核贵州开阳风力发电有限公司	2734.22	2017年5月	2018年3月
贵州螺丝壳风机部件工装	云南民强建筑工程有限公司	104.00	2021年2月	2021年5月
贵州盘县白云河梁子风电场塔筒	三峡新能源贵州盘县发电有限公司	4583.47	2014年9月	2016年3月
贵州盘县大爬山、轿子顶风电场塔筒	华能贵州盘州市风电有限责任公司	7742.92	2015年1月	2017年9月
贵州上满定续建风力发电机组（含塔筒）	华能赫章风力发电有限公司	1082.50	2020年9月	2020年12月
贵州台江昌平坳风电场塔筒	中国水利电力物资有限公司	2413.00	2015年2月	2017年4月
贵州桐梓白马山风电场塔架	三峡新能源贵州盘县发电有限公司	4518.04	2014年12月	2016年3月
贵州桐梓大顶山风电场塔筒	中国电建集团贵州工程有限公司	1791.14	2020年6月	2020年10月
贵州桐梓黄莲坝风电场塔筒	中国水利水电第一工程局有限公司	3826.26	2020年2月	2020年10月
贵州瓮安花竹山风电场塔架	中国电建集团贵阳勘测设计研究院有限公司	7782.73	2015年4月	2016年12月

续表

项目名称	业主单位	合同总额（万元）	开工时间	竣工时间
贵州兴仁市放马坪风电场（48兆瓦）项目塔架、基础环	兴仁市协合风力发电有限公司	3642.12	2019年6月	2021年10月
贵州雪山陡口子风电项目风机塔筒	华能威宁风力发电有限公司	4688.53	2016年12月	2017年12月
贵州义龙雨樟风电场（50兆瓦）项目塔架、基础环、锚栓	上海乾钰新能源发展有限公司	4054.64	2020年8月	2021年6月
贵州镇宁革利50兆瓦风电场工程塔筒	中国水利电力物资集团有限公司	3471.12	2020年2月	2020年11月
贵州织金县铁厂坝风电场塔架	中国电建集团贵阳勘测设计研究院有限公司	3829.52	2019年6月	2020年4月
贵州中广核贵定、龙里、麻江风电场塔筒外壁修补	中广核贵州贵定风力发电有限公司	117.53	2020年12月	2021年6月
贵州遵义枫香风电场一期工程塔筒、基础环	中国水利水电夹江水工机械有限公司德阳分公司	1132.15	2020年6月	2021年4月
河北中天万和围场钱家梁60兆瓦风电塔架	中京电投扬中电力设备有限公司	4596.44	2021年9月	在建
湖北黄家堤50兆瓦风电场塔筒	中国电建集团贵州工程公司母公司本部	6335.52	2020年5月	在建
湖南华容县桃花山风电场塔筒	中国水电顾问集团中南勘测设计研究院	4620.00	2013年2月	2013年12月
湖南临武镇南风电场塔筒	临武中南院能源开发有限公司	4138.32	2015年1月	2015年6月
湖南临湘荆竹山风电场塔筒	五凌临湘电力有限公司	1241.01	2017年3月	2018年9月
湖南隆回县宝莲风电场塔架	中国水电顾问集团风电隆回有限公司	4003.60	2013年7月	2015年6月
湖南通道登云山风电场塔筒	中国能源建设集团湖南电力设计院有限公司	4578.60	2020年5月	2021年3月
湖南望云山风电场塔筒	湖南联运望云山新能源开发有限公司	3666.00	2014年6月	2015年12月
湖南溆浦县紫荆山风电场塔筒	中国水电顾问集团溆浦风电开发有限公司	3888.00	2013年10月	2015年12月
湖南沅江漉湖一期、二期风电塔筒	南京枫京水利电力物资有限责任公司	3422.20	2016年10月	2019年3月
江苏金湖向东99.7兆瓦风电场塔筒	中国电建集团贵州工程公司母公司本部	4543.39	2020年11月	2021年1月
江西九犁风电场架空线路塔架、基础环、电缆、塔杆材料及导线	镇江中天万和通用设备有限公司	9665.57	2018年7月	2021年10月
内蒙古大唐赤峰翁牛特旗西场风电场二期塔筒	中国水利电力物资集团有限公司	8538.91	2022年9月	在建
山东曹县、单县风电场塔架	镇江中天万和通用设备有限公司	58074.54	2019年11月	在建
四川大河、长坪子风电设备生产加工	武汉华电工程装备有限公司	2223.47	2021年6月	在建
四川大唐普格甘天地二期风电场（试验区）塔筒	中国水利电力物资集团有限公司	1535.55	2020年8月	2020年12月
四川大唐普格甘天地二期风电场工程风机塔筒	大唐凉山新能源有限公司	1986.94	2020年8月	2020年12月
四川大唐普格海口、甘天地风电项目	华电曹妃甸重工装备有限公司	2134.71	2016年10月	2017年9月
四川甘天地项目塔筒改造	东方电气风电有限公司	1104.00	2019年9月	2020年5月
四川果木风电项目38套风电塔筒	上海华能电子商务有限公司	6112.81	2021年2月	2021年11月
四川华电凉山盐源后龙山、白杨坪风电塔筒	武汉华电工程装备有限公司	2889.48	2022年10月	在建
四川华能会理红旗、三地、长海子风电塔筒	华能会理风力发电有限公司	9612.81	2014年6月	2015年11月
四川拉马风电场塔筒	中国水电顾问集团华东勘测设计研究院	3624.73	2013年7月	2013年12月

续表

项目名称	业主单位	合同总额（万元）	开工时间	竣工时间
四川雷波县阿合哈洛99兆瓦风电项目	山东电力建设第三工程有限公司风电公司	6242.49	2022年9月	在建
四川李家坝风电场塔筒	德昌风电开发有限公司	4062.00	2012年6月	2012年12月
四川凉山州西昌市黄联关风电场塔筒	西昌飓源风电开发有限公司	6896.48	2016年8月	2017年8月
四川鲁南风电场项目风力发电机组塔筒	中国水电顾问集团华东勘测设计研究院	3655.68	2013年7月	2013年12月
四川攀枝花干坝子风电场塔架	攀枝花市仁和区天佑新能源有限公司	4649.39	2014年5月	2015年10月
四川普格采乃、甘天地二期风电塔筒	中国水利电力物资集团有限公司	12250.64	2020年4月	在建
四川普格马洪、则洛日项目塔筒	四川宏华石油设备有限公司	4731.82	2022年12月	在建
四川乌科梁子130兆瓦风电场塔筒	中国水利电力物资集团有限公司	10739.77	2019年8月	2020年11月
四川西昌市洼垴、黄水、黄联关风电场塔筒	西昌飓源风电开发有限公司	14760.52	2015年3月	2018年3月
四川西昌喜德博洛拉达中电投风电场塔筒维修	国家电力投资集团有限公司物资装备分公司	2649.50	2016年1月	2016年10月
四川西河风电场工程塔筒	国家电力投资集团有限公司物资装备分公司	4957.83	2020年4月	在建
四川喜德县鲁基风电塔筒	中国电力投资集团公司物资装备分公司	1488.02	2014年5月	2015年9月
四川盐边红格大面山风电场塔筒、基础环	中国电建集团华东勘测设计研究院有限公司	3597.71	2014年6月	2015年5月
四川盐源小高山（一期、二期）、观塔坡、牦牛山风电场塔筒	四川盐源华电新能源有限公司	3882.25	2018年9月	在建
四川盐源银头山风电场塔筒	四川盐源华电新能源有限公司	1008.11	2017年1月	2018年6月
四川昭觉碗厂二期果则风电场塔筒	华能昭觉风力发电有限公司	3378.46	2018年8月	2020年9月
四川中电投喜德县博洛拉达风电场塔筒	国家电力投资集团有限公司物资装备分公司	2649.50	2016年1月	2016年10月
云南大唐云南巨龙梁一期100兆瓦风电场塔筒	中国水利电力物资集团有限公司	4412.16	2022年9月	在建
云南锦屏西风电场塔筒	中国水利电力物资集团有限公司	24160.17	2022年4月	在建
云南曲靖市富源西风电基地三期400兆瓦项目塔筒	中电建湖北电力建设有限公司1	9854.66	2022年7月	2022年12月
云南祥云县杨家房风电场塔筒	华能澜沧江祥云风电有限公司	181.43	2014年11月	2014年12月
云南姚安宝顶山风电塔筒	中国电建集团华东勘测设计研究院有限公司	4861.59	2014年9月	2015年7月
云南姚安尖山梁子风电场塔筒	中国三峡新能源公司	4583.47	2011年12月	2012年6月
重庆武隆四眼坪、南川区风吹村风电塔筒	中国水利电力物资集团有限公司	8645.48	2021年8月	2022年11月

表2-5-4　2002—2022年风电塔筒制作一览

序号	工程名称	塔筒型号	尺寸规格（米）	数量（套）	单重（吨）	开工完工时间
1	云南尖山梁子风电场	东气1.5兆瓦机型	70	33	181.60	2011年12月—2012年6月
2	云南梅家山风电场	东气1.5兆瓦机型	70	33	181.60	2011年12月—2012年6月
3	四川李家坝风电场	东气2.5兆瓦机型	80	19	220.00	2012年5月—2012年10月
4	湖南桃花山风电场	2兆瓦	82.4	25	219.90	2013年5月—2013年12月

续表

序号	工程名称	塔筒型号	尺寸规格（米）	数量（套）	单重（吨）	开工完工时间
5	湖南隆回宝莲风电场	湘电2.0兆瓦	82.4	25	219.90	2013年7月—2014年6月
6	湖南省溆浦县紫荆山风电	2兆瓦	77.7	25	182.40	2013年8月—2015年8月
7	四川华能会理一期（红旗）风电场	东气1.5兆瓦机型	69	33	102.60	2014年3月—2014年8月
8	云南姚安宝顶山风电场	运达2.0兆瓦机型	80	24	181.59	2014年4月—2014年11月
9	贵州盘县白云河梁子风电场	海装2.0兆瓦机型	80	24	165.68	2014年6月—2014年11月
10	四川盐边县红格大面山风电场	东气2.0兆瓦机型	80	23	165.99	2014年7月—2014年11月
11	云南祥云县杨家房风电场	东气2.0兆瓦机型	80	1	165.99	2014年11月—2014年12月
12	云南西昌市洼垴风电场	东气2.5兆瓦机型	80	19	211.50	2014年11月—2015年3月
13	贵州白马山风电场	金风2.0兆瓦机型	85	24	199.44	2014年12月—2016年3月
14	湖南临武县镇南风电场	湘电风能有限公司单机容量2.0兆瓦	80	25	169.81	2014年12月—2015年12月
15	四川西昌黄联关风电二期风电场	东气2.5兆瓦机型	90	40	253.50	2016年8月—2016年12月
16	四川大唐普格海口、甘天地风电项目	东气2.0兆瓦机型	80	75	170.72	2016年9月—2017年9月
17	四川盐源银头山风电场	东气1.5兆瓦机型	80	33	166.12	2016年12月—2017年6月
18	重庆武隆四眼坪风电场改扩建项目	明阳3.6兆瓦机型、明阳4.0兆瓦机型、明阳5.0兆瓦机型	100	6、11、4	215.38、232.56、245.46	2020年2月—2020年8月
19	北京宣力监利黄家堤50兆瓦风电场风机塔筒	远景3.3兆瓦	140	5	389.00	2020年5月—2020年12月
20	江苏金湖向东99.7兆瓦风电场项目塔筒及其附属设备	远景3.3兆瓦	140	10	389.00	2020年11月—2021年1月
21	重庆南川风吹村风电场工程	明阳4.0兆瓦机型	100	4、6	255.04、242.66	2021年8月—2021年11月
22	甘肃安北第五风电场A区200兆瓦（Ⅰ标段）风电塔筒及附属设备	运达4.0兆瓦机型	97.5	25	213.76	2021年10月—2022年1月
23	云南省曲靖市富源西风电基地三期400兆瓦项目	远景5.2兆瓦机型	110	36	294.17	2022年7月—2022年12月

二、工程选介

（一）甘肃安北第五风电场A区、B区风力发电机塔筒

该项目位于酒泉地区瓜州县戈壁滩上，安装25台运达4.0兆瓦风力发电机组，该机型设计采用4段式，塔筒高度为97.5米，单台塔筒重约213吨。塔筒单重为213.765吨，25套合计重为5344.125吨，最大底段直径φ4800毫米，塔筒高度为97.5米。2021年11月开工，2022年1月交货完成。

（二）贵州盘县白云河梁子风电场塔筒

该项目建设地点为贵州省六盘水市境内，建设规模：24台单机容量为2000千瓦风力发电机组。塔筒单重165.67776吨，24套合计3976.2624吨，最大底段直径φ4196mm，塔筒高度为80米。2014年6月开工，全部24套风电塔筒于2014年11月交货完成。

（三）贵州桐梓白马山风电场塔架

白马山风电场年上网电量为9905.5万千瓦时。塔筒单重199.44吨，24套合计4786.56吨，最大底段直径φ4300毫米，塔筒高度为85米。2014年12月开工，2016

年3月交货完成。

（四）湖南华容县桃花山风电场塔筒

该项目总装机容量为80兆瓦，单套塔筒重219.9吨。水电八局负责25台（套）塔筒制作。2013年1月开工，2013年12月全部交货完成。

（五）湖南隆回县宝莲风电场塔架

工程单机容量为2兆瓦的塔筒制造，塔架高度为82.4米，单套塔筒重219.9吨，水电八局负责25套发电机组塔架制造及服务采购制作。2013年7月开工，2015年6月全部交货完成。

（六）四川大唐普格海口、甘天地风电项目

大唐普格海口、甘天地风电场位于以水海子水库为中心的周边几条山脊上，海拔在3300~3700米，总面积约为11平方千米。安装单机容量为2000千瓦风电机组75台。塔筒单重170.72吨，75套合计12804吨，最大底段直径ϕ4300毫米，塔筒高度为80米。2016年9月开工，75套风电塔筒于2017年9月全部交货完成。

（七）四川华能会理红旗、三地、长海子风电塔筒

华能会理风电场位于四川省凉山州，属于高原山地风场，平均海拔在3200~3600米，常年气温低、湿度大、气候多变。红旗风场一期安装的33台1.5兆瓦机组全部使用了阜特科技，专门针对高海拔、高湿度、复杂多变的高原气候而自主研发生产的FA001-FD87D高原型主控系统和FP005-FD87D高原型超级电容变桨系统。塔筒单重为102.603196吨，19套合计重3385.905吨，最大底段直径ϕ4000毫米，塔筒高度为69米。2014年3月开工，2014年8月交货完成。

（八）四川李家坝风电场塔筒

该项目位于四川省安宁河谷地区，呈北高南低的狭管状地形，海拔高度在1440~1470米，地势开阔平坦。风电场建设规模为47.5兆瓦，布置单机容量为2.5兆瓦的风电机组19台（套）。塔筒单重为220吨，19套合计重4180吨，最大底段直径ϕ4600毫米，塔筒高度为80米。2012年5月开工，19套风电塔筒于2012年10月全部交货完成。

（九）四川西昌市洼垴、黄水、黄联关风电场塔筒

洼垴风电场安装19套单机容量为2500千瓦机组，塔筒单重为211.5吨，19套合计重4018.5吨，最大底段直径ϕ4600毫米，塔筒高度为80米。2014年11月开工，2015年3月交货完成。

黄联关风电场建设规模为205兆瓦，安装单机容量为2.5兆瓦风电机组82台。塔筒单重为253.5吨，40套合计重10140吨，最大底段直径ϕ4700毫米，塔筒高度为90米。2016年8月开工，40套风电塔筒于2016年12月全部交货完成。

（十）四川盐边红格大面山风电场塔筒、基础环

该项目位于攀枝花市盐边县雅砻江左岸大面山区域，南部山脊相对宽阔，北部山脊狭窄，海拔在1415~1620米，总面积约为17.5平方千米。总装机容量为46兆瓦，单机容量为2兆瓦，共23台，风轮直径不低于115米。塔筒单重为165.994吨，24套合计重3983.856吨，最大底段直径ϕ4300毫米，塔筒高度为80米。2014年7月开工，23套风电塔筒于2014年11月全部交货完成。

（十一）四川盐源银头山风电场塔筒

银头山风电场位于四川省盐源县梅雨镇黑山村的山脊上，装机容量为4.95万千瓦，年均发电量约为1.05亿千瓦时，安装33台1.5兆瓦风电机组。塔筒单重为166.12吨，33套合计重5481.96吨，最大底段直径ϕ4200毫米，塔筒高度为80米。2016年12月开工，33套风电塔筒于2017年6月全部交货完成。

（十二）云南曲靖市富源西风电基地三期400兆瓦项目塔筒

富源西风电场三期项目（老古山、红土地片区）规划装机容量为400兆瓦，规划场址为曲靖市中部沾益区、麒麟区和富源县交界一带的山脊和山顶台地。塔筒单重为294.165吨，36套合计重10589.94吨，最大底段直径ϕ4780毫米，塔筒高度为110米。2022年7月开工，2022年12月交货完成。

（十三）云南祥云县杨家房风电场塔筒

杨家房风电场位于云南省大理州祥云县，总装机容量为36兆瓦，安装18台单机容量为2兆瓦的风力发电机组（双馈型）。塔筒单重为165.994吨，1套合计重165.994吨，最大底段直径ϕ4300毫米，塔筒高度为80米。2014年11月开工，2014年12月交货完成。

（十四）云南姚安宝顶山风电塔筒

该项目位于楚雄州姚安县城东面的山地上，为一条呈南北走向的连续山脊，长约5.5千米，海拔在2350~2750米。宝顶山风电场安装24台单机容量为2.0兆瓦的风电机组，装机规模为48兆瓦。塔筒单重为181.594吨，24套合计4358.256吨，最大底段直径ϕ4800毫米，塔筒高度为80米。2014年4月开工，24套风电塔筒于2014年11月全部交货完成。

（十五）云南姚安尖山梁子风电场塔筒

尖山梁子风电场位于楚雄州姚安县城东面的山地上，

年上网电量约10190万千瓦时，年等效满负荷小时数为2059小时。尖山梁子片区装机容量为49.5兆瓦。塔筒单重181.594吨，33套合计重5992.602吨，最大底段直径φ4600毫米，塔筒高度为70米。2011年12月开工，2012年6月交货完成。

（十六）重庆武隆四眼坪、南川区风吹村风电塔筒

大唐重庆武隆四眼坪风力发电场是位于重庆市内海拔1500~1700米的武隆县和顺镇兴顺村四眼坪高山上的首个重庆市内风力发电场。明阳3.6兆瓦机型塔筒单重为215.378吨、明阳4.0兆瓦机型塔筒单重为232.556吨、明阳5.0兆瓦机型塔筒单重为245.463吨，21套合计重为4832.236吨，最大底段直径φ4500毫米，塔筒高度为100米。2020年2月开工，2020年8月交货完成。

大唐重庆南川风吹村风电场位于重庆市南川区三泉镇、东城街道及水江镇附近，风电场中心距南川区直线距离约10千米，距重庆市直线距离约90千米。从三泉镇有县道S104、G69高速穿过，交通相对便利。明阳4.0兆瓦机型S1塔筒单重为255.038吨，明阳4.0兆瓦机型S2塔筒单重为242.658吨，10套合计重为2476.1吨，最大底段直径φ4885毫米，塔筒高度为100米。2021年8月开工，2021年11月交货完成。

第五节 光伏工程

一、概述

2021年，水电八局承建第一个EPC光伏工程，云南省昭通市巧家县海坝240兆瓦光伏电站工程EPC总承包项目。随着区域内品牌影响力持续增强，在云南区域内水电八局又陆续中标了多个光伏项目：2021年11月，中标三峡巧家县小羊窝50兆瓦光伏电站工程EPC总承包项目；2022年1月，中标三峡富民县赤鹫100兆瓦光伏项目EPC总承包工程；2022年4月，中标大理州鹤庆县均华光伏电站项目Ⅱ标段施工承包项目；2022年9月，中标大唐观音岩开发有限公司大姚大平地二期光伏项目（100兆瓦）EPC总承包工程。光伏项目的陆续中标，标志着水电八局在新能源光伏领域取得了阶段性的进步，为践行国家"碳达峰、碳中和"目标，转变我国电力结构体系、推动相关产业发展起到了积极的促进作用。

2002—2022年光伏工程一览见表2-5-5。

表2-5-5 2002—2022年光伏工程一览

项目名称	业主单位	合同总额（万元）	开工时间	竣工时间
广东150兆瓦农光互补新能源光伏电站项目	亚华新能源科技（高州）有限公司	25770.25	2022年10月	在建
贵州黑土河半坡50兆瓦农业光伏电站项目	长江勘测规划设计研究有限责任公司	5510.65	2019年8月	2020年1月
贵州威宁县海拉海元200兆瓦农业光伏电站项目	国家电投集团贵州金元股份有限公司	3999.60	2022年10月	在建
湖北浠水160兆瓦渔光互补光伏项目	中电建霁月（添水）新能源有限公司	30437.00	2022年7月	在建
湖南醴陵鸭塘50兆瓦光伏项目	大唐华银醴陵新能源有限公司	5171.78	2021年8月	在建
云南大姚大平地二期100兆瓦光伏项目	大唐（大姚）新能源开发有限公司	11512.68	2022年11月	在建
云南鹤庆均华光伏电站项目	鹤庆中能建新能源有限公司	2153.43	2022年2月	在建
云南富民赤鹫100兆瓦光伏项目	三峡云能巧家发电有限公司	20193.39	2022年2月	在建
云南巧家海坝240兆瓦光伏项目	三峡云能巧家发电有限公司	41205.79	2021年6月	在建
云南巧家小羊窝50兆瓦光伏电站项目	三峡云能巧家发电有限公司	15593.76	2021年10月	在建
云南巧家县羊窝头65兆瓦光伏发电工程	三峡云能巧家发电有限公司	14200.00	2023年2月	在建
云南巧家县八棵树70兆瓦光伏发电工程	三峡云能巧家发电有限公司	7900.00	2023年2月	在建

二、工程选介

（一）贵州威宁县海拉海元200兆瓦农业光伏电站项目

项目位于贵州省毕节市威宁县，本标规划安装容量为60兆瓦，整个光伏发电系统全部采用固定倾角方式安装。以每26块540瓦光伏组件串联为一串，每17串接入一台196千瓦组串式逆变器，经逆变器逆变后，16台196千瓦逆变器接入1台3150千伏安箱变升压，组成一个3.15兆瓦发电单元，共16个发电单元，以2回35千伏集电线路接入配套新建海拉海元220千伏升压站35千伏侧，再以1回220千伏送出线路送入电网。

（二）湖北浠水160兆瓦渔光互补光伏项目

项目位于湖北省黄冈市浠水县巴河镇，厂区内地貌属于堆积平原区（长江一级阶地），地形较平坦，厂区范围内主要有鱼塘、荒地、小路等，地面高程为15~18米。工程距离黄冈市中心约18千米，紧贴巴河镇，场区被G45高速公路贯穿，场区周围有S409省道、038乡道等，交通便利。项目规划交流侧装机容量为160兆瓦，直流侧组件安装容量为207.975兆瓦，工程同期新建1座220千伏升压站。新建一回220千伏线路接入220千伏亮城变，线路全长约8千米。

光伏场区鱼塘约1500亩，光伏直流侧装机容量约83.8兆瓦，涉及伍洲、邓家墩、新港等村。主要施工内容包括征地协调管理、设备及材料采购、设备安装及调试、土建施工、环水保施工及验收一体的工程总承包。

（三）湖南醴陵鸭塘50兆瓦光伏项目

项目位于湖南省株洲市醴陵市泗汾镇鸭塘水库及附近水塘，总投资2.65亿元，总占地面积约1128亩，总建设规模为50兆瓦，是醴陵市2020年招商引资重点项目，也是湖南省发展改革委于2020年8月17日核准的光伏发电平价上网项目，电站建成后第一年可发电量约为6649.75千瓦时，20年内的年平均上网电量约6313.51万千瓦时。

光伏厂区靠近岸边水较浅处，采用固定支架式布置，深水区采用漂浮式支架方阵布置，固定支架采用2×28和2×14两种形式布置，单排预制混凝土管桩立柱结构形式，单个组串设7根/4根PHC-300-AB-70预制混凝土管桩，桩长4.0~12.0米，入土2.0~4.0米，倾角19度。支架材料为热镀锌C型钢构件，由专业厂家制作，现场组装架立施工。光伏厂区共分为15个方阵，其中鸭塘水库11个方阵，周边4个鱼塘4个方阵。方阵共布设11台3150千伏安华式箱变、1台2500千伏安华式箱变、2台2000千伏安华式箱变、1台1600千伏安华式箱变，每个方阵的1台箱变并联16~18台196千瓦华式逆变器，每台逆变器并联16~18个光伏组串，每个组串串联28块540/545瓦的光伏板。升压站总占地面积2196平方米，运行模式采用无人值守方式，站内不设置生活区，主要由110千伏主变压器及其附属设备、35千伏开关柜预制舱、110千伏GIS预制舱、户外110千伏融冰开关、户外110千伏氧化锌避雷器、35千伏无功补偿装置等组成。2021年12月30日，首批水上光伏方阵正式并网发电；2022年5月31日，电站主体全容量并网。

（四）云南大姚大平地二期100兆瓦光伏项目

该项目属于楚雄州北部太阳能—观音岩水电站水光一体化绿色能源基地规划建设项目之一，工程场址为云南省楚雄州大姚县龙街镇塔底村东部，距大姚县直线距离约30千米，海拔为1730~1965米，工程标建设规模为100兆瓦。

大姚县属于北亚热带高原季风气候区，场区降水量较少，干湿季节分明，全县年平均气温为15.7℃，夏无酷暑，夏季（5—9月）年平均气温不超过21℃，极少出现33℃以上的高温；最冷月为12月，年平均气温在8.6℃左右，很少出现日平均气温低于0℃的情况。平均年降水量为812.5毫米，光热资源丰富，年平均日照时间为2445.0小时，年平均日照百分率为55%，年均太阳总辐射量为6146.3兆焦耳/平方米。

本项目推荐采用容量为540瓦的单晶硅双面光伏组件，采用固定倾角运行方式，光伏阵列面倾角采用26度，并网逆变器选择196千瓦组串式逆变器；项目采用容量为540瓦双面光伏组件230272块，安装容量为124.34兆瓦，共建设10个2.5兆瓦和24个3.15兆瓦光伏子方阵。

（五）云南鹤庆均华光伏电站项目

大理州鹤庆县均华光伏电站（井东湾场址）位于鹤庆县黄坪镇井东湾村北侧的山坡地带，场址距黄坪镇直线距离约12千米、距鹤庆县直线距离约53千米。利用场地以南向坡为主，平均坡度5~15度，场区东西宽约2.3千米，南北长约2.1千米，海拔高程为1310~1850米。场址区域内多以低产旱地为主，植被覆盖率一般，主要为低矮灌木、荒草及玉米地等。场址地形开阔，适宜光伏建设。项目采用540瓦单晶硅组件，共布置38个3兆瓦方阵，交流侧装机容量为120兆瓦，直流侧装机容量为136.75兆瓦。

（六）云南富民赤鹫100兆瓦光伏电站项目

项目位于昆明市富民县北部赤鹫镇龙潭村附近的平缓坡地，项目利用未利用地（自然保留地）、宜林地建设光伏发电项目，场址中心距离昆明市直线距离约48千米，距离富民县直线距离约24.1千米。利用场地以东南向坡为主，平均坡度为12~27度，场区南北长约3.5千米，东西宽约3.7千米，海拔高程为2080~2500米。区域内植被覆盖率一般，且有部分石漠化区域，场址周围无高山遮挡，光线充足。工程规划装机容量为100兆瓦，由于现场用地有限，实际总占地面积约1482亩，交流侧装机容量为69.3兆瓦，直流侧装机容量为88.48224兆瓦。

（七）云南巧家海坝240兆瓦光伏电站项目

项目位于云南省昭通市巧家县老店镇大岩洞村北面、

东面和西面山坡上，是利用牧草地、耕地、未利用地建设的光伏发电项目，规划用地5176.18亩，规划装机总容量为240兆瓦，海拔为2800~3100米。

该项目EPC总承包合同工作范围包括除明确由发包人负责的事项外的其他工作（包含但不限于）：电站的勘察设计，设备材料的采购（除光伏组件及逆变器由发包人负责采购外，其他设备均由总承包人负责采购）、供应和保管，所有建筑安装工程的施工、项目管理、调试、工程试运行、达标投产、工程竣工验收、培训、移交生产、性能质量保证、工程质量保修期限的服务等内容。

2022年8月24日，项目首批光伏方阵并网发电。

（八）云南巧家小羊窝50兆瓦光伏电站项目

项目位于云南省昭通市巧家县药山镇木瓦村和洗羊塘村之间的南向坡地，距巧家县城直线距离约27.55千米。项目场址东西向长3.01千米，南北向长2.49千米，高程为3000~3280米。项目利用南向坡、偏南向坡、西向坡进行组件布置，地形平均坡度为12度，局部地形最大坡度可达25度。场址周围无高山遮挡，光线充足，总占地面积约1300亩，交流侧装机容量为50兆瓦，直流侧装机容量为67.7376兆瓦。

小羊窝50兆瓦光伏电站EPC总承包项目于2022年4月27日完成升压站全部土建施工，于2022年8月15日完成光伏场区全部方阵组件安装工程，于2022年8月27日完成送出线路架线施工，2022年9月13日，送出线路带电运行完成。

（九）云南巧家县羊窝头65兆瓦光伏发电工程

项目位于云南省昭通市巧家县药山镇。场区中心地理坐标为东经103°09′52″、北纬27°02′05″，距巧家县直线距离约29千米，距药山镇直线距离约14千米，距新店镇直线距离约9千米。场区占地面积约1500亩。海拔2960~3370米。该项目按其交流侧装机容量20%（2小时）预留储能场地，按交流测容量10%（2小时）配置储能系统。

项目规划光伏发电站分为光伏场区和升压站两个功能区。采用功率为545瓦单晶硅双面双玻组件146692块，实际直流侧装机容量为79.94714兆瓦，交流侧容量约65兆瓦。发电系统分为24个光伏子系统，其中包含16个3662.4千瓦光伏子系统、8个2563.68千瓦光伏子系统。配套新建220千伏升压站1座，占地面积约14.4亩。

（十）云南巧家县八棵树70兆瓦光伏发电工程

项目位于云南省昭通市巧家县药山镇。场区距巧家县直线距离约29千米，距药山镇直线距离约13千米，距新店镇直线距离约10千米。场区占地面积约1705亩。海拔3000~3480米。项目拟建装机容量为70兆瓦（交流侧），86.09692兆瓦（直流侧），场区占地面积约1700亩。

光伏阵列场地包括光伏组件阵列、箱式变压器、组串式逆变器等。根据规划场址范围内的地形特点，项目共布置157976块545瓦单晶硅双面双玻组件，采用固定式支架。发电系统分为26个光伏子系统，其中包含17个3662.4千瓦光伏子系统、9个2563.68千瓦光伏子系统。

第六章　其他业务

第一节　勘察设计

一、概述

勘测设计包含设计咨询、工程测绘、安全监测三个部分。

设计咨询：先后承担了上百项设计任务，设计项目涵盖工业及民用工程、市政工程、水利水电工程、EPC总承包工程、PMC项目管理承包工程、BIM技术应用工程、预制装配式建筑工程等诸多领域。

工程测绘：能够承担大地测量、地形测绘、水利水电工程测量、建筑工程测量、线路与桥隧工程测量、矿山测量、变形观测、摄影测量与遥感、界线与不动产测绘、地理信息系统工程测绘、海洋测绘。

安全监测：水电八局是我国最早开展大坝安全监测工作的单位之一，几十年来，一直从事大型、中型水利水电工程的安全监测设计、施工以及安全分析、评价工作，有一支实力雄厚的技术队伍，其技术水平在国内处于领先地位。在工程安全监测的仪器性能标定、现场安装、资料分析评价等方面积累了丰富的经验。

设计咨询类现有资质：水利行业甲级、市政行业甲级、建筑行业甲级和电力行业乙级设计资质，工程造价咨询甲级、工程咨询丙级资质。

测绘监测类现有资质：工程测量、摄影测量与遥感、地理信息系统工程三项甲级测绘资质，大地测量、测绘航空摄影、海洋测绘、地图编制、界线与不动产测绘五项乙级测绘资质。

2002—2022年设计咨询项目一览见表2-6-1，2002—2022年工程测绘项目一览见表2-6-2，2002—2022年安全监测项目一览见表2-6-3。

表2-6-1 2002—2022年勘察设计咨询项目一览

项目名称	业主单位	合同总额（万元）	开工时间	竣工时间
安徽合肥星海城项目房屋建设技术服务	安徽新弘业环保科技发展有限公司	271.85	2020年7月	2021年3月
福建连江县贵安天泉湖挡水工程建设工程设计	福建新华房地产开发有限公司	70.00	2018年1月	2018年12月
广东惠东县水库安全鉴定技术、勘察服务设计	惠东县水利局	90.00	2020年11月	2021年1月
广东茅洲河流域正本清源工程—松岗街道排水小区施工图设计	深圳市宝安区环境保护和水务局	220.64	2018年4月	2018年6月
贵州纳盘电站扩机、手爬岩电站扩机可研及初步设计	贵州黔能企业有限责任公司	69.80	2020年12月	2021年2月
黑龙江林甸县新增千亿斤粮食产能规划田间工程建设项目	正业设计股份有限公司	184.80	2017年5月	2019年12月
湖北三峡试验检测中心建设项目勘察设计	长江三峡技术经济发展有限公司	394.38	2021年12月	在建
湖北三峡枢纽区排水箱涵加固改造设计	中国长江三峡集团有限公司	88.83	2022年3月	在建
湖北宜都市绿色建材产业园可研及方案设计	宜都市国通投资开发有限责任公司	89.98	2022年11月	在建
湖南安化县罗溪水电站工程变更设计	安化县海江水电开发有限公司	55.00	2019年12月	—
湖南安仁县农村饮水安全项目勘测设计	安仁县城建开发有限公司	238.00	2020年7月	2020年12月
湖南安仁县农村饮水安全项目勘测设计	安仁县大源投资有限公司	397.00	2016年10月	2018年10月
湖南芭蕉园水电站设计工程	新化县芭蕉园水力发电有限公司	60.00	2014年4月	2017年6月
湖南白果至南岳高速公路防洪补救措施设计	湖南白南高速公路建设开发有限公司	50.00	2020年5月	2020年12月
湖南常德市麻溪桃源县治理工程勘察设计	桃源县水利局	188.00	2021年2月	2021年6月
湖南慈利县新城区滨河风貌带防洪堤工程设计	慈利县经济发展投资有限责任公司	212.60	2016年9月	2018年9月
湖南道水临澧县治理工程设计	临澧县水利建设事务中心	153.20	2020年12月	在建
湖南电建集团三供一业维修改造工程物业改造项目设计	北京北控物业管理有限责任公司	69.54	2019年2月	2019年3月
湖南东安县金江、松江中型水库大坝安全评价、工程设计	东安县金江水库工程管理所	53.00	2020年8月	2021年8月
湖南观音山电站增效扩容改造项目设计	嘉禾县观音山水库管理所	55.50	2015年7月	2018年7月
湖南衡山县九观桥水库除险加固工程技施设计	衡山县九观桥水库管理所	73.98	2020年12月	在建
湖南衡阳县英陂水闸除险加固工程设计	衡阳县英陂水闸管理所	137.50	2013年4月	2018年9月
湖南花垣县檀木冲水库新建工程可研及设计	花垣县水利局	49.48	2018年2月	2018年4月
湖南黄材水库除险加固、灌区泹丰水闸勘察设计	长沙市黄材水利灌区管理局	1049.17	2016年3月	在建

续表

项目名称	业主单位	合同总额（万元）	开工时间	竣工时间
湖南会同县第三次国土调查工作技术服务	会同县自然资源局	555.00	2019年4月	2020年12月
湖南吉首市大兴寨（小龙洞）水库灌区专题前期报告	中南勘测设计研究院有限公司（本部）	245.00	2013年1月	2018年12月
湖南津市市西毛里湖河湖水网连通生态水利工程可研、勘察设计	津市市水利局	216.00	2020年5月	2020年11月
湖南靖州县白石滩水电站改造设计	靖州县白石滩水电开发有限公司	60.00	2013年1月	2018年12月
湖南居民自建房安全专项整治技术服务设计	湖南住房和城乡建设厅	120.16	2022年5月	在建
湖南澧县洞庭湖区重点区域排涝能力建设项目可研报告编制设计	澧县水利局	207.81	2022年10月	在建
湖南澧县内河清淤疏浚工程总承包	澧县澧州城市发展实业有限公司	194.00	2021年7月	在建
湖南澧县山门、太青、盐井、赵家峪水库大坝安全评价设计技术服务	澧县水利局	100.00	2019年6月	2019年12月
湖南澧县山门太青灌区续建配套与节水改造总体及实施方案编制设计	澧县山门太青水库管理处	184.48	2020年11月	2021年4月
湖南澧县王家厂水库安全评价及除险加固工程勘察设计	澧县王家厂水库管理处	301.87	2019年11月	2019年12月
湖南澧县杨花桥等水厂改扩建工程设计	澧县经济建设投资有限公司	50.00	2021年2月	2021年3月
湖南澧阳平原灌区续建配套与现代化改造实施方案编制设计	澧县澧阳平原灌区管理处	249.35	2020年11月	2021年12月
湖南涟水河湘乡市城南村段治理工程设计	湘乡市水利建设中心	89.50	2022年5月	在建
湖南涟水左岸河西堤涟水保护圈勘察设计、防洪景观道路项目设计	湘潭市雨湖区水务局	300.00	2017年1月	2018年12月
湖南涟源市水安全规划、水利基础设施空间布局规划项目设计	涟源市水利局	75.68	2020年10月	2020年12月
湖南临澧县官亭灌区续建配套与节水改造项目设计	临澧县水利局	186.88	2020年8月	2020年12月
湖南临澧县龙澹排区治涝工程初步设计勘察设计	临澧县水利建设事务中心	152.99	2022年3月	在建
湖南龙山县城北新区左岸岸坡整治工程勘测设计	龙山县水利建设项目管理中心	155.90	2018年2月	2020年12月
湖南龙山县农田建设项目设计服务	龙山县农业农村局	135.20	2020年5月	2021年3月
湖南泸溪县浦市古镇防洪工程加固改造项目勘察设计	中南勘测设计研究院有限公司（本部）	175.00	2021年1月	2021年12月
湖南泸溪县潭溪镇武水河段岸坡整治工程建设工程勘测设计	泸溪县水利局	79.99	2015年5月	2018年8月
湖南泸溪县武溪镇沅水河段岸坡整治工程可行性研究报告、工程设计	泸溪县水利局	52.00	2017年10月	2018年2月
湖南南湖撇洪河汉寿县二期治理工程前期工程设计	汉寿县水利局	166.80	2020年11月	2021年12月
湖南宁乡县洞庭水库除险加固工程	宁乡县洞庭水库管理所	125.00	2016年3月	2018年12月
湖南栖凤渡电站拦河坝（改闸）工程及公路桥河段治理工程设计	郴州市苏仙区水务投资有限公司	86.63	2016年7月	2017年12月
湖南祁东县杨柳水闸除险加固工程初步设计	祁东县七碗电灌站管理所	52.96	2011年2月	2018年8月

续表

项目名称	业主单位	合同总额（万元）	开工时间	竣工时间
湖南三供一业维修改造工程东江基地物业维修改造设计	北京北控物业管理有限责任公司	61.80	2019年8月	2019年9月
湖南桑植县牛洞口水库工程勘察设计	桑植县水务建设投资开发有限责任公司	1231.00	2017年1月	2020年11月
湖南韶山灌区"十四五"续建配套与现代化改造项目设计	湖南韶山灌区工程管理局	2152.91	2022年9月	在建
湖南韶山灌区2016-2018年工程勘察设计	湖南韶山灌区工程管理局	338.57	2015年6月	2018年12月
湖南邵阳市洞口县城市防洪勘察设计	湖南望新建设集团股份有限公司	575.00	2016年11月	2018年11月
湖南邵阳县张家冲水库除险加固工程勘测设计	邵阳县水利局	79.80	2014年2月	2020年6月
湖南石门县河道采砂、澧水、麻溪河治理勘察设计	石门县水利局	529.57	2019年9月	2020年12月
湖南桃源县城胡家潭内河黑臭水体治理工程设计	桃源县住房和城乡建设局	66.93	2020年6月	2020年12月
湖南桃源县芦花水库和三里溪水库除险加固工程安全评价及勘察设计	桃源县水利工程项目建设管理中心	309.80	2019年6月	2019年12月
湖南西湖灌区"十四五"勘察设计	汉寿县西湖灌区管理局	1214.60	2021年2月	2021年8月
湖南湘江电站—水闸工程安全鉴定和评价技术咨询设计	湖南德能湘江水电有限责任公司	96.18	2022年12月	在建
湖南湘潭县湾东港水闸除险加固工程技施设计	湘潭县水务局	50.60	2011年2月	2018年9月
湖南湘乡市140座水库安全鉴定、潭市镇区涟水河堤勘测设计	湘乡市水利局	239.86	2020年3月	在建
湖南湘乡市东台山国家森林公园勘界立标项目	湘乡市东台山国家森林公园	116.63	2022年3月	在建
湖南肖家河治理工程设计服务项目建设工程勘测设计	湘乡市水利建设中心	93.50	2021年1月	2021年3月
湖南新化县车田江水库除险加固工程勘察设计	新化县车田江水库管理处	430.00	2020年9月	2020年12月
湖南新邵县资江防洪风光带及市政配套设施建设工程设计	中电建新邵资江防洪风光带建设开发有限公司	2972.29	2017年10月	2020年12月
湖南艳洲枢纽项目工程技术	中交二航局第三工程有限公司	318.00	2022年10月	在建
湖南宜章县城乡供水一体化工程勘察设计	开元（宜章）投资有限公司	395.20	2021年5月	2021年7月
湖南宜章县莽山水库供水工程勘察设计	宜章县水利局	485.18	2016年7月	2020年7月
湖南永州市冷水滩区岭口灌区2021-2022年勘测设计	永州市冷水滩区水利建设项目事务中心	126.80	2021年3月	2021年5月
湖南于洋陷泥河智能截流井设备采购技术服务	武汉圣禹排水系统有限公司	61.00	2020年1月	2021年1月
湖南沅陵县第三次国土调查项目技术服务	沅陵县自然资源局	546.50	2019年4月	2020年12月
湖南岳阳市云溪区水库除险加固工程、长江段涝区配套工程总承包设计	岳阳市云溪区水利项目建设管理中心	62.10	2022年10月	在建
湖南长沙市楚家湖排渍泵站扩容改造工程设计	湖南建筑设计院有限公司	62.60	2019年11月	2019年12月
湖南长沙市轨道交通6号线中段土建施工技术支持和履约管理咨询服务	水电十一局轨道交通分局长沙市轨道交通6号线中段一标段项目经理部	2038.15	2017年11月	2020年4月

续表

项目名称	业主单位	合同总额（万元）	开工时间	竣工时间
湖南长沙县2019年农田建设项目设计	长沙县农业农村局（长沙县扶贫开发办公室）	158.50	2019年7月	2019年9月
湖南长沙县春华渡槽保护工程设计	长沙县水务工程建设中心	106.00	2018年9月	2020年9月
江苏云台山河综合整治工程勘察设计、溧水河综合整治项目工程设计	南京市江宁区人民政府秣陵街道办事处	342.18	2016年10月	2019年4月
江西南昌双港大道沿线高校周边环境整治工程设计	南昌金开环保工程有限公司	251.00	2020年4月	2020年6月
青海海东市乐都区大麦沟水库工程初步设计及施工图设计	中国电建集团昆明勘测设计研究院有限公司本部	135.50	2015年3月	2017年2月
山东华贯路区域防洪排水渠工程设计	青岛市城阳区棘洪滩街道办事处	76.71	2012年2月	2018年9月
云南丽江爱必侬度假区建设项目人工湖水利设计	丽江复星旅游文化发展有限公司	153.73	2018年12月	2019年12月
浙江华电电力水工、机电安装、工程地质专业技术咨询服务	华电电力科学研究院有限公司	152.70	2021年5月	2022年12月

表 2-6-2　2002—2022 年工程测绘项目一览

项目名称	业主单位	合同总额（万元）	开工时间	竣工时间
广东深圳市城市轨道交通12号线工程测量中心运行管理	中电建南方建设投资有限公司	245.28	2018年1月	2022年12月
河南栾川至卢氏高速公路主体工程施工LLTJ-1工程测量	中电建路桥集团有限公司	634.00	2019年10月	在建
湖南涟源市农村房地一体确权登记颁证测量	涟源市自然资源局	933.45	2020年5月	在建
湖南毛俊水库工程灌区首级测量控制网	湖南毛俊水库工程建设有限责任公司	211.85	2018年8月	2021年7月
湖南宁乡玉屏山食品产业区项目建设工程测量	长沙玉屏山食品产业区开发建设有限公司	94.76	2017年5月	2018年12月
湖南湘乡市农村房地一体确权登记颁证测量	湘乡市自然资源局	1394.56	2020年5月	2020年12月
四川乌东德水电站库区移民安置工程测量	长江三峡技术经济发展有限公司	51.29	2018年12月	2020年6月

表 2-6-3　2002—2022 年安全监测项目一览

项目名称	业主单位	合同总额（万元）	开工时间	竣工时间
福建浦城县王家洲水库工程大坝安全监测	浦城县梦笔水源工程建设有限公司	291.97	2017年8月	2019年8月
福建周宁抽水蓄能电站安全监测	国电南京自动化股份有限公司	685.02	2018年3月	在建
广东深圳市轨道交通5号线南延线、10号线、12号线及管廊工程施工监测	中电建南方建设投资有限公司	1950.78	2015年11月	在建
广东深圳至惠州城际前海保税区至坪地段工程先开段施工监测	中电建南方建设投资有限公司	157.83	2022年4月	在建
广东穗莞深城际轨道交通深圳机场至前海段工程施工监测	中电建南方建设投资有限公司	1019.65	2020年9月	在建
贵州册亨县双江水库大坝安全监测	册亨县水库管理所	188.41	2020年4月	2022年10月
贵州上尖坡、双河口水电站运行期大坝安全监测	贵州蒙江流域开发有限公司	53.99	2020年8月	2021年8月
贵州索风营水电站安全监测	乌江水电开发有限公司	250.00	2003年5月	2023年5月

续表

项目名称	业主单位	合同总额（万元）	开工时间	竣工时间
贵州象鼻岭水电站大坝安全监测	国家电投集团贵州金元威宁能源股份有限公司	86.66	2019年1月	2021年12月
贵州修文、窄巷口、红岩、红枫、百花、岩寨电站安全监测	国家能源集团贵州电力有限公司	740.73	2022年11月	在建
湖北白莲河抽水蓄能电站边坡岩体位移自动化监测	湖北白莲河抽水蓄能有限公司	95.88	2021年5月	2022年5月
湖北茅坪溪土石坝安全监测仪器增补、渗流性态计算分析	中国长江三峡集团有限公司	2091.59	2021年6月	在建
湖北长江三峡工程采场高边坡变形监测	中国长江三峡工程开发总公司	137.78	2000年8月	2006年12月
湖北长江三峡枢纽施工期及运行安全监测	中国长江三峡集团有限公司流域枢纽运行管理中心	2849.75	2020年4月	在建
湖南白云水电站大坝自动化监测系统升级改造	国电湖南巫水水电开发有限公司	423.55	2019年1月	2019年10月
湖南会人溪电站水库大坝安全监测系统工程	湖南新华大㳘溪水电开发有限公司	58.60	2021年2月	在建
湖南酒埠江水库除险加固工程安全监测及水情测报系统工程	湖南酒埠江水力发电有限公司	206.35	2017年4月	2017年10月
湖南蓝山县毛俊水库Y369线、C093线公路工程监测	湖南发通路桥集团有限公司	80.00	2019年4月	在建
湖南长沙县白石洞水库工程主坝区安全监测	长沙县星沙水利建设投资有限公司	314.74	2017年6月	2020年6月
柬埔寨额勒赛下游水电站上下电站安全监测工程	中国华电额勒赛下游水电项目（柬埔寨）有限公司	1283.58	2010年12月	2013年12月
柬埔寨甘再水电站大坝安全监测系统技术改造项目	柬埔寨王国水资源及气象部	734.66	2008年4月	2018年4月
柬埔寨桑河二级水电站枢纽工程大坝外观监测	桑河二级水电有限公司	356.50	2020年1月	2022年12月
江苏南京地铁11号线一期工程D.011.X-TA03标工程控制测量	中国电力建设股份有限公司	391.38	2021年11月	在建
江苏南京至句容城际轨道交通工程DS6-TA01标3、4、5、6工区施工监测	北京城建、水电一局、中国核工业	540.92	2019年4月	2021年12月
江苏南京至句容城际轨道交通工程DS6-TA01标控制测量队运行管理	中国电力建设股份有限公司	383.66	2019年1月	在建
江西东谷水电站厂区枢纽、挡水工程原型观测设备安装	中国水电基础局有限公司	129.13	2019年4月	2020年4月
江西赣江井冈山航电枢纽工程安全监测设备采购、安装与调试	江西港航建设投资集团有限公司	906.08	2018年2月	2021年12月
江西山口岩水利枢纽工程运行期安全监测	萍乡市山口岩水利枢纽管理中心	108.00	2018年5月	2022年12月
金沙江白鹤滩水电站安全监测	三峡金沙江云川水电开发有限公司宁南白鹤滩电厂	3909.99	2022年3月	在建
金沙江白鹤滩水电站库区水温在线监测	三峡金沙江云川水电开发有限公司宁南白鹤滩电厂	1388.63	2020年9月	2022年6月
金沙江白鹤滩水电站左岸边坡安全监测	三峡金沙江云川水电开发有限公司宁南白鹤滩电厂	1683.30	2013年12月	2021年12月
金沙江拉哇水电站边坡及滑坡体工程安全监测设备安装技术服务	江河工程检验检测有限公司	893.13	2022年8月	在建

续表

项目名称	业主单位	合同总额（万元）	开工时间	竣工时间
金沙江拉哇水电站大坝项目上下游围堰安全监测	中国水利水电第十二工程局有限公司	151.66	2021年11月	在建
金沙江鲁地拉水电站对外路滑坡体及枢纽区观测服务内观监测	南京河海南自水电自动化有限公司	80.65	2020年2月	2021年1月
金沙江乌东德水电站工程测量中心运行管理	中国长江三峡集团公司乌东德工程建设筹备组	1992.02	2011年9月	在建
金沙江下游流域（乌东德、溪洛渡、向家坝）水温监测	三峡金沙江云川水电开发有限公司	1034.40	2019年8月	在建
金沙江向家坝水电站大坝内观、水力学专项监测	三峡金沙江川云水电开发有限公司宜宾向家坝电厂	1710.07	2019年4月	在建
老挝南俄5水电站安全监测技术服务项目	南俄5发电有限公司	630.00	2020年12月	在建
老挝南公1水电站枢纽区水工建筑物测量及安全监测	中国水利电力对外有限公司	537.63	2017年10月	2021年7月
老挝南欧江二、五、六级水电站安全监测	中国水电(香港)控股有限公司	2699.55	2012年10月	2016年10月
老挝南欧江二、五、六级水电站安全监测、运行、维护和管理服务	老挝南欧江发电有限公司	2393.19	2019年11月	在建
老挝南欧江一、三、四、七级水电站安全监测、运行、维护和管理服务	中国水电(香港)控股有限公司、老挝南欧江发电有限公司	12496.00	2016年8月	在建
老挝南湃水电站安全监测	南湃电力有限公司	284.92	2020年1月	在建
尼泊尔上马相迪A水电站安全监测工程运行、维护和管理	中国水电—萨格玛塔电力有限公司	1932.34	2020年1月	在建
尼泊尔上马相迪A水电站枢纽建筑物运行期安全监测实施	中电建海外投资(昆明)有限公司	962.98	2016年7月	2019年12月
四川大渡河金川水电站枢纽建筑物边坡及溢洪道安全监测	中国葛洲坝集团股份有限公司	1113.17	2020年6月	在建
四川甘孜州硕曲河古瓦水电站试验检测、测量、安全监测	大唐乡城水电开发有限公司	2302.07	2017年4月	在建
四川木里河俄公堡、上通坝水电站安全监测	中国华电集团公司木里河水电开发有限公司	584.52	2010年3月	2016年2月
四川木里县水洛河博瓦水电站枢纽建筑物安全监测工程	四川凉山水洛河电力开发有限公司	368.76	2016年7月	2020年1月
四川遂宁（南坝）机场迁建工程全场岩土及飞行区工程第三方监测	遂宁发展投资集团有限公司	208.00	2018年2月	2021年2月
四川宜宾市筠连县后沟水库大坝安全监测系统设施工程	筠连县三川水务投资有限责任公司	64.95	2015年7月	2018年12月
乌干达卡鲁玛水电站项目试验、监测仪器、测量监测	中国水电建设集团国际工程有限公司	6619.10	2013年12月	2023年12月
云南大朝山经常性内部、外部人工观测及变形监测控制网监测	国投云南大朝山水电有限公司	1242.80	2020年1月	2022年12月
云南大华桥水电站安全监测、安装埋设及地下洞室监测资料整编分析	中国电建集团昆明勘测设计研究院有限公司	2477.51	2014年10月	2019年12月
云南黄登、大华桥电厂水库及水工建筑物观测设施日常维修	华能澜沧江水电股份有限公司	223.42	2021年1月	在建
云南黄登水电站水温自动监测、下泄流量在线监测系统	华能澜沧江水电股份有限公司	187.87	2017年4月	2019年12月

续表

项目名称	业主单位	合同总额（万元）	开工时间	竣工时间
云南澜沧江黄登水电站安全监测	华能澜沧江水电股份有限公司	3448.71	2013年10月	2018年10月
云南澜沧江黄登水电站库区滑坡体永久监测	华能澜沧江水电股份有限公司	689.63	2021年10月	2024年3月
云南澜沧江乌弄龙水电站库区拉金神谷边坡治理及安全监测	华能澜沧江水电股份有限公司	1579.25	2021年3月	2022年12月
云南澜沧江乌弄龙水电站生态流量在线自动监控系统工程	华能澜沧江水电股份有限公司	154.20	2018年2月	2020年12月
云南鲁地拉水电站监测	云南华电鲁地拉水电有限公司	270.29	2008年3月	2014年12月
云南牛栏江黄角树水电站安全监测	云南昊龙实业集团黄角树水电开发有限公司	1219.53	2008年3月	2012年12月

二、设计项目选介

（一）湖南黄材水库除险加固、灌区沩丰水闸勘察设计

湖南宁乡黄材水库总库容为1.45亿立方米，为大（2）型水库，灌溉面积35.9万亩，大坝为黏土心墙土石坝，最大坝高为57.50米，以灌溉为主，兼有发电、防洪和养殖等综合效益。防渗加固处理采用塑性混凝土防渗墙防渗。

沩丰水闸项目是洞庭湖区域水利系统的重要组成部分，也是集城市防洪、农田灌溉、生态保护于一体的水利工程，建设内容包括5孔36米长的景观钢坝闸门、灌溉闸、冲砂闸和堤防连接段、水情观测系统、防汛公路改造等，闸轴线总长236.9米。该项目荣获"长沙市水利优质工程奖"。

（二）湖南靖州县白石滩水电站改造设计

项目位于湖南省靖州县新建村。电站总装机容量为10兆瓦，坝轴线长258.4米，拦河坝最大坝高11米，总库容为2904万立方米。

（三）湖南桑植县牛洞口水库工程勘察设计

项目位于湖南省桑植县。牛洞口水库大坝为混凝土堆石双曲拱坝，坝轴线长度为159.381米，最大坝高为64米，拱冠梁顶部厚度为3.863米，拱冠梁底部厚度为13.4米。该工程在当时属最高混凝土堆石双曲拱坝。水电八局承担该工程变更设计、建设工程设计、工程勘察设计、项目建议书及招标预算编制技术服务设计等工作。

（四）韶山灌区"十四五"续建配套与现代化改造项目设计

韶山灌区灌溉范围包括双峰、湘乡、湘潭、宁乡、韶山、望城、雨湖七个县（市）约2500平方千米范围内的100万亩农田，兼具工业供水，发电，航运，防洪排涝，养殖等综合利用功能，是湖南省最大的引水灌溉工程。项目主要建设内容包括干、支渠防渗衬砌工程，干、支渠除险加固工程，渠系建筑物加固改造工程灌溉试验站及信息化建设等，工程总投资约为8亿元。

（五）湖南新化县车田江水库除险加固工程勘察设计

车田江水库总库容为12750万立方米，为大（2）型水库工程，大坝为弧形堆石黏土心墙坝，最大坝高为68.80米，坝顶轴线长为373.50米，坝顶宽为6米。该项目大坝防渗加固处理采用可控复合膏浆高压脉动灌浆技术，相较于混凝土防渗墙可节约50%的投资。根据国内外文献，该技术应用于大坝防渗除险加固处理属首创，技术经济效果显著。

（六）湖南新邵县资江防洪风光带及市政配套设施建设工程设计

该项目主要包括治理河岸总长12千米，占地约98公顷，总投资约为7.5亿元。设计工作包括园林景观、建筑、市政管线、水利防洪、音乐喷泉和夜景灯光秀等内容。

（七）湖南宜章县城乡供水一体化工程勘察设计

该项目经可研批复的投资估算金额为87107.24万元，供水范围包括湖南宜章县城、天塘镇、一六镇、岩泉镇、栗源镇、黄沙镇、迎春镇、长村乡、浆水乡、梅田镇及花溪里，共计服务人口约42.44万人，其中乡镇人口28.35万人，县城人口约14.09万人。水电八局负责含取水工程、输水管网、自来水厂、智慧水务等建设内容设计工作。

三、监测项目选介

（一）湖北长江三峡枢纽施工期及运行安全监测

三峡水电站大坝高程为185米，蓄水高程为175米，水库长2335米，是世界上规模最大的水电站，也是中国有史以来建设最大型的工程项目。

1995年水电八局与河海大学组成联营体承担：临时船闸、升船机上闸首、左岸1#～11#坝段全部永久安全监

测；合同金额为965万元。1995年10月开工，1998年12月完工（延期至2002年12月）。三峡工程升船机上闸首安全监测，承担了该部位新增全部永久安全监测设施的施工。1998年1月开工，2001年8月完工日期。三峡工程左岸大坝和电站厂房二期安全监测，承担了电站厂房部位永久安全监测设施的施工（水力学及外部变形监测除外），包括仪器选型及标定、埋设安装、观测及资料整理分析等。1997年10月开工，2003年12月完工。三峡工程右岸地下电站进水口安全监测，监测的部位为6条直径达13.6米引水隧洞的进水口段及附属边坡。承担了该部位永久安全监测设施的施工，包括仪器选型及标定、埋设安装、观测及资料整理分析等。2001年3月开工，2003年12月完工。

2005—2016年，水电八局作为责任方，与河海大学、武汉大学、葛洲坝集团等单位联合体承担：永久船闸、左岸非溢流坝段、左岸厂房坝段、左岸电站厂房、泄洪坝段、右岸RCC围堰、茅坪溪防护土石坝等部位内部及动力监测的后续监测任务，从事的安全监测项目包括基础变形与渗流渗压、坝体应力应变等，从2005年1月开始至今运行良好，多次得到业主得好评。

2017年起水电八局独立承担：船闸（含船闸边坡）、挡水一线大坝（含升船机上闸首）、坝后厂房、升船机船厢室及下闸首、升船机及冲沙闸两侧边坡、右岸地下电站、茅坪溪防护坝、电源电站等建筑物范围内的内部变形、渗流、应力应变及温度等常规监测项目进行日常人工观测、巡视检查、监测资料的整理和分析、监测仪器和设备的维护，测压管管口高程的测量等。

（二）金沙江白鹤滩水电站安全监测

白鹤滩水电站水库正常蓄水位为825米，相应库容为206亿立方米。地下厂房装有16台机组，初拟装机容量为1600万千瓦，年平均发电量为602.4亿千瓦时。拦河坝为混凝土双曲拱坝，高为289米，坝顶高程为834米，顶宽为13米，最大底宽为72米。

水电八局2003年始至2022年承担该工程的变形控制网及左右岸边坡表面变形安全监测工程项目；2022—2025年度白鹤滩水电站运行期控制网及外观变形监测及资料整编分析项目、左岸边坡安全监测、库区水温在线监测项目等。

（三）金沙江向家坝水电站大坝内观、水力学专项监测

向家坝水电站坝顶高程为384米，坝顶长度为909.26米，左岸布置一级垂直升船机，最大提升高度为114.20米，可以通过2×500吨一顶两驳船队或者1000吨级一顶一驳船队，设计单向年过坝货运量254万吨。

水电八局从2017年始至今先后承担着该工程两岸非溢流坝段、左岸坝后厂房、左岸升船机、河中溢流坝段、右岸地下厂房、两岸灌溉取水口等部分的运行期安全监测工程，以及安全监测项目内观标2021年后续观测及资料整理分析、水温监测等项目。

（四）云南澜沧江黄登水电站安全监测

黄登水电站位坝址控制流域面积9.19×10^4平方千米，年平均流量为901立方米/秒。水库正常蓄水位为1619米，相应库容为14.18亿立方米；校核洪水位为1621.71米，总库容为15.00亿立方米；电站装机容量为1900兆瓦，保证出力为507.95兆瓦，年发电量为86.29亿千瓦时。拦河大坝为混凝土重力坝，最大坝高为202米。拦河大坝为碾压混凝土重力坝，属Ⅰ等大（1）型工程。

水电八局承担该工程施工期大坝安全监测项目和2020年至今运行期安全监测工程。该工程安全监测专业获"国家优质工程金奖"。

第二节　试验检测

一、概述

主要从事科研试验、工程质量检测、新材料研究与应用，拥有国家级计量认证资质和国家实验室认可资质，水利部水利工程质量检测（混凝土、岩土、量测甲级资质）、交通部公路工程检测综合乙级资质、建筑市政检测资质，试验专业组织机构完善、检测资质齐全、仪器设备先进、技术力量雄厚。

2002—2022年试验检测项目一览见表2-6-4。

表2-6-4　2002—2022年试验检测项目一览

项目名称	业主单位	合同总额（万元）	开工时间	竣工时间
安徽桐城抽水蓄能电站第三方土建试验室建设及检测服务	安徽桐城抽水蓄能有限公司	689.84	2021年9月	在建
福建周宁抽水蓄能电站土建试验服务	华电福新周宁抽水蓄能有限公司	498.05	2017年8月	2022年3月

续表

项目名称	业主单位	合同总额（万元）	开工时间	竣工时间
广东深圳排水管网正本清源、截流河综合整治、全面消除黑臭水体试验检测	深圳市水务工程检测有限公司	577.50	2017年11月	2020年9月
广东省珠三角水资源配置工程土建施工A4标试验检测	广东粤海珠三角供水有限公司	—	2019年9月	在建
广西大藤峡水利枢纽工程试验检测	广西大藤峡水利枢纽开发有限责任公司	—	2015年9月	在建
贵州榕江县溪口水库水利工程现场试验检测	长江陆水枢纽工程局有限公司	319.00	2017年6月	2020年8月
贵州思林、沙沱水电站试验检测	贵州乌江水电开发有限责任公司	615.63	2006年1月	2015年11月
贵州武都引水二期灌区工程实体质量检测	四川省武都水利水电集团有限责任公司	665.99	2015年12月	2019年12月
贵州遵义市绥阳至新蒲新区城市干道现场试验检测	贵州建工集团有限公司	270.00	2014年10月	2017年10月
河北唐河污水库污染治理与生态修复二期工程试验检测	水电十一局第二分局	65.00	2020年6月	2021年3月
河北雄安新区府河河口湿地水质净化工程项目试验检测	中电建生态环境集团有限公司	137.02	2019年9月	2020年6月
河北雄安新区新安北堤防洪治理工程试验检测、质量检测	—	221.94	2019年10月	在建
河南栾川至卢氏高速公路主体工程施工LLTJ-1试验检测	中电建路桥集团有限公司	1196.23	2019年7月	2023年1月
湖北三峡基地、向家坝、溪洛渡工程试验检测	长江三峡技术经济发展有限公司	1667.32	2018年1月	2022年7月
柬埔寨西哈努克港2×350MW燃煤电站项目第三方土建试验	华电西港发电有限公司	670.00	2020年6月	2023年3月
江西东谷水电站引水隧洞工程试验检测	中国葛洲坝集团第一工程有限公司	53.46	2020年6月	2021年2月
江西鹰潭市花桥水利枢纽工程试验检测	中国安能集团第二工程局有限公司	267.00	2020年2月	2022年1月
江西鹰潭市老城片区排水系统改造及东湖水环境治理工程检测	江西恒信检测集团有限公司	370.63	2020年11月	2021年12月
老挝南公1水电站项目试验检测	中国水利电力对外有限公司	963.38	2018年1月	在建
老挝南欧江二期项目（一、三、四、七级水电站）试验检测服务	老挝南欧江电力有限公司	737.50	2017年11月	2021年2月
尼日利亚宗格鲁水电站工程试验检测	中国水电建设集团国际工程有限公司	3863.95	2013年9月	2021年9月
四川绰斯甲水电站工程试验检测	国能四川阿水电力开发有限公司	1113.16	2021年12月	在建
四川涪江冬瓜山电航枢纽工程第三方质量试验检测	四川武都水利水电集团有限责任公司	84.32	2015年12月	2018年4月
四川龙滩水电站通航建筑物工程试验中心运行	龙滩水电开发有限公司	160.41	2016年7月	2019年6月
四川水洛河固滴、西藏、博瓦水电站现场试验中心运行	四川凉山水洛河电力开发有限公司	753.64	2013年12月	2021年8月
四川天全锅浪跷水电站工程试验检测及测量中心运行	大唐雅安电力开发有限公司天全分公司	952.63	2015年8月	在建
四川武都引水第二期灌区工程实体质量检测	四川武都水利水电集团有限责任公司	215.95	2017年5月	2020年12月
四川雅砻江两河口水电站先移民后建设工程施工监理中心试验室运行	二滩水电开发有限责任公司	388.05	2012年7月	2018年6月

续表

项目名称	业主单位	合同总额（万元）	开工时间	竣工时间
四川盐源龙塘水库及灌区工程枢纽试验检测	贵州黔水工程监理有限责任公司	69.00	2021年11月	在建
西藏大古水电站工程试验中心运行	华电西藏能源有限公司大古水电分公司	829.28	2016年5月	2020年5月
新疆项目试验检测技术服务	新疆北朋土木工程检测咨询有限公司	189.48	2022年9月	在建
云南保山、三义、临沧、机场、宁蒗泸沽湖机场第三方检测	云南机场集团有限责任公司	408.14	2018年10月	在建
云南红河州建水（个旧）至元阳高速公路试验检测	中电建路桥集团有限公司	1349.49	2019年4月	2022年4月
云南金安桥水电站有限公司中心试验室运行	金安桥水电站有限公司	398.00	2008年1月	2011年7月
云南景洪市农村公路提升改造工程试验检测	云南升盟工程咨询有限公司	123.75	2019年8月	2021年8月

二、工程选介

（一）广东省珠三角水资源配置工程土建施工A4标试验检测

珠江三角洲水资源配置工程是国务院部署的172项节水供水重大水利工程之一，输水线路总长113.1千米。土建施工A4标，是输水干线鲤鱼洲取水口至高新沙水库段的一部分，主要工作内容为1段总长约7.57千米的双线输水隧洞，3座工作井，2条总长407米的检修道路，1座应急分水口量水闸。

试验检测工作包括该工程自密实混凝土的配合比设计和现场质量控制，工程盾构隧道外衬（为盾构隧道管片）与内衬（钢管）之间大规模采用C30自密实混凝土填充，自密实混凝土平均填充厚度为60厘米左右，A4标自密实混凝土总计为67200立方米，水利工程大规模采用自密实混凝土尚属首次。

（二）广西大藤峡水利枢纽工程试验检测

广西大藤峡水利枢纽主体工程建设期为9年，概算总投资金额为357.36亿元，控制流域面积为19.78万平方千米，约占西江下游及珠江三角洲防洪控制断面梧州水文站以上流域面积的60%。

试验检测工作包括灰岩骨料与砂岩骨料对比试验、低热水泥与中热水泥对比试验、典型配合比热力学性能复核试验、中热水泥水化温升对比试验、抗冲磨混凝土配合比优化试验等。水电八局提出了中热水泥改进组分降低水化热、重要部位改用灰岩骨料、增大混凝土级配、延长设计龄期、提高煤灰掺量、优化配合比降低胶材用量等技术建议，并获各方认可和支持。

（三）云南红河州建水（个旧）至元阳高速公路试验检测

云南建（个）元高速公路是连接建水、个旧、元阳三地的重要交通道路。由水电八局承建的红河特大桥是全线控制性工程，由建水岸至元阳岸，全长为1366米，主跨为700米，地质结构复杂，且位于陡坎上，地面原始坡面线已超过45度，作为悬索桥，缆索吊跨度大，吊重达200吨。

水电八局结合桥塔塔柱泵送混凝土施工，通过各种工况下的混凝土性能控制提前预判并调整控制参数，保证了现场混凝土顺利施工及结构实体质量。

第三节　监理咨询

一、概述

水电八局监理业务由全资子公司湖南江海科技发展有限公司承担，公司成立于1993年5月7日，注册资本金为1018.28万元。2003年4月8日，取得水利部颁发的水利工程施工监理甲级资质证书；2007年1月15日，首次取得方圆标志认证集团有限公司颁发的质量管理体系、环境管理体系、职业健康安全管理体系认证证书；2016年3月3日，取得湖南省住房和城乡建设厅颁发的电力工程监理乙级资质证书；2017年、2018年通过增项先后取得房屋建筑工程乙级、矿山工程乙级、航天航空工程监理乙级资质证书。

2002—2022年监理咨询项目一览见表2-6-5。

表 2-6-5　2002—2022 年监理咨询项目一览

项目名称	业主单位	合同总额（万元）	开工时间	竣工时间
安徽中电建安徽长九（神山）灰岩矿码头一期工程监理	上海海科工程咨询有限公司	280.00	2017 年 4 月	在建
安徽装配式建筑预制件生产基地建设项目监理补充	中电建池州长智建工有限公司	240.00	2019 年 6 月	2020 年 12 月
福建南靖县新保林矿区建筑用砂岩矿项目建设监理服务	中电建六局（漳州）环保新材料有限公司	59.80	2022 年 7 月	在建
贵州铜仁万山区中洞水库工程项目施工监理	铜仁市万山区重点水源工程建设管理中心	97.46	2015 年 9 月	2018 年 9 月
湖北赤壁市陆水河节堤航运发电枢纽工程监理服务	赤壁陆水河航电开发有限公司	60.00	2019 年 3 月	2020 年 3 月
湖南 2021 年岳阳市华容县高标准农田建设项目工程施工监理	中国平安财产保险股份有限公司湖南分公司	150.00	2021 年 11 月	2022 年 4 月
湖南花垣县输变电、农网改造升级工程监理	花垣县供电有限责任公司	147.29	2019 年 11 月	2021 年 12 月
湖南涟源龙山风电场工程监理服务	湖南鸿兆风力发电有限公司	99.90	2016 年 7 月	在建
湖南凌津滩电厂 1 号、3 号、6 号机组检修监理	五凌电力有限公司凌津滩水电厂	68.40	2021 年 11 月	在建
湖南浏阳新华电力有限公司第三批 10 千伏及以下农网升级改造工程监理	浏阳新华电力有限公司	95.00	2021 年 12 月	2022 年 7 月
湖南龙山风电场工程监理服务补充	湖南鸿兆风力发电有限公司	55.00	2020 年 1 月	2021 年 6 月
湖南宁乡县道林古镇水系整治、沩水河珍洲、袁家河河段治理工程监理	宁乡市水务建设投资有限公司	78.80	2014 年 12 月	2017 年 4 月
湖南新华供电有限公司农网改造升级工程花垣县片区工程监理	花垣县供电有限责任公司	488.17	2016 年 3 月	2022 年 6 月
湖南永顺大青山风电场工程监理服务补充	五凌永顺电力有限公司	80.00	2019 年 1 月	2019 年 12 月
湖南永州双牌打鼓坪风电场工程监理服务	永州双牌打鼓坪风力发电有限公司	96.31	2022 年 1 月	在建
柬埔寨贡布甘再水电站技改检修项目工程监理服务	中国水电甘再项目公司	71.42	2020 年 1 月	2020 年 12 月
金沙江白鹤滩水电站缆机设备运行监理	三峡金沙江云川水电开发有限公司宁南白鹤滩电厂	1192.97	2017 年 1 月	2022 年 12 月
陕西东庄水利枢纽工程缆机设备安装与初期运行监理	陕西东庄水利枢纽工程建设有限责任公司	93.17	2021 年 1 月	2021 年 12 月
陕西中电建路桥石磊新材料项目监理服务	中电建路桥集团洛南石磊新材料有限公司	215.11	2021 年 11 月	2022 年 11 月
四川大唐普格乌科梁子风电场工程建设监理	大唐凉山新能源有限公司	308.43	2018 年 6 月	2021 年 12 月
四川雅砻江锦屏一级水电站缆机运行维护监理	雅砻江流域水电开发有限公司	654.84	2009 年 12 月	2014 年 12 月
四川紫坪铺枢纽主体工程监理标	—	300.00	2002 年 6 月	2005 年 6 月
越南邦威水电站项目现场施工指导及监理及运行培训	—	153.04	2006 年 12 月	2011 年 6 月
越南宣光 3×114 兆瓦水电项目安装工程指导和监理、实验运行培训	哈尔滨哈电气公司	731.63	2006 年 10 月	2011 年 6 月

续表

项目名称	业主单位	合同总额（万元）	开工时间	竣工时间
云南凤庆县郭大寨水库枢纽工程监理Ⅲ标	凤庆县郭大寨水库管理局	711.69	2013年3月	在建
云南昆明市滇池外海水位调控枢纽（海口闸）除险加固工程施工监理	昆明市滇池水利管理处	91.79	2012年11月	在建
云南澜沧江小湾水电站缆机运行及相关监理	华能澜沧江水电有限公司	—	2003年2月	2013年12月
云南临沧市凤庆县郭大寨水库营盘山隧洞工程监理	凤庆县郭大寨水库管理局	196.68	2012年8月	2015年12月
云南昭通市黑石罗水库工程监理补充（2022）	昭通市黑石罗水库工程建设管理局	1130.38	2012年11月	在建
浙江嵊泗县马关围涂1#堤设计调整、续建工程水利工程施工监理	嵊泗县农垦开发有限公司	222.13	2016年7月	2019年7月

二、工程选介

（一）金沙江白鹤滩水电站缆机设备运行监理

白鹤滩水电站大坝为混凝土双曲拱坝，顶部弧线长度为709米，最大坝高为289米，白鹤滩大坝全坝应用低热水泥混凝土，总量为800多万立方米。大坝工程施工共布置7台30吨平移式缆机，采用高、低线双层布置方案。其中，高线布置3台缆机，跨度依次为1168.756米、1177.756米、1186.756米，两岸主索出索点高程均为980米。单台缆机最人运行功率约为1900千瓦。低线布置4台缆机，缆机跨度为1110.49米，主索出索点高程为920米。单台缆机最大运行功率约为2000千瓦。缆机自2015年1月开始依次投入，运行到大坝混凝土施工完成，共安全运行35万小时，缆机完好率达99.83%，共吊运金属结构12.6万吨，混凝土吊运817.479万立方米，平均每台缆机浇筑116.78万立方米。2019年11月，缆机群浇筑混凝土达27.3万立方米，同年，白鹤滩缆机共浇筑混凝土270万立方米，刷新了同类拱坝工程大坝混凝土单月浇筑强度和年浇筑强度的新纪录。

（二）四川雅砻江锦屏一级水电站缆机运行维护监理

锦屏一级水电站大坝为混凝土双曲拱坝，坝高305米，大坝混凝土浇筑施工采用5台30吨平移式缆索起重机吊运入仓。缆索起重机同层布置，跨距为670米。缆机平均完好率达98.2%、平均利用率达75.88%，月最大浇筑强度为17.45万立方米，年最大浇筑强度为176.32万立方米。工程满足设计、规范要求，安全、质量、进度、投资控制效果良好。项目先后荣获"国家优质工程金奖""第三届高混凝土坝国际里程碑工程奖"。

（三）云南澜沧江小湾水电站缆机运行及相关监理

小湾水电站坝体为混凝土双曲拱坝，拱坝高为292米，坝体混凝土总量为837.35万立方米，拌合楼及供料平台设在左岸1245米平台。大坝工程施工共布置6台30吨平移式缆机，采用高、低线双层布置方案，缆机的平均完好率达96.64%，平均利用率达87.97%，月最大浇筑强度为23万立方米，年最大浇筑强度为249.47万立方米。

第四节 特种设备运营

一、概述

水电八局特种设备运营由工程装备公司专业负责。按照"做专、做强、做优"的目标，坚持专业化发展，形成了以土石方（矿山）钻煤开挖装运、门、塔、缆机等特种设备安拆运营，高铁架桥、TBM盾构三大主营业务，现有推挖装、门、塔、缆机等起重设备，高速铁路架桥设备，专用隧道提进TBM盾构设备等专业特种设备共计400多台（套）。满足水电、矿山、高速公路、高速铁路、市政、地铁、水环境治理等多种行业施工。其中，2002—2022年单独承揽的特种设备运营项目一览见表2-6-6。

表 2-6-6　2002—2022 年单独承揽的特种设备运营项目一览

项目名称	业主单位	合同总额（万元）	开工时间	竣工时间
厄尔多瓜美纳斯隧洞双护盾 TBM	厄瓜多尔国电公司	—	2012 年 3 月	2020 年 6 月
福建福州地铁门式起重机	福州地铁集团有限公司	—	2016 年 12 月	2021 年 9 月
广东深圳地铁门式起重机	深圳市地铁集团有限公司	—	2015 年 4 月	在建
广西大藤峡水电枢纽工程门塔缆机	广西大藤峡水利枢纽开发有限责任公司	—	2015 年 9 月	在建
广西龙滩水电站Ⅲ标设备看护维养工程	龙滩水电开发有限公司	488.50	2009 年 7 月	2009 年 11 月
贵州构皮滩水电站门塔缆机	贵州乌江水电开发有限责任公司	—	2001 年 11 月	2017 年 11 月
河南郑州地铁 8 号线盾构	郑州地铁集团有限公司	—	2020 年 5 月	在建
河南郑州地铁门式起重机	郑州地铁集团有限公司	—	2020 年 5 月	在建
湖北武冈城际架桥机	—	1015.00	2011 年 3 月	2012 年 11 月
湖北武汉地铁门式起重机	武汉地铁集团有限公司	—	2014 年 10 月	2020 年 12 月
湖南平江抽水蓄能电站小直径 & 可变径斜井 TBM	湖南平江抽水蓄能有限公司	—	2021 年 8 月	在建
湖南施工设备服务（北京城建）	和泓置地集团有限公司	310.75	2019 年 4 月	2020 年 8 月
湖南湘航水电枢纽门塔缆机	长沙市湘江综合枢纽开发有限责任公司	—	2009 年 12 月	2015 年 12 月
湖南岳阳市政管廊盾构	岳阳市三峡二期水环境综合治理有限责任公司	35000.00	2010 年 10 月	在建
湖南长沙地铁门式起重机	长沙市轨道交通集团有限公司	—	2015 年 6 月	在建
江苏南京地铁门式起重机	南京绿地地铁五号线项目投资发展有限公司	—	2017 年 10 月	2019 年 12 月
京沪高铁架桥机	京沪高速铁路股份有限公司	9556.45	2008 年 6 月	2011 年 6 月
陕西西安地铁门式起重机	西安市轨道交通集团有限公司	—	2019 年 12 月	在建
石济高铁架桥机	石济铁路客运专线有限公司	6108.03	2014 年 1 月	2017 年 4 月
四川卡基娃水电站门塔缆机	中国华电集团公司木里河水电开发有限公司	—	2010 年 12 月	2016 年 1 月
四川沙坪水电站门塔缆机	国电大渡河流域水电开发有限公司	—	2013 年 9 月	2018 年 8 月
西藏藏木水电站门塔缆机	华能西藏雅鲁藏布江水电开发投资有限公司	—	2008 年 9 月	2010 年 9 月
新疆 XE-Ⅵ标开敞式 TBM	新疆额尔齐斯河流域开发工程建设管理局	—	2017 年 3 月	在建
印度尼西亚雅万高铁架桥机	印尼中国高速铁路有限公司	12409.42	2018 年 11 月	2022 年 3 月
云南阿海水电站缆机安装、运行工程	云南金沙江中游水电开发有限公司	337.71	2008 年 10 月	2013 年 3 月
云南红河州特大桥门塔缆机	中电建路桥集团有限公司	—	2017 年 12 月	2020 年 12 月
云南溪洛渡水电站缆机、大坝砼侧卸车购置、塔机综合工程	三峡水电开发总公司	5187.48	2009 年 1 月	2016 年 1 月
云南小湾水电站左岸缆机运行工程	华能澜沧江水电有限公司	1211.90	2005 年 8 月	2011 年 6 月
重庆草街航电枢纽工程门塔缆机	重庆航运建设发展有限公司	—	2006 年 10 月	2011 年 11 月
重庆彭水水电站汽车起重机、三斧沱重件码头运行管理	重庆大唐彭水水电开发有限公司	936.50	2007 年 4 月	2008 年 12 月
重庆银盘水电站门塔缆机	重庆大唐国际武隆水电开发有限公司	—	2006 年 1 月	2015 年 12 月

二、门塔缆机项目选介

（一）广西大藤峡水电枢纽工程门塔缆机

2016年11月25日，水电八局承建的大藤峡水利枢纽工程首台MQ900/30门机开始安装，该门机最大幅度为62米，最小幅度为22米，采用4倍率绕绳，最大起重为20吨，主要满足大藤峡水利枢纽工程混凝土浇筑需求。

2016—2019年，大藤峡水利枢纽工程左岸有4台MQ900/30门座式起重机、2台MQ600/30门座式起重机、厂房4台K80/115型塔机、1台TC2000-84型塔机、5台TC6015A-10型塔机共计16台门塔机以及1台BJ600×60布料机、3台BJ600×40布料机、2台25吨汽车吊、2台50吨汽车吊。

2020年4月13日，大藤峡水利枢纽右岸首台FHTP160塔机完成安装与调试工作。

2020年开始，大藤峡水利枢纽工程右岸有2台MQ900/30门座式起重机、2台K80/115塔式起重机、5台6515塔式起重机、2台D1100塔式起重机、2台M1200塔式起重机、2台25吨汽车吊、2台50吨汽车吊、1台BJ600×60布料机、3台BJ600×40布料机。

大藤峡门塔机群凭借先进的电子防碰撞系统以及传统的设备动作通知程序、恪尽职守的人员监督机制，彻底杜绝了机群作业时碰撞风险的发生。

（二）贵州构皮滩水电站门塔缆机

贵州构皮滩通航工程是目前世界上通航水头最高、水位变幅最大、航道最复杂的通航设施，具有世界上提升高度最大的升船机。

从2015年3月至2016年11月，共有4台塔机服务于第二升船机主体浇筑工作，分别为2台6015型塔式起重机、2台M1200型塔式起重机，每台塔式起重机随着升船机主体的浇筑，每月都需增加附着和顶升，最终每台塔式起重机高度均在145米以上，属于超高型塔机。

（三）湖南湘航水电枢纽门塔缆机

2013年5月23日，安装的湘航电站厂房进水口MQ900/30型门式起重机，为湘航电站厂房的施工提供了调运保障，担负起湘航防洪度汛设备物资起重吊装的重任。2013年5月至2014年7月，3台MQ900/30型门式起重机、5台MQ540/30型门座式起重机共8台大型特种设备安装运行拆除作业井井有条。

湘江航电综合枢纽工程使用了水电八局自制的2台布料机进行混凝土浇筑，其中，BLJ600-60型自行履带式布料机自3月26日在湘江航电枢纽工程投入试生产，混凝土输送达到设计值1200立方米台班，共完成混凝土浇筑3万多立方米，设备运行状况良好、效率高，得到业主的高度称赞。

（四）四川卡基娃水电站门塔缆机

四川木里河卡基娃水电站，是川藏联网工程的重要组成部分。高原缺氧、气候干冷、气温温差大，建设期交通不便、供电不稳定，导致设备物资供应困难。2013年6月至2015年1月，1台MQ900/30型门座式起重机高耸在群山之间，为卡基娃水电站枢纽工程发电机组厂房及主体建设提供设备物资吊运能力。

（五）四川沙坪水电站门塔缆机

沙坪二级水电站枢纽建筑物主要由左岸河床式厂房、拦河闸坝坝段和右岸连接坝段等建筑物组成，最大坝高为63米，坝轴线全长319.4米。

2014年4月25日，伴随水电八局自制40米布料机的转动，电站主体工程首仓混凝土正式开始浇筑。2014—2016年，共有MQ900/30门座式起重机、DMQ540门座式起重机、M900塔机、40米布料机等7台特种设备在现场运行。

（六）西藏藏木水电站门塔缆机

藏木水电站地处高原地带，缺氧、严寒、大风、灰沙大，建设期交通不便，水电八局员工背着近百斤的变频器走出藏木维修，维修完成后又背回现场安装。

2010年4月至2013年8月，共有2台MQ900/30门座式起重机、1台MQ600门座式起重机、1台K80/115塔式起重机为藏木水电站的大坝浇筑提供吊运保障。

（七）云南红河州特大桥门塔缆机

红河州特大桥由索塔、锚碇、悬索、吊索、桥面系组成。其中，建水侧主塔高为181.286米，元阳侧主塔高为122.5米。大桥全长1366米，主跨跨径为700米，库区水面距桥面高达188.4米，桥面宽为25.5米。

大桥位置沟壑纵横、地势相差悬殊，垂直变化大，天气变幻，多狂风天气、晴空万里转瞬电闪雷鸣、暴雨如注。每年从3月下旬至10月下旬，白天日常气温高达40℃，最高温甚至达到46℃。2018年8月至2021年5月，在如此严峻天气下，水电八局员工在9.5千米的"战线"上，总共分布了13台塔机和2台电梯，主要负责材料吊运、模板安装拆除、混凝土浇筑、门架安装拆除和缆索吊安装拆除等工作。其中，1#TC7035B-16塔机和2#TCT7520-16D塔机分别安装在13#主塔的左幅和右幅，共安装12道附着，高度分别为206.25米和202.50米。

（八）重庆草街航电枢纽工程门塔缆机

该项目为西部大开发十大重点工程和交通部最大的内河工程。水电八局共使用6台大型起重设备保障坝体浇筑工作，分别有MQ900/30型门座式起重机、MQ600型门座式起重机、MQ1260型门座式起重机、MD900型塔机、40米布料机；第一台塔机为MD900波坦塔机，2006年10月进场安装。

（九）重庆银盘水电站门塔缆机

2008年7月8日，电站厂房主体工程首台K80/115型塔机开始安装，就此拉开了厂房段机组砼浇筑垂直运输工具安装的帷幕，8月6日下午通过了当地技术监督管理局质量认定。

银盘水电站设备使用高峰期，共有10台自有设备运行，包括3台MQ900/30型门座式门机、1台MQ600型门座式门机、1台M900型塔机、2台40米布料机及1台50吨吊车参与银盘水电站修建工作。

三、门式起重机项目选介

（一）福建福州地铁门式起重机

2018年5月至2019年8月，福州地铁最高峰运行有2台MG45吨门式起重机、1台MG16吨门式起重机、2台10+10吨门式起重机。

福州靠海，海风大，每年有台风。防风措施为防风地锚固定及液压夹轨器、防风缆绳加固等。

（二）广东深圳地铁门式起重机

2013年10月至2015年2月，水电八局踏入地铁起重设备运行管理。

深圳地铁10号线：11台QTZ80TC6012-6塔式起重机。深圳地铁5号线：3台ME10T-215M门式起重机、1台16T-24M门式起重机、1台45T/10-24M门式起重机、3台TC6012塔式起重机。深圳大空港：1台TC7015-10T-30M塔式起重机、2台TC6513-8T-30M塔式起重机。深圳地铁12号线：2019年10月至2021年9月，7台MG16T-18/21/23/24M、2台MG16T+16T-24M门式起重机、1台MG20T-16M门式起重机、2台MG10T-11/14M门式起重机、4台MG45T-18/21/23M、2台MH10-23.5桥式起重机、6台TC6012塔机。

（三）河南郑州地铁门式起重机

2021年6月起，郑州地铁4台MG45T/15T-18/23.5M门式起重机、2台MG16T+16T-24M门式起重机、1台MG16T-24M门式起重机。

（四）湖北武汉地铁门式起重机

水电八局为满足武汉地铁建设需要，新购买了一批门式起重机、塔式起重机。

武汉地铁8号线：2015年4月至2017年2月，3台MG45T/10T-9.5/24M门式起重机、3台MG16T-24/28M门式起重机、2台TC6012塔式起重机。武汉地铁11号线：2015年1月至2016年12月，3台MG16T-24M门式起重机、2台MG45T/10T门式起重机、3台QTZ26515-10塔式起重机。武汉地铁21号线：2016年1月至2016年12月，12台QTZ6013塔式起重机、2台QTZ6515-10塔式起重机。

（五）湖南长沙地铁门式起重机

水电八局先后中标长沙地铁4号线、6号线、7号线。这些线路均穿越繁华地带，人员、车辆、建筑密集，设备运行环境复杂。

2016年5月至2017年12月，4号线运行有3台MG45T-24M门式起重机、2台MG16T-24M门式起重机、1台MG16T/5-12M门式起重机、1台TC6024塔式起重机。2019年4月至2020年10月，6号线运行有6台MG45T-18/24/25.3M门式起重机、6台MG16T-22/24M门式起重机。2022年11月起，7号线安装1台MG16T门式起重机。

（六）江苏南京地铁门式起重机

2019年1月至2020年12月，2台MG16T-23.2/24M门式起重机、2台MG45T-23.2/24M门式起重机。

（七）陕西西安地铁门式起重机

2021年7月至2022年10月，2台ME（16+16）T-24M单悬门式起重机、1台MG16T-23/24M门式起重机、3台MG45T/10T-23M门式起重机。

四、TBM、盾构项目选介

（一）厄尔多瓜美纳斯隧洞双护盾TBM

厄瓜多尔美纳斯水电站采用1台双护盾TBM施工，水电站引水隧洞全长13.9千米，其中，DBM施工段为3.5千米，TBM施工段为10.4千米，开挖直径为5.67米，衬砌后直径为4.8米。TBM施工段隧洞埋深在60~680米，穿越地层岩性主要有太古宇大营子组，石英含量占15%~35%。单轴抗压强度160兆帕以上占比72%，最高单轴抗压强度达到318.2兆帕。

"华龙 I 号"是水电八局首台双护盾全断面硬岩掘进机，开挖直径为5.63米，整机总长约为180米。2014—2016年完成掘进施工，在超硬岩条件下，"华龙 I 号"创造了最高日进尺30.2米，最高月进尺564.19米的纪录，施工技术经鉴定已达国际先进水平。

（二）河南郑州地铁8号线盾构

郑州市地铁8号线一期工程土建施工01标段07工区包含同乐站—丰庆路站区间、丰庆路站、丰庆路站—白庙站区间、白庙站—东风路站区间、东风路站，共两站三区间。区间采用两台土压平衡盾构机先后从东风路站西端头井始发，掘进至白庙站东端头井接收。浅覆土中掘进的盾构如何控制隧道上浮以及如何降低掘进过程中对地表的影响是该工程的重点难点。

（三）湖南平江抽水蓄能电站小直径&可变径斜井TBM

湖南平江抽水蓄能电站试点应用TBM法施工，提高"少人化、机械化、标准化、智能化"水平，采用1台小直径TBM开挖排水廊道和1台可变径TBM开挖引水斜井隧洞。

自流排水洞和排水廊道（小直径TBM），总长度约为7.3千米。其中，自流排水洞长约为3.8千米，平均纵坡为1.04‰，排水廊道长约为3.5千米，局部最大坡度4.9%，30米转弯半径共21处，隧洞整体采用TBM工法施工。水电八局"平江号"TBM开挖直径为3.63米，整机长度为75米。自2021年10月29日始发以来，水电八局"平江号"创造了日进尺30.712米，月进尺602.1米的纪录，突破国内同级别小断面TBM施工最高月进尺纪录。

引水系统斜井（国内首台可变径斜井TBM），两条引水隧洞TBM施工长度约为2278米，斜井坡度为50度，洞径为6.5~8.0米，竖向转弯半径为50米。洞室围岩单轴饱和抗压强度为45~140兆帕。工程具有大坡度、可变径、小转弯、施工安全风险高等特点。国内首台斜井可变径TBM开挖直径为6530毫米（变径后8030毫米），整机长度为75米，整机重量为800吨（变径后900吨），最小竖直转弯半径为40米，最小水平转弯半径为100米，适应的坡度为-5~60度。

（四）湖南岳阳市政管廊盾构

岳阳市政管廊项目具有下穿河流、先隧后井、盾构分体始发、长距离及不良地质掘进等特点，施工内容为8个工作井和全长4.5千米的盾构法隧洞以及104米顶管施工，城区管廊采用两台土压平衡盾构机施工。受限于城区工作井场地影响，2台盾构均采用分体始发，接收井采用逆作法施工。中心变盾构区间全长2.1千米，共1355环管片，于2021年8月17日始发。王家河盾构区间2.4千米，总共1689环，于2022年3月1日始发。管廊开挖洞径为6.28米，平行四边形管片（3+2+1）安装后设计内径为5.4米的圆形隧洞，管廊轴线设计埋深为7~15米，隧道分为东西两段同时施工，隧道水平面最小曲线半径为350米，竖直面最小曲线半径为1000米，地面最大埋深约为45米，地面最浅埋深约为11米。施工过程中克服了岩石、透水、上软下硬等不良地层影响。

（五）新疆XE-Ⅵ标开敞式TBM

新疆XE工程Ⅵ标项目隧洞全长21.73千米，主洞开挖采用1台直径为7.83米的开敞式TBM施工，分为TBM4-1、TBM4-2两段，其中，TBM4-1段长12.94千米，TBM4-2段长8.79千米。隧洞埋深在8~127米，平均埋深为34米，是目前国内已成功通过的地表埋深最浅的长距离TBM掘进施工隧洞。

"华龙Ⅱ号"是水电八局首台开敞式全断面硬岩掘进机，开挖直径为7.83米，整机长度为275米，2018—2022年完成掘进施工，最高日进尺为56米，最高月进尺为900米，实现了首台8米级TBM水平3毫米、垂直10毫米精准贯通。

五、高铁架桥项目

（一）湖北武冈城际架桥机

武冈城际铁路全长65千米，设8个车站，最高设计速度200千米/小时。2010年12月，水电八局承担武冈城际199榀整体预制双线箱梁的运输和架设任务。2011年3月进场开工建设，2012年11月完工，合同工期20个月。2011年至2012年9月，在武汉铁路局规定的停车时间内完成架桥机过武九铁路既有线施工，保证了武九线按时通车。2012年11月2日，安全、优质地完成188榀双线箱梁架设任务。

（二）京沪高铁架桥机

京沪高速铁路总长度为1318千米，设23个车站，设计速度为380千米/小时。项目于2008年4月18日开工，2011年6月30日通车，北京至上海的最短旅行时间为4小时48分钟。

水电八局承建京沪高速铁路（DK548）邹城制梁场。架桥起止里程为DK534+437.35~DK569+783.62，共计35.3千米，施工内容包括20千米的线下施工（其中桥梁5座，总长度17千米）、40千米556孔的32米/24米铁路预应力简支箱、900吨箱梁的预制和架设和23千米的

CRTS-Ⅱ型无砟轨道板的铺设施工。

梁场布置方式采用跨线提梁方式，梁场箱梁架设采用起升高度7米、重量900吨的SPJ900A/32桁架式架桥机。梁场箱梁运输到桥墩架设，将YL900A型900吨运梁车用于32米和24米箱梁的运输、拼装。梁场内使用1台900吨移梁机进行脱模、倒梁、喂梁等工作，梁场箱梁垂直提升上桥采用2台MGHZ450型门式起重机（450吨跨线龙门吊）抬吊上桥，跨线龙门吊主梁为双箱梁结构，起重机主梁长度为41.2米，行走大车的跨距为38米，主梁起吊净空高度为28米，钢、柔腿之间的横向净空距离为36.9米。

2008年6月，配合生产厂家完成900吨的移梁机的安装调试工作；9月7日，900吨移梁机投入试运行；9月18日，梁场2台450吨跨线龙门吊设备的零部件运到工地开始卸货安装；12月17日，2台提梁机联动调试结束，完成提梁和移梁、架梁试验，具备架梁条件；完成556榀箱梁架设任务。

在工程建设过程中，水电八局先后16次荣获京沪高铁总指绿色通知单奖励，获评"火车头"奖、"铁道部优质工程一等奖"和中国土木工程詹天佑奖。

（三）石济高铁架桥机

2013年11月，水电八局中标石济高铁工程，承担石家庄至济南客运专线辛集制梁场藁辛特大桥、辛集东特大桥2座桥梁的预制箱梁制运架施工任务，主要内容包括制运架箱梁809孔、预制生产能力每天2榀，场内最大存梁能力为140榀。

该工程自2014年3月进场开工建设，于2016年9月完工，合同总工期31个月。在工程建设过程中，水电八局克服27米非标梁架设技术难题，刷新京沪架梁速度，创造单机单日6榀箱梁架设、单机单月108榀箱梁架设纪录。

（四）印度尼西亚雅万高铁架桥机

印度尼西亚雅万高铁全长142千米，设计时速350千米，沿途设4个车站。高铁线路主要采用桥梁加隧道结构连接而成。水电八局承担DK85+046段约42千米的线路，主要包括1号隧道、2号特大桥、1号梁场施工。其中，1号隧道采用直径13.19米的泥水平衡盾构机掘进；1号梁场占地面积达350余亩，仅存梁台座就可容存200榀，且涉及梁型多达35种，承担42千米正线1018榀箱梁的预制、运输和架设任务，是中国在海外唯一一个生产规模达"千榀级"的制梁场。

2018年11月架梁开工；2019年9月30日，1#梁场顺利架设全线首榀箱梁；2021年2月，1#梁场用两套运架设备开启双向架梁；2021年5月，双向架梁实现海外架梁施工单月架设107榀的高产纪录，1#梁场大里程方向完成箱梁架设；2021年6月，1#梁场小里程方向完成架梁，全部1018榀箱梁完成架设任务，2号桥贯通；2021年9月，2#梁场小里程方向完成箱梁架梁，完成4号桥、5号桥、6号桥99榀箱梁架设任务。2022年3月完工，合同工期40个月，完成1117榀箱梁架设任务。

第三篇 党的建设

- 第一章 党委与党代会
- 第二章 党建工作
- 第三章 宣传思想工作
- 第四章 企业文化建设
- 第五章 纪律监督工作
- 第六章 巡视巡察工作
- 第七章 工会工作
- 第八章 共青团与青年工作

第一章 党委与党代会

20世纪60年代中期以前,企业实行党委领导下的行政首长负责制。"文化大革命"期间,企业各项工作由革委会实行"一元化"领导。党的十一届三中全会以后,企业实行党委领导下的厂长(经理)负责制。1987年11月,水电八局领导体制改革,实行局长负责制。2008年7月,公司改制后,实行执行董事、总经理负责制。2018年,水电八局开始实行"董事长(执行董事)、党委书记一人担任""董事、总经理、党委副书记一人担任"的领导体制,并完成党建进章程工作。

第一节 水电八局党委

一、中共中国水利水电第八工程局委员会（1992年7月—2008年7月）

2002年10月31日,中国水电总公司党组决定:林修建任水电八局党委书记,李鹏程兼任党委副书记,余其年任党委副书记、纪委书记,刘敏立任工会主席；免去樊建平水电八局党委书记职务,任水电五局党委书记。

2003年12月,陈正平任党委书记,林修建任局长兼党委副书记,李鹏程调离。

2004年4月,刘敏立任党委副书记兼纪委书记,余其年调离。

2008年1月17日,中国水电党委对水电八局领导班子进行调整,林修建任执行董事、总经理兼党委副书记；朱素华任党委书记兼副总经理,陈正平退休；朱国强任监事、党委副书记兼纪委书记。

二、中共中国水利水电第八工程局有限公司委员会（2008年7月—2022年12月）

2008年7月,中国水利水电第八工程局更名为中国水利水电第八工程局有限公司。体制由"工程局"变更为"工程局有限公司"。

2008年9月,中国水电党委任命朱素华为中国水利水电第八工程局有限公司党委书记,林修建兼任党委副书记,朱国强为党委副书记、纪委书记,肖华民为工会主席。

2012年3月,中国电建、中国水电股份公司对水电八局有限公司领导班子进行换届考核后,任命朱素华为执行董事、总经理、党委副书记,黄敏为党委书记、副总经理,朱国强为监事、党委副书记、纪委书记。林修建调离。

2016年,姜清华任党委书记、副总经理,黄敏调离。

2018年4月,中国电建、股份公司对水电八局有限公司领导班子进行领导体制调整,朱素华任董事长(执行董事)、法定代表人、党委书记,姜清华任董事、总经理、党委副书记。

2021年1月,黄启斌任党委委员、纪委书记、监事(试用期1年)；因年龄原因,朱国强不再担任纪委书记、监事,改任咨询。

2021年11月,姜清华任总经理、党委副书记、董事、法定代表人(主持全面工作)。

2022年1月,姜清华任党委书记、董事长；肖军任党委副书记、董事、总经理；杨一心任党委副书记；黄启斌任党委委员、纪委书记、监事。

第二节 党代会

1960年2月、1962年3月、1963年12月,湖南省柘溪水力发电工程局分别召开第一次、第二次、第三次党代会。1971年12月,凤滩指挥部召开第一次党代会。1973年8月、1985年12月、1993年11月、1999年5月、2003年3月、2008年3月、2013年2月、2017年1月、2022年7月,水电八局先后召开9次党代会。历次党代会以差额选举、无记名投票的方式选举产生了本届党委和纪委。党委历届一次全体会议选举产生了党委书记、副书记,纪委历届一次全体会议选举产生了书记、副书记。本节记述2002—2022年5次党代会情况。

一、第五次党代会

中共中国水利水电第八工程局委员会第五次代表大会于2003年3月11日—14日召开,党员代表128人,代表全局4479名党员。林修建代表第四届党委作题为《加强和

改进党建工作,营造聚精会神搞建设、一心一意谋发展的良好政治环境》的党委工作报告。选举情况如下:

党委委员(9人):刘敏立、朱素华、李鹏程、余其年、陈义海、陈正平、张汉龙、林修建、龚长清。党委书记:林修建。党委副书记:李鹏程、余其年。

纪委委员(7人):肖华民、余其年、陈秋敏、林爱民、林爱华、赵东风、蒋湘明。纪委书记:余其年。纪委副书记:林爱民。

二、第六次党代会

中共中国水利水电第八工程局委员会第六次代表大会于2008年3月1日召开,党员代表121人,代表全局4834名党员。朱素华代表第五届党委作题为《以改革创新精神推进党建工作,发挥政治优势,建设全新八局》的党委工作报告。选举情况如下:

党委委员(15人):王意桥、朱国强、朱素华、刘中刚、刘光华、杨刚、肖华民、张汉龙、林修建、赵东风、姜清华、涂怀健、黄敏、曹跃生、戴科夫。党委书记:朱素华。党委副书记:林修建、朱国强。

纪委委员(7人):朱国强、陈秋敏、陈资礼、林爱民、林爱华、赵东风、曹积民。纪委书记:朱国强。纪委副书记:林爱民。

三、第七次党代会

中共中国水利水电第八工程局有限公司委员会第七次代表大会于2013年2月26日—27日召开,党员代表134人,代表全局5831名党员。黄敏代表第六届党委作题为《全面提高党的建设科学化水平,为实现八局新的腾飞提供坚强的政治保证》的党委工作报告。选举情况如下:

党委委员(14人):邓文明、冯正文、朱国强、朱素华、刘中刚、刘光华、杨刚、杨一心、肖华民、张汉龙、姜清华、涂怀健、黄敏、戴科夫。党委书记:黄敏。党委副书记:朱素华、朱国强。

纪委委员(7人):闫英才、朱国强、许卫球、刘细军、李义君、赵东风、曾爱国。纪委书记:朱国强。纪委副书记:闫英才、李义君。

四、第八次党代会

中共中国水利水电第八工程局有限公司委员会第八次代表大会于2017年1月18日—20日在长沙召开,党员代表108人,代表全局6070名党员。姜清华代表第七届党委作题为《发挥核心作用,聚焦价值创造,以全面加强党的建设引领公司新一轮发展》的党委工作报告。选举情况如下:

党委委员(15人):邓文明、白延庆、冯正文、朱国强、朱素华、刘中刚、杨刚、杨一心、肖军、肖华民、姜清华、涂怀健、谢卫东、戴科夫、塞尚友。党委书记:姜清华。党委副书记:朱素华、朱国强。

纪委委员(7人):朱国强、刘技专、许卫球、杨建安、张勇、易仲明、周本强。纪委书记:朱国强。纪委副书记:张勇、杨建安。

五、第九次党代会

中共中国水利水电第八工程局有限公司委员会第九次代表大会于2022年7月13日—14日召开,党员代表123人,代表全局5173名党员。姜清华代表第八届党委作题为《忠诚拥护"两个确立"、坚决做到"两个维护",始终牢记"国之大者"、深刻践行"双引双建",以高质量党建引领保障高质量发展》的党委工作报告。选举情况如下:

党委委员(11人):邓文明、朱枫、任朗明、刘技专、杨一心、肖军、吴三线、姜清华、唐明、黄启斌、谢卫东。党委书记:姜清华。党委副书记:肖军、杨一心。

纪委委员(7人):刘细军、周本强、郑逢贺、黄启斌、黄荣洲、强嵘、翟睿。纪委书记:黄启斌。纪委副书记:郑逢贺、黄荣洲。

第二章 党建工作

本章从机构、组织建设、制度建设、党建活动、党员教育、党建荣誉6个方面,系统回顾水电八局2002—2022年的党建工作历程。

第一节 机构

2001年2月,成立党委工作部,包含党委办公室、党的建设、思想政治、宣传、共青团、文明建设、企业文化、机关党委、史志编纂、维护稳定、综合治理等职能，肖华民任党委工作部主任。

2008年3月，赵东风任党委工作部主任。

2014年12月，刘技专任党委工作部主任。

2021年3月，水电八局党校揭牌仪式在教培中心举行。朱素华兼任水电八局党校校长；刘技专、易仲明、贺辉兼任水电八局党校副校长。

2022年2月，强嵘任党委工作部主任。

2022年4月，杨一心兼任水电八局党校校长；强嵘、刘细军、贺辉兼任水电八局党校副校长。

第二节　组织建设

1999—2002年，各级党组织贯彻"坚持标准、保证质量、改善结构、积极慎重"的方针，认真做好新党员发展工作，注重在年轻知识分子、专业技术人员和工人阶层中发展优秀分子入党。

2002年，按照"党群基层组织设置与行政机构设置同步，党群组织负责人任命与行政组织负责人聘用同步，转党群组织关系与转行政关系同步"的要求，健全党群组织关系，做到了哪里有党员，哪里就有党群组织，哪里就能开展党群活动。积极探索"大政工"工作机制。

2004年，1297名党员参加了民主评议，评出优秀共产党员301名，处置不合格党员2名。

2006年起，各级党组织加强党员发展工作，积极开展入党积极分子培训，完善发展党员公示制，规范党员发展程序。

2007年，取消党组织片区管理职能，贵阳、常德、武汉三地的组织关系管理全部归湖南省直机关工委，水电八局党委直接管理和指导各单位党建工作。

2008年，新成立二级单位党组织2个，对13个二级单位党委、党工委进行了调整或增补。

2008年，水电八局党委推行"党委统一领导，党政共同负责，党纪工团齐抓共管，分工协作，以专职政工干部为骨干，全体行政干部、管理与技术干部为主体，职工群众广泛参与的大政工新体制"。党政主要领导实行交叉任职，行政领导更加重视通过发挥国有企业的政治优势来推动工作。

2010年12月，撤销2个项目（含联营体）党工委、2个分局党委，成立了基础设施分局党委，共有16个二级单位（含机关、直管项目）党（工）委。

2012年，明确二级单位党委书记年薪与行政相同，并设立总政工师、副总政工师岗位，推进党群干部专业化。优化党群干部入口，疏通出口，形成了团干—党群专干—党群机构负责人、党组织负责人—行政负责人或专业副总的晋升渠道。

2015年，水电八局党委倡导"党群工作也是生产力"理念，以价值思维引领党建工作，激发党建工作活力，实现党建工作五大转变：思维模式从传统思维向互联网思维转变，工作方法从依靠经验向变革创新转变，工作内容从局限党内事务向关注市场和现场转变，载体运用从相对单一向多元立体转变，作用发挥从偏于务虚向更加务实转变。

2016年，开展党员组织关系集中排查和干部档案整理排查等工作，对基层党组织架构进行全面摸底。

2017年，全面推行党（工）委书记述职评议制度，实现各级党组织书记现场述职全覆盖，3个基层党支部书记因履职不力被免职调岗。严格落实"四同步、四对接"要求，党组织覆盖率达到100%。

2018年，坚持"党的一切工作到支部"的鲜明导向，夯实支部基础工作，以点带面推进党支部标准化建设。严格落实"三会一课"、民主评议党员等基本制度，推进全面从严治党向基层延伸。2018年3月，所属300余个党支部召开了"两学一做"学习教育专题组织生活会，3902名在职党员开展了民主评议。

2019年，开展党支部标准化建设工作，集中开展整顿软弱涣散基层党组织工作，推进夯实党的基层组织、基本队伍和基本制度。

2020年，持续推进党支部标准化建设，打造党员活动室模板，规范执行"三会一课"制度，选树示范党支部。

2021年，以党支部标准化为抓手，强化"三基建设"，完成245个支部标准化达标验收。

2022年，优化基层党组织设置，撤销党工委；规范换届工作；对二级单位党建责任制考核延伸至项目。培育选树"示范党支部""红色走廊"成为党员教育新阵地。首次承办湖南省直机关工委和中央驻湘单位党员发展对象培训班，解决海外、国内受新冠疫情影响无法线下参培的问题。集中评审发展对象入党材料。

截至2022年底，水电八局设置基层党委19个，党总支79个，党支部380个。

第三节　制度建设

2004年，开展党建工作规范化管理研究，对党内组织机构设置、基层党支部工作、党内创先争优评比、民主评议党员、党费管理、领导班子民主生活会、干部考核、党风廉政、纪检监察等一系列工作进行规范，制定或修订了有关管理制度、办法、规定等，基本实现党建工作有章可循。规范了党费收缴、管理和使用工作。二分局将党群工作软指标强化为硬指标，直接与各项目年度考核和项目经理年薪挂钩，促进行政领导关心和支持党群工作。

2005年，编写党建工作管理办法等4个一体化文件，子文件20个，其中新文件9个，修订文件11个。2005年6月，印发《水电八局党委党群工作区域管理办法》，下拨区域党群工作活动经费并进行监督管理。

2008年，制定《国（境）外项目党建和思想政治工作管理办法》。

2010年，出台了《党建工作管理分手册》。

2011年，印发《关于规范召开二级单位党代会的通知》，印发《所属单位负责人经营业绩考核评价及薪酬管理办法》，将党建责任制考核纳入经营者年薪考核，作为管理评价的重要内容，实现了水电八局党建纳入企业管理、融入生产经营中心方面的重要突破。

2012年，树立"书记抓、抓书记"的党（工）委书记履职理念，加大对党委（副）书记履职情况的考核比重。印发《项目党建管理办法》《关于加强基层党支部规范化建设的意见》《关于开展共产党员主题实践活动的意见》。

2014年，明确"以领导班子建设为核心任务，以落实党建工作责任制为主线，以加强党群队伍建设为基础，以企业文化建设为主要载体，以共产党员主题实践活动为主要抓手，以'书记抓、抓书记'为工作重点，以调查研究和培育典型为基本工作方法"的党建工作整体思路，推进党建工作管理标准化建设。

2019年，制定《关于全面推进党支部标准化建设的意见》，加快推进党支部工作标准化、管理规范化。

2022年，坚持把政治建设摆在首位，严格执行"第一议题"制度，制定发布"水电八局党委贯彻落实习近平总书记重要指示批示工作清单和流程图"。修订党建管理标准。将党建责任制考核延伸至项目。建立海外党支部督导员制度，强化境外项目党建工作。

第四节　党建活动

2002—2022年，坚持开展党内"创先争优"活动。

2004年11月，召开党群工作座谈会，总结成绩、分析问题、交流经验、探讨思路和方法，60名代表参加会议。

2005年，开展党课评比活动，推荐优秀党课讲稿40篇。在纪念抗日战争胜利60周年之际，开展宣传、慰问抗日英雄活动。

2007年，开展"党支部建设年"活动，从组织建设、理论学习、党员教育与发展、落实党内制度等方面，规范和加强基层党组织建设。各级党组织开展革命传统教育活动，举办"强化党员意识、牢记历史使命"演讲比赛。

2008年，组织"解放思想，推动八局新一轮发展"大讨论活动。在冰灾、汶川大地震和鲁地拉泥石流等自然灾害面前，水电八局党委迅速启动应急预案，组织项目广大党员干部冲锋在前，奋起抗灾，取得了抗冰救灾和支援抗震救灾的重大胜利。组织"党员献爱心、向四川地震灾区和水电十局第二次捐款"活动，以缴纳"特殊党费"的形式捐款75万余元。

2010年，水电八局党委明确了党建管理方针是"解放思想，引领发展；发挥优势，推动发展；改革创新，融入发展；营造和谐，共享发展"，党建管理目标是"把党组织的政治优势转化为公司的核心竞争力与科学发展的强大动力"，党建工作思路是"融入中心，服务大局；全面支持，保证监督；适应变革，努力创新；结合实际，注重实效"。年内开展争创"四强"党组织、争做"四优"共产党员活动。

2011年，开展争创"四好党委""五好党支部"和争当"五个模范"、庆祝建党90周年等活动。召开党群工作座谈会、党建工作专题会、党建工作研讨会，落实人力和经费等资源配置，交流论文和调研报告20篇。

2012年，围绕"强组织、增活力、促发展、创先争优迎十八大"主题，开展"基层组织建设年"活动。

2016年，开展"两学一做"主题演讲、"先锋微课堂""重走长征路""家风在我心""手抄党章"等学习教育。

2018年，开展"党员先锋岗""党员突击队""党员身边无违章""促安全、促生产、促经营"等主题实践活动。

2020年，组织开展"抗疫情、保复工""党员促安全、促生产、促经营"等主题实践活动，4000余名党员干部捐款52万元支持疫情防控工作。

2021年，开展"长征再出发"主题活动，6000人参与；推出"学史力行"线上课堂，5600人次观学。

2022年，按照中国电建党委工作部署，实施以"政治引领、示范引导，建优体系、建强基层"为主要内容的"双引双建"党建工程，分层制定"双引双建"任务清单，着力培育党建品牌。7月，水电八局"云党校"正式上线。

第五节　党员教育

自2002年以来，水电八局党委着力打造学习型党组织。

2003年，水电八局党委成立"三个代表"重要思想宣讲组，举办10期"三个代表"重要思想学习班，508人参加。开展学习党的十六大和十届全国人大会议精神知识竞赛，2100多人参赛。各单位开展"创建学习型组织、争做知识型职工"活动。

2004年,开展保持共产党员先进性教育活动,中国水电副总经理到水电八局了解活动情况,并作题为《以品牌一流、技术一流、业绩一流,创造效益一流》的讲话。湖南省委先进性教育简报,对水电八局三峡机电制造安装项目部以先进性教育活动为动力,优质高效安装9号机组的事迹进行了专题报道。组织开展学习"两个条例"知识竞赛,3061人参赛。

2005年,水电八局党委开展中心组学习12次。溪洛渡施工局举办一期入党积极分子培训班。

2006年9月,举行学习《江泽民文选》报告会。

2007年,学习贯彻落实党的十七大精神,发放学习资料4000余册。与湖南省直机关工委联合举办"水电八局党支部书记培训班",73名支部书记参训。

2008年,举办学习党的十七大精神轮训班、"迎奥运,庆七一"知识竞赛。

2009年,开展学习实践科学发展观活动。组织开展向吴大观学习活动。

2011年6月底,召开水电八局庆祝中国共产党成立90周年大会,党委书记讲《弘扬党的伟大精神,促进公司科学发展》主题党课。

2013年,开展党的群众路线教育实践主题活动。以开展"向谭靖夷院士学习,践行党的群众路线"活动为切入点,挖掘身边典型,发挥榜样力量,倡导为民务实清廉理念。

2014年,开展"加强学习,提升能力,做优秀员工"主题教育活动。

2015年,开展"忠于职业,忠于企业,做优秀员工"主题教育巡回演讲活动。

2016年,开展"两学一做"学习教育。举行庆祝建党95周年表彰大会暨"两学一做"专题党课。

2017年,开展"学习贯彻习近平新时代中国特色社会主义思想和党的十九大精神"宣讲会170余次,发放辅导书籍共5300余册。推动"两学一做"学习教育常态化和制度化。

2018年,组织处级以上领导干部学习贯彻党的十九大精神集中轮训6期,各级党组织书记平均讲党课2次以上。常态化开展"读书打卡"等活动。

2019年,开展"不忘初心、牢记使命"主题教育,守初心、担使命、找差距、抓落实。各级党组织书记讲授党课430余场。

2021年,围绕学史明理、学史增信、学史崇德、学史力行的要求,分层级、全方位推进党史学习教育,召开庆祝建党100周年大会。

2022年,全面覆盖学习宣传贯彻党的二十大精神,两级班子深入一线专题宣讲300余场次。开展"学习贯彻党的二十大 看课集勋章"活动,在水电八局"云党校"推出党的二十大专题课程45个,参学人次超5万。发布《水电八局党员干部应知应会知识》。

第六节 党建荣誉

2005年6月,四分局获评湖南省直机关党工委"先进基层党组织"、两名共产党员获得"优秀党员"称号。

2006年,砂石分局党委获得国务院国资委党委系统"先进基层党组织",党委工作部获得湖南省直机关党工委"先进集体"。

2007年,水电八局获得中电联举办的党史知识竞赛优秀组织奖,是唯一获奖的水电施工企业。

2010年,水电八局党委被国务院国资委党委授予"中央企业先进基层党组织"。

2012年,机关党委、砂石分局党委被湖南省直机关党工委授予"先进基层党组织"称号。水电八局机关党委、砂石分局向家坝砂石项目部党工委、溪洛渡机电安装项目部机械队党支部、国际部加纳布维项目施工一支部获评中国电建"先进基层党组织"。

2016年,"七一"期间,水电八局党委获评国务院国资委党委"中央企业先进基层党组织",获评中国电建"先进基层党组织"。

2020年,水电八局党委获评中国电建"先进基层党组织"。

2021年,建党100周年献礼微电影《我们的名字》,荣获首届全国职工微电影节暨第四届"能源中国"微视频类一等奖。

第三章 宣传思想工作

水电八局党委坚持党对宣传思想工作的全面领导,不断提升宣传思想工作的传播力、引导力、影响力、公信力,为企业改革发展党建各项工作凝聚了强大精神力量。本章从机构、新闻宣传平台、重要宣传活动、思想政治研究4个方面，记述水电八局宣传思想工作的历程与发展。

第一节　机构

1952—2001年，水电八局党委的宣传机构根据职能部门调整，先后设立宣传科、宣传部（含报社）、宣传处、摄录像中心、宣传中心，或将宣传职能归口政治部、政工组、党委工作部、总政工师办公室、党委政治部、党委宣传部。

2001年2月—2020年4月，水电八局党委的宣传思想工作管理职能归口党委工作部。

2007年8月，成立水电八局思想政治工作研究会。

2020年4月，水电八局成立党委宣传部，与党委工作部、企业文化部合署办公，刘技专兼任党委宣传部主任。

2022年2月，强嵘兼任党委宣传部主任。

第二节　新闻宣传平台

一、企业报

1957—2006年，先后创办《四女市通讯》《柘溪工报》《工地战报》《工地简讯》《乌江战报》《凤滩战报》《东江战报》，部分工地办起广播站、黑板报等。

1983年4月，经湖南省政府批准，水电八局《水电建设报》创刊。

2008年，对《水电建设报》进行全新改版，实行全彩印刷。

2009年1月，水电八局创办的《水电建设报》在线仿真阅读系统正式开通。

2009年9月，《水电建设报》更名为《八局风采》。

2014年9月，《八局风采》停刊。

二、网站

2003年9月，水电八局官方网站"中国水利水电第八工程局有限公司"（网址：https://www.baju.com.cn）正式开设，后续于2005年、2010年、2018年进行3次换版升级，将分公司14个网站和水电八局网站整合为一个网站群。

2010年，网站栏目分类细化为"企业要闻""基层快讯""国际业务""专题报道""专题专栏""党群工作""视频新闻""八局风采""八局新闻图片"。

2019年12月31日，按照中国电建统一部署，水电八局新版网站正式上线运行，归口中国电建新闻中心统一管理。

三、微信公众号

2013年10月28日，水电八局微信公众号"八局之声"正式创办，坚持守正创新，开放共享，面向一线，面向微友，致力打造最有温度、最具行业特色的微信公众号。

2015年，"八局之声"微信公众平台粉丝数突破6万人，单篇最高点击量突破10万人次，年阅读总量达200万人次，创意歌曲《水电八局2015年度总结》成为网络爆款。

2016年，积极探索新媒体宣传与品牌营销，"八局之声"微信公众平台关注人数突破10万人，跻身央企子企业新媒体10强，在官方测评中的品牌价值达到1700多万元。

2020年，"八局之声"获评"2020年全国建筑行业最具影响力"公众号。

2021年，"八局之声"获评中国施工企业协会"十佳公众号"。

2022年9月，"八局之声"获评全国建筑企业最具影响力微信公众号。

截至2022年底，"八局之声"共发稿1324篇，多篇作品点击突破10万+，收获微友11万人。

四、视频号、抖音号

2018年5月8日，水电八局抖音号"八局之声"正式创办。成功打造《"一带一路"上的非洲小哥喊你一起来搬砖》这一现象级短视频品牌营销，单篇作品浏览量超6500万人次，收获348万点赞和9万粉丝。

2020年4月30日，水电八局微信视频号"八局之声"正式创办，发布第一条视频号动态《热烈祝贺水电八局安装的广西大藤峡水利枢纽工程首台机组投产发电》。是年，微信视频号年浏览量超400万人次，《新时代的大国重器！白鹤滩水电站首批坝段到顶》短视频观看量达到97.3万次。

第三节　重要宣传活动

2002年，中央电视台8次播出水电八局三峡工程建设新闻，央视一频道"当代工人"栏目播放了《干过三峡》《焊花》《神仙窝的人》等专题片。

2003年，湖南电力行业协会、省经贸委组织全省11家主流媒体对水电八局改革创新活动进行集中报道，举行了改革创新成果新闻发布会，宣传水电八局优势品牌。

2004年，《小湾工程建设注重环保》荣获中国产业新闻一等奖、《中国电力报》一等奖。

2006年，在《水利水电工程报》年度评比中，水电八局记者站连续8年被评为"先进记者站"。配合工程投标，对重点工程三峡、构皮滩、小湾、溪洛渡等项目开展对外宣传工作。在《湖南建设年鉴》《三峡工程报》《西南电力报》等多家媒体及国际大坝会议等活动中，进行了企业形象宣传。

2007年，修订宣传工作管理办法，新增《对外新闻宣传工作实施细则》。在《水电建设报》开辟"学习贯彻党的十七大精神""企业管理大家谈""《员工素质读本》读后感"等专栏。利用向家坝砂石系统投产、溪洛渡大江截流、云南阿海新源砂石系统投产等重大活动，邀请中央和地方媒体对水电八局进行宣传，扩大企业的社会知名度和影响力。

2008年，配合"解放思想，推动八局新一轮发展"大讨论活动，在《水电建设报》和网站同时开展征文活动。

2009年，重点加强了对国际工程和非水电工程的报道，在《八局风采》开辟"高铁在线"和"海外传真"两个栏目。加强舆论引导，开辟了"两会评论"和"十日谈"两个言论栏目。开展了"践行科学发展观，提高项目管控水平"主题宣传活动。开通了报纸在线仿真阅读系统，使广大读者看报更加方便快捷。《湖南日报》在11月26日头版头条推出长篇通讯《孔孟之乡铺新道——记奋战在京沪高铁的水电湘军》，在湖南省产生了良好的社会影响。

2011年，编制发布《视觉形象识别指导手册》《开创新境界——水电八局管理创新经验介绍》。组织开展建党90周年征文和摄影，参加湖南省直工会摄影竞赛，获金奖2项、银奖1项、铜奖6项。3幅作品入选建党90周年湖南省美术书法摄影展览。4幅作品在"中国三峡杯"全国首届水电摄影大赛中获优秀奖。

2012年，开展60周年局庆系列宣传活动，编印《向幸福出发，我们同行》纪念画册及职工征文故事集、职工摄影书法美术作品集、职工文艺会演作品集，拍摄制作电视专题片《历程》，自编自导自演大型文艺节目《大江奔流》。

2013年，完成长沙科研楼荣誉室布置工作。在四川雅安大岗山水电站举办砂石文化节。荣获中国科学技术协会、国家发展改革委、科学技术部、国务院国资委联合颁发的"全国'讲理想、比贡献'活动先进集体"。

2014年，制作了综合画册、专业画册。微信公众平台推出的《纸飞机飞》系列报道被新华网、凤凰网、中国商务部网站、环球网、搜狐网、中国青年网等多家媒体转载，成为水电八局新媒体宣传的里程碑转折点。

2015年，聚焦市场现场，创新媒介，强化品牌价值，着力构建"大宣传""大营销"格局，力推宣传思想工作实现硬宣传导向与软品牌营销融合、上传下达传播式宣传与网状辐射式营销融合、党建理念与互联网思维和价值思维融合"三个融合"。

2016年，打造网站、微信、画册、视频立体化思想政治工作格局，发布视觉识别系统管理手册和新版画册。筹办"老朱话家常""我为八局代言""我在八局等你来"等系列特色活动。原创歌曲《说唱八局》荣获"全国最美企业之声"金奖。

2017年，编辑出版故事集《讲述——我们身边的故事》。宣传片《我叫中国水电八局》荣获电力行业优秀宣传片类作品一等奖。

2018年，以网站、微信公众号等媒介为载体，开辟"改革开放40周年"专栏。自主创作《说唱电建》《工程人的歌》等企业歌曲。视频《阿素的故事》获中国电建品牌故事卓越奖，宣传片《我叫中国水电八局》获得"全国最美形象之声"代言作品。

2019年，策划开展"新中国成立70周年"专题宣传，多个项目登录新华网、人民网、中央电视台。《一双劳保靴的奇妙之旅》荣获国务院国资委"央企品牌故事大赛"一等奖，并作为7个代表节目之一参加现场展演。

2020年，持续加强新闻宣传矩阵建设，品牌影响力保持建筑行业前列。《当歪果仁穿汉服跳中国风的〈生僻字〉》获颁"一带一路"百国印记"文化传播大使"奖。

2021年，召开庆祝建党100周年大会，组织系列宣传活动，受到中国电建党史学习教育巡回指导组一致好评。制作献礼微电影《我们的名字》，荣获首届全国职工微电影节暨第四届"能源中国"微视频类一等奖。拍摄首部广告片《遇见美好》，获国务院国资委官方微博转发点赞。短视频《永远做党的战士》获评中国施工企业管理协会"十佳短视频"。

2022年，组织策划局庆70周年"起始江河，起势未来"系列活动，推出纪录片《奋斗者的未来》，制作新版宣传片、宣传画册、抽水蓄能专题画册。创作《做砂石行业绿色发展的引领者》，入选新华网"绿水青山就是金山银山"实践案例。

第四节　思想政治研究

2012年3月，国务院国资委宣传局副局长毛一翔对水电八局思想政治工作开展情况进行检查，高度评价了水电八局将党建工作纳入管理体系进行规范化、流程化管理的做法。

2012年9月，国务院国资委召开中央企业思想政治工作表彰大会暨中央企业党建思想政治工作研究会第三次会员大会。会上，水电八局获评中央企业思想政治工作先进单位。

2014年6月，获评中国电力企业联合会、中国电力思想政治工作研究会2013年度"全国电力行业思想政治工作优秀单位"。

2016年4月，中国电建党委授予2015年高度重视思想政治课题研究工作、组织到位、成效突出的水电八局"优秀组织奖"。《媒介融合形势下思想政治工作创新研究》获得一等奖，《国有企业企业精神培育》《探索党建工作规律，提升党建科学化水平》获得二等奖，《共同改善委内瑞拉人民生活——中国水电圣坎高速公路项目跨文化管理案例》获得三等奖。

2016年12月，党委书记、副总经理黄敏获评中国电力政研会2015年"全国电力行业优秀思想政治工作者"。

2017年9月，《媒介融合形势下思想政治工作创新研究》获评中国电建2016年度党建思想政治工作课题研究成果一等奖。

2018年4月，获评中国电力企业联合会、中国电力思想政治工作研究会2017年度"全国电力行业思想政治工作优秀单位"，总经理、党委副书记姜清华获评"全国电力行业优秀思想政治工作者"。

2018年5月，《以水电八局为例探析国企新媒体开发应用及作用发挥》获评中国电建2017年度党建思想政治工作课题研究成果一等奖；2018年12月，获评中国电力思想政治工作研究会三类优秀研究成果；《做好新时代的答卷人——坚持党的全面领导，以党的十九大精神引领国有企业改革发展》获评中国电建学习贯彻党的十九大精神主题征文二等奖。

2019年3月，国务院国资委党委宣传部、教育部思想政治工作司联合发放聘书，水电八局工程科技部主任、副总工程师于永军被聘为湖南大学2019年度校外辅导员，成为50家央企高校校外辅导员之一，代表中国电建参加"领导干部上讲台"——国企公开课100讲、国企骨干担任校外辅导员活动。

2019年，水电八局将党建思想政研工作成果列入党建工作责任制考核加分项，充分调动二级单位参与党建思研工作的积极性，提高党建思想政治工作的针对性、实效性和品牌影响力。

2019年7月，《现代建筑企业文化建设模型构建》获评中国电建2018年度党建思想政治工作课题研究成果一等奖。

2020年7月，《新时代建筑央企宣传力提升研究》《建筑企业基层青年员工状况调研及培养机制探索》分别获评中国电建2019年度党建思想政治工作课题研究成果一等奖、优秀奖。

2021年6月，《建筑企业文化建设全流程机制构建》《国有施工企业投资控股项目基层党组织作用发挥研究》分别获评中国电建2020年度党建思想政治工作课题研究成果一等奖、优秀奖。

2022年7月，水电八局荣获中国电建2021年度党建思想政治工作课题研究优秀组织单位。《建筑央企党支部标准化建设创新实践》《建筑央企青年人才培养机制优化研究》《新形势下基层党组织"党建+业务"深度融合的实践创新》分别获评中国电建2021年度党建思想政治工作课题研究成果一等奖、二等奖、优秀奖。

2022年11月，《践行习近平经济思想，奋力打造最具行业特色的一流国际工程公司》获评中国文化管理协会"企业党建实践创新成果一等奖"。

第四章　企业文化建设

水电八局践行社会主义核心价值观，不断追求企业价值观与先进文化的和谐统一，坚持用思维进步、文化进步，引领推动企业本质进步；坚持与时俱进改造文化基因。本章从机构、企业文化活动、企业文化理念、企业文化载体、企业文化荣誉5个方面，记述水电八局企业文化建设的轨迹和发展成果。

第一节　机构

2001年2月，成立党委工作部，企业文化管理职能归口党委工作部，肖华民任主任。

2004年5月，成立企业文化建设指导委员会。

2014年4月，成立企业文化部，与党委工作部合署办公，赵东风兼任企业文化部主任。

2014年12月，刘技专兼任企业文化部主任。

2022年2月，强嵘兼任企业文化部主任。

第二节　企业文化活动

2002—2022年，共征集文化理念表述语1415条，涵盖了核心价值观、企业愿景、企业精神等12项子理念；企业文化故事115则，生动反映了企业精神、工程建设和员工风采。在总结提炼核心文化的过程中，推进安全文化、质量文化、廉洁文化、合规文化等子文化建设。确定了"安全第一、生命至上"的安全管理方针和"敬业、专业、人品、精品"的质量管理方针。

2002年12月，水电八局在田汉大剧院举行建局50周年庆典大会。湖南省人大常委会副主任高锦屏、中国水电总公司总经理郭建堂出席并发表讲话。国家电力公司和钱正英、汪恕诚、张基尧、周大兵、贺恭等领导发来贺电。张光斗、潘家铮院士题词。国务院有关部委及其驻湘单位，中共湖南省委组织部、宣传部及有关厅局、湖南省电力公司、省内外业主和设计研究单位、兄弟单位、协作单位、有关院校等300多位嘉宾参加庆典。局文艺宣传队、老年艺术团及学校学生进行了文艺表演。陈列馆开放，编辑出版局史《光辉五十年》、回忆录《光明之旅》与大型纪念画册，各分局、各项目举办了丰富多彩的庆祝活动。

2006年8月，印发《企业文化建设规划》。

2010年，提出"将公司建设成为具有持续成长性、较强自主创新能力的质量效应型股份公司龙头企业"的企业愿景，"传承大禹血脉，彰显鲁班风采，履行社会责任，谋求员工福祉"的企业使命，"为国家创效益，为社会担责任，为员工谋幸福"的核心价值观。

2012年12月，水电八局在田汉大剧院举行庆典仪式，中国电建副总经理王民浩、中国水电副总经理杨志、长沙市副市长黎石秋出席庆典并讲话。中国工程院院士、水电八局高级技术顾问谭靖夷、水电八局班子成员、历任老领导、嘉宾、员工1100余人参加了庆典。编印了《向幸福出发，我们同行》纪念画册及职工征文故事集、职工摄影书法美术作品集、职工文艺会演作品集，拍摄制作了电视专题片《历程》，自编自导自演了大型文艺节目《大江奔流》。在溪洛渡大坝施工局开展项目文化建设工作。策划编印《行成于思》一书。

2014年4月，印发《企业文化建设规划（2014—2016）》，开展企业文化理念和故事征集调研。

2014年5月，针对境外员工远离祖国、远离家人等情况，启动国际项目"家"文化建设，以马来西亚康诺桥火电项目为试点，开展"六创建"活动，即建设温馨之家，传递爱的力量；建设安康之家，倡导快乐工作；建设文明之家，展现团队风貌；建设学习之家，提升素质能力；建设民主之家，营造和谐环境；建设效益之家，增进员工幸福。

2017年3月，印发《企业文化建设规划（2017—2020）》。

2002—2018年，在安全、质量子文化建设上，确定了"安全第一、生命至上"的安全管理方针和"敬业、专业、人品、精品"的质量管理方针，持续开展安全月、质量月等系列安全质量文化建设活动。

2019年1月，正式发布"尚水"文化体系。

2022年8月，推出"尚水"文化行为规范系列短视频。

2022年12月，在科研综合楼举行以"起始江河、起势未来"为主题的建局70周年活动。收到贺信80件。水电八局在长沙领导班子成员、各部门各单位代表、离退休老同志现场参加，全体干部职工通过视频直播观看。庆祝活动发布了《奋斗者的未来》70周年纪录片，庆祝水电八局成立70周年标识、主题词，推出70周年系列文创作品，组织编纂《中国水电八局七十年》局志，创作建局70周年纪录片和70周年工程成就巡礼展。举办女职工手工绣作品展。

第三节　企业文化理念

水电八局企业文化理念的阐释主要集中于2019年发布的"尚水"文化体系。

发展理念：创新、协调、绿色、开放、共享。

企业使命：建设美好生活。

企业愿景：成为最具行业特色的一流国际工程公司。2019年，"尚水"文化体系提出"成为最具行业特色的投资建设集团"。2022年工作会上，调整为"成为最具行业特色的一流国际工程公司"。

核心价值观：责任、创新、诚信、共赢。

企业精神：自强不息，勇于超越。

企业准则：敬业、专业、人品、精品。

文化内涵：上善若水，顺势勇为。

工作理念：市场引领，价值导向。

安全理念：安全第一，生命至上。

廉洁理念：道德根植于心，规范践之于行。

执行理念：执行不找借口，落实不搞变通，考核不打折扣。

"尚水"八德：顺势、开放、包容、进取、坚韧、担当、谦逊、清正。

"尚水"五维：一是对新时代新思想的深入践行；二是对传统文化的继承发展；三是对现代文明的致敬呼应；四是对集团文化的贯彻落实；五是对八局精神的充分提炼。

"尚水"四道：水之品、水之势、水之智、水之富。

第四节　企业文化载体

一、企业文化成果

《水电八局五十年》（2002年12月27日，内部发行）

《光明之旅》回忆录（2002年12月27日，内部发行）

《水电八局员工素质读本》（2007年9月14日，内部发行）

《开创新境界——项目管控经验介绍》（2009年，内部发行）

《向幸福出发，我们同行》（2012年，纪念画册）

《历程》（2012年，电视专题片）

《大江奔流》（2012年，大型主题文艺会演）

《纸飞机飞》（2014年，企业文化故事，第二届"全国最美企业之声"最具正能量企业故事奖）

《八局好儿郎》（2015年，企业文化歌曲，第二届"全国最美企业之声"企业歌曲评选活动铜奖）

《以项目文化建设铸造国际拱坝品牌》（2015年，企业文化论文，电力行业企业文化优秀案例一等奖、全国优秀案例奖）

《说唱八局》（2016年，企业文化歌曲，第三届"全国最美企业之声"金奖）

《讲述——我们身边的故事》（2017年，企业文化故事集）

《我叫中国水电八局》（2017年，中国文化管理协会"全国最美企业之声"代言作品）

《工程人的歌》（2018年，企业文化歌曲）

《阿素的故事》（2018年，企业文化视频，中国电建品牌故事卓越奖）

《"尚水"企业文化手册》《"尚水"文化宣传片》（2019年1月25日，水电八局企业文化发布会）

《上善若水》（2019年7月14日，企业文化歌曲）

《一双劳保靴的奇妙之旅》（2019年12月31日，企业文化故事，"庆祝新中国成立70周年"中央企业故事大赛宣传发布活动一等奖）

《遇见美好》（2021年2月5日，"尚水"文化广告片）

《错位时空·水电八局青春版》（2022年5月4日，企业文化歌曲）

《庆祝成立70周年标识》（2022年6月30日，水电八局庆祝建党101周年暨"建功新时代、喜迎二十大"两优一先表彰大会）

《起始江河，起势未来》（2022年6月30日，庆祝建局70周年主题词）

《知责于心·践责于行——"尚水"文化员工行为规范系列短视频》（2022年10月14日，企业文化短视频）

《奋斗者的未来》（2022年12月16日，70周年纪念片）

二、企业文化展馆

2002年12月27日，为庆祝建局50周年，以反映八局发展壮大为主题的局陈列馆正式对外开放。

2013年12月27日，水电八局召开庆祝毛主席诞辰暨科研综合楼启动仪式，在科研综合楼2楼布置局荣誉室，原局陈列馆停止使用。

三、企业文化宣传平台

（一）《水电建设报》"企业文化建设纵横"专栏

2003年，在主办的《水电建设报》开设"企业文化建设纵横"专栏，对50多年形成的品牌文化进行宣传，持续至2014年停办。

（二）水电八局网站"企业文化"专栏

2003年，在水电八局网站首页主栏目开设"企业文化"专栏，下设"理念文化""文化园地""先进人物"等子栏目，用于宣传、展示企业文化。2019年12月31日，水电八局网站改版，新版网站在首页主栏目保留"企业文化"专栏，下设"尚水文化""文化原地"等子栏目。

（三）水电八局官方微信号、视频号"八局之声"专题推送

2013年10月—2022年12月，"八局之声"推送了《听，上善若水》《一双劳保靴，拿了央企故事大赛一等奖！》《知责于心·践责于行——"尚水"文化员工行为规范系列短视频》等企业文化专题。

四、文艺宣传队

1984年，在全局文艺调演基础上成立水电八局文艺宣传队，组建当年参加中国水电总公司会演，多个节目获得表彰。2002—2022年，承担了建局50周年、60周年、70周年文艺会演和2003年、2009年巡回演出等演出任务。

第五节　企业文化荣誉

2002年，机电制造安装分局获评2000—2002年度湖南省级文明单位、国家电力公司"双文明"单位；常德机械厂保持国家电力公司"双文明"单位称号，获评2002年度湖南省直机关"双文明"标兵单位。小湾施工局获评2002年湖南省直机关"双文明"单位。

2003年，机电制造安装分局被评为湖南省文明单位，中国水电授予三峡施工局、下岸溪砂石项目部、机电制造安装分局、三峡机电制造安装项目部、基础工程分局、教培中心、洪江施工局、小湾施工局、贵阳机械厂、常德机械厂文明单位称号。

2004年，中国水电授予机电制造安装分局、贵阳机械厂、基础工程分局、教培中心、砂石分局、四分局集团公司文明单位称号；小湾施工局、四分局等5个单位被评为湖南省直机关文明单位；砂石分局被评为湖南省直机关文明标兵单位。

2005年，四分局、教培中心等6个单位获得中国水电文明单位奖；机电制作安装分局的省级文明单位复查获得通过，砂石分局获评湖南省直机关文明标兵单位。

2006年，水电八局积极开展文明工程、文明机关、文明小区"三创建"活动。砂石分局下岸溪人工砂石系统建筑安装与生产供应、张河湾人工砂石系统建筑安装与生产供应等8个项目成为首批工程局文明工程，部分工程项目被推荐为集团公司文明工程。砂石分局荣获省级文明单位称号，机电制造安装分局保持了省级文明单位称号；四分局等6个单位保持了湖南省直机关文明单位称号。

2007年，三峡下岸溪砂石开采加工系统项目被评为集团公司2007年度文明工程。三峡下岸溪砂石开采加工系统项目、张河湾砂石开采加工系统项目、三峡电站埋件制作安装与左岸电站机电设备安装调试项目、景洪水电站机组埋件制造项目、"三七八"联营总公司右岸厂房工程、平班水电站工程、构皮滩泄洪洞工程、惠州抽水蓄能电站上库大坝工程8个项目被评为水电八局文明工程。

2008年，砂石分局金安桥项目被中国水电评为"文明工程"；2个二级单位被评为湖南省直机关文明单位；4个二级单位通过湖南省直机关文明办复评继续保持文明单位称号；砂石分局通过湖南省委文明办复评继续保持省文明单位称号。

2009年，草街航电厂房及冲砂闸土建工程项目被评为集团公司2009年度文明工程。砂石分局通过了湖南省文明单位复查，基础工程分局、教培中心、四分局、贵阳机械厂、澜沧江分局通过了湖南省直机关文明单位复查，安装分局荣获"2009年度湖南省直文明单位"称号。

2010年，砂石分局向家坝砂石生产工程项目被评为股份公司文明工程项目；六分局、机电制造安装分局、砂石分局、贵阳机械厂通过湖南省直机关文明办复评并继续认定为湖南省直文明单位。

2011年，水电八局技校校园文化建设成果获得全国电力行业文化与企业文化优秀成果一等奖。

2013年，获评中国企业联合会、中国企业家协会"2012—2013年度全国企业文化优秀成果"。《从产品品牌到企业形象品牌的跨越——水电八局砂石品牌文化建设综述》获评第二届中部企业文化高峰论坛"中部地区企业文化理论成果奖"。

2014年，获评中国企业文化促进会"践行社会主义核心价值观企业文化模范单位"；获评中国文化管理协会"中国企业文化建设优秀单位"；获评湖南省文化促进会"湖南省十大创新企业文化品牌"；《从产品品牌到企业形象品牌的跨越——水电八局砂石品牌文化建设综述》被中国企业联合会、中国企业家协会评选为"2013年度全国企业文化优秀成果奖"，被中国电力企业联合会评为"全国电力企业优秀管理论文大赛"三等奖。

2015年，获评湖南省企业文化促进会"2014—2015年度湖南省十大创新企业文化示范基地"。《以项目文化建设铸造国际拱坝品牌——水电八局溪洛渡项目文化建设案例》荣获2014年电力行业企业文化优秀案例一等奖；《从产品品牌到企业形象品牌的跨越——水电八局砂石品牌文化建设综述》荣获2014年电力行业企业文化优秀论文奖。

2016年，获评中国文化管理协会"以五大理念引领发展企业文化管理创新十强""湖南省十大创新企业文化品牌"，党委书记黄敏获评"湖南省创新企业文化建设十大功勋人物"。

2017年，获评中国建筑业协会"全国建筑业文化建设示范企业"，获评"2016—2017年度全国企业文化优秀成果"。

2018年，获评"中国电力行业企业文化建设示范单位"。

2019年，获评中国企业文化建设峰会"全国企业文化建设典范企业"，《建设"尚水"文化，引领企业改革发展》入编中国建筑业协会全国建筑业企业文化建设经典案例。

2020年，水电八局获评中国企业文化建设峰会"企业文化建设示范企业"、第二届"一带一路"百国印记短视频大赛"文化传播大使"奖项，多项成果入编《中国电力优秀品牌故事》《当代电力文化》等。

2021年，水电八局获评湖南省企业文化建设示范单位、新时代企业文化建设优秀成果，"尚水"文化建设成果入选中电联2020年度电力行业企业文化建设优秀成果，《建筑企业文化建设全流程机制构建》理论文章获评中国电建党建思想政治研究工作一等奖。

2022年，水电八局获评中国文化管理协会"新时代党建+企业文化标杆单位""湖南省创新企业文化建设先进单位"，党委书记、董事长姜清华获评"2022年度企业文化实践创新典范人物""湖南省创新企业文化建设功勋人物"。《电力行业企业文化建设模型构建》获评中国企业联合会2020—2021年度全国文化优秀成果二等奖，《我们的名字》荣获中国文化管理协会第九届"最美企业之声""最美先锋之声"银奖。

第五章　纪律监督工作

水电八局纪检组织充分履行监督保障职责，贯彻落实党中央决策部署，坚守纪委的监督职能职责，优化完善体制机制，推动政治监督具体化常态化，做细做实日常监督工作，创新日常监督方式方法，深度融入生产经营各重要领域和关键环节，有序推进专项治理，积极探索建立有效的全面监督体系；分级分类开展警示教育，教育引导干部职工知敬畏、存戒惧、守底线；严把选人用人政治关和廉洁关，为各级党组织严肃党内政治生活提供有力支撑，推动从源头上净化企业各级党组织的党内政治生态，为企业的健康发展保驾护航。

第一节　历任纪委负责人

1999年5月—2004年2月，党委副书记佘其年兼任纪委书记。

2003年3月12日—14日，中共中国水利水电第八工程局有限公司委员会第五次代表大会在湖南宁乡召开，大会选举出水电八局第五届纪委（7人）。

2003年4月—2004年2月，党委副书记佘其年兼任纪委书记。

2004年4月—2006年12月，党委副书记刘敏立兼任纪委书记。

2007年1月，刘敏立因病休假，工会主席朱国强代管纪委工作。

2008年1月—2020年12月，朱国强任党委副书记兼纪委书记。

2020年12月任起，黄启斌任党委委员、纪委书记、监事。

第二节　机构

2002年1月—2006年12月，设有纪检监察室，作为纪委办事机构和机关职能部门。林爱民任纪检监察室主任。

2007年1月—2010年12月，纪检监察室更名为纪检监察部。林爱民任纪检监察部主任。

2010年12月—2012年5月，闫英才任纪检监察部主任。

2012年5月—2014年1月，许卫球任纪检监察部主任。

2014年1月—2016年2月，纪检监察部与审计部合并，保留纪检监察部、审计部名称，两部门合署办公。何培章任纪检监察部主任。

2016年2月—2017年1月，纪检监察部、审计部"两块牌子"合并，更名为纪检监察审计部。何培章任纪检监察审计部主任。

2017年1月—2020年12月，张勇任纪检监察审计部主任。

2020年12月—2022年12月，撤销纪检监察审计部，成立纪委办公室。郑逢贺任纪委办公室主任。

第三节　制度建设

2000年起，水电八局党政主要负责人每年与所属单位党政主要负责人签订党风廉政建设责任书，班子成员与其所分管的部门负责人签订党风廉政建设责任书。每年组织对各单位执行党风廉政建设责任制的情况进行考核、评价及通报。

2003年，制定《党委工作规则》《纪委工作规则》；出台中小项目风险抵押承包、内部结算、贷款、业务招待费等20多项管理制度。

2004年，在以水电八局为责任方的联营体推行责任制，领导班子执行廉政准则，作出六项廉政承诺。

2005年，制定《〈廉政合同〉管理暂行办法》；建立完善《内部贷款管理办法》《经营者年薪制定实施办法》等22项内控制度。

2006年，制定《领导人员职务消费管理办法》《领导人员不准擅自驾驶公车的通知》《内部管理体制改革过程中资产处置暂行规定》《"三重一大"事项民主决策若干规定》《各级领导成员及机关工作人员有关内部公务活动的七条纪律规定》《建立健全教育、制度、监督并重的惩治和预防腐败体系实施细则》等文件；开展项目党风廉政建设监督员委派试点工作，部分单位对项目（科室）未设纪检监察机构的，实行委派（兼任）廉政建设监督员制度。

2007年，制定《深入推进治理商业贿赂专项工作的意见》《干部管理办法》等制度；建立健全《责任追究制度》《差旅费开支规定》《临时出国人员差旅费报销办法》《资金支付审批制度》等38项制度。

2008年，调整党风廉政建设责任制领导小组和效能监察领导小组成员。3月，经职工代表大会（以下简称职代会）审议，发布《员工违规违纪责任追究办法（试行）》。

2009年，制定《建立健全惩治和预防腐败体系2008—2012年工作规划任务分解方案》；建立并执行纪委书记按时报告工作制度。

2010年，全面改版管理体系文件纪检监察分册。以加强企业内部监管为重点，建立授权审批制度、责任联签制度、内部审计制度和责任追究制度。

2011年，完善《党风廉政建设责任制实施办法》《加强和改进纪检监察组织建设实施细则》《党风廉政建设和反腐败工作联席会议制度》《效能监察联席会议制度》《惩防体系工作联络协调机制和联系员制度》等制度；进一步规范效能监察工作程序，将效能监察划分为选题立项、监察通知、项目情况汇报、检查组工作准备、监察过程把控、监察情况现场反馈、监察报告、监察建议书、项目整改情况汇报、效能监察"回头看"10个环节。

2012年，实行"三重一大"月报制度；制定《监督工作联席会议制度（试行）》《党风廉政建设责任制考核流程及工作文本》《基础设施业务实行廉政风险防控工作机制的意见》；印发《廉政风险联合防控合同》，与工程施工合同具有同等的法律效力。

2013年，设立效能监察专总岗位，强调效能监察过程控制；充分发挥职能部门系统监管作用，加强对重要制度、重要领域及关键岗位人员的监督检查。

2014年，制定《贯彻落实〈建立健全惩治和预防腐败体系2013—2017年工作规划〉实施方案》；修订《业务招待管理办法》，取消实行多年的部门业务招待费指标制度。

2015年，制定《差旅费管理办法》《投资项目评审管理办法》《二级单位内部审计管理办法》等10余项管理规定。

2016年，落实"一岗双责"责任，制定班子成员行为准则，全面落实党委主体责任。规范建立风险防控体系，完成总部管理机构廉洁风险库的建设，针对具体岗位进行廉洁风险分析，明确风险重点岗位、风险点（重点环节）及防控措施。建立贯彻落实中央八项规定精神改进工作作风健全工作制度与监管制度。

2017年，强化党风廉政建设和反腐败工作责任制考核"一票否决"功能；制定《党风廉政建设和反腐败工作"两个责任"落实清单式管理办法》《纪检监察后备人才库管理办法》；印发《全面监督"十三五"规划》，明确12类业务监督，初步形成"大监督"工作机制。

2018年，制定《运用监督执纪"四种形态"实施细则》《贯彻落实"三个区分开来"重要思想建立容错纠错机制的实施办法》，按照抓早抓小、防微杜渐的工作原则，强化党员干部的日常教育引导；制定《监督执纪工作规范化手册》，规范信访举报、线索处置、谈话函询、初步核实、立案审查、案件审理各环节工作程序和具体要求，体现执纪审查全程管控、从严把关。

2019年，制定《企业负责人履职待遇、业务支出管理办法》《落实〈关于配合做好党组织关系在湖南的中管企业下属单位纪检监察工作的意见〉工作方案》。

2020年，制定《党委落实全面从严治党主体责任清单》《深入推进全面监督工作的实施意见》《进一步转变总部工作作风提升服务水平有关事项》《对领导干部插手干预重大事项进行记录的规定（试行）》。

2021年，突出重点领域监督治理，完善日常监督、合规管理、备用金管理、境外机构会计人员管理、驻外机构管理等相关制度13项；贯彻落实《关于加强"一把手"和领导班子监督的实施办法》，突出对项目经理等关键岗位的日常监督；制定《企业负责人、部门中层管理人员、所属单位负责人履职待遇、业务支出管理办法》《境外业务咨询服务管理办法》；加强违规挂靠防治和监督内部控制，在违规挂靠综合整治工作中跟进执纪问责工作，加强两级总部工作作风建设。

2022年，深化"靠企吃企""严肃财经纪律，依法合规经营"等专项整治，开展"微腐败"专项治理。贯彻落实《国有企业领导人员廉洁从业若干规定》《廉政准则》《中国电建职工违规违纪处罚规定（2022年版）》等制度。

第四节 教育宣传

2004年，开展《中国共产党党内监督条例（试行）》和《中国共产党纪律处分条例》知识竞赛；组织120余人参加湖南省委举办的廉洁从政党课。

2005年，班子成员家属参加湖南省委开展的"廉内助"教育活动。

2006年，11名新提拔的处级干部和纪检干部，参加湖南省直机关工委组织的党风廉政培训班。

2007年，4名新提拔的处级干部参加湖南省直机关工委组织的党风廉政培训班；12名纪检监察干部参加上级纪检监察干部业务培训。开展"加强作风建设，促进廉洁从业"主题教育月活动。获评中国水电纪检监察先进集体、湖南省省直单位纪检监察案件管理工作先进单位。

2009年，举办"勤廉为民，科学发展"演讲比赛，企业领导人员学习《国有企业领导人员廉洁从业若干规定》；获评中国水电"党风廉政建设优秀单位"。

2010年，办好内部刊物《党纪政纪教育参考资料》，在《八局风采》上开辟了"廉政天地"专栏。

2011年，与湖南省高级检察院共同开展"工程建设领域预防职务犯罪工作"课题研究，在湘江电航工地召开共同预防职务犯罪研讨座谈会。在藏木案件查办过程中，充分运用"双联"与"企检共建"成效。

2013年，在中国水电党风廉政建设责任制年度考核中排名第一，获评党风廉政建设责任制优秀单位。

2014年，获评中国电建2014年度反腐倡廉建设优秀单位。

2015年，自编自导自演廉洁微电影《以父之名》，在湖南省纪委网站、腾讯视频传播。

2016年，自主创作廉洁微电影《幸福来敲门》。

2017年9月，"八局风纪"微信公众号正式上线。

2018年，开展廉洁主题巡讲活动，921名领导干部参与学习；拍摄《回家吃饭》《起点》两部廉洁微电影，丰富了"八局风纪""纪检微课堂""廉知周播""主业清风"等微信公众号廉洁教育内容。

2019年，践行"一带一路"倡议，拍摄、制作并发布首部海外项目廉洁微电影《丝路阳光》。

2022年，组织开展"廉内助"廉洁教育活动、"廉洁教育月"系列活动、"执纪监督日"活动。

第五节 监督执纪

2000—2006年，纪检组织和监察部门共立案查处各类违反党纪政纪案件25起，处分29人。其中给予党纪处分18人（开除党籍4人），给予政纪处分22人（开除1人）。通过查办案件，挽回经济损失104.11万元。

2002—2004年，对构皮滩施工局、东江机械厂、水布垭施工局和教培中心等单位开展效能监察，下达整改建议书并进行跟踪检查；主动介入清产核资和小湾施工局、砂石分局等单位大宗设备采购招标工作。

2003年，年中、年底抽查与分包队伍签订廉政合同的执行情况，开展劳务、工程分包、结算监察，建议取消了某公司的分包资格。

2003年起，对领导干部实行收入申报，礼品、礼金登记和个人重大事项报告制度。

2004年，强化项目管理和监督工作，对非生产费用的控制、制止库存设备物资增长、盲目采购设备物资、资金的监管和控制、规范工程分包审批程序、安全监察等方面开展专项检查。对开展监督检查中发现的违反责任制的现象给予严肃的责任追究。

2005年，组建联合监察小组深入工地进行检查指导，检查内容主要涵盖财务资金、工程劳务分包、大宗设备物资采购招标、安全生产等方面，通过监察检查，催收外部债券6242万元。

2006年，继续加强对工程分包、设备物资采购重要工作环节的监督，加强对有重要业务处置权人员的管理和教育，公布受理举报电话号码，组织开展不正当交易行为自查自纠工作。积极参与对工程分包队伍资质、业绩、信誉的审查和工程分包管理情况的监督，做到程序规范，透明度强。

2007年，开展联合专项检查、效能监察、执法监察、民主评议、责任制检查等工作，加大制度执行情况监督检查力度；联合监察小组分别对草街、银盘施工局的安全生产、资金管理、设备物资采购、废旧物资处理、工程分包、合同管理、职工工资和民工工资发放等方面进行效能监察。2007年11月，中共湖南省纪委、省监察厅与水电八局"双联"工作启动。

2008年，总结推广加纳布维、龙开口项目工程设备集中采购招标监督的经验；对2007年两项效能监察整改进行跟踪回访检查；组织业务部门参与效能监察工作。9月，被湖南省纪委、监察厅列为委厅优化经济环境测评点。

2009年，对两个项目开展效能监察整改回访，查处违规违纪案件线索，追回经济损失14万元；参与设备物资集中采购监督146次，全过程监督设备物资采购和废旧设备处置。

2010年，发挥企业内部监察和使用外部监察力量相结合，在做好同湖南省纪委"双联"工作的同时，启动"企检共建"。

2011年，加强与地方司法机关的沟通，形成信息共享、协作办案、预防职务犯罪的企检共建机制。2011年5月，湖南省纪委、长沙市纪委召开公检法三家协调会，解决一起外省国家重点工程投诉案件。纪委监督干部竞聘20余次。

2012年，水电八局与湖南省人民检察院共同发起建立跨省预防职务犯罪联合协作机制，邀请六省区检察机关共同开展职务犯罪预防。开展南水北调沣河渡槽项目、藏木项目效能监察"回头看"。

2013年，开展"项目上职工或其亲属名义购买设备进行租赁、领导人员及其特定关系人分包工程"专项治理活动。

2014年，开展工程招标、分包（外委、外协）专项治理活动，对16个项目进行重点抽查，发现问题76个。效能监察中发现，部分项目存在分包管理不规范、结算程序不严谨、成本管理不重视、设备租赁不严格、安全未遂事故分析处理不到位等问题。

2015年，推进机关公务用车改革，将机关车辆分流到各工程项目。开展落实中央八项规定精神专项检查、分包领域特定关系人专项治理活动。效能监察立项覆盖至铁路、投资等新领域项目。

2016年，围绕"两金"挂账大项目、提质增效、信息公开等方面，对大藤峡厂坝等7个项目开展效能监察。

2017年，坚持"三重一大"执行月度报送和季度通报；聚焦二级单位法人管项目，开展全生命周期考核效能监察，实现工程项目"切入点"和二级单位"覆盖面"的有机结合。

2018年，聚焦重点领域监督，以风险防控、提升质量效益为导向，立项项目涵盖重大经营风险项目、履约风险项目、海外项目、投融资业务等项目类型，实施完成综合效能监察39项，提出整改建议734条，建立、完善制度79个；深化全面监督工作机制，初步建立全面监督管理业务监督信息报送机制，发挥业务部门信息互通、监督聚合作用。

2019年，开展集中整治形式主义、官僚主义工作，初步建立完成廉洁档案管理机制，记载各级领导干部遵守党风廉政制度情况。完成《2017—2019年信访工作分析报告》，对党的十八大以来纪检监察系统查办案件80人次的处分决定执行情况进行"大起底"，及时纠正纪律处分执行不到位等问题，维护纪律严肃性。

2020年，开展境外腐败、利益输送、设租寻租和化公为私问题"四个专项整治"工作；与雄安集团纪委签订《廉洁雄安共建协议》。全年完成全面监督专项检查26项，发现问题465个，提出整改建议513条，整改完成率达98%。

2021年，聚焦重大项目、典型项目、新模式项目，持续深化全面监督专项检查，深入现场找问题、防风险、强作风、提管理。

2022年，进一步畅通信访举报渠道、规范信访举报行为。深化"靠企吃企""严肃财经纪律，依法合规经营"等专项整治，开展"微腐败"专项治理，从严查处违法违规违纪问题，对27件次问题线索、63人次进行责任追究。

第六章 巡视巡察工作

巡视是党章赋予的重要职责，是党内监督的战略性制度安排。巡察工作是新形势下贯彻落实党中央全面从严治党向基层延伸的重大举措和重要抓手，是党内的"政治体检"、作风的"专项会诊"、精神的"集中补钙"和思想的"深刻警醒"。

水电八局党委坚决落实党中央巡视工作方针，自2017年启动巡视巡察工作，通过建立党委巡察工作制度，加强组织领导和统筹谋划，加强巡察干部队伍建设，推动巡察工作往深里走、往实里走、往细里走，使巡察监督成为党内监督的重要力量，为推动企业高质量发展提供坚强政治保障。

第一节 巡察机构

2018年4月，水电八局党委成立巡察工作领导小组，朱素华任组长，姜清华、朱国强任副组长，戴科夫、邓文明、谢卫东、冯正文、周本强、易仲明、刘技专、张勇、杨建安等为成员。

2021年3月，调整巡察工作领导小组成员，朱素华任组长，姜清华、黄启斌任副组长，刘技专、易仲明、郑逢贺、刘细军、杨艺等为成员。

2022年2月，调整巡察工作领导小组成员，姜清华任组长，肖军、杨一心、黄启斌任副组长，强嵘、刘细军、郑逢贺、杨艺为成员。

2017年，水电八局启动巡察工作，纪检监察审计部承担了巡察工作职责。

2018年，正式设立巡察工作办公室，与纪检监察室合署办公，张勇任纪检监察室兼巡察工作办公室主任。

2020年11月，撤销纪检监察审计部，巡察业务划转至党委工作部，巡察工作办公室与党委工作部合署办公，明确巡察工作办公室为党委工作机构。刘技专任巡察工作办公室主任，刘细军任巡察工作办公室副主任。

2022年2月，经中国电建党委巡视工作办公室批复，强嵘任巡察工作办公室主任；2022年4月，杨健任巡察工作办公室副主任。

第二节 上级党委巡视情况

2016年7月—8月，水电八局党委接受中国电建党委第一巡视组巡视。2016年9月20日，中国电建党委反馈了《关于巡视水电八局情况的反馈意见》《关于延伸巡视水电八局情况的反馈意见》，以及《股份公司总部各职能部门对公司巡视问题整改措施审核的反馈意见》。截至2016年12月，水电八局党委形成《落实巡视意见整改方案》《落实巡视意见整改问题与责任清单》，从5个方面梳理出28条整改措施，已全部进行整改。

2021年7月—8月，水电八局党委接受中国电建第五巡视组违规挂靠专项巡视。同时，水电八局党委组建3个巡察组对26家全级次法人子企业开展违规挂靠专项巡察。9月22日，收到《中国电建党委第五巡视组关于对水电八局开展违规挂靠专项巡视的反馈意见》。水电八局党委贯彻落实专项巡视巡察"三个决议"整改工作要求，2021年9月—12月进行了问题集中整改，27家全级次法人企业制定整改方案27份，累计分解问题782个，制定整改措施894条，处置立行立改问题事项1个，移交问题线索1条，给予组织处理5人次。12月10日报送《水电八局党委关于落实股份公司党委第五巡视组专项巡视反馈意见整改工作情况的报告》。

2021年10月—11月，水电八局党委接受股份公司党委第一巡视组常规巡视。11月29日，股份公司党委反馈了《关于巡视水电八局党委的反馈意见》。水电八局党委于2021年11月—2022年2月进行了问题整改，制定《巡视反馈意见整改方案》，对照五大方面问题，梳理出17个方面53项问题，提出164项整改措施，形成问题清单、任务清单、责任清单。2022年2月28日，报送《水电八局党委关于落实股份公司党委第一巡视组反馈意见整改工作情况的报告》。

第三节 巡察工作开展情况

2017—2022年，水电八局党委共计抽调巡察干部211人次，开展巡察23次，累计发现问题1130个。

一、建章立制

水电八局党委坚持把巡察规范化、制度化作为落实全面从严治党政治责任、发挥巡视巡察利剑作用的重要保障。

2018年4月，制定《巡察工作实施细则》。

2021年7月，制定《项目巡察工作指导手册》。

2021年12月，制定《巡察干部人才库管理办法》，发布《巡察工作实施细则（2021版）》。

2022年3月，制定《进一步加强巡察整改工作的实施意见》《开展巡察整改评估的实施意见》。

2022年7月，制定《二级单位党委巡察工作年度考核评价细则》。

2022年11月，发布《巡察共性问题清单》，共11类36项，指导基层项目运用好巡察成果，改进工作流程，推动生产经营工作规范有序。

二、巡察干部队伍建设

水电八局党委把抓好巡察干部队伍建设作为基础性工作，选优配强巡察干部，持续锤炼过硬思想作风和能力素质。

2017年，共计抽调15名干部参与巡察工作。

2018年，配备专职巡察业务骨干1人，7人参加中国电建纪检监察业务骨干培训及巡视巡察工作培训，抽调干部人数23人次参与巡察工作。

2019年，通过巡前培训和以干代训方式对巡察组进行业务培训，20人次参与现场巡察工作，3人次参与中国电建巡视工作。

2020年，按照"专兼结合"要求，突出政治标准，选优配强专职巡察干部。7人次参与巡察工作。以"巡"代"训"，4名干部参加中国电建巡视工作。

2021年，增加巡察工作业务骨干1名。11人次参加中国电建巡视工作，从基层单位遴选14人参加水电八局巡察工作，全年共有30名干部、累计92人次参与巡察工作。7月，举办巡察干部培训班90余人次参训。

2022年，建立完善巡察干部人才库、巡察组长库、专职巡察组长制度。年底人才库入库96人，组长库入库26人，其中专职巡察组组长3人。全年组建了4轮共10个巡察组，累计抽调60人次参与水电八局党委巡察工作。举办巡察暨巡察整改评估培训班，200余人次参训。按规范流程调整了巡察办公室主任、副主任，增加1名业务骨干，巡察办工作人员共5人。开展巡察工作的10家二级单位均成立了巡察工作领导小组及巡察工作办公室，明确了专职巡察干部10人。

三、实施巡察

2017—2022年，水电八局本部综合运用常规巡察、专项巡察、"机动式"巡察和巡察"回头看"等方式，安排7轮次，成立33个巡察组，对15家二级单位党委及15个项目党组织开展了巡察；2021年底实现对二级单位党委巡察全覆盖。

2021年，启动项目巡察工作，按照"统一领导、分级负责"的原则，两级党委强化上下联动，采用提级巡察和二级单位内部巡察的方式对基层项目党组织开展巡察，推动巡察向基层延伸。2022年9月底，两级党委在党的十九届中央委员会任期内实现对在建项目党组织巡察"全覆盖"，共巡察项目党组织180个，其中境内163个，境外17个。

巡察期间，主要听取了党组织工作情况汇报，与班子成员及部分中层干部、员工、分包单位负责人进行个别谈话，调阅有关文件、制度、合同、凭证、档案和会议记录等资料，开通了举报信箱和电子邮箱，受理职工群众的来信来访，对领导班子党风廉政建设和反腐败工作进行了问卷调查、对廉洁从业情况进行了测评。

2017年，对水电公司橄榄坝公路项目开展专项巡察，对工程设备公司进行了常规巡察。

2018年，对投资公司宁乡经开区玉屏山食品产业区片区开发PPP项目、基础设施公司辽西北供水工程（三段）管道建安工程三标项目、砂石公司白鹤滩砂石拌和项目部进行了专项巡察。

2019年，对机电公司党委开展了常规巡察，对大藤峡机电安装项目、西昌八局机电建设有限责任公司进行延伸巡察。对基础公司党委、科研设计院党委进行了巡察。

2020年，对基地服务管理中心党委开展巡察。

2021年7月，印发《关于二级单位开展巡察暨推进项目巡察覆盖工作的实施方案》的通知。

2021年，先后对二级单位党委及项目党组织开展巡察，包括中电建（湖南）拓海实业公司党委，白鹤滩施工局党工委、基础公司白鹤滩项目党支部、科研设计院白鹤滩项目党支部，铁路公司党委及深圳地铁12号线土建一工区项目、深圳茅洲河项目、佛山珠三角水资源配置工程A4标、长沙地铁6号线党支部，教培中心党委，中电建安徽长九新材料股份有限公司党委，投资公司党委，国际公司党委，基础设施公司党委，水电公司党委，砂石公司党委。

2022年，先后对二级单位党委及项目党组织开展巡察，包括水电公司大藤峡厂坝项目部党工委、大藤峡右岸厂坝项目部党工委，工程装备公司瓮福磷矿工程指挥部，基础设施公司长沙恒大童世界项目部党支部、南昌市技术协同创新园（二期）项目党支部，轨道交通公司长沙市轨道交通公司7号线一期工程土建施工2标段项目部党工委、西安地铁一号线三期工程项目党工委，中电建长崃（浠水）新材料有限公司党委，广东梅州抽水蓄能机电公司项目党支部，河北南水北调雄安调蓄库弃渣综合利用工程总包部党工委，新能源公司海坝光伏电站项目党支部。

第四节　巡察整改及成效评估

2021年，开展巡视巡察"整改落实年"活动。领导小组办公室强化督办职责，开展工作督导9次。成立了本部职能部门和二级单位2个专项整改工作组。对照"五个围绕"及专项巡视反馈意见，共查找问题25个，制定整改措施46项，将整改任务分解到16个职能部门及13家二级单位。二级单位共提交自查自纠报告29份，总结评估报告32份。

2022年，开展巡视巡察"整改评估年"活动。水电八局党委、纪委落实责任，明确巡视巡察"成效评估年"活动领导机构，制定《开展巡察整改评估的实施意见》《关于加强巡察整改和成果运用的通知》，召开巡察暨巡察整改评估动员会，协同推进巡视整改、制度建设、扭亏治亏工作，加大巡视巡察整改全过程监督。组建8个评估组对15家二级单位党委实现巡察整改成效评估全覆盖，开展满意度问卷调查，日常整改情况考核评价，累计发现问题512个，完成整改489个，整改完成率达96%。综合"四个维度"分数及巡察整改"回头看"检查考核，4个单位为"优秀"，9个单位为"良好"，1个单位为"合格"。

第七章　工会工作

水电八局各级工会组织充分发挥党联系职工群众的桥梁纽带作用，始终坚持以服务职工群众、服务企业大局为总基调，认真履行"维护、建设、参与、教育"基本职能。以一级法人三级职代会、厂务公开、工资集体协商为主要形式，有效推进企业民主管理；以安全生产监督、健康管理和监督福利制度落实，维护职工合法权益；以劳动竞赛、技能竞赛、群众性经济技术创新、女职工"芙蓉标兵岗"竞赛为重要形式，促进企业生产经营管理；以文体活动、岗位练兵、职业技能培训、职工之家建设等为基本内容，推动员工队伍素质提升。获得中华全国总工会"全国模范职工之家""全国工会先进女职工集体"等荣誉；多次获评中国电建工会、湖南省直属机关工会委员会"先进基层工会组织"。

第一节　历任工会负责人

2003年3月11日，召开第五次工会会员代表大会。大会选举产生了27人组成的第五届工会委员会、7人组成的第五届经费审查委员会。选举刘敏立为工会主席、陈秋敏为工会经费审查委员会主任。

2004年4月，朱国强任工会主席。

2008年3月2日—4日，召开第六次工会会员代表大会。大会选举产生了31人组成的第六届工会委员会、9人组成的第六届经费审查委员会。选举肖华民为工会主席、程勇为工会经费审查委员会主任。

2008年3月，肖华民任工会主席。

2013年2月25日—27日，召开第七次工会会员代表大会。大会选举产生了27人组成的第七届工会委员会、7人组成的第七届经费审查委员会。选举肖华民为工会主席、曾爱国为工会经费审查委员会主任。

2017年1月19日—20日，召开第八次工会会员代表大会。大会选举产生了25人组成的第八届工会委员会、7人组成的第八届经费审查委员会。选举肖华民为工会主席、姚正鸿为工会经费审查委员会主任。

2020年4月，朱国强任工会负责人。

2021年1月，黄启斌任工会负责人。

2022年1月，刘技专任工会主席。

2022年3月7日—8日，召开第九次工会会员代表大会。大会选举产生了27人组成的第九届工会委员会、7人组成的第九届经费审查委员会。选举刘技专为工会主席、殷长城为工会经费审查委员会主任。

第二节　工会组织建设

2005年5月，下发《关于工会组织机构设置及工会干部管理的实施办法》，进一步规范工会管理工作，加强基层工会组织建设。

2011年7月，曾爱国任工会副主席。

2014年1月，成立群众工作部，曾爱国兼任群众工作部主任。

2016年11月，姚正鸿任工会副主席兼任群众工作部主任。

2018年10月，黄爱东任工会副主席兼任群众工作部主任。

2020年11月，殷长城任工会副主席兼任群众工作部主任。

2017年9月，为加强会员会籍管理，对全体工会会员进行登记并重新发放会员证。

第三节　民主管理与民主监督

一、集体合同管理

1996年5月以来，水电八局全面实施全员劳动合同制，在册固定职工、合同制工、大集体工以及所有临时工全部与企业签订劳动合同。工会代表企业职工与行政参加集体协商和签订集体合同。1996年2月，集体合同草案小组起草工程局第一份集体合同。同年4月，三届二次职代会通过第一份集体合同，并确定合同有效期为3年。1999年5月，四届职代会通过调整、修改和签订第二份集体合同。

2002年3月，修订、续签为期3年的集体合同。2002年7月，开展履行集体合同情况检查，个别基层单位和小项目工地的职工未能享受职工年休假，遵照集体合同的第十六条规定，及时通知整改纠正。

2003年3月，依据2002年国家颁发的《中华人民共和国安全生产法》和《中华人民共和国职业病防治法》的相关条款对集体合同进行相应的调整和补充，并将原合同有效期3年调整为2年。年内个别单位因生产任务大幅减少，行政研究裁员，提出对男方不在本单位本项目上班的女职工实行"一刀切"，列入裁员名单，对此职工反响较大，工会依据集体合同规定，给予及时纠正。

2004年，对集体合同履行情况进行自查和随机抽样问卷调查，情况反映基本一致和良好。

2005年，根据劳动和社会保障部《集体合同规定》和《湖南省集体合同规定》，制定《水电八局集体合同规定》。2月，五届三次职代会审议通过并续签集体合同。

2008年3月，六届职代会审议通过并签订集体合同。

2012年2月，六届六次职代会审议通过并签订集体合同。本次合同增加《女职工权益保护专项集体合同》为附件。依据合同规定，2012年集体合同在2015年到期，2016年应签订新合同。因领导班子换届等，延迟至2017年续签。

2017年1月，八届一次职代会审议通过并签订集体合同。合同增加相应条款，并将合同有效期3年修改为4年。

2022年1月，九届一次职代会审议通过并签订集体合同。因领导班子换届等，合同签订推后一年。

二、职工代表大会

1981年12月，征求《职工代表大会实施细则（试行草案）》意见。1984年4月26日，在东江工地开展首届职代会，审议通过了《职工代表大会暂行条例实施细则》。随后，每年度召开工作会时同步召开职代会。

2002年3月22日—24日，召开四届三次职代会。3月25日，召开第四届职代会第五次联席会议，审议通过《贯彻水电总公司关于调整工资分配结构，推进企业分配制度改革的指导意见》。

2003年3月11日—14日，召开第五届职代会、第五次工会会员代表大会。职代会选举产生劳动保护安全监督委员会、劳动工资奖惩监督委员会、职工生活福利委员会、干部评议监督委员会、提案征集评审委员会人员，审议通过了局长工作报告及《2003—2006年改革与发展规划》《2003—2006年"双文明"建设规划》《集体合同》。工会主席代表职工与局长签订《2003—2004年度集体合同》。

2004年2月20日—22日，召开五届二次职代会。审议通过了局长工作报告、《2003—2006年改革与发展规划（修订案）》《组建设立投资公司议案》《调整基本医疗保险款起付标准议案》。

2005年2月26日—28日，召开五届三次职代会。审议通过了局长工作报告，续签和修订了《水电八局集体合同》，修订通过了《职工奖惩办法》，适当调整了五届职代会5个专门工作委员会委员。

2006年4月3日—5日，召开五届四次职代会。审议通过了局长工作报告和重新修订的《职工奖惩办法》。

2007年3月10日—11日，召开五届五次职代会。会议报告了职工代表提案处理情况；审议通过了5个专门工作委员会人员调整名单、局长工作报告决议；与会代表对领导班子成员进行了民主测评，对后备干部进行了民主推荐。

2008年3月2日—4日，召开六届一次职代会。会议审议通过了总经理工作报告、5个专门工作委员会人员名单；听取职代会代表提案处理情况报告；民主测评公司领导班子及班子成员；审议通过了《企业发展战略》《集体合同修订草案》《劳动合同管理办法（试行）》《职工工作时间及休息休假管理办法（试行）》《员工违规违纪责任追究办法（试行）》，审议并原则通过了《职工薪酬分配管理办法（试行）》。职工方首席代表与行政方首席代表签订《集体合同》和《2008年工资集体协商协议》。

2009年3月7日—8日，召开六届三次职代会。会议听取和审议通过了总经理工作报告；听取职代会代表提案处理情况报告；民主测评公司领导班子及班子成员。

2010年2月26日—27日，召开六届四次职代会。会议听取和审议通过了总经理工作报告；听取职代会代表提案处理情况报告；民主测评公司领导班子及班子成员。审议通过了《2010年度职工培训计划》《企业年金试行办法》。职工方首席代表与行政方首席代表签订《2010年工资集体协商协议》。

2011年2月24日—25日，召开六届五次职代会。会议听取和审议通过了总经理工作报告；听取职代会代表提案处理情况报告；民主测评公司领导班子及班子成员。审议通过了《2011年度职工培训计划》。审议通过了《职工奖励性疗休养管理试行办法》。职工方首席代表与行政方首席代表签订《2011年工资集体协商协议》。

2012年2月28日—29日，召开六届六次职代会。会议听取和审议通过了总经理工作报告及《2012—2014年发展规划》《职工奖励性疗休养管理实行办法》《集体合同》《2012年工资集体协商协议》《职工奖惩标准》《2012年度职工培训计划》7项决议；签订了《集体合同》《2012年工资集体协商协议》。

2013年2月25日—27日，召开七届一次职代会，会议听取和审议通过了总经理工作报告；听取职代会代表提案处理情况报告；民主测评公司领导班子及班子成员；审议职代会5个专门委员会名单；讨论并审议通过《2013年工资集体协商协议》《补充医疗保险办法》《职工内部退养办法修订稿》《2013年度职工培训计划》；职工方首席代表与行政方首席代表签订《集体合同》和《2013年工资集体协商协议》。11月5日，召开第七届职代会联席会议，审议通过了《2013年派遣使用人员甄选录用方案》《职工内部退养管理办法（修订）》《员工健康管理办法》《职业健康监护管理办法》。

2014年2月27日—28日，召开七届二次职代会。审议通过了总经理工作报告及《2014—2016年三年滚动规划目标》《2014年工资集体协商协议》《2013年和2014年派遣劳务甄选录用方案》《职工内部退养管理办法》等11项决议；签订了公司《2014年工资集体协商协议》；对领导、中层干部和机关部门绩效进行了民主测评及考核，对后备干部进行了民主推荐。

2015年2月14日—15日，召开七届三次职代会。会议讨论并通过了总经理工作报告及《2015—2017年三年规划目标》《2015年职工工资集体协议》《2015年度职工培训计划》《全员绩效考核办法》《奖励标准》等决议；对领导班子成员进行了民主测评及考核，推荐了领导岗位后备干部；签订了《2015年工资集体协商协议》。同年，建立职代会联席制度，全面推行职代会制度。

2016年1月30日—31日，召开七届四次职代会。会议讨论并通过了总经理工作报告及《2016—2018年三年规划目标》《2016年职工培训计划》及其他相关决议；开展了民主测评及考核，对后备干部进行了民主推荐；签订了《2016年工资集体协商协议》。

2017年1月19日—20日，召开八届一次职代会，会议听取和审议了总经理工作报告；听取职代会代表提案处理情况报告；民主测评公司领导班子及班子成员；审议职代会5个专门委员会名单；讨论并审议通过了《2017年工资集体协商协议》《2017—2020年战略规划目标》《2017年度职工培训计划》《职工违纪违规责任追究实施细则》；职工方首席代表与行政方首席代表签订了《集体合同》和《2017年工资集体协商协议》。

2018年2月1日—2日，召开八届二次职代会。会议讨论并表决通过了总经理工作报告及《2018—2020年三年规划目标》《2018年职工工资集体协议》《2018年度职工培训计划》和其他相关决议草案；进行了领导班子及个人民主测评与考核、职工领导岗位后备干部推荐；签订了《2018年职工工资集体协议》。

2019年1月25日，召开八届三次职代会。审议通过了2019年党委书记、董事长工作报告，2019年总经理工作报告，《2019年度工资集体协议》《2019年度职工培训计划》《津补贴发放标准的方案》《补充医疗保险调整方案》《企业年金办法修订方案》《2018—2020年滚动规划目标》等决议。

2020年1月18日，召开八届四次职代会。审议通过了2020年党委书记、董事长工作报告，《2020年度工资集体协议》《2020年度职工培训计划》等决议。12月21日，召开八届四次职代会联席会议，讨论通过了《水电八局企业股权激励计划》。

2021年1月29日，召开八届五次职代会。审议并通过了各项工作报告及《"十四五"发展规划目标》《2021年工资集体协议》《员工培训计划》等决议；通报了业务招待费管理情况、领导人员履职待遇和业务支出情况；对领导班子和领导人员述职述廉、班子综合考核、干部选拔任用、后备干部民主推荐、中层干部考核等工作进行了民主测评与考核；表彰了先进单位、集体、标兵及先进生产者，抗击新冠疫情先进单位、集体、个人，雄安调蓄库项目建设先进单位及个人；签订了《2021年工资集体协议》。

2022年3月7日—8日，召开九届一次职代会。听取和审议通过了总经理工作报告；听取职代会代表提案处理情况报告；民主测评领导班子及班子成员；审议职代会5个专门委员会名单；讨论并审议通过了《水电八局"十四五"规划》《2022年工资集体协商协议》《2022年度职工培训计划》；职工方首席代表与行政方首席代表签订了《集体合同》和《2022年工资集体协商协议》。6月28日，召开九届一次职代会联席会议，审议通过了《申报实行特殊工时工作制岗位汇总表》。

三、工会会员代表大会

见本章第一节内容。

四、民主监督与厂务公开

1999年8月，印发《关于在我局推行厂务公开制度的实施办法（试行）的通知》（八局党发〔1999〕49号），全面实行厂务公开制度。

2002年4月，印发《关于进一步搞好厂务公开工作的通知》（八局党发〔2002〕13号），要求将厂务公开工作延伸到作业队（车间）。

2003年8月23日—24日，在三峡下岸溪砂石项目部召开厂务公开工作研讨会暨现场经验交流会，局长李鹏程到会并作报告。

2003年10月，工会主席刘敏立代表水电八局在全国水电施工企业工会主席会议上作题为《结合实际，突出重点,努力把厂务公开工作全面引向深入》的典型发言。

2005年,将《厂务公开工作实施办法》纳入管理体系文件中(MSC—2005151)。

2005年9月,被湖南省直工会授予"厂务公开民主管理工作先进单位"。

2006年,获评"湖南省厂务公开先进单位"。

2008年,召开现场经验交流会和厂务公开工作研讨会。

2010年12月,被中华全国总工会授予"全国厂务公开民主管理工作先进单位"。

2012年5月,印发《职工代表巡视制度》。6月,印发《"面对面、心贴心、实打实服务职工在基层"走访调研和2012年职工代表巡视活动方案》。年底,印发《项目职工代表大会(职工大会)制度》。

2013年4月,被中国电建授予"工会工作先进单位"。

2016—2018年,连续3年被中国电建授予"工会工作先进单位"。

2018年12月,《构建一级法人三级职工代表大会民主管理体系》被中国能源地质工会全国委员会授予"建功新时代·彰显新作为"工会工作优秀项目。

2020年,印发《信息公开管理办法》和《信息公开事项清单》,成立并适时调整厂务公开(信息公开)工作组织机构。

2022年9月,通过湖南省直工会厂务公开民主管理督查小组关于"全国厂务公开先进单位"的复查验收。

五、劳动保护安全监督

水电八局工会积极履行工会在国家安全生产总局中的"群众监督参与"职责。2000年、2001年、2003年、2004年和2005年连续被湖南省总工会、湖南省直工会评为湖南省"安康杯"竞赛先进单位和竞赛优秀组织单位。

2006年1月,成立中国水电八局工会劳动保护安全监督检查委员会。

2010年5月,建立和完善群众性安全生产监督制度,要求各单位、各项目建立和完善劳动保护监督检查机构。监督检查机构按以下规则设立:工会建立劳动保护监督检查委员会,工会分会建立劳动保护监督检查小组,班组工会小组聘任劳动保护监督检查员。

各级工会不断完善安全生产监督方式,举办安全生产知识竞赛、安全事故隐患有奖监督举报、班前五分钟安全讲话、参与安全生产检查、开展对"特殊部位、特殊设备、特殊环境"的安全监督等活动。

六、劳动争议调解

为妥善处理劳动争议,保护企业和员工的合法权益,工程局工会和二级单位工会分别设立劳动争议调解委员会。2014年6月,企业标准《群众工作管理分手册》中明确了相关工作机构、人员组成、工作程序等。

调解委员会接受地方劳动行政部门、劳动争议仲裁委员会和工会的业务指导,负责指导下级工会的劳动争议调解工作。

七、劳动法律监督

为切实履行工会对劳动法律法规执行情况进行监督的职责,维护劳动者的合法权益,协调劳动关系,促进企业发展。2014年之前水电八局设立了"工会劳动法律监督委员会"。2014年6月,企业标准《群众工作管理分手册》中明确了相关工作机构、人员组成、工作程序等。工会劳动法律监督机构在同级工会领导下开展工作,并接受上级工会劳动法律监督机构的业务指导。

水电八局工会通过工资集体协商、职工代表提案等方式督促企业提高员工收入、规范员工休息休假制度、完善员工福利待遇。同时,通过职工代表巡视、设立员工举报电话、定期开展摸底调查等方式,确保各项制度的落地落实,有效提高职工群众的获得感。

第四节　工会品牌活动

一、劳动竞赛

1999—2005年,为促进三峡工程的建设,三峡施工局在三峡工地开展抓进度、保质量的劳动竞赛;下岸溪砂石项目部开展"比质量,看产品合格率;比产量,看生产计划完成率;比设备管理,看设备使用率、完好率;比安全生产,看人身设备事故降低率;比文明施工,看施工管理水平"的"五比五看"劳动竞赛、"创学习型红旗班组"劳动竞赛、"爱设备、创效益"劳动竞赛。

1999—2006年,在三峡、溪洛渡、向家坝等重点项目组织"抢工期、保安全、保度汛"劳动竞赛,组织开展"科技攻关项目的课题研究工作"劳动竞赛。

2008年5月,修订《劳动竞赛管理办法》和《劳动竞赛工作程序》,并将规范模板编入体系文件。成立劳动竞赛委员会、竞赛办公室。

2007—2022年,相继开展"保增长、促发展""为民服务建新功、五比五赛展风采""五比五赛五提升""项目高质量、勇夺双胜利""建功十四五、奋进新征程"等主题劳动竞赛，各基层单位则根据各时期工程建设情况，适时开展专项劳动竞赛，促进生产经营管理。

二、职工技能竞赛

水电八局坚持开展职工技能竞赛活动，通过拜师学艺、岗位练兵、以练为主、赛练结合、以赛促练，着力培养一支技术精湛、敬业爱岗的技能型人才队伍。1995年10月、1998年11月、2000年8月—10月先后开展第一届至第三届职工技能比武大赛。

1.第四届职工技能比武大赛。

2003年10月31日—11月23日，在三峡工地、长沙中心医院、教培中心3个赛场，举办第四届职工技能比武大赛，设有坝工模板、坝工钢筋工、工程测量、内线安装、电焊、工程机械修理、推土机驾驶、挖掘机驾驶8个工人技术工种。同时，医院护士护理、学校教师也一同列入此次职业竞赛的范围。28个参赛单位、200名选手参加决赛，58名选手获奖，22名优秀选手荣获"职业能手"称号。20名技术能手破格免试参加相应工种高级技师或技师任职资格评审。

2.第五届职工技能比武大赛。

2005年7月29日—31日，在三峡工地举办2005年焊工技能比武大赛。31名种子选手参加决赛，6名选手获奖，2名优秀选手荣获"技术能手"称号。大赛推荐前4名参加中国水电系统第二届焊工技能比武大赛。

2005年9月9日—11日，中国水电系统举办第二届焊工技能比武大赛，水电八局选送的4名选手全部获奖。

3.第六次职业技能大赛暨2007年职业技能鉴定。

2007年9月19日—10月16日，第六次职业技能大赛暨2007年职业技能鉴定在溪洛渡大坝施工局、向家坝砂石项目部、基础分局构皮滩项目部和贵阳基地4个赛点先后举行，137名员工报名参加电焊工、超重型汽车驾驶员、推土机驾驶员、挖掘机驾驶员、水工材料试验工、钻探灌浆工、测量工、筛选工8个工种的角逐，每个工种的前6名共48名参赛选手被授予"技术能手"称号。

4.第七次职业技能大赛暨2009年职业技能鉴定。

2009年10月25日—30日，第七次职业技能大赛暨2009年职业技能鉴定在溪洛渡、银盘、景洪、长沙4个考（赛）点举行。设有维修电工、装配钳工、车工、机修钳工、压缩机工、制冷工、内线安装工（内线电工）、水轮机安装工、水工模板模型工、水工爆破工10个工种为2009年度职业技能鉴定工种，其中机修钳工、内线安装工（内线电工）、水工模板模型工3个职业（工种）作为本次技能竞赛工种。每个工种的前6名，共18名参赛选手被授予"技术能手"称号。

5.第八次职业技能大赛暨2011年职业技能鉴定。

2011年10月11日—13日，第八次职业技能大赛暨2011年职业技能鉴定在湘江航电、教培中心同步举行。职业技能鉴定考虑到人员较为分散问题，由人力资源部统筹安排增加溪洛渡、龙开口等考点，按照就近原则参加鉴定。境外项目人员技能鉴定，则由境外项目按要求组织本项目人员进行技能鉴定工作。技能大赛共分为土建三项全能（含钢筋工、模板工、混凝土工）、轮式起重机司机（汽车吊）、维修电工、电焊工（手工电弧焊和二氧化碳气体保护焊）4个单项。每个工种的前6名共24名参赛选手被授予"技术能手"称号。

6.第九次职业技能大赛。

2013年10月12日—15日，第九次职业技能大赛在湘江航电项目部、教培中心、溪洛渡大坝施工局和西昌八局机电建设有限责任公司4个赛区同步举行。设有维修电工（机电设备维修）、安装起重工、起重（门、塔机）操作工、金属结构制作与安装工、电焊工、水轮发电机安装工、维修电工（机电设备安装）、工程测量工、水工试验工9个工种的职业技能竞赛，每个工种的前6名（其中安装起重工前5名）共53名参赛选手被授予"技术能手"称号。此后，技能竞赛由两年一次改为每年举行一次，竞赛结果作为派遣劳务转正的重要参考条件。

7.第十次职业技能大赛。

2014年10月12日—20日，第十次职业技能大赛在机电公司岳阳厂、科研设计院长沙研所、沙坪项目部3个赛点同步举行。263名员工报名参加水轮机发电机安装工、金属结构制作安装工、焊工、电气试验工、缆门塔机操作工、水工试验工、水工建筑测量工、水工监测工8个工种竞技角逐，每个工种前6名（其中水轮机发电机安装工前4名、缆门塔机操作工前4名、水工试验工前5名）共43名参赛选手被授予"技术能手"称号。

8.第十一次职业技能大赛。

2015年10月15日—17日，第十一次职业技能大赛决赛在长沙南托、石济铁路项目、沙坪项目3个赛点同步举行。经各单位预赛筛选出104名选手参加钻探灌浆工、安装起重工、土建三项全能（含钢筋工、模板工、混凝土工）3个工种的竞技角逐。每个工种的前6名共18名选手被授予"技术能手"称号。

9.第十二次职业技能大赛。

2017年10月13日—17日，第十二次职业技能大赛在白鹤滩、大藤峡、长沙南托3个赛点同步举行。216名员工参加矿山机械维修工、钻探灌浆工、安装起重工、水电起重机械操作工、水工监测工、维修电工6个工种的竞技角逐。每个工种的前6名共36名参赛选手被授予"技术能手"称号。

10.第十三次职业技能大赛。

2018年10月13日—20日，第十三次职业技能大赛在广西桂平大藤峡、云南红河建（个）元高速公路筹备项目、长沙南托3个赛点同步举行。152名员工参加水轮机与水轮发电机安装工、安装起重工、水工建筑测量工、水工材料试验工（混凝土）4个工种的竞技角逐。每个工种的前6名共24名参赛选手被授予"技术能手"称号。

11.第十四次职业技能大赛。

2019年11月22日—24日，第十四次职业技能大赛在长沙地铁6号线项目、广西桂平大藤峡、云南红河建（个）元高速公路筹备项目3个赛点同步举行。104名员工参加盾构操作工、水电起重机械操作工、维修电工3个工种的竞技角逐。每个工种的前6名共18名参赛选手被授予"技术能手"称号。

12.第十五次职业技能大赛。

受新冠疫情影响，第十五次职业技能大赛推迟到2021年10月20日—22日，在南托基地、机电公司四川西昌公司2个赛点同步举行。99名员工参加工程测量、金属结构制作与安装、水工试验3个工种的竞技角逐，每个工种的前6名共18名参赛选手被授予"技术能手"称号。

三、群众性经济技术创新

群众性经济技术创新活动，是中华全国总工会为适应新形势而提出的一项以"五小"为基本形式的群众性工程。水电八局工会持续组织开展群众性经济技术创新活动。

2015年以来，水电八局工会对组织形式、工作机制和工作模式先后进行创新调整。修订《群众性经济技术创新实施办法》，建立"统一领导、协同管理、分工指导、专业评定"的工作机制，形成系统管理、制度保证、政策激励的有效运行模式，将技术系统由幕后推向前台，与工会共同推进群众性经济技术创新活动。覆盖范围不再局限于一线职工，而是所有非组织行为的职工创新活动，并通过培育重点单位、建立以优秀技术与技能个人名字命名的"员工创新工作室"机制。通过网络办公平台创建群众性经济技术创新优秀成果共享平台。涌现出以创新"牛人"刘杰为典型代表的"大国工匠"，以李海滨为代表的"全国技术能手"，以简晓辉为代表的中国电建首届"电建工匠""特级技师"。

四、员工创新工作室

2016年9月，水电八局工会在机电公司岳阳分公司为漆新江创新工作室授牌，标志着规范创建"员工创新工作室"活动全面铺开。

2022年底，先后授牌的创新工作室有72个，其中6个创新工作室获湖南省直工会"劳模与技能人才创新工作室"牌匾。2016—2022年员工创新工作室设立情况见表3-7-1。

表3-7-1 2016—2022年员工创新工作室设立情况

序号	工作室名称	领军人	成立时间	撤销时间
1	周德文创新工作室	周德文	2016年10月	—
2	赵广周创新工作室	赵广周	2016年10月	2020年8月
3	小牛创新工作室	李继鎏	2016年10月	2018年10月
4	吴永志创新工作室	吴永志	2016年10月	
5	李海滨创新工作室	李海滨	2016年10月	
6	欧品相创新工作室	欧品相	2016年10月	
7	敖志勇创新工作室	敖志勇	2016年10月	
8	张锋创新工作室	张锋	2016年10月	2018年10月
9	谢长江创新工作室	谢长江	2016年10月	
10	胡灿敏创新工作室	胡灿敏	2016年10月	
11	肖亚平创新工作室	肖亚平	2016年10月	2022年8月
12	刘昊夫创新工作室	刘昊夫	2016年10月	2018年10月
13	蒋晓平创新工作室	蒋晓平	2016年10月	
14	刘杰创新工作室	刘杰	2016年10月	

续表

序号	工作室名称	领军人	成立时间	撤销时间
15	张志平创新工作室	张志平	2016年10月	2018年10月
16	张正安创新工作室	张正安	2016年10月	—
17	梁海军创新工作室	梁海军	2016年10月	—
18	童中华创新工作室	童中华	2016年10月	—
19	漆新江创新工作室	漆新江	2016年10月	2020年8月
20	杨秀军创新工作室	杨秀军	2016年10月	—
21	陈卫阳创新工作室	陈卫阳	2016年10月	—
22	小微创新工作室	舒榀	2016年10月	—
23	缪华华创新工作室	缪华华	2016年12月	—
24	杨斌创新工作室	杨斌	2016年12月	—
25	许巍创新工作室	许巍	2016年12月	—
26	林永斌创新工作室	林永斌	2016年12月	—
27	王海东创新工作室	王海东	2016年12月	—
28	袁水创新工作室	袁水	2016年12月	2020年8月
29	张黎波创新工作室	张黎波	2016年12月	—
30	杨焕起创新工作室	杨焕起	2016年12月	—
31	贺晓锋创新工作室	贺晓锋	2016年12月	—
32	朱海强创新工作室	朱海强	2016年12月	2018年10月
33	黄亮创新工作室	黄亮	2016年16月	2020年8月
34	秦民生创新工作室	秦民生	2016年12月	2020年8月
35	姚德创新工作室	姚德	2016年12月	2018年10月
36	于兴虎创新工作室	于兴虎	2017年7月	2020年8月
37	周刚创新工作室	周刚	2017年7月	2018年10月
38	邝任廷创新工作室	邝任廷	2017年7月	2020年8月
39	姚瞻创新工作室	姚瞻	2017年7月	2020年8月
40	罗建湘创新工作室	罗建湘	2017年7月	—
41	周伟生创新工作室	周伟生	2017年7月	2022年8月
42	吴东旭创新工作室	吴东旭	2017年7月	—
43	简晓辉创新工作室	简晓辉	2017年7月	—
44	刘立军创新工作室	刘立军	2017年7月	2022年8月
45	张红伟创新工作室	张红伟	2017年7月	2020年8月
46	杨涛创新工作室	杨涛	2017年11月	—
47	刘帆创新工作室	刘帆	2017年11月	—
48	李彪奇创新工作室	李彪奇	2017年11月	2020年8月
49	梁晓亮创新工作室	梁晓亮	2018年10月	—
50	秦坤元创新工作室	秦坤元	2018年10月	—
51	杨浩创新工作室	杨浩	2018年10月	—
52	张道锦创新工作室	张道锦	2018年10月	—
53	石国华创新工作室	石国华	2018年10月	—
54	尹运平创新工作室	尹运平	2018年10月	—
55	黄颢创新工作室	黄颢	2018年10月	2020年8月

续表

序号	工作室名称	领军人	成立时间	撤销时间
56	赵远航创新工作室	赵远航	2018年10月	—
57	周翊创新工作室	周翊	2020年8月	—
58	满军创新工作室	满军	2020年8月	—
59	万勇创新工作室	万勇	2020年8月	2022年8月
60	鲁志刚创新工作室	鲁志刚	2020年8月	—
61	张广平创新工作室	张广平	2020年8月	—
62	姜克寒创新工作室	姜克寒	2020年8月	—
63	吴仕红创新工作室	吴仕红	2020年8月	2022年8月
64	向德利创新工作室	向德利	2020年8月	—
65	李敏创新工作室	李敏	2020年8月	—
66	李东升创新工作室	李东升	2020年8月	—
67	李舒文创新工作室	李舒文	2020年8月	—
68	何智创新工作室	何智	2020年8月	—
69	车向群创新工作室	车向群	2022年7月	—
70	曹义洪创新工作室	曹义洪	2022年7月	—
71	李才平创新工作室	李才平	2022年7月	—
72	方科创新工作室	方科	2022年7月	—

第五节　关爱与服务员工

一、建立工会主席信箱、主席接待日制度

2010年6月，建立工会主席信箱、主席接待日制度，方便职工反映意见和要求，多渠道倾听职工的有益建议，加强企业民主与管理，促进企业和谐发展。

2017年，《工会工作要点》明确每月15日为各基层项目主席接待日。

二、建设文化体育协会

2013年2月，印发《推进职工文化体育协会建设指导意见》。先后开展广播体操表演赛、登山比赛、篮球比赛、职工运动会、乒乓球及羽毛球比赛、健步走等活动。

三、创建职工之家

各级工会组织结合实际，突出重点，制订计划，开展"职工之家"创建活动。

2003年，机电制造安装分局三峡机电安装项目部获评"全国模范职工之家"，洪家渡施工局获评"贵州省模范职工小家"，三峡下岸溪砂石项目部获评"湖南省模范职工之家"。

2005年4月，机电制造安装分局三峡机电安装项目部金属结构制造队工会获评"全国模范职工小家"。

2005年6月，制定《"职工之家"建设管理办法》《职工之家建设考核验收评分细则》《职工小家建设考核验收评分细则》，规范和完善"建家"标准。机电制造安装分局金属结构队获评"全国模范职工小家"。

2013年8月，制定《项目职工之家标准化建设实施细则》。

2013年8月，湘江长沙综合枢纽项目部工会小组获评"模范职工小家"。

2015年9月，印发《"职工之家"建设实施方案》，推进"职工之家"建设。

2018年9月，水电八局获评"全国模范职工之家"。

2021年11月，水电八局通过"全国模范职工之家"复查验收。

四、困难职工帮扶与"送温暖"活动

2004年6月，响应湖南省总工会的号召，开展扶贫济困"慈善一日捐"活动，并将其确定为一项常设性活动。2004年8月—9月，开展贫困职工调查摸底统计工作。

2005年，制定《困难职工帮扶中心实施管理办法》，建立为困难职工"送温暖"长效机制，基本实现"送温暖"工作的制度化、经常化。全年共慰问离退休老同志、

劳模、特困职工及一线职工73400余人次，上门慰问890余户，发放慰问金和困难补助1700余万元。针对彭水施工局工程受灾情况，下拨慰问费3万元，获湖南省总工会、省直机关工会救灾补助款2万元。

2006年，共慰问离退休老同志、特困职工及一线职工、民工73409人次；上门慰问贫困职工、劳模、因工死亡职工遗属894户；发放慰问金和困难补助1748.10万元；争取地方工会组织拨给的慰问困难补助费47.63万元、大米2.4万斤、食用油3800斤；为32名月收入低于1250元的省部级以上劳模，争取上级党和政府、工会拨给的生活补助费和困难补助费21.946万元。

2006年7月14日—16日，郴州、资兴县遭受4号强热带风暴"碧利斯"的袭击，造成大面积农田、房屋被毁，人员伤亡惨重。生活在该地区的职工和家属5000余人，其中有138户职工家庭不同程度受灾，东江基地待岗职工黄××一家4口（含黄××本人在内）死亡3人，砂石分局欧××亲属死亡7人，常德机械厂刘××亲属死亡4人。事故发生后，水电八局工会拨给14万元用于救济受灾职工，随后在长沙、东江片区开展赈灾募捐活动，收到善款63560元、衣物3903件，全部送至灾区。同时，获湖南省直机关工会拨给的30万元救灾款。

2006年8月，水电八局工会与湖南省直机关工会和省慈善总会联系，为长沙片区92名身患疾病、体弱并且家庭困难的下岗职工、离退休职工发放4万余元慈善医疗救助卡。各基层工会累计扶贫帮困职工432次，帮扶人数5307人，支出帮扶资金200多万元。各基层工会看望工伤和因病住院职工6031人次，发放慰问金81.67万元。

2007年8月，成立困难职工帮扶中心，制定《困难职工帮扶中心实施管理办法》，自2008年1月1日起实施。

2008—2012年，累计支出扶贫帮困资金716.51万元。帮扶困难职工和家属3220余人次，累计支出335.31万元。帮扶职工子女就学869人次，支出"金秋助学"活动助学金110.92万元。针对2008年初冰雪灾害，拨付资金60万元帮助各单位自救。"5·12"汶川地震，拨付自救慰问金12万元，募捐130余万元（不含党员特殊党费和企业捐款）、衣物8000多件支援抗震救灾，对地震中受损较严重的21个家庭给予6.4万元的慰问式救助。组织为湖南省"送温暖献爱心慈善一日捐"活动，5年累计募捐90.21万元，上交32.53万元，其余纳入企业扶贫帮困基金；为玉树地震救灾募捐61.88万元。

2013年2月，制定《扶贫帮困管理办法（试行）》，明确困难职工帮扶中心相关机构人员。

2013—2016年，通过行政拨付、工会支持、上级下拨、"慈善一日捐"活动共筹集救助资金1120.85万元，共使用帮扶资金998.89万元，结余303.46万元。其中困难职工帮扶金715.21万元，帮扶困难对象4283人次；发放"金秋助学"助学金183.66万元，资助学生915人次。

2016年7月，修订《扶贫帮困管理办法》，帮扶中心每年集中下拨一次扶贫帮困资金，具体标准依据二级帮扶中心上年度困难职工人数并结合职工人数确定，由各二级单位帮扶中心在年度内合理使用。

2017—2021年，共筹集救助资金571.05万元，下拨到二级单位困难职工帮扶金、"金秋助学"助学金共817.26万元，结余72.58万元。

五、先进与劳动模范管理

水电八局标兵、先进生产（工作）者候选人原则上在工作满两年以上的职工中产生。坚持自下而上的民主推荐程序。由二级单位工会提交群众工作部，组织相关部门评选审查后，提交水电八局党委审核批准。

中国电建劳动模范、先进生产（工作）者候选人的推荐、评选，坚持面向基层、面向生产一线职工，由水电八局工会根据分配的候选名额组织推荐、评选工作，已获得省部级以上劳动模范称号的不再参加评选。

全国五一劳动奖章、省部级以上劳动模范候选人的推荐评选，坚持优中选优原则、自下而上的民主程序，在广泛听取职工意见的基础上，采取由基层单位推荐、水电八局工会负责组织考核考察公示、职代会联席会讨论通过、党委审定的方式进行，候选人必须是具有时代性、示范性、事迹突出的先进典型。推荐候选人是企业法人代表的，须经地市以上政府部门签署意见。已获得同类称号的不再参加评选。

按照劳动模范分级管理的原则，水电八局工会负责建立健全集团级以上劳动模范、先进生产（工作）者的登记表、先进事迹、批准文件、重要变更等材料管理，存入文书档案及本人档案。及时向上级工会报告提干、调动、退休、死亡等重大情况。

六、工地职工生活

水电八局坚持人文关怀，增加了一系列普惠性的职工福利制度，实施了以改善工地职工生活为主要形式的"暖心工程"。

2011年起，每人每月享受不低于100元通信费补贴。

2013年起，职工每年享受一次免费健康体检。

2017年11月起，一线职工享受早、中、晚免费就餐。

第六节　工会财务及经审管理

水电八局工会按照"勤俭节约、统筹兼顾、量入为出、收支平衡、略有节余"的原则，将有限的资金用到维护职工权益上，用到关心职工生活、开展各项活动上，切实为职工办好事、办实事。

1999年以来，水电八局工会财务严格执行全总工会新的财务会计制度、水电八局财务有关规章制度，坚持工会主席一支笔审批制度，坚持进行一年一次的财务互审评比，开展财务工作达标竞赛；坚持每两年对二级单位工会财务审计一次，各二级单位均建立了经费审查委员会。

2003—2007年，湖南省直机关工会每年对工会财务执行情况定期进行检查，多次获评省直工会财务竞赛先进单位。

2003年，拨交经费收入除贵阳片、武汉片必须上缴地方政府外，其余各单位均按职工工资总额的1%收取，保证基层单位工会各项活动正常有效开展。

2004年，《工会会计制度》纳入管理体系文件。

2018年，要求各单位严格执行《湖南省基层工会经费收支管理实施细则》，坚持费用预算制度和严格的审批制度，做到各项活动费用开支先预算、后审批、再实施，杜绝不合理开支。

2022年，将财政部发布的新《工会会计制度》纳入管理体系文件。

第七节　女职工工作

2002—2022年，历任女职工委员会主任为马霞、周玉兰、林爱华、杨国丽、易迎辉。

一、女职工福利待遇

2002年起，女职工委员会每年为1000余名内退、下岗女职工购买妇女防癌保险一份。

2004年，制定《工会女职工委员会工作管理办法》，编入管理体系文件。

2005年，经职代会通过，将每两年检查一次改为每年检查一次，开始实行女职工健康普查。

2012年，编制《女职工专项集体合同》写进《集体合同》。

2014年起，每年3月底，由工会统一拨付在湖南省直帮扶中心为每位女职工购买女职工特殊疾病保障。

二、"芙蓉杯"竞赛

2002年起，组织女职工积极投身"芙蓉标兵岗"和"芙蓉百岗明星"争创活动，先后获评湖南省第六轮、第八轮"芙蓉杯"竞赛先进单位，中国电建"优秀女职工集体"。涌现了机电制造安装分局三峡电气二次班、砂石分局向家坝地磅班"全国五一巾帼标兵岗"，三峡砂石项目部砂石管理站等一批湖南省级"芙蓉标兵岗"，宁梅珍、杨英、舒秋红、叶小华等省级"芙蓉百岗明星"；机电制造安装分局电气二次岗被全国妇联授予全国"巾帼文明岗"，班长肖双仁获评全国三八红旗手；砂石分局向家坝砂石项目部太平料场机电物资仓库班获评全国能源化学系统"女职工建功立业标兵岗"，机电制造安装分局三峡项目部女子焊接班获评中央企业"巾帼文明岗"，焊工童中华获评中央企业"巾帼建功标兵"等。

2007年以来，先后开展健美操比赛、"十字绣"比赛、"芙蓉杯"女职工起重车技能比赛、女职工先进事迹报告会暨演讲比赛、"芙蓉杯"女职工财务执业能力竞赛、歌伴舞大赛、广场舞视频比赛、读书活动、"中国梦·劳动美"全健排舞大赛、"繁花献给党"插花比赛、"喜迎十九大·展示新风采"女职工瑜伽展示赛、"巾帼心向党　建功新时代"演讲赛、"尚水文化"女职工书法赛、"烹健康美食·享幸福味道"女职工厨艺大赛、工间操视频展示赛等活动，营造快乐工作、健康生活的良好氛围。每年三八妇女节，组织婚姻家庭、亲子教育、职场解压、职业礼仪等适合女职工特点的专题讲座，提升女职工综合素养。

第八节　精准扶贫与乡村振兴

一、精准扶贫

2018年4月，根据湖南省委要求，水电八局组建扶贫工作队，王军、廖美容、尹春龙3位同志进驻洞口县长塘乡老艾坪村。通过发展产业项目、基础设施建设、教育、就业等形式进行帮扶，年内投入资金509.08万元。年度驻村帮扶考核综合评定98分，被授予"湖南省优秀扶贫工作队"称号。

2019年，落实老艾坪村基础设施建设投入，出资320万元完成通组道路硬化、村防洪大堤、农田水利工程项目；出资280万元对老艾坪村人居环境进行修缮，改造长塘河河堤。推进就业扶贫，动员组织11户17名贫困青年参加技能培训取证，并安排上岗，实现一人就业，全家脱贫。通过开展"扶贫爱心购"消费扶贫等形式，帮助销售农特产品近100万元。发展油茶、甜茶、迷迭香种植和养鸡、养蜂养殖产业等项目，形成了长、中、短期产业扶贫格局。2019年底，老艾坪村如期摘掉贫困村的帽子。水电八局驻村扶贫工作队被湖南省评定为优秀等次。

2019年10月，积极响应中国电建"双百"爱心捐款活动倡议，7524人参与捐赠活动，捐款84万元。

2020年，老艾坪村贫困户全部脱贫，贫困发生率为零。老艾坪村实现人均年收入18000元，村集体收入25万余元。扶贫成果通过全国脱贫攻坚普查、湖南省脱贫攻坚实地交叉考核和国家第三方评估，驻村扶贫工作队被湖南省评定为优秀等次。老艾坪村被列为湖南省"脱贫先进典型村"推荐对象、邵阳市"扶贫印记"纪录片拍摄范围。水电八局扶贫事迹被中国网、红网、湖南卫视、《湖南日报》等多家媒体重点报道。

二、乡村振兴

2021年5月，水电八局乡村振兴工作队入驻湖南省湘西土家族苗族自治州泸溪县兴隆场镇五里坪村。围绕巩固拓展脱贫攻坚成果、完善基础设施建设、改善农村人居环境、增进民生福祉、建强基层组织等开展工作。

一是打造党建文化阵地，凝聚基层组织活力。投入350万元新建集便民服务、会议、医疗卫生、矛盾调解、电商服务、智慧档案等于一体的党群服务中心，为加强农村基层党建、密切干群关系、凝聚组织活力提供了"硬"平台。

二是加强人居环境整治，提升农村生态品质。实施"荒地变绿地、空地变菜园"，打造"穿着皮鞋进园"的标准化菜地；整治"垃圾、污水、厕所"和"脏、乱、差"，改变村庄面貌，提升农村生态品质。

三是大力发展特色产业，确保村民增产增收。工作队克服"疫情、汛情、旱情"影响，打造450亩县级高标准示范烟田，改造低产油茶林2500亩，共提供13000多个（日）就业机会，带动村民增收近110万元；实现村集体收入200余万元，为村集体创利53万元。

2022年，乡村振兴工作队获得湖南省委组织部综合考核"好"等次，工作队员均获评"优秀"。

第九节 新冠疫情防控与复工复产

2020年1月28日，成立由党委书记、董事长负责，党委副书记、总经理任组长，党委委员、工会主席任副组长的疫情防控工作领导小组，建立疫情防控快速反应联系机制。根据属地政府要求，制定防控措施和应急救援预案，实施精准摸底排查，多渠道采购、配送防疫物资，有序组织疫情防控工作。

截至2022年12月，水电八局各单位认真学习贯彻习近平总书记、湖南省、中国电建关于疫情防控有关指示精神，从关心员工生命健康安全的角度出发，研究部署防疫防控及复工复产工作，持续加强疫情防控举措、加大防控投入。组织完成全程接种12499人。同时，向长沙市天心区等地方政府、湖北兄弟单位捐赠33万余元防疫物资。据统计，2020—2022年，海外疫情损失分别为5.17亿元、6.72亿元、3.85亿元。

水电八局广大员工尤其是境外员工勇于担当，坚守岗位，认真履行防疫职责，落实防疫要求，为疫情防控和生产经营双胜利作出巨大贡献。

第八章 共青团与青年工作

水电八局各级团组织坚持和落实党建带团建的制度安排，以组织体系建设为重点，激活团组织政治功能和社会功能，不断提升共青团的组织力、吸引力、凝聚力，把广大青年团员紧密团结在党的周围，更好发挥党的助手和后备军作用，为全面从严治团提供坚强组织保证，为企业改革发展贡献青春力量。

第一节 机构

1953年，成立长江水利委员会工程总队共青团组织。之后跟随企业机构名称变化而更名。公司改制后，2008年9月，更名为中国共产主义青年团中国水利水电第八工程局有限公司委员会（以下简称水电八局团委）。

2002年8月，陈益安任团委书记。

2006年1月，刘细军任团委书记。

2009年1月，李刚任团委书记。

2012年5月，杨光任团委书记。

2014年10月，张鹏伟任团委书记。

2016年2月，郭健任团委书记。

2017年11月，李远任团委书记。

2020年4月，杨健任团委书记。

2022年6月，付逸帆任团委书记。

截至2022年底，设基层团（工）委16个，35岁以下青年职工5046人，28岁以下团员青年4201人，基层团组织237个，各级团干部606人。

第二节 历次团代会

公司改制前，1972年7月、1979年2月、1984年5月、1988年8月、1994年6月召开了团代会，选举产生了各届委员会。

2009年5月27日，召开更名后共青团水电八局第一次代表大会。51名代表参会。李刚作题为《深入学习科学发展观，立足岗位，奉献青春，服务大局，打造集团公司一流青年团队》的报告。选举产生了第一届委员会委员、团委书记、团委副书记。

2012年8月26日，召开共青团水电八局第二次代表大会。杨光作题为《解放思想，凝心聚力，勇于担当，在加快建设全新八局的进程中再立新功》的报告。选举产生了第二届委员会委员、团委书记、团委副书记。

2017年5月18日，召开共青团水电八局第三次代表大会。郭健作题为《从严治团，提质创新，为公司改革发展奉献青春智慧和力量》的报告。选举产生了第三届委员会委员、团委书记、团委副书记。

第三节 共青团活动

2002—2004年，水电八局制定《"青年文明号"指导意见》《共青团工作量化考核办法》《青年突击队操作规程》《青工拜师学技规程》等制度；举办两期团干培训班；结合三峡水电站机组安装任务，以项目经理为组长的"青年文明号"创建领导小组，组织543名团员青年创建8支"青年突击队"，重创建、抓过程，安全、质量、进度、创新、文明齐头并进。

2005年，在全局开展青年热点问题调查。举办"永葆先进性，岗位作贡献"的演讲比赛，新创建"青年文明号"8个。组织开展以实践"三个代表"重要思想为主要内容的一次团员登记、一次团课、一次团组织活动的主题教育。

2006年，基本建立起覆盖全局各二级单位和项目的共青团组织体系。开展"与祖国共奋进，与企业同发展"主题教育实践活动。创建"青年文明号"10个、300余人参加，"青年突击队"33支、480余人参加，"青年安全生产示范岗"68个、1838人参加。开展"红线行动"，组织牵线10对青年喜结良缘。制定《导师带徒、青年拜师学技管理办法（试行）》，开展"导师带徒"活动，结成师徒对子511对。开展首届"鲲鹏杯"青年大中专毕业生"百优十杰"评选表彰活动。

2007年，开展"与祖国共奋进，与企业同发展"主题实践活动。开展党的十七大精神学习座谈、《员工素质读本》学习讨论等形势任务教育。创建"青年文明号"8个、260人参加，"青年安全生产示范岗"18个，"青年突击队"9支、90余人参加。开展"青年安全生产示范岗"徽标和理念征集活动，共收集10件徽标作品和48个理念。开展"导师带徒"活动，新增师徒对子214对。

2008年，开展"与祖国共奋进，与企业同发展"主题教育实践活动。创建"青年文明号"9个、近200人参加，"青年突击队"18支、680余人参加，"青年安全生产示范岗"51个、2176人参加；"导师带徒"活动共结成师徒对子916对。举办两期团干部培训班并开展素质拓展训练。

2009年，各级团组织开展服务大局、服务企业、服务青年的主题实践活动。创建"青年文明号"11个、近300人参加，"青年突击队"3支、186人参加，"青年安全生产示范岗"31个、1988人参加。"导师带徒"活动共结成师徒对子833对。

2010年，创建"青年文明号"7个，"青年突击队"1支、53人参加。召开年度共青团工作会，选送5名团干部分别参加了团中央研讨会和共青团湖南省委培训班，开展"五四"评选、"导师带徒"表彰等活动。

2011年，创建"青年文明号"4个，"青年突击队"5支、153人参加。开展"导师带徒"活动，新结成师徒对子503对。开展创新创效标兵评比，表彰20位青年。开展英语演讲比赛、"五四"评选、"导师带徒"表彰等活动。

2012年，印发《关于加强共青团干部队伍建设、做好公司各级团组织换届调整工作的意见》，推进专职团干部队伍建设；归纳整理共青团工作各项管理办法，纳入管理体系文件。开展青年创新创效标兵的评选活动，并将创新创效成果汇编成册，评选青年岗位能手10名，"青年文明号"集体5个，共创建"青年文明号"31个、"青年安全生产示范岗"151个。自2009年以来已结成师徒对子1125对。

2013年，举办首届青年"号、手"先进举荐峰会；开展第三届"鲲鹏杯""百优十杰"优秀青年评选活动，开展网络投票宣传，印制风采录；开展"筑梦八局·青春起航"迎新系列活动，年度结成师徒对子542对；组织中国电建第六工作片区共青团工作会及先进青年事迹交流暨推优荐才座谈会；开展首届青年科技与管理论坛，共征集科技与管理专题论文131篇；与湖南省纪委、纪检检察厅联合开展"美丽青春，真情双联"军事化拓展活动，以"中国梦、青春梦"为主题进行文字交流联谊活动。联合工会开展"红线行动"，93对青年喜结连理。

2014年，开展青年理想信念和形势任务教育，召开"奋斗的青春最美丽"分享交流会17场次；推出"与国旗合影，fans show"等青年热门话题；举办第二届青年"号、手"先进举荐峰会，评选2013年度"青年文明号"5个，青年岗位能手10名，优秀组织单位2家。组织中国电建共青团第六片区在井冈山开展了"传承红色文化，争作青年先锋"主题培训，筹办中国电建青联一届二次常委（扩大）会暨水电八局"七彩青春"青年辩论赛；承办湖南省城市战线共青团重点工作推进会；开展第二届青年科技与管理论坛，共征集科技与管理专题论文119篇；青年志愿服务队参加湖南省"保护母亲河·洋湖绿心行动"暨2014年湖南省直志愿服务启动仪式；推进"单身青年连连看活动"，加入"媒妁联盟"公益联姻平台。

2015年，开展"降本增效·青年先行"主题实践活动，参与青年2300余人，节约成本逾1100万元。创新基层团组织组建方式，形成洋湖、深圳等片区团支部。开展第三届青年科技与管理论坛，征集论文63篇，其中2篇论文在中国电建华中片区青年论坛获奖。承办"青春电建校园行——走进清华大学"专项活动。开展五四洪战辉事迹报告会；与工会联合开展"忠于职业·忠于企业·做优秀员工"主题演讲。举行升国旗仪式2次，进行7次集训；水电八局志愿者联盟开展6次志愿行动。

2016年，持续深入开展"降本增效·青年先行"主题实践，与工程科技部组织启动第一届BIM大赛及成果交流会。印发团建责任制考核标准，积极创建规范型、学习型、服务型、创新型、活力型的"五型"团组织，全面纳入党建责任制考核。承办中国电建团委华中青年团青年论坛，推选论文参加中国电建2016青年论坛获评十优论文。承办中国电建团委基层联络点主题座谈，开展第四届"鲲鹏杯""百优十杰"青年评选。策划开发青年交友联谊手机App"觅优"，入选团中央青年联谊案例；开展黑麋峰主题联谊活动。牵头青年团队原创MV《说唱八局》，创作拍摄《觅优·遇见》广告微电影；组织开展白鹤滩"暖春关怀"爱心回访，建立爱心书屋。

2017年，深入开展"学习总书记讲话，做合格共青团员"系列主题活动35次，开展学习贯彻党的十九大精神暨"践行新思想 拥抱新时代"组织生活会，策划拍摄"青春践行十九大"微视频。举办基层团干部培训班。开展"提质增效·青年担当"系列主题实践活动。开展"履约提质十杰谈"，形成各类成果48项，产生经济效益约1000万元。组成"青年突击队"深入前线参与湖南暴雨抗洪抢险；志愿者联盟组织开展"尊老敬老·传承美德""六一儿童节献爱心""助力精准扶贫"等一系列活动30余次。举行首次二级单位团委负责人集中述职暨"五型"团组织成果汇报会。

2018年，认真落实"三会两制一课"，各级团组织共开展"青年大学习"系列主题活动235次。开展"我的电建青春·建功新时代"五四主题活动，组织青年集中培训班，70余名基层团干部和青年参培。开展"创新创效·青年先行"系列主题实践活动，承办第三届BIM大赛；修订导师带徒文件，2018年"导师带徒"结对455对；开展"扶贫攻坚"主题志愿服务活动40余次；开设"青年电子信箱"，开展青年座谈会200余场；青年团队创作歌曲《说唱电建》《远走高飞》以及工程卡通人物等一系列文化产品。

2019年，修订"鲲鹏杯""百优十杰"评选办法，将评选结果与岗位晋升直接挂钩。举行纪念五四运动100周年暨第五届"鲲鹏杯""百优十杰"颁奖礼，策划推出视频《传承》，青年原创作品《八局鲲鹏志》获得湖南省直纪念五四运动100周年诗歌创作诵读大赛决赛二等奖。开展"倍增行动·青年担当"主题实践活动，各级团组织共创建"倍增行动""青年突击队"70支，开展"倍增行动"主题活动151次。承办第四届BIM大赛。开展"示范团支部"创建，认定"示范团支部"创建集体18个。与长沙轨道集团共同创建长沙地铁"青年之家"特色车站和主题专列，开展献礼国庆首发仪式。在湖南省直"五星级"团组织考评述职中获评第一，连续5年被评定为"五星级"团组织。

2020年，开展"初心·使命——青年大学习"活动，各级团干部累计讲党课、团课216堂，邀请开国少将袁彬之子讲述红色故事和抗美援朝中国空军王牌师长的革命斗争经历和战斗故事。开展青年建功竞赛活动，组建168支"奋战一百天，夺取双胜利"青年突击队。与工程科技部共同开展2020年BIM大赛暨智慧工地评比活动。各级团组织新结对师徒752对，兑现带教津贴200余万元，评选"明星师徒"19对。推出《我们八局青年》《无价之你》等系列青年主题视频。开展"热血青春·爱在八局"公益献血志愿活动。开展"示范团支部"创建，18个创建集体成果在湖南省直团工委平台展示。承办共青团湖南省委基层组织工作调研会，获评湖南省首批基层团建工作示范点。

2021年，深入开展"学党史·强信念·跟党走"主题教育，组建"青年讲师团"开展主题宣讲100余场次，召开专题团组织生活会214场。组织举办"学史力行·青春领航"青年理论武装培训班，举办55场主题分享会。开展"讲担当、抓落实、保目标"青年突击队建功竞赛，组建177支青年突击队。开展"请党放心、强国有我"等主题团日活动172场次，与安徽省委、团长沙市委、团湘西州委等单位联合开展长江大保护等系列主题活动。围绕常态化防疫、抗洪抢险等内容开展主题实践，组织252次"为青年办实事"实践，印发《基层团组织入职培训工作专项意见》，各级团组织新结对师徒756对，核发带教津贴200余万元，评选"明星师徒"17对。开展青年成长专题调研，形成青年员工成长专项报告。开展"红线行动"，组织白鹤滩水电站、湘西文教卫项目集体婚礼，70对青年结成姻缘，开展金牌红娘专题宣传。系统梳理团青制度，修订《共青团组织管理办法》，制定《党建带团建实施细则方案》；联合人力资源部开展"高校篮球行"活动，创作推出《我们的井冈日记》《星辰大海》以及"青春"主题文化产品。

2022年，设立党建带团建工作联系点，各级团组织负责人讲授主题团课155堂。推进青年精神素养提升工程建设，制定《青年精神素养提升工程方案》，党委书记为青年讲授青年精神素养提升第一课。创作青春版《错位时空》MV、《70年，记得》《做自己的英雄》音乐剧、主题诗歌，开展"百年青春、奋斗有我"主题活动、"青·分享"线上直播，开展"线上才艺展示大赛"，覆盖万余次青年。参与"青春相伴　同心同行"2022年海峡两岸暨香港、澳门大学生暑期湖南实习计划，获评海峡两岸暨港澳大学生暑期实习优秀企业。开展第六届"鲲鹏杯""百优十杰"青年评选，评选"明星师徒"17对，举办青年线上联谊，56对青年通过"红线行动"结成姻缘。承办BIM大赛暨智慧工地评比活动。

第四节　共青团荣誉

2002—2022年，各级团组织、青年获得共青团中央、中央企业团工委、共青团省委、共青团市委、中国电建团委授予的众多荣誉。主要荣誉如下。

一、先进集体

（1）全国青年文明号：三峡机电制造安装项目部、大藤峡厂坝项目部青年突击队、机电公司青年突击队。

（2）全国青年安全生产示范岗：湘西经开区双河文教卫新区项目、湘熙水郡项目。

（3）中央企业青年文明号：机电制造安装分局、印度尼西亚雅万高铁项目四工区。

（4）中央企业五四红旗团委：水电八局团委、白鹤滩施工局工区第一团支部。

（5）全国铁路五四红旗团支部、湖南省青年五四奖章集体、第一届湖湘最美丝路青年集体：印度尼西亚雅万高铁项目部。

（6）湖南省青年文明号：长江大保护工程岳阳项目淤泥固化厂工区。

（7）广西壮族自治区青年文明号：水南施工局。

（8）湖南省基层团建工作示范点：水电八局团委。

（9）湖南省五四红旗团支部：水电八局团委、大藤峡砂石项目部团支部。

（10）湖南省青年安全生产示范岗：湘熙水郡项目、特种设备第二项目石济高铁分部。

（11）安徽省青年安全生产示范岗：中电建池州长智建工有限公司安全环保部。

二、先进个人

（1）全国青年岗位能手：梁海军、李志伟、王沁。

（2）中央企业杰出青年岗位能手：梁海军、鲁志刚。

（3）中央企业青年五四奖章：韩和坤。

（4）中央企业优秀团干部：李远。

（5）湖南省青年五四奖章：刘技专。

（6）湖南省青年岗位能手：梁海军、刘柱平、聂朗。

（7）湖湘最美丝路青年：李季、尚恒。

（8）湖南最美青工：李志伟（特别关注）、陈学云。

（9）湖湘青年英才：李瑕。

（10）湖南省最美基层团干部：郑雯、管磊。

（11）湖南省优秀团员：孙乐、赵亮、谢梦辉。

第四篇 企业管理

- 第一章 改革与战略管理
- 第二章 市场营销管理
- 第三章 经营管理
- 第四章 投资运营管理
- 第五章 海外业务管理
- 第六章 财务资金管理
- 第七章 法治、合规管理
- 第八章 工程技术管理
- 第九章 工程项目管理
- 第十章 安全生产与职业健康、节约能源与生态环境保护
- 第十一章 质量管理
- 第十二章 设备物资管理
- 第十三章 采购管理
- 第十四章 人力资源管理
- 第十五章 信息化管理
- 第十六章 标准化管理
- 第十七章 行政办公管理
- 第十八章 教育
- 第十九章 基地建设
- 第二十章 审计监督

第一章 改革与战略管理

一、2002—2011年

进入21世纪，水电八局积极探索企业发展规律，科学应对市场形势变化，不断优化内部组织架构，推进管理机制改革，初步实现从单一水电型总部向大土木相关多元型总部转变。

在机构改革方面。2006年，设立基地服务管理中心，授权统一管理南托、东江、贵阳、常德、武汉5个基地及长沙综合管理部；撤销武汉机械厂建制，积极推动贵阳机械厂、常德机械厂、教培中心改制；对原三产分局进行拆分，将江海监理公司整合并入科研设计院。

在推进主辅分离方面。2003年9月30日，成立主辅分离改制分流工作领导小组和工作小组，李鹏程任领导小组组长，林修建、余其年、王意桥、刘敏立、刘义德为领导小组副组长。2004年2月，在长沙召开2004年工作会暨五届二次职工代表大会。局长林修建作题为《求真务实抓管理，与时俱进谋发展，努力开创水电八局改革与发展的新局面》的行政工作报告，报告明确要在中共十六届三中全会和中央经济工作会议精神指导下，按照中国水电2004年工作会议的整体部署，深化改革，稳步推进主辅分离、改制分流工作，实现年度改革目标，初步完成首批列入改制的中心医院、贵阳职工医院、江海公司的改制分流工作。2006年，水电八局一中、二中、三中（含小学）移交当地政府。

二、2012—2021年

面对国内水电市场容量有限、同质化竞争不断加剧的市场形势，水电八局按照"巩固国内水电建设市场的优势地位，优先发展国际业务，大力开拓非水电业务"的战略定位，强力推进"三驾马车"齐驱，持续推动主营业务结构调整。持续推进转型升级，实现由单一水利水电业务向相关多元化业务转型，由单一承包模式向"承包+投融资"模式升级。

坚持市场引领，尊重市场、融入市场，持续构建和完善适应现代企业发展需要、适应企业发展方式转变的管理体系，不断提升企业运营质量和效率。坚持融入城市、深耕本土的发展策略，积极推进区域化建设。加强责权利体系建设，厘清三级组织之间、组织与员工之间的责任、权利、利益关系，推进集团化管控、二级单位模拟法人运作和项目全生命周期考核。

推进主辅分离。2018年，加快后线工作社会化进程，全面推进"三供一业"分离移交，全年完成7个供水供电项目和9个物业项目的移交。2018年3月21日，长沙片南托基地物业分离移交协议正式签订；2018年4月3日，东江基地签订物业管理分离移交协议。

三、2022年

水电八局贯彻"创新、协调、绿色、开放、共享"的新发展理念，积极融入和服务国家重大战略，把握行业转型升级过程中的新趋势、新模式和新业态，围绕中国电建"聚焦水能砂城数，集成投建营"的战略部署，加快构建以工程建造为主体，以绿色建材和绿色能源为两翼的"一体两翼"产业发展新格局。做大做强工程建造，推动规模和效益双提升，更好地发挥一体"扩规模、稳就业、强品牌"的压舱石作用；做精做优绿色建材与绿色能源，发挥两翼"优结构、增效益、促转型"的新动能作用，打造企业提质增效新引擎。

现代企业制度建设向深向实发展，厘清党委与董事会、经理层等治理主体的权责边界，形成了权责法定、权责透明、有效制衡、协调运转的治理体系。严格控制法人层级和户数，切实堵塞漏洞、防控风险，确保企业瘦身优化、主业突出。市场化机制不断健全，锚定"管理人员能上能下、员工能进能出、收入能增能减"的目标，推广经理层成员任期制和契约化管理，推进市场化用工，健全激励约束机制。

第一节 机构

2004年，政研督察室更名为企业发展部，先后由钱流涛、刘小春担任主任，增设企业发展规划和改制职能。

2006年，制定《中国水利水电第八工程局发展战略和规划管理办法》，成立发展战略和规划决策委员会。局长林修建任主任委员，陈正平、姜清华任副主任委员。发展战略和规划决策委员会负责审议企业发展战略和规划，指导二级单位发展战略和规划的制定与审核。发展战略和规划决策委员会下设发展战略和规划编写小组。企业发展部为发展战略和规划管理的归口部门。

2009年，企业发展部更名为法律事务部，其战略管理职能划归办公室。鄢军良、黄启斌先后任办公室主任。

2016年，成立战略与信息化部，成为发展战略和规划管理的归口部门。张雄飞担任战略与信息化部主任。

2021年6月，战略与信息化部更名为信息化部，其战略管理职能划归工程局办公室。黄启斌、钟玉平先后任办公室主任。

2022年3月，设立董事会战略与投资委员会。姜清华、丁拯国、刘洪为委员会委员，主任由董事长姜清华担任。董事会战略与投资委员会主要职责为研究企业发展战略、中长期发展规划、经营计划和投资计划等。董事会办公室或办公室是委员会的日常办事机构。

第二节 发展规划

一、2003—2006年发展规划

2003年3月，制定《水电八局2003—2006年改革与发展规划》。2004年2月，根据形势变化对企业中发展规划进行了调整。

（一）发展规划

按照中共十六届三中全会对国有企业改革的新要求，遵照中国水电的整体部署，积极稳妥地推进企业办社会、辅业和劳务层分离，完成对企业的产权结构、产业结构和队伍结构的战略性调整，完成公司制改造，加快建立完善现代企业制度。逐步实现从劳务密集型向技术密集型、管理型、集约型一流现代企业转变。

（二）规划指标

到2006年，累计实现新签合同额125亿元、产值100亿元、利润6000万元；全员劳动生产率达25万元/（人·年）。

二、2006—2010年发展规划

2005年下半年，制定《水电八局发展战略（2006—2010年）》。

（一）发展规划

以水利水电建设为核心业务，向产业链高端、相关行业延伸，不断提升企业核心竞争力、资本营运能力和可持续发展能力，逐步发展成为产业多元化、组织集团化、管理现代化、经营国际化的集团公司核心企业及行业第一品牌。

（二）规划指标

力争五年累计新签合同额225亿元、完成营业收入220亿元、实现利润4亿元；资产保值增值率确保在102%以上，净资产收益率保持在10%以上、全员劳动生产率达到50万元/（人·年）。

三、2011—2013年改革与发展规划

2011年，为落实《中国水电发展战略和规划管理办法》要求，同时为适应企业发展面临的新形势和新挑战，编制《2011—2013年发展规划》，明确规划指标和产业结构调整目标。

（一）规划指标

力争三年累计完成营业收入400亿元、新签合同额400亿元、实现利润超15亿元；资产增值率确保在115%以上、在岗职工劳动生产率达到150万元/（人·年）。

（二）产业结构调整目标

到2013年企业总产值实现150亿元，其中国际业务、非水电业务各占30%，投资业务达到5%以上。

四、2014—2016年改革与发展规划

2013年，编制《水电八局发展战略（2013版）》，明确战略定位、战略举措和各业务板块的发展方向。

（一）发展规划

愿景：我们致力创建精品工程；我们致力成为行业标杆和客户第一选择；我们致力为员工创造幸福生活。

战略目标：建设成为产业多元化、组织集团化、管理现代化、经营国际化，具有较强自主创新能力和可持续发展能力的质量效益型中国电建龙头企业及第一品牌。

战略定位：中国电建参与全球基础设施建设的第一力量；相关投资领域的重要参与者；水利水电建设领域的领先者；行业最优管理模式的追求者。

主要战略：转型升级战略、国际优先战略、融入城市战略、投资引领战略、人才强企战略、科技兴企战略、信息化战略。

（二）规划指标

主要经济指标：三年累计完成营业收入600亿元、新签合同额810亿元、利润16亿元。年均资产保值增值率确保在110%以上，净资产收益率保持在15%以上，劳动生产率达到200万元/（人·年）。

业务发展目标：国内水电业务三年实现市场营销160亿元，营业收入占比20%，利润占比20%；非水电业务三年实现市场营销350亿元，营业收入占比40%，利润占比30%。国际业务三年实现市场营销300亿元，营业收入占比40%，利润占比50%。投资业务发展目标为三年完成投资25亿元。

五、2017—2020年改革与发展规划

2016年，制定《2017—2020年改革与发展规划》。

（一）发展规划

战略定位：中国电建是参与全球基础设施建设的骨干力量；国内水利水电建设领域的领先者；水资源与环境治理领域的有力竞争者；建筑相关投资领域的重要参与者。

战略方针：充分利用央企资源聚集效应，统筹国际国内两个市场，聚焦能源电力、基础设施、水资源与环境三大业务；以提升效益为中心，实施转型升级、优势多元、国际双

优、投资拉动、人才强企、创新驱动、文化与品牌七大战略，以及业务发展优化、组织管控优化、人力资源优化、项目管理优化、依法依规经营优化和企业文化建设六大计划，推动企业核心能力全面升级，实现公司持续健康发展。

战略目标：建设成为中国电建旗下产业多元化、组织集团化、管理现代化、经营国际化的质量效益型龙头企业。

（二）规划指标

规划期内完成营业收入1100亿元、新签合同额1760亿元、利润超28亿元、劳动生产率达到300万元/（人·年）。

六、2018—2022年改革与发展规划

2018年，根据企业内外部环境变化，对《水电八局2017—2020年战略发展规划》进行修订，形成《水电八局2018—2022年战略发展规划》。

（一）发展规划

使命：建设美好生活。

愿景：成为最具行业特色的投资建设集团。

战略定位：建筑相关领域的重要投资商；具有产业链一体化整合服务能力的工程承包商；具有技术领先和"一揽子"方案服务能力的绿色建筑材料商。

战略目标：全面推进"倍增行动"，即到2022年，营业收入突破400亿元，规模与效益倍增，员工收入同步增长。

战略方针：利用中央企业资源优势和"三特"资质优势，统筹国际国内市场，以投资为引擎，以工程承包和建筑材料为两翼，推进转型升级、投资驱动、国际双优、人才强企、创新驱动和文化品牌六大战略；实施打造高效组织体系、打造优势人力资源、打造更强投融资能力、打造领先科技能力、打造知名履约品牌、打造良好发展生态六大举措，建设质量效益型企业，向最具行业特色的投资建设集团迈进。

（二）规划指标

规划期内，实现营业收入1545亿元、新签合同额2523亿元、利润35亿元、劳动生产率达到400万元/（人·年）。

七、水电八局"十四五"规划

2022年，按照中国电建整体部署和企业发展需要，制定《水电八局"十四五"规划》。

（一）发展规划

使命：建设美好生活。

愿景：成为最具行业特色的一流国际工程公司。

价值观：责任、创新、诚信、共赢。

企业准则：敬业、专业、人品、精品。

企业定位：行业一流的工程建造商；行业领先的绿色建材制造商；具有独特优势的绿色能源服务商。

战略目标：初步建成治理体系科学、产业结构合理、管理水平一流、质量效益优良的中国电建综合型龙头企业。

战略方针：锚定建设中国电建综合型龙头企业目标；统筹优化国内国际两个市场布局；大力发展工程建造、绿色建材、绿色能源三大产业，构建"一体两翼"产业发展新格局；着力提升精益管理能力、融合创新能力、资本运营能力、城市经营能力、生态构建能力；推动工程局从注重规模增长向高质量发展升级；从传统施工建造向智能化、绿色化建造升级；从工程承包向集成投建营一体化发展升级。

（二）规划指标

经济指标：到2025年，营业收入达到500亿元、新签合同额810亿元、利润总额12.8亿元、净利润9.6亿元、营收利润率2.56%、净资产收益率1.10%、劳动生产率55.68万元、资产负债率79.28%、研发投入强度3.1%。

业务指标：按照中国电建三大板块划分，能源电力业务占比36%，水资源与环境业务占比18%，城市与基础设施业务占比46%；另外，按照"一体两翼"划分，绿色建材业务占比14%，绿色能源业务占比22.8%。

第三节 规划实施成果

一、2003—2006年改革与发展规划实施成果

（一）生产经营目标全面完成

四年中，水电八局生产规模显著扩大，经营实力持续增强，经济效益逐年改善，职工收入稳步增长。2003—2006年，累计完成总产值132.37亿元，为四年发展规划的132%；累计中标总金额193.34亿元，为四年发展规划的154.6%，2006年末合同存量117.9亿元；累计实现考核利润总额3.11亿元，完成规划目标的517.93%；与此同时，广大员工共同分享了企业改革与发展的成果，超额完成了四年规划要求逐年增长10%的目标。

（二）产业结构调整稳步启动

一是立足水电主业，奋力开拓国内水电市场，占据国内水电建设市场制高点；二是拓宽市场边界，精心打造"中国水电"品牌，全方位展示水电八局实力，成功进入高速公路、铁路、风电、火电、南水北调等工程施工领域，成为中国水电系统首家进入铁路建设市场的施工企业；三是加快国际步伐，奋力开拓国际水电市场，依托中国水电的国际运营战略平台，承揽马来西亚巴贡项目部分工程和柬埔寨甘再水电站等项目施工，实现国际市场新的突破；四是奋力加快相关产业发展，在金属结构制造、机械制造、房地产开发等市场领域加大投入和投资，形成了一定规模，为产业结构进一步调整和升级创造了条件。

二、2006—2010年改革与发展规划实施成果

（一）全面实现"双百亿"奋斗目标

"十一五"期间，累计完成营业收入350.55亿元，为既定目标的159.34%；盈利11.04亿元，为既定目标的276.03%；完成新增合同额496亿元，为既定目标的220.44%；资产保值增值率保持在125%以上。

（二）各大业务板块协调发展

国际业务增长强劲。规划期内，国际业务营业收入连年翻番，利润连续倍增。2010年，国际业务新增合同额达53.56亿元，占公司总量的39.95%，合同存量为105.5亿元，占总量的41.37%，基本实现了阶段性主营业务结构调整目标。

国内水电地位巩固。规划期内，水电八局参与了国内多数大型、特大型水电工程建设，如溪洛渡、龙开口、构皮滩、向家坝、草街、彭水、大岗山等项目。2010年，国内水电市场持续萎缩，但水电八局在行业整体不景气的环境中仍逆市飘红，全年实现营业收入53.4亿元，占公司营业收入的50.28%；新增合同额59.22亿元，承揽了黄登、藏木、银盘、湘江长沙综合枢纽等多项国内大型、特大型水电项目。

非水电业务取得新进展。规划期内，国内非水电业务逐步拓展，水电八局参与承建了举世瞩目的京沪高速铁路等工程项目，业务范围遍布全国20多个省、市，涉及铁路、公路、市政、房建、火电、海工、风电、核电等领域，在部分地域和业务领域已取得一定优势。2010年实现营业收入15.74亿元，占公司营业收入的14.82%；承建了垄茶高速公路和广佛肇城际轨道等项目，新增合同额21.29亿元。

投资业务初见成效。规划期内，投资业务有序开展并取得一定收益。2006年开始进军商业地产开发，2008年朝阳房地产公司整合并入集团房地产公司投资兴建的西昌公司，经营效益喜人。参股的中国电建新能源公司运行良好，2009年开始实现盈利。2010年，投资实施的岳阳城陵矶机电设备制造厂开工建设，为优化产业结构、推动产业转型奠定了良好基础。

（三）品牌影响力进一步提升

"十一五"期间，水电八局荣获省部级以上优质工程奖20多项，其中洪家渡水电站荣获鲁班奖。2010年，获评"全国电力建设优秀施工企业"，华能巢湖电厂项目荣获国家优质工程银质奖，大花水电站荣获中国电力优质工程奖，衢常铁路荣获湖南省优质工程奖，思林水电站等7个项目荣获中国水电优质工程奖。

"十一五"期间，水电八局荣获国家科技进步奖1项，中国电力科技奖2项、二等奖1项、三等奖2项，荣获中国水电科技进步奖特等奖5项、一等奖9项、二等奖8项、三等奖4项，连续5年位列中国水电科技进步工作考核第一。

"十一五"期间，水电八局公司成功申报湖南省省级技术中心，被认定为"湖南省高新技术企业"，获评"'十一五'全国建筑业科技进步与技术创新先进企业"。

三、2011—2015年改革与发展规划实施成果

2011—2015年，紧紧围绕中国水电"稳中求好、好中求进"的工作总基调，贯彻解放思想、转型升级、科学管理、做þ做优的战略方针，持续推进企业改革，完善体制机制，提升管理水平，在世界经济复苏缓慢、国家经济下行的背景下，保持了良好发展态势。

（一）主要指标全面完成

五年累计实现新增合同额1236.17亿元，实现营业收入755.1亿元，实现业绩利润29.24亿元。

（二）企业改革持续推进

坚持以深化改革、优化结构加速企业发展。在体制上推动业务重组，新设投资公司、铁路公司，重组成立水电公司、基础设施公司，形成国际、基础设施、铁路、水电、投资五大板块齐头并进的良好态势。2015年，国内水利电力、国际业务、国内基础设施（含铁路）营业收入分别占公司总营业收入的29%、36%、35%；市场营销额分别占公司总营销额的23%、29%、48%。

四、2016—2020年改革与发展规划实施成果

2016—2020年，水电八局坚持"解放思想、转型升级、科学管理、做强做优"的管理方针，优化战略布局，推进改革创新，在复杂多变的宏观形势下，保持了良好发展态势，获得"新中国成立70周年功勋企业""全国优秀施工企业"等荣誉称号。

（一）主要指标全面完成

累计实现营业收入1213.77亿元，年均增长13.88%；新签合同额2050.94亿元，年均增长24.26%；利润29.93亿元，年均增长19.24%。

（二）企业改革持续推进

全局思想更加解放，市场引领越发凸显，各项改革举措取得积极成效。推进转型升级，实现由单一水利水电业务向相关多元化转型，由单一承包模式向"承包+投融资"模式升级。坚持市场引领，尊重市场、融入市场，逐步打造适应市场要求的管理体系和管理模式。坚持融入城市、深耕本土的发展策略，积极推进区域化建设。加强责权利体系建设，厘清三级组织之间、组织与员工之间的责任、权利、利益关系，推进集团化管控、二级单位模拟法人运作和项目全生命周期考核。

2002—2022年水电八局主要经济指标情况见表4-1-1。
2002—2022年水电八局总产值完成情况见表4-1-2。

表 4-1-1 2002—2022 年水电八局主要经济指标情况

年份	总资产（万元）	净资产（万元）	营业收入（万元）	利润总额（万元）	应收账款（万元）	存货（万元）	科研经费（万元）	资产负债率（%）	流动比率（%）	速动比率（%）	存货周转率（%）	应收账款周转率（%）	总资产周转率（%）	营业利润率（%）	权益净利率	成本费用利润率（%）	营业增长率（%）	资本积累率（%）	技术投入比率（%）
2002	200744.52	36293.32	187306.00	-822.24	54460.42	23852.20	0.00	81.92	99.20	81.79	668.42	349.64	89.34	-0.44	-2.27	-0.47	8.07	-1.53	0.00
2003	228794.27	37165.31	221978.98	267.88	60171.33	27434.06	0.00	83.76	92.05	76.64	727.21	371.25	99.08	0.12	0.72	0.13	18.51	2.40	0.00
2004	256597.77	40651.17	293265.90	4082.28	57655.90	29726.87	0.00	83.91	86.48	71.85	850.72	482.64	117.16	1.39	10.04	1.52	32.11	9.38	0.00
2005	269222.14	38803.16	354524.21	4614.89	40693.81	36840.80	0.00	85.69	82.55	65.13	895.60	691.85	129.40	1.30	7.70	1.42	20.89	-4.55	0.00
2006	277617.81	44483.56	443350.32	7675.93	38320.88	58091.38	0.00	83.98	80.36	53.89	807.67	1101.77	159.20	1.73	14.92	1.84	25.06	14.64	0.00
2007	295475.33	56344.88	582254.67	16542.50	40527.66	70187.42	9986.27	80.93	82.53	52.58	782.59	1460.68	200.97	2.84	28.23	3.03	31.33	26.66	1.72
2008	442273.38	66363.66	614487.26	16509.32	59224.30	97395.29	8968.16	84.99	80.96	50.67	649.24	1227.05	165.91	2.69	19.38	2.84	5.54	17.78	1.46
2009	491803.26	73200.45	809859.74	27294.68	68331.72	130625.02	29497.95	85.12	85.64	49.23	619.94	1267.25	173.05	3.37	25.52	3.57	31.79	10.30	3.64
2010	674059.87	112865.37	1061982.28	42388.27	106119.58	218740.26	37382.86	83.26	97.64	55.17	531.73	1208.57	180.84	3.99	32.80	4.26	31.13	54.19	3.52
2011	730019.56	160041.71	1141485.39	60736.97	150221.02	163853.34	40101.78	78.08	110.84	78.51	504.25	879.99	160.66	5.32	32.84	5.80	7.49	41.80	3.51
2012	856644.32	240848.45	1261288.48	72374.50	195465.54	177801.41	43354.81	71.88	135.55	100.47	627.08	721.55	157.20	5.74	23.53	6.27	10.50	50.49	3.44
2013	1132394.37	280791.64	1452191.58	61094.69	192340.62	268526.96	43254.48	75.20	130.55	92.24	562.21	747.39	145.72	4.21	19.77	4.51	15.14	16.58	2.98
2014	1364506.50	304961.90	1784144.60	50734.80	197323.50	340804.10	53738.00	77.65	133.06	92.17	521.60	913.92	142.63	2.84	13.23	2.99	22.86	8.61	3.01
2015	1660749.26	425546.88	1859808.68	24267.36	614896.38	362556.24	61425.41	74.38	132.36	94.95	474.29	456.98	122.69	1.30	2.66	1.36	4.24	39.54	3.30
2016	2230735.43	473055.47	1911317.59	43021.34	355047.40	440251.21	62599.34	78.79	127.43	88.21	435.35	392.61	97.86	2.25	7.68	2.32	2.77	11.16	3.28
2017	2515335.82	625797.72	2105675.99	45880.10	377804.77	457759.44	68101.00	75.12	115.10	77.62	420.55	572.88	88.46	2.18	5.97	2.23	10.17	32.29	3.23
2018	3523490.35	794205.81	2238111.42	51227.42	343195.42	514134.54	72983.06	77.46	107.75	77.77	419.18	619.23	73.93	2.29	4.93	2.43	6.29	26.91	3.26
2019	4018965.17	883717.97	2732632.41	60387.78	420092.85	528810.50	83316.36	78.01	96.00	70.00	480.26	713.99	72.25	2.21	5.99	2.32	22.10	11.27	3.05
2020	4280081.08	912989.78	3145831.94	80140.34	405082.78	179653.32	101335.50	78.67	106.90	99.04	788.29	760.27	75.59	2.55	6.86	2.73	15.12	3.31	3.22
2021	4826356.41	970108.20	3132415.38	73361.03	1086845.11	174346.68	104629.50	79.90	112.02	105.48	1554.09	418.90	68.63	2.34	5.43	2.55	-0.43	6.26	3.34
2022	5385666.05	1009430.35	2759071.05	20060.28	1133361.40	201199.48	83963.35	81.19	96.16	89.85	1280.92	247.97	53.91	0.73	0.40	0.80	-11.92	4.05	3.04

表4-1-2　2002—2022年水电八局总产值完成情况

年份	企业总产值（万元）								企业平均人数（人）	人均产值[万元/(人·年)]
	合计	其中								
		国内能源电力工程	国内水资源与环境工程	国内绿色砂石工程	国内基础设施工程	国内其他产值	国际工程			
2002	168068.60	125477.90	—	—	22715.90	—	19874.80		13278	12.66
2003	220074.10	182764.80	—	—	14765.80	8477.80	14065.70		13044	16.87
2004	291977.00	254786.20	—	—	17402.60	10844.50	8943.70		12785	22.84
2005	357805.00	327106.40	—	—	11032.10	13221.90	6444.60		12881	27.78
2006	453854.20	399065.80	—	—	25229.80	12000.50	17558.10		12285	36.94
2007	591083.90	476230.30	23483.10	—	40663.50	13861.20	36845.80		12148	48.66
2008	622759.20	425261.50	17530.30	—	78247.20	14007.70	87712.50		11821	52.68
2009	814830.30	502921.30	12937.60	—	106527.70	13843.20	178600.50		11716	69.55
2010	1066617.70	517881.60	23669.00	—	140488.70	22003.00	362575.40		11544	92.40
2011	1148326.00	582901.10	37885.40	—	122544.80	29084.60	375910.10		11399	100.74
2012	1274737.01	526526.80	69526.90	—	173580.40	33642.40	471460.51		11336	112.45
2013	1461683.30	540573.70	64332.20	—	319208.20	26566.80	511002.40		10986	133.05
2014	1793601.30	501669.80	158723.70	—	436850.20	47323.70	649033.90		10782	166.35
2015	1899712.50	427024.90	178330.40	—	570648.80	32818.00	690890.40		10865	174.85
2016	1904347.60	422171.00	192977.70	7652.00	645848.90	38388.40	604961.60		10938	174.10
2017	2103345.09	331955.90	216778.60	70600.00	856237.60	40032.79	650688.20		10753	195.61
2018	2233647.10	388032.70	349497.30	78860.00	692346.20	52593.00	680577.90		10624	210.25
2019	2725042.00	417291.00	395024.20	236801.00	1020281.40	63189.40	750396.00		10792	252.51
2020	3145825.50	471506.70	511014.30	236801.00	1225569.90	80857.00	620076.60		11128	282.69
2021	3132415.00	456950.00	567523.00	307568.00	1302170.00	6604.90	491599.10		11434	273.96
2022	2757650.29	509335.33	612402.99	347042.45	877885.76	9000.00	401983.75		11282	244.43

注：国内水资源与环境工程中包含国内水利工程。

第二章 市场营销管理

为顺应国家市场经济形势，适应企业发展需要，提高建筑业市场占有率，水电八局坚持"市场引领、战略谋划、全员营销"的营销理念，建立并不断完善市场营销管理体系和机制，构建完备的市场营销网络，持续提升市场营销竞争力，充分调动营销积极性，狠抓重大单项，抢抓优质订单，着力提升市场营销规模，坚定不移推动以高质量订单助力企业高质量发展。

第一节 机构

2003年3月，成立市场开发部，作为内部独立核算单位，实行内部核算，自负盈亏。

2009年1月，成立市场营销管理部，设立市场营销管理水利水电部、市场营销管理基础设施部、国际部，撤销市场开发部。原市场开发部综合管理职责由市场营销管理部履行；国内水利水电市场开拓职责由市场营销管理水利水电部履行；非水电市场开拓职责由市场营销管理基础设施部履行；国际业务市场开拓职责由国际部履行。

2009年，成立中国水利水电第八工程局有限公司厦门分公司、江西分公司、漳州分公司、温州办事处、中山分公司、新疆分公司、浙江分公司。

2010年，成立中国水利水电第八工程局有限公司长沙分公司、河北分公司、青海分公司。

2011年，成立中国水利水电第八工程局有限公司安徽分公司、云南分局腾冲办事处、广东江门分公司、广东惠州分公司、平阳分公司、广东清远分公司、天津分公司、重庆分公司、海南分公司、福建龙岩分公司、河南分公司、黑龙江分公司、广西区域营销管理部、江西区域营销管理部、上海分公司。

2012年，成立中国水利水电第八工程局有限公司江苏分公司、赣南分公司、株洲分公司；成立基础设施部。

2013年，成立中国水利水电第八工程局有限公司丹东分公司、九江分公司、舟山分公司；成立海外市场营销机构。

2014年，成立中国水利水电第八工程局有限公司国际区域公司、韶关分公司、西藏分公司、福建分公司；成立华南区域营销管理部、华东区域营销管理部，为公司派出机构，由基础设施事业部代管；撤销基础设施部、投资部，成立5个事业部：海外事业部、基础设施事业部、水电事业部、铁路事业部、投资事业部。

2015年，成立中国水利水电第八工程局有限公司江西区域分公司，2015年11月更名为南昌分公司，成立巴基斯坦办事处。

2016年，成立中国水利水电第八工程局有限公司贵州黔南分公司；撤销水电事业部、铁路事业部、基础设施事业部、投资事业部，相关市场营销管理职能划入市场营销管理部。

2017年，成立中国水利水电第八工程局有限公司遵义分公司、云南公司、宁乡分公司、雄安公司；撤销中东公司、柬埔寨公司、马来西亚公司、印度尼西亚公司、委内瑞拉公司、西非公司、东非公司、越南老挝公司、孟加拉国区域营销部、南非区域营销部，成立中东区域部、欧亚区域部、亚太区域部、美洲区域部、中西非区域部、东南非区域部，隶属公司海外事业部管理。

2018年，成立中国水利水电第八工程局有限公司山西分公司；撤销云南公司；成立秘鲁分公司。

2019年12月，成立中国水利水电第八工程局有限公司华南公司、华北公司、华东公司、湖南公司、湖北公司、江西公司6个区域公司。保障工程局"三大三小"区域聚焦战略落地，深耕区域市场，融入地方产业经济建设。

2019年12月，撤销中国水利水电第八工程局有限公司雄安公司。

2022年9月，中国水利水电第八工程局有限公司湖南公司不再作为工程局区域公司管理，明确湖南公司隶属工程局市场营销管理部管理。2022年10月，撤销湖南公司。

第二节 市场营销网络的建立和沿革

一、国内市场营销

随着企业不断发展，水电八局逐步建立和健全市场营销网络，根据市场营销主体责任的不同，国内业务走过了总部主导营销阶段、二级单位/直属区域公司营销阶段。

（一）总部主导营销阶段

2002—2008年，水电八局建立了以局领导、市场开发部及总部相关部门、分局（厂）、局直管项目为主体，由市场开发部主导、相关单位密切配合的市场营销网络和联动体系，市场开发部负责全局投标信息收集、筛选、查证、审核和归口管理，对收集到的投标信息提出部门意见，主管局领导作出决策后，由市场开发部或指定有关单位、个人进行跟踪；负责投标计划的编制、调整工作；负责全局的投标项目立项管理；负责为分局（厂）、局直管项目的投标提供指导、协调和服务。分局（厂）、局直管项目负责组织本单位和市场开发部指定项目的投标；负责所属投标信息的收集和管理并及时汇总到市场开发部，由市场开发部统筹协调开展营销。总部相关职能部门给予业务支持。

2009—2014年，为促进企业战略转型的实施，打造国内水电业务、国内非水电业务、国际业务竞相发展的产业结构多元化的企业，水电八局建立了局领导、总部市场开发管理部门（市场营销管理部、基础设施部、国际部/海外事业部）及相关职能部门、二级单位（含下设的国内外区域营销分支机构、营销点）、局直管项目共同开展工作的市场营销网络和体系。市场营销管理部履行国内水利水电业务市场营销职责，负责与中国电建市场经营部的业务联系、协调和沟通；基础设施部履行国内非水电业务市场营销职责，负责与集团基础设施事业部的业务联系、协调和沟通；国际部/海外事业部履行国际业务市场营销职责，负责与集团海外事业部的业务联系、协调和沟通；二级单位负责组织本单位和市场营销管理部、基础设施部指定国内项目的投标以及对外分支机构的管控；区域营销分支机构代表工程局负责在当地进行备案、注册，负责与当地政府和相关业务单位的联络和沟通。

总部主导营销阶段，水电八局坚持总部营销和二级单位营销"两条腿"走路，重大项目投标由总部负责组织，总部编标能力达到了空前的高度。

（二）二级单位/直属区域公司营销阶段

2015—2019年，水电八局实行国际、铁路、水电、投资、基础设施五大板块模拟法人实体化运作，按照产业结构调整要求，适时调整市场营销网络和管理体系：由市场营销统筹管理委员会、市场营销管理部、相关职能部门、事业部（基础设施事业部、水电事业部、铁路事业部、投资事业部于2016年撤销，相应市场营销职能划归市场营销管理部）、板块公司、专业公司、市场营销分支机构及在建项目点。市场营销统筹管理委员会负责水电八局市场营销的战略规划、统筹协调和激励惩罚等工作；市场营销管理部负责制定和实施水电八局市场营销管理制度，负责制订年度营销计划、开展营销调研分析、监督管理营销分支机构、规范投标立项管理等工作，指导、协调、监督各单位的市场营销活动，考核二级单位的市场营销管理，对接中国电建相关职能部门的日常业务；相关职能部门为市场营销提供相应的指导、协助、服务等工作，参与业务相关的营销策划、公共关系、市场准入、编标投标、调研分析、评价评审、品牌宣传等营销活动；事业部负责制定和实施分管业务板块市场营销发展战略、整体规划和年度目标，指导和监督专业公司的市场营销工作。板块公司、专业公司是水电八局市场营销的具体组织和实施单位，负责构建和完善符合自身特色的市场营销体系，落实公司战略目标、营销管理和年度计划，建立分区域、单位、专业的中长期公共关系资源管理网络，加强所属分支机构营销，充分发挥在建项目的市场营销动力。市场营销分支机构由各二级单位根据市场需要申报、设立、管理和撤销，市场营销管理部对其审批、监督、协调和评价。

2020—2022年，为推进水电八局"一体两翼"发展战略落地，以客户为中心，抢抓市场机遇、深耕区域市场、强化重大项目营销，以高质量订单助力企业高质量发展，水电八局建立了以市场营销统筹管理委员会统一领导，市场营销管理部归口管理，相关职能部门专业支持，直属区域公司/二级单位为市场营销主体，所属项目协同营销的立体市场营销网络和管理体系。市场营销管理部负责除货物贸易外的项目营销及投标管理；负责统筹管理公共关系、大客户、区域市场和社会资源等；负责重大项目的营销策划及组织；负责市场营销激励、考核及监管；负责市场营销统计分析及信息披露。水电八局相关职能部门为市场营销全过程提供指导、支持和服务，包括但不限于技术支持、风险控制、品牌宣传和相关资料等。直属区域公司主要负责所辖区域市场规划、客户关系、资源统筹、项目营销、品牌及信用维护等工作。二级单位作为市场营销的主体，负责将水电八局的营销决策贯彻落实到本单位营销工作中，按照功能和市场定位，组织实施本单位市场营销具体工作。所属项目应按照"现场促市场"的要求良好履约，做好现有客户维护及后续市场开拓和品牌宣传等工作。

二、国际市场营销

2002—2005年，水电八局以中国水电为依托，坚定不移地开拓国际市场，在国际工程项目中采用灵活的机制和体制，或独自承建，或联合承包，或投资竞标，或跨国联营，迈入高速发展的童年期，陆续承建巴贡、甘再、布维、松邦、卡鲁玛等多个水电工程的施工，新中心电厂、重油、康诺桥等8个火电EPC项目，以及科威特大学城、沙特沙巴机场跑道、孟加拉国达吉公路、印度尼西亚雅万高铁等多个基础设施项目，国际业务成为水电八局的支柱产业。

2013年，成立海外事业部，负责国际业务的市场管理工作，业务包括项目备案、投标立项、标书编制、国际业务板块的数据统计、分析及上报等，与国际公司合署办公。设立多个国内外市场营销管理机构，实现了对科威特、沙特、西非、南非、孟加拉国等重点营销区域的覆盖，海外市场营销网络布局更加合理。

2014—2016年，随着国际工程的不断拓展，水电八局根据实际情况和发展趋势，以欧亚和亚太两大区域为海外根据地，逐步扩展到非洲、中东，适时进入南美洲等新兴市场。同时，以在建项目为依托，通过重点发展和深耕现有成熟国别市场，打造区域项目群，扩大深化区域优势，取得了显著的营销成果，逐步将业务范围和机构网络辐射到海外，带动海外区域机构和业务发展。

2017年，水电八局紧跟电建国际的发展步伐，进一步调整和完善区域公司机构和国别办事处，组建与电建国际一致的六大区域部（中东、欧亚、亚太、美洲、中西非、东南非），与其同步发展，隶属水电八局海外事业部管理，海外六大区域格局构建起一个横跨亚非拉三大洲的市场布局，形成覆盖全球的营销网络，确保和集团各区域、各国别的对接，为国际业务可持续发展提供了更广阔的空间。

2018—2022年，全球政治和经济遭遇多重坎坷，海外业务环境发生深刻变化。2020年末，新冠疫情反复侵袭，全球经济进入寒冬；2022年，俄罗斯与乌克兰爆发冲突，新冠疫情和地缘政治叠加，全球通胀加剧，债务激增，发展失衡更加严重。在此背景下，水电八局顶住压力，克服困难，稳住国际业务基本盘，积极融入国际国内"双循环"。保持定力，坚持长期主义，充分发挥地域深耕经验和人才优势，提升市场机遇感知能力，保持开放思维，坚持以业主为中心，紧跟电建国际、集团六大区域部，以加纳、科威特、沙特阿拉伯、伊拉克、莱索托、孟加拉国、柬埔寨、马来西亚、印度尼西亚、尼日利亚、秘鲁等国别为营销重点。

第三节　市场营销发展规划和演变

2002—2008年，提出以水利水电建设为核心产业，并向相关产业延伸，加大建筑业市场开拓力度；坚持实施"走出去"战略，努力拓展国际工程业务；以水电投资、房地产开发为多元化产业突破口，积极推进资本运作。

2009年，提出巩固国内水利水电建设市场的领先地位，优先发展国际业务，大力开拓非水电业务，优化产业结构，不断提升市场核心竞争力，逐步发展成为产业多元化、组织集团化、管理现代化、经营国际化的集团公司龙头企业及第一品牌的市场营销战略。

2010年，水电八局积极应对"后水电时代"和"后金融危机时代"的严峻挑战，成功跻身"双百亿"企业行列、迈入转型升级新起点，提出"大土木，大市场，大品牌"战略，将基础设施市场作为国际业务开发的重点，稳步发展壮大轨道、房建、交通、化工、水务等基础设施领域，尤其是加大对交通和房建领域的开发力度，争取全面实现国际多元化大土木的发展格局。

2011—2012年，水电八局面临国内水电建筑市场极不景气、基础设施业务投资锐减、国际业务出现阶段性低谷的多重挤压，提出继续保持国内水利水电施工领域的领先地位；继续坚持国际优先战略，加快国际化进程；全力以赴做强基础设施"第一主业"，加快国内非水电业务发展；切实把握商机，积极运作投资项目的市场营销策略。

2013年，提出持续优先发展国际业务，将非水电业务打造成第一主业，巩固水电业务领先优势，将投资业务打造成新的增长极。市场营销重点思路是"增加规模，调整结构，控制风险，提升质量"。

2014年，水电八局市场营销突破300亿元，明确提出"三次经营"理念。把市场营销作为第一次经营，按照"增加规模，调整结构，控制风险，提升质量"的思路加强市场营销工作。提出牢固树立全员营销理念，坚持"抢占水电，稳定国际，扩大非水，发展投资"的营销思路，坚持"区域做熟、专业做专、国际做优、投资做大"的营销策略。

2015年，强化"现场即市场"理念，把每一个项目作为市场营销的网点，强化其市场营销职责，立足放大市场，从单个项目发展到项目群，直至撬动整个区域市场。并提出"无水电不稳、无非电不大、无国际不优、无投资不富"的发展理念，提倡融入城市、深耕本土市场的发展策略。

2016—2017年，水电八局秉持传统水电和基础设施市场并重、国内和国外市场并重、竞争性和投融资市场并重、自主营销和集团内部分配市场并重的营销思路，有力推动了企业规模化发展和转型升级，将基础设施业务真正打造成了水电八局第一主业。

2018年，明确"2256"市场营销战略，统筹发展国际和国内两大市场，协调发展承包和投资两大业务，重点发展房建、路桥、市政、水电和水环境五大专业，优先发展珠三角、长三角、京津冀和湖南、湖北、江西"三大三小"重点区域。

2019—2020年，坚持"顺应形势、强化领导、聚焦客户、深耕区域"的发展思路，构建"高端化、区域化"客户营销生态；坚持围绕中国电建平台，强化对接机制，提升营销格局；以属地化为目标，完善区域市场体系和营销机制，提升重点区域市场规模化和集中度。2020年市场营销规模超过600亿元，创历史新高。

2021年，提出以客户为中心、以高质量营销为目标，聚焦"水能砂城"，集成"投建营"，实施"优质市场、优质客户、优质项目"的"三优"营销战略，强化全过程营销风险管控，坚定不移地推动水电八局市场营销高质量发展。

2022年，提出聚焦"水能砂城"，集成"投建营"，坚持"以客户为中心、以高质量营销为目标"的理念，实施"优质市场、优质客户、优质项目""三优"营销战略，强化客户开发维护，强化重大项目营销，强化重点区域市场营销，强化全过程风险管控，强化营销质量提升，坚定不移地推动市场营销高质量发展，"十四五"末成为营收超500亿元的中国电建旗舰子企业市场营销发展思路。

第四节　市场营销主要成果

2003年，新成立的市场开发部以大中型水利水电建设项目为主要目标，紧紧抓住国家"全面建设小康社会"和"西部大开发"战略机遇，积极响应中国水电"走出去"的国际战略，全力开拓国际国内市场。全年中标项目98个，中标金额25.34亿元，中标金额创历史新高。其中中标国家"西电东送"骨干工程——金沙江溪洛渡水电站场内交通左岸低线公路工程，是溪洛渡工程的第一个招标项目，为后期主体工程顺利展开奠定了坚实的基础。

2004年，始终贯彻将市场开拓作为工作的重中之重，牢牢抓住国家加大电力基础设施建设和"西部大开发"的良好契机，西部市场份额不断扩大，湖北市场持续巩固，湖南市场重新升温，沿海发达地区市场多点突破。全年中标项目113个，中标金额43.23亿元再创新高。其中中标国家"西电东送"战略标志性工程——乌江构皮滩水电站大坝建筑与金属结构设备安装工程标第一标段，是水电八局当时联营体中标额度最大的单项工程；中标国家"西电东送"的重要配套工程——惠州抽水蓄能电站上水库大坝工程，标志着水电八局在抽水蓄能电站主体工程市场取得进一步突破。

2005年，以水电和房地产开发为投资发展方向，成功迈出资本运营第一步，同时在高速公路、铁路建设等市场领域取得突破，初步实现水电八局从单一水利水电建设产业向多元化产业格局拓展。全年中标项目101项，中标金额57.9亿元，提前一年超过四年发展规划目标。其中中标南水北调中线京石段应急供水工程，成功进入国家水资源优化配置重要战略性基础设施跨流域调水工程南水北调市场，进一步巩固、扩大水电八局水利市场；中标汉洪高速公路第九合同段，成功巩固了水电八局公路一级资质；中标浙江衢常铁路，是中国水电成员企业首次进入铁路建筑市场，也是铁路建筑市场开放以来，首家引进系统外建筑企业。

2006年，以水利水电建设为核心产业，成功向相关产业延伸，并加大建筑业市场开拓力度，坚持"走出去"战略，市场开拓取得新的突破。全年中标项目140项，中标金额66.88亿元，再创历史新高，首次突破单年中标金额60亿元大关。其中中标当时世界上规模最大和环保投入最多的人工砂石加工系统——金沙江向家坝水电站太平料场及马延坡人工砂石加工系统，中标金额10.42亿元，确立了水电八局在国内人砂市场的主导地位，为"八局人砂、中国品牌"铸就辉煌；签约中国当时最大BOT境外水电投资项目——柬埔寨甘再水电站土建与机电设备安装工程，重新铸就了水电八局"走出国门"新发展点，谱写了中柬友谊的新篇章；中标湖南省第一座抽水蓄能电站——黑麋峰抽水蓄能电站机电安装工程，是当时国内自行安装调试单机容量最大的抽水蓄能机组。2002—2006年，水电八局累计中标金额193.34亿元，超额完成四年规划任务。

2007年，积极把握国家加大水电开发投入机遇，在西部的四川、云南、重庆等地区快速扩张。同时紧跟中国水电优先国际化、鼓励开拓非水电市场战略实施的契机，奋力拓展国际市场和非水电市场，初步实现了产业结构的调整和优化。全年中标金额92.17亿元，位列中国水电系统内第一。其中中标当时中国第三大、世界第四大水电站——金沙江溪洛渡水电站大坝土建和金属结构安装工程，合同金额30.05亿元；中标加纳当时第二大水电站、中国水电在欠发达地区实施的第一个EPC合同项目——加纳布维水电站，也是水电八局开拓非洲市场的第一个项目，合同金额3.8亿美元。

2008年，市场开拓的广度迅速提升，市场营销涉及的地域进一步扩张，国际业务方面打开印度尼西亚市场大门，国内首次攻入西藏市场。国际项目和非水电项目新增合同额首次超过国内水电项目新增合同额，这是水电八局发展史上具有重要历史意义的转折，为加快推动产业结构优化升级奠定了坚实的基础。全年中标金额121.36亿元，持续位列中国水电系统内第一。其中中标金沙江中游"一库八级"开发的第六、第七级水电站——龙开口水电站大坝土建及金属结构安装工程和金沙江鲁地拉水电站大坝土建及金属结构设备安装工程，为后续金沙江上游、下游水电市场营销奠定了强有力的基础；签约首单"中国标准"水电站EPC合同——马来西亚沐若水电站，合同金额30.18亿元，这是水电八局在马来西亚树立的一座丰碑；中标当时世界上一次建成线路最长、标准最高的高速铁路——京沪高速铁路工程三标段六工区土建施工，合同金额12.26亿元，为水电八局非水电的发展开创了崭新的平台，谱写了水电八局建设史上的新篇章。

2009年，在国内水电建设市场萎缩的情况下，充分利用在建国际项目的辐射影响，首次获得国际市政基础工程和公路建设工程项目，积极开拓周边市场，首次进入中东、乌干达两国，并成功打入中东高端市场，国际业务市场持续取得突破，国内非水电业务首次进入核电领域。全年中标金额81.43亿元，市场营销任务圆满完成，位列中国水电系统内非水电业务自主营销第一。其中中标湖南省"十一五"重大工程项目、长沙市民生工程——湘江航电综合枢纽工程，使水电八局重新在湖南省内市场占据重要位置。

2010年，水电八局在国内水电业务市场整体不景气的环境下仍逆势飘红，国际市场不断加强对成熟国别市场的深入挺进，进一步发挥区域项目群的辐射带动作用，新进入沙特阿拉伯、缅甸、委内瑞拉和埃塞俄比亚等国市场，"中国水电"在国际上已成为水电建设领域的重要品牌和行业代表，国内非水电业务也取得新的进展。全年中标金额134.08亿元，是水电八局自成立以来首次突破百亿元市场营销额。其中签约当时世界工程建设史无前例同规模工期最短工程——委内瑞拉新中心电厂，它的实施将进一步提升水电八局在燃机电站领域的业绩和品牌影响力，在世界工程建设史上留下浓墨重彩的一笔。

2011年，在国内水电建筑市场极不景气、基础设施业务投资锐减、国际业务出现阶段性低谷的多重挤压下，市场营销管理部不断激发营销活力，成功登陆南非市场，形成东南亚、南亚、中东、西非、南非、南美洲6个相对稳定的区域化市场，新开辟莱索托、厄瓜多尔、越南、沙特阿拉伯、缅甸等国市场。全年中标金额132.17亿元，市场开拓总量名列集团前茅。其中中标国家"十一五"规划重点建设工程——浙江仙居抽水蓄能电站上水库工程土建施工（C1标），对提升水电八局面板堆石坝技术和资质具有十分重要的意义；签约厄瓜多尔第三大水电站、太平洋水系最重要水利工程之一——厄瓜多尔美纳斯水电站，在携手共建绿色"一带一路"的征程上，充分发挥央企"国家队"和"主力军"作用。

2012年，围绕"无水电不稳、无非水不大、无国际不优、无投资不富"的发展理念，国际业务中标额首次超过国内业务中标额，国内水电业务中标额占比继续下降，国内非水电业务占比不断上升，投资业务取得重大突破。全年中标金额199.74亿元，在中国水电业绩预考核中排名第一。其中中标当时中国水电首个最大的国内基础设施地铁BT项目——深圳市轨道交通7号线BT项目，水电八局中标金额16.94亿元，对水电八局在地铁领域创优企业品牌，进一步开拓地铁市场和区域建筑市场，实现基础设施业务的重大突破具有重要战略意义；中标我国首座位于超大型城市内的抽水蓄能电站——深圳抽水蓄能电站，此项目为南方电网首座全面国产化的抽水蓄能电站，为水电八局与南方电网今后的长远合作奠定了坚实的基础，为水电八局在抽水蓄能领域再立丰碑。

2013年，按照"稳定水电、优化国际、扩大非水、推进投资"的思路，加大各业务板块营销力度，成功进入矿山开采、冶金工程建设领域，涉足领域更加宽广。全年中标金额319.14亿元，是中国水电唯一一家突破300亿元的企业。其中中标当时国内在建体量最大的装配式住宅建筑工程——长沙蓝天保障房，全力打造水电八局民生工程与住宅产业化的金字招牌；签约水电八局当时最大的EPC总承包项目——乌干达卡鲁玛水电站工程，合同金额16.9亿美元，作为中乌两国元首共同推动的"天字号"工程，卡鲁玛水电站竣工后将成为该国最大的水电站，为水电八局落实"一带一路"倡议树立良好的企业形象。

2014年，国际业务持续领先，积极推进国际本土化进程，国际品牌有力彰显。铁路业务势头强劲，紧跟中国电建步伐，加强自主营销。基础设施业务和投资业务迅速发展，着力加强在湖南、湖北、江西等重点区域的营销布局。全年中标金额287.05亿元。其中中标水电八局首次采取"参股投资+施工总承包"的模式建设的风电项目——株洲凤凰山风电场项目，此项目将加快水电八局在湖南乃至周边省份的风电开发建设，为做大做强非水电产业，拓展非水电市场份额奠定良好基础；中标武汉市轨道交通8号线一期BT土建一标，为武汉市场下一步的开拓打下强有力基础。

2015年，国际、基础设施、铁路、水电、投资五大板块齐头并进，国际业务贡献突出，基础设施业务快速成长，铁路业务发展迅猛，水电业务"二次创业"成效初显，投资业务取得突破。全年中标金额263.41亿元，位列中国电建施工类企业第一。其中中标水电八局在江西地区承接的第一个大型市政园林项目——南昌花博园项目；中标"西江亿吨黄金水道"基础设施建设的标志性工程——大藤峡水利枢纽工程左岸泄洪坝、左岸厂房土建及机电、金属结构安装工程，此项目被喻为珠江上的"三峡工程"，将成为水电八局"二次创业"的奠基石和战略发展的强大引擎。

2016年，实施区域营销发展战略，大力开拓湖南、湖北、广东、江西、安徽、贵州等重点区域市场，特别是在湖南本土实施"织网"行动，全面开展与14个市、州的对接和营销，在长沙市、湘潭市和湘西州接连中标，创水电八局历年湖南市场营销业绩之最。全年中标金额271.32亿元。其中中标中国第二大、世界第二大水电站——金沙江白鹤滩水电站右岸大坝土建及金属结构安装工程（第Ⅱ标段），此项目单机容量达到百万千瓦，将世界水电带入"百万单机时代"，是水电八局在水电业务上的又一重大突破，为水电八局的战略发展、结构调整奠定了基石；签约印度尼西亚和东南亚第一条时速350千米的高速铁路——印度尼西亚雅万高铁，是"一带一路"建设和中印尼两国务实合作的标志性项目，也是我国高铁首次全系统、全要素、全产业链在海外落地的典范工程，对水电八局在印度尼西亚的市场开拓具有十分重要的意义；竞得全球最大绿色建筑骨料生产基地——安徽长九（神山）灰岩矿项目，打响了"八局砂石、世界品牌、绿色典范"的金字招牌，使水电八局成为砂石行业绿色发展的引领者。

2017年，加快水电八局"进城融城、本土织网"战略落地，推行湖南区域营销负责制，成功进入6个市、州。全年中标金额超407.24亿元，实现历史性突破。施工类业务保持稳定，新增合同金额261.88亿元，占全年的57.54%；投资类业务稳步提升，新增合同金额193.27亿元，占全年的42.46%。抽水蓄能业务取得重大突破，中标辽宁清原、福建厦门、广东阳江3个抽水蓄能电站主体工程，合同总额32.92亿元。轨道交通业务工作业绩突出，在长沙、深圳、福州、南京等重点城市成功中标79亿元。水资源与环境治理市场份额大幅增加，中标深圳大空港等多个项目，合同总额62.79亿元；中标云南戛洒江水电站大坝工程，补齐了混凝土面板堆石高坝的业绩短板；中标贵州瓮福磷矿地下采矿工程，巩固了矿山开采业务。

2018年，紧抓国家启动长江大保护战略机遇，超前开展市场布局和营销策划。海外业务"大土木"格局基本形成，其中，印度尼西亚、科威特、加纳、孟加拉国、秘鲁5个国别基本形成项目群，新增合同金额占海外业务总量的75%。深化与恒大、碧桂园、电建地产等企业的合作，房建业务新增合同金额49亿元，同比增长72%。推进住宅产业化业务发展，落地长智PC构件厂。科研设计院PMC业务实现突破。全年中标金额328.67亿元，圆满完成年度任务。其中中标首个长江大保护PPP先行先试示范项目——长江大保护九江水环境治理工程，这是共抓长江大保护工作首个落地的PPP合同，标志着水电八局推动共抓长江大保护工作再迈实质性步伐；中标中国第四大、世界第七大水电站——金沙江乌东德水电站右岸电站机电设备安装与调试工程，世界首台"百万级"的水轮机组安装任务将让水电八局在"大国重器"上谱写新的篇章。

2019年，国家战略市场成效明显，长江大保护市场成果持续扩大，JR市场开拓获得实质性成效，雄安市场实现突破，国际业务开拓新领域，获得印度尼西亚PBI镍矿开采项目，国别市场属地化成效明显，国内基础设施业务稳步增长，房建业务占比持续加大，国内传统业务稳中向好。全年中标金额360.74亿元，为中国电建下达指标的114.52%，同比增长11.58%。其中中标湖南最大抽水蓄能电站——湖南平江抽水蓄能电站筹建期洞室及道路工程，为后续主体工程奠定了坚实的基础；中标广东省历史上投资金额最大、输水线路最长、受水区域最广的水资源调配工程——珠江三角洲水资源配置工程土建施工A4标，为水电八局挺进粤港澳大湾区建设迈出了实质性的一步。

2020年，战略市场持续发力，长江大保护市场中标68.43亿元，军民融合市场中标53.87亿元，优势产业市场成果明显，区域市场发展初见成效，六大直属区域中标总额419.07亿元，占国内中标金额的86.06%，其中华北公司中标金额达到158.23亿元，区域市场的前端效应快速放大，投融资市场实现新突破。全年中标金额602.83亿元，市场规模跃上新台阶。中标中国电建首个EOD模式"百亿"项目——长沙大泽湖生态智慧城综合开发建设项目。

2021年，传统业务市场成绩突出，中标金额近100亿元。绿色砂石品牌进一步彰显。新能源市场开拓成效明显，签订宜都、辰溪、凤凰寺抽水蓄能电站项目合作协议，参股浠水（350兆瓦）渔光互补光伏发电项目。重点区域贡献度愈加明显，直属区域公司中标占比超80%。全年中标金额425.13亿元，圆满完成中国电建下达的年度市场任务。其中中标金沙江下游风光水储一体化基地首个光伏电站——小羊窝光伏电站，使新能源业务发展迈上新台阶；中标湖南投资最大单体水利工程——湖南省资水犬木塘水库工程灌区C5标土建及附属金结机电设备采购安装工程；竞得湖北省省级重点项目、浠水县单体投资规模最大的工业项目——湖北长崃绿色矿山项目，此项目为水电八局发展战略布局东西南北中的"中"，对"八局砂石"

全国战略布局的逐渐形成具有重要战略意义。

2022年，传统水利市场成绩突出，中标金额140.04亿元，其中湖南水利市场成效显著，为深耕本土打下了良好基础，绿色砂石市场持续扩大，国际市场业务稳中趋优，扛住诸多压力，逆势而上，完成62.82亿元的营销任务。全年中标项目103个，中标金额429.76亿元。其中中标水电八局迄今为止单体合同中标金额最大的EPC水利项目——赣江尾闾综合整治工程，进一步彰显了水电八局在传统市场的竞争优势，巩固了在中国电建内部传统水利水电领域的领先地位；中标湖南省最大引水灌溉区工程——韶山灌区"十四五"续建配套改造工程，与韶山灌区"再续前缘"；中标国务院重点推进的重大水利工程——湖南省洞庭湖区重点垸堤防加固工程，对深耕湖南有极大的正面推动作用；中标全国首个超大容量变速抽水蓄能工程——惠州中洞抽水蓄能电站，是我国首个400兆瓦级超大容量变速抽水蓄能工程项目，为水电八局水电事业再创辉煌；竞得广东阳西凤凰岭和浠水长峡二期采矿权，水电八局绿色砂石产业"东西南北中"的全国布局基本形成。

第五节　市场营销主要管理制度

2002年，印发《水电八局关于组成联营体投标、营运管理等若干事项的规定》（八局发〔2002〕14号），对组成联营体投标的形式、标书的编制、投标书的评审和组织投标及标书澄清会等事项作出了明确的具体规定，规范了联营体投标行为。

2003年，制定《中国水电八局市场开发部运行规则及管理办法（试行）》，明确市场开发部是全局投标工作的归口管理部门，承担着水电八局信息收集、工程投标、合同签订等一系列市场开拓工作；承担全局大型项目或重点项目的投标计划、投标立项、投标文件编制和报价、风险评估，以及公共关系维护、为投标提供指导、协调和服务等工作。收集到的投标信息，市场开发部提出部门意见，主管局领导作出决策后，由市场开发部或指定有关单位进行跟踪营销。

2005年，制定实施《中国水利水电第八工程局投标手册》，把整个投标工作分阶段进行管控，目的是避免投标工作中出现一些不该出现的错误和减少失误，主要分为下列阶段：信息收集、立项、资格审查、招标文件购买、投标文件编制、开标、投标文件澄清和合同谈判、投标分析总结和资料移交，同时要求必须明确各阶段的负责人，对各阶段的负责人实行奖惩机制，后来通过实践证明，这样大大提高了标书的编制质量。是年5月，制定实施了《中国水利水电第八工程局投标管理程序》，明确投标工作程序，进一步夯实了水电八局投标工作程序化管理基础。

2010年，发布《中国水利水电第八工程局有限公司全面管理体系市场营销管理分手册》，明确了"大力开拓国内基础设施业务市场、大力推进国际优先战略、继续保持国内水电业务市场的优势地位"的管理目标和"加强市场营销管理，拓市场，保订单，调结构，优化升级，牢固构筑企业发展的生命线"的管理方针，划分了市场营销管理部、基础设施部、国际部的市场营销的归口管理范围，建立了国内、国际市场营销管理制度及流程，为促进公司战略转型、更好更快发展提供了较好的市场营销制度保障。

2013年12月，印发《市场营销质量评价考核管理办法》。

2016年，发布《中国水利水电第八工程局有限公司总部管理规定（市场营销部分）》，以及《市场营销统筹管理规定》《市场营销信息与统计报表管理规定》《投标工作管理办法》《市场营销竞赛奖励管理办法》《投融资项目前期营销管理办法》《国内市场营销分支机构管理办法》等一系列市场营销管理制度，市场营销管理更加规范、市场适应性更强、营销积极性更高，为水电八局市场营销跨越式发展奠定了基础。

2017年，发布《管理体系文件——市场营销程序文件》（MS-SC-2017），将历年的管理文件进行融合优化，形成了市场营销管理体系文件。

2018年，发布《管理体系文件——市场营销程序文件》（MS-SC-2018），在原程序文件的基础上对投资项目、垫资项目立项管理进行了优化，并对区域管理作了进一步细化。

2019年，在战略与信息化部牵头组织下，按照标准化管理要求，对此前的管理体系文件和管理制度进行了调整，重点梳理管理程序和管理要求，重新编制并发布了《市场营销管理手册》（SD8JSC-SC-2019），管理动作更加清晰、制度的可操作性明显增强，管理效率得到提高。

2020年，发布《市场营销管理手册》（SD8JSC-SC-2020），在原手册的基础上主要对定价管控、重大单项营销、投标文件涉及水电八局"三重一大"管理事项、客户评定等方面进行了优化完善。

2021年，发布《市场营销管理手册》（SD8JSC-SC-2021），按照股份公司要求对竞争性投资项目的定义进行了修订，在原手册的基础上针对投资类项目立项管控、投标信息安全管理、"举报"及"申诉"管理、重大商务活动、营销与投标协议管理等方面进行了优化完善。

2022年，按照市场营销总部大部制、穿透式管理要求，发布《中国水利水电第八工程局有限公司市场营销管理办法（2022年版）》，重点对市场营销体系作了说明，对市场营销战略规划、营销信息管理、前期营销管理、重大单项管理、投标管理、区域市场管理、客户管理、证照使用管理、对外合作管理、保密管理、激励与处罚等方面作了具体规定。并按照新的管理办法要求，修订并发布了《市场营销管理手册》（SD8JSC-SC-2022）。

第三章 经营管理

2002—2011年，水电八局从管理职责、工作流程、工作要求、工作内容等方面入手，完善经营管理制度，建立项目前期经济分析策划制度，推动项目风险及成本控制；完善风险管理体系，建立风险防控预案，预防控制经营风险。增加项目前期分包策划的编制与审批工作，严格执行分包审批工作，规范工程分包行为。执行《建造合同准则》，规范施工项目收入、成本、利润的确认方式。

2012—2021年，水电八局修订完善经营管理体系，推进经营管理制度建设和能力提升。经营系统牵头组织成本控制工作，强化建造合同审查，加强项目标前成本测算和标后经营策划评审管理，完善成本管理架构。调整分包管理权限，规范分包变更审批流程。加强重大经营风险项目管控处置工作，规范全面风险和内控管理工作。推行项目全生命周期考核制度，构建"价值导向"的项目考核管理体系。结合信息化手段，加强经营数据分析，为管理提升、业务决策提供数据支撑。将信用风险管理纳入日常工作，建立诚信经营责任体系。取得建筑工程、市政工程施工总承包特级资质，晋升"三特"企业。

2022年，水电八局升级制度体系，构建经营管理新格局。建设成本管理体系与成本管理系统，规范材料核销的管理职责与工作流程。梳理分包管理体系，优化分包管理流程。健全风险防控机制，提升重大风险管理能力。加强企业信用风险管理，完善诚信体系建设。

第一节 机构

2002年，机关职能部门设经营处，罗能杰任经营处处长。

2003年，经营处更名为总经济师办公室，12月，林华任总经济师办公室主任。

2005年7月，将基建管理职能划归总经济师办公室和财务处。

2007年1月，总经济师办公室改为经营管理部。林华任经营管理部主任。

2008年11月，撤销投资管理部，原投资管理部职责划入经营管理部。

2014年1月，成立投资事业部，投资项目立项、可行性分析、实施及管理职责从经营管理部划出。

2016年7月，撤销投资事业部，成立投资管理部，与经营管理部合署办公。

2017年3月，设立工程采购中心，负责工程局直管项目、基地维修项目及工程局制定的由工程采购中心负责招标项目的招标，隶属经营管理部管理。

2018年1月，李志伟任经营管理部主任。2月，水电八局撤销工程采购中心，成立采购中心，工程采购职责从经营管理部划出。

2020年11月，蒋海军任经营管理部主任。

2022年2月，经营管理部下设经济专家中心，李烨宇任经营管理部主任。

第二节 经营业绩考核

2008年，水电八局以集团公司整体改制上市和外部重组为契机，按照"产权清晰、权责明确、管理科学、运转流畅"的要求，加快实行股份制改革，建立健全责权统一、运转协调、有效制衡的公司法人治理结构，明确"所有者、经营者、劳动者"这三大主体的责任、权力和利益，实现从传统企业制度到现代企业制度的转变；以产业结构调整为手段，理顺内部管理体制，围绕市场做好组织结构、队伍结构、经营结构的调整，改善业务流程和管理流程，推进生产要素向国际业务和非水电业务的合理流动和资源的优化配置。创新内部管理机制，构筑科学管理体系，通过组织结构再造和理顺业务流程，减少管理层次，缩短管理链条，完善工程局、分局、项目各级次功能建设，增强局本部的管控能力，推进专业化分工和集团化经营的有机结合。坚持以效益为中心，突出综合绩效考核评价体系在内部经济管理中的主导地位，对二级单位和直管项目适度下达创利考核指标，首次实行超额利润上缴奖励，逐步从规模导向向效益导向转变，充分发挥业绩导向在企业战略实施中的引领作用、杠杆作用。

2009年，以引导所属单位提高市场开拓和创利能力为目标，将《水电八局经营者年薪制实施办法》修订为《水电八局有限公司所属单位经营负责人薪酬管理及经营业绩考核办法》，并根据所属单位主营业务的不同特点，分级分类下达各项经济技术指标，签订《年度经营业绩责任书》，实行分类分级考核。制度推行过程中要求遵循以下原则：①坚持激励与约束相统一；②坚持短期激励与长期激励相结合；③坚持效率与公平并重；④坚持薪酬制度改革与相关改革措施配套进行；⑤坚持物质激励与精神激励相结合。改革经营负责人薪酬构成，经营负责人薪酬由基本年薪和绩效年薪构成，明确绩效薪金与业绩考核挂钩规则，创新任期考核机制，采取年度考核与任期考核相结合的方式，客观科学开展业绩考核评价工作。是年，水电八局营业收入与利润创下新高，企业生产经营呈现稳步增长的良好态势，16家主要考核单位中营业收入规模超过5亿元的有8家；利润总额超过1000万元的有2家，500万元至1000万元的有5家，模拟集团化经营运作取得较大进展。

2012年，结合生产需要，修订《公司所属单位经营负责人薪酬管理及经营业绩考核办法》，对所属单位经营负责人的考核由侧重于营业收入（考核产值）向效益贡献倾斜，引导各单位在努力提高市场占有率的前提下，着重提高经营效益和贡献；大幅精简管理评价的二级指标（二级指标减少50%以上），打破大而全的考核模式，突出了对生产经营活动中具有较高风险和控制要求的关键因素的关注程度。

2014年3月，成立经营管理委员会，制定《经营统筹管理实施办法》。

2016年，确定"市场引领、价值导向，全力推进企业能力和效益提升"的整体工作思路，提出"三次经营""大经营""大生产""大成本"等理念。持续深化机构调整、全面推进集团化管控、二级单位模拟法人运作，聚焦关键质效指标，再次对各级经营责任人经营业绩考核机制进行改革。一是修订《公司所属单位经营负责人业绩考核及薪酬管理办法》，板块、专业重点突出市场营销、营业收入（产值）、利润总额和资金上缴4个关键指标，摒弃管理评价指标，引领各单位聚焦两场（市场、现场），提质增效。引入"市场营销利润率"指标，引导各级单位在开拓市场的同时，要注重营销质量，提升一次营销利润水平。二是制定《公司全面实施项目全生命周期考核工作指导意见（试行）》。指导意见的建立旨在坚持市场经济法则，通过创新项目利润共享的项目管理激励机制，将项目领导班子及员工的收入与项目经济效益挂钩，把创造价值和效益作为评价项目经理的标准基础，激发项目领导班子及员工创效的积极性和主动性，以此推动全体员工转变思维方式，回归企业追求效益的本质属性，推进项目管理改革，增强公司可持续发展的能力。

2022年，以"一级法人"为基点，持续推动管理变革，强化工程局作为法人对项目的管理穿透力、二级单位和项目对工程局决策的执行力。紧紧围绕"两利四率"指标的"两增一控三提高"高质量发展目标，牢固树立"盈利为荣、亏损为耻"理念，适度降低对发展规模和速度指标的要求，降低业绩考核机制中规模指标权重，提高效益指标权重，同时增加利润总额（减亏）、市场营销专项奖励，引导所属二级单位走质量效益型发展道路。

第三节 合同管理

水电八局合同管理采取三级管理制（项目机构、二级机构、工程局）。项目机构全面负责合同实施管理，二级机构负责所属项目合同全过程的跟踪、指导、管理，工程局负责对重大项目合同进行专业跟踪和督导。项目经理（项目负责人）是合同执行的责任人，对合同的工期、技术、质量、安全、成本等全面负责。

2005年，加强中标项目进场前策划准备，对项目的进度、成本、安全、质量等方面严格管理，项目管理者能主动熟悉合同，按合同办事，依合同维权。项目变更索赔意识增强，大部分项目重视调价补差工作，成立以项目经理为首的索赔领导小组，建立有效的激励机制，基本做到了索赔有计划，责任落实到人，责任人及时有信息反馈，各部门能有效协作，能及时准备索赔的相关资料。

2009年，组织编制的"施工项目变更精益化管理""计量结算管理程序创新"分别获得2009年度集团公司首届企业管理创新成果二等奖、三等奖；变更管理创新获得中国电力行业企业管理创新二等奖。

2012年，对各项目的变更索赔工作采取前期跟踪关注，中期工作要点布置、编制方法指导，后期报告定时评审等工作办法。

2013年，对近年来各项目人才调差、停工补偿等常见变更索赔问题处理经验进行总结汇编，内部出版《工程项目典型变更索赔案例集》，推动变更索赔工作效率不断提升。

2014年，修订完善《经营管理分手册》，对BT、EPC模式项目及铁路、公路、房建等项目管理制度进行修改补充，实行标准化、专业化生产经营管理，降低项目经营成本。

2015年，树立"创利是企业之本、盈利是员工之荣"的经营理念，倡导项目经营"以盈利为荣，以亏损为耻"，动员全工程局开源节流，降本增效。制定了"夯实'第一次经营'基础，向市场争效益；提升'第二次经营'质量，向履约创效益；实现'第三次经营'成果，向尾工挖效益；严控非生产性成本，向运营要效益"的工作思路。

2017年，践行"大经营"理念，加强三次经营管理。制定《合同签约修订及解除管理办法》，规范合同签订及解除的过程管理，提高合同质量；加强项目成本分析，强化重大项目成本评审，优化投标报价；加强主合同争议处理，降低完工项目外部审计扣减风险，首次采取DAB方式解决康诺桥项目合同争议。

2022年，完善并发布主合同管理的程序文件。《经营管理分手册》（SD8JSC-中册-2022）第1部分"商务管理"罗列了承包合同审批类风险，界定了重大造价项目，明确了承包合同管理权限、管理流程和工作要求。指导性附件《项目主合同计量结算管理》（中册-JG-QT016）涵盖了月进度计量结算、竣工工程计量结算程序等工作管理流程及要求。《项目主合同变更索赔管理》（中册-JG-QT017）涵盖了各类型工程变更索赔分类、起因、变更索赔依据、工作程序，建立变更索赔策划及成果评审制度，变更索赔统计及资料归档等工作管理流程及要求。《项目主合同竣工结算资料编制》（中册-JG-QT018）描述了主合同竣工结算资料编制的前提和基础、工程竣工验收和竣工结算的一般工作程序；说明了主合同竣工结算资料、合同支付及价款结算情况包括的内容。

第四节 分包管理

2005年3月，印发《关于做好工程局合格分包人的推荐申报评审工作的通知》（八局经〔2005〕38号）和《关于对工程局第一批、第二批合格分包人进行复审评价的通知》（八局经〔2005〕39号）。要求二级单位组织审查推荐符合《工程局分包人管理办法》的分包人，报局总经济师办公室；凡经工程局评审认定为不能按时履约、引起多次纠纷的分包人，要将其列入"取消工程局合格分包人资格的分包人"或"禁止进入工程局分包市场的分包人"名单库。

2006年3月，印发《关于规范局内分包行为的通知》（八局发〔2006〕27号）。明确规定局内项目除金属结构制作安装、机电制作安装、基础处理专业性很强的工作可委托工程局专业分局施工外，其他分包工程一律面向局外市场，按市场化运作。

2006年5月，转发《关于加强对分包商进行监督管理维护民工合法权益的紧急通知》（中水电总〔2006〕19号），要求各单位在签订分包合同时要与分包商签订《民工工资保证合同》，采取有效措施确保分包商及时支付民工工资，避免发生纠纷，切实维护民工合法权益。

2006年8月，制定《水电工程土建分包项目计量结算管理程序》，明确项目部各部门在工程分包、劳务分包管理中的相关职责，对分包结算过程实行有效控制和管理。

2007年，编制《经营管理体系文件》，明确工程分包及劳务分包管理程序、工程分包合同示范文本、工程局分包人管理办法、水电工程土建分包项目计量结算管理程序。

2008年，做好分包人资质及业绩能力的审查，严把资质审查、分包队伍选择和分包准入关，对分包工程履行过程的工期、质量、安全、现场文明施工等进行有效控制和监督管理；对调差变更和规范分包工程各环节行为重点的合同进行管理；采用切块分包、工序分包等灵活适用的方式，逐步进入国际市场。

2009年，严格做好分包商的资质审查和业绩评价、工程招标造价评定，明确双方的责任与义务，对分包工程过程加以控制，严控分包计量、结算工作；认真做好对分包单位的技术培训、技术交底、工程结算和现场协调等工作，加强对分包单位的监督管控，重点监控农民工工资发放到位情况。

2010年，修订《经营管理体系文件》，修编经营管理体系文件中分包管理办法、分包策划管理、分包招（议）标管理、分包合同和变更管理、分包合同计量结算管理、分包商资源库管理、工程局外分包参考价管理等内容。

2011年，健全分包合同管理台账，完善分包商的准入、考评、考核和奖惩机制；通过健全分包商资料库、加强工程分包专项检查等工作，控制工程关键环节，驾驭主导，规范使用，实现对分包管理的有效监控。

2012年6月，由组织经营、工程、质量、安全、设备物资、财务、纪检监察、法律等部门组成的评审小组，对2011年度水电八局国内分包商的履约情况进行评审，并进行通报。

2013年3月，印发《关于禁入分包商及项目经理名单（2013-01期总第1期）的通知》（八局经〔2013〕19号），公布禁入分包商及项目经理名单。2013年9月，按照中国水电效能监察、内审检查、法律巡查工作统一部署，全面开展2013年度工程分包及项目用工行为专项检查工作，重点开展分包业务抽查，形成《关于中国水利水电第八工程局有限公司工程分包及项目用工行为的专项自查报告》（八局经〔2013〕96号）。

2014年6月，制定《分包管理分手册》，对分包管理的职责、管理活动的内容与方法、检查与考核、报告与记录等要求进行规定。

2015年12月，印发《关于全面推广综合系统分包结算流程的通知》（八局经〔2015〕90号），要求境内项目全面推广综合信息系统分包结算流程。

2016年12月，修订《公司分包商资源库管理办法》，强化分包商的准入审批，推进分包商资源库管理在综合项目信息系统中的运用。

2017年12月，制定《劳务分包合同（示范文本）》。

2018年5月，修订下发2018版《专业分包合同（示范文本）》《劳务分包合同（示范文本）》。2018年7月，制定《工程分包商务管理办法（试行）》，同时废止《经营管理程序文件》（2017版）的"二十、分包商务管理办法"。

2019年6月，按照住房和城乡建设部发布的《建筑工程施工发包与承包违法行为认定查处管理办法》（建市规〔2019〕1号）及中国电建有关文件要求，组织开展工程分包挂靠行为的全面清查和整改工作，下发《关于全面清理工程分包挂靠行为的通知》（八局经〔2019〕51号）。

2020年3月，制定《水电八局分包商（供应商）法律纠纷登记分类管理办法》。2020年4月，修订下发2020版《专业分包合同（示范文本）》《劳务分包合同（示范文本）》。2020年12月，根据中国电建相关管理办法要求，结合实际，制定《工程项目分包安全管理办法》。

2021年4月，修订印发《劳务分包合同》《专业分包合同》的示范文本。2021年5月，制定《"项目分包规划"编制指引（试行）》。2021年6月，制定《分包商承揽工程项目限定办法（试行）》。2021年7月，组织编制《分包管理手册（试行）》，该手册作为工程局分包管理工作的指南，是对工程局分包采购、工程履约、经营管理、设备物资、安全环保等管理体系关于分包管理规定的内容汇编，从2021年7月开始执行。

2022年4月，制定《战略分包商管理办法（暂行）》，进一步降低工程采购管理成本，提高工作效率，培育长期合作、有实力、讲诚信的分包商，助力工程局优质发展；制定《水电八局分包管理办法》，进一步规范分包活动，加快构建分包管理规范化、分包记录标准化、分包信息公开化，规则透明、标准透明、流程透明、记录统一的分包管理秩序，切实降低分包成本、提高经营效益、提高履约能力、防范分包风险。2022年6月，制定《分包计量结算管理办法》。2022年8月，制定《分包变更索赔管理办法》。6—10月，经营管理部对抽检项目开展分包管理专项检查。12月，形成《关于2022年度分包管理专项检查情况的通报》（八局经〔2022〕92号）。

第五节　全面风险与内控管理

2002—2004年，切实加强企业内部管理，狠抓制度的执行和落实，大力培育企业执行文化。2003年5月印发《水电八局对外合作经营性分支机构管理办法（试行）》。2004年3月，制定印发《水电八局经营管理工作检查及考评办法（试行）》。

2005年，不断加强企业内部管理，逐渐构建一体化管理制度体系，全面启动并通过质量、环境和执业健康安全认证，建立和完善了基本覆盖工程局经营管理各项工作的管理体系文件。

2006年，完善跨国经营风险控制体系，建立国际经营预警机制、安全预警机制，提高识别风险、防范风险、化解风险的能力。加大对分包工程施工进度、质量和安全的督促检查力度，消除重包轻管、以包代管现象，防范经营风险、法律风险和安全风险，保证合同的正常履约。构建工程局、分局（项目）两级法制工作网络，建立健全了法律风险防范体系。

2007年，将合同风险管理嵌入建设工程施工合同管理中，规定合同履行单位是合同风险管理的责任单位、经营部门是合同风险管理的主管部门。建立企业风险防范体系和员工责任追究体系，强化经营风险管控，提出了"变更策划运作"和"开展履约过程索赔跟踪"思路和措施。构建工程局、分局（项目）两级法制工作网络，建立健全了法律风险防范体系和普法教育体系。

2008年，认真做好项目合同的风险评估监控工作，对业主的合同履约能力、合同招标文件、资金需求量、投标价格、现场履约价格等进行充分评估，审慎地选择项目签订合同。按照集团要求，以内部控制及风险管理为导向，以经济效益审计为主要内容，积极开展各类管理审计活动，完成了年度审计工作计划。

2009年，坚定不移地执行落实集团公司"三控三强一确保"的防控风险和促进发展的各项要求，完善"工程局—二级单位—项目"自上而下的风险管理体系，建立相应的风险防控预案，并明确相关责任人和责任部门。同时，建立健全风险管理主要量化指标体系，从营业收入、利润额、合同存量、应收账款、资产总额、未完施工等方面进行专项分析，整体"把脉"企业经营状况，预防/控制经营风险。

2010年，坚持以预防控制管理防范风险为内部经营管理方针之一，合同风险管理的内涵未改变，经营部门仍是合同风险管理的主管部门。

2011年，推进全面风险管理体系建设，重点落实总部机关层面全面风险管理体系的建设，成立水电八局全面风险管理领导小组和工作小组，各部门指定人员分工负责；制定全面风险管理与内部控制工作方案，组织人员进行培训学习，开展全面风险管理与内部控制知识竞赛活动；多次组织召开全面风险管理专题会议，在对内外部政策和经营环境信息、风险管理案例以及对管理制度、业务流程进行全面、系统的梳理和分析的基础上，突出自身的业务特性、风险特征以及管理战略需求；对存在的风险进行识别，并整理出70道风险题进行调查问卷；梳理出15个一级业务流程，60个二级业务流程，167个三级业务流程，构建了完整的风险管理与内部控制制度和程序框架，形成了统一的风险管理体系与内部控制制度管理体系。

2012年，制定《全面风险管理与内部控制手册》，明确风险管理目标、原则、内容和方法，同时对全面风险管理与内部控制体系的运行进行维护，修改编制并落实全面风险管理流程；发布《公司总部层面全面风险管理与内部控制体系文件》，从治理结构、战略管理、人力资源管理、社会责任、企业文化、财务管理、设备物资管理、市场营销管理、科学技术管理、投资管理、运营管理、信息化管理、行政事务管理、法律事务管理、内部评价与监督等方面，对各业务流程进行详细的风险描述并建立相应的控制文档，提出全面的风险管理建议书；制定并下发《施工项目经营风险源识别、评价和监控操作方案》，并完成151个项目的经营风险源的识别和评审。组织开展2012年度主要风险的识别与评估工作，编制并上报《公司2012年度全面风险管理报告》，得出2012年度工程局所面临的主要风险，提出对应的风险管理策略和风险管理解决方案。建立重点项目和风险项目的监管制度，成立以总经理为组长的在建项目监管小组，确定深圳地铁7号线、溪洛渡、委内瑞拉新中心电厂、龙开口、马来西亚沐若5个重点项目，厄瓜多尔美纳斯、藏木、卡基娃、引江济汉、孟加拉国达吉5个风险项目。

2013年，认真落实股份公司"三控三强一确保"的风险管理要求，开展工程局层面主要风险识别与评估，制定《二级单位及试点项目全面风险管理与内部控制体系建设工作规划》，实现风险与内控体系的全覆盖。加强重大管控项目、风险项目的跟踪、督查管理。

2014年，完善《全面风险管理分手册》，在新模式、新领域项目的经营风险源辨识评价内容和流程的背景下，确定三级风险管控体系，突出对重点项目和风险项目的过程管控。通过风险问卷调查，共识别出十大风险，制定相应的风险管理策略和解决方案，明确责任领导和部门；推动二级单位全面风险与内部控制体系建设；全年共分析评估确认一级经营风险项目13个（其中国内项目7个、国外项目6个）。

2015年，通过风险问卷评估调查，共识别出十大风险，分别为工程分包风险、成本控制风险、合作伙伴风险、二级单位对项目管控风险、投资风险、施工安全环保风险、未完施工与应收账款风险、海外投资（经营）风险、流动性风险、执行不力风险。完成《2015年度全面风险管理报告》，更新《全面风险管理与内部控制管理办法》，并逐步向二级单位、施工项目覆盖。建立常态化的风险评估机制，定期开展风险评估工作，制定印发《内部控制与全面风险管理实施细则》，对风险评估机制的建立及运行作了进一步的规范和明确。

2016年，贯彻"大经营"理念，强化大经营平台作用，查找重大经营风险源，应对市场环境变化，控制低层次合作，抓住关键环节、重点项目、重大问题，推进全面风险管理，持续完善内部控制体系。通过"降本增效"活动在项目中的落地，推出"重大亏损项目清单"及"专项治理清单"，减缓了工程局利润下滑的风险。完善《投资项目评审管理办法》，确立"方案可行、风险可控、效益可期"的评审标准。

2017年，通过风险问卷评估调查，共识别出十大风险，依次为安全生产风险、投资决策风险、境外投资风险、工程分包风险、应收/预付账款（含未完施工）风险、执行力风险、国际工程承包风险、行业前景风险、工程项目管理风险、海外市场风险。坚持"提高风控意识、重抓风控落实、健全监督手段"的风险管理总体思路，积极有效地开展风险管理工作，构建风险监控机制，整合监控手段。将内部控制与全面风险管理监督检查，通过纪检监察、审计监督、各专业专项检查有机地结合起来，"三位一体"地为全面风险管理工作服务。

2018年，通过风险问卷评估调查，共识别出十大风险，依次为PPP项目投资决策风险、工程分包风险、项目履约对市场影响风险、应收/预付账款（含未完施工）风险、PPP项目运营风险、投资决策风险、安全生产风险、国际工程承包风险、境外投资风险、工程项目管理风险。对《全面风险管理与内部控制程序文件》进行修订，确保文件的指导性作用。54个重大经营风险项目管控处置工作取得阶段性成效，部分项目的风险得到有效化解；与高校合作完成两个PPP项目法律风险防控的课题研究，为PPP

业务提供参考与指引，并针对国家政策调整，全面清查PPP项目经营状况，防范投资风险；完成17项失信行为修复，注销9个休眠分公司，企业信用风险得到有效防控。

2019年，通过风险问卷评估调查，共识别出十大风险，依次为未完施工风险、PPP项目投资实施风险、项目履约对市场影响风险、工程分包风险、安全生产风险、应收/预付账款风险、国际工程承包风险、价格风险、竞争风险、执行力风险。修订《全面风险管理与内部控制程序文件》，形成重大风险项目专家帮扶机制，全面清理并分析了在建项目，制定了专项处置工作方案，确定了工程局负责项目17个，工程局督办项目21个，并明确后续新签PPP项目均列为工程局督办项目。加强了"恒大类"项目立项审批，确保风险可控，PPP投资项目风险得到有效化解，重大经营风险项目管控工作取得积极进展，全年累计消除风险事项57项。

2020年，通过风险问卷评估调查，共识别出十大风险，依次为健康安全环保生产风险、经营效益风险、市场外部竞争风险、债务风险、投资风险、国际化经营风险、资金短缺风险、工程分包风险、PPP项目风险、应收账款风险。成立以董事长、总经理为组长的合规管理领导委员会，制定《海外业务合规管理办法》等合规管理制度，修订《风险调查问卷统计分析方法》，制定《PPP项目运营管理办法》。消除乌干达卡鲁玛、马来西亚凯德隆等项目的工期风险，锁定南水北调滹河项目、洺河渡槽项目的经营成果。

2021年，通过风险问卷评估调查，共识别出十一大风险，依次为工程分包风险、国际化经营风险、新冠疫情风险、市场外部竞争风险、宏观经济风险、债务风险、融资风险、应收账款风险、投资风险、健康安全环保生产风险、资金短缺/资金链断裂风险。发布《水电八局2020—2022年度内控体系监督评价工作规划》，印发《施工项目合同经营质量评估及监管办法（试行）》，以在建合同为评估对象，对项目经营质量（包含合同金额、合同层级、合同所含风险条款数量、毛利率差额、结算进度差额、未完施工等）进行量化评估，评审确定重点监管合同。积极应对恒大风险，成立了恒大项目专项工作领导小组和风险处置专班，并建立工作例会制度，推动恒大项目复工复产，保交楼、保民生、保稳定。

2022年，通过风险问卷评估调查，共识别出十二大风险，依次为应收账款风险、经营效益风险、国际化经营风险、信用风险、健康安全环保生产风险、债务风险、新冠疫情风险、合同管理风险、市场外部竞争风险、资金短缺/资金链断裂风险、工程分包风险、融资风险。2022年共关闭会东至河门口公路、武汉地铁8号线1期1标和武汉地铁21号线3个风险项目。

第六节　资质信用管理

2002—2003年，拥有水利水电施工总承包特级资质，兼有公路、市政工程施工总承包壹级资质，房屋建筑工程施工总承包贰级资质，公路路基、土石方、地基和基础、钢结构、起重设备安装工程专业承包壹级资质。

2004年12月，公路施工总承包壹级、公路路基工程专业承包壹级、土石方工程专业承包壹级3项增项资质顺利通过交通部和建设部的评审；中国水电八局被湖南省国家税务局、地方税务局评为"湖南省2002—2003年度纳税信用等级A级单位"。

2005年8月，办理铁路工程交易许可证。

2006年，办理特种设备安装改造维修许可证、测绘甲级资质证书。

2007年11月，由湖南省工业经济联合会、湖南省企业管理协会和湖南省企业家协会三家机构组织评选的2006年度"湖南企业100强"综合分析结果揭晓，中国水电八局被授予"湖南企业100强"称号。

2008年，办理特种设备起重机械制造许可证；2008年8月28日，经建设部批准，房屋建筑工程施工总承包贰级资质升为壹级资质；2008年11月24日，京沪高铁邹城制梁场首获国家工业产品生产许可。

2009年，办理水电监理、工程造价咨询甲级，水电设计乙级资质；2009年8月31日，贵阳施工科研所经水利部核准，取得全国甲级水利工程质量检测单位（混凝土工程甲级）资质行政许可证、等级证，填补了水电八局在该资质领域内的一项空白。2009年11月6日，中国水电八局检测中心获得国家实验室认可资质；2009年12月1日，又获得国家计量认可（扩项）资质。

2010年4月，获评"2009年度全国电力建设优秀施工企业"；获得全国电力建设企业协会颁发的"AAA级信用企业"称号；2010年4月2日，获得电力行业［水力发电（含抽水蓄能、潮汐）］专业乙级、建筑行业（建筑工程）乙级资质，为水电八局在设计行业上拓宽业务范围提供了首要条件；2010年8月31日，湖南腾达科技有限公司获得了水利部水利工程质量检测单位测量甲级资质；2010年10月28日，湖南腾达科技有限公司又获得了公路水运工程试验检测机构公路工程综合乙级资质。

2011年，办理全国工业产品许可证——预应力混凝土铁路桥简支梁（后张法预应力混凝土铁路桥箱型简支梁31.5米双线）水工金属结构生产许可证。

2012年12月，住房和城乡建设部发布《关于核准2012年第四批建设工程企业资质资格名单的公告》，正式核准水电八局具备机电安装工程施工总承包贰级、电力工程施工总承包叁级、矿山工程施工总承包叁级的资质；获得国家质量监督检验检疫总局特种设备安装改造维修（压力管道）许可证资质，顺利通过2012年测绘甲级资质年度复审。

2013年3月，获评"2012年度全国优秀施工企业"；2013年7月19日，中国水利工程协会网站公布2013年第一批全国水利建设市场主体信用评价结果，荣获"全国水利建设市场主体信用AAA施工单位"称号；获得湖南省公安厅核发的营业性爆破作业单位许可证壹级资质；获得商务部对外援助成套A级施工企业资格。

2014年1月，获评"湖南诚信企业""湖南诚信百强品牌"；2014年5月，获评"2013年度全国优秀施工企业""2013年度全国电力建设优秀施工企业"，获评中国电力企业联合会颁发的电力行业信用评价AAA信用等级。2014年7月5日，住房和城乡建设部发布《关于核准2014年第六批建设工程企业资质资格名单的公告》，正式核准水电八局具备矿山工程施工总承包贰级、冶炼工程施工总承包贰级、化工石油工程施工总承包贰级的资质；新增工程咨询（丙级）资质。

2015年1月13日，住房和城乡建设部下发《关于核准2015年第一批建设工程企业资质资格名单的公告》，同意水电八局具备矿山工程施工总承包壹级、桥梁工程专业承包壹级及电力工程施工总承包贰级的资质。其中矿山工程、电力工程为总承包升级资质，桥梁工程为专业承包新增资质。完成甲级造价咨询资质延续注册、甲级测绘资质复审。通过水利水电施工总承包特级资质，建筑工程、公路工程、市政工程、矿山工程4个施工总承包壹级资质及桥梁工程、公路路基工程、钢结构工程3个专业承包壹级资质的就位申请。2015年5月，获得"2014年度全国优秀施工企业"荣誉称号。

2016年8月，住房和城乡建设部下发《关于核准2016年度第十批建设工程企业资质资格名单的公告》，核准水电八局具备电力工程施工总承包壹级资质。完成营业性爆破作业许可证壹级资质换证。

2017年1月16日，水电八局连续3年荣获"对外承包工程信用等级评价AAA级企业"称号。2017年2月24日，住房和城乡建设部发布《关于核准2017年度第二批建设工程企业资质资格名单的公告》，水电八局被核准授予"建筑工程施工总承包特级"资质。2017年3月25日，根据中国施工企业管理协会"关于表彰2016年度优秀企业的决定"，水电八局荣获"2016年度优秀施工企业"称号。2017年4月21日，中国施工企业管理协会召开第32次年会暨2017年工程建设行业发展论坛，水电八局被授予"2016年度全国优秀施工企业"。2017年6月20日，中国水电八局被核准授予"不动产测绘"和"摄影测量与遥感"两项乙级测绘资质。2017年7月，获得湖南省长沙市建筑业协会AAA信用等级。2017年8月18日，湖南省住房和城乡建设厅下发《关于公布2017年第六批第二次建筑业行政许可审批结果的通知》，水电八局新增建筑装修装饰工程、消防设施工程两项专业承包资质。2017年9月26日，湖南省企业和工业经济联合会召开第一届会员代表大会，水电八局入选"2017年度湖南企业100强"，排名第18位。2017年10月30日，住房和城乡建设部发布《关于核准2017年度第十二批建设工程企业资质资格名单的公告》，水电八局再添一项特级资质——市政公用工程施工总承包资质，成为集团内首家"三特"企业，同时拥有水利水电、建筑、市政公用3项工程施工总承包特级资质。建立水电八局诚信经营责任体系，制定《水电八局信用风险管理办法》，并写入体系文件。

2018年5月，水电八局获得中国企业联合会、中国企业家协会联合颁发的AAA级信用企业称号；2018年8月9日，湖南省住房和城乡建设厅下发《关于公布2017年第七批建筑业行政许可审批结果的通知》，水电八局获得建筑装修装饰工程专业承包壹级资质；2018年9月，获得全国工程造价咨询企业AAA信用等级。将信用风险管理纳入企业日常工作，形成月报制度，并根据国家、行业相关政策，进一步完善工程局诚信经营责任体系，修订相关管理办法，并要求各二级单位按照所处行业及地域建立相应的诚信管理体系。

2019年4月13日—14日，中国水电八局检测中心通过CMA资质认定扩项现场评审，获得中国施工企业协会AAA信用等级、中国建筑业协会AAA信用等级，湖南省"建筑强企"荣誉称号。完成营业性爆破作业许可证一级资质换证。

2020年12月4日，中国施工企业管理协会召开"2020年度工程建设诚信企业推介大会"，水电八局获评"2020年度工程建设诚信典型企业"。获得2019年度"湖南企业100强""湖南省守合同重信用企业""长沙市建筑施工AAA级企业""长沙市守合同重信用企业"等荣誉称号。针对建筑施工项目行政处罚事件多发的状况，将二级单位信用管理工作调整为分管履约的领导和部门负责。

2021年5月20日，水电八局获颁"水利建设市场AAA级信用企业"。2021年11月22日，中国对外承包工程商会发布"关于公布2021年中国对外承包工程商会企业信用等级评价结果的通知",水电八局再次荣获对外承包工程企业AAA信用等级评价。荣获"湖南企业100强",并成为湖南省长沙市信用联合会会长单位。中电建第八工程局（广东）建设投资有限公司取得市政工程、建筑工程施工总承包叁级,地基基础、环保工程、城市道路照明专业承包叁级,劳务分包资质;中电建工程局武汉建设投资有限公司完成资质剥离工作,取得市政公用工程、建筑工程施工总承包贰级资质;完成江西海赋电建工程项目管理有限公司营业期限变更。

2022年4月,取得承装（修、试）电力设施许可证,许可类别和等级：承装类三级、承修类四级、承试类四级。2022年7月,取得中华人民共和国特种设备生产许可证,许可项目：起重机械安装（含修理）;2022年9月,爆破作业许可证（营业性）一级换证成功。完成湖南省水利建设市场信用评价、中国施工企业协会AAA复审、"湖南企业100强"复审、中国建筑业协会AAA复审、中国电力建设协会AAA复审,获得"中国电力建设诚信典型企业""中国施工企业协会诚信典型企业"称号,姜清华董事长荣获"中国电力建设诚信企业家""中国施工企业协会诚信企业家"称号;自2003年起连续多年获评湖南省、长沙市守合同重信用企业。作为会长单位加入长沙市信用联合会,参加长沙市"百行诚信面对面"直播活动、承办第一期"信用会客厅"活动。

第七节　经营计划统计管理

2006年,转发中国水电《关于执行〈企业会计准则——建造合同准则〉的紧急通知》（中水电〔2006〕34号）文件,要求所有2006年新开工项目必须按照《建造合同准则》及《施工企业会计核算办法》进行业务处理,开始建造合同执行的第一步。

2007年,下发《关于执行〈建造合同准则〉实施细则的通知》,根据细则要求,自2007年1月1日起在建建造承包业务项目及以后新开工建造承包业务项目均执行《建造合同准则》,制造业、砂石料运行属于工业范畴,不执行《建造合同准则》;执行机构由项目、二级单位、工程局三级管理机构组成,并成立各级领导小组。从2007年第四季度开始,内部统计报表分为建造合同报表及综合统计报表两个部分,不执行建造合同的项目均只上报综合统计报表。

2009年,下发《关于执行〈建造合同准则〉实施细则（国内工程项目部分）的通知》,对在建合同项目进行国内和国际的区分,重新修订建造合同实施细则。在信息化方面,与武汉英思工程科技有限公司签订报表系统开发合同,历时半年开发完成,于2009年第四季度开始挑选了砂石分局、基础分局和安装分局3家单位系统上报,报表系统进入试运阶段。

2010年,印发《关于执行〈建造合同准则〉实施细则（境外工程项目部分）的通知》,完善国外项目建造合同执行的相关制度。从2010年开始,除国际公司外,综合报表系统全部采用系统上报。

2013年,开始开发综合项目信息系统,报表系统也纳入开发范围,经过4年的开发及初始数据的录入,新的报表系统国内部分于2017年正式投入使用,国际部分于2020年正式投入使用。

2016年,根据国家税务总局下发的《关于全面推开营业税改征增值税试点的通知》要求,于本年第三季度开始收入统计全部进行调整,建造合同中的所有相关数据均以2016年4月30日为时间节点,后续的收入及成本统计均不含增值税。

2020年,结合《中国电力建设股份有限公司执行新收入准则操作指引》（中电建股财管〔2020〕8号）制定并发布《中国水利水电第八工程局有限公司收入准则实施管理办法（2020版）》,将建造合同改为新收入准则合同。根据新收入准则的要求,收入合同分为时点合同和时期合同,除租赁合同、保险合同等之外的所有合同均应执行新收入准则。

第四章　投资运营管理

水电八局贯彻"创新、协调、绿色、开放、共享"的发展理念,紧跟国家重大区域战略和重点产业方向,按照中国电建"依法合规、战略引领、能力匹配、效益保证、风险可控"的原则,有效利用央企撬动能力和品牌影响力,充分发挥投资在企业调结构、优布局、促转型上的牵引作用,坚持"优中选优"原则甄选投资项目,积极参与京津冀、珠三角、长江经济带等重大战略市场的发展，重点布局绿色建材、绿色能源项目，有序、稳健地推进投资业务。

在具体执行过程中，水电八局始终保持投资战略定力，坚定不移地推动投资业务发展，提高政策研判能力，加强投资项目评审，确保投资项目风险可控。科学搭建投资项目治理结构与股权架构，完善机构设置和管理流程，规范项目公司管理。不断完善投资项目建设与运营管理体系，加强投资项目全生命周期管理，全力化解风险，确保投资预期收益实现。

2004—2022年，水电八局量力而行、有的放矢、审慎择优地开展投资，通过高质量的投资，拉动工程总承包，带动产业发展，实现产业多元互补和可持续发展。投资已经成为水电八局两大核心业务之一，成为企业利润的主要来源，已经跳出仅靠施工承包业务获取有限利润的思维，改变了原来的单一盈利模式，创造了稳定的利润来源，提升了抵抗风险能力，实现了更高层次、更高质量的发展。

第一节　机构

2006年3月31日，设立投资管理部，并于2008年11月4日予以撤销，其职责划入经营管理部。

2012年3月19日，为加大产业结构调整，成立投资部，于2014年1月14日予以撤销，同日成立投资事业部。

2016年7月4日，撤销投资事业部，再次设立投资管理部，与经营管理部合署办公；同年11月3日，投资管理部不再与经营管理部合署办公，作为独立的职能部门管理。

2022年2月8日，投资管理部更名为投资与运营管理部。

为规范投资决策流程，提高投资决策效率，水电八局于2006年8月3日设立投资评审委员会，负责工程局投资项目的评审工作。投资评审委员会下设投评委办公室，投评委办公室设在投资与运营管理部。委员会主任、副主任及成员根据机构调整和人事变动，多次进行调整。

第二节　管理制度体系

为高效、优质、规范地开展投资与运营管理工作，在电建集团统一的管控要求与管理体制下，水电八局积极制定和完善投资与运营管理体系及相关制度。

2009年，印发《投资管理办法》（八局发〔2009〕280号），规范工程局对外投资活动。2013年，为了贯彻投资业务发展战略，规范投资行为，控制投资风险，提高投资项目的建设运营水平和投资收益，促进公司转型升级，水电八局又印发了《中国水利水电第八工程局有限公司投资管理办法》（八局〔2013〕196号）。

2017年，印发《投资收益上缴管理办法（暂行）》（八局〔2017〕100号），以加快投资资金回笼，促进投资业务的滚动发展，规范投资收益上缴。

2019年，印发《关于加强PPP项目运营期管理的指导意见》（八局投〔2019〕21号），旨在提升PPP项目运营管控水平，保障运营安全，防范运营风险，确保投资回收及效益实现。

2020年，印发《关于调整竞争性投资项目决策流程的通知》（八局投〔2020〕30号），以简化竞争性投资项目投标投资决策流程，提高决策效率。

2022年，印发《工程局投资项目负面清单（2022年版）》（八局投〔2022〕4号），坚决贯彻落实股份公司对投资项目的管控要求，合法合规地开展工程局投资业务。印发《中国水利水电第八工程局有限公司外派董事、监事管理办法（2022年版）》（八局〔2022〕203号），进一步加强和规范对工程局控股、参股企业和外派董事、监事的管理，依法履行出资人职责，确保工程局管控的科学化、制度化、规范化，明确工程局外派董事、监事的职责和工作程序。

第三节　投资项目情况

近年来，水电八局先后投资近60个项目，投资类别涉及固定资产投资、技术改造项目投资、产权和股权投资及特许经营权项目投资等，投资范围主要涵盖水务与水资源、能源电力、绿色砂石、基础设施、房地产开发和装备制造类项目及非生产性固定资产投资项目等。

2012—2022年，水电八局投资项目投资总额为458.65亿元，其中股权投资11.73亿元、经营性资产投资212.97亿元、特许经营权投资230.39亿元［含BT（类BT）项目投资48.69亿元、PPP项目投资181.70亿元］、非生产性固定资产投资3.56亿元。

（一）经营性资产投资项目

在经营性资产投资项目中，绿色砂石项目投资总额约204.28亿元（占95.92%），装配式建筑项目投资总额约8.29亿元（占3.89%）。

（二）特许经营权投资项目

在特许经营权项目中，水资源与环境项目投资18.24亿元（占7.88%），基础设施项目投资177.29亿元（占76.58%），轨道交通项目投资24.09亿元（占10.40%），安置房BT项目投资11.88亿元（占5.13%）。

2002—2022年投资项目一览见表4-4-1。

表 4-4-1　2002—2022 年投资项目一览

序号	投资项目名称	项目地点	时间	投资总额/注册资本金（万元）	合作年限	项目阶段	备注
1	安徽池州神山灰岩矿项目	安徽池州	2015年11月获股份公司投资批复	933613.22	2+26	运营	
2	湖北省浠水县卧龙庵矿区建筑用花岗岩、片麻岩矿项目	湖北黄冈	2021年5月获股份公司投资批复	319746.00	2+14.34	建设	
3	湖北省浠水县马畈矿区建筑用花岗岩、片麻岩矿项目	湖北黄冈	2022年11月获股份公司投资批复	267566.67	1.5+14.27	建设	
4	广东省阳西县溪头镇凤凰岭矿区建筑用片麻岩矿项目	广东阳江	2022年7月获股份公司投资批复	521895.55	2+7	建设	
5	河南省偃师市府店镇东山、西山砂石骨料项目	河南洛阳	2020年9月获股份公司投资批复	271654.00	2+15.5	建设	小比例参股
6	湖北省蕲春县刘河镇石鼓冲矿区建筑用片麻岩、花岗岩矿项目	湖北黄冈	2022年11月获股份公司投标批复	1428900.00（暂估数）	3+20	建设	小比例参股
7	安徽省池州市装配式建筑预制件生产基地项目	安徽池州	2018年10月获股份公司投资批复	73945.13	—	运营	
8	湖北省宜都市宜都抽水蓄能电站项目	湖北宜昌	2021年9月28日获股份公司前期工作批复	750000.00	—	前期工作	
9	公司科研综合楼	湖南长沙	2010年获股份公司批复	18624.87	—	投入使用	
10	岳阳厂改扩建项目	湖南岳阳	2020年1月获股份公司批复	8986.00	—	运营	
11	象湖抚河截污附属工程BT项目	江西南昌	2014年8月获股份公司批复	19620.35	—	运营	回购期2.5年
12	江西海赋BT项目群（4个）	江西南昌	2014年8月后项目群陆续获股份公司批复	144904.48	—	运营	回购期2.5~3年
13	衡阳市滨江新区东山安置房项目	湖南衡阳	2015年5月获股份公司备案通知	92579.00	—	运营	回购期2年
14	长沙市轨道交通4号线一期工程土建施工"投资+总承包"建设项目	湖南长沙	2015年5月获股份公司批复	291400.00	—	运营	完成回购
15	武汉市轨道交通21号线第2标段BT项目	湖北武汉	2015年7月获股份公司批复	167500.00	—	运营	回购期3年
16	安徽省六安市叶集区东部生态新城PPP项目（二期）	安徽六安	2017年3月获股份公司投资批复	118600.00	4+8	运营	
17	湖南省湘西经济开发区双河文教卫新区PPP项目	湖南湘西自治州	2017年3月获股份公司投资批复	249044.21	5+15	运营	
18	宁乡经济开发区玉屏山食品产业片区开发PPP项目	湖南长沙	2017年4月和11月报股份公司备案	99000.00	3+8	运营	
19	贵州省龙里县贵龙纵线干道二期工程PPP项目	贵州黔南布依族苗族自治州	2017年7月获股份公司投资批复	106006.00	2+8	运营	
20	湖南省新邵县资江防洪风光带及市政配套设施建设工程（右岸）PPP项目	湖南邵阳	2017年7月获股份公司备案通知	87402.01	4+8	建设	

续表

序号	投资项目名称	项目地点	时间	投资总额/注册资本金（万元）	合作年限	项目阶段	备注
21	湖南省花垣县城乡一体化建设项目一期工程PPP项目	湖南湘西土家族苗族自治州	2017年10月获股份公司投资批复	97962.93	4+10	投运	
22	江西省萍乡市老城区海绵城市建设PPP项目	江西萍乡	2017年12月获股份公司投资批复	91249.24	2+8	运营	
23	江西省赣州新能源汽车科技城PPP项目（第1标段和第2标段）	江西赣州	2018年6月获股份公司投资批复	115734.37	2+10	投运	
24	湖南省衡阳县界牌陶瓷工业园基础设施建设及园区配套工程整体开发PPP项目	湖南衡阳	2018年6月获股份公司投资批复	224007.00	3+27	建设	
25	安徽省池州市贵池区"四好农村路"PPP项目	安徽池州	2019年11月获股份公司投资批复	143830.00	2+10	投运	
26	湖北省黄冈市罗田县"引莲入城"供水工程PPP项目	湖北黄冈	2021年11月获股份公司投资批复	95560.10	3+27	建设	
27	湖北省黄冈市罗田县乡村振兴工程PPP项目	湖北黄冈	2022年7月获股份公司投资批复	107937.74	2+15	建设	
28	湖北省黄冈市罗田县长河、巴河流域生态环境导向开发项目（一期）	湖北黄冈	2022年11月获股份公司投资批复	234601.11	5+1	建设	
29	济南高新区创新谷片区河道治理市政配套PPP项目	山东济南	2019年2月获股份公司投资批复	122981.00	3+15	建设	小比例参股
30	萍乡市安源区白源河片区海绵城市建设PPP项目	江西萍乡	—	15572.36	1+9	运营	小比例参股
31	江西省九江市中心城区水环境系统综合治理一期项目	江西九江	2019年1月获股份公司投资批复	768184.00	3+17/2+18	建设	小比例参股
32	岳阳市中心城区污水系统综合治理工程PPP项目	湖南岳阳	2019年10月获股份公司投资批复	433595.68	3+22	运营	小比例参股
33	江西省长江最美岸线（彭泽段）示范项目	江西九江	2020年1月获股份公司投资批复	145352.23	2+23	运营	小比例参股
34	南京市六合区农村污水处理设施全覆盖PPP项目	江苏南京	2020年11月获股份公司投资批复	206700.00	1.5+20.5	运营	小比例参股
35	岳阳市中心城区污水系统综合治理工程PPP项目（二期）	湖南岳阳	2020年11月获股份公司投资批复	722723.00	3+22	建设	小比例参股
36	湖北省神农架林区生态环保PPP项目	湖北神农架	2021年1月获股份公司投资批复	197714.10	3+27	建设	小比例参股
37	湖南省浏阳市城镇生活污水处理提质增效PPP项目	湖南长沙	2021年2月获股份公司投资批复	114591.20	3+25	建设	小比例参股
38	江西省都昌县水环境综合治理PPP项目	江西九江	2021年3月获股份公司投资批复	148638.00	2+23	建设	小比例参股
39	湖南省岳阳市华容县水环境综合治理PPP项目	湖南岳阳	2021年4月获股份公司投资批复	56465.99	1+24	建设	小比例参股
40	湖北省长江大保护五峰流域综合治理PPP项目	湖北宜昌	2021年4月获股份公司投资批复	144705.00	3+22	建设	小比例参股

续表

序号	投资项目名称	项目地点	时间	投资总额/注册资本金（万元）	合作年限	项目阶段	备注
41	湖南省株洲市中心城区污水系统综合治理一期工程PPP项目	湖南株洲	2022年9月获股份公司投资批复	316623.48	2+28/3+27	建设	小比例参股
42	大泽湖生态智慧城综合开发项目	湖南长沙	2021年1月获股份公司投资批复	996446.00	3+4	建设	小比例参股
43	西昌八局机电建设有限责任公司	四川凉山彝族自治州	2007年10月获股份公司批复	2000.00	截至2027年7月15日	运营	
44	中国电建集团海外投资有限公司	北京	2017年1月参股	541000.00	无固定期限	运营	2012年9月成立
45	中电建水电开发集团有限公司	四川成都	2013年5月参股	609189.90	无固定期限	运营	
46	中电建路桥集团浦城发展有限公司	福建南平	2015年10月成立	6000.00	截至2030年10月22日	运营	
47	中电建路桥武汉投资发展有限公司	湖北武汉	2015年3月成立	30000.00	截至2035年3月11日	运营	
48	长沙中电建江河物业管理有限公司	湖南长沙	1994年9月成立	500.00	截至2050年12月31日	运营	
49	湖南江海科技发展有限公司	湖南长沙	1993年5月成立	1018.28	无固定期限	运营	
50	中电建（湖南）拓海实业有限公司	湖南长沙	1997年7月成立	1000.00	截至2067年7月2日	运营	
51	湖南腾达科技有限责任公司	湖南长沙	2006年4月成立	1200.00	截至2026年4月26日	运营	
52	湖南基业常青企业管理服务有限公司	湖南长沙	2014年10月成立	800.00	截至2034年10月22日	运营	
53	中电建八局武汉建设投资有限公司	湖北武汉	2020年6月成立	10000.00	无固定期限	运营	
54	中电建水电八局深圳工程有限公司	广东深圳	2020年3月成立	10000.00	无固定期限	运营	
55	贵州省绿筑科建住宅产业化发展有限公司	贵州贵阳	2015年7月获股份公司批复参股	5000.00	无固定期限	运营	2015年9月成立
56	湖南恒丰投资置业有限公司	湖南长沙	2004年7月成立	2096.00	无固定期限	2009年已注销	
57	湖南朝阳房地产开发有限责任公司	湖南长沙	2004年7月成立	1300.00	截至2024年7月7日	2008年并入电建地产	
58	湖北朝阳房地产开发有限公司	湖北武汉	2005年11月成立	1000.00	无固定期限	2008年并入电建地产	
59	三亚智城装配式建筑有限公司	海南三亚	2021年5月成立	14500.00	无固定期限	2021年12月退出	
60	中电建新能源集团股份有限公司	北京	2009年参股	159607.60	—	2022年9月退出	

续表

序号	投资项目名称	项目地点	时间	投资总额/注册资本金（万元）	合作年限	项目阶段	备注
61	中电建郴州新能源有限公司	湖南郴州	2016年4月成立	16200.00	截至2066年4月19日	2022年7月退出	
62	中电建株洲凤凰山风力发电有限责任公司	湖南株洲	2014年7月成立	6664.00	截至2040年7月3日	2022年7月退出	
63	中电建霁月（浠水）新能源有限公司	湖北黄冈	2021年7月成立	500.00	无固定期限	2022年7月退出	
64	中国电建地产长沙有限公司	湖南长沙	2004年7月成立	20000.00	截至2024年7月7日	2022年6月退出	
65	湖南金光华海赋房地产有限公司	湖南长沙	2011年5月参股	5000.00	截至2031年5月18日	2022年6月退出	

注：合作年限为建设期+运营期，如"2+10"表示2年建设期，10年运营期。

第四节 投资收益情况

投资项目为水电八局贡献收益的主要渠道，包括拉动的施工利润、运营利润、特许经营权项目回款及参股股权分红。

一、特许经营项目回款情况

从2015年开始，由水电八局牵头实施的BT项目及类BT项目陆续进入回购期；从2017年开始，由水电八局牵头实施的PPP项目陆续进入运营期，运营方式包括委托运营、自主运营等。2015—2022年特许经营项目回款情况见表4-4-2。

表4-4-2　2015—2022年特许经营项目回款情况

单位：万元

年份	BT项目回款	PPP项目回款
2015	25235.42	—
2016	38012.97	—
2017	79868.13	2842.00
2018	18838.30	11200.00
2019	121980.37	16398.68
2020	171556.12	49004.07
2021	8055.23	39594.73
2022	14546.86	68730.94
合计	478093.40	187770.42

二、经营性生产项目销售情况

从2019年6月底开始，水电八局控股子公司中电建安徽长九新材料股份有限公司全面投产。2022年12月底，水电八局控股子公司中电建长崃（浠水）新材料有限公司的长崃绿色矿山一期工程投产。2019—2022年中电建安徽长九新材料股份有限公司生产经营情况见表4-4-3。

表4-4-3　2019—2022年中电建安徽长九新材料股份有限公司生产经营情况

年份	销售量（万吨）	销售收入（万元）	利润总额（万元）
2019	1139	78860	24542
2020	2801	177380	50064
2021	4034	270239	90131
2022	5615	323984	110812
合计	13589	850463	275549

三、股权投资分红情况

截至2022年12月底，股权类参股项目累计确认分红3.53亿元，实际到账2.80亿元。股权投资分红确认情况见表4-4-4。

表4-4-4　股权投资分红确认情况　单位：万元

年份	全资/控股	参股
2017年前	4391.16	4851.19
2017	—	873.71
2018	333.21	2667.54
2019	333.21	2264.77
2020	4872.21	3142.67
2021	11168.85	355.62
2022	—	—
合计	21098.64	14155.50

第五节　项目退出处置

水电八局积极响应股份公司资产经营号召与相关工作部署，及时梳理符合退出条件的参股投资项目，通过股权转让、集中打包、清算等处置方式合规地开展股权退出工作，为工程局优质有效的投资项目腾挪空间，切实保障投资收益，改善财务指标。

2022年2月，启动全面去除房地产开发业务，即不再持有房地产开发资质、不再含有房地产开发经营范围、不再控股和参股涉及房地产的项目公司。2022年4月，控股项目公司长沙玉屏山食品产业区开发建设有限公司完成经营范围变更，参股的中电建长沙城市更新有限公司和中电建（长沙）大泽湖生态智慧城投资发展有限公司完成经营范围变更；2022年5月，全资子公司中电建水电八局湖南房地产开发有限公司名称变更为湖南基业常青企业管理服务有限公司，同时完成经营范围变更；2022年6月，水电八局从中国电建地产长沙有限公司、湖南金光华海赋房地产开发有限公司股权退出，股权对价合计1.56亿元。

从2022年4月起，根据股份公司的统一安排，启动了参股新能源项目公司股权的转让工作。2022年6月，签订关于中电建株洲凤凰山风力发电有限责任公司等3个项目公司的股权转让协议，并于2022年9月底成功收回股权转让款（含2021年前已确认分红）1.17亿元，实现投资增值0.25亿元；同时完成参股新能源项目公司的股权转让。

2022年，将贵州绿筑科建纳入对外参股盘活处置方案和投资项目资产经营计划中，同时纳入2022年度低效/无效资产清理处置工作中，并上报股份公司相关主管部门。2022年11月4日，股份公司以《关于水电八局转让所持贵州省绿筑科建住宅产业化发展有限公司全部股权和债权事项开展前期工作的通知》（投运〔2022〕341号）同意水电八局在贵州绿筑科建参股股权和债权的转让事项。

2006—2022年水电八局投资完成与收益情况见表4-4-5。

表4-4-5　2006—2022年水电八局投资完成与收益情况　　　　单位：亿元

年份	完成投资额	施工利润贡献	经营项目利润总额	股权分红	备注
2006	0.38	—	—	—	仅计房地产开发投资
2007	0.55	—	—	—	仅计房地产开发投资
2008	0.30	—	—	—	仅计房地产开发投资
2009	—	—	—	—	缺失数据
2010	—	—	—	—	缺失数据
2011	—	—	—	—	缺失数据
2012	1.77	—	—	—	—
2013	5.76	—	—	—	包含岳阳厂、科研综合楼建设
2014	0.86	—	—	—	—
2015	14.10	—	—	—	—
2016	36.12	—	—	0.92*	*为截至2016年底的累计分红
2017	52.04	1.93	—	0.09	—
2018	47.63	2.45	—	0.30	—
2019	21.62	3.06	3.23	0.26	长九和长智项目开始投产
2020	39.30	5.06	5.23	0.80	—
2021	37.80	4.79	8.43	1.15	—
2022	61.01	6.23	10.38	—	—

第五章 海外业务管理

20世纪60年代末和80年代初，水电八局成立援外办公室。

1995年2月，成立国际合作部。

1996年12月，中标承建巴基斯坦巴罗塔水电站厂房枢纽工程。

1997年8月，对外经济贸易合作部批准水电八局具有对外经济技术合作业务权，获得走向国际市场的通行证。

2003年3月，国际合作部与市场开发部合署办公。

2006年3月，明确"国际优先"发展战略。成立国际部，作为负责国际项目管理的独立核算二级单位；作为职能部门，归口管理国际业务，引导各分局有序进入国际市场；同时作为二级经营实体，具有部分资产和经营权。

2006年4月，黄敏任国际部总经理。

2009年11月，杨一心任国际部总经理、党委书记。

2012年3月，肖军任国际部总经理、党委副书记，彭光友任国际部党委书记。

2013年9月，实施"优先投入、优质发展"的国际"双优"战略，国际部更名为中国水利水电第八工程局有限公司国际公司。成立公司海外事业部，履行国际业务管理职能，与国际公司"一套人马，两块牌子"合署办公。肖军任海外事业部主任。

2014年1月，肖军任海外事业部总经理。

2017年2月，成立中西非、东南非、中东、欧亚、亚太、美洲6个区域部。之后国际公司根据市场开拓及项目履约的需要，先后成立秘鲁、科威特、孟加拉国、加纳、沙特阿拉伯、柬埔寨、马来西亚、尼日利亚、印度尼西亚、莱索托等国别分公司。

2017年3月，李雪江任海外事业部总经理。

2022年12月，周小林任海外事业部总经理。

第一节 海外业务战略管理

水电八局紧跟国家战略部署，积极应对全球经济一体化进程加快推进、对外工程承包市场竞争日益激烈、市场环境复杂多变的局面，适时调整、不断升级国际化发展战略管理。

1970—1997年，水电八局海外业务处于初生孕育期，以"服务中国对外援建、迈出国门、学习先进经验"为定位，主要参与中国政府援建项目：尼泊尔政府修建的逊科西水电站、斯里兰卡政府修建的尼兰比水电站等。

1991—2000年，积极向西方学习项目管理经验，以"联营共建、共同发展、探索国际化"为定位，参与意大利英布吉诺公司联营承建的二滩水电站，建设队伍逐步壮大，施工能力、经营资质逐步提升。1995年，二滩水电站建设高峰期过后，水电八局提出"走出两门"（走出国门、走出水电门）的口号。

1997—2007年，水电八局海外业务处于10年探索期，以"开启国际化、探索新发展"为定位，顺利签约实施巴基斯坦巴罗塔水电站，但工程结束后的一段时间，国际业务没有新的进展。直到2005年11月承建马来西业巴贡水电站进水口与溢洪道工程，正式拉开了全面承接国际业务的大幕，开始"走出去"，独立承接海外工程业务，并持续探索、拓展多个工程领域。

2007—2017年，水电八局海外业务处于10年上升期，实施"国际优先"发展战略，以"国际化、多元化、本土化"为发展方向，积极把握中国加入世界贸易组织、推进"一带一路"倡议的时代黄金机遇期，海外业务规模和效益高速发展、持续上升，海外业务由单一水电领域转向"宽领域、多元化"领域发展，业务涉及水利水电、火电、房建、市政、路桥、基础设施、新能源、矿产、冶炼、石油化工、农业灌溉等多个领域，并开始探索"本土化"运营模式。

2017—2020年，水电八局海外业务进入成熟稳定期、探索高质量转型升级期，实施"优先发展、优先投入"的"国际双优"战略，以"大土木、区域化、本土化"为发展方向，海外业务规模效益稳步提升，业务由多至专，拓展形成"水利水电、房建、市政、路桥"四大专业领域组成的"大土木"发展格局。

2020—2022年，海外业务遭遇全球新冠疫情的严重冲击，规模效益步入历史周期性低谷期，规模效益断崖式下跌。水电八局瞄准"中国电建国际业务基础好、效益优、能力强、体量大的旗舰子企业"目标，对国际业务"高看一眼、厚爱三分"，积极推动国内国际"双循环"发展，贯彻中国电建国际业务"资源配置优先、干部选聘选优、薪酬待遇优先"政策，聚焦海外"水、能、城、矿"业务，以属地化经营深耕重点国别，实施"稳健经营、能力可及、风险可控、效益保障"的国际业务经营策略，持续提升海外业务竞争力。

第二节　海外项目经营模式

2008年开始，水电八局持续拓展经营模式的深度和广度，以专业分包、施工总承包、DB、EPC、EPC+F、BOT、出口卖方信贷+延付、联营合作等多种经营模式承揽海外业务，不断提升经营质量，提升国际化经营水平。

一、专业分包模式

通过公司的专业能力获得专业分包，我们有丰富的专业施工管理经验，更能发挥自身的专业施工管理优势，最大化地争取可期效益。典型的承建项目有马来西亚巴贡项目P2&3标—厂房进水口及溢洪道混凝土工程项目。

项目举例：通过公司专业实施的优势中标马来西亚巴贡项目P2&3标—厂房进水口及溢洪道混凝土工程。该工程位于马来西亚沙捞越州（SARAWAK）中部的BaLui河上，距离最近的城市民都鲁省（BINTULU）190千米。业主是马来西亚财政部下属的沙捞越水电开发有限公司，巴贡水电站枢纽工程主体土建工程CW2标由马中联营体（MCHJV）在2002年10月8日中标，项目为EPC模式。水电八局巴贡项目部承建的P2&3标是CW2标的分包项目，由中国水利水电集团公司马来西亚有限公司中标后委托水电八局施工，分包合同于2005年11月10日签订，合同总价为21600万马币（2008年6月经调整，合同价为24835.63万马币，其中，马来西亚公司管理费占4%），工程采用固定总价、里程碑支付方式。本合同段工程包括进水口与溢洪道水工建筑物的保护层开挖、固结灌浆及混凝土施工等项目，合同总工期为28个月。主体工程于2009年11月12日已全部完工；变更项目（溢洪道消力池护坡、溢洪道挑流坎护坡、进水口后边坡）于2011年4月完工。

二、施工总承包模式

一般来说，在建筑工程中土建施工单位即法律意义上的施工总承包单位，土建施工单位负责整个建筑工程的建设与服务。施工总承包商仅负责项目的施工，而设计单位、监理单位及设备采购单位由业主单位另行选择。一般采用单价承包的模式，由业主承担地质勘探和工程量风险。典型的项目有马来西亚沐若水电站、科威特大学城商学院项目和5A&B项目等。马来西亚沐若水电站项目采用单价承包模式，由总承包单位承担工程量风险，但科威特大学城商学院项目和5A&B项目在中东类似总价承包，由承包商承担工程量风险，但设计单位均由业主单位选择。

项目举例：沐若水电站工程地处马来西亚婆罗洲岛的沙捞越州，坝址位于拉让（Rajang）江流域源头沐若河上，距民都鲁市约200千米，沐若水电站是拉让江上游四级梯级开发中的第2个梯级水电站，距下游巴贡水电站直线距离约25千米。项目为EPC合同，采用FIDIC 1999版银皮书合同条款，实行彻底的"小业主、大承包商"管理模式。业主为马来西亚沙捞越能源公司（以下简称SEB），总承包商为三峡发展公司，合作方有水电八局、长江水利委员会长江勘测规划设计研究院及中国机械设备进出口总公司，分别承担建设管理总协调、施工、设计与设备采购运输等任务。项目资金来源于SEB。三峡发展公司与SEB于2008年10月19日签订了《马来西亚沐若水电站工程项目建设主合同》，三峡发展公司与水电八局于2009年7月30日签订施工补充协议，合同金额为140955.06万元人民币+73137.05万林吉特。项目施工合同工期为60个月，项目于2008年10月1日正式开工；2010年5月1日实现河道截流；2013年9月21日实现下闸蓄水；2014年6月29日大坝封顶；2014年8月19日，主厂房混凝土全部浇筑完成；2015年1月18日，最后一台机1#机组72小时试运行完成并移交给业主SEB；2015年5月25日，工程移交至业主；2016年5月25日，工程质保期结束。中途陆续发生了其他承包商负责的导流洞延误、火工炸药短缺、道路限行、当地土著人堵路、输变电承包商未如期完成进度等事件，累计成功向业主索赔17个月，实际总工期为77个月。完工结算金额为102331.46万林吉特+155259.34万元人民币。

三、DB模式

DB即设计—建造模式（Design and Build），在国际上也称为交钥匙模式（Turn-Key-Operate），在中国称为设计—施工总承包模式（Design-Construction），是在项目原则确定之后，业主选定一家公司负责项目的设计和施工。这种方式在投标和订立合同时是以总价合同为基础的。典型的项目有沙巴石油配套设施项目和沙特阿美贾富拉工业配套设施工程项目等。

项目举例：沙巴石油配套设施项目位于沙特阿拉伯东部省达曼市以东800千米处，95号公路的最东端，阿美石油公司的沙巴采油区内，紧邻阿联酋与沙特阿拉伯的边境线，距离边境线不过5千米。主要工作范围：项目设计，扩建现有的住宅及工业区、配套设施、边境防护及临建设施，包括道路、基础设施、电缆、管线和变电站的建设等。2014年11月17日，水电国际与业主沙特阿美石油公司签订EPC合同，合同价格为3.51亿沙特里亚尔（约9360万美元），合同工期为990天。2015年3月30日，水电国际与水电八局签订内部委托实施协议，委托金额为34749万沙特里亚尔。项目于2019年7月7日移交，并办理完工结算，主合同完工结算金额为36294.26万沙特里亚尔，委托协议完工结算金额为35931.32万沙特里亚尔。

四、PB模式

PB模式即采购—施工模式（Procurement and Build），承包商根据业主品牌、材质等招标要求负责材料、设备采购及施工，有利于控制项目的履约进度及协调安排。

项目举例：沙特萨勒曼国王能源城基础设施及维护建筑工程项目位于沙特东部省布盖格市，距离布盖格市中心20千米，距离达曼50千米，紧邻达曼第三工业园，交通条件便利。工作内容主要包含：维护区的5个车间及相关配套建筑；陆运港区的进场道路及基础设施（长度约9.77千米）；化学及金属加工区的场平及道路（约6千米）；中央培训中心（CTC）。项目业主是阿美石油公司，项目工期为730天。项目委托协议合同金额为39818.12万沙特里亚尔。项目于2021年11月1日开工在建，履约状态良好。

五、EPC模式

EPC工程总承包，即Engineering Procurement Construction模式，又称为设计、采购、施工一体化模式，是指在项目决策阶段以后，从设计开始，经招标，委托一家工程公司对设计—采购—建造进行总承包。在这种模式下，按照承包合同规定的总价或可调总价，由工程公司负责对工程项目的进度、费用、质量、安全进行管理和控制，并按合同约定完成工程。典型的项目有孟加拉国石卡巴哈燃气电站、马来西亚康诺桥燃气电站等。

项目举例：孟加拉国石卡巴哈燃气电站项目位于孟加拉国吉大港市，该电站设计总装机容量$1×150$兆瓦单循环燃气轮发电机组，主要功能为发电并用于电网调峰，燃机及发电机采用德国西门子设备，辅助系统采用中国设备。业主为孟加拉国电力发展委员会（Bangladesh Power Development Board），水电八局代表中国水电股份公司作为EPC（设计、采购、施工）总承包商，设计分包单位为中国电力工程顾问集团中南电力设计院，验收单位为孟加拉国电力发展委员会。项目于2008年2月20日签订合同，合同总金额为8283.46万美元，工程于2008年4月开工，2010年7月26日投产发电，并通过了竣工验收。

六、EPC+O&M模式

EPC+O&M模式，又称为设计、采购、施工、调试以及完工后的运营模式，是指在项目决策阶段以后，从设计开始，经招标，委托一家工程公司对设计—采购—建造—运营进行总承包。在这种模式下，按照承包合同规定的总价或可调总价，由工程公司负责对工程项目的进度、费用、质量、安全进行管理和控制，并按合同约定完成工程并进行若干年的运营。典型的项目有马来西亚凯德隆联合循环燃气电站。

项目举例：马来西亚凯德隆联合循环燃气电站主机采用两台（套）美国GE公司F级GT-26燃气轮机，搭配GE公司汽轮机及余热锅炉，采取多轴布置，并配备相关辅机设备，包括循环冷却水系统、锅炉补给水系统、天然气调压站、燃油供应系统、水处理系统等。主要建（构）筑物包括燃机房、汽机房、余热锅炉、电控楼、化学水处理站、天然气调压站、除盐及消防水罐、循环水泵站、电解制氯间等，并设有长度为1.45千米大口径海水取水管及循环冷却水排水管。项目先后中标一期、二期，开工日期为2016年11月28日，项目TOC日期为2022年6月15日，一期合同金额分两部分：海外15958.12万欧元，当地29778.98万林吉特，折合人民币为9.74亿元。二期合同金额分两部分：海外13257.41万欧元，当地23145.84万林吉特，折合人民币为6.81亿元。项目获得大量变更索赔（近7亿元），截至2022年底预计收入金额为海外17354.03万欧元，当地64454.58万林吉特，折合人民币为23.97亿元。

七、EPC+F模式

EPC+F模式即设计—采购—施工总承包+融资模式，在工程投资需求不断扩大和工程项目全寿命周期集成的背景下，日益增加的竞争压力驱使业主和承包商主动寻求非常规的项目合作方式，EPC+F模式便应运而生。EPC在前，F在后，建筑工程总承包方获取EPC项目并帮业主解决相关资金问题。典型的有加纳布维水电站、乌干达卡鲁玛水电站、尼日利亚宗格鲁水电站等。

项目举例：布维工程（水电站）位于加纳北方大区和布朗阿哈方大区交界的青沃尔特河上，距下游的沃尔特湖约150千米，坝址以上控制流域面积为12.3万平方千米，坝址处多年平均流量为207立方米/秒，多年平均年径流量为6523百万立方米。工程主要开发任务为发电，水库正常蓄水位为183.00米，总装机容量为400兆瓦。2007年4月19日，加纳共和国能源部与中国水利水电建设集团国际公司签订了《加纳布维水电站工程EPC/TURNKEY工程合同》，并委托给水电八局进行EPC总承包。资金来源：中国进出口银行85%，业主自筹15%。2016年11月28日最终移交，累计完成对业主结算76508.01万美元，对集团公司结算61364.28万美元。

八、出口卖方信贷+延付模式

卖方信贷：通常用于机器设备、船舶等出口。由于这些商品出口所需的资金额较大、时间较长，进口商一般都要求采用延期付款的方式。出口商为了加速资金周转，往往需要取得银行的贷款。出口商付给银行的利息、费用有的包括在货价内，有的在货价外另加，转嫁给进口商负担。因此，出口卖方信贷是出口国银行直接资助本国出口商向外国进口商提供延期付款，以促进本国商品出口的一种方式。

延期付款：简称"延付"，延期付款时往往将汇付、托收和信用证付款三者结合使用。延期付款信用证适用于进出口大型机电成套设备，为了加强竞争条件可采用延期付款、卖方中长期贷款或赊欠出口等措施。但期限较长，出口商不必提示汇票，开证银行也不承兑汇票，只是于到期日由银行付款。典型项目有加纳"一揽子"公路项目。

项目举例：中国电建与加纳政府双方签订了10个路桥项目的EPC总承包合同，项目工期为30个月，LOT3是第一个开工的标段，也是加纳第三大城市塔马利的第一座立交桥。中国水电国际公司于2018年7月与加纳公路部签订了EPC合同，LOT3标段总金额为3519.51万美元；随后双方又于2018年10月23日签订了延付协议，原EPC合同金额调增为延付协议金额4767.13万美元，委托实施价格为3706.65万美元，随后双方又于2021年10月签订了一份补充协议，补充协议金额为137.83万美元，至此委托协议金额调增至3844.49万美元。项目资金来源：中信保承保，中国水电采用出口卖贷模式，由中国建设银行根据业主批复的账单进行放贷。LOT3项目位于非洲西部加纳共和国北部省的省会Tamale市市中心，起点与终点均位于N10国道上，起点为N10与Dagomba Rd交叉口往北约290米处，终点位于N10与Hausa Zongo–Kakpag Yilli Rd交叉口附近。塔马利（Tamale）是加纳的第三大城市，北部省的首府，主要族群为信仰伊斯兰教的达戈姆巴族人。工程规模：19跨×36m预应力现浇连续箱梁立交桥，基础为桩基，下部结构包含承台、门式桥墩和花瓶型桥墩。项目于2022年3月29日移交，项目主合同完工结算为4767.13万美元，委托协议完工结算为3844.49万美元。

九、联营合作模式

通过联营合作模式满足项目所在国对于当地承包市场准入的法律要求，寻找有相应资质的当地承包商来组建联合体。还可以充实承包商业绩，通过联营合作模式也可拼船出海，专业互补、强强联合，增强竞争力。常用的联营合作模式由中国水电与其他承包商联营，如马来西亚凯德隆火电项目、科威特大学城商学院及女子学院项目、沙特阿美石油公司达哈兰南部地区住宅项目（第三标段和第四标段）等。还有部分在电建国际中标后，委托中国电建内部的成员单位组成联营体实施，如乌干达卡鲁玛水电站、尼日利亚宗格鲁水电站。

项目举例1：马来西亚凯德隆火电项目由中国水电、中国水电（马来西亚）有限公司与GE动力（马来西亚）有限公司、GE（瑞士）有限公司组成的联营体共同承建凯德隆项目的设计、采购与施工，业主为SEB（沙捞越能源公司），EPC总承包合同于2016年11月28日签订。中国水电负责项目的设计，永久辅机设备（BOP）的采购，全厂土建施工，全厂设备的运输、安装及调试，GE负责项目永久主机设备的采购及最终全厂总调试、项目完工后的运营。凯德隆项目一期工程已于2021年1月20日顺利移交业主（TOC），并于2022年9月30日获得最终移交证书（FAC）；二期工程已于2022年6月15日移交业主。

项目举例2：乌干达卡鲁玛水电站位于乌干达境内西北部的基奥加尼罗河上，水电站距离下游Masindi-Gulu公路约2.5千米，距离Gulu约75千米，距离首都Kampala约270千米，项目业主为乌干达能矿部（MEMD）。工程总投资约16.879亿美元，其中，水电站合同金额为139851.68万美元（土建部分为110279.72万美元，永久机电部分为29571.96万美元），输变电线路合同金额为28990.52万美元。资金来源：中国进出口银行贷款85%，乌干达政府自筹15%，贷款部分55%优惠贷款，45%商业贷款。该项目由水电八局和十二局联合承建，其中水电八局占比75%。主要实物工程量：混凝土68.46万方，钢筋4.37万吨，土方开挖86.10万方，石方开挖455.86万方（其中洞挖401.31万方），回填灌浆20.27平方米等。卡鲁玛项目于2013年12月正式开工建设，先后经历了4次工期延期，根据2022年10月11日正式签订的补充协议7，合同完工日期已延至2023年7月1日。截至2022年底，水电站总体完成进度为99.3%，输变电线路总体完成进度为99.5%。

自2008年承建印度尼西亚亚齐项目后，水电八局国际项目建设模式开始从承担传统的施工分包（如马来西亚巴贡进水口及溢洪道项目）、施工总承包（如柬埔寨沃代水电站、柬埔寨桑河二级水电站、沐若水电站）延伸到DB（沙特谢巴石油配套设施项目）、PB（沙特阿美塔纳吉布道路升级项目、沙特萨勒曼国王能源城基础设施及维护建筑工程项目）和EPC（孟加拉国石卡巴哈燃气电站项目）、EPC+OM（马来西亚凯德隆火电站）、EPC+F（如加纳布维水电站、委内瑞拉新中心电厂、印度尼西亚亚齐火电项目、尼日利亚宗格鲁水电站、乌干达卡鲁玛水电站、印度尼西亚苏苏火电项目）、出口卖方信贷+延付（加纳路桥"一揽子"）等合同模式，整合资源充分发挥系统优势，共同走向国际市场。从独立承担施工到中国电建内部联营合作项目（如印度尼西亚亚齐火电项目、印度尼西亚苏苏火电项目、尼日利亚宗格鲁水电站、乌干达卡鲁玛水电站）再拓展尝试与外部单位联营合作的模式（如科威特大学城商学院及女子学院项目、马来西亚凯德隆火电站项目）。

通过20年的磨砺，水电八局已成长为专业涉及水电、火电、房建、市政、公路、高铁、基础设施等方面的国际工程承包商。与德国西门子、美国GE、澳大利亚沃利帕森斯、韩国现代等世界知名企业和多家勘测设计、远洋运输、能源矿山等行业公司建立了互利共赢的合作关系，具备了较强的全球化资源配置和整合能力，为客户提供从构想到设计、从设备配置到现场施工的优质服务，创造令业主满意的质量和价值。

第三节　海外非传统安全风险

境外项目面临的主要风险包括绑架、罢工、抢劫、偷盗、恶意伤害、政治暴乱等社会安全风险及疾病、新冠疫情等公共卫生风险。水电八局境外项目所处高风险或较高风险国别有伊拉克、巴基斯坦、埃塞俄比亚、尼日利亚等。

2007年1月，为有效应对海外员工在生产、生活过程中可能会遇到的社会突发事件，制定《国外项目突发事件应急预案》《国外项目罢工事件应急预案》《国外项目安全事故和重大自然灾害应急预案》。

2017年6月，制定《境外非传统安全管理办法》。

2019年4月，发布《关于加强非洲疟疾区域工作员工健康管理的通知》，重点明确非洲疟疾疫区工作员工回国体检及疟疾防治工作。

2020年2月，制定《水电八局复工疫情防控工作方案》《水电八局复工生产方案》；2020年4月，制定《新型冠状病毒肺炎疫情防控专项应急预案（修订）》及《新型冠状病毒肺炎疫情现场处置方案》，规范境外新冠疫情防控和应急处置工作，最大限度地保护海外员工的身体健康与生命安全，预防和减少疫情造成的经济损失和影响；2020年5月，成立海外新冠疫情防控和生产经营工作领导小组，全面加强工程局海外疫情防控工作，统筹做好疫情防控和生产经营工作。

2021年1月，制定境外项目《现金管理办法》，对境外项目库存现金进行限额，对财务人员存取现金的安全保卫作出要求，确保境外项目人员和财产的安全。

2021年5月，成立境外社会安全管理工作领导小组。制定《境外社会安全和疫情防控管理职责清单》，明确各级机构的责任分工，责任到人；建立包保责任制，全面施行营地和施工点封闭管理，人员严格网格化管控，设立140余个独立网格化管理区域。制定《国际公司疫情防控包保责任制实施方案》，对境外各项目开展全覆盖视频巡检，督促各项目落实疫情防控措施、指导整改发现的问题。制定《水电八局境外社会安全突发事件应急预案》，建立健全境外社会安全突发事件应对机制。

2022年1月，制定《境外员工回国旅途防疫指南》，确保回国人员新冠疫情零输入；2022年5月，制定《境外社会安全管理办法》，并修订《境外社会安全突发事件应急预案》。

第四节 海外合规管理

2018年4月，成立水电八局合规建设委员会及其办事机构，积极建立符合多边开发银行要求的国际业务合规建设体系，加强国际业务合规管控。朱素华任水电八局合规建设委员会主任，肖军任首席合规官。水电八局合规建设委员会负责领导国际业务合规建设，负责合规管理体系和制度的建设，审定合规建设方案，对合规重大事项作出决策。首席合规官负责国际业务合规建设工作的执行和监督，协调资源及实施有效管理。水电八局合规建设委员会下设合规管理办公室，与海外事业部、国际公司经营管理部合署办公，负责合规建设的具体组织工作和日常合规管理工作。

2018年5月，国际公司开展全员合规培训，签署合规承诺书，设立公布水电八局国际业务合规举报热线和邮箱。

2018年6月，发布《关于进一步加强国际业务合规经营的公告》。

2019年1月，建立国际业务合规体系，制定《国际业务合规政策文件》，包括《道德准则》《反腐败政策》《代表尽职调查指南》《投标合规政策》《礼品和招待政策》和《采购政策》6项合规政策文件。

2020年1月，印发《关于贯彻执行国际业务合规政策文件（2019年版）的通知》，进一步完善国际业务合规体系。

2020年6月，调整法律与风险管理部为合规管理牵头部门，国际合规管理由海外事业部负责。合规管理办公室设在法律与风险管理部，办公室主任由工程局总法律顾问兼任。

2020年9月，肖军兼任海外合规官。国际公司设立合规委员会，国别分公司设合规经理和合规员；项目部设合规经理和合规员，合规管理职能由财务部门承担。驻外办事处（代表处）定期向直属上级单位汇报合规管理情况。

2020年12月，国际公司印发《合规管理办法》。

2021年10月，国际公司印发《严禁违规挂靠管理办法》，进一步规范经营行为，防范违规挂靠风险。

2021年11月，国际公司发布《法律合规管理手册》。

2021年12月，印发《境外业务咨询服务管理办法》，加强对咨询服务业务的管理和评价，防范化解境外经营风险，提高合规经营能力。

2022年4月，国际公司开展"合规管理强化年"工作。

2022年9月，任朗明任首席合规官，周小林任海外合规官。

第五节 外事管理

水电八局外事管理工作由党委统一领导，党委书记为外事工作第一责任人。

自2002年以来，人力资源部负责护照、签证的办理。

2013年9月成立海外事业部，海外事业部为外事管理工作归口管理部门，负责外事管理、监督和检查工作；人力资源部为因公出国（境）和邀请外国人来华事项审批归口管理部门，授权国际公司具体办理员工因公出国（境）和邀请外国人来华事项审批、手续办理以及其他相关外事服务工作。

2019年12月，成立外事管理工作领导小组，党委书记任组长，分管外事管理工作的领导班子成员任副组长，成员由海外事业部、人力资源部的相关负责人组成。领导小组下设办公室，办公室设在海外事业部，负责日常事务。

2008年9月，根据国家有关政府部门和中国电建的规定，发布《员工出入境行程安排管理办法》（GJMS-C-2008-101），对出国工作人员行程安排，出差人员行程安排，回国人员行程安排，临时回国人员管理，出国人员在境外遇到各种紧急情况、意外情况的处理等方面进行了详细规定。

2009年3月，发布《国（境）外项目员工管理办法》。

2012年3月，发布《关于规范办理出国手续的通知》。

2012年6月，发布《中方劳务人员因公护照管理办法》。

2013年6月，发布《水电八局外事管理办法》，2019年、2020年、2022年进行了修订换版。

截至2022年底，水电八局共申报邀请外国人来华申请232人次。

2002—2022年因公出国（境）情况见表4-5-1。

表4-5-1　2002—2022年因公出国（境）情况

年份	办理出国团组数（组）	办理因公普通护照本数（本）
2002	3	4
2003	3	6
2004	1	0
2005	17	63
2006	75	101
2007	120	169
2008	148	338
2009	196	312
2010	277	404
2011	419	255
2012	445	477

续表

年份	办理出国团组数（组）	办理因公普通护照本数（本）
2013	538	438
2014	501	427
2015	499	299
2016	532	372
2017	561	357
2018	608	350（APEC商旅卡3张）
2019	468	402
2020	271	273
2021	441	284
2022	427	183

第六章　财务资金管理

财务管理是企业管理的重要组成部分，其成果是企业各项管理水平的全面综合反映。如何建立健全企业内部财务管理制度，提高财务管理水平，是企业经营发展成败的关键。水电八局财务管理制度是根据国家有关法律法规和财经制度并结合企业具体实际制定的，重点突出会计基础工作、预算管理、成本费用控制和内部控制与监督，并十分重视企业应变能力和抵御防范风险能力的提高。

水电八局财务管理立足"高质量发展"目标，积极贯彻中国电建"621"财务工作目标与"12335"财务战略规划，以"降杠杆减负债防风险"为工作重心，以现金流管理为抓手，紧扣"两利四率"与"六升两降一加强"，围绕财务价值创造与风险防控，持续开展提质增效、资产经营等专项工作。

第一节　机构

2002年3月，吴杰任内部银行行长，黄华波不再兼任内部银行行长职务。

2003年12月，刘子俊兼任财务处处长，黄华波调至中国水电总公司工作。

2005年9月，吴杰调离，刘子俊兼任内部银行行长。

2006年1月，李积平任财务处处长，刘子俊不再兼任财务处处长职务。

2006年10月，机构改革，财务处更名为财务部，内部银行更名为资金管理部。

2007年7月，冯正文任财务部主任，李积平调至中国水电总公司。

2010年2月，高昱任资金管理部主任，刘子俊内退。

2012年3月，田建平任财务部主任，冯正文升任总会计师。

2013年1月，杨光辉任财务部主任，田建平调任中国水电顾问集团国际公司总会计师。

2014年1月，唐明任财务部主任，杨光辉援藏（任西藏天路股份有限公司财务负责人）。

2018年9月，机构改革，成立财务共享服务中心，与财务部合署办公。唐明兼任财务共享服务中心主任职务。

2021年6月，机构整合，财务部和资金管理部合并，成立财务资金部，唐明任财务资金部主任，高昱任副主任（主任级），唐明同时兼任财务共享服务中心主任职务。

2021年12月，唐明升任总会计师，同时兼任财务资金部/财务共享服务中心主任职务，冯正文调任山东电建三公司总会计师。

2022年2月，李超雄任财务资金部/财务共享服务中心主任，唐明不再兼任财务资金部/财务共享服务中心主任职务。

第二节 资金管理

一、资金监督与控制

2005年，分部门编写管理体系文件，财务处与内部银行合并成一册发布。

2007年，制定《内部单位信用等级评定暂行办法》。

2010年，明确"资金管理程序"，新增"网上银行管理"。废止《资金管理部会计核算办法》《联营体资金管理实施细则》《资金管理部项目办事处管理办法》《内部单位信用等级评定暂行办法》。

2013年，对管理体系文件进行修订优化。

2014年，单独编写《资金管理标准分手册》，新增"银行票据管理"，"信贷管理"改为"筹融资管理"，删除"网上银行管理"。

2015年，对管理体系文件进行修订精简，改为《总部管理规定（资金管理办法）》。

2017年，对管理体系文件进行修订优化，改为《资金管理程序文件》。

2019年，对管理体系文件进行修订，改为《资金管理手册》，新增"资金集中管理""授信管理""投资项目融资管理"，删除"资金结算管理"。

2021年，对管理体系文件进行修订优化，改为《企业管理标准——资金管理》。

2022年，对管理体系文件进行修订优化。

二、资金管理信息化建设

2002年，开始采用用友ERP软件进行资金管理日常业务处理，从传统的手工记账过渡到计算机记账，迈出了资金信息化管理的第一步。

2005年4月，经过3个月试运行，正式启用深圳拜特资金管理系统，标志着资金管理迈入信息化时代。

2007年1月，在拜特资金管理系统增加资金预算管理模块。

2008年7月，配合开发拜特资金管理系统与财务用友U8系统接口程序，实现财务用友U8付款、收款凭证自动取数到拜特系统，减少重复录单；实现自主查询、打印本单位记账传票。

2009年6月，配合开发拜特资金管理系统与财务NC系统接口程序及传票下载客户端接口程序，实现财务NC付款、收款凭证自动取数到拜特系统，减少重复录单；实现自主查询、打印本单位记账传票。

2009年10月，总部开始采用中国电建资金管理NC系统，进入拜特系统与资金NC系统并轨运行，并于2011年1月起在所属各分部、办事处推广使用。

2010年7月，配合开发拜特资金系统与资金NC系统接口程序，拜特资金系统凭证实现在集团资金NC系统实时、自动导入并生成同号凭证，同时补充导入2009年1月以来的所有拜特资金系统凭证。

2011年7月，为配合开发付款审批客户端接口程序，将解决无资金管理部网点的项目所有外部支付纳入公司资金预算并接受拜特系统实时预算控制。

2019年7月，开始采用统一的浪潮GS系统，原拜特资金管理系统在正常运行14年后停止使用。

2022年10月，中国电建全球司库管理系统（共13个核心功能模块）开始分批次上线，至年末，水电八局完成主要功能模块的上线准备及录入工作。

三、资金全面预算管理

2004年4月，下发《水电八局资金预算管理办法》，所属各单位"上下结合、分级编制、逐级汇总"编制上报年度"资金预算表"（Office表格），并按季度、月份落实，这是水电八局首次提出"资金预算管理"概念。

2005年4月，正式启用拜特资金管理系统，各网点间实时数据实现即时共享，各成员单位在拜特系统里录单、复核后到所在网点办理资金支付业务，实现同网点、跨网点的各成员单位间足不出户办理相关内部结算业务，迈入资金管理信息化时代。

2006年1月，下发《关于实施资金集约化管理的通知》，强力推行资金收支预算管理，将各内部开户单位按月填制"资金收支预算表"报所在资金管理网点，各网点汇总填制"资金支出预算汇总表"报资金管理总部，总部按资金支出预算汇总表提前一天拨付资金到相应网点。总部通过建行重客系统、其他银行的集团网银系统实时上划、下拨所属单位资金，资金集约化管理得到快速发展。

2007年1月，在拜特资金管理系统里增加资金预算管理模块，并下发《关于全面实施资金预算管理的通知》，各成员单位在拜特资金预算管理模块中编制上报年度、月份资金预算报表，在日常的资金支付业务中通过选择预算项目进行对预算的实时控制，不再使用Office表格的资金预算表。对各成员单位的资金收支进行预算管理，收支两条线，实现资金规范、有序、安全流动，实现对资金支付的事前控制和事中控制。

2008年12月，下发《关于加强资金管理信息系统预算编制及付款审批权限管理的通知》，进一步强化对资金预算编制和付款审批流程的管理工作。

2011年7月，下发《关于在公司范围内全面使用拜特资金管理系统的通知》，自2011年8月1日起，所属各单位（项目）全面使用拜特资金管理系统（由于网络原因，各国际工程项目暂不开通），全方位、全级次涵盖从资金预算到资金支付的全过程，有效提升资金管控能力，确保资金链安全。至此，水电八局资金全面预算的管理模式基本形成。

2019年1月，水电八局浪潮GS系统正式上线，资金预算在GS系统"资金管理—资金计划"模块继续使用。

四、外部融资业务创新

（一）持续加强银企合作，巩固评级增加授信

自1997年以来，连续26年获得中国建设银行"AAA"信用等级。自2013年以来，上海新世纪资信评估投资服务有限公司已连续10年维持水电八局主体信用"AA+"评级，评级展望"稳定"。2006年，荣获湖南省银行业协会颁发的"守信用企业"称号；被中国银行授予"特级信誉企业"称号；被兴业银行评为"黄金客户"先进单位；其他合作银行的评级也不断得到巩固和提升。2021年4月，人民银行长沙中心支行发布2021年全省首批跨境人民币结算优质企业名单，水电八局荣获"对外承包工程优质企业"称号。2004—2022年合作金融机构及综合授信额度情况见表4-6-1。

表4-6-1　2004—2022年合作金融机构及综合授信额度情况

年份	合作金融机构数（家）	综合授信总额度（万元）
2004	6	156000
2005	7	215000
2006	8	280000
2007	8	365000
2008	10	546000
2009	12	2023000
2010	12	1402000
2011	12	1236137

续表

年份	合作金融机构数（家）	综合授信总额度（万元）
2012	12	1360455
2013	14	1929613
2014	14	2239613
2015	14	2690613
2016	16	3028613
2017	18	2948613
2018	21	3530000
2019	20	3797900
2020	23	4418000
2021	24	4736400
2022	24	5073461

（二）不断创新融资方式，保障发展资金供应

一是利用国家优惠政策获取低息贷款。根据国家大力开发西部边疆给予的各项政策优惠，充分利用在西藏进行水利水电建设施工的有利条件，与项目所在地建设银行建立了良好的合作关系，从2009年0.6亿元开始到2016年累计获取中长期优惠政策贷款12亿元，直到2019年到期全部归还。2015年，与中国银行西藏分行建立合作关系，并成功办理1亿元优惠贷款；2016年，与中国银行日喀则分行办理1亿元优惠贷款。利用承建大中型国际工程建设项目与进出口银行湖南省分行达成了中长期优惠贷款支持协议，从2009年的0.8亿元开始合作到2022年末，累计获取中长期优惠贷款24.54亿元，另从2018年到2022年累计获取44亿元短期借款。从2017年开始，与国家开发银行湖南省分行开展合作，至2022年末，累计获取短期借款18.5亿元，中长期借款12.7亿元。

二是利用法人账户透支业务获取短期融资。于2011年11月、2012年3月在交通银行长沙三湘支行、中信银行长沙分行开通法透业务，从最初的0.3亿元、0.5亿元法透额度，发展到2022年末，已与13家合作银行开通法透业务，法透额度增加到53亿元。

三是利用应收账款保理业务获取融资。2012年8月，取得交通银行湖南省分行1亿元的保理额度，并获取第一笔2000万元、期限为21个月的应收账款国内保理业务融资款，为中国电建第一单保理业务。2013年，保理合作银行新增中国银行、建设银行。2017年，中国电建财务公司增加对水电八局的保理业务。随后，招商证券资产管理

公司、光大银行、云链（天津）商业保理公司、电建保理公司、电建基金公司、电建生态环境集团公司等相继加入保理业务合作。2012—2022年应收账款保理业务情况见表4-6-2。

表4-6-2　2012—2022年应收账款保理业务情况

单位：万元

年份	新增应收账款保理	归还到期保理	余额
2012	34200	0	34200
2013	66100	24300	76000
2014	108020	95220	88800
2015	112600	104400	97000
2016	70000	97000	70000
2017	86200	70000	86200
2018	99764	117564	68400
2019	183608	68400	183608
2020	345241	183608	345241
2021	369500	345241	369500
2022	373500	369500	373500

四是利用委托债权投资等新型融资工具获取融资。2012年，水电八局与中国银行湖南省分行在互惠共赢的基础上达成2亿元的委托债权投资业务（中行中银集富理财产品），期限2年，为中国电建首笔委托债权投资融资产品。2013年，新增资产收益权转让、短期融资券、融资租赁和海外代付等融资产品。2014年，新增委托贷款、跨境参融通、信用证组合融资产品、过桥融资、外汇储备贷款、信用证等融资产品。2015年，新增建票通、出口风参融资，以海外项目结算流程为蓝本与建设银行总行合作开发建票通业务，编写了《建设银行建票通业务管理办法》，开展了全国首单建票通业务500万美元（期限6个月）。2016年4月，与建设银行合作开展的"建票通+海外代付"融资3亿元，为湖南省首单业务。2017年，新增平安银行黄金租赁、建设银行股权收益权转让等融资产品。2018年，新增建设银行境外筹资转贷款、中信银行信托贷款等新型融资品种。

五是进入资本市场直接融资。2013年10月，与交通银行合作发行第一期短期融资券5亿元（注册9.6亿元），期限1年，发行利率为5.5%，首次进入资本市场。之后，水电八局持续加大与金融机构的合作力度，陆续成功发行多期永续债、超短期融资券、类永续债、绿色债、资产支持专项计划等融资产品，开创了湖南省、中国电建多个首单业务，10年累计从资本市场直接融资92.62亿元。

2013—2022年进入资本市场融资情况见表4-6-3。

表4-6-3　2013—2022年进入资本市场融资情况

年份	发行债券品种	承销人	交易场所	发行金额（亿元）	期限	年利率（%）	备注
2013	短期融资券	交通银行	银行间债券市场	5	1年	5.50	
2014	短期融资券	交通银行	银行间债券市场	4.6	1年	5.30	
2015	永续债	中国银行、招商银行	银行间债券市场	12	5+N年	5.18	
2016	超短期融资券	建设银行、交通银行	银行间债券市场	10	140天	2.75	
2017	类永续债	中信信托	无	5	5+N年	6.20	
2018	超短期融资券	建设银行	银行间债券市场	5	210天	5.28	
2018	超短期融资券	建设银行	银行间债券市场	5	240天	5.29	
2018	绿色债	开源证券	上海证券交易所	2.2	3+N年	5.99	
2019	绿色债	开源证券	上海证券交易所	7	3+N年	5.23	
2020	绿色债	开源证券	上海证券交易所	6.8	3+N年	3.75	
2020	六安叶集资产支持专项计划	方正证券	上海证券交易所	5.32	3+3年	4.50	
2021	永续债	中国银行、工商银行	上海证券交易所	2.2	3+N年	4.40	
2021	贵龙纵线资产支持专项计划	方正证券	上海证券交易所	10.5	3+3+1年	3.71	
2022	绿色债	中国银行、工商银行	上海证券交易所	3.3	3+N年	4.05	

续表

年份	发行债券品种	承销人	交易场所	发行金额（亿元）	期限	年利率（%）	备注
2022	绿色债	中国银行、工商银行	上海证券交易所	4.3	3+N 年	3.66	
2022	永续债	中国银行、工商银行	上海证券交易所	2.2	3+N 年	3.56	
2022	类永续债	招商银行	无	2.2	1 年	5.00	

六是打通境外低成本融资通道。2013年，在马来西亚康诺桥项目初步探索出项目设备采购的全新筹融资模式时，面对业主无预付款、进度结算采用里程碑方式、资金支付周期长的不利局面，在7174万欧元设备采购中创新采取"人民币远期信用证+外币转通知+买方付息贴现"方式，取得6000万欧元的低息融资，解决了项目前期资金困难问题，并获得直接汇兑收益，初步打开境外融资通道，为国际EPC项目的营销开拓探索出一条新路，大幅提升了竞标国际工程项目的能力和实力。2014年，与中国银行湖南省分行及迪拜子行合作，在境外开立离岸账户，在迪拜子行获得直接境外融资4300万美元，并开通工商银行全球现金管理系统，初步成功搭建海外投融资平台。自2015年以来，海外融资平台建设不断完善，陆续新增了建票通、出口风参、境外筹资转贷款、美元外债融资、欧元外债融资等新型融资工具，获取折合人民币数十亿元的境外低成本融资。

七是积极开展供应链融资。2010年，尝试开展国内信用证业务，大宗材料采购办理国内信用证支付，延长了付款周期。2016年，开始推进供应链融资，以商票保贴为切入点，以基于公司信用的商业承兑汇票取代银行承兑汇票，不占用流动资金贷款额度，不必支付保证金，简化办理手续，降低办理费用，同时强化公司信用，增强公司在交易中的议价能力。2016年，与浦发、兴业、平安、交通银行等进行深入的对接和沟通，办理商业承兑汇票5118.68万元，其中为供应商办理保贴业务4411.55万元。同年12月，中国人民银行筹建的票据交易所试运行，作为首批系统参与者通过票据交易所系统开立、贴现一笔票据。2017年，新增中国银行融易达业务，当年累计办理供应链融资11.51亿元。2018年，基于云链平台开展资产代持业务和保理债权业务，实现收益最大化；新增云信、建行e信通等供应链融资产品，二级单位集采集付多采用商票结算方式，年累计办理13.33亿元。2019年，与方正证券、中企云链合作，积极推动供应链金融ABS，2019年8月取得上海证券交易所储架额度50亿元，2019年10月首期4.91亿元成功发行，发行利率为3.7%，再创AA+评级企业同期限同类型发行利率新低，与AAA评级的中建五局同期发行同类型ABS的发行利率持平；2019年12月第二期6.05亿元发行成功。2019年，供应链融资新增电建融信，供应链平台合作银行达18家，平台供应商达677家，当年累计办理供应链融资30.21亿元。2020年，成功发行3期供应链金融ABS共19.23亿元，供应链平台合作银行年内新增5家，总数达23家，平台供应商年内新增超440家，总数已达1120多家，当年累计办理供应链融资43.10亿元。2021年，累计发行供应链ABS共14亿元，并注册ABS储架发行额度50亿元。

五、资金集约化管理

2002年，为充分发挥内部银行职能，各单位按工程结算收入的一定比例将上缴资金存入专户，最低上缴保证指标实行一票否决制，以保证各种保险基金的足额上缴。

2006年1月，下发《关于实施资金集约化管理的通知》，强力推行资金收支预算管理，总部通过建行重客系统、其他银行的集团网银系统实时上划、下拨所属单位资金，资金集约化管理得到快速发展。

2007年9月，"水电八局资金集约化管理信息系统"课题研究获得中国电力企业联合会颁发的全国电力企业管理现代化创新成果二等奖。

2008年，对各二级单位的资金考核增加资金流量考核指标，完善内部"以预算结算动态结合，成员单位、资金结算中心、合作银行三位一体"的资金网络化集中管控体系。总部、分局两级对各单位（项目）的资金支付和生产经营进行实时监控，及时掌握不同运营时期各单位的资金收支情况，实现了资金动态管理。

2010年，利用外部网上银行系统和内部资金管理系统，对分散各地的资金实行集中管理、统一调配，超额完成中国水电资金流量集中度考核指标。

2013年，精简机构，撤销龙开口、白鹤滩、银盘、溪洛渡和贵阳分部，结束资金管理部派出分支机构长达21年的历史。

2016年，中国电建财务公司新增对各子企业全口径资金集中度、局本部资金集中度、存贷比、财务公司结算比等资金考核指标。经考核，除局本部资金集中度稍有欠缺外，其余指标均超额完成任务。

2017年7月，中国电建财务公司在成都召开资金集中管理经验交流暨表彰会，水电八局被评为第一批达标企业。

2018年12月，水电八局第三年被评为中国电建资金管理工作先进单位。

2019年1月，水电八局GS系统正式上线，通过GS财务共享管理平台、各合作银行集团网银系统、中国电建财务公司资金管理平台，以及资金旬报管理制度，促进了与中国电建财务公司和银行之间的互联互通，实现了对所属各单位、各项目资金的全面集中管控，统一调配，统筹安排，充分发挥资金规模优势，加速了资金周转，提高了资金调拨、资金结算和资金支付的效率，促进了资金的集中。

2022年，下发《2022年度受限资金释放工作方案》，指导各单位做好受限资金管理工作，突破政策、合同限制归集资金，在受限资金的集中上取得有效突破。

六、中间业务

2010年，利用各银行业务特点，争取到较低的中间业务费率，对于有条件的信贷证明不按保函金额改按固定费用收费；在浦发银行、中信银行办理的1.02亿元承兑汇票不收承兑费，只收手续费。

为更好地服务于企业招投标工作，保证市场营销成功率，自2011年以来，水电八局加大与各合作银行的工作对接与联系，及时、准确、高效地开展各类银行保函等中间业务，每年各类银行保函的办理量达上千笔，保函金额达上百亿元。同时，不断加强逾期银行保函的清退工作，特别是针对敞口银行保函进行集中清理，预防保函违约风险，及时释放占用的银行授信额度，维护企业良好银行信用。

七、担保管理

水电八局严格执行中国电建担保管理办法，及时清理到期担保，有效防范担保风险；严格执行股份公司年度担保预算，没有担保预算的，不新增对外担保；办理担保业务时，优先使用自身信用进行担保。为有效控制对外担保风险，规范对外担保行为，维护公司合法权益，2022年6月，下发《对外担保管理制度》，并于当年12月进行修订。2004—2022年对外担保情况见表4-6-4。

表4-6-4 2004—2022年对外担保情况

年份	对外担保单位数（家）	对外有效担保总额（万元）
2004	4	60300
2005	4	60300
2006	4	60300

续表

年份	对外担保单位数（家）	对外有效担保总额（万元）
2007	2	22900
2008	2	22900
2009	2	22900
2010	2	22900
2011	2	2063
2012	2	1209
2013	1	1064
2014	1	732
2015	1	332
2016	5	75081
2017	3	22181
2018	5	57760
2019	5	57760
2020	4	41800
2021	2	16800
2022	1	9000

八、投资项目融资管理

2016年7月，设立中国电建首只基础设施产业投资基金"湖南水电八局基础设施管理合伙企业（有限合伙）"，与金融机构建立利益共同体，增强对投资业务发展的保障。在此基础上，根据PPP业务发展需要，加强总部与分公司的业务沟通对接，将资金管理流程前移，以投融资模式设计为切入点，及早介入投资项目，为投资项目提供及时有效的专业支持。贵州省龙里县贵龙纵线干道二期工程成为基金首个注资项目。

2017年8月，与中国电建基金公司紧密合作，成立第二只基金"中电建（湖南）股权投资基金合伙企业（有限合伙）"。同年8月，发布《投资项目融资工作指引》，为所属各单位开展投融资工作提供专业指导。

2018年，在无股东担保、以矿权质押作为增信的条件下，投资的安徽长九（神山）项目贷款成功落地，与由当地7家银行组成的银团签订了75亿元的长期固定资产贷款协议，利率为银行同期基准利率，年内实际到账29.4亿元。当年，由于国内部分PPP项目存在违规现象且与国务院、国务院国资委开展的"降杠杆减负债防风险"工作有冲突而被多地紧急叫停，多个PPP项目陷入停滞状态。

2019年，国内PPP逐渐向规范化、优质化、可持续的方向发展，投资和建设环境有所改善，加强与PPP有关各方的沟通联系，指导并促成湘西文教卫项目、衡阳界牌项目、湘西花垣项目、池州长智项目、新邵风光带项目的银行贷款落地，年内实际到位项目贷款15.93亿元。

2020年9月，与中国电建基金合作新成立合伙企业"广德中电建淳尉投资管理合伙企业（有限合伙）"，参与"尉氏县2017年城区基础设施提升改造PPP项目"投标。继续推进并促成了湘西文教卫、湘西花垣、衡阳界牌、池州长智、池州四好公路、新邵风光带、江西海赋等项目共计17.42亿元的项目贷款落地。2020年11月，六安叶集东部生态城PPP项目资产证券化作为首单央企城镇综合开发PPP资产证券化项目成功发行5.32亿元，解决PPP项目陆续进入运营期后出现的资金回收周期长、资产流动性不足问题，盘活现有PPP项目资产，提高项目资金流动性，拓展了社会资本退出路径。

2021年12月，通过转让湘西经济开发区双河文教卫新区PPP项目60%股权给中电建（湖南）股权投资基金合伙企业（有限合伙），实现湘西双河项目出表。同月，1~4期PPP项目资产支持专项计划首期10.5亿元成功在上海证券交易所发行，为后期PPP项目资本退出提供了范例。

2022年，通过设立的广德中电建淳尉投资管理合伙企业（有限合伙），参与"罗田引莲入城PPP项目"投标并实现项目出表。年内，推进并促成了长九公司、长峡浠水公司、长九新材料（广东）等项目共计27.42亿元的项目贷款落地。

第三节　资产管理

一、从"以资产为纽带"向"以资本为纽带"的经济责任制转变

自1997年以来，建立"以资产为纽带"确立了内部经济关系及其相匹配的考核招标体系，确立了工程局与二级单位、直管项目之间的经济制约关系。通过资产占用回报反映在所属单位的权益，有效实现所有权与经营权的分离，在管理理念上实现从纯资产管理向资产经营的转变，使企业效益的增长方式从粗放型向集约型转变，促使各级领导管好用好现有资产。

2003年，修订资产回报考核，资产保值费按分类折旧水平调整倍数、系数，设定设备新旧系数，以鼓励各单位充分利用旧设备，发挥新设备的使用效率。

2005年，下发《关于开展水电八局在湘土地资源资产调查工作的通知》。

2015年，开展模拟法人运作，科学分配财务资源，建立高创单、高创收、高创利的财务资源配置模型，将历年积累对各二级单位进行模拟注资，总部与各二级单位之间的管理关系由"以资产为纽带"向"以资本为纽带"转变。向4个板块公司、7个专业公司注资33.78亿元，此次财务资源配置，强化了二级单位"法人"责任，对资产规模增长、负债水平控制、所有者权益保值增值承担全面责任，督促各单位提高运营能力和管控效率。

2016年，根据公司产业结构布局，将原二公司4.06亿元权益，按公平分配的原则，以接收单位的资产总额、营业收入、合同存量为基准进行资源配置，进一步优化内部资本配置，推动公司模拟集团化法人运作。

2018年，通过对所属单位创收能力、创效能力和资产规模增长能力的分析，继续对各二级单位进行模拟增资。进一步推进内部市场化运作，强化法人责任，促进各单位良性竞争，提高自身运营能力和管控效率，增强自我经营积累能力，确保国有资产保值增值。

2020年，通过对所属单位创收能力、创效能力和资产规模增长能力的分析，继续对各二级单位进行模拟增资。向4个板块公司、3个专业公司注资20.13亿元。

二、清产核资工作

2003年，下发《关于转发财政部、水利水电建设集团〈清产核资工作方案〉等有关文件的通知》。各级单位积极开展账务清理、资产清查等工作。

2004年，成立清产核资领导小组和工作小组，财务部门牵头组织开展清产核资工作。下发《关于上报清产核资资料的通知》《关于统计清产核资未被认定损失项的通知》《清产核资党政联席会议专题纪要》《关于调整水电八局清产核资和主辅分离改制分流工作组织机构的通知》等多个有关清产核资的工作文件。此次列入清产核资的单户共155个，二级汇总单位42个。通过清产核资工作，反映申报并经中介机构审核认定的损失共计17282.48万元，为企业资产总额的7.55%。中国电建被授予"清产核资先进集体"荣誉称号，3人获评"清产核资先进个人"。

2005年，制定下发《水电八局"账销案存"资产管理实施细则》《关于组织开展清产核资检查工作的通知》。

2006年，下发《关于抓紧对"账销案存"资产进行处置的通知》。对清产核资原制度损失1.44亿元的"账销案存"资产，在2006年完成实物资产形态的销案工作。同时，按照中国水电"账销案存"资产处理程序进行申报和批准。所有的"账销案存"资产全部公开对外招投标处理，处理净收入由总部与二级单位分成，盘活闲置资产，有效防止资产流失。

三、"资产经营"管理工作（含债权管理及债权催收、闲置不动产处置、抵消无效资产处置）

2006年，下发《关于规范内部单位结算行为的通知》，对历年来形成的内部债权债务进行全面清理，同时加大外部债权催收力度。

2007年，下发《关于调整工程局与二级单位若干财务会计业务规定的通知》，理顺工程局与各二级单位的资金资产关系，减轻二级单位的历史包袱；同年下发《关于及时清理内部债权债务的通知》，进一步规范局内部单位之间的经济结算行为，理顺财务核算程序。

2008年，下发《关于及时清理内部债权债务的通知》等与债权催收工作相关文件和年度债权催收考核指标，全年实际收回债权6446.90万元，完成催收计划的115%。认真做好地震灾害损失专项认定及评估工作，确认地震灾害造成的直接损失，按期完成整体改制的调账、建账工作。

2012年，建立债权性资产管理制度，成立清欠领导小组，明确责任部门和责任人员，按年度下达各单位债权催收指标，各单位按季上报资金回收统计表及收款凭证复印件，全年共计回收债权20亿元。

2013年，重点加强对期限较长的债权进行催收，确保外部债权及时收回，降低坏账损失。对3年以上因采购产生的债务，在资金有保障的前提下，开展清理、支付工作，提高声誉，降低运营成本。对所有设备、不动产等资产进行全面清查，并按照资产属性及使用状况，建立资产档案库，将设备分为优良资产、中性资产和不良资产，开展以"盘活生产设备，提升资产价值创造能力研究"为管理提升课题的研究。建立《项目财务信息档案库》，内容包括项目收入、成本、资产、债权债务、现金流量等财务信息，重点关注债权债务、现金流量的分析，突出项目"现金蓄水池"功能，强调趋势分析，准确把握项目运行的规律和特点，合理预测未来的经营状况，做好风险防控措施。

2014年，对所属房产进行清查工作，将处置闲置不动产转为企业效益，增强资产流动性，完成昆明春城佳墅和贵阳兴关路67~71号房产转让，处置收益达1250万元。通过对应收账款的清理、分类，对其中10.80亿元开展应收账款保理工作，盘活应收账款，变"数字财富"为"银行财富"，增加资金供给，改善资产结构，提高资产运行效益。强化债权清欠，加快资金回笼，1~3年应收账款余额4.25亿元，比年初降低9.38%；3年以上应收账款余额1.38亿元，比年初降低13.21%。

2016年，下发《债权债务核销管理办法》，按债权债务类别、金额大小拟定不同的处理方法，规范核销程序，强化债权债务系统化、程序化管理。开展资产风险清查工作，明晰资产管理责任，规范资产管理行为，强化风险管理意识，提高资产使用效率，保障资产安全，从资产结构、价值、性质等多层面反映各单位资产状况。清查结果显示，截至2016年6月30日，应收款项回收风险4.07亿元，实物资产风险0.52亿元。组织清理资本回报长期低于最低回报要求且无发展前景的资产，对部分闲置不动产及低效股权进行处置：一是昆明上海商盟大厦办公用房、成都国腾科技园办公用房已用于出租；二是昆明日新小区房产已在北京产权交易所挂牌，挂牌价为400.48万元；三是将公司持有的贵阳阳光医院26.34%的权益以及江河物业管理有限公司60%的权益进行转让，股权转让价共计为368万元。

2017年，下发《2017年降杠杆减负债防风险实施方案》，组织清理各单位风险债权情况，逐一进行风险评估，建立分级管理机制，制定专项考核制度，加大奖惩力度，全力推进应收账款催收工作；建立应退未退保证金清单，积极开展保函替代保证金工作，做好工程建设保证金清理工作；加大闲置不动产盘活、处置工作力度，完成大王家巷房地产棚改征收、成都抚琴西路7套房产的对外处置工作，取得补偿及处置收入约2000万元。

2018年，通过专业化的评估公司及产权交易机构将低效运营的资产变现，取得处置收入达1.06亿元，其中武穴项目砂石系统收入9800万元，成都抚琴西路办公楼、昆明日新小区等房产处置收入800万元。推进武汉基地土地征收工作，以及东江基地棚改和贵阳基地土地收储的报批工作，通过与政府多轮谈判磋商，最终以较高的补偿价格完成框架协议的签订，预计获得货币及资产补偿收入4.6亿元。

2019年，从严从实开展年度风险债权专项考核，加大奖罚力度。深入研究资产证券化工作，跟进中国电建、金融机构等提出的应收账款ABS、质保金ABS等，及时提供合格入池资产。完成武汉基地土地征收、常德片土地收储等工作，创利4.8亿元。

2020年，推进长期挂账债权债务的核销清理工作，及时核销长期挂账的呆账、坏账。

2021年，出台"两金"专项考核管理办法，强化"两金"管理考核，全面构建"两金"压降工作的激励与约束机制。加强应收账款精细化管理，建立应收账款多维度的统计台账，按月报送"两金"报表督促各单位及时组织催收。适时适度开展应收账款保理、ABS等金融业务，实现资产的提前出表。

2022年，加强债权催收日常管理，制定应收债权管理台账，按月通报债权催收进展，建立"总部机关—二级单位—项目"三级督导机制。强化对项目的债权督导，将法律催收作为逾期债权催收的有效补充，创新债权催收手段和方法，以合同为准绳，积极与业主进行协商谈判，通过提高合同支付比例或保函置换等有效途径，提前实现资产向资金的转换，其中14个项目实现保函置换保证金2.56亿元，6个项目实现合同支付比例不同程度的提高。完成长沙房地产公司和湖南金光华海赋房地产公司、新能源公司的股权处置，清理股权投资19183.06万元、债权7292.94万元，实现投资收益7766万元，有效增加资本积累。启动绿筑科建公司股权及债权转让工作，完成绿筑科建公司股权转让事项的审计和评估工作。

四、"三供一业"分离移交工作

2014年，以"抓住机遇，主动推进，规范操作，分期实施"为工作思路，主动、及时地与长沙市国资委、长沙市供水公司和供电公司对接，水电八局成功纳入长沙市"三供一业"工作重点试点企业范围。

2016年，长沙片区5个生活小区供水改造移交完成，供电改造基本完成，南托基地丰和苑小区已改造未移交。南托小区绿化改造、屋面防水等部分项目改造基本完成。2016年8月，收到第一批"三供一业"分离移交财政补助资金924万元；2016年9月，第二次申报分离项目改造资金1331万元。

2017年，建立"三供一业"月度工作例会制度，制定"三供一业"考核管理办法，完成长沙片区、东江基地、常德基地等5个物业移交框架协议的签订。

2018年，所有分离移交项目申报材料均通过国务院国资委审核，收到中国电建拨付"三供一业"补助资金5290万元。完成7个供水供电项目及9个物业项目的正式协议签订及移交工作，非经营性资产移交基本完成无偿划转手续。

2019年，全面启动"三供一业"非经营性资产移交、项目竣工决算及资本清算等审计鉴证工作，2019年12月31日前完成所有项目维修改造施工。

2020年，提前完成"三供一业"国有资本经营预算的清算审计，顺利完成历时数年的"三供一业"分离移交工作。

第四节　投资及产权管理

一、投资管理

20世纪80—90年代，提出"一业为主，多种经营"的经营思路。到90年代初期和中期，全国水电施工企业"多种经营、对外投资"一哄而起。这一阶段，投资缺乏理性，内控监督机制不完善，投资联营企业大部分经营艰难，甚至自行倒闭或停业，水电八局投入的资产（资金）相当一部分无法收回，造成较大损失。1996年，制定《水电八局投资管理试行办法》。2004年，结合清产核资对外投资中的损失及存在的问题，下发《水电八局投资管理办法》，对投资的权限、决策、监管作出明确规定，对投资项目的评估、论证、决策和风险防范实行严格管理，建立健全对外投资管理监督体系，建立有效投资风险防范机制。

2004年，成立湖南恒丰投资置业有限公司。是年，成立湖南朝阳房地产开发有限责任公司。

2006年3月，成立投资管理部，以加大投资管理力度，提高投资效益。

2006年，清理投资子公司，对一些经济效益不好、管理难度大、无持续经营能力的子公司实行关、停、转政策，彻底关闭润东制管厂和科艺印刷厂。

2014年，补充BT、BOT业务财务管理办法，新增投资管理、财务分析等内容，突出了"经营财务"理念；对日常业务从流程、核算、管理等方面进行规范化，推进财务管理标准化建设。

2016年，通过以产权登记清查为契机，完善股权投资管理台账，实时监控投资项目股权结构、投资收益变动情况，并理顺投资核算关系，明确工作流程，规范投资行为。

2017年，深度介入投资项目经济策划、投资评审、市场调研等工作，建立投资项目前期财务评审清单，梳理投资收益管理流程，规范PPP项目财务核算流程。出台《投资收益管理办法》，明确项目公司资本金回收方式，完善二级单位投资收益管理机制，助推二级单位模拟法人运作实施。

2018年，建立投资项目动态管理机制，重点监管投资收益率异常的项目，关注成本费用开支合理性、股东出资及时性等情况，防范投资风险，确保投资项目经济效益。

2019年，加强对整体投资规模控制，严控无效、经济增加值不高的项目。在产业投资及PPP项目的项目立项、投融资方案设计等前期策划时，全面评价项目的财务指标及相关风险，提出专业意见，充分发挥资产的运营使用效率。坚守不能推高公司整体资产负债率、投资规模不超过净资产50%的红线，着力确保投资项目的经济效益与国有资产的增值保值。对已实施的投资项目实行动态管理，重点监管投资收益率异常的项目，高度关注项目回购款是否到位、成本费用开支合理性、股东出资及时性等情况，降低风险资产规模。

2020年，加强投资项目财务监管，介入新增投资项目研判和投资项目后评价工作，建立项目回款监控机制，引导财务资源向高回报领域流动。严格控制投资规模，关注投资回款，降低投资风险。一是以融定投，结合企业战略及自身财务资源与能力，把握投资节奏与投资方向，注重产业投资规模，如砂石料矿山、PVC构建等产业投资，有序开展小比例投资带动施工总承包业务等；二是以处促投，做好"压资产、增资源、内循环"工作，盘活企业现有资产，开展资产证券化工作，资产变资金，增加工程局可用财务资源，实现投资可持续开展；三是以效评投，加强投资立项环节投资收益率的评审，注重投资项目过程管控，做好投资项目运营后投资收益的回收及再评价工作。工程局BT、PPP投资项目达到预期，项目回款正常，2020全年完成投资回款27.94亿元，超额完成年度回款任务，大幅降低投资回款风险。

二、产权管理

2000年，制定《实行公司制改革总体方案》，提出从企业实际情况出发，通过调整产业结构，转换经营机制，力求构建产权清晰、权责明确、政企分开、管理科学的现代企业制度。

2006年，加强投资及产权管理，办理湖南腾达科技有限责任公司的产权占有登记、湖南朝阳房地产有限责任公司的产权变更登记、云南大朝山电站工程建设"八三"联营体的产权注销登记，及时办理国有资产产权占有、变更、注销登记及产权报表编制。

2011年，加强厂办大企业管理工作，明确国有资产权属关系，确保国有资产保值增值；清理内部三角债，确保内部经济秩序及结算的畅通。

2014年，完成淮安茂华房地产项目、南昌梅湖截污工程项目等投资项目的财务尽职调查工作，加强对投资项目投资成本、投资收益等价值的管理，并及时进行产权确认、变更等相关工作。

2015年，对11家全资子公司和对外参股公司及集团内控股投资公司进行全面清查，理顺产权关系，完善产权占有登记。

2016年，持续开展产权登记清查工作，对产权登记的及时性、完整性、规范性进行核查。核查显示，应办理产权占有登记的单位13家，变动登记的单位4家，其中有2家单位未及时办理产权占有登记、2家单位未办理变动登记，已按规定补办产权登记，完善产权登记档案。

2017年，下发《水电八局产权登记管理办法》，明确部门产权管理职责，梳理产权登记工作流程，全面清查法人机构情况，更新产权登记信息，强化国有资产管控，实时监控投资项目股权结构、投资收益变动情况，理顺投资核算关系，进一步规范投资行为。同年，推进长沙融城医院股权变动事宜。

2018年，在国务院国资委产权系统共提交了3项产权登记事项，其中占有登记1项，变动登记2项。

2019年，对产权管理工作进行自查，重点对2018年1月至2019年5月应进行产权登记事项进行核对，自查内容包括所有股权投资及新设立公司是否应办理产权登记管理、应办理产权登记的公司是否已填报到产权管理系统、纳入报表合并企业户数是否与办理产权占有户数一致，并对产权登记系统中尚未通过上级审核的单位进行了内容的复查与补充。

近年来，水电八局严格按照《国家出资企业产权登记管理暂行办法》及《中国电力建设股份有限公司产权管理办法》的相关规定，按年度组织开展产权登记核查工作，并在年度终了后90天内，完成产权登记自查，出具年度产权管理工作报告，确保产权登记的及时性、准确性、完整性。

第五节　成本管理

1999年，提出学习邯钢成本管理经验，以下岸溪砂石项目部、洪江施工局为试点单位实施目标成本管理。2000年7月，下发《水电八局目标成本控制管理办法（试行）》，指导各单位、项目逐步建立起目标成本管理体系。2001年4月，下发《工程项目目标成本编制管理办法》，在所属11个单位（项目）重点试行实施目标成本管理，深化完善内部责任成本管理体制。2002年，制定下发《关于编报目标成本控制报表相关事项的通知》，规范各单位目标成本控制报表的编制、报送。在这一阶段，目标成本管理初见成效。

2004年，下发《关于建立收入与成本费用实时反映、实时监控机制的指导意见》，各二级单位及所属生产经营项目建立收入与成本费用的实时反映、实时监控机制。

2004年下半年，筹划"成本实时监控软件"研发工作。2005年1月，开始项目成本实时监控软件的立项、研发及试运行，于2006年9月通过阶段验收，并在惠州施工局进行初始化验证和试点运行。随后下发《关于项目成本实时监控软件培训及推广应用的通知》《关于举办项目实时监控软件培训班的通知》，对各分局（厂）本部、局直属项目、责任方联营体以及经分局确定应用项目的经营人员、财务人员、成本控制人员进行培训。

2007年，下发《关于进一步加强目标成本管理和成本实时监控的通知》，要求各单位成立专职或兼职目标成本管理机构，根据项目中标情况及自身特点及时编制目标成本指标，并做好项目成本控制的前期规划。同时，将成本管理和成本控制的各项经济指标纳入各级经营管理者的年薪考核体系，强化经营管理者的责任。构皮滩大坝"八九"联营体、二分局草街施工局、基础分局构皮滩渗控项目部等大型项目相继实施成本实时监控机制，成效显著。

2010年，开始审定各单位所辖项目的目标成本，要求各单位按季度编制目标成本报表并上报。年末，评选出一批成本管理优秀的项目进行表彰，并按文件规定，核定其目标成本余额，进行奖励。

2011年，加强目标成本的管理，对重点监管的项目，要求其编制上报目标成本报表；加强成本分析与总结，每季度重点对未完施工进行专项分析，降低潜亏风险，真实反映企业经营业绩。

2012年，水电八局成立成本控制管理中心，归经营部管理。

第六节 预决算管理

一、全面预算管理工作

2002年，首次成立预算管理委员会。

2007年，开始实行全面预算管理，组织各单位编制2007年度财务预算和资金预算。

2010年，加强资金的预算管理，严格执行年度预算，资金的收缴、使用严格按预算执行，预算外的资金使用必须按程序先申报审批。

2013年，制定《水电八局全面预算管理办法》，梳理全面预算管理及预算编报流程，明确业务部门职责，强化先业务预算后财务预算的要求，改进预算考核机制，提高预算的控制作用。

2016年，优化预算管理体系，推进"三下两上"的业财融合预算工作流程，加强年度预算批复目标与经营责任书考核指标的衔接，改变以往全面预算管理与绩效管理"两张皮"运作，预算管理流于形式的状态，使预算管理的导向作用落到实处，提升规划企业运营的效率。

2017年，修订《公司二级单位经营责任人业绩考核评价办法》相关考核文件，密切预算与考核的联系，推进全面预算管理从源头到最终考核的全过程管理。以全面预算规划企业运营，以绩效考核调控企业方向，以风险管理保障企业发展，深入全面实践管理会计，为企业管理提供强有力的支持。加强预算过程的监控，通过对季度、半年度预算执行的分析，动态掌握预算执行进度，提出控制目标和措施。

2018年，将预算与投融资管理、风险管控、业务发展全方位对接，分解落实战略发展目标，长期战略规划与年度具体行动方案紧密结合，通过年度预算目标与经营责任书考核指标的衔接，有效提升全面预算管理对企业战略的支持能力。

2019年，持续推进全面预算管理，将资金流、实物流、业务流、信息流、人力流等整合。

2021年，健全并完善以预算监控为手段，以预算、考核为约束的预算执行保障体系。年初下达关键指标预算目标，并与经营业绩责任书考核值有机统一。每季度末开展预算执行分析，对指标执行不力、风险管控不严的二级单位进行督导。根据市场变化及风险因素开展年中预算调整工作，实现预算刚性约束与生产经营动态调整的最优契合。

2022年，持续优化业绩考核体系，完善任期制和契约化管理制度体系，压实各层级降本增效责任，并将减亏治亏工作融入年度经营业绩考核，引导各单位做好亏损治理工作，逐步降低亏损存量。

二、决算信息质量管理

2007年，积极参加集团公司改制上市工作，按《建造合同准则》的要求，配合完成对2005年、2006年、2007年上半年的"两年一期"账务调整及报表编制，同步完成资产评估及资产剥离等工作。

2008年，修改完善会计核算体系，细化执行《建造合同准则》的程序和要求，下发《关于执行〈建造合同准则〉实施细则补充说明的通知》。

2009年，建立并完善《建造合同准则》执行体系，构建"工程局—二级单位—项目"三级管控机构。通过前期经济活动分析策划测定项目的毛利水平；通过各个季度合同预计总收入、预计总成本的上报与审定，把握建造合同执行过程；期末分析建造合同执行结果，分析未完施工及潜亏潜盈，确保项目处于受控状态。建立财务风险管理主要量化指标体系，要求各单位针对风险建立相应的风险防控预案。

2010年，完成"《建造合同准则》执行管理与提高"科研课题，完善《建造合同准则》执行体系。

2011年，明确内部分包单位从2011年第四季度开始不再执行《建造合同准则》。严格控制未完施工的增长，关闭大部分完工或停工3年以上的项目，消化了部分风险较大的未完施工挂账项目。建立国际项目毛利分成制度，建立国际业务发展调节基金，平衡国际业务经营风险，实现收益共享、风险共担。

2012年，制定《财务会计报告实施细则》，规范财务会计报告的编制、披露、分析、考核，确保财务会计报告真实、准确、完整、及时、合规、安全。开始按月编制涵盖公司财务、资金、审计各项信息的财务简报。组织编写项目财务管理手册，按项目前期、项目实施阶段、项目尾工三个阶段明确了财务管理需要开展的工作，并制定了相应的工作程序和行为准则。将财务报表的预算偏差、决算偏差纳入各二级单位经营责任人年度薪酬考核，提高会计信息质量。其中，预算偏差度从应收账款、存货、资产总额、营业收入、利润总额、内部融资6个方面进行考核；决算偏差度从资产总额、应收账款、营业收入、利润总额、经营性现金流净额5个方面进行考核。通过建立考核机制，对报表数据进行日常检查、及时分析偏差率，提高财务预算报表、财务快报的信息质量。

2013年，制定《水电八局财务会计报告评比办法》，切实提高财务会计报告信息质量，实现财务会计报告评比量化及标准化工作。修订《建造合同实施细则（国内工程项目部分）》，进一步规范合同总收入、总成本的编制和调整要求，明确了预计合同损失的计提和转回程序。

2014年，充分利用数据资源，开展季度、年度财务分析，将全面分析与专项分析相结合，初步搭建财务预警机制，重点关注盈利能力分析，发现问题、提出解决问题措施。创新业绩考核体系，发挥考核导向作用。新的业绩考核体系以企业利润、经济贡献、财务质量为考核重点，开始构建以"质量效益"为导向的经营业绩考核体系。

2015年，从财务指标、财务状况、经营效益、投入产出、资金流量等角度，以财务分析为手段，搭建财务风险预警体系，提高财务信息使用效率，提升财务对管理层决策的支持能力，先后开展资产负债率分析、公司资产效率摸底分析、股权收购分析等工作。强化财务数据的动态控制工作，按季度通报各二级单位财务数据并开展定期"晒指标"工作。

2016年，编制月度内部财务情况表并按月通报，动态监控关键财务数据，对重要财务指标执行情况进行预警。

2018年，建立财务内部定期沟通机制，按季度召开由总会计师主持，财务部、资金管理部和各单位委派总会计师参加的座谈会。

2019年，建立资产负债率动态预警监控机制。每月初预测当月资产负债率及"两金"指标，动态监控公司资产负债率变动，月末分析偏差，调配财务资源，强化风险管控，全面落实"降减防"工作要求。对逾期应付民营企业账款进行了全面摸排统计并合理安排清欠，在2019年12月底全部完成无分歧逾期账款的"零拖欠"任务。

2020年，执行新收入准则，以合同为核心，按五步法确认收入，进一步增强合同意识，促进业财融合，规范管理，提升收入信息的质量和透明度，并提高企业间收入信息的可比性。完善业绩考核办法，在与各二级单位签订的经营责任书中，引入基准利润和目标利润概念，从多个维度考核二级单位利润完成情况，纠正二级单位只重视规模、盲目扩张的短期行为，引导二级单位将自身有限的资源投入更有优势、更高回报的项目中，提高资源投入产出比，引导价值创造方向。

2021年，紧跟会计政策变化，完成租赁与PPP项目核算的新旧准则转化工作。定期总结编报难点与易错点，解决报表编报痛点问题，促进报表编报质量提升。

2022年，制定亏损治理五年消化规划，将年度预算目标细化分解为"新开工及当年外揽收入利润"与"存量项目收入利润"两类进行管理。将亏损治理与提质增效有机结合，对存量亏损项目进行动态管理，预期效益出现较大波动时及时深入地分析原因，透过财务报表数据看业务本质，促进生产经营管理升级，切实减少亏损存量。新开工项目严格落实包保责任制，严控亏损增量。

第七节　税务保险管理

一、税务及高新管理

2004年，被湖南省国税局和地税局联合授予"湖南省纳税信用等级A级单位"的荣誉称号。

2006年，荣获湖南省地方税务局、湖南省国家税务局"2004—2005年度A级纳税信用单位"称号。

2007年，通过减少纳税调增事项，争取税收优惠政策，申报抵免税项。根据技术开发费用可以按50%加计扣除企业税前所得的政策，做好技术开发费的核算归集和申报工作。根据经批准立项的国产设备投资的40%部分直接抵免企业所得税的政策，做好项目认定和投资确认申报工作，取得了利润大幅增长、企业所得税负担基本不增加的效果。

2011年，国家税务部门完成对水电八局2007—2009年发票检查及税务稽查工作，完成2010年企业所得税清缴工作。水电八局获评"2008—2009年度A级纳税信用单位"。

2012年，水电八局通过"高新技术企业"复审，继续享有高新企业15%企业所得税税率的税收优惠，被湖南省国家税务局、湖南省地方税务局授予"2010—2011年度纳税信用等级A级企业"称号。

2013年，强化境外项目税收筹划工作，取得乌干达卡鲁玛项目、尼日利亚宗格鲁项目、委内瑞拉重油项目3个境外项目的免税证明；完成哥斯达黎加TORITO水电站机电设备安装工程、越南中宋水电站机电设备安装工程、巴基斯坦贝拉水电站机电设备安装工程3个合同的免税备案工作。完成"湖南江海科技发展有限公司"高新技术企业认定工作，承担电建集团"研究开发费科研经费管理办法和完善科研收支财务核算体系"课题研究工作。获得"长沙市雨花区政府纳税大户"以及"2012—2013年度湖南省纳税信用A级单位"荣誉称号。

2015年，高新技术企业的申报获批准，持续享受高新企业15%企业所得税税率、研究开发费加计扣除等税收优惠政策。

2016年，依据国家出台的"营改增"政策，梳理调整各项业务流程，规范票据管理，细化合同管理，制定过渡期政策，解决了营业税遗留问题，实现"营改增"平稳过渡。指导铁路公司武汉地铁8号线项目、管片厂进行增值税税收筹划，寻找税负控制点，通过税务管理提升获得项目收益；参与PPP项目税收筹划工作，介入项目经营管理。进一步规范研发费用归集管理，在提升技术竞争力的同时充分享受税收加计扣除优惠。2015年度企业所得税汇算清缴享受5931.25万元税收优惠。

2017年，通过高新技术企业及研发费用企业所得税前加计扣除等税收优惠政策，2016年度企业所得税汇算清缴享受5456万元税收优惠。

2018年，通过高新技术企业申报认定。通过高新技术企业及研发费用企业所得税前加计扣除等税收优惠政策，2017年度企业所得税汇算清缴享受4664万元税收优惠。

2019年，及时、准确把握税费优惠，应享、尽享改革红利，增值税税率下调减少增值税应纳税额1800万元；高新技术企业资质实现税收收益2990万元；研发费用加计扣除增至2.83亿元，较2017年增长72.42%，实现税收收益4260万元。基于建筑行业的现状，认真研究环保税政策，对征收环保税的项目开展调研，着重分析环保税征收对项目成本、税收风险以及纳税管理等方面的影响，并提出相应的纳税筹划方案及对策建议。加大对项目的帮扶力度，建立定期沟通机制，指导长九公司资源税纳税筹划等重大税务事项。

2020年，深入研究个税新政，开展新个税政策下境内外员工收入申报及个税汇算清缴工作专项研究，完成首次个人所得税汇算清缴工作。充分享受税收优惠，通过高新技术企业及研发费用归集等享受7181万元税收优惠。

2021年，注重投资项目的税务筹划和税务风险识别，编制完成浠水项目、阳西项目等重大项目税务筹划方案。持续优化商业保险统保管理工作，全面整合企业资源，形成规模优势，降低投保成本，提高保险覆盖面，提升保险产品性价比，均衡企业资源配置。

2022年，充分享受税收红利，在国家进一步加大增值税期末留抵退税的政策窗口期，积极梳理符合退税条件的分公司、子公司并对接属地税务机关，取得7912万元增值税留抵退税。成功化解湖南海赋电建工程管理有限公司税务风险，在最短时间内与税务机关达成一致意见，节省税金2200多万元。2002—2022年上缴税收情况见表4-6-5。

表4-6-5　2002—2022年上缴税收情况

单位：万元

年份	上缴税收额
2002	3444.50
2003	4980.10
2004	7366.03
2005	10258.50
2006	12588.80
2007	15267.00
2008	21150.59
2009	29081.16
2010	31043.43
2011	42713.52
2012	51540.08
2013	59375.82
2014	64283.83
2015	61791.20
2016	88655.33
2017	53454.46
2018	55179.10
2019	69658.57
2020	76158.63
2021	86222.63
2022	129500.31

二、商业保险统保管理

2013年，下发《关于成立商业保险工作管理机构及实施统保工作有关事项的通知》，全面启动商业保险统保工作，规范商业保险险种，扩大保障面、降低保险费率、加快赔付处理速度，充分发挥商业保险风险防范作用。

2014年，制定《商业保险管理办法》，规范商业保险险种，扩大保障面，做到了职工、派遣劳务、外协人员的全覆盖；降低保险费率，人身保险费用节约近千万元，商业车险享受七折优惠；提高受偿额度，将以往大部分项目人身险的赔偿限额从25万元左右统一提高到50万元左右；提升索赔效率，在提供索赔资料后5个工作日内就及时得到赔付。

近年来，水电八局持续优化商业保险统保管理工作，全面整合企业资源，形成规模优势，降低投保成本，扩大保险覆盖面，提升保险产品性价比，均衡企业资源配置，有效维护了企业资产安全。

第八节 财务信息化建设及管理

一、财务共享前，财务信息化建设时期

2001年前，普遍采用手工记账，根据日常发生的经济业务制作凭证、登记相应账表，手工出具财务报表。2001年，本部实现计算机电网运行，摆脱手工记账，实现会计财务处理电算化。各二级单位及大型项目的会计电算化工作全面铺开，财务工作步入电算化管理轨道。

2003年，先后投入资金220万元建设财务信息系统，2003年11月率先通过中国水电会计电算化整体验收，承办"中国水电财务信息系统建设经验交流会"。

2004年，制定《水电八局会计电算化管理制度》，建立远光财务实时信息系统，开通财务处与各二级单位、直管项目财务专用电子信箱，组织对90个单位财务会计电算化验收，通过率为95.6%。同年，举办财务管理信息系统高级培训班并参加地方财政系统培训，派选高中级会计人员进入高等学校学习，会计人员继续再教育普及率达100%。参加中国会计协会电力分会财务会计知识大奖赛，获得团体第一名、两项个人第一名和一项个人第二名的好成绩。

2009年，全面启动实施用友NC财务集中管理软件，2009年5月14日完成测试工作，2009年6月初完成4期实施NC软件操作培训，截至2009年11月15日，186个内部单位成功应用用友NC财务软件。

2012年，继续完善和优化财务管理信息化系统建设，梳理财务业务流程，寻找信息化与财务业务的结合点，通过信息化进程，优化财务业务，提高工作效率，提升财务管理水平。积极推进项目综合管理信息系统的建立，拟实现业务系统和财务系统的一体化。

2013年，搭建费用管控平台，强化费用管控。以"防范支付风险，强化费用管控"为理念，在水电八局及二级单位推广费用管理控制系统，通过"费用申请、借款管理、领导审批、预算管控、费用报销"等功能，实现两级总部日常费用集成化、网络化管理，提升费用管控水平。

2014年，上线费用控制系统，实现费用报销流程标准化，将日常费用报销批准和资金支付手续合并，简化费用报销流程，提高了财务信息的及时性、准确性。开展"账表一体化"试点工作，推进会计核算标准化，成功搭建"NC财务系统"与"久期报表系统"自动取数平台，提高了财务报表的编制效率和准确度。

二、财务共享建设时期

2016年，水电八局被选定为中国电建首批财务共享试点单位，开始积极探索财务共享服务模式。开展前期调研及建设规划工作，先后走访中国中铁、中国建筑等10余家建设成熟的财务共享中心进行对标学习，探索财务共享建设思路。

2017年，制定《水电八局财务共享实施方案》，方案内容结合水电八局业务需要和管控要求，遵循"实用性、先进性、前瞻性"建设原则，明确"业财资税一体化"的建设目标。2017年10月，方案通过党委会审定，批准财务共享项目立项。同年，组建财务共享建设领导小组及工作小组。

2018年，经过项目准备、需求调研、蓝图设计、标准化建设等阶段，建成"模块功能集成、系统数据集中、业务涵盖全面、多级协同应用"的财务共享服务平台，达成"业财资税"一体化目标。主要建设历程如下：

（1）甄选软件系统合作商。邀请用友、久其、浪潮3家软件商进行现场测试，最终根据产品报价情况、项目实施和服务水平选定浪潮公司作为软件系统合作商。2018年5月，软件合作商咨询规划人员入场，对项目进行资源分析、现场调研，明确总体进度安排和里程碑节点。

（2）业务流程的梳理与再造工作。对业务流程、审批流程、核算流程进行标准化和规范化梳理，形成企业"统一人员管理、统一资金结算、统一核算政策、统一信息平台"的"四统一"管理。编制《财务共享中心业务流程方案》《财务管理信息系统应用实现方案》《资金管理需求分析报告及实现方案》《增值税管理需求分析报告及实现方案》《主数据系统应用实现方案》《异构系统集成实现方案》共六大业务系统方案，梳理形成11大类业务流程、78个子业务流程。

（3）基础数据的去重与清洗工作。对原PM系统和NC

系统数据进行去重及验伪，增加"统一社会信用代码"为客商唯一识别码，对接"企查查"，对系统中的错误数据及冗余数据进行删除，补充必要的基础数据。建立"主数据管理系统"，统一标准、规则、数据源头、责任部门，实现主数据在各业务系统和财务系统之间的数据共享，解决数据管理分散化、数据入口多、数据标准不一致、数据无法共享等问题。

（4）应用系统的建设与集成工作。搭建涵盖网上报账、资金管理、税务管理、资产管理、总账管理、主数据管理等24个业务管理模块的财务共享系统，并与PM系统、HR系统、OA系统、银企直联、航信税务等业务系统集成对接，实现系统一键登录，信息全程共享。

（5）办公场地的装修及人员招聘。选址长沙，对科研综合楼四楼、五楼办公地点进行装修，打通隔墙，削低卡座隔断，建立开放式大通间布局。同期制定《财务共享中心人力资源与组织设计方案》，明确员工招聘方案、财务共享中心及各业务组工作职责、岗位说明书，组织开展人员招聘笔试和面试，择优录用。录用人员按照业务需要分批进场。

2019年，水电八局财务共享服务中心正式揭牌成立，与财务资金部合署办公。年初，首批5家试点单位陆续上线。成立"财务共享与业财一体化推进组"，联合二级单位进行理念宣贯、工作指导、问题收集等工作；建立上线帮扶制度，出台《上线单位初始化工作指导手册》；组织上线培训，全年累计培训13场，共计1235人次。年底完成境内单位全面推广目标，原财务核算软件用友NC同步终止录入功能，仅保留查询权限。开展"账表一体化"工作，完成财务共享项目的验收工作。

2020年，成立海外项目组，探索海外财务共享服务模式。通过为期9个多月的建设，对在东南亚、中东和非洲等地区的项目进行试点，随后于2021年全面推广。制定《财务共享中心运营管理办法》，包括系统管理、服务管理、培训管理、轮岗管理、现场6S管理、风险管理、绩效管理等10余项内容。组织编写《水电八局境内业务指导手册》，指导上线单位业务办理。作为中国电建首家海外财务共享上线单位，水电八局在构建海外财务共享方面的探索和所用时间具有重要的现实意义，在强化境外项目管控、提高境外整体信息化水平、实现境外业务标准化/规范化方面发挥了重要作用。

2021年，上线数据分析平台，完成资金、融资及票据等11个主题的分析展板开发。依托数据分析平台、财务机器人等智能化应用，构建了数据资产体系，使"业财资税一体化"的财务共享平台升级为"数智一体化"的管理应用平台。应用8个财务机器人业务场景，涵盖银企对账、凭证生成、报表填报、资金结算等多个场景，确保了财务管理的自动化与智能化水平。

2022年，新建电子会计档案管理系统，与综合档案管理系统集成，实现会计档案全流程电子化、数字化与无纸化管理，并在6家区域公司范围内完成试点上线。加强数据资产管理，实现分析展板在网页版、客户端及移动端全面上线。开发手机端管理驾驶舱应用，实现管理层能实时、动态获取决策相关信息，以数智赋能服务生产经营。

2019—2022年，通过4年的稳定运营，财务共享服务中心累计为592家境内外核算单位提供专业化、标准化的会计服务，累计处理业务超740万笔。

水电八局财务共享与"业财一体化"应用案例先后获评中国施工业管理协会"2019年度工程建设行业信息化典型案例（企业级财务业务融合类）"及"2020年建筑财税管理优秀案例"，并吸引了各行业40多家单位前来对标学习。

第七章　法治、合规管理

随着国有资产管理体制改革的不断深化，建立和完善企业法律风险防范机制，加快提高运用法律手段防范和化解经营风险显得日趋重要。水电八局的法治合规工作共分为三个阶段，第一个阶段为萌芽时期（1987—1999年），这一时期主要体现为具体的法律救济，缺乏专门的法律事务机构，未形成系统的工作体制机制；第二个阶段为探索时期（2000—2009年），这一时期设置了专门的法律事务机构，配备了一定数量的法务专干，初步建立起法律事务工作的制度体系与工作流程，从具体的维权向企业宏观管理、法律风险防控与普法教育方面拓展；第三个阶段为发展时期（2010年至今），这一时期，法治合规工作快速发展，法治合规管理体系不断完善，制度不断健全，工作不断创新，形成了一支规模日益壮大、结构日益优化、素质逐步提高的法律专业技能人才队伍，水电八局干部职工的法治合规意识得到显著增强,"法治八局"建设取得明显成效。

第一节 机构

2000年4月,设置政研督查室,作为专门的法律事务机构,具体负责水电八局内部体制改革、政策法规咨询、诉讼等法律实务以及企业宏观管理、普法教育等方面的工作。李江波任主任,配备法务专干5名。

2003年12月,钱流涛任政研督查室主任。

2004年,政研督查室改称企业发展部,增加企业发展规划和改制职能。

2006年11月,刘小春任企业发展部主任。

2008年10月,企业发展部更名为法律事务部,刘小春任总法律顾问兼部门主任,下设法律风险防范室及法律诉讼室。

2010年6月,施行委派法律顾问制度,法律事务机构及人员开始向二级单位延伸。

2012年5月,闫英才任总法律顾问兼部门主任。

2013年10月,法律事务部更名为法律与风险管理部,内设法律审核办、法律诉讼办、法律风险管控办。

2016年3月,周本强任法律与风险管理部主任。

2017年4月,周本强任总法律顾问。

2017年8月,开始实施二级单位总法律顾问制度,先后在基础设施公司、水电公司、投资公司、基础公司、砂石公司、国际公司6家二级单位设置专职总法律顾问,在二级单位设置经营法务部,推行商法融合。

2018年4月,成立合规建设委员会,朱素华任水电八局合规建设委员会主任,肖军任首席合规官。合规建设委员会下设合规管理办公室,与海外事业部/国际公司经营管理部合署办公,负责合规建设的具体组织工作和日常合规管理工作。

2020年6月,合规建设委员会更名为合规管理领导委员会,下设合规管理办公室,与法律与风险管理部合署办公,周本强兼任主任。法律与风险管理部为合规管理牵头部门,国际合规管理由海外事业部负责。

2022年3月,法律与风险管理部更名为公司律师事务部,周本强任总法律顾问兼部门主任。

2022年3月,姜清华、肖军任合规管理领导委员会主任,合规管理办公室设在公司律师事务部,周本强兼任主任。

2022年9月,任朗明兼任工程局首席合规官,周小林兼任工程局海外合规官。

第二节 法律事务管理

一、第一阶段法律事务(1987—1999年)

这一时期的法律事务相对较为简单,主要包括:非工程施工领域的企业民事案件办理;来自企业经营领域(主要是投资、联营、合作)和职工的法律咨询;会同业务部门开展专项治理活动;《企业法人营业执照》的年审和变更登记;子企业的设立和工商登记。

二、第二阶段法律事务(2000—2009年)

从2002年开始,先后出台并施行《水电八局法律事务管理程序》《水电八局法律纠纷办理细则》《水电八局法律意见出具办法》等法治工作规范性文件。明确了法务工作的职能、原则和程序。投资、设备采购、工程分包、劳务管理等专业系统在各自的业务流程中明确了法务工作的职责和程序。从2003年开始,逐年招收法律专业本科生12名,要求各单位必须从领导班子中明确一名主要法制负责人,对全局法律顾问的分级设置、职务系列及对应的行政职级、任职条件和选聘程序等予以明确,加大对法务人员的资质考评和业务素质的培训力度。

2009年7月14日,下发《建设施工企业法律风险防范案例汇编》。2009年10月12日,印发《水电八局法律审查办法》,系统地规范法律审核内容和流程。

自2001年以来,水电八局先后提出"必须建立健全公司、分局两级法律工作网络,加大各级法律事务工作参与决策的力度""建立健全企业风险防范体系,切实加强风险管理""签订合同、对外投资担保,都必须听取法律事务部门的评审意见"。这一阶段,累计办案312起,诉讼标的金额高达5.84亿元,为企业减少经济损失和实现债权达3亿余元。

自2003年以来,企业发展部共计起草合同文本140份,审核各类合同近500份,接受法律咨询330次,出具法律意见书126份。

三、第三阶段法律事务(2010年至今)

2010年,印发《法律顾问委派管理办法》,在二级单位开始实行委派法律顾问制度。印发《建设工程施工合同实务释疑汇编》,建立重大法律事务办理合议制度与案件闭合式管理机制,有效避免了因个人知识结构不完整、工作经验欠缺、逻辑思维不严谨、业务能力水平有限等因素对法律事务办理的不利影响。承办了中国水电法律审核专题研讨暨合同风险防范培训会议。与中南大学法学院签订战略合作协议，双方在疑难案件的咨询、科研团队的组建、课题申报、公司法律风险防范指导、资源共享等方面进行深度合作。与湖南省人民检察院达成合作共建协议，共同做好预防国有企业职务犯罪及维护国有企业合法权益等工作。

2011年，制定《法律事务考核标准与评分准则》，并将其纳入所属单位负责人经营业绩考核评价及薪酬管理办法。向各单位、项目分发2000余册《建设工程施工合同法律指引（试行）》。全年，接受各类咨询答疑150余次，法律顾问实名出具书面法律意见40余份，累计涉及金额达10亿元，重大合同审查率达100%；累计发生诉讼纠纷25起，涉案金额达1.7亿元；办理历年未结案件28起，诉讼金额达2.4亿元；已结案件胜诉率达92%，直接或间接为公司挽回经济损失达4600万元。

2012年，召开法制业务专题会议。印发《水电八局开展法制宣传教育的第六个五年规划（2011—2015年）》《水电八局落实中央企业法制工作第三个三年目标实施方案》《关于开展国内项目法律风险巡查的通知》《水电八局法制工作考核办法》。年内对溪洛渡项目、藏木项目、乌东德项目、银盘项目、向家坝项目、官地项目、斧子口项目、大岗山项目进行了法律风险巡查。修订《经营行为法律审核管理办法》《法律纠纷案件管理实施细则》《法制工作考核办法》等规章制度。全年，新发案件18起，涉案金额达4022万余元；办理历年遗留案件40起，结案28起，挽回经济损失2058万余元，通过诉讼途径收回债权940万元。

2013年，印发《水电八局法律纠纷案件管理办法》《关于进一步规范〈告知书〉使用的通知》《关于进一步加强项目合同法律风险管理的通知》，修订《水电八局法律审查办法》。在最高人民检察院职务犯罪预防厅的协调指导下，湖南、云南、贵州、四川、江西、西藏、新疆七省（区）检察机关与水电八局跨省（区）预防职务犯罪联席会议在湖南长沙召开，形成《中国水电八局与七省（区）检察机关建立跨省（区）预防职务犯罪协作机制的意见》，标志着全国首个跨省（区）企检预防职务犯罪协作机制正式建立。全年，新发法律纠纷案件19起，涉案金额达2631.8502万元；共办理历年遗留法律纠纷案件26起，总涉案金额8323.1278万元；已结案件17起，为公司挽回或者避免经济损失5433.0433万元。通过诉讼收回债权1611.4103万元。对9个国内项目和1个国际项目进行巡检。

2014年，印发《关于开展法律风险定期巡诊工作的通知》，采取主动定期上门、预约上门的形式对二级单位进行法律风险巡诊或提供专项法律服务。下发《水电八局外聘律师管理办法》，修订《法律与风险管理标准分手册》，增加法律风险管理内容。制定统一格式的《法律确认函》，改版优化《告知书》。全年，共办理各类新发法律纠纷案件16起，涉案金额达3269.34万元；结案10起，避免和挽回经济损失1.9亿元；通过法律手段追回债权2785.04万元；对9个国内在建项目和2个国际在建项目进行法律巡检。

2015年，与中南大学共同发起筹备成立"企业法律风险联合研究中心"。规范投融资业务（PPP项目、股权并购、委托贷款）工作流程，将重大经营决策的评审和新签合同用印审核纳入法律审核程序。理顺法律审核与加盖公司印章的机制，凡是重大事项、对外签订的合同、重大对外函件，没有法律审核意见，机要室不予加盖公司行政章或合同专用章。全年，新发法律纠纷案件18起，涉案金额1.45亿元；办理历年遗留法律纠纷案件14起，涉案金额3281.43万元；全年共结案11起；通过法律手段已追缴债权2290.3万元；对二级单位法律风险巡诊18次，项目法律风险巡检10次。

2016年，与中南大学"企业法律风险研究中心"签约成立。印发《采购合同（示范文本）》《水电八局法治宣传教育第七个五年规划（2016—2020年）》，联合工会下发《关于成立员工家庭志愿服务"紧急救援服务中心"和"法律援助服务中心"的通知》。所属各单位全部完成法律风险管控职能机构与专兼职法律顾问的配置，并初步建立起项目法务联络员制度，形成法律风险三级管理工作体系。全年，参与31个投融资项目的前期法律尽职调查，参加22次项目投资评审。办理各类法律纠纷案件99起，涉案金额约5.04亿元。其中，新发法律纠纷案件47起，涉案金额1.9亿元；历年遗留法律纠纷案件52起，涉案金额3.16亿元；全年共结案件29起，胜诉率达100%，挽回和避免经济损失1058.06万元，通过法律手段追回债权1400万元。

2017年，明确《租赁合同（示范文本）》《专业分包合同（示范文本）》《劳务分包合同（示范文本）》。印发《水电八局关于全面推进法治八局建设的实施方案》《关于严格履行生效裁判文书义务的通知》《水电八局员工家庭志愿服务法律援助实施办法》和《水电八局员工家庭志愿服务紧急援助实施办法》。水电八局与长沙理工大学合作共建"建设工程及投融资法律研究基地"签约揭牌，共同开展PPP项目的法律风险以及投融资项目的商业模式等两项专项课题研究。全年，处理各类法律纠纷案件125起，涉案金额约75000万元，其中，新发法律纠纷案件56起，涉案金额26423万元；历年遗留法律纠纷案件69起，涉案金额48740万元；共结案件56起，胜诉率达96%，挽回和避免经济损失5700万元，通过法律诉讼追回债权3533万元。

2018年，印发《联合经营框架协议（示范文本）》。全年，共办理各类纠纷案件181起，已结案件93起，避免或挽回损失超过30000万元，通过诉讼手段收回债权2118.59万元。

2019年，持续全面推进依法治企，全面抓好法治八局建设部署落实工作。不断健全"总部—二级单位—项目"三级联动的法治组织体系管理，完善了法治工作管理机制及业务流程，从机构设置、人员制度、管理方式上推进商法融合向纵深、基层发展，强化"嵌入式"管理，充分发挥法务人员在经营全过程中的专业职能作用，使法务工作与经营工作互融互通，相互促进。法律风险管理体系文件内容表单化、流程化，拟定系列项目法务管理办法，逐步使法律制度向基层延伸。转变参与市场营销和投融资项目的工作思路与方法，找准商业机会与法律风险的平衡点，为新型业务领域、重点领域、重点区域市场营销和产业投资全力提供法律支持。积极参与项目变更索赔和调价补差，针对日常工作中的风险点及时发布法律风险预警通知和建议，加大项目履约全程法律服务力度，规范涉外项目法律风险管理，强化项目履约法律管控，发挥法律风险防范关口前移、服务现场的作用。实现了常用合同文本标准化，法律审核要点清单化，法律尽职调查规范化和法律纠纷案件管理信息化。多手段妥善处置法律纠纷，法律纠纷风险整体受控。加强对重点环节、重点领域的法律监督，发挥多部门法律监督的协同作用。充分整合与利用外部资源，更好地维护水电八局的合法权益。多渠道、多途径加快法律人才的培养和储备，加强法务团队的建设。开展形式多样的法治教育，致力培养、强化形式多样的法治文化。全年，共办理各类法律纠纷案件200起，涉案总金额151527.08万元。其中，新发法律纠纷案件112起，涉案金额20707.49万元；历史遗留法律纠纷案件88起，涉案金额130819.59万元；全年共结案件130起，胜诉率为96.2%，挽回或避免经济损失2.7亿余元，通过法律手段追回高风险债权2336.78万元。

2020年，切实落实推进企业主要负责人法治建设第一责任人职责，推进依法治企工作体系建设，完善三级联动的法治工作体系。升级、优化《法律风险管理手册》，加快法律人才的培养和储备，加强二级单位法治工作整体规划，细化二级单位法治工作内容，提升合同审核、案件管理标准化与信息化水平。注重加强对新商业模式及相关前沿法律问题的研究，确保其合法性与法律可行性。加大对项目履约全过程法律的监督力度，提升履约法律风险防控能力，积极参与项目变更索赔和调价补差，对因新冠疫情引发的履约及法律风险进行摸底，参与并指导处置因疫情引起的法律风险，通过PPT、问答及法律风险提示等方式，积极防控、化解新冠疫情可能引发的法律风险。成立运用法律手段催收应收账款领导工作机构，制定风险债权管理办法，加大法律手段催收债权工作力度，构建多元化纠纷解决机制，加强与科研院校的合作，产学研一体化成果明显。全年，共办理各类法律纠纷案件174起，涉案总金额142697.78万元。其中，新发法律纠纷案件101起，涉案金额43447.86万元；历史遗留法律纠纷案件73起，涉案金额99249.92万元；共结案件102起，胜诉率为97.06%，挽回或避免经济损失23000余万元，通过法律手段追回高风险债权2158.06万元。

2021年，全面落实项目法务经理制度，打通了三级联动的法治工作体系中的"最后一公里"。本年度顺利举办了6期项目法务经理培训班，完成了法务经理培训及取证工作。积极推动公司律师试点工作，18名法律顾问成功申请公司律师职位，成为湖南省首批公司执业律师。结合《民法典》及相关司法解释的规定，做好常用合同类法律文件示范文本的立改废释工作，做好合同范本的释义与推广使用。严格落实案件登记审批、分级分类管理等制度，深化开展合议会商、分析总结等工作，持续优化案件线上处理流程，不断提升案件管理标准化、信息化水平。全流程参与市场营销工作，为新能源业务、产业投资项目、PPP项目等市场开拓提供全方位法律服务和支持。通过开展项目法律风险巡检、非诉纠纷处置、履约过程管控等形式，加强对项目法律风险隐患的识别、排查，发挥法律风险防范关口前移、服务现场的作用。积极参与变更索赔和调价补差工作，采取造价鉴定、仲裁、诉讼等途径进行索赔。制定下发了《法律纠纷案件压减创效工作方案》，确定了纠纷案件压减创效的目标，切实压减纠纷案件数量。推动"以案促管""以案促改"，对法律纠纷案件发案原因进行深层次的剖析，总结主要风险，提出风险预警与防范建议，着力遏制同类案件重复发生。指导各海外项目加强项目承包、分包、采购供应等各类合同的研究与可能发生的法律风险分析，制定风险防范预案，防范风险事件发生。全年，共办理各类法律纠纷案件235起，涉案总金额305720.13万元。其中，新发法律纠纷案件161起，涉案金额201321.03万元；历史遗留法律纠纷案件74起，涉案金额104399.1万元；全年共结案件142起，胜诉率为96.48%，挽回或避免经济损失46617.93万元，通过法律手段追回高风险债权8711.42万元。

2022年，完善项目法务经理履职配套机制，继续开展年度项目法务经理取证培训工作，储备项目法务经理后备人才，切实提升项目法务经理法律合规风险管控能力与水平。所属各单位已正式下文聘任113名项目法务经理。以解决实际问题、防范化解风险为指导思想，积极融入市场开拓，为市场营销提供全方位、全过程、全产业链、全业务流程的法律服务。为新型业务领域、重点领域、重点区域的市场营销提供精准法律服务，寻求商业利益与法律风险的平衡点，对法律合规风险点进行提示，提出防范与规避的建议与措施。加强对投融资项目法律风险的识别与排查，及时处置法律风险，促进项目稳健发展。严格落实案件登记审批、分级分类、案卷档案等管理制度，深化开展案件合议、会商、分析、总结等工作，持续优化案件线上处理流程，不断提升案件管理标准化、信息化水平。加强对法律纠纷案件的分析、总结，推动"以案促管""以案促改"。发布《2021年度法律纠纷案件分析报告》《季度案件分析报告》，分析案发原因及主要风险点，制定对策，着力遏制同类法律纠纷案件重复发生。全年，共办理各类法律纠纷案件360起，涉案总金额543889.95万元。其中，新发法律纠纷案件267起，涉案金额306458.48万元；历史遗留法律纠纷案件93起，涉案金额237431.47万元；全年共结案件205起，挽回或避免经济损失38853.01万元，通过多元化法律手段收回高风险债权9861.02万元。

第三节 合规管理

2018年4月18日，下发《关于成立水电八局合规管理机构的通知》，成立水电八局合规建设委员会。

2020年6月30日，下发《关于调整水电八局合规管理机构及职能的通知》，将"合规建设委员会"调整为"合规管理领导委员会"。

2021年5月11日，印发《水电八局合规管理实施办法》。

2021年6月7日，下发《关于明确水电八局合规管理人员的通知》，要求总部各部门明确1名合规管理专员，各单位成立合规管理委员会、设置合规管理办公室，明确相应人员。

2022年3月31日，下发《关于调整水电八局合规管理领导委员会成员的通知》，明确"管业务必须管合规"的要求，业务部门成为合规管理的"第一道防线"。

2022年5月26日，印发《水电八局开展"合规管理强化年"工作实施方案细则》，明确了专项工作重点任务、时间节点，层层分解，将合规专项任务落实到部门、个人。

2022年12月16日，印发《水电八局合规管理岗位职责清单》。

第四节 法治宣传教育

1986—2005年，在"一五"至"四五"普法期间，水电八局以提升领导干部、经营管理人员的法律素质，提高企业法制化管理水平为主要目标，结合经营管理的需要，举办法律专题巡回讲座；在中心学习小组上穿插专题法律讲座，由法学专家或企业法务人员主讲；普法主管部门和业务关联部门联合举办专业法律讲座和培训；以案说法，办案人员向案发项目的领导和管理人员评析案件；在工程局安全、经营、财务等工作年会和分局年度工作会上，法律事务部应邀说法，法制报告突出法律风险防范主题；主办专题法律知识竞赛并组织年度普法考试。在这个阶段，普法教育工作实现了三个根本性转变，即从法律知识的启蒙性教育向培养全员法律意识和法治观念的转变；从单一的法制宣传教育向提高各级领导干部、经营管理人员依法办事、依法管理、依法维权的水平和能力的转变；从微观的较低层次的专项治理向依法治局战略整体推进的转变。"一五"至"四五"的法制教育工作均通过了湖南省直机关工委的考核验收，荣获湖南省、湖南省直工委"普法先进单位"称号。

2006—2010年，"五五"普法期间，水电八局成立了"五五"普法工作领导小组，制定了《"五五"普法工作计划》，设置了"五五"普法专项资金。所属各二级单位相继建立以党政一把手为组长的基层普法组织，构建起"总部—二级单位—项目部"三级联动的普法机制。自2006年起，局领导班子每年参加不少于15个课时的法律专题学习；自2008年开始，在每年度的中层干部轮训中，由总法律顾问对参训人员进行为期一天的法律培训。"五五"普法期间，接受法制教育培训的中层管理人员及项目经理累计1500余人次，新进员工2300人。在内部报刊《八局风采》中开辟"企业与法"专栏，普及法律常识。累计发放《湖南省"五五"普法读本》15000余册，《法律法规汇编》2200余册，《建筑施工企业法律风险防范案例汇编》3100余册，《建筑工程合同实务释疑汇编》2000余册。于2009年、2010年分别举办"五五普法知识竞赛"，每年度组织普法考试，累计考试人数达8000余人次，多次受到湖南省依法治省领导小组的嘉奖。刘小春荣获国务院国资委"'五五'普法先进个人"称号，基础设施分局荣获中国水电股份公司"'五五'普法先进单位"称号，周本强荣获中国水电股份公司"'五五'普法先进个人"称号。

2011—2015年，"六五"普法期间，进一步完善各级党委法制讲座制度、理论中心组学法制度、重大决策法律论证制度和培训学法制度，重点学习与企业生产经营相关的法律知识。局领导和总法律顾问轮流赴各二级单位进行法律风险防范和预防职务犯罪的法制讲座，利用每年法律风险巡诊和法律风险巡检的机会，对各二级单位机关部门重要岗位和关键部门、项目班子成员进行普法教育。"六五"普法期间，接受法制教育培训的中层管理人员及项目经理累计2600余人次，新进员工3000人。在OA管理系统中嵌入"学法用法系统"与"普法考试系统"，使普法工作标准化、信息化、流程化、全员化。创办《八局法治》刊物，开辟"领导要论""法治动态""案件通报""风险管理""案例分析""法律论坛""新法速递"等多个栏目，用活泼新颖的形式与专业扎实的内容进行普法教育。其间，累计发放湖南省普法考试读本2000余册，累计考试人数超过10000人次。

2016—2020年，"七五"普法期间，将法治教育培训纳入培训教育体系，法治教育课程列入各类管理培训核心必备课程。实行"订单式"普法培训，先后举办合同法律风险防范、国际业务法律合规风险防范、合规增值税法律风险防范、PPP项目法律风险防控、绿色建材政策法规解读、投融资业务法律风险应对、工程索赔中的法律风险及应对等专项讲座。其间，接受各类法治教育培训的中层干部、项目经理、关键岗位人员、新入职员工累计超过6000人次。开通"线上法律微课堂"，录制120个法律培训微课程。开展"指尖上普法"，借助微信公众号等新媒体进行法治宣传、组织学法用法考试、知识问答等活动。每年重点开展"国家宪法日"系列活动，举办《民法典》知识抢答赛。参加长沙仲裁委沙龙活动，与长沙中级人民法院合作成功举办第五期"庭长公开课"。其间，水电八局法治建设及普法工作的成功经验与做法，多次受到知名媒体和门户网站的宣传报道与推介，荣获"2016—2020年全国普法工作先进单位"称号，成为电建集团唯一一家获此殊荣的单位。

自2021年"八五"普法工作启动以来，印发《中国水利水电第八工程局有限公司法治宣传教育第八个五年规划（2021—2025年）实施方案》，所属各单位根据实施方案和本单位实际制定了本单位的"八五"普法规划实施细则。2021年1月，参加第三届全国应急管理普法知识竞赛活动；2021年6月，组织开展"美好生活·民法典相伴"主题普法宣传活动。

2022年3月，人民政协网在法治央企百人谈专栏中介绍水电八局"十三五"期间法治建设取得的成绩和经验，选编入由人民政协报社和国务院国资委研究中心、新闻中心联合编著的《法治央企建设典型案例集》。

第八章　工程技术管理

水电八局始终坚持"科技是第一生产力、人才是第一资源、创新是第一动力"的战略方针，实施"科技兴局"发展战略，切实加大科技管理和科技发展的力度，完善组织机构，重视施工实践，组织技术攻关，认真抓好技术改造和科技成果的应用，加强科技队伍建设，实行"工程局—二级单位—项目"三级科技管理架构，建立健全规章制度，完善人才培养与激励机制，实现了全局管理水平、技术水平和经济效益的同步上升。

第一节　历届技术负责人

中国水利水电第八工程局时期（1982年9月—2008年7月），总工程师，谭靖夷（1982年9月—1986年12月），陈世其（1986年12月—1993年2月），黄树棠（1993年4月—1996年6月），刘炎生（1996年6月—2002年10月），涂怀健（2002年10月—2008年7月）。

中国水利水电第八工程局有限公司时期（2008年7月—），总工程师，涂怀健（2008年7月—2021年1月）；技术负责人，谢卫东（2021年2月—2022年1月）；总工程师，于永军（2022年2月—）。

技术负责人主要职责：主管全局技术、科研工作，主持审定全局科技发展规划，主持审定工程技术、科研人员培训教育规划；对工程技术人员的使用、聘任和工程科技部等技术部门负责人及各二级单位、厂、局直管项目的总工程师人选提出意见；主管审定投标项目的技术方案、中标项目的施工组织设计、大型施工生产设备的使用与维修技术方案、科技开发、产品生产、计算机信息等技术方案，主持审定竣工验收报告和工程评优申报工作；主管制定工程项目截流、度汛、蓄水发电等阶段及施工过程中的重大技术方案，研究解决其他生产、经营中的重大技术问题；协管全局工程质量工作；主持工程局科学技术委员会的日常工作和工程局科研计划项目评审、立项及科技进步奖评审工作。

第二节　机构

2002年10月—2003年2月，技术处全面负责全局技术管理和科技管理的具体工作。涂怀健任技术处处长、设计院院长。

2003年3月，技术处更名为总工程师办公室，张祖义任总工程师办公室主任、设计院院长。

2007年1月，总工程师办公室更名为技术管理部，张祖义任技术管理部主任。

2009年1月，技术管理部更名为技术中心，张祖义任技术中心主任。

2014年10月，于永军任技术中心主任。

2015年3月，成立技术管理部，与技术中心合署办公，于永军任技术管理部/技术中心主任。

2016年2月，技术管理部更名为工程科技部，与技术中心合署办公，撤销工程管理部，公司生产进度、质量管理工作划归工程科技部。于永军任工程科技部/技术中心主任。

2020年12月，成立工程管理部，工程科技部有关工程项目履约协调相关管理职责划归工程管理部。于永军任工程科技部/技术中心主任。

2022年2月，黄巍任工程科技部/技术中心主任。

工程科技部/技术中心的管理职责：技术标准规范使用管理；工程技术方案（施工组织设计）管理；安全技术管理；BIM技术管理；投资项目技术评审管理；防洪度汛计划管理；工程专家中心管理；科研项目管理；科技成果管理；科技信息管理；省级技术中心资质管理；高新技术企业（科技部分）管理；博士后科研工作站管理。

第三节　管理制度

2003年3月，修订印发《水电八局科学技术进步奖励办法》（八局发〔2003〕36号）；2003年5月，印发《水电八局专业技术带头人管理办法》（八局发〔2003〕101号）；2003年12月，印发《质量检验员资格认定和管理办法》（八局发〔2003〕228号）。

2004年10月，印发《水电八局安全施工技术措施管理规定》《水电八局施工设备安全管理规定》和《水电八局特种设备安全管理规定》。

2005年3月，印发《水电八局技术岗位津贴实施办法》（八局发〔2005〕55号）；2005年10月，制定印发《水电八局设备技术档案管理办法》（八局发〔2005〕177号）。

2005年，为适应改革和发展的需要，编制管理体系文件，工程技术管理和科技进步工作管理重新修订和制定了科技管理程序、施工（生产）过程管理程序、施工组织设计、技术措施编制及管理办法、科研项目管理办法、科学技术进步奖励办法、度汛管理办法7个方面的体系文件，进一步细化系统内各岗位的工作职责和权限，理顺了总工程师办公室、二级机构及项目机构之间的关系，管理规范有序。

2007年，对2005年版体系进行修订。其中《有效标准目录》进行换版，对《工程测量管理办法》《核子密度仪使用及管理规定》《检验样品管理规定》《化学试剂使用及处置规定》进行修订。制定《科技进步工作考核办法》。

2010年，对2005年版体系进行换版。《科技管理手册》主要内容为管理方针和目标、组织框架、管理职责、管理程序和流程、记录、相关和支持性文件、附录。

2014年，对2010年管理体系进行换版。《科技管理手册》主要内容为范围、规范性引用文件、术语与定义、职责、管理活动的内容与方法、报告与记录。

2015年，对2014年管理体系进行换版。《科技管理规定》主要内容为科技管理职责、技术管理办法、安全技术管理办法、科研项目管理办法、知识产权管理办法、科学技术奖励办法、科技进步考核办法、设计与开发管理办法。

2017年，对2015年管理体系文件进行换版。将工程技术管理业务方面制度纳入《工程科技管理程序文件》中的"技术管理部分""科技管理部分""BIM管理部分"。内容包含技术管理办法，安全技术管理办法，投资类项目技术评审实施细则，科技管理办法，科研项目管理办法，知识产权管理办法，技术标准管理办法，工法、专利管理办法，科学技术奖励办法，科技信息管理办法，BIM应用管理办法，BIM模型管理办法。

2018年，对2017年管理体系文件进行修订，增加"科技信息管理办法"。

2019年，对2017年管理体系进行换版。将工程技术业务方面制度纳入《工程与技术管理手册》中的"技术管理""科技管理""BIM技术管理"。三项主要内容均包括总则、职责与权限、管理要求、检查与评价、附录。

2020年，对2019年版体系文件工程技术管理内容进行局部修订完善。

2021年，针对管理体系文件，工程局修改附件《危险性较大分布分项工程范围表》《高度安全风险工点范围表》《施工技术方案管理工作要求》；新增"标准主（参）编审批表"。"BIM技术管理"改为"BIM管理"。

2022年，对2021年版体系文件工程技术管理内容进行局部修订完善。"技术管理"增加"投标技术评审管理""新中标项目技术策划管理""保密项目施工组织设计、技术方案审查要求""重大设备选型审查范围、审查重点"等内容，更新安全技术管理体系各级管理机构和人员管理职责等，完善技术交底管理；"BIM技术管理"完善了关于项目BIM策划书内容、管理流程，增加了涉密项目模型管理、软件使用等内容。

第四节　工程技术档案管理

工程技术档案是在科学研究、基建施工活动中形成的具有保存价值的，并经过鉴定、整理、归档的各种载体文件。工程技术档案按照《建设项目档案管理规定》（DA/T 28—2018）、《水电建设项目文件收集与档案整理规范》（DL/T 1396—2014）、《建设工程文件归档规范》（GB/T 50328—2014）、《企业档案工作规范》（DA/T 42—2009）附录六、附录七执行。工程项目竣工后，在竣工之日起半年内将需集中保管档案移交办公室归档。专利、省部级以上科技获奖证书、工法证书在获取后即时移交办公室归档。

第九章　工程项目管理

水电八局的工程项目管理，经历了"工程局（总队）—基层单位"的二级管理、"工程局—二级单位—基层单位"的三级管理、"工程局—二级单位—基层单位"的三级管理与"工程局—基层单位"的二级管理并存的三个阶段的变化，在不同阶段的变化过程中，项目管理逐步从生产型向管理型、经营型转变，从粗放型的管理向精细型的管理转变。工程项目管理部门的职责也发生了较大的改变，由最初的生产直接管理者、生产进度计划执行者，转变为生产宏观管控者。

第一节　机构

2000年4月，成立政研督察室，具体负责工程局生产协调等方面工作，由李江波任主任。原生产管理范畴内度汛工作划归技术处，生产进度工作划归经营管理处，设备调度工作划归设备物资管理处。

2003年3月，成立项目稽查部，张汉龙兼任主任。

2004年8月，项目稽查部更名为工程管理部，张汉龙兼任主任；2004年9月，周裕岳任主任。负责对项目生产进度进行检查，督促和协调全局大型设备进行调配，组织项目前期工作的策划，确保项目施工生产满足合同要求。

2014年1月，撤销质量管理部，其职能并入工程管理部，周裕岳任主任。

2016年2月，撤销工程管理部，生产管理、质量管理工作划归工程科技部，标准化工作、三体系（质量、环境、职业健康）认证相关工作划归战略与信息化部。

2020年12月，成立工程管理部，谢卫东兼任主任，负责工程项目履约各要素的协调。2021年6月，顾客满意度维护职责划归工程管理部。

2022年2月，军民融合管理部与工程管理部合署办公，周光荣任主任；2022年10月，罗长青任主任。撤销设备物资部，原设备物资部负责的设备安全、物资材料现场管理职能划归工程管理部。

第二节　项目生产管理

在工程局宏观掌控、统筹协调下，各二级单位建立完整的生产管理体系，各项目工程管理部门结合现场施工实际，科学组织、均衡生产，较好地发挥了施工生产指挥、协调作用。项目生产管理的总体要求如下。

（1）坚持项目是利润创造中心、成本控制中心、风险防控中心、精品创建中心。

（2）执行公司决策，落实项目现场生产管理和创收创效责任。

（3）围绕"进度—质量—安全—成本"，依法合规开展生产管理和文明工程创建，确保如期交付。

（4）按照合同约定、项目施工组织设计和项目策划方案，遵循快速施工原则，均衡安排生产计划、合理调配项目资源，有效降低成本，防范各类风险。

（5）有效利用现代数字化管理技术和工具，推动项目现场管理智慧化，释放生产力，提升项目管理效率。

2003年5月，印发《水电八局合作工程项目管理办法（试行）》和《水电八局中小型项目风险抵押承包管理办法（试行）》《水电八局项目稽查部运行规则（试行）》。

2004年9月6日，重新修订印发《水电八局中小型项目风险抵押承包管理办法》，全范围推行这项改革新举措；同时，印发《水电八局计划、统计管理办法》。

2012年，编制实施《项目管理手册》，主要包括的内容有项目管理、综合管理、技术管理、工程管理、设备物资管理、质量管理、安全管理、合同管理、财务管理、党群管理、作业队、班组管理、项目变动情况和尾工管理、项目竣工管理、项目考核评价及项目回访保修管理。

2017年7月，制定印发《加强项目履约管理若干意见》，提出项目履约管理"十六条"整改措施。2017年8月，明确新中标项目开工前必须进行项目组织策划，对项目的管理模式、组织机构、分包规划、资金流策划、设备物资采购管理、风险管理、启动规划等进行评审。

2021年2月25日，印发《工程局履约管理体系建设方案》，规定了工程局履约管理理念、管理思路、管理体系框架、管理办法。

2021年6月9日，印发《项目组织策划编制指引》制度，规定了房建、地铁、路桥、水利水电、燃煤火电、风电、水环境治理、矿山开采及加工、轨道交通装饰装修及设备安全9个专业项目组织策划模板。

2021年7月8日，印发《项目分类定级标准》制度，规定了项目分级标准及调整要求。

2021年7月6日，印发《项目经理管理办法》制度，规定了项目经理选用、变更、评价、定级与分级、晋级、降级、退出及档案管理办法。

2022年研发应用工期管理系统，系统以"保节点、促均衡、防赶工"为核心设计理念，通过采集进度数据，真实、精准地完成对项目所有工期节点的偏差分析，协助总部和项目部加强工期管控，打通层级、部门之间的信息数据壁垒，促进各专业部门落实履约管理协同责任，推动相关工作任务执行落地，助力项目顺利推进，统筹全局项目管理。

2002—2022年水电八局参与联营项目情况见表4-9-1。

表4-9-1　2002—2022年水电八局参与联营项目情况

序号	项目名称	联营体名称	联营体合同总金额（万元）	水电八局所占比重（%）	水电八局所占金额（万元）
一、国际项目					
1	印度尼西亚亚齐2×110兆瓦火电站项目	印度尼西亚亚齐火电项目812联营体	178977.10	55.00	98852.24
2	委内瑞拉紧急电站新中心电厂项目	中国水电委内瑞拉新中心电厂812联营体	709127.32	65.00	343182.90
3	委内瑞拉BARINAS州LLANO ALTO生态农业开发项目	中国水电亚诺阿里托农业发展项目812联营体	3603.29	65.00	2192.23
4	松邦4水电站项目	越南松邦4水电站项目812联营体	68963.81	75.00	51168.80
5	委内瑞拉巴里纳斯100兆瓦重油电厂项目	中国水电委内瑞拉巴里纳斯重油电厂项目812联营体	189190.14	75.00	130541.19
6	委内瑞拉帕利托炼油厂Ⅰ&Ⅳ区块扩建详细设计	中国水电委内瑞拉帕利托炼油厂扩建咨询项目812联营体	8788.79	75.00	6591.59
7	委内瑞拉图伊河流域交通系统，圣卢西亚—坎匹斯连接段	中国水电委内瑞拉圣坎高速公路812联营体	277164.75	75.00	207873.56
8	委内瑞拉维洛塔—奥鲁萨高速公路项目	中国水电委内瑞拉维奥高速公路812联营体	367694.57	75.00	259224.67
9	尼日利亚宗格鲁水电站项目	尼日利亚宗格鲁水电站项目八三联营体	534813.21	70.00	375187.40

续表

序号	项目名称	联营体名称	联营体合同总金额（万元）	水电八局所占比重（%）	水电八局所占金额（万元）
10	中国水电乌干达卡鲁玛水电站	乌干达卡鲁玛水电站项目812联营体	1033314.25	75.00	743310.05
11	印度尼西亚苏苏燃煤火电站项目	印度尼西亚庞卡兰苏苏项目812联营体	276822.28	70.00	180353.22
12	秘鲁皮乌拉省伯埃楚斯水库工程	CONSORCIO HIDRAULICO POECHOS（当地公司MALAGA与水电八局联营）	10798.54	50.00	5399.27
13	秘鲁万卡班巴公路项目	CONSORCIO VIAL PIURA（当地公司MALAGA与水电八局联营）	76081.03	50.00	38040.52
14	秘鲁帕亚斯卡公路项目	CONSORCIO VIAL PALLASCA（当地公司MALAGA与水电八局联营）	47703.91	50.00	23750.89
15	加纳帕鲁谷水电枢纽与灌溉项目——灌溉部分	八局西北院联营体	318603.88	70.00	223022.72
16	哥伦比亚缇比特克自来水处理厂优化及其附属工程施工、设备供应及安装、调试项目	水电八局、水电十一局联营	36208.36	51.00	18466.26
17	莱索托高地二期波利哈利大坝及附属工程项目	SUN JV联合体（水电八局、水电十四局、莱索托NB公司及南非UNIK公司）	306995.40	48.00	147357.79
二、国内项目					
1	三峡水电站右电站厂房工程TGP/CI-3-2A标段	三峡三七八联营体	82343.60	50.00	41171.80
2	龙滩水电站龙滩大法坪砂石系统	龙滩八七联营体	16022.00	60.00	9613.25
3	龙滩主体土建工程大坝标	龙滩七八葛联营体	195035.57	31.00	60461.03
4	小湾水电站项目	小湾八七、四八联营体	326234.34	46.43	151476.50
5	索风营水电站大坝土建	索风营八九联营体	20889.20	65.00	13578.00
6	构皮滩电站右岸烂泥沟砂石系统	构皮滩砂石八九联营体	21998.00	70.00	15398.60
7	构皮滩通航建筑物上游引航道及第一级升船机一期开挖及支护工程	构皮滩通航建筑物八九联营体	4965.35	65.00	3229.00
8	构皮滩电站大坝土建工程	构皮滩工程八九联营体	107843.50	70.00	75490.50
9	贵州大花水水电站大坝土建工程	大花水八江联营体	16086.60	70.00	11540.50
10	光照水电站	光照八九联营体	16968.70	71.31	12100.00
11	思林水电站	八闽联营体	38399.67	60.00	20759.10
12	新建衢常铁路	八局与铁四局联营体	16120.83	25.00	3959.90
13	鲁地拉水电站	水电八局与水电十六局组成的816联营体	73803.86	60.00	44282.32
14	沙沱水电站	水电八局与水电十六局组成的168联营体	53734.70	40.00	21373.90
15	清原抽水蓄能电站	中国电建辽宁清原抽水蓄能电站EPC总承包联营体	640096.67	15.00	102109.34
16	济南高新区创新谷片区河道治理及市政配套PPP项目临时施工协议书	路桥公司—水电八局（66.5%：28.5%）政府方出资代表5%	122981.00	22.29	27407.00
17	地下原水隧洞（茜坑—鹅颈）新建工程总承包	中国电建集团华东勘测设计研究院有限公司、水电八局、深圳市市政总公司	54032.34	16.20	8752.48

续表

序号	项目名称	联营体名称	联营体合同总金额（万元）	水电八局所占比重（%）	水电八局所占金额（万元）
18	岳阳市中心城区污水系统综合治理PPP项目	长江生态环保集团有限公司—中国市政华北院—上海勘测设计院—水电八局—葛洲坝—中建二局—北控水务（51%：0.1%：0.1%：9%：8%：7%：4.8%），政府方出资代表20%	433595.68	23.47	101785.00
19	南昌市昌南新城南北连通渠工程设计、采购、施工一体化（EPC）工程	水电八局—南昌市城市规划设计研究院（97.55%：2.45%）	79553.88	97.55	77602.94
20	番禺区62条河涌管网完善及农村生活污水查缺补漏工程勘察—设计—施工总承包项目	成都院—水电六局—水电八局（5.7%：70.58%：23.72%）	89470.49	30.38	27183.17
21	江西省长江最美岸线（彭泽段）示范项目施工合同Ⅱ标	长江生态环保集团有限公司—北京首创股份有限公司—中建二局—上海市城市建设设计研究总院（集团）有限公司—水电八局—中南院（58.58%：20%：10%：0.2%：6.12%：0.1%），政府方出资代表5%	145352.23	32.29	46927.95
22	杭政储出〔2019〕33号地块住宅（设配套公建）项目建设工程施工总承包（EPC）合同	水电八局—华东院（99.2%：0.8%）	63078.49	99.21	62580.91
23	合丰垸浏阳河风光带施工第一标段	水电八局—湖南恒楚建设有限公司（55%：45%）	14239.68	55.00	7831.82
24	南海区北村水系流域水环境综合治理项目大沥东部片区（谢边河及大范河、镇水围以东水系）EPC合同文件	电建生态、成都院、水电八局、江西水电、广东一新长城建筑集团有限公司	232818.44	35.58	82828.48
25	番禺区南村净水厂三期工程设计—采购—施工总承包（EPC）	安徽省城建设计研究总院股份有限公司—水电八局（5.4%：94.6%）	18427.30	94.61	17434.75
26	南水北调中线雄安调蓄库骨料加工系统建设运行及下库一期（含沉藻池）开挖支护工程	水电八局—昆明院联合体（99.45%：0.55%）	370414.68	99.45	368384.68
27	建发·电建江山悦（二期）项目工程总承包（EPC）	水电八局—深圳市华阳国际工程设计股份有限公司（99.6%：0.4%）	33255.07	99.60	33122.05
28	湖南椒花水库工程设计施工总承包项目管理部	湖南椒花水库工程设计施工总承包项目	177395.45	46.53	82537.49
29	南京六合区农村污水处理设施全覆盖PPP项目	水电八局—长江生态环保集团有限公司—北控水务（中国）投资有限公司—中国化学工程第十四建设有限公司—南京市市政设计研究院有限责任公司（0.5%：47.685%：45.815%：0.5%：0.5%），南京六合盛棠水务有限公司5%	206700.19	26.72	55239.40
30	西安市地铁一号线三期工程施工总承包项目1标段	股份公司—水电三局—水电八局—水电十一局—电建市政（5.995%：27.342%：27.071%：34.053%：5.539%）	302692.16	27.07	81943.28
31	穗莞深城际轨道交通深圳机场至前海段工程Ⅱ标施工总承包项目	股份公司、水电八局、水电七局	435402.96	34.50	150192.27
32	黔西南州义龙新区棒垒球体育公园二期建设项目勘察、设计、施工总承包（EPC）建设项目总承包合同	水电八局、建盟设计集团有限公司、荆州市地建岩土工程有限公司	7000.00	92.10	6447.00
33	桑植县红色教育培训暨研学基地建设项目工程总承包（EPC）	水电八局—中国船舶重工集团国际工程有限公司（98%：2%）	48500.32	98.02	47537.80

续表

序号	项目名称	联营体名称	联营体合同总金额（万元）	水电八局所占比重（%）	水电八局所占金额（万元）
34	技术协同创新园（二期）项目勘察、设计、采购、施工总承包（EPC）合同	水电八局、上海市政工程设计研究院	232907.32	98.95	230455.96
35	合浦县南流江流域水环境综合治理—南流江西门江整治项目工程总承包（EPC）项目合同	水电八局、北京院	11234.04	98.72	11090.44
36	郑州轨道交通8号线一期工程土建施工01标段	股份公司、水电四局、水电五局、水电七局、水电八局、水电十一局	616681.45	13.45	82933.65
37	浠水县巴河镇乡村振兴农村新社区建设示范点项目（EPC）总承包	水电八局、同济大学建筑设计研究院（集团）有限公司	147553.44	98.79	145765.28
38	四川省脚木足巴拉水电站首部枢纽工程	水电七局、水电八局	144106.44	32.70	47122.81
39	湖南省资水犬木塘水库工程项目	水电八局、湖南百舸水利建设股份有限公司	111711.51	66.00	74188.92
40	长沙市保利金香槟项目全分期工程土建及水电安装工程施工承包合同	水电八局、富利建设集团有限公司	20198.37	99.00	19996.39
41	湖南平江抽水蓄能电站主体土建及金属结构安装工程合同	水电八局、中国安能一局	178107.22	70.00	124675.05
42	深圳市城市轨道交通12号线二期工程施工总承包项目	电建铁路、水电八局、水电七局、水电十一局	525084.13	25.42	133465.99
43	澧水石门至澧县航道建设工程艳洲枢纽工程施工标段合同协议书	水电八局、中交第二航务工程局有限公司	76623.67	30.00	22987.10
44	新建区望城镇三联村、四联村市政道路建设工程设计、采购、施工EPC工程总承包合同	水电八局、安徽省城建设计研究院股份有限公司	36366.17	98.97	35992.70
45	深圳地铁5号线、9号线二期地下自然形成空间附属工程施工总承包	电建铁路、水电七局、水电八局	57443.49	33.95	19501.82
46	红谷滩新区住宅小区雨污分流改造工程EPC总承包建设工程EPC合同	水电八局、中铁隧道集团三处有限公司、水电九局、南昌市城市规划设计研究总院	21548.36	40.00	8619.34
47	长存污水及豹澥污水厂尾水结合管工程总承包（EPC）合同	水电八局、武汉市政工程设计研究院有限责任公司	9979.01	97.50	9729.53
48	南天府公园规划展示区建设项目、南天府公园生态修复A区建设项目、南天府公园生态修复B区建设项目、南天府公园水域A区建设项目、南天府公园水域B区建设项目、南天府公园水域C区建设项目、南天府公园水域D区建设项目——设计、施工总承包（EPC）项目两方协议	成都院、水电八局、水电十局	259492.89	50.00	129746.45
49	南昌市水环境综合治理工程（前湖水系及乌沙河上游段）—云溪水治理工程设计、采购、施工EPC总承包工程	水电八局、水电十六局、南昌市城市规划设计总院	11595.30	70.00	8116.71
50	安化县玉溪新城建设项目设计、采购、施工总承包合同	水电八局、湖南省建筑设计院集团有限公司	174760.57	98.93	172887.60
51	南斯友好路综合改造工程设计、采购、施工一体化总承包（EPC）项目	水电八局、南昌市城市规划设计研究总院	18555.84	97.00	18000.00

续表

序号	项目名称	联营体名称	联营体合同总金额（万元）	水电八局所占比重（%）	水电八局所占金额（万元）
52	南京地铁11号线一期工程施工总承包D.011.X-TA03标	股份公司、电建铁路、水电一局、水电七局、水电八局、北京城建中南土木工程集团有限公司	493328.12	20.96	103400.00
53	湘西民族文化园景区提质改造项目地下游客通道标段设计、采购、施工（EPC）总承包建设项目工程总承包合同	水电八局、长沙市规划设计院有限责任公司	6041.30	99.34	6001.30
54	三峡巧家县小羊窝50兆瓦光伏发电项目EPC总承包	中国能源建设集团云南省电力设计院有限公司、水电八局	16152.92	96.54	15593.76
55	三峡富民县赤鹫10万千瓦光伏项目EPC总承包	中国能源建设集团云南省电力设计院有限公司、水电八局	20648.39	97.80	20193.39
56	平坦原抽水蓄能电站省道S323复建工程勘察—设计—采购—施工（EPC）总承包项目	中国电建集团中南勘测设计研究院有限公司、水电八局水电公司	14617.66	88.09	12877.00
57	湖南省吉首市大兴寨水库工程项目	水电八局、中国电建集团中南勘测设计研究院有限公司	206402.23	95.78	197689.11
58	共青城市水环境综合治理项目——高新园区排水管网改造工程（EPC）	水电八局、华南设计集团有限公司	29126.53	85.00	24757.55
59	犬木塘祁东干支渠项目	水电八局—湖南建工犬木塘水库工程灌区祁东干支渠项目联合体	63655.54	65.00	41159.30
60	电建地产NO.2022G07地块项目	水电八局、江苏省建筑设计研究院股份有限公司	33187.00	98.19	32585.00
61	大姚大平地二期光伏项目（100兆瓦）EPC总承包工程	长江勘测规划设计研究有限责任公司、水电八局	11988.00	96.04	11513.00
62	广西玉林市龙云灌区工程设计—采购—施工总承包（EPC）第Ⅰ标	水电八局水电公司、广西壮族自治区水利电力勘测设计研究院有限公司、广西玉林水利电力勘测设计研究院	79288.77	97.02	76925.96
63	二环北路和玉东大道等6条主要道路（一路一带一中心）提升改造项目——玉东大道、人民东路、教育东路、文体北路改造工程	玉林市建筑设计院有限公司、水电八局	3772.99	97.02	3660.69
64	株洲市中心城区污水系统综合治理一期工程PPP项目施工合同Ⅲ标	长江生态环保集团有限公司牵头，中国电建集团中南勘测设计研究院有限公司、水电八局、中国安能建设集团有限公司、三峡绿色发展有限公司、长江三峡水电工程有限公司、长江三峡绿洲技术发展有限公司共同实施	326660.13	9.58	31292.97
65	湖南省洞庭湖区重点垸堤防加固一期工程和二期治理未完工程EPC（1）工程	湖南省水利水电勘测设计规划研究总院有限公司、水电八局、广东省水利水电第三工程局有限公司、水电四局、湖南百舸水利建设股份有限公司、水电九局、长江河湖建设有限公司共同实施	685612.89	26.32	180460.82
66	粤港澳大湾区深圳都市圈城际铁路深圳至惠州城际前海保税区至坪地段工程Ⅰ标（前保—五和）主体工程施工承包合同	中国电力建设股份有限公司、水电十四局、水电八局、中电建铁路建设投资集团有限公司、中国水利水电第一工程局有限公司共同实施	1081779.17	26.32	154523.14

第三节 文明施工

水电八局一直把创建文明工地、推行文明施工和文明作业、确保施工生产安全、树立企业良好形象作为重大基础性工作来抓，适应新形势下对安全文明施工的要求，为从业人员提供安全、文明的施工环境，做到"设施标准、行为规范、施工有序、环境整洁"。文明施工的基本要求：制定文明施工管理制度，有文明施工的有关规定；有文明施工有关措施；落实文明施工有关的费用。

2018年，为全面提升安全文明施工管理水平，争创安全文明施工一流现场，组织发布了《安全文明施工标准可视化图册》，5册共14个专业。

曾获得多项文明施工荣誉。

2020年11月，湖北鄂州恒大项目获评"2019—2020年度第三批湖北省建筑工程安全文明施工现场"。

2020年12月，六安恒大文化旅游城首期项目被评为"2020年度六安市建筑施工安全生产标准化示范工地"。

2021年3月，咸宁恒大项目被评为"咸宁市2020年度建筑工程安全文明施工现场"。

2021年4月，深圳大空港项目获评"2021年度上半年深圳市建设工程安全生产与文明施工优良工地"。

2022年5月，深圳市城市轨道交通12号线二期工程施工总承包三工区项目经理部获评"2022年度上半年深圳市建设工程安全生产与文明施工优良工地"。

2022年9月，郑州泷悦华筑项目被认定为"2022年度上半年河南省建筑工程安全文明标准化示范工地"。

2022年11月，大藤峡右岸厂坝项目获得"广西水利建设工程文明工地"称号。

2022年12月，深圳赤湾停车场获评"广东省市政工程安全文明施工示范工地"。

第十章 安全生产与职业健康、节约能源与生态环境保护

水电八局严格执行国家、地方及行业关于安全、环保法律法规和规程规范，始终坚持人民至上、生命至上的发展理念，全面统筹发展和安全，不断加强和完善组织体系、制度体系、责任体系的建设，深入开展安全检查、隐患排查及风险分级管控、教育培训等工作，持续夯实安全生产基础、基层、基本功，坚定地把安全生产作为抓好各项工作的前提保障和重中之重。

第一节 责任体系与组织机构

1994年，设置安全生产委员会办公室，先后由杜鸿镇、陈政一、马绍永任主任。

2007年，安全生产委员会办公室更名为安全管理部，为安全生产管理职能部门，马绍永任主任。

2009年3月，江先春任主任。

2013年，建立安全生产四个责任体系，分别为以各级行政正职为第一责任人的安全生产行政体系、以各级分管生产副职为第一责任人的安全生产实施体系、以各级分管技术副职为第一责任人的安全技术支撑体系、以各级分管安全副职为第一责任人的安全监督管理体系，各体系在职责范围内严格履行安全职责。

2014年，安全管理部更名为安全环保部，江先春任主任。

2020年11月，罗长青任主任。

2022年10月，付建平任主任。

水电八局的二级单位和工程项目部（施工局）设置专门的安全生产管理部门（安全科、安全办、安全部），配备专职安全管理人员。均成立安全生产委员会，各级单位行政正职任安全生产委员会主任，下设安全生产委员会办公室，由各级单位安全管理部门负责人兼任办公室主任。截至2022年底，全局共有专职安全管理人员1063名，其中取得国家注册安全工程师资质的有216人，机构设置和人员配备，基本形成了覆盖全局的安全生产监督管理体系网络。

第二节 安全管理制度

水电八局以安全生产责任制为核心，按国家法律法规规定要求，吸取多年工程建设的经验教训，结合工程项目施工生产的实际，逐步制定了比较完善的安全生产管理

规章制度，同时形成了以各级行政正职、各部门负责人为第一责任人的安全生产保证体系和各级安全职能部门、安全员组成的安全监督管理体系，共同对水电八局安全生产负责。

2004年，编印《安全生产管理文件汇编》。

2005年，根据职业健康安全、环境体系认证的相关要求，编制《环境、职业健康安全管理》体系文件。

2013年，根据安全生产标准化要求，印发《土建项目施工安全生产标准化手册（试行）》，该图册包含《土建项目施工安全管理标准（试行）》（31个制度）、《土建项目施工安全技术标准（试行）》（12个制度）、《土建项目施工安全操作标准（试行）》（139个操作规程）、《土建项目施工现场图集（试行）》4部分，有效指导项目安全生产管理。

2014年，发布《房屋建筑和市政工程施工安全生产标准化手册现场图集（试行）》。

2015年，修订改版管理制度，总部安全管理制度整合至《公司管理手册——总部管理规定》，包含安全生产责任制等22个制度。

2016年，发布《安全生产标准化试行图册》，分为水利水电、地铁工程、房屋市政、公路、国际业务、砂石拌合、机电金结、基础处理、起重施工、露天矿山采掘10个分册。

2017年，修订改版管理制度，总部安全管理制度整合至《管理手册》，由程序文件、指导性文件及支持性附件组成，共有《安全生产管理办法》等23个制度。

2019年，修订改版管理制度，总部安全管理制度整合至《HSEE管理手册》，手册共6部分，包含各项安全生产管理工作要求及流程。发布《安全生产标准可视化图册》，该图册由《通用分册Ⅰ》《通用分册Ⅱ》《房屋市政专业分册》《水利电力专业分册》《道路与桥梁专业分册》组成。

2020年，按照统一安排，《HSEE管理手册》整合至《企业管理标准》。

2022年，根据最新《中华人民共和国安全生产法》对《安全生产责任制》《水电八局安全生产奖励与处罚管理办法（2022年版）》进行修订，并新发布《水电八局穿透式安全管理办法（试行）》。

截至2022年，水电八局《企业管理标准》及有效制度共对47项安全管理工作流程及要求进行了明确规定，基本满足施工生产经营安全生产管理的需要。

（1）核心安全管理制度是《安全生产责任制》：明确工程局、二级单位、项目、作业队（车间、工区、工段）、班组、施工人员各级岗位人员和各级职能部门的安全生产责任。

（2）综合安全管理规章制度：目标管理、教育培训、监督检查评价、安全投入、应急救援、事故统计报告、调查处理、考核奖惩等。

（3）专业安全管理规章制度：安全技术措施、危险源辨识评价和控制、施工设备、特种设备、危险物品、现场安全文明生产、道路交通、用电、防火、爆破、高陡边坡、高处作业、地下工程、水上作业、大件吊装、防洪度汛、环境保护、职业病防治、劳动防护用品、分包商安全管理等。

自20世纪90年代以来，随着水电八局生产经营规模的不断扩张，安全生产管理范围逐步扩大，为使安全生产事故得到有效控制，水电八局实行安全目标管理。每年与湖南省、中国电建（中国水电）等上级单位签订年度安全生产目标管理责任书，同时与所属各二级单位、总部各职能部门签订年度安全生产责任书，责任书主要内容为对安全生产、职业健康、生态环境保护、节约能源4个方面的目标要求。实行安全生产保证金制度，按责任目标对二级单位进行年度考核、奖惩。各二级单位、项目按上级安全管理目标要求采取相应措施，层层分解，组织实施。

第三节　安全技术措施

水电八局组织编制实施的施工生产安全技术措施主要如下。

（1）工程项目《施工组织设计》中结合项目施工生产实际情况提出了安全技术措施、要求。

（2）根据项目特点，对高陡边坡、洞挖、高排架、高处作业、开挖爆破、截流、度汛、机电设备安装与拆除、大型起重运输作业等危险性较大的施工专项安全技术措施作了规定。

（3）项目施工生产过程中的土石方作业，混凝土生产，砂石料生产，基础处理，起重运输作业，结构加工等机械电气作业，门塔缆机安装运行，施工机械作业，起重设备，拆除压力容器，锅炉等特种设备的安装、运行、维修、拆除等安全技术操作的规程、规定。

（4）土建、机电、金属结构等各工种（岗位）的安全操作规程。

安全技术措施依据国家发布的有关安全生产的法律、法规和安全技术标准、规程、规范，同时结合施工生产的实际情况进行编制。安全技术措施经项目技术负责人审核、监理单位审批后，进行逐级技术交底、组织实施，在实施中检查反馈，必要时进行变更。安全技术措施的实施，确保了施工生产计划的安全顺利完成。

2004年，水电八局作为行业安全标准起草单位，参加编写《水电水利工程施工通用安全技术规程》（DL/T 5370—2007）、《水电水利工程土建施工安全技术规程》（DL/T 5371—2007）、《水电水利工程金属结构与机电设备安装安全技术规程》（DL/T 5372—2007）和《水电水利工程施工作业人员安全技术操作规程》（DL/T 5373—2007）（国家发展改革委2007年7月20日发布，自2007年12月1日起实施）。

第四节　安全教育培训

2005年，制定《环境、职业健康安全培训管理办法》，同时采取多种形式开展安全培训教育活动，不断提高员工安全生产遵章守纪意识和安全技术水平、管理水平以及安全操作技能，以适应企业施工生产经营规划日益扩大及新老交替的需要，逐步增强项目施工安全技术和管理能力。主要培训教育形式如下。

（1）结合施工生产作业活动印发的规章制度、规范规程、法律法规、基本知识等安全资料进行自学、老带新、师带徒，在施工实践中学习。

（2）工程项目对施工新进场员工进行专门的项目、作业队（车间、工段）、班组"三级安全教育"。

（3）定期开展"安全日""安全周""安全生产月""班前五分钟"等安全活动以及安全知识竞赛、技术比武、经验交流、吸取事故经验、安全宣传板报等宣传教育活动。

（4）提倡"三不伤害"、反"三违"、反"习惯性违章"，开展安全隐患排查治理工作，倡导安全施工、文明生产等活动。

（5）每年7月组织新进场的员工集中进行专项安全知识教育培训。

（6）举办新技术、新工艺、新设备、特种设备、专项安全技术培训班，经考核合格后，上岗操作。

（7）爆破、起重、机动车驾驶、电工、焊接、锅炉压力容器、登高架设、放射等国家规定特种作业人员和技术管理人员定期举办专业技术培训班（复审），经国家高管部门考试合格后，持操作证上岗作业。

（8）水电八局负责人、项目（施工局、分局）经理、专职安全管理人员三类人员，定期举办水利部、交通部、建设部等安全生产管理资质和继续教育培训，经国家主管部门考核合格后持证上岗。

2006年，创办《安全生产简报》，内容涉及安全法规、安全标准、管理纵横、工伤保险、案例分析、安全动态等方面，每季度一期，印发200余册，发至各单位项目。

自2006年起，溪洛渡施工局、澜沧江施工局、构皮滩八九联营体等多个工程项目创办民工夜校，定期为农民工讲授安全生产知识和注意事项，提高农民工的安全生产意识和操作技能。

从2018年开始，每年组织开展分包单位法人及现场负责人培训。

每年，制订发布《安全生产教育培训计划》，通过员工自学，举办脱产、半脱产培训班以及外出送培等多种方式分层级开展教育培训工作。截至2022年底，1348人取得水利行业岗位安全资质，2369人取得建筑行业岗位安全资质，575人取得公路水运行业岗位安全资质。

第五节　安全检查考核

2004年，制定《水电八局施工生产安全检查办法》。

2005年，制定《环境、职业健康安全检查办法》。

2007年，为认真贯彻国务院安全生产委员会（以下简称国务院安委会）第五次扩大会议和全国安全生产电视电话会议精神，落实国务院安委会办公室《关于印发〈2007年深化建筑施工安全专项整治工作方案〉的通知》（安委办〔2007〕9号），水电八局组织开展了深化施工安全专项整治工作。

2008年，为贯彻落实国务院安委会第六次全体会议把2008年作为安全生产"隐患治理年"的决定，水电八局组织开展了安全生产"隐患治理年"活动。

2010年，为落实安全工作责任，加强隐患排查治理，坚决遏制重特大事故，确保施工生产顺利进行和年度安全生产目标的实现，水电八局组织开展了"安全生产心中有数"活动和安全检查评价工作。

2012年，为认真贯彻落实中国水电股份公司和水电八局2012年安全生产工作会议精神，水电八局从机构体系、履职、制度、安全教育、安全技术措施、安全投入等13

个方面组织开展了春（夏）季节安全生产大检查和安全评价工作。

2014年，制定《监测检查（评价）管理办法》，结合上级要求及实际工作需要，不断修订完善。采取多种形式组织开展安全管理和现场的安全检查活动，及时纠正违章行为，发现管理缺陷，排查事故隐患，进行整改验收，形成闭环管理，确保项目正常安全施工生产秩序。主要安全生产检查形式有：

（1）项目作业队、车间、班组在施工生产过程中自查自检、自纠自改。

（2）项目安全部门组织施工生产作业现场日常安全值班巡视检查。

（3）项目组织周、月、季综合安全大检查。

（4）项目组织对爆破、高处作业、起重吊装、大件运输、高边坡施工等危险作业进行专项安全监护检查。

（5）水电八局、项目有关部门组织的隧洞开挖、机电设备、特种设备、供用电、度汛等专业安全检查。

（6）水电八局、二级单位定期安全大检查和年终安全考核检查。

（7）地方政府、中国电建、业主对水电八局和项目安全生产进行专项检查、年度考核。

2016年，水电八局认真学习贯彻《中共中央　国务院关于推进安全生产领域改革发展的意见》，在落实安全生产责任制、完善安全监管机制、建立安全预防控制体系、加强安全基础能力等方面制定相关管理制度，同时加大检查、考核力度。

2017年，为营造稳定的安全生产环境、保障党的十九大胜利召开，水电八局组织开展了安全生产大检查工作。

2018年，为认真贯彻落实国家、湖南省和股份公司有关安全生产工作的系列部署，全面加强水电八局建筑施工安全管理尤其是隧道施工安全管理，有效防范事故，水电八局组织开展了建筑施工安全专项治理行动。

2019年，为依法依规打击各类非法违法建设施工行为，坚决治理违规违章行为，杜绝因非法违法行为造成生产安全事故，水电八局组织开展了"打非治违"专项行动。

2020—2022年，按照国务院安委会关于全国安全生产专项整治三年行动计划工作部署和国务院国资委、国家能源局、湖南省政府、集团公司等有关工作要求，水电八局从危险性较大分部分项工程安全管理、灾害防范与应急管理、分包安全管理、设备物资安全管理、安全科技提升、消防安全管理、交通安全管理、境外安全管理8个方面对专项整治进行了整体安排部署。

第六节　职业健康管理

2004年，建立《职业健康管理制度》，并汇编入《安全生产管理文件汇编》，明确职业健康管理职责及工作要求等。

2004—2013年，委托融城医院到施工现场为员工做职业健康体检，排查职业禁忌证及职业病，完善职业健康监护档案。

2014—2022年，要求各项目明确涉及职业病危害岗位及人员，就近组织开展职业健康检查，完善职业健康监护档案。

2018年，安全环保部明确专人负责职业健康管理，要求各单位、项目明确职业健康专管人员，建立职业健康管理网络。

2018—2022年，每年均明确职业健康管理目标、年度工作要点，与安全生产同步进行检查、考核，促进职业健康管理水平的提高。

2018—2022年，要求项目部按地方政府要求进行职业病危害项目申报，主动接受地方政府主管部门监管。

水电八局施工生产作业场所主要的职业危害：土石方工程开挖钻孔、爆破岩石粉尘，混凝土生产浇筑、灌浆的水泥粉尘，电焊烟尘和除锈金属粉尘，砂石料生产（设备运行）和金属加工噪声，炸药加工TNT、油漆苯、化学灌浆、制冷氨、高原低氧等有毒有害物质以及露天作业高温、严寒、潮湿等气候因素。

水电八局不断改善劳动条件和作业环境，在职业病预防治理方面采取以下有效措施：

（1）由人工操作改为机械、半自动、自动化作业。

（2）直接敞开粉尘作业改造为隔离、封闭、密封生产。

（3）购置自动化混凝土拌和楼，制造安装封闭式水泥拆包运输及储存系统。

（4）砂石料生产系统运行设置集中监控室。

（5）基础混凝土灌浆改为集中制浆输送。

（6）金属结构喷砂除锈建密封房罩。

（7）土石方工程开挖、爆破、装运，采取湿式作业或除尘措施，洒水喷雾、降尘除尘。

（8）隧洞施工安装通风除尘装置。

（9）根据《安全生产法》《用人单位劳动防护用品管理规范》《建设工程安全生产管理条例》等的有关防护用品发放规定，给项目施工职工发放个人防护用品（如工作服、工作鞋、手套、工作帽、安全带、安全帽、绝缘鞋等），并给部分粉尘作业人员发放防尘口罩，给噪声作业人员发放防噪声耳塞，给制冷、低温作业人员发放棉大衣，给高温作业人员发放防暑降温药品。在项目施工营地，设置职工食堂和澡堂，为施工生产一线的员工提供了基本的劳动保护条件。

第七节　生态环境保护

2005年，通过"环境保护，职业健康安全管理体系"认证，制定并组织实施《施工（生产）环境监测和管理办法》。每年年初，水电八局主要负责人都要与各二级单位、直管项目签订年度《环境职业健康安全责任书》，确定"合理处置施工（生产）固体废物；合理绿化施工（生产）区域环境；合理保护施工区域植被；增强全体员工的环境保护和能源资源节约意识，做到文明施工，促进清洁生产，保护生产环境"的管理目标和"施工废水pH总悬浮物浓度排放合格率不低于82%；施工场界噪声（居民居住区域）达标率100%"的环境控制指标，并在年终进行考核、兑现奖惩。项目施工环境保护治理工作主要有：

（1）土石方工程施工区域植被恢复和渣场绿化；

（2）砂石料生产废水处理；

（3）居民居住区场界噪声治理。

2005—2022年，每年6月5日"世界环境日"，水电八局各单位、项目组织开展环境保护日宣传活动，结合当年主题宣传《环境保护法》、本单位环境风险及控制措施等。

2014年，水电八局修订《环境保护与水土保持管理办法》，进一步强化环境保护职责、工作流程与要求，并明确将环境保护管理工作归口到安全环保部管理。

2014—2022年，水电八局生态环境保护工作与安全生产工作同部署、同检查、同考核。

自2017年起，参建的白鹤滩、长九、雄安、长峡等工程项目遵循"雨污分流"的治理原则，采取"一级机械预处理—二级辐流沉淀池（浓密机）沉淀—三级石粉脱水"的成熟废水系统处理工艺，对砂石料加工系统产生的废水进行处理并回收利用，从真正意义上做到废水零排放。

自2018年起，所属绿色建材项目加大在粉尘处理和噪声防护方面的防治工作。在粉尘处理方面，根据不同加工部位特性采用"抑尘""收尘"的粉尘处理工艺，投入配套的除尘设备及设施，并采用门架、网架等全封闭形式，起到了良好的除尘降尘效果；其中，雄安调蓄库砂石项目引进使用"矿山多功能抑尘车"，有效抑制了爆破作业产生的粉尘，基本做到爆破现场无扬尘。在噪声防护方面，针对噪声产生的原理，在声源控制、传播路径等方面采取多种措施，包括选用低噪声降噪托辊、破碎设备、筛分设备，建筑物隔声、隔震等，有效降低了噪声带来的影响；其中，尼洋河、莫朵娃、长峡等工程项目积极采用成品料仓气膜技术，降尘降噪取得明显成效。

自2021年起，紧跟"双碳"战略目标，长九、雄安、尼洋河、莫朵娃等多个工程项目先后投入使用"纯电动宽体矿用自卸车"，有效降低柴油车尾气排放，减少对大气环境的污染。

第八节　节约能源

2002—2013年，能源节约工作归口工程科技部管理，将能源节约工作融入施工组织设计及施工方案中，每年进行能耗统计、分析与上报。

2013年，能源节约工作划入安全环保部，明确能源节约控制目标：健全节能减排责任制；节能减排统计监测及施工、办公与生活区节能降耗管理覆盖率100%；全面建立并实施主要耗能设备能耗定额管理制度；万元营业收入能耗（可比价）较上年同期降幅不低于4%。

2013—2022年，水电八局能源节约工作与安全生产工作同部署、同检查、同考核，每年组织开展节能宣传周和全国低碳日活动，对节能相关知识进行宣传。

2022年，能源节约更名为节约能源，控制目标增加了"万元产值二氧化碳排放量较上年同期降幅不低于5%"。

自2013年以来，节约能源各项控制指标均实现"万元营业收入能耗（可比价）较上年同期降幅不低于4%"的目标。

第九节　安全事故处理

2004年，国务院《工伤保险条例》颁发后，水电八局各种事故伤亡人员的工伤认定、劳动鉴定和治疗补偿工作移交湖南省劳动保障部门和湖南省劳动鉴定委员会办理。

2014年，根据《安全生产法》（2014年修正），修订《水电八局事故管理办法》，明确工会依法对安全生产工作予以监督，提高事故处罚标准，规范事故调查处理要求等。

2022年，根据《安全生产法》（2021年修正）、《刑法》（修正案十一）等法律法规，修订《水电八局事故管理实施办法（2022年版）》，修订《安全生产奖惩管理办法》，加大事故处罚力度，明确安全生产事故"一票否决""项目经理降级免责""纪委介入""说清楚""制作视频警示教育"等要求，进一步规范了事故调查处理"四不放过"原则。

第十节　安全管理成效

水电八局高度重视安全生产工作，认真贯彻落实"安全第一、预防为主、综合治理"方针，牢固树立"人民至上、生命至上"的安全理念，坚守安全"红线""底线"，不断完善安全生产管理制度，强化安全生产标准化建设，推动安全生产形势持续稳定。

2002年、2003年，荣获中国水电"安全生产先进单位"称号。

2005年，通过环境、职业健康安全管理体系认证。

2007—2010年，连续4年荣获中国水电"安全生产先进单位"称号。

2017年，连续7年荣获湖南省"安全生产先进单位"称号。

2012—2017年，连续6年荣获中国电力建设集团（股份）有限公司"安全生产先进单位"称号。

2013年，通过湖南省安全质量标准化认证。

2015年，通过电力安全生产标准化一级达标认证。

2016年，通过水利安全生产标准化一级达标认证。

2016年、2017年，荣获湖南省"电力安全生产先进单位"称号。

2021年，荣获湖南省"安全生产先进单位""电力安全生产先进单位"称号。

2022年，荣获湖南省"安全生产先进单位""安全生产标准化优良企业""电力安全生产先进单位"称号。

第十一章　质量管理

水电八局认真贯彻执行国家有关质量管理方针政策和法律法规，坚持"敬业、专业、人品、精品"的企业准则和"八局出品、必属精品"的理念，通过不断提升质量意识、品牌意识、优化质量管控体系、严格质量责任、强化过程管控，实施优质工程战略等举措，实物质量满足合同及相关规范规定要求，多数已建和在建的工程获得建设单位及相关方的好评，优质工程战略成果丰硕。

第一节　机构

2002年1月—2006年12月，主管质量的管理部门为全面质量管理办公室。

2002年1月—2014年1月，张汉龙为分管领导。

2007年1月，全面质量管理办公室更名为质量管理部，更名后的部门职责不变，曹楚良任主任。

2014年1月，撤销质量管理部，职能并入工程管理部，曹楚良任工程管理部主任，潘斌任分管质量副主任。

2014年2月—2016年2月，刘中刚为分管领导。

2016年2月，撤销工程管理部，成立工程科技部。工程管理部原生产进度、质量管理工作职能划入工程科技部，标准化工作、三体系（质量、环境、职业健康）认证相关工作划归战略与信息化部。

2016年2月—2022年1月，于永军任工程科技部主任。

2016年3月—2021年1月，涂怀健为分管领导。

2021年2月—2022年1月，谢卫东为分管领导。

2022年2月—2022年12月，于永军为分管领导，黄巍任工程科技部主任，曹楚良任分管质量副主任（主任级）。

第二节　管理制度

2002年，按照ISO 9002国际标准建立质量管理体系，管理体系文件分A、B、C三个层次，A层次文件为《质量手册》，B层次文件包括《过程控制程序》《检验和试验控制程序》《不合格品控制程序》《工程分包控制程序》《文件控制程序》等23个程序文件，C层次文件包括《混凝土配合比设计及使用管理规定》《设备大修管理办法》《质量奖惩办法》等44个文件。体系文件内容覆盖技术质量、人力资源、施工设备、检测设备、经营、公共文件记录管理等各个方面，充分体现全面质量管理——全员、全过程、全方位的管理理念。

2003年，对已有质量管理体系文件进行修订，A层次文件仍为《质量手册》，对原有的B层次文件和C层次文件部分进行整合，B层次文件调整为18个，C层次文件调整为24个。

2005年，水电八局根据管理实际需要，开展质量、环境、职业健康安全管理体系认证工作，建立了质量、安全、职业健康一体化的管理体系文件，对2003年版管理体系文件进行修订，取消了按A层次、B层次、C层次文件的分类方式。编制下发《技术、质量检验管理文件》，包含《科技管理程序》《施工（生产）过程管理程序》《施工组织设计、技术措施编制及管理办法》《科研项目管理办法》《有效标准目录》《科学技术进步奖励办法》《度汛管理办法》《产品监视和测量管理程序》《不合格品控制程序》《质量检验员资格认定和管理办法》《质量报表填报规定》《QC小组活动管理办法》《质量奖罚办法》《竣工资料整编归档规定》《工程试验与监测管理办法》《工程测量管理办法》《核子密度仪使用及管理规定》《检验样品管理规定》《化学试剂使用及处置规定》《混凝土配合比设计管理规定》。

2007年，对2005年版管理体系进行修订，对部分文件个别条款内容进行修改完善。

2010年，对2005年版管理体系进行改版，按机关职能部门所管辖的业务范围制定归口业务管理体系文件。编制下发《质量管理分手册》，主要内容为管理方针和目标、质检机构、质量职责、管理程序和流程、相关和支持性文件、附录。另包含《QC小组活动管理办法》《质量报表填报规定》2个支持性文件。

2014年，对2010年版管理体系进行换版。编制下发《质量管理分手册》，主要内容为术语与定义、职责、管理活动的内容与方法、报告与记录。另包含《竣工资料收集、整编管理办法》《质量报表填报规定》《QC小组活动管理办法》3个支持性文件。

2015年，对2014年版管理体系进行换版，因撤销质量管理部，职能并入工程管理部，质量和进度管理相关制度纳为一体。编制下发《质量、进度管理规定》，质量管理业务方面的主要内容为质量管理条文、质量事故管理办法、公司质量信息填报管理规定。

2017年，对2015年版管理体系文件进行换版，因撤销工程管理部，成立工程科技部，质量管理工作职能划入工程科技部，质量管理相关制度和科技管理相关制度纳入《工程科技管理程序文件》，质量管理业务内容主要包含质量管理办法、质量事故、质量事件管理办法、竣工资料收集、整编、移交管理规定、质量信息填报规定。

2018年，对2017年版质量管理体系文件进行修订，为全面推行质量风险管理，实现质量风险的可预见管理，预防质量事故的发生，质量管理制度内容增加《质量风险管理办法》。

2019年，对2017年版管理体系进行换版。质量管理制度纳入《工程与技术管理手册》中"质量管理"内容。主要内容为总则、职责与权限、管理要求、检查与评价、附则。为了规范投资项目质量管理、验收和竣工资料的收集、整编、移交工作，另印发《水电八局投资项目质量管理规定（试行）》和《水电八局投资项目验收和竣工资料管理规定（试行）》。

2020年、2021年、2022年，连续3年对2019年版体系文件质量管理内容进行局部修订完善。

第三节　质量管理情况

明确质量工作的宗旨和方向。2002年至2015年5月，确定质量方针：提高员工素质、规范工作行为、追求完美品质、满足用户要求。2015年5月，提出新的质量方针：敬业、专业、人品、精品。为使员工充分了解、深刻领会和认真贯彻质量方针，下发《关于开展公司质量方针宣贯活动的通知》（八局工〔2015〕13号），要求在建项目（厂）在工作或生活区域醒目位置张贴质量方针宣传单，组织员工学习质量方针及释义内容，确保员工铭记和理解质量方针。

制定年度质量工作要点。每年年初，制定并下发年度质量工作要点，明确年度质量工作思路和质量工作目标、工作计划。

开展形式多样的质量活动，营造良好的质量氛围。每年9月，按照国家相关机构及中国电建相关要求，结合自身实际，组织开展"质量月"活动，下发质量月活动通知，活动结束后，进行总结。2020年3月，下发《关于开展质量宣传活动的通知》（八局工技〔2020〕13号），全局范围内开展质量宣传活动，要求将"八局出品，必属精品""不得以任何理由损害工程质量，降低质量标准"的要求传达到全体员工。开展质量警示教育，收集国内及工程局典型的质量事故（问题）案例，编制质量警示教育PPT课件，在质量培训、质量会议上进行宣讲，编制下发质量警示教育材料，增强员工对质量的责任感、敬畏感。充分利用网络、微信等工具，大力宣传质量、传递质量信息，使广大员工特别是各级领导树立正确的质量理念，提高对质量的认识。开展QC质量小组活动，结合项目的质量控制重点和质量顽症，组织开展质量攻关活动。开展质量评比活动，每年评选表彰一批在质量工作中表现突出的单位和个人，营造质量争先创优氛围。

多角度开展质量监督指导和服务。组织参与对重点新开工工程项目前期质量管理策划；每年度制定质量检查计划及检查要点，抽选部分二级单位、工程项目进行检查，解决质量管理存在的薄弱环节和突出问题。实行项目质量函件（包括奖罚通知单、质量表彰函件、监理通知单/指令、检查通报、涵盖有质量信息的会议纪要等）上报制度，安排专人对上报的质量函件每月进行归类整理、分析，必要时对函件反映的有关问题进行详细了解、督促落实。对质量问题突出的项目，组织召开质量专题会议，必要时派专人现场督促指导等。2018年1月，下发《关于召开水利工程质量"飞检"迎检专题会的通知》（八局工技〔2018〕46号），组织相关单位研讨质量"飞检"迎检工作。

有针对性地开展专项整治活动。2009年1月，下发《关于进一步加强规范灌浆施工的通知》（八局质〔2009〕5号）。2010年1月，下发《关于进一步加强施工排架质量安全管理的通知》（八局质〔2010〕1号）。2011年11月，下发《关于进一步强化质量责任、加强过程控制、确保施工（生产）质量的通知》（八局发〔2011〕124号）。2012年4月，下发《关于开展公司"外观质量年"活动的通知》（八局发〔2012〕51号）。2012年10月，下发《关于进一步更新质量观念、强化质量管理的通知》（八局发〔2012〕160号）。2015年6月，下发《关于进一步加强对原材料质量管控的通知》（八局工〔2015〕16号）。2021年11月，下发《商品混凝土（砂浆）质量管理办法（试行）》。2022年8月，下发《关于开展不按设计、施工技术方案施工生产专项整治活动的通知》（八局工技〔2022〕24号）。2022年11月，下发《关于进一步加强采购产品质量管控的通知》（八局工技〔2022〕33号）。

定期召开年度质量工作会。总结质量工作取得的成绩，分析存在的问题，研究相应对策，部署下一阶段质量工作。

营造质量事故管理的高压态势。针对质量事故、重大质量问题和质量事件的处理制定一系列的管理规定，把对质量事故分类分级、责任追究在体系文件中进行规定。2003年，下发《关于印发质量事故"说清楚"制度的通知》（八局发〔2007〕70号），要求项目（厂）出现大、重大质量事故的，除对相关责任人严格按规定处理外，事故单位行政正职到总部向质量管理委员会汇报。2009年，下发《关于加强对质量事故（事件）预防和管理的通知》（八局发〔2009〕190号），对如何预防和管理质量事故（事件）提出要求。2018年，下发《质量风险管理办法》，要求项目及时评估、识别重大质量风险，并编制项目施工重大质量风险识别与控制表，制定有针对性的控制措施。对发生质量事故（事件）的，按"三不放过"原则进行处理，根据质量事故（事件）等级，依照体系文件相关规定，按权限开展质量事故（事件）调查，根据调查结果情况对责任人严格追究责任并进行内部通报。2003年，下发《关于对洪家渡1#引水洞和乌江扩机工程1#引水洞下平段砼质量事故的通报》（八局发〔2003〕17号）、《关于鱼剑口大坝混凝土质量事故的处理决定》（八局发〔2003〕70号）。2008年，下发《关于京沪高铁曲阜东站质量问题的处理决定》（八局发〔2008〕225号）。2012年，下发《关于对藏木电站二期围堰工程质量缺陷的处理决定》（八局发〔2012〕18号）。2013年，下发《关于南水北调洺河渡槽12#至16#跨槽身冻胀质量问题的责任处理决定》（八局发〔2013〕137号）、《关于对加纳布维项目1#机蜗壳抬动质量事故的责任处理决定》（八局发〔2013〕138号）、《关于对岳阳分公司厂房车间地坪混凝土起灰和外墙装饰面开裂质量事故责任者的处理决定》（八局发〔2013〕185号）。

开展质量管理体系认证活动（2016年该项工作业务划归战略与信息管理部）。2002—2004年，按照ISO 9001：2000质量管理体系标准要求，编制质量管理体系文件，并每年组织开展管理体系内部审核和进行管理内部评审，根据管理评审结果进一步完善管理体系。每年度由第三方（中质协质量保证中心）开展外部审核并通过，获得质量管理体系认证证书。2005年，组织编制质量、安全、职业健康一体化的管理体系文件，建立了质量、安全、职业健康一体化的管理体系，进行管理体系文件宣贯，并组织参与内部审核的相关人员进行管理体系标准学习、培训，组织开展管理体系内部审核和管理评审，通过了第三方（北京中电联认证中心）外部审核，获得质量管理体系认证证书、职业健康安全管理体系认证证书、环境管理体系认证证书。2006—2015年，每年组织开展管理体系内部审核和进行管理内部管理评审，根据管理评审结果进一步完善工程局管理体系，每年度由第三方（北京中电联认证中心）开展外部审核并通过。

组织开展了顾客满意程度回访调查（2018年及以前，该业务归口管理为经营管理部，2019—2020年归口管理为工程科技部，2021年该业务划归工程管理部）。2019年12月3日，制定下发《关于开展2019年顾客满意度调查的通知》（八局工技〔2019〕41号），组织开展顾客满意程度回访调查。根据回访调查情况，于2020年4月3月下发《关于2019年顾客满意程度回访调查情况的通报》（八局工技〔2020〕14号），对回访调查情况进行通报，其中质量方面顾客满意度为96.94%。2020年12月3日，制定下发《关于开展2020年顾客满意度调查的通知》（八局工技〔2020〕42号），组织开展顾客满意程度回访调查。根据回访调查情况，于2021年3月23日下发《关于2020年顾客满意程度回访调查情况的通报》（八局工技〔2021〕15号），对回访调查情况进行通报，其中质量方面顾客满意度为97.33%。

实施优质工程战略。坚持以"树品牌、拓市场、创效益"为引领，有计划、有策划、有实施、有针对性地开展创优工作。做好创优工作策划，开工之初就进行创优策划，编制创优策划书。二级单位组织省部级优质工程创优策划，必要时由总部进行指导；国家级优质工程创优策划由总部组织、二级单位、项目配合；对计划创优质工程奖的工程项目，总部和二级单位加强创优过程管控，对创优资料收集、创优节点目标完成情况进行检查督促。总部根据需要，对二级单位上报的创优计划进行整理和协调，制订并发布年度优质工程创建计划。对符合申报优质工程条件的项目，积极组织申报，国家级优质工程奖由总部组织申报，省部级优质工程奖由二级单位负责申报。制定奖励制度，建立激励机制，对创优有功人员进行奖励，积极引导创优工作，开展创优研讨，进行创优宣传报道和迎奖活动等。2021年，下发《关于进一步加大创优力度和推进湖南省质量、安全管理标准化优良工地创建工作的通知》（八局工技〔2021〕33号），对工程创优和推进湖南省质量标准化优良工地创建提出要求和指导意见。2022年，在湖南省建筑施工质量管理标准化企业考评中荣获"优良企业"称号。

加强质量管控能力建设。在管理体系中规定二级单位质量管理机构设置及人员配置要求。2021年1月，为进一步规范二级单位及项目的质量管理机构设置及主要质量管理人员配置，形成适应于不同项目特点的多元化的质量管理模式，印发《水电八局质量管控机构设置指导意见》（八局工技〔2021〕1号）。加强质量队伍建设，组织开展质量培训，每年年初，制订员工培训计划，对培训对象、内容、方式及时间作出安排，通过培训提高质量管控人员的专业能力和管理水平。多渠道吸纳质检人才，每年安排一定数量新分配的大学生充实到质检队伍，或通过劳务甄选录用吸纳一部分优秀质检劳务人员等。

重视竣工资料的管理。在管理体系中对竣工资料管理和工作职责等进行相关规定，并明确移交竣工资料的工程项目范围和向局档案室移交竣工资料的类别等。对项目竣工资料的整编工作进行业务指导和督促，对已竣工验收的工程项目，督促二级单位、项目按管理体系规定及时移交竣工资料至档案室。2003年5月28日，下发《关于加强竣工资料整编的通知》（八局质〔2003〕3号）。2007年4月25日，印发《竣工资料收集、整编导则》。2008年6月9日，下发《关于向工程局南托档案室移交竣工资料的通知》（八局发〔2008〕133号）。2013年1月13日，印发《水电八局竣工资料收集、整编管理办法》。2018年6月25日，梳理已竣工验收的工程项目，下发《关于下达2018年项目工程竣工资料移交计划的通知》（八局工技〔2018〕29号）。2021年4月25日，下发《关于下达2021年项目工程竣工资料移交计划的通知》（八局工技〔2021〕21号）。

第四节　QC小组活动

2002—2022年，每年推荐多个优秀质量管理小组成果参加小组成果发布活动，共获省部级优秀质量管理小组342项，国家级2项。其中获湖南省优秀质量管理小组297项（颁奖单位为湖南省质量技术监督局、湖南省质量协会）；全国电力行业优秀质量管理小组4项（颁奖单位为中国水利电力质量管理协会）；中国电力建设优秀质量管理小组24项（颁奖单位为中国电力建设企业协会）；中国水利工程优秀质量管理小组17项（颁奖单位为中国水利工程协会）。

2014年11月、2017年11月、2020年12月，糯扎渡机电安装QC小组、"蓝天保障房PC预制构件拼缝防裂处理"QC小组、深圳光明洺悦府项目"尚水QC小组"分别获评由中国质量协会、中华全国总工会、中华全国妇女联合会颁发的"全国优秀质量管理小组"。

第五节　优质工程

2002—2022年，获得经典暨精品工程1项，国家优质工程金质奖8项，国家优质工程奖15项，所在国国家优质工程奖2项，鲁班奖10项，詹天佑奖7项，大禹奖3项，国际里程碑工程奖7项，中国电力优质工程奖29项，省部级优质工程奖44项，集团级优质工程71项，见表4-11-1。

表4-11-1　2002—2022年优质工程获奖情况

序号	获奖年份	工程名称	奖项名称	颁奖部门
一、经典暨精品工程				
1	2009	长江三峡水利枢纽工程	中华人民共和国成立六十周年百项经典暨精品工程	百项经典暨精品工程评选活动组委会
二、国家优质工程奖（含金奖、所在国奖）				
1	2003	湘江大源渡航电枢纽工程	2003年度国家优质工程银质奖	国家工程建设质量奖审定委员会
2	2010	华能巢湖发电有限责任公司一期工程	2010年度国家优质工程银质奖	国家工程建设质量奖审定委员会
3	2011	马来西亚巴贡水电站工程	2010—2011年度国家优质工程金质奖	国家工程建设质量奖审定委员会
4	2011	江苏如东二期风电特许权项目一期（100.5兆瓦）扩建工程	2010—2011年度国家优质工程银质奖	国家工程建设质量奖审定委员会
5	2012	贵州北盘江光照水电站工程	2011—2012年度国家优质工程金质奖	国家工程建设质量奖审定委员会
6	2013	湖北白莲河抽水蓄能电站工程	2012—2013年度国家优质工程奖	中国施工企业管理协会
7	2016	越南松邦4水电站工程	越南国家优质工程大奖	越南建设部
8	2017	龙开口水电站工程	2016—2017年度国家优质工程金质奖	中国施工企业管理协会
9	2017	科研综合楼工程	2016—2017年度国家优质工程奖	中国施工企业管理协会
10	2017	塘承高速公路二期工程	2016—2017年度国家优质工程奖	中国施工企业管理协会
11	2017	斯伦河流域水利开发工程（二期）	柬埔寨王国——最高工程质量奖	柬埔寨王国
12	2017	云南澜沧江小湾水电站工程	2016—2017年度国家优质工程金质奖	中国施工企业管理协会
13	2017	深圳市城市轨道交通7号线BT项目	2016—2017年度国家优质工程奖	中国施工企业管理协会
14	2019	四川大渡河大岗山水电站	2018—2019年度国家优质工程金质奖	中国施工企业管理协会
15	2019	华能雅鲁藏布江藏木水电站工程	2018—2019年度国家优质工程奖	中国施工企业管理协会
16	2019	武汉市轨道交通11号线东段（光谷火车站—左岭站）工程BT投融资建设项目	2018—2019年度国家优质工程奖	中国施工企业管理协会
17	2019	四川雅砻江锦屏一级、二级水电站工程	2018—2019年度国家优质工程金质奖	中国施工企业管理协会
18	2021	深圳抽水蓄能电站	2020—2021年度第一批国家优质工程奖	中国施工企业管理协会
19	2021	长沙市洋湖片区蓝天保障性住房一期、二期工程	2020—2021年度第一批国家优质工程奖	中国施工企业管理协会
20	2021	科威特大学城商学院及女子学院工程	2020—2021年度国家优质工程奖	中国施工企业管理协会
21	2021	桑河水电站工程	2020—2021年度国家优质工程奖	中国施工企业管理协会

续表

序号	获奖年份	工程名称	奖项名称	颁奖部门
22	2022	云南澜沧江黄登水电站	国家优质工程金质奖	中国施工企业管理协会
23	2022	金沙江梨园水电站	国家优质工程奖	中国施工企业管理协会
24	2022	武汉市轨道交通8号线二期、三期工程	国家优质工程奖	中国施工企业管理协会
25	2022	武汉泛悦城二期二标段工程	国家优质工程奖	中国施工企业管理协会
三、鲁班奖				
1	2004	云南大朝山水电站枢纽工程	2004年度中国建筑工程鲁班奖	中华人民共和国建设部
2	2008	贵州乌江洪家渡水电站工程	2008年度中国建筑工程鲁班奖	中华人民共和国住房和城乡建设部、中国建筑业协会
3	2011	黑麋峰抽水蓄能电站工程	2010—2011年度中国建设工程鲁班奖	中国建筑业协会
4	2013	重庆彭水水电站工程	2012—2013年度中国建设工程鲁班奖	中华人民共和国住房和城乡建设部、中国建筑业协会
5	2013	柬埔寨甘再水电站工程	2012—2013年度中国建设工程鲁班奖	中华人民共和国住房和城乡建设部、中国建筑业协会
6	2017	马来西亚沐若水电站工程	2016—2017年度中国建设工程鲁班奖（境外工程）	中国建筑业协会
7	2017	加纳布维水电站工程	2016—2017年度中国建设工程鲁班奖（境外工程）	中国建筑业协会
8	2021	武汉市轨道交通8号线一期工程	2020—2021年度中国建设工程鲁班奖	中国建筑业协会
9	2021	牛栏江—滇池补水工程	2020—2021年度中国建设工程鲁班奖	中国建筑业协会
10	2021	云南澜沧江大华桥水电站工程	2020—2021年度中国建设工程鲁班奖	中国建筑业协会
四、詹天佑奖				
1	2006	四川二滩水电站	第六届中国土木工程詹天佑奖	中国土木工程学会
2	2009	贵州乌江洪家渡水电站工程	第八届中国土木工程詹天佑奖	中国土木工程学会
3	2011	贵州乌江索风营水电站	第十届中国土木工程詹天佑奖	中国土木工程学会
4	2014	京沪高速铁路工程	第十二届中国土木工程詹天佑奖	中国土木工程学会
5	2017	糯扎渡水电站工程	第十五届中国土木工程詹天佑奖	中国土木工程学会
6	2018	深圳市轨道交通7号线工程	第十六届中国土木工程詹天佑奖	中国土木工程学会
7	2018	云南澜沧江小湾水电站	第十六届中国土木工程詹天佑奖	中国土木工程学会
五、大禹奖				
1	2008	海南省宁远河大隆水利枢纽工程	2008年中国水利工程优质（大禹）奖	中国水利工程协会
2	2021	后湖四期泵站工程	2019—2020年度中国水利工程优质（大禹）奖	中国水利工程协会
3	2021	沅水桃源水电站工程	2019—2020年度中国水利工程优质（大禹）奖	中国水利工程协会
六、国际里程碑工程奖				
1	2007	广西龙滩水电站	碾压混凝土坝国际里程碑工程奖	中国大坝工程学会
2	2013	马来西亚巴贡水电站工程	堆石坝国际里程碑工程奖	中国大坝工程学会
3	2015	沙牌水电站	碾压混凝土坝国际里程碑工程奖	中国大坝工程学会
4	2015	马来西亚沐若水电站	碾压混凝土坝国际里程碑工程奖	中国大坝工程学会

续表

序号	获奖年份	工程名称	奖项名称	颁奖部门
5	2016	小湾水电站工程	高混凝土拱坝国际里程碑工程奖	中国大坝工程学会
6	2022	向家坝水电站	高混凝土重力坝国际里程碑工程奖	中国大坝工程学会
7	2022	锦屏水电站	高混凝土重力坝国际里程碑工程奖	中国大坝工程学会
七、中国电力优质工程奖					
1	2006	重庆江口水电站工程	2006年度中国电力优质工程奖	中国电力建设企业协会
2	2007	华能岳阳电厂二期扩建工程（2×300兆瓦）	2007年度中国电力优质工程奖	中国电力建设企业协会
3	2008	江苏如东风电特许权二期（100.5兆瓦）项目工程（风机基础）	2008年度中国电力优质工程奖、电力行业二零零八年"达标投产工程"	中国电力建设企业协会
4	2008	贵州乌江洪家渡水电站	2008年度中国电力优质工程奖	中国电力建设企业协会
5	2009	重庆彭水电站5×350兆瓦工程（大坝工程、地下厂房、导流洞及安装调试）	2009年度中国电力优质工程奖	中国电力建设企业协会
6	2009	贵州乌江索风营水电站（3×200兆瓦）工程（SFY/CS大坝土建）	2009年度中国电力优质工程奖	中国电力建设企业协会
7	2009	华能巢湖一期2×600兆瓦工程（BOP及公用系统土建）	2009年度中国电力优质工程奖	中国电力建设企业协会
8	2010	贵州清水河大花水电站（2×100兆瓦）工程（大坝土建、泄洪系统土建）	2010年度中国电力优质工程奖	中国电力建设企业协会
9	2011	黑糜峰抽水蓄能4×300兆瓦电站工程	2011年度中国电力优质工程奖	中国电力建设企业协会
10	2011	龙滩水电站（4900兆瓦）工程	2011年度中国电力优质工程奖	中国电力建设企业协会
11	2011	贵州北盘江光照4×260兆瓦水电站工程	2011年度中国电力优质工程奖	中国电力建设企业协会
12	2011	江苏如东二期风电特许权项目一期100.5兆瓦扩建工程	2011年度中国电力优质工程奖	中国电力建设企业协会
13	2011	华能启东风电一期91.5兆瓦风电场工程	2011年度中国电力优质工程奖	中国电力建设企业协会
14	2013	湖北白莲河抽水蓄能4×300兆瓦电站工程（尾水工程）	2013年度中国电力优质工程奖	中国电力建设企业协会
15	2013	华能云南澜沧江景洪5×350兆瓦水电站	2013年度中国电力优质工程奖	中国电力建设企业协会
16	2013	重庆乌江彭水5×350兆瓦水电站	2013年度中国电力优质工程奖	中国电力建设企业协会
17	2013	四川大渡河深溪沟4×165兆瓦水电站工程	2013年度中国电力优质工程奖	中国电力建设企业协会
18	2013	华能福州电厂三期（2×660兆瓦）超临界机组工程	2013年度中国电力优质工程奖	中国电力建设企业协会
19	2015	龙开口5×360兆瓦水电站工程	2015年度中国电力优质工程奖	中国电力建设企业协会
20	2015	柬埔寨额勒赛工程	2015年度中国电力优质工程奖	中国电力建设企业协会
21	2016	马来西亚沐若4×236兆瓦水电站工程	2016年度中国电力优质工程奖（境外）	中国电力建设企业协会
22	2016	小湾水电站工程	2016年度中国电力优质工程奖	中国电力建设企业协会
23	2018	四川大渡河大岗山4×650兆瓦水电站	2018年度中国电力优质工程奖	中国电力建设企业协会
24	2018	华能西藏雅鲁藏布江藏木6×85兆瓦水电站工程	2018年度中国电力优质工程奖	中国电力建设企业协会
25	2020	桑河二级水电站400兆瓦工程	2020年度中国电力优质工程奖	中国电力建设企业协会
26	2020	深圳4×300兆瓦抽水蓄能电站工程	2020年度中国电力优质工程奖	中国电力建设企业协会

续表

序号	获奖年份	工程名称	奖项名称	颁奖部门
27	2020	云南澜沧江苗尾4×350兆瓦水电站工程	2020年度中国电力优质工程奖	中国电力建设企业协会
28	2021	云南澜沧江大华桥水电站	2021年度中国电力优质工程奖	中国电力建设企业协会
29	2022	云南澜沧江黄登水电站工程	2022年度中国电力优质工程奖	中国电力建设企业协会
八、省部级优质工程奖				
1	2002	湘江大源渡航电枢纽船闸工程	交通部水运工程质量奖	交通部
2	2002	常德市自来水过江管道工程	湖南省优质工程	湖南省建筑业协会
3	2004	云南大朝山水电站	云南省2003年度优质工程一等奖	云南省建设厅、云南省建筑业协会
4	2005	洪江水电站工程	2004年度湖南省优质工程	湖南省建筑业协会
5	2006	广西平班水电站工程	2005年度湖南省优质工程	湖南省建筑业协会
6	2006	四川南充青居水电站工程	2005年度四川省建设工程"天府杯"银奖	四川省建设厅
7	2007	贵州洪家渡水电站工程	贵州省2006年度"黄果树杯"优质工程奖	贵州省建设厅
8	2008	四川嘉陵江小龙门航电枢纽右岸土建及金结安装工程	2007年度湖南省优质工程	湖南省建筑业协会
9	2008	浙江宁波西溪水库工程	2007年度湖南省优质工程	湖南省建筑业协会
10	2008	湖北松树岭水电站枢纽工程	2007年度湖南省优质工程	湖南省建筑业协会
11	2009	贵州乌江索风营水电站工程	2008年度"黄果树杯"优质施工工程	贵州省建设厅
12	2009	南水北调中线京石段应急供水工程S28标放水河渡槽工程	2008年度湖南省优质工程	湖南省建筑业协会
13	2009	云南小湾水电站水垫塘、二道坝工程	2008年度湖南省优质工程	湖南省建筑业协会
14	2009	贵州清水江挂治水电站工程	2008年度湖南省优质工程	湖南省建筑业协会
15	2010	新建铁路衢常线站前线下工程Ⅱ标	2009年度湖南省优质工程	湖南省建筑业协会
16	2011	星城映象第6、8、9、12、13栋工程	2010年度湖南省优质工程	湖南省建筑业协会
17	2011	湖南黑麋峰抽水蓄能电站工程	2010年度湖南省优质工程	湖南省建筑业协会
18	2011	星城映象第12栋工程	湖南省建设工程芙蓉奖	湖南省建筑业协会
19	2011	四川省广元至巴中高速公路工程	2010年度四川省建设工程"天府杯"金奖	四川省住房和城乡建设厅
20	2012	贵州乌江思林水电站工程	2011年度"黄果树杯"优质施工工程	贵州省住房和城乡建设厅
21	2012	云南澜沧江景洪水电站	云南省2012年度优质工程一等奖	云南省建筑业协会
22	2013	京沪高速铁路土建三标综合工程	2011—2012年度铁路优质工程一等奖	铁道部
23	2014	贵州乌江构皮滩水电站工程	2013年度"黄果树杯"优质施工工程	贵州省住房和城乡建设厅
24	2014	中国水利水电第八工程局有限公司科研综合楼	2013—2014年度第一批湖南省优质工程	湖南省建筑业协会
25	2014	中国水利水电第八工程局有限公司科研综合楼	湖南省建设工程芙蓉奖	湖南省建筑业协会
26	2016	塘承高速公路二期工程	2015年度天津市建筑工程"金奖海河杯"奖	天津市建设行业联合会
27	2016	湘熙水郡项目一期一标段工程	2015—2016年度第一批湖南省优质工程	湖南省建筑业协会
28	2017	蓝天保障房二期9#、10#及地下室项目	2015—2016年度第二批湖南省优质工程	湖南省建筑业协会

续表

序号	获奖年份	工程名称	奖项名称	颁奖部门
29	2019	衡阳市武广高铁站前耒水（东岸）风光带工程	2017—2018年度第二批湖南省优质工程	湖南省建筑业协会
30	2020	科威特大学城商学院及女子学院项目	2019—2020年度第一批湖南省优质工程	湖南省建筑业协会
31	2020	长沙市轨道交通4号线一期工程土建施工第二标段	2019—2020年度第一批湖南省优质工程	湖南省建筑业协会
32	2020	长沙市轨道交通4号线一期工程土建施工第二标段	2019—2020年度第一批湖南省建设工程芙蓉奖	湖南省建筑业协会
33	2020	科威特大学城商学院及女子学院项目	2019—2020年度第一批湖南省建设工程芙蓉奖	湖南省建筑业协会
34	2020	衡阳市武广高铁站前耒水（东岸）风光带工程	2019年度湖南省水利建设优质工程	湖南省水利学会
35	2020	老挝南欧江六级水电站项目	2020年陕西省建设工程"长安杯"奖（省优质工程）	陕西省住房和城乡建设厅、陕西省建筑业协会
36	2021	湘西经济开发区双河片区市政（一标）工程	2019—2020年度第二批湖南省优质工程	湖南省建筑业协会
37	2021	湘西经济开发区双河片区市政（一标）工程	2019—2020年度第二批湖南省建设工程芙蓉奖	湖南省建筑业协会
38	2021	印度尼西亚明古鲁火电站工程	2019—2020年度第二批湖南省优质工程	湖南省建筑业协会
39	2021	印度尼西亚明古鲁火电站工程	2019—2020年度第二批湖南省建设工程芙蓉奖	湖南省建筑业协会
40	2021	雄安新区府河河口湿地水质净化工程	2020年度河北省建设工程"安济杯"奖（省优质工程）	河北省建筑业协会
41	2021	萍乡市万龙湾内涝区综合整治工程	2018—2020年度江西省优质建设工程杜鹃花奖	江西省住房和城乡建设厅
42	2021	池州装配式建筑预制件生产基地建设项目1#厂房工程	2021年度安徽省建设工程"黄山杯"奖（省优质工程）	安徽省住房和城乡建设厅
43	2022	花垣县城南保障性安居工程配套基础设施建设项目	2021—2022年度第一批湖南省优质工程	湖南省建筑业协会
44	2022	长九神山灰岩矿项目物流廊道工程	2022年度安徽省建设工程"黄山杯"奖（省优质工程）	安徽省住房和城乡建设厅
序号			九、集团级优质工程奖	
1	2007	重庆江口水电站工程	2006年度中国水利水电建设集团公司优质工程	中国水利水电建设集团公司
2	2007	青居水电站闸坝枢纽土建及金属结构安装工程	2006年度中国水利水电建设集团公司优质工程	中国水利水电建设集团公司
3	2007	平班水电站主体建筑土建施工及金属结构安装	2006年度中国水利水电建设集团公司优质工程	中国水利水电建设集团公司
4	2007	洪家渡水电站	2006年度中国水利水电建设集团公司优质工程	中国水利水电建设集团公司
5	2007	二滩水电站主体工程	2006年度中国水利水电建设集团公司优质工程	中国水利水电建设集团公司
6	2008	水南高速公路	2007年度集团公司优质工程奖	中国水利水电建设集团公司
7	2008	松树岭水电站	2007年度集团公司优质工程奖	中国水利水电建设集团公司
8	2008	华能岳阳电厂二期扩建工程	2007年度集团公司优质工程奖	中国水利水电建设集团公司
9	2008	索风营水电站大坝工程	2007年度集团公司优质工程奖	中国水利水电建设集团公司

续表

序号	获奖年份	工程名称	奖项名称	颁奖部门
10	2008	大朝山水电站	2007年度集团公司优质工程奖	中国水利水电建设集团公司
11	2009	大化水水电站机电设备安装工程	2008年度中国水电优质工程奖	中国水利水电建设股份有限公司
12	2009	彭水水电站大坝土建及金属结构设备安装工程	2008年度中国水电优质工程奖	中国水利水电建设股份有限公司
13	2009	江苏如东风电特许权二期（100.5兆瓦）项目工程（风机基础）	2008年度中国水电优质工程奖	中国水利水电建设股份有限公司
14	2009	思林水电站	2008年度中国水电优质工程奖	中国水利水电建设股份有限公司
15	2010	马来西亚巴贡水电站厂房进水口及溢洪道工程	2009年度中国水电优质工程奖	中国水利水电建设股份有限公司
16	2010	索风营水电站3×200兆瓦工程	2009年度中国水电优质工程奖	中国水利水电建设股份有限公司
17	2010	华能巢湖发电有限责任公司一期（2×600兆瓦）工程	2009年度中国水电优质工程奖	中国水利水电建设股份有限公司
18	2011	水布垭水电站尾水建筑与金属结构设备安装工程	2010年度中国水电优质工程奖	中国水利水电建设股份有限公司
19	2011	光照水电站泄洪系统金属结构安装工程	2010年度中国水电优质工程奖	中国水利水电建设股份有限公司
20	2012	湖南黑麋峰抽水蓄能电站工程	2012年度中国水电优质工程奖	中国水利水电建设股份有限公司
21	2012	华能启东风电一期91.5兆瓦风电场工程（30台风机及箱变基础）	2012年度中国水电优质工程奖	中国水利水电建设股份有限公司
22	2012	星城映象第6、8、9、12、13栋	2012年度中国水电优质工程奖	中国水利水电建设股份有限公司
23	2012	四川广元至巴中高速公路工程	2012年度中国水电优质工程奖	中国水利水电建设股份有限公司
24	2013	珠海市竹银水源工程（第Ⅰ标段）	2013年度中国水电优质工程奖	中国水利水电建设股份有限公司
25	2013	湘江长沙综合枢纽工程	2013年度中国水电优质工程奖	中国水利水电建设股份有限公司
26	2013	构皮滩水电站工程	2013年度中国水电优质工程奖	中国水利水电建设股份有限公司
27	2013	澜沧江景洪水电站工程	2013年度中国水电优质工程奖	中国水利水电建设股份有限公司
28	2013	珠海市竹银水源工程（第Ⅰ标段）	2013年度中国电建优质工程奖	中国电力建设集团
29	2013	湘江长沙综合枢纽工程	2013年度中国电建优质工程奖	中国电力建设集团
30	2013	构皮滩水电站工程	2013年度中国电建优质工程奖	中国电力建设集团
31	2013	澜沧江景洪水电站工程	2013年度中国电建优质工程奖	中国电力建设集团
32	2014	南水北调澧河渡槽工程	2014年中国电力建设股份有限公司优质工程奖	中国电力建设股份有限公司
33	2014	南水北调宝丰郏县段工程第二施工标段	2014年中国电力建设股份有限公司优质工程奖	中国电力建设股份有限公司
34	2014	金沙江龙开口水电站碾压混凝土重力坝工程	2014年中国电力建设股份有限公司优质工程奖	中国电力建设股份有限公司
35	2015	浙江仙居抽水蓄能电站上水库工程	2015年度中国电建优质工程奖	中国电力建设股份有限公司
36	2015	中国水电、观府壹号二组团二期二标段工程	2015年度中国电建优质工程奖	中国电力建设股份有限公司
37	2015	加纳布维水电站工程	2015年度中国电建优质工程奖	中国电力建设股份有限公司
38	2015	越南松邦4水电站工程	2015年度中国电建优质工程奖	中国电力建设股份有限公司
39	2015	湖南湘江土谷塘航电枢纽工程船闸工程	2015年度中国电建优质工程奖	中国电力建设股份有限公司
40	2016	深圳市城市轨道交通7号线BT工程	2016年度中国电建优质工程奖	中国电力建设股份有限公司
41	2016	莱索托麦特隆大坝及原水泵站工程	2016年度中国电建优质工程奖	中国电力建设股份有限公司

续表

序号	获奖年份	工程名称	奖项名称	颁奖部门
42	2016	四川武都水库碾压混凝土大坝土建及金属结构设备安装工程	2016年度中国电建优质工程奖	中国电力建设股份有限公司
43	2016	洋湖片区蓝天保障性住房（一期）工程	2016年度中国电建优质工程奖	中国电力建设股份有限公司
44	2017	卡河水库大坝及消能工程	2017年度中国电建优质工程奖	中国电力建设股份有限公司
45	2017	洋湖片区蓝天保障性住房项目（二期7~12栋及地下室）	2017年度中国电建优质工程奖	中国电力建设股份有限公司
46	2017	衡阳市滨江新区江东东山安置房工程	2017年度中国电建优质工程奖	中国电力建设股份有限公司
47	2017	卢浮原著工程（二期二标58-62#、A段商铺及地下室）	2017年度中国电建优质工程奖	中国电力建设股份有限公司
48	2018	老挝南杉3A枢纽工程	2018年度中国电建优质工程奖	中国电力建设股份有限公司
49	2018	武汉市轨道交通11号线东段工程（光谷火车站—左岭站）	2018年度中国电建优质工程奖	中国电力建设股份有限公司
50	2018	南昌市梅湖景区花博园及景区提升改造市政园林项目工程	2018年度中国电建优质工程奖	中国电力建设股份有限公司
51	2018	萍乡市万龙湾内涝区综合整治工程	2018年度中国电建优质工程奖	中国电力建设股份有限公司
52	2018	武汉市轨道交通8号线一期土建施工部分BT项目一标段工程（土建一标段）	2018年度中国电建优质工程奖	中国电力建设股份有限公司
53	2018	衡阳市武广高铁站前耒水（东岸）风光带工程	2018年度中国电建优质工程奖	中国电力建设股份有限公司
54	2018	湘江长沙综合枢纽工程	2018年度中国电建优质工程奖	中国电力建设股份有限公司
55	2019	柬埔寨王国桑河二级水电站工程	2019年度中国电建优质工程奖	中国电力建设股份有限公司
56	2019	云南大华桥水电站碾压混凝土大坝工程	2019年度中国电建优质工程奖	中国电力建设股份有限公司
57	2019	吉首大学师范学院附属小学经开区校区工程	2019年度中国电建优质工程奖	中国电力建设股份有限公司
58	2019	武汉洺悦府工程（一标段）	2019年度中国电建优质工程奖	中国电力建设股份有限公司
59	2020	老挝南塔河1号水电站枢纽工程	2020年度中国电建优质工程奖	中国电力建设股份有限公司
60	2020	长九神山灰岩矿项目矿山一期工程	2020年度中国电建优质工程奖	中国电力建设股份有限公司
61	2020	沙特沙巴机场跑道工程	2020年度中国电建优质工程奖	中国电力建设股份有限公司
62	2020	科威特大学城商学院及女子学院工程	2020年度中国电建优质工程奖	中国电力建设股份有限公司
63	2021	武汉经济技术开发区（汉南区）周家河泵站工程	2021年度中国电建优质工程奖	中国电力建设股份有限公司
64	2021	大唐广元何家山风电场工程	2021年度中国电建优质工程奖	中国电力建设股份有限公司
65	2021	贵阳市观山湖区上枧安置房工程	2021年度中国电建优质工程奖	中国电力建设股份有限公司
66	2021	武汉泛悦城项目二期二标段工程	2021年度中国电建优质工程奖	中国电力建设股份有限公司
67	2022	花垣县城乡一体化建设项目一期工程二阶段提质改造工程	2022年度中国电建优质工程奖	中国电力建设股份有限公司
68	2022	湖南郴州江口风电场工程	2022年度中国电建优质工程奖	中国电力建设股份有限公司
69	2022	科威特大学城5A&B基础设施工程	2022年度中国电建优质工程奖	中国电力建设股份有限公司
70	2022	深圳市城市轨道交通5号线二期（南延）工程（5121标和5122标）	2022年度中国电建优质工程奖	中国电力建设股份有限公司
71	2022	深圳市城市轨道交通10号线工程凉帽山车辆基地和益田停车场综合工程（1013标段）	2022年度中国电建优质工程奖	中国电力建设股份有限公司

第十二章　设备物资管理

水电八局设备物资管理，从1952年设立"长总"器材科开始，拉开了设备物资管理的序幕。70余年来，随着水电八局转战大江南北，水电八局的设备物资管理，紧紧围绕生产经营中心，主动适应经营规模快速增长和市场形势的变化，打破原有管理资源的固态格局，明晰设备产权管理，集约配置资源，强化设备调剂，盘活闲置设备，提升设备价值利用及创效能力，实行特专设备专业化管理，强化设备物资安全责任，保障本质安全，推行设备物资的集中采购，实现规模效应，推广应用信息化工具，提升管理效率，使设备物资管理实现了科学型、效益型的转变。

2019年，工程局起草颁发了《工程局设备物资管理标准化手册》，完成了制度的顶层设计，实现了设备物资管理标准化、标准流程化、流程表单化，各二级单位完成《标准化系列手册》《项目管理手册》的编制与发布，实现了制度体系、风险体系及检查体系的相互融合，形成了一套完整的有效承接的设备物资管理标准化体系。

第一节　机构

2004年，柏实强任设备物资处处长，曹跃生不再兼任。

2005年，撤销采购管理中心，相应的职能划归设备物资处；为了整合装备水平和提高企业竞争实力，加快建立在集团模式下的设备物资管理新机制，以租赁业务为突破口，推进资源配置的市场化、专业化、产业化。由设备物资处牵头，筹备成立设备租赁中心，主要负责投入联营体设备的管理，大型、特大型设备的租赁业务。

2006年，水电八局组建设备租赁中心，集中管理大型、特大型设备。

2006年，黄世发副处长主持设备物资处工作。

2006年5月，为适应国家对特种设备管理的要求，加强对起重设备的管理，成立起重机械大队，主要负责全局起重机械的安装、改造、维修任务。

2007年，茅德山任设备物资处副处长，主持工作。

2008年，吴继明任设备物资处处长。

2010年，开工建设岳阳城陵矶机电设备制造厂，致力提升水电八局的机电制造能力。

2011年，成立设备物资采购中心，设备物资处改为设备物资部，两机构合署办公，吴继明任主任。

2018年，铁路公司设立盾构分公司，致力发挥专业化管理优势，提升大型专用设备管理水平。

2018年，设备物资采购职能从设备物资部/设备物资采购中心分离出来，单独成立采购中心，李刚任主任。吴继明任设备物资部主任。

2020年10月，周光荣任设备物资部主任。

2022年2月，撤销设备物资部，其中设备安全、设备物资现场管理职能归入工程管理部，周光荣任主任；设备物资计划、采购、租赁、合同签订管理职能归入采购中心。

2022年10月，罗长青任工程管理部主任。

第二节　设备资产情况

施工机械设备是实现工程建设的重要基础，对工程项目的进度、质量均有直接影响。水电八局施工机械设备的选择，按照技术上先进、经济上合理、生产上适用、性能上可靠、使用上安全、操作和维修方便的原则，贯彻执行机械化、半机械化与改良相结合的方针，突出施工与机械相结合的特色，使其具有良好的适用性。

水电八局通过长期摸索和大胆创新，在地下硐室钻爆法施工中采用凿岩台车+装药台车+混凝土湿喷机+隧道多功能作业台车的组合，成功运用到抽水蓄能电站项目中，具有使用操作的方便性和安全性，保证了工程良好履约和工程质量可靠。地下非硐室钻爆法施工则使用盾构或TBM。

2010年，水电八局与水电十四局、水电十三局、集团路桥公司共同出资采购两台土压平衡盾构机用于天津项目的施工，单台价格4337万元，这是电建集团第一次使用盾构进行施工，实现了零的突破。

自2013年开始，水电八局采购、使用自有土压盾构机共计12台，掘进直径能力涵盖6250~6410毫米。

2012年，水电八局独立中标厄瓜多尔美纳斯项目，首次采购、使用双护盾TBM用于隧洞施工，掘进直径5670毫米。

2018年，新疆XE项目使用的敞开式TBM直径达

7830毫米，水电八局开始掌握大直径硬岩掘进机的快速施工技术。2022年，采购可变径TBM（ZTT6530/8030）用于湖南平江抽水蓄能项目，水电八局掌握了长距离小断面隧洞敞开式硬岩TBM施工技术及大坡度斜井可变径TBM施工技术。

在2018年新疆喀什阿尔塔什厂房调压井工程、2020年福建厦门抽水蓄能电站工程、2022年清原项目尾水调压井工程等工程中，水电八局成功运用定向钻机+反井钻机法施工导井，利用MWD无线测斜仪对开挖全过程进行实时过程监控，保障施工进度与精度，其中厦门抽蓄电站使用先导孔贯通、反井钻二次扩孔，经测量计算，斜井的方位偏斜值为0.31米，偏斜率仅为3.45‰，实现了精准贯通。

随着生产规模及在建项目逐年大幅增长，水电八局设备的拥有量也相应地增加。2002—2022年水电八局机械设备一览见表4-12-1。

表4-12-1 2002—2022年水电八局机械设备一览

年份	年末自有机设台数（台）	机械设备价值		机械设备总功率		主要机械	
		原值（万元）	净值（万元）	合计（千瓦）	施工设备（千瓦）	完好率（%）	利用率（%）
2002	5481	102011.19	41816.90	412854	357622	79.25	52.50
2003	5398	95656.40	37278.20	431946	397866	78.51	50.12
2004	5525	79695.80	35822.20	434852	417325	74.67	42.86
2005	6428	73548.80	34249.20	232433	149688	—	—
2006	5534	72248.00	43015.00	224388	154371	91.74	68.81
2007	13033	137461.50	73400.40	391277	266068	95.00	68.46
2008	18447	189329.70	117615.20	534981	288880	93.30	71.11
2009	20536	234516.80	143778.10	568189	555683	94.45	71.25
2010	20914	246152.40	128935.30	717126	659640	95.09	71.39
2011	24605	262017.10	119840.90	857034	771330	96.09	71.88
2012	25972	275347.60	108039.40	790048	709356	96.14	72.07
2013	26725	285156.90	102049.90	811361	806685	96.16	72.12
2014	26698	327645.00	114549.00	847228	837497	96.37	72.98
2015	29903	356591.00	123765.00	957165	896474	96.09	72.93
2016	20052	330554.00	108408.00	895877	836977	92.05	72.61
2017	19195	3462550.00	1159800.00	979721	942221	92.99	73.73
2018	17507	330107.70	101428.70	1121530	1023966	94.42	77.56
2019	17271	339648.84	112447.82	1019911	910684	91.81	80.91
2020	19748	424971.44	174875.61	1481998	1340990	95.41	79.70
2021	20749	453367.40	195306.60	1594747	1379805	93.03	82.84
2022	21073	452233.20	175183.30	4020988	3912366	93.84	83.87

在计划经济体制时期，遇上项目开工或抢工期，设备管理往往跟不上，措施不到位，设备使用处于混乱状态。表现为无证上岗、违规操作，只讲使用、不顾保养。经过不断地总结经验教训，各级管理者逐步认识到，设备使用必须贯彻"管用结合、人机固定"的原则，实行"机长负责制"，机组成员执行岗位责任制。使用者达到"五懂"，即懂构造、懂原理、懂性能、懂用途、懂用油常识；"三会"，即会正确操作、会日常保养、会排除故障。只有认真治理，制度才能得到有效执行。

水电八局加强使用和维修保养设备的思想教育和技术培训，培养爱护设备的习惯和风气，使设备保持"整齐、清洁、润滑、安全"。对设备实行定人定机，凭操作证操作。对多人共同操作的设备或机组，做好交接班工作，制定相应的维护保养负责制。操作人员要遵守设备的操作规程，合理使用设备。要做到"三好"，即管好、用好、修好；"四会"，即会使用、会保养、会检查、会排除故障。

严禁超负荷、拼设备的行为。水电八局建立了设备的"三级保养制",规定如下。

(1)日常维护保养:班前班后由操作人员认真检查、外观清洁和注油保养,使设备经常保持润滑、清洁。班中设备发生故障,及时排除,并认真做好交接班记录。

(2)一级保养:以操作人员为主,维修人员辅导,对设备进行局部解体和检查。清洗所规定的部位,疏通油路调整设备各部位配合间隙,紧固设备各个部位。

(3)二级保养:以维修人员为主,操作人员参加,对设备进行部分解体检查修理。更换或修复磨损件,润滑系统。

设备保养从类型上分,有例行保养、定期保养、走合期保养、换季保养等。作为递延性资产管理的设备应按设备使用要求进行维护保养、安全检查与检测。在不断的实践中,水电八局总结出设备保养十字作业法,即清洁、润滑、紧固、调整、防腐。

2002年以后,设备物资处负责设备大修的审批、监督、检查工作。设备大、中、小修由各二级单位自行修理。同时,为了确保设备大修质量,制定了《设备大修管理规定》。对申报设备大修理的条件、承修单位应具备的条件、大修过程控制、出厂验收及费用审核等方面都作了明确的规定,使设备维修管理制度化,设备维修质量得到了保证,从而延长了设备的使用寿命,设备完好率得到了较大的提高。

随着多元化业务的发展,水电八局相继成立了板块公司和专业公司。为了激励二级单位降本增效、扩大经营,设备资产转移至二级单位进行管理,设备物资处不再对设备大修进行审批。水电八局设备配置也逐渐向市场化靠拢,水电八局职工直接参与操作、维修机械设备呈逐步减少趋势。面对这种情况,水电八局创立了专业设备群实行"大机长"的管理模式,某项目或某区域3台(含)以上且原值在50万元以上的同类设备聘任1名机长进行全面管理,其他大型设备机长也逐渐聘任有经验的劳务人员,提高了设备专业化管理水平。

2002年,在设备使用上推行风险抵押机制,加大对单位及项目负责人关于设备物资管理的考核力度,同时将大修、压库指标纳入考核内容。水电八局每年对设备物资管理进行一次考核考评,评选表彰一批先进单位、先进集体和红旗设备。

第三节 设备物资现场管理

水电八局重点在项目物资计划、采购、验收、发放、仓储以及现场管理等环节,结合现场检查进行跟踪,过程管控严密,定期分析二级单位物资存货管理存在的问题,指导项目有效控制库存。

水电八局坚持"设备本质安全、依法合法使用"的管理原则,采取设备物资安全自查自纠、隐患排查常态化管理和长效机制,有效防范了设备安全重大风险。

水电八局建立研究、应用、推广新设备、新材料的常态化机制,跟踪新设备、新材料在工程中的应用情况,分不同的领域,对劳动力使用密集、危险性较大的施工方式、环境与职业健康保护、节能减排等因素进行研究分析,积极与厂商进行技术交流,了解实际应用情况,紧盯新时期新设备、新材料产业的发展动态,着重引入洞挖、隧装施工等新设备、新材料。

水电八局重视设备物资资产管理,重点关注尾工项目闲废物资处置方案,加强了现场废旧物资和闲置设备对外处置的规范管理。《设备物资管理手册》关于设备物资对外处置的职责明确、流程清楚,处置申请均在综合项目管理系统中进行,通过审核批准后,具体实施由下属二级单位负责,并实现了"业财一体",处置结果、处置合同等由业务系统推送至财务系统,强化了核算监管,处置主要工作要求:

(1)由设备物资管理部门牵头,财务、经营、技术管理等部门参与,组成处置工作小组,并制定处置方案。

(2)设备物资处置后,工作小组须将处置合同或协议、处置审批记录、现场照片、过磅单等资料报送财务部门。

(3)无须进产权交易所的,优先在与工程局有合作协议的线上第三方闲置设备竞拍平台公开处置,确保收益最大化。

(4)及时公布处置各环节信息,对有关文件及材料应建立档案并严格管理。各二级单位于每季度末月25日前通过中国电建集采平台信息公开窗口报送,并经工程局设备物资部审核后公开。

水电八局综合项目管理系统处置管理流程做了强制控制,设备处置申请单须明确预估金额,按批次设备处置申请单须明确数量和预估金额,不允许超申请数量处置;废旧物资处置一次一申请,严禁一次申请两次或多次处置,且须明确处置数量和预估金额,不允许超申请数量处置。

为了进一步规范处置流程,提升处置的信息化和标准化,2022年初,水电八局与聚拍网合作开发了处置平台,完成了综合项目管理系统和聚拍网处置系统的数据对接,减少了人工操作和线下沟通的环节,处置申请通过之后可在综合项目管理系统点选推送聚拍网进行公开竞拍,在竞拍成功之后，聚拍网竞拍结果自动发送给综合项目管理系统，做到了数据自动流转。利用处置平台，水电八局实现了由传统的线下处置模式向互联网平台化的转变，处置的公开化和标准化水平不断提升。

为保障处置竞拍的竞争性，提高第三方的服务意识，水电八局陆续与中拍网、云拍网等第三方竞拍平台签订合作协议，逐步打通与综合项目管理系统的管理链条，并开展日常监督检查：

（1）开展常态化现场检查和整治活动，敦促设备物资处置管理制度在项目中得到全流程、全方位、全要素的执行。如开展设备物资安全管理整治活动、"回头看"专项检查工作，检查内容包含项目现场材料管理情况、设备物资报废及处置等多个方面，下发整改通报，对于发现的问题要求限期整改，严格实行闭环管理。

（2）加强设备物资管理体系与团队建设，通过多层次、多渠道的培训和各种形式的研讨会，提升设备物资从业人员的管理能力、综合素质，增强其红线意识。例如开设设备物资管理培训班，并利用审计、巡察、安全检查等机会，对设备物资管理手册进行宣贯，监督所属各单位严格按照设备物资管理的各项管理规定执行和实施。

（3）依托信息化手段，与财务共享中心形成联动机制，在综合项目信息管理系统中设置自动控制，保证在处置结果录入时实际处置数量不能超过处置申请数量，杜绝超申请处置计划的处置发生，并定期对比分析综合项目信息管理系统与浪潮财务共享系统的数据差异，继续敦促各单位提升设备物资管理的信息化应用水平。

（4）强化第三方竞拍平台的审核与监督职责，如未提供竞拍处置委托书和处置申请表一律不准上线竞拍，同时竞拍公告必须明确工程局相应监督单位的联系电话，完善竞拍处置投诉通道，减少管理漏洞。

第十三章 采购管理

水电八局对工程采购、设备物资采购实行集中招标采购管理，将不同需求主体重复和分散的同类工程、货物和服务需求进行整合归并，实现需求标的及服务更高性价比的采购组织形式，充分发挥规模采购优势，规范采购行为，优化供应链管理，为生产经营活动提供资源保障，提升经济效益。

第一节 机构

1999年1月，成立采购管理中心。谭光辉任采购管理中心主任，黄宏勇任设备物资处处长。2000年8月，曹跃生兼任设备物资处处长。2004年，柏实强任设备物资处处长。2005年5月，撤销采购管理中心，原采购管理职能及人员并入设备物资处，下设设备和物资两个采购组。设备物资处由副处长黄世发主持工作。

2003年3月—2007年1月，工程采购工作由总经济师办公室负责。林华任总经济师办公室主任。

2007年1月，总经济师办公室更名为经营管理部。林华任经营管理部主任。

2008年，随着国外火电业务的不断扩大，成套永久设备的采购量扩大，增设成套设备采购组。

2017年3月，成立工程采购中心，隶属经营管理部。

2018年2月，撤销工程采购中心、设备物资采购中心，成立采购中心。李刚任采购中心主任。

2019年4月，成立采购管理委员会，采购管理委员会由董事长、总经理、分管副总经理、采购中心负责人、二级单位负责人（或采购负责人）组成，董事长任主任、总经理任常务副主任、分管副总经理任副主任。采购管理委员会实行董事长、总经理和分管副总经理分级审批，重大事项提交党委会审议的决策原则。

2022年2月，曹振宇任采购中心主任。

2022年9月，中电建（湖南）拓海实业有限公司不再作为二级单位管理，明确中电建（湖南）拓海实业有限公司隶属采购中心管理。

第二节 设备物资采购

2002—2006年，设备物资集中采购严格按照2001年10月下发的《水电八局设备物资采购管理办法》执行，遵守规范化、制度化管理，根据采购权限，主要采取委托二级机构采购和工程局直接招标采购的方式。凡工程局组织的招标采购，供货商必须按规定密封送达，由设备物资部组织内部相关部门公开开标、公正评标，经相关部门会签并经工程局领导同意后，决定中标供应商。

2007年，下发《设备物资集中招标采购管理办法》。所有设备采购均采用邀请招标方式，招标过程采用密封报价，技术部、经营部、财务部、纪检监察部、审计部、企业发展部、设备物资部和用户共同参加开评标，确保公开、公正、公平。

2013年，加强设备物资采购的计划性，各二级单位每季度上报采购计划。改进招标方式，提高采购效率，对单一房建项目采取整体或年度采购招标，积极试点推广应用中国电建集中采购招标信息平台，加大设备物资集中采购力度。年内定期对供应商进行评价。通过审批招标邀请单位、安排专人参加开评标等方式，逐步规范永久成套设备物资采购程序。

2014年，采用年度采购、分项目批量采购等新的采购模式，充分运用中国电建和子公司两级集中采购平台进行集中采购，大大提高设备物资集中采购效率。对各二级单位实施集中采购率绩效考核制度，年末进行考核评价，评价结果计入各二级单位绩效考核。公开集中招标采购以及设备租赁情况，加大设备物资采购和租赁价格的透明度，扩大监督范围。下发《关于建立设备物资采购评标专家库的通知》。下发《永久机电设备物资采购管理控制程序》，明确永久机电设备物资从采购计划、投标供应商的选择、评标办法、定标，到合同签订的审批工作流程，规范永久机电设备物资合格供应商评定、报关及清关、运输、验收、档案等方面的管理。

2016年，积极探索新的采购模式，根据各类设备物资年度采购量、采购频次，扩大年度框架招标范围和区域联采，加大集中度，大大提高规模效率和效益。研究讨论设备物资采购集中支付新模式，编制下发《设备物资集中采购集中支付管理办法》。2017年，向供应商收集《设备物资采购合同执行情况反馈表》，了解设备物资采购欠款情况，规范采购合同执行。

2018年，发布《采购管理体系文件》《采购工作手册》，进一步规范采购行为。下发《关于通过网上商城开展办公用品采购的通知》《关于应用"电建商城"开展零星物资采购的通知》，杜绝线下采购，提高线上采购率。成立国际项目EP中心，在出口退税、国际货运代理招标、永久成套设备采购等工作中成效显著；积极协调马来西亚凯德隆项目解决在特大口径HDPE管道采购中出现的问题，利用中国电建德国公司的闲置资金采购，避免了信用证，节约资金274万元。开展钢材类年度框架采购，确定入围供应商和最高限价及价格确定的条件和方式，部分采购项目下浮2%左右，有效降低采购成本。

2019年，发布新版《采购管理程序文件》，增加"公开询比价、邀请询比价、竞争性谈判、单一来源"采购方式适用范围，优化流程图、流程说明及工作要求，明确长九公司设备物资采购权限为"设备采购项目单台<100万元、单项/类<200万元；物资采购项目单种/类<200万元"等。发布《关于成立工程局采购管理委员会的通知》《关于修改〈采购管理程序文件〉部分内容的通知》《关于"八局商城"停止运营的通知》。获得由国家统计局长沙调查队颁发的"采购经理调查工作先进单位"称号。

2020年，升级优化标准化手册，修订供应商管理内容，完成JR项目采购管理流程完善工作，编制公开询比价范本，完善竞争性谈判、询比价采购的线上操作流程。与京东商城达成协议，开通采购账期功能。

2021年，下发《关于落实集团（股份）公司紧急开展采购管理自查整改工作的通知》《关于公布工程局电脑集中采购结果及采购要求的通知》。下发《关于调整二级单位设备物资采购管理实施权限的通知》，对二级单位设备采购权限分别做了如下调整：单台设备采购项目由<50万元调整为<10万元，单项/类设备采购项目由<200万元调整为<50万元，单种/类物资采购项目由<200万元调整为<100万元，单项/类设备物资租赁项目由<200万元调整为<100万元。

2022年，下发《关于成立工程局供应链云服务平台工作领导小组的通知》《设备物资集中采购强制支付管理办法》《关于推进设备管理平台应用的通知》，通过采用EMP系统与其物联网移动终端"机汇云盒"构成智能管理平台，具有设备运行监管、设备租赁管理、燃油管理、地磅自动化等智能手段，充分体现设备物联网管理效益和经济效益的优势，大幅提升工程局设备精益化管理水平，规范设备租赁管理行为，实现设备资源的动态调节和市场化配置机制，降低项目成本，助力企业提质增效。开展虚假贸易业务专项整治行动。组织光伏固定支架年度框架采购。完成规章制度"废改立留"专项工作，因公司设备物资部已被撤销，废止了《关于印发工程局设备物资集中采购强制支付管理办法的通知》（八局〔2021〕212号）。优化管理标准化手册，主要应对风险增加了"设备资源浪费风险"，管理职责增加了"设备物资计划管理"，计划审批权限增加了"计划审批权限"表，同时增加了设备物资采购计划、设备物资租赁计划、设备改造修改计划的内容，且将采购计划（季度、月度、临时）及其要求融入该部分。完成"大家租赁"平台的角色分配、推广应用工作；完成"即时租赁"平台的试用前期准备工作。

2018—2022年设备物资采购情况见表4-13-1。

表4-13-1　2018—2022年设备物资采购情况

年份	计划采购金额（万元）	实际采购金额（万元）	成本节约（万元）	节资率（%）	集采率（%）
2018	101.01	93.71	7.30	7.22	—
2019	111.37	103.44	7.93	7.12	90.12
2020	103.61	98.88	4.73	4.57	91.06
2021	118.28	101.63	16.66	14.08	91.20
2022	129.07	119.29	9.77	7.57	94.26

第三节　工程采购

2003—2007年，修订完善《工程分包、劳务分包管理程序》，明确各部门、各单位在工程分包和劳务分包中分级和分工管理的权力和职责，强调对分包人资质及业绩能力都要进行审查，严格履行分包程序，严把资质审查、分包队伍选择和分包准入等关口；强化对工程分包和劳务分包的履行过程及对分包商的有效控制和监督管理，并纳入在建项目施工管理范围，由各单位、项目统一管理，施工管理的关键是加强过程控制，加强各职能部门对分包工程施工过程的管理，设专人分管，对其工期、质量、安全、现场文明施工进行监控，对施工过程进行巡检或旁站监控，及时处理分包施工过程中出现的问题，确保施工过程符合合同规定的要求，严禁"以包代管"。其中，2005年，将分包队伍信誉体系建设纳入规范管理，制定《工程局分包人管理办法》，建立工程局分包人名单库，把有劣迹的分包队伍及项目经理列入黑名单；2005年以来，多次对推荐的合格分包商进行业绩考核、评价、推荐、申报、审批、公示、录入等管理，听取群众的意见，起到一定的监督效果。2006年，编制《工程分包合同示范文本》，形成《工程分包、劳务分包风险防范指导意见》。

2009年，召开工程分包管理工作专题研讨会，讨论分包管理体系文件的修订方案。下发《国（境）外项目公司内分包管理办法》《国（境）外项目施工分包管理办法》《勘察设计及监理分包管理办法》，规范国际项目分包管理工作行为。

2010年，修订完善的主要内容包含设立项目前期分包策划编审制度、分包招标评审公示制度、分包合同变更管理、分包计量结算管理等，重点强调工程分包及项目用工的"事前"策划指导作用，强化竞争引入机制及"事中"管理机制；重点抓分包商资源管理，把对分包商资源管理提高到队伍建设管理的范畴。2010年7月，新版分包管理体系正式执行，从分包策划管理、招（议）标管理、分包合同管理等方面入手，将工程分包合同管理、分包商管理等方面进行有效整合，细化工作流程，简化管理程序，大幅提升各二级单位的管理权限，工作积极性显著提升，应诉工程分包合同纠纷逐年减少，社会信誉稳步提高。

2011年，针对内部经营需要重点强调的管理内容或需要重点治理的管理"短板"，制定签约分包商入库率、工程分包策划完成率、分包商竞争性报价选择率的考核制度。

2012年，加强分包商入库管理，落实分包商准入申请制、准入审批制、使用登记制、履约评价制、违约清退制、分级管理制。成立分包商评审领导小组，建立评审专家库，在对分包商进行评审时，随机从专家库中抽取专家进行评审，确保评审公平、公正。年度共评审通过373家。

2013年，修订完善《内部专业分包管理办法》，理顺内部分包经济关系，降低内部交易成本，推进内部分包项目全生命周期目标成本考核。

2014年，修订完善《分包管理分手册》，有效解决各业务系统分包管理深浅不一、职责界定不清、管理政策零散的问题；全面推进国际项目"木土化"经营管理模式，将国内、国外分包商统一纳入分包商管理体系，实现分包商管理的一体化。依托综合项目管理平台，对分包项目管理、分包商管理的审批、使用、入库进行规范，建立分包管理标准库。

2016年，完善法人管项目机制，分公司是分包招（议）标、合约签订管理的责任主体。分公司负责统一管理项目的分包招（议）标、合约签订管理业务，工程局授权分公司处理与分包商签订劳务分包合同或补充协议事宜，项目部无权签订对外合约。

2017年，先后制定出台《分包商务管理办法》《施工项目招标管理办法》《施工项目分包招标评标管理办法》《工程招标评标评委管理办法》《分包类投标人管理办法》《工程与服务类招标管理办法》等，规范分包招标管理活动，提升项目分包合同商务管理水平，提高项目履约过程中的抗风险能力。重新修订工程采购及分包招标制度，严格分包商准入机制，同时开展分包招标专项治理工作，防范分包法律风险。提出并推广分包介入式管理，以白鹤滩施工局作为试点项目，汇编成《白鹤滩项目分包介入式管理》，强化对分包工程的掌控力。发布《劳务分包限价库（2017

版）》，逐步建立全面、有效、持续的外部分包价格管理机制。对所有合格分包商依据2012—2017年历次履约评价结果进行再评级，重新形成了工程局合格分包商库。并对历年来黑名单库的分包商进行了清理，对禁入线期限到期的予以解禁。面对市场定额空缺，铁路公司深圳地铁10号线根据统计完成的出入线砼支撑切割数据，初步编制企业内部砼支撑切割定额，为后期投标和分包提供了依据。

2018年，编制采购体系管理文件并下发执行。明确标准采购文件范本、标准采购流程，整合分包商、供应商资源库，完善工程局评标专家库。坚持"无策划不计划、无计划不采购"原则，严格执行分标规划、采购计划、分包限价审批制，从采购环节倒逼各单位做好项目前期（组织）策划，特别是其中的分包策划和设备物资采购策划，从源头上大大降低了项目履约风险，促进了项目管理水平的提升。坚持"评定分离"原则，强化评标、定标严肃性。

2019年，对体系文件进行调整，提高二级单位采购权限；增加竞争性谈判、询比价等工程采购方式，进一步提高采购效率；充分调动各使用单位的积极性，强化法人管采购业务的意识，为培育和引进有实力、有担当、讲诚信的分包商创造条件。持续推进采购信息化建设，开发建设的工程采购平台上线试运行，实现分包商准入、履约评价、信息预警等全流程电子化操作。持续加强供应商、分包商的管理资源库建设，强化分包商准入推荐考察制度，加强供应商、分包商动态评价，严肃供应商、分包商失信退出机制；开展分包商、供应商履约信用评级工作，清退"小、弱、散"分包商1008家，清理资质逾期或即将逾期履约分包商509家，引进房建、路桥、铁路等专业优秀分包商22家。进一步规范投资类项目采购管控，及时报批和备案分标规划、年度招标计划、定标审核等计划。

2020年，正式上线工程分包采购电子平台，基本实现工程分包采购工作全流程电子化。建立分包商中标前的约谈机制，坚决杜绝违法分包、转包、挂靠、超资质分包等现象，严格把好分包商准入关口。执行失信退出机制，定期发布失信分包商名单，不定期发布"黑名单"，对不合要求的分包商坚决及时清退。加强分包商资源储备，引进了专业化、属地化优秀分包商。开展了工程采购管理工作的专项检查，听取分包商的意见，加强项目交流和沟通，起到了一定的监督和管理作用。

2021年，进一步完善采购制度，重点对采购计划管理、采购权限、合同备案等方面进行优化，工程分包询比价实施方式修改为不超过二次报价，新增申请紧急竞标后上会流程和采购终止条件等。全面推广工程采购电子平台应用，研究部署二期平台开发上线计划。完善分包商准入考察制度，严格执行失信退出机制，年度内1149家分包商参与评价，合格分包商1136家，不合格分包商13家。分包商履约评价、信息预警等实现全流程电子化。试行年度框架采购制度，组织辅助专项作业劳务、房建主体劳务、桩基础与基坑支护劳务等年度框架采购。

2022年，修编企业管理标准，各二级单位建立采购归口管理机构和分管领导，配备相应的管理人员，建立管理人员信息库，设定采购指标。新增采购管理清单，完善投资与建设类招标流程和招标采购信息公开内容。新增工程分包采购价格信息库及战略分包商内容，优化工程采购方式，新增公开竞争性谈判、公开询比价等采购方式与其对应的适用范围等。下发《战略分包商管理办法（暂行）》《工程年度框架采购管理办法（暂行）》，管理制度更加规范严谨，操作性更强。持续完善工程采购平台二期，实现公开招标方式对全社会公开，完善工程采购平台中备案管理（支持采购全流程记录一键导出），完善招标清单中单价限价、工作内容、项目特征等内容，优化工程采购计划流程，新增紧急进场实施申请，采购流程更趋完善，操作更加科学合理。强化分包商资源库管理，资源库结构明显改观，与中国电建要求接轨，结合自身发展需求，细化分包商人员、设备信息、工程分包领域专业及意向区域等信息。压缩分包商数量，由年初的4000余家清理缩减至注册地为国内的合格库与暂列库分包商736家、注册地为国外的合格库与暂列库分包商750家。开展专项辅助业务劳务分包工程年度集中采购，推行战略分包商管理，公布工程局第一批战略分包商名单。2018—2022年工程采购情况见表4-13-2。

表4-13-2 2018—2022年工程采购情况

年份	计划工程采购金额（亿元）	实际采购金额（亿元）	节约采购成本（亿元）	成本节资率（%）
2018	130.12	117.10	13.02	10.01
2019	207.90	199.92	7.98	3.84
2020	145.80	141.57	4.23	2.90
2021	109.78	105.73	4.04	3.68
2022	143.93	138.56	5.37	3.73

第十四章　人力资源管理

2005年7月，水电八局按照现代企业制度的要求，撤销人事处和劳务部，成立人力资源部，以现代人力资源管理的模式取代传统的劳动人事管理，为水电八局的改革与发展以及企业经济效益的提高提供了有力的支持。

第一节　机构

2002年，设人事处和劳务部，朱国强自1999年1月起任人事处处长。臧建光自2002年3月起任劳务部部长。设职工医疗保险中心和社会保险事业管理中心（离退休职工管理），合署办公，陈尚明任处长。

2004年4月，马绍永任人事处处长。

2005年7月，撤销人事处和劳务部，成立人力资源部，臧建光任部长。胡汉晏任社会保险事业管理中心主任/处长。

2007年1月，社会保险事业管理中心更名为社会保险管理部，胡汉晏任社会保险管理部主任。

2011年1月，黄爱东任社会保险管理部主任。

2012年3月，白延庆任人力资源部主任。

2016年2月，成立企业领导人员管理部，与人力资源部合署办公。

2016年11月，易仲明任人力资源部/企业领导人员管理部主任。

2018年10月，撤销社会保险管理部，其管理职能并入人力资源部。

2019年12月，企业领导人员管理部更名为党委组织部/干部部，与人力资源部合署办公；易仲明兼任党委组织部/干部部主任。

2022年2月，刘细军任人力资源部/党委组织部/干部部主任。

第二节　干部管理

一、干部选拔任用

2005年，制定《水电八局干部公开竞聘管理办法》，同时严格执行任前公示、民主推荐和干部考核等制度，逐步建立公平公正、能上能下的干部选拔任用机制。

2007年，打破原有处、科等职务身份界限，将干部职级划分为十二级，明确各行政（党群）管理岗位序列。打破传统专业技术职务聘任办法，明确各专业技术系列岗位名称，员工的专业技术资格仅作为员工的入职条件之一。并制定国内项目分级标准，明确项目管理干部的职级。

2008年，修订《干部管理办法》，进一步规范干部选拔、聘任和晋升的程序，明确干部选拔方式和聘任管理权限，健全后备干部培养和管理办法。设置咨询和专业咨询等岗位，让素质高、能力强的年轻干部能够早日走上领导岗位，同时让工作业绩好、经验丰富的老领导干部发挥更大的作用。

2010年，制定《二级单位领导班子换届考核组织工作细则》，直接运用年度考核结果，确定领导班子继任人选；工作业绩考核连续4年排名靠后的、因年龄不能任满4年一届内退的、考核或民主推荐排名靠后的均不能作为继任人选；未明确继任人选的岗位，通过选聘或公开竞聘的方式确定继任人选。

2016年，规范干部任免程序，出台《关于规范选用人工作程序的通知》，对选人用人动议关、考察关和程序关作出规范要求，为做好干部选拔任用工作提供了制度依据和工作准则。

2019年，全面启动干部人事档案专项审核。截至2021年底，完成全部500余名局直管干部人事档案审核工作，完成非局直管干部人事档案审核5000本，补齐档案材料并签字确认2700余人。

2022年，实施干部提级必考察、纪检干部逢任必考察制度，明确同一层级职级提升即进一步使用。

二、干部队伍结构

2005年，印发《水电八局技术岗位津贴实施办法》，对局副总工、分局及项目副总工、技术办主任、副主任及质检办主任、副主任等技术岗位实施津贴制度，激励和培养高素质技术人才队伍。

2008年，制定《注册专业技术人员培养管理办法》，明确水利水电工程施工总承包特级资质企业和公路、市政、建筑、铁道工程等其他相关资质所必须配置的专业技术人员的培养和管理，在注册奖励方面进行具体规定。

2014年，分别与武汉大学、清华大学签订联合培养水利水电工程硕士协议，103名在岗员工参加学习。打破传统内部用人管理制度，建立"不求所有，但求所用"以及"全社会人才为我所用"的现代用人理念，全面开通社会人才招聘快速通道，大胆使用外部引进人才。

2022年，发布水电八局《"十四五"时期加强优秀年轻领导人员队伍建设实施方案》，分门别类建立干部人才库，合理构建人才梯队，持续推进干部队伍年轻化。

截至2022年末，中层干部队伍中经营管理类占比62.91%，专业技术类占比26.36%，大学及以上学历占比达到96%，高级及以上职称占比78.18%，45岁以下占比38.37%。

三、干部队伍培养

2007年，开发完成远程教育平台系统，使用远程教育培训平台组织员工培训，培训对象更宽，培训方式灵活多样，培训内容更加丰富。

2013年，以企业发展战略为核心，制订国际人才队伍建设计划，有针对性地打造公司国际干部队伍。

2017年，提出"两个精准式"（培训对象选择精准、培训内容分析精准）培训要求，进行二级单位班子、项目班子、市场营销人员等关键少数人才培养，开展注册造价师、注册建造师等执业资格取证及继续教育培训。

2019年，启用"尚水学堂"线上培训平台，较好地解决了区域分散、培训成本巨大、培训资源匮乏、覆盖率低等问题。

2022年，首次举办新提任干部培训班，有效激发新提任干部的动力活力，提高新提任干部的理论水平、领导能力和岗位工作能力。

四、干部晋升通道

2008年，通过深化干部人事制度的改革，规范干部晋升通道，打破传统干部"处科"级别观念，并制定标准明确企业内部的干部职级，进一步规范干部选拔、聘任、晋升的程序和干部退出及任用机制。

2015年，设置专业技术通道、项目管理通道、高技能通道等，将职务细分为行政职务、专业职务、党群职务3个类别，并明确项目机构所聘任干部职务对应职级。

2019年，建立项目经理和专业干部两条晋升通道，拓宽人才发展渠道。

2020年，发布专业干部评级和考核实施细则，进行项目经理分级及专业干部评审，加快人才发展通道建设。

五、干部队伍考核

2006年，调整干部监督考核机制，将原来每两年一次干部考核，修改为依据基层单位（项目）生产经营状况和班子建设需要进行考核，并首次对二级单位进行换届考核，进一步增强干部管理的科学性和适应性。

2010年，出台《直管干部考核办法》，考核以德、能、勤、绩、廉5个方面为基本要素，每个基本要素设计若干个分类要素（共36个），每个分类要素确定"优秀、良好、一般、较差、很差"5个等级的评价标准。

2015年，建立"以岗位胜任力评价为主体"的干部考核机制，实施分类量化指标考核并将干部考核与干部任免、岗位调整、培训、薪酬和员工个人职业发展有机结合。二级单位领导班子成员考核实行强制分布法，对排名后三位的干部进行绩效面谈，对连续3年排名后三位的干部进行民主测评和干部考察，最终决定其是否留任、降职、调整或免职。

2017年，完善水电八局直管干部考核制度，落实"以岗位胜任力评价为主体"的干部考核机制，干部实行分类考核，总部实行关键绩效指标考核，各二级单位领导班子成员实行强制排名分布法考核。

2021年，在全资、控股企业实施经理层成员任期制和契约化管理，进一步深化"三项制度"改革，激励广大干部干事担当作为。印发《关于实施直管干部日常履职考核的通知》，将日常履职考核结果作为直管干部年度考核的重要依据与年度干部考核结果挂钩。

六、专家中心建设

为拓宽员工职业发展通道，水电八局建立了专家、项目经理两条晋升通道，并完善了相应的管理机构。

2019年7月，印发《专业干部晋升管理办法（试行）》，按照工程、经济、会计、政工4个专业建立专业管理干部晋升通道，专业干部由高到低分为专家（首席、特级、一级、二级、三级）、专业师（一级、二级、三级）8个等级，对应干部职务序列，特指该级别的专业干部可享受相应级别干部的工作待遇，可实现横向的干部职务晋升或平级调整。

2020年9月，印发《关于成立工程局专家管理委员会的通知》，成立水电八局专家管理委员会，专家管理委员会下设4个专业专家管理委员会，分别是工程类专家管理委员会、经济类专家管理委员会、财会类专家管理委员会、政工类专家管理委员会。

2021年10月，印发《水电八局项目经理分级管理办法（试行）（2021版）》，建立项目管理干部晋升通道，项目经理等级由高到低分为首席、特级（甲、乙两等）、高级（甲、乙两等）、中级（甲、乙两等）共4级7等。对应干部职务序列，特指该级别项目经理可享受相应级别干部的工作待遇，可实现横向的干部职务晋升或平级调整。

2022年2月，印发《关于工程局机构调整的通知》，明确党委工作部下设政工专家中心，财务资金部下设财会专家中心，工程科技部下设工程专家中心，经营管理部下设经济专家中心，工程管理部下设项目专家中心。

截至2022年底，水电八局聘任79名专家，并着手制定专家中心管理办法，做实五大专家中心，明晰责权利，建立日常管理、考核与激励机制，强化履职尽责，充分发挥专家团队集成协同效能和专业支撑作用，为推进工程局高质量发展提供人才保证和智力支持。

第三节 用工管理

一、内部退养机制

2006年，印发《水电八局部分职工退出工作岗位方案》，在充分考虑企业承受能力和职工切身利益的基础上，建立正常的职工退出机制，实现职工队伍结构的战略性调整。此外，从2006年开始，对已批准内部退养的人员按《湖南省关于改革企业职工基本养老金计发办法的实施意见》（湘劳社政字〔2006〕10号）文件规定，计算内退生活费及按工伤津贴办法计算的待遇，采取就高不就低的原则核算。2004年1月1日以后，因工负伤一级至四级内部退养人员，按工伤津贴发放的生活费在工伤保险基金中列支。截至2011年，内部退养相关工作基本参照该方案执行。

2008年，新增离岗待退人员相关规定，基地服务管理中心在册且已在各基地劳务办连续待岗两年及以上的，同时符合以下条件的，经本人申请，所属单位审核，工程局批准，可办理离岗待退手续（不包含拒不服从工作安排的职工）：男职工满50周岁，档案身份为干部的女职工年满45周岁，档案身份为工人的女职工年满40周岁，相关待遇和管理按照《关于印发〈水电八局部分职工退出工作岗位方案〉的通知》（八局发〔2006〕179号）文件执行。

2012年，为让内部退养职工共享企业发展成果，内部退养人员生活费在已计算结果的基础上，每人每月增加150元。2012年增加条款：距法定退休年龄3年内，未申请办理内部退养手续的职工，应根据政策要求退出现工作岗位。

2013年，内部退养职工月生活费在以上计算结果的基础上增加300元。

2015年，内部退养分为上半年和下半年两次，取消离岗待退条款，改为截至内退当年12月31日，工龄已满30年且待岗1年及以上，重新安排上岗有困难的（单位在改制、重组、整编过程中及项目完工期人员分流时难以安置的）可申请内部退养，不需满足待岗1年的条件。

2017年，对内部退养管理办法进行修订，删除"退出岗位前为水电八局直管干部的（含工程局聘任的咨询、专业咨询），不再担任水电八局直管干部职务，由职工所在单位安排合适工作"及相关实施细则条款。

2022年，修订内部退养管理办法，删除"除中国电建管理的干部和水电八局直管干部之外，距法定退休年龄3年内，未申请办理内部退养手续的职工，应退出现工作岗位，并按如下原则另行安排工作"及相关实施细则条款。

二、农民工管理

水电八局历年来高度重视农民工管理工作，2000年以来，持续转发落实政府单位、上级单位下发的各类文件，配合做好相关工作。

2011年，成立农民工工作领导小组，此后陆续进行年度农民工管理专项检查并进行情况通报，重点对农民工工资支付问题进行督导，初步建立水电八局农民工管理制度。

2016年，印发《关于切实加强农民工管理工作的通知》，进一步明确农民工管理领导小组、农民工管理工作小组的职责，其中农民工管理工作小组办公室设在人力资源部。并从劳动合同、现场作业管理、规范农民工工资支付行为、提升农民工技能素质、关注农民工合法权益、统一管理服务模式等方面加强管理要求，将农民工管理工作纳入人力资源管理体系。后续开展年度内自查自纠及专项检查，切实做好农民工管理工作，保障农民工的各项权益。

2017年，印发《关于落实农民工管理工作相关要求的通知》，要求各二级单位建立农民工工作管理机构、健全农民工工作管理制度、督促做好农民工管理相关台账等。明确各二级单位人力资源管理工作部门是农民工管理工作第一责任部门，应将农民工纳入单位人力资源管理体系管理，应将农民工管理的相关任务分解至业务关联部门的职责中去，应要求所属项目不定期开展农民工管理自查工作，并组织专项检查，决不能发生拖欠农民工工资争议。

2019年，制定印发《农民工管理手册》，首次明确各级单位、各部门的职责，涵盖农民工进出场管理、考勤管理、工资管理、培训管理、信息化管理、后勤保障、监督与检查等全流程管理，系统建立农民工管理体系。印发《关于加快推进农民工实名制系统实施工作的通知》《关于进一步规范农民工管理的通知》《关于加强农民工管理和监督检查的通知》等文件，分阶段、分步骤地推进农民工管理工作。农民工管理工作职责正式转移至人力资源部。

2022年，修订印发新版《农民工管理手册》，新版管理手册分为规章制度篇、劳资专管员实操篇、实名制系统操作篇。规章制度篇主要收录国家各部委法律法规、股份公司规定及通知、水电八局管理制度、部分地方政府法规及通知，各单位在实施农民工管理工作过程中，有法可依，依法办事。劳资专管员实操篇主要包括组织机构、农民工工资专用账户、农民工工资保证金等制度建设，农民工入场资料清单、实名制管理、劳动合同签订等入场管理规定，过程管控中考勤管理、工资支付、培训管理、台账管理等规定及退场管理的相关要求。实名制系统操作篇主要介绍实名制系统的使用事项。新版管理手册对农民工管理体系进行全面阐述，明确建立劳资专管员的制度，增强农民工管理工作中的可操作性。

三、劳务派遣管理

2005年前后，开始接收劳务派遣用工，以应对生产经营规模快速扩张、人力资源供给不足的局面。

2007年10月，对派遣劳务的使用期限及中止（终止）使用派遣劳务后有关经济补偿金支付等问题作出明确回复：

（1）约定派遣到用工单位的劳务使用期限最短不少于2年，具体使用期限结合用工计划、施工生产任务及被派遣劳务的技能水平商定；在《劳动合同》中约定，被派遣劳务本人同意用工单位具有调整工作地点、工作岗位与工作岗位对应的劳动报酬的权利。

（2）因用工单位原因，被派遣劳务在协议使用期内被退回劳务派出单位的，造成未履行协议使用期的，应按照未完期限，向被退回劳务支付不低于用人单位所在地最低工资标准待遇的经济责任，水电八局所属用工单位按照劳务派出方承担此费用额的80%，劳务派遣方承担此费用额的20%。同时，由用工单位按照实际使用派遣劳务时间和法律规定标准和计算办法，向劳务派出单位支付相应的经济补偿费用。因被派遣劳务违规、违纪或个人原因，在协议使用期内被提前退回的，水电八局所属用工单位不承担任何经济责任。

（3）被派遣劳务未协商变更延长使用期或延长使用期届满时，用工单位应即行终止使用被派遣劳务，通知被派遣劳务办理退场退回手续。用工单位根据实际使用派遣劳务的时间，按照《劳动合同法》规定标准和计算办法承担经济补偿责任。经济补偿费支付时间从2008年1月1日起计算，由用工单位结算支付给劳务派出单位，再由劳务派出单位支付给本人。

2011年，成立派遣使用人员甄选录用领导小组、派遣使用人员甄选录用监督小组，水电八局派遣使用人员的甄选录用工作已进入试点阶段。2012年，在科研设计院、机电制造安装分局进行派遣使用人员甄选录用试点。

2013年6月，印发《关于规范公司劳务派遣用工管理的通知》，明确使用劳务派遣岗位的"三性"（临时性、辅助性、替代性）要求，对新增派遣劳务、现有合同到期的派遣劳务、续聘的派遣劳务等作出管理要求。

2013年11月，制定并印发《2013年派遣使用人员甄选录用方案》，正式在全水电八局范围内开展派遣使用人员甄选录用工作，录用岗位涉及技能岗位、管理岗位，设置对应岗位的应聘条件，采取专业特长考核评分的形式进行甄选录用。2014—2020年，整体沿用该派遣使用人员甄选录用方案，根据生产经营的需要，在具体的实施过程中逐步完善应聘条件及考核评分标准等内容，甄选录用方案更加具体、科学。其中2015—2016年，由于生产经营情况的变化，暂停开展派遣使用人员甄选录用工作。

2017年，修订管理手册，对招聘劳务派遣员工作出特别规定：劳务派遣员工的招聘对象原则上应具有大专以上学历；劳务派遣员工的招聘计划由各二级单位负责审批。在取得符合资质要求的劳务派遣公司的授权委托后，各二级单位负责组织实施劳务派遣员工的招聘；各二级单位推荐面试合格者（实习合格者）与劳务派遣公司签订劳动合同。经劳务派遣公司出具书面的员工派遣单后，各二级单位方可接收劳务派遣员工并安排至相应的岗位工作；各二级单位应与劳务派遣公司签订劳务派遣协议，约定劳务派遣员工享有的社会保险权益（含养老、医疗、失业、工伤、生育保险）。同时明确：

（1）派遣员工的劳动合同主体是员工和劳务派遣公司，与水电八局的关系是劳动用工关系。

（2）劳务派遣协议应当明确派遣岗位和人员数量、派遣期限、劳动报酬和社会保险费的数额与支付方式以及违反协议的责任。协议应报水电八局人力资源部和法律事务部审核后方能签订，签订后报人力资源部备案。

（3）劳务派遣员工仅在"临时性、辅助性和替代性"岗位上聘用，辅助性岗位按《关于确定公司主营业务及辅助性岗位的通知》界定。各单位应及时将人员信息录入人力资源管理系统，并将派遣员工的派遣使用期限、劳动合同期限、考核、培训、薪酬、奖惩、休息休假等纳入日常管理工作。对于派遣到一线使用的技能型员工，要求年满18周岁且不超过45周岁，应具有初中以上文化程度。

（4）派遣员工的薪资水平参照自有员工的薪酬水平确定；派遣员工的薪酬、社保费用及管理费用的结算，按照《劳务派遣协议》的要求，由劳务公司开具发票后结算，直接计入成本。薪资可由用工单位代为发放，但须获得劳务派遣公司的书面委托。

2018年，印发《关于加强劳务派遣用工管理的通知》，就加强劳务派遣用工管理作出以下规定。

（1）录用条件：新招录管理岗位的劳务派遣员工应具有全日制大专以上学历，新招录技能岗位的劳务派遣员工应具有相应的职业技能水平或特种从业资格证，杜绝人情用工。

（2）未经水电八局审批，各二级单位不得擅自新增劳务派遣员工；先前已使用的劳务派遣员工，其合同到期后，须经水电八局审批后方可继续聘用。

（3）水电八局及各二级单位机关的工作岗位属于主营业务岗位，不属于辅助性岗位，各二级单位务必杜绝在该类岗位（不含教培中心领导班子以外的岗位）使用劳务派遣员工。

（4）严禁使用未明确劳动关系的社会用工，严禁项目部将劳动者以挂靠分包单位的形式实际为项目部管理岗位所变相聘用或使用，严禁侵害劳动者合法权益。

2019年，修订2019年版企业管理标准，进一步明确劳务派遣协议签订、劳务派遣审批、使用范围、薪资管理、督促等规定。截至2022年，相关条款均无明显变化。

2022年，对2021年度派遣使用人员的甄选录用工作进行调整，暂缓《关于印发〈2021年度派遣使用人员甄选录用方案〉及组织实施甄选录用工作的通知》规定的管理岗位派遣使用人员甄选录用工作。

开展财务管理、造价及合同管理岗位专项甄选录用工作，对财务管理、造价及合同管理岗位的派遣使用人员，采取"录用一批、转岗一批和清退一批"的原则进行整改，对已经入围甄选录用群体的劳务派遣人员，重点考察工作表现及工作业绩等方面，作为甄选录用的依据。从在水电八局第十五次职业技能大赛上受到表彰的技术能手中甄选高技能人才，录用至施工生产岗位工作。

四、劳动合同管理

1996年，水电八局职代会三届二次会议审议通过《水电八局全面实行劳动合同制暂行规定（草案）》《水电八局全面实行劳动合同制实施细则》《劳动合同书》《集体合同草案》等8个文件，随后实行全员劳动合同制改革并于年内完成。

2002年，印发《水电八局职工劳动合同期满终止、续订实施规定》，对职工合同期满不予续订的条件、合同期满准予续聘的期限、合同终止日期、合同期满的工作安排、合同终止等作出详细规定：

（1）对合同期满时已下岗的、期满不假外出或超假15天及以上的、二级单位不同意续订经水电八局认可的或水电八局认为不应续订的、本人自愿不续订的职工应不予续订劳动合同。

（2）合同期满准予续订的期限一般定为2年，合同终止日期统一规定为当年的12月31日。双方同意续订且在同一单位连续工作满10年以上的，可签订无固定期限合同。

2003年，印发《关于接收大中专毕业生劳动合同管理的补充通知》，从2003年开始，新接收大中专院校毕业生均不约定试用期，劳动合同期限不短于5年，并规定5年服务期及大中专毕业生未满服务期离职的赔偿金标准：硕士毕业生6000元/人，本科毕业生5000元/人，专科毕业生4000元/人，中专毕业生2000元/人。

2006年，印发《关于接收大中专毕业生劳动合同管理的补充通知》，劳动合同期限调整为不短于3年，3年期满后的劳动合同续订期限不短于6年。2006年以后毕业初次被接收就业的大中专毕业生，服务期缩短为3年，大中专毕业生未满服务期离职的赔偿金标准无变化。

2008年，印发《水电八局劳动合同管理办法（试行）》（以下简称《办法》），该《办法》适用于与水电八局签订了劳动合同的职工，主要涉及组织机构、劳动规章制度、劳动合同主体及劳动关系、劳动合同的期限与续订、劳动合同的终止、劳动合同的变更与解除、劳动合同的管理、劳动争议的处理等方面，后续的劳动合同管理工作基本按照该《办法》执行。主要强调如下：

（1）水电八局劳动合同管理领导小组负责劳动合同管理办法的制定和修订工作，研究决定劳动合同期满人员劳动合同的终止、续订等工作，水电八局人力资源部和各单位的劳动人事部门负责劳动合同的日常管理工作。

（2）水电八局依法建立和完善劳动规章制度，保障劳动者享有劳动权利、履行劳动义务。在制定、修改直接涉及职工切身利益的规章制度或者决定重大事项时，应当经职代会或者全体职工讨论，提出方案和意见，与工会或者职工代表平等协商确定，将直接涉及劳动者切身利益的规章制度和重大事项决定予以公示或者告知职工。

（3）水电八局是劳动关系中所指的用人单位，所属各单位（含水电八局独资、控股的法人单位以及控股或参股的联营体）为用工单位。根据工作需要，水电八局可安排劳动者在其承担施工生产任务的上述用工单位工作，可另行安排劳动者从事相近工种（岗位）工作等。

（4）劳动合同签订的具体期限，由水电八局和劳动者协商确定，不受工程局法定代表人任期的限制。合同期限调整为有固定期限、无固定期限和以完成一定的工作任务为期限。

（5）职工与水电八局劳动合同终止情形：劳动合同期

满的，开始依法享受基本养老保险待遇的，死亡、被人民法院宣告死亡或者失踪的，法律、行政法规规定的其他情形。

（6）经济补偿金支付情形：依照《劳动合同法》第38条、第40条规定解除劳动合同的；在职工无过错的前提下，由水电八局提出并与职工协商一致解除劳动合同的；水电八局依照《劳动合同法》第41条第一款规定，即经济性裁员而解除劳动合同的；除本《办法》第33条第十一项情形之外，按照《劳动合同法》第44条第一款规定劳动合同期满终止劳动合同的；依照《劳动合同法》第44条第四款、第五款规定终止劳动合同的；法律、行政法规规定的其他情形。

2008年以后毕业初次被接收就业的大中专毕业生，不再规定服务期限及未满服务期离职的赔偿金。

2009年，印发《关于正确处理部分职工管理关系和劳动合同的意见》，对部分挂靠人员安排处理、部分外流职工管理及失踪人员处置进行明确。

2016年，印发《关于规范公司保留劳动合同关系、内部待岗职工管理的意见》，对保留劳动合同关系职工、内部待岗职工的管理作出要求，明确两项工作的审批权限、工作流程、管理要求及惩处措施等内容，完善不同类型职工的管理制度。

从2002年至今，因组织机构及领导分工变动等，劳动合同管理领导小组成员适时变更。劳动合同书样式，根据相关制度的变化，适时进行更新，现行样式为2017年制式劳动合同书；劳动合同书的内容根据国家法律法规的修订同步进行更新，确保合法合规。

第四节　薪酬福利管理

一、薪酬管理

（一）员工薪酬

2003—2008年，随着国有企业改革的不断深入，对员工薪酬管理进行了深入探索与改革，其间，员工薪酬管理由岗位技能工资向岗位绩效工资制过渡。2005年，印发《技术岗位津贴实施办法》，技术岗位人员履职期间每月按标准享受技术岗位津贴。人员享受范围包括水电八局副总工程师；分局及工程项目的总工程师、副总工程师（含专业总工程师），技术办和质检办主任、副主任。

2008年3月4日，经六届一次职代会审议，发布《水电八局薪酬管理办法》。办法明确按照水电八局员工层次类别执行相应的薪酬制度。其中：各级领导班子成员执行年薪制；水电八局机关、直管项目机关、各二级单位和所属项目机关实行水电八局统一的岗位绩效工资制；作业层实行以岗位等级工资为基础的计时、计件或承包工资制；国际工程项目境外员工按《国（境）外工程项目薪酬管理及发放办法（试行）》执行；经批准内部退养或离岗待退人员的待遇，按照水电八局规定的生活费标准执行；外派或协议外借使用，以及根据工作需要特殊聘用的人员，按签订的协议执行。

岗位绩效工资制遵循定岗定编、以责定薪、薪随岗变的原则，坚持工资收入与个人业绩贡献挂钩。形成个人收入与岗位责任挂钩、贡献和效益挂钩的市场化决定机制。

岗位绩效工资制工资结构由岗位等级工资、年功工资、岗位津贴、绩效工资和辅助工资5个单元构成。水电八局员工岗位体系设置为21级，各级员工以受聘岗位为基础计算基本薪酬。

2010年，根据国务院国资委《关于深化中央企业劳动用工和内部收入分配制度改革的指导意见》（国资发分配〔2009〕299号）和湖南省人民政府《关于全面推进职工工资集体协商工作意见》（湘政办发〔2009〕65号）精神，结合工程局生产经营实际情况，建立《职工工资集体协商（试行）办法》，以保障劳动关系双方的合法权益，促进劳动关系的和谐稳定，实现互利共赢，共享发展成果。

2011年，制定《高原地区工作补贴制度实施方案》，根据项目所在地域的海拔高度、空气中的含氧量等因素确定高原补贴标准，补贴最低30元/（人·天），最高160元/（人·天），高原地区员工收入进一步提高。

2011年，经六届五次职代会审议，明确规定：从2011年1月1日起，根据出勤情况，给在施工项目工作的职工按10元/（人·天）的标准发放施工津贴。发放范围不含水电八局机关、水电八局外派机构、水电八局二级单位机关、基地服务管理中心和教育培训中心等后线单位的职工，不含项目领导班子以及执行协商工资的职工。

2012年，施工津贴调整为30元/（人·天）。

2016年，按照项目全生命周期考核整体要求，自2016年7月1日起，停止发放一线施工津贴。同年，取消专业技术岗位津贴制度，不再执行水电八局专业技术带头人管理规定；取消普通全日制大学本科及以上大学生见习期工资待遇标准，直接适用水电八局职工岗位绩效工资制管理。

2019年，针对洞内、高空、噪声、有毒有害和粉尘等环境下作业的职工，制定并发布水电八局《津补贴发放标准》。其中洞内30元/（人·天）、其他10元/（人·天），享受洞内（井下）津贴的，不能同时享受以上规定的其他四项津补贴；其他类型同一天最高不超过两项，充分保障职工在特殊环境下的额外收入。自2019年起，员工年功工资调整为按工龄每年20元的标准计算。是年，各二级单位成立人力资源共享中心，中心设置薪酬计发专员，境内职工工资全面实现在二级单位人力资源共享中心集中计发。

（二）工资总额分配改革

2006年，根据《中国水电工资总额同经济效益挂钩管理实施办法》（中水电人〔2004〕121号）文件要求，以"工资总额计划调控、微观自主分配"为指导思想，制定《水电八局工资基金管理办法》，建立"上封顶、下保底"的分配政策。

2015年，为引导所属各单位创利增效，制定《工资总额分配办法》，首次建立工资总额与各单位利润总额增减挂钩机制。此办法明确规定工资总额采取定额分配、保障激励分配两种方式进行。保障激励分配是根据中国电建下达的工资总额控制线，结合水电八局实际情况，在剔除工资定额分配单位工资总额后，对参与保障激励分配的单位和群体进行工资总额分配的一种方式，包括人均保障性工资线、效益贡献奖励工资总额、考核利润奖罚工资总额、同期利润增长奖罚工资总额和调剂性工资。

2022年，进一步深化工资总额决定与分配机制的改革，制定《工资总额管理办法（2022版）》，重新构建工资总额增减与单位综合效益（利润总额、营业收入、市场营销等指标）增减联动模式，同时坚持经营班子成员与非班子一线员工分类核定，确保一线职工收入稳定。

（三）劳动生产率与职工平均工资水平

2011年，职工人均产值1007391.88元/（人·年），首次突破百万元，职工平均工资42858.19元/（人·年）；2018年，职工人均产值2102454.07元，职工平均工资93332.21元/（人·年），在2011年的基础上职工人均产值和平均工资水平均实现倍增发展。2022年职工人均产值2445551.37元/（人·年），职工平均工资118451.63元/（人·年）。

二、社会保险管理

（一）基本养老保险

自1998年9月1日起，基本养老保险由电力行业统筹移交纳入湖南省省级统筹管理，职工退休审批、退休生活费调整、死亡待遇审批等审批手续全部由湖南省劳动和社会保障厅统一审核办理。

2004年，退休人员的养老金统一由湖南省社保局发放。

2006年，完成行业移交地方时未建账人员的个人账户建立，619名临时合同工参保补建。同年，完成湖南省长沙县、常德市、资兴市、贵州省遵义市、贵阳开发区等县市的教师移交人员养老金转移。

2007年，完成改制医院养老保险关系转移。

2008年4月，改变职工个人社会保险费收缴方式，把以前由各单位向基地缴纳变更为由社会保险管理部统一采用无承付托收的方式收取，解决职工重复缴费和漏缴费问题，保证职工个人社会保险缴费及时到位。

（二）基本医疗和工伤、生育保险

自2000年1月1日起，执行《水电八局职工基本医疗保险改革实施细则的通知》（八局发〔2000〕36号）。明确所属各单位和参保人员不分工作地点和居住地点，均集中参加湖南省医疗保险统筹，实行异地参保，统一执行湖南省制定的医疗保险改革政策，即采取统筹基金和个人账户相结合，严格按照湖南省规定的"三个目录"进行管理。离休干部和二等乙级革命伤残军人不参加基本医疗保险，医疗费用据实核报。

2004年1月1日，作为独立统筹地区，启动工伤保险和生育保险，根据湖南省工伤和生育保险政策自行管理。

2006年，依托湖南省医保局医疗保险管理系统建立水电八局医疗子系统，子系统的前端延伸至所属6家改制医院和南托、常德、东江、贵阳、武汉基地社保办。子系统建立后，职工在改制医院就医的住院医疗费实行联网结算。职工在改制医院以外就医的医疗费由各基地医保专管员通过子系统审核报销并上传数据，社会保险管理部按月汇总结算与支付。

2007年4月1日，基本医疗保险、工伤保险和生育保险移交给湖南省医保局统一管理。至此，水电八局在职职工、退休职工和离休干部无工作的配偶或遗孀的基本医疗保险、工伤和生育保险全部实现社会统筹。由于水电八局退休人员比重过大，为弥补医疗保险基金缺口，经与湖南省医保局磋商，水电八局分两次共支付300万元给湖南省医保局作为补偿。离休干部医疗保障、老工伤和职工所供养直系亲属的医疗待遇仍由工程局负责。

水电八局医疗工伤生育保险移交湖南省医保局后，6家改制医院均被定为湖南省医保定点医院，职工在定点医院的住院医疗费用必须联网结算。职工在湖南省医保定点医院以外的住院医疗费，由社会保险管理部和各基地医保专管员进行手工报账。职工每年应缴纳的大病互助费由各单位在每年12月一次性代扣，退休人员的大病互助在每年的春节慰问费中扣除，补充医疗保险实施以后，水电八局全体参保人员的大病互助费改由补充医疗保险基金支付，个人无须支付大病互助费。

2008年，水电八局与湖南省医保局、湖南省建设银行协商，采取医保卡转账方式解决异地退休人员医保卡无法使用的问题。

2016年4月1日起，老工伤及因工抚恤人员纳入湖南省工伤保险统筹管理，全面实现社会统筹管理。由于水电八局老工伤人数多，企业管理期间费用过大，且移交时未补缴任何费用，考虑到工伤基金支付能力，移交时双方约定：老工伤发生的各项工伤待遇由工伤保险基金统一支付，当水电八局缴纳的工伤保险入不敷出时协商解决。但之前单位自行管理时制定的特殊政策、工伤基金无法支付的工伤待遇等仍由工程局承担。

（三）失业保险

自1999年起，按属地化原则，分别在长沙、常德、怀化、东江、武汉、贵阳6个地区缴纳失业保险。

2014年，贵阳失业保险整体转入常德地区参保。此后，水电八局失业保险参保地为长沙、常德、怀化、东江、武汉5个地区。

三、住房公积金管理

自2000年1月起，实行《水电八局职工住房公积金管理实施办法》，全体职工统筹参保住房公积金。

2002年12月，规范和加强住房公积金管理，要求各二级单位按月及时缴纳职工住房公积金；各片区住房公积金管理机构清查职工一人多户现象，原则上一个片区只能开设一个账户。

2003年7月，明确规定住房公积金缴存基数与个人养老保险基数一致，即按职工个人上年度月平均工资核定，并实行"上封顶、下保底"，封顶数为湖南省上年度职工月平均工资的300%，保底数为湖南省上年度职工月平均工资的60%。

2005年7月，职工个人和单位住房公积金月缴交率均由原来的5%提高到6%，四舍五入到元。

2006年7月，职工个人和单位住房公积金月缴交率均由原来的6%提高到8%，四舍五入到元。并执行每年7月至次年6月为一个缴费年度的规定，在一个缴费年度内不得随意更改缴交标准，若需更改必须等待下一年度才能调整。

2011年1月，住房公积金按职工缴存地由各二级单位汇总缴纳至工程局财务部或各基地，三级及以下单位、项目部不再直接将住房公积金汇缴至水电八局财务部或各基地。水电八局对各二级单位住房公积金缴纳情况进行季度考核和年度考核。水电八局财务部负责住房公积金管理工作及省直单位住房公积金的缴纳工作。

2011年7月，住房公积金缴存比例提高为职工上年度月平均工资的10%。

2012年，住房公积金的缴存范围明确为在职职工及内部退养、待岗职工，缴存比例仍为职工上年度月平均工资的10%。职工变更住房公积金缴存地，应首先向职工所在单位提出书面申请。所在单位同意变更缴存地后，单位应向变更前住房公积金缴存片区及变更后住房公积金缴存片区报送异动表申请变更。

2013年，住房公积金缴存比例提高为职工上年度月平均工资的12%。

2015年10月，湖南省直单位住房公积的管理职能从财务部转移到社会保险管理部。

2016年7月，社会保险管理部全面接管住房公积金工作。明确公积金缴存对象为全部在职（含内退）员工，个人原因无法参加住房公积金的，需提供本人申请和相关证明材料，二级单位备案存档。离开工作岗位且保留劳动关系的职工，可为其代缴住房公积金，个人和单位缴存费用原则上由本人承担。已签订《保留劳动合同关系协议》的，在协议期内按协议执行。每年7月到次年6月为一个缴费年度，个人和单位住房公积金缴费基数和标准每年度公布一次，一经公布不得中途修改。个人和单位住房公积金缴存费用均由员工所在二级单位代收代缴，社会保险部每月随"三金"一并托收后，根据各二级单位提供的员工住房公积金缴存人数和公积金缴存地异动情况，当月拨付至相关基地按时、足额缴存住房公积金。职工选择住房公积金缴存地后，不得随意变更。每年4月和10月经本人申请、单位同意后汇总申报可以变更住房公积金参加地。二级单位内部之间人员变动随"三金"收缴人员变动而变动。经职工本人申请、单位同意，职工可以中途停缴住房公积金，由职工所在二级单位申报《住房公积金暂停、终止申请表》。因中途申请停缴或职工本人原因无法缴存而中断的人员，不得在同一年度内申请续缴，可以在下一年度（次年度7月）申请续缴。

2018年7月，规定凡与水电八局签订劳动合同的员工均应参加住房公积金制度，并按时足额缴存住房公积金费用。签订《保留劳动合同关系协议》的职工以长沙市人力资源和社会保障部门公布的上年度最低工资标准为住房公积金缴存基数，所需费用（单位和个人部分）由职工本人承担。

2019年，明确已与单位签订《保留劳动合同关系协议》且按原规定参加住房公积金缴存的职工，可以申请封存住房公积金账户；已离开工作岗位且停止发放工资的人员，对符合签订保留劳动合同条件的应当签订保留劳动合同书面协议，并申请封存住房公积金账户；签订了保留劳动关系协议人员，如本人愿意继续参加住房公积金缴存的，缴存基数按长沙市人力资源和社会保障部门公布的上年度最低工资标准确定。所需费用均由职工本人承担。

2020年1月，新进员工住房公积金统一在湖南省直单位住房公积金管理中心缴存，其他缴存地不再新增公积金账户。

四、企业年金管理

2010年，印发《水电八局企业年金实施办法》。自2010年1月1日起，水电八局正式职工（含内退人员）均可参加企业年金。企业年金由企业和个人共同缴纳，其中，个人按当年养老保险缴费基数的1%缴纳，企业按当年养老保险缴费基数的3%缴纳，并按职工本企业工作年限不同归属至年金账户，工作年限满20年的全部归属，解除合同人员企业缴费未完成归属部分归企业所有。

2019年，修订《水电八局企业年金方案》，年金缴费基数调整为不超过上年度本单位职工平均工资的5倍，工作年限不足8年的企业缴费暂不归属，属企业所有，工作年限满8年的全部归属至个人账户。2019年7—9月，对企业账户未归属部分进行第一次分配，分配金额为679.4万元。

2022年9月，企业年金受托人从建信养老股份有限公司变更为泰康养老股份有限公司，归中国电建统一管理。

五、补充医疗保险管理

2012年，印发并开始试行《水电八局补充医疗保险办法》。明确补充医疗保险按工资总额的1.2%提取，专款专用，自行管理。在基本医疗保险支付范围内的个人自负医疗费，水电八局院士按100%报销，水电八局领导和省部级劳模按80%报销，其他人员按50%报销。职工缴纳的大病互助费改由补充医疗保险基金支付。职工死亡的，一次性支付10000元医疗补助金。

2018年，特殊病种门诊补助自负费用不再列入补充医疗报销范围。

2019年2月，修订《水电八局补充医疗保险办法》，取消一次性死亡补助金待遇。

六、健康管理

（一）医疗卫生

2002年初，水电八局在长沙、贵阳、东江、常德、五强溪等地分别设有职工医院。根据国经贸企改〔2002〕859号文件精神，水电八局于2004年启动医院改制工作。改制的方式为：医院职工进行身份置换，水电八局以资产作补偿。

2006年7月，经常德市民政局批准，水电八局常德职工医院（包括五强溪分院）改制为常德德星医院，性质为民办非营利性医疗机构。参加改制47人，注册资金为460万元，水电八局出资比例为49%。2021年10月，五强溪分院关停。截至2022年12月底，常德德星医院理事会已选举两届，水电八局派出的理事（监事）如下：

第一届理事（2007—2009年）：黄爱东、岳峰、夏登治、刘皓。监事：林琳、李建明。

第二届理事（2009—2022年）：黄爱东、向本舜、周名志、郑谊、徐绍华。监事：陈玲、梁姣霞、李建明。

经贵阳市民政局批准，水电八局贵阳职工医院（包括乌江分院）于2006年12月注册为贵阳阳光医院，性质为民办非营利性医疗机构，参加改制47人，注册资金为360万元，水电八局出资比例为26.34%。2013年，水电八局出售贵阳阳光医院全部股权。2007—2013年，水电八局派出的理事（监事）如下：

理事：王林、陶家浔、岳峰、骆云青。监事：郑瑞萍。

经长沙市卫生局批准，水电八局中心医院（包括东江分院）于2007年9月改制为长沙融城医院，性质为民办非营利性医疗机构。参加改制126人，注册资金为1378.7万元，水电八局出资比例为36.7%。截至2022年12月底，长沙融城医院理事会已选举三届，水电八局派出的理事（监事）如下：

第一届理事（2007—2012年）：黄爱东（副理事长）、朱江。监事：许启群。

第二届理事（2012—2021年）：黄爱东（副理事长）、向本舜。监事：许启群。

中途变更理事（2017—2021年）：黄爱东（副理事长）、李志伟。监事：徐纯军。

第三届理事（2021—2022年）：殷长城（副理事长）、张吉锋。监事：张卫东。

（二）健康体检

2004年，《关于组织省、部级以上劳动模范进行定期健康体检的通知》（八局发〔2004〕133号）明确，凡获得省、部级及以上劳动模范称号，并保持荣誉者，每年定期组织一次身体健康检查。健康体检费最高标准控制在200元，局内医院控制在160元。在职劳动模范体检费从所单位福利费中列支；离退休劳模体检费，由所在离退办列非统筹劳保基金支出。

2010年，《关于规范水电八局职工健康体检的通知》（八局发〔2010〕50号）明确：中国水电管理的干部每年10月进行一次健康体检；获得中国水电股份公司以上各类荣誉的先进个人、水电八局《干部管理办法》中干部职务序列表中对应的所有职务级别的管理人员、聘任为中级以上级别各类专业技术职务的管理及专业技术人员、评聘为技师或高级技师人员每年10—11月进行一次健康体检；其他员工每2年于11—12月进行一次健康体检（从2010年开始）；女职工（含下岗、内退，下同）每年10—11月进行一次妇科体检。同时明确体检标准，中国水电股份公司管理干部体检费用标准400元/人次；获得中国水电股份公司及以上各类荣誉的先进个人体检费用标准280元/人次；《干部管理办法》中干部职务序列表中对应的所有职务级别的管理人员、聘任为中级以上级别各类专业技术职务的管理及专业技术人员、评聘为技师或高级技师人员，体检费用标准280元/人次；女职工妇科体检费用标准260元/人次；其他员工体检费用标准200元/人次。以上标准按就高不就低原则，每位职工只享受一个标准的体检（女职工妇科体检不受此限制）。

2013年，《水电八局员工健康管理办法》（八局社〔2013〕13号）明确，对在职在岗员工、返聘期内的返聘人员进行健康体检。体检周期为每年一次，男性体检费用标准上限为500元；女性体检费用标准上限为600元。

2022年3月，《关于调整员工健康体检费用标准的通知》（八局人〔2022〕26号）明确，员工健康体检费用标准统一调整为每年800元/人，自2022年1月1日起执行。

2022年8月，《水电八局员工健康体检规定》（八局人〔2022〕81号）明确，女职工妇科体检费用标准上限为480元/人次，中国电建管理干部的体检标准参照中国电建同等级别标准执行，自2022年1月1日起执行。

七、离退休服务管理

水电八局一贯重视离退休服务管理工作，从20世纪80年代兴建生活基地开始，就一直把搞好离退休管理服务与维护改革发展稳定大局紧密联系起来。做到了离退休工作有组织机构，有经费保证，有工作制度，有活动阵地，有管理服务人员。水电八局的离退休职工不仅政治、生活待遇有保障，而且真正实现了"老有所养、老有所乐、老有所为、老有所学"。

（一）离退休管理机构

1995年5月，水电八局制定了《水电八局离退休职工管理暂行办法》，2005年6月，进行了修订，从组织机构、职责、管理方式、工作程序、经费管理、文体活动、管理服务队伍的建设等方面统一了制度，形成工程局一体化文件。

2007年1月，水电八局成立中国水利水电第八工程局基地服务管理中心（以下简称基地中心），与南托基地合署办公，授权统一管理南托、东江、贵阳、常德、武汉5个基地。

2018年1月，基地中心发布《中国水利水电第八工程局有限公司基地服务管理中心离退休人员服务与管理实施细则》，指出"为进一步规范工程局离退休人员的服务与管理，建立与水电八局及经济社会发展水平相适应的企业离退休人员服务与管理体系，推进水电八局离退休服务管理工作创新发展，把企业的人文关怀落到实处。基地中心成立离退休服务与管理领导小组，在水电八局党委和水电八局的统一领导下以及在水电八局社会保险管理部的具体指导下开展工作"。其后，水电八局社保管理部并入水电八局人力资源部。

2022年底，水电八局离退休人员管理和服务已形成人力资源部业务指导，基地中心作为行政管理机构，中心社保办负责长沙、南托、东江、贵阳、武汉、常德等基地的社保办离退休业务管理工作的架构。

（二）离退休管理制度

按地方政府、水电八局、水电八局人力资源部的相关要求，基地中心建立的离退休管理和服务相关制度主要有：

1. 加强社保管理标准化建设，进一步建立健全管理制度，规范费用使用流程与工作台账，严格按章办事，切实做到落实政策公平公正。

2. 认真落实离退休人员政治、生活待遇，做好走访（含异地）慰问工作；做好离退休职工的统筹外费用、转岗人员生活费等相关费用发放工作。

3. 加强和改进"两项建设"（思想政治建设、离休和转岗人员党支部建设），紧密依托党总支，充分发挥离休转岗人员自我管理、自我教育、自我服务的作用。

4. 推进离退休人员社会化管理服务工作与社区建设相结合，依托街道和社区组织，进一步完善社区老年服务功能，鼓励和支持各老年文体组织参与社区活动，以更好地满足老同志的物质文化需求、养老服务需求。

5. 2022年10月，根据湖南省发布《湖南省"一对一"服务离休干部工作制度》的文件精神，基地中心按水电八局要求，做好离休干部"一对一"服务工作，在所属各基地社保办设立社保办主任和副主任负责的"一对一"服务离休干部联系名册，并上报相关部门备案。

6. 基地中心根据水电八局要求，负责离退休人员退休办理、医药费报销、养老金资格建模认证、独生子女奖励申报、丧事处理及申报等常规服务。

7. 落实"精准扶贫"，扎实做好离退休人员及遗属的困难帮扶工作，真正将企业关怀落在实处。

8. 加强社会保险政策的宣传与解释工作，切实保障群众的知情权，使政策家喻户晓，最大限度地赢得离退休人员的理解支持。

9. 自2019年11月起，根据《中共中央办公厅 国务院办公厅关于印发〈关于国有企业退休人员社会化管理的指导意见〉的通知》（厅字〔2019〕19号）和股份公司《关于贯彻落实全国国有企业退休人员社会化管理工作电视电话会议精神的通知》（中电建股人资〔2019〕115号）精神，按照水电八局的有关要求，基地中心负责本单位退休人员社会化移交工作，截至2020年12月31日，水电八局9557名于2020年12月31日前退休人员已经完成移交地方管理工作。2021年后退休人员社会化移交进入常态化，八局职工退休后进社区享受政府给予的优厚待遇将成为常态。但在现有规定下，对退休人员的管理变得更加复杂，维护离退休人员稳定对于单位来说依然责任重大。

10.各基地代收代缴转岗人员的社会保险、住房公积金、企业年金。

11.长沙、常德、武汉、东江等基地的社保办负责在职人员失业保险本基地参保人员的缴费、异动申报工作，并协助办理失业保险登记工作。

12.长沙中心社保办负责外省退休人员医保卡的信息修改及代办工作。

（三）社区管理和服务

2022年底，基地中心及各基地共管理离退休人员12249人（其中离休干部46人，退休人员9633人，转岗人员1567人，抚恤人员964人，待批退休人员39人）；其中离休和转岗党员536人，党总支6个，党支部9个。

目前各基地离退休人员成立老年艺术团、乒乓球、门球、棋牌、乐队等文体团队共计20余个，支持和鼓励各基地与本区域政府、街道、社区组织开展书法、绘画、门球、棋牌等文化交流活动，不断丰富退休人员生活，实现了老有所为、老有所乐；同时突出水电八局离退休人员乐观向上精神宣扬，传递正能量，树立了良好的品牌形象。

2006年5月31日，水电八局一中132名在职和离退休老师分别移交贵阳市高新区政府和遵义县政府管理。

2008年，后线群众向四川地震灾区捐款28万余元。基地中心成功举办了5个片区的第八届老年人运动会。

2009年，五强溪八局社区整体移交沅陵县地方政府管理。

2010年，按照《国务院关于加强和改进社区服务工作的意见》指示精神，基地中心根据各单位实际情况，分别拟定了工作措施和具体实施方案。在南托、东江、贵阳、常德等基地全面推行"3+1"管理模式，即在各单位设置3个职能部门（综合、财务、社保）和1个八局社区公共服务站，将需移交地方管理的社会职能从社保办全部分离出来并转入八局社区公共服务站，按照地方社区的运行模式做好移交基础准备工作，按照成熟一项移交一项的思路，逐步实施基地社会职能的社会移交。同年8月28日，以水电八局南托基地住户为主要服务对象的纯政府社区——长沙市天心区融城社区正式在南托基地挂牌成立。同年10月，东江基地成立东江水电路八局社区。

2011年，基地中心与长沙市天心区大托镇政府在南托基地联合，成功举办了"全国首届快乐老人杯门球邀请赛（湖南赛区）"，来自常德、益阳、岳阳、湘潭、长沙5市和省直单位及中央驻湘单位共64个门球代表队参加了比赛。同年，东江基地被评为湖南省"文明单位"、资兴市平安企业（单位）；南托基地荣获长沙县2011年度"老年体育工作先进单位"称号；贵阳基地被评为贵阳市云岩区"三创一办"样板小区；武汉基地荣获武汉市硚口区"最佳文明单位"称号。

2012年，根据上级要求，各基地企业职教幼教退休待遇摸底工作已基本完成；关于城镇小集体职工养老保障遗留工作，截至目前，南托片区已有170余人进行了参保登记；1999年1月1日后退休职工独生子女奖励目前已进入公示阶段；南托片医保身份证退休人员信息采集工作已基本完成，其他各片区也在积极进行中。同年10月，基地中心举行第九届老年运动会。东江基地向资兴市残联申请的免费辅助器具全部送到残疾退休人员手中。

2013年1月，常德基地原子弟学校最后8名退休教师移交地方。同年元宵佳节，中央电视台记者现场采访了水电八局星光艺术团演员，并在央视《新闻联播》报道了艺术团在火宫殿演出的场景。截至目前，星光艺术团已代表融城社区参加湖南省、市、县级各种文艺演出共计40场次，并获得不俗的成绩。同年，东江、南托两个社区与地方对接成效显著，东江基地通过社区向地方民政局争取到6万元资金，用于老年活动室的环境改善与设施添置；融城社区争取到近17万万元资金，用于院内文化走廊改造、医院道路无障碍设施增设、电子阅览室电脑及桌椅配置、室外乒乓球台和室外健身器材配备。同年，贵阳退休职工刘国义再次入围贵州省第四届道德模范评选，南托离休干部吴先声入围长沙天心区首届十大道德模范候选人。

2014年，融城社区、东江社区不断迈向成熟，民政、社会救助、殡葬管理、劳动保障、计划生育、环保、助残等职能辐射面不断扩大，职工、居民受益群体不断增加。东江居家养老服务深入推进，政府正式启动东江社区居家养老服务工作，所属社区内65岁以上老人，都可享受政府买单、服务人员上门的终身服务，具体包括日间照料、代买代购、配餐送餐、居家卫生等工作内容；星光艺术团荣获了天心区"十佳文艺团队"称号，各基地离退休艺术团参加了所在区域的各种演出60余场次。

2015年，完成了湖南省1999年前和2011—2014年退休人员中独生子女600余人申报工作；贵阳基地退休职工刘国义获得第五届全国道德模范提名奖、"中央企业道德模范"荣誉称号；南托基地离休干部吴先声被评为长沙市天心区首届十佳道德模范；离退休职工刘自强荣登2015年3月"中国好人榜"并获得"孝老爱亲好人"荣誉。各基地离退休艺术团体参加所在区域各种演出和比赛60余场次，获得了10多项荣誉，基地社会影响力不断攀升，也为融入社区搭建了桥梁。东江基地启动关心空巢退休老人、关爱留守儿童活动。

2016年，东江基地再次通过湖南省"文明单位"复查，并被郴州市推荐申报湖南省"文明标兵单位"；南托基地（融城社区）被评为长沙市"绿色示范社区""文明社区"，南托街道与基地中心、融城社区与湖南省颐和云健康科技有限公司结对签订了文明创建"共建共创"倡议书；贵阳基地退休职工刘国义被授予贵阳市"十佳生态文明使者"称号。为了不断丰富社区文体活动，各基地成功举办了公司第十届老年运动会，同时鼓励与本区域政府、街道、社区对接，开展文化交流活动，各基地艺术团体参加所在区域的各种演出达70余场次。同年10月，基地中心举办第十届老年人运动会。

2017年，组织举办喜迎党的十九大、重阳节、廉洁文化进社区文体展演和话剧进基地等系列活动，组织老同志参与"畅谈十八大、喜迎十九大"座谈会、征文、书画比赛，全年星光艺术团、江河艺术团等离退休社团参加各种演出70余场次并获得多项荣誉；东江基地经省文明委复查审核，连续7年保持"省级文明单位"称号。南托基地被评为长沙市"文明单位""绿色示范社区"，其他各基地也均被评为所在地文明社区。东江基地离退休人员在郴州市门球比赛中获得金奖，在资兴市文明办、文化局举办的"美丽资兴、幸福家园"全民广场舞大赛中获得金奖。

2018年，加强社保管理信息化建设，及时更新离退休人员信息库、企业退休人员的档案、组织关系等资料；同年，举办了离退休支部党建工作培训、党统实际操作培训、党支部书记培训等活动，全年对32个党支部进行换届改选，完成了2582名党员党统及信息资料核对工作。

2019年，基地中心在离退休职工中举办文明家庭、"最美楼栋长"、道德楷模、道德风尚先进个人等评选活动；东江基地继续保持"省级文明单位"称号。

2020年1月，开始退休人员社会化分离移交属地政府管理。2020年5月7日，水电八局与浏阳市签订首份退休人员社会化管理移交协议。虽然各基地受新冠疫情影响，但大家克服困难，水电八局于2020年12月18日完成2020年以前退休的9557名退休人员社会化管理移交协议签订，完成退休人员社会化移交工作。

自2021年开始，退休人员社会化移交工作进入常态化。同年，完成2020年退休党员1800人次的党员关系移交社区工作。同年，为70余名老党员上报申请"光荣在党50年"并颁发勋章，共庆建党一百周年。

2022年，根据上级要求，安排组织部分离退休职工参加"韶山灌区建设者交流会"。开展送学上门活动，将党的二十大报告手册和水电八局文件送到离休党员干部手中。

2019—2022年水电八局离退休人员统计情况见表4-14-1。

表4-14-1 2019—2022年水电八局离退休人员统计情况

单位：人

年份	当年离退休人数	累计在册人数		
		离休	退休	合计
2019	332	73	9539	9612
2020	294	64	9552	9616
2021	225	56	10172	10228
2022	353	45	10232	10277

注：2002—2018年相关数据缺失。

八、休息休假管理

2008年，经第六届职代会审议，发布《水电八局职工工作时间及休息休假管理办法》《水电八局员工考勤管理办法》《水电八局职工请假销假制度规定》。职工根据工作性质、工作内容、合同工期和季节自然条件等因素的差异，灵活实行标准工时工作制、年度综合计算工时工作制和不定时工作制。

2011年，经六届五次职代会审议决定，实行年度综合计算工时工作制的职工集中休假办法。对于符合享受探亲假条件的，双职工允许照顾一方每年报销一次从工地到本人住房所在地或父母所在地或未成年子女所在地的往返路费；新分配的大学生参加工作的第2年，所在单位可根据工作情况，同意其提前休当年度的探亲假；对于夫妻双方均未在子女就读地上班的，可给予职工一方子女中、高考陪读假，其中中考陪读假不超过3个月，高考陪读假不超过6个月。陪读假中包含年休假、轮休假等假期，年休假、轮休假等假期内按原有规定享受待遇，其余陪读假工资按600元/月标准发放。

2013年，经第七届职代会审议决定，对国（境）外工作人员休假规定进行细化，明确境外员工或平均海拔3000米以上的高原地区工作员工每连续工作6个月可休假一次，休假日期为20天，路程假由各单位根据实际情况确定。

2014年，经七届二次职代会审议，明确除水电八局执行的陪读假、产假、事假外，按规定休假的，假期待遇在以岗位等级工资标准计算假期工资的基础上增加30%的休假津贴。

2016年，职工假期工资标准调整为"本人岗位等级工资的130%"；中、高考陪读假工资修改为1000元/月。

2018年，经八届二次职代会审议决定，调整部分假期工资标准，明确集中休假（轮休假、兑休假）、探亲假、年休假、婚（丧）假、计划生育假等假期工资，按所聘岗位等级工资的150%和本人年功工资标准，计发其假期工资；病假按所聘岗位等级工资的150%作为计发工资基数。

2020年，经八届四次职代会审议，明确年休假期间按正常出勤计算工资。

2022年，经九届一次职代会审议，新增育儿假、独生子女父母护理假，其休假期间均按正常出勤计算工资。

第十五章 信息化管理

水电八局数字化建设以战略发展目标为引领，通过数据驱动，打造覆盖企业价值链各环节、互联互通、集约优化的"数字八局"。在完成应用集成化的基础上，应用移动化、智能化、数据化，三化应用齐头并进，助推企业生产方式变革、管理方式变革和组织变革。

按照"统一规划、分级建设、异构集成、数据共享"的战略系统原则，水电八局成立以董事长为组长的网络安全与信息化领导小组，统筹管理数字化建设相关工作；建成信息中心与各级单位信息化管理员的组织体系，负责数字化建设、推广与运营；部署VPN设备100多套，建成覆盖各级单位，涉及东南亚、中东、非洲、南美等地域的庞大广域网，组建面积达200平方米的数据机房，配套网络和服务器设备100余台，保障了各类信息系统的高效运行；以信息门户、运营管理、施工业务、其他业务、数据资源应用平台、生产管理、基础服务七大部分为数字化建设总体架构，建成以协同办公、PRP系统、人力资源共享、财务共享、移动应用五大平台为依托的业财资税融合数字化管理平台，全面覆盖公司各项生产经营活动，将现代信息技术与先进的企业管理理念相融合，转变企业组织方式、管理方式、生产方式、经营方式、业务流程，预控风险防范，理顺内部机制，增加盈利，降低成本，提升企业经营管理水平。

第一节 机构

水电八局于1983年购进第一台微型电子计算机，1984年，举办首期微机知识普及应用培训班，1985年，开展单板机控制拌和楼的研制工作，同年成立电子计算机中心办公室（后称计算机中心）。

2003年，信息技术中心改称信息中心，划归办公室管理，主要承担计算机应用开发、网络系统建设、计算机设备维护及技术咨询等工作。

2004年，下发《信息化建设发展纲要》，成立信息化建设领导小组和工作小组。

2015年，成立信息化管理部。

2016年，信息化管理部更名为战略与信息化部。主要负责信息化管理、战略管理、标准化体系建设等管理职能，张雄飞任战略与信息化部主任。

2017年，成立网络安全与信息化领导小组，下设网络与信息化办公室，办公室设在战略与信息化部，承担领导小组日常工作。

2021年6月23日，战略与信息化部更名为信息化部，其战略管理职能划归办公室。

2022年2月8日，撤销信息化部，成立信息中心，由董事会办公室/办公室统一管理，张雄飞兼任信息中心主任。

第二节 管理信息化

水电八局整体信息化框架分为信息门户、运营管理、工程项目管理、非工程承包类管理、信息资源分析平台、智慧工地、基础服务七大部分。为顺应水电八局集团化、多元化的发展趋势，整个信息化体系按照"统一规划、分级建设、异构集成、数据共享"的战略原则系统推进。

一、协同办公应用系统

2003年，水电八局第一套网上文件分发系统建成；2009年，水电八局上线网上公文处理系统，水电八局总部实现网上办文；2012年，公文处理系统二期建成，各分公司全部网上办文。2015年，下发《关于进一步加强公文管理的通知》（八局办〔2015〕1号）规范公文管理。2016年，新版协同办公应用系统上线，系统包括公文管理、时间管理、流程管理、文档管理、检查管理、移动平台（八局E平台）等功能模块。通过水电八局各部门、各单位之间横向、纵向的公文与事务审批协同，打破壁垒，提高办公效率，降低沟通费用。2017年，下发《关于三级单位正式启用协同办公系统公文管理模块及举办培训工作的通知》（八局办〔2017〕39号），公文管理实现三级单位应用。2019年，协同办公平台与企业微信待办集成，"八局E平台"应用下线，移动待办业务转移至企业微信。2021年，流程引擎系统升级，构建统一流程管理中心、流程集成平台、流程监控分析平台，实现主要业务系统流程统一监管，通过流程优化与流程数据分析，助推水电八局无纸化办公建设。

二、财务管理信息化

2017年，开始筹备财务共享服务平台。经过为期两年的准备和建设，2019年底，实现国内项目全部上线。2020年，开始海外财务共享的建设，通过为期9个月的建设，建成国内共享与国外共享集中统一的财务共享平台，2021年，实现境外项目全面推广，完成境外项目"业财融合"建设。

财务共享服务平台依托浪潮企业管理平台，搭建24个系统模块，其中建成模块7个，包括业务集成平台、财务共享平台、资金管理平台、税务管理平台、基础支撑平台、管理会计平台和数智应用平台。

三、人力资源共享平台

2005年，水电八局第一套人力资源系统建成；2010年，完成升级改版；2012年，上线企业级人力资源管理系统，按照人力资源共享服务的理念，在现有人力资源管理系统的基础上，打造人力资源共享服务平台。通过人力资源共享服务平台建设将人力资源管理的日常行政事务性工作集中起来，为所有业务单位提供标准化的人力资源管理服务，提高人力资源的运营效率。

四、网站群建设

水电八局于2004年开始进行应用网站宣传、新闻发布工作，根据管理要求分别于2006年、2010年进行改版完善。在水电八局统一管理、统一要求下，2010—2019年，各二级单位分别建设了符合自己形象要求的网站。2018年，水电八局及其所属12家单位网站纳入中国电建网站群集中建设与运维管理并于2019年底建设完成，水电八局与各级单位网站实现整合，新网站统一格式、标准化管理，全面提升了安全性，对外统一展示企业品牌形象，彰显企业文化。

五、档案管理系统

2010年，为提升会计、人事、公文、科技档案的数据集中管理，水电八局上线第一版档案管理系统，通过档案目录管理、全文与检索管理实现档案的借阅、传阅、审批、销毁、移交、统计、备份等工作的信息化管理。2013年，完成档案管理系统、综合项目管理系统及办公自动化系统的对接，实现竣工资料与公文档案共享应用。2020年，为响应《企业文件材料归档范围和档案保管期限规定》（国家档案局第10号令）及专业相关规定要求，进一步加强企业档案资源与档案电子化管理，推动馆藏档案的数字化和数据库建设，水电八局启动档案管理系统升级建设。新建档案管理系统构建了水电八局综合档案系统和人事档案系统，通过分布式部署，综合档案以两级总部为单位，对各类档案进行管理；人事档案对水电八局所有在职、离退休等员工进行动态管理。通过档案管理信息化应用真实记录水电八局发展历程。

六、数据分析平台

为改变大量报表的传统管理方式，有效提升水电八局管控能力，降低管理成本，按照集团化管控分层级、分单位进行细化的思维，水电八局于2020年8月开始数据分析平台的建设，历时10个月，于2021年6月成功上线运行，通过数据分析平台，对企业的生产经营信息进行动态分析和多维分析，为两级总部和项目一线提供精准服务。根据数据的变化趋势和关联性，发现企业管理中存在的问题，进而合理分配管理资源。管理人员也从报表设计转向数据模型的设计，实现用数据分析辅助日常管理工作的目标。

第三节 业务信息化

一、项目综合管理系统

2005年，水电八局在广东惠州蓄能水电站项目部建设成本控制系统各子系统的主体部分，实现成本管理基本功能。2007年，水电八局在溪洛渡施工局重建工区成本管理系统，实现成本消耗信息精细化管理，建立成本分析报表。

2009年，根据住建部特级资质评定要求和股份公司统一部署，水电八局与北京易建科技有限公司签订项目管理系统开发与服务合同，开始项目核心业务信息系统建设工作。2010年，企业级项目管理系统建成，初步实现了合同、成本、质量、进度、技术、安全业务的网络化和远程动态化管理。2014年10月，项目管理系统二期建成并开始在白鹤滩大坝施工局、衡阳耒水风光带项目部、湘江长沙综合枢纽项目部试点应用。2015年，水电八局下发《关于加快综合项目管理系统推广实施的通知项目》（办〔2015〕1号），开始在全局推广项目管理系统。2015年12月，水电八局项目管理系统通过集团评定验收，成为中国电建首批验收上线单位。

2017年1月，项目管理系统离线版在印度尼西亚明古鲁火电项目试运行，采用局域网服务器运行模式，定期向国内传输业务数据，解决了国外基础网络条件差、数据无法共享的问题；2017年3月，经营统计报表系统上线试运行，所有报表数据自动从综合项目管理系统中采集汇总，项目—分公司—总部三级报表数据一键生成。

2018年8月，项目管理系统升级换版完成，实现系统整体界面和动态效果全面升级，更加适应用户操作需求；项目管理流程实现移动审批，可随时随地进行业务办理，提高了流程审批效率。

2019年1月，项目管理系统打通与财务系统数据接口，业财数据互通共享，全面进入业财资税一体化集成应用阶段；2019年5月，与电建集团设备资产管理系统完成数据集成，实现所有资产数据定时同步；2019年11月，水电八局被中国施工企业协会评选为信息化先进案例。

2020年，项目管理系统四期建成，基于轻量化、移动化应用，立足项目个性应用，实现经营、生产、合约报表自动生成。引入文档在线编辑技术和电子签章技术，实现合同签约全流程电子化，提升合同签约效率。

2021年7月，项目管理系统海外版建成，在加纳、越南、沙特、孟加拉国片区试点上线，实现多语种、多币种功能应用，实现国际项目全面线上化管理。

2022年12月，成本预警管控平台建成上线，以经营策划为抓手，通过对比各类直接费和现场管理费的实际成本支出，及时进行成本预警，实现项目过程成本可见可控。材料核销、资产周转处置、物资验收、供方平台、设备租赁功能升级，水电八局采购供应链信息化体系基本建成，实现信息化、标准化、精细化三者相辅相成，共同促进。

二、工期计划预警系统

2021年，工期计划预警系统一期建成，固化各类型工程关键业务节点及各节点相关工作任务，通过大屏集中展示和移动端定期提醒等方式为两级总部提供预知项目进度风险、提前介入进度纠偏提供信息服务。

2022年，工期计划预警系统二期建成，首先在长沙地铁7号线项目试点运行。通过将单一的进度节点转化成水电八局各级部门相关人员责任任务，加强企业内部供应链工作协同；任务过程中监控，事前消息提醒，项目管理层提前介入，降低预警处置成本。

三、工程集中采购平台

2019年，工程集中采购平台建成，实现分包服务类采购项目招标、投标、评标、定标工作全流程电子化办理。同时与项目管理系统打通数据接口，采购计划和中标信息实时传输，分包业务流程贯通。

2021年，工程集中采购平台升级改造完成，增加集中采购模式，同时保证金缴纳、返还流程实现全自动审批，分包供应链数据全向拉通，所有采购数据可溯源、可联查、可汇总，水电八局分包集约化采购模式基本建成。

第四节　信息化系统集成管理

水电八局信息系统集成，主要完成与综合项目管理平台、人力资源共享服务平台、银企直联、协同办公平台、工程采购平台五大系统平台集成与数据共享。

2004年，实现用友U8财务软件和远光报表集成。

2012年，建成内网信息门户，集成公文管理和人力资源系统，首次使用工号作为信息系统的统一账号。

2013年，采用"企业数据总线+中间库"的方式构建主数据平台，实现人员和组织主数据和业务信息系统的互联互通。

2014年，建成4A统一身份认证系统，新办公楼实现无线漫游、网络准入、网络集中控制。

2015年，实现内网信息门户与股份公司邮件系统集成，所有软硬件信息系统的账户全部实现与4A系统的集成，累计集成信息系统28套。

2016年，建成企业级协同办公门户和企业移动门户。

2019年，建成基于企业微信的移动内网门户。

2020年，实现长九智慧码头、企业滴滴、空港机票、尚水学堂、企业级数据分析平台等一批业务信息系统与企业微信集成。

2021年6月，数据分析平台成功上线运行。通过平台对企业的生产经营信息进行动态分析和多维分析，发现数据的变化趋势和关联性，找出企业管理中存在的问题，进而合理分配管理资源。管理人员从报表设计转向数据模型的设计，用数据分析来辅助日常管理工作。

第五节　信息化基础建设

一、网络基础设施

2003年，水电八局第一个局域网建成，正式开启了网络办公、资源共享的工作模式；2004年，开始通过网络部署、网络共享相关业务；2009年，启动广域网建设，建设完成涉及13家二级单位本部的城域级广域网，13家二级单位本部与总部实现内部网络连接，网络资源共享共管。2011年，拓展广域网建设，上线SSL VPN应用，登录SSL VPN后，出差人员、项目部工作人员实现远程与移动办公。2013年，建成了200平方米的现代化数据中心，部署网络和服务器设备100余套；2014年，水电八局数据中心成为集团公司专线网华中区域汇聚点，负责华中区域各单位网络数据的上下传递；2015年，继续完善广域网网建设，分布式部署VPN设备107套，通过数字专线和硬件VPN对接建成覆盖全公司各级单位的广域网，数据传输加密处理，确保了企业数据的传输安全。

二、混合云建设

2012年，水电八局开始服务器虚拟化尝试，经过多年应用，积累了丰富经验。为实现业务数据安全快速传递，挖掘服务器资源使用潜力，降低数据中心运行、管理成本，2016年，水电八局开始私有云建设，通过引入超融合技术，打破了单台服务器只能安装单个应用的局限，水电八局私有云已承载200多个应用。2020年，随着信息化应用不断深入，信息安全需求不断提升，业务系统使用人群遍布全球，水电八局启动公有云建设，将有客商访问要求的业务系统移入公有云，公有云与私有云统一底层架构，通过政企专线连接，形成水电八局特有的"混合云"。

三、视频会议系统

2007年，水电八局视频会议系统成功上线，八局与集团直接实现远程会议沟通。2014年，覆盖两级总部的视频会议硬件系统成功架设。2015年，视频会议软件与硬件设备相结合的会议系统建设完成，拥有国内外视频分会场78个，各分会场通过广域网进入水电八局视频会议系统而参会。2017年，各项目部网络条件成熟，水电八局推广上线云视频会议系统，建设固定高清会议室20个，所有项目直接通过互联网加入会议，能够根据不同会议场景要求随时随地开会或参会，降低了参会条件，会务成本直线下降。视频会议成为培训、沟通、交流、精神传达的首要选择，2021年召开视频会议2000余次。

第六节　信息化安全保障

为贯彻落实国家关于网络安全相关工作的部署要求。根据集团网络信息安全统一部署，水电八局成立网络信息安全工作领导小组，贯彻落实上级部门关于网络安全工作的决策部署，加强单位网络安全工作领导，按照"谁主管、谁负责、谁运营、谁负责"的原则，在网络意识宣传、安全架构体系、系统安全、终端安全、出口边界防范、网络安全快速反应等方面全面开展建设。

2004年，水电八局上线网络版杀毒软件。2007年，上网行为管理架设完成。2008年，水电八局网站通过公安系统备案认证。2014年，网络准入、网络集中管理控制，经过近10年建设，水电八局网络安全建设初具规模。

2016年，与集团联控的奇安信网络版杀毒软件推广应用，网站顺利通过安全等级保护测评，Web应用防火墙、堡垒机上线应用标志着水电八局网络信息安全能力向专业提升。

2017年，安装集团统一部署，水电八局外部业务访问地址迁移至电建云堤，建立了业务访问的第一道安全防护。

2019年，部署入侵防御检测系统，上线态势感知平台与集团公司实现网络安全信息、风险、处置等资源共享，整合水电八局各级网站，收缩网站信息暴露面，并第一次参加国家重要网络活动。

2020年，升级网络边界设备，聘请外部安全专家，实行7×24小时网络安全监控防御，各设备间实现联防联动，建立了业务访问的第二道安全防线。

2022年，将网络安全专家、网络安全监管平台、网络安全设备、网络安全策略等网络安全资源集中管理，信息共通共享，人与设备实现策略配置、风险的并行判断与同步处置，通过人机共智建立业务访问的最后一道安全防线。

水电八局高度重视网络安全工作，网络安全责任到人，责任层层压实。以全员参与网络安全建设为目标，通过阶梯式安全意识、网络安全操作能力、网络安全风险等培训，工程局全员安全意识与操作能力显著提高。在2020年和2021年的国家重要网络安全活动中取得了较好成绩。

第十六章　标准化管理

企业推行标准化的目的是推进规范管理、提升服务品质、提高生产效率、降低管控风险、实现技术的积累，使企业管理实现由粗放式向精细化、制度化、规范化的方式转变，变惯性思维、经验作业和经验管理为标准化作业、标准化管理；提升企业的管理水平。在国务院国资委、中国电建的整体规划下，水电八局大力推行标准化建设，遵循

"统筹策划、分步实施、群策群力、突出重点、实用有效"的原则，积极开展标准化工作，做了大量的基础性工作，取得了一定的作用。标准化的规范引领作用在各个时期得到了凸显。

第一节 机构

水电八局的标准化建设，一直和管理体系建设同步进行，最初的企业管理体系又源于管理制度的梳理。

1995年，企业管理体系由全面质量管理委员会办公室负责，标准化工作从管理体系文件规范和质量标准体系（国际标准ISO 9001）认证工作切入。

2006年，质量管理部负责管理体系及标准化建设工作。随着企业信息化的深入，逐步建立起标准化的体系架构和完善的认证体系模式。

2012年8月，成立以总经理为主任的标准化管理委员会以及6个专业小组的组织机构。

2014年1月，质量管理部撤销，管理体系及标准化建设职责划归工程管理部负责。

2016年1月，标准化工作划归战略与信息化部进行管理。标准化工作由上级组织统一部署实施转入企业自身开展的自适应模式，标准化的成效和作用也进入良好的发展期。

2022年2月，随着机构改革的深化，体系建设和标准化工作划归办公室/信息中心负责，标准化工作由管理层的管理标准化向作业层的工作标准化深入。

第二节 企业管理标准建设

自1998年贯彻企业管理标准以来，水电八局每年都组织管理体系内部审核，审核覆盖了水电八局在建的各项建筑安装工程、水工金属结构、机械制造产品、工业与民用建筑及公路桥梁建筑工程，以及与质量管理过程/活动有关的部门、单位。通过内部审核，获取管理体系运行的客观证据，检查验证管理活动及活动结果是否符合ISO 9001：2000标准和管理体系文件的规定及要求，为管理体系的持续改进提供依据。

2003年，水电八局按照ISO 9001：2000标准要求建立新的质量管理体系。新体系于2003年5月1日开始实施，10月通过中质协质量保证中心审核组的现场审核，11月获得换版认证证书，标准化管理在质量管理领域日趋规范。

2005年初，由质量管理部牵头，组织编写一体化管理体系文件，把质量、环境、职业健康安全管理融入一体化管理体系中，新版体系文件把标准要求和企业管理实际进行有效结合，可操作性增强，其符合性、适宜性和有效性得到改善。12月底，首次取得质量、环境和职业健康安全管理体系三标体系认证注册资格证书。

2006年，全局范围内开展管理体系宣贯工作，同时注重开拓创新。5—8月，采用专业审核与例行审核相结合的方式，进行管理体系内部审核。10月，管理体系通过第三方监督审核。

2008年12月，国际公司组织编写国际业务管理体系标准文件，经过中电联北京认证中心对水电八局质量、环境和职业健康安全管理体系"三位一体"的再认证审核，颁发合格证书，同时出具英文版认证证书，标准管理体系证书覆盖工程局资质业务范围内的所有国内和国际业务。

2011年11月，通过GB/T 19001（质量标准）、GB/T 24001（环境标准）、GB/T 28001（职业健康安全标准）复审，并新增GB/T 50430（工程建设施工企业质量管理规范），进一步扩大水电八局标准认证体系的适应范围。

2012年11月，成立以总经理为主任的标准化管理委员会以及6个专业小组等组织机构，系列推进标准化建设。总部标准化管理委员会编写《标准化管理办法》及标准专业目录格式的文稿，规定标准的范围、编写、审核、发布以及实施和改进的具体实施办法。

2014年，经过两年的标准化推行，在管理体系标准化方面，打破原先那种"总手册+程序文件+三层次作业操作文件"的形式，形成总部总手册和19个业务分手册的架构形式，使得管理体系逻辑更清晰、结构更合理。

2015年，在原有的管理体系标准化基础上，梳理汇编共有职责和通用的管理规定，形成总部通用管理规定+各业务管理规定的模式。着手统一编制国际公司、水电公司、基础设施公司、铁路公司、机电公司、工程设备公司、砂石公司、科研设计院等二级单位的标准化管理体系文件，把水电八局标准化体系文件延伸到部分二级单位。11月，发行《模板工程施工标准图集》。

2017年，遵循模拟集团化运作，重新修编管理制度文件，按照"总部+分公司+项目"的管理标准体系，形成总部管理体系文件+10个分公司独立管理体系文件的综合性管理标准体系。

2018—2022年，引进上海攀成德公司和上海照蕴咨询公司推进标准化工作。确定以"聚焦战略、建立以市场和价值为导向"的流程式组织体系，提出标准化建设的"一体两面"概念，明确制度与管理标准化体系是管理体系的两种表现形式，重点解决水电八局标准化体系文件中存在的缺乏整体架构设计、制度和体系"两张皮"、制度的可操作性不强、缺乏信息化的支撑等问题。

自2019年开始，启动以管理事项为基础，按照表单化、流程化和信息化相结合的思路，遵循"设立组织、核心研讨、框架设计、方案策划、手册编写、三级评审、推广完善"的七步骤，建立和完善总部和各二级单位管理体系标准化手册的编制工作。

截至2022年，两级总部共有各类现行管理标准化手册140册，其中，职能管理手册117册、项目管理手册11册、国别管理手册1册、项目公司管理手册1册、业务管理手册10册。标准化工作由管理体系管控向作业层面延伸，逐步实现标准化工作向"系统化、知识化、信息化"的2.0阶段迈进。

第十七章　行政办公管理

水电八局办公室作为水电八局综合办事机构，处于承上启下、沟通内外、协调左右的重要位置，主要职能是聚焦水电八局改革发展工作主线，全力提供高质量参谋、高水平协调、高效率督办和高标准服务，为水电八局高质量发展提供有力支撑。

2002—2022年，水电八局办公室工作职责范围不断扩大，主要负责工程局战略规划、董事会建设以及文秘、印章、证照、档案、机要保密、应急、国家安全人民防线建设、履职待遇和业务支出、对外捐赠、信息公开、综合后勤等各项管理活动。

第一节　机构

2000年，党委办公室与办公室合并，统称办公室，对外"一套人马、两块牌子"。

2001年2月，撤销党委办公室、组织部、宣传部，成立党委工作部，局机关党委、党（干）校与党委工作部合署办公。

2002年3月，程勇任办公室主任。

2003年，信息技术中心改称信息中心，划归办公室管理。

2006年5月，鄢军良任办公室主任。

2009年，企业发展部更名为法律事务部，其战略管理职能划归办公室。

2011年5月，黄启斌任办公室主任。

2016年，成立战略与信息化部。办公室信息化管理、战略管理职能划归其下。

2021年6月23日，战略与信息化部更名为信息化部，其战略管理职能划归办公室。

2021年10月9日，成立董事会办公室，与办公室合署办公。

2022年2月8日，撤销信息化部，成立信息中心，由董事会办公室/办公室统一管理。

2022年2月，钟玉平任董事会办公室/办公室主任。

第二节　文秘工作

文秘工作主要包括文件材料的起草、文件审核、文书工作等，由办公室负责。

文件材料起草，主要指水电八局层面重大综合文件资料。文件审核，自2005年编制下发《文件控制程序》《电子文件管理办法》等，明确了水电八局相关行政文件的编号、核稿、呈批等工作。文书工作包括签收、登记、送批、传阅、催办、分发、归档等环节。

办公室严格执行国务院办公厅《国家行政机关公文处理办法》和股份公司《关于规范公文处理程序和公文办理有关要求的通知》等有关文件，在公文格式、行文规则、公文办理与管理规范化、制度化方面作出具体要求。严格日常管理，明确公文行文规则及相关要求，提升公文办理水平和办理效率。

2003年，上线第一版办公自动化系统；2009年，更新上线第二版；2016年，更新上线第三版。自采用OA系统以来，大力推进全自动和无纸化办公，不断提高办公效率和质量。文秘室年平均处理公文3268份，督办重要收发文2614件，流转2万余次。

第三节　印章管理

2001—2022年，通过完善修订印章制度、推广用印审批信息化、加大印章检查力度等形式，对水电八局印章进行规范管理，规避法律风险。

2017年6月，重新修订并印发《印章授权管理办法》

及《印章管理办法（修订）》，印章管理范围由水电八局机关扩大到全局，明确水电八局层面、二级单位层面、项目层面的印章设置，实现印章管理层级化、规范化。

2018年，利用信息化手段解决印章审批问题。1月，网上用印审批流程试运行，减少线下审批流程，逐步实现无纸化办公和移动办公。3月，网上用印审批流程正式上线实施，随时可用手机审批，缩减审批时间，进而实现印章管理无纸化办公。

2022年5月，修订《印章管理办法》，明确印章制发权限，印章管理职责更加清晰，促使印章管理有章可循。

2022年4月—6月，开展印章全面检查。8月，智能印章管控平台正式上线运行，确保印章使用依法合规。

第四节　企业证照管理

企业证照管理工作主要包括证照的保管与使用、工程局营业执照的变更及企业年报上报工作，由办公室负责。

自2017年6月起，将企业证照管理部分纳入新版体系文件，明确水电八局营业执照变更、企业年报上报流程及要求，规范其他企业证照申办、备案、保管、借阅、延期等相关程序。办公室不定期清理网站资质权益部分，企业证照管理工作进一步规范。

第五节　档案管理

档案室负责管理水电八局人事档案、文书、会计、技术、经营、荣誉6类档案，库房面积1000余平方米，馆藏量近7万册。档案室配置有4名专职档案管理人员。

档案室建立完善档案转递、借阅、档案交接、鉴定、销毁、保密、库房管理、档案工作程序等规章制度。档案工作人员按不同分工担负不同职责。各类档案具有明确的档案分类、档案归档范围及保管期限。

2009年，完成档案管理系统信息化网络平台的搭建工作，水电八局档案管理系统单机版投入使用。

2011年，开发出与综合项目管理系统、OA办公系统相适应的技术档案和文书档案、人事档案、会计档案、荣誉档案等网络平台，完成信息化第一阶段工作。

2013年，发布《水电八局文件材料归档范围和档案保管期限表》，规范各类档案的管理范围和保管期限。将原分散在贵阳基地的人事档案进行集中统一管理。

2015年，修订会计档案保管期限，将15年保管期限调整为30年。2015年后，暂时不再有会计档案需要销毁。

2016年，启动对局管干部人事档案专审。2018年底，完成全部局管干部专审，同时完成该部分档案的装订入库工作。

2019年，除最近3年分配的新员工外，启动对其他所有干部的人事档案专审。截至2021年底，全部完成审核。

2020年，启动退休人员社会化移交工作，移交社会化管理的退休人员档案9550余卷，区域遍及全国23个省、400余个区（县）。

2021年8月，升级人事档案管理系统及综合档案管理系统，综合档案与人事档案不再共用同一系统。

2022年6月，完成2021年正式退休人员的档案数字化及社会化管理移交工作。

2022年，完成所有人事档案的专审需要补充的资料，并全部完成档案装订入库工作。干部人事档案专项审核总人数4991人（不含近3年将退休人员及近2年新入职大学生）。南托档案库房搬到长岭一号办公楼，"一室两地"办公模式不变。12月，人事档案管理的主管部门由办公室归属到人事/组织部。

截至2022年底，保管人事档案13290册，离退休人员档案11508册（其中社会化移交9982册），死亡人员档案5460册；工程项目、文书、会计纸质档案案卷44378卷，以件为保管单位的59108件，其中永久卷4605卷、8231件，长期卷10088卷、18656件，短期卷29685卷、32221件，底图6408张；荣誉档案2506件。

第六节　机要保密工作

2002—2022年，为顺应企业改革发展及市场需求，水电八局不断修订完善机要保密制度，调整保密与信息安全委员会人员，始终坚持党管保密，由党委书记担任主任、分管领导具体负责，保密办公室与信息安全办公室负责办理日常事务。

2010年，积极宣贯学习新《保密法》。同年10月，代表第十五协作组参加湖南省学习《保密法》知识抢答赛，荣获二等奖。

2016年，根据中共湖南省委机要局要求，顺利接入湖南省电子政务内网，由原来的2台电脑（1台处理密码电报，1台处理省委、省政府两办文件）增至3台电脑（新增1台外网电脑），进一步保障机要文件运转安全。

历年来，水电八局从未发生失泄密事件。2008—2012年，连续5年被湖南省国家保密局评为保密工作先进单位。2011年，获评中国水电保密工作先进单位；2021年，在中国电建保密对标管理考核中荣获"标杆单位"称号。

第七节 应急管理

2018年，成立应急管理领导小组，启动应急能力建设评估工作。印发总体应急预案1项、专项应急预案18项、现场处置方案9项。8月，向国家能源局湖南监管办备案。

2019年，通过中国电建应急能力建设评估验收。

2020年，组建湖南省自然灾害与工程应急救援水电八局队。

2022年3月，完成原预案修编，并向湖南省应急管理厅备案。

水电八局总部、所属各单位、项目每年制订应急预案演练计划，按照计划组织实施包括防洪度汛、触电、高处坠落、消防等在内的应急预案的实战演练。

2018年1月—7月，应急管理工作责任部门为安全环保部。自2018年7月以来，责任部门改为办公室。

第八节 国家安全人民防线建设

2002年以来，水电八局不断健全国家安全工作组织体系、责任体系，强化风险意识，坚持底线思维，提高斗争本领，切实筑牢国家安全和保密防线。

2015年，调整国家安全小组成员，国家安全工作归口办公室管理。

2019年，调整国家安全人民防线建设工作领导小组成员，明确本单位相关机构和人员承担国家安全人民防线建设职责任务，组织相关人员签订保密承诺书，各基层单位、驻外项目成立领导小组，各级领导小组成员职责分工明确、责任划分清晰，党员干部落实反奸防谍主体责任和引领职能充分发挥。

2015—2022年，建立健全领导小组分工负责制、保密管理、因公出入（国）境、涉外人员管理、境外疫情防控和社会安全管理、网络与信息技术安全、信息公开审查、维稳举报及境外项目招录当地员工背景审查、外事纪律、员工出行审批、施工生产安保、突发社会事件应急处置等一系列制度，推进反奸防谍制度体系建设不断规范。

历年来，水电八局疫情防控、社会安全管理和涉密管理均受控、在控，未发生群体性感染病毒事件、未发生有人员伤亡的社会安全事件、未发生任何负面舆情、未发生人员叛逃或泄密事件。2020—2021年，连续两年被评为湖南省国家安全人民防线建设工作"先进单位"，并被纳入湖南省反间谍安全防范重点单位。

第九节 履职待遇、业务支出管理

2006年，印发《水电八局规范职务消费工作方案的通知》，并自2007年起严格实施。

2010年，印发《水电八局领导人员职务消费管理办法》。

2012年，印发《水电八局经营负责人职务消费管理暂行规定》。

2015年，印发《水电八局企业负责人履职待遇、业务支出管理办法》。

2019年，更新修订管理办法。

2021年，修订印发《水电八局企业负责人、部门中层管理人员、所属单位负责人履职待遇、业务支出管理办法（2021年版）》，首次分级分档确定水电八局负责人、部门中层管理人员、所属单位负责人履职待遇、业务支出管理要求及标准。

2006年以来，按中国电建要求及时如实上报相关人员职务消费、履职待遇支出等情况。每年通过职代会公开水电八局负责人、部门中层管理人员、所属单位负责人履职待遇、业务支出年度预算及执行情况。并将履职待遇及业务支出情况作为民主生活会、年度述职述廉的重要内容，接受监督和民主评议。

第十节 对外捐赠管理

2002—2018年，对外捐赠主要用于对项目所在地政府、社区、学校、医院等开展公益救济和公共福利事业捐赠。

2019—2020年，对外捐赠主要用于对口帮扶湖南省洞口县老艾坪村开展扶贫工作。

2021—2022年，对外捐赠主要用于对口帮扶湖南省湘西州泸溪县五里坪村开展乡村振兴工作。

先后印发《水电八局对外捐赠管理办法（2020年版）》《水电八局对外捐赠管理办法（2022年版）》，进一步加强对外捐赠管理，规范对外捐赠行为，优化管控程序，提高工作效率，确保正确履行社会责任。

第十一节 信息公开管理

为规范水电八局信息公开工作，保障职工和社会公众的知情权、参与权和监督权，推进依法治企，建设阳光央企，水电八局成立信息公开工作领导小组，党委书记、董事长任组长，党委副书记、总经理、纪委书记、总会计师任副组长，其他领导班子成员、各部门主要负责人为成员。领导小组下设办公室，办公室主任由水电八局董事会办公室/办公室主任兼任。

2015年，印发《关于成立信息公开工作领导小组与监督小组的通知》；2016年，印发《水电八局信息公开管理办法（试行）》《水电八局信息公开事项清单》；2020年，印发《水电八局信息公开管理办法（2020年版）》《水电八局信息公开事项清单（2020年版）》等，不断加强信息公开工作平台和载体建设，拓宽公开渠道，完善公开流程，提高信息公开工作的规范化和科学化水平。

第十二节 综合后勤管理

1990年1月，水电八局机关总部设在长沙市雨花区南大路2号（后称长岭水电八局），将分散在郴州东江、沅陵五强溪、遵义乌江3处办公地点整体搬迁至机关总部集中办公。

2002年，与中国联通公司合作，完成总部机关程控交换机改造升级，使总部机关与各二级机构通信联络更加快捷便利。

2003年，与中国移动公司合作，创建水电八局移动手机集团大客户，截至目前集团年均客户已达6000人，每年可节省通信联络费用60余万元。

2011年，随着企业发展，原有的长岭机关办公场所已无法满足办公需求，决定自购土地、自行修建水电八局科研综合楼（后称科研楼），位于长沙市天心区生态新城区域内，毗邻天心区政府、省政府。建筑用地面积9052.73平方米，建筑高度77.35米，加顶部装饰构件共计85米，地上20层，地下2层，总建筑面积36646.67平方米。

2012年，成立办公家具采购小组，对国内多家知名品牌的办公家具厂家进行实地考察和调研，并组织实施招标和评标工作，最终确定科研楼办公家具供应商。

2013年，完成科研楼办公家具生产任务。同年10月，组织供应商将所有购置的办公家具运到科研楼并完成安装调试。12月，完成搬迁工作。

2014年1月，顺利入驻科研楼办公。自此，水电八局机关总部设在长沙市天心区常青路8号，并编制《水电八局行政后勤管理办法》。

2015年，将北京、成都、昆明、拉萨、腾冲的部分闲置房产交由办公室进行实物管理。2016年，整体租赁两处闲置办公房屋。截至2022年，创收房屋租金1000余万元。

2016年，组织实施水电八局科研楼消防演习，分批次开展消防安全知识培训。

2017年，与中电建物业管理有限公司签订《水电八局科研楼物业服务合同》（原由八局基地服务中心管理物业服务）。由办公室负责对该公司物业服务质量的监督管理，每季度对物业服务质量进行考评并通报结果。

2018年，由于不断发展，水电八局科研楼办公场地已无法满足办公需要，4家专业公司迁出科研楼，搬至鑫远国际办公，办公场所租赁期为4年。

2020年，科研楼职工食堂改由办公室自主经营管理，对食材供应商重新招标，制定系列规章制度和管理条例，并严格日常管理。2002—2012年，由原水电八局三产公司管理；2013—2018年，承包给长沙市光澜湖物业服务公司经营管理；2019—2020年，承包给北京京丰餐饮有限公司经营管理。

2021年，获得湖南省"百优食堂"荣誉称号。

2022年，为进一步盘活闲置资产，将原租住在鑫远国际的4家专业公司及运城大厦内的拓海商贸公司整体搬迁至原长岭办公，每年可节约750多万元的办公场地租赁费用。

第十三节 学会/协会管理

水电八局学会/协会管理工作由局办公室负责。为规范学会/协会管理工作，切实发挥学会/协会对工程局生产经营及管理的促进作用，结合业务工作做好降本增效。2002—2022年，水电八局通过对学会/协会制度的不断完善和修订，利用信息化实现入会审批流程化。切实做到入会有制度、办事有流程，查询有依据，各项工作都有章可循，有据可依。

2021年4月，印发《学/协会管理办法》，以水电八局名义入会的学会/协会统筹归口管理，明确总部机关层面、二级单位层面的管理职责及分工，按照"谁申请、谁维护、谁注销"的原则管理，实施精细化、层级化管理。

2022年5月，因业务发展需要，重新修订细化《工程局学/协会管理办法》，利用信息化建立审批流程，解决按需入会问题，实现无纸化和移动办公，提高工作效率、节约成本。将入会审核把关关口前移，从源头上保证新增协会的质量，将散、乱、重的现象归口管理，做到全局资源共用，成果共享。经过不断细化、优化，入会数量有所控制，质量有所保障，管理成本所有下降，利用价值有所提高。在信用评价、市场投标、奖项申报、资质升级、税务、发债、进出口贸易、党建工作、行业交流及优秀企业、企业家评选等方面提供了良好的资源共享平台和基础支撑作用。

2022年12月，统计以水电八局名义申请入会93家，水电八局领导兼职19家，均已报备中国电建并取得书面批复文件。2002—2022年学会/协会管理情况见表4-17-1。

表 4-17-1 2002—2022 年学会/协会管理情况

序号	学会/协会名称	入会等级	入会时间
1	湖南省水力发电工程学会	副理事长	1985 年 6 月
2	湖南省会计学会	理事	1989 年 7 月
3	中国电力规划设计协会	理事	1989 年 7 月
4	中国水力发电工程学会碾压混凝土筑坝专委会	普通会员	1990 年
5	贵州省建筑业协会	常务理事	1990 年 11 月
6	中国建筑业协会	理事	1993 年 1 月
7	湖南省总会计师协会	常务理事	1993 年 4 月
8	中国施工企业管理协会	普通会员	1997 年
9	中国爆破行业协会	理事	2000 年以前
10	湖南省爆破学会	副理事	2000 年以前
11	水利水电混凝土坝信息网	普通会员	2000 年
12	水利水电工程施工组织设计信息网	普通会员	2000 年
13	中国水力发电工程学会施工专委会	普通会员	2004 年
14	长沙市勘察设计协会	团体会员	2004 年
15	湖南省勘察设计协会	团体会员	2004 年
16	湖南省报关协会	常务理事	2004 年 1 月
17	湖南省水利学会	副理事长	2004 年 3 月
18	中国建设工程造价管理协会	普通会员	2004 年 11 月
19	中国电力企业联合会	理事	2004 年 12 月
20	中国水力发电工程学会	常务理事	2005 年 3 月
21	中国水利工程协会	理事	2005 年 5 月
22	湖南省电力行业协会	副理事长	2006 年 4 月
23	中国水利学会混凝土面板堆石坝专委会	普通会员	2007 年
24	中国电力建设企业协会	普通会员	2007 年
25	全国水利水电施工技术信息网	普通会员	2008 年
26	中国大坝工程学会	理事	2008 年 3 月
27	湖南省建筑业协会	理事	2008 年 5 月
28	湖南省对外经济合作企业协会	副会长	2009 年
29	湖南省电机工程学会	理事	2010 年
30	中国建筑业协会统计专业委员会	普通会员	2011 年
31	中国水利水电勘测设计协会	团体会员	2012 年
32	湖南省地理信息产业协会	团体会员	2012 年 12 月
33	中国电力建设企业协会水电施工分会	普通会员	2013 年
34	湖南省涉汇企业联合会	理事	2013 年
35	湖南省工程咨询协会	普通会员	2013 年
36	中国对外承包工程商会	团体会员	2014 年
37	水电水利规划设计总院可再生能源定额站	普通会员	2014 年 1 月
38	贵州省水利工程协会	理事	2014 年 1 月

续表

序号	学会/协会名称	入会等级	入会时间
39	贵州省水力发电工程学会	常务理事	2015年以前
40	湖南省土木建筑学会	普通会员	2015年
41	《湖南水利水电》理事会	普通会员	2015年
42	湖南省土木建筑学会施工专委会	普通会员	2015年
43	湖南省住宅产业化促进会	副会长	2015年
44	湖南省测绘地理信息学会	副理事长	2015年1月
45	深圳建筑业协会	普通会员	2015年2月
46	长沙市进出口商会	常务理事	2016年1月
47	湖南省建设科技与建筑节能协会	副会长	2016年4月
48	中国银行间市场交易商协会	团体会员	2016年5月
49	中国砂石协会	副会长	2016年5月
50	湖南省特种设备管理协会	副会长	2016年7月
51	广东省建筑业协会	普通会员	2016年8月
52	长沙市对外投资及经济合作企业协会	理事	2016年12月
53	中国测绘学会	团体会员	2017年6月
54	湖南省企业和工业经济联合会	副会长	2017年9月
55	长沙市房地产协会装配式建筑专业委员会	副会长	2018年
56	湖南省质量协会	副会长	2018年4月
57	湖南省重合同守信用企业协会	普通会员	2018年6月
58	长沙市守合同重信用企业协会	理事	2018年6月
59	云南省建筑业协会	团体会员	2019年3月
60	中国质量协会	普通会员	2019年4月
61	中国建筑金属结构协会建筑钢结构分会	普通会员	2019年5月
62	长沙市科学技术协会	团体会员	2019年11月
63	中国土木工程学会	团体会员	2020年7月
64	湖南省机关党建暨思想政治工作研究会	常务理事	2020年7月
65	湖南省青少年新媒体协会	团体会员	2020年7月
66	湖南省企业文化促进会	理事	2020年9月
67	《建材世界》理事会	副理事	2020年12月
68	湖南省建筑职业教育教学指导委员会	团体会员	2021年1月
69	中国水力发电工程学会海外分会	团体会员	2021年5月
70	西藏自治区水力发电工程学会	副理事长	2021年6月
71	广东省水利水电行业协会	普通会员	2021年6月
72	郑州市建设安全管理协会	普通会员	2021年6月
73	郑州市建筑业协会	普通会员	2021年7月
74	长沙市建筑业协会	理事	2021年8月
75	中国电力设备管理协会	团体会员	2021年8月
76	《电力设备管理》杂志社	理事单位	2021年8月
77	长沙市信用建设联合会	会长	2021年9月
78	深圳市水务学会	常务理事	2021年9月

续表

序号	学会/协会名称	入会等级	入会时间
79	中国安装协会	普通会员	2021年11月
80	湖南省内部审计师协会	理事	2021年12月
81	河南省建筑业协会	团体会员	2021年12月
82	中国水利职业教育集团	理事	2022年12月
83	中国电力思想政治工作研究会	理事	2022年1月
84	中国国际商会长沙商会	理事	2022年1月
85	益阳市建筑业协会	副会长	2022年1月
86	中国水力发电工程学会抽水蓄能行业分会	理事	2022年3月
87	潘家铮水电科技基金理事会	理事	2022年3月
88	陕西建筑业协会	常务理事	2022年3月
89	长沙市天心区建筑业协会	副会长	2022年4月
90	中国能源研究会	委员	2022年4月
91	中国钢结构协会	团体会员	2022年6月
92	湖南省水利工程协会	理事	2022年7月
93	《矿业研究与开发》理事会	副理事	2022年9月

第十八章 教育

水电八局先后设立技工学校、职工学校、成人中专，逐步升级成长为高级技工学校、湖南工程技师学院（筹）、教培中心、湖南省水利水电建设工程学校。主要负责职业教育、职工培训、技能鉴定（认定）工作。

第一节 机构

1973年4月，组建技工学校，校址设在贵州省桐梓县；1988年7月，技校开始往长沙搬迁，9月1日在南托新校址正式开学。1999年，按照国家政策取消学校毕业生包分配的制度，不再下拨经费，教培中心（技校）按企业化运作自负盈亏。2007年4月，获湖南省劳动和社会保障厅批准，技工学校晋升为中国水利水电第八工程局高级技工学校；2021年8月，获湖南省人社厅批准筹设湖南工程技师学院，筹设期暂定为3年。

1980年，成立八局职工学校，由教育处直接领导和管理，承担领导干部、管理人员、科技人员、工人等在职职工的培训、教育任务。1992年5月，撤销教育处，教学中心更名为教育中心；1994年7月，教育中心更名为教育培训中心；1995年，成立水电八局教育委员会；1998年12月，成立教育卫生处，归口管理全局教育、卫生工作；2000年8月，撤销教育卫生处，教育管理职能划归人事处；2006年，一中、二中、三中（含小学）移交当地政府，教育、培训管理职能划归人力资源部管理；2017年7月，教育培训中心更名为中国水利水电第八工程局有限公司教培中心。

1995年，组建成人中专。2008年7月，更名为中国水利水电第八工程局职工中等职业学校。2009年2月，经长沙市教育局批准，更名为湖南省水利水电建设工程学校并恢复招生，招生对象为初中毕业生，学制为3年制。

2005年2月，陈齐雄任教育培训中心主任、技校校长兼党委书记。

2008年11月，马玉敏任主任（校长）兼党委副书记；颜卫鹏任党委书记。

2014年7月，马玉敏任主任（校长）兼党委副书记；颜卫鹏任党委书记兼副主任、副校长。

2017年1月，马玉敏任教育培训中心主任（校长）兼党委副书记；贺辉任党委书记兼副主任、副校长。

2019年11月，贺辉任党委书记、主任（校长）；谢新明任党委副书记、执行主任（校长）。

第二节 职业教育

2004年，被湖南省劳动和社会保障厅认定为"湖南省高技能人才培训基地"。6月，荣获长沙市人民政府"长沙市职业教育和成人教育先进单位"称号。

2005年，设置机电技术、金属结构制作与安装等12个中、高级技工专业。荣获中国长江三角洲地区"企业公认的就业服务特色院校"称号。

2006年5月，被国家劳动和社会保障部认定为"国家重点技工学校"。

2007年，开展"以就业为导向的中等职业学校教育体系"课改试点活动。通过国家劳动和社会保障部与中国电力企业联合会"电力行业高技能人才培训基地"（水电建设类）评估，获评湖南省省直机关"文明建设先进单位"。

2008年，完成实验实训设备安装，新篮球场、乒乓球场基建工作。

2010年4月，发行《校园文化手册》，荣获中国教育协会"和谐校园先进典型院校"称号。通过"工厂电气控制设备"市级精品课程验收。

2011年，完成部分学生宿舍、培训公寓、围墙、内部银行新址改造，田径运动场混凝土浇筑。

2012年，与湖南农业大学、中南大学、河北科技大学、大连理工大学合作办学。

2013年9月，水利水电建筑施工专业获批省级精品专业。

2014年，编写《水利水电施工技术》《水工钢筋工艺》《工程测量》《焊工实训》等校本教材。

2016年，编写《建筑电工》等5本校本教材。完成了2个建筑实训车间和安监局特种设备考试实操场馆建设；新增1个机房以及各类特种设备如塔吊、焊接设备等；完成学校大门及1栋培训学员招待所改造。11月，获评"全国第一批阳光德育校创建活动宣传学校"；12月，获评湖南省人社厅"职业教育培训与教材建设突出贡献单位"，获评中国人力资源和社会保障出版集团有限公司"2016年职业教育培训研究与教材建设突出贡献单位"。

2017年，创建罗建湘、周伟生名师创新工作室；编写《建筑CAD》《零部件测绘》《电工基本操作》《机械CAD》校本实训教材共4本；开设第二课堂，强化技能训练。11月，杨汝生、马佳获得中国水利教育协会"第十一届全国水利职业院校'蜀水杯'技能大赛"优秀指导教师称号。

2018年5月，荣获"全国职业院校技能大赛（中职组）工程测量比赛"团队一等奖、建筑智能化系统安装与调试赛项三等奖，赵远航荣获"全国职业院校技能大赛工程测量比赛"优秀指导老师奖。12月，荣获中国青年教育协会"首届中国素质教育教研成果"一等奖。

2019年，完成培训线上平台和职业教育信息化建设。2月，湖南省省直机关授予赵远航"省直劳模和工匠人才创新工作室"称号。5月，荣获"全国职业院校技能大赛（中职组）工程测量比赛"团队二等奖，建筑智能化系统安装与调试赛项、电气安装与维修赛项三等奖。8月，荣获"第二届全国电力行业青年培训师教学技能竞赛"优秀组织奖、团体二等奖。9月，中国电力联合会举办第二届全国电力行业青年培训师教学技能竞赛，周映霓荣获三等奖，沈艳荣获"优秀选手"称号。

2020年，将拓海楼改造为学生宿舍，增加了600个学生床位，BIM实训室投入使用。开办建筑施工、机电设备安装与维修专业2个预备技师班；新增工业机器人应用与维护、物业管理、健康管理与服务3个专业；开设水利水电工程施工专业首个对口升学班；成功启动成人高升本项目；与内外单位合作开办10个定向委培班。4月，获批2020年国家级高技能人才培训基地建设项目。11月，水电八局获批湖南省第一批建设培育的产教融合型企业。12月，荣获工业和信息化部人才交流中心全国"优路杯"BIM大赛金奖。

2021年，新增8个校外实习实训基地。承办湖南省第46届世界技能大赛主题推广活动、长沙市第一届职业技能大赛。5月，获评人力资源社会保障部"国家技能人才培育突出贡献单位"。6月，荣获"全国职业院校技能大赛（中职组）建筑智能化系统安装与调试比赛"三等奖。12月，中国建设教育协会举办2021年全国行业职业技能竞赛第四届全国装配式建筑职业技能竞赛，蒋曦荣获装配式建筑施工员赛项全国总决赛优秀教练称号。

2022年，新增2个校外实习实训基地。校企共建电子商务和消防工程技术专业实习实训场馆。完成"四系一部"机构调整，即工程建设系、工程机电系、工程设计与管理系、智慧健康管理系、公共基础课部—马克思主义学院。2月，胡越臻、赵远航荣获长沙市总工会授予的"长沙市五一劳动奖章"以及长沙市人力资源和社会保障局授予的2021年度"长沙市技术能手"称号。3月，开办首届"盾构定向委培班"。7月，水利水电工程施工专业群、机电技术应用专业群入围湖南省楚怡优质中职专业（群）建设单位A档立项；开办首届"3+2"中高职衔接五年制大专班；创建"曹义洪创新工作室"。8月，获批湖南省高技能人才培训基地；全国职业院校技能大赛（中职组）建筑智能化系统安装与调试赛项、电气安装与维修赛项、建筑CAD赛项、工程测量赛项4个赛项获二等奖。10月，荣获中国水利教育协会"第二届水利职工创新成果"一等奖。12月，被认定为长沙市2022年示范性高级技工学校项目，被命名为"长沙工匠"培育和竞赛基地。

高级技工学校紧密对接产业升级和顺应技术变革趋势，以市场需求和区域经济发展为依据，打造以工程建设、工程机电、工程设计与管理、智慧健康管理为核心的特色专业体系，设置工程机械运用与维修、建筑测量、水利水电工程施工、电气自动化设备安装与维修、消防工程技术、建筑装饰、健康服务与管理、机电技术应用、建筑施工、工业机器人应用与维护、计算机应用与维修、电子商务、工程造价、机电设备安装与维修、物业管理、康复保健16个专业，包括7个特色专业、2个核心专业，即"16-7-2"专业设置模式，涵盖预备技师、高级工、中级工等层次，在籍学生人数突破3000人。2002—2022年水电八局技校学生情况（含中职生、技校生）见表4-18-1。

表4-18-1　2002—2022年水电八局技校学生情况（含中职生、技校生）

年份	招生人数（人）	在籍学生人数（人）	就业安置率（%）	合作就业单位数（个）	成人高考录取人数（人）
2002	1261	1760	100	10	0
2003	1348	2325	100	11	0
2004	1345	2228	100	12	0
2005	1027	1790	100	15	0
2006	976	1780	100	16	0
2007	936	1719	100	16	0
2008	933	1700	100	22	0
2009	632	1676	100	22	79
2010	436	1553	100	24	88
2011	357	1600	100	25	97
2012	567	1600	100	32	181
2013	618	1140	100	30	165
2014	728	1553	100	31	220
2015	700	1642	100	32	423
2016	687	1771	100	34	596
2017	609	2125	100	36	353
2018	625	2099	100	38	371
2019	690	2174	100	40	404
2020	801	2566	100	45	363
2021	749	2550	100	50	424
2022	957	3054	100	53	285

第三节　职工培训

一、内部培训工作

水电八局深入实施"人才强企"战略，注重培养复合型人才及紧缺人才，重视各专业人才队伍的建设，形成队伍结构合理、供给充足的人力资源保障，确保企业可持续发展。

2004—2007年，开办中层干部、项目经理、高级职业经理人等培训班229期；培训各种专业人才、财务人员继续教育等7484人次。投入培训经费成本为630.63万元，加大向国内外高等院校送培高级项目经理、第二学士、硕士研究生力度。为解决"工学矛盾"难题，减少培训差旅费用开支，2007年完成职工远程培训网络平台建设，开展远程培训试点工作。

2008—2012年，2008年正式启用"远程培训网络平台"开展职工培训，各单位积极组织员工进行网络在线学习，平台在线培训人数达5000多人次。2010年，承办中国水电和全国第七届电力行业坝工模板工技能竞赛，包揽前三名。

2013—2015年，强化新拓展业务，如投融资、PPP、城市地下管廊、基础设施、市政工程、房建工程、城市轨道交通、铁路工程等领域市场营销、经营管理、专业技术负责人员的培训，为企业转型升级提供人才支持。与清华大学和武汉大学合作，联合举办建筑施工工程硕士学历教育培训班，180余人参加学习。

2016年，制定《注册专业技术人员培养管理办法》，明确部分关键岗位必须具备一级建造师资格，并与绩效挂钩。

2017年，发布《内部培训师管理制度》，加强企业内部管理经验的总结、沉淀、固化和分享，为建立一支能对内外长期传播企业文化、价值观、管理经验的队伍提供制度支持。

2018年，完成各类培训64期，5181人次参加由水电八局举办的各类业务知识提升和专业技术培训，各二级单位组织24393人次培训，各类培训费约2402万元。开展6期"领导干部学习贯彻党的十九大精神专题培训暨领导力研修班"，256人参加。

2019年，完成培训19246人次，基本实现培训对象全面覆盖，使用职教经费2147万元。领导力培训首次采取自主选课形式，4期共培训300余人次。11月底，注册启动"尚水学堂"线上学习平台，完成企业内训模块的全部功能搭建与测试。

2020年，"尚水学堂"内训平台参与在线学习总人次为12630，总访问量为250870次，人均访问量约19次，学习参与率达96.29%，人均学习时长7.2小时。项目经理轮训及二级单位部门正副职轮训线上培训内容结合培训计划进行选课，线上培训1233人，线下培训368人。首次组织开展一级建造师取证培训，提升一级建造师持证率。积极推进送培到项目的培训方式，更加紧贴生产现场，丰富培训资源，缓解由培训带来的项目生产压力。

2021年，自主办班共完成培训82845人次，共送培386人次；二级单位自主办班共完成培训8261人次，共送培1777人次；项目部培训人次为67847（含劳务）。总职教经费使用为2163.03万元。开展4期项目经理培训班，自2016年底至2022年底，完成所有项目班子副职轮训。

2022年，培训计划完成率为100%，自主办班培训19255人次。开展两期抽水蓄能业务培训，新增水利五大员取证561人次，实现962人次向抽水蓄能业务转型。91人参加新提任干部培训班，激发新提任干部的动力、活力，增强新提任干部的凝聚力和向心力，提高新提任干部的理论水平、领导能力和岗位工作能力。发布《水电八局职业资格管理办法》，规范职业资格管理工作，提升人力资源综合竞争力，助力企业高质量发展。

二、外部培训服务

教培中心培训资质涵盖企业职工岗位素质提升培训、创业培训、高技能人才企业评价培训、高技能人才社会培训、岗前培训、农村劳动力转移培训、退伍军人培训、移民局技能培训、建筑业三类人员、建筑行业技能人才、建筑类八大员、水利部五大员、应急厅特种作业人员取证培训、市场监督管理局特种设备作业人员考证培训等项目。

2003年，获评中国建筑业协会"全国建筑业企业项目经理培训及继续教育先进单位"。

2004—2006年，加大向国内外高等院校送培高级项目经理、第二学士、硕士研究生等培养工作力度。

2007年，首次承办为期两个月的湖南省国家税务局水电维修工培训班，学员全部通过职业资格鉴定。

2009年，教培中心进行培训工作改革，单独设置培训部，取得交通厅三类安全人员、水利部五大员、铁道部铁路客运专线培训资质，获批天心区劳动局培训点。

2010年，承办中国水电坝工模板工大赛赛前培训。新增公路水运安全管理、注册安全工程师继续教育、建设厅"七大员"取证培训、综合项目管理等培训项目。创新"送教上门"培训方式，到银盘和溪洛渡项目现场开展"五大员"培训项目。

2012年，新增应届大学毕业生技能就业培训项目。

2013年，开发二级建造师继续教育、监理员取证培训项目；成为湖南省安监局特种作业培训考试机考后的第一批考点。

2014年，被认定为2014—2015年度长沙市高技能人才培训和就业技能培训定点机构。新增工商贸企业主要负责人和安全管理人员培训项目。取得农村水电站安全生产标准化一级评审机构资质。通过长沙市高技能人才培训基础能力建设项目审批。

2015年，获电力工程质量监督专业考试基地、水利安全生产标准化一级评审机构、长沙市创业培训基地资质。通过湖南省人社厅湖南省高技能人才培训基础能力建设项目审批。

2016年，新增创业培训、水利监理员培训、湖南省建设作业机关事业单位工勤技能岗位考核培训、中国电建非传统安全培训、中国电建国际工程水电勘测设计技术标准培训项目。取得湖南省特种作业培训考试基地、2016—2019年湖南省高技能人才培训定点机构资质。

2017年，被认定为2018—2019年度长沙市高技能人才培训和就业技能培训定点机构。新增中国电建财务管理培训、法律事务培训项目。与IPMP中国业务中心合作，取得国际项目经理认证考点暨培训基地资质。

2018年，引入培训新理念，按需定制课程；注重内训师培养、体验式教学、教练文化深度植入培训管理；创新培训一级、二级、三级评估方法，提供精准的培训现场数据；学员对培训效果满意度测评达98%。

2019年，成功实践并广泛推广封闭式培训特色模式。开展"教育扶贫""技能扶贫"工作。工程局获得"扶贫示范基地"称号。

2020年，培训一部、培训二部合并为培训处。探索体验式教学模式，开发新项目25个，部分项目引入DISC、无领导小组等测评技术。获批湖南省职业技能等级认定社会培训评价组织（第三方评价机构）试点单位、企业自主评价职业技能等级认定试点单位，获"1+X"证书制度试点第四批职业教育培训评价组织和职业技能等级证书——《土木工程混凝土材料检测》试点资格。新增建筑施工专业注册安全工程师继续教育培训资质1项、培训项目10项、合作单位8家。

2021年，特种设备项目启动考试、八大员重点创收项目复拓市场。取得中建协建筑工人社会培训评价组织、湖南省社会培训评价组织机构职业技能等级认定试点单位资质。

2022年，取得中电联首批电力行业职业能力评价中心和评价基地资质。中标长沙水业集团2022—2023年度管理、专业技术赋能、职业技能培训服务采购项目。2002—2022年外部培训情况见表4-18-2。

表4-18-2 2002—2022年外部培训情况

年份	承办对外培训批次（批）	参培人次（人次）	重点合作单位
2002	18	3461	湖南省建设厅、国家电力公司
2003	13	929	湖南省建设厅、中国建筑业协会
2004	12	1025	湖南省建设厅、中国建筑业协会
2005	11	896	湖南省建设厅、中国建筑业协会、集团及各子企业
2006	13	924	湖南省建设厅、中国建筑业协会、集团及各子企业
2007	14	857	湖南省国家税务局、湖南省建设厅、集团及各子企业
2008	14	1456	湖南省住建厅、集团及各子企业
2009	8	2674	中国公路协会、中国水利工程协会、集团及各子企业
2010	47	4300	中国公路协会、湖南省住建厅、集团及各子企业
2011	50	5100	中国公路协会、湖南省住建厅、集团及各子企业
2012	81	7560	中国公路协会、湖南省住建厅、集团及各子企业
2013	52	22000	湖南省住建厅、湖南建筑业协会、湖南省安监局、湖南省监理协会、湖南省金达工程建设有限公司、集团及各子企业
2014	75	19000	湖南建筑业协会、集团及各子企业、中铁五局
2015	85	22000	湖南建筑业协会、集团及各子企业、湖南望新建设集团
2016	84	29851	集团及各子企业
2017	78	31480	黄河勘测设计研究院、中国铁建十八局、集团及各子企业
2018	82	62214	集团及各子企业
2019	93	63560	集团及各子企业、安能二局
2020	83	42469	集团及各子企业、长沙红海人力资源有限公司、湖南艾珂人力资源服务有限公司
2021	88	24777	集团及各子企业、百舸水利公司新员工培训班、湖南柏加建筑园林（集团）有限公司、中铭城市建设集团有限公司
2022	80	97443	五矿二十三冶建设集团有限公司、集团及各子企业、中铁五局集团第五工程有限责任公司、中国能源建设集团湖南火电建设有限公司、湖南电力工程咨询有限公司、长沙城投、中交长沙、中建六局

第四节 技能鉴定

2020年5月，水电八局被批准为湖南省企业自主评价职业技能等级认定试点单位，共有22个工种认定资质。企业自主认定工种及级别汇总见表4-18-3。自资质获批以来，共完成认定44人次，其中中级44人次。

2020年8月，水电八局被批准为湖南省第一批院校职业技能等级认定试点单位，共有钢筋工、钳工、电工、起重装卸机械操作工4个工种认定资质，认定等级均为5-3级。院校自主认定工种及级别汇总见表4-18-4。自资质获批以来，共完成认定1085人次，其中中级203人次、高级882人次。

2021年2月，水电八局被批准为湖南省社会培训评价组织机构职业技能等级认定试点单位，共有24个工种认定资质。社会培训评价组织评价工种及级别汇总见表4-18-5。自资质获批以来，共完成认定取证1074人次，其中初级68人次、中级303人次、高级285人次、技师320人次、高级技师98人次。

2022年9月，水电八局被批准为中电联首批电力行业职业能力评价中心和评价基地，共有27项认定（认证）资质。电力行业职业技能等级认定及认证级别汇总见表4-18-6（暂未开展过认定工作）。

2002—2022年水电八局技能鉴定和认证人数情况见表4-18-7。

表 4-18-3 企业自主认定工种及级别汇总

序号	职业编码	职业名称	工种名称	等级	备注
1	6290104	钢筋工	—	5-1	证书信息和机构信息皆可在人社部技能人才评价证书全国联网查询网查询
2	6200101	钳工	—	5-3	
3	6310103	电工	—	5-1	
4	6290101	砌筑工	建筑瓦工	5-1	
5	6290101	砌筑工	窑炉修筑工	5-1	
6	6290105	架子工	普通架子工	5-1	
7	6290105	架子工	附着升降脚手架安装拆卸工	5-1	
8	6290105	架子工	高处作业吊篮安装拆卸工	5-1	
9	6290105	架子工	高处作业吊篮操作工	5-1	
10	6300501	起重装卸机械操作工	门座式起重机司机	5-2	
11	6300501	起重装卸机械操作工	门式起重机司机	5-2	
12	6300501	起重装卸机械操作工	叉车司机	5-2	
13	6300501	起重装卸机械操作工	塔式起重机司机	5-2	
14	6300501	起重装卸机械操作工	桥式起重机司机	5-2	
15	6300501	起重装卸机械操作工	轮胎式起重机司机	5-2	
16	6300501	起重装卸机械操作工	履带式起重机司机	5-2	
17	6290103	混凝土工	混凝土搅拌工	5-1	
18	6290103	混凝土工	混凝土泵送工	5-1	
19	6290103	混凝土工	混凝土浇筑工	5-1	
20	6290103	混凝土工	混凝土模板工	5-1	
21	6290103	混凝土工	混凝土修护工	5-1	
22	6060301	手工木工	精细木工	5-1	

表 4-18-4 院校自主认定工种及级别汇总

序号	职业编码	职业名称	工种名称	等级	备注
1	6290104	钢筋工	钢筋工	5-3	证书信息和机构信息皆可在人社部技能人才评价证书全国联网查询网查询
2	6200101	钳工	钳工	5-3	
3	6310103	电工	电工	5-3	
4	6300501	起重装卸机械操作工	起重装卸机械操作工	5-3	

表 4-18-5 社会培训评价组织评价工种及级别汇总

序号	职业名称	职业编码	工种名称	等级	备注
1	钳工	6200101	—	5-1	证书信息和机构信息皆可在人社部技能人才评价证书全国联网查询网查询
2	砌筑工	6290101	—	5-2	
3	混凝土工	6290103	混凝土搅拌工	5-3	
4		6290103	混凝土泵送工	5-3	
5		6290103	混凝土浇筑工	5-3	
6		6290103	混凝土模板工	5-3	
7	钢筋工	6290104	—	5-2	
8	架子工	6290105	—	5-3	

续表

序号	职业名称	职业编码	工种名称	等级	备注
9	起重装卸机械操作工	6300501	叉车司机	5-2	证书信息和机构信息皆可在人社部技能人才评价证书全国联网查询网查询
10		6300501	船舶起货机司机	5-2	
11		6300501	电动港机装卸机械司机	5-2	
12		6300501	堆（取）料机司机	5-2	
13		6300501	堆垛车操作工	5-2	
14		6300501	翻车机操作工	5-2	
15		6300501	流体装卸工	5-2	
16		6300501	轮胎式起重机司机	5-2	
17		6300501	履带式起重机司机	5-2	
18		6300501	门式起重机司机	5-2	
19		6300501	门座式起重机司机	5-2	
20		6300501	内燃港机装卸机械司机	5-2	
21		6300501	桥式起重机司机	5-2	
22		6300501	散料卸车机司机	5-2	
23		6300501	塔式起重机司机	5-2	
24	电工	6310103	—	5-2	

表4-18-6 电力行业职业技能等级认定及认证级别汇总

序号	职业名称及级别	工种及级别	备注
1	卷线安装工（5、4、3、2、1）	—	认证
2	水轮发电机组安装工（5、4、3、2、1）	—	认证
3	调速器安装工（5、4、3、2、1）	—	认证
4	水电站辅助设备安装工（5、4、3、2、1）	—	认证
5	金属结构制作与安装工（5、4、3、2、1）	—	认证
6	钻探灌浆工（5、4、3、2、1）	—	认证
7	测量工（5、4、3、2、1）	—	认证
8	起重机械操作工（5、4、3、2、1）	—	认证
9	爆破工（5、4、3、2、1）	—	认证
10	钢筋工（5、4、3、2、1）	—	认证
11	模板工（5、4、3、2、1）	—	认证
12	浇筑工（5、4、3、2、1）	—	认证
13	混凝土拌和系统运维工（5、4、3、2、1）	—	认证
14	砂石加工系统运维工（5、4、3、2、1）	—	认证
15	水工仪器观测工（5、4、3、2）	—	认证
16	材料试验工（5、4、3、2、1）	—	认证
17	配电线路工（5、4、3、2、1）	—	认证
18	送电线路工（5、4、3、2、1）	—	认证

续表

序号	职业名称及级别	工种及级别	备注
19	电厂高压试验工（5、4、3、2、1）	—	认证
20	变电设备检修工	开关设备检修工（4、3、2、1）	认定
21	变电设备检修工	变压器设备检修工（4、3、2、1）	认定
22	变配电运行值班员	变电站运行值班员（4、3、2、1）	认定
23	变配电运行值班员	配电房（所、室）运行值班员（5、4、3、2、1）	认定
24	变配电运行值班员	换流站运行值班员（4、3、2、1）	认定
25	继电保护员（5、4、3、2、1）	—	认定
26	电力电缆安装运维工（5、4、3、2、1）	—	认定
27	水生产处理工（5、4、3、2、1）	—	认定

表4-18-7　2002—2022年水电八局技能鉴定和认证人数情况

年份	通过鉴定人数（人）	涉及工种（个）	备注
2002	45	无线电装接工（1）	—
2003	471	机修钳工、维修电工、冷作钣金工、发电机设备安装工、电子设备装接工、计算机系统操作工等（10）	—
2004	774	电焊工、无线电装接工、计算机系统操作工、维修电工、机修钳工（5）	—
2005	18	机修钳工、无线电装接工、计算机系统操作工（3）	—
2006	905	工具钳工、机修钳工、计算机系统操作工、维修电工、无线电装接工、钻探灌浆工（6）	—
2007	769	工具钳工、机修钳工、计算机系统操作工、维修电工、无线电装接工、钻探灌浆工（6）	—
2008	639	筛选工、推土工、铲运机驾驶员、挖掘机驾驶员、维修电工、超重型汽车列车驾驶员、焊工等（11）	—
2009	180	安装起重工、工程机械修理工、汽车驾驶员、汽车维修电工、汽车维修工等（9）	—
2010	262	安装起重工、工程机械修理工、汽车驾驶员、无线电装接工、工具钳工等（7）	—
2011	572	钢筋工、混凝土工、砌筑工、办公设备维修工、机械设备安装工、起重装卸机械操作工、维修电工等（8）	—
2012	1114	坝土混凝土试验工、发动机设备安装工、工程测量工、混凝土搅拌机械操作工、金属结构制作与安装工、电子仪器仪表装配工等（16）	—
2013	17	坝工模板工、工程机械修理工、钻探灌浆工（3）	—
2014	1385	水工监测工、工程测量工、水轮发电机组值班员、水电自动装置检修工、泵站运行工、安装起重工等（11）	—
2015	228	坝工混凝土工、工程测量工、钢筋工、维修电工、机修钳工、焊工（6）	—
2016	767	工程测量工、焊工、机修钳工、维修电工、钢筋工、安装起重工、泵站运行工、汽车维修工（8）	—
2017	430	工程测量工、机修钳工、汽车维修工、钢筋工、维修电工（5）	—
2018	21	维修电工、起重工（2）	—
2019	984	汽车维修工、电工、钢筋工（3）	—
2020	627	电工、汽车维修工、钢筋工（3）	—
2021	1775	电工、钢筋工、钳工（3）	—
2022	1518	电工、钢筋工、钳工、桥式起重机司机（4）	—

第十九章　基地建设

从20世纪50年代初的"长总"时期到60年代末的"水电八局"时期，水电八局的职工家属基本上都是跟着工地走的，电站建到哪里，大本营就设到哪里，学校、医院、幼儿园、食堂等后勤工作就跟到哪里，工程一完工，队伍就举家搬迁。为了适应国家经济建设的发展和水电施工企业生产经营以及职工生活的需要，水电八局先后在常德、长沙、郴州、贵阳、武汉等地建立后方基地。基地的建设，对企业开展经营、稳定队伍、改善生存条件、保障离退休职工的正常生活，起到了重要作用。

第一节　机构

2002年，设有常德、南托、东江、贵阳、武汉5个基地，在长沙市城区（长岭、百善台、王家巷、雅塘村、狮子山）等地的职工住宅未包括在基地范围内。

2005年7月，撤销物业管理处，其基建管理职能划归局总经办和财务处，其债权、债务、人员、资产等，整体并入三产分局。

2007年1月，成立基地服务管理中心，与南托基地合署办公，授权统一管理南托、东江、贵阳、常德、武汉5个基地。成立长沙综合管理部，隶属基地服务管理中心，履行原三产分局物资部、长沙物业公司、长沙明珠工贸公司、机关事务部等部门的管理职能。饶新民同志任基地服务管理中心主任，王晋国同志任党委书记。

2009年，物业服务管理中心更为名物业办，履行保卫科职责，对外保留保卫科印章。招聘保安负责内部保卫工作。

2010年4月，根据《国务院关于加强和改进社区服务工作的意见》指示精神，在各基地推行"3+1"管理模式，即设置3个职能部门（综合、财务、社保）和1个社区公共服务站。通过与政府对接，先后成立南托、东江、常德、贵阳等社区服务站，引进政府服务功能。基地服务管理中心荣获湖南省长沙市2009届"文明单位"称号。是年，杨卫军同志任基地服务管理中心党委书记。

2011—2013年，内部安保工作外包专业安保公司负责。

2011年7月，基地服务管理中心领导班子换届，潘德辉任主任，杨卫军任党委书记。

2013年，成立江河物业管理有限公司。

2013年11月，撤销长沙综合管理部，启动基地服务管理中心机关管理、物业服务机构整编工作，撤销保卫岗位和印章。2013年12月31日完成中心机关管理岗位、物业服务岗位的全员公开选聘，2014年1月全员按新岗位编制重新上岗。

2014年10月，湖南拓海商贸有限公司正式挂牌运营。

2016年，长沙江河物业有限公司移交给中国电建地产公司，湖南拓海商贸有限公司移交给工程局国际公司。

2019年12月，基地服务管理中心第二次人员整编。基地服务管理中心设综合办、社保办、财务办、经营资产办、安全办5个部门。各基地物业办撤销。

第二节　基地管理

2000年6月以来，水电八局实施物业管理企业化运作，实行物业管理有偿服务制度。各基地物业办作为物业处的派出机构，其职责是全面负责基地院内的保安、保洁、绿化、水电维修、基建管理，以及房地产管理、公共设施维护供水供电、收费等工作。

2000年10月—2003年10月，以居住在南托基地为主的部分八局退休人员行业养老保险移交地方管理。

2004年底，调整基地管理体制和运行机制。基地作为水电八局派出机构，处理与当地政府及有关部门的工作联系，负责本片区社会保险管理、离退休职工管理、住房公积金管理、下岗职工管理、物业管理。协调医院、学校管理，负责区域党群工作管理。各基地物业办划归各基地管理。

2005年，加大对各基地的基建投入，加强后线服务管理工作，改善居住环境，着力解决离退休老同志统筹外费用等问题。

2006年，各基地大力开展"构建和谐社会，创建文明基地"活动。据统计，2006年全局5个基地常住人口近3万人，其中离退休职工7705人，内退职工2234人，待岗职工511人，职工、家属、学生及外来人员近2万人，各基地服务管理从业人员共423人（含各基地物业人员和武汉基地客运站人员）。

2006年底，根据主辅分离要求，调整二级机构，设立基地服务管理中心，授权统一管理南托、东江、贵阳、常德、武汉5个基地和长沙综合管理部（后线经营单位）。切实转变基地职能，全面提升后线服务管理水平和经营创收能力，逐步消化和解决历史遗留问题，盘活资产，整合资源，完善后线市场体系，健全社会服务功能，借助政策力量，获得政府支持，尽早实现企业"小社会"与城市"大社会"的接轨，加快基地职能社会化进程。

2007年，印发《水电八局基地服务管理中心工作规则》等多个管理办法和规章制度，为基地服务中心的规范运行建立基础。

2008年，制定《基地服务管理中心2008—2010发展规划》，提出"推进基地工作社会化进程"工作思路；印发《基地服务管理中心基建管理办法》《薪酬管理暂行办法》《员工管理暂行办法》《员工请销假管理制度》《基地服务管理中心安全生产管理办法》《中心工作规划》《基地服务管理中心设备管理办法》等相关管理制度。

2010年8月28日，长沙市天心区大托镇融城社区在南托基地挂牌成立。9月20日，资兴市水电八局社区管理服务中心在东江基地挂牌成立。

2011年，中心持续推进社会化工作进程，印发《基地服务管理中心管理手册》。

2013年，中心出原来的核拨经费、包干使用、自负盈亏改为"收支两条线"的核算模式。

2014年，国务院国资委启动"三供一业"分离移交工作，水电八局"三供一业"分离移交列入长沙市重点推进单位，常德基地莲花池棚户区改造被正式纳入国家棚户区改造范畴并与常德地方政府签约。

2016年，完成"三供一业"维修改造项目15个，常德、东江、贵阳3个基地全面启动"三供一业"分离移交工作；争取地方惠民补贴212.06万元，争取地方基础设施投入741.8万元；落实离退休人员待遇，持续开展送温暖活动和"两关一帮扶"志愿服务活动。组织清理非法人工商营业执照。

2017年，"两水""两电"分离移交全面完成，"两水"移交3296户，"两电"分离移交5578户，共投入改造资金2111.87万元，国务院国资委核拨国有资本金预算补助1577.60万元。

2018年，中心各基地物业分离移交协议和《资产移交确认函》全部签订完成，申报核拨维修改造资金3279.8万元。物业公司进驻长沙片、东江、常德生活小区，开展前期物业服务。企地共建引进基础建设资金660万元，改善小区环境，争取惠民政策补贴288万元；省纪委帮扶慰问15万元，物资500份。完成物业移交房屋维修资金清算。

2019年，"三供一业"分离移交维修改造项目全部完成竣工验收，签订物业移交确认书，物业分离移交8710户、88.5万平方米。长沙片区、常德基地、东江基地顺利移交物业公司；长沙狮子山小区、沅陵五强溪小区、贵阳基地物业移交属地政府社区管理。申报获得国有维修改造资本金补贴6867.6万元。完成房屋维修资金补缴计提准备工作。

2020年，完成退休人员社会化移交工作，退休人员关系移交9741人，转接党员组织关系2394人。东江八局企业社区移交属地政府。北控物业公司退出八局移交生活小区管理，各生活小区相继成立业主委员会。

2022年，开展资产清查，共清理工程局土地面积893438.67平方米，清理房屋资产183处，针对14处房产的原产权证名称信息不符等情况，进行变更规范；当年收回武汉征拆款5000万元，收回常德土地收储款3700万元，东江征拆补偿75万元；成立基业常青企业管理服务有限公司，中心代行管理职责，成立科研楼物业项目部和长岭物业项目部，当年实现经营产值234.97万元。

第三节　生活基地

一、常德基地

水电八局常德基地位于湖南省常德市德山经济技术开发区。原办公地址为常德德山洞庭北路118号。2018年9月，搬至常德经济技术开发区桃林路（原水电八局中水重工分公司办公楼）办公。

常德基地于1965年筹建，经过多次征地和扩建，截至2022年12月底，常德基地有老码头小区、莲花池小区、杨家山仓库、原中水重工分公司厂区4块区域。常德基地原有单元式住宅楼59栋；房改房38栋（老码头小区10栋、莲花池小区28栋），莲花池经济适用房9栋，五强溪小区12栋，均已办理不动产登记证。其余为办公、车间、商业、老年人活动用房和一些老旧平房，建筑面积约14万平方米。代管益阳宿舍楼及湖南省桃源县观音寺镇内燕家坪林场。截至2022年12月，常德基地生活区老码头、杨家山、机械厂相继被政府征收，常德基地现有老码头2栋办公楼及附属设施，占地面积为3672平方米。

由于常德基地土地原始资料流失，造成基地土地被周边单位和居民挤占，1991年，通过收集原始资料，调查取证，查勘定位，由常德市国土局重新复制了常德基地所有土地的红线图；1993年，全部办理国有土地使用证。

2002年7月，基地生产、生活用电系统整体移交地方管理。

2003年12月，基地生产、生活用水系统改造后移交地方管理。

2008年5月，开始建设莲池园经济适用房一期工程，共9栋，计244户。2010年11月，基地莲池园经济适用房项目通过验收并交付使用。

2008年6月，沅陵县人民政府同意常德基地五强溪小区的房产按经济适用房相关政策处理给水电八局职工，办证费由职工承担。

2009年12月，五强溪八局社区整体移交沅陵县地方政府管理。

2012年，原五强溪生活小区（含乔子坪小区10栋、大伏角小区2栋）整体移交沅陵县政府管理。

2013年12月，基地棚改工程获中国水电批准。

2014年11月，启动基地莲花池棚户区改造工作。按照政府主导、企业配合的原则签订《水电八局常德基地莲花池社区棚户区改造项目房屋征收补偿安置协议书》，水电八局按照不收益、不支出的原则，所有补偿用于棚户区居民安置房屋回购。

2014年12月，开始对莲花池小区第1~16栋套房进行改造。2015年12月底完成。

2016年5月，开始对莲花池小区第20、26、27、31、35、39栋，甲龙山第1、3栋，乙龙山第1、2栋共10栋套房进行整改。政府投资1000万元，2016年12月底完成。

2018年5月，莲花池小区（含甲龙山、乙龙山、莲花池小区）和五强溪生活小区进行"三供一业"分离移交维修改造。同年，老码头小区第1~10栋居民房屋被政府征收。水电八局老码头小区居民按征收政策安置。9月，莲花池棚户区改造工程启动建设，可安置棚户区居民333户。12月，签订常德基地物业分离移交协议，基地莲花池居民生活小区全面移交政府，实现社会化分离移交。

2019年底，基地"三供一业"分离移交维修改造完成。

2020年1月，开始退休人员社会化分离移交属地政府管理；12月，完成退休人员社会化移交工作。

二、南托基地

水电八局南托基地位于长沙县暮云镇南塘村，处于长株潭城市群的中心地区核心地段，距长沙、株洲、湘潭三市各18千米。

南托基地于1981年开始筹建。经过多次征地和扩建，以及"三供一业"分离移交，截至2022年12月底，南托基地占地124194平方米。

2002年，先后完成基地老区线路改造，新区休闲健身广场（静信广场）兴建；启动最后一批集资建房（第45、46、47、48栋共4栋，204户），2003年12月竣工。

2004年6月—9月，住宅区全部更换IC卡电能表，不再由物业办抄表，离退休办每月从离退休职工工资中扣除电费。

2005年5月，制造安装分局、科研设计院机关相继迁出南托基地。

2005年6月，水电八局砂石分局从三峡电站工地采集两块大石运送到南托基地，其中一块重20余吨，安放在静信广场南入口处，成为该休闲广场的一处景观。

2005年8月，基地新区第49~54栋经济适用房竣工（共6栋，288户），由湖南朝阳房地产开发公司承建。

2006年11月，基地融和园经济活用房小区住宅楼开工（共14栋，388户），由湖南朝阳房地产开发公司兴建。2007年9月竣工验收，2008年4月正式通知业主办理入住手续。

2007年，基地获评长沙市文明单位。

2008年5月，基地融和园小区引进添福物业公司托管。

2009年4月，启动基地供水移交工作。8月，完成移交通水。

2011年9月，联合长沙市天心区大托镇政府举办全国首届快乐老人杯门球邀请赛（湖南赛区）。南托基地荣获"2011年度长沙县老年体育工作先进单位"称号。

2012年，长沙片王家巷、雅塘村、狮子山自来水供水管网改造并移交；完成丰和苑购房资格审查和选房分房；解决第49~54栋营业税缴纳遗留问题。

2013年4月，基地电网升级改造工程开工，总投资1187.24万元，于12月底全部完工并移交长沙县电力局管理。

2013年6月，基地融合园自来水管网更新改造工程开工，融合园第J1~J14栋共684户供水管网及户表全部改造完成。

2013年8月，基地排污系统改造工程开工，11月6日完成竣工验收。

2013年10月，基地主干道路面改造和弱电入地改造工程开工，2013年12月26日完工。

2014年1月，启动"三供一业"分离移交工作；10月，南托基地600余户居民户籍迁长沙市天心区，完成3200余名在职职工的集体户口"三合一"迁户工作。

2015年，完成"三供一业"分离移交基础信息资料统计和改造费用预测工作。

2016年，"三供一业"分离移交"两水"全面移交完成，雅塘村水电八局棚户区改造拆迁工作签约，57户八局居民按征迁政策安置。

2017年，"三供一业"分离移交"两电"全面移交完成。完成南托基地61栋2435户土地落宗以及丰和苑车位杂房销售工作。

2018年，完成物业分离移交改造工程，签订长沙片和南托基地物业分离移交协议，长岭、狮子山、王家巷和南托基地居民生活小区全面移交政府，实现社会化分离移交。

2020年1月，开始退休人员社会化分离移交属地政府管理；12月完成退休人员社会化移交工作。

三、东江基地

水电八局东江基地位于湖南省资兴市东江开发区内，原为水电八局建设东江水电站时的生产生活场地，曾为水电八局机关所在地。1991年，机关迁入长沙市后，由水电八局东江分局管辖。

东江基地是水电八局最大的基地，其土地面积占全局基地总面积的1/2，房产占土地面积的1/3。基地内有职工医院、子弟学校、幼儿园、商场、宾馆、酒店、歌舞厅、影剧院、旱冰场、公园和老年活动中心等公益性单位和公共服务场所，占地面积为780亩。

1993年，经湖南省政府和能源部批准，东江基地占用的场地为水电八局生产生活基地，确认基地占地1208.47亩。电站建设时征用的其余土地3928亩和地面建筑物5万余平方米全部移交给资兴市政府和东江电厂。

1999年1月，东江基地正式挂牌成立。

2002年2月，基地生产、生活用电管理移交资兴市电力集团，每年减少亏损20余万元。

2004年3月，基地环卫工作移交资兴市开发区，每年减亏10余万元。4月，基地第一批全额集资建房动工，次年完工，总面积为5764.40平方米，44户职工喜迁新居。6月，小东江钢丝吊桥移交东江开发区管理，每年减少维修费用3万元。

2005年1月，基地劳务办、离退休办全部搬至原八局机关大楼集中办公；7月，建成老年门球场；8月，启用800平方米的老年活动室，安装首批室外健身器材。

2006年11月，基地文化北路经济适用房报建手续完成。该经济适用房建筑面积为8500平方米，可安置48户职工。12月，基地有线电视全部移交资兴市广播电视局管理。

2010年9月，成立水电八局企业社区，东江水电八局社区管理服务中心挂牌。

2011年3月，获评湖南省文明单位。12月，资兴市公安局东江派出所水电八局东江社区警务室挂牌。

2013年10月，启动东江基地棚改项目。2014年12月，东江一期棚户区改造安置房屋完工。2018年，2370户东江居民纳入政府棚改安置计划，其中一期475户居民，二期615户，三期1280户。

2019年，签订东江基地物业分离移交协议，基地居民生活小区全面移交政府，实现社会化分离移交。

2020年1月，开始退休人员社会化分离移交属地政府管理；12月，完成退休人员社会化移交工作。

四、贵阳基地

水电八局贵阳基地位于贵阳市乌当区野鸭乡，地址为贵阳市白云大道247-1号。

贵阳基地于1988年7月征地。整体规划以办公楼为中心，分南北两区，南区为生活区，北区为生产区。截至2022年12月底，贵阳基地占地110亩。

2002年8月，水电八局乌江机械厂从乌江镇董家坪搬迁到贵阳基地，更名为贵阳机械厂。是年，基地环形跑道和篮球场建成。

2004年10月，基地第一栋成本价集资房开工（第34栋）。

2005年9月，基地多功能娱乐广场竣工，广场包含篮球场、羽毛球馆、演出舞台等文体活动及休闲场所，成为基地文化活动中心。

2006年，基地乌江小区3栋经济适用房开工，职工购房按350元/平方米标准交款，不足部分由工程局给予房价补贴。同年，基地实现通水、通气、通车"三通"；获评贵阳市2003—2005年度文明社区。

2009年3月，对160套乌江安置房进行分配，年底居民陆续入住。9月，按贵州省贵阳市市政规划要求，配合长岭南路（现数博大道）建设，完成11个门面、16户住户和74路公交调度室的拆迁工作。是年，成立房管办，启动住房分配货币化改革中存量补贴的摸底、计算工作。

2010年6月底，初步取得在贵州省遵义县乌江镇原水电八局旧址上修建乌江廉租房的资格。7月，中国水电总局批复将位于贵阳基地小区内原水电八局一中贵阳分校后的一块闲置土地（约3800平方米）移交贵州省贵阳市金阳新区第二实验学校。11月，完成基地内有住房的1882户职工的存量补贴计算，总金额约4600万元。获得所属地政府支持，投入资金47万元用于贵阳基地菜场改造。

自2011年3月起，逐步解决困扰贵阳基地房改12年的历史遗留问题，基本思路是：按照贵州省贵阳市房改政策，水电八局启动贵阳基地1882户职工的存量补贴，执行企业内部封闭运作。其存量补贴主要用于冲抵土地收益金，本企业职工不再向政府申请存量补贴，内部矛盾自行解决。在办理相关手续后，住户所取得的证件与贵州省贵阳市的房产证件统一，具有同等上市交易资格。

2011年7月，启动乌江廉租房工程建设。该项目占地1786.6平方米，建筑面积为12000平方米，共建廉租房240套。项目总投资1709万元，其中政府投资839万元，水电八局投资200余万元，其余为售房款投入。12月，中国电建党委副书记兼纪委书记陈永录视察基地。是年，贵阳基地主任申修文当选为贵阳市云岩区第十六届人大代表。基地为700余名家属工、临时工参保贵阳市"大集体工"基本养老保险。

2012年5月，住宅小区一户一表改造供电安装工程和路灯改造完成并移交地方供电部门。同月，基地环境整治工作成效显著，获评为贵阳市云岩区"三创一办"样板小区。7月，将原水电八局370名职工的人事档案、609份劳动合同书、档案传递通知单存根、档案传递登记册、退休人员调资表等8类档案材料移交水电八局档案室。是年，为第1~33栋550户住户办理《房地产交易市场准入许可证》；办理第34栋房屋的单位产权证。

2013年，为第1~33栋370户住户办理《房地产交易市场准入许可证》；为第34栋72户住户办理个人产权证。

2014年1月，推进企业职能社会化移交工作，将基地菜场交贵州省贵阳市云岩区荷塘社区服务中心托管。9月，将小区环卫保洁工作交贵州省贵阳市云岩区荷塘社区服务中心托管。10月，水电八局与贵州省遵义市乌江镇人民政府签订协议，将乌江镇原水电八局厂房、吊装队、试验室、江北、医院等共15栋约2万平方米的旧房移交政府。

2015年4月，基地用电管理工作正式移交贵州省贵阳市金阳供电局。同月，开始发放第1~34栋住户的《房地产交易市场准入许可证》。是年，按照建筑面积每平方米10元标准交纳土地出让金，为160户住户办理产权证。

2016年7月，将水电八局870份职工人事档案、352份技术人员档案、188份家属人员档案、档案传递通知单存根等14类档案材料移交水电八局档案室。11月，向贵阳光医院移交人事档案42份。12月，向乌江安置房住户发放房屋产权证。是年，办理第35~40栋住户的《房地产交易市场准入许可证》115份。

2018年12月，签订物业移交协议，贵阳基地"三供一业"移交贵州省贵阳市云岩区荷塘社区服务中心管理。水电八局乌江小区移交业主委员会自治。

2019年，完成生活小区物业分离移交改造工程，完成197套乌江廉租房的出售及办证工作。

2020年1月，开始退休人员社会化分离移交属地政府管理。12月，完成退休人员社会化移交工作。

五、武汉基地

水电八局武汉基地位于武汉市硚口区江汉二桥桥头，地址为武汉市解放大道224号。

武汉基地于1994年10成立。原为武汉办事处，1994年10月，兼并武汉机械厂，并成立武汉基地，2014年，政府启动征收工作，截至2022年12月底，武汉基地整体被政府征收。

2004年，政府出资100余万元完成基地院内全部下水道的改造和道路铺设。

2006年12月，水电八局撤销武汉机械厂，职工进行内部分流，113名机械厂职工进入武汉基地客运站，由武汉基地统一管理。

2007年5月，基地经济适用房（水岸华庭）正式建设，占地6000平方米，共计2栋143户。于2009年9月建成，购房户迁入居住。

2009年10月，武汉市二环线改造、地铁三号线项目先后启动，武汉基地临建一路门面及用地被征收。

2013年1月，武汉西汉正片土地征收划定红线，政府委托代办公司入户摸底。

2015年，政府与武汉基地、南国置业就基地片区征收工作达成一致。2016年3月，政府委托代办公司进驻武汉基地片区，进行最后征收摸底排查工作。

2016年11月，武汉市硚口区正式启动建一路西片旧城改造项目，武汉基地全部地块纳入征收范围。

2017年12月，武汉机械厂汽车客运站（水厂客运站）正式关闭停业，职工妥善分流。

2019年12月，水电八局与征收单位磋商修改原征收补偿框架协议，正式签订企业补偿协议。

2020年1月，开始退休人员社会化分离移交属地政府管理。12月，完成退休人员社会化移交工作。

六、长沙市内职工住宅区

水电八局在长沙市内有长岭、百善台、大王家巷、雅塘村和狮子山5个职工住宅区。

（1）长岭住宅区位于长沙市城南中路2号，占地约1.7万平方米，原为湖南省水电工程局第五工程处机关所在地，1982年两局合并后，土地产权归属水电八局。长岭住宅区有楼房6栋，288户，建筑面积为1.98万平方米。1990年，水电八局机关总部迁入长岭。

（2）百善台住宅区和大王家巷住宅区位于湘雅路西段附近。

大王家巷住宅区原由共青团湖南省委使用，占地1960平方米。1958年兴建柘溪水电站时，由湖南省政府一次性划拨给柘溪水电工程局作为办事处使用。1990年以前，作为水电八局办事处的办公楼和招待所。1990年以后，作为水电八局职工公寓。

百善台住宅区原为湖南省总工会使用，占地9800平方米，建筑面积为1.79万平方米。1958年，由湖南省政府划拨给柘溪水力发电工程局管理。

（3）雅塘村住宅区仅有一栋六层楼房，住房60套，面积为3741平方米，1980年购置。

（4）狮子山住宅区为一栋六层楼房的3/4，住房36套，面积为2049平方米，1991年购置。

2011年11月，大王家巷、雅塘村、狮子山自来水供水管网改造全部完成。水电八局投资119万元。

2012年，水电八局机关总部搬离长岭，迁至天心区常青路8号。

第四节 地产和房产

一、地产

水电八局使用的土地，主要分布于湖南省的常德市（常德基地）、资兴市（东江基地）、长沙县（南托基地）、长沙市（长岭、大王家巷等生活小区）、贵阳市（贵阳基地）和武汉市（武汉基地）等地。

据2006年底统计，水电八局基地共有土地46宗，土地使用权面积为147.05万平方米（2205.75亩），其中：

（1）南托基地土地2宗，37.35万平方米（560.25亩，含2006年新增土地38.60亩）。

（2）东江基地土地26宗，64.43万平方米（966.45亩，1999年6月，资兴市向东江基地颁发《国有土地使用证》，面积为1281.29亩）。

（3）常德基地土地7宗，20.25万平方米（303.75亩，不含五强溪生活小区土地）。

（4）贵阳基地土地6宗，16.85万平方米（252.75亩，不含乌江生活小区土地）。

（5）武汉基地土地2宗，5.45万平方米（81.75亩）。

（6）长沙市区土地3宗，2.71万平方米（40.65亩，包括长岭、百善台、大王家巷、雅塘村等土地）。

常德基地的五强溪生活小区和贵阳基地的乌江生活小区的土地，均属水电站建设时期国家划拨的施工建设用地，电站建成以后留下部分房产，大部为退休职工、家属（含成年子女）居住。未办理土地证，2006年前后正逐渐向地方移交，故未录入。

贵州省桐梓县原水电八局技工学校的100亩土地连同地上房产于1997年无偿移交给桐梓县政府。

2006年底，按照中国水电的要求，为节约集约利用土地，进行土地资源调查，基地闲置或待开发土地情况见表4-19-1。

表4-19-1 基地闲置或待开发土地情况

土地地理位置	土地面积（亩）	土地性质	地上建筑物情况	规划情况
武汉建一路55号，解放大道224号	55.10	划拨	厂房	住宅楼开发
长沙市区（大王家巷32号）	2.17	划拨	集体宿舍	住宅楼开发
南托基地（长沙县喜云镇南塘村）	175.24	划拨	荒山绿地	住宅楼开发
湖南省长沙县喜云镇伊莱克斯大道	38.60	新购医疗用地	无建筑物	医疗用地
湖南省资兴市水电八局东江基地	394.56	划拨	土地已经外租141.27亩	住宅楼开发
贵阳市乌当区野鸭乡阳光村（贵阳基地）	8.25	划拨	—	住宅楼开发
合计	673.92		—	

2022年7月，按照中国电建剥离资产专项清理行动要求，进行土地资产清理，共清理土地1404697.63平方米。其中：上市土地317593.49平方米，剥离土地529138.22平方米，无账土地557963.92平方米。详细情况见表4-19-2、表4-19-3、表4-19-4。

表4-19-2 水电八局上市土地明细

土地证号	土地详细坐落地址	面积（平方米）	使用权类型	地类用途	管理（使用）单位
湘国用（2008）第237号	长沙县暮云镇南塘村	3510.00	作价出资	工业	南托基地
湘国用（2008）第236号	长沙县暮云镇南塘村	61885.30	作价出资	工业	南托基地
湘国用（2008）第240号	长沙县暮云镇南塘村	13570.10	作价出资	仓储	南托基地
湘国用（2008）第238号	长沙县暮云镇南塘村	5417.30	作价出资	工业	南托基地
湘国用（2008）第239号	长沙县暮云镇南塘村	643.50	作价出资	工业	南托基地
湘国用（2008）第241号	长沙县暮云镇南塘村	7861.00	作价出资	科教用地	南托基地
长国用（2011）049556号	长沙市天心区常青路8号	9222.79	出让	办公用途	公司本部
湘国用（2008）第246号	资兴市经济开发区竹山园	84281.77	作价出资	工业	东江基地
湘国用（2008）第243号	资兴市经济开发区竹山园	13386.06	作价出资	工业	东江基地
湘国用（2008）第245号	资兴市经济开发区沿江路	20082.06	作价出资	工业（仓储）	东江基地
常（德）国用（2008）第009号	常德德山桃林路	29552.46	出让	工业	常德基地
湘国用（2008）第242号	常德市洞庭南路	31834.57	作价出资	仓储	常德基地
黔筑高新国用（2009）第0199号	贵阳乌当区阳关村	33418.11	作价出资	工业	贵阳基地
黔筑高新国用（2009）第0198号	贵阳乌当区阳关村	2928.47	作价出资	办公	贵阳基地
合计		317593.49		—	

表4-19-3 水电八局剥离土地明细

属地	名称	土地证号	土地详细坐落地址	面积（平方米）	使用权类型	管理（使用）单位
湖南—南托	南托基地	长国用（2007）0332号	长沙县暮云镇南塘村	223580.00	划拨	基地服务管理中心
湖南—南托	南托基地教培中心	长国用（2007）0329号	长沙县暮云镇南塘村	4825.40	划拨	基地服务管理中心
湖南—长沙	长岭机关	长国用（2016）第091123号	雨花区城南中路2号	6398.52	划拨	基地长岭物业办
湖南—东江	原东江八局招待所	资国用（97）字第026号	资兴市东江水电路	5152.80	划拨	东江基地
湖南—东江	东江一处片	资国用（97）字第038号	资兴市东江水电路	41149.44	划拨	东江基地
湖南—东江	小东江生活区	资国用（97）字第034号	资兴市东江小东江	45049.36	划拨	东江基地
湖南—东江	东江医院	资国用（97）字第027号	资兴市东江水电路	39627.50	划拨	东江基地
湖南—东江	东江机关大院	资国用（97）字第025号	资兴市东江水电路	33089.40	划拨	东江基地
湖南—东江	原东江旱冰场	资国用（2006）第1502号	资兴市东江开放开发区文化路	5853.10	划拨	东江基地
湖南—东江	原东江机关幼儿园	资国用（2006）第1502号	资兴市东江开放开发区文化路	6925.20	划拨	东江基地
湖南—东江	原东江八局俱乐部	资国用（2006）第1501号	资兴市东江开放开发区文化路	2171.60	划拨	东江基地
湖南—东江	罗围炸药库	资国用（97）字第040号	木根桥乡罗围	5800.00	划拨	东江基地
湖南—常德	老码头1#办公楼	武国用（91）字00130号	洞庭北路	800.00	划拨	常德基地
湖南—常德	老码头2#办公楼	武国用（91）字00130号	洞庭北路	650.00	划拨	常德基地
贵州－贵阳	贵阳基地	筑国有（2008）第00442号	乌当区野鸭乡阳关村	10000.00	划拨	贵阳基地
				98065.90	—	贵阳基地
合计				529138.22	—	

表 4-19-4　水电八局无账土地明细

属地	名称	土地证号	土地详细坐落地址	面积（平方米）	使用权类型	管理（使用）单位
湖南—东江	七处转角处空地	（97）字第 028 号	东江沿江路	2130.80	划拨	东江基地
湖南—东江	轧钢厂	（97）字第 031 号	东江沿江路	7175.10	划拨	东江基地
湖南—东江	北塘区四公司木线厂	（97）字第 012 号	东江望江路	44375.00	划拨	东江基地
湖南—东江	车检站对面	（97）字第 032 号	东江何家坪	660.50	划拨	东江基地
湖南—东江	砂石处	（97）字第 036 号	东江何家坪	42456.50	划拨	东江基地
湖南—东江	基础处	（97）字第 029 号	东江沿江路	49002.90	划拨	东江基地
湖南—东江	牛台山金结处	（97）字第 013 号	东江沿江路	28354.32	划拨	东江基地
湖南—东江	二处生活区	（97）字第 037 号	水电路	15540.80	划拨	东江基地
湖南—东江	修配厂	（2007）字第 071 号	竹山园	8941.43	划拨	东江基地
湖南—东江	运输公司	（2007）字第 0072 号	竹山园	6088.00	划拨	东江基地
湖南—东江	老 36 栋大院	（97）字第 013 号	文化路	14582.00	划拨	东江基地
湖南—东江	郴州招待所	郴州〔2002〕字第 1799 号	资兴市劳动路	924.40	划拨	东江基地
湖南—常德	桃林宿舍	武国用（91）字第 00129 号	德山莲池村	1851.50	划拨	常德基地
湖南—常德	老码头	武国用（91）字第 00130 号	洞庭北路	25169.83	划拨	常德基地
湖南—桃源	杨家坪农场	—		251748.00	—	常德基地
湖南—益阳	益阳职工住宅	益市国用（1992）字第 0452 号	湖南益阳	448.00	划拨	基地服务管理中心
贵州—乌江	安置房	遵县国用（2011）第 0429 号	乌江镇	19416.00	划拨	贵阳基地
贵州—乌江	廉租房	遵县国用（2011）第 0430 号	乌江镇	11517.00	划拨	贵阳基地
贵州—贵阳	贵阳钉子厂	筑国用（2008）第 20098 号	南明区望城路 230 号	11994.54	划拨	—
湖南—五强溪	五强溪医院	沅国用（2009）第 598 号	沅陵县五强溪镇乔子坪村	15589.30	国有划拨	—
合计				557965.92		—

二、房产

水电八局的房产，除各基地的职工住宅以外，主要是局机关办公楼和各生产经营单位的办公用房、车间、厂房、仓库以及其他经营场所，还包括工程局设在昆明、成都、上海、北京等城市的办事处的房屋。

据 2006 年底统计，水电八局各地和长沙市内局机关以及职工住宅区的房屋总面积为 84.97 万平方米，其中住宅楼 224 栋，住房 8290 套，共计 52.36 万平方米；各类公房 97 栋，面积为 32.61 万平方米。

南托基地房屋面积为 18.24 万平方米，其中住宅楼 46 栋，住房 2018 套，面积为 13.99 万平方米；各类公房 22 栋，面积为 4.25 万平方米。

东江基地房屋面积为 33.75 万平方米，其中住宅楼 80 栋，住房 2338 套，面积为 13.35 万平方米；各类公房 37 栋，面积为 20.40 万平方米。

常德基地房屋面积为 9.41 万平方米，其中住宅楼 38 栋，住房 1338 套，面积为 7.76 万平方米；各类公房 18 栋，面积为 1.65 万平方米。

贵阳基地房屋面积为 12.97 万平方米，其中住宅楼 44 栋，住房 1760 套，面积为 11.59 万平方米；各类公房 15 栋，面积为 1.39 万平方米。

武汉基地房屋面积为 5.45 万平方米，其中住宅楼 5 栋，住房 182 套，面积为 1.32 万平方米；各类公房 22 栋，面积为 4.13 万平方米。

水电八局机关和长沙市内职工住宅区（长沙市区）房屋面积为 5.15 万平方米，其中住宅楼 11 栋，住房 654 套，面积为 4.35 万平方米；各类公房 5 栋，面积为 8012.63 平方米。

成都办事处房屋 9 套，1511.28 平方米；昆明办事处房屋 7 套，605.85 平方米；北京办事处房屋 2 套，235.32 平方米。

2022 年 7 月，按照中国电建剥离资产专项清理行动要求，进行房屋资产清理登记，共清理房屋 155 处，建筑面积为 155879.06 平方米。其中上市房产 18 处，建筑面积为 30553.22 平方米；剥离房产 55 处，建筑面积为 55663.19 平方米，无账房产 82 处，建筑面积为 69662.65 平方米。见表 4-19-5、表 4-19-6、表 4-19-7。

表 4-19-5　水电八局上市房产明细

属地	名称	坐落位置	房产证证号	建筑面积（平方米）	管理（使用）单位
湖南—南托	基地服务中心办公楼	长沙县暮云镇南塘村第33、32栋全部	长房权证暮云字第709012363号 长房权证暮云字第709012364号	2666.35	基地服务管理中心
湖南—南托	南托基地变电房	暮云镇南塘村	长房权证暮云字第708007984号	312.79	基地服务管理中心
湖南—南托	拓海大楼	暮云镇南塘村	长房权证暮云字第708007987号	3578.52	基地服务管理中心
湖南—东江	东江厂—食堂	东江开放开发区竹山园301286幢	资房权证公字第00034216号	941.09	东江基地
湖南—东江	东江厂—办公楼	东江开放开发区竹山园301288幢	资房权证公字第00034217号	1088.37	东江基地
湖南—东江	东江厂—车间	东江开放开发区竹山园301306幢	资房权证公字第00034220号	402.14	东江基地
湖南—东江	东江厂—厂房	东江开放开发区竹山园301308幢	资房权证公字第00034222号	552.30	东江基地
湖南—东江	东江厂—厂房	东江开放开发区竹山园301310幢	资房权证公字第00034223号	661.02	东江基地
湖南—东江	东江厂—厂房	东江开放开发区竹山园301312幢	资房权证公字第00034219号	1428.87	东江基地
湖南—东江	东江厂—厂房	东江开放开发区竹山园301301幢	资房权证公字第00034230号	3582.60	东江基地
湖南—东江	东江厂—厂房	资兴市东江开放开发区竹山园	资房权证公字第00034226号	1208.16	东江基地
湖南—东江	东江厂—厂房	东江开放开发区竹山园301324幢	资房权证公字第00034227号	2171.58	东江基地
湖南—东江	东江厂—厂房	东江开放开发区竹山园301336幢	资房权证公字第00034228号	2523.85	东江基地
贵州—贵阳	贵阳基地办公楼	野鸭乡阳关村堰塘	筑房权证高新字第008347号	4185.56	贵阳基地
贵州—贵阳	贵阳厂—金工车间	野鸭乡阳关村堰塘	筑房权证高新字第008348号	2670.62	贵阳基地
贵州—贵阳	贵阳厂—综合车间	野鸭乡阳关村堰塘	筑房权证高新字第008349号	1370.40	贵阳基地
贵州—贵阳	贵阳厂—结构车间	野鸭乡阳关村堰塘	筑房权证高新字第008350号	1209.00	贵阳基地
合计				30553.22	—

表 4-19-6　水电八局剥离房产明细

属地	名称	坐落位置	房产证证号	建筑面积（平方米）	管理（使用）单位
湖南—南托	南托菜市场	暮云镇南塘村	—	1297.83	基地服务管理中心
湖南—南托	档案室平房	暮云镇南塘村	—	360.00	基地服务管理中心
湖南—长沙	长岭1号楼	雨花区城南中路2号	长房权证南自字第006926号	5597.38	基业常青
湖南—长沙	长岭2号楼	雨花区城南中路2号	长房权证雨花字第00389038号	4807.25	基业常青
湖南—长沙	长岭3号楼	雨花区城南中路2号	长房权证雨花字第00389037号	2159.67	基业常青
湖南—长沙	长岭配（变）电房	雨花区城南中路2号	长房权证南自字第007088号	32.58	基业常青
湖南—长沙	长岭锅炉房热水池、澡堂	雨花区城南中路2号	长房权证雨花字第00389038号	25.00	基业常青
湖南—长沙	长岭综合楼	雨花区城南中路2号	—	580.00	基业常青
湖南—长沙	长岭门卫	雨花区城南中路2号	—	25.00	基业常青
湖南—东江	多种经营办公室	东江水电路二管区	资房公字第13518号	235.86	东江基地
湖南—东江	东方KTV	东江水电路二管区	资房公字第13518号	300.00	东江基地
湖南—东江	门卫值班室	东江望江路四管区	资房公字第13581号	26.78	东江基地
湖南—东江	文艺室门卫值班室	东江望江路四管区	遗失	17.73	东江基地
湖南—东江	东江基地机关办公楼	东江望江路四管区	资房产权证13515号（原件遗失）	3878.53	东江基地
湖南—东江	多种经营小食堂	东江望江路四管区	—	253.11	东江基地

续表

属地	名称	坐落位置	房产证证号	建筑面积（平方米）	管理（使用）单位
湖南—东江	东江招待所	东江水电路二管区	资房公字第13526号	3656.52	东江基地
湖南—东江	电教楼	东江小东江六管区	资房公字第13682号	622.98	东江基地
湖南—东江	电教办公楼	东江小东江六管区	资房公字第13681号	799.52	东江基地
湖南—东江	办公综合楼	东江水电路一管区	资房公字第13385号	3033.34	东江基地
湖南—东江	原房产科办公楼	东江水电路一管区	—	357.72	东江基地
湖南—东江	职工俱乐部	东江水电路二管区	资房公字第13480号	3197.30	东江基地
湖南—东江	原东江教学楼	东江文化路二管区	资房公字第13469号	722.54	东江基地
湖南—东江	幼儿园食堂	东江文化路二管区	资房公字第13474号	176.24	东江基地
湖南—东江	幼儿园门卫	东江文化路二管区	资房公字第13475号	26.46	东江基地
湖南—东江	幼儿园用房	东江文化路二管区	资房公字第13473号	944.93	东江基地
湖南—东江	幼儿园用房（含办公）	东江文化路二管区	资房公字第13476号	1451.87	东江基地
湖南—东江	46栋值班室	东江文化路二管区	遗失	28.57	东江基地
湖南—东江	幼儿园教室	东江望江路四管区	资房公字第13564号	801.81	东江基地
湖南—东江	郴州招待所	东江劳动路2号	郴房权证市测区字第00030468号	3586.77	东江基地
湖南—东江	办公楼（砂石处）	东江何家坪	资房公字第13540号（原件遗失）	363.02	东江基地
湖南—东江	牛台山职教楼	东江何家坪	资房公字第13557号（原件遗失）	454.83	东江基地
湖南—东江	办公楼	东江何家坪	资房公字第13567号（原件遗失）	839.26	东江基地
湖南—东江	双职工杂房	经济开发区竹山园	—	86.00	东江基地
湖南—东江	东江医院门诊大楼	东江水电路一管区	资房公字第13439号	1191.09	东江医院
湖南—东江	东江医院放射科机房	东江水电路一管区	资房公字第13440号	1075.58	东江医院
湖南—东江	东江医院住院部用房	东江水电路一管区	资房公字第13441号	1635.95	东江医院
湖南—东江	东江医院洗衣机房	东江水电路一管区	资房公字第13442号	126.49	东江医院
湖南—东江	东江医院制剂室	东江水电路一管区	—	236.20	东江医院
湖南—东江	东江医院职工食堂	东江水电路一管区	资房公字第13445号	442.86	东江医院
湖南—东江	东江医院车库	东江水电路一管区	资房公字第13432号	41.96	东江医院
湖南—常德	常德基地老码头1#办公楼	德山开发区沿河路居委会	常房权证武字第0015480号	3354.42	常德基地
湖南—常德	常德基地老码头2#办公楼（新）	德山开发区沿河路居委会	—	2656.00	常德基地
湖南—常德	常德基地老码头配电房	德山开发区沿河路居委会	—	20.00	常德基地
湖南—常德	常德基地老码头厕所	德山开发区沿河路居委会	—	40.00	常德基地
贵州—贵阳	贵阳基地公厕	乌当区野鸭乡阳关村	—	30.00	贵阳基地
贵州—贵阳	贵阳基地单身楼	乌当区野鸭乡阳关村	—	559.52	贵阳基地
贵州—贵阳	贵阳基地老年活动室	乌当区野鸭乡阳关村	—	299.00	贵阳基地
贵州—贵阳	贵阳基地房管车库	乌当区野鸭乡阳关村	—	93.44	贵阳基地
贵州—贵阳	贵阳基地原基地办公室	乌当区野鸭乡阳关村	—	384.90	贵阳基地
贵州—贵阳	贵阳基地游艺室	乌当区野鸭乡阳关村	—	171.00	贵阳基地
贵州—贵阳	贵阳基地职工澡堂	乌当区野鸭乡阳关村	—	113.10	贵阳基地
贵州—贵阳	贵阳基地舞台	乌当区野鸭乡阳关村	—	291.20	贵阳基地
贵州—贵阳	科研所贵阳院试验楼生产	乌当区野鸭乡阳关村	—	2154.08	科研院贵阳所
贵州—贵阳	贵阳基地门卫及附属工程	乌当区野鸭乡阳关村	—	—	贵阳基地
合计				55663.19	—

表 4-19-7　水电八局无账房产明细

属地	名称	坐落位置	房产证证号	建筑面积（平方米）	管理（使用）单位
湖南—南托	南托房改房 28-601	长沙县暮云镇南塘村	长房权自第 2001—0182	58.80	基地南托物业
湖南—南托	南托房改房 29-404	长沙县暮云镇南塘村	长房权暮云第 00032650	57.95	基地南托物业
湖南—南托	南托房改房 4-401	长沙县暮云镇南塘村	长房权暮云第 00022262	53.83	基地南托物业
湖南—南托	南托房改房 7-606	长沙县暮云镇南塘村	长房权暮云第 715298303	62.24	基地南托物业
湖南—南托	J1 栋商业门面 101 号	长沙县暮云镇南塘村	长房权证暮字第 710001207—1210 号	122.19	基地南托物业
湖南—南托	J1 栋商业门面 102 号	长沙县暮云镇南塘村	长房权证暮字第 710001207—1209 号	122.19	基地南托物业
湖南—南托	J1 栋商业门面 103 号	长沙县暮云镇南塘村	长房权证暮字第 710001207—1208 号	122.19	基地南托物业
湖南—南托	J1 栋商业门面 104 号	长沙县暮云镇南塘村	长房权证暮字第 710001207—1207 号	107.56	基地南托物业
湖南—南托	基地原幼儿园平房	长沙县暮云镇南塘村	—	360.00	基地南托物业
湖南—常德	桃林宿舍 1	德山莲花池潘家湾	权证第 00015481	299.19	常德物业
湖南—常德	桃林宿舍 2	德山莲花池潘家湾	权证第 00015482	350.72	常德物业
湖南—东江	氧气房	经济开放开发区竹山园	资房权证公字第 13658 号	27.08	东江基地
湖南—东江	修理车间	经济开放开发区竹山园	资房权证公字第 13659 号	146.54	东江基地
湖南—东江	热处理车间	经济开放开发区竹山园	资房权证公字第 00034221 号	2580.54	东江基地
湖南—东江	澡堂	经济开放开发区竹山园	资房权证公字第 00034218 号	521.70	东江基地
湖南—东江	单身楼	经济开放开发区竹山园	13662 产权证号 301374	2521.41	东江基地
湖南—东江	单身楼	经济开放开发区竹山园	13663 产权证号 301376	2521.41	东江基地
湖南—东江	办公楼	经济开放开发区竹山园	13631 产权证号 301372	1349.06	东江基地
湖南—东江	车间	经济开放开发区竹山园	资房权证公字 13627 号	573.02	东江基地
湖南—东江	单身楼	资兴市小东江	资房公字第 13686 号	1810.46	东江基地
湖南—东江	办公室	资兴市小东江	资房公字第 13687 号	1810.46	东江基地
湖南—东江	老年活动室	资兴市小东江	房产证遗失	294.73	东江基地
湖南—东江	木线厂	东江望江路	资房公字第 13602 号	323.24	东江基地
湖南—东江	木线厂	东江望江路	资房公字第 13603 号	447.72	东江基地
湖南—东江	单身楼	东江望江路	资房公字第 13596 号	2532.75	东江基地
湖南—东江	单身楼	东江望江路	资房公字第 13597 号	2532.75	东江基地
湖南—东江	食堂	东江望江路	资房公字第 13600 号	870.71	东江基地
湖南—东江	浴室	东江望江路	资房公字第 13601 号	395.48	东江基地
湖南—东江	车间	东江望江路	资房公字第 13599 号	262.79	东江基地
湖南—东江	单身楼	东江水电路	资房公字第 13514 号	2196.66	东江基地
湖南—东江	澡堂	东江水电路	资房公字第 13516 号	396.49	东江基地
湖南—东江	老年活动室	东江水电路	资房公字第 13517 号	1200.47	东江基地
湖南—东江	澡堂	东江何家坪	资房公字第 13546 号	215.18	东江基地
湖南—东江	厂房	东江何家坪	资房公字第 13534 号	371.10	东江基地
湖南—东江	单身楼	东江何家坪	资房公字第 13538 号	727.99	东江基地
湖南—东江	仓库	东江何家坪	资房公字第 13536 号	641.43	东江基地

续表

属地	名称	坐落位置	房产证证号	建筑面积（平方米）	管理（使用）单位
湖南—东江	单身楼	东江何家坪	资房公字第13535号	727.99	东江基地
湖南—东江	办公楼	东江何家坪	资房公字第13539号	727.99	东江基地
湖南—东江	单身楼	东江何家坪	资房公字第13543号	727.99	东江基地
湖南—东江	食堂	东江何家坪	资房公字第13544号	662.51	东江基地
湖南—东江	单身楼	东江何家坪	资房公字第13549号	1034.96	东江基地
湖南—东江	行政仓库	东江何家坪	资房公字第13547号	664.44	东江基地
湖南—东江	锅炉房	东江何家坪	—	189.05	东江基地
湖南—东江	杂房	东江何家坪	—	181.83	东江基地
湖南—东江	单身楼	东江文化路	资房公字第13495号	2020.38	东江基地
湖南—东江	单身楼	东江文化路	资房公字第13494号	2043.42	东江基地
湖南—东江	食堂	东江沿江路	资房公字第13613号	745.33	东江基地
湖南—东江	仓库	东江沿江路	资房公字第13604号	119.92	东江基地
湖南—东江	办公楼	东江沿江路	资房公字第13605号	456.78	东江基地
湖南—东江	单身楼	东江沿江路	资房公字第13612号	3086.64	东江基地
湖南—东江	厂房	东江水电路	资房公字第13399号	1390.50	东江基地
湖南—东江	单身楼	东江水电路	资房公字第13401号	1561.22	东江基地
湖南—东江	厂房	东江水电路	资房公字第13402号	1404.18	东江基地
湖南—东江	厂房	东江水电路	资房公字第13403号	1163.83	东江基地
湖南—东江	原电修车间	东江水电路	资房公字第13404号	199.44	东江基地
湖南—东江	原仓库办公室	东江水电路	资房公字第13405号	133.82	东江基地
湖南—东江	厂房	东江水电路	资房公字第13406号	320.94	东江基地
湖南—东江	厂房	东江水电路	资房公字第13408号	1620.78	东江基地
湖南—东江	原钳工车间	东江水电路	资房公字第13409号	443.58	东江基地
湖南—东江	厂房	东江水电路	资房公字第13393号	783.42	东江基地
湖南—东江	科研所办公楼	东江水电路	资房公字第13395号	732.37	东江基地
湖南—东江	单身楼	东江望江路	资房公字第13568号	2685.14	东江基地
湖南—东江	单身楼	东江望江路	资房公字第13569号	2700.25	东江基地
湖南—东江	食堂	东江望江路	资房公字第13574号	774.66	东江基地
湖南—东江	单身楼	东江望江路	资房公字第13575号	2659.04	东江基地
湖南—东江	单身楼	东江望江路	资房公字第13576号	2659.04	东江基地
湖南—东江	集资房门面1	东江水电路	资房权证公字第00026151	86.80	东江基地
湖南—东江	集资房门面2	东江水电路	资房权证公字第00026152	86.80	东江基地
湖南—东江	集资房门面3	东江水电路	资房权证公字第00026153	74.90	东江基地
湖南—东江	集资房门面4	东江水电路	资房权证公字第00026154	74.90	东江基地
湖南—东江	集资房门面5	东江水电路	资房权证公字第00026155	86.80	东江基地
湖南—东江	集资房门面6	东江水电路	资房权证公字第00026156	86.80	东江基地
湖南—东江	集资房门面7	东江水电路	资房权证公字第00026157	86.80	东江基地
贵州—贵阳	舞台旁平房	贵阳市白云大道247-1号	—	140.00	贵阳基地

续表

属地	名称	坐落位置	房产证证号	建筑面积（平方米）	管理（使用）单位
贵州—贵阳	原工程公司二层楼	贵阳市白云大道247-1号	—	648.00	贵阳基地
贵州—贵阳	8栋后平房	贵阳市白云大道247-1号	—	259.00	贵阳基地
贵州—贵阳	青年楼至配电房平房25间	贵阳市白云大道247-1号	—	424.00	贵阳基地
贵州—贵阳	原幼儿园平房5间	贵阳市白云大道247-1号	—	115.00	贵阳基地
贵州—贵阳	基地配电房（现物业仓库）	贵阳市白云大道247-1号	—	118.00	贵阳基地
贵州—贵阳	菜场旁平房5间	贵阳市白云大道247-1号	—	84.00	贵阳基地
贵州—贵阳	原三分局设备维修中心	贵阳市白云大道247-1号	—	229.00	贵阳基地
湖南—沅陵	五强溪医院	沅陵县五强溪镇乔子坪村	沅房权证五强溪镇字第00017285	3452.38	常德基地
合计				69662.65	—

第二十章　审计监督

审计监督是企业治理及公司管理的重要组成部分，也是企业监督体系不可或缺的职能设计，为优化企业管理、完善内部控制以及推进有效的风险管控，履行着日益重要的职能。审计通过对本单位及所属单位财务收支、经济活动、内部控制、风险管理等工作实施独立、客观的监督和评价，促进完善治理、实现目标。

第一节　机构

1993年，东江、常德、贵阳3个分局成立审计室，承担所在片区审计工作，人员编制及经费属分局管辖。1994年，审计处与纪委、政治部合署办会，对外仍以审计室的名义从事相关的对外业务。1998年12月，按集团化要求调整管理体制，审计处作为一个重要的监督部门，由水电八局局长直管，党委副书记、总会计师协管，审计部门的职责权限落到实处。

2008年3月，撤销常德审计室。

2003年1月—2011年6月，林爱华任审计部主任。

2011年，撤销东江审计室，成立南托审计室。同时将贵阳审计室、南托审计室人员的人事关系，工资关系收归工程局管理，待遇与机关一致。

2011年7月—2013年12月，李跃林任审计部主任。

2012年，撤销贵阳审计室。

2014年2月，精简机关部门，纪检监察部与审计部合署办公，成立纪检监察审计部。何培章任纪检监察审计部主任。

2015年，常设二级单位（除教培中心）陆续成立审计部门，各二级单位明确1名财务办副主任专职负责审计工作，开始探索实施二级单位单设审计部。为加强总部对各单位审计业务的指导，总部审计部成员分别对口负责1~2家二级单位，对责任单位审计计划制订、审计实施、审计报告、审计整改等进行全过程指导和监督。

2016年，水电公司、基础设施公司、国际公司陆续单设审计办公室，其他单位的审计办公室与财务办合署办公。

2017年1月—2020年12月，张勇任纪检监察审计部主任。

2020年1月，纪检监察及审计职能分离，单设审计部。李超雄任审计部主任。

2022年2月，撤销各二级单位审计部门，审计职能收归总部，推进审计扁平化及垂直管理，构建"党委书记、董事长分管审计，审计部直管；二级单位党委书记、总经理主管审计整改，总会计师和总经济师任审计联络员"的审计组织体系，进一步增强工作独立性，翟睿任审计部主任。

2022年3月，成立审计与风险管理委员会，审计独立性进一步增强。

第二节 管理制度

2002年，印发《水电八局内部审计工作暂行规定》《水电八局内部控制制度审计办法》《水电八局领导干部任期经济责任审计办法》《水电八局联营联合项目审计管理办法》《水电八局经济效益审计管理办法》《水电八局内部审计质量控制管理办法》等文件，较大程度地完善审计制度体系。

2006年，印发《水电八局审计结果公告试行办法》，进一步推进审计成果应用，提升审计权威。

2009年11月，印发《水电八局投资项目审计办法》，实现对工程局业态的审计监督全覆盖。

2015年，印发《水电八局二级单位内部审计管理办法》，推进提升二级单位审计工作标准化建设。

2016年，印发《水电八局工程项目完工审计实施办法》，对完工项目的经营绩效、财务状况以及项目主要负责人履职行为等进行清查核实并给予综合评价。

2017年，印发《水电八局审计整改管理办法》，构建了"监审联动、以审促管"的监督体系，力保审计发现问题标本兼治，审计整改建议落到实处。

2018年，印发《水电八局内部审计工作评价办法（试行）》《水电八局问责追究工作实施办法》，进一步加强二级单位内部审计工作管理，提高内部审计工作质量和水平，扩大审计覆盖面，防范经营风险。

2019年，印发《水电八局委托审计管理办法》，进一步规范委托审计工作权限、工作程序，提高委托审计质量及实效。

2020年，印发《水电八局违规经营投资责任追究工作实施办法（试行）》，明确追责情形、追责流程和追责标准，着力解决审计"最后一公里"问题。

2021年，印发《水电八局内部审计工作评价管理办法》《审计档案管理办法》《优秀内部审计项目评选办法》，进一步加强二级单位内部审计工作管理，完善公司内部审计工作评价机制，提高内部审计工作质量和水平，推动内部审计工作转型升级，促进各单位实现制度化、规范化。

2022年，印发《水电八局违规经营投资责任追究工作总部职责分工》，进一步推动违规经营投资问题和线索办理工作制度化、规范化，细化移送范围，规范工作程序，建立健全职责明确的工作机制。

2022年，发布《审计管理标准化手册》，将审计流程、审计管理标准、审计作业标准以及违规经营投资责任追究标准等全面纳入标准化手册，实现审计制度流程化、表单化及标准化。对照制度"废改立留"标准，全面梳理审计制度，修订完善《违规经营投资责任追究工作实施办法》。

第三节 工作开展情况

水电八局自1985年设立审计处以来，随着公司的发展变化及管控要求，审计部门的设置及职能分工也进行同步调整，审计关注要点也相应地转变。从2002年的母体水电八局职能部门对联营体相关职能工作的检查监督，转变至2005年及之后的项目内控、二级单位效益审计和经营者离任审计等工作；从满足加大对联营体领导班子特别是项目经理责、权、利的考核力度的要求，到关注生产经营全过程特别是材料采购、劳务招标、设备竞标、管理费开支等重要环节的监控力度和深度的转变。

2008年，强化水电八局本部和分局的管控职能，通过采取纪检监察、内部审计、联合效能监察、查处违纪违规行为等各项措施，有效防范与控制经营风险和财务风险；通过完善内部控制制度，强化监督制约手段，加强廉洁自律教育，提高广大干部廉洁从业的自觉性，有效地预防和遏制各种违纪违规、损害企业行为的发生。

2010年，通过扎实推进内部审计，降低投资风险，规范投资行为，切实提高了企业执行力和抗风险能力。

自2019年开始，领导干部经济责任审计实现全覆盖，年度绩效审计与换届审计相结合，对单位负责人履职待遇、薪酬福利、经营成果进行审计，保证了经济责任审计的完整性和连续性。

2022年，为加强项目管控，提升总部管理穿透能力，领导人员离任审计及工程项目审计成为审计业务的重心。

2011—2019年获评由湖南省内审协会颁发的"2011—2013年全省内部审计先进单位""2014—2016年全省内部审计先进集体""2017—2019年度内部审计先进单位"。获得中国电建2015年度、2016年度、2017年度、2019年度内部审计先进单位荣誉。

据已有数据记载，2010—2022年，累计实施审计项目527个，审计发现问题5573个，提出审计意见5014条，违规责任追究24人次，具体见表4-20-1。

表 4-20-1　2010—2022 年审计工作开展情况

年份	经济责任审计项目数（个）	经济效益审计项目数（个）	内部控制审计项目数（个）	竣工审计项目数（个）	共计实施审计项目数（个）	审计发现问题数（个）	提出审计意见数（条）	违规责任追究（人次）
2010	4	2	3	4	13	53	50	—
2011	6	6	7	0	19	93	69	—
2012	4	5	5	1	15	60	55	—
2013	5	3	6	2	16	93	99	—
2014	6	10	9	2	27	71	71	—
2015	8	13	14	2	37	241	203	—
2016	6	12	14	1	33	188	152	—
2017	16	13	9	14	52	149	112	—
2018	19	21	18	13	71	867	827	—
2019	18	16	21	12	67	841	749	—
2020	7	22	10	14	53	585	489	—
2021	16	22	41	4	83	492	468	4
2022	4	18	9	10	41	1840	1670	20

第五篇 科学技术

- 第一章　科技进步与科研成果
- 第二章　水利电力技术
- 第三章　火电技术
- 第四章　新能源技术
- 第五章　绿色建材技术
- 第六章　基础设施技术
- 第七章　勘测设计技术
- 第八章　BIM技术
- 第九章　获奖
- 第十章　知识产权
- 第十一章　科研机构

第一章　科技进步与科研成果

科技是第一生产力，水电八局坚持"科技兴局、创新驱动"发展战略，科技水平和施工能力不断跃上新台阶。在混凝土高坝施工、混凝土双曲拱坝施工、碾压混凝土筑坝、大型人工砂石料生产、大型金属结构制作安装、大型水轮发电机组安装、基础处理和高边坡开挖等方面的技术一直位于国内前列。截至2022年底，已有342项重大科研成果获国家和省部级奖励，创造17项中国企业新纪录。

2005年获评中国行业十大影响力品牌。

2005—2013年，连续被中国水电授予"科技管理先进企业"。

2008年起，技术中心被认定为湖南省认定建筑业企业技术中心，并连续通过运行评价。

2009年起，连续被认定为"高新技术企业"。

2010年，获评"十一五"全国建筑业科技进步与技术创新先进企业。

2011—2016年，连续获评"中国施工企业管理协会科学技术奖""科技创新先进企业"。

2020年，装配式建筑研发团队被中国电建授予"创新争先奖"。

2021年，绿色建筑骨料研发团队被中国电建授予"科技创新先进集体"，获评"中国水力发电工程学会2017—2021年度学会工作先进集体"。

2022年，被中国电建授予"2021年度科技创新先进集体"。

第一节　科技规划

一、水电八局科技发展规划（2003—2006年）

2003年，按照中国水电《水利水电施工企业发展规划（2003—2010年）》的要求，根据《电力科技发展纲要》和《中国水利水电建设集团公司科技发展规划（2002—2010年）》，制定了《水电八局科技发展规划（2003—2006年）》，确定了局科研计划项目十大类共85项，分析了施工技术发展现状和存在的差距，主要内容如下：

（一）加强科技工作管理

1. 健全和完善科技管理体系，包括管理体制、机构及基础管理工作等。

2. 培养和造就一支高素质的专业技术人才队伍。重点选拔能代表局内专业技术水平的一级专业技术带头人30名，二级专业技术带头人50名，三级专业技术带头人80名。选拔和培养专业技术带头人后备人选120名。

3. 提高计算机应用技术，加强信息化技术在施工管理中的应用，实现办公自动化，建立覆盖全局的信息网络系统。

4. 完善工程局科学技术进步奖励制度。

5. 保证和落实科技经费的筹集和投入。财务安排科技发展基金，原则上每年按水电八局建筑业总产值的0.3%提取，专款专用，到2006年逐步达到或超过0.5%。属于工程项目的科研项目，要做好业主单位工作，筹集部分资金共同参与科技攻关，以达到获得科研成果的目的；对"新技术、新工艺、新设备"的推广应用的费用由项目自行解决。

6. 认真抓好科研项目的立项与落实，做好科研成果的鉴定与转化工作。

7. 努力争取国家级、省部级和中国水电的科研任务。

（二）科研课题项目

1. 混凝土及面板堆石坝施工技术科研项目8项。

2. 金属结构制造安装、发电机组安装及新产品技术开发项目29项。

3. 基础处理技术科研项目8项。

4. 开挖施工技术科研课题5项。

5. 模板设计与施工技术科研课题5项。

6. 人工砂石料生产、混凝土生产工艺科研项目11项。

7. 混凝土试验及大坝安全检测技术科研课题10项。

8. 公路及桥梁施工技术科研课题5项。

9. 计算机开发与应用科研课题3项。

10. 成本管理：全面实施预算管理和目标成本管理研究。

2003—2004年，全局共申报立项的科研项目89项，批准立项64项，投入资金616万元，已按合同要求完成，并取得了大量的科研成果，达到了促进技术进步、解决工程难题、提高企业经济效益的目的。

2003—2006年，水电八局有10个项目获得中国水电科研立项，共获中国水电科技项目经费资助320万元，分别占中国水电科研立项总数的8.10%、中国水电科技项目资助经费总额的12.90%。

二、水电八局科技发展规划（2006—2015年）

2007年，根据《中国水利水电建设集团公司中长期科技发展规划（2006—2015年）》和《水电八局发展战略》，制定《水电八局科技发展规划（2006—2015年）》，分析了施工技术现状，提出了科技发展指导思想，明确了科技管理、科技创新工作中长期目标，确定了科技开发及重点科技攻关方向，制定了具体保障措施。

（一）中长期目标

1.按照中国水电的科技创新组织体系要求，发展完善水电八局技术中心。集中研究事关水电八局发展的技术课题。通过组织建设、管理体制建设与科技创新机制建设使水电八局技术中心达到省部级技术中心标准。

2.积极开展科技创新与科技攻关，加强科技管理，为全面提高水电八局的核心竞争力、获利能力和可持续发展力，建设创新型企业，打造中国水电龙头企业及第一品牌，为实现科技人才最强，技术创新最强的目标提供坚强的技术支撑。

3.在巩固原有优势项目的基础上，通过与科研院校的联合等形式，建立技术引进、开发、应用的组织体系，使技术创新体系更趋完备。使混凝土筑坝技术、大型水轮发电机组安装技术、大型金属结构和机组埋件制作安装技术、基础处理施工技术、高陡边坡开挖与锚固、大型人工砂石料生产等方面继续保持国内先进和领先水平。

进一步拓展非水电领域。在抽水蓄能电站、地下工程、面板堆石坝、高速公路、桥梁、高层建筑、市政工程、机场、码头等领域的施工技术领域占有一席之地；逐步进入铁路、风力发电、核能等施工领域并掌握其施工技术；加强机电产品开发和国内外市场开拓。

4.全面掌握各类先进技术和先进设备，并逐步做到引进技术的再创新。

5.按照中国水电整体部署，积极开展国家和行业标准的（修订）制定工作，参与中国水电组织的水电标准国际化工作。

6.按照中国水电标准化战略，开展施工工法制定和研究，推行工法制度，逐步建立和完善企业工法。编制完成35个以上中国水电（省部级）工法和10个以上国家级工法，并推广应用。

7.按照中国水电科技成果知识产权战略要求，积极组织科技鉴定和自主创新成果专利申报工作，取得10件以上实用新型专利和2件以上发明专利。

8.积极争创1~2项鲁班奖，并每年获得：2~3项中国水电科研立项任务；1项省部级科研成果或科技进步奖励；1~2个省部级优质工程。

9.取得一批拥有自主知识产权的科技成果。通过自主研发和充分发挥工程局技术中心的作用，与科研院校广泛合作，通过原始创新、集成创新和引进、消化、吸收再创新，取得从基础理论、新技术、新工艺、新设备、新材料到综合技术等多方面的科技成果。并积极推广应用，促进科技成果转化。

10.加快信息化建设，建立水电八局技术数据资料库和项目管理数据库，逐步实现资源共享、资料共享、技术共享和总部支持。

（二）科技开发及重点科技攻关方向

1.混凝土筑坝技术研究。

（1）混凝土高拱坝快速施工关键技术研究。

结合水电八局已掌握的成熟高拱坝快速施工技术和经验，依托溪洛渡及构皮滩坝工程，进一步深入开展有关施工机械设备配置、坝肩地质缺陷处理、混凝土置换洞开挖浇筑、固结灌浆、接缝灌浆、混凝土初中后期冷却、模板工程、孔口施工工艺、金结制造安装和混凝土浇筑及温度控制等高拱坝快速施工关键技术研究。并与有关科研院校合作，进行拱坝施工仿真技术研究，促进拱坝施工组织管理达到世界先进水平，总结形成完善的高拱坝施工工法。

（2）混凝土配合比研究：深入进行各种环境下（高温、寒冷）混凝土配合比及性能研究，继续研究低热混凝土、微膨胀混凝土、掺和料和新型高效外加剂。

（3）继续研究混凝土温控防裂技术。

继续通过工程实践，因地制宜地研究和推广应用先进的骨料二次风冷技术、水冷（组合模块式）加风冷的骨料预冷技术，包括高温条件下温控施工技术和低温高寒条件下保温防冻、温控防裂技术研究。结合工程实践，进一步研究高坝温度控制技术，逐步完善混凝土坝施工期温控措施，总结其规律和实践成果。

（4）继续进行抗冲耐磨高强混凝土施工技术和特种混凝土施工技术研究。

（5）新型模板及滑模施工技术研究：对面板材料与系列、支撑结构及构造、通用化工具化程度、设备的配套和运行可靠性、专业化生产、现场施工管理等方面进行深入研究并有所发展。

（6）进一步提高钢筋连接的机械化程度，推广应用高效钢筋连接技术。

（7）全面掌握和总结各类大型混凝土施工机械设备施工技术。包括大型混凝土拌和及混凝土水平、垂直运输机械设备等，促进混凝土拌和机械设备的大型化、实用化、自动化和混凝土运输设备的水平、垂直运输一体化发展，综合发挥高速皮带机、布料机、塔带机、顶带机、塔机、门机、缆机、混凝土输送泵、真空溜槽、MY-BOX等各种运输设备的优势。

2. 碾压混凝土筑坝技术研究。

碾压混凝土施工技术虽日趋完善，但在碾压混凝土入仓、夏季高温季节施工技术、变态混凝土加浆施工设备及工艺、冷却水管埋设及冷却工艺、掺和料、碾压混凝土防渗技术等方面仍有待进一步探索和改进。

（1）进一步深入进行碾压混凝土施工机械设备研制。重点研究碾压混凝土入仓运输及快速施工技术。结合工程实践，研究高陡边坡条件下混凝土垂直运输入仓方式及新工艺、新设备。

对变态混凝土在碾压混凝土摊铺中加浆工艺、加浆设备、浆体计量装置等进行研究。依托工程实践进行探索，达到变态混凝土的机械化、标准化、规范化的快速施工目的。

（2）高性能碾压混凝土研究。在配合比设计方面，粉煤灰掺量仍有加大的余地，加强高掺粉煤灰碾压混凝土长龄期性能研究及应用。

（3）继续开展掺和料研究与应用。探索适合碾压混凝土施工的新的掺和料。

（4）继续深入进行全断面三级配碾压混凝土自身防渗施工技术研究，逐步在中低碾压混凝土坝及围堰工程中推广应用。

（5）总结100米级碾压混凝土高拱坝的建设经验与技术成果，推动碾压混凝土高拱坝向200米级发展。

3. 土石坝施工技术研究。

认真总结已建土石坝（东洛、巴罗塔）和沥青心墙土石坝（内蒙古三座店）等施工技术及经验，依托工程进行高土石坝、面板堆石坝和沥青心墙土石坝施工技术研究。争取在高土石坝和高面板堆石坝领域实现突破，掌握相应的快速筑坝施工技术。

4. 土石方开挖与支护施工技术研究。

（1）推广应用工程爆破新技术、新材料、新机具、新设备。继续研究构筑物永久边坡或建基面开挖爆破技术。进一步做好聚能预裂爆破新技术试验研究、成果整理、鉴定及推广应用。继续开展优化级配料开采技术研究。

（2）继续开展高陡边坡开挖稳定问题研究。深入研究高边坡开挖支护技术和锚固快速施工技术，研究总结混凝土大型抗滑桩、混凝土沉井、堆积体深长锚索施工等施工技术。

（3）研究水下爆破施工技术。开展预留深岩埂和大型混凝土挡水围堰拆除爆破技术和深水清渣研究，重点研究爆破震动安全控制标准、防护措施和深水爆破技术。

（4）研究地下厂房施工技术及复杂地质环境下大型地下洞室施工工艺。

5. 人工砂石料生产技术研究。

（1）特殊复杂地形地质条件下大型人工砂石系统的布置研究。

根据小湾工程和已建的二滩工程的成功经验，进一步总结和发展特殊复杂地形地质条件下大型人工砂石系统的布置研究，向地上、地下发展，以空间换平面，以减少占地面积。

（2）硬岩制砂技术研究。

依托在建工程，开展硬岩制砂技术研究。通过引进开发新设备、改进生产工艺，降低生产成本、减少设备磨损，提高硬岩制砂技术的水平。

（3）干法、半干法和湿法生产工艺研究。

继续对干法、半干法和湿法生产人工砂石料的工艺进行研究，重点研究发展干湿法相结合的生产工艺，有效解决粉尘污染、废水处理人工砂石料生产的技术瓶颈，实现绿色环保施工。

（4）废水处理工艺研究。

依托在建的人工砂石料生产系统，进一步深入研究和攻关，探索采用更先进的废水处理工艺和可靠设施，降低废水处理成本，提高处理效果。

（5）移动式破碎设备的应用研究。

进行人工砂石料移动式破碎设备的应用研究工作，推动移动式破碎设备在中小型工程中的应用与发展。

6. 基础处理。

（1）继续完善无盖重固结灌浆技术、无盖重固结灌浆+引管工艺与有盖重固结灌浆工艺等综合应用技术研究。

（2）接缝灌浆及后冷技术、工艺研究。后冷工艺及设备模块式配套及布置研究，冷却水管埋设及布置优化研究。

（3）继续进行深厚覆盖层地基防渗和加固处理技术研究：引进、消化吸收深厚覆盖层加固及防渗处理施工设备和施工工艺，完善防渗体防渗效果检测技术。

（4）总结土石围堰防渗施工技术，进一步探索在大块石架空层等特殊地质条件下进行土石围堰防渗新技术研究；根据不同地层的地质特性，研究适用高防渗性能和高施工性能的新材料；进一步总结高喷灌浆、塑性灌浆、膏状浆液灌浆、水泥水玻璃双液控制性灌浆、膜袋灌浆、混凝土防渗墙、化学灌浆等施工工法的适用地层；研究各新材料和新工法的施工机械、施工技术和工艺；研究在高水头、大流量、短渗径、高流速的情况下采用综合防渗处理技术的可行性和施工工艺。

（5）继续开展广泛应用于堤防及病险水库加固处理的深层搅拌水泥土防渗墙、薄型混凝土防渗墙、水泥灌浆、黏土灌浆、高压喷射灌浆、自凝灰浆防渗墙、振冲加固等防渗技术研究。

（6）继续开展岩石坝基帷幕灌浆技术研究和软弱岩带高压固结灌浆、水工隧洞围岩高压固结灌浆技术研究。

7.金属结构制作和机组安装技术。

（1）大型水轮发电机组安装和调试技术研究。

（2）以黑糜峰机电安装工程为依托，开展可逆式抽水蓄能机组安装技术研究。

（3）大型金属结构制造技术研究。继续研究高水头、大水压力各型闸门的制造、安装技术，研究高强度钢在水工金属结构制造、安装中的焊接、加工、应力处理技术，提高金属结构制造安装的整体质量。

（4）机组埋件制造以及机组部件如座环、管形座等的制造、加工技术研究。

（5）蜗壳安装现场采用自动焊的焊接技术研究。

（6）进一步开展自动焊接技术及其在安装工况下的应用研究。

8.机电产品开发。

发挥公司在机电产品制造方面的技术、人才、设备优势和充分利用公司与施工实践结合紧密的优势，加强筹划、制定规划，抓好产品、零配件的研制开发与营销工作。

（1）改进和完善现有砂石设备产品，并在此基础上开发出相应的衍生配套系列产品。

（2）完善和开发幅度达30米到60米的布料机系列产品。

（3）加大对市场的调研力度，加强与院校和科研等机构合作开发环保产品，如废水处理和石粉回收设备等。

9.非水电领域。

（1）认真总结水南高速公路高架桥施工技术，继续开展超大跨径桥梁、立交桥施工技术研究，特别是关键部位的施工技术与质量控制技术研究；引进、掌握高层建筑施工技术。

（2）依托惠州、黑糜峰抽水蓄能电站工程，逐步掌握抽水蓄能电站施工技术；依托内蒙古三座店工程，掌握沥青混凝土筑坝施工技术；依托南水北调工程施工，做好大型预应力混凝土渡槽等相关技术科研攻关。

（3）进行铁路（含高速铁路）、桥梁、市政工程、环保（污水处理）等方面的施工技术研究。开展特殊地质条件下公路与铁路建设技术以及山区长、大公路隧道修筑技术研究。

（4）开展风电设备安装技术研究。开展风机基础复合地基处理技术研究、风机基础深基础地基加固技术研究、吹填技术研究等。

10.研究与国际工程特点相适应的技术和质量管理模式。

研究完善国际工程风险评估体系，充实和完善国际工程资料库，特别是收集相关国际标准、规范、合同文本，做好国际规范、技术基础工作和技术支持研究。完善国际工程项目质量管理体系。

三、水电八局"十三五"科学与技术发展规划

2017年，根据《中华人民共和国国民经济和社会发展第十三个五年规划纲要》、《国家创新驱动发展战略纲要》、《中共中央、国务院关于深化体制机制改革加快实施创新驱动发展战略的若干意见》、全国科技创新大会精神、中央企业科技创新工作会议精神、《"十三五"国家科技创新规划》、相关行业"十三五"发展规划和《中央企业"十三五"发展规划纲要》、《中国电力建设集团有限公司"十三五"发展规划》及相关子规划、《中国电力建设集团有限公司"十三五"创新驱动发展战略》、《中国电力建设集团有限公司"十三五"科学与技术发展规划》，结合企业实际，对公司科技发展现状和面临的形势、科技发展指导思想、基本原则、发展目标、重点工作、保障措施等进行了全面系统研究，编制并发布了《中国水利水电第八工程局有限公司"十三五"科学与技术发展规划》。

该规划从科技投入、体系建设、技术研发、创新成果、人才队伍建设等方面总结了水电八局"十二五"科技创新发展成就与存在的问题，分析了当前科技创新所面临的形势、发展机遇和挑战；根据水电八局发展战略目标和资源能力，明确了总体指导思想、基本原则、主要目标，并着力实施"研发平台建设工程、重大技术攻关工程、体制机制创新工程"等建设；根据水电八局发展业务定位和发展策略，按"水电水利技术、火电施工技术、基础设施技术、水资源与水环境治理技术、新能源技术、信息化技术、大型施工装备应用与维护、其他战略性新兴产业"八个领域，通过重大技术研究、依托重大或示范工程及技术创新平台建设，在各技术领域形成科技创新体系；提出了加强科技创新的保障措施。

（一）科技发展目标

保持在电建集团的科技进步领先地位，力争行业科技进步领先。到2020年，水电八局自主创新能力明显提升，技术创新体系和体制机制更加完善，科技人才队伍更加合

理，力争建设成为湖南省创新型企业，一批关键技术攻关取得重大突破，一批重大科技成果达到国际领先水平，一批研发平台达到国内先进水平，保持水电水利建设领域的技术整体领先优势，将铁路、地铁、基础设施、火电、新能源等战略业务培育为公司核心业务，施工技术达到行业先进水平；努力拓展住宅产业化、海绵城市、城市综合管廊等新兴业务领域，并力争实现技术突破。围绕上述目标，着力实施创新型企业建设工程、研发平台建设工程、重大技术攻关工程、科研成果推广应用工程、体制机制创新工程"五大工程"，取得以下明显成效：

1.创新能力明显提高。

力争建设成为湖南省创新型试点企业，技术创新体系更加系统完善，研发人员占从业人员比重不断提升，科技进步贡献率不断提高。

2.研发平台能力显著增强。

按照公司业务领域技术发展需求，建立一批布局合理、规模适度、技术先进、功能完备、运行高效的研发平台。

3.科技成果产出成效显著。

取得一批高水平、高质量科技成果，获得省部级科技进步奖40项，获得授权专利达300件；获得省部级工法100项以上；制（修）订国家、行业标准5项以上；EI、SCI检索期刊发表论文10篇以上。

4.创新体制机制进一步完善。

建立科技投入稳定增长的长效机制，研发运行机制顺畅，科技成果转化高效，创新人才的激励机制和科技创新的考核评价体系机制进一步完善，良好的创新环境和创新文化基本形成，企业创新的内生动力明显增强。

（二）重大技术攻关

着力突破一批关键核心技术，积极承担一批集团重点科研任务，努力掌握一批自主知识产权。重点发展领域包括八个方面：水电水利技术领域、火电施工技术领域、基础设施技术领域、水资源与水环境治理技术领域、新能源技术领域、信息化技术领域、大型施工装备应用与维护领域、其他战略性新兴产业领域。

1.水电水利技术领域。

水电水利业务是公司的传统主业，保持水电建设领域技术核心的领先优势，是实现公司创新驱动战略的重要基础。

（1）施工导（截）流与度汛工程技术研究。

1）结合工程建设，开展大江大河的高流速、大流量、大水深、高抛投强度的高难度截流工程技术研究。

2）加大水电施工防洪度汛安全技术研究，提高预防技术的研究水平。

3）针对防渗体质量通病，研究处理的新技术、新工艺、新材料、新设备。

4）继续开展新型围堰施工研究。

（2）人工砂石料生产技术研究。

1）高寒地区人工砂石系统的设计研究。高寒地区海拔高、气温低、含氧量少，人员和设备生产效率低。主要研究内容有：优化加工系统生产工艺，减少生产人员和设备投入；研究高效加温保温措施满足低温季节生产要求。

2）国际工程人工砂石系统的设计研究。针对国际工程是在欠发达地区，当地设备材料和熟练工人少，工程前期工作研究深度差，系统建设工期短的特点，重点研究人工砂石系统标准化、模块化、快速施工。

（3）高边坡施工技术研究。

1）高边坡开挖施工规划。开展建筑物布置要求、支护工作量与工程进度等之间的关系，开展可供大型设备转移通道研究、推行复杂高边坡安全控制机制和信息化动态施工体系施工规划研究等。

2）高边坡施工设计。边坡施工期稳定安全、施工质量，制定合理的开挖出渣和支护方案，做到施工方案综合优化等。

3）高边坡开挖爆破。针对不同施工条件，研究高边坡开挖爆破施工及爆破振动控制措施、爆破参数和相应的标准等。

4）在爆破技术尤其是精细爆破技术方面，对"量化设计、精心施工、全程监控、科学管理"等进行研究。

5）高地应力。结合高地应力坝基部位的开挖试验和施工实践，开展高地应力条件下的边坡开挖施工技术研究等。

（4）高坝工程施工设计关键技术研究。

高坝工程施工设计关键技术研究的主要内容包括：

1）地基处理与渗流控制工程。

①复杂地质条件坝基固结灌浆施工。重点研究河床坝基无盖重固结灌浆技术、岩石盖重条件下柱状节理玄武岩固结灌浆施工技术、针对坝体廊道复杂环境的固结灌浆施工技术。

②超深基础帷幕灌浆施工。重点研究超深帷幕孔高效钻进及孔斜控制技术、灌浆工艺改进及不良地质条件下灌浆技术。

③深厚覆盖层围堰防渗处理。重点研究在水流较大、架空严重的地质条件下的防渗方式、堵漏材料及工艺技术，深厚覆盖层混凝土防渗墙成槽工艺、浇筑技术及缺陷处理措施等。

④水泥灌浆智能化及节能减排技术。重点研究制浆及灌浆全过程智能化控制技术、制浆灌浆成套装备、废水处理技术。

⑤灌浆质量控制技术和方法的总结和研究，创新灌浆技术，优化灌浆工艺等。

2）岩溶区堵漏及防渗工程。

①深厚覆盖层下多层溶洞发育区快速防渗技术。主要研究快速成孔，根据不同岩溶发育采用不同的堵漏材料和灌注技术。

②地下暗河及大型岩溶管道堵封。主要研究在存在压力水、大流量条件下大型岩溶管道及在暗河无法进入的条件下的勘探及封堵材料、方式及加固技术。

3）施工场地布置。包括临时营地、永久营地等各施工场地的泥石流等不良地质治理方案和突发事件应急方案等。

4）大体积混凝土智能化施工设计。重点研究混凝土施工信息化平台建设、智能化混凝土温度控制技术，以及复杂边界条件下施工进度仿真与控制技术研究。

5）大风等特殊气候环境下混凝土施工设计。包括施工影响等级评价模型和施工效率影响分析研究、混凝土质量影响和控制措施研究、安全施工影响和对策研究、主动式减风装置研究、施工区大风预警预报系统研究。

6）进一步发展和提高碾压混凝土筑坝技术。

①探索和改进碾压混凝土入仓、夏季高温季节施工技术、变态混凝土加浆施工设备及工艺、冷却水管埋设及冷却工艺、仓面喷雾设备研制等，进一步深入进行碾压混凝土仓面施工机械设备研制开发，如长距离皮带机输送保温装置等研制和研究，推广简易切缝机等。

②针对碾压混凝土温度控制措施日趋复杂之势，在保证温控目标的情况下进行系统总结优化，简化温控措施。

③继续进行CSG筑坝技术研究，完善其配合比设计及施工工艺，逐步推广应用于中低坝和围堰工程。

7）面板堆石坝、沥青心墙坝、砾石心墙坝施工关键技术研究。

（5）高寒、高海拔地区水电站施工关键技术研究。

高寒、高海拔地区水电站施工关键技术研究的主要内容包括：

1）高海拔、高寒地区大坝、厂房工程混凝土快速施工关键技术研究。通过对大坝、厂房工程等混凝土的运输及入仓方式的研究，探索出满足高海拔、高寒地区混凝土快速施工的机械设备配套措施，以减少人员、设备的降效影响，确保施工进度。

2）高海拔、高寒地区电站大坝、厂房、导流建筑物等大体积混凝土温控防裂施工的关键技术研究。主要内容包括：

①抗冻抗裂混凝土配合比的研究，冬季施工时，对混凝土的原材料、配合比的可行性研究和论证，如何满足高寒地区冬季施工中的混凝土性能指标，提高混凝土抗冻抗裂性能和耐久性能。

②冬季施工期长，昼夜温差大，寒潮频繁，大坝混凝土表面的保温研究，防止混凝土开裂及早期受冻研究。

③夏季施工时，混凝土温度控制，减少混凝土内部水化热升温，避免混凝土温度过高、内外温差过大而产生温度应力裂缝，尤其是贯穿性裂缝产生等研究。

3）高海拔、高寒地区大坝、厂房工程混凝土施工质量"数字化、智能化"控制技术研究。通过对原材料检测，混凝土生产、运输、浇筑和温度智能控制等数据进行全面收集，实现"实时、在线、全过程"的管理和控制，结合监测数据，对混凝土温控、应力、开裂风险等进行分析，提出预警和预控措施。

4）高海拔、高寒地区深厚覆盖层防渗墙混凝土关键技术研究。主要内容包括防渗墙成孔与混凝土浇筑方法、墙下灌浆及检测、施工进度，以及缺陷评估与处理措施。

（6）大型地下洞室群施工关键技术研究。

大型地下洞室群施工关键技术研究的主要内容包括：

1）地质预报与防护。重点研究隧洞超前地质预报技术、计算机仿真技术、地质灾害防治技术。

2）大型地下洞室群开挖。重点研究高外水压力地下突涌水治理技术，进一步研究长隧洞钻爆法快速施工技术、深埋长大水工隧洞施工通风技术、非爆破开挖技术（如反井钻、盾构、TBM施工技术等）。

3）大型地下洞室群支护。重点研究地下洞室群围岩稳定控制技术、超大洞室群支护技术和新型喷锚支护材料等。

4）工程安全监测反馈分析研究，建立普遍适用大跨度、高边墙地下洞室群工程的特殊性和复杂性的围岩稳定评判标准；使围岩稳定与支护效应快速评价、动态反馈及优化设计，构建基于物联网的信息技术平台。

（7）水电站大型机组安装技术研究。

水电站大型机组安装技术研究的主要内容包括：

1）立式水轮机安装。1000兆瓦混流式水轮机安装工艺和控制标准。

2）立式水轮发电机安装。1000兆瓦全空冷发电机装配技术，提出其装配技术的规程、技术标准和检测要求；进一步研究斜元件结构安装工艺技术和提高转子现场装配质量及防磁极线圈松动甩出措施等。

3）可逆式抽水蓄能机组安装。400兆瓦级机组的转子装配工艺和双向推力轴承安装调整技术，以及继续开展首台机组首次采用水泵工况启动试验的技术研究等。

（8）金属结构制造及安装技术研究。

超大总水压力深孔弧门、链轮门现场制造工艺技术和安装技术。80千克级以上高强钢用于水工金属结构及压力钢管、蜗壳等部件的焊接工艺等。

（9）大型水电站升船机安装技术研究。

大型垂直升船机安装技术研究的主要内容包括：大型垂直升船机安装，上下闸首对接密封装置、锁定及拉紧装置等设备安装工艺技术研究；承船厢设备安装方案及技术措施研究；主提升设备的刚性同步轴安装、平衡重装置及系统设备安装、电气传动系统设备安装等重要环节，允许偏差规定值及控制标准研究；升船机整体运行前无水联合调试和有水联合调试，安装方案及调试步骤，安装工艺流程、控制精度及技术标准等。

2.火电施工技术领域。

（1）总结印度尼西亚齐、委内瑞拉新中心电厂施工和管理经验，形成公司海外EPC项目的管理模式。

（2）依托委内瑞拉巴里纳斯重油电厂项目，开展大型多燃料重油发电施工技术总结研究。

（3）依托马来西亚康诺桥、凯德隆项目，开展联合循环电站建设关键技术研究。

3.基础设施技术领域。

加大基础设施业务板块的技术研究，为基础设施领域业务发展提供技术支撑。重点开展"铁路和城市轨道交通业务技术、路桥与市政工程业务技术、工业和民用建筑业务技术、水资源与水环境治理技术、城市综合管廊关键技术"五个方面的关键技术研究，实现公司基础设施业务技术跨越发展。

（1）铁路和城市轨道交通关键技术研究。

1）铁路施工关键技术研究的主要内容包括：

①铁路路基施工关键技术。CFG、预应力管桩、旋喷桩、搅拌桩、碎石桩等软基处理技术，高填方和深路堑施工技术，改良土填筑施工技术，过渡段施工技术。

②铁路特殊桥梁的关键施工技术。主要进行深水基础、超高桥墩、转体施工、箱梁移动模架施工、悬拼施工、大跨度桥梁（如连续梁、钢桥、拱桥、斜拉桥、组合结构桥等特殊结构）施工技术研究。

③铁路特殊隧道施工关键技术研究。主要进行大断面隧道施工技术、3000米以上长隧道快速施工技术、不良及特殊地质（软弱围岩、煤矿瓦斯、高地应力、突泥突水、冻土、黄土等）隧道施工技术、特殊结构形式（连拱、双线及以上断面结构）隧道等施工技术研究。

④铁路箱梁制运架施工技术、无砟轨道板的快速预制施工技术。

2）城市轨道交通关键技术研究的主要内容包括：

①BIM技术在地铁前期、车站施工中的推广应用研究。

②复杂场地条件下地铁车站盖挖逆作施工综合技术研究。主要进行盖挖逆作和半盖挖顺作施工技术研究。

③地铁车站二次结构和车站砌体结构的装配式技术研究。

④地铁盾构区间近距离下穿既有建构筑物施工关键技术研究。主要进行近距离下穿既有运营中的地铁、既有房屋基础、既有铁路公路隧道、既有铁路公路桥梁基础、既有市政管网等方面的技术研究。

⑤地铁盾构区间穿越各种复杂地质条件关键技术研究。主要进行穿越大江大河、湖泊、软弱淤泥层（天津、上海地区地层）、富水砂砾层、孤石地层、上软下硬地层施工技术研究。

⑥泥水平衡施工技术研究。

⑦大直径盾构施工技术研究。

⑧盾构法空推施工技术研究。

⑨地铁桩基托换施工技术研究。

⑩地铁大直径顶管施工技术研究。

⑪冻结法施工技术研究。

⑫混凝土管片预制施工技术研究。

⑬地铁施工技术标准化管理研究。

⑭地铁施工信息化管理系统研究。

（2）路桥与市政工程关键技术研究。

1）特殊地质路基施工技术研究（包括深厚淤泥质软土路基处治、大面积淤泥质土快速加固、高陡边坡灾变监测及预警、半挖高陡路堑边坡开挖与加固等技术研究）。

2）公路、市政特殊桥梁施工技术研究（包括深水、大跨度、超高桥墩、特殊结构等方面），桥梁全寿命健康监控系统研究，旧桥及病害桥梁维修加固技术。

3）公路、市政特殊隧道施工关键技术（包括特长、各种不良及特殊地质、特殊结构形式等方面），在建隧道灾害综合监测预警、灾后受困人员生命信息辨识定位以及隧道灾后结构损伤修复等技术研究。

4）路面施工关键技术研究（包括双层不同级配混凝土路面一次成型和快速施工技术，耐候性强、强度高、环保路面施工技术研究，半刚性路面应力吸收层橡胶改性沥青现场制备施工技术研究等），等级公路路面结构和长期性能研究（包括路面早期病害防治技术、路面施工质量检测技术等）。

5）新材料应用研究（包括高性能混凝土、高智能混凝土、自防水混凝土、高性能沥青混凝土、机制砂、新材料路基路面等方面应用研究，高性能混凝土抗冻、防裂抗蚀增塑剂研究）。

(3) 工业和民用建筑关键技术研究。

工业和民用建筑关键技术研究的主要内容包括：

1) 绿色、节能建筑施工技术研究，智能综合建筑施工组织技术研究。

2) 高层建筑垂直运输机械装备的技术开发与研究，高层、超高层通用施工技术研究（包括深基坑支护、混凝土、垂直运输、防护及质量通病等方面）。

3) 城市内市政设施密集地区地下建筑施工技术研究。

4) 建筑工业化及产业化研究（装配式建筑等）。

5) 绿色建筑设计技术，建筑节能技术研究与应用。

6) 智能建筑和智能化社区相关技术研究。

7) 建筑设施BIM三维可视化设计与应用研究。

8) 建筑地下空间开发利用研究。

(4) 城市综合管廊关键技术研究。

城市综合管廊关键技术研究的主要内容包括：综合管廊总体设计关键技术，预制装配式和预应力综合管廊建设关键技术，基于地理信息系统（GIS）和建筑信息模型（BIM）技术的综合管廊建设全过程应用研究，综合管廊的节能减排技术，综合管廊的智能化监控技术，综合管廊的施工技术与控制措施研究。

4. 水资源与水环境治理技术领域。

水资源是经济和社会可持续发展的重要物质基础。我国水资源严重短缺，水资源综合利用率低，急需大力加强开发利用技术研究，提高水资源利用率。严重的城市水环境污染和土壤污染问题，不仅成为制约中国经济发展的重要问题，还直接危害城市居民健康和城市生态安全。

在水资源与水环境治理技术领域，重点开展海绵城市、环境治理两个方面的关键技术研究，实现从技术跟随到技术引领的跨越。

(1) 海绵城市关键技术研究。

1) 基于海绵城市的雨水综合利用关键技术研究。

基于海绵城市的雨水综合利用关键技术研究的主要内容包括："生态海绵"地区的技术体系研究，绿地改造利用技术研究，以绿地为主要空间的雨水综合利用技术研究，雨水的生态海绵、建筑材料海绵技术吸收渗透方式研究。

2) 区域防涝与海绵城市建设的结合研究。

区域防涝排涝设计建设是基于现有的规范规程，针对近期常见的"内涝"现象，利用海绵城市建设的思路、研究提出人工和自然、生态和工程、地上和地下的结合的防涝排涝研究成果。

(2) 环境治理关键技术研究。

1) 水环境治理关键技术。

主要进行大面积管网开挖回填技术及施工组织、立管安装安全施工技术以及拖管、顶管施工技术研究。

2) 土壤修复关键技术。

3) 地下水污染防治技术。

4) 垃圾处理处置技术。

5) 城镇污水设施处理施工关键技术。

5. 新能源技术领域。

(1) 风电施工技术。

1) 继续总结完善内陆及沿海滩涂地区风电施工技术，从基础施工、塔筒制作和风机安装等单个环节向全产业链延伸，形成总包实力，强化市场竞争力。

加强风电塔筒、基础环等相关配套部件制造技术研究，完善自动化生产流程，提高生产效率；研究风电安装施工技术，重点研究高山超重、超大部件的高空设备运输及吊装技术。

2) 加强海上（潮间带）风电施工技术的引进、消化与吸收，研究掌握海上风电施工技术，完成技术储备。有针对性地开展海上风电超大直径钢管桩沉桩技术、海上风机安装施工技术和海底电缆铺装技术前瞻性研究。

(2) 光伏电站施工技术。

研究光伏电站施工技术，依托加纳光伏地面电站项目，研究掌握塔式、槽式太阳能光伏电站施工关键技术研究。

6. 信息化技术领域。

随着计算机和互联网技术的发展，信息化技术在工程建设领域的应用越来越广泛。信息化技术的应用，对于改进工程施工和管理流程、提高工作效率和产品质量，具有十分重要的作用。

在信息化技术领域，根据公司信息化技术发展总体部署，结合公司业务发展需要，重点开展基于BIM的信息化管控技术、施工机械和设施智慧化研究。通过掌握、推广BIM技术，推动项目管理水平升级。

7. 大型施工装备应用与维护领域。

进一步加强对大型施工装备的应用与维护技术研究，包括门塔机、缆机、大型拌和系统、桥梁提运架设备、TBM、盾构、履带式起吊设备、大型轮胎吊等。

8. 其他战略性新兴产业领域。

(1) 矿山和民用工程人工砂石系统的设计研究。

大力开发建设矿山和民用工程人工砂石系统是公司未来砂石产业转型升级和生存发展的必由之路，矿山和民用工程人工砂石系统设计研究的主要内容有优质砂石骨料加工技术、骨料级配灵活调整技术、骨料装卸运输技术。

开展建筑骨料智能制造关键技术研究。智能制造为砂石骨料行业未来发展提供了技术支撑。今后的砂石骨料产线将向着信息化、智能化发展。包括智能控制系统、润滑液压系统以及主、被动智能保护的设计研究,设备参数的在线监测,装备运行及生产工艺的自优化、自决策,生产管理与成套装备运行系统的信息交换,安全化的无人值守技术,等等。传统的机械基础与现代的高新技术相结合,是未来技术发展的方向与趋势。

以物联网技术、信息技术、智能控制技术为基础的智能制造技术对砂石骨料产线技术进步具有巨大影响力,信息技术平台上的激烈竞争,成为砂石骨料产线管理水平、生产效率、成本控制的标志。虽然国外领先企业在制造业和工程机械领域已形成较为完善和先进的信息化、智能化系统,但在砂石骨料产线的智能制造领域,国外企业产品仍处于智能化新技术、成套设备协同化的竞争发展阶段,在国内市场的巨大需求下,国内的高端砂石骨料产线的物联网智能制造具有广阔发展前景。

(2)节能环保技术研究。

《国务院关于加快发展节能环保产业的意见》(国发〔2013〕30号)指出,资源环境制约是当前我国经济社会发展面临的突出矛盾。解决节能环保问题,是扩内需、稳增长、调结构,打造中国经济升级版的一项重要而紧迫的任务。对加快发展公司节能环保产业、形成新的经济增长点、推动产业升级和发展方式转变、促进节能减排、实现公司经营发展可持续具有十分重要的意义。

节能技术研究的重点是建材产品生产系统工艺的优化、低能耗设备的应用。研究干湿法相结合的生产工艺,进行噪声防治研究;主要内容有噪声源的降噪措施、阻止噪声传播的方法和设施、吸收噪声的结构和材料等。

(3)工业及机电产品研发制造。

充分发挥公司在机械、机电产品制造、零配件加工方面的技术、人才和设备优势,加强与平台企业的协作,开展混凝土布料机系列产品、立体停车场开发、盾构机生产组装和模板工业化生产等技术研究。

第二节 科技大会与技术年会

一、水电八局科技大会

(一)第六次科技大会

2006年9月20日—21日在长沙召开水电八局第六次科技大会。会议总结了水电八局第五次科技大会以来的科技工作经验,检查了2003—2006年四年科技发展规划的实施及完成情况,表彰了2003—2006年度在施工及技术管理方面取得优异成绩的先进集体和先进个人,研究部署了下一个四年科技发展规划。会上,总工程师涂怀健作了第六次科技大会工作报告;中国水电副总经理,湖南省科技厅战略发展研究室主任刘铁兵、谭靖夷院士、局长林修建等作了重要讲话。副局长朱素华宣读第六次科技大会科技进步奖获奖项目,副局长张汉龙宣读第六次科技大会技术管理先进集体、先进个人名单,谭靖夷院士、局领导分别为其颁奖。此次科技大会共表彰科技进步奖获奖项目95项,其中科技进步奖特等奖6项、一等奖20项、二等奖19项、三等奖29项、四等奖21项,表彰技术管理先进单位2个、先进集体15个、优秀科技人员92名。大会强调:

(1)水电八局在人工砂石料生产上具有明显的技术优势和大批技术人才,但要在没污染、零排放、高质量、低成本方面做文章。

(2)聚能爆破技术在坝基开挖中的应用要抓紧做测试,经过鉴定后再推广应用。

(3)预应力锚索在松散堆积体施工中的效果好、成本低,要进行系统总结,要制定和完善工法。

(4)继续巩固水电八局在碾压混凝土筑坝方面的技术优势,对一些好的经验和做法要进行总结推广。

(5)装备制造应作为水电八局的一个产业来发展,实现产品的系列化。一定要把水电八局的技术优势转化为市场优势,并积极进军高速公路、房建、机场建设等施工领域。

(二)第七次科技大会

2010年12月10日在长沙召开水电八局第七次科技大会。会议总结了水电八局第六次科技大会以来的科技工作经验,检查了水电八局2007—2010年四年科技发展规划的实施及完成情况,表彰了2007—2010年度在施工及技术管理方面取得优异成绩的先进集体和先进个人,研究部署了下一个四年科技发展规划。会上,总工程师涂怀健作了第七次科技大会工作报告;副总经理黄敏宣读了公司第七次科技大会技术管理先进单位(集体)和先进个人表彰决定,副总经理戴科夫宣读了公布第七次科技大会科技进步奖表彰决定,谭靖夷院士、水电八局领导分别为先进(集体)和获奖项目颁奖;总会计师王意桥作了讲话;副总经理张汉龙作了安全技术讲座。总经理林修建作了重要讲话,书记朱素华作了大会总结讲话。谭靖夷院士和水电八局原总工程师黄树裳、刘炎生分别作了专题发言,对公司的科技工作提出了希望和要求。科技大会报告对水电八局今后一个时期的科技工作作出了总体安排:

(1)强化创新意识,全面策划部署新形势下的科技进步工作。

(2)全面建设和完善以公司技术中心为主导力量的科技创新体系。

（3）继续开展水电施工技术研究，夯实公司水利水电行业的优势地位。

（4）积极开展基础设施业务技术工作。

（5）进一步加大对国际项目的技术支持力度。

（6）进一步加强在建工程项目的技术管理工作。

（7）进一步规范安全技术管理工作。

（8）狠抓科技创新管理，促进公司科技进步。

（9）做好产品的设计与开发工作。

（10）进一步强化知识产权意识，加大自主知识产权研发力度，形成具有自主知识产权的科技成果。

（11）认真做好节能减排工作，积极打造资源节约型、环境友好型企业。

（12）加强专业技术干部队伍建设、培养，造就一支高素质人才队伍。

（三）第八次科技大会

2014年9月18日—19日在长沙召开水电八局第八次科技大会。会议总结了水电八局第七次科技大会以来的科技工作经验，检查了2010—2013年四年科技发展规划的实施及完成情况，表彰了2010—2013年度科学技术获奖项目及先进单位（集体）和先进个人，研究部署了下一个四年科技发展规划。会上，总工程师涂怀健作了第八次科技大会工作报告，总经理朱素华作了重要讲话。重点提出了以下要求：

（1）做好技术团队建设，特别是专业化队伍建设。

（2）工程技术人员要结合公司发展，快速转型升级。要加强能力建设，努力学习专业知识和领导艺术、管理科学、经营知识。

（3）加强科技管理平台建设，整合科技资源，经营科技成果，提升公司效益。

（4）创新人才培养方法思路，业务学习以自学为主培训为辅。

（5）EPC项目的管理要突破，要熟悉国际规范，提高管理设计的能力，要整合借用外部资源，铁路地铁要彰显品牌，住宅工业化领域形成核心竞争力，土石坝施工要取得突破，火电施工要形成专业队伍。

（四）第九次科技大会

2018年9月20日在长沙召开水电八局第九次科技大会。会议总结了水电八局第八次科技大会以来的科技工作经验，检查了2014—2017年四年科技发展规划的实施及完成情况，表彰了2014—2017年度科学技术获奖项目及先进单位（集体）和先进个人，研究部署了下一个四年科技发展规划。会上，总工程师涂怀健作了第九次科技大会工作报告；党委书记、董事长朱素华，总经理、党委副书记姜清华作了重要讲话。重点提出了以下要求：

（1）加强顶层设计，将科技发展战略与水电八局发展战略相结合，把科技发展融入水电八局的文化、目标和战略，用科技提升竞争力，推动企业全面进步。

（2）进一步解放思想、提高认识，让科技工作"贴近市场、融入经营"，切实服务于水电八局的生产经营中心。

（3）根据集团化管控要求，按照大土木、大市场的全产业链目标，厘清层次、分清专业，完善各二级单位的科技管理体系、能力和团队建设。

（4）要大力发展信息化技术，用科技手段提升水电八局标准化、信息化管理水平，强化现场履约管控能力和市场核心竞争力。

（5）将投资业务和环保产业作为科技发展重点，以技术实力为依托，拓展相应市场，打造专业品牌。

（6）打造高质量人才团队，加大外引内培力度，针对性引进"三大三小"战略区域人才，不断完善人才结构，关心爱护技术团队。

（7）坚持价值导向，强化技术管理团队的责任意识和担当精神，积极主动为水电八局创造财富，进一步提升贡献率。

二、水电八局技术年会

（一）2004年技术年会

2004年12月21日—22日在长沙召开技术年会。会议总结了第五次科技大会以来，水电八局在科技进步和技术管理方面取得的成绩和存在的问题，对如何进一步加强和完善水电八局有关技术管理工作，如何加强工程项目技术管理和技术支持工作，如何开展科技创新工作和如何加强技术干部队伍建设等问题进行讨论，会议对水布垭尾水洞施工技术、索风营碾压混凝土施工技术、小湾高边坡预应力锚索施工技术、构皮滩坝肩开挖及开挖新技术、小湾孔雀沟砂石加工系统施工技术、岩石开挖聚能预裂（光面）爆破技术进行了交流，表彰了水电八局2003—2004年度在施工及技术管理方面取得优异成绩的先进集体14个和先进个人78名。中国工程院院士、水电八局高级技术顾问谭靖夷应邀出席会议并作了重要讲话。

（二）2005年技术年会

2005年11月17日—18日在长沙召开技术年会。会议总结了2004年以来，水电八局在科技进步和技术管理方面取得的成绩和存在的问题，研究了如何进一步加强和完善水电八局有关技术管理工作，重点研究如何搞好水电八局技术网站建设，发挥技术网站对全局技术工作的支持作用，交流了国际工程项目技术管理、围堰防渗施工技术、洞室开挖新技术、700兆瓦水轮发电机组安装技术、混凝土布料机、700米级高陡边坡及堆积体开挖与锚固施工技术等技术管理和施工技术的先进经验，表彰了水电八局2004—2005年度在施工及技术管理方面取得优异成绩的先进集体和先进个人，研究布置了2006年水电八局第六次科技大会准备相关事宜。中国工程院院士、水电八局高级技术顾问谭靖夷应邀出席会议并作了重要讲话。

（三）2008年技术年会

2008年12月15日—16日在长沙召开技术年会。总工程师涂怀健在会上作了题为《解放思想，创新思路，为实现科技人才最强、技术创新最强而努力奋斗》的工作报告。会议传达了集团公司2008年科技奖励会议暨科学技术委员会第一次年会精神，总结了过去两年技术工作所取得的成绩，介绍了省级技术中心申报及集团公司科研课题研究的进展情况，并对公司2009年科技工作作了计划安排，提出了以下要求：①在集团公司科技工作的总体部署下，在公司发展战略的指引下，继续打造科技品牌，巩固技术领先地位；②不断完善科技规划，工作体系与制度体系，积极发挥科技奖励的导向作用，夯实科技工作基础；③围绕公司发展战略的需要，凝练重大科研课题，尤其在非水电领域取得科研工作的有效突破，发挥科技工作的支撑作用、先导作用、引领作用；④积极承揽集团公司的科研项目，积极申报国家级工法、专利，积极参与规范、规程的编制工作，进一步扩大公司的影响；⑤认真总结已完工程的技术成果与经验；⑥建立一支适合公司发展需要，总量适当，结构合理，素质较高，甘于奉献的技术人才队伍。

党委书记兼副总经理朱素华、副总经理曹跃生、副总经理戴科夫、总会计师王意桥作了重要讲话。会议表彰了2007年度科技管理先进单位（集体）和个人。

（四）2009年技术年会

2009年12月22日在长沙召开技术年会。会议从科技创新体系、科技创新型企业、科研工作、标准及工法、专利、产学研联合攻关、专家咨询、技术支持、培训、提高技术人员综合素质、学习实践科学发展观、年度度汛管理、质量管理和安全管理13个方面介绍了2009年水电八局科技工作情况，提出了2010年科技工作安排：①强化创新意识，努力推进科技创新，发挥高新技术企业的科技领先优势；②进一步健全公司科技管理体系，包括加强技术中心建设，积极拓展基础设施业务技术工作，进一步加大对国际项目的技术支持，加强工程项目的技术管理工作，严格执行技术文件管理的各项规定，规范技术交底工作，杜绝盲目照搬现象，技术方案必须关注工程进度、质量、安全和成本等方面；③进一步规范安全技术管理工作；④进一步搞好科技管理，促进公司科技进步；⑤认真做好节能减排工作；⑥进一步加强专业技术干部队伍建设，造就一支高素质人才队伍。

表彰了水电八局2009年度技术管理先进单位（集体）和先进个人，研究部署了2010年科技工作计划及安排。副总经理张汉龙作了安全技术工作讲座，总会计师王意桥就高新技术企业申报情况汇报及科技开发费的归集要求作了专题讲话。

（五）2011年技术年会

2011年12月22日—25日在溪洛渡工地召开技术年会。会议从科技创新体系、科技创新型企业、科研工作、知识产权、技术支持、招投标技术管理、年度度汛管理、质量管理、安全管理、节能减排十个方面介绍了2011年水电八局科技工作情况，提出了2012年科技工作安排：①按股份公司要求进一步完善以公司技术中心为主导力量的科技创新体系，开展创新型企业科技工作和考核工作，全面提高公司的核心竞争力；加强技术管理，建设坚实的技术保障体系。②重点抓好技术管理、安全技术、科技创新、科技立项、节能减排等工作。

会议交流了包括大坝施工技术、大坝施工进度计划、大坝混凝土生产系统运行、大坝混凝土温度控制技术、深孔钢衬安装生产组织、大坝钢衬底板浇筑、大坝试验与测量、大坝基础处理技术、大坝钢衬安装技术、地下厂房机组安装技术、大坝施工质量管理等溪洛渡施工技术先进经验，作了安全技术讲座。表彰了水电八局2011年度技术管理先进单位（集体）和先进个人。会议组织参观了向家坝水电站和溪洛渡水电站工地。

（六）2012年技术年会

2012年12月6日—9日在溪洛渡工地召开技术年会。会议总结了水电八局2012年的科技工作，分析了新形势下科技工作存在的问题和不足，并对2013年科技工作进行了全面、系统的安排和部署：①明确公司科技创新的目标和方向，进一步加大科技开发力度，加强对国际项目的技术管理，为公司的转型升级提供技术储备；②进一步加大对基础设施业务的技术管理；③进一步开展标准化建设，逐步建立公司的技术标准体系；④进一步加强工程项目质量管理工作，确保竣工资料整编工作按期完成；⑤进一步加强节能减排工作，建设绿色工程；⑥进一步加强技术干部队伍建设和专业技术人员的培养。

会议交流了溪洛渡大坝施工关键技术、溪洛渡大坝施工进展计划、溪洛渡大坝坝基基础处理施工、溪洛渡大坝混凝土施工配合比、溪洛渡大坝3#主索更换施工技术、沐若项目施工技术、房屋建筑深基坑复杂环境钻灌锚施工研究、湘江航电枢纽右汊闸坝梁体架设施工技术、900T架桥机在城际铁路的应用、超高差长距离运输砂石加工系统在龙开口水电站工程的应用与研究、安全技术11项技术。表彰了水电八局2012年度技术管理先进单位（集体）和先进个人。党委书记、副总经理黄敏，副总经理兼溪洛渡大坝施工局局长戴科夫作了重要讲话。会议组织参观了溪洛渡大坝、4号导流洞封堵和右岸地下厂房机组安装等工地现场。

（七）2013年技术年会

2013年12月23日—24日在深圳地铁7号线工地召开技术年会。会议从科技创新体系、科研工作进展、在建项目技术支持、标准化建设、安全技术管理、工程质量等方面总结了2013年完成的主要工作和取得的成绩，指出了面对公司发展新形势科技工作的挑战，并明确了2014年公司科技工作的整体思路：解放思想、转型升级，不断提升公司的技术水平和技术管理能力，为公司持续快速发展提供坚实的技术保障。提出了以下要求：①完善公司科技创新体系，推动施工实用技术更大发展；②搞好第八次科技大会的筹备工作，促进公司的科技进步；③加大科技开发力度，为公司的转型升级提供技术储备；④不断适应基础设施业务技术管理的要求，促进公司转型升级；⑤加强对国际项目的技术管理；⑥大力开展标准化建设，逐步建立公司的技术标准体系；⑦认真落实度汛计划，确保工程度汛安全；⑧搞好科技管理，扩展公司知识产权；⑨加强节能减排工作；⑩加强技术干部能力建设和知识体系完善。

会议交流了地铁施工领域地铁施工关键技术、布料机系列产品、运用远大住工技术修建保障房技术、2013年公司在建项目出现的质量事件分析和处理情况。表彰了2013年公司技术管理先进单位（集体）和先进个人。会议组织参观了深圳地铁7号线7303标、7308—1标、中建八局盾构机等施工现场。

（八）2015年技术年会

2015年11月10日—11日在青连铁路二标项目工地召开技术年会。总工程师涂怀健作了题为《勇于创新　追求卓越　努力实现公司科技工作新跨越》的工作报告，报告从科技创新体系、科研攻关成果、在建项目技术支持、度汛工作、安全技术管理、招投标、工程质量七个方面全面系统总结了水电八局2015年科技工作取得的成绩。分析指出了随着公司经营业务范围拓展，当前技术工作新的业务领域技术积累还不够，科技能力有待加强等问题和不足，并明确了2016年公司科技创新的目标和方向，对科技工作进行了详细的安排和部署。提出了以下要求：①各单位要组织做好技术总结，有效地展示应有的施工经验和技术水平；②BIM技术应用是今后的发展方向，是企业软实力的体现，各单位要引起重视；③工程质量无小事，特别是铁路业务板块，目前发展得很快，更加不能忽视工程质量；④加大铁路和基础设施领域规程规范、施工工法、技术专利等方面的工作力度，早日形成核心竞争力；⑤公司爆破资质将于2016年上半年到期，各单位要全力配合做好取证工作；⑥各单位要大力支持招投标工作，保证技术人员及时到位；⑦各单位尤其是水电公司和国际公司，要高度重视度汛工作；⑧加大人才培养力度，着重培养专业技术带头人，关心技术人员的取证、职称问题；⑨各单位总工程师要亲自抓重大技术方案的审查工作。

会议交流了铁路公司青连铁路项目施工技术、深圳地铁前海纠偏项目施工技术、二公司仙居抽水蓄能电站上水库面板堆石坝施工技术、水电公司大华桥CSG围堰施工技术、土木公司吉林隧道工程施工技术、砂石公司BIM技术应用情况介绍、国际公司美纳斯项目（竖井）施工技术、工程设备公司美纳斯项目（TBM）施工技术。技术管理部还就公司爆破资质业绩有关事项作了说明及要求。与会代表讨论了公司《"十三五"科学和技术发展规划（征求意见稿）》。会议组织参观了青连铁路二标施工现场。

（九）2016年技术年会

2016年12月12日—13日在长沙召开技术年会。总工程师涂怀健在技术年会上作了题为《夯实科技基础　强化战略导向　努力实现公司科技创新再上新台阶》的科技工作报告，从科技创新体系、科技创新力度、在建项目技术支持、度汛工作、安全技术管理、市场营销工作、工程（产品）质量情况七个方面全面系统地总结了水电八局2016年科技工作取得的成绩。提出了以下要求：①加强体系建设，完善工作机制；②强化施工组织设计管理，进一步提升技术管理水平；③开展关键技术研究，提升公司核心竞争力；④重点研究EPC项目、PPP投资类项目的技术管理；⑤进一步理顺安全技术管理体制，强化安全技术支撑体系；⑥增强质量意识，强化质量责任，提高质量管控能力；⑦夯实基础，推动BIM技术与项目管理的融合；⑧继续做好度汛计划，确保工程度汛安全；⑨规范科研项目管理，加强成果鉴定和知识产权积累；⑩加强技术队伍建设。

会议交流了建筑产业化，并组织参观了远大住工工厂、蓝天保障房项目和长沙地铁4号线项目光达站。

（十）2017年技术年会

2017年12月19日—20日在长沙召开技术年会。会议从科技创新体系建设、科技创新成果总结、在建工程项目技术支持、BIM技术与项目管理深度融合、度汛管理工作、工程质量情况、投标工作七个方面全面系统总结了水电八局2017年科技工作取得的成绩；"工程局—二级单位—项目"三级科技管理架构进一步完善，科技管理工作进一步规范化和标准化，科技管控体系建设成效显著，二级单位科技管理能力得到较大提升；同时指出了当前科技工作中存在的问题和不足。提出了2018年重点工作计划，并对下一步工作提出了具体要求：①进一步健全和完善公司科技创新与科技管理体系；②进一步增强公司的创新能力，必须积极开展创新平台建设；③抓好重点项目的履约，对重点项目的重大技术方案和施工组织设计进行全面管控；④积极适应新常态，努力实现科技创新目标；⑤做好项目的施工技术创新工作；⑥大力推广应用建筑业10项新技术；⑦做好科研项目的立项、验收及鉴定、成果报奖工作；⑧积极参与国家、行业的技术标准编制，做好专利、工法等知识产权成果的总结申报；⑨加强设计管理；⑩强化安全技术、环保措施的落实；⑪进一步做好质量管理工作；⑫提高编标的标书质量；⑬持续推进BIM技术的应用；⑭省级技术中心和高新技术企业的管理维护；⑮加强科技人才队伍建设；⑯持续学习和弘扬谭靖夷院士的科技创新精神；⑰认真做好公司第九次科技大会的筹备工作。

会议交流了铁路公司长沙地铁4号线盾构过湘江、深圳茅洲河流域水环境综合整治工程，基础设施公司湘西文教卫PPP项目、福州绕城项目桥梁拆除等技术经验。会议组织参观了湖南管片厂、长沙地铁4号线盾构过湘江施工现场。

（十一）2019年技术年会

2019年12月5日—6日在深圳召开技术年会。会议从科技创新体系建设、成果总结、在建工程项目技术支持、BIM技术与项目管理深度融合、年度度汛管理、质量管理、投标工作等方面全面系统地总结了水电八局2019年的科技工作，提出了2020年的工作思路，作出了以下要求：①继续健全和完善科技创新体系；②大力加强以省级技术中心为主的创新平台建设；③做好雅万高铁、大藤峡水利枢纽等重点项目的技术服务；④进一步做好投标工作；⑤大力提升质量管控水平；⑥强化安全技术管理；⑦提升设计管理能力；⑧持续做好科研管理；⑨继续深入推进BIM技术应用；⑩提升知识产权管理水平；⑪进一步加强科技交流与合作；⑫加强科技人才队伍建设。

11个专业技术研究分中心作了工作开展情况报告。会议作了深圳大空港滨海地区深厚软基处理施工技术、深圳茅洲河流域管网工程施工技术、城市综合管廊和大型泵站施工关键技术、水环境淤泥处理技术、萍乡海绵城市建设技术、海外房建项目施工技术、装配式构件生产厂房快速施工关键技术、城市深基坑止水帷幕灌浆施工技术及应用展望、长九项目前期报建关键流程、白鹤滩大坝工程安全文明施工标准化施工技术、湘西经济开发区双河文教卫新区PPP项目管理等交流。会议组织参观了深圳大空港项目。

（十二）2020年技术年会

2021年1月6日在长沙召开了技术年会暨技术创新会。会议回顾了工程局"十三五"科技创新工作，总结了2020年技术和科技管理工作情况，分析了当前存在的问题，对2021年的主要工作进行了安排，重点要求做好"十四五"科技发展规划编制、持续完善体系建设、打造跨层次和领域的科技平台、构建专业技术支持团队、培养行业领军创新人才等方面工作，为水电八局改革发展提供技术支撑。党委书记兼董事长朱素华作了重要讲话，分析了工程局内外发展形势，围绕"为什么要创新、创新什么、怎么创新"提出了具体指导意见，强调了创新工作原则：①贯彻公司总体发展战略；②满足市场竞争需求；③提高项目履约能力；④实现创效创利，提高生产效率、提高经济效益；⑤提升企业品牌形象。

在具体的创新工作中，要运用系统思维、加强团队协作，打通产业链上下游，运用好信息化技术，加大科技投入，用好创新成果，引领企业高质量发展。

（十三）2022年总工程师座谈会

2022年7月26日—27日，在长沙召开2022年总工程师座谈会。会议总结了2021年以来技术、科技、质量管理工作取得的成绩，分析了当前存在的问题，对2022年下半年主要工作进行了安排。会议结合水电八局面临的形势，分析了高质量发展及"双碳"目标背景下的机遇和挑战，就做好接下来一段时期的工作，提出了以下要求：①完善构建适用以分包模式为主条件下的项目法技术管控体系，以技术方案管控为抓手，实施穿透式管理；②持续做好科技创新工作，领导干部要带头开展科研攻关，加强与科研院所合作，开展关键技术研究，解决工程重大技术难题；③高度重视安全生产工作，做好安全技术工作，防范系统性风险；④加强设备安全技术管理，进一步开展科技兴安工作；⑤打造一支专业齐全、梯队合理的技术人才队伍，加强核心领域技术干部的培养，打造学习型团队。

会议交流了平江抽水蓄能、清原抽水蓄能、厦门抽水蓄能、新疆XE工程、长沙地铁6号线泥水盾构下穿湘江、雅万高铁大直径泥水加压盾构6项典型地下工程施工技术。

第三节 自主研发成果

2002年以来，在各类工程施工中，水电八局掌握了在水利电力、火电、新能源、绿色建材、基础设施等领域的建设技术，在装配式建筑、绿色建材、盾构机、TBM、大直径反井钻机、大跨度桥梁等方面的施工取得了突破，建成了世界上最大的绿色骨料生产基地，实现了双穿湘江，TBM高峰掘进强度达900米/月，最大反拉直径6米，创造性地掌握了双聚能爆破、水介质爆破技术，提高了爆破效果，环保效益显著。其中碾压混凝土拱坝筑坝配套技术研究、200米级高碾压混凝土重力坝关键技术等荣获国家科技进步奖二等奖，进一步展示了水电八局的碾压混凝土筑坝水平；在三峡工程建设中攻克了三峡巨型水电机组水头变幅大、技术复杂、尺寸巨大、机组台数多、运行稳定性要求高带来的制造、安装及调试等一系列重大技术难题，使我国水力发电重大装备的自主研制取得了重大突破，长江三峡枢纽工程荣获国家科技进步奖特等奖。在溪洛渡水电站建设中自主研发了成套的特高拱坝安全优质高效施工集成技术，解决了"无坝不裂"的施工技术世界难题，实现了特高拱坝从经验施工到智能建造、绿色施工的跨越。300米级溪洛渡拱坝智能化建设关键技术荣获国家科技进步奖二等奖。

松树岭施工局针对山区洪水陡涨陡落的特点，通过对电站施工导流方案的比较，提出了取消导5#、6#坝段中间的导流底孔，利用左岸3#、4#、5#坝段预留的缺口泄流，通过加固和利用6#、7#坝段坝体挡水减小洪水对SDMQ1260/60门机直接冲击的联合度汛方案。该方案使工程顺利度过2004年汛期，加快了施工进度，方便了现场施工，节约了施工材料，为工程提前发电奠定了良好的基础。

在雷打滩工程施工中，采用真空溜管+胶带机、真空溜管+溜槽、真空溜管+泵车等多种混凝土输送手段，在真空溜管槽体结构形式上使用了V形槽体和半圆形槽体、传统的锰钢衬板和高强钢丝混凝土衬板的形式，在真空溜管支架施工中，突破了常规的桁架和格构柱或满堂脚手架支撑形式，大胆采用了工字钢型钢架和单排钢管立柱形式，简化了准备工作和安装程序，缩短了工期，节约了成本。同时在碾压混凝土围堰施工中，调整了针对围堰施工的低胶凝材料、高掺粉煤灰、高抗裂的混凝土配合比，避免或减轻了高温季节混凝土自然入仓、连续浇筑上升所产生的温度应力。首次将碾压混凝土压实厚度增至35~40厘米，并取得成功。

在索风营水电站全断面碾压混凝土重力坝施工中，以水电八局为责任方的联营体根据碾压混凝土前期温度上升较慢的特性，采用全新的混凝土三段冷却理念，通过简化混凝土出机口温度控制措施，强化混凝土浇筑后的通冷却水控制措施，以及采用全断面外掺MgO施工技术保证措施，使大坝施工速度加快，创造了夏季大坝连续浇筑、连续上升31米的施工纪录，确保索风营水电站提前半年发电。

在大花水砂石系统，采用简单、经济、合理的生产工艺，保证了大花水大坝8万立方米/月浇筑强度。在藤子沟水电站调压井混凝土衬砌中，应用MY-BOX装置垂直输送混凝土，最大高度达130米。

在惠州抽水蓄能电站施工中，针对小洞径、长隧洞机械作业空间小，难度大，工期紧的问题，通过研究摸索了一些小洞径开挖机械作业和合理的单排进尺等施工参数，包括钻爆技术、排风出渣措施，以及出渣机械组合等技术，获得合理的施工组合和最大的施工强度，加快了洞挖速度。在福建木兰溪防洪工程施工中采用混凝土联锁块软体排护底的护坡，解决了水下施工的水平位移控制和排体收缩控制，确保了铺排质量，软体排工程显示出促淤效果非常好，使紊乱的水流变得平顺。

在龙滩3×1.5立方米自落式拌和楼改造中，采用20毫米厚的A235钢板作为筋板，校正后把轴和筒体焊接，解决了3个拌和机筒体尾中心轴与搅拌机筒体断裂的问题，节约新购买搅拌机费用60余万元；同时改冰称斗电震动为气震动，对水泥称斗卸料钟罩阀连杆进行改造，改为活动连接杆，增加拌和楼二次风冷，加装了除尘装置，引进郑州水工厂科力公司的电脑控制系统；技术改造使操作工序合理简化，减少了零部件的更换频率，提高了生产效率，减少了水泥浪费。在龙滩引水压力钢管的安装过程中，通过大量的理论论证计算和现场模型试验，利用自行设计的台车和卷扬机滑轮组等简单工装，将压力钢管沿55°角斜面安全下放到指定位置；同时，利用大容量排风设备，经过反复实践和调整布置路线，解决了焊接排气问题；通过控制每道工序作业实践和合理安排与土建的交叉作业，协调解决了与土建的配合问题。另外，针对洞内压力钢管安装的特点和难点，进行了大量的技术准备工作，并在施工过程中，对该技术方案进行了实践检验和逐步调整，圆满地解决了龙滩地下厂房压力钢管安装的技术难题。

在三峡三期工程人工骨料质量控制过程中，通过将筛分车间较粗的砂分离后进入棒磨机进一步破碎，降低了粗砂的百分比，确保了成品砂细度模数和石粉含量的合格；再对筛分车间流失的石粉及细砂进行回收，筛分车间尾水部位重新设计安装两台螺旋分级机，并对沉砂斗进行了相应的改进，降低螺旋分级机的转速，通过优化工艺系统，不仅确保了质量，而且降低了流失量，提高了整个系统成品砂的产量和质量；在棒磨机制砂车间尾水部位重新设计安装了一台螺旋分级机，并重新设计了尾水沉砂池，对流失的石粉及细砂进行回收。对筛分车间及检查筛分车间的成品砂筛板孔进行了改造，将部分原来4.5毫米×15毫米孔径筛板根据生产的具体情况改为4.0毫米×15毫米和3.5毫米×15毫米孔径筛板，并在合适的部位安装上述两种孔径的筛板，在提高产品产量、优化质量的前提下，有效地控制了成品砂的石粉含量及细度模数，满足了工程的要求。三峡工程电站厂房不装修清水混凝土外墙要求表面平整光洁，表面气泡少且不存在直径大的气泡，混凝土在满足各项力学、耐久性要求的同时具有一定的观赏性。但混凝土的固有属性及浇筑工艺的局限性，使混凝土表面的气泡孔成为混凝土工程的一道顽症。从混凝土原材料品种、外加剂优选到配合比组成、脱模剂的使用、浇筑工艺等方面组织开展了大量的试验研究工作，透彻分析了产生混凝土表面气泡的影响因素，提出了操作性很强的技术改进措施，取得了令人满意的成效。

溪洛渡大坝工程在国内外同类工程中综合施工技术难度最大。依托该工程，开展了集团300米级特高拱坝重大科技专项研究。编制了标准化、精细化成套混凝土施工工艺，形成了混凝土浇筑和温控等多项工法和专利。并首次应用智能温控系统，实现了"三期九阶段"精细化温控，有效控制了混凝土温度裂缝，在高拱坝混凝土温度控制技术方面取得突破。建立全过程实时施工信息管理系统，实现对进度计划的实时监控反馈，动态管理，提高了科学管理水平，创造了深孔钢衬层26天施工新纪录。在前期因地质原因延误工期11.5个月的情况下，仍然实现了按期蓄水发电的目标，进一步确立了公司在坝工施工领域的领先地位。依托溪洛渡右岸地下厂房80万千瓦机组安装项目开展技术研究，在总结国内外超大型类似机组安装经验的基础上，经过周密的分析研究，充分利用现场施工条件，制定了一套合理的具有国际领先水平的机电设备安装质量标准，研究优化了施工组织设计，制定了一套切实可行的安装施工方案，创造了"一年六投"的新纪录。承担了电建集团《特高拱坝关键施工技术与工程应用》重大科技专项研究，课题依托溪洛渡、构皮滩等特高拱坝工程，以特高拱坝施工为主要研究对象，以安全优质高效施工、混凝土温控与防裂、信息化施工管理、节能环保技术为主要研究内容，开展与施工技术相关的理论研究与探讨，形成完整的特高拱坝施工建造理论方法体系，自主研发了成套的特高拱坝安全优质高效施工集成技术，解决了"无坝不裂"的施工技术世界难题，实现了特高拱坝从经验施工到智能建造、绿色施工的跨越。

马来西亚沐若水电站大坝碾压混凝土工程量152万立方米。工程砂石骨料由弱风化或微风化的砂岩破碎而成，细骨料中石粉含量高，达22%~27%，需采取措施降低石粉含量，以满足规范要求。为此，开展了砂岩石粉替代粉煤灰作为碾压混凝土施工掺和料的专项研究，经过试验研究论证后，工程采用了石粉替代粉煤灰用作掺和料的方案，共节约粉煤灰约33440吨。该优化方案既节省了成品砂石粉处理费用，又减少了粉煤灰用量，节约成本约1800万元。

黄登·大华桥水电站砂石加工系统招标阶段规划布置在梅冲河区域。该区域为松散堆积体，存在滑坡、泥石流安全隐患，根据分析判断原系统设计位置存在重大安全风险。中标后，公司立即组织相关工程技术人员会同项目充分进行方案技术论证，提出将主系统移至大格拉料场附近的建议方案，得到了业主、设计、监理及有关专家的肯定。原系统设计位置于2013年发生山体滑坡，事实证明该优化方案有效可行，规避了安全风险，社会效益和经济效益显著。

以龙开口电站燕子崖砂石加工系统为依托，开展了超高差人工砂石加工系统和长距离空间带式输送机技术研究。料场与砂石加工系统垂直高差达740米，水平距离900米，针对山体陡峭、地质条件复杂、运输道路布置困难等特点，首次研究采用了三级竖井+平洞的"三竖三平"连续输送方案，合理利用并减小了单级落差，降低了施工运行风险，实现了安全稳定运行，有效解决了在料场与砂石加工系统之间超高落差半成品石料的垂直运输难题。研究采用长距离空间曲线带式输送机，系统地克服了现场地形对输送机转弯的限制、减少了隧道开挖投资费用，运行期间设备维修成本较低，综合运输单价在国内水电工程中处于较低价位；投产后始终保持无事故、低故障率安全运行。拓宽了水电工程施工骨料运输方式的思路。

昆明县华山水园住宅项目是公司已建的第一个百米级（高93.55米）高层建筑项目。项目实施过程中，通过引进相关专业技术人才，优化施工方案，有效保证了项目高效优质安全施工。项目的成功实施，为公司培养了一批高层建筑施工及技术管理人员。

在研究完善BLJ600—40型履带式混凝土布料机的基

础上，成功开发出BLJ600—60型履带式混凝土布料机。通过优化结构设计，实现四节臂架自由伸缩动作，有效防止了混凝土骨料分离。该设备采用模块化设计，受力明确，拆装简单，运输转移方便；部件及材料全部国产化，具有自主知识产权，已成功应用于湘江长沙综合枢纽等工程，取得了良好效果，社会经济效益显著。可在市政、交通等其他行业的基础建设领域中推广使用，具有广阔的市场前景。

大藤峡一期导流工程纵向围堰枯水期子围堰设计为袋装混凝土结构，项目中标后，经认真策划分析认为难以达到度汛要求，为了确保工程安全度汛，工程局积极提出优化方案并经专家论证、业主同意，最终采用土石围堰结构形式，确保纵向围堰施工进度满足度汛要求，实现了2016年工程安全度汛。为此，水利部向集团公司发出表扬信，为工程局赢得了信誉。

在白鹤滩水电站工程建设中，对柱状节理玄武岩建基面采用预留双保护层开挖和固结灌浆等基础处理施工技术，提高了建基面岩体的完整性。同时，通过对预留保护层采用预裂爆破、复合消能爆破精细化施工技术，解决了开挖方法与施工进度、强度、施工质量控制等一系列难题，保证了坝基开挖质量；研发了基于低热水泥的大坝混凝土温控智能系统，创建了高拱坝全方位保温保湿养护技术，实现了无温度裂缝的大坝建造目标；研制了新型液压自升式模板、多型预制模板、装配式防风栈桥；构建了短时程大风预测预警信息系统及相应机制和标准化风险管理体系，成功解决了工程技术难题，研究成果达到了国际领先水平，实现了右岸大坝率先封顶。

在乌东德水电站850兆瓦水轮发电机组安装与调试工程中，研发了巨型水轮发电机组三维激光跟踪测量技术，定子下线微正压、微正温环境智能控制和弱约束水轮发电机组转子组装与焊接技术，提出了基于风冷却夹方式的优化线棒接头焊接工艺，自由状态下转子叠装和磁极挂装尺寸控制工艺，研究成果达到国际领先水平，实现了工程首台机组发电。

以深圳地铁7号线项目为依托，采取引进、消化、吸收的方式，开展了复杂条件下地铁施工关键技术研究。面对地铁车站和区间盾构施工等全新的专业技术领域，水电八局承建的上沙站在全线28个车站中率先实现车站主体结构封顶；上沙至沙尾盾构区间成为深圳地铁三期工程中首个实现双线贯通的盾构区间。通过该项目的实施，初步掌握了复杂地质条件下的地铁施工技术，填补了公司在地铁施工方面的空白。在长沙地铁4号线及6号线、深圳地铁12号线、印度尼西亚雅万高铁和珠三角水资源调配等工程建设中，系统开展下穿江河浅埋富水超深埋等复杂地质条件下大直径盾构关键技术研究，提出了土体沉降变形的预测方法，泥浆仓压力计算理论及控制模型和渣土分离技术，研发了适应水域环境的绿色泥浆配比，研制了深埋隧洞出渣装置，取得了良好的工程效果。深圳地铁1号线运营过程中出现了不同程度的沉降及位移，严重影响了地铁的运营安全。水电八局接到施工任务后，立即组织工程技术人员制定纠偏方案，方案经专家详细论证，并通过业主组织的评审，采用土方卸载和袖阀管注浆等综合技术，成功对运营地铁盾构隧道区间进行纠偏治理，效果显著，圆满地完成了施工任务，得到了建设单位的认可，为类似工程施工积累了宝贵经验。

在厄瓜多尔美纳斯水电站工程中，开展了引水隧洞特硬岩地层条件下的TBM精细化掘进施工技术研究，为提高特硬岩破岩效率，开展了滚刀刀型比选试验，优化了TBM刀具参数，解决了特硬岩地层的TBM破岩难题。经鉴定，课题成果达到国际先进水平。通过课题研究和项目实施，形成了工程局TBM施工专业技术团队，为开拓TBM市场打下了基础。在新疆XE工程中，开展试验研究，数据采集和分析处理，基于刀具磨损与破岩机理，建立了刀具磨耗模型，提出了掘进参数与地质匹配技术，设备平均完好率达93.65%，利用率达48%，实现了TBM最高月进尺900.8米。

在长九、雄安等工程实施过程中，开展了绿色环保智能化开采加工综合技术、智慧码头及智能物流关键技术、绿色建筑骨料集中供应关键技术等集团重点项目科技攻关，创建了特大型智能化矿场开采爆破控制数字平台、砂石生产智慧平台和码头数字化调度平台，研发了短流程高品质砂石骨料制备和开采—加工—运输全流程高效环保施工工艺，提出了绿色环保封闭及污水处理零排放技术，研究成果达到国际领先水平。

在印度尼西亚亚齐火电EPC项目实施过程中，注重优化设计方案与施工措施。在防波堤的施工中，应用管袋施工技术，经过不断摸索和实践，形成了完整施工方法，这项技术为国际首创，并将入海式码头修改为岸坡式，与常规方案相比节约成本超过1.5亿元；基础桩深由38米优化为24米，烟囱二改一等方案设计施工优化。为工程节约成本合计约2.3亿元。在康诺桥燃气电站工程，通过对机组整体布置及热平衡参数的优化，有效地降低了热损耗，出力、热耗优于厂家保证值，研制了PVC止水带熔接模具和新型打靶装置，提出大型燃气发电机抽穿转子施工工法，取得了良好效果。研究成果达到国际先进水平，荣获电力建设科学技术进步奖三等奖。

在装配式建筑工程实施过程中，构建了覆盖装配式建筑投资开发、设计、生产、施工的一体化流程及标准化管控体系，研发了智能化PC构件生产线系统，创新了灌浆套筒连接、新型建筑材料及外挂墙板、标准化通用模具等新技术、新方法和新工艺，创建了BIM 5D+大数据云平台装配式施工综合信息管控系统，实现了智能化生产、数字化施工，研究形成了装配式高层建筑高效绿色建造成套关键技术。研究成果达到国际先进水平，荣获电建集团科技进步奖特等奖，提升了标准化设计和协同设计能力，有效地推进了设计施工一体化和工程总承包建设。

在施工实践中，水电八局大力推广和应用新技术、新工艺、新材料。如2003年6月12日，由水电八局安装的三峡水电站2#机组率先启动发电，为三峡电厂生产了第一度电，右岸6台机组提前1年投产发电，创造了水电施工企业单座电站机组安装年投产2100兆瓦的世界先进水平；厄瓜多尔美纳斯项目，直径5.5米、深452米的竖井采用全断面反井钻一次成型施工，施工钻孔精度达万分之一；在福州绕城公路项目青口枢纽互通桥梁拆除工程中，创新设计了千吨级多功能万向台车桥梁整体拆移装置，节约工期约98天；在千岛湖配水工程输水隧洞下穿S305省道中，创造性地采用了咬接式通长水平高压旋喷桩止水帷幕技术，创效约1400万元。在乌干达卡鲁玛项目二期截流中，利用河心小岛作为防冲结构对龙口位置进行优化，降低了备料和截流难度，优化围堰断面，节约成本约1000万元。在白鹤滩水电站右岸坝肩开挖工程中，开展了高边坡开挖快速施工技术研究。坝肩以上边坡开挖高差380米，开挖工程量达800万立方米。针对边坡陡、高差大、出渣通道布置困难及工程量大、工期紧、强度高的特点，研究制定了合理的快速开挖施工技术方案，实现了连续3个月开挖超过60万立方米，最高月开挖达70万立方米，月平均下降高度26.3米，刷新了国内外同类型工程边坡开挖快速安全施工新纪录。

第四节　合作研发成果

水电八局在与科研院校等外单位联合开发科研试验工作中，取得了令人满意的成果；与湖南大学合作研究40米布料机方案论证和布料臂架结构性能分析、高性能引气剂和预应力FRP锚杆成套技术研究；与武汉大学合作开展石粉代替粉煤灰用于水工混凝土试验和矿山智能开采技术研究；与清华大学、乌江水电开发有限责任公司联合研制的混凝土搅拌系统，于2004年8月在贵州索风营大坝工程工地进行了生产性的试验；与河海大学合作开展大坝安全实时监测和预警系统研究；与中南大学合作开展水工自密实混凝土研究及应用、地铁盾构等方面研究；与中国水利水电科学研究院展开合作，对裂隙岩体水泥灌浆数值进行模拟研究；与中南大学、国防科技大学、长江科学研究院合作，针对双聚能预裂与光面爆破综合技术一期研究所发现存在理论支持不足等问题，开展双聚能预裂与光面爆破综合技术二期研究；与清华大学开展高拱坝智能温控技术研究；与北京工业大学合作，开展TBM关键技术研究；与中国建筑科学研究院合作开展骨料综合利用等方面的科技攻关。

第二章　水利电力技术

本章所述的水利电力技术包括土石方开挖、土石坝施工、常态混凝土坝施工、碾压混凝土坝施工、金属结构制作安装与机电安装、基础处理、水环境治理、监测试验等。

第一节　概述

2002—2022年，水电八局承担了构皮滩、溪洛渡、白鹤滩、大藤峡、赣江尾闾、长江大保护等一系列水利电力类大中型工程施工，取得了成套科技成果。"700兆瓦水轮发电机组安装技术研究""700米级高陡边坡及堆积体开挖与锚固施工技术研究""土石围堰大块石架空层防渗快速施工技术研究""溪洛渡水电站截流设计与施工关键技术研究""小湾放空底孔平面链轮门制作加工技术""特大型人工砂石系统研究与应用""椭圆双极线性聚能药柱爆破技术研究与应用""构皮滩双曲拱坝快速施工成套技术""大型导流洞高水头特大涌水封堵技术研究与应用""溪洛渡水电站高拱坝防裂混凝土研究及应用""水工混凝土高掺石粉的研究与应用""溪洛渡右岸电站800兆瓦级机组优质高效安装技术""溪洛渡高拱坝施工关键技术研究及应用""高拱坝闸墩U型预应力锚索施工技术研究与应用""双聚能预裂与光面爆破综合技术研究""超大型高强钢外加强梁三分岔管制造关键技术""白鹤滩水电站大坝高陡边坡优质安全快速施工技术""特高拱坝关键施工技术研究及工程应用""构皮滩水电站150米级垂直升船机施工关键技术研究及应用""500米级深竖井大直径反井钻一次成井施工关键技术""柬埔寨桑河二级特大型灯泡式机组厂房施工及机组安装关键技术""1000兆瓦水轮发电机组蜗壳智能制造关键技术研究""水工碾压混凝土施工规范及关键技术研究""白鹤滩特高拱坝大风条件下安全优质高效施工关键技术""乌东德850兆瓦水轮发电机安装与调试技术研究"25项科技成果经鉴定达到国际领先水平。"双聚能预裂与光面爆破综合技术研究""BLJ600—40带式混凝土布料机研制""低热硅酸盐水泥复掺磷渣粉和粉煤灰水工高性能混凝土研究""巴罗塔水电工程堤坝填筑施工技术""大坝安全实时监测和预警系统""向家坝水电站长距离带式输送机施工技术""水工混凝土新型掺和料研究与应用""玄武岩纤维水工高性能混凝土研究""特大型贯流式机组座环设备制造技术研究与应用""特大型复式波纹管伸缩节制造技术研究与应用""带舌瓣门的超大型弧门制造技术研究与应用""BLJ600—60自行履带式混凝土布料机""高坝大泄量孔洞群下闸与封堵技术研究及应用""超高落差散状物料多级竖井连续运输技术""复杂地质条件下深孔帷幕灌浆新技术综合应用研究""溪洛渡特高拱坝数字化施工技术研究及应用""大型人工骨料生产系统料场开采施工技术""高拱坝混凝土分期通水冷却施工技术""水轮机圆筒阀安装调试关键技术""高海拔大温差水电站厂房混凝土防裂施工技术""高拱坝横缝模板施工技术应用""新型高寿命化岩石基矿物掺和料混凝土工程应用研究""特硬岩地层TBM施工高效掘进关键技术研究""孔内组合式预埋花管灌浆防渗堵漏施工技术""软弱富水复杂地层浅埋暗挖引水隧洞施工关键技术""大型门塔机群防碰撞及远程监控技术""水电工程岩溶防渗堵漏处理关键技术"27项科技成果经鉴定达到国际先进水平。"超大型高水头弧形闸门振动消应工艺研究与应用""水工自密实混凝土研究及应用""四级配碾压混凝土试验研究""橡胶粉聚丙烯纤维水泥混凝土研究与应用""新型环氧乳液修补材料的研究与应用""特高拱坝混凝土温控与防裂技术研究与应用""差异混杂纤维混凝土试验研究及工程应用""大型水内冷机组定子下线及试验工法""用于混凝土防渗抗裂的废PET聚酯改性与研究应用"9项科技成果经鉴定达到国内领先水平。"架桥机快速安装露顶式闸门施工新技术研究及应用""预应力FRP锚杆研究与应用""节能环保型制浆新技术应用""渠道衬砌及衬砌施工关键技术""碾压混凝土拱坝诱导缝重复灌浆施工技术"5项科技成果经鉴定达到国内先进水平。

第二节　土石方开挖技术

一、高边坡开挖关键技术

（一）立体化明暗结合的施工布置技术

在白鹤滩水电站右岸高边坡工程，开挖高差615米，综合地形坡度约65°，其中高程590~1040米为陡崖地形，地形坡度72°左右。上、下游方向分别为大寨沟大型冲沟和F17大断层，形成独立的高陡岸坡区域，施工道路布置和开挖渣料运输极为困难，根据现场地形条件研究提出了明线、洞线和斜坡道出渣运输方案，形成了立体化明暗结合的施工布置技术。

（二）椭圆双极线性聚能药柱爆破技术

通过专项试验、理论分析与数值计算，基于普通工业炸药和PVC管材，在国内外首次研究的椭圆双极线性聚能药柱设计新颖、结构简单，形成了良好的聚能效应，在实际工程爆破应用中取得成功，突破了传统的聚能爆破理论。研制的双聚能槽乳化炸药装药机结构合理、自动化程度高、性能可靠，为规模化生产应用奠定了基础。与现行的预裂与光面爆破技术相比，钻孔量和装药量减幅达50%，有效地降低了爆破影响，提高了爆破质量，该项研究成果已在小湾、溪洛渡、构皮滩、彭水、鲁地拉、龙开口、铅厂、南水北调、武都引水等大中型水利水电工程建设中推广应用。

（三）分区开挖、渣料分流的快速出渣技术

白鹤滩右岸坝肩高程600~834米边坡，开挖工期仅为9个月，月开挖下降速度26米，高峰月开挖强度达78万立方米，出渣道路布置难度大，提出了分区开挖、渣料分流的快速出渣技术。

（四）研发整体式施工排架结构，实现边坡快速开挖与及时支护

在时间上采取分期支护，前期无排架快速支护，及时跟进开挖工作面。边坡开挖成型后，及时采用湿喷台车对边坡实施素喷混凝土封闭，并采用锚杆台车快速进行边坡三排锁腰系统锚杆加固施工，防止边坡面长时间暴露后卸荷松弛，前期支护随着开挖工作面下降，及时跟进实施。后期整体式排架结构快速提升吊周转，确保边坡深层支护快速进行。边坡锚索深层支护和挂网喷护作业通过搭设排架进行施工，为加快作业排架周转，采用整体式排架结构，根据边坡高度不同，每层边坡布置2~3层整体式排架，在

上层支护完成后，利用塔机快速向下层提吊安装加固，减少排架搭设、拆除和周转时间，分区、多层支护排架同时施工、立体作业，实现了边坡快速支护，确保了边坡施工期安全稳定。

（五）无排架支护技术

东庄工程施工中提出了履带式护坡钻机代替了传统的脚手架施工工艺，履带式护坡钻机较传统脚手架施工节省工期40余天，实现了边坡支护安全优质高效施工。

（六）堆积体锚索施工技术

针对小湾水电站左岸边坡堆积体锚索施工，研究提出了卡钻、管靴和套管断裂事故预防技术；调整了索体结构，采取了调整隔离支架孔位布置，用拨接头管的方式将锚固段的排气管替代自由段的进浆管等措施减小塑料隔离支架直径，部分地段将锚固段的塑料隔离支架改为自制的能减小摩阻力并能起导向作用的"灯笼形"钢筋隔离支架等工程措施调整锚索体结构，减小下索难度、降低劳动强度、提高工效；提高锚墩混凝土强度，为快速施工、快速增加锚固力、抑制边坡变形抢得先机，赢得了综合治理时间；控制水泥灌入量，采用排气法注浆，浆液由孔底注入，空气、水由排气管排出。在锚固段灌浆完后将排气管上部拔出1~2米。以排气管作为张拉段的灌浆管。当岩石内有裂缝时，可采用间歇灌浆。灌浆过程中采用灌浆自动记录仪和人工记录对灌浆进行全过程监控。

二、坝基开挖关键技术

（一）柱状节理玄武岩坝基时空一体开挖与支护相互交替技术

柱状节理玄武岩坝基开挖后易卸荷松弛和剪切变形，采用预留保护层开挖工艺，先对保护层进行固结灌浆，并利用灌浆孔对坝基进行锚杆预锚，在保护层开挖后采用预应力锚索及时对坝基进行深层锚固。柱状节理玄武岩坝基开挖在时间上按各道施工工序的顺序进行，在空间上同步实施，在系统解决坝基柱状节理表面松弛问题的同时，实现了柱状节理玄武岩坝基的快速开挖。

（二）柱状节理玄武岩建基面预留双保护层开挖和固结灌浆基础处理技术

通过对预留保护层采用预裂爆破、复合消能爆破精细化施工技术，解决了开挖方法与施工进度、强度、施工质量控制等一系列难题，保证了坝基开挖质量。

（三）复合消能爆破技术

基础开挖采用预留4.5米保护层的复合消能爆破技术，选取纵向廊道部位进行掏槽形成临空面，复合消能技术采用铅直钻孔，在每个钻孔底部均设置钢球，利用钢球吸收爆破轰击波减少对建基面的破坏，实现快速开挖，超欠挖、平整度受控。

（四）深槽开挖技术

龙开口水电站坝基二期开挖阶段，由于深槽处于大坝溢流坝段，对坝基稳定造成极大影响。为减少深槽对大坝混凝土浇筑施工的影响，深槽分两期开挖和支护施工，深槽一期开挖完成后，在深槽上部修建拱形钢筋混凝土承载板，待承载板达到强度后，下部继续进行深槽二期开挖和支护施工，上部继续进行大坝混凝土浇筑施工。深槽梯段开挖钻孔采用CM351，孔径115毫米；斜面预裂钻孔以CM351为主，YQ100B（孔径90毫米）为辅；水平预裂钻孔采用YQ100B潜孔钻和CM351高风压钻机造孔，孔距1.0~1.2米；孤石解炮采用YT28手风钻造孔；地质缺陷处理采用风镐或冲击锤。"龙开口水电站复杂地质缺陷处理研究与应用"荣获2015年中国电力科学技术进步奖三等奖。

三、地下厂房开挖关键技术

（一）地下洞室开挖关键技术

通过卡鲁玛水电站、新疆阿尔塔什水利枢纽、厦门抽水蓄能、平江抽水蓄能等工程地下洞室开挖技术研究，形成了成套地下洞室开挖关键技术，并在工程中取得了良好效果。

1.大型浅埋地下洞室群围岩稳定控制技术。

采用三维离散单元法研究了浅埋大型地下洞室围岩稳定性特征及主要影响因素，总结了浅埋条件下的围岩稳定问题。结合工程经验类比，制定系统支护措施和针对性处理措施，并通过数值计算方法验证了支护方案的合理性和可靠性。

2.快速监测反馈分析及动态设计。

通过开挖揭露地质、监测、破坏等信息收集和分析，永久监测仪器以及施工过程中临时收敛变形观测数据，实现了施工期快速安全监测分析，及时快速反馈现场数据，实现了大型地下洞室群的及时安全预警。对地应力场、岩体物理力学参数进行反演复核，深入研究了施工期围岩的力学性质、本构模型和围岩稳定特征，预测短期和临短期的地下洞室围岩稳定状态，为动态设计及围岩稳定控制提供了强有力的技术支持。

3.运行初期地下洞室群稳定性评价。

研究了系统支护对围岩强度长期劣化、变形长期增长的控制作用，提出了工程运行初期洞室围岩、支护结构的长期稳定的评价方法和应对措施，从而确保工程长期安全稳定运行。

4.地下洞室施工通风布置技术。

在卡鲁玛水电站地下厂房洞室通风中，综合利用机械通风与自然通风，同时主通道通风设备兼顾后期支洞通风进行选型，构建了安全、经济、有效的通风网络。尾水隧洞采取轴流风机压入供风与射流风机辅助排风共同结合形成混合式通风，成功解决了无轨运输条件下长隧洞内独头通风中排风困难的技术难题。

5.大洞室快速开挖支护施工工艺。

提出了地下厂房洞室群分层、分序、开挖、支护方法，保证了大洞室断面成型和开挖质量。

6.岩壁吊车梁高精度控制爆破技术。

岩壁吊车梁岩台开挖难度较大，通过施工工艺研究与改进，有效控制了质点爆破振动速度、减小了边墙变形，保证了高边墙围岩的安全稳定，确保了施工质量。

7.地下洞室快速衬砌技术。

研制了对撑式滑模装置，加快了施工速度，保证了高空作业的施工安全，简化了模板本身支撑系统的设计，节约了成本。

8.跨度球冠状穹顶开挖技术。

研究提出了大跨度球冠状穹顶开挖采取预留中心圆柱+扇形分区法开挖方法。利用全断面钻爆进行环形导洞施工，然后进行分区支护，确保穹顶开挖过程中的稳定性，保证施工进度，并在新疆阿尔塔什水利枢纽工程中进行成果应用。

（二）500米级深竖井大直径反井钻一次成井施工技术

厄瓜多尔美纳斯水电站压力竖井和通风电缆竖井工程，最大直径6米，最大深度452米，施工难度大，安全风险高。通过开展系列科技攻关，取得了以下成果：首次提出了500米级大直径反井钻一次成井施工方案，开展了反井钻及配套机具选型研究，优化了钻进参数，形成了$\Phi6.0$米大直径深竖井反井钻机全断面一次成井开挖施工，简化了施工程序，提高了施工效率。综合采用钻机精准定位、定向钻杆、稳定钻杆、高精度测斜、钻孔纠偏、不良地段灌浆加固等措施，并根据地层特点，控制钻进参数均衡钻进，形成了深竖井高精度先导孔控制技术，有效地提高了钻孔精度（0.01%）。研制了一种双绳系同步门机卷扬系统，实现了竖井内部吊盘自动水平调节，同时研制了一种竖井井口模块化移动封口装置，保证了竖井内的施工安全。

（三）TBM施工关键技术

厄瓜多尔MINAS水电站引水隧洞TBM施工工程，地处安第斯山脉南端，其中石英二长岩、闪长岩段岩石完整坚硬，最大抗压强度达318.2兆帕，TBM掘进效率低、刀盘刀具损耗大、施工难度大。针对特硬岩层掘进难题，经过试验研究及工程实践，形成一套高效的TBM掘进施工技术，有效地解决了工程难题。取得了以下成果：为提高特硬岩破岩效率，开展了室内和现场滚刀刀型比选试验，构建了特硬岩地层滚刀磨损预测模型，优化了TBM刀具参数，解决了特硬岩地层的TBM破岩难题。研发了背装式滚刀限位装置、边刀支撑板快速更换装置，降低了刀具消耗，减少了特硬岩掘进对刀箱和边刀支撑板结构的损坏，大幅提高了施工效率。构建了TBM施工掘进预测模型，提出了特硬岩TBM施工参数的优化方案，提高了TBM掘进参数与特硬岩掘进的匹配性。

第三节　土石坝施工技术

一、截流设计与施工技术

针对河谷狭窄，施工道路布置困难，截流流量大、分流条件差、覆盖层厚、抛投强度大等特点，经理论计算、风险分析和多次模型试验，科学果敢地采用单戗堤立堵、双向进占截流方式，促进了截流技术的发展。研究运用了"上游挑脚、下游压脚、交叉挑压、中间跟进"的进占方法，首次大规模采用"钢筋石笼群连续串联推进"技术，有效地减少了抛投流失，克服了高水力学指标条件下的截流困难。加设施工支洞形成环线交通，有效地解决了岸坡陡峭狭窄对交通运输的制约问题，提高了抛投强度，缩短了截流时间。该成果经鉴定达到国际领先水平，并应用于溪洛渡水电站大江截流，为上游土石围堰顺利实施奠定了基础。

二、填筑料规划仿真技术

构建了填筑料规划平面有限元仿真模型，实现了坝体填筑料分期、分区、分块填筑规划，通过实时纠偏，控制坝体沉降变形。

三、碾压监控高精度集成智能技术

通过实时动态监控大坝碾压机械的运行轨迹，定时自动监测记录碾压机械的空间位置、振动力等技术参数，实现了碾压轨迹、速度、碾压遍数、层厚等关键质量指标实时分析与动态反馈。

四、填筑料爆破粒径控制技术

开发了矿石（岩石）微差爆破矿料粒径预测与分析软件，实现爆破石渣预测与分析，提高了填筑开挖料级配合比优良率，确保了大坝填筑的压实质量。

五、大坝面板混凝土浇筑技术

在鸡鸠水库工程中，取料场的砂石骨料具有碱活性，因此在混凝土配合比设计时将粉煤灰掺量确定为25%，同时为增加面板混凝土的抗裂缝性能，在混凝土中加入了聚丙烯纤维，水泥全部采用中热水泥。聚丙烯纤维的掺量为0.9千克/立方米，采取在拌合站上料斗内人工掺加，为控制好掺加量，聚丙烯纤维定制成每袋0.9千克，便于工人掺加。

大坝趾板混凝土施工采取自下而上逐仓进行，人工立模，侧模采用小钢模和木模结合，面层主要采用拖模进行施工。混凝土采用自卸汽车运输，溜槽入仓。

大坝面板混凝土共分20块，每块宽度12米，面板顶厚0.30米，底厚0.55米。坝体沉降期5个月，面板顶部处坝体沉降速率5毫米/月，开始进行面板混凝土施工。面板混凝土施工前，首先对坝体坡面进行人工清理，考虑到上游坡面喷混凝土防护面的平整要比碾压砂浆稍差，为减少后期对面板混凝土的约束，在面板混凝土施工前，对整个坡面喷洒了一层乳化沥青。面板混凝土采用一套滑模施工，在坝顶用2台5吨卷扬机牵引。混凝土采用15吨自卸汽车运输，溜槽入仓，每仓设置2道溜槽。坝顶部位设置集料斗，自卸车将混凝土卸至料斗内，反铲挖机挖卸至溜槽内，仓内人工振捣。滑模提升时每次控制在30厘米左右，并及时进行人工抹面。

六、沥青混凝土心墙施工技术

通过沥青混凝土配合比试验对比分析，提出了最优沥青混凝土配合比，最佳碾压参数确定方法，确保了心墙防渗质量。

第四节 常态混凝土坝施工技术

水电八局自2003年以来，相继承担了三峡、构皮滩、溪洛渡、白鹤滩等大中型水利工程施工，研发形成了成套常态混凝土坝关键施工技术。承建的长江三峡枢纽工程荣获国家科学技术进步奖特等奖，溪洛渡水电站工程荣获"菲迪克2016年工程项目杰出奖"，"300米级溪洛渡拱坝智能化建设关键技术"获得国家科学技术进步奖二等奖。

一、混凝土拱坝施工技术

（一）混凝土进度控制仿真技术

针对高拱坝混凝土的施工条件和特点，分析制约影响坝体总体快速施工的关键因素，提出了计算机三维可视化仿真技术编制拱坝混凝土进度计划，实现进度动态控制。

（二）混凝土快速高效入仓技术

为提高混凝土水平运输效率，利用射频编码对混凝土运输车辆进行识别和调度，利用缆机群进行多仓同浇、配仓优化及控制，实现了无缝转仓。

（三）施工立体交通综合体系

通过设置坝体上下游各层马道、坝后栈桥、仓面转梯及水平栈桥等形成施工立体交通综合体系，保障施工人员安全高效通行。

（四）缆索式照明系统设计与施工

研究提出了缆索式照明系统，减少仓面的灯具的架设和由于架设不及时影响大坝施工问题，实现了大坝照明全覆盖、可调整、高照度、低耗节能的目的，满足高拱坝安全高效的施工需求。

（五）仓面成套标准化施工工艺

针对高拱坝混凝土工程施工特点，从仓层施工工序各环节入手，对仓面施工组织、施工工艺、施工流程等进行系统总结提炼，并进行工艺创新，形成规范化、标准化施工，加快单个工艺施工速度，缩短单个仓层施工间歇期，从而加快整个拱坝工程施工进度。

（六）倒悬结构部位模板施工技术

根据不同部位的结构特点，研究提出了定型三角支架加外撑钢桁架模板、改型全倒悬模板和混凝土预制面板钢桁架模板。同时研制了专用吊具，用于改型全倒悬模板的吊装。充分利用有效资源进行机械化备仓作业。有效地解决高拱坝及其倒悬结构快速施工的技术难题。

（七）泄洪深孔钢衬快速施工技术

提出了钢衬厂内单节制作；坝外两节拼装；缆机抬吊安装；定位节精确控制，双向工作面同步施工等工艺，实现了泄洪深孔钢衬快速安装。

（八）混凝土温控技术

拱坝混凝土内部通水冷却施工遵循"小温差、早冷却、慢冷却"温控防裂设计理念，采用一期通水冷却、中期通水冷却和二期通水冷却三个温控时期九个控制阶段精细化控制程序和措施，控制混凝土的冷却过程和各期冷却的降温幅度，通过设置已灌区、灌浆区、同冷区、过渡区、盖重区的分区冷却控制形成高度方向的温度梯度，从而控制上下层温差，减小温差应力，满足混凝土高拱坝温控防裂要求。根据低热水泥混凝土的特性，制定了适用于低热水泥混凝土智能控温新技术条件下的控温策略及个性化保温保湿策略。设计一体化智能通水安装平台及管网标准化布置工艺；研发了供水管网水温自动切换装置，解决了冷却通水过程水温切换烦琐、管网复杂易接错的技术难题，操作简易，可靠度高。

（九）闸墩U型锚索同步张拉技术

研究提出了整体穿索、整体张拉、同步张拉的施工工艺，实现了闸墩U型锚索穿索及张拉施工。

（十）闸门及启闭机快速施工技术

研究提出了深孔出口工作门启闭机油缸"天锚"施工方法，导流底孔进口下闸采用350吨履带吊车吊闸门入槽与钢绞线液压提升装置下闸的技术，实现了闸门及启闭机快速施工。

（十一）门槽一期直埋技术

底孔、深孔进口门槽取消二期混凝土，采用一期直埋工艺，创新了支撑体系、模板、金属结构一体化施工，利用门槽台车作为模板一次浇筑成型，简化施工工艺，避免门槽二期施工时施工人员高空作业及排架、模板安拆时突遇大风可能带来的安全风险。

（十二）建立XLD-DAM信息管理系统，实现拱坝施工信息数字化管理

构建了XLD-DAM信息管理系统，实现拱坝全过程全方位施工信息数字化管理。信息管理系统服务与大坝混凝土浇筑进度计划、施工、混凝土温控、质量管理等相关的管理过程，实现拱坝全过程全方位施工信息数字化管理。

（十三）大风天气下混凝土施工技术

通过实时采集、实验分析、数值仿真，揭示了工程大风特征及分布规律以及局部区域风力变化机理，建立了局部区域大风规律预测模型和预测方法，构建了短时程大风预测预警信息系统以及响应机制与标准化风险管理体系。研发了适应大风条件的新型液压自升式模板、坝后装配式防风栈桥等防风专业设施与工装，提出了拱坝施工安全、质量、进度等方面的防风控制措施，形成了成套技术，解决了大风条件下拱坝备仓、浇筑难题。

二、混凝土重力坝施工技术

（一）大型门塔机防碰撞及远程监控技术

针对多台门塔机起吊作业外部环境复杂、交叉作业频繁、碰撞概率大、安全风险高等特点，提出了一套适合水电工程的自动识别、自主判断的大型门塔式施工机械群防碰撞预警系统。实现了门塔式施工机械群的状态监控、区域保护、碰撞预警、安全制动，确保了起吊作业的本质安全。研发了大型门塔机群远程视频监控和数据实时传输、数据存储等技术，提高了大型门塔机群运行管理的信息化水平。BIM技术对大型门塔机群进行全过程施工仿真，优化设备布置和作业流程，降低了碰撞概率和风险，形成了大型门塔机防碰撞及远程监控技术。该技术已成功应用于构皮滩水电站升船机工程。

（二）大体积混凝土浇筑技术

提出了采用门、塔机联合吊3~6立方米吊罐入仓方式，根据仓面大小和入仓能力采用平铺法和台阶法，并优先考虑平铺法。铺料方向从下游至上游，铺料厚度50厘米，采用台阶法时台阶宽度不小于2米，台阶层次清楚、有序，平仓和振捣主要采用$\Phi100$硬轴和$\Phi50$软轴振捣器振捣，振捣方式为梅花形布置，振捣时间以混凝土不再显著下沉、不出现气泡、开始泛浆为准。收仓后的新浇筑混凝土面及时养护。

（三）结构混凝土浇筑技术

混凝土主要采用门塔机吊1~3立方米吊罐及泵送混凝土等手段入仓。板梁柱混凝土浇筑：根据柱子断面大小、高度以及有无牛腿等情况决定分层高度，无牛腿时一次立模浇筑。断面较小、人工不能进仓振捣时，柱子模板开窗口下料振捣，随下随振，铺料厚度30~50厘米，1.5~2.0米停浇1~1.5小时，再继续上升。每一层的多根柱子同时浇筑，交替进料振捣。梁板作为整体一起浇筑，板厚≤60厘米不分层一次铺料浇筑；板厚>60厘米时分层浇筑，仓面较小时采用平铺法，仓面较大时采用台阶法浇筑。采用门机或混凝土泵入仓，使用$\Phi100$振捣器和$\Phi50$、$\Phi30$软轴振捣器振捣，仓面焊样架筋收面，确保表面平整。

（四）抗冲耐磨混凝土浇筑技术

表层抗冲耐磨混凝土和下层结构混凝土一次浇筑时，严防品种错乱。当分开浇筑时，施工缝缝面应细致认真地处理，保证在无水而湿润的条件下浇筑上层抗冲耐磨混凝土，并采用原浆抹面，严禁临时加灰、加水。混凝土浇筑抹面结束后立即采用喷雾方式养护，以防止由于早期失水过快而产生的塑性裂缝，过1~2天改用两层麻袋覆盖并洒水养护，养护期不少于28天。为防止施工过程中人为损坏已完建的抗冲耐磨混凝土表面，和防止寒潮冲击产生裂缝，在养护28天后，仍需进行严格的表面保护。层之间尽可能短间歇上升，间歇期不超过5天。

（五）工作缝面处理技术

混凝土工作缝面（含冷缝）主要采用冲毛机冲毛，在混凝土终凝后进行，以露出粗砂或小石为准，严格控制冲毛时间，防止过早冲毛而损伤内部骨料。如果混凝土龄期较长，仓面有青苔时采用风砂枪冲毛，仓面狭小或钢筋密集时采用人工凿毛，人工凿毛采用钝斧，禁止使用尖锐工具，防止损坏混凝土结构。

（六）混凝土温控技术

优化混凝土配合比设计，选择发热量较低的中热水泥、较优骨料级配和优质粉煤灰，优选复合外加剂（减水剂和引气剂），降低混凝土单位水泥用量，以减少混凝土

水化热温升和延缓水化热发散速率，提高混凝土抗裂能力。合理安排混凝土施工工序和施工进度，防止基础贯穿裂缝、减少表面裂缝。基础约束区混凝土、表孔等重要结构部位，在设计规定的间歇期内连续均匀上升，不出现薄层长间歇，尽量缩短固结灌浆时间；基础约束区混凝土安排在10月到次年4月气温较低季节浇筑，避开6—8月高温季节，无法避开时尽可能夜间浇筑，避开白天高温时段。采取综合温控措施，降低混凝土入仓温度和浇筑温度。控制混凝土浇筑分层及层间间歇。采用初期通水冷却削减混凝土浇筑层水化热温升，及时进行混凝土表面保护。

三、混凝土厂房施工技术

针对工程气候特点，提出了优化混凝土配合比，夏季采用预冷骨料、加冰制冷混凝土，冬季采用预热骨料、热水拌制混凝土，有效地控制了出机口混凝土的温度。研究采用了"土工膜、聚苯乙烯保温苯板"二重"保温钢模板"新工艺，同时在模板外侧嵌填聚苯乙烯保温苯板，实施多层保温，确保混凝土保温保湿效果。研究采用工业电热毯预热基岩面、混凝土施工缝面，使用"干法凿毛清洗"处理施工缝面防止冰冻，提高了低温季节基面温度。研究采用了仓面电热毯加热保温、仓内周边简易暖棚+鼓风加热的综合蓄热新工艺，提高了低温季节浇筑仓面的温度，保证了大型机械高强度混凝土施工。该技术成功应用于西藏雅鲁藏布江藏木水电站厂房工程，确保了混凝土全年连续施工，有效地防止了混凝土裂缝，加快了施工进度，取得了良好的工程效果。

第五节　碾压混凝土坝施工技术

自贵州普定、四川沙牌碾压混凝土拱坝、云南大朝山碾压混凝土重力坝等建成之后，水电八局又单独或联合承建众多的碾压混凝土坝或围堰工程。

作为责任方承建的大花水碾压混凝土拱坝是当期世界上最高的碾压混凝土拱坝，坝高134.5米，水电八局在承建中创造了坝体碾压混凝土浇筑连续上升34.5米的纪录。

同期参与承建的广西龙滩水电站时称世界上最高的碾压混凝土坝，2007年获得国际大坝委员会授予的国际里程碑式碾压混凝土工程奖，其"龙滩水电站200米级碾压混凝土重力坝关键施工技术研究"获中国电力科技奖一等奖。

至2022年，相继建成的一批具有影响力国内外碾压混凝土大坝工程，如重庆彭水电站、鲁地拉水电站、龙开口水电站、大华桥水电站、马来西亚沐若水电站、柬埔寨甘再水电站、加纳布维水电站先后获得鲁班奖或国家优质工程金质奖。

尤其是鲁地拉、大华桥碾压混凝土大坝施工中大量采用无人碾压、智能温控、仓面小气候信息远程自动监测、混凝土拌和楼信息远程自动监控等智能施工技术，对实现工程施工管理的网络化、可视化、数字化与智能化进行有效尝试，整体提升了碾压混凝土施工品质。

一、碾压混凝土原材料及配合比

（一）碾压混凝土配合比的研究

通过大量的工程实践与试验研究，水电八局施工采用的碾压混凝土具有高掺粉煤灰（掺量达50%~65%）、低水泥用量、胶凝材料用量适中（三级配碾压混凝土的胶凝材料用量一般为140~190千克/立方米，其中水泥用量为50~80千克/立方米，抗渗和抗冻指标要求较高的二级配碾压混凝土的胶凝材料用量可达到200~220千克/立方米，其中水泥用量可达到90~110千克/立方米）、混凝土绝热温升低、抗渗和抗冻性能良好等特点。一般采用具有高效减水缓凝及引气作用的复合外加剂，外加剂的应用已经由普通缓凝减水剂向缓凝高效减水剂与引气剂复合的复合外加剂发展；充分重视石粉作用，适当提高了石粉含量，并降低了VC值（由最初的15~20秒改进到一般2~12秒），粒度小于0.16毫米的石粉特别是小于0.08毫米的微石粉已经成为碾压混凝土的重要组分。实践表明，按此特点配制的碾压混凝土，不仅物理力学性能达到或超过设计标准，而且改善了碾压混凝土和易性、可碾性，使层间结合的质量得到了保证。

浆砂比是一个衡量碾压混凝土层面泛浆性能的经验指标，近年来日益受业内施工技术人员的重视。浆砂比即碾压混凝土中灰浆（水+胶凝材料+石粉中小于0.08毫米微粒）体积与砂浆体积之比，经统计部分工程，浆砂比数值为0.38~0.49（干筛法）。作为配合比设计指标的一项重要参数值，已列入由水电八局主导修编的《水工碾压混凝土施工规范》（DL/T 5112—2021）中。

（二）碾压混凝土掺和料的研究应用

对碾压混凝土原材料的试验研究也不断取得了新的进展。碾压混凝土掺和料主要为粉煤灰，部分工程因地制宜地采用了磷矿渣、凝灰岩、火山灰、石灰石粉、锰矿渣、钢渣或尾矿粉等，掺和料的掺量一般控制在45%~65%。

在大朝山水电站工程施工中，就地取材采用凝灰岩与磷矿渣混磨制成PT料代替常用的粉煤灰试验研究。磷矿渣掺入混凝土后，混凝土热峰值减小，后期强度增加，混凝土极限拉伸值增大，既有利于减少混凝土温度裂缝，保证混凝土耐久性，又可充分利用外加剂的特殊性能延长混凝土初凝、终凝时间，降低大体积混凝土施工强度，有利于新老混凝土层间结合。此技术的采用不仅解决了当地无粉煤灰资源的大朝山水电站碾压混凝土重力坝的掺和料问题，获得了明显的技术经济效果，而且也为碾压混凝土掺和料的选择开辟了新的途径。

马来西亚沐若工程中砂石骨料由弱风化或微风化的砂岩破碎而成，细骨料中石粉含量高达22%~27%。为此，开展了砂岩石粉替代粉煤灰作为碾压混凝土施工掺和料的专项研究，采用石粉替代粉煤灰用作掺和料的方案，共节约粉煤灰约33440吨，既节省了成品砂石粉的处理费用，又减少了粉煤灰的用量。

（三）四级配碾压混凝土试验及现场应用技术研究

目前国内四级配碾压混凝土正处于发展阶段，相关科研院所、施工单位正在努力探索与试验，研究四级配碾压混凝土配合比及施工可行性。水电八局在沙沱水电站尝试开展四级配碾压混凝土配合比及工艺研究与应用。研究成果表明：

（1）与三级配碾压混凝土相比，四级配碾压混凝土可以降低用水量8~10千克/立方米和胶凝材料16~20千克/立方米，可降低水化热温升2.2~2.5℃。

（2）在四级配碾压混凝土拌合物VC值与三级配碾压混凝土相同或稍低的情况下，有较好的抗分离性和可碾性。

（3）四级配碾压混凝土与三级配碾压混凝土相比，抗压强度无明显差异，劈拉强度、极限拉伸略低，抗压弹模略高，泊松比接近，干缩率15%~25%，自身体积变形值略小，抗渗性能略低，抗冻循环能力相当。

（4）采用自卸车或高速皮带机+垂直满管的入仓方式均能满足四级配碾压混凝土施工的要求。采用18吨碾压机碾压，相对压实度能达到98.5%，满足设计及技术要求。在四级配碾压混凝土埋设的PVC冷却水管不易被大骨料尖角刺破或被振动碾碾压破坏。

二、碾压混凝土生产

碾压混凝土生产系统根据高峰月强度配置，并满足最大仓面浇筑要求。一般优先选取强制式搅拌机的拌和楼（站），自落实式搅拌机的拌和楼（站）也能满足要求。因碾压混凝土多为三级配混凝土，为满足粗骨料直径的要求，强制式搅拌机的单机出料容量要求不宜小于3立方米。

混凝土预冷系统以温控要求设置，制冷剂液氨逐渐以氟利昂取代。预冷混凝土工艺主要有一次、二次风冷骨料，冷水或加冰拌和，需根据出机口混凝土温度要求选择或组合。龙滩、大华桥工程采用了高效空气冷却器及二次风冷技术，辅以片冰机制冰，少量掺冰与冷水的预冷碾压混凝土生产工艺，生产12℃预冷碾压混凝土拌合料；彭水、龙开口等工程则仅采用"一、二次风冷+冷水"的预冷碾压混凝土生产工艺，生产15~17℃预冷碾压混凝土拌合料。研制了连续强制式碾压混凝土搅拌设备，填补了我国在该领域的空白。在索风营工程中，进行了MY-BOX无动力搅拌系统研究与生产试验，是对传统碾压混凝土拌合生产的一个突破创新。

三、碾压混凝土运输及入仓方式

碾压混凝土运输入仓设备主要采用自卸汽车、胶带机、门塔机、缆机、塔带机、胎带机、移动式布料机、履带吊、满管溜管、真空溜管、溜槽等，碾压混凝土运输入仓方式普遍采用自卸汽车直接入仓或自卸汽车与满管溜槽、胶带机、移动式布料机等不同运输设备根据不同需要组合入仓。

相比较而言，自卸汽车运输适应性强、机动灵活，直接入仓，可减少分离等，自卸车直接入仓是最简便有效的方式，在中低坝或高坝底宜尽可能采用自卸汽车进仓。但自卸汽车运输碾压混凝土时，入仓口的数量、结构和封仓施工方法等对施工质量和施工速度有很大影响。为确保进出口部位的结构形体和混凝土质量，目前的碾压混凝土大坝施工一般采用钢栈桥等跨越模板措施入仓。如西溪、彭水、龙滩、龙开口、亭子口等工程均采用钢栈桥跨越模板方式入仓。近几年，也有工程采用仓内设置斜坡道方式让自卸车自接入仓，如阳蓄大坝工程。

皮带运输机是一种连续的运输机械，生产效率高，对碾压混凝土要求快速入仓适应性较强，高速皮带机带宽650~1000毫米、带速3.5~4.0米/秒，最大角度达25°，皮带机可在立柱上爬升，适用于坝高、工程量大的工程应用。彭水、龙开口大坝施工中大量使用"胶带机+自卸车"组合浇筑碾压混凝土，胶带机均为国产设备。

混凝土水平和垂直运输一体化，由于胎带机（顶带机）和胎带机的引进和开发应用，将混凝土水平和垂直运输合二为一，实现了对混凝土传统运输方式的改革，胶带机得到广泛应用，研究开发的移动式布料机和可伸缩式悬臂布料机等，已成功应用于多个工程的施工实践。

通过采用大口径箱式满管混凝土垂直运送技术，实现了混凝土大方量、高强度、抗分离输送。因其供料顺畅且投资少，制作、安拆维护简便，目前已在国内外碾压混凝土工程中普遍使用。思林、鲁地拉、沐若、大华桥水电站大坝工程均采用满管溜槽垂直输送混凝土。

提出了大倾角胶带机系统，输送能力达到了120~160立方米/时，平均输送能力140立方米/时。

四、碾压混凝土浇筑工艺

碾压混凝土施工普遍采用了通仓薄层碾压连续上升的施工工艺。所采用的仓面平仓机、切缝机、振动碾、仓面吊及喷雾机、预埋冷却水管的材料和方法、预埋件的施工工艺等也随着碾压混凝土施工技术的发展而发展，设备性能均能保证高强度连续碾压施工。

（一）摊铺及平仓、碾压工艺

碾压混凝土摊铺一般采用自卸汽车卸料，推土机或平仓机进行平仓摊铺。为减轻骨料分离，采用叠压式卸料和串链摊铺法，对局部出现的骨料分离，辅以人工散料处理，取得了较好效果。摊铺厚度约34厘米，一次摊铺成型，压实厚度30厘米。

碾压混凝土摊铺方法通常采用通仓平层铺筑法，自我国江垭工程采用斜层平推铺筑法施工后，近年来斜层平推铺筑法因其可减少仓面覆盖面积，缩短层间间隔时间，对降低施工强度和夏季温控有利等特点，得以迅速推广应用。采用斜层平推铺筑法时，层面不得倾向下游，坡度不应陡于1∶10，坡脚部位应避免形成薄层尖角。一般采用斜层浇筑时浇筑升层1.5~3.0米，在阳江抽水蓄能水电站上水库大坝工程施工中，研究采用6米升层的斜层平推铺筑，加快了施工进度。斜层平推铺筑法也是解决高温、多雨季节施工的有效施工方法之一。

（二）薄层碾压连续上升施工工艺

大朝山水电站上游碾压混凝土拱围堰施工时，采用连续上升的工艺，最大浇筑升层达21米，在两个月施工期内拱围堰全线升高40.5米，满足了安全度汛的需要。

索风营工程采用分块平层连续上升工艺，设计配置了符合碾压混凝土连续浇筑特性的连续翻升模板及下游面台阶模板，采取分块平层连续上升的方式进行大坝碾压混凝土浇筑，创下了在主体大坝中连续上升31米的纪录；彭水大坝缺口坝段连续上升21米，大花水拱坝施工又创下了31天连续上升34.5米的新纪录。说明了在确保模板工艺、混凝土入仓、温控技术及施工措施得当的情况下，可以进行碾压混凝土快速施工，保证施工质量，缩短工程的建设周期，节约工程投资。

（三）新的诱导缝、横缝成缝方式

成缝方式：碾压混凝土重力坝一般采用机械切缝或预埋分缝板成缝等施工工艺。机械切缝是指用切缝机在碾压混凝土层面上切缝的施工方法。采用液压振动切缝机，在振动力的作用下使混凝土产生塑性变形，刀片嵌入混凝土而成缝，填缝材料可采用金属片、多层彩条布，并随刀片一次嵌入缝中，也可向缝内填入砂子或插入聚乙烯板。切缝机切缝有"先碾后切"和"先切后碾"两种形式，振动切缝一般采用"先碾后切"，填充物距压实面1~2厘米，切缝完毕后用振动碾碾压1~2遍。

诱导缝成缝方式：普定等工程的诱导缝是采用诱导板成对埋设的方式形成的，存在要挖槽埋设和不好固定的问题。为克服这些缺点，结合沙牌碾压混凝土拱坝开展的诱导缝成缝机理，在沙牌碾压混凝土施工中采用了重力式的混凝土预制件型式，诱导缝预制件成对埋设，并设有重复灌浆系统；同时沙牌拱坝横缝也采用了重力式混凝土预制件，外形与诱导缝预制件稍有区别，且因横缝灌浆的需要，每一条横缝由4种不同的预制件组成。这种新的成缝形式相比普定等工程有了较大改进，安装更简单方便，且结构更可靠，由于构造轻巧，适合人工安装，已推广应用于国内大花水等其他工程。

（四）层间结合与施工缝面处理

连续上升筑的碾压混凝土，为保证碾压混凝土层间结合良好，必须控制施工层间的间隔时间（从下层混凝土拌合物拌和加水起到上层混凝土碾压完毕为止）。《水工碾压混凝土施工规范》（DL/T 5112—2021）规定，混凝土拌合物从拌和到碾压完毕的历时宜不大于2小时。VC值动态控制是保障碾压混凝土可碾性和层间结合的关键，碾压混凝土的工作度VC值是施工现场质量控制的重要指标之一，采用低工作度是当前的发展趋势。《水工碾压混凝土施工规范》（DL/T 5112—2021）规定VC值为2~12秒，实际很多工程多采用低值，如大朝山、彭水、龙滩、高升、大华桥等，大华桥电站碾压混凝土坝实际采用的VC值在仓面上一般为2~5秒。

斜层碾压极大地减少了仓面浇筑面积，缩短了碾压混凝土层间间隔时间。采用了低VC值、斜层铺筑碾压、仓面喷雾形成小环境气候降温保湿及时进行仓面覆盖是确保层间结合的关键措施。沐若、阳江、大华桥等大坝工程大量采用斜层碾压施工，在不增加资源投入的情况下加快了混凝土覆盖速度、缩短了碾压混凝土层间间隔时间。

碾压层面一旦出现大范围初凝，必须按施工缝处理。施工缝处理是浇筑升层长间歇层面处理，处理方式：混凝土表面初凝后，采用压力风砂枪或水枪冲毛，局部人工凿毛。在下一层混凝土浇筑前冲洗干净，先均匀铺筑10~15毫米厚的砂浆，再摊铺碾压混凝土。

（五）变态混凝土施工

变态混凝土是在碾压混凝土拌和物中铺洒一定量的水泥粉煤灰净浆，用振捣器振捣密实的混凝土。在"八五"

攻关项目的普定碾压混凝土拱坝施工中，已成功地将变态混凝土应用于振动碾碾压不到的死角及模板周边，为了进一步发挥变态混凝土的作用，在沙牌大坝的施工中，结合"九五"攻关项目的研究，已成功地将与两岸岸坡基岩面接触的垫层混凝土和坝面上所需的常态混凝土绝大部分改用变态混凝土代替，整个大坝除了河床部位坝基垫层以及廊道底板为常态混凝土外，均不再浇筑常态混凝土。变态混凝土的使用范围已扩大到坝肩垫层混凝土等施工部位，使碾压混凝土施工工艺进一步简化，既加快了进度，也保证了质量。据行业相关资料，有极少部分工程已将变态混凝土用于坝基找平层，即垫层混凝土，一般厚度为30~50厘米。

变态混凝土随碾压混凝土浇筑逐层施工，铺筑厚度与平仓厚度相同。加浆时可采用底部加浆，也可采用切槽和造孔加浆，加浆量为变态混凝土量的4%~8%，人工振动密实，较为先进的则采用加浆振捣一体化机械进行施工。

目前，国内兴起"机制变态混凝土"，取代现场加浆方式。为克服现场加浆存在人为因素的影响导致加浆量不准确，而在拌合楼（站）按变态混凝土加浆量直接拌制，再输送到浇筑部位，用振捣器振捣密实。该方式的缺点在于运输、铺筑不能与碾压混凝土料混合，需单独进行，造成施工上的不便。水电八局在大华桥、阳蓄、高升大坝工程中均有采用。

（六）重复灌浆

碾压混凝土拱坝在蓄水时一般尚未达到稳定温度，为使拱坝成为整体受力，需对横缝或诱导缝进行灌浆。但随着坝体温度的下降，坝体收缩有可能使已灌浆的缝面重新拉开，故需进行第二次（或多次重复）灌浆。

普定等碾压混凝土拱坝采用预埋两套灌浆管路的办法来实现两次灌浆。在沙牌拱坝施工中，结合沙牌碾压混凝土拱坝开展的诱导缝成缝机理、缝面构造尤其是拱坝接缝的重复灌浆技术的研究有了关键性的突破，解决了碾压混凝土拱坝重复灌浆的技术难题。由于沙牌大坝诱导缝采用重力式预制件成缝，灌浆管路及排气管的埋设十分方便，采用了更为先进的单回路重复灌浆系统，可实现大坝的多次重复灌浆。单回路重复灌浆系统具有构造简单、造价低、安装容易、可实现多次重复灌浆的特点，是碾压混凝土拱坝接缝灌浆技术的重大突破，该成果填补了国内空白，达到了国际领先水平，并已推广应用到国内如大花水碾压混凝土拱坝等其他工程。

（七）模板

模板是能否确保碾压混凝土连续上升的关键之一。水电八局碾压混凝土施工模板普遍采用了在普定拱坝成功采用的可上下交替上升的全悬臂钢模板形式，其上、下两块面板可脱开互换，交替上升，满足了坝体快速施工要求。在大朝山、索风营、彭水、大花水、高升等工程施工中，在其基础上进行了不断改进和优化，同时在部分工程坝体碾压混凝土连续上升过程中，采用连续上升式台阶模板，使溢流消能台阶一次浇筑成型。

索风营工程采用分块连续上升工艺，设计符合碾压混凝土连续浇筑特性的连续翻升模板及下游面连续上升式台阶模板，实现了大坝主体碾压混凝土连续上升31米。

五、碾压混凝土温控措施

碾压混凝土在设计上也进行了坝体温度控制设计，并提出温度控制标准及防裂措施，一般是以控制碾压混凝土内部最高温度及内外温差为准。常态混凝土的温控措施同样适应碾压混凝土，均采取控制浇筑温度、缩短间歇时间、避开高温时段、控制浇筑升层厚度、加快浇筑速度、通水冷却、混凝土表面保护等综合措施。

大量工程实践表明，一般碾压混凝土浇筑温度比出机温度上升3~5℃，而水化热温升引起混凝土内部温度增加10℃左右。施工中往往由于仓面温控措施和管理不到位，使预冷碾压混凝土优势丧失，导致碾压混凝土仓面浇筑温度回升很快。所以，施工过程中要严格控制浇筑温度，对入仓碾压混凝土，要做到及时碾压、及时覆盖、及时养护，防止温度回升倒灌，避免入仓混凝土从外界吸收热量。大量工程实践证明，仓面喷雾保湿是提高层间结合质量、防止浇筑温度回升和倒灌十分重要的措施，可以有效改变仓面小气候，降低仓面温度4~6℃，对温控十分有利；对夏季碾压混凝土施工采用埋设PVC冷却管进行初期通冷水动态控制削峰降低混凝土内部最高温度，进一步简化了温控措施；外掺MgO微膨胀剂，对解决碾压混凝土的温控防裂有着重要意义。

索风营大坝采用了全断面外掺MgO微膨胀剂碾压混凝土施工工艺，利用MgO微膨胀混凝土的延迟膨胀性补偿混凝土温降收缩，提高碾压混凝土的抗裂能力，同时对夏季碾压混凝土施工采用埋设PVC冷却管进行初期通冷水控制削峰降低混凝土内部最高温度，取得良好效果。

在柬埔寨甘再大坝工程施工中，没有采取在拌合楼预冷降温施工工艺，仅采取在仓面喷雾降温和运输车加盖遮阳布等措施。工程所在地气温波动非常小（小于3℃），月平均变化在25~28.4℃，平均温度26.9℃。最高平均温度纪录在4月（33℃），最低平均温度在1月（21.3℃）。$C_{180}15$碾压混凝土水胶比0.6、煤灰与石粉掺量均为30%的混凝土28天绝热温升仅13.8℃。其恒定的环境温度与低绝热温升很难引起混凝土内外温差超标，有利于简化温控防裂措施。

六、碾压混凝土智能化管理与数字化施工

碾压混凝土智能化管理与数字化施工是施工管理技术发展新趋势，采用先进的软件技术、网络技术、数据库计技术、自动化、智能化安全监测技术和数值计算技术，开发包含大坝施工信息管理、自动化数据采集、仿真反馈分析和智能预警决策支持的碾压混凝土坝数字、智能监控系统，实现大坝施工期和运行期各种施工和监控数据的自动获取和智能高效管理、大坝施工期、运行期安全状况的实时评估和预测以及大坝安全风险的预警和决策支持，最终实现大坝全过程的质量与安全状态的实时可控，代表着施工管理技术发展方向。国内科研院校和有关单位结合不同的工程对象，进行碾压混凝土大坝数字化、智能化施工技术研究与应用，并取得了初步成果。

（一）建立了数字大坝施工管理信息化系统

通过综合运用工程技术、计算机技术、无线网络技术、手持式数据采集技术、数据传感技术（物联网）、数据库技术等多方面技术，开发出一套基于Windows平台的混凝土重力坝施工质量智能控制及管理信息化系统，实现大坝混凝土从原材料、生产、运输、浇筑到运行的全面质量监控。系统主要内容包括系统综合管理平台、工程信息管理系统、施工过程智能监控及质量评价系统三个方面。其中施工过程智能监控及质量评价系统包括混凝土施工工艺监控系统、混凝土温度控制监控系统、大坝基础灌浆监控系统、大坝安全监测管理系统。

（二）数字化大坝工程施工

数字大华桥系统登录平台，能够通过平台一键式登录到各个子系统。如仓面设计、开仓申请、要料配料单、配合比管理、专业审批、质量评定等都可以通过App完成。

1. 灌浆监控。

大坝基岩灌浆包括灌浆准备、灌浆设计管理、施工过程管理、质量管理、灌浆成果查询5部分。可通过灌浆记录仪自动导入的数据，在监控平台上以每5分钟的过程数据实时展现。

每个工作面开灌之前，在灌浆站架设无线网络进行网络覆盖，开始施工时，每台灌浆记录仪通过传感器自动实时采集灌浆各参数数值，然后通过无线网络传输至中心数据库，灌浆监控系统读取数据后进行相关参数的监控。

2. 混凝土施工工艺监控。

工程信息系统通过短信方式自动推送每仓的开仓时间、收仓时间、开仓准浇证批准时间、现场盯仓异常信息和各类预报警信息等。具有实时性、连续性、自动化、高精度等特点，实现混凝土生产、坝面浇筑碾压等施工环节在线实时监测和反馈控制。

（三）大坝混凝土碾压施工质量GPS监控系统

通过在碾压机械上安装自动监测设备装置，对坝面碾压施工机械进行实时自动监控，包括动态监测仓面碾压机械运行轨迹、速度、振动状态等，并实时自动计算和统计仓面任意位置处的碾压遍数、压实厚度、压后高程等，所有监测及统计数据均可实现可视化显示，同时供在线查询；当碾压过程中碾压机械运行速度、振动状态、碾压遍数等不达标时，系统将自动发出报警信息，提示现场使用人员对机械操作手发出指令。在每仓施工结束后，可输出碾压质量图形报告，包括碾压轨迹图、碾压遍数图、压实厚度图等，作为仓面质量验收的辅助材料。

（四）大坝混凝土温控智能监控系统

主要有温控信息监测与采集、温控信息评价与预警两大软件子系统。该系统对大华桥水电站大坝温控信息进行动态高效的集成管理和实时控制分析，具有实时性、连续性、自动化、智能化等特点，对大坝温控施工过程的各个环节进行有效管理。通过该系统的实施可做到：一是温控要素的全过程自动化实时监测，可以直接获取大坝每仓混凝土的温控状况，采用智能通水冷却等为真实、全面地评估大坝温控施工的情况提供直接依据，为大坝竣工验收提供强有力的技术支撑；二是通过温控信息评价预警子系统的实施，对温控施工进行实时评估，实时把握现场温控施工情况，以便跟踪完善施工方案。

第六节　金属结构制作安装与机电安装技术

水电八局的金属结构制作安装与机电设备安装技术在全国水电及建筑行业享有极高的声誉，为企业创造了良好的经济效益和社会效益。金属结构制作于20世纪90年代迅速崛起，成为公司新的产业支柱；公司以其机电安装雄厚的实力和优秀的业绩成为水电行业的排头兵。

一、金属结构制作安装

（1）在柘溪水电站建设中，为解决引水压力钢管制造卷板的问题，在资料、经验都较为缺乏的情况下，科技人员通过认真研究、不断探索，自行设计、制造出了30毫米×3000毫米机械传动式卷板机，并以此成功地在工地制作安装了5条直径5.5米的压力钢管。

（2）在柘溪水电站建设工地，承担泄洪道9孔平面工作闸门、1扇检修闸门、过坝滑道的斜架车、承船车等金

属结构的制造。

（3）柘溪水电站水轮机蜗壳安装焊接时，为了确保焊接质量，对射线探伤技术进行了消化、吸收、引进及人员培训工作，并将此技术用于水轮机蜗壳安装焊接时的焊接检验。

（4）在乌江渡电站工地制造了电站泄洪系统大型弧形闸门，解决了大型弧门工厂制造后运输、吊装困难的问题。

（5）引进焊缝超声波探伤技术，拓展了金属结构制造、安装中重要受力焊缝内部质量无损检测手段。

（6）独立承担乌江渡电站20吨、10吨缆机安装工作，掌握了缆机安装技术。

金属结构制作安装于20世纪六七十年代在普通平板门、弧形门、压力钢管等金属结构制造、安装技术的基础上有了进一步的发展，在高水头、特种闸门制造安装及相关工装设计制造上取得突破。

（7）成功地制造、安装了东江水电站二级洞偏心铰弧形工作闸门，闸门孔尺寸6.40米×7.50米，设计水头120米，支铰采用偏心结构，突扩式门槽，门叶纵向分节，节间连接面及门叶面板整体加工。自行设计、制造了相应工装解决了节间连接面及面板的加工，其中面板加工方式为：门叶侧卧，门叶通过工装支臂绕工装支铰旋转，卷扬机拖动，自制插床机头垂直运动加工弧面，较好地解决了当时弧面加工的难题。

（8）成功地制造、安装了东江水电站二级洞事故检修闸门，闸门为平面链轮闸门，孔口尺寸7.50米×9.00米，设计水头115米，闸门组焊、加工、整体组装等均在东江水电站工地进行。

（9）为了解决高水头闸门焊后消应问题，科技人员针对当时现场设备、场地、环境等情况决定采用局部热处理方法消应，同时对局部热处理方法进行了充分论证和大量的试验工作，取得了局部热处理工艺及局部热处理效果参数，并成功用于弧门支臂、闸门主梁等焊接残余应力较集中部位的焊后消应处理。为了验证局部热处理效果，当时还引进了钻孔应力释放法测试焊缝残余应力，对构件局部热处理前后焊缝残余应力进行测试与评价。

（10）在五强溪水电站承担两台由德国PWH公司生产的主塔高98米、副塔高40米、跨度1000米的高架缆机安装，安装过程中自行设计、制造相关工装设备，解决了塔架提升难题。通过此缆机的安装，全面掌握了进口高架缆机的安装技术。

（11）随着一些大型水电站的开工建设，水轮发电机组单机容量的增加，水轮机埋件尺寸越来越大，工厂制造由于运输问题只得对部件大量分块加固，工地重新装焊，加大了投入力度，延长了工期时间。为了解决这一问题，同时扩展工程局金属结构制造范围，开始探索水轮机埋件工地现场制造方式。当时针对五强溪水电站水轮机埋件（包括水轮机蜗壳、肘管、锥管、机坑里衬、基础环等）制造技术要求，五强溪工地制造厂状况及运输条件，进行了分析研究，自行设计、制造成型、组焊工装，合理配置了部分制造设备，确定了部件分节、分块方式，制定了蜗壳瓦块成型、部件焊接等制造工艺，最终保质、按期完成了五强溪埋件制造任务，为五强溪如期发电作出了贡献。

（12）在五强溪水电站工地较好地解决了直径为11.20米的超大型引水压力钢管成型、支撑加固、运输吊装等方面的难题，较好地解决了孔口尺寸为19米×23米的超大型弧门整体组焊、变形控制、三支臂放样拼装等技术难题。

（13）在常规焊接技术的基础上，开展了新的焊接技术、高强度材料焊接方面的研究和实践，在焊接方法上通过对CO_2气体保护焊焊接设备、焊接材料、焊接工艺的研究，将这一焊接效率高、劳动强度低、焊接污染小的焊接方法广泛用于五强溪工地金属结构制造的焊接。五强溪引水压力钢管和水轮机蜗壳分别采用SM58Q、610U高强度钢，当时国内水电站建设中还很少采用，成功经验很少；为此，针对高强钢采用埋弧焊、气体保护焊、手工电弧焊等焊接方法进行了大量的焊接工艺研究、焊接试验和焊接工艺评定工作，并很好地掌握了高强钢焊接技术。

（14）在二滩水电站工地成功制造、安装孔口尺寸为3米×5米的大型刚性止水闸门，闸门顶、侧采用不锈钢（门槽部分）与铸青铜（闸门部分）作为支撑和止水部件，底部采用不锈钢（闸门部分）与巴氏合金（门槽部分）作为支撑和止水部件。同时为满足二滩水电站大量闸门制造必须整体热处理的要求，在工地自行设计、建造了一座大型热处理炉，热处理炉采用电加热方式，解决了大型闸门整体热处理的难题。

（15）三峡水利枢纽工程永久船闸人字闸门最大外形尺寸为3.00米×20.20米×38.50米，重828吨，分12节制造，单件重量达90吨，侧向止水采用刚性止水，安装精度要求高。安装中通过选用合理的焊接方法、焊接次序、焊后热处理方式，采用先进的测量、测试和监控设备，采用土洋结合的运输、吊装手段等，较好地解决了人字闸门安装中顶底枢同轴度、门体正侧面直线度、焊接变形控制、焊后残余应力消除及运输、吊装的难题，高质量地完成了特大型人字门的安装任务。

（16）三峡永久船闸1号闸首叠梁门为箱形实腹式平面滑动闸门，每套8节，最大运输单元36.22米×3.80米×

6.00米，最大运输单元重量242.30吨，三峡永久船闸1号闸首桁架门为桁架式平面滑动闸门，每套2节，最大运输单元36.00米×7.00米×5.50米，运输重量164吨，三峡永久船闸1号闸首桥机轨道梁为中轨布置的箱形焊接简支结构，最大运输单元40.00米×1.70米×4.00米，运输重量110吨，支承跨度38米。上述门（梁）单件尺寸大，运输单元重，制造技术要求和加工精度要求高。通过对下料、组装、车间吊装、加工、焊接、防腐、外形尺寸监测等工艺进行系统深入的研究、试验和实践，解决了特大型叠梁门、桁架门、轨道梁超大尺寸腹板、面板、翼缘板下料尺寸控制、门（梁）组装胎膜的设计、门（梁）车间翻身方案、整体加工工艺、门（梁）焊接变形控制技术及焊接过程中外形尺寸及腹板平面度的监测控制、超大型结构件防腐工艺等关键技术难题，成功地完成了上述叠梁门、桁架门、轨道梁的制造。

"三峡永久船闸1号闸首特大型叠梁门、桁架门、轨道梁现场制造技术研究"荣获2003年度中国水利水电建设集团公司科技进步奖二等奖。

（17）三峡水利枢纽为解决压力钢管伸缩缝处厂坝之间一次性地质变位及水头压力和四季水流温差产生的轴向和径向循环位移，设置了伸缩节。该伸缩节为波纹管双套筒形式，其结构紧凑、制造工艺复杂，伸缩节内套管内径12400毫米，壁厚58毫米，外套管内径12676毫米，壁厚60毫米，材料为日本住友Sumiten610F钢板，伸缩节结构制作、整体装配、水压试验等工作均在工地现场完成，其最终产品各项技术指标均达到设计及规范要求。三峡伸缩节现场制造成功，较好地解决了带台阶钢板卷板尺寸偏差矫正、焊接变形精确控制、自制工装整体水压试验、异种钢氩弧焊焊接等难题。

"三峡左岸电站压力钢管波纹管双套筒式伸缩节现场制造及工艺研究"荣获2003年度中国水利水电建设集团公司科技进步奖二等奖。

（18）三峡水利枢纽左岸电站水轮机蜗壳进口最大内径为12.4米，最大板厚为70毫米，蜗壳材料为日本NKK生产的NK-HITEN610U2钢板，单节最大重量48.7吨，所有蜗壳全部采用工地现场制造，突破了大型水电站机组蜗壳由水轮机制造厂制造的传统模式，提高了制造质量，避免了特大管节长途运输的不便和可能引起的质量问题。由于整节交货，缩短了安装工期。为此，从1997年12月开始组织有关专家和各方面的专业技术人员，经过大量试验研究，较好地解决了设备选型、车间规划、下料编程、组装工艺、高强钢全自动焊接工艺等多项技术难题，成功地完成了三峡左岸电站14台机蜗壳和右岸电站8台机蜗壳的制造，技术指标均满足或优于设计要求和相关的规程规范。

"三峡电站特大型埋件全自动焊及现场制造技术研究"荣获2003年度中国电力科学技术奖一等奖和中国水利水电建设集团公司科技进步奖一等奖。

（19）在三峡工程施工期间，针对工程施工中出现的技术难题，进行了研究和攻关，在引水压力钢管强约束合拢焊缝组装、焊接、消应、监测以及高强钢爆炸消应方面进行了一系列探索和研究，取得令人满意的试验结果并成功地应用于工程实际。

（20）水轮机座环、管形座是水轮发电机组中重要的受力部件，其结构较为复杂，工件焊接量大，焊接变形控制及整体退火困难，加工工作量大，加工精度要求高，制造过程中通过对制造环节中下料尺寸控制、卷板精度控制、拼装精度控制、焊接变形控制、整体加工精度控制及采取仿形加工导叶双面曲线工艺措施等，成功地完成了广西长洲水利枢纽、印度竹拉兰水电站机组管形座及安徽滁州琅琊山抽水蓄能电站机组座环制造。

"水轮发电机组座环、管形座制作与加工技术研究"荣获2007年度中国水利水电建设集团公司科技进步奖二等奖。

（21）引进、应用振动消应技术，并在构皮滩泄洪洞弧形闸门、中孔弧门制造中广泛应用，其残余应力降低及均化效果明显，这不仅简化了制作工艺，加快了施工进度，减少了能源消耗，降低了生产成本，保护了生态环境，同时为大型水工钢闸门制造中残余应力消除提供了一条新的途径，为相关的行业技术标准制（修）订提供了技术支持。

"超大型高水头弧门振动消应工艺研究与应用"荣获2008年度中国水利水电建设集团公司科技进步奖二等奖。

（22）在金属结构制造安装技术不断提高的同时，在水电站永久设备的设计方面也取得了较大的进步，先后成功地设计、制造了四川新政航电工程2×1600千牛单向门式起重机和1250/2×250千牛双向门式起重机。在门机设计过程中，对其总体布置、部件选型及金属结构部分设计、计算方面进行了重点研究，在保证门机安全性的条件下降低了整体造价。

"四川新政航电工程1250/2×250千牛双向门式起重机设计"荣获2007年度中国水利水电建设集团公司科技进步奖三等奖。

在金属结构制造和安装技术方面，20世纪水电八局承建了湖南五强溪水电站大型水轮机蜗壳现场制造、安装；2000年以后，承担了三峡左岸电站厂房14台机组水轮机埋件的现场制造及安装任务，和三峡永久船闸1号闸首特大型叠梁门、桁架门、轨道梁的现场制造。三峡左岸蜗壳的尺寸及重量均为国内最大，水轮机蜗壳610兆帕级高强钢板脉冲电源自动焊接技术在国内属首创，焊接质量稳定，生产效率高，使国内水轮机蜗壳制造的焊接技术水平提高到了一个新的台阶；三峡左岸电站压力钢管波纹管双套筒式伸缩节尺寸是国内最大的，结构复杂，产品精度要求高，制造工艺复杂，难度大，这种新颖的波纹管双套筒式伸缩节在现场制造为国内首创，它成功地解决了现场制造工艺、整体水压试验等技术难题；三峡永久船闸1号闸首特大型叠梁门、桁架门、轨道梁均为国内最大的，其结构复杂、产品精度要求高，现场制造中采用了先进的制造工艺、预防腐技术及检测技术，解决了门（梁）焊接变形控制及焊接过程中外形尺寸及腹板平面度的监测控制、预防腐处理等关键技术难题，现场整体制造技术成功。该三项现场制造技术的研究成果，均通过了国家电力公司科技环保部组织的技术鉴定，专家组一致评价：该三项成果的制造技术达到了国际先进水平，经济效益和社会效益显著。水电八局在水电行业大型金属结构制造和安装方面的成熟技术和所取得的成果，使其继续保持该行业领先地位。

（23）小湾水电站放空底孔事故检修闸门孔口尺寸为5米×12米，设计挡水水头160米，为平面链轮闸门，尺寸为5米×12米，闸门门叶重297吨、整体门槽重490吨，闸门采用两道止水，一道为山形自充压水封，一道为实心"P"型水封，链轮门均衡座、链轮及门槽轨道材料采用0Cr17Ni4Cu4Nb，为国内链轮闸门首次采用，闸门与门槽在制造厂内整体联合预装入槽试验。闸门设计水头为当时世界第一，闸门制造要求精度高于国家标准和三峡标准。通过闸门焊接变形控制、自行设计建造电加热退火炉对闸门门叶及整体门槽进行整体退火、复杂断面形状水封座采用数控机床外协加工再拼焊到加工好基面的门叶上、闸门门叶与整体门槽联合预装入槽试验等工艺方法和措施，成功完成了超高压、高精度的链轮门制造。

"超高压高精度平面链轮门制造技术研究与应用"获得2009年度中国水利水电建设集团科学技术进步奖一等奖、2011年度中国电力建设科学技术成果奖一等奖。"一种特大型链轮门门叶及整体门槽退火热处理装置""一种特大型链轮门门叶与门槽厂内联合试验装置"获得实用新型专利。

（24）巴西杰瑞水电站18×75兆瓦大型贯流式水轮发电机组具有完全自主知识产权，为当今世界单机容量最大的贯流式水电机组。水轮机埋件中的座环单套重量为303吨，装配后外形尺寸为22.34米×15.19米×5.82米（长×宽×高）。座环最大运输单元为10.23米×5.65米×5.19米（长×宽×高），单块重量约74.3吨。座环按照国际先进标准制造，加工精度要求高、难度大。如此超大、超重、高精度的座环一般是东电及哈电等电机厂制造。水电八局通过采取内环上下段分段拼装后整体组装、内环初加工一法兰面作基准参与座环整体组拼再画线加工其他相关工作面、座环整体组装采用上游侧法兰朝上倒装等工艺创新，满足了座环制造的质量及工期要求。

"特大型贯流式机组座环设备制造技术研究及应用"获得2012年度中国水利水电建设股份有限公司科学技术进步奖一等奖、2013年度电力建设科学技术成果奖一等奖、2012年度水力发电科学技术奖三等奖。

（25）锦屏二级水电站拦河闸弧形工作闸门13米×22米，采用2×3600千牛双吊点后拉式液压启闭机一门一机进行操作。每扇弧门的顶部设有一扇5米×2.0米舌瓣门，采用500千牛液压启闭机操作。带舌瓣门的超大型弧门的顶部设置一扇舌瓣门用于调节流量，并且具有整体几何尺寸大、钢板薄、焊接工作量较大等结构特点。从焊接、整体组装、弧门加工、舌瓣门加工、整体组拼几个方面来考虑，采取先构件预制后整体组拼来减少焊接变形的问题，加工设备与工装相结合，全面解决舌瓣门与弧门加工问题、分部组装解决组装难题、优化工艺，解决舌瓣门密封难题等方案，制作加工后各项主要技术指标完全满足或优于设计及相关规范要求。

"舌瓣门的超大型弧门制造技术研究与应用"科研项目获得了2012年度中国水利水电建设股份公司科学技术进步奖三等奖，2013年4月获得中国电力建设协会科技进步奖一等奖。

（26）成都市自来水七厂一期工程供水设计规模为$50×10^4$立方米/日，工程从光华八线至沙西线、沙西线到川陕路以及沙西线、郫县的高压管其南北大道中穿越河流、铁路、公路等障碍处均采用螺旋缝埋弧焊钢管，工程量达3.5万余吨，钢管管径规格为$D2640×20$毫米（D外径×壁厚），其直径超过现行国家标准及行业标准中规定的型号规格。月制造供货强度超过3000吨。

执行标准GB/T 3091要求中焊缝检测可选用100%UT探伤或水压试验，但本项目焊缝要求进行100%UT探伤，1%的射线探伤并逐节进行2倍的工作压力的水压试验。钢管内、外防腐执行石油天然气行业SY/T 4106、SY/T 0457标准，内防腐涂料采用液体环氧树脂要求符合防腐涂层基本防腐功能和饮用水卫生指标，防腐施工工艺及防护措施要求非常严格。外防腐涂层采用附着力好、耐磨性优异、低温韧性好、机械强度高、抗岩石冲击、抗土壤应力、化学腐蚀性好的100%固体含量无溶剂聚氨酯涂料，新型环保涂料，涂料常温黏度大，通过放热化学聚合反应固化形成漆膜，涂层间隔时间短、成膜速度快、钢管涂层设计厚度大于等于800微米，因此需要一次连续喷涂完成，若喷涂设备、工艺不当易出现起泡、层间剥离、厚度不均等质量问题，质量控制难度大。

通过对钢管成型、焊接、焊接检测、水压试验、防腐等关键工序创新，对现有生产设备装置进行优化设计、制造。实现特大直径螺旋缝埋弧焊钢管成功制造，填补国内空白，为相应制造规范修订提供可借鉴的工程应用实例，具有指导意义。

（27）埃塞俄比亚吉布Ⅲ压力钢管采用三分岔管与二分岔管组合，直接形成一管五机结构形式。岔管最大外形尺寸约为14880毫米×12040毫米×12287毫米，进水口直径7.7米，出水口直径分别为5.0米和4.2米，月牙肋板厚度高达150毫米，肋板腰部宽度达到4500毫米。其中三分岔管有3个支管、2个U形梁、2个腰梁组成，U形梁伸入管内部分为1500毫米，岔管的2个U形梁与2个腰梁在顶、底部焊接于1处，此种结构形式的三分岔管制造国内外罕见。岔管需在国内制造成型，然后分解运输至国外工地现场进行二次组装焊接，最后完成整个岔管部分的水压试验。当时国内尚无焊接如此厚的高强钢柱的成功经验。

通过多次焊接试验，选用特定连接柱材料，编制出岔管焊接工艺，保证了岔管焊接质量。由于岔管结构复杂，有8条组合焊缝，特别是岔管顶底部的2处，焊缝密集、焊接空间小、焊接难度非常大。因此首先制造1∶1模型来确定焊接方案及顺序，然后通过多次焊接试验来保证岔管焊接质量。

U形梁采用本体吊耳起吊法，埃塞俄比亚吉布Ⅲ三分岔管U形梁、腰梁均由多个构件下料拼焊而成。因为厚度达150毫米，不方便夹具吊装，因此下料时在U形梁的轮廓余量位置设计出满足单体拼装、整体拼装的吊耳位置，在下料时与U形梁本体一起切割，然后钻孔当作起吊吊耳使用。此法比在U形梁构件上焊接吊耳更安全、更实用。U形梁外轮廓为弧形曲线，拼装时不易固定定位，因此在下料时将U形梁底部（拼装状态）位置的余量进行喷粉定位，切割时采用断续法切割，每隔一段保留一截外轮廓线不切割以作拼装固定底座使用，大大地方便了拼装工序，也极大地加强了U形梁拼焊过程的安全性。

U形梁采用立焊竖焊法保证焊缝质量与焊接变形。由于U形梁达1226毫米×9356毫米，板厚达150毫米，采用立焊竖焊法既可缩短焊接工期，又极大地避免了U形梁自重对焊缝的影响，并且此种焊接便于及时调整焊接工位来控制焊接变形。

埃塞俄比亚吉布Ⅲ压力钢管单条钢管共布置有1个三分岔管、2个二分岔管。采用岔管群整体水压试验法可以节约闷头数量，缩短水压试验工期，并且比单岔管水压试验大大降低了施工难度。

2016年"超大型外加强梁高强三分钢岔管制造关键技术"获得中国电力建设集团科技进步奖二等奖。

（28）承担了中国铁建重工（长沙）集团有限公司近20套刀盘，解决了刀盘大圆环圆度及刀盘中心位置辐条下沉现象、刀箱中心距离控制、异种材料焊接等难题，取得了一系列工艺成果，为刀盘制造技术应用和推广提供理论依据和实践经验，对缩短刀盘制造周期、降低质量风险和控制施工成本有重要的意义。

（29）赞比亚Kariba水电站针形门和叠梁门制作，工程量800吨。与传统平面闸门结构相比具有新颖独特性，该闸门是一种超大型倒挂式多节闸门，具有多向止水要求，该闸门纵向分节11节，由22节顶底针形梁、顶梁、门叶纵向侧止水、底部止水、顶中底支撑等部件组成，该闸门整体高度达38米。闸门上下针形梁穿销节间连接，门顶设伸入式挂钩与顶梁吊耳悬挂，闸门两侧及上下之间的节间在下游侧布置止水密封。门叶底部定位轴与底部支撑定位孔配合实现固定。这种闸门设计形式与功能需求在国内外水电站或者水库等行业中极为罕见，此工程在国内外尚属首例。闸门全过程执行欧洲标准（EN 1090等），包含材料、生产、验收等全部为欧洲标准，技术、质量要求高。

研发了伸入挂钩式闸门制造技术：通过结构有限元分析、超静定计算和非线性解析，确认样点的定位基准，装配时采取工装控制尺寸偏差，然后采取刚性加固措施和合理的焊接工艺措施，焊接过程中根据变形规律优化坡口角度，采用多层多道焊，合理设计控制焊接层数和道数，控制焊接规范工艺参数以及预热、层间温度和焊接顺序，最终检查挂钩、针形梁尺寸均符合图纸质量要求，实现了工件的顺利装配，减少了伸入式挂钩闸门制造的中间工序，并提高了工效。

研发了超长纵侧向折弯止水座板装配及加工技术：根据纵侧向止水座板为通条带折弯封闭腔体外壳结构，止水座板截面呈L形，采用一次基准定位、分段预制拼焊，以单件作为制造基本单元，折弯止水座板采用分段折弯后，根据一次放样基准再整体对接，最后总装的制造工艺实施过程；加工时采取一次放样基准点，分段加工，加工前放样确认加工余量预留2毫米，加工后的厚度偏差不超过

0.3毫米，止水座面的直线度、平直度以及两侧之间的平行度符合图纸要求，最终纵侧向止水装配后满足了密封不透光和达到止水效果的质量要求。

研发了超长薄板箱式针形梁结构焊接技术及变形控制技术：针形梁为超长薄板箱形对称结构与非对称体结构，梁系结构的分解呈多个单元。利用厂内现有焊接设备，对梁系单元的拼装、加热、焊接、调校等参数进行综合集成管理，优化参数，逐步形成焊接设备与产品结构相结合的超大型薄板箱针形梁高效自动焊接技术。焊接过程中通过焊接设备、焊材、焊接参数以及焊接环境条件等最优化匹配，利用热传感器实时监控温度，采取结构拘束、加固措施、反变形、预热、层间温度、空间方向与时间协调的焊接顺序相结合的工艺措施调整等多方面关联组合控制，监测焊接变形值，最终实现变形量最小化。

研发了多部件装配精度控制技术：利用SOLIDWORKS三维模型手段模拟各部件组装、制作加工过程，验证、指导制作加工方案，采用一次基准定位、分阶段预制拼焊，以单节闸门（针形梁）作为制造基本单元，以同一个基准准确定位，整体组装一次放样，确立相应预留余量0.6/1000~0.8/1000，最后总装。制作加工过程中利用激光测平仪、自动化检测等先进手段，代替传统技术以人工为主的工艺，满足针形梁在三维空间上下节间连接、宽度方向左右两侧止水以及厚度方向面板的滑块支撑面等主控项的质量要求，最终实现形位尺寸、止水和装配质量，适应高效快速施工和智能化检测的需要，减少人工投入和直线工期，提高生产效率。

通过该项目制作，取得欧标钢结构体系认证，为进入欧洲市场奠定基础。

（30）思林升船机设备安装为公司首例安装调试的垂直式升船机工程，设计规模为500吨级，安装过程中通过主提升钢丝绳同层缠绕技术、工作闸门分段单点斜吊技术、承船厢分块吊装及转运方案等关键技术研究，成功地完成了升船机设备安装及调试。开发了"主提升钢丝绳同层缠绕技术""工作闸门分段单点斜吊技术"等工法。

（31）构皮滩升船机采用三级布置，第一级、第三级采用船箱下水式垂直升船机，第二级采用全平衡式垂直升船机，其中第一级升船机最大提升高度为47米，第二级升船机最大提升高度为127米。第三级升船机最大提升高度为79米，此升船机是目前世界提升高度最高的垂直升船机。构皮滩升船机设备安装及调试在思林升船机安装过程的关键技术研究基础上进一步突破，研究出平衡重块现场上下段组拼工艺、主提升设备悬吊平台转运方案、钢闸首设备吊装方案、船厢单块斜吊工艺，安装进度及质量精度均优于设计要求。

（32）大藤峡水电站、陕西旬阳水电站的蜗壳衬板的制造，解决了蜗壳钢衬的展开、压制成型、薄壁结构的焊接变形控制等问题，保证轴流式水轮机蜗壳过水表面光滑、平顺。圆弧段及扭转曲面段通过CAD建立体模型进行展开，获得准确的下料数据。异形段扭转曲面段压制工艺通过CAD模型分段近似计算圆弧半径，并分段卷制保证圆滑过渡的压制工艺，使蜗壳衬板表面达到理想的水流曲面状。薄板在焊接、吊装、转运等工序中进行合理配置、工艺装备设计，减少或避免焊接及受外力变形的措施。

（33）在新疆阿尔塔什水利枢纽工程引水系统压力钢管制作安装中突破了高强钢在高温差低气温环境下的焊接技术，首次使用了全电动液压顶钢管安装组圆压缝装置洞内组对钢管，顺利完成了800兆帕级高强钢岔管在-15℃极低气温环境下的整体焊接并成功完成水压试验。

（34）溪洛渡水电站大坝深孔共8孔，每孔孔道内设一期钢衬，面板所用钢材为不锈钢复合钢板（以下简称复合钢板），基层厚度为20毫米，复层厚度为4毫米。钢衬最大外形尺寸为15833毫米×8448（9310）毫米×2523毫米，单节最大重量为28.181吨。为保证钢衬安装的焊接施工质量，将钢衬焊缝改成非对称的X形坡口形式，坡口钝边取2~4毫米，坡口熔深与宽度比取1.5~1.8，且优化焊接工艺，加大焊接的现场质量管理力度，搭设焊接防雨棚，保证了焊接一次合格率。为减少安装时间，保证混凝土浇筑间歇期，在左岸EL.610米卸料平台搭设组装平台，对钢衬进行两两组拼、焊接，缩短了仓面安装时间。

溪洛渡水电站大坝深孔共8孔，分布在不同高程，8孔均在下游出口处设有潜孔弧形闸门，设计水头达到105.5米，总水压力72956千牛，采用液压式启闭机启闭。其中支铰座外形尺寸为3.70米×1.35米×1.80米，重量为54.4吨；门叶外形尺寸为10.082米×3.600米×1.750米，重量为42.299吨。门叶和支铰座单件尺寸大，运输单元重，且大坝吊装条件单一，只能采用两台缆机抬吊完成，油缸布置于527米启闭机安装平台上，因该平台形成时间较晚，坝体上升至566米高程后，坝体结构将与缆机吊装油缸和坝体形成干扰，缆机无法直接吊装油缸就位。安装时采用缆机和卷扬机，通过天锚的方式将油缸吊装就位，较好地解决了因表孔牛腿干扰而造成油缸无法吊装就位的难题，避免金结与土建施工的相互制约，是深孔度汛设备能按期投运的关键。

溪洛渡水电站7#~10#高位导流底孔分别布置于11#坝段和20#坝段，每坝段各设置两个导流底孔。底孔进口底坎及流道底板高程为450米，在上游进口处设有封堵闸门，封堵闸门门槽顶部高程为566米，门槽总长约117.6米，按1：6坡比进行设置。进口封堵门为潜孔平面滑动门（钢基铜塑复合滑道），闸门总重112.6吨，闸门拼装后高为15.645米，闸门厚1.42米，宽5.2米，分4节进行吊运拼装，其中最大的运输、吊装单元为门叶结构，重量为30吨；拉杆总重95吨，分17节进行吊运，其中最长为6.98米，重4.26吨，吊装作业时闸门与拉杆总重约207吨。

因7#~10#高位导流底孔出口工作弧门挡水设计水头为100米，即上游水位550米时达到极限水头，2013年汛期坝区上游水位按高程540米进行控制。如采用原设计混凝土排架柱方案，2013年6月底至7月初，7#~10#高位导流底孔无法满足下闸条件，将闸门调整为静水启闭400吨工况下一次性下闸，采用350吨履带吊与钢绞线液压油缸装置组合的方案进行7#~10#高位导流底孔进口闸门的下闸施工。大大缩短了启闭系统的安装调试时间；降低了钢排架柱高度，大大减少了支撑结构的材料量，现场钢排架的吊运安装周期与难度也大大降低；取消了拉杆的安装，减少了下闸的时间等。且为今后的拱坝施工中，在临时导流底孔施工滞后或度汛要求改变的条件下快速地完成进口封堵闸门施工积累了较成功的经验，具有一定的推广意义。

（35）白鹤滩水轮发电机组单机容量为1000兆瓦，为目前世界上单机容量最大的水轮发电机组。白鹤滩水轮发电机组蜗壳材料采用了抗拉强度800兆帕级，最大厚度达97毫米的超厚板高强钢，在水电站中采用800兆帕级超厚板高强钢制造蜗壳为首次。对蜗壳下料应用基于BIM技术的Tekla软件，实现自动化展开和套料；蜗壳成型根据材料高强度、超厚度的特点，在力学分析的基础上，分类选用大型卷板机和油压机成型，配套设计了工装模具，解决成型难题；焊接过程采用了智能化管理手段，使焊接过程关键工艺如预热温度、层间温度、后热等温度控制和焊接热输入均处于实时受控状态，这些新技术、新方法的运用，使蜗壳的制造质量得到了较好的保证。

"1000兆瓦水轮发电机组蜗壳制造智能制造技术"科技项目获得2020年度中国电建科学技术奖二等奖和2021年度湖南省电力科学技术奖三等奖。依托该蜗壳制造编制形成的《水电站800兆帕级高强钢蜗壳制造工法》在2021年3月26日获得中国电建工法证书。

（36）珠三角水资源配置工程A4标钢管总工程量为40911吨，内衬钢管内径4.8米，壁厚20毫米。单节管节长3米，在厂内按12米/段铸造成型安装，单段钢管重量32吨（含加劲环）。钢管制作安装采用了新设备、新工艺。

钢管本体钢板为双定尺钢板，采用双枪等离子数控切割机同时下料两张钢板，提高下料工效。采用特制坡口半自动切割机导向装置和三割嘴同时切割制备坡口，保证坡口精品质量要求。加劲环采用直条机下料，减少弧形加劲环直接下料带来的变形影响。采用卷制机对直条卷制成型，单圈加劲环分块卷制，有效减少了加劲环纵缝数量。

钢板采用四辊卷板机压头及卷制成型，首尾压头及卷制一次成型，卷制效率较高，管节纵缝组圆在卷板机上直接进行，省去组圆工位及工装，效率提升。

钢管纵缝环缝为X形不留钝边的坡口形式，采用埋弧焊在坡口主缝打底，背缝不气刨直接盖面焊接的工艺。

钢管加劲环拼装打破传统立拼工艺方式，将钢管在流水线上卧拼后采用加劲环卧拼装置进行加劲环拼装，有效地解决了卧拼状态下钢管圆度对加劲环拼装的影响。拼装效率提高了5倍，避免了钢管吊装翻身。

为提高加劲环与钢管角焊缝的焊接效率，打破了角焊缝采用气保焊的传统焊接工艺，在钢管卧式状态下对加劲环角焊缝采用两台埋弧焊机对称焊接的工艺。

钢管外带加劲环最大直径达到5080毫米，在市区内运输受到运输道路限高影响，采用专门设计的液压升降式运输车辆进行钢管运输，在运输过程中可实时调整钢管离地高度。

钢管安装在超长盾构隧洞内，钢管采用专用运输台车运输，在专用运输台车上设置钢管撑圆装置调整钢管环缝间隙及错边，解决了钢管采用斜楔码缝的传统工艺带来的后续处理工作（如斜楔切割、打磨、补焊等）。钢管安装环缝受操作空间限制，采用单面焊双面成型工艺，目前采用手工气保焊打底+填充，全位置自动焊盖面的工艺，焊缝一次合格率达98%以上，焊缝成型外观美观。其一圈环缝拼焊最快可在2小时内完成。

（37）大藤峡水利枢纽工程共8台水轮发电机组，每台机组设有3个进水孔，共24个进水孔。每个进水孔设有拦污栅门槽、检修门槽、事故门槽共三道门槽。左岸门槽采用常规的二期埋设方式进行安装，右岸采用一期直埋（门槽云车）方式进行安装。采用门槽云车施工，避免狭窄空间内的高空临边作业；门槽与周边结构同步高度施工，安全隐患较少；避免了高排架施工的安全风险；门槽安装精度易控制，门槽一次成型，与混凝土无缝连接；浇筑空间大，密实度和整体性好，无骨料分离问题，云车提升检验比试门框试槽效果更好。

大藤峡水利枢纽工程泄水低孔弧形工作闸门支承采用钢梁结构，支承钢梁共24套：左岸20套，右岸4套，单套重量约230吨，外形尺寸15100毫米×4700毫米×3860毫米（长×宽×高）。支承钢梁主体材质为Q345B，梁体为变截面箱形组合焊接梁。支承钢梁采用一孔一连的布置形式，梁端采用预应力锚索与水工闸墙连接，传递弧形闸门所受荷载。现场采用LR1750—750吨履带式起重机进行吊装。

大藤峡泄水闸工程布置有24个低孔弧形工作门和2个高孔弧形工作门，是目前国内最大的弧门启闭机结构。弧门安装采用架桥机进行。现场选用一台180吨架桥机和1台120吨架桥机配合使用。

二、机电安装

水电八局先后参建三峡、白鹤滩、溪洛渡、乌东德等国内外大中小型水电站百余座，水电站年装机千万千瓦，单个电站一年十投，是世界纪录创造者，总装机容量5000余万千瓦。在承建三峡水电站机组安装中的国内首批700兆瓦水轮发电机组三峡左岸电站6台机组及全部GIS安装，成为三峡第一度电的生产者，是中国及世界水电安装行业的一流品牌。

（1）20世纪60年代初，水电八局开始组建和形成专业的机电安装施工队伍，并参与当时全国最大的轴流转桨式水轮发电机组广西西津水电站的机电安装，西津水电站水轮机转轮直径为8米，发电机额定功率为58兆瓦，半伞式结构，推力轴承为液压弹性油箱结构。

（2）独立承担湖南柘溪水电站5台混流式水轮发电机组的安装，柘溪水电站水轮机转轮直径为4.10米，单台机组额定功率75兆瓦，悬式结构。施工过程中，为了保证蜗壳安装焊接质量，引进并采用当时较为先进和有效的射线探伤技术，检验焊缝质量。通过柘溪水电站水轮发电机组的安装，较为全面地掌握了大型混流式水轮发电机组安装技术及主变压器外循环冷却系统安装、调试技术。

主要承担了乌江渡水电站3台水轮发电机组的安装，乌江渡水电站水轮机型号为HL638—LJ—520，发电机型号为TS1035/240—40，推力轴承采用了高压油顶起装置，外循环冷却方式。乌江渡水电站机单机额定功率210兆瓦，是当时国内制造安装的最大型水轮发电机组，机组采用了大量的新技术、新材料。安装人员通过不断学习、研究和实践，较好地解决了施工过程中遇到的难题，掌握了离相封闭母线安装和离相封闭母线氩弧焊焊接技术；具有先进水平的法国MG公司制造的220千伏SF6全封闭组合电器GIS安装调试技术；主变压器至开关站220千伏高压充油电缆敷设，电缆终端制作安装施工技术；大型主变压器采用真空滤油、真空注油、热油循环的施工技术；电液调速器的安装、调试技术。施工过程中自行设计、制造了机械手式定子下线机、中频加热弯管机等工装、设备，采用了中频电源加热焊接定子接头等先进工艺。

（3）通过承担湖南东江水电站4台125兆瓦混流式水轮发电机组安装，较好地掌握了发电机定子工地叠片、下线的整体组装技术，可控硅静止励磁系统的安装调试技术。

（4）通过承担湖南石面坦水电站3台10兆瓦灯泡贯流式机组安装，较好地掌握了贯流式机组安装技术。

（5）承担湖南五强溪水电站5台240兆瓦低水头混流式大尺寸机组的安装，水轮机型号为HL295—LJ—830，发电机型号为SF240—88/17290。通过该电站机组安装，较好地掌握了水轮机尾水肘管钢里衬安装及边安装边浇筑混凝土施工技术；座环与顶盖、底环连接面及连接螺孔现场加工、采用小垫片调整底环、顶盖高程及水平的施工技术；进口尺寸11.20米，总重529.20吨，材质为610U2的大尺寸、高强钢蜗壳运输、吊装和焊接技术；圆盘支架结构转子现场组焊、副立筋工地现场配刨技术；大尺寸定子（铁芯内径/外径：16620/17290毫米，铁芯高2040毫米，总重440吨）安装间叠片、下线及整体吊装技术；500千伏GIS全封闭组合开关站安装、调试技术；全厂计算机监控系统安装、调试技术；不锈钢管氩弧焊焊接技术；等等。同时，在施工过程中广泛采用风动扳手、液压扳手、液压顶、液压拉伸器等先进的螺栓紧固工具，加快了施工进度，降低了劳动强度。

（6）以联营体方式参加了二滩水电站6台550兆瓦大型水轮发电机组安装，较好地解决了分瓣转轮现场组焊、加工及静平衡试验难题，掌握了蜗壳组焊后整体水压试验技术。

（7）通过凌津滩水电站9台30兆瓦、洪江水电站5台45兆瓦灯泡贯流式机组安装，全面地了解和掌握了大型灯泡贯流机组安装技术。

（8）三峡左岸电站机组为超大型水轮发电机组，水电八局独立承担其中6台VGS联营体制造的机组安装，VGS机组水轮机转轮直径（出口直径）9528.90米，发电机额定容量/额定功率777.80兆伏安/700兆瓦，最大容量840兆伏安，转子直径18430.80毫米、转子高3435.00毫米、转子重1694.50吨，定子直径21450.00毫米、定子高4265.50毫米、定子重706.80吨，机组总重4888吨，是国际上最大的水轮发电机组。机组设计、制造大量采用了当时国际上最先进的科技成果，设备先进、技术要求高，对于机组安装单位来说，从人员、设备、工艺都面临着全新的课题。通过采取派遣大量人员去厂学习考察、对施工设备选择和施工工装设计进行反复分析论证、对安装工艺进行充分讨论研究等手段，攻克了一个个安装过程中的技术难关，保证了三峡工程第一台机组提前发电，全面地掌握了水轮机蜗壳组焊后，保温保压浇注混凝土技术；水轮机基础环、座环现场大平面加工技术；水内冷式定子施工技术；定子冷却水静水装置的安装调试技术；采用移轴方式调整轴线技术；转子中心体与下端轴之间100毫米×180毫米扭矩传递横向销钉孔现场钻镗技术；特大型电站500千伏GIS全封闭组合开关站分段安装技术；等等。

"700兆瓦水轮发电机组安装技术研究"荣获2005年度中国水利水电建设集团公司科技进步奖特等奖和中国电力科学技术奖二等奖。

（9）构皮滩水电站机组是由国内三大水轮发电机组制造厂自行设计、制造的特大型机组，转子铁芯是当时国内最高的，铁芯高度3500毫米，转子重约1200吨。根据高铁芯机组特点优化座环焊接工艺，创新定子、转子铁芯的七次叠装压紧工艺，克服2008年冰灾天气、地质恶劣等不利条件，精心组织，优化施工工序，实现了特大型机组"一年五投"的发电目标，树立行业新标杆。机组运行状况良好，工程质量优于国际标准。为同类型水轮发电机组高铁芯定转子组装安装提供了经验借鉴。

（10）承担云南景洪水电站5台单机容量350兆瓦混流式机组的安装，该电站机组安装，座环与顶盖、底环连接面及连接螺孔现场加工、采用小垫片调整底环、顶盖高程及水平的施工技术；转子磁轭现场叠片，采用穿心螺杆定位技术。

（11）承担云南糯扎渡水电站6台单机容量650兆瓦混流式机组的安装，该工程水轮机型号为HLA956—LJ—720，发电机型号为SF650—48/14500，额定水头为187米，通过该工程蜗壳安装，取得了需保温保压浇筑蜗壳混凝土的水轮机蜗壳安装经验。

糯扎渡电站机组圆筒阀阀体直径达9390毫米，高度1150毫米，阀体厚度190毫米，筒阀体组装、调整、焊接的控制难度大，筒阀体分两瓣到货，该阀体刚性较差，组焊后的圆度偏差要求不大于1毫米。在筒阀体组装过程中注意控制阀体圆度，合缝焊接严格执行焊接工艺、控制焊接变形，以保证阀体偏差满足要求。

筒阀接力器安装技术难度大，筒阀共6个接力器，为保证6个接力器受力一致，需精心检查和处理每个接力器安装基座水平度，保证6个筒阀接力器安装后的活塞杆垂直度偏差需不大于0.1毫米/米。筒阀导向板加工、安装精度要求高，安装难度大。筒阀导向板安装空间狭小，需进行精细的加工、修磨处理，为保证筒阀的长期稳定运行，抗磨板与座环导轨间隙需控制在1.0~1.2毫米。筒阀动水试验危险性较大，实施过程中精心组织，做好各种预防及处置措施。

该工程荣获第十五届中国土木工程詹天佑奖。

（12）承担大华桥水电站机电设备安装工程，该电站机组设备为4台单机容量230兆瓦混流式机组。电站外送线路采用两回500千伏高压电缆，该高压电缆截面积800平方毫米，外径152毫米，重量25千克/米，垂直竖井段长度约184米，敷设高差约200米，单相长度约7000米。在该500千伏电缆敷设中，克服了线路长、落差大、洞室内通信不畅等困难，其安装质量获得了参建各方好评。该电站工程荣获2020—2021年度中国建设工程鲁班奖、2021—2022年度中国安装工程优质奖（中国安装之星）。

（13）彭水水电站安装5台单机容量350兆瓦的大型混流式水轮发电机组，总装机1750兆瓦，是重庆市有史以来最大的能源建设项目，水电八局承担全部机组安装与调试任务，机组设备由天津阿尔斯通供货。水轮机转轮名义直径为7680毫米，机组额定功率/额定容量为350兆瓦/388.89兆伏安，额定电压18千伏；额定电流12474安；额定转速85.7转/分。推力轴承采用了高压油顶起装置，外循环冷却方式。2008年电站五台水轮发电机组实现全部投产发电，前后历时仅10个月，这一成就创造了国内大型水电机组连续建成投产的最快速度，堪称中国水电建设史上的一个奇迹。2009年，彭水水电站工程荣获中国电力优质工程奖；2013年，彭水水电站工程荣获中国建设工程鲁班奖。

（14）银盘水电站安装4台单机容量150兆瓦的立轴轴流转桨式水轮发电机组，总装机600兆瓦，属当时国内单机容量第二大轴流转桨式机组。转轮直径8600米。

施工过程中，针对银机组安装特点以及施工工期紧张的要求，充分利用现场施工条件，优化施工工艺，采用了发电机定子全部在安装间进行机座组拼焊接、定子铁芯叠片、磁化试验及验收等工序，在水轮机导水机构及下机架预装后，将定子吊入自身机坑，并与导水机构、下机架、上机架预装一同进行安装调整，一次定位；在等待基础二期混凝土凝固期间，一边进行水轮机预装后销钉钻铰等工作，一边进行定子下线及试验等工作，缩短了机组机坑内的直线安装工期。银盘电站机组安装实现了8个月连续投产4台轴流转桨机组的成果，机组高效、优质的投产也保证了业主提前5个月完成了年度发电任务，创造了巨大的经济效益。

（15）溪洛渡水电站总装机容量1386万千瓦，为全国第二、世界第三大水电站，800兆瓦级特大型混流式水轮发电机组具有完全自主知识产权，为当今世界单机容量第三大的混流式水电机组。水电八局承担右岸地下电站中的10#~18#机组安装，由东方电机股份有限公司供货。水轮机转轮直径为7400毫米，发电机额定容量/额定功率855.6兆伏安/770兆瓦，最大连续出力870兆瓦，额定电压20千伏，额定电流24698安，额定转速125转/分。

溪洛渡水电站安装调试标准领先三峡工程，优于国家标准。其中水轮机圆筒阀安装技术、发电机定子自身机坑组装并与座环加工同步施工工艺、水轮发电机组轴线总装调整技术、电站500千伏GIS安装技术、电站500千伏升压变压器安装技术、500千伏高落差GIL安装技术以及机组启动调试试运行等一系列创新工艺技术，溪洛渡右岸电800兆瓦级机组优质高效创造了一年六投的新纪录，满足了国家骨干工程的高标准要求。

"溪洛渡右岸电站800兆瓦级机组优质高效安装技术"荣获2014年度水电八局科学技术奖特等奖、2014年度中国电建科学技术奖一等奖。

（16）承担了乌东德水电站右岸电站6台单机容量850兆瓦混流式水轮发电机组的安装，"乌东德电站850兆瓦水轮发电机组安装技术研究"荣获2022年度中国电建科学技术进步奖一等奖、湖南省水利水电科技进步奖三等奖等奖项。

乌东德右岸电站850兆瓦水轮发电机组安装、调试施工工程，对巨型水轮发电机组加工、组装、安装和调试中的重难点进行了系统研究，解决了现场加工、现场组装、安装和调试等方面的技术难题，提高了生产效率，提升了施工质量，取得了多项技术成果。

座环、转子现场加工技术；定子下线"微正温、微正压"环境构建技术；三维激光跟踪测量技术运用；水发大轴销套现场同镗技术；开展转动部件轴系同心度、垂直度和平衡性研究；自主完成巨型机组安装调试技术工作，填补百万级巨型水轮发电机组安装与调试技术空白；采用BIM技术优化管线排布，对电缆桥架、管路及支吊架进行二次优化设计。

（17）广东梅州抽水蓄能电站规划装机容量2400兆瓦，分两期建设，其中一期装机容量1200兆瓦，厂房内共安装4台单机容量为300兆瓦的单级立轴单转速混流可逆式水泵水轮电动发电机组。全面地了解和掌握了大型抽蓄机组水操作球阀安装调试技术，以及国内首次抽蓄机组国产GCB安装调试技术。创新采用带转轮预装导水机构技术和发电机轴与下机架一钩双吊技术。

梅蓄一期电站机电安装工程首台机投产19个月，4台机全投25个月，首投、全投刷新同类型工程最快纪录，比国内平均工期缩短8个月。机组运行后，其三部导轴承摆度均小于50微米，开启了抽水蓄能机组的"5道"时代；机组运行振动小于1毫米/秒，各轴承运行温度小于60℃，同类型机组运行性能领先。

（18）大藤峡水轮发电机组单机容量200兆瓦，是目前国内最大的轴流转桨式水轮发电机组。

第七节　基础处理技术

水电八局在高边坡处理、高压灌浆、高压喷射灌浆、预应力锚固、大孔径及高精度钻孔、围堰防渗、强岩溶地层防渗及堵漏、混凝土长芯钻取等施工技术均处于国内领先或国内先进水平；在深层岩溶处理、地下暗河封堵、砂砾石基础防渗、江岸堤防整治加固、病险水库处理、混凝土灌注桩及PHC管桩等方面具有丰富的施工经验；在乌江渡水电站首创的高压灌浆工艺已在水电站建设施工中广泛使用；主要参与设计并负责施工的沙牌碾压混凝土诱导缝重复灌浆取得成功，填补了国内空白。大块石架空层土石围堰基础防渗施工新技术、高拱坝闸墩U型预应力锚索施工技术、深孔帷幕灌浆新技术、岩溶地层工程基础堵漏及防渗综合治理关键技术等研究项目经集团公司专家组鉴定，其研究成果达世界领先水平。

水电八局经过长期的不懈努力，科技进步工作取得显著成效，高压灌浆、高边坡处理、土石围堰防渗、高精度钻孔及取芯、工民建基础处理等方面的施工技术优势明显。已经初步打造出"水电八局基础"的品牌形象，其品牌效应正在市场竞争中凸现。

一、基础处理技术发展概述

自20世纪50年代组建至今，水电八局依托承建的各类工程建设项目，不断研究、积累和发展基础处理技术。20世纪50年代至20世纪末，承建的基础处理工程以地基加固、围堰防渗、锚固工程、病险水库除险加固等水利水电基础处理工程为主；进入21世纪，随着公司转型发展和业务范围扩展，基础处理业务范围逐渐扩展到建筑、市政、铁路、桥梁等工程领域的桩基础、基坑支护与止水施工。先后承建的代表性工程项目如下：

（1）大中型水利水电基础处理工程：乌江渡、东江、普定、五强溪、二滩、三峡、大朝山、沙牌、江口、万家寨引黄工程、五里冲、索风营、彭水、光照、开县水位调节坝、小湾、龙滩、构皮滩、沙沱、思林、武引、龙开口、鲁地拉、营盘、溪洛渡、大华桥、沙坪、黔中水利枢纽工程、大藤峡、七星水库、马来西亚沐若、柬埔寨甘再、加纳布维、乌干达卡鲁玛、尼日利亚宗格鲁等。

（2）堤防处理及海堤建造工程：江西九江、湖北荆南长江干堤及汉江遥堤、安徽省临淮岗洪水控制工程主坝防渗墙、珠海高栏港工业区东大堤等。

（3）病险水库的除险加固工程：湖南浏阳株树桥水库、江苏宜兴横山水库、湖南衡阳白渔潭水库、云南澜沧多依林水库、湖南永州杨家洞水库等。

（4）桩基础及地基处理工程：湖南长沙国际金融大厦、华天大酒店扩建工程、武汉君安大厦、南宁天池山小区、武汉地铁21号线、武汉后湖泵站、印度尼西亚雅万高铁、孟加拉国达卡轻轨、长峡陆域堆场地基处理等。

（5）基坑支护工程：武汉黄家湖、深圳光明洺悦府、深圳小梅沙基坑工程、电建大湾区科创中心基坑工程等。

总计参与建设完成的工程达200余项，均以良好的质量和信誉赢得了业主及有关方面的赞誉。一项项工程，如一座座丰碑，记录着水电八局基础处理专业队伍的辉煌业绩。

二、基础处理技术主要成果

多年的基础处理施工建设，造就了一支特别能战斗的队伍，培养了一大批中青年科技骨干力量，在基础处理专业领域，具有较强的技术优势和综合实力。在基础处理领域拥有48件实用新型专利、6件发明专利、3项国家级工法、45项省部级工法，10项重大科研成果通过专家鉴定达国际领先水平，10项重大科研成果获国家和省部级奖励，获全国优秀QC小组12项、全国质量信得过班组1项。在长期丰富的生产实践中，基础处理专业队伍不断推进科技进步，勇攀科技高峰，在岩基处理、高边坡、深基坑支护、软基处理等领域中，多项技术均处于国内领先或国内先进。

（1）在岩溶发育地区乌江渡水电站、五里冲水库灌浆的成功经验为国内外水电界瞩目。乌江渡水电站是中国在岩溶地区修建的第一座大型水电站，在该水电站的基础处理施工中，水电八局自行研制成功的高压灌浆泵、高压阀门及首创的孔口封闭高压灌浆工艺已被编入部颁规范，参与编制的"孔内封闭水泥灌浆施工工法"被批准为国家级工法，并已成为水电基础处理施工中的主要施工工艺。这两个工程在防渗方面的成功，在国内外同行业中产生了极大的震撼，"水电八局基础"品牌也得到了同行的认可。

（2）20世纪90年代中后期，水电八局与意大利TREVI公司合作，承建了二滩水电站大坝帷幕灌浆、固结灌浆、接缝灌浆等基础处理工程，这也是水电八局第一次按照FIDIC条款与国际承包商全面合作的大型项目，在工程中，使用了如DIAMIC262、SM305等先进的钻探设备，第一次采用了国外先进的自动灌浆记录仪和国产记录仪大规模应用于压水、灌浆施工全过程控制，并在国内第一次整体采用自动集中制浆系统。该工程使水电八局的施工技术水平、设备应用水平及项目管理水平上升到了一个新的层次。

（3）20世纪90年代后期，主要参与设计并负责施工的沙牌碾压混凝土诱导缝重复灌浆取得成功，填补了国内空白，这项施工工法也被批准为国家级工法。

（4）20世纪90年代中期，在三峡二期围堰高压喷射试验中，根据围堰地层特点，首创了"新三管法"高压旋喷灌浆工艺，极大地提升了高压喷射灌浆的技术水平。在三峡工程中，与设计院合作的三峡工程主体建筑物基础处理化学灌浆试验成果达国际先进水平，并成功承建了F1096断层处理、185米平台混凝土防渗墙、主体工程帷幕灌浆试验、主体混凝土终检孔、永久船闸竖井周边灌浆等多项灌浆工程施工。

（5）2004年以来，通过在彭水、构皮滩、思林、银盘、沙沱等多个岩溶地区大型土石围堰的防渗施工，将水泥（速凝）膏浆成功应用于土石围堰防渗，提出了纤维膏浆的概念并成功应用。在围堰防渗施工技术，尤其是在大块石架空层快速防渗施工技术方面已走在国内同行业的领先。"土石围堰大块石架空层快速防渗施工技术"获集团公司2008年度科技进步奖一等奖及2009年中国电力科学技术奖三等奖。

（6）高边坡支护处理技术方面，水电八局先后参与了沙牌、江口、龙滩、构皮滩、小湾、溪洛渡等高边坡和坝基支护施工，掌握了高陡边坡及堆积体开挖、锚喷等综合处理技术。以小湾水电站2号山梁抢险锚索工程为依托，首创了"同心跟管钻进技术"，并参与完成了集团公司"700米级高陡边坡及堆积体开挖锚固施工技术"科研项目，并通过专家组审查验收，总体上达到了国际领先水平，获集团公司科技进步奖一等奖。

（7）在大孔径及高精度钻孔、混凝土长芯钻取等方面，多年来先后在三峡、索风营、构皮滩、龙滩、沙沱、溪洛渡、大华桥、白鹤滩等大型水电工程中取出了超长混凝土芯样，连续多次突破自身保持的最长混凝土芯样长度纪录，2022年10月，在白鹤滩右岸大坝25号坝段取出的一根直径245毫米、长34.86米的常态混凝土芯样为目前有记录的世界最长芯样。高精度钻孔孔斜率控制也处于国内领先，在三峡工程中钻出孔斜率仅为0.023%的接缝孔。水电八局参与编制的"混凝土取长芯施工工法"被批准为国家级工法；三峡左岸厂房结构缝钻孔施工控制班组被评为"2004年全国质量信得过班组"。

（8）通过在二滩、构皮滩、溪洛渡、白鹤滩等水电站双曲拱坝闸墩中成功地施工了U型锚索，对拱坝成功进行了接缝灌浆。整体式U型锚索预埋孔道安装技术、U型锚索分束管技术、钢绞线连接及牵引技术、整体穿索技术、真空灌浆技术及接缝灌浆施工技术均达到了国内领先水平。研究成果"高拱坝闸墩U型预应力锚索施工技术研究及应用"荣获2014年度中国施工企业管理协会科学技术奖科技创新成果奖二等奖、2015年度中国电建科学技术奖一等奖、2015年水力发电科学技术奖三等奖、2017年中国大坝工程学会技术发明奖三等奖。

（9）2006—2014年，依托承建的构皮滩、沙沱、溪洛渡等大型水电工程，系统地开展了复杂地质条件下深孔帷幕灌浆新技术应用研究。应用小孔径无芯造孔技术，提高了坚硬地质条件下帷幕灌浆钻孔成孔效率；研究并使用可旋式孔口封闭器，改进钻机水龙头，在钻机上安装专用调速装置，添加减水剂，采用制冷水制浆，形成了预防堵管、铸杆及抱塞技术；设计专用钻机移动平台，解决斜坡廊道帷幕灌浆钻机安全快速移动的问题；建立了全面、系统的大坝灌浆施工信息管理系统，实现了全过程全方位灌浆施工信息数字化管理。研究成果"深孔帷幕灌浆新技术研究及应用"获2015年度中国电建科学技术奖二等奖、2015年度电力建设科学技术进步奖三等奖、2015年水力发电科学技术奖三等奖、2016年度中国施工企业管理协会科学技术奖科技创新成果奖二等奖。

（10）2012年以前，国内灌浆施工多数采用带立式灰罐的集中制浆系统。立式灰罐对地基要求较高，安装时间长，对于短期、零散施工用浆，大多采用袋装水泥人工制浆，工人劳动强度大，不利于职业健康。2012—2014年，借鉴意大利CMC公司隧洞掘进机（TBM）的尾部制浆装置，研究提出了采用卧式灰罐代替立式灰罐，研究出一种安全可靠、安装运输方便、环境适应性强、节能环保的卧式自动集中制浆系统。经不断地改进、完善和推广使用，该卧式制浆系统已形成系列化产品，现已广泛应用于灌浆工程中。

（11）2014年，深圳地铁1号线鲤鱼门站——前海湾站区间因南侧华润在建基坑项目开挖导致地铁隧道出现沉降和水平位移，2015年上半年在不影响地铁盾构隧道正常运行条件下，对该地铁区间进行了地面注浆纠偏回调，通过研究首创运营地铁隧道地面卸荷结合洞外注浆综合纠偏技术，提出了一种适用于城市复杂环境的土体控制性卸载方法，首次在运营地铁隧道通过地表袖阀管控制性注浆达到纠偏回调效果，采用实时在线监控技术实现了对既有地铁隧道纠偏回调的精细化监测，最终实现水平回调最大值达19.1毫米，竖向回调最大值达15.6毫米。

（12）强透水松散地层的快速堵漏处理是水利、水电等工程建设过程中需要解决的一个难题，将类似散粒状地层的传统防渗施工工艺应用于强透水松散地层快速堵漏处理中，存在工序较为复杂、对操作人员技能要求高或施工成本高等问题。2016—2019年，通过在新疆阿尔塔什水利枢纽工程、广西大藤峡水利枢纽工程、贵州高生水电站围堰防渗工程技术探索时间与施工关键技术研究，研发了组合式预埋花管灌浆装置，开发了成套组合式预埋花管灌浆工艺，总结了一整套组合式预埋花管灌浆快速堵漏防渗施工新技术。研究成果"孔内组合式预埋花管灌浆防渗堵漏施工技术"荣获2019年度中国电建科学技术奖三等奖。

（13）2008—2019年，针对岩溶地区地质条件复杂、岩溶发育的不可预见性、岩溶发育及渗漏的不均一性等特点，以及由此造成的坝基及库区渗漏问题，通过总结现有岩溶地层防渗及堵漏治理技术的优点和不足，依托多年来在贵州、广西、重庆等强岩溶地区承建的多个水利水电工程，对岩溶地层防渗及堵漏治理技术进行了深入研究和全面总结。通过该项目研究与应用，研发了套管法灌浆装置、强透水松散地层快速堵漏装置、水泥—水玻璃双液灌浆装置、地质钻机用高压旋喷钻头及一种钻孔孔内观测设备5项岩溶防渗新装置及设备，研发了套管法连续灌浆、组合花管灌浆、较大水流条件下封堵空洞型岩溶的"六步法"施工方法、覆盖层下多层岩溶发育地层快速防渗施工方法、针对复杂岩溶管道渗漏通道的"截头堵尾"的防渗堵漏新方法5项岩溶防渗新方法，编制了6项岩溶防渗处理施工工法，创新了岩溶地层防渗及堵漏综合治理方法，形成了一套完整的岩溶地层防渗及堵漏综合治理关键技术。研究成果"岩溶地层工程基础堵漏及防渗综合治理关键技术"荣获2020年度中国电建科学技术奖一等奖和中国大坝工程学会技术发明奖三等奖。

（14）为了规范并加快水电水利基础处理工程竣工资料整编及验收工作，2015—2017年规范编制组总结了我国水电水利基础处理工程竣工资料整编及验收方面的相关要求，进行调研、资料收集，吸取工程实践经验和做法，形成了电力行业《水电水利基础处理工程竣工资料整编及验收规范》（DL/T 5774—2018），结束了国内水电水利行业基础处理工程竣工资料整编无具体规范可循的局面，填补了国内空白。该规范于2018年出版，2019年5月1日起实施。

（15）2015年以来，随着工程局业务转型升级、进城融城战略实施，建筑及市政工程桩基础施工技术取得快速发展。依托孟加拉国区域、江门恒大项目研究形成了软弱地层2.5米大直径钻孔控制技术，开发了可拆卸重复利用吊筋系统；在孟加拉国达卡轻轨6号线桩基施工中成功应用高分子化学泥浆材料取得良好护壁效果。依托孟加拉国Matarbari燃煤电站临时码头工程研究形成了较密实地层中20米以上钢板桩施工技术。依托雅万高铁项目研究形成了复杂地层中大孔径超深灌注桩成桩工艺，通过回填黄土加烧碱组合方案解决了在砂砾鹅卵石地层成孔困难问题，完善了地震区三筋钢筋笼的制作工艺，总结了桩顶混凝土超灌高度控制工艺；采用冲击装置与冲洗装置相结合使用的方式，成功解决了声测管堵管问题；掌握了全回转全集拔桩技术。依托贵阳地区桩基项目研究形成了高回填区旋挖成孔技术；依托宁夏银川平原地区桩基项目研究形成了短螺旋挤土灌注桩施工技术；依托武汉地区桩基项目研究形成了复杂地层旋挖钻机及冲击钻接力施工技术和钻孔灌注桩后注浆工艺。

第八节　水环境治理技术

一、水环境污染控制技术

通过采取末端截污、雨污分流、公共管网完善、错混接改造、管道缺陷修复、排水单元达标改造等措施，建立了点源污染控制标准；通过加强面源污染控制、生态驳岸、海绵城市处理技术等手段对城市雨水进行有效的净化，避免雨水携带的污染物影响水环境，形成了成套水环境污染控制技术。

二、水生态修复技术

为消除黑臭水体，提出了湖底绞吸清淤及淤泥加入固化剂调理的清淤固化技术，通过地形重塑和植物种植，构建多样化的生物生境，恢复水体的自净能力，重建健康的水生态系统。

三、机械顶管施工技术

针对城市管网建设，建立了顶管机初始顶进、过程控制标准，实现了实时纠偏，避免偏差累积，通过将膨润土泥浆注入管道的外围，使管道外壁形成泥浆套，减小管道外壁与周围土体之间的摩擦阻力，形成了机械顶管施工技术，并在长江大保护等工程中成功应用。

四、管道非开挖修复技术

通过对管道非开挖技术研究，形成了螺旋缠绕、紫外光修复和喷涂法修复等成套技术，实现了管道非开挖修复。并成功应用于长江大保护等工程。

第九节　监测试验技术

一、试验检测

根据专业技术管理要求，试验检测专业归口水电八局试验中心负责。水电八局试验中心主要从事科研试验、工程质量检测、新材料研究与应用，现有从业职工100多人，中级职称以上人数占比68%，其中，教授级高级工程师3人，高级工程师35人，各类试验仪器设备1000多台（套），固定资产5000多万元。拥有国家级计量认证资质和国家实验室认可资质，水利部水利工程质量检测（混凝土、岩土、量测甲级资质）、交通部公路工程检测综合乙级资质、建筑市政检测资质。是组织机构完善、检测资质齐全、仪器设备先进、技术力量雄厚的专业试验检测机构。

通过工程实践，"四级配碾压混凝土试验研究""玄武岩纤维水工高性能混凝土研究"等众多科研成果获得集团及以上科技进步奖等多项荣誉，多项科研成果处于国际国内领先水平。

（一）普通混凝土

水电八局承担了广东省珠三角水资源配置工程土建施工A4标的建设工作，该工程盾构隧道外衬（为盾构隧道管片）与内衬（钢管）之间大规模采用C30自密实混凝土填充，自密实混凝土平均填筑厚度约60厘米，A4标自密实混凝土总计为67200立方米，水利水电工程大规模采用自密实混凝土尚属首次。

水电八局科研设计院承担了珠三角水资源配置工程土建施工A4标自密实混凝土的配合比设计和现场质量控制工作。提供了较小的粗骨料单位体积用量、适中的水粉比、偏大的单位体积粉体量，满足了高约60米垂直溜管较高的黏聚性狭长流动空间的较大流动性要求。并通过不断的现场质量控制经验的积累，总结出了一套适应工程现场和自密实混凝土特点的现场质量控制方法。见表5-2-1。

表5-2-1　密实混凝土设计技术要求

混凝土性能指标	坍落扩展度（毫米）	V形漏斗通过时间（秒）	1小时坍落扩展度损失（毫米）
设计技术要求	640~700	7~25	≤50

2015年开工建设的大藤峡水利枢纽工程是一座以防洪、航运、发电、补水压咸、灌溉等综合利用的流域关键性工程，水电八局承建黔江主坝左岸厂坝工程及右岸厂坝工程、黔江鱼道及右岸导流工程。工程初期，部分仓面出现较多裂缝情况，项目先后进行了灰岩骨料与砂岩骨料对比试验、低热水泥与中热水泥对比试验、典型配合比热力学性能复核试验、中热水泥水化温升对比试验、抗冲磨混凝土配合比优化试验等，提出了中热水泥改进组分降低水化热、重要部位改用灰岩骨料、增大混凝土级配、延长设计龄期、提高煤灰掺量、优化配合比降低胶材用量等技术建议并获各方认可与支持。在各方共同努力下，通过增大混凝土级配（二级配改为三级配）、延长设计龄期（28天改为90天）、优化配合比降低胶材用量、提高煤灰

掺量（由20%提至25%）、降低出机温度控制值（由14℃降至11℃）、厂家改进中热水泥品质等多种措施，浇筑的各部位混凝土均未发生裂缝，内部温度峰值较以往降低5~10℃，基本消除了温差裂缝风险，有力地促进了大藤峡水利枢纽工程施工顺利进行。

（二）碾压混凝土

2000年以后，水电八局承建了广西红河龙滩水电站、云南红河雷打滩水电站、云南金沙江中游龙开口水电站和鲁地拉水电站、云南澜沧江大华桥水电站、贵州彭水水电站、贵州大花水水电站、贵州格里桥电站、浙江西溪水库、四川武都水库、湖南椒花水库、广东惠州抽水蓄能电站、广东阳江抽水蓄能电站、云南托巴水电站，以及柬埔寨甘再水电站、越南松邦4水电站、马来西亚沐若水电站、非洲加纳布维水电站、中美洲厄瓜多尔美纳斯水电站、非洲尼日利亚宗格鲁水电站等一批国内外大中型碾压混凝土大坝工程。逐步形成以"低VC值，中胶材用量，注重层面泛浆和层间结合处理，底部加浆，机拌变态混凝土"为标志的中国特色碾压混凝土施工技术。通过碾压混凝土配合比和新材料应用方面的试验研究，成果累计获奖20多次，并成功应用于工程中，例如，"石粉作为碾压混凝土掺和料的研究""聚羧酸减水剂用于碾压混凝土的试验研究""变态混凝土用灰浆性能指标检测方法研究""石粉中含泥量检测方法研究"等。

2006年，开工建设的柬埔寨甘再水电站项目由中国水电以BOT方式承建，水电八局牵头实施。该电站具有发电、灌溉、供水、旅游等多项功能，枢纽工程为碾压混凝土大坝。碾压混凝土大坝高114米，电站总装机容量为19.32万千瓦。因当地粉煤灰资源匮乏，需从中国进口，成本高昂。为此，开展了石粉替代粉煤灰作为掺和料的试验研究，研究成果应用于甘再工程的碾压混凝土施工配合比设计中，取得较好的技术经济效果。

2007年，开工建设的云南金沙江中游龙开口水电站为碾压混凝土重力坝，坝高116米，电站总装机容量为180万千瓦，其中碾压混凝土260万立方米。工程地处干热河谷地区，日照强，空气湿度小，水分蒸发快，对碾压混凝土施工十分不利，碾压混凝土拌合物摊铺后碾压前水分散失严重，表面骨料泛白，降低了碾压混凝土层间结合强度。经过多次工艺试验，在确保振动碾钢轮不明显下陷的情况下尽可能采用较低的VC值保证碾压混凝土层间结合良好，工程所用碾压混凝土采用了1~3秒的VC值，并辅以喷雾等其他措施，保证了碾压混凝土层间结合质量，大坝几乎无渗漏，龙开口工程获得国家优质工程金奖。龙开口工程骨料母岩为强度很高的玄武岩，破碎后人工砂石粉含量不足，首次采用在拌合系统定量中添加石灰石粉的方式将人工砂石粉含量精确控制在18%~20%，使得碾压混凝土具备良好的可碾性。

2008年，开工建设的马来西亚沐若工程采用EPC合同方式。沐若主体大坝采用重力坝，坝高146米，其中碾压混凝土144万立方米。大坝碾压混凝土使用砂岩人工骨料，砂岩骨料呈微弱风化状态，人工砂石粉含量达到22%~27%，超出规范标准要求。对于微弱风化砂岩骨料在大体积碾压混凝土的应用，马来西亚沐若工程尚属首例。针对工程人工砂石粉含量超出技术标准的情况，开展内掺石粉碾压混凝土的性能研究，将部分石粉作为掺和料代替粉煤灰，提出大坝碾压混凝土施工配合比。经过试验论证，提出马来西亚沐若工程砂岩人工砂质量标准：大坝碾压混凝土的砂岩人工砂细度模数控制在2.2~3.0，石粉含量控制在22%~27%。内掺石粉碾压混凝土的亲和性、可碾性较好，碾压混凝土各项性能指标均能满足设计要求。同时，马来西亚沐若工程采用内掺石粉碾压混凝土配合比，简化骨料加工系统的工艺改造，减少了粉煤灰用量，经济效益巨大。马来西亚沐若工程合理、科学应用人工砂岩的石粉，实现了绿色高性能混凝土（GHPC）生产。

二、安全监测

水电八局是我国最早开展大坝安全监测工作的单位，几十年来，一直从事大、中型水利水电工程的安全监测设计、施工以及安全分析评价工作，有一支实力雄厚的技术队伍，其技术水平在国内处于领先地位。长期的工程实践，公司在工程安全监测的仪器性能标定、现场安装、资料分析评价等方面积累了丰富的经验。

2006年以来，水电八局先后在国内承建了数十座大型安全监测工程，如云南大朝山水电站、三峡枢纽工程、云南金沙江鲁地拉水电站、澜沧江小湾水电站、黄登水电站、大华桥水电站、乌弄龙水电站、金沙江溪洛渡水电站、白鹤滩水电站、向家坝水电站、乌东德水电站、江西萍乡山口岩水库、井冈山航电枢纽工程、石虎塘航电工程、南水北调工程、京沪高铁、湖南长沙地铁、湖北武汉地铁、江苏南京地铁、深圳地铁、福州地铁等。

与此同时，安全监测专业走出国门，在柬埔寨（甘再水电站、额勒赛水电站、沃代水电站、桑河二级水电站）、缅甸（达吉公路、耶涯水电站）、马来西亚（班谷水电站、沐若水电站、巴贡水电站）、印度尼西亚（亚齐电站）、非洲（加纳布维水电站、莱索托麦特隆工程）、越南（松邦水电站）、委内瑞拉（紧急电站）、科威特（大学城）、厄瓜多尔（美纳斯水电站）、尼泊尔（上马相迪A水电站）、老挝

（南欧江1~7级水电站、南塔河水电站、南俄4级和5级水电站、南公1水电站、南涑水电站）等国外数十个海外工程从事安全监测工作，为世界的工程监测事业作出重大贡献。

2006年以来，水电八局安全监测专业先后获得各种专利20件，各种著作权证书10项，各种省部级奖项30项。

在科研成果方面，如乌江渡高速水流观测、东江背管监测、光弹应变计在凤滩空腹拱的实测应力中的应用、五强溪大坝通仓薄层浇筑原型观测研究、五强溪左岸高边坡变形监测研究、东江拱坝裂缝成因原型观测研究、索风营水电站成功应用DTS光纤测温系统、三峡左岸坝段砼温度全过程监测及反馈分析等成果，先后获得省部级科技成果奖。自主研发的"大坝安全实时监测和预警系统"获得电力科技进步奖三等奖，在安全监测资料分析方面处于国内领先地位。承建的云南澜沧江黄登水电站安全监测工程获得2022—2023年度国家优质工程金奖和2022年度电力工程优质奖，进一步确立安全监测专业国内行业的领先地位。

第三章　火电技术

火力发电是现代社会电力发展的主力军，其是利用可燃物燃烧时产生的热能来加热水，使水变成高温、高压水蒸气，然后再由水蒸气推动发电机来发电的方式的总称，其包括燃煤、燃油、燃气及燃气联合循环发电等形式发电技术。

近年来，随着燃煤、燃气联合循环发电技术的日益成熟、发电热效率的不断提高，火力发电正成为电力能源供应的一支不可或缺的力量，特别是作为新能源代表的燃气联合循环电站在新开工建设的火电项目中占据越来越重要的位置，水电八局在激流勇进的市场竞争大潮中找准了施工建设企业的发展定位，顺势勇为、积极地开拓国际火电站建设市场，在建设过程中不断积累和开发火电建设技术。

第一节　概述

2008年，水电八局进入火电领域，先后承建了孟加拉国石卡巴哈150兆瓦燃气电站、印度尼西亚亚齐2×110兆瓦燃煤火电站、委内瑞拉新中心4×193兆瓦燃气电站、印度尼西亚东加220兆瓦燃煤火电站、委内瑞拉巴里纳斯重油电厂、马来西亚康诺桥350兆瓦联合循环燃气电站、印度尼西亚庞卡兰苏苏2×200兆瓦火电站、马来西亚凯德隆2×413兆瓦联合循环燃气电站、印度尼西亚明古鲁燃煤电站、印度尼西亚北苏三燃煤电站10个火电项目，总装机容量达到3372.7兆瓦，涵盖了燃气、燃油、燃煤等多种燃料形式，也覆盖了单循环、单轴联合循环和多轴联合循环等不同的运行模式。

第二节　火电技术

水电八局在火电建设领域已拥有实用新型专利26件，省部级工法5项，企业级工法8项，完成科技项目研究22项，3项重大科研成果通过专家鉴定，其中1项达国际领先水平，2项达国际先进水平。获省部级科技进步奖9项，获省部级优秀QC小组17项，发表论文123篇，出版专著1本。

一、大型单轴燃气轮机联合循环电站建设关键技术

针对热带地区F级单轴燃气轮机联合循环电站建设过程中的关键技术进行了系统研究，取得了良好效果及以下成果：通过对机组整体布置及热平衡参数的优化，有效地降低了热损耗，经第三方检测，出力、热耗优于厂家保证值，取得了明显的经济效益。形成了适用于F级氢冷欧米伽发电机现场检修的《大型燃气发电机抽穿转子施工工法》。在主机岛承台施工中应用BIM技术，有效纠正了设计错漏、优化了施工工序、保证了施工质量、缩短了工期。研制了PVC止水带熔接模具，保证了止水接头良品率，加快了止水施工速度。研制了新型打靶装置，提高了蒸汽吹管作业工效。研究成果已在康诺桥燃气电站建设过程中成功应用，经鉴定达到国际先进水平。

二、大型多燃料重油发电工程建设关键技术

针对重油发电氮氧化物排放浓度高、不能满足当地环境排放标准的难题，系统地开展了脱硝系统优化设计研究，优选催化剂和还原剂，实际排放浓度远低于当地标准，实现了高标准排放。针对委内瑞拉巴里纳斯大型多燃料重油发电工程距海港1100千米，河道通航条件差，道路狭窄，桥梁承载能力低，不能满足大件运输的要求，经详细勘查与方案比选，研究采用了河道桥梁顶升、道路加

宽、道路桥梁加固的水陆联合运输方案，成功解决了主机360吨超宽超重大件运输难题。研究采用了大体积罐体液压顶升倒装法安装工艺，实现了优质安全高效施工；研究采用了滑轨平移和转体就位技术，实现了厂房封顶条件下主机设备的就位安装，加快了施工进度。针对项目建设标准要求高、社会环境复杂的特点，系统地开展了EPC国际工程总承包项目管理体系、模式与机制的研究，保证了项目顺利实施，为类似国际工程积累了经验。研究成果在委内瑞拉巴里纳斯大型多燃料重油发电项目成功应用，有效解决了工程难题，取得了良好效果，经鉴定达到国际先进水平。

三、大型燃气电站EPC项目管理及施工技术

针对前期地质勘探深度不够、起吊运输条件受限等困难，统筹设计、制造各方，通过补充勘测并优化设计施工方案；合理配置国产辅助附属设备，降低采购成本；自主研制简单可用的大件运输设备，精心组织施工，有效降低了建设成本，确保了工程质量和工期，机组按期投产，形成了系统的燃气电站EPC项目管理经验。通过系统调研，结合工程特点，研究制定了燃气轮机和发电机组安装调试工艺导则等技术文件，并得到了有效的实施，确保了机组的各项运行指标符合设计要求。得到了业主的高度评价。鉴于当地没有大型起吊及运输设备，利用涨潮使驳船定位后，采用自主创新设计制作的液压提升及拖运装置，使燃气轮机和发电机等大件设备顺利卸船和拖运就位。研究成果经鉴定达到国际先进水平，并成功应用于孟加拉国石卡巴哈150兆瓦燃气电站建设。

第四章　新能源技术

本章所述新能源技术主要包括抽水蓄能以及风电、光伏等新能源技术。

第一节　概述

水电八局依托江苏如东、大唐广元、湖南江口等风电工程施工，系统掌握了风电工程施工技术，开发了《风电塔筒制作工法》《风力发电锚栓基础安装施工工法》《风力发电机组安装工法》《梁板式风机基础施工工法》《风力发电机基础环安装施工工法》等系列省部级工法。依托海坝、小羊窝、贵州威宁、湖南株洲等光伏项目施工，攻克了系列施工技术难题，形成了光伏支架微型桩基础施工、支架及组件安装成套关键技术。

第二节　风电技术

一、概述

水电八局承担风电工程领域共计1003台风机（最大4.0兆瓦，最小1.5兆瓦）基础及箱变基础施工，76个项目1903台风机（最大4.5兆瓦，最小1.5兆瓦）塔筒制作及采购，12个项目370台风机安装（最大6.25兆瓦，最小2.00兆瓦）。在新能源（风电、光伏）发电领域尚不具备设计资质和业绩。在风电施工方面，具备全过程的陆上风电土建施工技术，土建施工技术水平与国内先进水平相当。

二、PHC桩施工技术

通过采用DH608、DH508等打桩机，提高了在海滩滩涂地基条件下PHC管桩打桩的施工效率。同时，从PHC桩运输到堆放、起吊、施打、施打顺序、接桩、防腐、送桩等多道工序，形成了一整套施工方案，保护了PHC桩的整体质量，提高了施工效率。

三、混凝土防腐技术

通过在风机基础混凝土中掺入阻锈剂、PHC桩桩头钢板的孔口采用环氧砂浆封堵、桩外露钢圈处采用环氧树脂涂层防腐、桩尖与桩底的连接缝采用环氧砂浆封闭、风机基础承台表面涂刷防腐涂料（防腐涂料底层采用环氧树脂封闭漆，面层采用环氧树脂漆，厚度为500微米），解决了海滩滩涂地基条件下风机基础混凝土和PHC桩桩基础的防腐问题。

四、基础环吊装技术

对基础环吊装进行了设计变更，最初的设计要求是将风机基础进行全面开挖形成基坑，随后安装风机支架和基础环。因考虑到全面开挖后，基坑范围较大，需大型吊装设备才能施工，小型吊车吊装作业比较困难，安全隐患较大。为此，项目部优化施工方案，对基础环吊装进行设计变更：从基坑全面开挖改为先只开挖基础中心位置约7.5

米直径的范围，底面开挖至垫层混凝土底部高程；开挖后，对基础环四个支架的位置用全站仪进行定点放样；然后以基础环四个支点为中心，再人工开挖四个边长尺寸均为方形的基坑；四个支点采用钢筋混凝土，作为支架混凝土墩，浇筑过程中确保支墩混凝土顶面与垫层混凝土顶面齐平；当混凝土达到一定强度后，进行基础环吊装，精确定位放样支架位置，确保调节螺栓的中心轴线交点与机位中心点重合。基础环高程进行粗调就位→承台基础钢筋安装完毕→对基础环进行精确调平→对整个基坑进行全面开挖。确保基础环水平误差范围小于等于1.5毫米。这样，就避免了在施工中机械设备对基础环进行扰动。此项技术改进得到了业主、监理、设计的认可。同时，项目部首创的基坑分2次开挖施工法，实现了基础混凝土承台施工效率由原来3~4个/月提高到6个/月，并在其他标段推广应用。

五、围堰填筑及防护技术

在滩涂地带风电基础施工过程中，为了给风机基础和设备吊装创造干地施工条件，水电八局从当地渔民在海边"围海造塘"中汲取经验，将风机基础施工平台改成围堰保护下坑内施工方式，同时通过对围堰结构的优化，在围堰迎潮面铺盖土工膜，解决了围堰稳定和抗海浪冲刷问题，确保了基础施工不受海潮影响。

六、施工道路填筑技术

沿海地带降雨多，原始道路路况较差。风机基础施工设备及需要吊装的设备多、重量大，对道路要求高。对于施工道路，开始时借用传统经验，采用生石灰与土方混合对场地进行硬化，达到强度后再使用，但是这样不仅成本大，而且短时间很难满足施工的要求。后来根据当地建筑废料多的特点，采用城市拆迁的工业垃圾废砖在施工道路上铺30~50厘米，用挖机在上面平铺、压实。施工道路强度大大提高且成本大大降低，而且满足短时间内设备进入施工现场的要求。

七、大型吊装设备

风机吊装包括塔筒（四节）、机舱及叶轮，塔筒最重节为51.6吨，机舱重87吨，叶轮直径121米，安装高度85米。风机安装过程中分别采用650吨履带吊和1200吨汽车吊作为主吊，并辅以其他中小型吊车协同作业，顺利完成全部风机安装。

八、机电制作技术

2010年，随着我国新能源以及风力资源的大规模开发，水电八局进入风电塔筒的制作领域，近10年来在四川、云南、贵州、湖北、湖南、江西、山东、河北等地完成近100个风电场塔筒生产。经过多年的学习与总结，公司通过在风电塔筒制造的生产组织、工装设计的技术及管理，以及对塔筒部件制作、成型、拼装、焊接、塔筒整体组装、吊装等工艺技术研究总结，掌握全套风电塔筒制作技术，并形成自己的特色制作工法。

第三节　光伏技术

一、概述

2019年，水电八局开始承建集中式光伏发电施工项目，在光伏电站施工方面，具备农、牧光互补集中式光伏土建施工技术。

二、光伏支架微型桩基础施工技术

在海坝光伏电站工程施工过程中对传统微型灌注桩施工方法存在的弊端进行分析研究。光伏微型灌注桩基础施工常规施工顺序：清孔→下设钢筋笼、预埋件→孔口安设模具→混凝土浇筑→振捣→收面。常规施工工艺忽略了预埋件的自重问题，一次性浇筑完成会导致预埋件下沉，同时会造成预埋件偏心。为保证灌注桩基础浇筑质量，预埋件的处理是关键。通过研究施工程序，确定基础灌注桩分两次浇筑的施工工艺，即混凝土浇筑至孔口后再下设预埋件，对同组预埋件顶部进行拉线，以保证同组预埋件在一个平面上，然后采用支撑对预埋件进行加固防止其偏心，优化之后的施工顺序：清孔→下设钢筋笼→混凝土浇筑至孔口→振捣→预埋件下设→顶部拉线→安设支撑及模具→混凝土浇筑→振捣→收面。优化后的施工方法确保了浇筑质量的同时，保证了预埋件的埋设质量，为下一步支架安装奠定了重要基础。

三、光伏支架及组件安装施工技术

山地光伏支架及组件安装不同于平原地带可以借助相关机械设备辅助施工，由于山地光伏场施工环境复杂，多数工作需要通过人工完成，安装工艺的选择至关重要。合适的安装工艺不仅可以提高安装工效，还可以减少安装人员，节约施工成本，同时降低安全风险。因此，在生产实践中探索出了一套完整的适宜山地光伏支架及组件安装的施工工艺。

为适应山地高支架光伏的安装作业，特创新了一种高支架背板紧固光伏组件安装操作平台，本操作平台克服现有技术的不足，提供一种新的高支架光伏组件式安装操作平台，该平台可适应各种高度需搭设操作平台进行光伏组件的安装，不受地形因素影响。该新平台的运用，不仅保证了光伏组件的安装质量，降低了搭设和拆除的技术难度，还减少了搭设工程量，加快了施工进度，产生了较好的经济和社会效益，该方法的研究对类似工程项目实施有一定的借鉴意义。

研究一种高支架光伏支架及组件安装整体提升装置，该装置采用先降低光伏支架整体高度，在距离地面较低处安装完成光伏支架及组件后，利用该装置将支架及组件整体升高到设计要求的高度。光伏支架及组件高处作业安装效率低且安全风险高，该装置可适应各种高度高支架光伏支架及组件的安装，提高安装效率的同时，大幅降低安全风险，而且操作方便，3个人便可完成整组支架及组件的安装工作。

四、升压站一体化电缆沟施工技术

水电八局依托小羊窝光伏电站项目，在长期的施工实践探索中，对一体化电缆沟的施工工艺、质量控制要点等进行了深入研究，已形成了一种分层、精细化的稳定结构，明确现场各工序的施工顺序，借助结构优点，采用砌体墙结合混凝土框架结构的特点，既保证了电缆沟整体的强度和稳定性，又可节省全钢筋混凝土结构的混凝土等工期和材料成本。

升压站一体化电缆沟压顶采用定型的模板，可重复使用，其轻小便捷的特点，操作效率高，改良振捣方式，保证收面效果，提高一体化电缆沟的整体质量和美观性。

五、储能预制舱成套施工技术

储能装置对新能源电场具有调峰、调频、调相、储能、系统备用、黑启动等功能，随着国家新能源政策的倾斜及新能源规模的扩大，一座成熟、安全的储能装置对新能源电场意义重大，对电网整体稳定运行至关重要。目前中国市场上存在多种储能方式，比如，抽水蓄能式的物理储能，磷酸铁锂电池组的化学储能，还有压缩空气等储能方式，各有特点，也都有不同规模、形式的运用。预制舱式储能装置，便于对厂家设备按标准位置安装及固定，内部线路走线横平竖直，美观，且利于运输过程中的保护；将部分设备集中放置在预制舱内，减少电气基础施工工程量，节约了土地资源。

水电八局依托小羊窝光伏电站项目，提出了一种标准化的新能源储能装置基础施工、电气安装、调试方法，适用性广，可靠性高，可操作性强，有利于保证储能装置施工质量，确保设备快速投产且运行安全、稳定。

第五章　绿色建材技术

绿色建材技术主要是指建筑材料的生产制造、建筑规划设计、建筑安装与施工、运营及拆除重复使用等环节方面对地球负荷最小和最有利于人体健康的绿色建材技术。发展绿色建材是对建材工业可持续发展的主动响应。随着国家对绿色建材产业的支持，绿色建材技术得到了发展，水电八局的绿色建材业务主要包括绿色砂石骨料制备、装配式建筑材料生产等。

第一节　概述

水电八局自20世纪60年代开始进入砂石建材领域，2002年以来，成功建设并运行了下岸溪、构皮滩、溪洛渡、向家坝、光照、水布垭、洪家渡、小湾、张河湾、彭水、溪洛渡中心场、光照小河、光照基地、金安桥、白市、老江底、苗尾、梨园、官地、思林、格里桥、阿海、毛滩、咸宁、呼蓄、大岗山、黄登、龙开口、咸宁、白鹤滩、丰满、三岔河、加查、大藤峡、天池、拉哇、厦蓄、东庄、赣江尾闾、利泽、白马、瓦托、滇中引水、阳蓄、红河州、长九、雄安、长崃等国内砂石加工系统，以及阿尔及利亚高速公路、甘再、莱索托、松邦、南俄4、班谷、沐若、布维、沃代、美纳斯、宗格鲁、卡鲁玛、南涅河、哥打丁宜等国外砂石项目。生产的砂石骨料产品荣获"中国品牌、绿色粮仓"美誉。

20年来，水电八局掌握了不同规模、多种料源的砂石加工技术，砂石产品质量控制技术、大型设备的应用技术，砂石加工废水、废气、粉尘处理技术等，不同砂石加工工艺与生产方式得到全面应用。

第二节 绿色砂石技术

水电八局在绿色建材领域已有12项重大科研成果获国家和省部级奖励,取得了56件专利,51项工法,主编参编了各类标准7项,专著3项,省部级QC 4项。

一、不同规模、多种料源的砂石加工技术

水电八局先后建成投产了漫湾、五强溪、二滩、大朝山、三峡下岸溪、构皮滩、彭水、小湾、金安桥、光照、银盘、向家坝、官地、白鹤滩、阿海、雄安、长九等大型人工砂石料生产系统,这些系统规模大部分设计处理能力均在800吨/小时以上,其中三峡下岸溪人工砂石加工系统设计处理能力为2400吨/小时,黄登砂石加工系统设计处理能力为2500吨/小时,向家坝砂石加工系统设计处理能力为3200吨/小时,长九砂石加工系统设计处理能力为14000吨/小时。

砂石加工料源从乌江渡的石灰岩,到云南漫湾的流纹岩、湖南五强溪的石英岩、四川二滩的正长岩、大朝山的玄武岩、长江三峡的花岗岩、云南小湾花岗片麻岩、金安桥和官地的玄武岩、雄安的白云岩,料源品种不断增多,岩性从坚硬到极坚硬,成功地解决了强磨蚀性岩石制备人工砂石骨料的关键技术问题,为人工砂石骨料的生产开辟了更为广阔的前景。

二、加工工艺与生产方式的应用

(一)破碎制砂工艺

人工砂石系统工艺设计中,制砂工艺为最难工艺。针对硬岩制砂,三峡下岸溪人工砂石系统率先在国内使用立轴冲击破碎机和棒磨机联合加工花岗岩制砂的新工艺,并取得了良好的效果。其后在官地(玄武岩)等硬岩制砂工程均采用该工艺。针对软岩制砂,光照水电站基地砂石系统探索一套采用立轴破单独制砂与整形的新工艺,其制备的人工砂石骨料满足了碾压混凝土对人工砂石料的规范要求。针对天然料制砂,在尼洋河人工砂石加工系统,采用了大型棒磨机单独制砂,制砂效果良好。

(二)物料运输工艺

在山高坡陡的人工砂石料场,传统的毛料汽车运输方案需修建较长的公路,既不经济,又存在较大安全隐患,采用竖井(溜槽)垂直运输工艺既节省了公路修建费用,又减少了汽车运输,生产成本大为降低。这一工艺首先在二滩成功应用,后又广泛应用于小湾孔雀沟、龙开口、长九砂石加工系统。

(三)生产方式

根据料源质量、项目气候条件,采用干法、湿法、干湿结合法等砂石骨料生产方式。

三、产品质量控制技术

(一)毛料开采技术

三峡下岸溪料场毛料开采施工,通过对毛料开采爆破粒径控制技术的攻关研究,有效地将毛料大块率从15%左右降至5%左右。长九神山灰岩矿通过研究灰岩岩粉产生机理、散装炸药、空气间隔装药等关键技术,有效地降低了灰岩毛料开采石粉5%左右,同时获得了更为合理的爆破块度,降低能量消耗。

(二)成品砂质量控制技术

基于AI算法、图像识别和边缘计算等技术,通过产品在线检测系统对产品质量(粒型、级配)进行实时检测,运行管理人员根据检测数据适时调整设备运行工况。该技术应用于尼洋河砂石加工系统。

干法生产采用风选系统降低石粉含量,该技术应用于雄安人工骨料生产基地。

四、设备大型化与工艺流程简单化

(一)大处理能力棒磨机制砂设备

传统工艺采用小型棒磨机制砂,单台设备处理能力小,占用空间大,结合设备大型化发展趋势联合科研单位、设备制造厂商,首次在尼洋河人工砂石加工系统运用大处理能力棒磨机。目前该大处理能力棒磨机已成功应用于长峡等绿色矿山项目。

(二)新型多层环保筛分设备

在拉哇人工砂石系统首次引用新型多层环保筛。结合多层环保筛一次可产出多种产品且环保的特点,发明创造了三段破碎一次筛分工艺,该工艺已在雄安绿色砂石基地、尼洋河人工砂石加工系统推广应用。多层环保筛分设备的应用,简化了筛分流程。

(三)大型锤式破碎机

在红河州、长九等项目采用大型锤式破碎机等破碎设备作为粗中碎设备,简化破碎流程,简化加工工艺,显著降低了生产成本。

(四)新能源运输设备

在白鹤滩项目推广应用了LNG新能源运输车,用于成品砂石料运输;在雄安、长九等项目推广应用了电动矿卡,用于毛料开采运输。

五、环保技术应用

(一)废水处理综合技术

废水处理采用"预处理+细砂回收+辐流池沉淀+板框

压滤机脱水"标准工艺,废水处理实现零排放,循环利用。该技术目前已广泛应用于人工砂石加工系统废水处理。

(二)粉尘及噪声综合控制技术

采用机械喷雾、除尘器负压吸尘联合方式处理粉尘,可解决系统生产过程中的粉尘,该技术已应用于雄安绿色砂石生产基地,应用效果良好。

采用吸声板封闭技术降低砂石加工系统生产过程中的噪声。该技术已应用于尼洋河砂石加工系统、长九砂石加工系统,应用效果良好。

(三)矿山修复技术

采用喷混植生技术,解决水土流失、边坡失稳问题。该技术成功应用于红河州项目。

六、智能化控制管理系统

基于互联网、5G、BIM等信息化新技术,建设数字化管理平台实现砂石加工系统运维可视化、生产智能化、管理清单化。该数字化管理平台已应用于雄安绿色砂石基地、长九等工程项目。

七、高效施工应用技术

(一)矿山开拓运输快速施工关键技术

矿山开拓运输方式主要有竖井平硐和公路运输两种方式,其中安徽池州长九灰岩矿项目设计4座直径为8米的竖井,井深平均约280米;云南小湾电站孔雀沟料场设计2座直径为6米的竖井,井深平均约180米;四川锦屏一级大奔流沟料场设计2座直径为6米的竖井,井深平均约194米;四川沙牌电站料场设计2座直径为6米的竖井,井深平均约60米。上述竖井施工均采用反击钻机施工技术取得了较好的效果,总结出一套完整成熟的施工工艺,掌握了反井钻机竖井施工关键技术,解决了施工中存在的安全隐患。

(二)主要设备安装与调试技术

砂石工厂主要设备为破碎、筛分设备,在其安装完成后,正常生产前进行试机调试,正确安装以及安装精度对后期砂石工厂的运行有极其重要的作用。

破碎、筛分设备安装因种类、性能、工作原理不同所表现出的安装特点、程序、方法也各不相同。分部位到位的设备因设备部件多、重,装备工序复杂,安装精度要求高。整机到位的设备,其安装重点在于整机的调整与连接输出装置。设备安装完毕后,必须经过系统全面的调试才能检验其运行是否连续可靠,是否能满足设计和规范要求,为投入运行做好准备。调试顺序按先单机空载,然后具备独立运行的车间空载联动,再系统空载联动,最后重载联动调试。

(三)长距离带式输送机安装及其硫化胶结关键技术

长距离带式输送机广泛应用于砂石骨料成品和半成品运输,具有大运输、输送物料连续且生产效率高、能耗低且日常维护简单等优点,线路布置可适应不同地形条件,可翻山越岭也可跨沟钻洞。

长距离带式输送机安装主要工序为测定输送机中心线、基础施工、安装准备、机械设备及电气系统安装、输送带敷设、试运转等。基础施工主要指带式输送机的驱动装置、拉紧装置、头尾机架、中间架等设备的基础混凝土浇筑及预制埋件的制作和埋设。机械设备及电气系统安装主要指带式输送机的驱动装置、拉紧装置、托辊组、头尾机架、中间架及照明、通风系统安装,供配电系统安装,自动监控系统安装,保护系统安装。输送带敷设采用分段拉带方式,通过放置于地面的绞车牵引输送带进行铺设。在放带点处,设计放带支架,使成卷输送带旋转放带,减小在拉带过程中,成卷输送带对钢结构桁架的冲击。在桁架上用强力托辊对输送带进行转向,使输送带沿着带式输送机的运行方向铺设。在牵引点外,通过改向滑轮组对绞车牵引用钢丝绳进行转向。安装时,在放带点处排放一段输送带后,在放带点附近硫化点位置硫化第一个接头,然后牵引,以此类推,直至输送带延伸至牵引点。然后反向排放并硫化。采用分段式铺设输送带的方法,可以使安装桁架与铺设输送带交替进行,极大地缩短安装周期,降低劳动力费用等。见表5-5-1。

表 5-5-1 长距离带式输送机应用典型项目统计

项目名称	总量(万吨)	输送物料	长度(千米)	强度(吨/时)	带速(米/秒)	带宽(毫米)	备注
安徽池州长九灰岩矿项目	190800	成品混合料和砂	13.00	13000	5	2400	当前输送量最大
向家坝电站马延坡砂石加工系统	3580	半成品料	31.10	3000	4	1200	当时水电工程中世界最长
龙开口电站燕子崖砂石加工系统	940	半成品	6.01	2500	4	1200	小半径连续转弯、纵向大角度变坡长距离空间曲线胶带输送机
黄登电站大格拉砂石加工系统	1400	成品砂石料	9.00	3000	4	1200	
龙滩电站大法坪砂石加工系统	1412	成品砂石料	4.00	3000	4	1200	装机功率 3×560 千瓦

(四)仓储封闭结构安装关键技术

1.大跨度筒壳网架结构安装关键技术。

起步跨是筒壳网架结构整体安装的关键,是筒壳网架施工的先锋官。大跨度筒壳网架结构安装高度高、风险大,安装中常采用吊车吊装三角锥高空安装。施工中采用筒壳网架起步跨地面对接施工方法,即采用从跨度方向一个轴线向另一轴线起步,利用吊车抬起一头逐渐向另一头安装,抬起高度离地面5米,可减少高空作业工作量。该施工技术在安徽池州长九灰岩矿项目和河北南水北调中线雄安调蓄库骨料加工系统工程等成功应用。安徽池州长九灰岩矿项目陆域码头混合料堆场网架结构形式为三心圆网壳结构,建筑总长462米,跨度102米,网架厚3.3米,安装高度40米,网架支承方式为下弦周边多点支撑,节点形式为螺栓球,两侧山墙为钢桁架结构。安装时采用双跨起步,起步跨宽16米,跨度102米,高40米,重112吨。

2.气承式膜结构安装关键技术。

气承式膜结构主要由基础、锚固件、膜材、钢索、送风与控制系统、通道门、电气以及其他辅助系统等组成。施工按照先制作、后安装;先连接、后固定;先主体、后配件;以膜体为主,专业配合总施工顺序进行部署,施工程序主要为:基础施工→主体膜铺设及其组装拼接→索网拼接→通道门安装→锚固系统安装→充气调试→验收。其中充气是整个安装过程中最重要的一步,在主体膜安装完毕并检查合格后,开始向气膜内部充气并将其支撑起来。在充气过程中观察气膜内部压力变化及气膜结构的升起,保证膜体在充气过程中各个部位的均匀性,同时及时巡视周边,确保膜体的任何部分都不会碰到障碍物,否则会停止充气,清除障碍。该技术在湖北浠水卧龙庵矿区建筑用花岗岩、片麻岩矿项目、西藏林芝尼洋河砂石项目和昌都莫朵娃砂石项目成功应用。

(五)码头建造关键技术

桩基是码头的基础,桩基施工质量直接影响码头的使用寿命。湖北浠水卧龙庵矿区建筑用花岗岩、片麻岩矿项目码头平台结构为高桩梁板式,共有Φ1000毫米嵌岩芯柱钢管桩592根、钻孔灌注桩63根。采用打桩船施打钢管桩,船上配置定位系统。打桩船从码头引桥开始沉桩,然后从码头上游至下游阶梯式施打钢管桩,形成施工平台后;再从码头下游至上游阶梯式施打钢管桩,至码头平台合龙。上述施工技术也在安徽池州长九灰岩矿项目码头施工中得到成功应用。

(六)绿色施工应用技术

1.装配式路面应用技术。

砂石工厂施工现场临时道路采用可重复使用的预制钢筋混凝土装配式路板,其施工简便、实用、绿色节能,技术先进,实施绿色施工"四节(节能、节地、节水和节材)一环保"。铺装的路面地基应压实、平整。道路板安装时应将板面拉毛纹理方向与汽车行驶方向垂直,保证道路板与车轮的摩擦力。吊钩部位应采用砂子进行填实保护,防止使用时受到损坏。承载重型车辆的道路板铺设完成,应对其进行固定,做法可在已安装好的道路板边缘部位采用钢筋锚入路基进行加固,以确保临时道路板在使用中不滑移、错位免受损坏。

2.钢筋桁架楼承板应用技术。

钢筋桁架楼承板是将楼板中的单向钢筋在工厂预先加工成钢筋桁架,并将钢筋桁架与镀锌钢板在工厂焊接成一体的组合模板,该系统是将钢筋桁架与施工模板组合为一体,组成一个在施工阶段能够承受湿混凝土自重及施工荷载的承重构件,并且该构件在施工阶段可作为钢梁的侧向支撑使用。在使用阶段,钢筋桁架与混凝土共同作用,承受使用荷载。钢筋桁架楼承板的应用可大幅减少钢筋绑扎量,省去支模,安装快速便捷,节省工期,所形成的楼板整体性好,施工质量更容易得到保证。该技术在河北南水北调中线雄安调蓄库骨料加工系统工程等成功应用。

3.大直径拼装型金属波纹管涵技术。

砂石骨料仓储廊道采用波纹钢板涵代替钢筋混凝土,具有重量轻、耐久性好、成本低、可现场拼装、工期短等优点,且适应地基变形能力强,对地基承载能力、平整度要求较低,用于廊道时受气候条件、施工场地等影响小,安装完成后无须像传统的钢筋混凝土廊道一样需考虑混凝土强度的增长,可直接回填形成料仓平台。拼装型金属波纹涵管采用标准化设计、集中化生产,产品根据客户设计要求或图纸要求制作,对不同使用环境有很强的适应性,拼装型金属波纹涵管的结构受力情况合理,荷载分布均匀,并具有一定的抗变形能力,能解决北方寒冷地区桥梁和管涵砼结构的冻融破坏问题。

4.钢构件工厂化生产与现场安装技术。

大型砂石加工系统土建用钢筋量以及车间厂房封闭用钢量大,构件型号、数量多。成型钢筋、钢结构工厂化生产过程先根据设计图纸进行深化,绘制细化图纸和构件图,然后加工厂的工人根据图纸和构件图进行下料与加工,管理人员在工厂监造。工厂均采用大型精密加工设备,如大型自动气割机、大型自动埋弧焊机等,可实现批量自动化生产,钢筋材料损耗较少,减少了施工现场临时设施的占地,在保障加工质量的同时提高了效率,可有效加快进度。

(七)智能建造技术应用

BIM与建设融合技术,保证开工前的虚拟施工,解决传统碰撞检查难题，实现精细化的管理。

实现虚拟施工是在计算机上执行建造过程，虚拟模型可在砂石工厂建造之前对工程项目的功能及可建造性等潜在问题进行预测，包括施工方法试验、施工过程模拟及施工方案优化等。在建造时随时随地都可以非常直观快速地知道砂石加工系统进度计划是什么样的，实际施工进展是怎么样的。这样通过BIM技术结合砂石加工系统各车间各部位施工方案、施工模拟和现场视频监测，大幅减少建筑质量、安全问题，减少返工和整改。三维可视化技术可以直观地将工程建筑与实际工程作对比，考察理论化与实际的差距和不合理性。同时，三维模型的对比可以使业主对施工过程及建筑物的相关功能性进行进一步评估，从而提早反应，对可能发生的情况进行及时调整。

砂石加工系统规模庞大，场地紧凑，供排水管道、供气管道、污水管道、除尘管道、输灰管道及电气电缆沟、桥架、胶带机、钢结构等在空间形成交错复杂的各专业体系。如果使用传统的管理模式，施工过程中总包部有可能需要付出几十万元、几百万元，甚至上千万元的代价来弥补由设备管线碰撞等引起的拆装、返工和浪费。BIM技术的应用能够安全避免这种无谓的浪费。传统的二维图纸设计中，在结构、水暖电等各专业设计图纸汇总后，由总图工程师人工发现和解决不协调问题，这将耗费建筑结构设计师和安装工程设计师大量时间和精力，影响工程进度和质量。由于采用二维设计图进行会审，人为的失误在所难免，使施工出现返工现象，造成建设投资的极大浪费，并且还会影响施工进度。应用BIM技术进行三维管线的碰撞检查，不但能够彻底消除硬碰撞、软碰撞，优化工程设计，减少在建筑施工阶段可能存在的错误损失和返工的可能性，而且优化净空，优化管线排布方案。最后施工人员可以利用碰撞优化后的三维管线方案，进行施工交底、施工模拟，提高施工质量的同时增强了与业主沟通的能力。

项目各参与方通过网络协同工作，进行工程洽商、协调，实现施工质量、安全、成本和进度的管理和监控。①可视化的设计交底。设计人员可以通过模型实现向施工方的可视化设计交底，能够让施工方清楚了解设计意图，了解设计中的每个细节。②可视化的技术交底。在大型复杂的工程向工人技术交底时往往难以让工人理解技术要求，但通过模型就可以直观地让工人知道自己将要完成的部分是什么样，有哪些技术要求，直观而形象。③精细化的施工安排。可以用模型形象地反映出工程实体的实况，通过对各步工作的分解，精确地统计出各步工作工程量，再结合工作面情况和资源供应情况分析后可精确地组织施工资源进行实体的修建。④精确的工程量统计。施工管理人员可以根据施工进度（部位）快速统计出需要的工程材料数量，实现真正的定额领料并合理安排运输。⑤实现钢结构的预拼装。大型钢结构施工过程变化较大，传统的施工方法要求在工厂进行预拼装后再拆开到现场进行拼装。而采用BIM技术就可以对现场已安装的钢结构进行精确测量，而后在计算机中建立与实际情况相符的模型，实现虚拟预拼装。⑥实现构件工厂化生产。可以基于BIM设计模型对构件进行分解，对其进行二维码编号，在工厂加工好后运到现场进行组装，精准度高，失误率低。雄安项目，长九二期、利泽、长峡等项目从设计到施工与运行已全面应用BIM建造技术。

（八）智慧工地建设应用技术

融合物联网、云计算、大数据、人工智能、BIM+GIS等先进技术和综合应用，建立集施工管理信息化、自动化、智能化、数字化于一体的智慧工地数据中心，实现智慧建造、智慧安全监控、智慧物料、电子沙盘等功能。以BIM施工模型为中心，连接桌面端、移动端，实现施工技术、质量、进度数字化管控；建立智慧安全监控平台，通过车辆定位、电子围栏、视频监控、无线广播、智能安全帽、环境监测等应用，动态管理人员进出，保障施工人员安全、施工环境安全；完善智慧物料加工流程，进行智能钢筋下料加工，智能非标金属结构加工；建设数字驾驶舱，接入无人机航拍数据，整合BIM三维模型、施工进度、成本、设备、耗材等项目动态管控信息，综合分析项目建设情况，为项目决策分析提供数字化支撑。雄安项目已建成首个智慧工地。

第三节 装配式建筑技术

一、装配式建筑预制件生产基地

（一）项目概况

中电建池州长智建工有限公司位于池州市贵池区牛头山镇前江工业园，占地约400亩，厂址紧邻远航码头，基地距离远航码头约1.5千米，距离长九码头约8千米，距离海螺水泥厂约9千米，距离贵池区钢材市场约30千米。公司被授予国家高新技术企业、安徽省建筑安全生产标准化示范工地称号。

项目总占地面积26.6万平方米，总建筑面积9.6万平方米。包括厂房7.1万平方米，搅拌站0.55万平方米，车间附属用房0.22万平方米，办公楼及食堂0.55万平方米，宿舍1.1万平方米，露天堆场面积8.5万平方米，道路面积6.3万平方米，停车场及广场铺装面积0.25万平方米，绿化面积2.8万平方米。

该项目设计产能为40万立方米，建有2个PC工厂，主要产品包括保温装饰一体化预制外墙板、预制内墙板、预制叠合板、预制楼梯、预制双皮墙、预制管片等，广泛应用于房屋建筑、轨道交通、市政综合三大领域。

（二）生产工艺技术

PC工厂设置自动化流水生产线、固定模台生产线、钢筋生产线、管片生产线，可实现全自动化流水线作业。

根据装配式混凝土建筑拆分设计，拆分后的预制构件可分为平面构件和异型构件两类。平面构件包括预制外墙板、预制内墙板、预制叠合板和预制双皮墙，这四种产品都可以在生产线上采用流水作业的方式进行批量生产；异型构件包括预制楼梯、预制阳台、PCF板等，这类构件由于产品几何形状的不规则及配套数量小，可在固定模台上进行生产，既不影响供应效率，同时在经济效益上也更加合理。

（三）科研成果

2018—2021年，项目开展科研项目13项，获集团工法6项，授权专利58件，科技成果显著。已有多项专利技术得到成果转化，成功运用到生产一线或项目中，经济效益显著。

二、箱式房屋生产线

箱式集成房屋是一种以冷弯型材为骨架，以夹芯板为围护材料的全装配式环保经济型房屋，主要由箱顶、箱底、立柱、墙体、门、窗、配件等组成。

水电八局岳阳分公司箱房生产线占地面积5700平方米，车间长220米，跨度25.5米，布置了相应薄壁冷弯成型生产线、静电粉末喷涂等生产设备。

箱房配套生产线，每月可生产1000套，年生产能力12000套。通过对其设计、构配件生产、运输、组装、装饰维护等全产业链的集成技术与应用研究，形成了箱房配套完整自动化、智能化的生产流水线。主要采用以下新技术：

（1）研发了一套装配式房屋图集、施工技术方案，形成了标准化的构配件加工及组装技术，提高了对装配式房屋设计、生产组装过程的精细化管理能力。

（2）形成了一套冷弯成型、自动化组装、智能化防腐的完整配套生产流水线，具备了批量投产能力。生产线采用数字化、参数化和智能化的生产技术，配备有高精度、智能化、数字化的辊弯成型设备（π型钢自动控制成型机、顶底梁自动控制成型机、钢柱自动控制成型机等）和节能、环保、智能化的静电粉末喷涂等设备。

（3）研发了一套装配式房屋设计、生产与组装全流程管理程序，建立了标准零部件BIM模型库和多种装配式房屋应用场景BIM模型库，提高了装配集装箱式房屋信息化和数字化管理水平，大幅缩短了项目生命周期。

（4）研发了一整套装配式房屋功能扩展集成技术，解决了针对卫浴、电气、暖通、楼梯、排水等功能部位的集成和一体式预制加工难题，扩展了可装配集装箱式房屋的应用范围和应用场景，提升了各专业集成技术与深度的融合应用。

三、钢结构自动化生产线

现有装配式钢结构生产线由H型钢组对机、龙门埋弧焊、H型钢矫正机3个独立设备进行生产，采用桥机配合在设备之间进行物流转运方式进行研究，降低劳动强度，提升设备之间、工序间物流时间，通过2套H型钢组对机，并在每台组对机前设置T型梁翼板对中装置和T型梁腹板翻转装置，以及在第1台组对机后设置翻转和移位装置，实现H型钢翼板和腹板的自动组对。

H型钢组对完成后，通过自动翻转装置翻到适合焊接的位置，然后动力输送辊将其输送到焊接生产线的焊接区。焊接区埋弧焊接机采用悬臂式结构，焊缝跟踪采用接触式电子跟踪，该跟踪器具备自动寻位功能，焊前仅需将跟踪模式调至自动跟踪模式，焊枪便会自动寻找焊接起始位置，启动焊接按钮直接焊接，配置焊剂自动回收装置实现焊剂的自动回收。经焊接完成的H型钢通过输送辊道输送至H型钢矫正机输入辊道，通过配置的180度移钢翻转机实现H型钢两侧翼缘板的矫正。

该流水线为一条高效的自动化流水线，除2块翼板和1块腹板（平吊）以及H型钢矫正后下线需用行车吊运，其他作业工位均无须行车吊运。

第六章　基础设施技术

第一节　概述

水电八局大力推进"大土木、大建筑、大市场"战略，承建了一大批房屋建筑、道路桥梁、市政及轨道交通等基础设施工程，开展了系列科技攻关活动，承担了股份公司"装配式建筑全产业链关键技术研究""整体装配式剪力墙高层建筑关键技术研究与应用""复杂地质与环境条件下大型河道地铁下穿技术""黄土地区盾构下穿高铁复合地基路基段关键技术研究""地铁近接上跨京广干线隧道沉陷区关键技术研究""超大直径双模盾构关键技术研究"等重点科技项目研究任务,"装配式建筑全产业链关键技术""整体装配式剪力墙高层建筑关键技术研究与应用""软硬不均地层盾构掘进关键技术研究与应用""淤泥黏土层中地铁隧道不影响运行综合纠偏技术研究""复杂地层条件下土压平衡盾构下穿湘江施工技术""不良地质与繁华城区超浅埋暗挖过街通道修建关键技术"等一批成果经鉴定达到了国际先进水平,工程应用效果良好。

第二节 房屋建筑施工技术

一、房建项目概述

水电八局房屋建筑施工自2006年以来,施工技术水平飞速提升,承建了多种类型房屋建筑项目:一是传统房建,如六安恒大项目、衡阳东山安置房项目;二是装配式房建,如蓝天保障房项目、南京洺悦华府项目;三是产业园房建,如南昌技术协同创新园(二期项目);四是超高层写字楼房建,如武汉泛悦城项目。

在施工过程中,各项目在基坑开挖及支护阶段、地基基础阶段、主体结构阶段、装饰装修阶段等各阶段积极创新,形成了深基坑排桩+冠梁锚杆支护结构、地基杂填土处理、超高层建筑可调式变曲率弧形爬架安装与拆除、超高层建筑弧形曲面塔冠钢结构制作与安装等成套关键技术。

二、装配式房屋建筑关键技术

(一)现浇剪力墙+叠合楼盖装配整体式高层结构体系技术

在多高层混凝土建筑,特别是高层住宅中常采用竖向剪力墙结构现浇、水平结构预制或预制整体,而非承重竖向结构采用预制构件或条板的结构设计形式,这种结构为现浇剪力墙+叠合楼盖装配整体式高层结构体系。在装配式混凝土建筑产业化领域是一种应用性的突破,在几乎不改变传统现浇结构的受力性能、使用功能的同时,能最大限度地满足装配率的要求,从而实现绿色施工、节能环保的目的。

以长沙蓝天保障房项目为例,装配率78.9%,预制构件包括预制外挂板、预制内墙、预制隔墙、预制梁、预制叠合板以及预制楼梯。该项目竖向受力结构(剪力墙以及边缘构件)全部为现浇,外墙采用保温隔热的夹心三明治外挂板通过外伸钢筋连接附着于剪力墙、梁等承重结构上,楼板、梁采用预制与后浇混凝土进行叠合,隔墙、内墙、楼梯全部采用预制构件进行装配。经过在该项目的设计、生产、施工方面的探索,已经形成了一整套装配式高层施工的核心技术应用体系。

预制外挂板结构上由内叶板、外叶板和保温层三部分组成,板与板之间通过干接缝逐个拼接形成体系的外墙围护结构,主体施工时整个建筑外立面为预制清水墙的效果。因其结构内部夹有挤塑板,保温效果显著,同时在主体机构施工时充当着外剪力墙的外模板作用,实现免外架、免外模施工。外挂板连接节点均设置在剪力墙的区域,通过一字形钢板或者L形钢板进行螺栓连接,内侧剪力墙浇筑后完成连接区的隐蔽覆盖。墙板上下端采用企口设计,顶部外凹内凸,由于这种内外高差,阻止外侧雨水进入室内,从构造上避免层间的渗漏问题。隔墙部分采用夹心混凝土板(内填充挤塑板)代替传统的砌体结构,通过桁架钢筋与梁整体预制,不会额外增加结构荷载,而且房间的保温、隔音效果比砌体好很多。隔墙两端嵌入挤塑板,阻止了隔墙与现浇墙板结构的竖向连接,这种设计有效避免了隔墙对结构件的约束,使结构传力明确,抗震性能更优越。叠合梁的部分预制到楼板底,梁两端出筋满足锚固要求,与后浇混凝土接触的端面采用水洗形成粗糙效果以保证节点连接质量,端部开设键槽以满足抗剪要求。预制叠合板涉及三类结构,包括预制楼板、预制空调板和预制阳台。叠合板的板端外伸胡子钢筋锚入剪力墙或者梁中,板顶设置钢筋桁架进行抗剪,这种设计能最大限度地实现等同现浇体系。

在其他已承建的项目包括六安市叶集区广场东苑、未名湖畔小区住宅,南京洺悦华府,郑州泷悦华筑,深圳光明洺悦府、洺悦鹏著花园,杭州悦安府、南京龙潭新市镇二期保障房等都是采用现浇剪力墙+叠合楼盖装配整体式高层结构体系,在装配式高层住宅项目上这种体系是目前应用非常广泛的结构体系。

(二)PC构件厂标准化、规模化生产成套技术

装配式混凝土预制构件生产线分为柔性生产线和固定生产线两种。柔性生产线采用可移动的模台作为施工工作面,施工人员在固定的地方进行钢筋绑扎、混凝土浇筑等施工作业。固定生产线主要生产一些大型或者异型构件,模台固定不动,所有施工工序在同一地点完成。柔性生产线在施工生产中的优势很明显,任一作业工种完成一段工作后,模台移动,进行下一段工作,工序衔接紧密,没有干扰。每道工序在一个专业的区域内作业,材料准备和机

械操作方面都有特定的操作流程，利于精细化管理。预制构件柔性生产线流水线作业，通过移动模台、桁车、钢筋自动化加工设备、混凝土智能化浇筑振捣机、抹面机、划线机、拉毛刻槽机、预养窑、蒸养窑、台面清扫机等成套机械设备，实现预制构件从模具组装到构件达到出厂标准全过程机械化、智能化、信息化循环生产。成套机械作业，大大减少人工操作带来的失误，有利于提高作业精度，减少作业成本。

目前安徽池州长智生产基地以建筑装配式预制构件生产、技术研发、建设安装、技术咨询为主营业务。每个厂房总共分为5跨，每跨宽度均为27米，工艺布置采用"2+2+1"生产线模式，即2条自动化流水生产线、2条固定模台生产线、1条钢筋生产线。

1. 自动化流水生产线。

混凝土经布料机浇筑，由振动台振捣密实后进入蒸养窑标温养护满强后拆模，拆模后的成品构件运输至室外成品堆放区域，模台沿生产线自动返回。配备自动布料机、振捣台、蒸养窑、翻板机等设备。

2. 固定模台生产线。

通过对整条预制构件生产线的制造系统结构及其组成单元进行快速重组，采用模台固定，作业设备移动的生产方式，能及时调整制造系统的功能和具备多种构件的生产能力。

3. 钢筋生产线。

布置于两条自动化生产线之间，可缩短钢筋供应距离，提高物流效率。主要进行外墙板、内墙板、叠合板及异形构件生产线的钢筋加工制作。

贵州省绿筑科建生产基地占地面积约7.1万平方米，建筑面积约3万平方米，其中一栋2万平方米的智能自动化生产厂房、一栋5000平方米的多功能办公楼、一栋5000平方米的全装配式节能宿舍楼，建设有国际领先的现代化自动微机控制构件生产线，全自动化钢筋加工生产线，年产量15万立方米预制装配建筑构件；有内外墙生产线、固定模台生产线、钢筋生产线、混凝土搅拌站等。

（三）全钢爬架+铝模装配化施工技术

钢爬架的作业平台采用全钢设计，安全防护性能和防火性能较好；其整个架体采用定型钢构件拼装而成，拼装简捷、易于运输；自升式全钢爬架附墙形式多样化，可满足特殊部位的附墙点布置，较悬挑型钢外防护架体刚性大、强度高、布置灵活。因其具有智能化程度高、操作人员劳动强度低、操作安全可靠、材料节能环保、提升时间短等特点，是装配式建筑施工首选防护形式。

结合工程安全防护要求和主体结构外立面穿插施工要求选取整体附着式升降脚手架（以下简称爬架）。一般爬架在2层开始搭设，架体全高为14.4米，宽度为0.7米，共覆盖4.5个操作层，架体主导轨边缘与建筑结构外沿之间的距离为0.40米（内排立杆中心线与建筑结构外沿之间的距离为0.55米）。附着方式采用支座附着在结构梁和剪力墙上两种，共设置三道支座，提升时采用两道支座提升。三道附着支座分别设置在爬架覆盖楼层的第2、3、4层的结构梁和剪力墙上，提升机构设置在第二道附着处。架体可根据外墙穿插施工要求设置两道或多道翻板，架体与建筑物间的间隙防护可利用脚手板底部的抽拉杆、铺设C型钢等达到全密封。爬架由导轨、立杆、脚手板、网片、加强杆、三脚架、加强架、附着支座、控制系统、电动葫芦组成。

铝合金模板系统施工方便、高效、稳定性好、承载力高，现场管理高效；这种系统的应用杜绝了类似木模拼缝不严导致的漏浆、胀模等现象，拆模后混凝土表面效果好，可实现免抹灰；同时，铝模可周转次数达300次，是木模的30倍及以上，满足绿色环保和节约资源的理念。因此，铝模是目前全工序穿插的最优选择。

墙模系统结构主要包括主墙板（PB）、接高板、内墙板角铝（JL）、转角模板（QC）、导墙板（K板）、对拉螺杆、拉片、方通、方通扣、小斜撑、K板背楞及钢丝绳。拉片体系配模规范仅运用于墙（楼梯墙除外）部位配模设计，梁、板、吊模、节点、楼梯等均参照螺杆体系配模。模板之间用销钉连接，使用2毫米厚的拉片对拉，外墙使用7道拉片，内墙6道，第一道距楼面150毫米，第二道距楼面350毫米，第三道距楼面750毫米，第四道距楼面1150毫米，第五道距楼面1550毫米，第六道距楼面2150毫米，第七道距接高板下来50毫米，K板加固采用1米长的特制竖方通，两块K板接缝处设置一根，另外两头各设置一根。其他螺杆体系位置背楞用一条矩形钢管加固，背楞有直背楞和直角背楞两种，首道背楞距楼面250毫米，外第四道背楞距K板150毫米。

梁模系统主要包括梁底阴角（CC）、梁底模板（LB）、梁侧模板（PB）、梁侧阴角（C）、梁底早拆头及独立钢支撑（单顶）等。在梁底模板设置梁底早拆头，在梁底早拆头下安装独立钢支撑，支撑间距最大不超过1.2米。

楼面系统主要包括楼面板、楼面龙骨、早拆头及独立钢支撑。配用早拆支撑系统可提高模板的周转效率，使用独立钢支撑，支撑间距小于等于1300毫米×1300毫米。

全钢爬架+铝模装配化施工技术已成为装配式高层住宅项目标配的施工技术，在南京洺悦华府，郑州泷悦华筑，深圳光明洺悦府、洺悦鹏著花园，杭州悦安府，南京龙潭新市镇二期保障房等项目得到广泛应用。

（四）套筒灌浆施工关键技术

套筒灌浆施工关键技术是国标体系装配式建筑最核心、最关键的技术，即质量控制的最关键点，目前国内外针对套筒灌浆实体检测技术还未十分成熟，所以套筒灌浆施工过程质量控制措施是影响灌浆质量、结构整体质量的最重要环节。通过PC构件设计优化、人员技术培训考核、有效灌浆质量控制措施等全过程、全方面保证套筒灌浆的关键施工质量、建筑主体结构的受力连接性能。

预制构件钢筋连接的种类主要有套筒灌浆连接、钢筋浆锚连接以及直螺纹套筒连接。目前，预制构件节点的钢筋连接应满足行业标准《钢筋机械连接技术规程》（JGJ 107—2010）中Ⅰ级接头的性能要求并应符合国家行业有关标准的规定。通过对灌浆料制备、封仓操作、灌浆全过程监控、质量通病及防范等方面的套筒灌浆施工技术进行系统性的研究，形成了一套完整的施工指导手册，取得了"半灌浆套筒""一种预制构件灌浆缝密封装置"实用新型专利，获得"装配式建筑钢筋套筒灌浆施工工法"，解决了预制构件连接过程中的质量问题，获得了良好的质量效果，该成套施工技术已经成功应用于上视安置房项目、六安市叶集区广场东苑、未名湖畔小区住宅产业化项目，可广泛推广应用该项技术。

（五）免抹灰现浇空心混凝土外墙关键技术

免抹灰现浇空心混凝土外墙作为建筑物的外围护结构，随主体一次性浇筑。针对该项技术的研究，在建筑施工过程中主要解决：①现浇混凝土外墙施工中容易产生水化热及温差、裂缝的技术问题，以及全现浇空心混凝土外墙施工材料消耗量大，施工成本高的问题；②填充墙体施工后外墙面抹灰施工安全，容易产生裂缝的技术问题。

工艺流程：场地内垃圾、杂物清理→已完成工程验收、标高测量→梁上预留现浇空心混凝土外墙竖向筋和剪力墙（框柱）上水平预留筋→梁上垫铺油毡→剪力墙（框柱）侧面粘贴20毫米×30毫米泡沫挤塑板→绑扎一侧竖向和水平筋→XPS挤塑板放置、固定→绑扎另一侧竖向和水平筋→PVC结构拉缝板放置、固定→固定拉筋→铝模安装→混凝土浇筑、振捣密实→脱模、验收。

该技术首次在南京洺悦华府项目上应用，很好地解决了建筑外墙防渗漏、墙面抹灰等施工技术难题。

（六）BIM 5D+大数据云平台装配式综合信息管控技术

BIM（Building Information Modeling）——建筑信息模型，是一种应用于工程设计建造管理的数据化工具，通过参数模型整合各种项目的相关信息，在项目策划、运行和维护的生命周期过程中进行共享和传递，由建筑产业链各个环节共同参与来对建筑物数据进行不断的插入、完整、丰富，并为各相关方所提取使用，达到绿色低碳化设计、绿色施工、成本管控、方便运营维护等目的。在整个系统的运行过程中，要求业主、设计方、监理方、总包方、分包方、供应方多渠道和多方位地协调，并通过网上文件管理协同平台进行日常维护和管理。

BIM 5D即在模型中除包含最基本的3D模型外，还包括时间（进度）和成本（清单）这两个维度，BIM的3D模型与时间（进度）和成本（清单）这两个维度相关联，允许参与者随着时间的推移可视化其活动和相关成本的进展情况。BIM 5D提供了提取和分析成本、评估方案和变化影响的方法。管理者可以通过BIM 5D对冲突检测的改进控制或实时、直观地了解一个项目在建设过程中发生的复杂变化，包括范围变更，材料、设备和人力资源的变化，进行更高精度的项目管理和估计预测。

水电八局利用BIM技术，在装配式建筑的BIM模型中引入时间和资源维度，将"3D-BIM"模型转化为"5D-BIM"模型，通过"5D-BIM"模型来模拟装配式建筑整个施工过程和各种资源投入情况，建立装配式建筑的"动态施工规划"，直观地了解装配式建筑的施工工艺、进度计划安排和分阶段资金、资源投入情况；在模拟的过程中发现原有施工规划中存在的问题并进行优化，避免由考虑不周引起的施工成本增加和进度拖延。利用BIM 5D技术进行施工模拟使项目部的管理和技术人员对整个项目的施工流程安排、成本资源的投入有更加直观的了解，管理人员可在模拟过程中优化施工方案和顺序、合理安排资源供应、优化现金流，实现施工进度计划及成本的动态管理。

BIM技术应用如下：

1.三维场地布置。

按施工图纸规划出《施工平面布置图》搭建各种临时设施，通过BIM技术解决现场施工场地平面布置问题，水电八局按照发包方要求建立各工区施工场地周边环境、主要建（构）筑物、施工围挡与场地布置的三维模型，模拟施工场地内外需拆迁建筑和构筑物情况，输出高清三维图片和模拟动画，对施工场地布置合理性分析起可视化指导作用，辅助解决现场场地布置问题，按安全文明施工方案的要求进行修整和装饰；临时施工用水、用电、道路按施工要求标准完成；为使现场使用合理，施工平面布置应有条理，尽量减少占用施工用地，使平面布置紧凑合理，同时做到场地整齐清洁，道路畅通，符合防火安全及文明施工的要求。施工过程中避免多个工种在同一场地、同一区域进行施工而相互牵制、相互干扰。施工现场设专人负责管理，使各项材料、机具等按已审定的《施工平面布置图》的位置堆放。通过施工场地的布置与优化提高场地利用率、减少临建使用数量、减少二次搬运、提高材料堆放和加工空间、方便交通运输、避免塔吊打架、加快施工进度，达到降低生产成本的目的，指导前期工程施工，确保项目顺利开工。

2. 碰撞检查与优化。

将各专业BIM模型整合，在施工前，进行各专业设计图纸审查，提前发现图纸问题，查找机电专业以及机电与建筑结构专业的冲突点，同时检查机电管线综合优化后的净高是否满足装修要求，及时发现可能存在的问题并在施工之前作调整，减少因设计图纸自身错误或冲突导致的工程变更、现场签证。

3. 复杂节点钢筋排布。

利用BIM技术对复杂节点的钢筋排布进行深化，辅助班组对钢筋的连接、钢筋笼的绑扎及复杂节点交底。利用BIM技术建立钢筋焊接、绑扎、成品保护等措施模型，进行施工交付；项目存在复杂节点，建立复杂节点模型，对复杂节点施工进行技术交底。

4. 三维算量与成本控制。

通过标准化的BIM建模水平，形成本工程项目标准化应用族库和构件库；利用BIM模型，提取和导出主要分部分项工程量表，配合造价人员进行造价计算和成本分析。

5. 方案模拟与可视化交底。

针对本工程工区多、覆盖地域广、部分节点专业交叉较为复杂的特点，水电八局利用BIM技术在施工前期进行工程筹划模拟，在施工过程中进行复杂节点的工序模拟和关键施工节点的工艺模拟，形成标准化的视频和图片成果，对各级技术人员和施工班组进行交底，保证所有工区施工质量安全统一达标。

6. 二维码及全景应用。

通过创建好的BIM模型，制作720P全景动画。辅助可视化技术交底、项目场布方案讨论和项目宣传等，只需微信扫码即可查看全景动画，可通过内置功能进行留言建议，推进项目施工标准化与安全文明标准化建设。

第三节　道路桥梁施工技术

一、特大悬索桥施工技术

悬索桥是利用主缆及吊索作为上部结构主要承重构件的悬挂体系，是将荷载作用经主塔、锚碇传递到地基的桥梁。悬索桥主要由主塔、锚碇、加劲梁（钢箱梁）、缆索系统、桥面五大部分组成。

1. 主塔施工。

桩基采用冲击钻或人工挖孔成孔，钢筋笼在钢筋加工场采用滚焊机制作，利用汽车吊或履带吊进行钢筋笼下放安装，垂直导管法浇筑水下混凝土。由于桥址区存在地质断裂带、基岩完整性差、岩溶裂隙发育，桩基采用桩底、桩侧后注浆技术。

主塔承台采用机械开挖，模板采用定型钢模，在承台内按设计布置冷却水管，浇筑温控混凝土。通过优化配合比、降低骨料入仓温度、运用冷水机组降低拌和水、仓面喷雾等措施降低混凝土浇筑温度；施工过程中采用了分层浇筑、预埋冷却管、通水降温、精心养生、温度监测等措施对承台混凝土温度进行控制。

主塔塔柱选取液压爬模进行施工，标准分节高度为6米；主塔部分横梁采用塔梁异步施工方法，支架安装与预压不再是主线工期，优化了爬模拆除再安装的工序，缩减了工期；主塔横梁采用型钢托架法施工，支架整体采用桁架结构，通过预埋在塔柱标准节内的钢牛腿进行支撑，其中主桁架采用模块化设计，以最短的横梁支架作为主体模块，根据横梁长度设置调节模块（接长杆件），以适应不同尺寸的横梁施工，一座主塔只需一套托架即可满足施工需求。

2. 锚碇施工。

基坑开挖按"从上向下，由外到内"的顺序逐层逐段进行，遵循"边开挖，边防护"的原则。基坑主体开挖，采取深孔预裂爆破、预裂松动爆破和光面爆破技术；距离底基面0.5米以内，采用风动凿岩机、破碎锤和人工方式进行开挖。

锚碇基础、锚块、散索鞍支墩为大体积混凝土，利用Ansys软件进行仿真模拟分析混凝土温度场和温度应力变化，优化混凝土施工方案，确定分层厚度、入仓温度、冷却水管布置和通水要求等施工措施，确保经现场采取冷水机组降温、混凝土罐车包裹保温、冷却水管通水等多种温控措施后，温控指标未超规范要求。经分析每层混凝土在浇筑完成60天后，内部截面平均温度、内部温度、内部温度应力将趋于稳定，即在所有混凝土浇筑完成60天后，可进行后浇带施工。

锚块混凝土浇筑按"分层浇筑、分节支撑、分段接管、实时监控"的方案实施，即分层浇筑锚块混凝土、分节拼装定位支架、分段接长预应力管道、测量管道方向。索导管采用模块化角钢定位支架及其上的精调装置进行支撑和定位。

散索鞍支墩和前锚室均为大倾角箱式混凝土结构，支架采用钢管型钢支架，保证了工期不受到散索鞍支墩和前锚室施工工序的相互制约，缩短了工期。支墩钢筋采用劲性骨架支撑固定。

3. 加劲梁（钢箱梁）施工。

钢箱梁制造采取"零件→板单元→梁段"的工序生产，采用一系列先进设备形成板单元自动化制作系统，板单元自动化系统主要包括U肋加工生产线、板单元自动组装定位机床、板单元反变形船位焊接机器人机床，形成了成套自动化制作技术。

钢箱梁采用"7+1"总体拼装技术，即建立局部测量控制网，钢箱梁制造时以总拼胎架为外胎、横隔板为内胎，通过"三纵一横法"控制板单元及块体（部件）就位。每轮次按"7+1"预拼装，以减少桥位安装过程中的高空调整工作量，保证钢箱梁的外轮廓尺寸及部件位置的准确度。实施过程中研发了钢箱梁整体拼装纵缝磁性无码组装架，与传统组装码板相比，拼装完成后无须对码板进行切割，不会对钢板造成损伤，且可重复利用，减少材料的浪费。

钢箱梁节段拼装好后采用运梁车运到主塔跨中侧的起吊位置，通过缆索吊垂直、水平运输到位，将钢箱梁与吊索相连，完成一个节段的吊装。钢箱梁总体安装顺序由跨中向两岸侧对称进行，采取塔区梁段先向边跨预偏，合龙段吊装就位后再将塔区梁段向跨中顶推的方式合龙。

缆索吊吊装设备采用可自动监测滑轮跳槽、索应力的200吨级缆索吊装系统，研发了空中旋转吊具，使钢箱梁吊装时可以穿越已吊装梁段，解决了梁段在单侧制作且不通航工况下钢箱梁吊装问题。

形成了无索梁段及起吊平台施工技术，即无索区首节梁段采用三角托架支撑、荡移法吊装。钢箱梁荡移法吊装采用2台10吨卷扬机提供牵引力，牵引绳通过安装固定在引桥顶面的滑车组绕线，牵引缆索吊吊具。该方法解决了无吊装平台时梁段不能运至缆索吊吊装区直接起吊的问题；将主塔侧两节梁段采用荡移法吊装到位并按成桥线型进行焊接，在主塔侧第一节梁段端部设置临时支座，在第二节梁段和主塔内设置斜拉索锚固点。斜拉索结合钢箱梁作为吊装平台的施工技术，解决了采用落地式吊装平台安拆安全风险高、成本大的问题。

4. 缆索系统施工。

主缆索股、吊索、索鞍和索夹委托专业厂家工厂化制作，运输到现场进行安装。

猫道为三跨连续式猫道，线型与主缆空缆线型基本相同，猫道索采用单线往复式牵引系统架设，先导索采用高压气筒抛掷过河方式，先后经过牵引索、门架支承索、猫道承重索、扶手索架设，安装猫道面网、侧网、横向天桥及猫道门架等。

主索鞍采用塔顶门架进行吊装，吊装系统主要包括门架支撑系统、起吊系统、走行系统。研发了一种新型悬索桥施工方法：猫道先架，索鞍后吊。与以往施工工艺相比，此工艺通过在猫道系统上预留吊装口，对索鞍进行吊装，不需要等待索鞍安装完成后，再架设猫道系统，降低了索鞍制造延期对施工工期的影响。

主缆施工采用PPWS法进行索股架设，主缆架设采用双线往复式门架大循环牵引系统。主缆索股架设完成后进行紧缆作业，采用紧缆机分别从中跨跨中处和锚碇处向塔顶方向进行紧缆。主缆紧缆完成后进行索夹安装，由塔吊将索夹及吊索吊至索塔顶，利用门架支承索上的滑车吊运至安装位置，将吊索由跨中往塔顶方向逐根安装。

5. 桥面施工。

UHPC原材料进场验收后，在引桥上采用立轴行星式搅拌机搅拌，正式浇筑前先进行试拌，保证机械设备性能满足UHPC拌制要求。桥面钢筋绑扎验收完成后即可进行UHPC混凝土浇筑，UHPC在搅拌机内拌制完成，由叉车装运料斗将UHPC运送至仓面处，利用25吨吊车将料斗吊至摊铺设备进料口下料，采用超声波UHPC布料、摊铺、整平、养护一体机进行施工，具体操作是在设立基准钢丝绳的基础上，摊铺机通过超声波探测器测定基准标高，通过基准标高设定铺装厚度，在设备行走过程中实时跟踪探测基准标高（铺装厚度），并可同步进行喷雾覆膜施工。

二、连续梁拱桥施工技术

大跨度连续梁拱组合施工工艺复杂，技术难度大，提出了先梁后拱法施工，连续梁挂篮悬浇，施工周期长，工期紧张，通过技术研究，形成了大型0号块施工、无防护棚跨高速挂篮兜底防护施工、连续梁冬季施工、钢管拱安装及吊杆张拉等成套技术，研究成果已在魏家湾跨同三高速公路特大桥应用。

三、大型预制梁场建设关键技术

通过预制梁场标准化建设，预制箱梁标准化施工，实现工厂化、规模化生产，箱梁在台座集中预制后，场内采用900吨轮胎式搬运梁机移梁至存梁台座或提梁台座，采用2×450吨龙门吊提梁上桥，配置运梁车及架桥机实现运架梁作业，有效控制箱梁的扭转和变形，安全可靠，操作简便灵活。水电八局刷新了京沪架梁速度，创造了单机单日6榀箱梁架设的纪录、单机单月108榀箱梁架设纪录，达到了行业领先水平。

四、桥梁拆除技术

针对跨高速、国道桥梁，采用SMPT多轴平板车移动式拆桥装置，结合金刚绳锯将箱梁切割后整体抬升移出。桥梁拆除首先将多轴平板车就位，同步升起多轴车底盘，使托梁架尽可能最大面积地接触箱梁底面进行预顶，运用托梁架顶部活络端调整横坡使得其顶面平行于箱梁底面，达到最大接触面积，预顶力为箱梁重量的10%，以确保切割后箱梁的稳定性。同时设置横向限位防止梁体滑落。

在托梁架与箱梁达到接触压力后，采用2台绳锯同时对箱梁进行切割，两端采用"倒八字形"切割，垂直角5°，水平角5°，开口朝落梁场地方向，观察切缝位置梁体间脱离情况，确认梁体平稳落于托梁架上由其承担支撑。同步升起6台多轴车底盘将分割后箱梁（700T）同时缓缓顶升，速度控制在10毫米/分。顶升高度控制在50毫米左右为宜，可根据箱梁间脱离情况适当调整。

多轴平板运输车按照既定运输路线将分割后梁体运至场地内，按设计要求将箱梁落放至落梁墩上，同步下降底盘，再将车辆退出落梁场地。在落梁墩之间，箱梁底部放置3层缓冲沙袋，用于箱梁凿除掉落后的缓冲。用炮机将落梁墩上的箱梁进行破除。同时将BIM技术与整个拆迁全过程进行深入融合，在高速公路、国道的复杂交通组织分流环节，采用BIM技术建立模型形成分流期间的施工漫游动画；在施工组织环节，利用BIM技术建立既有桥梁、新建桥梁模型，编制详细的进度计划，使现场施工与交通分流导改情况无缝对接；在桥梁拆除环节，利用BIM技术建立包含待拆梁体、移动式拆桥装置、边跨支架等综合模型，对主跨梁体切断、整梁顶升、纵移、横移、落梁等过程进行动态演练，指导现场安装、操作，实现工艺可视化。采用REVIT、3D MAX等软件仿真预演现场拆除过程，将匝道梁体、移动式拆桥装置、边跨支架等"精确定位"，模拟放样金刚石绳锯切割线和梁体切口方向，切割线须避开预应力锚头区域，切口方向应为"倒八字形"以及呈"上开口状"，以方便梁体脱离和已切断梁体整体顶升时不发生卡塞；并对梁体移运至场地内固定支架、落梁等过程进行模拟。通过BIM技术预演拆除过程，提前发现问题，进一步细化工序、优化方案。

五、试验检测技术

2001年，水电八局开始进入公路施工检测领域，先后承担了水南高速第九合同段（2001—2004年）、汉洪高速第二合同段（2005—2007年）、邵武高速5标（2007—2009年）、新疆阿喀高速AK-3标（2011—2012年）、海南文黎景观大道（2012—2015年）、福州绕城高速（2015—2017年）、贵龙纵线（2016—2018年）、云南建（个）元高速公路（2017—2022年）等公路建设的试验检测任务。

（一）高液限黏土的改良技术

在福建邵武高速公路项目建设过程中，通过试验研究对高液限黏土掺入3%~5%的水泥，降低土样的液限，提高土样CBR值获得成功。对高液限黏土的改良取得了良好的技术经济效益。

（二）盐渍土使用技术

在新疆阿喀高速公路项目建设中，针对典型地区的盐渍土进行分析和研究，通过对盐渍土含盐特性、物理性质、力学性质等方面进行研究，将当地土壤中含盐状况真实地反映出来，最终能够在使工程质量得到保障的前提下对盐渍土进行合理的利用。

（三）沥青混合料优化设计

在海南文黎景观大道项目施工中，通过对沥青原材料、配比、施工工艺、现场质控等的研究，论证了道路沥青混合料优化设计及现场质量控制的可行性，为今后在炎热地区重载交通条件和原材料选择性少的地区修建道路、高效利用当地材料，高质量完成沥青路面施工与质量控制提供完善的参考依据。

（四）混凝土性能控制技术

在云南建（个）元高速公路建设中，控制性工程红河特大桥全桥长1366米，主跨为700米简支钢箱梁悬索桥，门式桥塔分别高184米、124米，承建施工难度为电建集团首次，具有战略性意义。试验技术人员结合桥塔塔柱泵送混凝土施工，通过对各种工况下的混凝土性能控制进行提前预判并调整控制参数，保证了现场混凝土顺利施工及结构实体质量。研究成果保证了质量，节约了成本。

第四节　市政施工技术

一、海绵城市建设生态透水技术

针对城市内涝、污染严重的问题，通过技术攻关，开发了市政道路雨水LID系统，采用了"渗、滞、蓄、净、用、排"综合技术，从源头减少径流，净化初雨污染，试验确定了各种透水材料特性，提出了市政道路、小区、水系等海绵化成套改造施工方法及控制要点，形成了海绵城市建设生态透水技术。该技术成功应用于萍乡万龙湾海绵城市建设。

二、大型泵站高效优质施工关键技术

针对大型泵站施工工期短、工艺复杂等特点，开展了城市大型泵站和箱涵深基坑、应急状态下的城市大型泵站建设和防汛关键技术研究，采用CSM搅拌墙、三轴搅拌桩+高压旋喷等工艺及基坑内深井降水，保证了无水开挖施工。采用定型木制模板确保了异型流道、上下坡流道等部位施工精度，确保了结构质量，缩短了模板安装时间。采用单侧模板施工井壁，减少结构施工后的外侧壁回填工序，加快施工进度。研究成果成功应用于后湖四期泵站、巡司河第二出江泵站、周家河泵站等工程。

三、试验检测

水电八局参建深圳茅洲河、福田、大空港等其他类型市政项目。市政项目普遍采用第三方检测单位进行检测，施工单位试验把好源头关，进行过程控制和与第三方的配合工作，第三方检测单位提供公正、准确的试验检测结果。深圳茅洲河水环境综合整治项目是国内首个河流全流域综合治理项目，茅洲河中心试验室开创了与当地第三方检测单位共同组建中心试验室并合作共赢的新模式。

第五节　轨道交通施工技术

一、地下车站工程施工技术

（一）深厚淤泥地层及复杂环境深基坑施工关键技术

依托深圳地铁10号线益田停车场工程，重点研究地下停车场超大基坑开挖和支护综合技术。整个开挖和支护过程前采取深层水泥搅拌桩、水泥旋喷做槽壁加固，地下连续墙、钻孔灌注桩等围护结构工程技术，过程中边开挖边支护且对基坑稳定性和周边建（构）筑物变形情况进行监控量测。针对深基坑工程中的环形架支撑结构与对撑架支撑结构的选取，通过数值计算分析、经济效益与工期对比研究，提出了以对撑架支撑结构作为轨道交通深基坑施工的支撑体系。为有效地保障邻近高速公路的正常运营与深基坑施工安全，提出了深厚软土地层深基坑开挖有效深度和长度，揭示了深基坑划分区域工程力学的特性。

（二）地铁车站下穿地铁运营线遗留换乘节点施工关键技术

深圳地铁7号线石厦站为深圳地铁3号线和7号线的换乘站，位于福民路与石厦北二街交叉口，换乘节点东西长40.2米、宽19.5米，为地铁3号线预留，为叠合结构，该预留换乘节点被迫由顺作施工改为逆作施工，存在地连墙渗漏水、原结构已发生变形、桩基竖向承载力不足、连接部位接驳器损坏等施工风险，施工难度大。通过分析换乘节点施工内力和变形规律、现场监测及影响研究、开挖对既有结构的影响分析、施工控制等关键技术研究，结果显示换乘节点负三层土体开挖对既有结构的负二层中板的内力和变形影响最大，对顶板和负一层中板和地下连续墙影响较小，竖向位移在换乘节点中部剩余土体开挖完成后达到最大值。该关键技术施工确保了既有线路的正常运营，控制了沉降，有效地降低了安全风险。

（三）全盖体地铁场段工程免装饰混凝土绿色建造关键技术

项目依托深圳地铁7号线安托山停车场、10号线凉帽山车辆段、12号线赤湾停车场等工程，基于实地调查法、文献研究法、定量分析法、实证分析法等研究方法，通过室内试验与工程施工应用相结合的技术途径，进行全盖体地铁场段工程免装饰混凝土绿色建造关键技术的研究与应用。以深圳市地铁停车场主体结构立柱及梁、板混凝土为研究主体，开展免装饰混凝土的配合比设计及耐久性、表观质量的室内试验研究，同时进行现场施工技术应用研究。根据混凝土立柱及梁、板服役寿命、安全可靠性、自然朴实质感等要求，系统性地设计出满足使用年限的免装饰混凝土。通过原材料优选、配合比设计、模板体系选型设计、施工工艺优化、耐久性评估、表观质量评判等一系列研究，有效地保障城市轨道交通工程中免装饰混凝土结构的安全性、耐久性，同时其表观质量应达到与抹灰、喷涂等装饰装修层同等或近似表观效果。研究中还关注了针对在免装饰混凝土中对地铁施工渣料制成的人工砂（石粉）的有效利用的试验研究，以及针对免装饰混凝土表观质量控制与评价的研究分析，研究可为地铁施工产生的渣料的资源化利用以及后续混凝土表观质量评价和类似表观质量研究提供依据和参考。

（四）复杂条件下地铁车站半盖挖法综合技术

依托长沙轨道交通4号线黄土岭车站深基坑工程，针对复杂条件下半盖挖地铁车站风险评估与周边影响区划、半盖挖车站基坑降水、土方开挖、狭窄场地条件下技术组织方案、半盖挖车站侧墙模板工程、基坑工程加固技术等研究，建立了一套紧邻高陡边坡半盖挖地铁车站风险评估方法，并提出了风险控制措施。基于BIM技术在施工前建立了深基坑施工模型，通过碰撞校核功能对深基坑支护结构施工方案的合理性进行了判断，结合数值方法，建立了考虑基坑支护结构实施稳定性的基坑施工动态流程；理论计算确定了富水砂卵石地层深基坑降水方案，数值方法分析了基坑开挖降水对基坑及周边环境的影响；对现场实测数据进行了整理分析，得到紧邻高陡边坡半盖挖地铁车站的变形规律和受力特征；对交通荷载下盖板动力响应进行了现场测试，获得了交通荷载下基坑支护结构的动力响应，建立了考虑动荷载基坑稳定性分析新方法。该关键技术不仅加快施工进度、降低施工成本，还大大降低了施工风险，对以后类似车站深基坑设计、施工组织等具有重要的借鉴作用。

（五）高压线下有限净空内地连墙关键技术

针对福州地铁5号线齐安路站110千伏高压线下地连墙施工难题，从110千伏高压线下作业安全防护、高压线下地连墙分幅优化设计、高压线下地连墙钢筋笼起吊设备选型及设计制造、高压线下钢筋笼分节制作及加工、高压线下钢筋笼分节吊装、连接及下笼、入槽等方面进行关键技术研究，采用地连墙成孔与钢筋笼加工同时进行，且配置多台冲击钻进行成槽施工，满足进度需求；钢筋笼机械接头为加长套筒，混凝土采用导管法一次灌注水下混凝土，保证了地下连续墙的整体性，质量上得到保证；在有限净空内采用自主研发的特制窄跨异型龙门吊进行吊装，保证最小净空需求，保证钢筋笼吊装安全。该技术可推广应用于低高度下地连墙施工，如高架桥下、大型建（构）筑物下方的有限高度内地连墙施工，可提高有限作业空间内地连墙的施工效率，降低成本，确保地连墙的施工质量。

二、盾构施工技术

（一）复杂地层条件下土压平衡盾构下穿湘江施工技术

针对土压平衡盾构水下穿越强风化砾岩、圆砾层、溶洞及探孔密集区，施工难度大、安全风险高等特点，提出水下盾构隧道五区域近接影响区划量化计算方法，建立施工变形预测模型，基于随机介质理论预测土层及邻近构筑物变形，结合数值模拟，制定最优掘进参数，及时反馈指导施工。提出采用土压平衡盾构江底防喷涌和保压施工工艺，通过动态调整盾构掘进参数、综合注浆，有效地控制了管片稳定，解决了盾构机穿越高水头、强渗透性地层、长距离近接及下穿既有隧道结构施工难题，确保施工安全。提出江底探孔密集区防渗漏处理和盾构掘进控制应急技术，采用环保型改性密浆灌浆处理溶洞技术及注浆工艺，有效地避免了盾构施工污染湘江水源，形成了复杂地层条件下土压平衡盾构下穿湘江施工技术。该技术已成功应用于长沙轨道交通4号线，经鉴定达到国际先进水平。

（二）岩溶强发育地质条件下盾构掘进技术

针对溶洞、溶蚀发育等不良地质条件下盾构掘进施工难题，提出了岩溶注浆施工方法，施工质量良好，溶洞充填密实，避免重复注浆，保证盾构穿越期间施工安全，盾构穿越期间更换楔形齿滚刀，提高了施工效率，同时加强了同步注浆及二次注浆，隧道成型质量良好，形成了岩溶强发育地质条件下盾构掘进技术，并成功应用于武汉市轨道交通8号线。

（三）复杂条件下高富水圆砾卵石地层盾构掘进技术

针对盾构区间卵石层、粉质黏土、泥质粉砂岩，区间地质条件复杂多变，地层软硬不均，强度差异大等特点，通过理论分析和数值模拟计算分析，探讨和揭示高富水圆砾砂卵石地层盾构掘进开挖的一般规律，结合信息化技术应用，建立侧穿建筑基础风险控制模型，开展了地质勘探、注浆材料配合比试验与注浆工艺对比分析，提出了盾构掘进出土改良、地面跟踪注浆、盾构监控量测措施，形成了复杂条件下高富水圆砾卵石地层盾构掘进技术，并成功应用于长沙市轨道交通4号线。

（四）盾构上跨既有高铁隧道关键技术

针对区间上跨既有高铁隧道的施工工况，采用数值仿真模拟，提出盾构上跨既有高铁隧道预加固方法，制定了掘进参数，开展了隧道自动化监测，形成了盾构上跨既有高铁隧道关键技术，解决了长沙市轨道交通6号线中段上跨高铁隧道的技术难题，确保施工安全进行，高效掘进。

（五）盾构侧穿350千米/小时高速铁路桥梁桩基综合技术

针对下穿既有高速铁路等沉降敏感区域盾构施工难题，首创地铁隧道盾构侧穿350千米/小时运营高铁桥梁桩基"五步法"综合施工控制技术。采用同孔联测法对施工过程中盾构隧道周边土体进行深层水平及竖向位移监测，掌握周边土体变形情况并采取相应措施，确保盾构侧穿运营高铁桥梁桩基安全。盾构掘进采用盾体外侧加注"克泥效"等综合措施，控制周边土体变形使桥梁沉降控制在±1毫米范围内。在盾构机掘进的同时，采取向前盾、中盾上部径向孔注入"克泥效"，对盾体以外的空隙进行及时的填充，防止上部地层的沉降，有效地控制周边土体变形使桥梁沉降控制在±1毫米范围内。采用自动化监测技术实现了对既有高速铁路桥梁桩基沉降变形的精细化实时监测。该技术成功应用于武汉地铁11号线盾构侧穿武广高铁桥梁桩基，经鉴定达到国际先进水平。

（六）地铁无砟轨道防震整体道床快速铺装组织及工艺

地铁无砟轨道防震整体道床快速铺装组织及工艺技术研究依托长沙市轨道交通4号线阜埠河路站—碧沙湖站区间，土建主体工程完工后，轨道要快速进场铺装，不可避免与土建二次结构存在交叉作业，同时必须为后续装饰装修、综合联调提供时间。针对地铁轨道工程作业面狭小、作业条件差、工期紧、任务重等特点，利用出土孔及盾构井处布置的电动葫芦等起吊装置在站台层进行轨排拼装，轨道车运至铺轨作业面，进行快速铺装，解决了场地狭小、未预留轨排井条件下的快速铺装问题，形成了地铁无砟轨道防震整体道床快速铺装技术，并成功应用于长沙地铁4号线阜碧区间。

（七）淤泥层联络通道冻结法技术

针对淤泥层、淤泥质土层、含泥中粗砂层等不同地质联络通道冻结法施工难题，研究提出相应冻结参数，保证淤泥层冻结强度，制定含泥砂层冻结法作业防返砂措施，形成了淤泥层联络通道冻结法技术，并成功应用于福州地铁5号线福湾路站—齐安路站盾构区间、齐安路站—吴山站盾构区间海相淤泥层联络通道。

三、运营隧道纠偏技术

针对已投入运营的深圳轨道交通1号线鲤鱼门站—前海湾站盾构区间最大沉降值80毫米，隧道沉降及水平位移超出控制值，通过数字模拟分析及工艺试验，提出了一种适用于城市复杂环境的土体控制性卸载方法。首次提出了采用地面卸荷及洞外注浆综合处理技术进行纠偏，在不影响既有地铁隧道运行的情况下通过地表袖阀管控制性注浆达到隧道纠偏回调的预期效果，确保全天候组织施工。通过调整单液浆浆液配合比、双液浆浆液配合比、注浆深度、注浆量、注浆压力、注浆顺序、单次注浆孔数等注浆参数，控制注浆部位，确保纠偏回调最大速率不超过2毫米/天；遵循"由远及近、自下而上、先水平回调后竖向回调、先大变形后小变形"的施工原则，先施作止浆墙，通过注浆使土体吸浆，达到稳压效果后，使注浆作用力通过土体均匀传递至隧道管片后进而达到回调的目的。该项目通过地表袖阀管控制性注浆达到预期效果，竖向回调最大值17.3毫米，水平回调最大值23.0毫米。成果经鉴定达到国际先进水平。

四、试验检测

水电八局科研设计院参与了京沪高铁、青连铁路、石济制梁场、南京句容城际、印度尼西亚雅万高铁和川藏铁路等多条铁路项目的线上、线下工程试验检测工作，每个项目试验室的建设均执行"高起点、高标准、高效率"的原则，用于满足桥梁、路基试验检测，混凝土及其原材料、结构与构件成品、半成品、金属材料、土工等质量检验工作。其中青连铁路中心试验室在监理初验收时，监理部总监给予了"这是我见过的最好的工地试验室！"的评价，业主将试验室列为青连铁路的标准化试验室、标准化样板工程，受到业主及各参建单位的一致好评。

京沪高铁作为水电八局科研设计院参建的第一条铁路项目，同时参与了线下工程和制梁场的试验检测任务，在施工工程中敢于突破传统，提出混凝土用砂中大于9.5毫米的颗粒可用于置换小石，通过不断论证和沟通终于获得参建各方的一致认可，不但改善了现场工作并为后续工程提供了依据。

辛集制梁场通过单掺粉煤灰、双掺粉煤灰和矿渣粉等工艺不断优化混凝土配合比，提高了混凝土和易性，保证了工程质量，节约了项目成本，缩短了项目工期。通过组装移动式抗压设备直接在施工现场进行支座砂浆的力学试验，第一时间出具试验结果指导现场施工，大大节约了试验时间，为现场架梁的持续、顺利作出重大贡献。

在青连铁路项目提出利用水泥作为固化剂，通过深层搅拌机在地层深部将软土和水泥强制拌和，使软土硬化而提高地基强度。这种方法对于淤泥质土、粉质黏土及饱和性土等软土地基处理效果显著，处理后地基很快能投入使用，有效地解决了现场施工问题，提高了施工效率，缩短了施工时间。

印度尼西亚雅万高铁是首个海外使用CRTS Ⅲ型板式无砟轨道施工技术的铁路工程。中心试验室通过对不同种类原材料进行组合适配，获得具有良好流动性、填充性、间隙通过性和抗离析性的自密实混凝土。水电八局作为全线首个"CRTS Ⅲ型板式无砟轨道线下工艺性揭板试验"演示者，其中自密实混凝土性能作为影响揭板试验的成功关键，受到了中铁、中电建、印度尼西亚各方高度关注，得到了业主、监理、联合体各方认可与好评，现场一次性通过评审。

除完成日常检测工作外，各工地试验室结合现场实际，以本专业为出发点，积极开展课题研究及科技创新工作，首创了"首份报告确认制""科室复核制度"等新制度，加强保证措施，避免资料错误；参与了"水泥搅拌桩工艺性试验""钢筋锈蚀对混凝土的影响""过渡段填筑工艺性研究""青连铁路高性能混凝土配合比设计研究及应用"，具有地域特色的"热带高温地区预拌混凝土技术研究""热带雨林地区自密实混凝土研制与应用技术"，以及国内外检测技术差异的"混凝土水下灌注桩检测技术差异性研究"等课题的研究工作并形成论文；完成了K30检测平板找平砂用天然砂代替标准砂、将试验完的废钢筋加工成路基检测用钻头等降本增效金点子的现场应用；"一种自动平衡反压装置""混凝土脱模装置""砂浆流动度检测装置""一种表面裂缝计保护装置""一种混凝土坍落度检测仪器收纳装置"等荣获专利。

第七章　勘测设计技术

第一节　概述

水电八局设计院成立于1984年，前身为水利电力部第八工程局技术处设计室，是经建设部批准的乙级电力行业（水力发电）设计院（证书编号为181015sy）。1987年，更名为水利电力部第八工程局设计室。1988年，由湖南省建委重新核发了建筑行业丙级设计资格证书。1993年，更名为中国水利水电第八工程局设计院，总注册资本为150万元。2004年，与局科研所合并为中国水利水电第八工程局科研设计院。

2012年3月28日，水电八局经住建部批准为水利行业甲级设计资质（证书编号为A143008520）。2017年10月30日，水电八局经住建部批准为水利行业甲级、市政行业甲级、建筑行业（建筑工程、人防工程）甲级设计资质（证书编号为A143008520）。2019年4月18日，水电八局取得勘察设计（岩土工程）专业乙级资质（证书编号为B243008527）。主要承担水利水电工程、工民建工程、市政道路、桥梁工程的勘察设计和技术咨询、技术服务。

至2022年12月31日，有正式职工59人，其中工程技术人员57人，含教授级高级职称1人，高级职称16人，中级职称14人，初级职称28人，二级注册建筑师2人、一级注册建筑师2人、一级注册结构师4人、二级注册结构师2人，注册公用设备工程师（给水排水）1人，注册电气工程师（供配电）1人，注册土木工程师（岩土）3人，注册土木工程师（水利水电工程）1人，注册一级造价工程师1人，注册二级造价工程师1人，资料管理2人。

第二节　工程勘察

2019年4月18日，水电八局取得勘察设计（岩土工程）专业乙级资质，先后承揽了黄材灌区"十四五"续建配套与现代化改造、韶山灌区"十四五"续建配套与现代化改造、水电八局检测中心技术改造工程、江景苑住宅小区、宜章县城乡供水一体化工程、麻溪河道治理、肖家河河道治理、涟水河湘乡市城南段治理工程、龙江桥水库安评、阳光路道路工程等水利、房建、市政项目地质勘察任务，勘察业务取得了良好的起步。

第三节　工程设计

水电八局设计业务组建之初，旨在服务于水电八局施工项目，业务范围主要为施工组织设计、方案优化、各基地基建等。设计院的元老，也是从水电八局技术部转入的水利水电行业专家。因此，水利水电设计业务，是设计院最具优势的传统业务。2004年，设计院机构合并以后开始独立核算，设计业务从内部服务开始面向外部市场，先后承揽了湖南白石滩、广东周田、广西大同江流域水电站、安化县罗溪水电站、新疆塔西河三级及康帕一级、印度尼西亚万普（WAMPU）水电站等水电站设计项目。2012年获得水利行业甲级设计资质后承揽了国家烟草水源援建项目——桑植县牛洞口水库设计。此后水利业务范围也不断扩大，与此同时，设计项目类型也在增加，在原有的水电站、水库、河道治理的基础上，新增了水闸、大中型灌区续建配套及现代化改造项目、高标准农田建设项目、泵站、城乡供水、城市防洪、引调水、施工图审查、防洪影响评价等设计项目。

随着水电八局转型升级，建筑设计业务不断发展，承揽了岳阳厂一期厂房工程、京沪高铁梁场、印度尼西亚雅万高铁梁场、水电八局融和园小区、各基地"三供一业"改造、池州市长智装配式建筑预制构件生产基地设计（装配式建筑，总建筑面积23.54万平方米）、水电八局科研楼扩建项目设计、湖南工程技师学院综合楼设计等项目。同时，设计院紧跟水电八局投资发展战略，参与了金沙江上游拉哇水电站格茸沟砂石混凝土系统工程、南水北调雄安调蓄库下库骨料加工系统工程、长九（神山）二期水泥用灰岩矿7000万吨/年建设工程等一系列砂石骨料工程设计。2019年，水电八局入围"联勤保障部队重点建设项目设计业务预选服务商"，进入军民融合设计领域。

在市政设计方面，设计院参与了深圳茅洲河（宝安区），深圳市龙岗区龙岗河、观澜河、深圳河流域，珠海市香洲区前山河，佛山南海区北村水系流域等一系列水环境综合治理项目。先后独立承担了湖南省宜章县城乡供水一体化工程、桃源县胡家潭内河黑臭水体治理工程、浏阳经开区阳光路工程、金城大道北辅道智慧灯杆工程、长沙县春华镇高桥镇等镇农村饮水安全通村工程等市政勘察设计项目。

除了传统的设计项目，设计院紧跟市场经济浪潮，承揽了EPC、PPP、PMC等项目。承担了福建省政和县中小河流治理重点县综合整治及水系连通试点工程设计施工总承包项目、韶山灌区"十四五"续建配套及现代化改造项目设计采购施工总承包项目等EPC设计任务，桃源沅水、新邵资江、万溶江、常德经开区等PPP项目设计业务，贵州万山区下溪水库（PMC）项目等。

工程设计在发展业务的同时，不断推动科技创新，其中沩丰水闸获得2021年度长沙市水利优质工程奖，长智PC构件厂项目获得中国电建集团勘察设计奖三等奖。自主开发的"湖南省暴雨洪水查算软件"荣获水电八局第十次科技大会科技进步奖二等奖。在智慧设计领域实现了BIM技术在市政水环境管网二、三维一体化设计中的应用，通过数据驱动实现了自动出图及自动建模，提升了生产效率；实现了智能化模型审查；实现了协同办公及设计全过程生命周期信息化管理，不同阶段成果在Vault协同平台提交，做到设计、校核、审查等管理过程留痕以及数字资产的保值、增值。

第四节 工程测绘

水电八局拥有一支能够承担大地测量、地形测绘、水利水电工程测量、建筑工程测量、线路与桥隧工程测量、矿山测量、变形观测、摄影测量与遥感、界线与不动产测绘、地理信息系统工程、海洋测绘等多项专业任务的测绘队伍，目前从事测绘的人员有500多人。

一、资质情况

水电八局自2006年重新获得国家测绘局颁发的工程测量专业甲级测绘资质证书以来，在科研设计院的积极努力下，不断扩充原有资质。2019年，获得地理信息系统工程、界线与不动产测绘、摄影测量与遥感乙级资质，为积极开拓新业务奠定资质基础。2022年在原有乙级资质的基础上，升级摄影测量与遥感、地理信息系统工程两项甲级资质；新增加了大地测量、测绘航空摄影、海洋测绘、地图编制四项乙级资质。到2022年底，公司有测绘甲级资质3项，乙级资质5项，基本囊括了测绘资质十个专业中的八个专业。

二、硬件及软件情况

水电八局有2角秒以上全站仪130多台、1角秒以上测量机器人20多台，精密电子水准仪30余台、GNSS接收机150多台、测绘无人机6架、无人船2艘、5角秒级高精度陀螺仪1台、CCTV爬行机器人8台、QV无线高清潜望镜5台、地质雷达1台，其他各类数据处理软件50余套。截至2022年，有发明专利1件、实用新型专利12件、省部级施工工法3项、科研项目14项。

三、新技术的推广应用情况

（一）GNSS技术得到广泛应用

GNSS静态观测、RTK测量首次在京沪高铁项目应用，其中静态测量主要用于平面控制网的观测，解决了传统水电项目要求点位通视、边角观测条件要求高的难题；RTK则用于日常精度不太高的结构物放样，可实现全天候、单人快速放样。随着水电八局业务向非电行业转型，线路工程、市政工程、矿山工程规模不断扩大，GNSS技术以其全天候、高精度、自动化、高效率等优势发挥了巨大的作用。现今在大数据、物联网高速发展的阶段，网络RTK已与项目生产深度融合。在大藤峡、东庄、赣江尾闾等水利枢纽工程，深圳、广州、佛山、济南、南京等水环境治理工程，长江大保护工程，长九、长崃、雄安等绿色矿山工程都得到广泛应用。在乌东德水电站二等施工控制网、白鹤滩一等监测控制网、毛俊水库灌区首级测量控制网、城市轨道交通首级平面控制网、京沪高铁、青连铁路、雅万高铁二等平面控制网均使用GNSS静态观测，精度都满足规范要求。其中白鹤滩水电站一等监测控制网采用GNSS静态观测与边角网、二等水准网联合平差，技术成果达到国内先进水平，2021年获得湖南省测绘优秀工程奖一等奖。

（二）高精度测量机器人、数字水准仪得到普遍推广

传统的高精度测量项目一般采用人工观测的方法，人工照准去采集数据，容易受人为观测、记录、天气等条件影响测量误差。智能测量机器人集光、机、电技术于一体，具有ATR自动目标搜索与照准、自动观测、自动记录等功能，可实现夜间作业，对超限数据自动重测及补测，可轻松应对各种复杂作业环境。近年来，高精度测量机器人已广泛应用于各类水利水电、高速铁路、城市轨道交通、高速公路等项目，在满足测量进度的同时大大提高了工作效率，也降低了人工成本。利用智能测量机器人在大朝山、乌东德、白鹤滩水电站一等控制网；在京沪高铁、雅万高铁CPⅢ轨道控制网、轨道板精调、轨道精调都需要在温差变化小的夜间进行作业，通过测量机器人自动照准及观测功能，夜间作业效率显著提升，大幅提高观测精度和作业效率，确保了工程进度按期完成。

（三）地下洞室精准导向，贯通精度得到有效保障

随着水电八局向大土木市场的转型，涌现出一大批轨

道交通工程及地下隧洞工程，这对长期从事水电工程的测绘人员带来了很大的挑战。经过对规程规范、技术方案的反复钻研及论证，形成一套成熟、可靠的地下工程测量技术。地面首级平面控制网采用GNSS静态观测、加密控制网采用精密导线测量；通过联系测量（包括一井定向、两井定向）将地面控制传递至地下控制点，进行地下精密导线测量。洞内导线根据洞室长度设计成单导线、主副导线、双导向网等不同方式。对于贯通难度大的隧洞在掘进过程中增加陀螺全站仪定向，确保地下控制网方向精度。通过详细的技术方案指导及严密的过程控制，水电八局承担的所有地下隧洞均实现精准贯通。新疆XE工程Ⅵ标段，TBM4-1段长度为12.94千米，冬季洞内外常态温差在35℃以上，洞内烟尘大、水雾多，对导线观测造成很大困难；经过导线网型结构优化，单导线改成双导线网，控制点由托架改为标墩，大大减弱对中误差及旁折光影响。在出口段打垂直孔，通过吊钢丝引入地面坐标等措施实现精准贯通。珠三角水资源配置工程A4标SD06#~SD05#区间长3.6千米，联系测量采用一井定向加测陀螺方位角，经评估多次联系测量、地下导线测量及陀螺全站仪定向成果，以精度最优确定为地下控制网成果指导盾构掘进，最终实现双线顺利贯通。

（四）无人机、无人船等新技术得到推广应用

水电八局自2016年引进无人机航空摄影测量技术以来，经过不断发展，现已拥有6架专业无人机、五镜头倾斜摄像机1台、激光雷达2台；技术路线从传统航空摄影测量到倾斜摄影、激光雷达，在前期勘测、测绘项目中发挥不可替代的作用。安徽长九项目自勘察阶段起就使用无人机进行地形图测绘；从建安期到运营期，整个矿山开采地形测量作业仅需要半天就能完成，工程计量也只需要半天就可以提供各种方量数据。在减轻人员劳动强度的同时保证了测量人员的安全，也大大提高了工作效率。赣江下游尾闾综合整治项目通过无人机搭载激光雷达，通过三次回波可穿透树木及杂草，准确获取地面点的三维数据，及时为项目地形图测绘设计、工程计量服务。湘乡市1∶500地形图更新项目采用倾斜摄影技术，建立湘乡市城区开发边界范围内实景三维模型，作为1∶500地形图数据采集的基础，为建立数字城市模型（CIM）提供数据支撑，为数字孪生城市打下坚实基础。无人测量船船体内置单波束测深仪，结合GNSS实时定位，获取水下高程数据。在流速与流向不断变化的复杂工作环境中，自动控制系统可保证无人船按计划线航行，精准获取水下地形数据；远程遥控和自动航线保证了水上作业的安全。在深圳茅洲河水环境治理项目、深圳大空港截流河综合治理项目、佛山南海区北村水系水环境综合治理项目、江西省赣江下游尾闾综合整治工程充分发挥了设备优势，提高了数据质量及作业效率，展现了水电八局品牌。

（五）BIM及实景三维技术逐步得到学习与推广

BIM已经应用于建设工程各个领域并彰显了数字化的巨大潜力和优势。BIM技术以三维数字技术为应用手段，在应用过程中主动结合几何形状信息以及非几何形状信息，实现数字信息仿真功能的良好应用。一些特殊的结构几何形状及地形比较复杂，传统计算方法比较烦琐，通过BIM模型，可精确求出复杂结构的准确工程量。BIM结合实景三维技术通过三维激光扫描仪、倾斜摄影测量、卫星遥感等数据量大、速度快、自动化程度高的数据获取方式，建立可视化、数字化的信息管理平台以推动整个建筑行业的技术飞跃。

以往放样时使用二维图纸，在放样前需要对放样数据进行计算和整理，在放样过程中直接使用坐标进行放样。BIM技术的引入使放样过程变得更加便捷，配套相应测量设备就可以在BIM模型中直接选择需要放样的点位，直观、方便地将点位标注在正确位置，使放样效率和精度得到较大提升。

白鹤滩水电站自2017年起便使用BIM进行大坝混凝土计量，采用实景三维模型进行土石方开挖计量，使效率和精度大幅提升。安徽长九（神山）灰岩矿项目结合BIM及实景三维模型打造国内一流特大型智能化绿色矿山。

四、质量管理体系更加完善

为保证测绘成果质量，科研设计院于2015年针对测绘项目特点及关键环节制定了《施工测量质量管理手册》及《施工测量作业指导书》，2020年制定了《施工测量"十条"禁令》，2022年修编了《测绘管理手册》，建立并完善了测绘专业质量管理体系。

质量管理体系对技术方案管理、过程控制、质量管理、成果质量检查、仪器设备管理、成果档案管理、安全生产等方面的内容进行规范和要求。重点对施工测量中的重大方案评审、三级复核、仪器及工器具检校、技术交底等进行明确的要求，并定期进行监督检查，确保各项要求落实到位。

经过一批批测绘人不断学习、钻研、吸收、推广应用，水电八局测绘专业在水利水电工程施工测量、线路与桥隧工程测量、控制测量、变形监测等领域均居同行业领先水平。

第八章　BIM 技术

水电八局从2013年起，在白鹤滩水电站、马来西亚樱花冶炼厂等项目中率先接触并引进BIM技术，BIM技术应用初露锋芒。自2015年成立BIM中心、BIM分中心及项目BIM工作站的三级管理架构以来，在工程项目上大力推进BIM技术应用，BIM应用如雨后春笋般逐渐普及，BIM应用价值初有成效，于2017年成为湖南省BIM联盟常务理事单位，BIM应用在行业内保持先进水平。2018年，BIM技术应用不断深入探索，逐渐由工具级应用向平台级应用转变，BIM技术不断蓬勃发展，于2019年获得中国BIM联盟观察员身份。2020年，BIM技术应用秉持不忘初心的精神，持续聚焦改造传统项目管理手段与流程，提升项目管理效益，BIM技术基础应用越发成熟，创新应用不断涌现，已成为水电八局数字化转型的重要抓手。目前水电八局拥有一支专业齐全、素质过硬的BIM骨干人才队伍，其中BIM专职人才34人，BIM工程师200余人，120余人取得BIM专业技能证书，并组建了专业齐全的内训师团队。

第一节　BIM 技术标准化

水电八局组织开发了BIM标准化云平台，构建了BIM族库系统。将BIM标准、BIM族、BIM可视化工法等资源统一管理，该平台获得1项计算机软件著作权。平台当前收录了BIM标准6项，各领域BIM族1200余项，累计开发BIM可视化工法46项，初步形成了数字资产，为水电八局数字化转型打下了坚实的基础。

构建了VAULT设计协同平台。在雄安调蓄库、东庄等项目中尝试开展BIM正向设计，为设计施工一体化提供了良好前提。

参编重要BIM标准。水电八局参编了《水电工程信息分类与编码标准》等行业标准，以及《湖南省建筑信息模型应用指南》等地方BIM标准，夯实了理论基础，形成了品牌效应。

第二节　BIM 技术应用

水电八局当前在建项目187项，其中69项已开展BIM应用，占比37%；累计建立项目BIM工作站56个，运行中的工作站38个。截至目前，BIM团队累计支持招投标475次，项目技术支持30余次，在市场与现场两端均发挥了重要支撑作用。

BIM技术应用在长时间的探索与发展过程中取得了良好的应用效果，积累了丰富的实践经验。

（1）BIM深化设计应用。在南京洺悦华府、郑州泷悦华筑等项目中开展了基于BIM的装配式建筑拆分与深化设计应用；在马来西亚樱花、武汉泛悦城等项目中开展了钢结构深化设计应用；在武汉地铁11号线等项目中开展了钢筋深化设计应用；在武汉洺悦华府、沙特阿玛德酒店公寓、福州市轨道交通5号线等项目中开展了管线深化设计应用；在深圳地铁5号线及12号线、武汉地铁11号线等项目中开展了综合支吊架深化设计应用；在衡阳东山保障房等项目中开展了铝模深化设计应用；在南京恒大养生谷等项目中开展了脚手架、模板、砌体工程深化设计应用；在TB水电站项目中开展了翻转模板深化设计应用。BIM技术在深化设计以及后续数字化加工中展现出较大的优越性，所应用的项目均创造了良好的效益。

（2）工程计量。在TB水电站、五强溪扩机工程等水电项目中采用了BIM技术对大体积混凝土快速分层分块计量；在宁乡玉屏山、衡阳东山等房建项目中开展了工程算量以辅助项目的采购与对上对下结算；在瓮福磷矿等矿山项目中开展了土石方计量，其计算成果已实际用于业主结算；在蒙自机场等项目中利用自主开发的算量插件进行土石方调配；在武汉地铁11号线、长沙地铁7号线等项目中开展了地铁车站工程专业计量，在精度与效率上较传统手段均有大幅提升。利用BIM技术开展工程计量工作具有强大的便利性、快捷性及准确性，已开始逐步被工程项目各参与方认可。

（3）技术方案管理。通过BIM技术，将项目地形与BIM模型相融合，利用真实性模拟和工程可视化将施工技术方案直观地呈现出来，保证方案的准确性和一致性。TB项目将胶带机比选方案、混凝土入仓方案等技术方案以二维、三维相结合的方式上报业主、监理，获得一致好评。

（4）BIM技术改造生产工艺流程。在钢筋生产、机电管道预制等方面，通过BIM技术建立LOD450级别的三维模型，自动出具钢筋下料表或管道下料表，同时生成数控加工文件，配合数字化加工机械完成钢筋、管道的自动优化下料与加工，改变传统人工计算编辑下料表、工人手动加工方法，提高工作效率的同时，大大降低了成本。

（5）无人机实景模型+BIM模型的应用。在TB、五强溪等项目的施工过程中，利用无人机实景模型+BIM模型的集成应用，进行了施工技术方案和场地布置优化对比、对外协调等工作，一方面可以清楚直观地了解周围环境，另一方面将BIM模型与实景地形模型相结合，实现1∶1的三维场地布置，并对施工方案进行实景漫游，发现各阶段布置的冲突点，实现施工方案布置的高效优化与实景展示，减少人员劳动强度，提高施工效率，提升工程的整体质量。

（6）基于BIM的智能建造、智慧工地应用。在五强溪扩机、TB、珠三角配水工程等项目中研发了项目"互联网+BIM+GIS+大数据"的BIM数字工程平台。数字工程平台将安全管理、质量管理、进度管理、成本管理、人员管理等实现了数字化集中管理，以及与OA办公系统的高效融合。项目参与各方可以达到高效运转与实时管控，极大地提升了项目的数字化管理水平。

在智能建造方面，水电八局在2008年的溪洛渡水电站建设时就开始全面应用了智能建造系统，在白鹤滩水电站建设中，对智能建造系统进行了升级改进，涉及信息管理平台、施工进度仿真、浇筑一条龙智能监控、智能振捣、智能温控、智能喷雾、智能保温、智能灌浆、智能养护等12个板块智能应用。在梅州抽水蓄能电站、广东阳江抽水蓄能电站、清原抽水蓄能电站、厦门抽水蓄能电站等项目中，实现了对碾压过程与碾压质量的全面监控，加快了项目进度，减少了项目成本。TB项目基于智能碾压技术，对碾压机进行改造，实现了施工现场碾压设备的无人化操作，做到了首个真正意义上的RCC大坝施工中无人碾压生产应用，在水利水电工程无人作业方面迈出了具有重要意义的一步。

（7）竣工图数字化交付。在深圳地铁12号线等项目中实施了以BIM模型为交付物的竣工图数字化交付，在传统二维竣工图交付方式的基础上逐步进行竣工图交付的数字化转型。

（8）BIM技术辅助图纸审查。设计阶段利用BIM图审软件对建筑工程、水环境工程等领域的设计图纸进行自动智能审查，逐步替代原有人工审查方法；施工阶段，在武汉泛悦城、杭州杭储等建筑工程项目中实现了建筑、结构、机电等专业间及专业内的碰撞检测；在白鹤滩、长九辉岩矿、雄安调蓄库、东庄等绿色建材项目中实现了砂石加工输送系统碰撞检测；在长沙地铁4号线、深圳地铁12号线等轨道交通项目中实现了土建与机电，以及机电管线间的碰撞检测。通过碰撞检测提前优化设计图纸，同时将图纸审核工作前置。该技术已在水电八局不同领域、不同类型的项目中得到广泛应用且成效显著，已发展成为一项较为普及且成熟的BIM技术。

（9）BIM技术进行虚拟建造。在TB水电站、蓝天保障房、衡阳东山保障房、雄安调蓄库、深圳地铁5号线、南京地铁5号线等众多项目中开展了方案模拟、进度模拟及可视化交底，极大地展现了BIM技术的可视化的特点，较为直观立体地展现了项目方案、进度等各方面信息，将BIM模型替换二维图纸作为工程师的语言在各参与方之间沟通与传递信息。

第三节　BIM技术开发成果

深入推动BIM技术与项目管理要素深度融合应用，有效解决项目管理重难点问题。深入研究项目生产需求，有针对性地开展BIM技术在"大体积混凝土快速分层分块""桩基施工用料精细化管控""综合管线深化设计"等方向的课题研究，总结、验收并推广应用优秀成果。在解决项目应用需求的基础上，不断开拓BIM技术新方向应用。广东梅蓄项目开展基于BIM的数字化电缆施工管理，精确控制电缆用料；TB等项目实施无人机实景建模辅助方案设计，为胶带机方案、混凝土入仓方案等提供高精度的实景地形数据和BIM模型数据支持；南京洺悦华府、郑州泷悦华筑等项目深入开展BIM与装配式建筑的综合应用，形成了以BIM技术为核心的装配式建筑设计、生产加工、安装全流程管理模式；五强溪水电站扩机工程、珠三角水资源配置工程、长智PC构件工厂等项目积极主动地开展平台建设，研究和推广智慧工地、智慧工厂应用。根据水电八局"一体两翼"战略布局要求，结合项目探索基于BIM的抽水蓄能电站水轮发电机组安装数字孪生技术、土石方平衡BIM调度系统等研究和应用。

第四节　BIM奖项

水电八局积极参加全国、行业、地区各项BIM竞赛，获得丰硕成果。截至目前，共获得63项国家级BIM大赛奖励，11项省部级BIM大赛奖励（1项电建集团科学技术奖），5项行业BIM大赛奖励，其中"南水北调雄安调蓄库弃渣综合利用工程全生命周期数字资产BIM协同应用""BIM技术在TB水电站大坝施工过程中的创新与应用"获得中国施工企业管理协会工程建设行业BIM大赛一等奖，"BIM在五强溪扩机工程中应用""BIM+MR技术在水利水电工程中的创新与应用"获得全国优路杯BIM大赛金奖，"长沙地铁4号线土建施工BIM技术应用""深圳地铁5号线南延线5122-3工区BIM技术应用项目"荣获湖南省BIM技术应用大赛一等奖，"深圳地铁12号线BIM技术应用"获得深圳地铁第一届BIM应用大赛一等奖。

第九章 获奖

水电八局相继承建了国内许多有影响力的重点工程，并围绕重点工程开展科技攻关活动，取得了大量的科技成果。有77项科技成果经专家鉴定达到国内先进水平，其中63项达到世界先进和领先水平。如"土石围堰大块石架空层防渗快速施工技术研究""溪洛渡水电站截流设计与施工关键技术研究""小湾放空底孔平面链轮门制作加工技术""特大型人工砂石系统研究与应用""椭圆双极线性聚能药柱爆破技术研究与应用""构皮滩双曲拱坝快速施工成套技术""大型导流洞高水头特大涌水封堵技术研究与应用""溪洛渡水电站高拱坝防裂混凝土研究及应用""水工混凝土高掺石粉的研究与应用""溪洛渡右岸电站800兆瓦级机组优质高效安装技术""溪洛渡高拱坝施工关键技术研究及应用""高海浪强震地区土工管袋防波堤工程关键技术""高拱坝闸墩U型预应力锚索施工技术研究与应用""双聚能预裂与光面爆破综合技术研究""超大型高强钢外加强梁三分岔管制造关键技术""白鹤滩水电站大坝高陡边坡优质安全快速施工技术""特高拱坝关键施工技术研究及工程应用""特高拱坝关键施工技术研究及工程应用""构皮滩水电站150米级垂直升船机施工关键技术研究及应用""柬埔寨桑河二级特大型灯泡式机组厂房施工及机组安装关键技术""潮汐通航河道大跨度稀索斜拉桥水上拆除关键技术""1000兆瓦水轮发电机组蜗壳智能制造关键技术研究""水工碾压混凝土施工规范及关键技术研究""超大型砂石骨料矿绿色环保智能化开采加工综合技术""白鹤滩特高拱坝大风条件下安全优质高效施工关键技术""雄安新区特大型绿色砂石基地智能化产供关键技术""乌东德850兆瓦水轮发电机安装与调试技术研究"等一批课题成果达到国际领先水平。

第一节 概述

水电八局获国家级科技进步奖8项，其中特等奖1项，一等奖2项，二等奖3项，三等奖2项；获省部级科技进步奖337项。有17项纪录分别入选中国企业新纪录。

第二节 获奖统计

水电八局历次获科技大会科技进步奖项，1978年以来获国家、省部级科技进步奖项情况见表5-9-1、表5-9-2。

一、水电八局历次科技大会科技进步奖项

表5-9-1 水电八局历次科技大会科技进步奖统计

内容	第一次科技大会	第二次科技大会	第三次科技大会	第四次科技大会	第五次科技大会	第六次科技大会	第七次科技大会	第八次科技大会	第九次科技大会	第十次科技大会
时间	1985年4月	1992年5月	1995年11月	1998年5月	2002年8月	2006年9月	2010年12月	2014年9月	2018年9月	2023年2月
特等奖				1	4	6	5	5	4	5
一等奖	1	8	8	6	21	20	23	23	27	20
二等奖	4	15	17	11	26	19	24	29	28	28
三等奖	6	32	28	19	24	29	19	31	30	32
四等奖	11	未设	未设	未设	26	21	16	16	31	28
五等奖	23	未设	未设	未设	未设	未设	未设	未设	未设	未设
鼓励奖	13	68	23	23	未设	未设	未设	未设	未设	未设
合计	58	123	77	59	101	95	87	104	120	113

二、1978年以来水电八局获国家、省部级科技进步奖项目

表5-9-2 1978年以来水电八局获国家、省部级科技进步奖项目统计

序号	项目名称	主要研究人员	授奖单位	奖励名称	奖励等级	授奖年份
1	乌江渡水电站大坝混凝土施工综合机械化	—	全国科学大会	—	奖状	1978
2	钎头脉冲液压模锻机	李继堂、裴忠臣等	全国科学大会	—	奖状	1978
3	高压帷幕灌浆		全国科学大会	—	奖状	1978
4	在动水中修筑混凝土拱围堰	黄 广、黄树棠、莫 郦等	全国科学大会	—	奖状	1978
5	大型水电站机电设备安装新技术	—	全国科学大会	—	奖状	1978
6	大型人工砂石骨料生产系统	—	全国科学大会	—	奖状	1978
7	混凝土新型外加剂		全国科学大会	—	奖状	1978
8	岩溶水的勘查及岩溶地基处理技术	—	全国科学大会	—	奖状	1978
9	韶山灌区		全国科学大会	—	奖状	1978
10	凤滩大坝聚氨酯化学灌浆（浆材）	张仪生、何绍苏、申甫云等	全国科学大会	—	奖状	1978
11	凤滩大坝聚氨酯化学灌浆（浆材）	张仪生、何绍苏、申甫云等	湖南省科学大会	—	奖状	1979
12	塑料拔管代替冷却钢管	曹文贵、周志坚、葛 辉等	全国科学大会	—	奖状	1978
13	塑料拔管代替冷却钢管	曹文贵、周志坚、葛 辉等	湖南省科学大会	—	奖状	1979
14	缓凝剂氯化锌在高温季节混凝土施工中的应用	陶景行、李仁光等	湖南省科学大会	—	奖状	1979
15	光弹应变计的研制与应用	葛 辉、刘光庭等	湖南省科学大会	—	奖状	1979
16	大跨度空腹拱顶预制吊装	田大贵等	湖南省科学大会	—	奖状	1979
17	D-180镗铣床	杨白夫、侯志强等	贵州省科学大会	—	奖状	1979
18	W-2型式装岩机	唐泽民等	贵州省科学大会	—	奖状	1979
19	激光导向仪进行隧洞测量定线	—	贵州省科学大会	—	奖状	1979
20	贵阳电视塔一次整吊起搬	—	贵州省科学大会	—	奖状	1979
21	微差挤压爆破		贵州省科学大会	—	奖状	1979
22	乌江渡小黄岩不稳定岩体大爆破	黄 广、杨荣强等	水利电力部	科技进步奖	三等奖	1982
23	东江水电站花岗岩坝基预裂爆破技术	万善仁、贺泽夫、李青杰、魏克寒等	水利电力部	科技进步奖	三等奖	1982
24	乌江渡水电站高速水流原型观测	—	水利电力部	科技进步奖	二等奖	1982
25	YQ-100潜孔钻B型冲击器的改进与效果，J-80潜孔冲击器和钻头的研制	万善仁等	湖南省人民政府	科技进步奖	四等奖	1983
26	YQ-100潜孔钻B型冲击器的改进与效果，J-80潜孔冲击器和钻头的研制	万善仁等	水利电力部	科技进步奖	三等奖	1984

续表

序号	项目名称	主要研究人员	授奖单位	奖励名称	奖励等级	授奖年份
27	在岩溶峡谷地区建设乌江渡水电站	谭靖夷、黄 广、王志仁、陈世其、莫 郦、邓章华等	国家科技进步奖评委会	国家科学技术进步奖	一等奖	1985
28	东江拱坝全级配混凝土力学性能试验研究	谢祥、刘文彦、葛 辉、叶文瑛等	水利电力部	科技进步奖	四等奖	1986
29	DH型混凝土高效减水剂	刘文彦（第五获奖人）	国家科技进步奖评委会	国家科学技术进步奖	三等奖	1985
30	粒状聚苯乙烯泡沫塑料保温被	彭汉沛、葛 辉、杨正源、刘炎生等	湖南省建委	科技进步奖	三等奖	1987
31	五强溪水电站工程第一期导流围堰水下混凝土施工	陈世其、杨荣强、虞仁初、邓章华、陈光元、黄树棠等	能源部	科技进步奖	二等奖	1992
32	五强溪水电站工程第一期导流围堰水下混凝土施工	陈世其、杨荣强、虞仁初、邓章华、陈光元、黄树棠等	湖南省建委	—	一等奖	1992
33	五强溪水电站大江二期截流设计与施工	陈传礼、刘炎生、黄树棠、陈世其、陈光元、湛世明、秦健飞、何世维等	湖南省建委	科技进步奖	二等奖	1992
34	湖南东江水电站双曲拱坝坝后背管的设计与施工	刘炎生（第二获奖人）	国家科技进步奖评委会	国家科学技术进步奖	三等奖	1992
35	湖南东江水电站双曲拱坝坝后背管的设计与施工	刘炎生（第二获奖人）	能源部	科技进步奖	二等奖	1991
36	施工期环境的温度、湿度、风速等条件和混凝土内部温度与混凝土裂缝的关系	葛 辉（第三获奖人）、刘维嵩（第四获奖人）	能源部	科技进步奖	四等奖	1991
37	普定碾压混凝土拱坝筑坝新技术研究	秦 蛟、刘文彦、苗嘉生、陈章国等	科学技术部	国家科学技术进步奖	一等奖	1998
38	普定碾压混凝土拱坝筑坝新技术研究	秦 蛟、刘文彦、苗嘉生、陈章国等	电力工业部	科技进步奖	一等奖	1996
39	普定碾压混凝土拱坝筑坝新技术研究	秦 蛟、刘文彦、苗嘉生、陈章国等	水电水利规划设计总院	科技进步奖	特等奖	1996
40	东江水电站滑雪式溢洪道水力学原型观测研究	—	水电水利规划设计总院	科技进步奖	二等奖	1996
41	五强溪水电站大坝混凝土通仓薄层浇筑技术研究	刘炎生、郑 珂、陈双权、龙德海、李桃凡、黄树棠	水电水利规划设计总院	科技进步奖	二等奖	1997
42	强磨蚀性石英岩加工砼骨料的关键技术研究	—	水电水利规划设计总院	科技进步奖	二等奖	1997
43	云南省蒙自县五里冲水库防渗帷幕北段溶塌体处理	李国良、周志坚、袁四海、温文森、吴乃文、邹勇军	水电总公司	科技进步奖	三等奖	1999
44	高碾压砼拱坝分缝及建坝材料特性研究	陈双权（第十五获奖人）	水电水利规划设计总院	科技进步奖	一等奖	2000
45	高碾压砼拱坝快速施工研究	易佳利（第二获奖人）	水电水利规划设计总院	科技进步奖	一等奖	2000
46	碾压混凝土拌和设备研制	张祖义、谈兆鹤、范义维、龚国群、李跃兴、刘炎生、杨荣强等	国家电力公司	中国电力科学技术奖	三等奖	2002

续表

序号	项目名称	主要研究人员	授奖单位	奖励名称	奖励等级	授奖年份
47	三峡水电站特大型埋件全自动焊及现场制造技术研究	曾 辉、李红春、龚长清、刘光华、肖可畏、蔺文斌、陈楚贵、黄 敏、张检华、张黎阳、周科衡、窦志龙、曾祥贵、冯黎明、周耀隆	中国电机工程学会	中国电力科学技术奖	一等奖	2003
48	碾压混凝土筑坝施工技术在大朝山水电站的研究和应用	龙德海、郑智仁、钟乾仁、刘炎生、曹跃生、龚永生、印大秋、刘康文、罗明华、刘 伟、廖文亮、何晓忠、吴新琪、王 杰、马鸣礼	中国电机工程学会	中国电力科学技术奖	三等奖	2003
49	三峡左岸电站机组蜗壳现场制造技术及自动焊应用技术研究	曾 辉、李红春、龚长清、刘光华、肖可畏、蔺文斌、陈楚贵、黄 敏、张检华、张黎阳、周科衡、窦志龙、曾祥贵、冯黎明、周耀隆	中国水利水电建设集团公司	科技进步奖	一等奖	2004
50	碾压混凝土筑坝施工技术在大朝山水电站的研究和应用	龙德海、郑智仁、钟乾仁、刘炎生、曹跃生、龚永生、印大秋、刘康文、罗明华、刘 伟、廖文亮、何晓忠、吴新琪、王 杰、马鸣礼	中国水利水电建设集团公司	科技进步奖	一等奖	2004
51	三峡左岸电站压力钢管波纹管双套筒式伸缩节现场制造及工艺研究	李红春、曾 辉、龚长清、肖可畏、王启茂、陈楚贵、张黎阳、王胜利、雷清华、黄 伟、蔺文斌、王 剑、孙惠明、窦志龙、杨卫军	中国水利水电建设集团公司	科技进步奖	二等奖	2004
52	三峡永久船闸—闸首特大型叠梁门、桁架门、轨道梁现场制造技术研究	曾 辉、吴 敏、龚长清、李红春、肖可畏、蔺文斌、陈楚贵、张黎阳、张秋生、汤怀亮、杨 刚、王永华、朱长胜、王启茂、封茂龙	中国水利水电建设集团公司	科技进步奖	二等奖	2004
53	沙牌碾压混凝土拱坝筑坝配套技术研究	郭 勇、钟永江、陈秋华、易佳利、曾昭扬、郑家祥、张 林、杨志雄、杨忠义、刘炎生	中国电机工程学会	中国电力科学技术奖	一等奖	2004
54	700兆瓦水轮发电机组安装技术研究	付元初、龚长清、张燕滨、戴 昆、王启茂、杨 刚、曾 辉、陈楚贵、奚中庭、李红春、徐宗林、邓常义、梁仁贵、周光荣、王胜利、李 毅、廖 立、刘新松、廖峻峰、唐文富	中国水利水电建设集团公司	科技进步奖	特等奖	2005
55	三峡VGS 700兆瓦水轮发电机组安装技术研究	付元初、龚长清、王启茂、杨 刚、张燕滨、李红春、曾 辉、陈楚贵、奚中廷、戴 昆	中国电机工程学会	中国电力科学技术奖	二等奖	2005
56	碾压混凝土拱坝筑坝配套技术研究	郭 勇、钟永江、陈秋华、易佳利、曾昭扬、郑家祥、张 林、杨志雄、杨忠义、刘炎生	国务院	国家科学技术进步奖	二等奖	2005
57	700米级高陡边坡及堆积体开挖与锚固施工技术研究	楚跃先、戚志军、尹岳降、邵国辉、郝长福、刘中刚、何文泉、周裕岳、刘山伟、吴乃文、吴 刚、任季恩、施汉东、葛培清、王小升、李正全、余江洪、张涌泉、郭三成、张会员、张捍平、冯杨文、杨俊志	中国水利水电建设集团公司	科技进步奖	特等奖	2006
58	700米级高陡边坡及堆积体开挖与锚固施工技术研究	楚跃先、戚志军、尹岳降、邵国辉、郝长福、刘中刚、何文泉、周裕岳、刘山伟、吴乃文、吴 刚、任季恩、施汉东、葛培清、李正全、郭三成	中国电机工程学会	中国电力科学技术奖	一等奖	2006

续表

序号	项目名称	主要研究人员	授奖单位	奖励名称	奖励等级	授奖年份
59	小湾水电站导截流关键技术研究及工程实践	王永祥、马洪琪、杨光亮、郑爱武、罗孝明、周华、沈嗣元	中国电机工程学会	中国电力科学技术奖	三等奖	2006
60	沙牌碾压混凝土拱坝施工技术的研究与应用	刘炎生、朱素华、贺芳明、黄恩福、张祖义、严尚源、秦健飞、刘更军、涂怀健、陈双权、吴乃文、李立彬、韩红祥、涂建湘、田福文、王毅、杨示文、何培章、谭华文、黄魏	中国水利水电建设集团公司	科技进步奖	一等奖	2006
61	高碾压混凝土拱坝快速施工技术研究	—	四川省人民政府	科技进步奖	二等奖	2006
62	特殊复杂地形、地质条件下大型人工砂石料加工系统设计与施工技术研究	李建峰、刘志和、林修建、涂怀健、李义君、朱小敏、李启阳、蒋海军、张凤致、邓章华	中国水利水电建设集团公司	科技进步奖	二等奖	2006
63	索风营水电站大坝碾压混凝土温度控制施工技术	郑智仁、李重用、涂怀健、成新文、罗明华、曹跃生、姚国虎、付春雨、张祖义、王琳瑞	中国水利水电建设集团公司	科技进步奖	二等奖	2006
64	索风营水电站大坝碾压混凝土温度控制施工技术	—	贵州省人民政府	科技进步奖	三等奖	2006
65	乌江构皮滩水电站烂泥沟砂石系统生产技术研究及应用	—	贵州省人民政府	科技进步奖	二等奖	2006
66	三峡VGS 700兆瓦水轮发电机组安装技术研究	付元初、龚长清、王启茂、杨刚、张燕滨、李红春、曾辉、陈楚贵、奚中廷、戴昆	国家科学技术奖励工作办公室和中国企业联合会	中央企业青年创新奖	金奖	2007
67	龙滩水电站200米级碾压混凝土重力坝关键施工技术研究	张建文、文加海、吴旭、马如光、曹东林、刘茂森、吴勇、杨世平、朱洪强、林勇、刘伟刚、陈旭君、郭峰、黄创、王石连	中国水利水电建设集团公司	科技进步奖	特等奖	2007
68	特大地下洞室群施工技术研究与应用	周宇、和孙文、于涛、黄岗、高必华、杨天吉、马建学、刘国良、徐萍、杨元红	中国水利水电建设集团公司	科技进步奖	特等奖	2007
69	双聚能预裂与光面爆破综合技术	秦健飞、涂怀健、陈勇、吴海涛、彭湘华、贺芳明、卓越、李世云、张祖义、黄魏、曾凡杜、秦如霞、周岳望、李泽源、郭大军	中国水利水电建设集团公司	科技进步奖	一等奖	2007
70	双聚能预裂与光面爆破综合技术	秦健飞、涂怀健、陈勇、吴海涛、彭湘华、贺芳明、卓越、李世云、张祖义、黄魏、曾凡杜、秦如霞、周岳望、李泽源、郭大军	中国施工企业管理协会	科学技术奖	一等奖	2007
71	双聚能预裂与光面爆破综合技术	秦健飞、涂怀健、陈勇、吴海涛、彭湘华、贺芳明、卓越、李世云、张祖义、黄魏、曾凡杜、秦如霞、周岳望、李泽源、郭大军	中国工程爆破协会	科学技术奖	二等奖	2007
72	双聚能预裂与光面爆破综合技术	秦健飞、涂怀健、陈勇、吴海涛、彭湘华、贺芳明、卓越、李世云、张祖义、黄魏、曾凡杜、秦如霞、周岳望、李泽源、郭大军	中国电机工程学会	中国电力科学技术奖	二等奖	2007
73	BLJ600-40型带式混凝土布料机研制	曹跃生、涂怀健、孙红、漆新江、高剑锋、邓亿昌、刘绍昌、蒯本昭、刘棉场、袁家荣、周祝寿、张祖义、黄胜光、梅汝忠、韩旭	中国水利水电建设集团公司	科技进步奖	一等奖	2007
74	水轮发电机组座环、管形座制作与加工技术研究	王启茂、杨刚、姚正鸿、陆小华、贺彬、曾辉、王玉明、杨昌保、肖可畏、陈励勇	中国水利水电建设集团公司	科技进步奖	二等奖	2007

续表

序号	项目名称	主要研究人员	授奖单位	奖励名称	奖励等级	授奖年份
75	水南高速公路施工与技术管理	朱向阳、涂怀健、刘海深、李朝、王集中、谢惠军、李家宏	中国水利水电建设集团公司	科技进步奖	三等奖	2007
76	四川新政航电工程1250/2×250千牛双向门机设计	刘彦波、易佳利、廖超良、殷永忠、邓生军、王文明	中国水利水电建设集团公司	科技进步奖	三等奖	2007
77	溪洛渡水电站截流设计与施工关键技术研究	宁金华、朱素华、涂怀健、吴海涛、任季恩、黄巍、郭峰、于永军、邓章华	中国水利水电建设集团公司	科技进步奖	特等奖	2008
78	土石围堰大块石架空层快速防渗施工技术	邓文明、林修建、涂怀健、赵三其、何培章、姜命强、何庚生、任朗明、张金接	中国水利水电建设集团公司	科技进步奖	一等奖	2008
79	土石围堰大块石架空层快速防渗施工技术	邓文明、林修建、涂怀健、何培章、姜命强、何庚生、符平、任朗明、张金接、赵志红、贺毅、唐存军、吴晓慧、刘常青、张会员	中国水力发电工程学会	水力发电科学技术奖	三等奖	2011
80	超大型高水头弧形闸门振动消应工艺研究与应用	陈东坪、陈启湘、湛应平、曾辉、林修铭、殷永忠、李文革、易佳利、范乾	中国水利水电建设集团公司	科技进步奖	一等奖	2008
81	低热硅酸盐水泥复掺磷渣粉和粉煤灰水工高性能混凝土研究	李桃凡、田承宇、杜新华、徐勇、何德强、易艳芝、罗文智、方坤河、涂胜金	中国水利水电建设集团公司	科技进步奖	二等奖	2008
82	巴罗塔水电工程堤坝填筑施工技术	彭运河、黄敏、孙战庆、姜清华、黄树棠、胡建伟、何庭富、谢勇、刘超其	中国水利水电建设集团公司	科技进步奖	三等奖	2008
83	龙滩水电站200米级碾压混凝土重力坝关键施工技术研究	马如光、郭峰	中国电机工程学会	中国电力科学技术奖	一等奖	2007
84	BLJ600-40型带式混凝土布料机研制	曹跃生、涂怀健、孙红、高剑锋、韩旭、漆新江、刘绍昌	中国电机工程学会	中国电力科学技术奖	三等奖	2007
85	特殊地形地质条件下大型人工砂石系统总体规划设计与工艺研究及其应用	王永祥、马洪琪、郑爱武、易魁、李建峰、周华、李义君	中国电机工程学会	中国电力科学技术奖	三等奖	2007
86	溪洛渡水电站大坝拱肩槽开挖精细爆破技术研究与应用	樊启祥、吴质斌、陶明、吴海涛、张正宇、刘刚、杨建宏、周绍武、张劲青、庞庆庄、彭湘华、赵林、刘美山、刘晓东、吴刚、段善平、赵文光、吴新霞、杨秀国、周友新、尹律、赵根、阎士勤、彭吉银、张绍成、曹刘勇、高俊礁、李金宝、张灵灵、龙章鸿、王飞跃、张武、郭亮	中国工程爆破协会	科学技术奖	特等奖	2008
87	溪洛渡水电站拱肩槽开挖关键技术研究与应用	樊启祥、王仁坤、张正宇、吴质斌、吴海涛、陶明、杨秀国、李建林、周绍武、吴新霞、彭吉银、杨建宏、刘美山、周友新、赵林	中国岩石力学与工程学会	科学技术奖	一等奖	2008
88	椭圆双极线性聚能药柱爆破技术研究与应用	秦健飞等	财政部	中央级建筑施工科技研发项目奖励	二等奖	2010

续表

序号	项目名称	主要研究人员	授奖单位	奖励名称	奖励等级	授奖年份
89	带式混凝土布料机研制	曹跃生、孙 红、漆新江、高剑锋、邓亿昌、刘绍昌、蒯本昭、刘棉场、袁家荣、周祝寿、黄胜光、梅汝忠	中国施工企业管理协会	科学技术奖	二等奖	2007
90	索风营水电站大坝碾压混凝土综合施工技术	—	中国电力建设企业协会	中国电力建设科学技术成果奖	二等奖	2008
91	溪洛渡水电站截流设计与施工关键技术研究	樊启祥、朱素华、王仁坤、吴质斌、吴海涛、杨秀国、彭吉银、宁金华、周绍武、涂怀健、郑家祥、汪志林、刘 刚、谢卫东、徐茂华、任季恩、黄 巍、于永军、黎 昀、郭 峰	中国电机工程学会	中国电力科学技术奖	一等奖	2007
92	溪洛渡水电站截流设计与施工关键技术研究	樊启祥、朱素华、王仁坤、吴质斌、杨秀国、彭吉银、宁金华、周绍武、涂怀健、郑家祥、汪志林、任季恩、于永军、谢卫东、郭 峰	中国水力发电工程学会	中国水力发电科学技术奖	一等奖	2011
93	复杂地层围堰快速防渗施工技术研究与应用	邓文明、林修建、何培章、姜命强	中国电机工程学会	中国电力科学技术奖	三等奖	2007
94	特大型人工砂石系统研究与应用	刘志和、林修建、熊明华、涂怀健、刘金明、连普选、骞尚友、杨建安、肖光彩、汪建军、罗 艳、李 兵、黄 岳、唐 瑞、蒋海军、李 辉、李启阳、宁梅珍、谢 斌、左伶俐	中国水利水电建设集团公司	科技进步奖	特等奖	2009
95	特大型人工砂石系统研究与应用	刘志和、谭建平、刘金明、宋立新、熊明华、龚德红、涂怀健、冯树荣、林修建、王忠耀、骞尚友、陈 伟、杨建安、石青春、肖光彩、盛乐民、汪建军、文 杰、罗 艳、朱传喜	中国水力发电工程学会	水力发电科学技术奖	一等奖	2011
96	特大型人工砂石系统研究与应用	刘志和、林修建、熊明华、涂怀健、刘金明、连普选、骞尚友、杨建安、肖光彩、汪建军、罗 艳、李 兵、黄 岳、唐 瑞、蒋海军	国家能源局	国家能源科技进步奖	一等奖	2010
97	大坝安全实时监控和预警系统	李桃凡、沈振中、李泽源、江世勇、毛春梅、张 峰、丁长青、田承宇、温志萍、冯 俊、易 伟、徐力群、王 伟、刘 强、刘士佳	中国水利水电建设集团公司	科技进步奖	一等奖	2009
98	大坝安全实时监控和预警系统	李桃凡、沈振中、李泽源、江世勇、毛春梅、田承宇	中国电力建设企业协会	中国电力建设科学技术成果奖	三等奖	2011
99	超高压高精度平面链轮门制造技术研究与应用	王玉明、王启茂、冯黎明、姚正鸿、张黎阳、刘运华、杨 刚、曾 辉、陆小华、刘维新、杨昌保、郑劲松、蒋灵花、夏 毅、黄 磊	中国水利水电建设集团公司	科技进步奖	一等奖	2009
100	超高压高精度平面链轮门制造技术研究与应用	王玉明、王启茂、冯黎明、姚正鸿、张黎阳、刘运华、杨 刚、曾 辉、陆小华	中国电力建设企业协会	中国电力建设科学技术成果奖	一等奖	2011
101	水工自密实混凝土研究与应用	李桃凡、田承宇、杜新华、徐 勇、何德强、邱 凯、罗文智、罗小勇、龙广成、匡亚川	中国水利水电建设集团公司	科技进步奖	二等奖	2009
102	水工自密实混凝土研究与应用	李桃凡、田承宇、徐 勇、何德强、邱 凯、罗文智	中国电力建设企业协会	中国电力建设科学技术成果奖	二等奖	2010

续表

序号	项目名称	主要研究人员	授奖单位	奖励名称	奖励等级	授奖年份
103	椭圆双极线性聚能药柱爆破技术研究与应用	秦健飞、涂怀健、张祖义、黄魏、秦如霞、刘荔、韩可林、曾凡杜、黄胜光、黄恩福、谢丁钦、卓越、马如光、魏毅、郭大军、肖国、成新文、吴军华、陈溪、陈旺	中国水利水电建设集团公司	科技进步奖	特等奖	2010
104	椭圆双极线性聚能药柱爆破技术研究与应用	秦健飞、涂怀健、陈勇、李必红、陈寿如、赵根、彭湘华、张祖义、卓越、肖志武、黄魏、王秀杰、秦如霞、崔伟峰、谢丁钦	中国水力发电工程学会	中国水力发电科学技术奖	一等奖	2010
105	椭圆双极线性聚能药柱爆破技术研究与应用	秦健飞、涂怀健、陈勇、李必红、陈晓方、赵根、彭湘华、张祖义、卓越、黄魏、秦如霞、谢丁钦、韩可林、曾凡杜、刘荔	国家能源局	国家能源科技进步奖	一等奖	2010
106	构皮滩双曲拱坝快速施工成套技术	戴科夫、周政国、成新文、涂怀健、胡潇、姚国虎、鲁志刚、罗继忠、梁力平、黄魏、徐鹏程、何清华、任朗明、赵泽宏、杨晓宇	中国水利水电建设集团公司	科技进步奖	一等奖	2010
107	构皮滩双曲拱坝快速施工成套技术	戴科夫、周政国、成新文、涂怀健、胡潇、姚国虎、鲁志刚、罗继忠、梁力平、黄魏、徐鹏程、何清华、任朗明、赵泽宏、杨晓宇	中国电力建设企业协会	中国电力建设科学技术成果奖	一等奖	2010
108	构皮滩双曲拱坝快速施工成套技术	戴科夫、周政国、成新文、涂怀健、胡潇、姚国虎、鲁志刚	中国水力发电工程学会	中国水力发电科学技术奖	三等奖	2010
109	向家坝水电站长距离带式输送机施工技术	杨建安、汪建军、刘金明、涂怀健、刘志和、肖光彩、邓三才、熊明华、周海、罗艳	中国水利水电建设集团公司	科技进步奖	二等奖	2010
110	向家坝水电站长距离带式输送机施工技术	杨建安、汪建军、刘金明、涂怀健、刘志和、肖光彩、邓三才、熊明华、周海、罗艳	中国电力建设企业协会	中国电力建设科学技术成果奖	二等奖	2010
111	向家坝水电站长距离带式输送机施工技术	杨建安、汪建军、刘金明、涂怀健、刘志和、肖光彩、邓三才、熊明华、周海、罗艳	中国水力发电工程学会	中国水力发电科学技术奖	二等奖	2010
112	向家坝水电站长距离带式输送机施工技术	杨建安、汪建军、刘金明、涂怀健、刘志和、肖光彩、邓三才	国家能源局	国家能源科技进步奖	三等奖	2010
113	水轮发电机转子现场装配工艺导则（DL/T 5230—2009）编制	付元初、王启茂、杨刚、李红春、冯黎明、姚正鸿、刘运华、周光荣、欧乐州、何伟	中国水利水电建设集团公司	科技进步奖	一等奖	2010
114	水轮发电机转子现场装配工艺导则（DL/T 5230—2010）编制	付元初、王启茂、杨刚、李红春、冯黎明、姚正鸿、刘运华、周光荣	中国电力建设企业协会	中国电力建设科学技术成果奖	二等奖	2011
115	水电工程控制爆破新技术研究与应用	—	中国工程爆破协会	科学技术奖	特等奖	2010
116	200米级高碾压混凝土重力坝关键技术	冯树荣、戴波、吴旭、肖峰、张国新、朱岳明、周建平、周宜红、龙先进、金峰	国务院	国家科学技术进步奖	二等奖	2010

续表

序号	项目名称	主要研究人员	授奖单位	奖励名称	奖励等级	授奖年份
117	京沪高速铁路无砟轨道板综合施工技术研究	杨 忠、韩志强、蒋宗全、王 成、赵同生、曹玉新、但 东、沈 亮、李 斌、刘士诚、谢卫东、代昌福、秦宝和、沈建平、罗 卿	中国施工企业管理协会	科学技术奖	一等奖	2011
118	京沪高速铁路无砟轨道板综合施工技术研究	杨 忠、韩志强、蒋宗全、王 成、赵同生、但 东、沈 亮、李 斌、刘士诚、秦宝和、罗 卿、张道波、郑光义、沈建平、谢卫东、曾维荣、林 茂、赵云飞、姜应新、杨永杰	中国水利水电建设集团公司	科技进步奖	一等奖	2011
119	高水头特大涌水状态下的大型导流洞快速封堵技术研究及应用	周政国、成新文、黄 巍、涂怀健、胡 潇、罗继忠、何清华、杨晓宇、张汉龙、罗骞男、陶建宁、袁 异、陈恕祥、曾凡杜、王宇波、林马亮、余传宾、严秋生、杨承志	中国水利水电建设集团公司	科技进步奖	特等奖	2011
120	高水头特大涌水状态下的大型导流洞快速封堵技术研究及应用	周政国、杨宝银、成新文、雷辉光、张 微、邓念元、胡 潇	中国电机工程学会	中国电力科学技术奖	三等奖	2011
121	高速铁路900吨预应力混凝土简支箱梁制运架关键技术	韩志强、刘光华、但 东、刘士诚、李 斌、午向阳、王 成、曹玉新、姚国虎、代昌福、郝长福、罗 卿、秦宝和、薛小伟、郑光义、刘振江、王建辉	中国水利水电建设集团公司	科技进步奖	一等奖	2011
122	水工混凝土新型掺和料研究与应用	何湘安、涂怀健、李桃凡、郁 卿、田承宇、关 败、赵 昂、解 挺、谢世佑、王春雷	中国水利水电建设集团公司	科技进步奖	二等奖	2011
123	水工混凝土新型掺和料研究与应用	何湘安、涂怀健、李桃凡、郁 卿、田承宇、关 败、赵 昂、解 挺	中国电力建设企业协会	中国电力建设科学技术成果奖	二等奖	2013
124	水工混凝土新型掺和料研究与应用	何湘安、涂怀健、李桃凡、郁 卿、田承宇、关 败、赵 昂、解 挺、谢世佑、李彦彪	中国施工企业管理协会	科学技术奖	二等奖	2013
125	四级配碾压混凝土试验研究	李桃凡、田承宇、徐 勇、何湘安、郁 卿、何德强、邓 文、赵 昂、邱 凯、刘望明	中国水利水电建设集团公司	科技进步奖	二等奖	2011
126	原排灰、尾砂CFG桩及施工技术	陈 勇、李建平、赵洪学、刘永宏、赵 刚、李海滨、李 轲	中国水利水电建设集团公司	科技进步奖	三等奖	2011
127	溪洛渡"数字大坝"系统的研究与应用	樊启祥、洪文浩、汪志林、周绍武、李仁江、彭 华、林恩德、于永军、陈文夫、杨秀国、李俊平、黄夏秋、张攀峰、尹术海、周政国	中国水力发电工程学会	中国水力发电科学技术奖	二等奖	2011
128	复杂地质条件下火电站特大型沉井施工关键技术研究与应用	何元志、肖雨龙、赖流胜、李晓明、段建新、邹俊颜、吕秀兰、李诗国、冉启亮、涂怀健	中国施工企业管理协会	科学技术奖	二等奖	2011
129	海堤堤身自重预压法在浅海软基处理中的施工技术研究	曾金石、邓文明、姜命强、李志亮、贺 磊、曾庆贺、何培章、何庚生、赵志红、胡 宏	中国施工企业管理协会	科学技术奖	二等奖	2011
130	海堤堤身自重预压法在浅海软基处理中的施工技术研究	曾金石、邓文明、姜命强、李志亮、贺 磊、曾庆贺	中国电力建设企业协会	中国电力建设科学技术成果奖	三等奖	2013

续表

序号	项目名称	主要研究人员	授奖单位	奖励名称	奖励等级	授奖年份
131	特大型贯流式机组座环设备制造技术研究与应用	王玉明、冯黎明、王启茂、张黎阳、姚正鸿、杨刚、曾辉、刘运华、郑劲松、谢清明、黄磊、戴光礼、陈亮、杨英、杜轶	中国水利水电建设集团公司	科技进步奖	一等奖	2012
132	特大型贯流式机组座环设备制造技术研究与应用	张黎阳、冯黎明、王玉明、王启茂、姚正鸿、杨刚、曾辉	中国水力发电工程学会	中国水力发电科学技术奖	三等奖	2012
133	特大型贯流式机组座环设备制造技术研究与应用	王玉明、冯黎明、张黎阳、王启茂、姚正鸿、杨刚、曾辉、谢清明、王剑、张志强	中国电力建设企业协会	中国电力建设科学技术成果奖	一等奖	2013
134	特大型贯流式机组座环设备制造技术研究与应用	王玉明、冯黎明、张黎阳、王启茂、姚正鸿、杨刚、曾辉、谢清明、王剑、张志强	中国施工企业管理协会	科学技术奖	二等奖	2013
135	玄武岩纤维水工高性能混凝土研究	李桃凡、田承宇、何军拥、吴永明、曾锋、何湘初、徐勇、邱凯、何德强、李海滨	中国水利水电建设集团公司	科技进步奖	二等奖	2012
136	带舌瓣门的超大型弧门制造技术研究与应用	李东升、冯黎明、汤怀亮、吴敏、王启茂、蔺文斌、姚正鸿	中国水利水电建设集团公司	科技进步奖	三等奖	2012
137	带舌瓣门的超大型弧门制造技术研究与应用	李东升、汤怀亮、冯黎明、吴敏、王启茂、姚正鸿、蔺文斌、曾辉、仇杰、刘同兵	中国电力建设企业协会	中国电力建设科学技术成果奖	一等奖	2013
138	带舌瓣门的超大型弧门制造技术研究与应用	李东升、汤怀亮、冯黎明、吴敏、王启茂、姚正鸿、蔺文斌、曾辉、仇杰、刘同兵	中国施工企业管理协会	科学技术奖	二等奖	2013
139	基于测量机器人的盾构施工组合导向系统研究与应用	沈绍罗、涂怀健、李桃凡、唐争气、田承宇、黄登山	中国电力建设企业协会	中国电力建设科学技术成果奖	三等奖	2013
140	基于测量机器人的盾构施工组合导向系统研究与应用	沈绍罗、涂怀健、李桃凡、唐争气、田承宇、黄登山、刘坤华、刘艾华、彭勇、瞿韶建	中国施工企业管理协会	科学技术奖	一等奖	2013
141	白云岩料源超高差人工砂石系统和长距离空间曲线带式输送机技术研究与应用	张之平、彭少军、刘志和、叶建群、周满山、包俊、邰先高、李兵、吕国轩、卢吉	中国电力建设企业协会	中国电力建设科学技术成果奖	一等奖	2013
142	白云岩料源超高差人工砂石系统和长距离空间曲线带式输送机技术研究与应用	张之平、彭少军、刘志和、叶建群、周满山、包俊、邰先高、李兵、吕国轩、卢吉	中国施工企业管理协会	科学技术奖	一等奖	2013
143	京沪高速铁路施工关键技术研究	杨忠、蒋宗全、曹玉新、韩志强、午向阳、王成、吴丙峰、赵乐、姜应新、李兆宇、秦宝和、罗卿、王文云、朱云、姚国虎	中国电力建设集团有限公司	科技进步奖	一等奖	2013
144	京沪高速铁路施工关键技术研究	杨忠、蒋宗全、曹玉新、韩志强、午向阳、王成、赵同生、刘学生、朱浩波、唐超、王陶昆、陈祥、沈建平、李兆宇、李斌、罗卿、高尚泰、赵乐、姜明廷、吴丙峰、但东、秦宝和、谢卫东、姚国虎、苏波、陈双权、朱云、沈亮、姜应新、刘士诚、王文云、陈平均、黄明利、肖宏、钟铁毅	中国水利水电建设股份公司	科技进步奖	特等奖	2013

续表

序号	项目名称	主要研究人员	授奖单位	奖励名称	奖励等级	授奖年份
145	溪洛渡水电站高拱坝防裂混凝土研究及应用	田承宇、梁力平、李桃凡、徐勇、曹广雄、韩红祥、邱凯、何德强、刘望明	中国电力建设集团有限公司	科技进步奖	一等奖	2013
146	溪洛渡水电站高拱坝防裂混凝土研究及应用	田承宇、李桃凡、梁力平、徐勇、曹广雄、韩红祥、邱凯、何德强、刘望明、李海滨	中国水利水电建设股份有限公司	科技进步奖	一等奖	2013
147	溪洛渡水电站高拱坝防裂混凝土研究及应用	田承宇、李桃凡、梁力平、徐勇、曹广雄、韩红祥、邱凯	中国水力发电工程学会	水力发电科学技术奖	三等奖	2013
148	溪洛渡水电站高拱坝防裂混凝土研究及应用	田承宇、梁力平、李桃凡、徐勇、曹广雄、韩红祥、邱凯、何德强	中国电力建设企业协会	电力建设科学技术进步奖	二等奖	2014
149	溪洛渡水电站高拱坝防裂混凝土研究及应用	田承宇、梁力平、李桃凡、徐勇、曹广雄、韩红祥、邱凯	国家能源局	科技进步奖	三等奖	2012
150	溪洛渡水电站高拱坝防裂混凝土研究及应用	田承宇、李桃凡、梁力平、徐勇、曹广雄、韩红祥、邱凯、何德强、刘望明、李海滨	中国施工企业管理协会	科学技术奖	一等奖	2014
151	呼和浩特抽水蓄能电站高压钢岔管制造技术研究及应用	王剑、张志强、李振中、张有林、王启茂、钱玉英、冯黎明、曾辉、杜贤军、肖可畏、曾宇波、景浩源、姚正鸿、刘运华、张生东	中国电力建设集团有限公司	科技进步奖	一等奖	2013
152	呼和浩特抽水蓄能电站高压钢岔管制造技术研究及应用	王剑、张有林、王文超、张志强、王启茂、冯黎明、肖可畏、曾宇波、姚正鸿、刘运华、王明惠、孙惠民、姜驰、王维龙、曹雪红	中国水利水电建设股份有限公司	科技进步奖	一等奖	2013
153	呼和浩特抽水蓄能电站高压钢岔管制造技术研究及应用	王剑、张有林、张志强、王玉明、王启茂、曾辉、肖可畏、曾宇波、姚正鸿、冯黎明	中国施工企业管理协会	科学技术奖	二等奖	2014
154	水工混凝土高掺石粉的研究与应用	沈德才、郁卿、张邦基、舒江、何湘安、皇甫拴劳、关败、晏洪伟、田承宇、宋荣礼	中国电力建设集团有限公司	科技进步奖	二等奖	2013
155	水工混凝土高掺石粉的研究与应用	郁卿、舒江、沈德才、张邦基、何湘安、晏洪伟、关败、李涛、奚鹏、田承宇、彭勃、涂贞军、李彦彪、解挺、周启坤	中国水利水电建设股份有限公司	科技进步奖	一等奖	2013
156	水工混凝土高掺石粉的研究与应用	沈德才、郁卿、张邦基、舒江、何湘安、皇甫拴劳、关败、晏洪伟、田承宇、宋荣礼	中国水力发电工程学会	水力发电科学技术奖	三等奖	2013
157	水工混凝土高掺石粉的研究与应用	何湘安、涂怀健、郁卿、关败、田承宇、李桃凡	中国电力建设企业协会	电力建设科学技术进步奖	三等奖	2014
158	特大型复式波纹管伸缩节制造技术研究与应用	王剑、张志强、王文超、陈楚贵、王启茂、冯黎明、姚正鸿、曾宇波、张有林、张黎阳、王玉明、谢清明、孙惠明、崔劲、肖丽华	中国水利水电建设股份有限公司	科技进步奖	一等奖	2013
159	特大型复式波纹管伸缩节制造技术研究与应用	王剑、张志强、王文超、陈楚贵、王启茂、冯黎明、姚正鸿、曾宇波、张有林、张黎阳、王玉明、谢清明、孙惠明、崔劲、肖丽华	中国电力建设集团有限公司	科技进步奖	三等奖	2013
160	高速铁路站场地基CFG桩施工技术研究与应用	蒋宗全、曹玉新、王成、午向阳、刘学生、陈祥、陈勇、赵刚、刘莹、刘明学	中国水利水电建设股份有限公司	科技进步奖	二等奖	2013

续表

序号	项目名称	主要研究人员	授奖单位	奖励名称	奖励等级	授奖年份
161	黑麋峰抽水蓄能电站安装与调试技术研究及应用	孙永卫、王启茂、邓常义、黄小松、姚正鸿、唐粒钧、胡军湘、付辅忠、周国强、陈楚贵	中国水利水电建设股份有限公司	科技进步奖	二等奖	2013
162	架桥机快速安装露顶式闸门施工新技术研究与应用	李文革、刘建权、陈新平、黄 斌、易佳利、殷永忠、王文明、毛 健、文桂林、魏长辉	中国水利水电建设股份有限公司	科技进步奖	二等奖	2013
163	孟加拉国150兆瓦燃气电站EPC项目管理及施工技术研究	肖 军、赵吉胜、周小林、刘翠良、黄 靖、王德英、彭运河	中国水利水电建设股份有限公司	科技进步奖	三等奖	2013
164	国产化空间曲线带式胶带输送机系统	李 兵、李启阳、孙昌猛、何 跃、涂怀健、刘志和、刘金明	中国水利水电建设股份有限公司	科技进步奖	三等奖	2013
165	BLJ600-40型带式混凝土布料机研制	曹跃生、涂怀健、孙 红、漆新江、刘棉场、周祝寿、张祖义	国家能源局	科技进步奖	三等奖	2013
166	金沙江溪洛渡水电站导流工程关键技术研究与实践	王仁坤、郑家祥、黎 昀、肖白云、黄 河、杨兴国、章建跃、贺昌海、唐朝阳、朱素华	中国电机工程学会	中国电力科学技术奖	二等奖	2012
167	金沙江溪洛渡水电站导流工程关键技术研究与实践	王仁坤、郑家祥、黎 昀、肖白云、黄 河、戴光清、贺昌海、唐朝阳、陈安荣	四川省人民政府	科学技术奖	一等奖	2013
168	金沙江溪洛渡水电站导流工程关键技术研究与实践	王仁坤、樊启祥、郑家祥、朱素华、黎 昀、贺昌海、肖白云、戴光清、章建跃、吴质斌	国家能源局	科技进步奖	二等奖	2012
169	大型抽水蓄能机组安装调试技术研究与应用	孙永卫、徐海林、王新利、王启茂、李陈兴、唐粒钧、徐忠山、胡军湘	中国电力建设企业协会	电力建设科学技术进步奖	二等奖	2014
170	大型可逆式抽水蓄能机组安装调试技术研究与应用	孙永卫、王启茂、唐粒钧、邓常义、黄小松、姚正鸿、胡军湘、付辅忠、周国强、陈楚贵	中国施工企业管理协会	科学技术奖	二等奖	2014
171	沙沱水电站复杂施工条件下的控制爆破关键技术	—	中国工程爆破协会	科学技术奖	一等奖	2014
172	溪洛渡特高拱坝施工关键技术研究及应用	戴科夫、洪文浩、于永军、赵文光、杨秀国、涂怀健、李金宝、陈文夫、黄 巍、郑家祥、刘 刚、周政国、杨建宏、邹 昆、王 沁	中国电力建设集团有限公司	科学技术奖	一等奖	2014
173	溪洛渡特高拱坝施工关键技术研究及应用	洪文浩、陈文夫、邹 昆、戴科夫、于永军、涂怀健、周政国、王 沁、赵文光、杨秀国	中国电力建设企业协会	电力建设科学技术进步奖	一等奖	2015
174	溪洛渡特高拱坝施工关键技术研究及应用	洪文浩、陈文夫、邹 昆、戴科夫、于永军、涂怀健、周政国、王 沁、赵文光、杨秀国	中国施工企业管理协会	科学技术奖	一等奖	2015
175	BLJ600-60自行履带式混凝土布料机研制	曹跃生、孙 红、漆新江、涂怀健、周祝寿、皇甫斐杰、张祖义、贺 彬、王 剑、孙智明、吴 成、刘棉场、周 勇、黄 立、孙 斌	中国电力建设集团有限公司	科学技术奖	一等奖	2014
176	BLJ600-60自行履带式混凝土布料机研制	曹跃生、孙 红、漆新江、涂怀健、周祝寿、皇甫斐杰、张祖义	中国水力发电工程学会	水力发电科学技术奖	三等奖	2014
177	BLJ600-60自行履带式混凝土布料机研制	—	中国电机工程学会	中国电力科学技术奖	三等奖	2014
178	BLJ600-60自行履带式混凝土布料机研制	漆新江、孙 红、涂怀健、周长江、张祖义、贺 彬、王启茂、王 剑、张黎阳、张志强、孙永卫、周 勇、黄 立	中国施工企业管理协会	科学技术奖	一等奖	2015

续表

序号	项目名称	主要研究人员	授奖单位	奖励名称	奖励等级	授奖年份
179	BLJ600-60自行履带式混凝土布料机研制	漆新江、孙红、涂怀健、周长江、张祖义、贺斌、王启茂、王剑	中国电力建设企业协会	电力建设科学技术进步奖	二等奖	2015
180	溪洛渡右岸电站800兆瓦级机组优质高效安装技术	黄小松、周光荣、丁一波、何伟、叶波、杨家菊、胡锂	中国电力建设集团有限公司	科学技术奖	一等奖	2014
181	溪洛渡右岸电站800兆瓦级机组优质高效安装技术	黄小松、周光荣、丁一波、何伟、叶波、杨家菊、胡锂、陈允兵、刘旭涛、唐粒钧、刘涛、陈旭、殷湘黔、孙永卫、李敏	中国水力发电工程学会	水力发电科学技术奖	三等奖	2014
182	溪洛渡右岸电站800兆瓦级机组优质高效安装技术	丁一波、何伟、叶波、杨家菊、殷湘黔、胡锂、刘旭涛、陈允兵、刘涛、曹琳	中国电力建设企业协会	电力建设科学技术进步奖	一等奖	2015
183	溪洛渡右岸电站800兆瓦级机组优质高效安装技术	黄小松、周光荣、丁一波、何伟、叶波、杨家菊、殷湘黔、胡锂、王启茂、孙永卫	中国施工企业管理协会	科学技术奖	二等奖	2015
184	橡胶粉聚丙烯纤维水泥混凝土研究与应用	田承宇、李桃凡、何军拥、徐勇、邱凯、何德强、姚立宁	中国电力建设集团有限公司	科学技术奖	三等奖	2014
185	高海拔大温差厂房混凝土防裂施工技术研究与应用	上官志强、刘更军、陈洪林、张勇、崔同欢、王玉利	中国电力建设企业协会	电力建设科学技术进步奖	三等奖	2014
186	特高拱坝复杂基础多层次稳定评价理论与应用	林鹏、王仁坤、李庆斌、周维垣、李蒲健、周绍武、于永军、黄凯珠、胡昱、刘晓丽	中国水利学会	大禹水利科学技术奖	二等奖	2014
187	卧式灰罐自动化制浆系统研究与应用	龚宏伟、何庚生、姜命强、龚其伟、曾绍军、张林泉、陈明会、岑万东、周礼贵、贺毅	中国施工企业管理协会	科学技术奖	二等奖	2014
188	国产多冷却巨型水轮发电机组安装调试技术	江小波、丁一波、周晖、何伟、徐广涛、叶波、吴建洪、杨家菊、莫文华、唐粒钧	中国电机工程学会	中国电力科学技术进步奖	二等奖	2014
189	300米级溪洛渡拱坝智能化建设关键技术	樊启祥、王仁坤、周绍武、李庆斌、张国新、洪文浩、戴科夫、彭华、周宜红、林鹏、刘有志、胡昱、杨萍、杨秀国、林恩德、邱昆、涂怀健、邱向东、于永军、黄耀英、陈文夫、尹习双、汪志林、李俊平、李仁江、黄夏秋、钟桂良、刘金飞、张攀峰、陈万涛、黄达海、李金宝、王克祥、黄卫华、周政国、刘晓东、刘刚、汪红宇、杨宁、席前伟、赵春菊、李金桃、王振红、黄涛、王沁、何林、杨静、柏龙君、李云成、刘迎雨	中国水力发电工程学会	水力发电科学技术奖	特等奖	2014
190	深孔帷幕灌浆新技术研究及应用	贺毅、郭国华、王海东、姜命强、赵建民、蒋和平	中国电力建设企业协会	电力建设科学技术进步奖	三等奖	2015
191	超高落差散状物料多级竖井连续运输技术	李兵、刘志和、涂怀健、张祖义、刘金明、罗艳	中国电力建设企业协会	电力建设科学技术进步奖	三等奖	2015
192	超高落差散状物料多级竖井连续运输技术	李兵、刘志和、涂怀健、张祖义、刘金明、罗艳、常玉坤	中国施工企业管理协会	科学技术奖	二等奖	2015
193	节能环保型制浆新技术应用	何庚生、龚宏伟、姜命强、龚其伟、曾绍军、张林泉	中国电力建设企业协会	电力建设科学技术进步奖	三等奖	2015
194	高海浪强震地区土工管袋防波堤工程关键技术	曹积民、涂怀健、曾翼虎、杨明辉、沈仲涛、王超	中国电力建设企业协会	电力建设科学技术进步奖	三等奖	2015

续表

序号	项目名称	主要研究人员	授奖单位	奖励名称	奖励等级	授奖年份
195	高海浪强震地区土工管袋防波堤工程关键技术	曹积民、涂怀健、曾翼虎、杨明辉、沈仲涛、王超	中国施工企业管理协会	科学技术奖	二等奖	2015
196	高海浪强震地区土工管袋防波堤工程关键技术	曹积民、涂怀健、曾翼虎、杨明辉、沈仲涛、王超	中国电力建设集团有限公司	科学技术奖	三等奖	2015
197	高海浪强震地区土工管袋防波堤工程关键技术	曹积民、涂怀健、曾翼虎、杨明辉、沈仲涛、王超	中国水力发电工程学会	水力发电科技奖	二等奖	2015
198	橡胶粉聚丙烯纤维水泥混凝土研究与应用	李桃凡、田承宇、徐勇、邱凯、何德强、罗文智	中国电力建设企业协会	电力建设科学技术进步奖	三等奖	2015
199	特高边坡关键施工技术研究与应用	吴旭、席浩、尹岳降、王鹏禹、李洪涛、向建、李克信、秦健飞、廖勇、周家文、李正兵、牛宏力、陈勇、李国君、周宏伟	中国电力建设集团有限公司	科学技术奖	特等奖	2015
200	高拱坝闸墩U型预应力锚索施工技术研究与应用	姜命强、贺毅、蒋和平、于永军、文海家、郭国华、刘宗胜、王海东、周政国、邓文明、任朗明、潘勇、周崇刚、周发海、廖旭	中国电力建设集团有限公司	科学技术奖	一等奖	2015
201	高拱坝闸墩U型预应力锚索施工技术研究与应用	姜命强、贺毅、蒋和平、于永军、文海家、郭国华、刘宗胜	中国施工企业管理协会	科学技术奖	二等奖	2015
202	高拱坝闸墩U型预应力锚索施工技术研究与应用	姜命强、贺毅、蒋和平、于永军、文海家、郭国华、刘宗胜	中国水力发电工程学会	水力发电科技奖	三等奖	2015
203	深孔帷幕灌浆新技术研究及应用	贺毅、郭国华、王海东、姜命强、赵建民、蒋和平、黄松、刘宗胜、聂其林、潘勇	中国电力建设集团有限公司	科学技术奖	二等奖	2015
204	深孔帷幕灌浆新技术研究及应用	贺毅、郭国华、王海东、姜命强、赵建民、蒋和平、黄松	中国水力发电工程学会	水力发电科技奖	三等奖	2015
205	高坝大泄量孔洞群下闸及封堵技术研究与应用	于永军、戴科夫、李金宝、陶建宁、杨静、沈有辉、吴菊初	中国电力建设集团有限公司	科学技术奖	三等奖	2015
206	高坝大泄量孔洞群下闸及封堵技术研究与应用	于永军、戴科夫、李金宝、陶建宁、杨静、沈有辉、吴菊初、丁寿波、吴林艳、邓芳	中国施工企业管理协会	科学技术奖	二等奖	2015
207	新型环氧乳液修补材料的研究与应用	李桃凡、田承宇、李素芳、江世勇、徐勇、何德强、梁力平	中国电力建设集团有限公司	科学技术奖	三等奖	2015
208	龙开口水电站复杂地质缺陷处理研究与应用	艾永平、叶建群、任成功、彭少军、熊立刚、陈江、郑再新	中国电机工程学会	中国电力科技奖	三等奖	2015
209	闭环智能控制的混凝土结构理论与关键技术	李庆斌、林鹏、胡昱、周绍武、于永军、张帆、李磊、邹昆、杨静、汪红宇	教育部	科技进步奖	一等奖	2015
210	特高边坡工程施工关键技术研究与应用	吴旭、席浩、尹岳降、王鹏禹、李洪涛、向建、李克信、秦健飞、廖勇、周家文、李正兵、牛宏力、陈勇、李国君、周宏伟	中国施工企业管理协会	科学技术奖	一等奖	2015
211	600米级高陡边坡开挖加固技术与安全控制	向建、席浩、尹岳降、王鹏禹、李洪涛、吴旭、李克信、秦健飞、廖勇、周家文	中国电机工程学会	中国电力科技奖	二等奖	2015
212	600米级高陡边坡开挖加固技术与安全控制	向建、席浩、尹岳降、王鹏禹、李洪涛、吴旭、李克信、秦健飞、廖勇、周家文、李正兵、牛宏力、陈勇、李国君、周宏伟	中国水力发电工程学会	水力发电科技奖	一等奖	2015

续表

序号	项目名称	主要研究人员	授奖单位	奖励名称	奖励等级	授奖年份
213	特高拱坝梯度控裂理论与成套技术	李庆斌、胡昱、林鹏、汪志林、孙志禹、艾永平、于永军、翁文林、柯文虎、蒋小春	中国水力发电工程学会	水力发电科技奖	二等奖	2015
214	大HD值790兆帕钢岔管国产化开发研究与工程应用	毛三军、陈初龙、李振中、刘自成、姚正鸿、蒋勇、肖荣、靳红泽、钱玉英、王剑	中国水力发电工程学会	水力发电科技奖	二等奖	2015
215	300米级溪洛渡拱坝智能化建设关键技术	樊启祥、王仁坤、张超然、周绍武、李庆斌、张国新、洪文浩、戴科夫、彭华、周宜红	国务院	国家科学技术进步奖	二等奖	2015
216	特高拱坝关键施工技术研究与应用	涂怀健、席浩、向建、于永军、林鹏、彭华、周政国、李克信、米清文、黄巍、牛宏力、赵海洋、柳春娜、林恩德、杨静	中国电力建设集团有限公司	科学技术奖	特等奖	2016
217	超大型高强钢外加强梁三分岔管制造关键技术	王启茂、张有林、王剑、张志强、肖可畏、孙永卫、陈励勇、龚珍、曹雪红、姜驰	中国电力建设集团有限公司	科学技术奖	二等奖	2016
218	高海拔、大温差厂房混凝土防裂施工技术研究	涂怀健、刘更军、田福文、张勇、上官志强、杨林海、周政国	中国电力建设集团有限公司	科学技术奖	三等奖	2016
219	差异混杂纤维混凝土试验研究及工程应用	李桃凡、田承宇、徐勇、江世勇、邱凯、何德强、罗文智	中国电力建设集团有限公司	科学技术奖	三等奖	2016
220	白鹤滩水电站高陡边坡快速开挖与支护关键技术研究	陈勇、吴刚、涂怀健、席浩、谢卫东、赵仲、尹岳降	中国水力发电工程学会	水力发电科技奖	三等奖	2016
221	超大型高强钢外加强梁三分岔管制造关键技术	启茂、张有林、王剑、张志强、肖可畏、孙永卫、陈励勇、龚珍	中国电力建设企业协会	中国电力建设科学技术成果奖	二等奖	2016
222	高海拔、大温差厂房混凝土防裂施工技术研究	上官志强、王玉利、田福文、刘更军、杨林海、张勇、周政国、卢大文、陆振尚、武文斌	中国施工企业管理协会	科学技术奖	二等奖	2016
223	600米级高陡边坡开挖加固技术与安全控制	—	中国爆破行业协会	科学技术奖	二等奖	2016
224	溪洛渡特高拱坝施工关键技术研究及应用	于永军、戴科夫、涂怀健、李金宝、王沁	中国建筑业协会	中国建设工程施工技术创新成果奖	一等奖	2016
225	特高拱坝关键施工技术研究与应用	涂怀健、席浩、向建、于永军、林鹏、彭华、周政国、李克信、米清文、黄巍、牛宏力、赵海洋、柳春娜、林恩德、杨静	中国电机工程学会	中国电力科学技术进步奖	一等奖	2016
226	特高拱坝关键施工技术研究与应用	涂怀健、席浩、向建、于永军、林鹏、彭华、周政国、李克信、米清文、黄巍、牛宏力、赵海洋、柳春娜、林恩德、杨静、雷永红、常耀华、张建清、王雄武、魏平、安雪晖、李俊平、张祖义、王裕彪、周强、李跃兴、施正友、管大刚、李庆斌、张攀峰、田承宇、姜命强、王沁、曾凡杜、王海东、方林飞、杨承志、刘密、刘菊红	中国水力发电工程学会	水力发电科学技术奖	特等奖	2016

续表

序号	项目名称	主要研究人员	授奖单位	奖励名称	奖励等级	授奖年份
227	水电行业技术标准体系课题研究	郑声安、李仕胜、李昇、彭土标、党林才、万文功、吕明治、张一军、陈惠明、赵琨、杨建、王毅鸣、彭烁君、曾凡杜、胡斌	中国电力建设集团有限公司	科学技术奖	一等奖	2017
228	水电行业技术标准体系课题研究	郑声安、李仕胜、彭土标、党林才、万文功、王毅鸣、赵琨、尹显俊、曾凡杜、岳蕾	国家能源局	能源软科学研究优秀成果	二等奖	2017
229	白鹤滩水电站高陡边坡快速开挖与支护关键技术研究	陈勇、吴刚、涂怀健、席浩、谢卫东、赵仲、尹岳降、龙章鸿、彭湘华、付开红、于永军、杨肖、张建清、贺华雄、孙井钟	中国电力建设集团有限公司	中国电建科学技术奖	一等奖	2017
230	白鹤滩水电站高陡边坡快速开挖与支护关键技术研究	陈勇、吴刚、涂怀健、席浩、谢卫东	中国建筑业协会	建筑工程施工技术创新成果奖	三等奖	2017
231	岩石基础开挖消能-聚能控制爆破技术	席浩、卢文波、吴刚、陈勇、徐建荣、严鹏、龙章鸿、石安池、陈明、何明杰、杨肖、张建清、王永鹏、贺华雄、刘建程	中国电力建设集团有限公司	科学技术奖	一等奖	2017
232	一种大流量高水头新型胶凝砂砾石过水围堰研究与应用	薛宝臣、艾永平、范建章、周华、代振峰、陈江、顾伟、易魁、高永辉、龚永生	中国电力建设集团有限公司	科学技术奖	二等奖	2017
233	淤泥黏土层中地铁隧道不影响运行综合纠偏技术研究	常彦博、姜命强、刘邦、邓琳、刘学生、胡德华、李季、段景川、王海东、袁水	中国电力建设集团有限公司	科学技术奖	二等奖	2017
234	防波堤爆破挤淤施工技术及绿色施工评价体系研究	李志亮、杨万和、邓宁宇、何光华、禹艳、刘密、黄巍	中国电力建设集团有限公司	科学技术奖	三等奖	2017
235	溪洛渡右岸电站800兆瓦级机组优质高效安装技术	周光荣、黄小松、丁一波、叶波、何伟、杨家菊	中国安装协会	科学技术进步奖	三等奖	2017
236	超大型高强钢外加强梁三分岔管制造关键技术	王启茂、张有林、王剑、张志强、肖可畏、孙永卫	中国安装协会	科学技术进步奖	三等奖	2017
237	水电站高陡边坡快速开挖与支护	陈勇、吴刚、涂怀健、席浩、谢卫东、赵仲	中国电力建设企业协会	中国电力建设科学技术成果奖	三等奖	2017
238	特大型水电站施工用缆索起重机关键技术及工程应用	樊启祥、张世保、徐一军、姚汉光、王励、谭志国、李杨、周成成、胡剑平、陈昌建	中国电机工程学会	中国电力科学技术奖	二等奖	2017
239	岩石基础开挖消能-聚能控制爆破技术	席浩、卢文波、吴刚、陈勇、徐建荣、严鹏、龙章鸿	中国电机工程学会	中国电力科学技术奖	三等奖	2017
240	水电行业技术标准体系课题研究	郑声安、李仕胜、李昇、彭土标、党林才、万文功、吕明治、张一军、陈惠明、赵琨、杨建、王毅鸣、彭烁君、曾凡杜、胡斌	中国电机工程学会	中国电力科学技术奖	三等奖	2017
241	特高拱坝关键施工技术研究与工程应用	涂怀健、张文山、米清文、于永军、林鹏、彭华、周政国、李克信、赵海洋、黄巍、牛宏力、常耀华、柳春娜、林恩德、杨静	中国施工企业管理协会	中施企协科技创新成果奖	一等奖	2017
242	埃塞俄比亚吉布3水电站压力钢管制造关键技术研究与应用	张有林、王剑、王启茂、张志强、孙永卫、陈励勇、龚珍、曹雪红、姜驰、王维龙	中国施工企业管理协会	中施企协科技创新成果奖	二等奖	2017

续表

序号	项目名称	主要研究人员	授奖单位	奖励名称	奖励等级	授奖年份
243	白鹤滩水电站高陡边坡快速开挖与支护关键技术研究	陈勇、吴刚、涂怀健、席浩、谢卫东、赵仲、尹岳降、龙章鸿、彭湘华、付开红	中国施工企业管理协会	中施企协科技创新成果奖	二等奖	2017
244	深孔帷幕灌浆新技术研究及应用	贺毅、郭国华、王海东、姜命强、赵建民、蒋和平、黄松、刘宗胜、聂其林、潘勇	中国施工企业管理协会	中施企协科技创新成果奖	二等奖	2017
245	白鹤滩特高拱坝复杂坝基开挖保护与处理关键技术	樊启祥、张春生、汪志林、徐建荣、卢文波、陈文夫、刘美山、樊义林、严鹏、江权、吴关叶、林鹏、林恩德、付开红、陈勇	中国岩石力学与工程学会	科技进步奖	一等奖	2017
246	高拱坝闸墩U型预应力锚索施工技术研究及应用	姜命强、贺毅、于永军、文海家、蒋和平	中国大坝工程学会	技术发明奖	三等奖	2017
247	白鹤滩水电站高陡边坡快速开挖与支护关键技术研究	陈勇、吴刚、涂怀健、席浩、谢卫东、赵仲、尹岳降、龙章鸿、彭湘华、付开红、于永军	中国电力企业联合会	电力创新奖	二等奖	2017
248	超大型高强钢外加强梁三分岔管制造关键技术	王启茂、曾辉、王剑、张志强、孙永卫、漆新江、殷湘黔	中国电力企业联合会	电力创新奖	三等奖	2017
249	超高落差散状物料多级竖井连续运输技术	李兵、刘志和、涂怀健、张祖义、刘金明、罗艳、常玉坤	中国电力企业联合会	电力创新奖	三等奖	2017
250	高海浪强震地区土工管袋防波堤工程关键技术	曾翼虎、涂怀健、曹积民、王超、杨明辉、沈仲涛	中国电力企业联合会	电力创新奖	三等奖	2017
251	孟加拉国150兆瓦燃气电站EPC项目管理及施工技术研究	肖军、赵吉胜、周小林、刘翠良、黄靖、王德英、彭运河	中国电力企业联合会	电力创新奖（管理类）	三等奖	2017
252	水电工程600米级高陡边坡安全控制理论与开挖加固技术	席浩、戴峰、尹岳降、向建、王鹏禹、李洪涛、吴旭、李克信、秦健飞、廖勇、周家文、李正兵、王裕彪、陈勇、李国君、赵海洋、杨兴国、牛宏力、王飞跃、李玉凡、廖军、雷永红、彭湘华、王永、姚强、殷本林、王小升、李才平、罗永红、周宏伟	中国大坝工程学会	科技进步奖	特等奖	2017
253	复杂环境混合地层条件下地铁修建关键技术与应用	范富国、黄уш平、任立志、雷江松、朱瑞喜、娄永录、王成、王新线、胡德华、曹玉新、段景川、徐新、付艳龙、金凤清、常彦博、白伟、段志宏、胡斌、刘学生、李围	中国电力建设集团有限公司	科学技术奖	特等奖	2018
254	500米级深竖井大直径反井钻一次成井施工关键技术	彭运河、才俭峰、黄明强、王飞跃、宋丹、罗俭、张晓辉、李勇恩、黄仕保、吴文兵、杜林、余健、彭光友、吴仕红、刘超	中国电力建设集团有限公司	科学技术奖	一等奖	2018
255	国际工程水电施工、路桥与港航技术标准应用研究	宗敦峰、陈观福、唐文哲、黄子平、刘永祥、刘冬霓、金峰、胡建伟、张伟超、赵明江、麻春阳、强茂山、安雪晖、李克非、杜丽慧、徐千军、徐艳杰、刘耀儒、胡昱、吴平军、廖彬超、吕茜、刘强、柳春娜、王选峰	中国电力建设集团有限公司	科学技术奖	一等奖	2018
256	整体装配式剪力墙高层建筑关键技术研究与应用	黄巍、姜宗文、罗志忠、张永初、杨万和、曾凡杜、刘卫星、强嵘、曾建龙、邓宁宇	中国电力建设集团有限公司	科学技术奖	二等奖	2018

续表

序号	项目名称	主要研究人员	授奖单位	奖励名称	奖励等级	授奖年份
257	盾构侧穿350千米/时高速铁路桥梁桩基综合技术研究	韩志强、姜永涛、姜克寒、岳志坤、周 中、张家贺、王天梁、朱 鹏、杨 光、杨关军	中国电力建设集团有限公司	科学技术奖	二等奖	2018
258	回收PET聚酯改性研究及混凝土防渗抗裂应用	田承宇、李桃凡、李素芳、徐 勇、江世勇、何德强、罗文智	中国电力建设集团有限公司	科学技术奖	三等奖	2018
259	构皮滩水电站垂直升船机特高塔体施工关键技术	黄益彬、徐国强、吴三线、周政国、雷辉光、田福文、何井斌	中国电力建设集团有限公司	科学技术奖	三等奖	2018
260	特硬岩地层TBM施工高效掘进关键技术	尹岳降、柯 珊、龚秋明、刘 宏、王金凤、李文革、黄明强	中国电力建设集团有限公司	科学技术奖	三等奖	2018
261	构皮滩水电站垂直升船机特高塔体施工关键技术	周政国、黄益彬、吴三线、刘 宏、田福文、徐国强、叶东生、何井斌、田忠庆、汤福勇	中国大坝工程学会	科技进步奖	二等奖	2018
262	500米级深竖井大直径反井钻机一次成井施工关键技术	彭运河、刘 豫、李重用、李勇恩、才倧峰、王飞跃、黄仕保、彭光友、黄明强、罗 俭	中国大坝工程学会	科技进步奖	二等奖	2018
263	水泥灌浆智能控制系统关键技术和成套设备	樊启祥、张超然、黄灿新、蒋小春、杨宗立、周绍武、王克祥、洪文浩、汪志林、黄 伟、杨 宁、段海波、柏龙君、牟荣峰、李振忠	中国大坝工程学会	技术发明奖	一等奖	2018
264	盾构侧穿350千米/时高速铁路桥梁桩基综合技术研究	韩志强、姜永涛、姜克寒、岳志坤、周 中、张家贺、王天梁、朱 鹏	中国市政工程协会	市政工程科学技术奖	二等奖	2018
265	景洪水力式新型升船机建设关键技术研究与应用	向泽江、胡晓林、胡亚安、邹 锐、吉 勇、张步斌、黄 群、王处军、刘金山、陈兆新、梁秀华、王虎军、付云权、田智洪、刘同欣	中国水力发电工程学会	水力发电科学技术奖	一等奖	2018
266	基于岩体动力损伤仿真技术的角砾熔岩控制爆破	—	中国爆破行业协会	科学技术奖	二等奖	2018
267	岩石基础垂直孔复合消能爆破开挖技术	卢文波、樊启祥、严 鹏、汪志林、陈 勇、席 浩	中国爆破行业协会	技术发明奖	一等奖	2018
268	复杂环境混合地层条件下地铁修建关键技术与应用	范富国、黄力平、任立志、雷江松、朱瑞喜、姜永录、王 成、郑康海、胡德华、曹玉新、段景川、宋天田、付艳军、徐 新、常彦博、白 伟、段志宏、刘习生、刘学生、李 围	中国施工企业管理协会	科学技术奖	特等奖	2018
269	软弱地层运营地铁隧道综合纠偏技术研究	常彦博、姜命强、刘 邦、邓 琳、刘学生、胡德华、李 季、王海东、赵 刚、袁 水	中国施工企业管理协会	科学技术奖	二等奖	2018
270	铁路桥梁静载试验自动控制装置的研制	姜会增、刘 越、孙金更、李世林、傅青喜、周用贵、吴 俊、秦宝和、曲云腾、陈晓东	中国铁道学会	中国铁道学会科学技术奖	三等奖	2018
271	500米级深竖井大直径反井钻一次成井施工关键技术	彭运河、李勇恩、才倧峰、李重用、黄仕保、王飞跃、吴文兵、罗 俭	中国电力建设企业协会	电力建设科学技术进步奖	二等奖	2019
272	特硬岩地层中掘进机施工技术研究	尹岳降、柯 珊、李文革、刘 宏、王金凤、周艳春、孔德彪、简晓辉	中国电力建设企业协会	电力建设科学技术进步奖	二等奖	2019

续表

序号	项目名称	主要研究人员	授奖单位	奖励名称	奖励等级	授奖年份
273	构皮滩电站垂直升船机特高塔体施工关键技术	黄益彬、周政国、吴经干、田福文、徐国强、刘宏	中国电力建设企业协会	电力建设科学技术进步奖	三等奖	2019
274	基于BIM的特高碾压混凝土重力坝设计施工关键技术研究与应用	张宗亮、周华、杨宜文、徐璜、邓良军、张社荣、龚永生、张法星、张磊、向弘、彭华、张永岗、王绍明、张万奎、张彩秀、张发明、肖九庚、王超、黄德凡、罗孝明	中国电力建设集团有限公司	科学技术奖	特等奖	2019
275	复杂环境海堤工程施工关键技术	沈益源、刘光华、单治钢、李洪林、沈仲涛、汪明元、刘永祥、蔡振春、卓玉虎、刘杰、徐学勇、刘树军、孙森军、隗收、涂交三、方旭光、曾翼虎、杨明辉、朱琪、金永刚	中国电力建设集团有限公司	科学技术奖	特等奖	2019
276	中国电建水利水电工程工法体系研究	涂怀健、和孙文、肖恩尚、于永军、杨元红、刘健、曾凡杜、贺磊、张玉彬、赵明华、黄巍、唐俊、龚木金、杨承志、马岚	中国电力建设集团有限公司	科学技术奖	一等奖	2019
277	复杂地层条件下土压平衡盾构下穿湘江施工技术	张健、刘五一、刘邦、周中、涂怀健、于永军、茅德山、王建辉、秦坤元、王辉、缪林武、施广鑫、张朝阳、孔祥莉、吴鑫扬	中国电力建设集团有限公司	科学技术奖	一等奖	2019
278	狭窄河谷碾压混凝土坝建设关键技术	薛宝臣、范建章、龚永生、邓毅国、吴三线、代振峰、王剑涛、吴朝月、黄海锋、田福文、谭红强、郭兴、李柯、李巩、乔达	中国电力建设集团有限公司	科学技术奖	一等奖	2019
279	BIM技术在地铁机电安装工程中的二次建模综合技术	范开平、徐小劲、王来所、郭振华、尹运平、房师涛、王晓莉、孔买群、张玉彬、马岚	中国电力建设集团有限公司	科学技术奖	二等奖	2019
280	大型门塔式施工机械群工作防碰撞及远程监控技术研究	刘宏、董月、黄颢、吴继明、汤福勇、王金凤、陈欢庆	中国电力建设集团有限公司	科学技术奖	三等奖	2019
281	大跨度连续梁拱桥综合施工技术研究	曾彬峻、赵刚、曾绍军、胡晓军、李金宝、贺磊、王宏金	中国电力建设集团有限公司	科学技术奖	三等奖	2019
282	孔内组合式预埋花管灌浆防渗堵漏施工技术	郭国华、姜命强、王海东、张黎波、孟刚、邹爱明、杨志清	中国电力建设集团有限公司	科学技术奖	三等奖	2019
283	深厚淤泥地层及复杂环境特大基坑施工技术研究	王成、彭正坤、段景川、胡德华、雷振、刘永波、周建伟	中国电力建设集团有限公司	科学技术奖	三等奖	2019
284	康诺桥大型单轴燃气轮机联合循环电站建设关键技术研究	周小林、尚恒、贺晓锋、刘豫、李重用、张磊、万兆欣	中国电力建设集团有限公司	科学技术奖	三等奖	2019
285	长江三峡枢纽工程	—	国务院	国家科学技术进步奖	特等奖	2019
286	狭窄河谷碾压混凝土坝建设关键技术	张之平、薛宝臣、龚永生、范建章、郭建文、代振峰、吴三线、张向东、王剑涛、张勇智、田福文、吴朝月等	中国水力发电工程学会	水力发电科学技术奖	一等奖	2019
287	大型水电站堆石混凝土坝设计、施工关键技术研究与应用	叶建群、黄维、涂怀健、严军、李善平、金峰、吴宏荣、涂承义、周德文、周虎	中国水力发电工程学会	水力发电科学技术奖	二等奖	2019
288	大型水电工程堆石混凝土坝设计与施工关键技术	叶建群、黄维、涂怀健、严军、李善平、金峰、吴宏荣、涂承义、周德文、周虎、吕国轩、梁金球、薛守宁、刘更军、李新宇	中国大坝工程学会	科技进步奖	一等奖	2019

续表

序号	项目名称	主要研究人员	授奖单位	奖励名称	奖励等级	授奖年份
289	复杂环境海堤工程施工关键技术	沈益源、刘光华、李洪林、沈仲涛、卓玉虎、汪明元、曾翼虎、张 勇、杨 涛、涂交三、徐学勇、刘永祥、杨明辉、邓宁宇、王丹辉	中国施工企业管理协会	科学技术奖	一等奖	2019
290	构皮滩水电站垂直升船机特高塔体施工关键技术	黄益彬、田福文、何井斌、徐国强、袁晓斌、刘 宏、陆振尚、田忠庆、胥胜洪、叶东生	中国施工企业管理协会	科学技术奖	二等奖	2019
291	500米级深竖井大直径反井钻一次成井施工关键技术	彭运河、李勇恩、刘 豫、李重用、才俭峰、黄仕保、王飞跃、罗 俭、张晓辉、黄明强	中国施工企业管理协会	科学技术奖	二等奖	2019
292	岩石基础开挖成型消能－聚能联合控制爆破技术	卢文波、严 鹏、胡英国、汪志林、席 浩、陈 勇	湖北省政府	湖北省技术发明奖	一等奖	2019
293	深厚淤泥地层及复杂环境特大基坑施工技术研究	王 成、彭正坤、周石喜、刘仕亲、胡德华、雷 振	中国市政工程协会	市政工程科学技术奖	三等奖	2019
294	构皮滩水电站垂直升船机特高塔体施工关键技术	黄益彬、何井斌、徐国强、田福文、袁晓斌、刘 宏、田忠庆、叶东生、孙 旸、康子豫	中国电力企业联合会	电力科技创新奖	二等奖	2019
295	500米级深竖井大直径反井钻机一次成井施工关键技术	彭运河、李勇恩、刘 豫、李重用、才俭峰、黄仕保、王飞跃、罗 俭、张晓辉、黄明强	中国质量协会	质量技术奖	二等奖	2019
296	整体装配式剪力墙高层建筑关键技术研究与应用	任朗明、姜宗文、罗志忠、张永初、强 嵘	中国质量协会	质量技术奖	优秀奖	2019
297	复杂环境渔港海堤工程施工关键技术	沈益源、刘光华、李洪林、汪明元、沈仲涛、卓玉虎、曾翼虎、杨 涛、刘永祥、徐学勇	中国交通运输协会	科学技术奖	二等奖	2019
298	装配式建筑全产业链关键技术研究	杨宝林、黄 巍、徐华夏、张永初、龚学武、曾凡杜、何助兵、强 嵘、梁晓光、杨万和、孙立非、郑夕玉、郜炳凯、廖满军、杨 江	中国电力建设集团有限公司	科学技术奖	特等奖	2020
299	岩溶地层工程基础堵漏及防渗综合治理关键技术	姜命强、于永军、王海东、周发海、张黎ания、邱俊沣、蒋和平、向新志、刘 亭、郭国华、贺 毅、袁 枭、姚 瞻、赵 斌、冯 辉	中国电力建设集团有限公司	科学技术奖	一等奖	2020
300	水上大跨度稀索体系斜拉桥拆除关键技术研究	李亚民、曾 祺、朱 兵、黄 巍、曾凡杜、李金恒、李俊伟、赵伟国、曾湖庚、苏迎瑞、朱 欣、刘 帆、杨 鑫、何元志、雷纯霞	中国电力建设集团有限公司	科学技术奖	一等奖	2020
301	超大规模绿色建筑骨料生产运输设计关键技术	周垂一、邓 渊、邱亚锋、徐 亮、刘孟辉、李卫超、包 俊、胡赛华、任金明、陆 飞、刘志和、刘金明、吴红霞、向 阳、王 晗	中国电力建设集团有限公司	科学技术奖	一等奖	2020
302	卡鲁玛水电站工程大型浅埋洞室群岩体动态智能监控反馈设计和施工组织研究与实践	陈观福、史 彬、涂怀健、陈长贵、黄子平、倪绍虎、彭运河、杨玉银、张 勇、高 悦	中国电力建设集团有限公司	科学技术奖	二等奖	2020
303	1000兆瓦水轮发电机组蜗壳智能制造关键技术	曾宇波、王启茂、邝任廷、冯黎明、王维龙、陈允兵、曾 辉、雷 剑、徐先林、吴 聪	中国电力建设集团有限公司	科学技术奖	二等奖	2020
304	城镇保通条件下多层高架互通立交桥群拆除施工及安全监控关键技术研究	陈 钒、黄 巍、李亚民、刘 帆、舒 刚、严 琼、艾祖斌、高 天、袁 野、陈正林	中国电力建设集团有限公司	科学技术奖	二等奖	2020

续表

序号	项目名称	主要研究人员	授奖单位	奖励名称	奖励等级	授奖年份
305	柬埔寨桑河特大型灯泡贯流式机组发电厂房快速施工技术研究	余红松、周功贵、刘 豫、毕福强、李 琦、李重用、曹哲云	中国电力建设集团有限公司	科学技术奖	三等奖	2020
306	特高拱坝基础适应性开挖与整体加固关键技术	林 鹏、樊启祥、汪志林、于永军、李蒲健、王义锋、王雄武、张 冲、石 杰、魏鹏程、彭浩洋、杜伟升、蒋锁红、巨敬良、宁泽宇、宛良朋、谭尧升、李明	中国岩石力学与工程学会	科技进步奖	特等奖	2020
307	康诺桥大型单轴燃机联合循环电站技术研究	周小林、尚 恒、贺晓锋、刘 豫、李重用、张 磊、万兆欣、莫先汉	中国电力建设企业协会	电力建设科学技术进步奖	三等奖	2020
308	超大规模绿色建筑骨料生产运输关键技术	周垂一、邓 渊、邱亚锋、徐 亮、包 俊、胡赛华、任金明、陆 飞、刘孟辉、李卫超、刘志和、刘金明、吴红霞、向 阳、王 晗	中国施工企业管理协会	工程建设科学技术进步奖	一等奖	2020
309	大跨度连续梁拱桥综合施工技术研究	曾彬峻、赵 刚、曾绍军、胡晓军、李金宝、贺 磊、何 军、喻伯良、高连庆、宛淇飞	中国施工企业管理协会	工程建设科学技术进步奖	二等奖	2020
310	特硬岩地层TBM施工高效掘进关键技术研究与应用	朱文敏、尹岳降、柯 珊、刘 宏、王金凤、李文革、简晓辉、周艳春、舒 晔、徐 珂	中国施工企业管理协会	工程建设科学技术进步奖	二等奖	2020
311	水电工程岩溶防渗堵漏处理关键技术	姜命强、王海东、张黎波、邱俊洋、贺 毅、赵志红	中国大坝工程学会	技术发明奖	三等奖	2020
312	大体积混凝土温控防裂关键问题研究及其应用	胡 昱、李庆斌、廖建新、于永军、马 睿、朱 贺、王攀科、尹 韬、王 娟、李 希、韩进舟、曹德志、黄海龙	中国水力发电工程学会	水力发电科学技术奖	一等奖	2020
313	柬埔寨桑河二级特大型灯泡式机组厂房施工及机组安装关键技术	余红松、周功贵、刘 豫、毕福强、李 琦、李重用、曹哲云	中国水力发电工程学会	水力发电科学技术奖	三等奖	2020
314	溪洛渡特高拱坝建设项目管理创新与实践	周绍武、洪文浩、李庆斌、杨 宁、胡 昱、张国新、邬 昆、陈文夫、彭 华、刘有志	中国电力企业联合会	电力科技创新奖	二等奖	2020
315	超大规模绿色建筑骨料生产运输关键技术	肖光彩、刘孟辉、邓 渊、刘志和、李卫超、李 兵、常玉坤、罗飞跃、于永军、刘金明	中国砂石协会	砂石科学技术奖	三等奖	2021
316	超大型砂石骨料矿绿色环保智能化开采加工综合技术	尹岳降、卢文波、刘志和、涂怀健、于永军、刘金明、陈 明、肖光彩、宋立新、王绍明、刘孟辉、陈名英、李卫超、刘建程、黎芋岑	中国电力建设集团有限公司	科学技术奖	一等奖	2021
317	水工碾压混凝土施工规范及关键技术研究	涂怀健、田福文、于永军、李克信、杨和明、苏 凯、田承宇、曾凡杜、张卫东、王保法、肖 佳、邱 凯、王 顺、罗 伟、王志芳	中国电力建设集团有限公司	科学技术奖	一等奖	2021
318	不良地质与繁华城区超浅埋暗挖过街通道修建关键技术	伍 浩、雷 振、赵 刚、李 育、李利军、郭海宝、董 红	中国电力建设集团有限公司	科学技术奖	三等奖	2021

续表

序号	项目名称	主要研究人员	授奖单位	奖励名称	奖励等级	授奖年份
319	综合管廊设计施工运营一体化研究	伏亮明、黄巍、刘胤虎、肖霁君、黄恩福、罗时权、叶锐	中国电力建设集团有限公司	科学技术奖	三等奖	2021
320	白鹤滩特高拱坝合同执行四同时管理创新与实践	汪志林、陈文夫、彭华、郭增光、谭尧升、张劲青、张建清、李晓涛、王克祥、李俊平	中国电力企业联合会	电力创新奖	二等奖	2021
321	特高坝低热水泥混凝土性能与施工关键技术	李文伟、杨宗利、汪志林、陈文夫、杨宁、牟荣峰、胡昱、王振红、乔雨、陆超、高小峰、谭尧升、牛旭婧、辛建达、张建山	中国电机工程学会	中国电力科学技术进步奖	一等奖	2021
322	金沙江向家坝水电站工程	周海等	中国水力发电工程学会	水力发电科学技术奖	特等奖	2021
323	构皮滩水电站垂直升船机特高塔体施工关键技术	黄益彬、雷辉光、周政国、田福文、韩可林、何井斌、徐国强	中国水力发电工程学会	水力发电科学技术奖	三等奖	2021
324	高拱坝混凝土浇筑智能管控关键技术	周绍武、杨宗立、尹习双、汪志林、陈文夫、张志伟、杨宁、牟荣峰、乔雨、徐建江、谭尧升、张建山、冯奕、普新友、王耀武	中国大坝工程学会	技术发明奖	一等奖	2021
325	大型水电工程建设质量管控智能化关键技术	汪志林、杨宗立、陈文夫、彭华、郭增光、王玮、谭尧升、杨宁、黄夏秋、李晓涛、邹朝辉、周孟夏、刘春风、乔雨、李俊平	中国能源研究会	能源创新奖	一等奖	2021
326	全盖体地铁场段工程免装饰混凝土绿色建造关键技术	曹玉新、张宏伟、霍曼琳、唐勇、雷振、段景川、李育、张雯、金凤清、舒文鹏、贺荣流、聂攀、庞小琪、李福千、曹希泽	中国科技产业化促进会	科技创新奖	二等奖	2022
327	复杂条件大型水工隧洞开裂破坏机理与控制关键技术	于永军等	中国岩土力学与工程学会	科学技术进步奖	一等奖	2022
328	白鹤滩水电站大坝关键施工技术研究	张文山、王雄武、于永军、李晓涛、梁亮、贺华雄、孙德炳、王顺、李克信、谢卫东、郭建福、张建清、邱开荣、田海洋、朱永康	中国电力建设集团有限公司	科学技术奖	特等奖	2022
329	雄安新区特大型绿色砂石基地智能化产供关键技术	刘金明、刘志和、王绍明、李辉、周海、魏清、陈敬收、杨利、周敏、徐全润、赵杰、杨彪、陈彬、邱亚锋、胡丹书	中国电力建设集团有限公司	科学技术奖	一等奖	2022
330	乌东德850兆瓦水轮发电机组安装与调试技术	王启茂、何毅、丁一波、陈允兵、易文华、苏可、杨家菊、颜昌梅、李连敏、曹琳、蒲鑫、容炜林、王伟、向孝章、李伟	中国电力建设集团有限公司	科学技术奖	一等奖	2022
331	水电工程大型渣场安全建造与绿色综合利用关键技术	任金明、曾建平、王永明、周垂一、钟伟斌、杜运领、陈云、梁现培、吴彬、王瑞贵	中国电力建设集团有限公司	科学技术奖	二等奖	2022
332	白鹤滩特高拱坝大风条件下安全优质高效施工关键技术	杨静、周震钧、张建清、于永军、谢卫东、邹朝辉、田柱成、杨区伟、周政国、曾凡杜	中国电力建设集团有限公司	科学技术奖	二等奖	2022
333	水电工程勘测设计施工一体化标准体系及主要标准	张志伟、冯奕、刘金飞、何家欢、严磊、何栓康、尹习双、敖翔、万甜、李谧	中国电力建设集团有限公司	科学技术奖	二等奖	2022
334	基于受海域影响的深圳地铁超深基坑主体结构渗漏防治技术	唐勇、周石喜、段景川、张宏伟、马婷婷、张凯、彭正坤	中国电力建设集团有限公司	科学技术奖	三等奖	2022

续表

序号	项目名称	主要研究人员	授奖单位	奖励名称	奖励等级	授奖年份
335	水电工程大型渣场安全建造与绿色综合利用关键技术	任金明、曾建平、王永明、周垂一、钟伟斌、杜运领、陈 云、丁 聪、梁现培、吴 彬	中国电力建设企业协会	电力建设科学技术进步奖	二等奖	2022
336	水电工程BIM标准体系及主要标准	张志伟、冯 奕、刘金飞、何家欢、严 磊、何栓康、尹习双、敖 翔	中国电力建设企业协会	电力建设科学技术进步奖	三等奖	2022
337	特高拱坝结构性态数字孪生与智能监控关键技术	张国新、陈文夫、刘 毅、杨 宁、杨宗立、周孟夏、刘有志、周秋景、乔 雨、谭尧升、程 恒、辛建达、邱永荣、雷峥琦、裴 磊	中国水力发电工程学会	水力发电科学技术奖	一等奖	2022
338	热带雨林复杂地质条件下碾压混凝土高坝关键技术与应用	崔玉柱、胡兴丹、肖浩波、万 勇、石教豪、杨启贵、付建平、丁建新、段 寅、沈晓明	中国水力发电工程学会	水力发电科学技术奖	二等奖	2022
339	乌东德850兆瓦水轮发电机组安装与调试技术	王启茂、何 毅、丁一波、乐翔飞、仇一凡、陈允兵、易文华	中国水力发电工程学会	水力发电科学技术奖	三等奖	2022
340	超大型砂石骨料矿绿色环保智能化开采加工综合技术	尹岳降、卢文波、刘志和、涂怀健、于永军	中国质量协会	质量技术奖	优秀奖	2022
341	滨海地区地铁超深基坑主体结构渗漏防治关键技术	唐 勇、周石喜、段景川、谢 军、李金武、马婷婷、张 凯、彭正坤、毛露露、樊思俊	中国施工企业管理协会	工程建设科学技术进步奖	二等奖	2022
342	轨道交通高架桥梁结构高效建造关键技术	陈 笠、于永军、曾凡杜、胡晓军、杨万和、任红专	湖南省人民政府	技术发明奖	三等奖	2022
343	特高拱坝混凝土施工智能化建设关键技术	周绍武、尹习双、杨宗立、陈文夫、杨 宁、张志伟、乔 雨、徐建江、谭尧升、冯 奕	中国电机工程学会	电力科学技术奖	二等奖	2022
344	白鹤滩特高拱坝大风条件下安全优质高效施工关键技术	于永军、谢卫东、张建清、杨 静、周震钧、邹朝辉、田柱成、杨区伟、周政国、曾凡杜	中国大坝工程学会	科技进步奖	二等奖	2022
345	水工碾压混凝土施工规范及关键技术研究	涂怀健、田福文、于永军、李克信、杨和明、苏 凯、田承宇、曾凡杜、张卫东、王保法	中国大坝工程学会	科技进步奖	二等奖	2022

第十章　知识产权

第一节　概述

水电八局建立了知识产权管理制度，有效地开展知识产权申报活动，2002—2022年，共获得专利1019件、软件著作权15项、国家级工法16项、省部级工法453项、发布国家技术标准7项、行业技术标准30项、地方技术标准5项、团体技术标准13项。

第二节　专利及软件著作权

一、专利

水电八局获得授权专利1018件，其中实用新型专利953件，发明专利64件，外观设计专利1件。详见表5-10-1。

表 5-10-1　水电八局专利项目统计

序号	专利号	专利名称	类型	法律公告日	发明人
1	ZL89212396.6	混凝土造孔埋管器	实用新型专利	1989-11-17	赵明权
2	ZL94247262.4	拆装式交替上升全悬臂大型钢模板	实用新型专利	1996-07-17	秦　蛟、陈章国、周执吾
3	ZL01213440.6	连续强制式混凝土搅拌机	实用新型专利	2001-12-05	张祖义、谈兆鹤、范义维、龚国群、李跃兴、李立彬、谈　嘉
4	ZL01213441.4	混凝土重量法连续配料装置	实用新型专利	2001-12-05	张祖义、谈兆鹤、范义维、龚国群、李跃兴、李立彬、谈　嘉
5	ZL200420068311.3	预应力锚索气压式止浆环	实用新型专利	2005-08-31	涂建湘、姜命强、何培章、邵可成
6	ZL200510012200.X	一种全连续混凝土生产方法及系统	发明专利	2008-09-10	安雪晖、黄志斌、竹内利征、郑智仁、金　峰、李正平、何世钦、吴元东、张祖义、李　文
7	ZL200720062626.0	碾压混凝土缓降垂直运输装置	实用新型专利	2008-01-30	黄恩福、吴军华、卢大文、王　杰、周达康
8	ZL200720062631.1	双聚能预裂与光面爆破专用装置	实用新型专利	2008-02-06	秦健飞
9	ZL200710034494.5	双聚能预裂与光面爆破综合技术施工工法及其专用装置	发明专利	2009-05-27	秦健飞
10	ZL200820054239.7	应用于套管灌浆法中的灌浆装置	实用新型专利	2009-05-27	邓文明、林修建、涂怀健、何培章、姜命强、何庚生、赵志红、任朗明、唐存军、贺　毅、吴晓慧
11	ZL200820158495.0	可旋转式孔口封闭器	实用新型专利	2009-06-10	任朗明、蒋和平、左元一、蒋宗魁、赵建民、刘宗胜、黄　松、陶集荣
12	ZL200810032166.6	套管灌浆法及其灌浆装置	发明专利	2010-06-02	邓文明、林修建、涂怀健、何培章、姜命强、何庚生、赵志红、任朗明、唐存军、贺　毅、吴晓慧
13	ZL200920107642.6	超大弧形门整体仿形加工工装装置	实用新型专利	2010-01-27	陈东坪、易佳利、殷永忠、湛应平、李军民、李文革、李如刚、曾彦林、罗意成、廖超良
14	ZL200920107647.9	多功能提浆抹面机	实用新型专利	2010-01-27	刘光华、贺世明、杨海元、陈　勇、蒋鸿雁、郑东汉、鲁志刚、陆焰国、曾兆文、魏　星
15	ZL200920107644.5	钢管连接法兰面加工装置	实用新型专利	2010-01-27	谢清明、王玉明、张美华、张黎阳、杨昌保、陈　亮
16	ZL200920107841.7	一种碾压混凝土大坝溢流面的台阶模板	实用新型专利	2010-01-27	韩可林、黄　巍、涂怀健、戴　瑜、陈恕祥、曾凡杜
17	ZL200920107648.3	一种皮带机清扫器	实用新型专利	2010-01-27	杨秀军、杨建安、汪建军、郑　磊、朱留宝、唐　瑞、刘志和、熊明华、罗　艳
18	ZL200920107643.0	一种特大型链轮门门叶及整体门槽退火热处理装置	实用新型专利	2010-01-27	申清明、王玉明、曾　辉、刘维新、陆小华、谢清明、陈　亮、彭　浪、杨昌保、陈励勇
19	ZL200920107646.4	一种特大型链轮门门叶与门槽厂内联合试验装置	实用新型专利	2010-01-27	王玉明、陆小华、夏　毅、曾　辉、王启茂、郑劲松、蒋灵发、张黎阳、贺　彬、杨昌保、仇　杰
20	ZL200920107837.0	一种用于大体积混凝土渗水裂缝的灌浆装置	实用新型专利	2010-01-27	唐存军、姜命强、黄　巍、王正龙、张征辉、陈恕祥
21	ZL200920107838.5	一种用于定型板梁面的施工模具	实用新型专利	2010-01-27	杨海员、刘光华、陈　勇、贺世明、姚国虎、蒋鸿雁、潘志乾、鲁志刚、黄　巍、魏　星、曾兆文

续表

序号	专利号	专利名称	类型	法律公告日	发明人
22	ZL200920107645.X	重型皮带机托辊更换器	实用新型专利	2010-01-27	杨秀军、周海、邓三才、刘金明、肖光彩、蒋爱军、刘志和、熊明华、罗艳
23	ZL200920064351.3	棒磨机装棒台车	实用新型专利	2010-02-10	汪建军、蒋海军、谢斌、宁梅珍、黎正辉、何平、杨建安、刘金明、蹇尚友
24	ZL200920064399.4	用于人工砂石的直线振动脱水筛分机	实用新型专利	2010-02-10	刘志和、李启阳、熊明华、罗艳、蒋海军、李兵、李津科
25	ZL200920064398.X	用于电铲铲斗的斗门	实用新型专利	2010-02-24	石显接、蹇尚友、肖秋实、李必胜、刘志和、仇红军
26	ZL200920107038.3	胶状物料输送的加压装置	实用新型专利	2010-03-03	秦健飞、刘荔
27	ZL200920107036.4	胶状物料输送机	实用新型专利	2010-03-03	秦健飞、刘荔
28	ZL200920107039.8	双聚能槽管乳化炸药装药设备	实用新型专利	2010-03-03	秦健飞、刘荔
29	ZL201010249754.2	一种超厚度高强水电用钢的焊接方法	发明专利	2011-12-28	许良红、陈延清、章军、曾宇波、王剑、齐建、郭占山、张熹、王威、肖可畏
30	ZL200910043385.9	混凝土复合引气剂及其制备方法	发明专利	2012-02-01	李桃凡、田承宇、何德强、徐勇、袁超、罗文智
31	ZL201120487216.7	U型锚索整体穿索导向器	实用新型专利	2012-07-25	贺毅、郭国华、王海东、冯辉、李舒文、王森
32	ZL201120487237.9	钻机降尘装置及具有该降尘装置的钻机	实用新型专利	2012-07-25	潘仲平、林源、田明明、陈敬收、康中杰
33	ZL201120487130.4	一种直插式振捣切缝装置	实用新型专利	2012-05-28	肖文飞
34	ZL201220233009.3	碾压混凝土多功能封仓模板	实用新型专利	2012-12-19	郭峰、曹跃生、王晖、付建平、舒国发、武基民、刘安国、陈启国
35	ZL201220204040.4	一种水泥搅拌制浆装置	实用新型专利	2012-12-12	龚宏伟、何庚生、姜命强、曾绍军、龚其伟、吴维镇、龚庆伟、王红星、王震
36	ZL201220380501.3	用于圆形板件的坡口加工装置	实用新型专利	2013-02-06	刘同兵、吴洪强、冯黎明、朱长胜、朱琼枝、李刚、马宏
37	ZL201220380418.6	弧形闸门门面板加工装置	实用新型专利	2013-02-06	谢清明、王玉明、张美华、张黎阳、戴光礼、冯黎明、黄磊、田智红、陈亮
38	ZL201220429830.2	轴承加热装置	实用新型专利	2013-04-03	刘洪亮、杨翔
39	ZL201220654339.X	止水带固定装置	实用新型专利	2013-06-12	何庭富、夏国文、谈海斌、侯伏强、罗清湖、黄树棠、涂怀健、张祖义、黄巍、韩可林、彭运河、刘伦军
40	ZL201220687188.8	用于架设立筋的间距控制装置	实用新型专利	2013-06-12	童优良、崔钊、涂怀健、于永军、杨静、张祖义、刘锐
41	ZL201220687830.2	用于大坝橡胶止水带施工的专用滚筒装置	实用新型专利	2013-06-12	胡正华、吴林艳、刘密、崔钊、涂怀健、于永军、杨静、张祖义、刘锐
42	ZL201320374395.2	用于大体积倒悬混凝土施工的组合模板	实用新型专利	2013-12-18	郭峰、付建平、肖尊解、余金水、舒国发、武基民、郭大军、李传栋
43	ZL201320374678.7	基于混凝土工程组合钢模板的安全通道支撑架	实用新型专利	2013-12-18	韩可林、涂怀健、张祖义、黄巍、于永军

续表

序号	专利号	专利名称	类型	法律公告日	发明人
44	ZL201320434748.3	导向扩孔器	实用新型专利	2014-01-08	林成华、蒋和平、简安邦、田彪、姜命强、姚建军、李星宁、刘超
45	ZL201320515145.6	一种拖式碾压机的远程操作装置	实用新型专利	2014-02-19	黎勇（二分局）
46	ZL201320514927.8	整体式U型锚索预埋孔道	实用新型专利	2014-02-19	姜命强、贺毅、王海东、郭国华、周崇刚、王森、李舒文、潘勇、冯辉
47	ZL201320515028.X	用于分束管式U型锚索预埋孔道的钢绞线牵引连接器	实用新型专利	2014-02-19	蒋和平、刘宗胜、左元一、任朗明、赵建民、程胜、黄松、陶集荣
48	ZL201320435083.8	混凝土送料机	实用新型专利	2014-03-19	杨承志、涂怀健、张祖义、韩可林、彭运河
49	ZL201320434708.9	用于锚索穿索的固定式分格卷盘	实用新型专利	2014-03-19	王海东、郭国华、贺毅、王森、潘勇、李舒文、肖国辉、刘石标
50	ZL201320762408.3	一种混凝土大坝溢流面的无轨滑模	实用新型专利	2014-06-11	刘更军、涂怀健、韩可林
51	ZL201320827528.7	混凝土切割机	实用新型专利	2014-07-16	李海滨、田承宇、徐勇、何德强
52	ZL201420046029.9	用于拌和楼集料斗的喷吹装置	实用新型专利	2014-07-23	孙永胜、李卫超、潘仲平、刘菊红
53	ZL201420069474.7	散状物料高落差连续竖井运输系统	实用新型专利	2014-07-23	刘志和、李兵、刘菊红、孙昌猛
54	ZL201420088467.1	立式凿毛设备	实用新型专利	2014-07-23	杨万和、张宾涛、杨文
55	ZL201420136845.9	带式输送装置	实用新型专利	2014-08-06	漆新江、孙红、周祝寿、皇甫斐杰
56	ZL201420136925.4	用于连接方形轴的联轴器	实用新型专利	2014-08-13	漆新江、孙红、周祝寿、皇甫斐杰
57	ZL201420136887.2	用于多节臂架的伸缩驱动装置	实用新型专利	2014-08-27	漆新江、孙红、周祝寿、皇甫斐杰
58	ZL201210498951.7	一种复合环氧树脂乳化剂及其制备方法	发明专利	2014-08-27	李素芳、黄娟萍、李桃凡、田承宇、何德强、李娇、康萌
59	ZL201420136921.6	混凝土浇筑模板加固组件	实用新型专利	2014-08-13	张勇、张爱民、于永军、黄元珍
60	ZL201420278325.1	移动式地磅基座	实用新型专利	2014-10-01	李艳梅、张建清、潘旭乐
61	ZL201420292894.1	用于压力钢管焊缝校正的工装	实用新型专利	2014-10-01	范一林、窦志龙、汤怀亮
62	ZL201420278301.6	一种保温模板	实用新型专利	2014-10-01	张微微
63	ZL201420278254.5	热虹吸油冷却系统	实用新型专利	2014-10-01	陈笠
64	ZL201420278195.1	清水混凝土模板	实用新型专利	2014-10-01	周文
65	ZL201420278185.8	用于斜坡廊道灌浆施工的轨道式移动台车装置	实用新型专利	2014-10-01	王海东、贺毅、姜命强、郭国华、王森、潘勇
66	ZL201420278183.9	用于管道安装对接的定位装置	实用新型专利	2014-10-01	邓益国、刘杰
67	ZL201420428062.8	一种止水铜片成型装置	实用新型专利	2014-12-31	黎勇、谭峰、卓越、蒋建纬
68	ZL201420428016.8	用于水电站厂房施工的简易拼装立模板	实用新型专利	2014-12-03	武文斌、张鲲、刘亭
69	ZL201420427913.7	预冷混凝土生产骨料风冷装置	实用新型专利	2014-12-31	陈笠
70	ZL201420428173.9	架桥机	实用新型专利	2014-12-31	刘宏、龙树清、杏水明、舒晔、周长华、舒国强、剪晓辉
71	ZL201310368970.2	整体式U型锚索预埋孔道及其安装方法	发明专利	2015-03-25	姜命强、贺毅、王海东、郭国华、周崇刚、王森、李舒文、潘勇、冯辉

续表

序号	专利号	专利名称	类型	法律公告日	发明人
72	ZL201420723077.7	锚穴角度测量装置	实用新型专利	2015-03-25	孙金更、杨 刚、杨万和、曾兆文、任红专、汤 春、刘又仁、凌久明、谢渭平、高 勇
73	ZL201420723340.2	用于拱坝牛腿起坡部位的模板装置	实用新型专利	2015-04-08	于永军、韩可林、熊 伟
74	ZL201420722862.0	拱坝牛腿模板装置	实用新型专利	2015-04-08	于永军、刘 锐、韩可林、熊 伟
75	ZL201420722936.0	拱坝牛腿全倒悬模板装置	实用新型专利	2015-04-08	于永军、韩可林、熊 伟
76	ZL201420816983.1	橡胶管抽拔导向装置	实用新型专利	2015-05-27	任红专、杨 刚、秦宝和、曾兆文、杨万和、刘又仁、李 元、翟 成、周 勇、凌久明
77	ZL201420817157.9	一种土工管袋防波堤	实用新型专利	2015-06-17	曹积民、涂怀健、曾翼虎、王 超
78	ZL201520001065.8	充砂溶洞防渗结构	实用新型专利	2015-06-17	周发海、姜命强、何庚生、赵建民、刘常青、赵 斌、曾庆贺
79	ZL201420817377.1	钢筋弯曲机	实用新型专利	2015-05-27	杨万和、田小江、刘宏伟、杨 刚、曾兆文、任红专、易绍雄、隆叶林、何安平、刘又仁、何晓忠、周 勇、张志强、张世卿、刘 刚
80	ZL201420817088.1	一种橡胶抽拔棒穿棒机	实用新型专利	2015-05-27	曾兆文、杨 刚、汤 春、杨万和、任红专、明玉良、刘又仁、何晓忠、唐 勇、明玉刚
81	ZL201520067082.1	一种缆索起重机	实用新型专利	2015-07-15	刘 宏、陈昌建、柯 珊、蔡传忠、龙树清、周艳春、董 月、赵德华
82	ZL201520081851.3	自升式竖井模板装置	实用新型专利	2015-07-15	李 芳、李重用、侯伏强
83	ZL201520044494.3	热虹吸油冷却系统	实用新型专利	2015-07-15	陈 笠、曾凡杜、韩可林、刘菊红、李跃兴、涂怀健、于永军、张祖义
84	ZL201310428822.5	一种乳化剂及其制备方法以及一种水性环氧固化剂乳液	发明专利	2015-06-10	李素芳、李桃凡、田承宇、黄娟萍、刘婷婷、何德强、王聪聪
85	ZL201520263460.3	用于钢管加劲环拼装的吊装装置	实用新型专利	2015-08-26	李如钢、毛 健、王文明、张大文
86	ZL201520263697.1	用于工程设备的吊装装置	实用新型专利	2015-08-26	毛 健、李如钢、尹新贵、王文明、张大文
87	ZL201520400026.5	地铁车站侧墙混凝土模板支撑架	实用新型专利	2015-11-04	刘更军、康国平、涂怀健、李泽源
88	ZL201520400188.9	带式输送机入仓桁架的支撑系统	实用新型专利	2015-11-18	李卫超、潘仲平
89	ZL201520482017.5	立轴式冲击破碎装置	实用新型专利	2015-11-18	李卫超、潘仲平、黎芋岑
90	ZL201520604077.X	一种钢筋托架	实用新型专利	2015-12-23	陈 勇、谢卫东、李艳梅、张建清、潘旭乐、吴永志
91	ZL201520720195.7	一种闸墩预应力锚索整束下设锁的扣装置	实用新型专利	2016-02-17	冯 辉
92	ZL201520744850.2	一种具有遮挡篷的自卸汽车	实用新型专利	2016-02-17	黄明强、宋 丹、吴仕红、才俭峰、李群辉、李勇恩、黄仕保、张 帅
93	ZL201520725028.1	一种制冷系统冲霜装置	实用新型专利	2016-02-17	陈 笠
94	ZL201520770563.9	钢筋车丝及转运系统	实用新型专利	2016-02-17	周发海
95	ZL201520735016.7	预应力锚杆	实用新型专利	2016-02-17	姚 瞻
96	ZL201520720313.4	100%固体含量无溶剂聚胺脂涂料自动喷涂装置	实用新型专利	2016-02-17	李东升、郑劲松、吴广鹏、梁俊生
97	ZL201520608020.7	一种预冷混凝土生产骨料风冷系统	实用新型专利	2016-03-23	陈 笠

续表

序号	专利号	专利名称	类型	法律公告日	发明人
98	ZL201520813916.9	用于轨道转移的运输车	实用新型专利	2016-03-23	刘宏、何龙成、周艳春、王准、舒国强、张大文、王金凤、孔德彪
99	ZL201520813936.6	带自动翻转装置的混凝土卧罐	实用新型专利	2016-03-23	黄益彬、田忠庆
100	ZL201520813938.5	提篮式拱桥的装饰吊杆的防护装置	实用新型专利	2016-03-23	刘锐
101	ZL201520823639.X	用于大型钢管穿越路基套管的移动装置	实用新型专利	2016-03-23	唐寅兵、吴林艳
102	ZL201520825950.8	用于剪力墙的铝合金模板背楞装置	实用新型专利	2016-03-23	罗志忠、黄飞、陈安俊
103	ZL201520837004.5	应用于压力设备的动作试验同步装置及同步系统	实用新型专利	2016-03-23	殷湘黔、王启茂、黄小松、孙永卫
104	ZL201520875594.0	用于PVC止水带接头熔接的定位装置	实用新型专利	2016-03-23	尚恒、贺晓锋、万兆欣
105	ZL201520855719.3	一种箱涵中埋式止水带的安装结构	实用新型专利	2016-03-23	谢东君、耿李
106	ZL201520720278.6	坡口半自动切割机导向装置	实用新型专利	2016-03-23	李东升、马浩、吕朝辉、邝任庭、徐先林
107	ZL201520921064.5	用于给料机的活动式挡料器	实用新型专利	2016-04-13	邓亚辉、刘飞云
108	ZL201520909318.1	一种可精确控制弯曲角度的钢筋弯曲机	实用新型专利	2016-04-13	杨威、卓越、刘国忠、周文、李靖
109	ZL201521014393.8	一种钻孔灌注桩沉渣厚度检测装置	实用新型专利	2016-04-27	潘志坤、贺磊、李金宝、刘松、任红专、武磊、王金凤、董月、陈欢庆
110	ZL201520768480.6	一种动态测试设备分离式霍普金森压杆支撑调节装置	实用新型专利	2016-01-27	黄巍、蒋国平、肖三霞、邓宁宇
111	ZL201520768501.4	一种动态测试设备分离式霍普金森压杆多级缓冲装置	实用新型专利	2016-01-27	邓宁宇、蒋国平、肖三霞、黄巍
112	ZL201410694810.1	锚穴角度测量装置及锚穴角度测量方法	发明专利	2016-03-30	杨刚、孙金更、杨万和、曾兆文、任红专、汤春、刘又仁、凌久明、谢渭平、高勇
113	ZL201521021978.2	一种锚墩模板组件	实用新型专利	2016-05-18	谢卫东、陈勇、张建清、李艳梅
114	ZL201521056392.X	胶带输送机逆止器	实用新型专利	2016-05-18	杨秀军、别国雄、常玉坤、谢忠良
115	ZL201521056416.1	一种混凝土生产细骨料预冷装置	实用新型专利	2016-05-18	陈笠、曾凡杜、韩可林、刘菊红、李跃兴、涂怀健、于永军、张祖义
116	ZL201521056428.4	一种预冷混凝土生产凝胶材料冷却装置	实用新型专利	2016-05-18	陈笠
117	ZL201521067463.6	悬挂式安全防护篮	实用新型专利	2016-05-18	臧建光、卓越、刘伏良、周文、刘卫星、张永初、覃郁芬、杨浩、陶峰、曾建龙、任朗明
118	ZL201521067526.8	一种反滤料生产缓降装置	实用新型专利	2016-05-18	姚小朋、田坤、冯旭斌
119	ZL201521083998.2	炉渣余热回收利用装置	实用新型专利	2016-05-25	夏敏
120	ZL201521084057.0	一种塔机标准节片吊装装置	实用新型专利	2016-05-18	刘宏、周艳春、董月、黄颢、袁中秋、王金凤、刘春年、郭健
121	ZL201521104693.5	用于楼面模板的支撑装置	实用新型专利	2016-05-18	朱伟、刘艺、胡聪、陈耀
122	ZL201521104836.2	混凝土施工操作平台	实用新型专利	2016-05-18	张永初、覃郁芬
123	ZL201520852074.8	一种用于箱涵支架和模板的移动装置	实用新型专利	2016-04-27	贺志刚、李自然

续表

序号	专利号	专利名称	类型	法律公告日	发明人
124	ZL201520942194.7	一种带式输送机	实用新型专利	2016-04-27	王斌、匡向红、
125	ZL201520973621.8	一种防碰撞塔机	实用新型专利	2016-04-27	刘宏、罗锋、周艳春、汤福勇、王文明、郭健、王金凤、董月、陈欢庆
126	ZL201520973756.4	一种筛分机集料分料器	实用新型专利	2016-04-27	庞帅、廖华华
127	ZL201520992533.2	用于正压送风管道穿墙处的密封结构	实用新型专利	2016-04-27	刘伏良、周文、刘卫星、张永初、覃郁芬、杨浩
128	ZL201521109874.7	分离式地下洞室衬砌台车	实用新型专利	2016-06-01	刘豫、徐盛剑、姚作武、严稳
129	ZL201521092666.0	一种垫石及防震落梁模板装置	实用新型专利	2016-06-01	李金宝、栾光日、何军、朱长胜、吴贵军、李大军、喻伯良、曾彬峻、宛淇飞
130	ZL201521092919.4	用于轨行区车站二次结构施做的模板系统	实用新型专利	2016-06-01	常彦博、梁晓亮、朱杰、唐勇、姜克寒、王晓伟、张健、覃朝晖、孔祥莉、彭正坤、任晨灏、雷振
131	ZL201521104639.0	一种重力坝坝后大模板	实用新型专利	2016-06-01	吴都督、田福文、卢大文、罗长青、赵银超、周爱武
132	ZL201521021995.6	一种防回缩预应力钢绞线张拉装置	实用新型专利	2016-05-04	刘又仁、曾兆文、张志强、陈勇、蔡华奇、牛团辉、古帅甫、田北北、胡博程、陈虎、李永康、李瑶、孔维波、路来武、吴东旭
133	ZL201520927214.3	特大直径螺旋缝隙埋弧焊管成型外挖装置	实用新型专利	2016-05-04	李东升、吴广鹏、郑劲松、徐先林
134	ZL201410053810.3	散状物料高落差连续竖井运输方法及运输系统	发明专利	2016-06-15	刘志和、李兵、刘菊红、孙昌猛
135	ZL201521067609.7	一种格构柱快速定位装置	实用新型专利	2016-06-29	杨焕起、冯银诚、雷振、魏林、童优良
136	ZL201521104634.8	一种拼接式斜面钢栈桥	实用新型专利	2016-06-08	吴都督、田福文、卢大文、罗长青、曹学铭、胡俊峰
137	ZL201410372277.7	一种止水铜片成型装置	发明专利	2016-08-24	黎勇、谭峰、卓越、蒋建纬
138	ZL201620485283.8	一种免开筋孔的预制构件模具	实用新型专利	2016-12-07	杨晓彤、彭凯玲、蔡灿、彭昱、杨万和
139	ZL201620471347.9	一种预制构件免预埋线盒模具结构及线盒结构	实用新型专利	2016-11-16	杨晓彤、彭凯玲、蔡灿、彭昱、杨万和
140	ZL201620482678.2	一种预制构件组合模具	实用新型专利	2016-11-16	杨晓彤、彭凯玲、蔡灿、彭昱、杨万和
141	ZL201620445958.6	移动式物资存储仓库	实用新型专利	2016-12-07	陈勇、谢卫东、潘旭乐、张建清
142	ZL201620503317.1	一种自动平衡反压装置	实用新型专利	2016-12-07	李海滨、张文学、柴帅停、林发标、张海、蒋文
143	ZL201620439694.3	用于火电厂物料添加系统的过滤装置	实用新型专利	2016-12-07	夏敏
144	ZL201620462401.3	拉锚孔封堵装置	实用新型专利	2016-12-07	韩新忠、李金宝、任红专、胡晓军、李海滨、张文学、张广平、缪春波、万平、温继武
145	ZL201620470737.4	用于现场检测水泥砂浆抗压强度的试验仪	实用新型专利	2016-12-07	李海滨、张文学、王琦、张然
146	ZL201620429200.3	一种土工膜辅助施工设备	实用新型专利	2016-12-07	陈勇、谢卫东、张建清、王信成
147	ZL201510032130.8	热虹吸油冷却系统	发明专利	2016-09-14	陈笠、曾凡杜、韩可林、刘菊红、李跃兴、涂怀健、于永军、张祖义

续表

序号	专利号	专利名称	类型	法律公告日	发明人
148	ZL201620356818.1	一种钢结构水上作业平台	实用新型专利	2016-09-14	陈勇、谢卫东、王信成、张建清、潘旭乐、刘洋
149	ZL201620356831.7	钢模板修复平台	实用新型专利	2016-09-14	陈勇、谢卫东、张建清、刘洋
150	ZL201620356822.8	边坡支护排架搭设架	实用新型专利	2016-09-14	陈勇、谢卫东、张建清、李艳梅
151	ZL201620221114.3	一种桥墩墩身钢筋的钢筋骨架	实用新型专利	2016-08-24	李金宝、任红专、郭照辉、王宏金、钟高洁、胡晓军、曹建球、贺磊、王勇
152	ZL201620567292.1	一种水工混凝土结构缝止水模板	实用新型专利	2016-11-23	王玉利、田福文、张微微、王凯、李咸徐
153	ZL201510207052.0	用于钢管加劲环拼装的吊装装置	发明专利	2017-01-18	李如钢、毛健、王文明、张大文
154	ZL201620537678.8	用于沥青混凝土心墙施工的模板组件	实用新型专利	2016-11-09	王玉利、田福文、卢大文、卢树良、张微微
155	ZL201620611960.6	用于矿石胶带机的喷水降尘装置	实用新型专利	2016-11-30	黄良敏
156	ZL201620612002.0	喷雾降尘装置	实用新型专利	2016-11-30	周洪武
157	ZL201620661645.4	柴油发电机组集中冷却系统	实用新型专利	2016-12-07	蔡亚勤、李海山、刘钰、蔡长江
158	ZL201620661575.2	TBM预制管片翻片机	实用新型专利	2016-12-21	罗俭、崔春雨、宋丹、曾强、李勇恩、王飞跃
159	ZL201620718525.3	一种用于基础处理施工的孔内观测设备	实用新型专利	2016-12-21	姚瞻、邹爱明、唐光熊、赵永磊
160	ZL201620483638.X	一种多层式模具单元及预制构件模具	实用新型专利	2017-01-18	杨晓彤、彭凯玲、蔡灿、彭昱、杨万和
161	ZL201620735041.X	用于大型吊具装卸的垫板托举装置	实用新型专利	2016-12-28	刘宏、何龙成、王准、文翰、周艳春、舒国强、刘立军、张大文
162	ZL201620661822.9	门槽砼垂直送料机	实用新型专利	2016-12-14	蔡亚勤、李海山、郑旗
163	ZL201620704739.5	一种胶板切割刀具	实用新型专利	2016-12-14	刘宏、杨湘中、朱海强、吴志贤、徐拓、王金凤、韩艳红
164	ZL201620716951.3	一种用于钢筋笼加工的绕丝装置	实用新型专利	2016-12-14	周发海、何庚生、姜命强、王海东、郑文华、刘超
165	ZL201620745985.5	一种橡胶止水片施工模板	实用新型专利	2016-12-28	王玉利、张微微、徐文册、李咸徐
166	ZL201620734753.X	用于架桥卷扬机的排绳器	实用新型专利	2016-12-21	刘宏、何龙成、王准、文翰、周艳春、舒国强、刘立军、张大文
167	ZL201620644957.4	一种用于路面混凝土施工的通用模板	实用新型专利	2016-12-21	王玉利
168	ZL201620723608.1	一种车辆清洗系统	实用新型专利	2016-12-21	王玉利、张微微、王凯、王燕
169	ZL201620812406.4	独立式沥青脱桶装置	实用新型专利	2017-01-11	席峰、朱小凡、肖瑜、刘烁烨
170	ZL201620812409.8	简易架桥机	实用新型专利	2017-01-11	刘杰、罗继忠、皮海迪
171	ZL201620860350.X	一种钢绞线穿线装置	实用新型专利	2017-01-11	刘又仁、秦宝和、曾一宸、岳耀星、陈勇、张志强
172	ZL201620620909.1	一种用于钢筋安装的定位装置	实用新型专利	2017-02-08	王玉利、张微微、徐文册、王燕
173	ZL201620371946.3	用于地铁车站侧墙的模板组件	实用新型专利	2016-12-14	王建辉、姜克寒、高东东、杨光、姜永涛、吴玉山、李宁、朱辉、任纪华、周成丰、王志龙
174	ZL201620160851.7	一种三维堆石冲洗系统	实用新型专利	2016-08-24	周虎、陈长久、周德文、田福文、乔志超、申若竹、梁寅鹏
175	ZL201620284009.4	侧墙自行式三角桁架	实用新型专利	2016-08-17	朱瑞喜、胡德华、常彦博、王晓伟、梁晓亮、任彦顺、姜克寒

续表

序号	专利号	专利名称	类型	法律公告日	发明人
176	ZL201620964872.4	坡面施工物料转运装置	实用新型专利	2017-02-22	张微微
177	ZL201621002631.8	隧道掘进机步进施工段钻爆洞径检测工具	实用新型专利	2017-03-22	刘宏、柯珊、王金凤、简晓辉、舒晔、唐方红、王兴科
178	ZL201620898105.8	一种模板固定组件	实用新型专利	2017-02-22	于永军、杨静、梁志亮、陈利、熊伟
179	ZL201620904431.5	一种水泥和水玻璃双液灌浆装置	实用新型专利	2017-02-22	冯辉
180	ZL201620892354.6	仓面混凝土浇筑系统	实用新型专利	2017-02-08	徐国强、黄益彬、何井斌、田忠庆、叶东生、文贵林
181	ZL201620904639.7	布料机清扫装置	实用新型专利	2017-02-08	刘宏、赵德华、黄灏、董月、周艳春、赖周伟
182	ZL201620611926.9	机械破粉压带轮	实用新型专利	2017-02-08	唐强
183	ZL201620904546.4	一种用于隧洞边墙混凝土施工的无轨模板台车	实用新型专利	2017-02-08	万勇、苏小琳
184	ZL201621017240.3	一种便于转场的灌浆集成站	实用新型专利	2017-03-22	贺毅、陈智、袁水、王海东、姜命强、李署泽、肖国辉
185	ZL201511002446.9	一种大跨度高落差梁板封闭的贝雷架拆除的施工方法	发明专利	2017-03-29	黄益彬、何井斌、田忠庆
186	ZL201620734754.4	用于隧洞开挖支护的自行式钻爆台车	实用新型专利	2017-04-05	帅要刚、蒋正荣、周洋、邵树华、颜振宇、周艳春
187	ZL201620912561.3	用于高陡边坡的钻孔装置	实用新型专利	2017-04-05	贺毅、王海东、姜命强、王森
188	ZL201620504084.7	一种装配式门、窗孔洞模具	实用新型专利	2016-11-16	杨晓彤、彭凯玲、蔡灿、彭昱、杨万和
189	ZL201621012892.8	隧道掘进机背装式盘形滚刀紧固装置	实用新型专利	2017-04-12	简晓辉、李文革、王金凤、柯珊、舒晔、牛五小、唐方红、李浩、邹学武、张兴虎
190	ZL201621102097.8	一种水利水电工程用转梯	实用新型专利	2017-04-19	武文斌
191	ZL201621145065.6	跨线连续梁拆除用支架	实用新型专利	2017-05-03	李亚民、陈钆、艾祖斌、黄巍、杨鑫、高天、卓越、杨雳、蒋帆、袁野、卢超、朱泽雨、刘铮、雷博文、何高勇
192	ZL201621055589.6	碾压混凝土受料分料器	实用新型专利	2017-03-29	周洪云、田福文、卢大文、秦克红
193	ZL201510495051.0	一种预冷混凝土生产骨料风冷系统	发明专利	2017-05-17	陈笠
194	ZL201621216040.0	综合管廊	实用新型专利	2017-05-17	卓越
195	ZL201510067579.8	一种U型预应力锚索的应力测试方法	发明专利	2017-04-05	文海家、廖旭、姜命强、贺毅、焦水存、张岩岩
196	ZL201621085149.5	一种免开筋孔的边模及叠合板模具	实用新型专利	2017-04-05	杨浩、李彪奇、杨万和、高晟辉、黄巍
197	ZL201310426510.0	一种环氧树脂多胺固化剂及一种水性环氧固化剂乳液	发明专利	2016-02-10	李桃凡、李素芳、田承宇、黄娟萍、王聪聪、何德强、刘婷婷
198	ZL201621122378.X	沟槽开挖路面保护装置	实用新型专利	2017-06-06	肖业平、孟刚、廖治中、岳子栋、李明、陈盼、潘启雄、岩永
199	ZL201621221944.2	无缝廊道模板	实用新型专利	2017-06-16	吴都督、罗长青、殷世芬、李继銮、陈欣、胡俊峰

续表

序号	专利号	专利名称	类型	法律公告日	发明人
200	ZL201621377183.X	沟槽支撑体系保护装置	实用新型专利	2017-06-30	孟 刚、肖业平、廖治中、岳子栋、陈智源、潘启雄
201	ZL201621409658.9	一种管道内可快速拆装的挡水装置	实用新型专利	2017-07-07	臧建光、黄 巍、吴林艳、朱文彬、周小雨、严武升、范 文、崔小明
202	ZL201621416918.5	预制墙体模具装置	实用新型专利	2017-07-07	郭 波、刘卫星、李彪奇、陶 峰、唐梓程
203	ZL201510977268.5	炉渣余热回收利用装置	发明专利	2017-07-25	夏 敏
204	ZL201720099902.4	一种用于地铁地表沉降测点的钻孔设备	实用新型专利	2017-08-25	谢长江、沈绍罗、张元杰、尹光景、张 峰、王 军、薛伟栋、王 刚、韩 英、刘菊梅、何佳佳
205	ZL201720086518.0	一种移动式同条件自动养护装置	实用新型专利	2017-08-25	谢长江、肖振东、邹 淼、胡琼璨、易军旗、曾 骅、黄 家、魏航征、孙永亮、姚向阳
206	ZL201720070278.5	一种用于建筑外墙作业的吊装保护装置	实用新型专利	2017-08-18	廖治中、肖业平、唐其林、岳子栋、潘启雄
207	ZL201720046541.7	管式下料斗	实用新型专利	2017-08-18	潘仲平
208	ZL201720086572.5	一种混凝土同条件养护架装置	实用新型专利	2017-09-01	李海滨、田承宇、张文学、张 海、林发标、柴帅停、蒋 文、谭 乐、李林旺
209	ZL201621481554.9	一种混凝土坝体内廊道模板支撑架装置	实用新型专利	2017-09-22	刘更军、涂怀健、于永军、曾凡杜、周政国、韩可林
210	ZL201720209198.3	一种可调式平衡吊梁	实用新型专利	2017-09-26	杨 浩、刘卫星、李彪奇、陶 峰、杨万和、黄 巍、于永军、涂怀健、曾凡杜
211	ZL201510207155.7	用于工程设备的吊装装置及吊装方法	发明专利	2017-10-13	毛 健、李如钢、尹新贵、王文明、张大文
212	ZL201720324718.5	一种可拆卸式预制混凝土围墙系统	实用新型专利	2017-11-24	于兴虎、黄 巍、曾建龙、蒋晓平、田江峰
213	ZL201720399979.3	一种混凝土细骨料冷却装置	实用新型专利	2017-11-24	李跃兴、陈 笠、曾凡杜、张 鲲、王希森、刘菊红
214	ZL201720339745.X	装配式建筑预制坡屋结构	实用新型专利	2017-12-01	陶 峰、刘卫星、李彪奇、廖满军、杨 浩、郭 波、唐梓程、黄 巍、曾凡杜
215	ZL201720519042.5	一种TBM主电机联轴器拆卸工具	实用新型专利	2017-12-05	刘 宏、尹岳降、柯 珊、简晓辉、周艳春、郭 勇
216	ZL201720561413.6	一种地下连续墙钢筋笼防绕流装置	实用新型专利	2017-12-05	洪 源、李晓阳、常彦博、丁亮亮、夏 开、王星龙
217	ZL201720535885.4	一种预制构件模具及其箍筋密封堵浆系统	实用新型专利	2017-12-15	杨万和、李 宏、李彪奇、廖满军
218	ZL201720681143.2	一种简支混凝土下料装置	实用新型专利	2018-01-05	田忠庆、张培军、田福文、樊传刚、彭忠凡、梁 浩、姜 炜、蒋海涵、李大河
219	ZL201720731802.9	一种旋转喷雾机平台	实用新型专利	2018-01-05	杨 静、周震钧、王信成、张建清、梁志亮
220	ZL201720729109.8	一种碾压混凝土铜止水固定架	实用新型专利	2018-01-05	周洪云、田福文、卢大文、魏 毅、曾 淋、申林辉、刘 春、张微微
221	ZL201720492873.8	一种预制墙板及其连接结构	实用新型专利	2018-02-02	李彪奇、杨万和、黄 巍、卓 越

续表

序号	专利号	专利名称	类型	法律公告日	发明人
222	ZL201610351449.1	一种预制构件模具	发明专利	2018-02-02	杨晓彤、彭凯玲、蔡灿、彭昱、杨万和
223	ZL201610490194.7	门槽砼垂直送料机	发明专利	2018-02-02	蔡亚勤、李海山、郑旗
224	ZL201720803474.9	一种堆石混凝土专用预制模板系统	实用新型专利	2018-02-02	周德文、张鲲、刘更军
225	ZL201720834177.0	楼梯间预制隔墙	实用新型专利	2018-02-02	于兴虎、黄巍、曾建龙、李彪奇、田江峰
226	ZL201720029050.1	高土石坝中复合土工膜表面柔性应变计的安装结构	实用新型专利	2017-08-25	袁艺、李桃凡、江世勇、尹光景、谢长江、董永琴、周克明
227	ZL201720761115.1	一种预设吊装孔的深基坑混凝土支撑结构	实用新型专利	2018-02-02	肖育斐、王巧华、易军旗、刘五一、王石溪、阳军生、王立川、施广鑫
228	ZL201621095530.X	一种建筑用吊装装置	实用新型专利	2017-04-19	李建伟、周国栋、朱姜、程少博
229	ZL201720295725.7	深层岩体或土体沉降变形测试装置的竖向沉降磁环结构	实用新型专利	2017-11-21	姜永涛、姜克寒、周中、高东东、杨光、张齐芳、岳志坤、杨金庞、朱辉、张家贺、耿石军、周成丰、汪志峰、李光山、李丹
230	ZL201720295724.2	一种深层岩体或土体变形测试回填装置	实用新型专利	2017-11-21	姜永涛、姜克寒、高东东、周中、杨金庞、朱辉、杨光、张齐芳、耿石军、岳志坤、张家贺、周成丰、汪志峰、李光山、李丹
231	ZL201720296705.1	一种开挖面底部沉降变形监测装置	实用新型专利	2017-12-19	姜永涛、姜克寒、杨光、高东东、周中、张彬然、岳志坤、张家贺、杨金庞、朱辉、耿石军、周成丰、汪志峰、李光山、李丹
232	ZL201720641169.4	一种模板结构及其对拉螺杆张拉封堵装置	实用新型专利	2018-02-09	臧建光、李宏、黄巍
233	ZL201610783587.7	隧道掘进机背装式盘形滚刀紧固装置	发明专利	2018-02-09	简晓辉、李文革、王金凤、柯珊、舒晔、牛五小、唐方红、李浩、邹学成、张兴虎
234	ZL201720923105.3	一种强透水松散地层快速堵漏装置	实用新型专利	2018-02-16	郭国华、邹爱明、杨志清、杨齐
235	ZL201720921706.0	一种骨料运输防破碎装置	实用新型专利	2018-02-16	周洪武、刘金明
236	ZL201720922752.2	一种用于带式输送机的卸料装置	实用新型专利	2018-02-16	周洪武、刘金明
237	ZL201720957041.9	一种用于控制混凝土坝温度的智能通水管路系统	实用新型专利	2018-02-27	杨静、周震钧、陈文夫、刘洋、梁志亮
238	ZL201720892427.6	一种接缝灌浆预埋管路装置	实用新型专利	2018-02-27	王峰、田福文
239	ZL201720339917.3	预制剪力墙纵向连接钢筋的校正装置	实用新型专利	2018-02-27	杨浩、刘卫星、李彪奇、陶峰、黄巍、曾凡杜
240	ZL201720518959.3	带预制外挂板的装配式建筑体	实用新型专利	2018-02-27	黄巍、于兴虎、王沁、曾建龙、蒋晓平、李彪奇
241	ZL201720834600.7	带预制隔墙的卫生间装配式建筑体	实用新型专利	2018-02-27	于兴虎、黄巍、曾建龙、蒋晓平、李彪奇
242	ZL201720855850.9	节能燃气锅炉	实用新型专利	2018-03-09	夏敏、戴作友、刘豫、张仁祥
243	ZL201721082842.1	一种钻机断裂钻杆捕捞器	实用新型专利	2018-03-16	罗涛、汤福勇、王金凤、张磊、周艳春、余宏林
244	ZL201510985526.4	一种多层重叠空区并段台阶中深孔崩落处理方法	发明专利	2018-03-20	朱海强、师要刚、吴志贤、朱文敏、刘宏、徐拓、周艳春、王金凤
245	ZL201721073415.7	一种灌浆抬动装置	实用新型专利	2018-04-10	冯辉、姜命强

续表

序号	专利号	专利名称	类型	法律公告日	发明人
246	ZL201721107490.0	桥面系施工轨道吊运装置	实用新型专利	2018-04-10	胡晓军、吴东旭、常彦博、周涛、陈勇、钟高洁、杨智桥
247	ZL201721108365.1	膺架现浇梁支架整体自动拆除装置	实用新型专利	2018-04-10	胡晓军、吴东旭、常彦博、陈勇、钟高洁、杨智桥、王志勤
248	ZL201721097941.7	一种用于胶带机输送带的保护装置	实用新型专利	2018-04-10	陈卫阳、林立强、刘金明、方良兴、王明、杨成凤
249	ZL201720956567.5	一种用于止水埋设的卷筒装置	实用新型专利	2018-04-10	杨静、周震钧、陈文夫、刘建程、黄志勇
250	ZL201721045426.4	棒磨机骨料输送器	实用新型专利	2018-04-10	缪华华、薛英杰、刘金明
251	ZL201721058800.4	用于T梁钢筋绑扎的胎架结构	实用新型专利	2018-04-10	刘帆、黄巍、袁野、杨鑫、卢超、邓旸、何志兰、孟金懿、朱泽宇、肖啸华、郑雄、刘兴、王伯俞
252	ZL201721108230.5	桥面系施工轨道转运装置	实用新型专利	2018-04-10	胡晓军、吴东旭、常彦博、周涛、陈勇、钟高洁
253	ZL201721192586.1	竖井井口模块化封口装置	实用新型专利	2018-04-10	才俭峰、王飞跃、彭运河、李重用、张帅、张晓辉、余健
254	ZL201720982991.7	一种带式输送机的桁架提升装置	实用新型专利	2018-04-10	季土荣、刘金明
255	ZL201721193621.1	S型双向旋转楼梯	实用新型专利	2018-04-10	谢君佐、朱永泉、彭运河、陈宇、唐小波、蒋鸿雁
256	ZL201610163800.4	一种桥墩墩身钢筋的施工方法及钢筋骨架	发明专利	2018-04-13	闫立忠、李金宝、庞希海、任红专、郭照辉、王宏安、钟高洁、胡晓军、曹建球、张广平
257	ZL201721238985.7	用于厂房的多功能皮带机混凝土输送系统	实用新型专利	2018-04-13	郭大军、刘豫、侯伏强、王晖、祝敏、邓亚平、余邦全、朱彬
258	ZL201720892413.4	砂浆铺设装置	实用新型专利	2018-04-13	王玉忻、田福文、卢大文
259	ZL201610909747.8	一种多跨高架桥梁的连续倾倒式拆除方法	发明专利	2018-04-17	卓越
260	ZL201721238983.8	一种用于大体积碾压混凝土入仓的可提升钢栈桥装置	实用新型专利	2018-04-20	沈有辉、陈望、吴仕红
261	ZL201721258062.8	一种防护架及防护结构	实用新型专利	2018-04-27	臧建光、杨万和、李宏
262	ZL201721268946.1	跨线连续梁整跨拆除用组合支架	实用新型专利	2018-05-01	李亚民、黄巍、涂怀健、于永军、刘帆、彭攀、谢浪、李刚、袁野、卢超、高天、何志兰、王伯俞、郑雄、刘兴、杨鑫
263	ZL201721271860.4	弧形铜止水连续加工设备	实用新型专利	2018-05-01	赵文成、殷运涛、何元志
264	ZL201721184898.8	皮带拉力可调装置	实用新型专利	2018-05-01	刘光、潘仲平、刘金明
265	ZL201721348754.1	一种混凝土预冷及预热一体化装置	实用新型专利	2018-05-08	陈笠、曾凡杜、贺磊、张鲲、于永军、涂怀健
266	ZL201720441981.2	一种预制盾构管片土压力计埋设装置	实用新型专利	2017-12-08	张健、刘五一、周中、涂怀健、常彦博、王建辉、于永军、邢凯
267	ZL201721223601.4	一种污水处理系统中的泥浆位置检测装置	实用新型专利	2018-05-01	潘仲平、刘金明
268	ZL201721537995.0	一种土体沉降测试仪自定位沉降环	实用新型专利	2018-05-11	张健、周中、刘五一、邢凯、涂怀健、常彦博、王建辉、秦坤元
269	ZL201721356215.2	用于钢栈桥钢管桩的多用途导向架	实用新型专利	2018-05-15	李亚民、黄巍、郑雄、刘兴、朱欣、苏迎瑞、谢惠军、邓宁宇、王沁、樊军、胡志敏、周黎

续表

序号	专利号	专利名称	类型	法律公告日	发明人
270	ZL201721494682.1	一种旋转构件焊机地线连接装置	实用新型专利	2018-05-15	龚 珍、曹雪红、谢湘权、肖春林、莫小勇
271	ZL201721538011.0	一种测斜管	实用新型专利	2018-05-29	刘五一、张 健、周 中、邢 凯、涂怀健、常彦博、王建辉、秦坤元
272	ZL201721453655.X	一种消能预制件结构	实用新型专利	2018-05-29	吴都督、罗长青、田福文、卢大文、龚永生、李 准、杨金宇、范 星、张向东、张勇智、李晓娟、李先高
273	ZL201721462495.5	一种大体积混凝土冷水供应装置	实用新型专利	2018-05-29	陈 笠、张吉峰、于永军、曾凡杜、贺 磊、张 鲲、涂怀健
274	ZL201721477666.1	灌浆孔口快速连接器	实用新型专利	2018-06-08	彭林峰、姜命强、江月彬
275	ZL201721505497.8	TBM内循环水系统	实用新型专利	2018-06-08	尹岳隆、柯 珊、朱文辉、韩 强、周艳春、罗 锋
276	ZL201721622213.3	一种隧洞混凝土养护修补台车	实用新型专利	2018-06-08	赵文成、何元志
277	ZL201721640237.1	一种地铁车站施工场地内便捷照明灯架	实用新型专利	2018-06-08	杨焕起、蔺文斌、陈克兵、谢 星、肖秋莲
278	ZL201721571769.4	一种通气孔免拆模板	实用新型专利	2018-06-08	张微微、王玉利、田福文、上官志强、卢大文、周洪云
279	ZL201510896063.4	一种用于地铁运营隧道的地面纠偏回调方法	发明专利	2018-06-15	刘 邦、李 季、邓 琳、唐 勇、常彦博、梁晓亮、张 健、王晓伟、张 俊、雷 振
280	ZL201721638862.2	焊机固定装置	实用新型专利	2018-06-15	杨贤俊、周德和、陈 欣、杨 明、曾 坤、陈倚萱、黄宇奇、黄湘艳、熊 辉、王 真
281	ZL201610647337.0	一种钢绞线穿线装置	发明专利	2018-06-22	刘又仁、秦宝和、曾一宸、岳耀星、陈 勇、张志强
282	ZL201721097285.0	鄂破进料口堵石处理装置	实用新型专利	2018-06-22	林立强、陈卫阳、刘金明、方良兴、杨加雷、杨成凤
283	ZL201721579083.X	转子磁轭键槽拉刀的导向装置	实用新型专利	2018-06-22	何 毅、周长征、严栋梁
284	ZL201721628638.5	自升式液压止水模板	实用新型专利	2018-06-22	杨 静、周震钧、陈文夫、曲 猛、潘旭乐
285	ZL201721690906.6	一种大跨度洞室顶拱支护系统	实用新型专利	2018-06-22	李才平、廖 彬、田福文、王新龙、朱子尚
286	ZL201721629025.3	一种TBM边刀刀箱定位测量工具	实用新型专利	2018-07-03	柯 珊、周艳春、刘 宏、韩 强
287	ZL201721638806.9	移动式脚手架	实用新型专利	2018-07-03	杨贤俊、王 真、陈倚萱、周德和、黄宇奇、曾 坤
288	ZL201720324278.3	可拆卸式预制混凝土围墙	实用新型专利	2018-07-06	曾建龙、黄 巍、蒋晓平、于兴虎、刘伏良、王 沁、谭剑锋
289	ZL201721731847.2	一种隧洞弧形底板混凝土拖模装置	实用新型专利	2018-07-06	沈有辉、陈 望、周源海、吴仕红、宋 丹、罗 俭
290	ZL201721486637.1	一种倒悬体预制混凝土模板装置	实用新型专利	2018-07-13	周洪云、田福文、卢大文、张 毅、范正忠、肖 国、吴克勇
291	ZL201721065973.9	一种预埋件堵浆装置及楼板预制结构	实用新型专利	2018-07-17	李 宏、李彪奇、刘卫星
292	ZL201721065647.8	一种预制保温外墙板	实用新型专利	2018-07-20	李 宏、王 亚、李彪奇、衣智明
293	ZL201710018440.3	高土石坝复合土工膜表面柔性应变计的安装结构及方法	发明专利	2018-08-07	袁 艺、李桃凡、江世勇、尹光景、谢长江、董永琴、周克明

续表

序号	专利号	专利名称	类型	法律公告日	发明人
294	ZL201610918643.3	跨线连续梁拆除方法及拆除用支架	发明专利	2018-08-10	李亚民、艾祖斌、陈钒、黄巍、卢超、高天、卓越、杨霁、蒋帆、朱向阳、袁野、李杰、何志兰、熊利、苏坤、黄深镜
295	ZL201820001954.8	一种可被翻越的错车平台	实用新型专利	2018-08-10	柯珊、李文革、刘宏、舒晔、周艳春、王金凤
296	ZL201820007214.5	一种大跨度多连拱拱式渡槽或桥梁的支撑系统	实用新型专利	2018-08-10	朱宝锋、田福文、卢大文、宋德伟、侯炼、杨余秀
297	ZL201820001875.7	一种灌注桩桩头的凿除装置	实用新型专利	2018-08-17	薛芳、田福文
298	ZL201820055661.8	一种埋弧焊机	实用新型专利	2018-08-17	梁海军、李耀辉、张炳、黄良
299	ZL201820151911.8	一种用于山地密林的测量棱镜头	实用新型专利	2018-08-17	马超甫、赵云鹏、刘金明、张吉道、向宇阳、邓奇、阳涛、刘欣、杨赛
300	ZL201610993530.X	综合管廊	发明专利	2018-08-21	卓越
301	ZL201820058563.X	用于公路面层的补缝条	实用新型专利	2018-08-24	丁功涛、卢大文
302	ZL201820041901.9	一种适用于水利施工的起重扒杆	实用新型专利	2018-08-24	谢中涵、黄运财、田福文、任斌辉、曾雪涛、秦华烁、李佳乐、蔡璨、张玉瑾
303	ZL201820091569.7	硫磺砂浆自动搅拌机	实用新型专利	2018-08-31	宛淇飞、贺豫奎、高连庆、李金宝、汝吉旺、何清华、戴煌亮、陈浩
304	ZL201820131881.4	用于轮轨式移梁机大车行走机构千斤顶的防脱落装置	实用新型专利	2018-09-07	刘宏、何龙成、刘立军、韩强、张弛宇
305	ZL201820135470.2	一种混凝土布料机重量限制器及混凝土布料机	实用新型专利	2018-09-07	黄颢、董月、孙祯祥、赵文斌、叶卓鹏、李财钰、赖周伟、陈欢庆、周亮、陈银领、胡逵、李青青、周齐
306	ZL201820152135.3	一种输送皮带接头胶接面的剥层装置	实用新型专利	2018-09-07	程飞、黄飞彪、刘金明、陈敬收
307	ZL201820109754.4	一种用于检查孔封堵的吊封装置	实用新型专利	2018-09-14	杨静、刘文升、刘洋、王信成、潘旭乐
308	ZL201820169374.X	一种钢结构抹面平台	实用新型专利	2018-09-14	刘斌、田福文、马懿、王志浩
309	ZL201820177649.4	一种土石围堰与混凝土围堰的交接面防渗装置	实用新型专利	2018-09-21	李佳乐、田福文、赵广周、黄运财、任斌辉、蔡璨、张玉瑾、秦华烁、曾雪涛、谢中涵
310	ZL201820198959.4	一种防汛挡水装置	实用新型专利	2018-09-21	卓越、于永军
311	ZL201820232764.7	布料机桁架伸缩驱动总成的支撑套架	实用新型专利	2018-09-21	刘宏、黄颢、董月、陈欢庆、郑言超、王文明、王金凤、孙祯祥、李财钰
312	ZL201510947954.8	一种混凝土生产细骨料预冷装置	发明专利	2018-10-12	陈笠、曾凡杜、韩可林、刘菊红、李跃兴、涂怀健、于永军、张祖义
313	ZL201820321609.2	一种预制构件灌浆缝密封装置	实用新型专利	2018-10-12	王亚、李彪奇、杨万和
314	ZL201820321646.3	一种预制集成储能墙板	实用新型专利	2018-10-12	王伟、李彪奇、杨万和
315	ZL201820347148.6	一种隧洞内简易起吊装置	实用新型专利	2018-10-16	柯珊、周艳春、刘宏、徐珂
316	ZL201820354972.4	一种大风天气下大坝水平仓面保温被固定结构	实用新型专利	2018-10-26	杨静、刘洋、左顺河
317	ZL201820377443.6	适用于混凝土廊道的保温门	实用新型专利	2018-10-26	杨静、刘文升、刘洋、徐正雷

续表

序号	专利号	专利名称	类型	法律公告日	发明人
318	ZL201820377489.8	一种钢筋混凝土叠梁门挡水结构	实用新型专利	2018-10-26	周洪云、田福文、卢大文、蒋小平、魏毅、曾淋
319	ZL201820393714.7	适用于冷却水管敷设的弧形间距定位卡	实用新型专利	2018-10-26	杨静、刘文升、刘洋
320	ZL201820390222.2	一种预制构件斜支撑底部埋件及其预埋结构	实用新型专利	2018-10-26	李彪奇、杨万和、王亚
321	ZL201820390906.2	一种预制构件斜支撑及其安装结构	实用新型专利	2018-10-26	李彪奇、杨万和、王亚
322	ZL201820401648.3	一种预制构件存储、运输架	实用新型专利	2018-10-26	王伟、李彪奇、杨万和、龙凤
323	ZL201820401038.3	一种板状预制构件的堆放、运输架	实用新型专利	2018-10-26	王伟、李彪奇、杨万和、龙凤
324	ZL201820392688.6	适用于混凝土坝的坝后装配式防护栈桥	实用新型专利	2018-11-09	杨静、刘洋、潘旭乐
325	ZL201820492132.4	一种装配式预制构件的立体生产系统	实用新型专利	2018-11-09	杨万和、李彪奇、李宏
326	ZL201820442798.9	一种大风天气下混凝土廊道侧墙及底板的保温固定结构	实用新型专利	2018-11-16	杨静、刘洋、刘文升
327	ZL201820570251.7	侧墙模板台车	实用新型专利	2018-11-16	雷振、唐勇、彭正坤、曾绍军、赵南杰、任晨灏、夏强、罗灯
328	ZL201820393318.4	适用于岩质边坡的悬挑钢平台	实用新型专利	2018-11-16	杨静、刘洋、潘旭乐
329	ZL201820052110.6	铁路箱型梁架桥机的绞座式前支腿	实用新型专利	2018-11-23	刘宏、何龙成、王金凤、刘立军、王准、周艳春、张驰宇、刘开双
330	ZL201820545005.6	一种土工CBR试件养护及收纳装置	实用新型专利	2018-11-23	李海滨、蒋文、谭乐、柴帅停、林发标
331	ZL201820581427.9	一种混凝土廊道预制件的定型模板	实用新型专利	2018-11-23	马伟、卢大文、陈飞焱
332	ZL201820392848.7	适用于混凝土坝缓坡面的防护装置	实用新型专利	2018-11-23	杨静、刘洋、潘旭乐
333	ZL201820598775.7	用于中顶板施工的模板台车	实用新型专利	2018-11-23	雷振、彭正坤、唐勇、赵南杰、任晨灏、夏强、罗灯
334	ZL201820598878.3	收放式中顶板施工用模板台车	实用新型专利	2018-11-23	雷振、彭正坤、唐勇、赵南杰、任晨灏、夏强、罗灯
335	ZL201610705475.X	覆盖层下溶洞发育地层的防渗施工方法	发明专利	2018-11-30	张黎波、姜命强、王海东、赵志红、邱俊沣
336	ZL201720075450.6	一种建筑施工用提升装置	实用新型专利	2017-09-01	胡晓军、何玉先、王勇、桑松松
337	ZL201720032533.7	一种装修用水泥浆搅匀设备	实用新型专利	2017-09-01	胡晓军、何玉先、李建伟、殷灿、叶灿森
338	ZL201820492109.5	一种装配式建筑现浇模板及封堵结构	实用新型专利	2018-12-07	李宏、李彪奇
339	ZL201820699167.5	一种方管桁架连接结构	实用新型专利	2018-12-07	杨承志、曾凡杜、于永军、韩可林、罗艳、张静
340	ZL201820693552.9	一种施工现场用气瓶运输车	实用新型专利	2018-12-07	张微微、王玉利、卢大文、吴高进
341	ZL201820771631.7	一种易于卸渣的旋挖钻机钻头	实用新型专利	2018-12-18	周发海、孟刚、姜命强、蒋和平、王海东
342	ZL201820801260.2	用于江边取水的悬挑式取水装置	实用新型专利	2018-12-18	刘金明、王绍明、陈敬收、王涛、黄良敏
343	ZL201820830885.1	一种用于钻孔灌注桩钢筋笼的可拆卸吊筋系统	实用新型专利	2018-12-28	蒋和平、王海实、简安邦、陶向东、邓立雄、彭林峰

续表

序号	专利号	专利名称	类型	法律公告日	发明人
344	ZL201820823316.4	TBM后配套设备轨道	实用新型专利	2018-12-28	刘宏、王晓全、简晓辉、王文明、朱海强、舒晔、唐方红
345	ZL201820976801.5	一种高山峡谷地区河道截流系统	实用新型专利	2019-01-29	杨承志、于永军、韩可林
346	ZL201820599377.7	启闭式中顶板施工用模板台车	实用新型专利	2019-02-01	雷振、彭正坤、唐勇、赵南杰、任晨灏、夏强、罗灯
347	ZL201820949359.7	可调节式收面用模板支撑装置	实用新型专利	2019-02-01	杨静、朱云峰、刘建程
348	ZL201821012172.0	竖井井内吊盘水平调节系统	实用新型专利	2019-02-01	才俭峰、罗俭、吴文兵、张晓辉、余健、巩炳南
349	ZL201821100837.3	制冷设备检修用自动排放氟利昂装置	实用新型专利	2019-02-01	陈笠、张吉锋、曾凡杜、涂怀健、于永军
350	ZL201821100890.3	制冷设备检修用自动排放氨装置	实用新型专利	2019-02-01	陈笠、于永军、张吉锋、曾凡杜、涂怀健
351	ZL201820884739.7	一种预制墙板及装配式建筑墙板纵向连接结构	实用新型专利	2019-02-12	李彪奇、李宏、王亚、王伟
352	ZL201821100677.2	一种拱坝支撑大梁模板结构	实用新型专利	2019-02-19	杨承志、于永军、杨静、韩可林、曾凡杜、罗艳
353	ZL201820989624.4	一种水下钢筋混凝土预制模板	实用新型专利	2019-02-22	周洪云、田福文、蒋小平、魏毅、赵文明、李艳梅、罗庆欣
354	ZL201820997291.X	一种水下混凝土浮箱模板结构	实用新型专利	2019-02-22	周洪云、田福文、蒋小平、魏毅、夏兵兵、王峰
355	ZL201821042054.4	用于高拱坝倒悬部位作业的吊篮系统	实用新型专利	2019-02-22	杨承志、于永军、杨静、曾凡杜、韩可林、潘旭乐、罗艳
356	ZL201821037296.4	一种悬挑式取水装置及其安装结构	实用新型专利	2019-03-01	杨承志、曾凡杜、于永军、韩可林、罗艳
357	ZL201821183225.5	带自动冲洗功能的砂石输送装置	实用新型专利	2019-03-01	陈卫阳、刘金明、欧阳克胜、李津科、熊建华、杨成凤、李林泉
358	ZL201821355960.X	电缆自动敷设器	实用新型专利	2019-03-01	夏敏、聂朗、于新惠、张仁祥、肖锋
359	ZL201821239768.4	塔筒防撞装置	实用新型专利	2019-03-05	张丙、汤怀亮、黄良、梁海军、吴昊
360	ZL201820736591.2	一种坝基裂缝渗水的处理装置	实用新型专利	2019-03-05	杨静、朱云峰、欧阳卫星
361	ZL201610272864.8	用于地铁车站侧墙的模板组件	发明专利	2019-03-08	王建辉、姜克寒、高东东、杨光、姜永涛、吴玉山、李宁、朱辉、任纪华、周成丰、王志龙
362	ZL201821451402.3	一种竖向深孔地质探测装置	实用新型专利	2019-03-22	周艳春、曹瑞东、孔德彪、刘成云、魏兰、郭晶、杨婷、徐珂
363	ZL201821228718.6	自适应隧洞开挖钻爆台车	实用新型专利	2019-03-22	罗继忠
364	ZL201821181199.2	一种堆场地弄加固结构	实用新型专利	2019-03-22	杨承志、于永军、曾凡杜
365	ZL201821247508.1	用于导流隧洞的配重闸门单元及闸门、安装系统	实用新型专利	2019-03-22	杨承志、于永军、曾凡杜
366	ZL201821183243.3	半灌浆套筒	实用新型专利	2019-03-29	杨浩、刘卫星、何光华、黄巍、张永初、郭鑫、潘森森、唐杰
367	ZL201821184135.8	桥梁顶升用限位装置	实用新型专利	2019-03-29	黄巍、李亚民、刘帆、刘兴、王敬震
368	ZL201821394981.2	一种用于大型轮胎拆装的机械设备	实用新型专利	2019-04-05	张弛宇、刘立军、何龙成、曹瑞东、刘成云
369	ZL201821367540.3	桥梁钻孔桩渣样收集装置	实用新型专利	2019-04-12	陆剑明、何军、郭照辉、钟高洁、于世军、高庚元

续表

序号	专利号	专利名称	类型	法律公告日	发明人
370	ZL201821384106.6	用于塔式起重机的销轴拆装装置	实用新型专利	2019-04-12	周艳春、曹瑞东、徐 珂、孔德彪、刘成云、杨 婷、魏 兰、郭 晶
371	ZL201821364755.X	组合式防护架	实用新型专利	2019-04-19	杨 浩、刘卫星、何光华、黄 巍、张永初、郭 鑫、潘淼淼、唐 杰
372	ZL201821532320.1	冻结法施工用冷冻装置	实用新型专利	2019-04-19	陈 笠、曾凡杜、于永军、涂怀健
373	ZL201820997174.3	车辆跨越管道用支撑架	实用新型专利	2019-04-19	杨 静、刘 洋、刘文升
374	ZL201821365347.6	钢筋混凝土支撑梁拆除用液压升降承重平台	实用新型专利	2019-04-19	唐 勇、雷 振、任晨灏、赵南杰、夏 强、罗 灯、曾绍军
375	ZL201821355879.1	可调节竖井模板	实用新型专利	2019-04-26	罗继忠
376	ZL201821357053.9	外支撑装配式桁架悬臂模板	实用新型专利	2019-04-26	罗继忠
377	ZL201821505479.4	一种混凝土下料溜筒加工装置	实用新型专利	2019-05-03	杨 静、赵 强、左顺河
378	ZL201821532355.5	用于热虹吸油冷却工艺制冷系统的制冷剂充注装置	实用新型专利	2019-05-03	陈 笠、于永军、涂怀健、曾凡杜
379	ZL201821533233.8	风电塔筒装卸车用液压升降装置	实用新型专利	2019-05-03	邝任廷、徐先林、刘棉场、吕朝辉、刘同兵、刘 俊、吴 聪、严 圆、刘 力
380	ZL201821570300.3	筒形件转运装置	实用新型专利	2019-05-03	张 盛、李 露、吴师思、任勇刚
381	ZL201821387303.3	一体式钢筋施工辅助装置	实用新型专利	2019-05-10	朱 欣、黄 巍、李亚民、刘 兴、苏迎瑞、王伯俞、樊 军、高利民、袁 超、曾湖庚、李俊锋
382	ZL201821473405.7	一种混凝土万向下料装置	实用新型专利	2019-05-10	杨 静、赵 强、朱云峰、刘 洋、马 攀
383	ZL201821484135.X	一种竖井井下扒渣平台	实用新型专利	2019-05-10	周艳春、王金凤、曹瑞东、刘成云、魏 兰、孔德彪、杨 婷、徐 珂
384	ZL201821532975.9	用于产品压制成型的模具装置	实用新型专利	2019-05-17	邝任廷、冯黎明、徐先林、吕朝辉、吴 聪
385	ZL201821462953.X	一种生态净化漂浮湿地	实用新型专利	2019-05-17	万 勇、张文武、田福文
386	ZL201821532921.2	用于水冷油冷却工艺制冷系统的制冷剂充注装置	实用新型专利	2019-05-24	陈 笠、涂怀健、曾凡杜、于永军
387	ZL201821746176.1	一种钢筋车丝机	实用新型专利	2019-05-31	李 宁、杨焕起、夏智彪、徐 垚、罗明奇、李雪卉、全熊钰、柳克文
388	ZL201821908895.9	一种用于校核弧形表面平整度的测量装置	实用新型专利	2019-05-31	杨 静、周天刚、刘 洋、周旺潇、潘旭乐
389	ZL201822012591.0	位移标点监测装置	实用新型专利	2019-05-31	谢长江、易智文、蒋发芝、刘菊梅、赵芃芃、王 刚、钟燕辉
390	ZL201821633094.6	可调节的支模装置	实用新型专利	2019-06-21	谢凯锋、吴 康、罗有虎、彭 攀
391	ZL201821690491.7	矿用火箭弹发射支架	实用新型专利	2019-06-14	孔德彪、周艳春、曹瑞东、刘成云、魏 兰、徐 珂、朱文辉
392	ZL201821722556.1	一种预埋钢筋纠偏装置	实用新型专利	2019-06-21	杨万和、李彪奇、李 宏、衣智明
393	ZL201821722232.8	一种钢筋定位装置	实用新型专利	2019-06-21	杨万和、李 宏、王 亚、王 伟
394	ZL201822140937.5	一种TBM施工配套机车轨枕加工放样标准尺	实用新型专利	2019-07-09	刘 宏、唐方红、简晓辉、舒 晔、徐 珂
395	ZL201821956552.X	塔式起重机双油缸同步升降液压系统	实用新型专利	2019-07-16	曾 韬、陈欢庆、刘 宏、王金凤、黄 颜、董 月

续表

序号	专利号	专利名称	类型	法律公告日	发明人
396	ZL201821935402.0	一种废弃泥浆回收系统	实用新型专利	2019-08-09	彭柏荣、杨焕起、李宁、魏林、刘欣、李亮、彭柏涛、甘东见
397	ZL201821974592.7	一种用于大坝排水孔的新型孔口保护装置	实用新型专利	2019-08-09	姚瞻、姜命强、王海东、谢旺
398	ZL201821941161.0	一种水泥土搅拌桩钻进垂直度检测装置	实用新型专利	2019-08-09	彭柏荣、李宁、杨焕起、魏林、李亮、甘东见、彭柏涛
399	ZL201821931560.9	地层降水施工装置	实用新型专利	2019-08-09	唐勇、雷振、任晨灏、赵南杰、夏强、高平
400	ZL201821890256.4	边坡防冲刷系统	实用新型专利	2019-08-16	周德文、蒋兴慧、田福文
401	ZL201822250922.4	反井钻机滚刀用夹持装置	实用新型专利	2019-08-27	罗涛、张鲲、毛仕龙、周艳春、张磊、张德森
402	ZL201822201060.6	组装式吊耳	实用新型专利	2019-08-23	贺晓锋、尚恒、周小林、王文优、吴盛星
403	ZL201822109452.X	一种用于锚索钻机钻孔的泥浆泄压器及锚索钻机	实用新型专利	2019-08-30	张鹏飞、沈有辉、王文博、程辉
404	ZL201822155449.1	地层注浆加固用导管连接装置	实用新型专利	2019-08-30	伍浩
405	ZL201822253769.0	巷道钢拱架顶升装置	实用新型专利	2019-08-30	蔡国礼、何智、刘思奇、周艳春、徐拓、蒋浩、余传宾
406	ZL201822251061.1	用于钻孔和清孔的两用旋挖双底捞砂钻头	实用新型专利	2019-08-30	彭林峰、蒋和平、王海实、邓立雄、简安邦
407	ZL201822200235.1	自主卸料吊罐	实用新型专利	2019-08-30	贺晓锋、尚恒、汤海春、邓徽、曹锋
408	ZL201822200968.5	大口径玻璃钢管对接用固定装置	实用新型专利	2019-08-30	龚常胜、张飞、曹成、彭铜芳、姚佳、李志强
409	ZL201822251771.4	用于带式输送机的皮带附着弃料排料装置	实用新型专利	2019-09-13	何鎏、田坤
410	ZL201821530906.4	一种预冷混凝土生产骨料风冷设备	实用新型专利	2019-09-17	陈笠、于永军、涂怀健、李小平、曾凡杜
411	ZL201821530963.2	预冷混凝土生产骨料风冷设备	实用新型专利	2019-09-17	陈笠、宋丹、于永军、涂怀健、李小平、曾凡杜
412	ZL201821531113.4	一种预冷混凝土生产骨料风冷装置	实用新型专利	2019-09-17	陈笠、涂怀健、于永军、曾凡杜、李小平
413	ZL201821531175.5	一种预冷混凝土生产骨料风冷系统	实用新型专利	2019-09-13	陈笠、于永军、涂怀健、曾凡杜、李小平
414	ZL201821531215.6	一种预冷混凝土生产系统	实用新型专利	2019-09-13	陈笠、李小平、曾凡杜、于永军、涂怀健
415	ZL201822201368.0	溜槽脱水装置	实用新型专利	2019-09-20	潘仲平、刘金明
416	ZL201821530551.9	一种预冷混凝土生产设备	实用新型专利	2019-09-20	陈笠、孙珺涛、于永军、涂怀健、李小平、曾凡杜
417	ZL201822254571.4	地下排障装置	实用新型专利	2019-09-17	庞少剑、李靖
418	ZL201822209215.0	一种排水井溜槽施工辅助装置	实用新型专利	2019-09-17	李勇杰、李旭、潘志坤、何满福、吴东海、胡晓军
419	ZL201822039661.1	一种便于卸料的混凝土卧罐	实用新型专利	2019-09-20	田忠庆、党志超、卢大文、徐斌、王燕强、田贺、叶国庆、王杰
420	ZL201822082187.0	一种生态预制混凝土	实用新型专利	2019-09-20	周洪云、何伟、田福文、陆振尚
421	ZL201920063348.3	竖井吊桶更换系统	实用新型专利	2019-10-11	何智、蔡国礼、张鲲、刘思奇、谭航、徐拓、罗烨

续表

序号	专利号	专利名称	类型	法律公告日	发明人
422	ZL201920058446.8	一种用于水电站砂石生产系统的降尘除尘装置	实用新型专利	2019-10-18	杨希远、陈敬收、刘金明
423	ZL201822270190.5	一种降低小石含泥量的溜槽结构	实用新型专利	2019-10-15	贾国安、刘春、李庆虎、杨秀军
424	ZL201821531128.0	预冷混凝土生产设备	实用新型专利	2019-10-18	陈笠、曾凡杜、孙珺涛、于永军、涂怀健、李小平
425	ZL201821531662.1	预冷混凝土生产骨料风冷系统	实用新型专利	2019-10-18	陈笠、曾凡杜、于永军、涂怀健、李小平
426	ZL201920121830.8	一种用于大型胶带机输送带的卷带装置	实用新型专利	2019-10-25	王绍明、黄良敏、刘金明、王涛、杨斌
427	ZL201920626931.0	一种工程试模平整度测量装置	实用新型专利	2019-10-29	李海滨、林发标、柴帅停、蒋文、谭乐、张常飞
428	ZL201920626865.7	一种用于测量桥梁螺栓孔的定位装置	实用新型专利	2019-10-29	胡康、李海滨、陈厚淞、许名德、赵格彪
429	ZL201920154279.7	带后浇筑带的装配式预制外墙板	实用新型专利	2019-11-08	杨浩、刘卫星、鞠传跃、郭鑫、邓宁宇
430	ZL201920175132.6	一种桥梁现浇支架体系	实用新型专利	2019-11-08	李金恒、黄巍、李亚民、张鹏、宋海清、曾湖庚、谢惠军、刘兴、朱欣、苏迎瑞
431	ZL201821530774.5	预冷混凝土生产骨料风冷装置	实用新型专利	2019-11-01	陈笠、张吉锋、曾凡杜、于永军、涂怀健
432	ZL201920053058.0	一种适用于液压爬模保温的保温被支撑架及其支撑系统	实用新型专利	2019-11-12	杨静、周天刚、刘洋、周孟夏、刘文升、谭尧升、杨承志
433	ZL201920085980.8	一种柱索式嵌桩防护栏装置	实用新型专利	2019-11-12	黄广进、张正武、廖治中、陈勇
434	ZL201920192672.5	一种蒸汽吹管靶板装置	实用新型专利	2019-11-12	姚佳、刘豫、尚恒、贺晓锋、周小林、张飞
435	ZL201920704095.3	一种电缆密封专用接头	实用新型专利	2019-11-12	夏敏、聂朗、邢朝凡、任洪林、于新惠
436	ZL201920384240.4	一种室外防冻水管	实用新型专利	2019-11-29	周艳春、朱文辉、黄盛吉、孔德彪、杨婷、康利思
437	ZL201920384336.0	一种寒冷地区的供风系统	实用新型专利	2019-11-29	周艳春、朱文辉、魏兰、韩强、徐珂、杨婷
438	ZL201920494189.2	错位调节组件及紧固装置	实用新型专利	2019-12-13	张弛宇、刘宏、何龙成、徐珂、许登磊
439	ZL201920543676.3	一种隧道施工翻渣机	实用新型专利	2019-12-13	周艳春、康利思、徐珂、朱文辉、孔德彪、杨婷
440	ZL201920543726.8	一种双层竖井施工作业平台	实用新型专利	2019-12-13	周艳春、杨婷、孔德彪、朱文辉、徐珂
441	ZL201920377818.3	一种PRC管桩支护结构的深基坑钢管支撑装置	实用新型专利	2019-12-13	陈克兵、刘志强、党章、刘国良、李万来、吴东旭
442	ZL201920389506.4	支护装置	实用新型专利	2019-12-13	邵立涛、喻伯良、刘黎明、樊思伟
443	ZL201921015621.1	一种用于BIM的二维码卡片安装装置	实用新型专利	2019-12-13	张朝阳、常彦博、孔祥莉、董红
444	ZL201821863300.2	一种多方位钢筋绑扎架	实用新型专利	2019-08-30	李宏、李彪奇
445	ZL201821910974.3	一种组合式隔墙板及其安装结构	实用新型专利	2019-08-30	王伟、龙凤、杨万和、李彪奇
446	ZL201821863554.4	一种预制构件整装货架自动装车系统	实用新型专利	2019-08-30	王亚、李宏、邓壮飞
447	ZL201821949380.3	一种临水地基的基础结构	实用新型专利	2019-09-06	杨承志、曾凡杜、于永军、涂怀健

续表

序号	专利号	专利名称	类型	法律公告日	发明人
448	ZL201821720683.8	侧模及模具	实用新型专利	2019-09-27	杨万和、李彪奇、王亚、王伟
449	ZL201821720955.4	一种免拆模模板、模具及构件模具一体化结构	实用新型专利	2019-10-08	杨万和、李彪奇、李宏、王伟
450	ZL201920163575.3	一种积木板式预制墙板及装配式建筑	实用新型专利	2019-11-05	马范军、邓壮飞、杨万和、李彪奇、罗熹
451	ZL201821720681.9	一种免拆模具及模具构件一体化结构	实用新型专利	2019-11-05	杨万和、李彪奇、李宏、王亚
452	ZL201920204539.7	一种带梁预制发泡隔墙板	实用新型专利	2019-11-15	王伟、李彪奇、沈有辉、李宏、王亚、衣智明
453	ZL201920196523.6	一种预制发泡隔墙	实用新型专利	2019-11-15	王伟、杨万和
454	ZL201920285204.2	叠合板加强筋及叠合板起吊加固系统	实用新型专利	2019-11-15	廖满军、李亚民、邓宁宇、张永初、彭小平、史李杰
455	ZL201920285211.2	一种叠合板堆放架	实用新型专利	2019-11-15	邓钟文、廖满军、李亚民、张永初、邓宁宇、彭小平
456	ZL201920285208.0	一种多层堆放架	实用新型专利	2019-11-15	邓钟文、廖满军、李亚民、张永初、邓宁宇、彭小平
457	ZL201920330316.5	一种灌浆套筒及外接头、内接头	实用新型专利	2019-11-29	周进强、廖满军、彭小平、张永初、李亚民、邓宁宇
458	ZL201920346058.X	PC建筑外墙转角施工结构及PCF板支模装置	实用新型专利	2019-12-06	杨浩、刘卫星、郭鑫、潘森森、邹舟
459	ZL201920346098.4	一种PC建筑外墙转角施工结构及PCF板安装固定装置	实用新型专利	2019-12-06	杨浩、刘卫星、郭鑫、潘森森、邹舟
460	ZL201920285207.6	一种叠合板加固装置及叠合板起吊结构	实用新型专利	2019-12-20	史李杰、廖满军、邓宁宇、李亚民、张永初、彭小平
461	ZL201920330318.4	一种灌浆套筒	实用新型专利	2019-11-29	周进强、廖满军、彭小平、张永初、李亚民、邓宁宇
462	ZL201821890880.4	含水炮孔混装不防水炸药的装药装置	实用新型专利	2019-07-23	尹岳降、陈明、龚克、于永军、卢文波
463	ZL201920225031.5	炮孔堵塞间隔器	实用新型专利	2019-11-22	雷振、周石喜、陈明、聂攀、李福千
464	ZL201811366776.X	含水炮孔混装不防水炸药的装药装置以及装药方法	发明专利	2020-08-07	尹岳降、陈明、龚克、于永军、卢文波
465	ZL201920799393.5	一种导爆管联网捆绑器	实用新型专利	2020-03-10	尹岳降、朱子晗、陈明、舒奕展、卢文波、于永军
466	ZL201910126689.5	级配料的钻爆参数的自动调整方法	发明专利	2021-03-16	尹岳降、陈明、刘义佳、于永军、卢文波、刘达
467	ZL201710773064.9	膺架现浇梁支架整体式自动拆除装置	发明专利	2020-01-17	胡晓军、吴东旭、常彦博、陈勇、钟高洁、杨智桥、王志勤
468	ZL201810929219.8	一种小截面竖井免拆模的施工方法	发明专利	2020-05-05	田忠庆、张培军、卢大文、樊传刚、彭忠凡、梁浩、赵成林、许长征、杨康、丁兰、周丹纤
469	ZL201811094897.3	水冷油冷制冷系统的制冷剂充注方法	发明专利	2020-07-10	陈笠、曾凡杜、涂怀健、于永军
470	ZL201811094820.6	热虹吸油冷却制冷系统的制冷剂充注方法	发明专利	2020-07-10	陈笠、于永军、涂怀健、曾凡杜
471	ZL201811601581.9	水上吊装用浮吊及其装配方法	发明专利	2020-04-17	李亚民、詹彪、黄巍、李金恒、曾湖庚、刘帆、朱欣、苏迎瑞、刘兴

续表

序号	专利号	专利名称	类型	法律公告日	发明人
472	ZL201920042345.1	一种施工现场临时楼梯	实用新型专利	2020-01-17	李 靖
473	ZL201910156203.2	一种全断面注浆加固地层的施工方法	发明专利	2020-06-26	伍 浩
474	ZL201920384239.1	一种大口径管道安装装置	实用新型专利	2020-02-28	朱文辉、周艳春、徐 珂、魏 兰、杨 婷、康利思
475	ZL201920452685.1	景观墙施工模板及景观墙施工装置	实用新型专利	2020-02-18	刘志强、陈克兵、党 章、刘国良、李万来
476	ZL201920504847.1	PHC管桩截桩用防护装置	实用新型专利	2020-01-17	沈有辉、刘文升、周源海、张 杰、马云刚
477	ZL201920534529.X	一种自动刷墙装置	实用新型专利	2020-05-15	张朝阳、赵 刚、孔祥莉、吴兴鸿
478	ZL201920576207.1	一种BIM信息资讯展示装置	实用新型专利	2020-01-17	张朝阳、常彦博、曾彬峻、董 红
479	ZL201920591713.8	一种二衬混凝土浇筑开关装置	实用新型专利	2020-01-17	伍 浩、常彦博、雷 振、朱 杰
480	ZL201920617509.9	安全防护栏杆	实用新型专利	2020-02-07	沈有辉、刘文升、张 杰、周源海、朱靓瑛
481	ZL201920640957.0	简易装配式胶带机雨棚	实用新型专利	2020-04-10	马 牧、游卓星、刘金明
482	ZL201920675161.9	一种桥梁桩基水下整体切割装置	实用新型专利	2020-02-07	曾 祺、任朗明、强 嵘、肖雨龙、陈沛贤、梁 至、李亚民、苏迎瑞
483	ZL201920674947.9	一种斜拉桥主塔切割装置	实用新型专利	2020-01-17	曾 祺、任朗明、强 嵘、肖雨龙、王 东、钟 帆、李亚民、朱 欣
484	ZL201920709623.4	混凝土支撑梁割除用托举装置	实用新型专利	2020-01-17	彭柏荣、杨焕起、李 宁、魏 林、李 亮、全熊钰、彭柏涛
485	ZL201920709639.5	混凝土泵送施工用截止阀	实用新型专利	2020-01-17	曾彬峻、杨 婷、张朝阳、赵 刚、孔祥莉
486	ZL201920717054.8	一种巡检无人机专用起落架	实用新型专利	2020-04-03	张朝阳、赵 刚、曾彬峻、吴兴鸿
487	ZL201920759323.7	TBM设备主皮带机改向装置	实用新型专利	2020-03-27	刘 宏、韩 强、简晓辉、吴月峰、侯帅领
488	ZL201920809211.8	一种水泥中钢珠的筛除装置	实用新型专利	2020-04-24	李庆虎、贾国安、刘金明、刘 春、陈敬收、李文茂
489	ZL201920846320.7	一种用于骨料输送的给料机	实用新型专利	2020-04-24	李庆虎、贾国安、刘金明、刘 春、陈敬收、杨秀军
490	ZL201920849081.0	一种工程运输车辆的液压油箱的安装结构	实用新型专利	2020-02-07	彭 顺、王金凤、杨湘中、吴志贤、焦颖辉、冯华刚
491	ZL201920895690.X	一种桥梁施工高架作业平台	实用新型专利	2020-03-17	李建伟、蒯文斌、黎正辉、叶灿森、常彦博、孔祥莉
492	ZL201920917667.6	一种具有流向切换功能的冻结法施工用隔漏式冷冻装置	实用新型专利	2020-03-17	陈 笠、曾凡杜、赵 源、于永军、涂怀健、卓振华
493	ZL201920917745.2	冻结法施工用隔漏式冷冻装置	实用新型专利	2020-03-17	陈 笠、于永军、曾凡杜、涂怀健、赵 源、卓振华
494	ZL201920916592.X	具有流向切换功能的冻结法施工用冷冻装置	实用新型专利	2020-06-12	陈 笠、曾凡杜、于永军、涂怀健、赵 源、卓振华
495	ZL201920916642.4	一种冻结法施工用冷冻装置	实用新型专利	2020-05-19	陈 笠、于永军、赵 源、涂怀健、曾凡杜、卓振华
496	ZL201920938756.9	一种适用于基坑施工的移动照明装置	实用新型专利	2020-01-17	刘 伟、孙 博、赵 刚、孔维波
497	ZL201920940170.6	一种扩孔装置	实用新型专利	2020-03-17	曾 政、郭国华、姜命强、邹爱明

续表

序号	专利号	专利名称	类型	法律公告日	发明人
498	ZL201920950932.0	一种管桩填芯孔洞的防护装置	实用新型专利	2020-04-10	刘志强、陈克兵、党 章、刘国良、李万来、李 敏
499	ZL201920951260.5	一种梁钢筋安装辅助装置	实用新型专利	2020-04-10	符锦锋、朱 杰、伍 浩、常彦博、蔚文斌、刘 邦
500	ZL201920983014.8	一种用于管道安装的施工平台	实用新型专利	2020-03-17	王 刚
501	ZL201920991211.4	一种降水井降水深度测量装置	实用新型专利	2020-04-10	张学忠、王 辉、孙 博、刘 伟、蔚文斌
502	ZL201921015244.1	一种施工管理监控装置	实用新型专利	2020-05-19	张朝阳
503	ZL201921043960.0	一种长距离胶带机托辊自动巡检装置	实用新型专利	2020-05-15	杨希远、张鹏伟、刘金明、王绍明、张晓微、陈敬收、方卧龙
504	ZL201921053452.0	一种破碎机润滑油降温装置	实用新型专利	2020-04-10	李庆虎、贾国安、刘金明、刘 春、杨秀军
505	ZL201921076636.9	钻孔灌注桩钢筋笼定位装置	实用新型专利	2020-04-10	彭柏荣、杨焕起、李 宁、魏 林、李 亮、甘东见、彭柏涛、全熊钰
506	ZL201921130133.5	一种永临结合新型桥梁支撑架	实用新型专利	2020-04-24	李金恒、黄 巍、肖雨龙、李 刚、李亚民、朱 欣、苏迎瑞
507	ZL201921164324.3	一种塔机基础安装定位装置	实用新型专利	2020-04-24	孙祯祥、刘 宏、黄 颢、董 月、王金凤、李财钰、李 浩
508	ZL201921181959.4	一种用于BIM运维管理平台的物联网智能门禁装置	实用新型专利	2020-01-17	周 为、袁云刚
509	ZL201921203377.1	一种混凝土坝横缝美缝施工模板	实用新型专利	2020-04-24	周洪云、杨 苗、田福文、陆振尚、李艳梅
510	ZL201921232530.3	一种预制混凝土飘窗	实用新型专利	2020-06-02	张永初、黄 巍、任朗明、彭小平、邓宁宇、覃郁芬、邓钟文、扶 亮、史李杰
511	ZL201921309568.6	二次衬砌钢筋安装台车	实用新型专利	2020-04-28	赵文成、黄 巍、赵伟国、路军涛、邓琼星、廖习军、钟 浪、朱文彬
512	ZL201921415852.1	一种用于升船机主机大件吊装的辅助工装	实用新型专利	2020-07-10	刘 川、罗意成、赵军平、周 燚
513	ZL201921418846.1	角钢法兰风管螺栓连接拧紧装置	实用新型专利	2020-05-15	王 剑、尹运平、谢清明、陈 欣、张仁可
514	ZL201921418847.6	地铁车站管线密集区防坠落装置	实用新型专利	2020-05-05	尹运平、谢清明、任永志、黄 磊、牛 毅
515	ZL201921425604.5	一种适用于边坡的截排水装置	实用新型专利	2020-06-02	杨 静、周震钧、朱云峰、张建清、吴晔玲
516	ZL201921457317.2	墙体钢筋间距控制装置	实用新型专利	2020-06-02	刘 伟、王 辉、郭钰蓓、孙 博、赵 刚、刘 邦、常彦博、蔚文斌
517	ZL201921484544.4	一种仓面混凝土收面样架	实用新型专利	2020-05-22	杨 静、周震钧、周 俊、张建清、黄志勇、刘 洋
518	ZL201921493109.8	一种适用于大坝启闭机平台浇筑的预制底模结构	实用新型专利	2020-06-02	杨 静、周震钧、熊 新、赵晓辉、潘旭乐、向 可
519	ZL201921505575.3	集料斗	实用新型专利	2020-05-15	王 斌、庞 帅、廖志忠、石显接
520	ZL201921513879.4	一种钻孔掏渣装置	实用新型专利	2020-05-15	王海东、姜命强、罗 林、赵永磊
521	ZL201921514281.7	一种钻孔灌注桩孔口安全防护装置	实用新型专利	2020-07-17	周发海、孟 刚、姜命强、蒋和平、王海东、田 彪、葛刘洋

续表

序号	专利号	专利名称	类型	法律公告日	发明人
522	ZL201921530210.6	坡面混凝土施工模板及坡面混凝土施工装置	实用新型专利	2020-06-02	张微微、王玉利、田福文
523	ZL201921542001.3	一种可检测套筒灌浆饱满度的墙板系统	实用新型专利	2020-05-22	杨亚龙、黄巍、邓宁宇、李亚民、何可、赵宣宇、赵勇
524	ZL201921546805.0	带式输送机皮带粘附料清洁回收系统	实用新型专利	2020-05-15	彭英杰、庞帅、石显接、潘仲平、马牧、王斌、雷远浩、钟锦蓬、耿斌庆
525	ZL201921610383.9	对夹升降式限位止回阀	实用新型专利	2020-06-26	毕福强、贺箭、王磊、黄生国
526	ZL201921641301.7	钢工件用焊接装置	实用新型专利	2020-06-19	邝任廷、李敏、冯黎明、雷诚、刘同兵
527	ZL201921641250.8	用于蜗壳瓦块的压制成型模具装置	实用新型专利	2020-06-02	邝任廷、冯黎明、廖勤、王涛
528	ZL201921649568.0	隧道混凝土施工装置	实用新型专利	2020-05-22	符子钊、伍浩、朱杰、颜锐、刘邦、常彦博、蒯文斌
529	ZL201921656707.2	一种水泥膏浆制浆装置	实用新型专利	2020-07-03	姚文荣、张黎波、姜命强、禹亮华
530	ZL201921751671.6	一种钻孔冲洗液孔口导流结构	实用新型专利	2020-07-17	王海东、潘勇、姜命强、李舒文
531	ZL201921833868.4	一种用于既有T梁拼宽连接的临时支撑结构	实用新型专利	2020-07-17	刘帆、黄巍、袁野、李亚民、曾湖庚、高天、何志兰、卢超
532	ZL201921863624.0	钢筋快速加工装置	实用新型专利	2020-06-26	杨静、朱云峰、周震钧、赵强、左顺河
533	ZL201921873474.1	适用于高陡边坡出洞口爆破的防护装置	实用新型专利	2020-06-26	杨静、朱云峰、周震钧、张建清、向可
534	ZL201921868270.9	人行栈桥	实用新型专利	2020-07-31	田忠庆、党志超、田福文、徐斌、叶国庆、王杰、刘晓芳、刘韦西、聂松、李拓、刘俊
535	ZL201921868582.X	一种用于风力发电机锚栓笼安装的调整装置	实用新型专利	2020-07-24	郭国华、姜命强、王海东
536	ZL201921884456.3	防堵塞灌浆机械塞	实用新型专利	2020-08-07	彭林峰、姚瞻、姜命强、王海东
537	ZL201921915212.7	斜井施工运输装置	实用新型专利	2020-06-26	王晓鹏、田福文、黄远方、陆振尚、黄益彬、沈广余、吴宏元、宋有为
538	ZL201921914704.4	用于建筑物板梁及交通桥面的支撑装置	实用新型专利	2020-08-07	杨涛、黄刚、卢大文、胡俊鹏
539	ZL201921939288.3	一种可重复利用的截流组件	实用新型专利	2020-07-24	周洪云、田福文、李战锋、陆振尚、黄运财、任斌辉、胡家骏
540	ZL201921948193.8	一种悬索桥主缆架设系统	实用新型专利	2020-07-31	韩泓泳、郭照辉、高庚元、常彦博、赵超、钟高洁、何军、胡沥、曾彬峻
541	ZL201922006761.9	一种适用于低高度地下连续墙钢筋笼吊装的龙门吊	实用新型专利	2020-07-31	鲁志刚、杨金庞、李晴、邓琳、刘邦、晏育耒
542	ZL201922009709.9	高坝浇筑碾压混凝土用满管受料斗	实用新型专利	2020-08-28	赵银超、蒋帅、卢大文、宋晓光、彭泳、张波
543	ZL201922020364.7	隧道光面爆破装药装置	实用新型专利	2020-07-24	王新龙、李才平、田福文、侯炼、周洪超、杨志刚
544	ZL201922027392.1	电梯井施工防护平台	实用新型专利	2020-08-21	郭刚、魏文浩、邓联成、张荣鑫
545	ZL201922028094.4	地质钻机用高压旋喷钻头	实用新型专利	2020-07-31	蒋和平、王海东、姜命强

续表

序号	专利号	专利名称	类型	法律公告日	发明人
546	ZL201922058292.5	适用于水利施工的塔机喷淋系统	实用新型专利	2020-08-28	谢中涵、田福文、李战锋、周德文、黄运财、孙益旺、蔡二棒、付宇懋
547	ZL201922122264.5	城市地下管廊导墙施工装置	实用新型专利	2020-08-28	李宁羽、吴三线、田福文、夏兵兵、李沛阳
548	ZL201922133913.1	预应力锚索用快速吊装装置	实用新型专利	2020-07-31	张黎波、姜命强、邱俊沣、王海东、禹亮华
549	ZL201922133914.6	闸墩狭窄部位大模板拆装用提升装置	实用新型专利	2020-08-14	罗志刚、李重用、李小明、黄元珍、杨秀凯、戴振忠
550	ZL201922135203.2	一种利用管桩余料的临海护坡结构	实用新型专利	2020-08-28	王德英、刘豫、李重用、李星宁、王之才、梁丽君
551	ZL201922136209.1	一种临海深基坑结构	实用新型专利	2020-08-28	王德英、刘豫、朱明明、杨焕霖、李星宁、王松恩
552	ZL201922138905.6	用于大面积回填高程控制桩的拔桩装置	实用新型专利	2020-08-28	陈华、刘豫、聂晟、陈晋华、徐超、江军
553	ZL201922151104.3	混凝土大坝排水孔成孔装置	实用新型专利	2020-08-28	蔡亚勤、李重用、李小明、刘钰、李海山、刘文华、谭宇杰
554	ZL201922230976.9	一种闸墩牛腿悬挑模板支撑系统	实用新型专利	2020-08-28	余红松、周功贵、李斌、曹哲云、徐元
555	ZL201922258596.6	一种柔性管道下沉保护装置	实用新型专利	2020-07-31	尚恒、莫先汉、周小林、刘豫、贺晓锋、万兆欣、张飞、杨宏朗
556	ZL201922230980.5	一种超大管径超长HDPE管道海上拖运的牵引装置	实用新型专利	2020-08-21	汤海春、尚恒、张飞、李重用、潘宪敏、鲁芳志、吴盛星、龚常胜
557	ZL201922237438.2	一种履带式混凝土布料机及其无线控制装置	实用新型专利	2020-06-02	朱琦、刘宏、陈欢庆、黄颢、董月、文瀚
558	ZL201922245684.2	塔机安装用伸缩拉杆	实用新型专利	2020-07-31	周艳春、朱文敏、朱文辉、刘宏、徐珂、李啸舟
559	ZL201922245826.5	反井钻机钻杆内部导向机构及测斜装置	实用新型专利	2020-08-14	罗涛、朱文敏、毛仕龙、张鲲、吴良生
560	ZL201922274865.8	钢筋提升用作业装置	实用新型专利	2020-08-07	王秋阳、田福文、卢大文、何冬太、张微微、罗召义
561	ZL201922277741.5	导流洞钢筋台车	实用新型专利	2020-07-31	王秋阳、田福文、卢大文、何东太、罗召义、张微微
562	ZL201922277745.3	钢筋输送定位小车	实用新型专利	2020-08-07	王秋阳、卢大文、田福文、何冬太、张微微、罗召义
563	ZL201922274928.X	一种HDPE管道下沉配重块组装装置	实用新型专利	2020-07-31	尚恒、潘宪敏、贺晓锋、周小林、刘尚珍、孙承悦、鲁芳志、王文优
564	ZL201922341590.5	钢管竖向对焊连接用夹持固定装置	实用新型专利	2020-08-14	王海东、贺毅、姜命强、向新志
565	ZL201922374959.2	一种预应力箱梁张拉设备工具夹片外露量测量装置	实用新型专利	2020-07-10	李元、蒋鸿雁、李兴旺、曾一宸、边卜冉、田北北
566	ZL201922445660.1	塔筒管口圆周长测量用尺带导向装置	实用新型专利	2020-07-17	黄良、汤怀亮、梁海军
567	ZL201922490383.6	隧道监测装置	实用新型专利	2020-07-24	谢长江、江世勇、田承宇、刘望明、刘菊梅、王浩宇、吕帅、张元杰
568	ZL201922495569.0	施工现场用电缆撑高架	实用新型专利	2020-08-07	李靖
569	ZL201922495657.0	回风竖井底部材料转运装置	实用新型专利	2020-09-04	何智、张鲲、王金凤、徐拓、吴志贤、刘思奇、夏新钧

续表

序号	专利号	专利名称	类型	法律公告日	发明人
570	ZL202020004250.3	一种矿山法隧道洞门破除用支撑装置	实用新型专利	2020-08-28	符子钊、伍浩、朱杰、常彦博、刘邦、蔺文斌、赵刚
571	ZL201921005169.0	叠合板拼缝防漏浆模板装置及拼缝现浇施工结构	实用新型专利	2020-04-03	廖满军、任朗明、黄巍、彭小平
572	ZL201921004426.9	叠合板拼缝弹性防漏浆模板装置及拼缝现浇施工结构	实用新型专利	2020-04-03	谢达良、郑夕玉、廖满军、强嵘、任朗明、彭小平
573	ZL201920977576.1	一种拱座施工结构	实用新型专利	2020-04-10	杨承志、于永军、刘锐、曾凡杜、赵源
574	ZL201921125074.2	预制胎模装置	实用新型专利	2020-04-24	廖满军、黄巍、强嵘、李亚民
575	ZL201920859902.9	一种预制结构墙及集成预制保温外墙板	实用新型专利	2020-04-24	王伟、沈有辉、高俊、吴仕红、衣智明
576	ZL201710312813.8	一种预制构件及连接结构、安装方法	发明专利	2020-05-08	李彪奇、杨万和、黄巍
577	ZL201921284517.2	一种上梁、外挂墙板及其连接节点	实用新型专利	2020-05-15	王伟、沈有辉、高喜财、李宏
578	ZL201921284518.7	一种外装饰结构墙及装配式外挂板	实用新型专利	2020-05-15	王伟、沈有辉、李宏、肖万华
579	ZL201921284285.0	一种外挂墙板及其下部连接节点	实用新型专利	2020-05-15	王伟、沈有辉、杨万和、衣智明
580	ZL201921284284.6	一种装配式框架外挂板技术体系	实用新型专利	2020-05-15	王伟、沈有辉、李彪奇、王亚
581	ZL201921493490.8	一种用于胶带机的悬索桥结构	实用新型专利	2020-06-02	杨承志、于永军、曾凡杜、刘金明、王绍明
582	ZL201921723058.3	一种叠合板后浇拼缝防漏浆加固拉片及拼缝防漏结构	实用新型专利	2020-07-10	谭孝源、谢达良、张新强、郑夕玉、黄巍、李亚民、张永初、邓钟文、覃郁芬、宫家良、刘航
583	ZL201921909765.1	具有补水装置的碾压机	实用新型专利	2020-07-24	方林飞、杨承志、夏国文、邱凯
584	ZL201921989787.3	一种装配式建筑墙板及其与楼板的连接结构	实用新型专利	2020-08-07	李宏、沈有辉、夏胜波、谢凯峰、王亚、衣智明
585	ZL201921989077.0	一种装配式建筑墙板及其安装结构	实用新型专利	2020-08-07	李宏、沈有辉、李彪奇、王亚、王伟、衣智明
586	ZL201922096845.6	一种预制墙板及封仓堵浆系统	实用新型专利	2020-08-28	王伟、沈有辉、杨万和
587	ZL201910732717.8	一种装配式框架外挂墙板体系及其施工方法	发明专利	2020-09-11	王伟、沈有辉
588	ZL201920315529.0	一种叠合板厚度控制装置及预制叠合板、楼板	实用新型专利	2020-02-07	扶亮、廖满军、彭小平、张永初、李亚民、周向荣
589	ZL201920412480.0	一种堆场	实用新型专利	2020-02-07	杨承志、涂怀健、于永军、曾凡杜、方林飞、王佐奇
590	ZL201920562656.0	一种悬索桥的支墩及锚锭结构	实用新型专利	2020-02-07	杨承志、于永军、王绍明、曾凡杜、涂怀健
591	ZL201922096842.2	一种预制外墙套筒灌浆封仓堵浆系统	实用新型专利	2020-09-25	王伟、沈有辉、黄巍
592	ZL202020359532.5	电气设备专用接线盒	实用新型专利	2020-09-11	夏敏、闫欢、刘豫、聂朗、雷振、戴作友
593	ZL201922494382.9	反井钻机刀盘洞内运输工装	实用新型专利	2020-09-11	朱文敏、刘宏、王金凤、周艳春、朱文辉、彭永、孔德彪、杨婷
594	ZL201922494642.2	TBM步进导向槽混凝土浇筑加高模板装置	实用新型专利	2020-09-11	王文明、朱海强、刘宏、师要刚、周艳春、黄盛吉、李志鹏
595	ZL202020158301.8	泥浆悬浮能力分层测试装置	实用新型专利	2020-09-25	秦坤元、姜克寒、周中、杨金庞、张健、刘五一、刘撞撞、陈云

续表

序号	专利号	专利名称	类型	法律公告日	发明人
596	ZL201922362798.5	一种连续梁双薄壁墩零号块托架	实用新型专利	2020-09-25	漆明寒、金元杰、周济帮
597	ZL202020301551.2	一种直线位移传感器	实用新型专利	2020-09-25	夏敏、聂朗、汤林伟、刘豫、于新惠
598	ZL201922320679.3	一种翻升模板	实用新型专利	2020-09-25	叶东生、田福文、李长征、宋勇、潘鑫林、黄学文
599	ZL202020110901.7	悬索线型测量控制系统	实用新型专利	2020-09-25	胡康、郭照辉、高庚元、赵超、李海滨、邹鸿昌
600	ZL202020077249.3	吊杆螺帽旋拧装置	实用新型专利	2020-09-25	朱文敏、刘宏、朱文辉、周艳春、罗剑、吴成
601	ZL201910344443.5	市政地下通道二衬施工模板系统及二衬施工方法	发明专利	2020-10-02	伍浩、常彦博、雷振、朱杰、朱鹏、张林彪
602	ZL202020077246.X	竖井施工用吊桶装置	实用新型专利	2020-09-22	何智、蔡国礼、张鲲、王金凤、刘思奇、谭航、徐拓、罗烨
603	ZL201922495630.1	大口径PCCP管安装用对拉台车	实用新型专利	2020-10-02	朱文敏、周艳春、朱文辉、王金凤、赵源、彭永、徐珂、孔德彪、杨婷
604	ZL202020141873.5	桥梁底模整体拆除装置	实用新型专利	2020-10-13	朱兵、黄巍、李亚民、王东平、李金恒、曾湖庚、李俊锋、朱欣、苏迎瑞、杨嘉中
605	ZL201922451531.3	沟渠混凝土浇筑用模板装置	实用新型专利	2020-10-23	刘豫、陈清、侯伏强、邓常义、张正安、郭大军
606	ZL202020373022.3	一种骨料冷却系统	实用新型专利	2020-10-30	李跃兴、于永军、赵广周、涂怀健、李战峰、赵源
607	ZL202020204120.4	一种钢筋连接套筒	实用新型专利	2020-10-30	杨万和、衣智明、王亚、王伟
608	ZL202020185474.9	一种叠合板边模及叠合板模具	实用新型专利	2020-10-30	王亚、李宏、沈有辉、衣智明、陈望
609	ZL202020152882.4	一种装配式架空回填结构及其卫生间	实用新型专利	2020-10-30	杨万和、衣智明、王亚、周为
610	ZL202020162800.4	一种混凝土组合式永久模板	实用新型专利	2020-10-30	杨万和、衣智明、王亚、王伟
611	ZL202020355688.6	一种制冰和输冰系统	实用新型专利	2020-11-06	李跃兴、于永军、赵伟国、刘豫、邓琼星、曾凡杜
612	ZL202020423807.7	一种扁管柱-U形钢梁连接节点	实用新型专利	2020-11-06	马范军、曾智博、于永军、杨万和、赵源、李彪奇
613	ZL202020180321.5	一种预制围墙及其安装结构	实用新型专利	2020-11-06	王伟、沈有辉、杨万和、夏胜波
614	ZL202020368668.2	一种活动装配式隔震楼梯结构	实用新型专利	2020-11-06	王亚、李宏、沈有辉、陈望、衣智明、王伟
615	ZL202020368667.8	一种固定装配式隔震楼梯结构	实用新型专利	2020-11-06	王亚、李宏、谢凯峰、沈有辉、吴仕红
616	ZL202020180306.0	一种装配式围墙基础及其安装结构	实用新型专利	2020-11-13	王伟、沈有辉、杨万和、李宏
617	ZL202020409023.9	一种预制板运输靠架单元及预制板运输靠架	实用新型专利	2020-11-13	李宏、衣智明、沈有辉、王亚、王伟
618	ZL202020368600.4	一种装配式楼梯结构	实用新型专利	2020-11-13	王亚、李宏、沈有辉、衣智明、王伟
619	ZL202020337182.2	适用于粉砂或流砂地层掘进的泥水平衡顶管机机头	实用新型专利	2020-12-18	贺晓锋、刘豫、李重用、尚恒、鲁芳志、王文优

续表

序号	专利号	专利名称	类型	法律公告日	发明人
620	ZL202020321628.2	叠合板堆放用运输装置	实用新型专利	2020-12-18	刘帅、杨浩、李铭、刘道旺、谭鹍、雷益琛、李树贵
621	ZL201922494094.3	桥梁悬出侧的人行道	实用新型专利	2020-12-18	隋勇、任季恩、唐勇、周黎、李明
622	ZL201910446192.1	一种地表水取水井	发明专利	2020-12-18	刘宏、周艳春、简晓辉、朱文辉、黄盛吉、徐珂、周长华、朱海强、杨婷、孔德彪
623	ZL202020692295.4	一种适用于工程施工的轮式移动应急电源	实用新型专利	2021-01-08	彭柏荣、吕小法、王宏金、童优良、杨焕起、蒉文斌、曾绍军
624	ZL202020379952.X	外倾悬挑混凝土柱施工用模板支撑结构	实用新型专利	2021-01-08	姚国虎、李重用、聂晟、陈晋华
625	ZL202020484518.8	自落式拌和楼	实用新型专利	2021-01-15	王乾波、冯伟、田福文、吴克勇
626	ZL202020291128.9	孔用沙石清理装置	实用新型专利	2021-01-15	徐超、刘豫、聂晟、陈晋华、陈华、江军
627	ZL202020682400.6	混凝土生产预冷预热集成系统	实用新型专利	2021-01-15	陈笠、王佐奇、曾凡杜、于永军、涂怀健
628	ZL202020764642.X	TBM机车运行用连接装置及机车运输系统	实用新型专利	2021-01-15	成斌、刘宏、黄盛吉、王鑫
629	ZL202020606987.2	钢筋笼加工用定位装置	实用新型专利	2021-01-15	周发海、孟刚、姜命强、蒋和平、王海东、田彪
630	ZL202020668680.5	双划锯片减薄加工用夹紧装置	实用新型专利	2021-01-15	陈敬收、黄增贤、张鹏伟、秦超、陈贵春、周敏、方卧龙
631	ZL202020762915.7	落梁千斤顶转移装置	实用新型专利	2021-01-15	张弛宇、刘宏、王金凤、何龙成、王准、许登磊
632	ZL202020960435.1	两级压缩混凝土生产骨料预冷预热集成化系统	实用新型专利	2021-01-15	陈笠、黎芊岑、于永军、曾凡杜、涂怀健
633	ZL202020626257.9	一种悬索桥主梁吊装用单跨缆索吊装置	实用新型专利	2021-01-15	赵超、艾祖斌、郭照辉、王磊、贾帅动、胡沥
634	ZL201811242270.8	一种高空组合压重的高桥墩预压装置及其施工方法	发明专利	2021-01-15	王伯俞、黄巍、李亚民、刘昊夫、李金恒、朱向阳、苏迎瑞、江群德、王东平、杨嘉中、石夜明
635	ZL202020958041.2	混凝土试件脱模装置	实用新型专利	2021-01-15	张文学、田鑫、田承伟、尹光景、靳自强、张海、田志国、李林旺
636	ZL202020819027.4	一种润滑油箱单向呼吸阀	实用新型专利	2021-01-15	夏敏、汤林伟、李重用、朱敏、马祥
637	ZL202020179496.4	一种钢网格剪力墙	实用新型专利	2021-02-02	马范军、曾智博、于永军、杨万和、赵源、李彪奇
638	ZL202020372699.5	一种预制复合构件生产系统	实用新型专利	2021-02-02	王伟、沈有辉、衣智明、王亚、马云刚
639	ZL202020181660.5	一种预制围墙单元及围墙	实用新型专利	2021-02-02	王伟、沈有辉、高俊、李彪奇、王飞、吴仕红
640	ZL202020372822.3	一种骨料风冷系统	实用新型专利	2021-02-02	李跃兴、于永军、赵广周、涂怀健、曾凡杜、赵源
641	ZL201910132949.X	一种水上稀索体系斜拉桥上部结构拆除方法	发明专利	2021-03-23	李亚民、黄巍、李金恒、朱兵、曾湖庚、苏迎瑞、朱欣、刘兴
642	ZL201910446070.2	一种采用泡沫混凝土回填矿山法隧道的施工方法	发明专利	2021-03-23	颜锐、伍浩、符子钊、常彦博、曾绍军
643	ZL201922488126.9	地铁基坑用棱镜监测装置	实用新型专利	2021-03-23	谢长江

续表

序号	专利号	专利名称	类型	法律公告日	发明人
644	ZL202020682658.6	一种混凝土生产预冷预热集成系统	实用新型专利	2021-03-23	陈笠、于永军、王佐奇、曾凡杜、涂怀健
645	ZL202020819309.4	一种预埋支撑结构	实用新型专利	2021-03-23	李金恒、李亚民、黄魏、朱欣、苏迎瑞、朱兵、吴新红、朱向阳、邓宁宇、吴林艳
646	ZL202020819029.3	一种桥梁高墩现浇支撑体系	实用新型专利	2021-03-23	朱欣、朱兵、李亚民、李金恒、谢惠军、苏迎瑞、王东平、邓宁宇、黄尧、曾湖庚
647	ZL202020855703.3	一种精剥胶刀具	实用新型专利	2021-03-23	王文明、李文革、刘宏、王金凤、朱海强、成斌
648	ZL202020866700.X	一种防堵雨水口装置	实用新型专利	2021-03-23	鲁直、许小扬、刘文斌、胡灿、郑家仕、周颖、肖业雄、曹玮均、周坤、夏念春、张歆、彭禹祥
649	ZL202020960602.2	混凝土生产两级压缩预冷预热集成系统	实用新型专利	2021-03-23	陈笠、黎芋岑、曾凡杜、于永军、涂怀健
650	ZL202020960604.1	一种自卷式收放台车	实用新型专利	2021-03-23	朱文辉、周艳春、赵源、蒋贻亲、彭永、邢喜盈、康利思
651	ZL202020960605.6	对称断面定型模板	实用新型专利	2021-03-23	黄盛吉、刘宏、王金凤、李志鹏、师要刚
652	ZL202020974366.X	应用于水环境治理的污水处理装置	实用新型专利	2021-03-23	李保卫、田超群
653	ZL202021036928.2	高层悬空构件浇筑支撑体系	实用新型专利	2021-03-23	朱欣、黄魏、李亚民、李金恒、邓宁宇、谭剑锋、廖满军、苏迎瑞、谭代军
654	ZL202021038239.5	矿石给料破碎装置	实用新型专利	2021-03-23	庞帅、马牧、何鋆、付东波、王绍明
655	ZL202021049884.7	装配式建筑转换层套筒连接钢筋用定位装置	实用新型专利	2021-03-23	杨浩、尚宾杰、靳立德、刘道旺、靳廷斌、沙玉有、谭鸥、高于、王森、唐才晋、王申、刘旭、王瑞波、齐云龙
656	ZL202021050037.2	一种建筑施工中泥浆处理装置	实用新型专利	2021-03-23	杨浩、刘道旺、唐才晋、靳立德、靳廷斌、谭鸥、高于、雷益琛、王森、李树贵、刘兴峰、郝立杰、杨庆孩、周展
657	ZL202021076451.0	适用于有轨隧道内检修的移动平台	实用新型专利	2021-03-23	彭柏荣、王宏金、童优良、王永超、李选、周智海、王坤、朱丽君
658	ZL202021216968.5	脚手架用高度调节装置	实用新型专利	2021-03-23	刘朋瑞、赵晓伟、肖育斐、谢星、朱彬、张岳峰
659	ZL202021270922.1	装配式建筑的连接结构	实用新型专利	2021-03-23	王源辉、易瑶、谢承召、胡锦播、蒋宇龙、李铭、刘卫星
660	ZL202021337701.1	用于砂石骨料的检测装置	实用新型专利	2021-03-23	张浩、赵泽宏、王卫超、张康财、王惠昊、赵健、黄平
661	ZL202021423111.0	锚杆对中装置	实用新型专利	2021-03-23	蒋永生、姜命强、阳雄武、崔磊
662	ZL202021434619.0	盘螺钢筋堆放装置	实用新型专利	2021-03-23	李润章、尹宪平、何文豪、孙东阳、郑坤、邓璞、陈重阳、唐百看、袁玺、郑泽宇
663	ZL202021438025.7	砌体垂直运输装置	实用新型专利	2021-03-23	尹宪平、李润章、何文豪、孙东阳、郑坤、邓璞、陈重阳、彭程、唐百看、袁玺

续表

序号	专利号	专利名称	类型	法律公告日	发明人
664	ZL202021464002.3	井下巷道掘进用除尘装置	实用新型专利	2021-03-23	何智、王金凤、张鲲、张兴虎、夏新钧、刘思奇、李洋河
665	ZL202021475818.6	布料机输送带张紧装置	实用新型专利	2021-03-23	陈欢庆、刘宏、袁中秋、董月、赵德华、曾韬、王郭杨
666	ZL202021572911.9	井架提升装置	实用新型专利	2021-03-23	毛仕龙、张鲲、罗涛、吴良生、徐珂
667	ZL202021572912.3	滚刀刀圈拆除装置	实用新型专利	2021-03-23	朱文辉、周艳春、刘宏、蒋贻亲、邢喜盈、罗锋
668	ZL202021576285.0	弹性柱销式联轴器	实用新型专利	2021-03-23	朱文辉、周艳春、邢喜盈、蒋贻亲、孔德彪、罗锋
669	ZL202021672163.1	水平钻孔装置	实用新型专利	2021-03-23	张振升、何江运、谢辉、徐晓冬、刘密
670	ZL202021708337.5	螺栓球上杆件垂直度检测装置	实用新型专利	2021-03-23	崔春雨、夏敏、刘豫、汤林伟、朱敏
671	ZL202021849672.7	竖井水位快速测量装置	实用新型专利	2021-03-23	夏新均、何智、张鲲、张兴虎、李洋河、刘思奇、杨帆
672	ZL202021864983.0	螺栓紧固度检查工具	实用新型专利	2021-03-23	刘旭涛、刘世康、刘建权、白竹、杨贤俊、蔡玄梓、王振广
673	ZL202020804367.X	一种围墙立柱及预制围墙立柱单元	实用新型专利	2021-02-09	王伟、杨万和、吴仕红、蒋忠奇、马云刚
674	ZL202020753236.3	一种用于楼板预留孔洞与排水管间的浇注辅助装置	实用新型专利	2021-02-12	李彪奇、任娟、王伟、李宏、蒋忠奇
675	ZL202020804038.5	一种预制围墙板单元及预制围墙板安装结构	实用新型专利	2021-02-12	王伟、李彪奇、刘杰、彭宇轩、王亚
676	ZL202020803912.3	一种预制围墙基础及其与围墙立柱的连接结构	实用新型专利	2021-02-23	王伟、沈有辉、王飞、肖子懿、李宏
677	ZL202020804106.8	一种预制围墙	实用新型专利	2021-02-23	王伟、黄巍、谢凯锋、张帅、衣智明
678	ZL202021173568.0	一种找平收面装置	实用新型专利	2021-04-30	谭孝源、谢达良、张新强、黄巍、李亚民、姜文涛、覃郁芬、宫家良、邓钟文
679	ZL202021166175.7	一种装配式废料池	实用新型专利	2021-04-30	谭孝源、谢达良、张新强、黄巍、李亚民、宫家良、覃郁芬、邓钟文、姜文涛
680	ZL202021167160.2	一种用于空间建筑物的养护喷淋装置	实用新型专利	2021-04-30	姜文涛、谭孝源、邓钟文、谢达良、张新强、黄巍、李亚民、覃郁芬、宫家良、雷伟
681	ZL202021637247.1	一种桥梁工程锥形护坡结构	实用新型专利	2021-05-14	李进益、戴恒宜、殷建新、胡杰
682	ZL201911126953.1	一种PC墙板安装结构及其施工方法	发明专利	2021-05-14	李宏、沈有辉、李彪奇、王亚、王伟、衣智明
683	ZL202021722294.6	一种叠合板拼缝连接结构及楼板结构	实用新型专利	2021-06-04	邓钟文、谢达良、谭孝源、张新强、黄巍、李亚民、覃郁芬、宫家良、姜文涛
684	ZL202021900465.X	一种预制构件翻转用衬垫	实用新型专利	2021-06-04	邓钟文、谢达良、谭孝源、张新强、黄巍、李亚民、覃郁芬、宫家良、姜文涛、戴艺、李锦润、涂巍、汤文
685	ZL202022012223.3	一种分户闭合式节能房屋建筑	实用新型专利	2021-06-18	谭孝源、黄巍、李亚民、殷运涛、夏德新、扶亮、李诗炘、江园铭、孙越、魏国、杨威

续表

序号	专利号	专利名称	类型	法律公告日	发明人
686	ZL202021576618.X	风冷型发动机起动用加热装置	实用新型专利	2021-04-02	周艳春、刘宏、王金凤、朱文辉、徐珂、蒋贻亲、邢喜盈
687	ZL202021717014.2	离相封闭母线	实用新型专利	2021-04-02	雷振、夏敏、李世云、马祥、戴波
688	ZL202021853493.0	拱架安装用顶撑装置	实用新型专利	2021-04-02	黄盛吉、周长华、刘宏、王金凤、师要刚、李志鹏
689	ZL202020681907.X	一种混凝土生产预冷预热集成化系统	实用新型专利	2021-04-09	陈笠、曾凡杜、于永军、王佐奇、涂怀健
690	ZL202021423113.X	道旗旗杆	实用新型专利	2021-04-09	何文豪、尹宪平、李润章、郑坤、邓璞、唐百看、陈重阳、彭程、孙东阳、袁玺
691	ZL202021511087.6	用于安装在悬索上的滑轮托架	实用新型专利	2021-04-09	胡康、李海滨
692	ZL202021694076.6	塔筒支撑装置	实用新型专利	2021-04-09	汤怀亮、邹贵林、李如钢、邓连超、黄良
693	ZL201910773618.4	大跨度悬索桥猫道索架设的施工方法及施工系统	发明专利	2021-04-20	胡沥、郭照辉、高庚元、赵超、钟高洁、何军、韩泓泳
694	ZL201910086691.4	带后浇筑带的装配式预制外墙板的施工方法	发明专利	2021-05-07	杨浩、刘卫星、鞠传跃、郭鑫、邓宁宇
695	ZL202010724035.5	一种复杂交通条件下交通分流分级综合疏导方法	发明专利	2021-05-07	袁野、李亚民、孟金懿、黄魏、杨鑫、朱向阳、刘帆、卢超、肖啸华、吴加生
696	ZL202021708181.0	预埋螺栓的定位装置	实用新型专利	2021-05-07	王刚、张吉锋、宋丹、刘锐
697	ZL202021802945.2	暗涵清淤系统	实用新型专利	2021-05-07	李勇杰、林诗欣、李旭、胡晓军、黄广进
698	ZL202021805952.8	止水带用对接装置	实用新型专利	2021-05-25	赵晓伟、刘朋瑞、柯建新、朱彬、杜超、罗谦
699	ZL202021849599.3	钢模台车行走轨道	实用新型专利	2021-05-25	黄盛吉、刘宏、周艳春、张永红、周长华
700	ZL202021849673.1	高速铁路桥梁防震落梁挡块用安装装置	实用新型专利	2021-05-25	张弛宇、刘宏、王金凤、何龙成、雷标、王准、许登磊
701	ZL202021852992.8	混凝土压模装置	实用新型专利	2021-05-25	徐超、王金凤、董文超、徐珂、周艳春
702	ZL202021864831.0	用于隧洞顶部风机安装的作业装置	实用新型专利	2021-05-25	罗意成、刘川、黄斌、刘同兵、陈允兵
703	ZL202021980552.0	气动注浆装置	实用新型专利	2021-05-25	何玉先、胡晓军、高晨、杨永志、曾彬峻、曹亮
704	ZL202021801614.7	混凝土卸料装置	实用新型专利	2021-06-04	彭石坚、晏志、蔺文斌、周光兆、洪伟、杨永志
705	ZL202020957834.2	一种两级压缩混凝土生产骨料预冷预热集成化系统	实用新型专利	2021-06-11	陈笠、黎芋岑、曾凡杜、于永军、涂怀健
706	ZL202020972870.6	一种混凝土生产两级压缩预冷预热集成系统	实用新型专利	2021-06-11	陈笠、黎芋岑、于永军、曾凡杜、涂怀健
707	ZL202021967862.9	箱梁用悬挂施工装置	实用新型专利	2021-06-11	胡晓军、廖治中、黄广进、张正武、潘启雄
708	ZL202021953548.5	水中嵌岩钢板桩围堰	实用新型专利	2021-06-18	苏迎瑞、黄魏、李亚民、李金恒、吴新红、朱兵、曾湖庚、朱欣
709	ZL202022126956.X	钻孔注浆用孔口封闭装置	实用新型专利	2021-06-25	王海东、姜命强、孟刚、姚瞻

续表

序号	专利号	专利名称	类型	法律公告日	发明人
710	ZL202022127175.2	用于暗挖隧道二衬的可调弧度模板系统	实用新型专利	2021-06-25	赵南杰、杨 刚、常彦博、刘 邦、蔚文斌、邵立涛、夏智彪、杨永志
711	ZL201811420207.9	一种适用于地下连续墙施工的泥浆	发明专利	2021-07-09	彭柏荣、李 宁、杨焕起、王宏金、魏 林、李 亮、甘东见、彭柏涛
712	ZL202021963705.0	桥梁柱脚锚杆定位装置	实用新型专利	2021-07-23	李金恒、黄 尧、朱 兵、苏迎瑞、朱 欣、黄 巍、李亚民、邓宁宇
713	ZL202022111500.6	钢杆折弯机及钢杆校弯机	实用新型专利	2021-07-23	夏 敏、崔春雨、刘 豫、张仁祥、叶闪闪
714	ZL202022260335.0	可多角度调节的铣削头工装	实用新型专利	2021-07-23	徐先林、刘同兵、吕朝辉、刘九宁、刘 俊、张志龙、王亚亚
715	ZL202022456567.3	适用于洞室出洞口底板开挖的安全防护装置	实用新型专利	2021-07-23	谢卫东、杨 静、张建清、刘 洋、胡重林、罗华茜
716	ZL202022066272.5	路面摊铺用支撑装置	实用新型专利	2021-07-30	王金凤、侯 坤、杨建春、吴连杰、周莉雅
717	ZL202022351091.7	钻孔用工件压紧装置及钻床	实用新型专利	2021-07-30	陈敬收、黄增贤、秦 超、孙 辛、陈贵春、王郜明
718	ZL202022456256.7	桩头截除用辅助装置	实用新型专利	2021-08-06	胡晓军、廖治中、潘启雄、何玉先、彭石坚、宗可喜
719	ZL202022456570.5	高拱坝升浆管施工用成型装置	实用新型专利	2021-08-06	谢卫东、杨 静、张建清、欧阳卫星、朱云峰、左顺河
720	ZL202022782926.4	用于钻孔咬合桩套筒施工的垂直度测量装置	实用新型专利	2021-08-06	任晨灏、饶彩琴、彭再朝、周 中、陈皓东、姚国洲、邵元广、李 繁
721	ZL202022393028.X	圆形进人门用切割装置	实用新型专利	2021-08-20	刘同兵、徐先林、李 敏、吕朝辉、邝任廷、刘 俊、王亚亚
722	ZL202022480894.2	钢筋笼支撑装置	实用新型专利	2021-08-27	田 彪、盛福平、葛刘洋、胡乘龙、刘 春、张哲闻、陈吉君、聂 骥
723	ZL202022332427.5	圆盘钢筋加工用配套台架	实用新型专利	2021-09-03	董 斌、钟海锋、刘宏伟、王超博、曹正祥、陈代林、张世卿、徐 标、伍 勇
724	ZL202022482501.1	提浆整平机滚筒用存放装置	实用新型专利	2021-09-03	曾一宸、蒋鸿雁、夏国文、李兴旺、李 元、田北北、李 映、边卜冉、郑稚凡、杨鸿宇
725	ZL202022482503.0	高架桥箱梁支座	实用新型专利	2021-09-03	胡晓军、刘 邦、何玉先、孔祥莉、李勇杰、周光兆
726	ZL202022454556.1	倒T形预制梁定型装置	实用新型专利	2021-09-10	谢卫东、杨 静、张建清、熊 新、张振南、邓天明
727	ZL202022698822.5	圆形盾构井土建施工用操作平台	实用新型专利	2021-09-10	张 昂、邓建峰、杨焕起、施广鑫、石永昌、陶品澄、符锦锋、周延军
728	ZL202022698276.5	插水板施工用引孔装置	实用新型专利	2021-09-10	皇甫斐杰、胡晓军、桑松松、陈克兵、李爱序、宗琪林、何玉先、李 敏
729	ZL202022780508.1	地铁盾构区间施工用防淹挡水装置	实用新型专利	2021-09-10	黄 超、刘五一、秦坤元、王 文、杨永志、陈朝明、刘玉虎、吴兴鸿
730	ZL202022587405.3	变形缝嵌缝装置及变形缝立模结构	实用新型专利	2021-09-24	伍 浩、朱 杰、曾晓武、邓兴华、夏孝元
731	ZL202022632329.3	一种防松动卡扣组件及模板系统	实用新型专利	2021-09-24	伍 浩、夏孝元、杨 刚、杨永志、陈朝明、覃朝辉、罗 欣

续表

序号	专利号	专利名称	类型	法律公告日	发明人
732	ZL202022698044.X	集装箱用钢管装卸装置	实用新型专利	2021-09-24	徐超、李重用、陈晋华、葛光强、聂晟、刘尚珍
733	ZL202022786733.6	一种钢筋加工集料架	实用新型专利	2021-09-24	董斌、张世卿、王超博、曹正祥、陈代林、钟海锋、谢渭平、刘宏伟、伍勇
734	ZL202022859681.0	一种GPS-RTK单基站续航装置	实用新型专利	2021-09-24	李晓龙、王金凤、徐珂、郭冰
735	ZL202023343531.0	一种人工顶管穿越不良地质条件用支护装置	实用新型专利	2021-09-24	周洪云、田福文、韩可林、徐国强、蔡国辉、卿翔、叶正洁、江晓林、陈外才
736	ZL202010406800.9	一种预制快速拼装围墙结构及其施工方法	发明专利	2021-06-25	王伟、杨万和、沈有辉
737	ZL202010099420.5	一种预制快速拼装围墙结构及施工方法	发明专利	2021-07-23	王伟、沈有辉
738	ZL202120724145.1	一种通用组合吊具	实用新型专利	2021-11-12	谭孝源、江园铭、殷运涛、黄巍、邓宁宇、夏德新、易海珊、扶亮、李诗炘、孙越、魏国、杨威
739	ZL202120725797.7	一种通用组合吊具装置	实用新型专利	2021-11-19	谭孝源、江园铭、殷运涛、黄巍、邓宁宇、夏德新、易海珊、扶亮、李诗炘、孙越、魏国、杨威
740	ZL202120761851.3	一种集水井抗浮支模施工结构	实用新型专利	2021-11-26	谭孝源、黄巍、殷运涛、魏国、扶亮、李诗炘、江园铭、孙越、杨威
741	ZL202120169674.X	一种吊模固定调节装置	实用新型专利	2021-12-10	王伟、周向荣、付锋依、杨毅峰、黄巍、李亚民、俞钟鸣、董超、唐靖
742	ZL202120411300.4	一种免穿止水钢板梁底筋的安装结构	实用新型专利	2021-12-10	谭孝源、黄巍、殷运涛、黄荣洲、邓宁宇、朱向阳、曾湖庚、李金恒、廖满军、杨威
743	ZL202120577436.2	一种梁定位箍筋及梁筋安装结构	实用新型专利	2021-12-10	谭孝源、黄巍、邓宁宇、李亚民、孙越、李诗炘、扶亮、江园铭、魏国、杨威
744	ZL202120667291.5	一种现浇免抹灰非承重外墙	实用新型专利	2021-12-10	彭小平、廖满军、黄巍、曾建龙、蒋晓平、周翙、史李杰、姚雨霆、邹胜、刘江华
745	ZL202022698824.4	大直径钢筋用连接装置	实用新型专利	2021-10-01	李建伟、邓建峰、胡晓军、杨焕起、施广鑫、谭海华、孟祥杰、赵发东、欧阳宝成
746	ZL202023166158.6	拱坝钢衬焊接用移动装置	实用新型专利	2021-10-01	谢卫东、杨静、张建清、潘旭乐、杨区伟、陈志聪
747	ZL202023205262.1	适用于长柱状混凝土芯样的运输装置	实用新型专利	2021-10-01	杨静、朱云峰、董涛、贾忠杰、欧阳卫星
748	ZL202023205824.2	混凝土传输装置	实用新型专利	2021-10-01	杨静、左顺河、雷永红、毛文景、潘旭乐
749	ZL202023335158.4	巷道起吊装置	实用新型专利	2021-10-01	何智、刘宏、李洋河、杨帆、魏奥林、罗青园
750	ZL202023343443.0	管道弯管装置	实用新型专利	2021-10-01	龚常胜、刘豫、李星亮、王文优、郭奕、殷浩
751	ZL202120274339.6	表层水温监测装置	实用新型专利	2021-10-01	谢长江、江世勇、沈绍罗、易伟、陈军、陈航

续表

序号	专利号	专利名称	类型	法律公告日	发明人
752	ZL202022782826.1	坝体填筑料洗车加水及排水自动一体化装置	实用新型专利	2021-10-15	曹守帅、汪义鹏、张 水、董 菲、李天帅、郭一璇
753	ZL202022930953.1	护壁混凝土浇筑装置	实用新型专利	2021-10-15	桑松松、胡晓军、陈克兵、温继武、宗琪林、李爱序、何玉先、范浩威
754	ZL202023198374.9	一种高边坡马道混凝土挡墙修补用移动装置	实用新型专利	2021-10-15	谢卫东、杨 静、张建清、朱云峰、杨区伟、向 可
755	ZL202023334132.8	边坡六棱块铺设装置及铺设系统	实用新型专利	2021-10-15	伍 翔、王金凤、董文超
756	ZL202023333711.0	输送机用排料装置及砂石输送系统	实用新型专利	2021-10-15	耿斌庆、庞 帅、石显接、彭英杰、马 牧、王 斌、付东波、何 鋈、陈文亮
757	ZL202023334992.1	堆料仓入仓胶带输送装置	实用新型专利	2021-10-15	石显接、王绍明
758	ZL202120310477.5	测量仪器安装架	实用新型专利	2021-10-15	彭柏荣、常彦博、孔祥莉、王 坤、顾飞祥、闫晓刚
759	ZL202120612670.4	水温监测支撑装置	实用新型专利	2021-10-15	谢长江、田承宇、陈 军、尹光景、刘菊梅
760	ZL202022860022.9	一种盾构机辅助换刀装置	实用新型专利	2021-10-22	朱文辉、周艳春、刘 宏、蒋传福、罗 锋、李财钰
761	ZL202023100506.X	大跨度底模结构	实用新型专利	2021-10-22	谢卫东、杨 静、张建清、熊 新、杨区伟、曾 质
762	ZL202023205099.9	预埋螺栓倾斜装置	实用新型专利	2021-10-22	王海实、蒋和平、王海东、邓立雄、秦世奇、简安邦、姚孟浩
763	ZL202120431408.X	地下洞室群施工期通风系统	实用新型专利	2021-10-22	李才平、王新龙、马国荣、张朝磊、陈建平、成 朋
764	ZL202120536462.0	闸门井结构	实用新型专利	2021-10-22	王新龙、李才平、马国荣、薛廉润、杨志刚、王乙焱
765	ZL202120562192.0	圆形内衬墙施工用模板装置	实用新型专利	2021-10-22	张 昂、杨焕起、邓建峰、敬 涛、周延军
766	ZL202022930608.8	一种市政管道清淤装置	实用新型专利	2021-10-29	张俊波、胡晓军、廖治中、安学良、陈 恒、赵晨轩、肖炳军、李牧涛
767	ZL202022996507.0	钢结构型材用搬运装置	实用新型专利	2021-10-29	贺志刚、袁进学、谢东君、张 鹏、李凌贵、吴勋丞
768	ZL202023204597.1	边坡运输装置	实用新型专利	2021-10-29	胡晓军、潘志坤、何玉先、党 章、桑松松、李建伟、张乃维
769	ZL202120310479.4	物料运输车	实用新型专利	2021-10-29	胡晓军、桑松松、李爱序、何玉先、杨洪苏、宗可喜、李 超
770	ZL202120612548.7	建筑物挠度监测装置	实用新型专利	2021-10-29	谢长江、田承宇、尹光景、易 伟、刘望明
771	ZL202022746334.7	边跨现浇段支架	实用新型专利	2021-11-05	苏迎瑞、樊 军、李金恒、高利民、李亚民、黄 巍、曾湖庚、朱 欣、朱向阳、袁 超
772	ZL202023080126.4	综合管廊支架用安装结构及综合管廊支架	实用新型专利	2021-11-05	李宁羽、马起荣、方 科、吴高进、杨 鑫、吴 刚、李沛阳
773	ZL202023205601.6	挖掘机挖料斗	实用新型专利	2021-11-05	张 毅、刘志强、曾完菊、王永东、王绍勇、杨永志、陈朝明、罗 欣、李 涛、喻涪桢
774	ZL202023276303.6	渠道衬砌混凝土施工用模板台车	实用新型专利	2021-11-05	马 伟、韩可林
775	ZL202023335044.X	带式输送系统	实用新型专利	2021-11-05	何 鋈、庞 帅、王邵明

续表

序号	专利号	专利名称	类型	法律公告日	发明人
776	ZL202023333527.6	溜槽积料清扫装置	实用新型专利	2021-11-05	马牧、庞帅、王斌、耿斌庆、王绍明
777	ZL202023335093.3	预应力钢绞线辅助起剥器	实用新型专利	2021-11-05	李雄、杨彬彬、苏文男、王安国、郑文华
778	ZL202120083036.6	标高控制装置、叠合板及楼板	实用新型专利	2021-11-05	杨浩、雷益琛、刘道旺、黄荣洲、靳立德、王森、张致嘉、周镇福、靳廷斌、谭鹂
779	ZL202120102993.9	沟槽支护装置	实用新型专利	2021-11-05	贺帅、刘豫、聂晟、徐超、江军
780	ZL202120267825.5	板件拼装焊接用调平装置	实用新型专利	2021-11-05	张玉卫、王启茂、王涛、肖春林、付添福、姚巍、吴昊、张新强、郑耀军、陈毅星、王凯、文昌贤
781	ZL202120282901.X	坝体正倒垂线用保护装置	实用新型专利	2021-11-05	谢长江、田承宇、刘望明、易伟、刘菊梅、曹乐乐
782	ZL202120323159.2	盾构管片支撑装置	实用新型专利	2021-11-05	符子钊、伍浩、曾晓武、邓兴华、黄莉娟
783	ZL202120385146.8	水样采取装置	实用新型专利	2021-11-05	廖治中、胡晓军、黄广进、张俊波、丁国靖
784	ZL202022664881.0	加掖弯折钢筋加工装置	实用新型专利	2021-11-12	贺志刚、任勇、胡航、郑达、李凌贵
785	ZL202023204599.0	适用于不同角度的交通栈桥	实用新型专利	2021-11-12	杨静、匡玉奇、巨敬良、张霞龙、吴晔玲
786	ZL202023335091.4	棒磨机轴瓦浇铸模具	实用新型专利	2021-11-12	赵刚、王绍明、陈贵春、孙辛琼、许巍、邓照宇、吴林
787	ZL202120301298.5	叉车叉头	实用新型专利	2021-11-12	董斌、王超博、曹正祥、张世卿、刘宏伟、徐标、陈代林、钟海锋、伍勇
788	ZL202120319069.6	抱紧装置	实用新型专利	2021-11-12	王先锋、赵高锦、陆成、韩泓泳、罗超
789	ZL202120384185.6	楼板施工用模板装置	实用新型专利	2021-11-12	扶亮、谭孝源、殷运涛、黄巍、李亚民、邓宁宇、李诗炘、江园铭、孙越、魏国、杨威
790	ZL202120433055.7	钢筋焊接用搭接装置	实用新型专利	2021-11-12	何玉先、胡晓军、曾彬峻、周光兆、孔祥莉、杨永志、张学珍
791	ZL202120433053.8	块状体用搬运装置	实用新型专利	2021-11-12	何玉先、孔祥莉、胡晓军、桑松松、李爱序、宗可喜
792	ZL202023170955.1	钻爆台车	实用新型专利	2021-11-12	谢卫东、杨静、张建清、潘旭乐、杨区伟、刘晶
793	ZL202022650208.1	塔吊调运钢结构用加固装置	实用新型专利	2021-11-12	李润章、何文豪、尹宪平、郑坤、邓璞、陈重阳、彭程、孙东阳、袁玺
794	ZL202120185829.9	施工安全通行装置	实用新型专利	2021-11-16	杨浩、马邦武、谭鹂、刘道旺、吴新红、朱向阳、雷益琛
795	ZL202120839607.4	地铁管片弯管清理装置	实用新型专利	2021-11-19	董斌、曹正祥、王超博、张世卿、曾彬峻、孔祥莉、徐标、伍勇
796	ZL202120926023.0	砂浆流动度检测装置	实用新型专利	2021-11-19	田鑫、张文学、尹光景、张海、田志国、靳自强
797	ZL202120944237.0	双壁波纹管固定装置	实用新型专利	2021-11-19	张毅、刘刚、曾完菊、刘弈涛、喻涪桢、贺芝俊、王绍勇、李涛、王永东

续表

序号	专利号	专利名称	类型	法律公告日	发明人
798	ZL202120028138.8	破损顶管回拉装置	实用新型专利	2021-11-26	蔡国辉、牛书儒、田福文、韩可林、周洪云、徐国强、廖芳、张凯、王西
799	ZL202120267924.3	悬索桥钢箱梁起吊安装用空中旋转吊具	实用新型专利	2021-11-26	王先锋、赵高锦、任骑新、罗超、韩泓泳
800	ZL202120839838.5	钢筋吊装夹持装置	实用新型专利	2021-11-26	王鹏、聂攀、李福千、李育、雷振、江前颢、罗诚伟、吴的枫
801	ZL202120926024.5	一种用于大批量电缆分线的设备	实用新型专利	2021-11-26	谢长江、陈书贞、张亚宁
802	ZL202120925224.9	竖井测量放样装置	实用新型专利	2021-11-26	田志国、尹光景、靳自强、张文学、张海、李林旺、符志波、胡聪、闫毅、高扣娃
803	ZL202120925223.4	竖井联系测量装置	实用新型专利	2021-11-26	田志国、尹光景、靳自强、张文学、张海、李林旺、胡聪、康红玉、高扣娃
804	ZL202120943159.2	用于预制箱梁与支座的安装装置	实用新型专利	2021-11-26	王金凤、徐珂、周艳春、孔德彪
805	ZL202120992190.5	钢筋笼制作用靠模架	实用新型专利	2021-11-26	常彦博、王晓伟、董斌、张世卿、王超博、曾彬峻、董红、曹正祥
806	ZL202023334058.X	竖井施工用稳盘	实用新型专利	2021-11-30	罗涛、张鲲、郑仁鹏、汪生鹏、项少良、龚东俊
807	ZL202120090947.1	连墙钢筋笼直螺纹套筒用扭紧装置	实用新型专利	2021-12-03	敬涛、邓建峰、杨焕起、张昂、石永昌、符锦锋
808	ZL202120274419.1	水下混凝土浇筑装置	实用新型专利	2021-12-03	彭柏荣、常彦博、魏林、孔祥莉、王坤、顾飞祥、闫晓刚
809	ZL202120893113.4	抗倾翻行走滑模施工系统	实用新型专利	2021-12-03	何伟、李仲毅、张晋睿、舒鑫
810	ZL202120940391.0	混凝土输送装置	实用新型专利	2021-12-03	刘宏、简晓辉、吴月峰、师要刚、朱海强、舒晔、刘有为、黄行昆、李永成
811	ZL202121124420.2	盖梁施工用支撑结构	实用新型专利	2021-12-03	李金恒、付皓东、吴新红、黄巍、李亚民、邓宁宇、宋海清、朱欣、苏迎瑞、朱兵、黄尧
812	ZL202121163095.0	建筑安全施工平台	实用新型专利	2021-12-03	王源辉、杜长春、孟振、黄荣洲、谢惠军、谢承钊、王思琪、李铭
813	ZL202121189319.5	电厂循环水管和综合管架的安装结构	实用新型专利	2021-12-03	李星宁、刘豫、张义芳、戚海超、王德英、周贤进、梁丽君、蒋和
814	ZL202121302955.4	斜面混凝土抹面用施工装置	实用新型专利	2021-12-03	杨静、胡重林、张建清、向可、陈志聪
815	ZL202121302939.5	混凝土护栏模板结构	实用新型专利	2021-12-03	杨静、朱云峰、张建清、田柱成、向可
816	ZL202121417283.1	风机基础环支撑装置	实用新型专利	2021-12-03	王海东、姜命强、孟刚、郭国华
817	ZL202121446643.0	砂石泥粉含量检测用试验装置	实用新型专利	2021-12-03	张浩、赵泽宏、黄平、周长邦、王惠昊、赵健、张康财、殷莹
818	ZL202121446720.2	自动检测机制砂MB值试验装置	实用新型专利	2021-12-03	张浩、赵泽宏、黄平、周长邦、王惠昊、赵健、张康财、殷莹
819	ZL202121493794.1	收水净水装置	实用新型专利	2021-12-03	于培龙、颜刚、范思轶、顾典科、戴旭、李慧明、王沁、童优良、熊全裕、张占龙、刘昊夫、周翊、袁涛、刘明鑫、肖国冬、吴铚强、胡强磊、高悦、陈蓉、郑攀、肖贝

续表

序号	专利号	专利名称	类型	法律公告日	发明人
820	ZL202120274340.9	预制T梁钢筋安装装置及预制T梁钢筋安装系统	实用新型专利	2021-12-07	王先锋、赵高锦、秦新利、王勇、韩泓泳
821	ZL202120384183.7	预留钢筋接头用防锈保护装置	实用新型专利	2021-12-07	肖育斐、刘朋瑞、张岳峰、段晓云、赵晓伟
822	ZL202120876992.X	钢筋连接装置	实用新型专利	2021-12-07	伍浩、夏孝元、周震钧、陈于保、孙昌猛、谢华、李征、徐杰
823	ZL202120925288.9	测绘设备收放装置	实用新型专利	2021-12-07	田志国、尹光景、靳自强、张文学、张海、李林旺、谭云波、胡聪、高扣娃
824	ZL202121241091.X	模板支撑机构及风力发电机组基础模板装置	实用新型专利	2021-12-07	郭国华、姜命强、曾庆贺、朱贵平
825	ZL202121446737.8	全圆形模板抗浮支撑装置	实用新型专利	2021-12-07	张永红、王金凤、魏军霞、朱海强、师要刚、简晓辉
826	ZL202121446988.6	全圆模板组件及全圆模板装置	实用新型专利	2021-12-07	朱海强、刘宏、师要刚、张永红、黄行昆、李永成、刘有为、魏军霞
827	ZL202121488456.9	一种风力发电附着式箱式变压器基础	实用新型专利	2021-12-07	郭国华、姜命强、曾庆贺、王海东
828	ZL202121490222.8	隧道仰拱衬砌浇筑施工用模板装置	实用新型专利	2021-12-07	朱海强、刘宏、师要刚、张永红、黄行昆、李永成、刘有为、魏军霞
829	ZL202120185828.4	大跨度预制梁结构	实用新型专利	2021-12-10	杨浩、周镇福、谢惠军、雷益琛、刘道旺、王森、张致嘉
830	ZL202120301297.0	钢管柱砂浆抹灰用施工装置	实用新型专利	2021-12-10	黄莉娟、伍浩、曾晓武、邓兴华、符子钊
831	ZL202120561411.3	爆破施工用防护装置	实用新型专利	2021-12-10	彭再朝、邵元广、彭正坤、任晨灏、洪源、樊思俊
832	ZL202120584019.0	装卸运输装置	实用新型专利	2021-12-10	刘邦、胡晓军、赵刚、何玉先、潘启雄、柯喜珍
833	ZL202120378581.8	密目网及防护结构	实用新型专利	2021-12-14	周艳春、刘新宇、方亮、李鉴楷、白雄伟、郑磊、蒋传福
834	ZL202120252421.9	路缘石混凝土浇筑用落料装置	实用新型专利	2021-12-14	聂晟、贺帅、夏国文、陈晋华、徐超、江军
835	ZL202120187978.9	临水临电结构	实用新型专利	2021-12-14	杨浩、刘道旺、黄荣洲、王森、马邦武、谭鹍、雷益琛
836	ZL202120392021.8	悬挑式卸料平台	实用新型专利	2021-12-14	常青、李靖
837	ZL202120310480.7	施工缝免凿毛装置	实用新型专利	2021-12-14	伍浩、夏孝元、刘邦、曾绍军、杨永志、覃朝辉
838	ZL202120732376.7	风炮支撑装置	实用新型专利	2021-12-17	杨希远、白敬明、陈敬收、孙辛琼、王绍明、陈贵春
839	ZL202121280143.4	一种带式输送机的清扫系统	实用新型专利	2021-12-17	于永军、陈笠、黎芋岑、贺磊、曾凡杜
840	ZL202121279653.X	一种干湿分离的带式输送机的清扫装置	实用新型专利	2021-12-17	于永军、陈笠、黎芋岑、曾凡杜、贺磊
841	ZL202121446901.5	TBM滚刀挡圈安装装置	实用新型专利	2021-12-17	王文明、李文革、刘宏、徐珂、李志鹏、孔德彪
842	ZL201911412924.1	索导管中轴线定位装置及索导管中轴线偏差测量方法	发明专利	2021-12-24	胡康、李海滨
843	ZL202022823450.4	静压管桩桩芯土掏除装置	实用新型专利	2021-12-24	张汪洋、刘文、姜命强、邬子云、张荐云、刘志敏

续表

序号	专利号	专利名称	类型	法律公告日	发明人
844	ZL202122191985.9	一种浮船坞定位锚链安装的新装置	实用新型专利	2022-02-01	陈 军、江世勇、沈绍罗、谢长江、赵芃芃
845	ZL202122221994.8	一种用于工程安全监测量水堰堰板的固定装置	实用新型专利	2022-03-22	陈 军、李成阳、江世勇、沈绍罗、谢长江、赵芃芃
846	ZL202220551283.9	大直径隧道中箱涵吊具装置	实用新型专利	2022-07-29	王 丹、韩吉平、姚利军、张忠超、李兴旺
847	ZL202220544042.1	一种盾构隧道电缆沟槽施工装置	实用新型专利	2022-07-29	章浩鹏、韩吉平、王 丹、李可可、李兴旺
848	ZL202220551439.3	负环管片拆除吊具装置	实用新型专利	2022-07-29	罗 西、韩吉平、王 丹、姚利军、李兴旺
849	ZL202220649839.8	一种建筑工程施工用钻孔装置	实用新型专利	2022-10-25	王 森、熊利新
850	ZL202010304999.4	一种深埋岩溶管道的防渗堵漏方法	发明专利	2022-01-07	姜命强、王海东、郭国华、赵永磊、邹爱明、罗 林
851	ZL202121707757.6	可调节式模板装置	实用新型专利	2022-01-28	杨 静、胡重林、张建清、潘旭乐、邓天明
852	ZL202122197238.6	一种混凝土预埋外露钢筋结构	实用新型专利	2022-01-28	杨 静、左顺河、朱云峰、欧阳卫星、向 可
853	ZL202121109837.1	用于隧洞洞口管棚的安装装置	实用新型专利	2022-01-28	张 鲲、蔡国礼、徐 拓、徐 珂、李 博
854	ZL202121127605.9	装配式建筑用减震连接装置	实用新型专利	2022-01-28	王源辉、李祥彬、杜长春、吴新红、李 铭、王思琪、朱 虹、
855	ZL202121124451.8	预留套管装置、穿墙套管立模结构及墙体结构	实用新型专利	2022-01-28	谭代军、王 江、李 文、姜方吉、刘 皓、熊浩宇、刘瑜蒙卓
856	ZL202121462393.X	可调节高度的市政道路用限高装置	实用新型专利	2022-01-28	于培龙、颜 刚、刘明鑫、范思轶、顾典科、戴 旭、李慧明、肖国冬、吴铨强、胡强磊、高 悦、陈 蓉、王 沁、童优良、熊全裕、张占龙、刘昊夫、周 翊、袁 涛、郑 攀、肖 贝
857	ZL202121555904.2	微型钢管桩结构	实用新型专利	2022-01-28	于培龙、王 沁、童优良、熊全裕、张占龙、袁 涛、刘明鑫、颜 刚、范思轶、顾典科、戴 旭、李慧明、肖国冬、陈 蓉、高 悦、吴铨强、胡强磊、刘昊夫、周 翊、郑 攀、肖 贝
858	ZL202121736038.7	隐藏式边坡急流槽结构	实用新型专利	2022-01-28	于培龙、王 沁、童优良、熊全裕、刘昊夫、袁 涛、周 翊、颜 刚、范思轶、顾典科、刘明鑫、戴 旭、肖国冬、李慧明、吴铨强、胡强磊、高 悦、张占龙、陈 蓉、肖 贝、郑 攀
859	ZL202122367198.5	感应式消毒装置	实用新型专利	2022-01-28	贺 辉、卜海英、谭 薇、刘定琪、伍 驰、邓世杰、吴双健、韩沛根
860	ZL202121770966.5	测量点标识装置	实用新型专利	2022-01-28	于继辉、尹光景、靳自强、田志国、胡 聪
861	ZL202121736040.4	一种沟槽开挖装置	实用新型专利	2022-01-28	彭柏荣、常彦博、王永超、刘德亮、周智海、王 坤

续表

序号	专利号	专利名称	类型	法律公告日	发明人
862	ZL202121736036.8	适用于环形有轨隧道内检修的移动平台	实用新型专利	2022-01-28	彭柏荣、常彦博、何玉先、孔祥莉、周智海、李选、王坤
863	ZL202122196352.7	一种地泵泵管三通接头	实用新型专利	2022-01-28	柯建新、赵晓伟、李帆、代伟、张岳峰、林泰、张永祥
864	ZL202121715255.8	坡面施工操作平台	实用新型专利	2022-02-08	杨静、朱云峰、张建清、向可、胡重林
865	ZL202122197259.8	适用于弧形或斜坡道路的振捣装置及振捣系统	实用新型专利	2022-02-08	杨静、朱云峰、向可、左顺河、邓天明
866	ZL202121678738.5	水下混凝土取样装置	实用新型专利	2022-02-08	李兴旺、曾一宸、刘晶晶、雷来宏、漆明寒、张威威、赵强
867	ZL202121708313.4	一种预埋锚栓定位装置	实用新型专利	2022-02-08	田北北、李映、李元、曾一宸、边卜冉、郑稚凡、杨鸿宇、罗江衡、韩明珠
868	ZL202121674256.2	装配式建筑外挂烟道结构	实用新型专利	2022-02-08	周翊、张新强、蒋晓平、彭小平、史李杰、扶亮、姚雨霆
869	ZL202121674356.5	一种斜屋面模板装置	实用新型专利	2022-02-08	周翊、张新强、蒋晓平、彭小平、史李杰、扶亮、姚雨霆
870	ZL202122197236.7	一种水准尺稳定装置	实用新型专利	2022-02-08	于继辉、尹光景、田志国、靳自强、胡聪
871	ZL202122196377.7	一种控制点基座结构	实用新型专利	2022-02-08	于继辉、尹光景、靳自强、田志国、胡聪
872	ZL202122197448.5	一种深基坑坑底封堵排水装置	实用新型专利	2022-02-08	张昂、杨焕起、邓建峰、敬涛、周延军、符锦锋、李梦平、胡杰辉
873	ZL202122197148.7	一种地铁站移动式钻孔装置	实用新型专利	2022-02-08	赵刚、王辉、张学忠、于闯闯、孔维波、张学珍
874	ZL202122197516.8	测斜管变径对中装置	实用新型专利	2022-02-08	刘朋瑞、张岳峰、肖育斐、张红艳、张海洋、柯建新、李飞
875	ZL202121752500.2	一种低制冷剂充注量的预冷混凝土生产系统	实用新型专利	2022-02-08	陈笠、于永军、贺磊、曾凡杜
876	ZL202122196354.6	一种适用于建筑工程的搬运装置	实用新型专利	2022-02-18	杨静、欧阳卫星、袁颖、戴小芳、左顺河
877	ZL202121736052.7	模板支撑装置及模板支撑系统	实用新型专利	2022-02-18	刘播、黄巍、邓宁宇、吴新红、王云、刘艳伟
878	ZL202122196351.2	自动转向棱镜装置	实用新型专利	2022-02-18	于继辉、尹光景、田志国、靳自强、胡聪
879	ZL202121723211.X	砂石骨料生产系统	实用新型专利	2022-02-18	王绍明、刘志和、刘金明、黄良敏、陈敬收、杨利
880	ZL202122197257.9	竖井井口出渣辅助装置	实用新型专利	2022-02-18	曹守帅、张水、汪义鹏、董菲、李天帅、郭一璇
881	ZL202122197202.8	测斜管对中机构及冻结孔测斜装置	实用新型专利	2022-02-18	刘朋瑞、张岳峰、肖育斐、赵晓伟、罗谦、马焱鑫、李飞
882	ZL202121735888.5	一种电缆卷线机	实用新型专利	2022-02-22	彭柏荣、常彦博、孔祥莉、谢星、顾飞祥、王坤、闫晓刚
883	ZL202121752628.9	一种四级节流预冷混凝土生产系统	实用新型专利	2022-02-22	陈笠、于永军、贺磊、曾凡杜

续表

序号	专利号	专利名称	类型	法律公告日	发明人
884	ZL202121771025.3	用于架桥机前支腿的滑轨式辅助支撑装置	实用新型专利	2022-02-22	张弛宇、刘宏、何龙成、王淮、刘开双
885	ZL202122197571.7	顶管管道	实用新型专利	2022-02-22	周洪云、韩可林、徐国强、蔡国辉、闫普阳、邵正峰、叶正洁、张静、曾志惠
886	ZL202011642422.0	高边坡植生槽飘板的三维预制及受损山体生态修复方法	发明专利	2022-03-11	蔡国辉、韩可林、陈外才、徐国强、周洪云、张凯、何井斌、张静
887	ZL202010001188.7	一种临近深埋大直径管道上基坑开挖的施工方法	发明专利	2022-03-11	曾晓武、伍浩、朱杰、刘邦、蔺文斌、曾绍军、曾彬峻
888	ZL202121752581.6	一种低制冷剂充注量的二级节流预冷混凝土生产系统	实用新型专利	2022-03-11	陈笠、于永军、曾凡杜、贺磊
889	ZL202121577580.2	一种胶带输送机回程段胶带自动清扫装置	实用新型专利	2022-01-28	朱有成、马起荣、方科、吴刚、李宁羽
890	ZL202121937008.2	一种混凝土坍落度检测装置	实用新型专利	2022-02-15	宫家良、覃郁芬、谢达良、黄巍、李亚民、曾湖庚、邓宁宇、许阔、吴丙伟、涂巍、刘航、刘德港、洪东杰
891	ZL202121909257.0	一种混凝土废料回收装置	实用新型专利	2022-02-15	覃郁芬、宫家良、谢达良、黄巍、李亚民、曾湖庚、邓宁宇、许阔、吴丙伟、涂巍、刘航、刘德港、洪东杰
892	ZL202121258890.8	一种竖向后浇带用预制U形挡土墙	实用新型专利	2022-02-08	王伟、杨毅峰、周向荣、唐靖、付锋侬、邓宁宇、俞钟鸣、周金晶、唐伟鹏、董超、胡亚运
893	ZL202121965315.1	一种混凝土切割装置	实用新型专利	2022-02-08	张新强、蒋晓平、周翊、黄巍、李亚民、邓宁宇、彭小平、史李杰、周兴
894	ZL202121855515.1	一种供水管道压水试验装置	实用新型专利	2022-02-08	叶东生、向志平、宋勇、张海洋
895	ZL202122233724.9	一种隧洞用自移式钻孔台车	实用新型专利	2022-02-08	廖彬、韩可林、周武良、徐文册
896	ZL202122196376.2	一种水准尺车顶承载装置	实用新型专利	2022-04-01	谭云波、尹光景、田志国、靳自强、于继辉、胡聪
897	ZL202122456512.7	一种VMT防震安装支座	实用新型专利	2022-04-05	周艳春、刘宏、朱海强、韩艳红、陈壹、张永红、魏军霞、刘相金
898	ZL202122471861.6	一种均衡给料装置及矿石加工系统	实用新型专利	2022-04-05	庞帅、杨钊、王绍明、付东波、耿斌庆
899	ZL202122456529.2	一种振动消拱下料斗	实用新型专利	2022-04-05	庞帅、杨钊、王绍明、付东波
900	ZL202122456514.6	一种轨道式料斗转运装置	实用新型专利	2022-04-05	周震钧、董斌、赵刚、张世卿、古帅甫、曹进
901	ZL202122456528.8	一种砌体水平灰缝施工装置	实用新型专利	2022-04-05	孔维波、赵刚、王辉、张学忠、晏自素、王天岐、张学珍、谢华
902	ZL202010812366.4	桥梁盖梁施工用支撑装置及桥梁盖梁施工方法	发明专利	2022-05-24	李金恒、苏迎瑞、朱欣、朱兵、黄巍、李亚民、黄尧、曾湖庚、邓宁宇、朱向阳
903	ZL202122458349.8	一种高度调节式抹面样架装置	实用新型专利	2022-05-24	杨静、左顺河、戴小芳、欧阳卫星、袁颖
904	ZL202122456513.1	一种隔挡栏及围挡装置	实用新型专利	2022-05-24	周艳春、王金凤、张建伟、郭健、李鉴楷、方亮
905	ZL202122675120.X	一种混凝土浇筑施工用冷却水管卷放装置	实用新型专利	2022-06-10	杨静、欧阳卫星、林品富、左顺河、袁颖

续表

序号	专利号	专利名称	类型	法律公告日	发明人
906	ZL202123119935.6	一种适用于预制梁浇筑的移动式下料斗	实用新型专利	2022-06-10	杨静、于永军、潘旭乐、向可、胡重林
907	ZL202122677389.1	一种适用于小工作井无后导洞盾构的运输系统	实用新型专利	2022-06-10	柯珊、刘宏、郭健、李志鹏、唐韶文、罗涛、龚炎
908	ZL202122677041.2	一种隧洞施工用台车	实用新型专利	2022-06-10	王金凤、张永红、朱海强、师要刚、周艳春、韩旭
909	ZL202123039563.6	一种电动行走装置	实用新型专利	2022-06-10	郑言超、刘宏、朱文辉、郭健、王玉玲、李浩
910	ZL202123046534.2	一种用于TBM皮带机出渣的分料台装置	实用新型专利	2022-06-10	徐珂、王金凤、孔德彪、张永红、杨婷
911	ZL202123041122.X	一种现浇石鼓模具装置	实用新型专利	2022-06-10	赵磊、刘宏、王金凤、徐超
912	ZL202123047238.4	一种高压旋喷桩冒浆收集与监测装置	实用新型专利	2022-06-10	夏新钧、杨建春、周艳春、李晓龙、侯坤、李财钰
913	ZL202122457852.1	适用于地铁盾构区间隧道施工阶段的防淹结构	实用新型专利	2022-06-10	许海锋、杨晨雨、易建、李睿康、蔡秋、刘德亮、张阳、叶程成
914	ZL202122675050.8	一种堵漏注浆装置	实用新型专利	2022-06-10	伍浩、夏孝元、周震钧、常彦博、赵刚、陈朝明
915	ZL202122677391.9	一种边坡支护用注浆锚管结构	实用新型专利	2022-06-10	伍浩、夏孝元、周震钧、常彦博、赵刚、陈朝明
916	ZL202122677356.7	一种隧道内轨道式混凝土泵送系统	实用新型专利	2022-06-10	曾彬峻、常彦博、赵刚、杨婷、张朝阳、胡晓军
917	ZL202123048040.8	一种简易洒水装置	实用新型专利	2022-06-10	杨宇、张昂、杨焕起、邓建峰、石永昌、孟祥杰、谭海华
918	ZL202122675033.4	一种竖墙预埋锚栓定位装置	实用新型专利	2022-06-10	曾一宸、蒋鸿雁、李兴旺、李大军、田北北、邱雷、王诚、杨宝林、金元杰、雷来宏、郭威
919	ZL202122675047.6	一种高铁可调式无砟轨道底座板顶面混凝土收面装置	实用新型专利	2022-06-10	熊路遥、蒋鸿雁、李大军、李兴旺、朵红伟、漆明寒、曾一宸、金元杰、邱雷、郭威、潘春来、杜庆红、王凯、曾烜
920	ZL202122676979.2	一种定型模板系统	实用新型专利	2022-06-10	郭刚、李重用、李荣平、张琳、杨恒利
921	ZL202122677006.0	一种挡土墙模板支撑系统	实用新型专利	2022-06-10	郭刚、刘豫、李刚、文友良
922	ZL202123041125.3	一种适用于振动锤的钢管桩振动沉桩辅助导向装置	实用新型专利	2022-06-10	朱永泉、潘宪敏、万兆欣、江健、张小丰、姬威峰
923	ZL202123046791.6	一种箱梁腹板倾角、底板宽度测量装置	实用新型专利	2022-06-10	田北北、蒋鸿雁、李大军、李兴旺、李元、曾一宸、边卜冉、党政鹏、朱贱珍、金元杰、邱雷、郭威、曾烜
924	ZL202123046795.4	一种模板安装台车装置	实用新型专利	2022-06-10	付玉鹏、蒋鸿雁、李大军、李兴旺、罗华、白正孔、杨柳、陈阳、申云岭、蒋帅
925	ZL202123043708.X	一种房建施工测平装置	实用新型专利	2022-06-10	徐超、李坤、刘豫、江军、方明

续表

序号	专利号	专利名称	类型	法律公告日	发明人
926	ZL202122677706.X	一种焊接装置	实用新型专利	2022-06-10	李东升、刘旭东、肖东江、张　盛、郭福至
927	ZL202122677298.8	一种应急排水装置	实用新型专利	2022-06-10	于培龙、李慧明、高　悦、胡强磊、肖国冬、颜　刚、顾典科、范思轶、刘明鑫、戴　旭
928	ZL202123046794.X	一种人行道路面拼装单元及人行道路面	实用新型专利	2022-06-10	颜　刚、于培龙、王　沁、童优良、熊全裕、张占龙、范思轶、顾典科、刘明鑫、李慧明、肖国冬、高　悦、胡强磊、高　帆、张　浩、刘渝萱、袁　涛、戴　旭、陈　蓉
929	ZL202123047237.X	一种建筑骨料生产系统	实用新型专利	2022-06-10	庞　帅、邹高翔、王绍明、付东波、马　牧
930	ZL202123039632.3	一种废水沉淀处理装置	实用新型专利	2022-06-10	何　鋆、庞　帅、周洪武、耿斌庆、王　斌
931	ZL202123041123.4	一种砂石料冲洗筛分系统	实用新型专利	2022-06-10	耿斌庆、庞　帅、王绍明、袁云刚、石显接、邹高翔、王　东、马　牧、王　斌、付东波、何　鋆、纵　杰
932	ZL202123041121.5	一种矿石输送系统	实用新型专利	2022-06-10	彭英杰、邹高翔、庞　帅、周　敏、彭振龙、王　斌、马　牧、耿斌庆、陈文亮
933	ZL202122676997.0	一种适用于小口径顶管井的顶管施工装置	实用新型专利	2022-06-10	蔡国辉、韩可林、何井斌、徐国强、周洪云、闫普阳、邵正峰、叶正洁、张　静
934	ZL202123039633.8	一种土袋围堰施工用装袋装置	实用新型专利	2022-06-10	蔡国辉、韩可林、徐国强、周洪云、闫普阳、戴小龙、张　静、廖　芳、江　柳
935	ZL202123027593.5	一种适用于ALC板子母槽改造辅助装置	实用新型专利	2022-06-10	吴　康、刘文升、周源海、朱　彬、贺彩华、冯腾达
936	ZL202123028560.2	一种预制楼梯预埋限位螺栓的定位工具	实用新型专利	2022-06-10	朱　彬、沈有辉、姚　德、姚文昌、冯腾达、谢孝宇
937	ZL202123028559.X	一种施工用可装配式踏步通道	实用新型专利	2022-06-10	吴　康、周　星、刘文龙、朱　彬、贺彩华、刘燕辉
938	ZL202122675046.1	一种锚索结构	实用新型专利	2022-06-10	禹亮华、张黎波、王海东、彭恋婷、刘泽辉
939	ZL202123105442.7	一种排水孔孔口测量装置	实用新型专利	2022-06-10	刘玉轩、彭　帅、王海东、金　霞
940	ZL202123047236.5	一种移动式灌浆装置	实用新型专利	2022-06-10	王海东、姜命强、李舒文、何　磊、李桂枝
941	ZL202122502276.8	一种沉井施工梯装	实用新型专利	2022-04-05	戴恒宜、唐　铭、梁　晶、胡思远
942	ZL202122816471.8	一种护岸格宾笼模具	实用新型专利	2022-04-08	黄运财、蓝　诗、张以海、缑东明
943	ZL202122858425.4	一种闸坝牛腿反拉系统	实用新型专利	2022-04-08	孙益旺、周德文、楼张根、余月田、曾文专、高运涛、曾雪涛、莫小莹、胡家俊、曾荣涛
944	ZL202122898097.0	一种发电厂房进水口流道及其顶板支撑平台	实用新型专利	2022-04-19	邱宝剑、周德文、楼张根、曾雪涛、蔡二棒

续表

序号	专利号	专利名称	类型	法律公告日	发明人
945	ZL202123081053.5	一种钢板桩引孔后辅助灌土与压实的工具	实用新型专利	2022-05-10	唐铭、戴恒宜、李进益、胡思远、梁晶
946	ZL202220112176.6	一种管线保护装置	实用新型专利	2022-06-10	吴斗霜、邓小维、王东、肖文涛、徐进
947	ZL202123253893.5	一种墙模板加固结构	实用新型专利	2022-06-17	彭小平、廖满军、王佐奇、张新强、蒋晓平、史李杰
948	ZL202220385649.X	一种检查井竖向钢筋辅助扎筋装置	实用新型专利	2022-06-24	吴斗霜、张义、张钦、韩佳龙、王进虎
949	ZL202011480357.6	一种悬索桥加劲梁的吊装施工方法	发明专利	2022-09-09	高庚元、赵超、郭照辉、王磊、胡沥、韩泓泳、曾彬峻、胡晓军
950	ZL202110045690.2	一种斜坡底板施工用模板系统及施工方法	发明专利	2022-09-13	伍浩、夏孝元、杨刚、刘邦、杨永志、陈朝明、肖业平、罗欣
951	ZL202123055219.6	一种船型抽水装置	实用新型专利	2022-07-01	王文凯、王金凤、徐超、孔德彪、徐珂
952	ZL202220017444.6	一种预制桥梁支座垫石	实用新型专利	2022-07-01	范思轶、于培龙、颜刚、顾典科、王沁、童优良、熊全裕、张占龙
953	ZL202220023151.9	一种适应坡度架梁作业的架桥机行走台车装置	实用新型专利	2022-07-05	张弛宇、刘宏、何龙成、孔德彪、王准
954	ZL202220328540.2	一种轨道运输装置	实用新型专利	2022-07-05	刘旭涛、刘世康、刘建权、李祥瑞、王学海、王哲皓、李明辰
955	ZL202220023108.2	用于砂石加工系统的物料料位实时监测装置及送料装置	实用新型专利	2022-07-05	袁云刚、罗伟华
956	ZL202220023066.2	一种机电设备埋件施工用定位装置	实用新型专利	2022-07-05	蔡国辉、韩可林、徐国强、周洪云、何井斌、戴小龙、张静、牛书儒、江柳
957	ZL202220326326.3	一种引水隧洞施工用全圆模板衬砌装置	实用新型专利	2022-07-15	邵树华、王金凤、孔德彪、徐珂
958	ZL202121406024.9	方格式脚手架	实用新型专利	2022-07-15	伍浩、夏孝元、刘邦、彭正坤、陈朝明、李征
959	ZL202220328643.9	一种盾构隧道接收洞门封堵结构	实用新型专利	2022-07-15	夏智彪、李宁、王辉、常彦博、孔祥莉、王永雷、彭岩琪、陈澜
960	ZL202220328645.8	一种管道清淤装置及其清淤组件	实用新型专利	2022-07-15	易军旗、缪春波、刘琳洁、张正武、谢华、罗欣
961	ZL202220326327.8	一种预制板吊装装置	实用新型专利	2022-07-15	李万来、党章、罗代军、磨燕、陈晓薇、贺方程、刘亚飞
962	ZL202121024901.6	锅炉顶棚面板与消音器的密封结构	实用新型专利	2022-07-15	尚恒、李重用、李星亮、张弛、殷浩、肖尊章、阳长林
963	ZL202220456234.7	一种电动收放遮阳装置	实用新型专利	2022-07-15	于继辉、尹光景、张文学、靳自强
964	ZL202220451630.0	一种混凝土坍落度检测仪器收纳装置	实用新型专利	2022-07-15	蒲二林、尹光景、靳自强、张文学、张海
965	ZL202220451613.7	一种表面裂缝计保护装置	实用新型专利	2022-07-15	尹光景、王刚、于继辉、靳自强、张海、张文学、孙开太、范双蒙
966	ZL202220328568.6	一种振动给料机的进料结构	实用新型专利	2022-07-15	白敬明、龙小勇、王绍明、杨秀军、谢斌、李建娥、徐全润、周敏、方卧龙、杨利

续表

序号	专利号	专利名称	类型	法律公告日	发明人
967	ZL202220456007.4	一种卷状物铺设装置	实用新型专利	2022-07-22	刘志强、李爱序、吴东旭、范浩威、李辉云、廖姣丽、陈克兵、谢华
968	ZL202220371404.1	一种外墙挂石安装结构	实用新型专利	2022-07-22	江军、李重用、李坤、徐超、贺帅
969	ZL202220024274.4	一种顶管机头辅助取出装置及顶管机头取出系统	实用新型专利	2022-07-22	周洪云、韩可林、徐国强、蔡国辉、叶正洁、廖芳、江柳、邵正峰、牛书儒、戴小龙
970	ZL202220445620.6	一种成孔取土装置	实用新型专利	2022-07-29	鲁志刚、杨宾川、王建辉、胡沥、赵男、申景辉、王玉明、杨振财、常彦博、赵刚、曾彬峻、张朝阳
971	ZL202220456006.X	一种可定位追踪的设备标识装置	实用新型专利	2022-07-29	于继辉、尹光景、张文学、靳自强
972	ZL202220842385.6	一种桥架适轨行走装置	实用新型专利	2022-09-09	李志鹏、刘宏、徐珂、唐韶文、罗涛、龚炎
973	ZL202220837223.3	一种竖井分段式注浆装置	实用新型专利	2022-09-09	何智、张鲲、吴志贤、徐拓、郑佳良
974	ZL202220840209.9	一种套丝机钢筋夹紧调节装置	实用新型专利	2022-09-09	吴连杰、王金凤、宋淼、郝阳、王涛
975	ZL202220038546.6	一种公路基层摊铺	实用新型专利	2022-09-09	侯伏强、陈清、郭大军、邓常义、刘豫、王宇波、吴猛、陶世纪、秦乾
976	ZL202220017442.7	一种地下室外墙竖向后浇带结构	实用新型专利	2022-09-09	谭代军、王江、姜方吉、蔡远航、任鹏、刘皓、熊浩宇、刘瑜蒙卓
977	ZL202220843346.8	一种桩基托梁衡重式挡土墙及桩基托梁衡重式挡土结构	实用新型专利	2022-09-09	朱欣、邓星余、罗景兵、黄荣洲、苏迎瑞、李金恒、廖满军、付皓东
978	ZL202221193955.X	一种位移标点双反射监测装置	实用新型专利	2022-09-09	谢长江
979	ZL202221204536.1	一种内空构筑物漏水口封堵装置	实用新型专利	2022-09-09	廖鹏、康子豫、韩可林、徐国强、陈立权、魏爽、廖隆荣、李明强
980	ZL202220023067.7	一种皮带输送机托辊用皮带顶举装置	实用新型专利	2022-09-09	王田、王绍明、庞帅、罗伟华
981	ZL202220023107.8	一种卷板机倒头装置	实用新型专利	2022-09-09	汤怀亮、魏林、石鹏杰、肖春林、邹玉洁、雷远浩
982	ZL202220338284.5	一种装载机称重装置及装载机	实用新型专利	2022-09-09	游卓星、袁天祥、王绍明、周敏、胡宏波、何超杰
983	ZL201710624973.6	一种强透水松散地层快速堵漏装置及堵漏方法	发明专利	2022-11-18	郭国华、邹爱明、杨志清、杨齐
984	ZL202110192520.7	水中嵌岩钢板桩围堰及其施工方法	发明专利	2022-12-16	朱兵、黄荣洲、邓星余、李亚民、曾祺、黄巍、李金恒、路宪波、王启军、曾湖庚、朱向阳、朱欣、苏迎瑞、刘密
985	ZL201911065206.1	大江截流龙口流量、上游水位参数矩阵计算方法、系统及介质	发明专利	2022-12-16	田福文、周德文、张微微、黄运财
986	ZL202220842318.4	一种隧洞工程轨道转运装置	实用新型专利	2022-11-11	叶俊杰、王金凤、徐珂、师要刚、张永红
987	ZL202221586673.6	一种用于高陡边坡的土工膜防渗结构	实用新型专利	2022-11-11	夏新钧、王金凤、郭健

续表

序号	专利号	专利名称	类型	法律公告日	发明人
988	ZL202221199039.7	一种检查井爬梯定位装置	实用新型专利	2022-11-11	张毅、韦昆、张广平、王巧华、胡晓军、曹吕兵、谢华
989	ZL202221204393.4	一种地埋管道防沉降装置、沉降监测装置及系统	实用新型专利	2022-11-11	晏育耒、徐强、鲁志刚、王辉、杨金庞、陈朝明、张学珍
990	ZL202221204648.7	一种混凝土吊斗装置	实用新型专利	2022-11-11	李兴旺、曾一宸、邱雷、赵强、邵洪波、陈小福、罗国庆、杨旭、唐善军
991	ZL202221193954.5	悬挑脚手架底部固定结构	实用新型专利	2022-11-11	周翊、张新强、蒋晓平、扶亮、史李杰、彭小平、姚雨霆
992	ZL202221587148.6	一种墩柱覆膜装置	实用新型专利	2022-11-11	任勇、袁野、孟金懿、郑达、王杰生、袁进学、熊伟、向戈、贺志刚、张永红、张川
993	ZL202220837645.0	一种盾构隧道监测用棱镜装置	实用新型专利	2022-11-11	王刚、范双蒙、于继辉、尹光景、孙开太、靳自强、张海、张文学
994	ZL202221586767.3	一种测绘仪器折叠支架及测绘装置	实用新型专利	2022-11-11	胡聪、于继辉、尹光景、靳自强、张文学、张海
995	ZL202221587612.1	一种分料斗及分料输送装置	实用新型专利	2022-11-11	陈良波、黎芋岑、王绍明、杨凯旋、刘志力、纵杰、徐小英、郑成飞
996	ZL202220837224.8	一种倾斜悬臂模板装置	实用新型专利	2022-11-18	李金恒、喻嘉乐、黄荣洲、邓星余、罗景兵、廖满军、侯青培、吴新红、宋海清、黄龙
997	ZL202221204591.0	一种压力式自动取水装置	实用新型专利	2022-11-18	李万来、党章、罗代军、磨燕、陈晓薇、贺方程、刘亚飞
998	ZL202221204593.X	一种管道破损口止水装置	实用新型专利	2022-11-18	廖鹏、康子豫、韩可林、徐国强、陈立权、魏爽、廖隆荣、李明强
999	ZL202221204647.2	一种沟槽支护装置	实用新型专利	2022-11-18	刘晶晶、罗运、梁文伟、梁世杰、钟一乘
1000	ZL202221204914.6	一种盾尾密封刷	实用新型专利	2022-11-18	肖育斐、张双科、郑喜乐、柯建新、代伟、罗谦、李帆、李利军
1001	ZL202221204752.6	一种地下管线悬吊保护装置	实用新型专利	2022-11-18	张广平、缪春波、王巧华、胡晓军、韦昆、陈朝明、张学珍、罗欣
1002	ZL202221204751.1	一种带式输送机分料装置	实用新型专利	2022-11-18	马牧、王绍明、庞帅、石显接、彭英杰、王斌、邹高翔、何鎏、耿斌庆、曹云婷
1003	ZL202221204436.9	一种沥青碾压实时监控系统	实用新型专利	2022-11-18	顾典科、王沁、童优良、于培龙、高帆、张浩、颜刚
1004	ZL202221624372.8	一种水洗砂打散装置	实用新型专利	2022-11-18	刘金明、陈良波、黎芋岑、王绍明、方祝兵、刘志力、纵杰
1005	ZL202221957547.7	一种地铁车站天花吊顶	实用新型专利	2022-12-16	尹运平、高洁、贺谢嘉
1006	ZL202222586932.1	一种TBM配套机车脱轨复位装置	实用新型专利	2022-12-16	徐珂、刘宏、黄颢、简晓辉、王文明
1007	ZL202222170373.6	一种预制混凝土件吊装装置	实用新型专利	2022-12-16	黄志勇、张建清、陈志聪、邓天明、张友
1008	ZL202221964455.1	一种自密实混凝土溢出导流系统及其导流管组	实用新型专利	2022-12-16	李兴旺、曾一宸、邱雷、夏国文、赵强、田北北、王铖、郑稚凡、曾烜

序号	专利号	专利名称	类型	法律公告日	发明人
1009	ZL202222176025.X	一种圆柱形工件用支撑装置	实用新型专利	2022-12-16	仇 杰、王启茂、王 涛、邹贵林、李如钢、吴求文
1010	ZL202221964617.1	一种两坡面相交处修整用铲斗装置	实用新型专利	2022-12-16	岳 磊、党 章、李万来、罗代军、曹吕兵、陈晓薇、磨 燕、唐凯林
1011	ZL202220090924.5	一种受料缓冲器及具有其的胶凝材料输送系统	实用新型专利	2022-07-08	张浩涛、吴克勇、王志芳、曹学铭、张微微、潘 桃
1012	ZL202220200519.4	一种现浇检查井洞圈预制混凝土模板	实用新型专利	2022-07-08	翁凯全、罗 运、王查武、娄立广
1013	ZL202220632896.5	一种市政雨污管导排水系统	实用新型专利	2022-07-15	魏 爽、康子豫、韩可林、徐国强、陈立权、何井斌、勾俊辉、钱鑫宇
1014	ZL202220519653.0	一种气膜结构支撑系统	实用新型专利	2022-07-15	卓 越、贺 磊
1015	ZL202220900238.X	一种市政工程排水管道道口装置	实用新型专利	2022-08-05	李沛阳、吴三线、张培军、李永磊、谭奕豪、王 鏝
1016	ZL202221210088.6	一种砂浆罐自动水循环系统	实用新型专利	2022-11-04	李 博、谢晟骞、王 伟、周向荣、唐 靖
1017	ZL202230350063.5	景观坝模块	外观设计专利	2022-11-11	廖满军、付皓东、姜方吉、朱向阳
1018	ZL202222096337.X	一种斜层碾压混凝土坝体的施工系统	实用新型专利	2022-11-18	黄 巍、方林飞、路军涛、邓琼星、廖习军

此外，控股子公司中电建安徽长九新材料股份有限公司拥有授权专利35件，中电建池州长智建工有限公司拥有授权发明专利21件，贵州省绿筑科建住宅产业化发展有限公司拥有授权专利32件。

二、软件著作权

水电八局拥有软件著作权15项，见表5-10-2。

表5-10-2　水电八局软件著作权统计

编号	软件名称	权利范围	登记日期（发证时间）	登记号
1	智能混凝土强度预警系统软件 ICSWS V1.0	全部权利	2017-02-23	2017SR053606
2	BIM 标准化云平台（BIM standardization cloud platform）（TSCP）V1.00.11	全部权利	2018-04-09	2018SR238421
3	地铁车站施工监测数据管理与分析系统 V1.0	全部权利	2018-04-10	2018SR239006
4	基于 Matlab 隧道近接施工影响分区的计算软件 V1.0	全部权利	2018-06-04	2018SR412645
5	地铁安全监测信息预警管理系统软件（MetroIMS）V1.0	全部权利	2019-02-25	2019SR0177074
6	台阶爆破炮孔自动平衡布置设计系统 V1.0	全部权利	2019-06-19	2019SR0633391
7	水电八局大坝安全监测数据统计分析软件 V1.0	全部权利	2020-12-24	2020SR1269956
8	水电八局大坝安全监测信息管理软件 V1.0	全部权利	2020-12-24	2020SR1269955
9	群众性经济技术创新系统 V1.2	全部权利	2021-05-27	2021SR0781026
10	微差爆破矿料粒径预测与分析软件 V1.0	全部权利	2021-06-01	2021SR0804071
11	水电八局大型土方分区分层 BIM 计量工具 V1.0	全部权利	2021-08-23	2021SR1249183
12	水电八局土石方分期结算 BIM 校核工具 V1.0	全部权利	2021-08-23	2021SR1249182
13	科研项目管理平台 V1.0	全部权利	2022-01-19	2022SR0124080
14	客户管理系统 V1.0	全部权利	2022-01-19	2022SR0124079
15	水电八局 e 检查系统 V1.0	全部权利	2022-01-19	2022SR0124078

第三节　工法

2007—2022年，水电八局获得国家级工法16项、省部级工法453项，发布企业级工法709项。见表5-10-3、表5-10-4。

一、国家级工法

表5-10-3　获得国家级工法汇总

序号	工法名称	编号	评审单位
1	双聚能预裂与光面爆破技术施工工法	YJGF078—2006	住建部
2	碾压混凝土筑坝中变态混凝土施工工法	YJGF079—2006	住建部
3	拱坝坝肩槽开挖施工工法	YJGF082—2006	住建部
4	孔口封闭水泥灌浆施工工法	YJGF084—2006	住建部
5	翻转模板施工工法	YJGF088—2006	住建部
6	碾压混凝土拱坝诱导缝重复灌浆施工工法	YJGF260—2006	住建部
7	混凝土取长芯施工工法	YJGF265—2006	住建部
8	大型水内冷机组定子下线及试验工法	YJGF332—2006	住建部
9	混凝土骨料二次风冷施工工法	YJGF082—2008	住建部
10	碾压混凝土坝体冷却水管施工工法	EJGF202—2008	住建部
11	人工砂石系统废水处理及利用施工工法	GJYJGF095—2012	住建部
12	连续串联推进快速高效进占截流施工工法	GJEJGF346—2012	住建部
13	波纹管双套筒式伸缩节现场制造及水压试验工法	GJEJGF372—2012	住建部
14	高拱坝孔口钢衬混凝土施工工法	GJEJGF360—2012	住建部
15	水轮机圆筒阀安装工法	GJJGF292—2014	住建部
16	双聚能预裂与光面爆破综合技术施工工法	GJJGF352—2014	住建部

二、省部级工法

表5-10-4　省部级工法汇总

序号	工法名称	编号	评审单位
1	水工镜面混凝土施工工法	SDJTGF002—2007	中国水利水电建设集团公司
2	套筒式模板拉杆施工工法	SDJTGF003—2007	中国水利水电建设集团公司
3	高拱坝施工测量工法	SDJTGF005—2007	中国水利水电建设集团公司
4	大坝混凝土大直径长芯取芯施工工法	SDJTGF006—2007	中国水利水电建设集团公司
5	碾压混凝土拱坝诱导缝重复灌浆施工工法	SDJTGF009—2007	中国水利水电建设集团公司
6	混凝土拱坝接缝灌浆施工工法	SDJTGF010—2007	中国水利水电建设集团公司
7	碾压混凝土筑坝中变态混凝土施工工法	SDJTGF011—2007	中国水利水电建设集团公司
8	翻转模板施工工法	SDJTGF015—2007	中国水利水电建设集团公司
9	人工砂石系统废水处理及利用施工工法	SDJTGF022—2007	中国水利水电建设集团公司
10	硬岩制砂工法	SDJTGF025—2007	中国水利水电建设集团公司
11	大坝安全监测倒垂孔施工工法	SDJTGF028—2007	中国水利水电建设集团公司
12	颚式破碎机安装与调试工法	SDJTGF029—2007	中国水利水电建设集团公司

续表

序号	工法名称	编号	评审单位
13	砂石加工系统的工业计算机监控系统安装与调试工法	SDJTGF031—2007	中国水利水电建设集团公司
14	拱坝坝肩槽开挖施工工法	SDJTGF041—2007	中国水利水电建设集团公司
15	双聚能预裂与光面爆破技术施工工法	SDJTGF044—2007	中国水利水电建设集团公司
16	过流面硅粉（抗磨蚀）混凝土施工工法	SDJTGF068—2007	中国水利水电建设集团公司
17	新三管法高压旋喷灌浆施工工法	SDJTGF071—2007	中国水利水电建设集团公司
18	跟管钻进及土工布包裹预应力锚索施工工法	SDJTGF080—2007	中国水利水电建设集团公司
19	孔口封闭水泥灌浆施工工法	SDJTGF083—2007	中国水利水电建设集团公司
20	土石围堰可控性灌浆施工工法	SDJTGF087—2007	中国水利水电建设集团公司
21	大型水轮机座环现场整体加工工法	SDJTGF102—2007	中国水利水电建设集团公司
22	波纹管双筒式伸缩节现场制造及水压试验工法	SDJTGF103—2007	中国水利水电建设集团公司
23	大型水内冷机组定子下线及试验工法	SDJTGF104—2007	中国水利水电建设集团公司
24	大吨位平移式缆机安装、调试、拆除工法	SDJTGF110—2007	中国水利水电建设集团公司
25	MQ2000型高架门座式起重机安装/拆除施工工法	SDJTGF111—2007	中国水利水电建设集团公司
26	封闭铝母线焊接工法	SDJTGF112—2007	中国水利水电建设集团公司
27	长距离带式输送机安装工法	JSGF44—2008	湖南省住房和城乡建设厅
28	石料运输溜井施工与运行工法	JSGF45—2008	湖南省住房和城乡建设厅
29	水工碾压混凝土施工工法	JSGF46—2008	湖南省住房和城乡建设厅
30	水工大体积混凝土温度控制施工工法	JSGF47—2008	湖南省住房和城乡建设厅
31	水电站塔式进水口钢筋混凝土施工工法	JSGF100—2008	湖南省住房和城乡建设厅
32	混凝土骨料二次风冷施工工法	SDJTGF006—2008	中国水利水电建设集团公司
33	碾压混凝土坝体冷却水管施工工法	SDJTGF007—2008	中国水利水电建设集团公司
34	覆盖层水泥膏浆灌浆施工工法	SDJTGF017—2008	中国水利水电建设集团公司
35	100米级真空溜管垂直运输混凝土施工工法	SDJTGF018—2008	中国水利水电建设集团公司
36	高水力学指标下的连续串联推进快速高效进占截流施工工法	SDJTGF019—2008	中国水利水电建设集团公司
37	混凝土布料机施工工法	SDJTGF020—2008	中国水利水电建设集团公司
38	长距离胶带机安装工法	SDJTGF021—2008	中国水利水电建设集团公司
39	混凝土U型预应力锚索施工工法	SDJTGF022—2008	中国水利水电建设集团公司
40	水平预裂爆破施工工法	SDJTGF023—2008	中国水利水电建设集团公司
41	CFG桩采用原灰材料施工工法	SDJTGF042—2008	中国水利水电建设集团公司
42	550千伏GIS安装施工工法	SDJTGF052—2008	中国水利水电建设集团公司
43	波纹管双套筒式伸缩节安装工法	SDJTGF053—2008	中国水利水电建设集团公司
44	水轮机金属蜗壳安装施工工法	SDJTGF054—2008	中国水利水电建设集团公司
45	保温保压浇筑外包混凝土蜗壳安装施工工法	SDJTGF055—2008	中国水利水电建设集团公司
46	仓面高效喷雾降温施工工法	SDJTGF082—2008	中国水利水电建设集团公司
47	预应力混凝土管桩锤击施工工法	SDJTGF083—2008	中国水利水电建设集团公司

续表

序号	工法名称	编号	评审单位
48	大体积混凝土初期通水冷却动态控制削峰降温施工工法	SDJTGF084—2008	中国水利水电建设集团公司
49	混凝土外观质量控制与修饰施工工法	SDJTGF102—2008	中国水利水电建设集团公司
50	高水力学指标下的连续串联推进快速高效进占截流施工工法	HNJSGF43—2009	湖南省住房和城乡建设厅
51	混凝土布料机施工工法	HNJSGF45—2009	湖南省住房和城乡建设厅
52	高速铁路无砟轨道CRTS Ⅱ板箱梁梁面自动成型施工工法	SDJTGF—2010—023	中国水利水电建设集团公司
53	水工大体积砼移动式冷水站供水冷却施工工法	SDJTGF—2010—048	中国水利水电建设集团公司
54	抽水蓄能电站发电机下端轴与下机架整体吊装工法	SDJTGF—2010—080	中国水利水电建设集团公司
55	长距离带式输送机安装工法	DJGF—SD—06—2011	中国电力建设企业协会
56	人工砂石系统废水处理及利用施工工法	DJGF—SD—16—2011	中国电力建设企业协会
57	石料运输溜井施工与运行工法	DJGF—SD—17—2011	中国电力建设企业协会
58	抽水蓄能电站发电机下端轴与下机架整体吊装工法	DJGF—SD—19—2011	中国电力建设企业协会
59	抽水蓄能电站蜗壳和座环安装焊接工法	DJGF—SD—20—2011	中国电力建设企业协会
60	转子动平衡试验不配重工法	DJGF—SD—24—2011	中国电力建设企业协会
61	长距离带式输送机安装工法	SDGF1036—2011	中国水利工程协会
62	混凝土布料机施工工法	SDGF1037—2011	中国水利工程协会
63	连续串联推进快速高效进占截流施工工法	SDGF1038—2011	中国水利工程协会
64	人工砂石系统废水处理及利用施工工法	SDGF1039—2011	中国水利工程协会
65	深孔帷幕灌浆施工工法	SDGF1040—2011	中国水利工程协会
66	高拱坝U型预应力锚索施工工法	SDGF1032—2012	中国水利工程协会
67	风力发电机基础环安装施工工法	SDGF1033—2012	中国水利工程协会
68	大型膜袋吹填施工工法	SDGF1034—2012	中国水利工程协会
69	大型钢闸门振动时效施工工法	SDGF1035—2012	中国水利工程协会
70	拱坝孔口钢衬混凝土施工工法	SDGF1036—2012	中国水利工程协会
71	混凝土人工骨料生产系统干湿法结合生产工法	SDGF1037—2012	中国水利工程协会
72	大型人工骨料生产系统料场开采工法	SDGF1038—2012	中国水利工程协会
73	高拱坝混凝土分期通水冷却施工工法	SDGF1039—2012	中国水利工程协会
74	高拱坝混凝土分期通水冷却施工工法	SDJTGF—2012—007	中国水利水电建设集团公司
75	高拱坝孔口钢衬混凝土施工工法	SDJTGF—2012—008	中国水利水电建设集团公司
76	高拱坝横缝模板施工工法	SDJTGF—2012—009	中国水利水电建设集团公司
77	大型人工骨料生产系统料场开采工法	SDJTGF—2012—010	中国水利水电建设集团公司
78	混凝土人工骨料生产系统干湿法结合生产工法	SDJTGF—2012—011	中国水利水电建设集团公司
79	高空长悬挑结构预制钢筋混凝土模板施工工法	SDJTGF—2012—015	中国水利水电建设集团公司
80	波纹管双套筒式伸缩节现场制造及水压试验工法	SDJTGF—2012—020	中国水利水电建设集团公司
81	高拱坝混凝土仓面施工工法	SDJTGF—2012—038	中国水利水电建设集团公司

续表

序号	工法名称	编号	评审单位
82	高拱坝U型预应力锚索施工工法	SDJTGF—2012—039	中国水利水电建设集团公司
83	混凝土拱坝接缝灌浆施工工法	SDJTGF—2012—040	中国水利水电建设集团公司
84	高拱坝混凝土缝面处理施工工法	SDJTGF—2012—041	中国水利水电建设集团公司
85	大坝基础固结灌浆施工工法	SDJTGF—2012—042	中国水利水电建设集团公司
86	锚筋桩施工工法	SDJTGF—2012—043	中国水利水电建设集团公司
87	深孔帷幕灌浆施工工法	SDJTGF—2012—044	中国水利水电建设集团公司
88	钻喷一体化高喷灌浆施工工法	SDJTGF—2012—073	中国水利水电建设集团公司
89	大型膜袋吹填施工工法	SDJTGF—2012—074	中国水利水电建设集团公司
90	(Geotube)土工管袋防波堤心填筑工法	SDJTGF—2012—076	中国水利水电建设集团公司
91	风力发电机基础环安装施工工法	SDJTGF—2012—090	中国水利水电建设集团公司
92	跟管钻进及土工布包裹预应力锚索施工工法	DJGF—SD—13—2013	中国电力建设企业协会
93	大型水轮机座环现场整体加工工法	DJGF—SD—14—2013	中国电力建设企业协会
94	波纹管双筒式伸缩节现场制造及水压试验方法	DJGF—SD—15—2013	中国电力建设企业协会
95	高水压学指标下的连续串联推进快速高效进占截流施工工法	DJGF—SD—16—2013	中国电力建设企业协会
96	高拱坝横缝模板施工工法	DJGF—SD—03—2014	中国电力建设企业协会
97	高拱坝混凝土缝面处理施工工法	DJGF—SD—07—2014	中国电力建设企业协会
98	套筒式模板拉杆施工工法	DJGF—SD—17—2013	中国电力建设企业协会
99	(Geotube)土工管袋防波堤心填筑工法	DJGF—SD—21—2014	中国电力建设企业协会
100	双聚能预裂与光面爆破综合技术施工工法	ZGDJGF059—2014	中国电力建设集团有限公司
101	碾压混凝土拱坝诱导缝重复灌浆施工工法	ZGDJGF060—2014	中国电力建设集团有限公司
102	大型水内冷机组定子下线及试验工法	ZGDJGF061—2014	中国电力建设集团有限公司
103	800兆帕级高压钢岔管制作工法	ZGDJGF062—2014	中国电力建设集团有限公司
104	水轮机圆筒阀安装工法	ZGDJGF063—2014	中国电力建设集团有限公司
105	大型人工骨料生产系统制砂工法	ZGDJGF064—2014	中国电力建设集团有限公司
106	长距离胶带机运输混凝土骨料工法	ZGDJGF065—2014	中国电力建设集团有限公司
107	堆石混凝土施工工法	ZGDJGF066—2014	中国电力建设集团有限公司
108	渠道衬砌机衬砌施工工法	ZGDJGF067—2014	中国电力建设集团有限公司
109	超高落差竖井外壳焊接式500千伏GIL施工工法	ZGDJGF068—2014	中国电力建设集团有限公司
110	混凝土生产系统冷水、片冰生产工法	ZGDJGF069—2014	中国电力建设集团有限公司
111	无粘结预应力锚索施工工法	ZGDJGF070—2014	中国电力建设集团有限公司
112	引管固结灌浆施工工法	ZGDJGF071—2014	中国电力建设集团有限公司
113	充砂溶洞灌浆施工工法	ZGDJGF072—2014	中国电力建设集团有限公司
114	特高拱坝高陡边坡快速支护施工工法	ZGDJGF073—2014	中国电力建设集团有限公司
115	整体装配式现浇剪力墙叠合结构施工工法	ZGDJGF178—2014	中国电力建设集团有限公司
116	特大型泥水平衡顶管施工工法	ZGDJGF179—2014	中国电力建设集团有限公司

续表

序号	工法名称	编号	评审单位
117	通道箱涵预制装配式施工工法	ZGDJGF180—2014	中国电力建设集团有限公司
118	大型双飞燕钢箱拱桥施工工法	ZGDJGF181—2014	中国电力建设集团有限公司
119	TBM预制混凝土管片制作施工工法	ZGDJGF182—2014	中国电力建设集团有限公司
120	砾砂地层盾构掘进穿越大直径污水管施工工法	ZGDJGF183—2014	中国电力建设集团有限公司
121	盾构空推过矿山法隧道施工工法	ZGDJGF184—2014	中国电力建设集团有限公司
122	城市地铁孤石深孔爆破预处理施工工法	ZGDJGF207—2014	中国电力建设集团有限公司
123	城市地铁车站侧墙自行式三角桁架施工工法	ZGDJGF208—2014	中国电力建设集团有限公司
124	地铁停车场高大立柱免装修施工工法	ZGDJGF210—2014	中国电力建设集团有限公司
125	混凝土生产系统冷水、片冰生产工法	DJGF—SD—02—2015	中国电力建设企业协会
126	充砂溶洞灌浆施工工法	DJGF—SD—18—2015	中国电力建设企业协会
127	特高拱坝高陡边坡快速支护施工工法	DJGF—SD—19—2015	中国电力建设企业协会
128	砂土层大口径人工顶管施工工法	DJGF—SD—20—2015	中国电力建设企业协会
129	无粘结预应力锚索施工工法	DJGF—SD—21—2015	中国电力建设企业协会
130	混凝土骨料二次筛分施工工法	DJGF—SD—22—2015	中国电力建设企业协会
131	引管固结灌浆施工工法	DJGF—SD—23—2015	中国电力建设企业协会
132	面板堆石坝SK聚脲表面止水施工工法	ZGDJGF031—2015	中国电力建设集团有限公司
133	大吨位压力分散型锚索施工工法	ZGDJGF032—2015	中国电力建设集团有限公司
134	高边坡湿喷混凝土施工工法	ZGDJGF033—2015	中国电力建设集团有限公司
135	行走式K80/115塔机安装施工工法	ZGDJGF034—2015	中国电力建设集团有限公司
136	大坝排水孔保护装置安装施工工法	ZGDJGF035—2015	中国电力建设集团有限公司
137	超大型外加强梁高强三分岔管制造工法	ZGDJGF036—2015	中国电力建设集团有限公司
138	风电塔筒制作工法	ZGDJGF037—2015	中国电力建设集团有限公司
139	混凝土人工骨料生产系统湿法生产工法	ZGDJGF038—2015	中国电力建设集团有限公司
140	大型旋回破碎机快速安装与调试工法	ZGDJGF039—2015	中国电力建设集团有限公司
141	钢绳芯输送带硫化胶结施工工法	ZGDJGF040—2015	中国电力建设集团有限公司
142	CRTSI型双块式无砟轨道轨排法施工工法	ZGDJGF094—2015	中国电力建设集团有限公司
143	高层建筑爬升式脚手架安拆施工工法	ZGDJGF095—2015	中国电力建设集团有限公司
144	装配式高层建筑工具式组合悬挑立体安全防护结构施工工法	ZGDJGF096—2015	中国电力建设集团有限公司
145	塑料排水板堆载预压软基处理施工工法	ZGDJGF097—2015	中国电力建设集团有限公司
146	沿海淤泥黏土层运营隧道地面纠偏回调综合工法	ZGDJGF098—2015	中国电力建设集团有限公司
147	盾构长距离软硬不均地层施工工法	ZGDJGF115—2015	中国电力建设集团有限公司
148	大直径长竖井反井钻全断面开挖施工工法	ZGDJGF008—2016	中国电力建设集团有限公司
149	溢流台阶模板施工工法	ZGDJGF049—2016	中国电力建设集团有限公司
150	水泥膏浆灌浆施工工法	ZGDJGF050—2016	中国电力建设集团有限公司
151	特大直径螺旋缝埋弧焊管制造工法	ZGDJGF051—2016	中国电力建设集团有限公司

续表

序号	工法名称	编号	评审单位
152	水工渠道加筋填筑施工工法	ZGDJGF052—2016	中国电力建设集团有限公司
153	大坝柱状节理玄武岩建基面开挖施工工法	ZGDJGF053—2016	中国电力建设集团有限公司
154	土石围堰复合土工膜斜墙施工工法	ZGDJGF054—2016	中国电力建设集团有限公司
155	预硫化丁基橡胶衬里施工工法	ZGDJGF055—2016	中国电力建设集团有限公司
156	锤击沉管夯扩灌注桩施工工法	ZGDJGF056—2016	中国电力建设集团有限公司
157	无缝现浇廊道模板施工工法	ZGDJGF057—2016	中国电力建设集团有限公司
158	高海拔、大温差厂房混凝土防裂施工工法	ZGDJGF058—2016	中国电力建设集团有限公司
159	混凝土长芯钻取施工工法	ZGDJGF059—2016	中国电力建设集团有限公司
160	MQ900型高架圆筒门机安装施工工法	ZGDJGF060—2016	中国电力建设集团有限公司
161	大倾角斜井有轨出渣施工工法	ZGDJGF061—2016	中国电力建设集团有限公司
162	钢筋混凝土沉井施工工法	ZGDJGF122—2016	中国电力建设集团有限公司
163	悬浇连续梁0号块支架反拉加堆载联合预压施工工法	ZGDJGF123—2016	中国电力建设集团有限公司
164	混凝土倒挂井壁施工工法	ZGDJGF124—2016	中国电力建设集团有限公司
165	变截面深竖井滑模施工工法	ZGDJGF125—2016	中国电力建设集团有限公司
166	地铁车站轨顶风道吊篮施工工法	ZGDJGF126—2016	中国电力建设集团有限公司
167	抗浮锚杆施工工法	ZGDJGF127—2016	中国电力建设集团有限公司
168	地铁车站侧墙带调节杆的钢木组合大模板施工工法	ZGDJGF128—2016	中国电力建设集团有限公司
169	超大面积门连窗化学锚栓固定施工工法	ZGDJGF129—2016	中国电力建设集团有限公司
170	涵洞中埋式止水及分缝板加固施工工法	ZGDJGF130—2016	中国电力建设集团有限公司
171	铝塑模板施工工法	ZGDJGF131—2016	中国电力建设集团有限公司
172	深厚淤泥质地层地下连续墙施工工法	ZGDJGF166—2016	中国电力建设集团有限公司
173	大体积圆形罐体液压顶升安装工法	ZGDJGF178—2016	中国电力建设集团有限公司
174	整体装配式现浇剪力墙叠合结构施工工法	HNJSGF088—2016	湖南省住房和城乡建设厅
175	装配式高层建筑工具式组合悬挑立体安全防护结构施工工法	HNJSGF089—2016	湖南省住房和城乡建设厅
176	CRTSI型双块式无砟轨道轨排法施工工法	HNJSGF135—2016	湖南省住房和城乡建设厅
177	特大型泥水平衡顶管施工工法	HNJSGF136—2016	湖南省住房和城乡建设厅
178	通道箱涵预制装配式施工工法	HNJSGF137—2016	湖南省住房和城乡建设厅
179	混凝土人工骨料加工系统调试工法	DJGF—SD—22—2017	中国电力建设企业协会
180	大直径长竖井反井钻全断面开挖施工工法	DJGF—SD—23—2017	中国电力建设企业协会
181	溢流台阶模板施工工法	DJGF—SD—24—2017	中国电力建设企业协会
182	铜止水渐变连续辊轧一次成型工法	DJGF—SD—25—2017	中国电力建设企业协会
183	高海拔、大温差厂房混凝土防裂施工工法	DJGF—SD—26—2017	中国电力建设企业协会
184	水泥膏浆灌浆施工工法	DJGF—SD—27—2017	中国电力建设企业协会
185	大坝柱状节理玄武岩建基面开挖施工工法	SDGF1047—2017	中国水利工程协会
186	大直径长竖井反井钻全断面施工工法	SDGF1048—2017	中国水利工程协会

续表

序号	工法名称	编号	评审单位
187	基坑大流量岩溶透水封堵施工工法	SDGF1049—2017	中国水利工程协会
188	面板堆石坝新型表面止水施工工法	SDGF1050—2017	中国水利工程协会
189	铜止水渐变式连续辊轧一次成型施工工法	SDGF1051—2017	中国水利工程协会
190	美缝现浇廊道模板施工工法	SDGF1052—2017	中国水利工程协会
191	大型人工骨料生产系统制砂工法	SDGF3021—2017	中国水利工程协会
192	垂直升船机特高塔体混凝土连续快速施工工法	ZGDJGF006—2017	中国电力建设集团有限公司
193	垂直升船机塔柱大跨度横梁混凝土施工工法	ZGDJGF052—2017	中国电力建设集团有限公司
194	远程控制碾压机垫层料碾压及砂浆固坡施工工法	ZGDJGF053—2017	中国电力建设集团有限公司
195	大坝坝基复合消能爆破施工工法	ZGDJGF054—2017	中国电力建设集团有限公司
196	干热河谷特高拱坝智能通水冷却施工工法	ZGDJGF055—2017	中国电力建设集团有限公司
197	强透水地层组合花管灌浆施工工法	ZGDJGF056—2017	中国电力建设集团有限公司
198	混凝土人工骨料生产系统噪音控制设施工工法	ZGDJGF057—2017	中国电力建设集团有限公司
199	高拱坝混凝土液压爬升模板施工工法	ZGDJGF058—2017	中国电力建设集团有限公司
200	千吨级多功能万向台车桥梁整体拆移施工工法	ZGDJGF123—2017	中国电力建设集团有限公司
201	运营线路地铁车站换乘节点逆作施工工法	ZGDJGF159—2017	中国电力建设集团有限公司
202	偏压基坑新型支护结构半盖挖施工工法	ZGDJGF160—2017	中国电力建设集团有限公司
203	石笼挡墙施工工法	ZGDJGF161—2017	中国电力建设集团有限公司
204	葫芦法膺架现浇梁支架整体式拆除技术施工工法	ZGDJGF162—2017	中国电力建设集团有限公司
205	软弱地层及砂卵石层土体加固施工工法	ZGDJGF163—2017	中国电力建设集团有限公司
206	高层装配式建筑中的预制外墙PC板安装施工工法	ZGDJGF164—2017	中国电力建设集团有限公司
207	HAS固化剂固化淤泥施工工法	ZGDJGF165—2017	中国电力建设集团有限公司
208	区间盾构侧穿350千米/时高速铁路桥梁桩基施工工法	ZGDJGF166—2017	中国电力建设集团有限公司
209	PC构件板缝处理施工工法	ZGDJGF167—2017	中国电力建设集团有限公司
210	单行车改装吊发电机定子施工工法	ZGDJGF238—2017	中国电力建设集团有限公司
211	远程控制振动碾垫层料碾压及砂浆固坡施工工法	SDGF1076—2018	中国水利工程协会
212	强透水地层组合花管灌浆施工工法	SDGF1077—2018	中国水利工程协会
213	大坝坝基复合消能爆破施工工法	SDGF1078—2018	中国水利工程协会
214	大体积混凝土施工期通水冷却智能控制施工工法	SDGF1079—2018	中国水利工程协会
215	混凝土液压自爬模板施工工法	SDGF1080—2018	中国水利工程协会
216	低噪声混凝土人工骨料生产施工工法	SDGF1081—2018	中国水利工程协会
217	TBM刀箱快速更换施工工法	SDGF3014—2018	中国水利工程协会
218	TBM快速安装施工工法	SDGF3015—2018	中国水利工程协会
219	葫芦法膺架现浇梁支架整体式拆除技术施工工法	HNJSGF051—2017	湖南省住房和城乡建设厅
220	建筑物无振动拆除施工工法	HNJSGF052—2017	湖南省住房和城乡建设厅
221	千斤顶法膺架现浇梁支架整体式拆除施工工法	HNJSGF060—2017	湖南省住房和城乡建设厅
222	区间盾构侧穿350千米/时高速铁路桥梁桩基施工工法	HNJSGF204—2017	湖南省住房和城乡建设厅

续表

序号	工法名称	编号	评审单位
223	紧邻高边坡半盖挖深基坑变形控制施工工法	HNJSGF258—2017	湖南省住房和城乡建设厅
224	偏压基坑新型支护结构半盖挖施工工法	HNJSGF259—2017	湖南省住房和城乡建设厅
225	运营线路地铁车站换乘节点逆作施工工法	HNJSGF260—2017	湖南省住房和城乡建设厅
226	混凝土结构U型预应力锚索施工工法	ZGDJGF005—2018	中国电力建设集团有限公司
227	坝体闸门门槽一次直埋施工工法	ZGDJGF006—2018	中国电力建设集团有限公司
228	人工骨料生产系统湿法生产工法	ZGDJGF082—2018	中国电力建设集团有限公司
229	引管固结灌浆施工工法	ZGDJGF083—2018	中国电力建设集团有限公司
230	低噪音人工骨料生产工法	ZGDJGF084—2018	中国电力建设集团有限公司
231	强岩溶地层帷幕灌浆施工工法	ZGDJGF085—2018	中国电力建设集团有限公司
232	翻转模板施工工法	ZGDJGF086—2018	中国电力建设集团有限公司
233	人工骨料生产系统干湿法结合生产工法	ZGDJGF087—2018	中国电力建设集团有限公司
234	人工骨料生产系统制砂工法	ZGDJGF088—2018	中国电力建设集团有限公司
235	混凝土坝体排水孔拔管施工工法	ZGDJGF089—2018	中国电力建设集团有限公司
236	接缝灌浆预埋管和出浆盒埋设施工工法	ZGDJGF090—2018	中国电力建设集团有限公司
237	大坝倒悬牛腿预制混凝土模板施工工法	ZGDJGF091—2018	中国电力建设集团有限公司
238	套管法连续灌浆施工工法	ZGDJGF092—2018	中国电力建设集团有限公司
239	TBM带刀步进施工工法	ZGDJGF093—2018	中国电力建设集团有限公司
240	TC6015A-10塔式起重机附着安装施工工法	ZGDJGF094—2018	中国电力建设集团有限公司
241	水平预裂爆破施工工法	ZGDJGF095—2018	中国电力建设集团有限公司
242	大体积混凝土通水冷却动态控制施工工法	ZGDJGF096—2018	中国电力建设集团有限公司
243	大型升船机工作闸门分段单点斜吊技术工法	ZGDJGF097—2018	中国电力建设集团有限公司
244	TBM刀箱快速更换施工工法	ZGDJGF098—2018	中国电力建设集团有限公司
245	地下洞室回填灌浆施工工法	ZGDJGF099—2018	中国电力建设集团有限公司
246	两阶段盖模法溢流面施工工法	ZGDJGF100—2018	中国电力建设集团有限公司
247	大型垂直升船机钢丝绳同层缠绕技术工法	ZGDJGF101—2018	中国电力建设集团有限公司
248	大型对撑式滑模整体拆装施工工法	ZGDJGF102—2018	中国电力建设集团有限公司
249	土石围堰可控性灌浆施工工法	ZGDJGF103—2018	中国电力建设集团有限公司
250	中轻型凿井井架安装施工工法	ZGDJGF104—2018	中国电力建设集团有限公司
251	混凝土取长芯施工工法	ZGDJGF105—2018	中国电力建设集团有限公司
252	双高压三管法高喷灌浆施工工法	ZGDJGF106—2018	中国电力建设集团有限公司
253	地铁临海杂填土地层真空降水施工工法	ZGDJGF242—2018	中国电力建设集团有限公司
254	地铁轨道防震整体道床铺装技术施工工法	ZGDJGF243—2018	中国电力建设集团有限公司
255	混凝土边坡生态复绿施工工法	ZGDJGF244—2018	中国电力建设集团有限公司
256	配电箱结构一次预埋成形施工工法	ZGDJGF245—2018	中国电力建设集团有限公司
257	CSM深层水泥土搅拌墙施工工法	ZGDJGF246—2018	中国电力建设集团有限公司
258	13米及以上预应力混凝土空心板抽拉钢模施工工法	ZGDJGF247—2018	中国电力建设集团有限公司

续表

序号	工法名称	编号	评审单位
259	大型明挖基坑混凝土支撑梁拆除施工综合工法	ZGDJGF248—2018	中国电力建设集团有限公司
260	多跨先简支后连续既有跨线桥梁同步顶升施工工法	ZGDJGF249—2018	中国电力建设集团有限公司
261	综合管廊钢模台车施工工法	ZGDJGF250—2018	中国电力建设集团有限公司
262	采用临时支座的盖梁抱箍法施工工法	ZGDJGF251—2018	中国电力建设集团有限公司
263	拖拉管定向钻进施工工法	ZGDJGF252—2018	中国电力建设集团有限公司
264	BDF 带肋钢网镂构件施工工法	ZGDJGF253—2018	中国电力建设集团有限公司
265	区间连通渠水下溶洞处理技术施工工法	ZGDJGF254—2018	中国电力建设集团有限公司
266	装配式建筑钢筋套筒灌浆施工工法	ZGDJGF255—2018	中国电力建设集团有限公司
267	肘型流道异型木模板施工工法	ZGDJGF256—2018	中国电力建设集团有限公司
268	盖挖地下工程钢管柱 HPE 机自动化控制施工工法	ZGDJGF257—2018	中国电力建设集团有限公司
269	盾构钢套筒接收、滑移过站、始发施工工法	ZGDJGF315—2018	中国电力建设集团有限公司
270	预硫化丁基橡胶衬里施工工法	HNJSGF198—2018	湖南省住房和城乡建设厅
271	TBM 刀箱快速更换施工工法	HNJSGF203—2018	湖南省住房和城乡建设厅
272	钢筋混凝土沉井施工工法	HNJSGF211—2018	湖南省住房和城乡建设厅
273	混凝土倒挂井壁施工工法	HNJSGF215—2018	湖南省住房和城乡建设厅
274	石笼挡墙施工工法	HNJSGF225—2018	湖南省住房和城乡建设厅
275	MQ900 型高架圆筒门机安装施工工法	HNJSGF336—2018	湖南省住房和城乡建设厅
276	TBM 带刀步进施工工法	SDGF1117—2019	中国水利工程协会
277	大坝坝体排水孔一次性拔管成型施工工法	SDGF1118—2019	中国水利工程协会
278	大坝倒悬牛腿预制混凝土模板施工工法	SDGF1119—2019	中国水利工程协会
279	双高压三管法高喷灌浆施工工法	SDGF1120—2019	中国水利工程协会
280	人工骨料生产系统湿法生产工法	SDGF3035—2019	中国水利工程协会
281	人工骨料生产系统环保降尘干法生产工法	ZGDJGF001—2019	中国电力建设集团有限公司
282	地下洞室固结灌浆施工工法	ZGDJGF044—2019	中国电力建设集团有限公司
283	BLJ600-40 型混凝土布料机安装施工工法	ZGDJGF045—2019	中国电力建设集团有限公司
284	拱坝仓面标准化备仓工法	ZGDJGF053—2019	中国电力建设集团有限公司
285	边坡喷混凝土施工工法	ZGDJGF060—2019	中国电力建设集团有限公司
286	花管洒水养护施工工法	ZGDJGF061—2019	中国电力建设集团有限公司
287	风力发电锚栓基础安装施工工法	ZGDJGF067—2019	中国电力建设集团有限公司
288	接缝灌浆出浆槽埋设施工工法	ZGDJGF074—2019	中国电力建设集团有限公司
289	细骨料含水率控制工法	ZGDJGF075—2019	中国电力建设集团有限公司
290	大跨度混凝土屋面模板支撑施工工法	ZGDJGF094—2019	中国电力建设集团有限公司
291	风力发电机组安装工法	ZGDJGF095—2019	中国电力建设集团有限公司
292	大型灯泡贯流式水轮发电机组管型座安装施工工法	ZGDJGF100—2019	中国电力建设集团有限公司
293	架桥机安装溢流坝弧门施工工法	ZGDJGF102—2019	中国电力建设集团有限公司
294	三筋钢筋笼制作施工工法	ZGDJGF141—2019	中国电力建设集团有限公司

续表

序号	工法名称	编号	评审单位
295	双薄壁高墩、系梁异步施工工法	ZGDJGF147—2019	中国电力建设集团有限公司
296	四机联动宽幅桥面铺装全断面浇筑施工工法	ZGDJGF149—2019	中国电力建设集团有限公司
297	高层建筑模块化拼装式平挑防护施工工法	ZGDJGF161—2019	中国电力建设集团有限公司
298	管状劲性体施工工法	ZGDJGF162—2019	中国电力建设集团有限公司
299	泡沫玻璃外墙保温板施工工法	ZGDJGF164—2019	中国电力建设集团有限公司
300	桥梁上跨铁路营业线防护棚架搭设施工工法	ZGDJGF166—2019	中国电力建设集团有限公司
301	水上稀索体系斜拉桥机械拆除施工工法	ZGDJGF173—2019	中国电力建设集团有限公司
302	特高型高位料仓内衬耐磨钢板安装施工工法	ZGDJGF185—2019	中国电力建设集团有限公司
303	超高层建筑弧型曲面塔冠钢结构制作与安装施工工法	ZGDJGF186—2019	中国电力建设集团有限公司
304	平原地区特大型分置式浮桥安装施工工法	ZGDJGF190—2019	中国电力建设集团有限公司
305	粉体深层搅拌桩（墙）施工工法	ZGDJGF195—2019	中国电力建设集团有限公司
306	半盖挖地铁车站泡沫混凝土盖板回填施工工法	ZGDJGF203—2019	中国电力建设集团有限公司
307	高墩悬浇挂篮无压重反拉预压施工工法	ZGDJGF210—2019	中国电力建设集团有限公司
308	螺栓球钢网架组合拼装施工工法	ZGDJGF233—2019	中国电力建设集团有限公司
309	超高层建筑可调式变曲率弧形爬架安装施工工法	ZGDJGF237—2019	中国电力建设集团有限公司
310	免抹灰现浇混凝土夹心外墙施工工法	ZGDJGF238—2019	中国电力建设集团有限公司
311	上拉式悬挑脚手架施工工法	ZGDJGF244—2019	中国电力建设集团有限公司
312	装配式建筑三角外挂架施工工法	ZGDJGF245—2019	中国电力建设集团有限公司
313	城市密集区暗涵消黑除臭施工工法	ZGDJGF266—2019	中国电力建设集团有限公司
314	大直径管线下地连墙综合施工工法	ZGDJGF268—2019	中国电力建设集团有限公司
315	矿山法隧道小孔径深孔全断面注浆加固施工工法	ZGDJGF281—2019	中国电力建设集团有限公司
316	无人机航拍测绘施工工法	ZGDJGF287—2019	中国电力建设集团有限公司
317	RCCP顶管施工工法	ZGDJGF336—2019	中国电力建设集团有限公司
318	大口径GRP循环水管陆上敷设施工工法	ZGDJGF369—2019	中国电力建设集团有限公司
319	盾构区间泡沫混凝土回填段施工工法	HNJSGF130—2019	湖南省住房和城乡建设厅
320	超高压线下有限净空内地连墙施工工法	HNJSGF131—2019	湖南省住房和城乡建设厅
321	复杂环境下土压平衡盾构到达钢套筒接收及平移施工工法	HNJSGF132—2019	湖南省住房和城乡建设厅
322	垂直升船机塔柱大跨度横梁混凝土施工工法	HNJSGF133—2019	湖南省住房和城乡建设厅
323	垂直升船机特高塔体混凝土连续快速施工工法	HNJSGF134—2019	湖南省住房和城乡建设厅
324	翻转模板施工工法	HNJSGF135—2019	湖南省住房和城乡建设厅
325	溢流面两阶段盖膜施工工法	HNJSGF136—2019	湖南省住房和城乡建设厅
326	TBM带刀步进施工工法	HNJSGF137—2019	湖南省住房和城乡建设厅
327	墩间系梁异步施工工法	HNJSGF138—2019	湖南省住房和城乡建设厅
328	水上稀索体系斜拉桥机械拆除施工工法	HNJSGF139—2019	湖南省住房和城乡建设厅
329	HF抗冲耐磨混凝土施工工法	SDGF1181—2020	中国水利工程协会

续表

序号	工法名称	编号	评审单位
330	拱坝仓面标准化备仓工法	SDGF1182—2020	中国水利工程协会
331	开敞式TBM穿越浅埋软岩断层破碎带施工工法	SDGF1183—2020	中国水利工程协会
332	TBM六边形蜂窝管片衬砌施工工法	SDGF1184—2020	中国水利工程协会
333	地下洞室渗漏涌水处理施工工法	SDGF1185—2020	中国水利工程协会
334	全断面胶凝砂砾石料筑坝（堰）工法	SDGF1186—2020	中国水利工程协会
335	HAS固化剂固化淤泥施工工法	SDGF3047—2020	中国水利工程协会
336	人工骨料生产系统环保降尘干法生产工法	SDGF3048—2020	中国水利工程协会
337	拱坝固结灌浆施工工法	ZGDJGF001—2020	中国电力建设集团有限公司
338	水介质换能爆破施工工法	ZGDJGF006—2020	中国电力建设集团有限公司
339	大跨度钢结构圆形穹顶施工工法	ZGDJGF010—2020	中国电力建设集团有限公司
340	露天矿山掘沟施工工法	ZGDJGF092—2020	中国电力建设集团有限公司
341	软岩地基旋挖机导井开挖施工工法	ZGDJGF093—2020	中国电力建设集团有限公司
342	水电站竖井布置高压电缆安装工法	ZGDJGF094—2020	中国电力建设集团有限公司
343	拱坝止水模板施工工法	ZGDJGF095—2020	中国电力建设集团有限公司
344	MQ600门机安装施工工法	ZGDJGF096—2020	中国电力建设集团有限公司
345	圆振动筛分机安装与调试工法	ZGDJGF097—2020	中国电力建设集团有限公司
346	550千伏GIS安装施工工法	ZGDJGF098—2020	中国电力建设集团有限公司
347	拱坝球形键槽模板施工工法	ZGDJGF099—2020	中国电力建设集团有限公司
348	水电站800兆帕级高强钢蜗壳制造工法	ZGDJGF100—2020	中国电力建设集团有限公司
349	采矿竖井临时改绞施工工法	ZGDJGF101—2020	中国电力建设集团有限公司
350	充填泡沫混凝土施工工法	ZGDJGF102—2020	中国电力建设集团有限公司
351	水工大体积混凝土移动式冷水站供水冷却施工工法	ZGDJGF103—2020	中国电力建设集团有限公司
352	平移式缆机调试及试运行施工工法	ZGDJGF104—2020	中国电力建设集团有限公司
353	轮胎式、履带式布料机施工工法	ZGDJGF105—2020	中国电力建设集团有限公司
354	反击破碎机安装与调试工法	ZGDJGF106—2020	中国电力建设集团有限公司
355	有粘结预应力锚索施工工法	ZGDJGF107—2020	中国电力建设集团有限公司
356	大型灯泡贯流式水轮发电机组导水机构安装施工工法	ZGDJGF108—2020	中国电力建设集团有限公司
357	钢筋直螺纹套筒连接工法	ZGDJGF109—2020	中国电力建设集团有限公司
358	软弱地基真空联合堆载预压施工工法	ZGDJGF306—2020	中国电力建设集团有限公司
359	深基坑复杂地层预应力锚索施工工法	ZGDJGF307—2020	中国电力建设集团有限公司
360	装配式建筑生产基地混凝土预制构件制造工法	ZGDJGF308—2020	中国电力建设集团有限公司
361	浅水湖砂被施工工法	ZGDJGF309—2020	中国电力建设集团有限公司
362	型钢组合式塔吊基础施工工法	ZGDJGF310—2020	中国电力建设集团有限公司
363	机房焊接管道BIM装配式施工工法	ZGDJGF311—2020	中国电力建设集团有限公司
364	板框压滤淤泥固化施工工法	ZGDJGF312—2020	中国电力建设集团有限公司
365	高速铁路预制简支箱梁模板安装施工工法	ZGDJGF313—2020	中国电力建设集团有限公司

续表

序号	工法名称	编号	评审单位
366	装配式建筑转换层套筒钢筋预埋定位施工工法	ZGDJGF314—2020	中国电力建设集团有限公司
367	装配式建筑大型塔吊附墙节点加强施工工法	ZGDJGF315—2020	中国电力建设集团有限公司
368	软弱土层地下连续墙施工工法	ZGDJGF316—2020	中国电力建设集团有限公司
369	预制双面叠合墙板制造工法	ZGDJGF317—2020	中国电力建设集团有限公司
370	夹心保温预制外墙板安装施工工法	ZGDJGF318—2020	中国电力建设集团有限公司
371	复杂地层中全回转钻机拔桩施工工法	ZGDJGF319—2020	中国电力建设集团有限公司
372	复杂地层中大孔径超深灌注桩施工工法	ZGDJGF320—2020	中国电力建设集团有限公司
373	主索鞍门架法吊装施工工法	ZGDJGF321—2020	中国电力建设集团有限公司
374	π型梁桥现浇支架施工工法	ZGDJGF322—2020	中国电力建设集团有限公司
375	连续梁边跨现浇段反拉平衡施工工法	ZGDJGF323—2020	中国电力建设集团有限公司
376	盾构管片拱式胎模制作钢筋笼骨架施工工法	ZGDJGF324—2020	中国电力建设集团有限公司
377	悬索桥门架式大循环牵引系统架设施工工法	ZGDJGF325—2020	中国电力建设集团有限公司
378	超浅埋暗挖过街通道施工工法	ZGDJGF326—2020	中国电力建设集团有限公司
379	高层异形结构梁式支撑平台施工工法	ZGDJGF327—2020	中国电力建设集团有限公司
380	建筑外墙保温装饰一体板装配式安装施工工法	ZGDJGF328—2020	中国电力建设集团有限公司
381	超前小导管与冷冻法联合支护通道施工工法	ZGDJGF329—2020	中国电力建设集团有限公司
382	空腹式锚碇散索鞍支墩及前锚室支架法施工工法	ZGDJGF330—2020	中国电力建设集团有限公司
383	悬索桥猫道承重绳线形控制施工工法	ZGDJGF331—2020	中国电力建设集团有限公司
384	半盖挖车站盖板下洞门钢环安装施工工法	ZGDJGF332—2020	中国电力建设集团有限公司
385	淤泥质土深基坑工程钢混组合支撑体系施工工法	ZGDJGF333—2020	中国电力建设集团有限公司
386	图案石材墙面整合分层施工工法	ZGDJGF334—2020	中国电力建设集团有限公司
387	图像混凝土预制构件制造工法	ZGDJGF335—2020	中国电力建设集团有限公司
388	多级潜流湿地多种滤料填筑技术施工工法	ZGDJGF449—2020	中国电力建设集团有限公司
389	大跨度球形网架吊装施工工法	ZGDJGF467—2020	中国电力建设集团有限公司
390	深孔启闭机平台预制底模施工工法	HNJSGF126—2020	湖南省住房和城乡建设厅
391	特高拱坝坝体廊道标准化施工工法	HNJSGF127—2020	湖南省住房和城乡建设厅
392	水垫塘反拱型底板浇筑施工工法	HNJSGF128—2020	湖南省住房和城乡建设厅
393	特高拱坝导流底孔施工工法	HNJSGF129—2020	湖南省住房和城乡建设厅
394	混凝土面板堆石坝喷混凝土固坡施工工法	HNJSGF130—2020	湖南省住房和城乡建设厅
395	HF抗冲耐磨混凝土施工工法	HNJSGF131—2020	湖南省住房和城乡建设厅
396	高水头大流量全断面胶凝砂砾石料筑坝（堰）工法	HNJSGF132—2020	湖南省住房和城乡建设厅
397	MQ600门座式起重机安装施工工法	HNJSGF133—2020	湖南省住房和城乡建设厅
398	高寒地区TBM配套临建设施保温施工工法	HNJSGF134—2020	湖南省住房和城乡建设厅
399	开敞式TBM穿越浅埋软岩断层破碎带施工工法	HNJSGF135—2020	湖南省住房和城乡建设厅
400	充填泡沫混凝土施工工法	SDGF1264—2021	中国水利工程协会
401	拱坝球形键槽模板施工工法	SDGF1265—2021	中国水利工程协会

续表

序号	工法名称	编号	评审单位
402	拱坝止水模板及其混凝土施工工法	SDGF1266—2021	中国水利工程协会
403	水工大体积混凝土移动式冷水站供水冷却施工工法	SDGF1267—2021	中国水利工程协会
404	水利水电工程混凝土结构有粘结预应力锚索施工工法	SDGF1268—2021	中国水利工程协会
405	超深盾构工作竖井非常规涌水处理技术施工工法	ZGDJGF008—2022	中国电力建设集团有限公司
406	SAA阵列式位移计施工工法	ZGDJGF056—2022	中国电力建设集团有限公司
407	梁板式风机基础施工工法	ZGDJGF057—2022	中国电力建设集团有限公司
408	细骨料石粉含量控制工法	ZGDJGF058—2022	中国电力建设集团有限公司
409	可弯曲金属导管安装工法	ZGDJGF059—2022	中国电力建设集团有限公司
410	M900塔机安装施工工法	ZGDJGF060—2022	中国电力建设集团有限公司
411	坝顶支撑大梁模板施工工法	ZGDJGF061—2022	中国电力建设集团有限公司
412	BIM辅助水工大体积混凝土快速分层分块算量工法	ZGDJGF062—2022	中国电力建设集团有限公司
413	槽式洗石机安装与调试工法	ZGDJGF063—2022	中国电力建设集团有限公司
414	高频筛分机安装与调试工法	ZGDJGF064—2022	中国电力建设集团有限公司
415	大坝安全监测自动化实施工法	ZGDJGF065—2022	中国电力建设集团有限公司
416	拱坝智能振捣施工工法	ZGDJGF066—2022	中国电力建设集团有限公司
417	沿海低洼鱼塘地区道路路网吹填施工工法	ZGDJGF067—2022	中国电力建设集团有限公司
418	拱坝坝顶防浪墙整体混凝土浇筑模板施工工法	ZGDJGF068—2022	中国电力建设集团有限公司
419	螺旋洗砂机安装与调试工法	ZGDJGF069—2022	中国电力建设集团有限公司
420	采用钢桁架的预应力空心板安装施工工法	ZGDJGF211—2022	中国电力建设集团有限公司
421	陶瓷保温装饰一体板安装施工工法	ZGDJGF212—2022	中国电力建设集团有限公司
422	地铁车站换乘节点盾构接收临时板施工工法	ZGDJGF213—2022	中国电力建设集团有限公司
423	超深异形地连墙成槽施工工法	ZGDJGF214—2022	中国电力建设集团有限公司
424	微型机械顶管施工工法	ZGDJGF215—2022	中国电力建设集团有限公司
425	地下室底板预铺反粘高分子自粘胶膜防水卷材施工工法	ZGDJGF216—2022	中国电力建设集团有限公司
426	大跨度空中连梁及屋面悬挑结构施工工法	SDGF1217—2022	中国电力建设集团有限公司
427	外墙保温改性玻化微珠复合板施工工法	ZGDJGF218—2022	中国电力建设集团有限公司
428	多轴水泥土搅拌桩施工工法	ZGDJGF219—2022	中国电力建设集团有限公司
429	长空桩钻孔灌注桩施工工法	ZGDJGF220—2022	中国电力建设集团有限公司
430	强夯法处理地基工程施工工法	ZGDJGF221—2022	中国电力建设集团有限公司
431	特殊地层下定向钻辅助泥水平衡顶管施工工法	ZGDJGF222—2022	中国电力建设集团有限公司
432	断层地区钻孔灌注桩施工工法	ZGDJGF223—2022	中国电力建设集团有限公司
433	盾构区间端头土体冻结法加固施工工法	ZGDJGF224—2022	中国电力建设集团有限公司
434	瓷砖反打成型工艺制造工法	ZGDJGF225—2022	中国电力建设集团有限公司
435	城镇地下排水管道机械制螺旋缠绕法修复施工工法	ZGDJGF226—2022	中国电力建设集团有限公司
436	新型一体式人行道板预制与安装施工工法	ZGDJGF227—2022	中国电力建设集团有限公司

续表

序号	工法名称	编号	评审单位
437	深埋承台入岩钢板桩围堰施工工法	ZGDJGF228—2022	中国电力建设集团有限公司
438	板框压滤尾水磁混凝处理施工工法	ZGDJGF229—2022	中国电力建设集团有限公司
439	装配式建筑ALC板施工工法	ZGDJGF230—2022	中国电力建设集团有限公司
440	地下室外墙后浇带新型挡土墙施工工法	ZGDJGF231—2022	中国电力建设集团有限公司
441	EPDM颗粒地面施工工法	ZGDJGF232—2022	中国电力建设集团有限公司
442	基于BIM技术的混凝土支模体系施工工法	ZGDJGF233—2022	中国电力建设集团有限公司
443	短螺旋挤土灌注桩施工工法	ZGDJGF234—2022	中国电力建设集团有限公司
444	BH2高粘抗滑水性橡胶沥青防水涂料与沥青防水卷材复合施工工法	ZGDJGF235—2022	中国电力建设集团有限公司
445	大直径盾构隧道边箱涵自行模板施工工法	ZGDJGF354—2022	中国电力建设集团有限公司
446	大直径明挖隧道拱顶预制钢模板施工工法	ZGDJGF355—2022	中国电力建设集团有限公司
447	现浇廊道美缝模板混凝土施工工法	DJGF—SD—07—2022	中国电力建设企业协会
448	翻转模板施工工法	DJGF—SD—36—2022	中国电力建设企业协会
449	水电站800兆帕级高强钢蜗壳制造工法	DJGF—SD—68—2022	中国电力建设企业协会
450	混凝土结构U型预应力锚索施工工法	SDGF1231—2022	中国水利工程协会
451	拱坝坝顶防浪墙整体式模板工法	SDGF1232—2022	中国水利工程协会
452	拱坝混凝土智能振捣施工工法	SDGF1233—2022	中国水利工程协会
453	城镇地下排水管道机械制螺旋缠绕法修复施工工法	SDGF3112—2022	中国水利工程协会

第四节 标准

2003—2022年，水电八局主编或参编的国家、行业、地方、团体技术标准55项已发布，其中国家技术标准7项、行业技术标准30项、地方技术标准5项、团体技术标准13项，见表5-10-5。

表5-10-5 主（参）编的技术标准发布情况

序号	标准名称	编号	类别	主（参）编	备注
1	水利水电工程土建施工安全技术规程	SL 399—2007	行业技术标准	参编	
2	水利水电工程施工作业人员安全技术操作规程	SL 401—2007	行业技术标准	参编	
3	水轮发电机转子现场装配工艺导则	DL/T 5230—2009	行业技术标准	参编	
4	水轮发电机定子现场装配工艺导则	DL/T 5420—2009	行业技术标准	参编	
5	水电水利工程混凝土搅拌楼安全操作规程	DL/T 5265—2011	行业技术标准	主编	
6	水电水利工程缆索起重机安全操作规程	DL/T 5266—2011	行业技术标准	主编	
7	湿磨细水泥浆材料试验及应用技术规程	SL 578—2012	行业技术标准	参编	
8	水电水利基本建设工程单元工程质量等级评定标准（六）升压变电电气设备安装工程	DL/T 5113.6—2012	行业技术标准	主编	
9	水电水利工程砂石加工系统施工技术规程	DL/T 5271—2012	行业技术标准	主编	
10	水轮发电机组起动试验规程	DL/T 507—2014	行业技术标准	参编	
11	履带式布料机	DL/T 1385—2014	行业技术标准	主编	
12	水利水电工程施工安全防护设施技术规范	SL 714—2015	行业技术标准	参编	

续表

序号	标准名称	编号	类别	主（参）编	备注
13	水电水利工程施工机械安全操作规程履带式布料机	DL/T 5723—2015	行业技术标准	主编	
14	水利水电工程机电设备安装安全技术规程	SL 400—2016	行业技术标准	参编	
15	水电工程单元工程质量等级评定标准 第2部分：金属结构及启闭机械安装工程	NB/T 35097.2—2017	行业技术标准	主编	英文版已发布
16	水电水利工程金属结构与机电设备安装安全技术规程	DL/T 5372—2017	行业技术标准	参编	
17	水电水利工程施工作业人员安全操作规程	DL/T 5373—2017	行业技术标准	参编	
18	水电水利工程施工机械安全操作规程混凝土预冷系统	DL/T 5752—2017	行业技术标准	主编	
19	湖南省建筑工程绿色施工评价标准	DBJ43/T 101—2017	地方技术标准	参编	
20	湖南省装配式混凝土结构住宅统一模数标准	DBJ43/T 331—2017	地方技术标准	参编	
21	水电水利工程砂石筛分机械安全操作规程	DL/T 1886—2018	行业技术标准	主编	
22	水电水利工程砂石破碎机械安全操作规程	DL/T 1887—2018	行业技术标准	主编	
23	水电水利基础处理工程竣工资料整编及验收规范	DL/T 5774—2018	行业技术标准	主编	
24	湖南省绿色装配式建筑评价标准	DBJ43/T 332—2018	地方技术标准	参编	
25	水电水利基本建设工程单元工程质量等级评定标准 第1部分：土建工程	DL/T 5113.1—2019	行业技术标准	参编	
26	水电水利工程化学灌浆材料试验规程	DL/T 5785—2019	行业技术标准	参编	
27	湖南省装配式建筑混凝土预制构件制作与验收标准	DBJ43/T 203—2019	地方技术标准	参编	
28	城市轨道交通BIM实施管理规范	T/CSPSTC 35—2019	团体技术标准	参编	
29	城市轨道交通BIM协同管理指南	T/CSPSTC 36—2019	团体技术标准	参编	
30	城市轨道交通BIM数据交付管理要求	T/CSPSTC 37—2019	团体技术标准	参编	
31	城市轨道交通数据对象与编码	T/CSPSTC 39—2019	团体技术标准	参编	
32	城市轨道交通运营保护区安全管理技术规范	T/CSPSTC 44—2019	团体技术标准	参编	
33	公路混凝土桥梁拆除技术规程	T/CECSG：M 61—01—2019	团体技术标准	参编	
34	混凝土坝安全监测技术标准	GB/T 51416—2020	国家技术标准	参编	
35	水工纤维混凝土应用技术规范	SL/T 805—2020	行业技术标准	参编	
36	水电水利工程堆石混凝土施工规范	DL/T 5806—2020	行业技术标准	主编	
37	水电水利工程导流隧洞及导流底孔封堵施工规范	DL/T 5812—2020	行业技术标准	主编	
38	建筑施工机械与设备链刀式地下连续墙成墙机	JB/T 13969—2020	行业技术标准	参编	
39	隧道预切槽设备	GB/T 39858—2021	国家技术标准	参编	
40	全断面隧道掘进机岩石隧道掘进机安全要求	GB/T 41051—2021	国家技术标准	参编	
41	全断面隧道掘进机土压平衡-泥水平衡双模式掘进机	GB/T 41053—2021	国家技术标准	参编	
42	高性能混凝土技术条件	GB/T 41054—2021	国家技术标准	参编	
43	水工碾压混凝土施工规范	DL/T 5112—2021	行业技术标准	主编	
44	土石坝安全监测系统施工技术规范	DL/T 5839—2021	行业技术标准	参编	
45	水电站排水系统规范	NB/T 10860—2021	行业技术标准	参编	
46	中小型病险水库大坝防渗技术规范	DB43/T 2182—2021	地方技术标准	参编	

续表

序号	标准名称	编号	类别	主（参）编	备注
47	广东省引调水工程信息模型设计规范	T/GDWHA 0001—2021	团体技术标准	参编	
48	广东省引调水工程信息模型分类与编码标准	T/GDWHA 0002—2021	团体技术标准	参编	
49	广东省引调水工程信息模型应用规范	T/GDWHA 0003—2021	团体技术标准	参编	
50	广东省引调水工程信息模型交付标准	T/GDWHA 0004—2021	团体技术标准	参编	
51	广东省水利水电工程地理信息数据交付标准	T/GDWHA 0005—2021	团体技术标准	参编	
52	速格垫内衬钢筋混凝土管道工程技术规程	T/CAS 471—2021	团体技术标准	参编	
53	扩孔自锁锚固技术规程	T/CECS 813—2021	团体技术标准	参编	
54	建设用砂	GB/T 14684—2022	国家技术标准	参编	
55	建设用卵石、碎石	GB/T 14685—2022	国家技术标准	参编	

第十一章 科研机构

第一节 概述

水电八局构建了以省级技术中心为核心，多层次、多专业协作的科技创新体系，成立了市政与水环境等11个专业技术研究分中心，开展了卓有成效的专业技术活动，重点依托红河州开展道路与桥梁、大空港开展水环境治理、厦门抽水蓄能开展地下工程、长九项目价值绿色砂石建材、长智项目开展装配式建筑等专业技术交流，提升了水电八局专业领域技术研究和管理水平。依托博士后科研工作站，开展基础性、前瞻性科技研发活动。参与了湖南省装配式建筑工程技术研究中心建设，有力地支撑了装配式建筑技术发展。

第二节 省认定建筑业企业技术中心

2007年1月，水电八局技术中心成立。2008年12月15日，水电八局技术中心由湖南省经济委员会、湖南省建设厅联合发文认定为"省认定建筑业企业技术中心"，并于2012年12月、2016年1月、2018年12月，2021年1月通过运行评价。2019年，成立了地下工程专业技术研究分中心、混凝土坝专业技术研究分中心、机电与金结专业技术研究分中心、建筑骨料专业技术研究分中心、路桥专业技术研究分中心、软基专业技术研究分中心、施工信息专业技术研究分中心、市政与水环境专业技术研究分中心、城市轨道交通专业技术研究分中心、土石坝专业技术研究分中心、装配式建筑专业技术研究分中心11个专业技术研究分中心。

技术中心属企业科技研发组织，是企业科技创新的主导力量，负责牵头组织制定水电八局科技发展规划和科技攻关方向，负责组织研究涉及行业和水电八局的长远发展和生产经营的超前技术和重大技术攻关与新产品开发；负责指导各二级机构技术管理部门或分中心的科技研发工作；负责水电八局科技成果的转化与推广工作，在水电八局内外开展技术咨询和技术服务工作，组织对外技术合作交流；组织实施水电八局"知识产权战略"和"标准化战略"的技术工作；协助开展技术创新人才的引进与培养工作。在巩固传统领域的同时，加强了新入领域的科技创新工作，在科技管理规划和工作计划中，引导公司科研项目、工法、专利等向新领域倾斜，培养水电八局在新领域的核心竞争力。每年定期组织召开公司科研项目立项、成果验收及鉴定工作，积极申报股份公司科技项目，开展科技攻关，及时组织成果验收及鉴定。

一、科研项目立项情况

2007—2022年，水电八局开展自立项科研项目1209项，2007—2022年科研项目立项情况见表5-11-1。

表 5-11-1　2007—2022 年科研项目立项情况

单位：项

年份	立项项目
2007	83
2008	50
2009	44
2010	71
2011	85
2012	81
2013	63
2014	61
2015	66
2016	78
2017	81
2018	78
2019	70
2020	100
2021	118
2022	80

二、承担股份公司科技项目情况

2007—2022年，水电八局牵头承担股份公司科技项目49项，具体情况如下：

（1）2007年，牵头承担"向家坝水电站洞内长距离骨料输送系统的施工技术研究""小湾水电站放空底孔平面链轮门制作加工工艺研究""双聚能预裂与光面爆破综合技术二期研究""水工混凝土新型掺合料及其应用技术研究""水工四级配碾压混凝土试验及现场应用关键技术研究"股份公司科技项目5项。

（2）2008年，牵头承担"溪洛渡水电站混凝土高拱坝施工关键技术研究""龙开口砂石系统空间弯曲四段小半径长距离胶带输送机设计安装运行应用与研究""基于测量机器人与传感器的盾构导向信息系统及其应用技术研究""玄武岩纤维配制水工高性能混凝土的研究""裂隙岩体水泥灌浆数值模拟研究"股份公司科技项目5项。

（3）2009年，牵头承担"溪洛渡水电站混凝土高拱坝抗裂材料性能研究""高水头作用下遇岩溶系统特大涌水情况的导流洞封堵技术""预应力FRP锚杆成套技术研发"股份公司科技项目3项。

（4）2010年，牵头承担"特大型水轮发电机组安装新技术研究""Geotube土工管袋施工技术在印度尼西亚齐火电项目码头及防浪堤工程中的应用""高性能复合修补材料的研究与应用""纤维、橡胶粉在水泥混凝土路面中的降噪机理与工程应用研究""特高拱坝关键施工技术研究与应用"股份公司科技项目5项。

（5）2011年，牵头承担"高差异混杂纤维混凝土的增强增韧和抗初裂机理及其工程应用研究""800兆帕级特高压钢岔管制造技术研究与应用"股份公司科技项目2项。

（6）2012年，牵头承担"委内瑞拉巴里那斯大型多燃料重油发电项目施工技术研究""埃塞俄比亚吉布3水电站压力钢管制造关键技术研究与应用""高海拔、高温差厂房混凝土防裂施工技术研究"股份公司科技项目3项。

（7）2013年，牵头承担"构皮滩水电站150米级垂直升船机施工关键技术研究及应用""复杂地质条件下500米级小直径长斜（竖）井施工工艺研究"股份公司科技项目2项。

（8）2014年，牵头承担"金沙江陡峭峡谷汛前截流与分流挡渣过水围堰设计及施工关键技术研究""新型高寿命化岩石基矿物掺合料混凝土工程应用研究""防波堤工程绿色施工技术与评价体系研究""用于混凝土防渗抗裂的废PET聚酯改性与应用研究""白鹤滩水电站高陡边坡快速开挖与支护关键技术研究"股份公司科技项目5项。

（9）2015年，牵头承担"淤泥黏土层中地铁隧道不影响运行综合纠偏技术研究""整体装配式剪力墙高层建筑关键技术研究与应用""特硬岩地层中掘进机施工技术研究"股份公司科技项目3项。

（10）2016年，牵头承担"中国电建水利水电工程工法体系研究""大风环境下特高拱坝施工关键技术研究"股份公司科技项目2项。

（11）2017年，牵头承担"1000兆瓦水轮发电机组蜗壳智能制造关键技术研究""超大型矿山绿色环保-节能高效开采爆破综合技术""印度尼西亚雅万高铁施工关键技术研究"股份公司科技项目3项。

（12）2018年，牵头承担"内陆河流超大型建筑骨料智慧码头及智能物流关键技术研究""雄安新区绿色建筑骨料集中供应关键技术研究"股份公司科技项目2项。

（13）2019年，牵头承担"《水工碾压混凝土施工规范》编写与关键技术研究""乌东德850兆瓦水轮发电机安装与调试技术研究""复杂地层大型地下磷矿开拓及采掘关键技术研究""陡变河床深水围堰截流施工关键技术研究"股份公司科技项目4项。

（14）2020年，牵头承担"大型轴流转桨式水轮发电机组安装调试技术研究"股份公司科技项目1项。

（15）2021年，牵头承担"急曲线小断面螺旋陡坡隧洞TBM施工关键技术研究""黄土地区盾构下穿高铁复合地基路基段关键技术研究"股份公司科技项目2项。

（16）2022年，牵头承担"地铁近接上跨京广干线隧道沉陷区关键技术研究""超大直径双模盾构关键技术研究"股份公司科技项目2项。

三、科技成果鉴定情况

2007—2022年共组织完成项目鉴定77项，成果水平达到国际领先的有27项，国际先进的有36项，国内领先的有8项，国内先进的有6项。

第三节 国家级博士后科研工作站

根据人力资源社会保障部、全国博士后管理委员会《关于批准中国科学技术大学先进技术研究院等497个单位设立博士后科研工作站的通知》（人社部函〔2020〕108号）、湖南省人力资源和社会保障厅《关于2020年新批准设立博士后科研工作站尽快做好建站工作的通知》（湘人社函〔2020〕165号）文件精神，水电八局国家级博士后科研工作站成为2020年湖南省获批设立国家级博士后科研工作站的15家单位之一。水电八局国家级博士后科研工作站是公司首个国家部委批准的研发平台，是经水电八局申报，湖南省人社厅推荐、专家评审委员会评定，由人力资源和社会保障部及全国博士后管理委员会审核批准设立的国家博士后科研工作站。博士后科研工作的设立是水电八局深化科技创新、打造"倍增行动"科研平台的重要举措，是培养和造就符合水电八局战略发展的重要人才保障。

2021年2月2日，印发了《关于成立工程局博士后工作领导小组和博士后科研工作站管理办公室的通知》，自此形成了博士后科研工作站的管理架构。

2021年5月12日，印发了《关于成立工程局博士后科研工作站学术委员会的通知》，自此形成了博士后科研水平专家评审体系。

2021年6月22日，举行博士后科研工作站授牌仪式，湖南省人力资源和社会保障厅专业技术人员管理处处长侯自芳为水电八局授予国家级"博士后科研工作站"的牌匾，标志着水电八局国家级博士后科研工作站正式授牌成立。同日，邀请专家开展了新进站博士后陈娟、赵源研究课题"动水注浆紊流扩散模型与过程控制方法""砂石智能化加工与综合利用研究"的开题评审，标志着水电八局博士后科研工作站正式进入运行阶段，为深化科技强企发展战略、提升科研创新能力提供了更高平台。

2022年3月15日，印发了《中国水利水电第八工程局有限公司博士后科研工作站管理办法（试行）》，规范了博士后科研工作站日常管理。

2022年4月8日，印发了《关于调整工程局博士后工作领导小组的通知》，重新调整了博士后科研工作站的架构。

2022年5月10日，邀请省人力资源和社会保障厅领导、天心区人力资源和社会保障局领导、相关专家开展新进站博士后潘志成研究课题"农村全装配式混凝土建筑结构体系设计与力学性能研究"的开题评审以及博士后陈娟、赵源中期检查工作。省人力资源和社会保障厅科长杨丽莎对水电八局博士后的工作开展成效给予充分的肯定和高度的认可，认为水电八局博士后科研工作站的发展规划不仅符合国家政策导向，也符合湖南"三高四新"发展战略，还强调水电八局博士后科研工作站建设应更加紧密结合实际，发挥国际业务优势，丰富人才区域结构，扩大国际影响。自此，水电八局不断强化开题报告评审、中期检查等环节的管理，规范博士后在站管理，提升博士后培养质量，推动科技成果转化，服务公司战略发展。此外，博士后科研工作站聚焦于"急曲线小断面螺旋陡坡隧洞TBM施工关键技术研究""川藏铁路砂石骨料制备与智能化控制"等集团立项课题研究，开展智能无人碾压和智慧矿山研究。

2022年5月24日，长沙市人力资源和社会保障局调研水电八局博士后科研工作站，水电八局总工程师于永军，人力资源部、工程科技部及博管办相关人员参加调研会议。长沙市人力资源和社会保障局处长文彤对水电八局博士后科研工作站的建设和运行工作给予了充分肯定和高度认可，表示将全力做好政策支持工作，强调企业要充分利用博士后平台优势，进一步吸引高端人才，加大人才培养和使用力度，提升科技创新能力，助力高质量发展，同时深入推进"三高四新"战略和强省会战略落实。

截至目前，水电八局工程博士后科研工作站与清华大学、东南大学、湖南科技大学联合培养博士后3名。进站博士后产出成果丰富，发表SCI论文"Investigation into the adsorption of CO_2, N_2 and CH_4 on kaolinite clay""Study on Distribution law of Stress and Permeability around Hydraulic Fracturing Borehole in Coal and Rock""Supercritical CO_2 fracturing with different drilling depths in shale"3篇，EI论文《高轴压比方钢管混凝土柱-组合梁单边栓连刚接节点抗震性能试验研究》1篇，获得授权专利3件，组织申报

省级、国家级课题10次，其中，"复杂裂隙网络非均匀渗流动态演化机理与预测方法"获得国家自然科学基金委青年科学基金项目立项，为首个国家级课题；"预制装配整体式模块化农房住宅体系关键共性技术研究与示范"获得安徽省重点研究与开发计划立项。

第四节　湖南省装配式建筑工程技术研究中心

湖南省装配式建筑工程技术研究中心是湖南省科学技术厅第一家获批的装配式建筑类工程技术研究中心，2017年9月获批。中心是基于研发—设计—生产相结合的全产业链模式，以中南大学为主要依托单位，中国水利水电第八工程局有限公司作为骨干参与单位组建而成。

该中心通过"产、学、研、用"强强联合，集中优势资源协同攻关，已开发系列装配式混凝土和钢结构建筑体系，提出相应的设计方法，形成系列具有自主知识产权的装配式建筑技术成果和技术标准体系，努力建成具有国内一流水平的装配式建筑科技研发、产品孵化和成果转化基地以及湖南省装配式建筑技术标准研究、装配式建筑质量评定和装配式建筑人才培养中心，全面提升湖南省装配式建筑技术水平和核心竞争力。

该中心现已研究完成带暗框架的装配式混凝土剪力墙结构体系、子结构拼装装配式混凝土框架结构体系、全干法拼装装配式多高层住宅建筑体系、快速拼装装配式钢结构多高层建筑体系4类装配式建筑体系研究工作，涵盖各种功能和高度需求的房屋建筑，装配式建筑的总体装配率可达80%以上。根据研发成果，建成适应装配式混凝土框架建筑体系、装配式混凝土剪力墙建筑体系、装配式混凝土框架-剪力墙建筑体系和各种类型钢结构房屋建筑的4类生产线，其中3条装配式混凝土构件自动生产线、2条钢结构构件自动生产线，装配式建筑年产能达200万平方米以上。自动化与智能化程度居国内领先水平。完成装配式建筑工程项目施工222万平方米，多个项目成为国家、省装配式建筑示范工程项目。研究成果共获授权专利123件，制定装配式建筑各类技术标准17项、施工工法15项。

第五节　国家装配式建筑产业基地

水电八局2018年获批湖南省装配式建筑产业基地，2020年获批国家装配式建筑产业基地。经过4年的建设，产业基地已建成集装配式建筑研发、设计、生产、施工、运维于一体的全产业链领先基地，先后在全国多省市建立生产基地并开拓市场，以"一带一路"为契机发展国际装配式建筑业务。在全国建立装配式建筑部品部件生产基地6家，其中预制混凝土构件生产基地3家，总产能45万立方米；钢结构建筑产业基地3家，总产能10万吨。

产业基地承建的装配式住宅项目，总建筑面积超过300万平方米，创造全国多省市装配式建筑新纪录。2012年承建长沙市二环线内首个采用装配式住宅项目——长沙重型机器厂棚改安置房；2013年承建湖南省体量最大的装配式住宅项目——长沙洋湖蓝天保障房（总建筑面积60万平方米）；2016年承建安顺易地扶贫搬迁安置房项目；2017年承建贵阳市观山湖上枧安置房工程（34万平方米）及目前安徽省体量最大的装配式住宅项目——安徽六安叶集区广场东苑（65万平方米）、未名湖畔小区住宅产业化工程。

产业基地在装配式建筑领域积累了丰富的经验与雄厚的技术实力，注重科技研发，增强核心竞争力，与中南大学、湖南省建筑设计研究院合作成立了湖南省首家"装配式建筑工程技术研究中心"。从装配式结构体系、建筑设计、部品部件、施工技术、新型材料应用、BIM智能化技术等方面开展了关键技术研究，完成了"整体装配式剪力墙高层建筑关键技术科研"与"装配式建筑全产业链关键技术研究"等股份公司科技项目，20多项企业级科研项目，"绿筑一号""绿筑二号"别墅产品及"干连接装配式公厕""装配式地下人行通道""装配式防撞墩""仿花岗岩隔离带""UHPC""光影成像混凝土"等产品及材料的研发并成功应用于项目实践。编制了《整体装配式现浇剪力墙叠合结构施工方法》和《装配式高层建筑工具式组合悬挑立体安全防护结构施工工法》等相关工法50多项，编制了装配式建筑领域行业与地方标准15项，申报相关专利150多件。

第六篇

先进集体与人物

◇ 第一章　先进集体
◇ 第二章　人物简介
◇ 第三章　人物表

第一章　先进集体

第一节　国家、省部级先进集体

国家、省部级先进集体名录见表6-1-1。

表6-1-1　国家、省部级先进集体名录

单位	荣誉	授奖部门	授奖时间
机电制造安装分局	湖南省文明单位	湖南省人民政府	2002年9月
三峡机电制造安装项目部	全国模范职工之家	中华全国总工会	2003年9月
基础分局三峡项目部QC小组	全国优秀质量管理小组	中国质量协会、中华全国总工会、中华全国妇女联合会	2003年10月
砂石分局	全国职工职业道德建设先进单位	全国职工职业道德建设指导协调小组	2003年12月
水电八局	电建湘军	湖南省经济委员会	2004年3月
砂石分局	全国五一劳动奖状	中华全国总工会	2004年4月
三峡机电制造安装项目部	全国青年文明号	共青团中央	2004年8月
三峡机电制造安装项目部	中央企业先进集体	人事部、国务院国资委	2004年9月
三七八联营总公司	安全文明小区	湖北省人民政府	2005年
三峡机电制造安装项目部女子焊接班	巾帼文明岗	国务院国资委、中华全国妇女联合会	2006年3月
三峡机电制造安装项目部	国家重点工程建设青年贡献奖	国务院国资委党委、共青团中央	2006年6月
砂石分局	先进基层党组织	国务院国资委党委	2006年6月
三峡机电制造安装项目部大件安装班	中央企业学习型红旗班组（科室）	国务院国资委	2006年9月
砂石分局	湖南省文明单位	中共湖南省委、湖南省人民政府	2006年12月
三七八联营总公司	湖北省五一劳动奖状	湖北省总工会	2006年9月
惠州施工局机电运行班	全国电力行业优秀班组	国务院国资委、中国电力企业联合会、中国能源化学工会全国委员会	2006年12月
三峡机电制造安装项目部电气二次班	巾帼文明岗	国务院国资委、中华全国妇女联合会	2007年3月
水电八局	湖南省厂务公开民主管理先进单位	中共湖南省委、湖南省人民政府	2007年4月
三分局思林八闽联营体砼拌和输送班	贵州省五一劳动奖状	贵州省总工会	2007年4月
机电制造安装分局	湖南省百万职工创新兴湘先进集体	湖南省总工会、省科学技术厅、省经济委员会、省劳动和社会保障厅、省知识产权局	2008年2月
格里桥施工局	中央企业抗雪冰冻灾害先进单位	国务院国资委	2008年4月
基地服务管理中心党委	中央企业抗雨雪冰冻灾害先进基层党组织	国务院国资委	2008年4月
三峡机电制造安装项目部电气二次班	全国工人先锋号	中华全国总工会	2008年4月
溪洛渡大坝施工局大坝缆机工区	湖南省工人先锋号	湖南省总工会	2008年

续表

单位	荣誉	授奖部门	授奖时间
武都施工局	抗震救灾重建家园工人先锋号	中华全国总工会	2008年6月
水电八局工会	全国能源化学系统先进工会	中国能源化学工会全国委员会	2008年11月 2011年11月
水电八局工会	湖南省企业班组长通用管理能力培训工作先进单位	湖南省总工会	2008年11月
机电制造安装分局铜湾项目部	湖南省重点工程项目施工先进单位	湖南省人民政府	2009年2月
机电制造安装分局	湖南省重点建设项目施工先进集体	湖南省劳动竞赛委员会	2009年2月
溪洛渡大坝施工局大坝二工区	全国青年安全生产示范岗	共青团中央、国家安全生产监督管理总局	2009年3月
砂石分局工会	全国五一劳动奖状	中华全国总工会	2009年4月
机电制造安装分局景洪项目部	澜沧江流域创优立功劳动竞赛先进集体	云南省总工会	2009年6月
水电八局	高新技术企业	湖南省科学技术厅、财政厅、国家税务局、地方税务局	2009年7月 2021年9月
溪洛渡大坝施工局	全国五一劳动奖状	中华全国总工会	2009年7月
向家坝砂石项目部	全国五一劳动奖状	中华全国总工会	2009年7月
京沪高铁土建三标邹城制梁场	"火车头"奖杯	中华全国铁路总工会	2009年7月
向家坝长胶运行七班	云南省工人先锋号	云南省总工会	2010年
机电制造安装分局构皮滩项目部水轮机班	湖南省工人先锋号	湖南省总工会	2010年
水电八局党委	先进基层党组织	国务院国资委党委	2010年6月
水电八局	全国厂务公开民主管理先进单位	全国厂务公开协调小组	2010年10月
东江基地	湖南省文明单位	中共湖南省委、湖南省人民政府	2010年12月
教培中心	湖南省工会农民工就业创业十佳培训基地	湖南省总工会	2011年3月
水电八局	全国模范劳动关系和谐企业	人力资源和社会保障部、中华全国总工会	2011年8月
草街施工局	重庆市五一劳动奖状	重庆市总工会	2011年9月
向家坝砂石项目部成品工区制砂班	湖南省劳动竞赛先进班组	湖南省总工会、省经信委、省国资委、省工商联	2011年11月
水电八局	中央企业职工技能竞赛先进单位	国务院国资委	2011年4月
湖南江海科技发展有限公司	山西省五一劳动奖状	山西省劳动竞赛委员会	2011年12月
引黄工程北干线金沙滩水库工程	山西省五一劳动奖状	山西省劳动竞赛委员会	2011年12月
向家坝机电物质仓库管理班	四川省工人先锋号	四川省总工会	2011年
水电八局	安全生产工作先进单位	中共湖南省委、湖南省人民政府	2012年1月
水电八局	中央企业思想政治工作先进单位	国务院国资委党委	2012年2月
机电制造安装分局银盘项目	湖南省工人先锋号	湖南省总工会	2012年2月
湘江长沙综合枢纽项目部	湖南省重点建设项目施工先进单位	湖南省人民政府	2012年2月
官地砂石项目部	四川省五一劳动奖状	四川省总工会	2012年3月
向家坝砂石项目部成品工区	金沙江流域水电工程劳动竞赛先进集体	中国能源化学工会、四川省总工会、云南省总工会	2012年5月
枕头坝S306公路工程项目部	四川省工人先锋号	四川省总工会	2012年8月
向家坝砂石项目部	四川省五一劳动奖状	四川省总工会	2012年8月

续表

单位	荣誉	授奖部门	授奖时间
机电制造安装分局托口项目部	湖南省重点建设项目施工先进单位	湖南省人民政府	2013年2月
向家坝砂石项目部成品工区地磅班	全国五一巾帼标兵岗	中华全国总工会	2013年3月
水电八局	全省发展开放型经济突出贡献企业	湖南省人民政府	2013年3月
溪洛渡安装项目部	湖南省工人先锋号	湖南省总工会	2013年4月
溪洛渡安装项目部电气卷线班	全国工人先锋号	中华全国总工会	2013年4月
厄瓜多尔美纳斯项目地下闸室施工班组	全国安康杯优胜班组	中华全国总工会	2013年6月
龙开口施工局	华能澜沧江劳动竞赛先进集体	云南省总工会	2013年7月
湘江长沙综合枢纽项目部	全国模范职工小家	中华全国总工会	2013年8月
国际部	中央企业先进集体	人力资源和社会保障部、国务院国资委	2013年9月
机电公司糯扎渡机电安装项目部	劳动竞赛先进集体	云南省总工会	2014年
中水重工分公司综合班	湖南省芙蓉标兵岗	湖南省总工会	2014年3月
溪洛渡大坝施工局大坝三工区钢筋班	全国工人先锋号	中华全国总工会	2014年4月
三公司	贵州省五一劳动奖状	贵州省总工会	2014年4月
构皮滩通航项目部	贵州省工人先锋号	贵州省总工会	2014年4月
机电公司糯扎渡项目部	华能澜沧江水电建设创优立功劳动竞赛先进集体	云南省总工会	2014年6月
湖南江海科技发展有限公司	高新技术企业	湖南省科学技术厅、财政厅、国家税务局、地方税务局	2014年8月
糯扎渡机电安装QC小组	全国优秀质量管理小组	中国质量协会、中华全国总工会、中华全国妇女联合会	2014年11月
湘江长沙综合枢纽项目部	湖南省工人先锋号	湖南省总工会	2015年4月
机电公司青年突击队	全国青年文明号	共青团中央	2015年5月
水电八局党委	中央企业先进基层党组织	国务院国资委党委	2016年6月
水电八局	守合同重信用企业	国家工商行政总局	2016年7月
上通坝电站厂房项目部	四川省五一劳动奖状	四川省总工会	2017年5月
沙坪项目部沙坪项目部土建工区	四川省重点工程劳动竞赛先进集体	四川省总工会	2017年6月
沙坪项目部	四川省工人先锋号	四川省总工会	2017年6月
大华桥项目部	华能澜沧江水电创优立功劳动竞赛建功澜沧江标兵单位	云南省总工会	2017年7月
"蓝天保障房PC预制构件拼缝防裂处理"QC小组	全国优秀质量管理小组	中国质量协会、中华全国总工会、中华全国妇女联合会	2017年11月
白鹤滩施工局	四川省五一劳动奖状	四川省总工会	2018年4月
新疆叶尔羌河阿尔塔什水利枢纽工程	全国水利建设工程文明工地	水利部文明委	2018年6月
黔中水利枢纽工程	全国水利建设工程文明工地	水利部文明委	2018年6月
贵定分公司工会	模范职工小家	贵州省总工会	2018年12月
水电八局	全国模范职工之家	中华全国总工会	2018年9月
夹岩2标项目部	贵州省工人先锋号	贵州省总工会	2019年3月
尼日利亚宗格鲁项目部	工会管理友好奖	尼日利亚国家总工会	2019年5月

续表

单位	荣誉	授奖部门	授奖时间
湘熙水郡项目部	全国青年安全生产示范岗	共青团中央	2019年6月
大藤峡厂坝项目部青年突击队	全国青年文明号	共青团中央、国务院国资委	2019年6月
清原项目泄洪洞出口开挖支护班组	辽宁省工人先锋号	抚顺市总工会	2019年9月
长江大保护九江项目	江西省建筑安装标准化工地	江西省总工会	2020年2月
水电八局	第一届中国-非洲经贸博览会先进单位	湖南省人民政府办公厅	2020年3月
水电八局	国家装配式建筑产业基地	住房和城乡建设部	2020年9月
湘西经开区双河文教卫新区项目部	全国青年安全生产示范岗	共青团中央、应急管理部	2020年11月
水电八局工会女工委	湖南省"芙蓉杯"竞赛先进单位	湖南省总工会	2020年11月
大藤峡厂坝项目部	广西工人先锋号	广西壮族自治区总工会	2020年12月
深圳光明洺悦府项目"尚水QC小组"	全国优秀质量管理小组	中国质量协会、中华全国总工会、中华全国妇女联合会	2020年12月
水电八局	湖南省国家安全人民防线建设先进单位	湖南省国家安全人民防线建设领导小组	2021年3月 2022年4月
驻洞口县长塘瑶族乡老艾坪村帮扶工作队	湖南省脱贫攻坚先进集体	中共湖南省委、湖南省人民政府	2021年4月
水电公司	湖南省百万职工重点建设项目劳动竞赛优秀先进单位	湖南省总工会	2021年4月
平寨航电枢纽工程项目部拌合工区	贵州省工人先锋号	贵州省总工会	2021年5月
中国水电八局高级技工学校	国家技能人才培育突出贡献单位	人力资源和社会保障部	2021年6月
乌东德机电安装项目部	云南省五一劳动奖状	云南省总工会	2021年7月
白鹤滩施工局综合一工区	云南省工人先锋号	云南省总工会	2021年7月
长智公司	高新技术企业	安徽省科学技术厅、财政厅、国家税务总局、税务厅	2021年9月
拉哇项目部	四川省工人先锋号	四川省总工会	2021年11月
水电八局	2016—2020年全国普法工作先进单位	中央宣传部、司法部、全国普法办	2021年12月
长九项目部"清风读书会"	优秀职工阅读团队	湖南省总工会	2021年12月
砂石公司雄安小分队读书会	雄安最具人气职工阅读团队	湖南省总工会	2021年12月
TB水电站项目部	云南省工人先锋号	云南省总工会	2021年12月

第二节　全国行业优秀企业

全国行业优秀企业名录见表6-1-2。

表6-1-2　全国行业优秀企业名录

单位	荣誉	授奖部门	授奖时间
水电八局	全国优秀施工企业	中国施工企业管理协会	2002年3月 2013年3月 2014年5月 2015年3月 2017年3月

续表

单位	荣誉	授奖部门	授奖时间
水电八局	全国用户满意施工企业	中国施工企业管理协会	2005年3月
水电八局	全国行业诚信经营示范单位	中国企业信用协会	2005年9月
砂石分局	中国行业十大影响力品牌	中国企业文化促进会、中国工业设计协会	2006年1月
水电八局	全国建筑业科技进步与技术创新先进企业	中国建筑业协会	2008年9月 2010年11月
水电八局	全国电力行业优秀企业	中国电力企业联合会	2008年9月
机电制造安装分局	电力建设功臣单位	中国电力建设企业协会	2009年3月
水电八局	全国企业职工教育培训先进单位	中国职工教育和职业培训协会	2009年11月
水电八局	全国建筑业先进企业	中国建筑业协会	2009年11月 2016年10月
水电八局	中国水利水电施工企业20强	中国水利水电工程网	2010年5月 2011年5月 2012年5月
水电八局	中国境外工程承包优秀企业	中国对外承包工程商会	2011年8月
水电八局	科技创新先进企业	中国施工企业管理协会	2012年10月 2013年10月 2014年10月
水电八局	电建建设行业统计工作先进单位	中国电力建设企业协会	2012年11月
水电八局	全国电力建设优秀施工企业	中国电力建设企业协会	2010年4月 2011年2月 2013年2月 2014年4月 2015年3月 2017年3月 2018年3月
水电八局	全国水利建设市场主体信用AAA施工单位	中国水利工程协会	2013年7月 2016年12月 2020年11月
水电八局	全国电力行业思想政治工作优秀单位	中国电力企业联合会、中国电力政研会	2014年3月 2018年4月
水电八局	全国电力建设特殊贡献企业	中国电力建设企业协会	2014年5月
水电八局	企业信用AAA级	中国电力企业联合会	2014年5月 2017年12月 2018年4月 2019年12月 2021年9月
水电八局	中国建筑业竞争力百强企业	中国建筑业协会	2014年9月
水电八局	企业信用评价AAA级信用企业	中国对外承包工程商会、中国出口信用保险公司	2014年12月 2015年11月 2016年11月 2017年11月 2020年11月 2021年11月 2022年11月

续表

单位	荣誉	授奖部门	授奖时间
水电八局	全国电力行业设备管理工作先进单位	中国电力设备管理协会	2015年1月 2017年2月
水电八局	全国建筑行业信息宣传先进集体	中国建筑业协会	2015年8月
水电八局	企业文化创新优秀单位	中国企业文化促进会	2015年11月
水电八局	全国电力建设诚信典型企业	中国电力建设企业协会	2016年7月 2022年7月
水电八局	企业信用AAA级	中国电力建设企业协会	2016年11月 2021年6月
水电八局	十三五开局企业文化建设模范单位	中国企业文化促进会	2016年11月
水电八局	全国建筑业文化建设示范企业	中国建筑协会	2017年3月
长九公司	企业文化建设先进单位	中国砂石协会	2017年12月 2019年12月
水电八局	全国电力建设优秀施工企业	中国电力建设企业协会	2018年2月
水电八局	企业信用评价AAA级	中国企业联合会、中国企业家协会	2018年4月
水电八局	全国工程造价咨询企业信用AAA级	中国建设工程造价管理协会	2018年12月 2021年6月
水电八局	企业信用评价AAA级	中国建筑业协会	2019年10月
水电八局	中华人民共和国成立70周年功勋企业	中国施工企业管理协会	2019年10月
水电八局	企业信用评价AAA级	中国施工企业管理协会	2019年11月 2022年10月
水电八局	全国企业文化建设典范企业	中国企业文化建设峰会	2019年11月
水电八局	中国对外承包工程A级企业（最高等级）	中国对外承包工程商会	2020年7月
水电八局	工程建设诚信典型企业	中国施工企业管理协会	2020年10月 2022年10月
水电八局	企业文化建设示范单位	中国企业文化建设峰会	2020年11月
水电八局	企业信用AAA级	中国企业联合会	2021年3月
水电八局	新时代党建+企业文化标杆单位	中国文化管理协会	2022年11月

第二章 人物简介

第一节 工程院院士

谭靖夷 男，1921年11月6日出生于湖南衡阳县，1946年5月毕业于交通大学唐山工程学院土木工程系，进入全国水力发电工程总处工作，1949年8月参加福建古田水电站建设，迎来新中国成立。此后，参与和主持了广东流溪河、湖南柘溪、韶山灌区、欧阳海灌区、贵州乌江渡、湖南东江等水利水电工程技术工作。1988年，从水电八局副局长、总工程师岗位退休。曾任中国水力发电工程学会第一、第二、第三届理事会理事，湖南省水力发电工程学会第一届理事会副理事长。曾任水口、岩滩、广蓄、二滩、漫湾、天生桥、大朝山、龙滩等大型水电站专家组成员或组长，长江三峡工程专题论证及质量检查专家组专家，黄河小浪底水利枢纽工程技术委员会委员，中国国际工程咨询公司专家委员会委员，国务院南水北调工程建设委员会委员，澜沧江流域水电工程专家组顾问，湖南省院士专家咨询委员会委员。1950年获评福建省劳动模范。1978年获评贵州省科学技术先进工作者。1982年9月加入中国共产党，当选第五届全国人大代表、第六届湖南省人大代表、第八届湖南省党代表。1987年被中共湖南省委、省人民政府授予湖南优秀科技工作者。1989年批准享受教授研究员同等待遇。1992年批准享受国务院政府特殊津贴。1996年被命名为"湖南科技之星"。1997年当选中国工程院院士。2009年被水利部授予"长期奉献水利优秀人员"。2016年11月12日在长沙逝世。

第二节　历任主要领导

李鹏程　男，1963年2月生，中共党员。1984年7月清华大学工学学士，2001年7月中国人民大学经济学博士。1999年教授级高级工程师。历任水电十四局党委书记、局长，水电八局局长兼党委副书记，水利部南水北调工程管理司司长。主要参与的"XDM-8.5米多功能模板研制""高压长斜井快速施工技术"，经专家鉴定为"国内领先，世界一流"。获第二届中国青年科技博览会金奖、云南省首届青年科技成果一等奖、电力工业部科技进步奖一等奖。负责总体设计的"XHM-7型斜井滑模系统的研制与实践"获中国水电科技进步奖一等奖、国家电力公司科技进步奖二等奖、国家科技进步奖二等奖。

林修建　男，1955年5月生，中共党员。1977年大连工学院毕业。国家一级项目经理，高级职业经理人，1999年教授级高级工程师。参加乌江渡、五强溪、车坝、水口、二滩、三峡等水电工程施工与管理。历任基础处理处处长、三峡施工局局长、三七八联营总公司副总经理，水电八局副局长、党委书记兼副局长、局长兼党委副书记、执行董事兼总经理、法定代表人，湖南省水利学会副理事长、中国水电集团四川电力开发有限公司董事长、党委书记。获评中国优秀企业家、全国行业诚信企业家、建设工程项目管理优秀工作者、湖南十大杰出经济人物。引进推广应用旋转冲击钻孔工艺、覆盖层TUBEX跟管钻进工艺、全自动灌浆记录仪、非常规水泥灌浆技术用于车坝水库漏水处理，多项成果获奖。

陈正平　男，1947年12月生，中共党员，大学本科学历。国家一级项目经理、高级职业经理人，注册一级建造师。2005年教授级高级工程师。曾任东江分局党委书记兼第一副局长、白石窑施工局局长兼党工委书记，水电八局人事部部长、工会主席、副局长兼总经济师，水电八局党委书记兼副局长。完成"白石窑水电站岩溶基础处理"科研项目。主持并专业负责小湾、龙滩、索风营、构皮滩、向家坝、南水北调等项目投标，技术和商务文件处于同行业先进水平。

朱素华　男，1963年7月生，中共党员。1986年武汉水利电力学院本科毕业，2013年清华大学工程硕士。2016年国务院政府特殊津贴专家。2020年湖南省劳动模范。2005年教授级高级工程师，2019年正高级工程师。主要参加五强溪、江垭、大源渡、二滩、红岩子、沙牌、索风营、三峡工程项目建设，历任水电八局副局长、党委书记、执行董事、总经理、党委副书记、党委书记、董事长、法定代表人。获评全国电力建设优秀施工企业家、湖南省诚信企业家、湖南省优秀企业家、湖南省五一劳动奖章、中国电建改革开放40周年"优秀企业负责人"。主持建设沙牌水电站"碾压混凝土拱坝相关筑坝配套技术研究"获中国电力科技进步奖一等奖、国家科学技术进步奖二等奖。主持建设溪洛渡水电站大坝"300米级溪洛渡拱坝智能化建设关键技术"荣获国家科学技术进步奖二等奖，开创了我国300米级高拱坝建设"数字化"的先河。带领水电八局建设者完成多项世界第一，成为三峡电站第一度电的生产者，该工程荣获国家科学技术进步奖特等奖。带领和推动开发长九（神山）灰岩矿，建成了全球最大的绿色人工砂石骨料生产基地。

黄　敏　男，1968年9月生，中共党员。1991年长沙电力学院毕业，2002年天津大学工学硕士，2010年清华大学工学博士，2011年中国人民大学经济学博士，2010年教授级高级工程师。历任经营副处长、国际部总经理、局长助理、副局长，水电八局党委书记、副总经理，中电建路桥集团有限公司董事、党委书记、总经理。2019年6月逝世。获中国水电科技进步奖一等奖、三等奖，获评湖南省青年岗位能手、中国水电国际化经营标兵。

姜清华　男，1968年8月生，中共党员。1992年天津大学工程硕士。2005年教授级高级工程师，2019年正高级工程师。注册一级建造师。历任国际部技术部经理、经营处副处长、二分局局长、局长助理、市场开发部总经理、国际部总经理，水电八局副局长、总经济师、党委书记、副总经理、董事、党委书记、董事长、法定代表人，政协第十三届湖南省委员会委员，中国电力企业联合会理事、中国建筑业协会理事。获评全国电力建设优秀高级职业经理人、全国电力行业优秀思想政治工作者、全国施工企业工程建设诚信企业家、全国电力建设诚信企业家。在特高拱坝施工、大型水电站厂房及土石坝填筑等技术领域以及国际项目管理、合同管理等方面具有丰富的实践经验。主持或参与二滩、巴罗塔水电站工程建设，二滩水电站获詹天佑奖、国际里程碑工程奖，巴罗塔工程被巴基斯坦总理誉为"见证中巴友谊的第二座里程碑"。

肖军 男，1971年11月生，中共党员。1993年天津大学毕业。2012年教授级高级工程师，2019年正高级工程师。主持或参与巴基斯坦巴罗塔、马来西亚巴贡、孟加拉国石卡巴哈、委内瑞拉新中心电厂、委内瑞拉巴里纳斯重油等项目建设。历任市场开发部、国际部技术办副经理、国际部副总经济师、副总经理、总经理、党委副书记，水电八局总经理助理、海外事业部主任、国际公司总经理/党委副书记，水电八局党委委员、副总经理，党委副书记、董事、总经理，中国水力发电工程学会常务理事，湖南省企业和工业经济联合会第一届理事会副会长。获评中国水电"十一五"时期质量管理先进个人、优秀项目经理、劳动模范。"孟加拉国150兆瓦燃气电站EPC项目管理及施工技术研究"获中国电力企业联合会、中国水电科技进步奖三等奖。

第三章　人物表

第一节　享受国务院政府特殊津贴专家

享受国务院政府特殊津贴专家名录见表6-3-1。

表6-3-1　享受国务院政府特殊津贴专家名录

姓名	时任职务或工种	荣誉	授奖部门	授奖时间
涂怀健	总工程师	政府特殊津贴专家	国务院	2011年12月
朱素华	执行董事、总经理、党委副书记	政府特殊津贴专家	国务院	2016年12月

第二节　全国五一劳动奖章获得者

全国五一劳动奖章获得者名录见表6-3-2。

表6-3-2　全国五一劳动奖章获得者名录

姓名	时任职务或工种	荣誉	授奖部门	授奖时间
熊明华	砂石分局总工程师	全国五一劳动奖章	中华全国总工会	2003年11月
龚长清	制造安装分局局长	全国五一劳动奖章	中华全国总工会	2003年11月
吴海涛	溪洛渡大坝施工局局长	全国五一劳动奖章	中华全国总工会	2009年6月
张志平	模板架子工	全国五一劳动奖章	中华全国总工会	2011年4月
李雪江	越南松邦4项目812联营体总经理	全国五一劳动奖章	中华全国总工会	2014年4月
秦昌文	溪洛渡大坝施工局大坝三工区工长	全国五一劳动奖章	中华全国总工会	2014年4月
肖光彩	长九公司党委书记、副董事长	全国五一劳动奖章	中华全国总工会	2021年4月

第三节　省部级劳动模范获得者

省部级劳动模范获得者名录见表6-3-3。

表6-3-3　省部级劳动模范获得者名录

姓名	时任职务或工种	荣誉	授奖部门	授奖时间
何晓忠	大朝山八三联营体机电部部长	云南省劳动模范	云南省委、省人民政府	2002年4月
郑智仁	贵州索风营项目总经理	贵州省劳动模范	贵州省委、省人民政府	2005年4月
杨斌	构皮滩施工局砂石队副队长	湖南省劳动模范	湖南省委、省人民政府	2005年4月
涂怀健	总工程师	湖南省劳动模范	湖南省委、省人民政府	2010年4月
李雪江	越南松邦4项目812联营体总经理	湖南省劳动模范	湖南省委、省人民政府	2014年4月
钟玉平	国际公司党委书记、副总经理	中央企业劳动模范	人力资源和社会保障部、国务院国资委	2019年9月
朱素华	党委书记、董事长	湖南省劳动模范	湖南省委、省人民政府	2020年11月

第四节　省部级五一劳动奖章获得者

省部级五一劳动奖章获得者名录见表6-3-4。

表6-3-4　省部级五一劳动奖章获得者名录

姓名	时任职务或工种	荣誉	授奖部门	授奖时间
刘国良	龙滩1478联营体副总经理	贵州省五一劳动奖章	贵州省总工会	2003年4月
耿泽林	索风营项目经理	贵州省五一劳动奖章	贵州省总工会	2003年4月
周光荣	三峡制安项目机电队主管工程师	湖北省五一劳动奖章	湖北省总工会	2005年4月
陈代元	挂治施工局局长兼党工委书记	贵州省五一劳动奖章	贵州省总工会	2008年4月
余家符	三分局局长助理兼工程管理部部长	贵州省五一劳动奖章	贵州省总工会	2008年4月
邓三才	向家坝电站砂石项目部经理	云南省五一劳动奖章	云南省总工会	2009年6月
杨一心	国际部总经理、党委书记	湖南省五一先锋	湖南省总工会	2011年4月
夏国文	三分局总工程师	贵州省五一劳动奖章	贵州省总工会	2011年4月
沈正龙	草街水电站施工局副局长	重庆市五一劳动奖章	重庆市总工会	2011年9月
李金宝	溪洛渡大坝施工局第一副局长、经营负责人	湖南省五一先锋	湖南省总工会	2012年2月
申志军	官地砂石项目一工区主任	四川省五一劳动奖章	四川省总工会	2012年3月
韩和坤	三分局马来西亚沐若项目部经理	贵州省五一劳动奖章	贵州省总工会	2013年4月
周德文	大渡河沙坪项目部副经理兼总工程师	四川省五一劳动奖章	四川省总工会	2014年5月
赵志伟	大渡河沙坪二级水电站项目工地经理	四川省五一劳动奖章	四川省总工会	2017年6月
周震钧	白鹤滩施工局党工委书记兼局长	云南省五一劳动奖章	云南省总工会	2019年6月
朱素华	党委书记、董事长	湖南省五一劳动奖章	湖南省总工会	2019年11月
肖光彩	长九公司党委副书记、总经理	安徽省五一劳动奖章	安徽省总工会	2020年6月
李伟	乌东德项目副经理	四川省五一劳动奖章	四川省总工会	2020年6月

第五节　国家、省部级先进个人

国家、省部级先进个人名录见表6-3-5。

表6-3-5 国家、省部级先进个人名录

姓名	时任职务或工种	荣誉	授奖部门	授奖时间
刘明英	工会干部	全国先进女职工	中华全国总工会	2003年3月
周耀隆	机电安装分局焊工高级技师	湖南省首批技能大师	湖南省委、省人民政府	2005年1月
杨国强	机电安装分局焊工技师	湖南省第七届技术能手	湖南省委、省人民政府	2005年1月
杨国强	机电安装分局焊工技师	全国技术能手	国家劳动和社会保障部	2006年9月
杨国强	机电安装分局焊工技师	湖南省技术能手大师	湖南省委、省人民政府	2007年12月
童中华	机电安装分局焊工	湖南省"芙蓉百岗明星"	湖南省总工会	2005年2月
童中华	机电安装分局焊工	中央企业技术能手、中央企业青年岗位能手	国务院国资委	2005年11月
童中华	机电安装分局焊工	中央企业巾帼建功标兵	国务院国资委、全国妇联	2006年2月
杨国丽	局工会女工委副主任	全国能源化学系统先进女职工工作者	中国能源化学工会全国委员会	2006年4月
丁一波	三峡安装项目部机电队队长	国家重点工程建设青年贡献奖	国务院国资委党委、共青团中央	2006年6月
梁海军	常德机械厂修理车间电焊班班长	全国电力行业优秀班组长	中国能源化学工会全国委员会、中国电力企业联合会	2006年11月
梁海军	常德机械厂修理车间电焊班班长	全国青年岗位能手	共青团中央、人力资源和社会保障部	2009年3月
章小明	机电制造安装分局机电公司副局长、景洪项目部经理	2006年度澜沧江流域十大水电建设功臣	云南省总工会	2007年4月
肖双仁	机电制造安装分局三峡机电制造安装项目部电气二次班班长	全国三八红旗手	国务院国资委、中华妇女联合会	2008年2月
杨 刚	机电制造安装分局局长	湖南省十大技术创新标兵	湖南省总工会、省科学技术厅	2008年2月
罗雍男	构皮滩工程八九联营体施工管理部部长	中央企业抗雨雪冰冻灾害先进个人	国务院国资委	2008年4月
朱明德	武都施工局员工	2008年抗震救灾先进个人	国务院国资委	2008年6月
李 琦	机电制造安装分局景洪项目部党支部书记	2008年度澜沧江流域十大水电建设功臣	云南省总工会	2009年6月
谭靖夷	中国工程院院士	长期奉献水利优秀人员	水利部	2009年9月
涂怀健	总工程师	张光斗首届优秀青年科技奖	张光斗科技教育基金管理委员会	2011年1月
宁梅珍	梨园砂石项目部经理	湖南省"芙蓉百岗明星"	湖南省总工会	2011年3月
张志平	模板架子工	全国技术能手	人力资源和社会保障部	2011年4月
罗秀堂	湘江长沙综合枢纽项目部钢筋厂厂长	全国技术能手	人力资源和社会保障部	2011年4月
李明举	银盘施工局综合工区副主任	全国技术能手	人力资源和社会保障部	2011年4月
肖华民	工会主席	全国优秀工会工作者	中华全国总工会	2011年4月
江先春	安全管理部主任	湖南省安委会联络组织工作先进个人	湖南省委、省人民政府	2012年2月
施广民	官地砂石项目部经理	四川省重点工程建设劳动竞赛"优秀建设者标兵"	四川省总工会	2012年3月
王 云	向家坝砂石项目部成品工区五筛班班长	金沙江流域向家坝水电工程优秀建设者	中国能源化学工会、四川省总工会、云南省总工会	2012年5月
邓闪华	砂石分局女工主任	百优女职工干部	湖南省总工会	2013年3月
申修文	基地中心副主任兼贵阳基地主任	全国保障性安居工程建设劳动竞赛优秀建设者	全国海员建设工会	2013年5月

续表

姓名	时任职务或工种	荣誉	授奖部门	授奖时间
李海滨	科研设计院试验中心副主任	中央企业技术能手	国务院国资委、人力资源和社会保障部	2013年11月
李海滨	科研设计院副总工程师、试验中心主任	全国技术能手	人力资源和社会保障部	2022年12月
吴三线	三公司总经理、党委副书记	贵州省"安康杯"竞赛活动优胜组织者	贵州省总工会	2014年4月
夏卫华	三公司党委副书记、纪委书记兼工会主席	优秀党务工作者	国务院国资委党委	2014年7月
刘国义	退休职工	贵州省第四届"明礼知耻·崇德向善"诚实守信道德模范	贵州省文明委	2014年11月
刘国义	退休职工	全国道德模范提名奖	中央宣传部	2015年10月
刘国义	退休职工	中央企业道德模范	国务院国资委文明委	2015年12月
刘自强	退休职工	中国好人榜孝老爱亲好人	中央文明办	2015年3月
闫英才	总法律顾问	中央企业"百优"法律顾问	国务院国资委	2015年12月
李志伟	厄瓜多尔美纳斯项目党工委书记兼总经济师	全国青年岗位能手	共青团中央	2016年5月
罗长青	水电公司副总经理、大华桥项目部项目经理	云南省2015—2016年度重点工程劳动竞赛先进个人	云南省总工会、省发展改革委	2016年12月
邬 建	上通坝电站厂房项目部经理	四川省重点工程劳动竞赛优秀建设者	四川省总工会	2017年5月
王 立	上通坝电站厂房项目施工组长	四川省重点工程劳动竞赛优秀建设者	四川省总工会	2017年5月
胡秋洪	大渡河沙坪二级水电站土建工区副主任	四川省重点工程劳动竞赛优秀建设者	四川省总工会	2017年6月
刘振龙	白鹤滩砂石拌合项目部砂石工区副主任	湖南省实体经济企业优秀班组长	湖南省总工会	2019年4月
刘中刚	西藏天路股份有限公司总经理	优秀援藏干部人才	西藏自治区党委、政府	2019年6月
李福军	西藏天路股份有限公司副总经理	优秀援藏干部人才	西藏自治区党委、政府	2019年6月
卓 越	西藏天路股份有限公司总工程师	优秀援藏干部人才	西藏自治区党委、政府	2019年6月
刘 杰	莱索托麦特隆项目机电物资办副主任	大国工匠	中国能源化学地质工会	2019年7月
王 沁	湘西花垣县城乡一体化PPP项目总承包部经理	全国青年岗位能手	共青团中央、人力资源和社会保障部	2019年7月
邓 凯	国际公司员工	中国-非洲经贸博览会筹办先进个人	湖南省人民政府	2020年3月
尤佐·奥尼卡	尼日利亚宗格鲁项目尼籍工程师	中尼友好"十·一"奖	中国驻尼日利亚大使馆、尼日利亚中国总商会	2020年10月
廖美容	湖南省邵阳市洞口县长塘瑶族乡老艾坪村扶贫队员	芙蓉悦读者	湖南省总工会	2020年12月
王光球	印度尼西亚雅万高铁项目部员工	全国优秀农民工	国务院农民工工作领导小组	2021年1月
李勇恩	水电公司副总经理	湖南省百万职工重点建设项目劳动竞赛先进个人	湖南省总工会	2021年4月
赵 宁	办公室业务副主任	"十三五"时期保密工作成绩突出个人	中共湖南省委保密委员会	2021年4月
张郴芝	水电公司党群工作部主任	职工最可信赖娘家人	湖南省总工会	2021年12月
贺 辉	教培中心党委书记兼主任(校长)	湖南省"芙蓉百岗明星"	湖南省总工会	2022年12月

第六节　全国行业先进个人

全国行业先进个人名录见表6-3-6。

表6-3-6　全国行业先进个人名录

姓名	时任职务或工种	荣誉	授奖部门	授奖时间
林修建	局长、党委副书记	全国行业诚信企业家	中国企业信用协会	2004年9月 2005年9月
林修建	执行董事、总经理、党委副书记	第八届湖南十大杰出经济人物	湖南十大杰出经济人物评选组委会	2009年7月
林修建	执行董事、总经理、党委副书记	全国电力行业优秀企业家	中国电力企业联合会	2009年10月
童中华	机电安装分局焊工	全国优秀女焊工	中国工程建设焊接协会	2005年1月
李义君	小湾施工局局长	全国电力建设优秀项目经理	中国电力建设企业协会	2006年11月
戴科夫	构皮滩八九联营体总经理	全国电力建设优秀项目经理	中国电力建设企业协会	2006年11月
谭靖夷	中国工程院院士	第七届光华工程科技奖工程奖	中国科学技术协会	2008年5月
林爱华	审计部主任	全国内部审计先进工作者	中国内部审计协会	2008年8月
李朝	京石28标项目部经理	全国电力建设优秀项目经理	中国电力建设企业协会	2008年12月
吴三线	草街施工局工地经理	全国电力建设优秀项目经理	中国电力建设企业协会	2008年12月
肖光彩	阿海项目部经理、梨园项目部经理	全国电力建设优秀项目经理	中国电力建设企业协会	2008年12月
肖光彩	长九公司党委副书记、总经理	优秀企业家	中国砂石协会	2017年12月
卜海英	中国水电八局高级技工学校财务室员工	中国素质教育先进工作者	中国青年教育协会	2008年12月
臧建光	人力资源部主任	全国职工教育培训先进个人	中国职工教育和职业培训协会	2009年11月
周伟生	湖南省水利水电建设工程学校教师	中国技工院校优秀教师	中国职工教育和职业培训协会	2009年11月
成新文	构皮滩八九联营体总经理	全国电力建设优秀项目经理	中国电力建设企业协会	2009年12月
李刚	南水北调天津市1段六标项目部经理	全国电力建设优秀项目经理	中国电力建设企业协会	2009年12月
任朗明	四分局局长	全国电力建设优秀项目经理	中国电力建设企业协会	2009年12月
涂怀健	总工程师	"十一五"全国建筑业科技进步与技术创新先进个人	中国建筑业协会	2010年1月
强嵘	科研楼项目部经理	全国电力建设优秀项目经理	中国电力建设企业协会	2011年12月
强嵘	科研楼项目部经理	全国工程建设优秀项目经理	中国施工企业管理协会	2012年3月
唐先峰	构皮滩施工局局长	全国电力建设优秀项目经理	中国电力建设企业协会	2011年12月
王晖	马来西亚沐若项目部经理	全国工程建设优秀项目经理	中国施工企业管理协会	2012年12月
王晖	马来西亚沐若项目部经理	全国电力建设优秀项目经理	中国电力建设企业协会	2012年12月
朱素华	水电八局执行董事、总经理、党委副书记	全国电力建设优秀施工企业家	中国电力建设企业协会	2013年2月 2018年2月
朱素华	水电八局执行董事、总经理、党委副书记	全国电力行业软实力建设贡献奖	中国电力企业管理杂志社	2017年7月
朱素华	水电八局执行董事、总经理、党委副书记	湖南省优秀企业家	湖南省企业和工业经济联合会	2018年1月
庞卡	副总政工师	新闻宣传工作先进个人	中国电力企业联合会	2013年5月
黄巍	副总工程师、技术中心副主任	科技创新先进个人	中国施工企业管理协会	2013年10月
姜命强	基础公司总工程师	科技创新先进个人	中国施工企业管理协会	2013年10月

续表

姓名	时任职务或工种	荣誉	授奖部门	授奖时间
郑英	统计专业总经济师	博元杯建筑业统计先进工作者	中国建筑业协会	2014年2月
罗长青	云南澜沧江大华桥水电站项目经理	全国电力建设优秀项目经理	中国电力建设企业协会	2015年1月
罗长青	安全环保部主任	全国电力建设诚信项目经理	中国电力建设企业协会	2022年7月
李辉	白鹤滩砂石拌和项目部经理	全国电力建设优秀项目经理	中国电力建设企业协会	2015年1月
李辉	白鹤滩砂石拌和项目部经理	全国工程建设优秀项目经理	中国施工企业管理协会	2015年3月
黄敏	党委书记、副总经理	企业文化创新优秀管理者	中国企业文化促进会	2015年11月
黄敏	党委书记、副总经理	全国电力行业优秀思想政治工作者	中国电力政研会	2016年12月
马玉敏	教培中心主任	电力行业技能人才培育突出贡献奖	中国电力教育协会	2015年12月
田承宇	科研设计院副院长、总工程师、安全总监	全国建筑业先进工作者	中国建筑业协会	2016年10月
戴克任	衡阳滨江新区东山安置房项目经理	全国电力建设优秀项目经理	中国电力建设企业协会	2016年12月
戴克任	衡阳滨江新区东山安置房项目经理	全国工程建设优秀项目经理	中国施工企业管理协会	2017年4月
李卫超	长九公司技术部主任	优秀工作者	中国砂石协会	2017年12月
张义芳	印度尼西亚明古鲁火电项目部经理	全国工程建设境外优秀项目经理	中国施工企业管理协会	2018年3月
朱小凡	孟加拉国达卡轻轨6号线CP-02标项目部工地经理	全国工程建设境外优秀项目经理	中国施工企业管理协会	2018年3月
姜清华	总经理、党委副书记	全国电力行业优秀思想政治工作者	中国电力企业联合会、中国电力政研会	2018年4月
姜清华	党委书记、董事长	电力建设诚信企业家	中国电力建设企业协会	2022年7月
姜清华	党委书记、董事长	工程建设诚信企业家	中国施工企业管理协会	2022年10月
姜清华	党委书记、董事长	企业文化实践创新典范人物	中国文化管理协会	2022年11月
冯黎明	西昌公司总经理	四川省优秀企业家	四川省企业联合会、四川省企业家联合会	2018年6月
罗金卫	中国水电八局高级技工学校学生处主任	第四届全国水利职业院校优秀德育工作者	中国水利教育协会	2018年11月
刘杰	印度尼西亚雅万高铁项目部员工	全国电力行业百名"电力工匠"	中国电力企业联合会	2021年9月
袁美	财务部业务副主任	全国电力工程行业"最美会计师"	中国电力规划设计协会	2019年9月
刘孟辉	长九公司副总经理	中国砂石骨料行业绿色发展先锋人物	中国砂石协会	2019年12月
刘爱军	沙特达赫兰房建工程项目部经理	沙特优秀中资企业经理人	驻沙特大使馆 中资企业协会	2020年1月
简晓辉	新疆XE工程Ⅵ标项目副经理	全国首届"盾构工匠"	北京盾构工程协会、《工人日报》社	2020年11月
周功贵	柬埔寨金边城市综合体、金边永旺2公寓项目经理	电力建设诚信项目经理	中国电力建设企业协会	2022年7月

第七节　集团公司劳动模范、先进工作者

集团公司劳动模范、先进工作者名录见表6-3-7。

表 6-3-7　集团公司劳动模范、先进工作者名录

姓名	时任职务或工种	荣誉	授奖单位	授奖时期
连普选	砂石分局局长	劳动模范	中国水电	2005 年度
王　杰	局长助理兼三分局局长	劳动模范	中国水电	2006—2007 年度
舒国强	京沪高铁起运队队长	劳动模范	中国水电	2008—2009 年度
肖　军	委内瑞拉新中心电厂 812 联营体总经理	劳动模范	中国水电	2011—2012 年度
鞠传跃	昙华山水园项目经理	劳动模范	中国电建	2013 年度
刘海深	四分局局长	先进工作者	中国水电	2005 年度
杨立山	彭水施工局拌和工区副主任	先进工作者	中国水电	2005 年度
刘海深	局长助理兼四分局局长	先进工作者	中国水电	2006—2007 年度
杨一心	局长助理兼国际部副总经理	先进工作者	中国水电	2006—2007 年度
陈代元	挂治施工局局长兼党工委书记	先进工作者	中国水电	2006—2007 年度
姚正鸿	机电制造安装分局副局长	先进工作者	中国水电	2006—2007 年度
邓常义	制安分局黑麋峰电站项目经理	先进工作者	中国水电	2008—2009 年度
林　原	阿海新源沟砂石项目经理	先进工作者	中国水电	2008—2009 年度
田福文	市场营销管理部水利水电部副部长	先进工作者	中国水电	2008—2009 年度
张建清	溪洛渡大坝施工局技术管理部副部长	先进工作者	中国水电	2008—2009 年度
祝　敏	加纳布维项目副经理	先进工作者	中国水电	2008—2009 年度
秦昌文	溪洛渡大坝施工局局长助理、三工区主任	先进工作者	中国水电	2011—2012 年度
马新文	贵阳机械厂起重班班长	先进工作者	中国水电	2011—2012 年度
黄　巍	水电八局副总工程师	先进工作者	中国水电	2011—2012 年度
唐　勇	基础设施分局副局长兼山西金沙滩水库项目经理	先进工作者	中国水电	2011—2012 年度
肖万华	三分局副总经济师	先进工作者	中国水电	2011—2012 年度
谢卫东	白鹤滩施工局局长、党工委书记	先进工作者	中国电建	2013 年度
周小林	马来西亚康诺桥项目经理	先进工作者	中国电建	2013 年度
唐　勇	铁路公司党委书记	先进工作者	中国电建	2017 年度
刘　杰	莱索托麦特隆项目机电物资办副主任	先进工作者	中国电建	2017 年度
李　辉	砂石公司总经理、党委副书记	先进工作者	中国电建	2018 年度
李战锋	大藤峡厂坝项目部经理、党工委副书记	先进工作者	中国电建	2018 年度
聂　朗	印度尼西亚庞卡兰苏苏项目 812 联营体总经理	先进工作者	中国电建	2019 年度
任朗明	基础设施公司总经理、党委副书记	先进工作者	中国电建	2019 年度
蒋鸿雁	印度尼西亚雅万高铁项目部经理	先进工作者	中国电建	2020 年度
魏　清	河北南水北调雄安调蓄库弃渣综合利用工程总包部党工委书记、经理	先进工作者	中国电建	2020 年度
朱　枫	市场营销管理部主任	先进工作者	中国电建	2021 年度
张建清	白鹤滩施工局党工委书记、局长	先进工作者	中国电建	2021 年度
简晓辉	新疆 XE 工程Ⅵ标项目副经理	电建工匠特级技师	中国电建	2021 年度
马利东	市场营销管理部主任	先进工作者	中国电建	2022 年度
王杰生	江西公司总经理，赣江尾闾总包部党工委书记、常务副经理	先进工作者	中国电建	2022 年度

第八节　水电八局标兵

水电八局标兵名录见表6-3-8。

表6-3-8　水电八局标兵名录

姓名	人数（人）	荣誉	授奖单位	授奖时期
孙　强、余家符、李仕华、连普选、张华南、宋宜军、邓　旭、沈有辉、童中华、刘志强	10	水电八局标兵	水电八局	2002—2007年度
袁　怀、罗长青、周桂龙、邓常义、林　原、刘宗盛、张建清、谢卫东、祝　敏、岳　峰、舒国强、李跃兴、冯正文、田福文	14	水电八局标兵	水电八局	2008—2009年度
肖万华、肖　军、郭习葵、宋建辉、唐　勇、易　波、丁图强、贺　磊、刘坤华、马新文、秦昌文、黄　巍	12	水电八局标兵	水电八局	2010—2011年度
何元志、姚金山、刘细军、刘　豫、匡瑞青、丁一波、张建清、徐　毅、王建辉、高　昱	10	水电八局标兵	水电八局	2012—2013年度
强　嵘、肖光彩、龙辉虎、唐　明、简晓辉、张　健、万志勇、刘技专、杨翠益、常彦博、高　陵、刘　杰	12	水电八局标兵	水电八局	2014—2015年度
郭大军、刘小元、张　飞、谭　峰、刘国忠、杨　光、姜　佳、汤　勇、陈卫阳、李署泽、叶永胜、瞿韶建、郑　英	13	水电八局标兵	水电八局	2016—2017年度
章建湘、张义芳、周雍智、赵志伟、张学忠、王杰生、李亚民、龚玉凤、魏　清、蒋海军、王　涛、刘　铮、董　月、尹光景、黄志勇	15	水电八局标兵	水电八局	2018—2019年度
丁一波、刘昊天、朱　枫、曹吕兵、周德文、康思诚、王　森、吴金全、刘孟辉、韩吉平、刘有为、唐悦航	12	水电八局标兵	水电八局	2020年度
蒋鸿雁、王杰生、刘小宏、杨　静、袁　美、罗　建、邓辉红、黄　斌、朱鑫磊、张　友	10	水电八局标兵	水电八局	2021年度
邵富强、马利东、杨区伟、刘建程、翟　睿、谢　辉、韦　强、贺　辉、李海滨、彭燕宏、孙乐宏、孙　乐	12	水电八局标兵	水电八局	2022年度

第九节　高级职称人员名录

（按姓氏笔画排序）

一、正高级工程师（137人）

于永军、王飞跃、王文明、王启茂、王杰生、王　剑、方林飞、尹岳降、邓三才、邓文明、石显接、叶　靖、田承宇、田福文、付建平、冯黎明、宁梅珍、朱小凡、朱文敏、朱向阳、朱素华、任朗明、刘五一、刘中刚、刘成云、刘伦军、刘志和、刘更军、刘　宏、刘国良、刘超其、江世勇、汤福勇、李才平、李世云、李东升、李亚民、李　刚、李兴旺、李金宝、李泽源、李战锋、李重用、李祚全、李勇恩、李桃凡、李跃兴、李　辉、杨万和、杨承志、杨家菊、肖　军、肖雨龙、吴三线、吴　见、吴文兵、吴克勇、何映宏、何湘安、汪建军、沈绍罗、张　杨、张建清、张祖义、张　勇、张　健、陆小华、陆振尚、陈楚贵、范一林、范文胜、茅德山、欧乐洲、尚　恒、罗长青、罗　艳、罗继忠、周功贵、周光荣、周政国、周剑桥、周　勇、周德文、孟　刚、赵吉胜、赵伟国、胡寿喜、胡晓日、柯　珊、钟玉平、禹建新、姜命强、姜清华、姚正鸿、姚国虎、贺　毅、秦克红、秦宝和、徐　勇、高庚元、高　嵩、郭　刚、郭照辉、唐先峰、唐其林、唐凯林、涂怀健、谈海斌、黄小松、黄　斌、常彦博、隋　勇、彭光友、彭运河、彭湘华、蒋正荣、蒋　和、蒋和平、蒋建伟、蒋海军、舒春雷、曾凡杜、曾　辉、曾翼虎、谢卫东、谢长江、谢　勇、强　嵘、蒯本昭、雷　振、廖　立、黎正辉、潘　斌、戴克任、戴作友、戴科夫、塞尚友

于永军　男，1971年7月生，中共党员。1995年武汉水利电力大学毕业。2014年获张光斗优秀青年科技奖，2022年获评中国电建首席技术专家（建筑工程专业）。2011年教授级高级工程师，2019年正高级工程师。参与三峡、溪洛渡、白鹤滩、大藤峡等重点工程建设。历任项目总工程师、水电八局副总工程师兼工程科技部主任、水电八局总工程师。获评中国施工企业管理协会科学技术奖科

技创新先进个人、中国电力优秀科技工作者奖、中国电建"十三五"以来科技创新先进个人。在混凝土重力坝、特高拱坝施工等领域有丰富的实践经验。承担"特高拱坝施工关键技术研究与应用""溪洛渡水电站截流设计与施工关键技术研究""溪洛渡水电站混凝土高拱坝施工关键技术研究"等重大课题研究。牵头负责水电八局装配式建筑业务工作，完成"整体装配式剪力墙高层建筑关键技术"等省部级科研项目5项，形成装配式建筑工法50多项；水电八局获批"湖南省装配式建筑工程技术研究中心""湖南省装配式建筑产业基地""国家装配式建筑产业基地"。主持或参与的研究成果获省部级科技进步奖特等奖6项、一等奖17项、二等奖7项、三等奖6项。获专利73件、国家级工法2项、省部级工法37项。发表论文10余篇，其中SCI收录3篇。出版专著1部。主编完成行业标准5部。

王飞跃 男，1969年11月生，中共党员。1995年武汉冶金科技大学工学学士。注册一级建造师，持有爆破作业人员许可证。2012年教授级高级工程师，2019年正高级工程师。参加三峡、小湾、溪洛渡、厄瓜多尔美纳斯、深圳龙岗水环境、云南红河建（个）元高速公路、池州石台抽水蓄能等项目建设。先后担任项目技术办主任、项目总工程师、国际公司专业总工程师、水电八局专业总工程师、二级专家（工程）。擅长土石方开挖施工技术。"拱坝坝肩槽开挖精细爆破"获中国爆破协会科技进步奖特等奖，"500米级深竖井大直径反井钻一次成井施工关键技术"获中国电建科技进步奖一等奖，组织研制的"竖井井口模块化封口装置"获实用新型专利；参与的《拱坝坝肩槽开挖施工工法》获国家一级工法，《水平预裂爆破施工工法》《大直径长竖井反井钻全断面施工工法》获集团工法。

王文明 男，1971年3月生，1995年湖南农业大学工学学士。市政公用、矿业工程注册一级建造师。2015年教授级高级工程师，2019年正高级工程师。参与贵州洪家渡、乌江渡扩机、索风营、构皮滩、思林、沙沱、光照、董箐、马马崖、重庆江口、龙开口等水电站工程以及四川红岩子、青居、小龙门、桐子林、新政、广西长洲等航电枢纽工程水工金属结构设备制造安装技术工作。先后担任项目总工程师，工程设备公司专业总工程师、副总工程师。在大型挖掘机装载机大修、架桥机快速安装、TBM冬季连续施工及机车高低轨转换装置运行等方面具有经验。获发明专利2件，实用新型专利7件。

王启茂 男，1970年5月生，中共党员。1993年河海大学工学学士，2009年国防科学技术大学工程硕士。2008年教授级高级工程师，2019年正高级工程师。先后担任机电制造安装分局三峡项目部总工程师、机电制造安装分局总工程师，机电公司副总经理、总工程师。主编《水轮发电机转子现场装配工艺导则》《水轮发电机定子现场装配工艺导则》《水轮发电机组启动试运行规程》等电力行业标准，参编《中国水力发电科学技术发展报告（2012年版）》《三峡坝后电站工程施工技术》。主持的多项科研项目被鉴定达到国际、国内领先水平，其中"700兆瓦水轮发电机组安装技术研究"获中国水电科技进步奖特等奖、电力科技进步奖二等奖、第一届中国"铝业杯"金奖，"特大型贯流式机组座环设备制造技术研究与应用"获水力发电科学奖三等奖，"超高压高精度平面链轮门制造技术研究及应用""高压钢岔管制造技术研究及应用""乌东德850兆瓦水轮发电机安装与调试技术"获得中国电建科学技术进步奖一等奖，"1000兆瓦水轮发电机组蜗壳智能制造关键技术""特大型复式波纹管伸缩节制造技术研究与应用"分别获中国电建科学技术进步奖二等奖、三等奖，"国产多冷却方式巨型水轮发电机组安装调试技术"获中国电力科学技术进步奖二等奖。

王杰生 男，1972年2月生，中共党员。1995年湖南省水利水电学校专科毕业，2012年湖南城市学院本科毕业。水利水电、市政公用、公路工程注册一级建造师。2019年正高级工程师。参加华天扩建、湘耒高速、龙滩进场公路、水南高速、洋边洋、东吴、纳黔、澧河渡槽、梅湖等项目建设。先后担任项目经理、土木公司副总经理，水电八局专业总工程师，基础设施公司副总经理，江西公司总经理，赣江尾闾总包部党委书记、项目经理。获评中国电建优秀项目经理。编著《水利工程管理与施工技术》，参与"生态经济区建设大型水利枢纽环境保护技术研究""下穿城市道路矩形顶管关键技术研究与应用""城市河湖水环境综合治理关键技术"科研项目。参与QC小组并获评水利工程优秀质量管理小组、湖南省优秀质量管理小组，主要参与的"一种墩柱覆膜装置"获实用新型专利。

王 剑 男，1974年4月生，中共党员。1998年武汉水利电力大学毕业。2014年教授级高级工程师，2019年正高级工程师。先后担任机电制造安装分局三峡项目部副经理兼总工程师、材料责任工程师，分局副局长兼岳阳分公司经理、深圳地铁7号线7503标项目经理、机电公司装饰装修事业部主任、深圳地铁12号线安装装修指挥部指挥长、机电公司党委副书记兼执行总经理。多次获得中国水电、中国电建科学技术进步奖一等奖。

方林飞 男，1974年5月生，1998年大连理工大学毕业。2013年教授级高级工程师，2019年正高级工程师。主要参与大朝山碾压混凝土大坝、小湾大孔雀沟大坝砂石加工系统建设，熟练掌握水利水电混凝土施工技术、混凝土温度控制技术等。发表多篇与碾压混凝土施工技术和混凝土温度控制防裂技术有关的论文。

尹岳降 男，1963年9月生，中共党员。1986年武汉水利电力学院毕业。1996年教授级高级工程师，2019年正高级工程师。先后担任水电八局专业总工程师、副总工程师。主持或参与10余项科研，获国家发明专利2件，实用专利4件。主持研究的"水电工程600毫米级高陡边坡变形稳定控制与开挖加固技术"获中国大坝工程学会科技进步奖特等奖，"700米级高陡边坡及堆积体开挖与锚固施工技术"获中国电机工程学会科技进步奖一等奖，"超大型砂石骨料绿色环保智能化开采加工综合技术"获中国电建科技进步奖一等奖，"特硬岩地层TBM施工高效掘进关键技术"获中国电建科技进步奖二等奖。

邓三才 男，1968年8月生，中共党员。1992年武汉水利电力学院毕业。2009年云南省五一劳动奖章获得者。2011年教授级高级工程师，2019年正高级工程师。先后担任水电八局砂石分局副局长，五分局党委书记、副局长，五分局局长、党委副书记，铁路公司副总经理，投资公司党委书记、党委副书记兼执行总经理等职。主持的"向家坝水电站长距离带式输送机施工技术"获中国水电科学技术进步奖二等奖、国家能源科技进步奖三等奖；主持的"向家坝水电站洞内长距离带式输送机施工技术研究"获中国水力发电工程学会、水力发电科学技术奖励委员会水力发电科学技术奖二等奖；参加的"向家坝水电站长距离带式输送机运行管理"获中国电力设备管理协会第三届全国电力行业设备管理创新奖一等奖。

邓文明 男，1968年2月生，中共党员。注册一级建造师，职业经理人。1990年中国地质大学工学学士，2003年华北电力大学管理学学士。参加东江、五强溪、二滩、山东位山穿黄工程、龙滩、小湾等项目建设。先后担任基础工程局分局局长、党委书记，水电八局副总工程师、总经理助理、市场营销管理部总经理，水电八局副总经理兼水电公司总经理、党委书记，水电八局党委委员、副总经理。

石显接 男，1975年2月生，中共党员。1998年华北水利水电学院毕业，2008年国防科学技术大学工程硕士。2014年教授级高级工程师，2019年正高级工程师。主持水电八局长九、长嵊、川藏铁路林芝尼洋河等多项砂石项目设计、施工和运行。主编《人工骨料生产系统干法生产工法》《SDJTGF025—2007硬岩制砂工法》《人工骨料生产系统干湿法结合生产工法》。

叶靖 男，1979年11月生，中共党员。2003年黄河水院毕业，2008年河海大学工学学士。水利水电、建筑工程注册一级建造师，2020年正高级工程师。参加藤子沟厂房、大花水、武都水库、柬埔寨斯登沃代土石坝、贵州建设学校二期工程、贵阳住宅产业化建设工程、安顺"人和苑"建设工程等项目建设。担任过项目副经理兼总工程师。参与"临近医院深基坑二氧化碳气体致裂及公共建筑关键技术研究"等科研项目。

田承宇 男，1972年3月生，中共党员。1997年华南理工大学毕业，2014年武汉大学工程硕士。2012年教授级高级工程师，2019年正高级工程师。获中国施工企业管理协会"科学技术奖科技创新先进个人""全国建筑业先进工作者"。先后担任水电八局科研设计院技术员、主任、项目经理、总工程师、副院长、执行院长等职。参加的"低热硅酸盐水泥复掺磷渣粉和粉煤灰水工高性能混凝土研究""大坝安全适时监控与预警系统研究""溪洛渡水电站高拱坝防裂混凝土研究与应用""水工碾压混凝土施工规范及关键技术研究"等30多项科研成果获省部级科技进步奖。主持或参与的"混凝土复合引气剂及其制备方法""一种环氧树脂多胺固化剂及一种水性环氧固化剂乳液""一种乳化剂及其制备方法以及一种水性环氧固化剂乳液""一种环氧树脂乳化剂及其制备方法"等课题研究，获5件发明专利、3件实用新型专利。参编《普通混凝土长期性能和耐久性能试验方法标准》《高性能混凝土技术条件》《高性能混凝土用骨料》等国家技术标准。

田福文 男，1974年1月生，中共党员。1998年武汉水利电力大学毕业，2013年武汉大学工程硕士。水利水电、市政公用、公路工程注册一级建造师，BIM高级工程师。2013年教授级高级工程师，2019年正高级工程师。参加沙牌、大溪河、藤子沟、龙滩等项目建设。先后担任水电八局土建专业总工程师、市场营销管理部副总经理、副总工程师，水电公司总工程师、副总经理等职。中国大坝工程学会理事。系统掌握碾压混凝土、胶凝砂砾石、土膜联合防渗以及光伏发电工程施工技术。主持的"水工碾压混凝土施工规范及关键技术研究"获中国电建科学技术奖一等奖，"狭窄河谷碾压混凝土坝建设关键技术"获中国电建科学技术奖一等奖、水力发电科学技术奖一等奖。参与的"沙牌碾压混凝土拱坝施工技术的研究与应用"获中国水电科学技术进步奖一等奖。承担的"构皮滩水电站垂直升船机塔体施工关键技术的研究"成果被专家鉴定为国际领先水平，并获得中国大坝工程学会科技进步奖二等奖、中国施工企业管理协会工程建设科学技术进步奖二等奖。主导完成《城镇地下排水管道机械制螺旋缠绕法修复施工工法》等省部级工法10余项。参编电力行业《水工碾压混凝土施工规范》《胶凝颗粒坝堰施工规范》《光伏发电工程质量管理规程》，工程建设标准化协会《排水管道螺旋缠绕内衬法修复工程技术规程》。

付建平 男，1971年7月生，中共党员。1992年福州大学毕业。注册一级建造师。2019年正高级工程师。先后担任水电八局三产实业分局副局长，科研设计院副院长、项目部经理，海外事业部副总经理、亚太区域部总经理、国际公司副总经理兼安全总监，安全环保部副主任（主任级），基础设施公司副总经理兼安全总监，安全环保部主任等职。参与的"用于大体积倒悬混凝土施工的组合模板"获实用新型专利；参与的"热带雨林复杂地质条件下碾压混凝土高坝关键技术与应用"获水力发电科学技术奖二等奖。

冯黎明 男，1975年11月生，中共党员。1996年湖南邵阳高等专科学校毕业，2007年三峡大学本科毕业。2013年教授级高级工程师，2019年正高级工程师。参加五强溪、三峡、东江、景洪、珠三角水资源配置工程等项目建设。先后担任项目总工程师兼总工办主任，机电制造安装分局副总工程师兼技术质检办主任，水电八局专业总工程师，机电公司工程管理部主任、西昌公司总经理、副总经理。获评四川省优秀企业家、中国水电质量管理专家、优秀工程技术人员。主管的"特大型水轮机蜗壳工地现场制造与安装技术"获中国工程建设焊接协会全国优秀焊接工程一等奖，"三峡左岸电站机组蜗壳现场制造技术及自动焊应用技术研究"获中国水电科技进步奖一等奖；"三峡水电站特大型埋件全自动焊及现场制造技术研究"获中国电机工程协会中国电力科学技术奖一等奖。主要参与的"超高压、高精度平面链轮门制造技术研究与应用""水轮发电机转子现场装配工艺导则""特大型贯流式机组座环设备制造技术研究与应用""特大型复式波纹管伸缩节制造技术研究与应用"获中国水电科技进步奖一等奖，"带舌瓣门的超大型弧门制造技术研究与应用"获中国水电科技进步奖三等奖，"呼和浩特抽水蓄能电站高压钢岔管制造技术研究与应用"获中国电建科技进步奖一等奖。《波纹管双套筒式伸缩节安装施工技术》获湖南省水力发电工程学会优秀论文三等奖。

宁梅珍 女，1971年10月生，中共党员。1995年湖南大学衡阳分校毕业，2009年湖南工业大学本科毕业。2019年正高级工程师。先后担任技术员、机电办副主任、机械专总、项目副经理、项目总工程师、项目经理，砂石公司/绿色建材公司副总经理。获评湖南省直和湖南省总工会芙蓉百岗明星、中国电建安全生产优秀项目经理。参与的"特大型人工砂石系统研究与应用"获中国水电科技进步奖特等奖、中国电力科学技术奖一等奖，形成了国家级工法；参与的《混凝土人工骨料生产系统干湿法结合生产工法》《大型人工骨料生产系统料场开采工法》获国家级工法；参与的"棒磨机装棒台车"获实用新型专利；参编《水利水电工程人工砂石加工系统施工技术规程》《混凝土骨料制备工程》《水利水电工程施工技术全书（第三卷）〈混凝土工程〉（第三册）〈混凝土骨料生产〉》。

朱小凡 男，1971年8月生，中共党员。1994年四川大学毕业，2008年国防科技大学工程硕士。2019年正高级工程师。先后担任技术员、机电队技术副队长，机电办主任，一分局机电总工、副局长，国际公司项目经理，水电八局海外事业部副总经理、孟加拉国分公司总经理，国际公司党委副书记兼纪委书记。"洪江项目缆机系统的牵引机构进行技术改造""闲置自卸车改造成活动平板车""平班项目自制深井泵""独立式沥青脱桶装置"获发明专利。

朱文敏 男，1967年9月生，中共党员。1989年葛洲坝水电工程学院毕业。2020年正高级工程师。先后担任水电八局四分局副局长、惠州施工局局长、一分局副局长、基础工程分局副局长，设备租赁中心总经理、党委副书记，一分局局长、党委副书记，工程设备公司总经理、党委副书记，工程设备公司党委书记、总经理，轨道交通公司党委书记、总经理。主导参与的"特硬岩底层TBM施工高效掘进关键技术研究"获中国中施企协工程建设科学技术奖二等奖；主导的"大型门塔式施工机械群工作防碰撞及远程监控技术研究"获湖南省水利水电科技进步奖三等奖；主导的"一种多层重叠空区并段台阶中深孔崩落处理方法"获发明专利，获"塔机安装用伸缩拉杆""反井钻机钻杆内部导向机构及测斜装置""反井钻机刀盘洞内运输工装""大口径PCCP管安装用对拉台车""吊杆螺帽旋拧装置"5件实用新型专利。

朱向阳 男，1967年10月生，中共党员。1990年福州大学毕业。2007年教授级高级工程师，2019年正高级工程师。水利水电、公路工程注册一级建造师，注册监理工程师。参加五强溪、长潭高速、湘耒高速、木兰溪、广巴高速等项目建设，主要从事路桥专业技术服务指导及投标工作。先后担任技术员、项目技术总工、项目经理，路桥分局、四分局总工程师、副局长，水电八局专业总工程师。"广西水南高速水泥混凝土路面全自动滑模摊铺施工技术"获得中国水电科技进步奖二等奖。

朱素华 见本篇第二章第二节"历任主要领导"。

任朗明 男，1969年11月生，中共党员。1993年7月中南工业大学毕业，2006年中南大学工程硕士。2009年教授级高级工程师，2019年正高级工程师。参加白石窑、二滩、三峡、江口、引黄入晋、构皮滩、星城映像房建工程等项目建设。历任项目经理、分局副局长、局长、二级单位总经理，水电八局党委委员、副总经理。获湖南省省直十大杰出青年、优秀青年、青年创新奖。"土石围堰大块石架空层快速防渗施工技术"获中国水电科学技术进步奖一等奖，"构皮滩水电站架空大粒径填料土石围堰防渗闭气施工研究"获中国华电科学技术进步奖三等奖。"应用于套管灌浆法中的灌浆装置研究""可旋式孔口封闭器的研究"获实用新型专利。

刘五一 男，1982年5月生，中共党员。2004年兰州交通大学本科毕业，2013年中南大学工程硕士。2019年正高级工程师。历任长沙市地铁6号线项目副经理、盾构分公司总经理、铁路公司工程科技部副主任、郑州地铁8号线党支部书记、经理。参与的"复杂地层条件下土压平衡盾构下穿湘江施工技术"获得中国电建科学技术奖一等奖。获省部级工法2项，专利10余件。

刘中刚 男，1963年11月生，中共党员。1984年湖南水校毕业，2006年中南大学工程硕士。注册一级建造师，职业经理人。2006年教授级高级工程师，2019年正高级工程师。参加凤滩、五强溪、凌津滩、青居、红岩子、小湾等项目建设。历任施工局局长、水电八局局长助理、副局长、党委委员、副总经理、副总经理（正职级）。主持的"龙开口水电站复杂地质缺陷处理技术研究"获中国华能科技进步奖一等奖、中国电机工程学会电力科技奖三等奖。主持的"超高落差散状物料多级竖井连续运输技术研究"获中国施工企业管理协会科学技术奖二等奖。主编《水电八局模板工程施工标准图集》。

刘成云 男，1974年7月生，中共党员。1997年邵阳高等专科学校毕业，2009年湖南工业大学本科毕业。2020年正高级工程师。参加洪江、龙滩、盘龙河、泗南江、晒谷滩、鲁地拉、昭化、甲西、深圳东部海堤、长九等项目建设。历任项目总工程师、经理、二级单位副总经理。主持完成"昭化厂房快速施工技术""昭化电站施工导流方案调整""深厚砂卵石层大直径跨河压力钢管安装技术研究""道路工程预制T梁关键技术研究"等科研项目。

刘伦军 男，1968年6月生，中共党员。1992年成都科技大学毕业。2016年教授级高级工程师，2019年正高级工程师。监理工程师。参加五强溪、巴罗塔、甘再、斯伦河、斯东、桑河等项目建设。历任项目总工程师、经理、二级单位副总经理、安全总监、国别分公司总经理，水电八局副总工程师。

刘志和 男，1964年11月生，中共党员。1986年武汉水利电力学院工学学士。2005年教授级高级工程师，2019年正高级工程师。参加石门三江口、五强溪、三峡下岸溪人工砂石系统、彭水等项目建设。历任项目总工程师、施工局局长，水电八局副总工程师。主持三峡下岸溪、向家坝、白鹤滩人工砂石加工系统，安徽长九神山灰岩矿等建筑骨料系统设计工作。主持或参与的"乌江构皮滩水电站烂泥沟砂石系统生产技术研究及应用""特大型人工砂石系统研究与应用""向家坝水电站长距离带式输送机施工技术"等项目获省部级以上奖励，主编《水电水利工程砂石加工系统施工技术规程》《混凝土骨料生产》等国家、电力行业标准、工法10多项，参与国内大多数砂石骨料生产标准审查工作，出版著作1部、发明专利1件、实用新型专利4件、国家级工法1项、省部级工法1项。

刘更军 男，1964年6月生，中共党员。1988年湖南省水利水电学校毕业，2009年湖南城市学院本科毕业。2013年教授级高级工程师，2019年高级工程师。参加五强溪、江垭、凌津滩、沙牌、重庆江口、构皮滩、彭水等项目建设。历任项目总工程师、分局总工程师、水电八局副总工程师。沙牌"碾压混凝土高拱坝筑坝配套技术研究"获得国家科技进步奖二等奖、国际里程碑工程奖。"高海拔、高温差厂房混凝土防裂施工技术研究"获中国施工企业管理协会科技创新奖二等奖。著述《江口水电站大坝混凝土制冷系统浅析》《浅析彭水水电站大坝碾压混凝土快速施工》《构皮滩水电站高拱坝施工关键技术》《碾压混凝土模板综述》《水电站厂房蜗壳混凝土施工关键技术分析》《国家职业标准——坝工模板工》等。主持或参编《水电水利工程导流隧洞及导流底孔封堵施工规范》（DL/T 5812—2020）、《水工碾压混凝土施工规范》（DL/T 5112—2021）、《水电水利工程堆石混凝土施工规范》（DL/T 5806—2020），"一种混凝土大坝溢流面的无轨滑模"等获新型实用专利4件。

刘 宏 男，1967年11月生，中共党员。1988年湖南水利水电学校毕业，2011年兰州理工大学毕业。2019年正高级工程师。参加五强溪、水南高速等项目建设。历任施工局副局长、起重机械大队队长、二级单位副总经理、总工程师、安全总监，水电八局特级专家（工程）。获评中国电建安全生产先进个人、设备物资管理生产先进个人。"构皮滩水电站垂直升船机特高塔体施工关键技术"达到国际先进水平，获得中国大坝工程学会科技进步奖二等奖、湖南省水利水电科学技术进步奖二等奖、中国电力企业联合会电力科技创新奖二等奖。"特硬岩地层TBM施工高效掘进关键技术"研究成果达到国际先进水平，获全国电力职工技术成果奖二等奖、湖南省水利水电科学进步奖二等奖、中国电建科学技术奖三等奖。获特种设备方面实用新型专利6件，获SPJ900/32型900T架桥机优化实用新型专利7件，获TBM方面国家实用新型专利7件。获"一种地表取水井"发明专利。创新成果获专利30件、湖南省工法3项、中国电建工法6项。

刘国良 男，1964年11月生，中共党员。1983年湖南省水利学校毕业，2000年湖北大学工商管理学士。2005年贵州省"五一劳动奖章"、教授级高级工程师，2019年正高级工程师。参加东江、三峡、洪江、龙滩、京沪高铁、缅甸密松等项目建设。历任施工局副总工程师、副局长兼总工程师、局长，分局局长，水电八局副总工程师、水电公司副总经理。获评中国水电先进生产工作者、百名优秀中青年专业技术员、安全生产优秀项目经理。主持建设的洪江水电站获湖南省优质工程奖。主要参与"三峡永久船闸南三闸室静跨39米/100吨跨闸室钢索张拉施工钢栈桥设计与施工""五强溪纵向围堰孔间微差爆破技术""三峡工程1~6号机组引水钢管槽槽挖爆破的研究与应用""洪江Ⅱ标混凝土配合比设计及生产质量检测控制""坝顶门门机轨道大梁预制、安装优化"科研项目。

刘超其 男，1971年4月生，中共党员。1993年湖南建材工专毕业。2019年正高级工程师。在巴罗塔、布维、甘再、上达岱、达吉公路、高架桥、卡鲁玛等项目担任实验室主任、质量部主任、项目副总工程师等。"巴罗塔堤坝填筑施工技术"获中国水电科学技术进步奖二等奖。参与翻译《碾压混凝土施工规范》（DL/T 5112—2020）。

江世勇 男，1974年1月生，中共党员。1997年湖南水利水电学校毕业，2018年武汉大学工程硕士。2016年教授级高级工程师，2019年正高级工程师。历任水电八局科研设计院项目副经理、项目经理、副院长、党委书记、院长，湖南省水利工程协会副会长等职。参与的"新型环氧乳液修补材料的研究与应用""差异混杂纤维混凝土试验研究及工程应用""大坝安全实时监控和预警系统"获中国电建科技进步奖。主持三峡水利枢纽工程安全监测工作，该工程获国家科学技术进步奖特等奖。主持或参与研发"高土石坝中复合土工膜表面柔性应变计的安装结构及方法""中国水电八局大坝安全监测数据统计分析软件""中国水电八局大坝安全监测信息管理软件""表层水温监测装置"获发明专利。参编《土石坝安全监测系统施工技术规范》《水电水利基本建设工程单元工程质量等级评定标准 第15部分：安全监测工程》《水电工程地下建筑物安全监测技术规范》《大坝安全监测系统验收规范》等国家或行业标准。

汤福勇 男，1965年12月生，中共党员。1990年成都勘测设计院职工大学毕业，2010年华北水利水电学院毕业。2016年教授级高级工程师，2019年正高级工程师。水利水电工程注册一级建造师。参加东江、五强溪、洪江、平班、西溪、史家洲等项目建设。历任施工局副局长，分公司副总工程师、部门主任。参与的"构皮滩水电站垂直升船机特高塔体施工关键技术"获中国大坝工程学会科技进步奖二等奖，"一种防碰撞塔机""一种钻机断裂钻杆捕捞器"获实用新型专利。

李才平 男，1979年11月生，中共党员。2003年南华大学毕业。2019年正高级工程师。2021年湖南省百万职工重点建设项目劳动竞赛优秀个人。参加小湾、红卫桥、厦门抽蓄、平江抽蓄等项目建设。历任项目党工委书记兼总工程师，水电公司副总经理。参与的"水电工程600米级高陡边坡变形稳定控制与开挖加固技术"获中国大坝工程协会科技进步奖特等奖，参与提高自流排水洞TBM开挖质量QC小组，获2022年湖南省优秀质量管理小组。"一种大跨度洞室顶拱支护系统""隧道光面爆破装药装置""闸门井结构""地下洞室群施工期通风系统"获实用新型专利。

李世云 男，1967年6月生，中共党员。1989年河海大学工学学士。2005年教授级高级工程师，2019年正高级工程师。注册一级建造师。参加东江、白沙、华天、耒宜高速、小湾、构皮滩、汉红高速等项目建设。历任施工局总工程师，水电八局副总工程师，四分局副局长，大唐四川川北电力开发有限公司副总工程师，水电八局专业总工程师。擅长开挖、混凝土施工技术，熟悉非水电和基础设施工程施工技术。"聚能预裂（光面）爆破技术研究"获中国水电科技进步奖一等奖、中国工程爆破协会科技进步奖二等奖、中国机电学会科技进步奖二等奖。解决了南水北调工程京石段放水大河渡槽大跨度三向预应力施工、高标号混凝土的裂缝问题、防渗和耐久性等问题，该工程获湖南优质工程奖。解决了海南三亚大隆水电站施工混凝土施工和引水隧洞开挖等施工技术难题，该工程获大禹奖。组织和参加优质工程奖申报工作，马来西亚沐若水电站、加纳布维水电站获鲁班奖，科威特大学城项目获国家优质工程奖。

李东升 男，1978年11月生，中共党员。1998年湖南省水利水电学校泉塘分校毕业。2020年正高级工程师。参加三峡、西昌、成都自来水厂、岳阳等项目建设。历任项目副总经理、总工程师、项目经理，水电八局机电公司副总工程师等职。主持的"带舌瓣门的超大型弧门制造技术研究与应用"获中国电机科技进步奖三等奖，《风电塔筒制造工法》获中共电建工法，"100%固体含量无溶剂聚胺脂涂料自动喷涂装置""坡口半自动切割机导向装置""特大直径螺旋缝埋弧焊管成型外控装置"获实用新型专利。

李亚民 男，1981年10月生，中共党员。历任中铁大桥局一公司项目总工程师、副总工程师，水电八局专业工程师，基础设施公司技术研发部主任、副总经理兼总工程师。主持的"混凝土连续箱梁短线法预制架设快速施工""大型互通立交桥群拆除及安全监控关键技术研究与应用""高速公路既有桥梁整体同步顶升关键技术研究与应用"获中国电建科技进步奖一等奖、二等奖各1项。主持的"预制节段拼装PC连续箱梁逐块悬挂、胶拼线形控制方法""跨线连续梁拆除方法及拆除用支架""一种移动式浮体及利用其移动式吸泥施工方法"获10余件发明专利和30余件实用新型专利。主持完成《千吨级多功能万向台车桥梁整体拆移施工工法》《多跨先简支后连续既有跨线桥梁同步顶升施工工法》等4个省部级工法。参编《公路钢筋混凝土桥梁拆除技术规程》。获河南省QC成果奖二等奖。

李　刚 男，1974年12月生，中共党员。1993年湖南省劳动人事学校毕业，2016年中南大学工程硕士。2019年正高级工程师。参加小龙门、芒里、吴家渡、草街航电枢纽、南水北调1段六标、湘江长沙综合枢纽等项目建设。历任二分局副局长、基础公司党委书记及副总经理、基础设施公司副总经理及安全总监、水电八局采购中心主任、水电公司党委书记兼总经理。主持"粉细砂土石过水围堰关键技术研究与应用""大型互通立交桥群拆除及安全监控关键技术研究与应用""高速公路既有桥梁整体同步顶升施工关键技术研究与应用""长距离引水隧道快速衬砌关键技术研究与应用"等科研项目。

李兴旺 男，1974年8月生，中共党员。1997年石家庄铁道学院毕业。2012年教授级高级工程师，2021年正高级工程师。历任中铁十五局检测中心副主任、成贵高速铁路项目部副经理，水电八局雅万高铁项目部总工程师。负责京沪高铁淮河特大桥建设并获鲁班奖。

李金宝 男，1966年7月生，中共党员。1988年湖南水利水电学校大专毕业，2007年三峡大学本科毕业。2011年教授级高级工程师，2019年正高级工程师。注册一级建造师、监理工程师。参加五强溪、江垭、三峡、溪洛渡、青连铁路等项目建设。历任溪洛渡施工局局长兼党委书记，青连铁路项目经理兼党委副书记，铁路公司副总经理，水电八局工程科技部、工程管理部副主任（主任级）、特级专家（工程）等。获评湖南省五一先锋、三峡集团溪洛渡工程优秀建设者、青连铁路工程建设指挥部优秀项目经理、中国电建优秀项目经理。主编三峡、溪洛渡、青连3个项目《管理手册》，总编《典范溪洛渡》《智慧青连》项目施工总结，创导"逢建必优、逢建必盈"项目管理理念。三峡船闸QC小组获全国优秀质量管理小组。专业负责的"砼表面气泡、浮浆过厚成因解决办法和溪洛渡水电站截流设计与施工关键技术""大坝拱肩槽精细爆破、坝肩槽开挖""三峡坝后电站工程施工技术"获中国工程爆破协会科技进步奖特等奖、中国水电科技进步奖特等奖。主持的"溪洛渡大坝施工关键技术""大泄量导流洞群下闸及封堵""混凝土温度控制与防裂""青连铁路超大跨度连续梁拱桥综合施工"分别获中国建设工程施工技术创新成果奖一等奖、水力发电进步奖特等奖、中国电建科技进步奖一等奖、三等奖。

李泽源 1973年9月生，中共党员。1996年四川联合大学毕业。2019年正高级工程师。注册一级建造师、试验检测工程师、监理工程师。曾任水电八局科研所监测室主任、科研设计院副院长、安全总监，水电八局一级专家（工程）。主持或参与五强溪、三峡、平班、索风营、小湾、京沪高铁、兴义火电厂等50多个工程的工程检测监测工作以及汈丰水闸、陶公水闸、黄材水库灌区、铁冲水库、洞庭水库、莽山供水、白石滩水电站、遥田水电站、长智建工等140余个项目的设计工作。获中国水电科技进步奖一等奖2项。

李战锋 男，1982年7月生，2005年华北水利水电学院毕业。2022年正高级工程师。参加溪洛渡、卡基娃、上通坝、新荣、大藤峡等项目建设。历任施工局局长助理兼施工部部长，项目经理，五公司副总经理，水电公司副总经理、党委副书记兼执行总经理。获评中国电建先进工作者。"云车一期直埋技术"获全国水利安全生产标准化建设成果奖一等奖；"钢筋车丝及套筒安装质量控制"获全国水利工程优秀QC小组Ⅰ类成果。

李重用 男，1974年2月生，中共党员。1998年华北水利水电学院毕业，2009年国防科学技术大学工程硕士。2022年正高级工程师。参加大朝山、索风营、越南松邦4等项目建设。历任总工程师、国际公司技术部主任、水电八局专业总工程师。主持越南松邦4水电站114米高碾压混凝土坝填筑、3.2千米引水洞开挖及126米深竖井开挖技术工作；主持多个国际项目技术方案审查；获多项省部级科技进步奖及新型实用专利。

李祚全 男，1978年5月生，中共党员。2003年湖南农业大学毕业，2014年湖南农业大学工程硕士。2021年正高级工程师。注册一级建造师。参加平班、晒谷滩、江边、昭化等项目建设。历任项目质量办主任、副总工程师，水电八局三级专家（工程），湖南省建筑业协会专家委员会委员。获评中国电建质量管理先进个人、湖南省质量管理小组活动优秀推进者。作为主要参与人员获国家级优秀QC成果3项，指导完成省部级优秀QC成果180余项。指导申报省部级优质工程奖14项，参与申报国家级优质工程奖7项。参编行业标准2部。

李勇恩 男，1976年10月生，中共党员。1998年武汉理工大学毕业，2007年国防科学技术大学工程硕士。2020年正高级工程师。参加湘耒高速、耒宜高速、龙滩、武都、构皮滩、马来西亚班谷、沐若、厄瓜多尔美纳斯等项目建设。历任项目总工程师、项目经理，三分局副局长、水电公司副总经理等职。主编《大直径长竖井反井钻全断面施工工法》获得中国电建、中国水利工程协会、中国电力建设企业协会等多项工法证书；"500米级深竖井大直径反井钻一次成井施工关键技术"获中国电建科学技术奖一等奖、大坝工程学会科技进步奖二等奖；"大直径500米级深竖井一次成型施工关键技术研究"被评为达到国际领先水平。

李桃凡 男，1968年2月生，中共党员。1990年河海大学毕业，2000年武汉大学工程硕士。2005年教授级高级工程师，2019年正高级工程师。历任水电八局科研设计院技术员、队长、项目副经理、监测室主任、副院长、院长，基础公司、新能源公司党委副书记兼执行总经理，水电八局特级专家（工程），全国大坝安全监测技术信息网副网长、《大坝监测技术》编辑委员会委员、中国电力标准化（大坝安全监测）专业委员会委员。主持"碾压混凝土大坝安全监测工艺技术研究""山河水电站砌石面板坝安全监测与自动化""爆破震动监测技术在三峡工程的应用"科研项目。主编《国际大坝安全导则 第七部分》。

李跃兴 男，1964年11月生，中共党员。1987年富春江职工大学大专毕业，1994年湖南大学本科毕业。2010年教授级高级工程师，2019年正高级工程师。先后参加仙人坡、满天星、巴罗塔等项目建设，历任水电八局专业总工程师、副总工程师。

李 辉 男，1974年7月生，中共党员。1997年中南工业大学毕业，2009年国防科技大学工程硕士。2013年教授级高级工程师，2019年正高级工程师。水利水电工程注册一级建造师，高级爆破工程技术人员。参加三峡、水布垭、构皮滩、光照、柬埔寨甘再、白鹤滩等项目建设。历任项目经理，砂石分局副局长，绿色建材公司党委书记兼总经理、中电建长九新材料（广东）有限公司董事长，中国砂石协会副会长。获评中国电建先进生产者、优秀项目经理、优秀党务工作者，全国电力建设优秀项目经理、全国工程建设优秀项目经理，"黄山杯"获奖工程主要完成人员。"特大型人工砂石系统研究与应用"获中国电建科学技术奖特等奖；"雄安新区特大型绿色砂石基地智能化产供关键技术"获中国电建科学技术奖一等奖。

杨万和 男，1966年8月生，中共党员。1988年武汉水利电力学院毕业，2006年武汉大学工程硕士。2007年教授级高级工程师，2019年正高级工程师。水利水电、建筑工程注册一级建造师。历任水电八局技术处副处长兼设计院副院长，分局总工程师、分局副局长，项目经理，水电八局房建事业部副经理、副总工程师，湖南省装配式建筑专家库专家，湖南省综合评标库专家。获评长沙市设计先进工作者。获数十件发明、实用新型专利，参编多项湖南省地方标准，"专配式建筑全产业链关键技术研究"获中国电建科学技术奖特等奖。

杨承志 男，1982年5月生，中共党员。2005年武汉大学毕业。2019年正高级工程师。历任水电八局业务主任、专业总工程师。2022年获中国电建科技创新管理先进工作者。参与研究的"特高拱坝关键施工技术研究与工程应用"获水力发电科学技术奖特等奖，"高水头特大涌水状态下的大型导流洞快速封堵技术研究及应用"获中国电建科技进步奖特等奖，"中国电建水利水电工程工法体系研究"获中国电建科技进步奖一等奖。获专利16件、省部级工法8项，参与行业标准编写1部。

杨家菊 女，1970年12月生，中共党员。1993年7月葛洲坝水利水电工程学院毕业。2021年正高级工程师。参加五强溪、三峡、黑糜峰、溪洛渡、乌东德等项目建设。历任项目副总工程师、机电公司副总工程师。主要参与的"溪洛渡右岸800兆瓦组机组优质高效安装技术"获中国电建科学技术进步奖一等奖；主持的《超高落差竖井外壳焊接式550千伏 GIL施工工法》《550千伏 GIS安装施工工法》获中国电建工法。

肖 军 见本篇第二章第二节"历任主要领导"。

肖雨龙 男，1970年1月生，中共党员。1993年成都科技大学本科毕业。2015年正高级工程师，2019年正高级工程师。水利水电工程一级建造师。参加洪江、江口、盘龙河、雷打滩等项目建设。历任施工局副局长、总工程师，分局副局长、总工程师、党委书记，水电八局副总工程师，西藏天路股份公司党委委员、总工程师，砂石分局、绿色建材公司党委副书记兼执行总经理。获评中国电建质量管理先进个人。"复杂地质条件下火电站特大型沉井施工关键技术研究与应用"获中国施工企业管理协会科技进步奖二等奖。

吴三线 男，1971年1月生，中共党员。1997年长江电力学院专科毕业，2014年桂林理工大学工商管理硕士。注册一级建造师，2019年正高级工程师。参加五强溪、三峡、青居、小龙门、雷打滩、草街、湘江长沙综合枢纽等项目建设。历任施工局局长、党工委书记，分局副局长、党委书记、局长、党委副书记，二级单位副总经理、总经理、党委副书记、党委书记兼总经理，水电八局副总经理。"应用狭窄河谷碾压混凝土坝建设关键技术""构皮滩水电站垂直升船机特高塔体施工关键技术"分别获水力发电科学技术奖一等奖、中国大坝工程学会科技进步奖二等奖。

吴　见　男，1981年11月生，2001年长江水利水电学校毕业。2021年正高级工程师。参加青居、小龙门、雷打滩、草街、南水北调、土谷塘船闸、萍乡市万龙海绵城市、桃源沅水风光带、长江大保护九江、都昌等项目建设。历任项目总经济师、项目经理。

吴文兵　男，1965年9月生，中共党员。1989年贵州工学院毕业。2021年正高级工程师。参加大河口、金华、马沙沟、大花水、思林、马来西亚班谷、厄瓜多尔美纳斯、凹水河水库等项目建设。历任施工局机电副总工程师、副局长，项目副经理、项目经理，分局副总工程师兼设备物资办主任。"500米级深竖井大直径反井钻机一次成井施工关键技术""超深大直径全断面反井施工先导孔高精度控制方法"获中国电建科技进步奖一等奖；"美纳斯竖井吊盘系统"获中国电建科技进步奖三等奖。

吴克勇　男，1974年11月生，中共党员。1995年湖南水校毕业，2007年三峡大学本科毕业。2021年正高级工程师。参加三峡、小湾、大岗山、龙开口、大华桥、牛栏江—滇池补水、藏木等项目建设。历任施工局副局长兼总工程师，水电公司技术管理部副主任、副总工程师。参编电力行业《水电水利基本建设工程单元工程质量等级评定标准　第1部分：土建工程》《碾压混凝土施工规范》，参与"碾压混凝土工程渗透机理与防治措施研究""大藤峡水利枢纽二期深水围堰截流施工关键技术研究""大中型水电工程建设风险控制研究""水工碾压混凝土施工关键技术研究报告"等集团科研项目。

何映宏　男，1966年1月生，中共党员。1988年水电部富春江职工大学毕业，2010年兰州理工大学毕业。2020年正高级工程师。参加龙开口、溪洛渡、土谷塘、大藤峡、湘江土谷塘航电枢纽船闸等项目建设。历任项目副经理、总工程师，水电八局机电公司副总工程师。"300米级溪洛渡拱坝智能化建设关键技术"获国家科技进步奖二等奖。

何湘安　男，1968年6月生，中共党员。1991年贵州师范大学毕业。2011年教授级高级工程师，2019年正高级工程师。历任水电八局贵阳施工科研所所长、科研设计院副院长、副总工程师。主要从事工程试验检测、科研及技术管理工作，主持或主要参与的"水工混凝土新型掺和料研究与应用""四级配碾压混凝土试验研究""水工混凝土高掺石粉的研究"获中国水电、中国电建科技进步奖一等奖、二等奖。

汪建军　男，1973年8月生，中共党员。1997年沈阳建筑工程学院毕业，2007年国防科技大学工程硕士。2012年教授级高级工程师，2019年正高级工程师。历任砂石公司副总经理、拓海公司党委书记兼执行董事，中国电建华中区域投资公司产业投资部总经理、蕲春新材料公司临时党委书记、董事长。主编《水电水利工程砂石加工系统施工技术规程》（DL/T 5271—2012）。"巴马克和棒磨机联合制砂工艺的研究""特大型人工砂石系统研究与应用""向家坝水电站长距离带式输送机施工技术"和"距离胶带机运输混凝土骨料工法"获集团级、省部级奖项。

沈绍罗　男，1975年11月生，中共党员。1998年桂林工学院毕业，2015年武汉大学工程硕士。2014年教授级高级工程师，2019年正高级工程师。历任水电八局科研设计院技术员、队长、总工程师、项目经理、副院长。主持的"金沙江白鹤滩水电站变形控制网首期观测""长沙地铁4号线二标段2015年测量控制网交桩后复测""金沙江乌东德水电站工程拦河坝建筑系统施工测量控制网测量"系列测绘成果获湖南省优秀测绘工一等奖、二等奖、三等奖。在溪洛渡拱坝放样和检测机载应用软件成为国内水电系统的首创技术。"基于测量机器人的盾构施工组合导向系统研究与应用"获中国施工企业管理协会科技创新成果奖一等奖。

张　杨　男，1969年9月生，中共党员。1994年西安理工大学毕业。2010年教授级高级工程师，2021年正高级工程师。参加广东白沙、大源渡、三峡、巴罗塔、加纳布维、上东330、阿特高速、凯蓬大坝修复、路桥"一揽子"、帕鲁谷，莱索托波利哈利等项目建设。历任水电八局市场开发部技术部副主任、项目副经理、项目经理，海外事业部副总经理，加纳分公司党委书记兼总经理，水电八局特级专家（工程）。主持溪洛渡大坝工程项目投标技术方案，组织编制14个专项技术方案。主持和组织加纳布维电站施工工作，组织长距离皮带机+满管运输碾压混凝土技术、砂石料干法施工技术、碾压混凝土斜层碾压技术等，加纳布维工程获境外工程鲁班奖。

张建清　男，1982年11月生，中共党员。2006年6月长沙理工大学毕业，2013年武汉大学水利工程硕士。2020年正高级工程师。历任溪洛渡大坝施工局技术管理部副主任兼机关党支部书记，水电八局专业总工程师，白鹤滩施工局党工委书记兼局长，赣江尾闾总包部党委副书记、工地经理。主持"白鹤滩水电站大坝综合施工技术研究""大风环境下特高拱坝施工关键技术研究"科研项目。参与的"白鹤滩水电站高陡边坡快速开挖与支护关键技术研究""岩石基础开挖消能-聚能控制爆破技术"获中国电建科技进步奖一等奖；"岩石基础垂直孔复合消能爆破开挖技术"获中国爆破行业协会科技进步奖一等奖；"白鹤滩特高拱坝复杂坝基开挖保护与处理关键技术"获中国岩石力学与工程学会科技进步奖一等奖。获《特高拱坝导流底孔施工工法》等4项湖南省级工法、《水工大体积混凝土移动式冷水站供水冷却施工工法》等10项中国水利工程协会工法、《拱坝球形键槽模板施工工法》等14项中国电建工法；获"倒T形预制梁定型装置"等45件实用新型专利。

张祖义 男，1963年9月生，中共党员。1984年葛洲坝水电工程学院毕业，2005年国防科技大学工程硕士。2005年教授级高级工程师，2019年正高级工程师。历任水电八局副总工程师兼总工办主任、副总工程师兼技术中心主任。主持完成"九五"国家重点科技攻关专题"碾压混凝土搅拌设备研制"获中国电力科学技术奖三等奖。参与的"BLJ600—60自行履带式混凝土布料机研制"获中国电力科学技术奖二等奖；"特高拱坝关键施工技术研究与工程应用"获水力发电科学技术奖特等奖；"国产化空间曲线带式胶带输送机系统"获中国水电科学技术进步奖三等奖。"大型水电施工企业技术管理"获中国水电企业管理创新成果奖二等奖。获发明专利1件，实用新型专利4件，国家级工法2项，省部级工法3项，主持和参编行业标准5部。

张勇 男，1974年2月生，中共党员。1993年7月从长江水利水电学校毕业，2014年武汉大学工程硕士。2013年教授级高级工程师，2019年正高级工程师。水利水电、市政公用、铁路工程注册一级建造师。先后参加三峡、溪洛渡、藏木等项目建设。历任五分局副局长，藏木施工局局长，六公司总经理、党委副书记，水电公司党委书记、常务副总经理，水电八局纪委副书记、纪检监察审计部主任，2020年调中国电建集团昆明勘测设计研究院有限公司担任党委委员、纪委书记。获评三峡工程优秀建设者，中国电建首届十大杰出青年、纪检监察先进个人。《套筒式模板拉杆施工工法》获省部级工法，"混凝土浇筑模板加固组件"获实用新型专利；"高海拔大温差厂房混凝土防裂施工技术研究""银盘水电站厂房施工设计优化""高寒高海拔大温差地区混凝土施工研究""溪洛渡大坝与金属结构工程投标施工组织设计""溪洛渡水电站大江截流"等多项科研成果获省部级科技进步奖；参编的《三峡坝后电站工程施工技术》《三峡左岸电站蜗壳保压保温混凝土浇筑技术》获湖南省水力发电工程学会优秀论文二等奖。

张健 男，1978年3月生，中共党员。2001年中南大学本科毕业，2011年长沙理工大学工程硕士。2019年正高级工程师。历任深圳地铁7号线项目部副经理，水电八局副总工程师，铁路公司副总经理、安全总监，轨道交通公司副总经理。主持的"复杂地层条件下土压平衡盾构下穿湘江施工技术"获中国电建科技进步奖一等奖。主持中国电建科研项目"黄土地区盾构下穿高铁复合地基路基段关键技术研究"。获省部级以上工法3项，专利10余件。

陆小华 男，1969年12月生，中共党员。1993年天津大学毕业。2012年教授级高级工程师，2019年正高级工程师。历任东江机械厂总工程师，缅甸耶涯、埃塞俄比亚吉布3项目经理，机电制造安装分局副总工程师、副局长，水电八局专业总工程师。主持的"超高压高精度平面链轮闸门制造技术研究与应用"获中国水电科技进步奖一等奖；"水轮发电机组座环、管形座制作与加工技术研究"获中国水电科技进步奖二等奖。拥有"一种特大型链轮门叶与门槽厂内联合试验装置""一种特大型链轮门叶与门槽退火热处理装置"2件国家发明专利。

陆振尚 男，1977年4月生，2001年武汉大学毕业。2019年正高级工程师。参加平班、银盘、藏木、柬埔寨桑河等项目建设。历任项目总工程师，二级单位技术办主任、副总工程师。参与《模板工程施工标准图集》编写，专业负责"高海拔、大温差厂房混凝土防裂施工技术研究""银盘水电站厂房混凝土预应力蜗壳施工技术研究""软基地质混凝土生产系统基础设计""高填方区门机轨道设计"等科研项目，获中施企协科技进步奖二等奖2项。

陈楚贵 男，1972年9月生，中共党员。1991年武汉电力大学中专毕业，2009年中南大学工程硕士。2019年正高级工程师。参加三峡、长沙地铁4号线、长沙地铁6号线、西安地铁1号线等项目建设。历任项目经理，分局副局长。参与"复杂地层条件下土压平衡盾构下穿湘江施工技术"科研项目。

范一林 男，1970年7月生，中共党员。1991年武汉电力学校毕业。2012年教授级高级工程师，2019年正高级工程师。参加五强溪、三峡、龙滩、田湾河、景洪、马来西亚沐若、赣江尾闾等项目建设。历任项目副经理、总工程师，机电公司副总工程师。参与的"三峡永久船闸人字门安装技术"获中国安装协会第六届科技成果奖一等奖。承担中国水电"高水头压力钢管岔管制造技术研究"。主编行业标准《水电工程单元工程质量等级评定标准 第2部分：金属结构及启闭机安装工程》代替SDJ 249.2—88。编写中国水电工法《大吨位平移式缆机安装工法》。《空间弯管计算研究》论文获湖南省优秀论文三等奖。

范文胜 男，1968年5月生，1990年安徽农学院毕业。2012年教授级高级工程师，2019年正高级工程师。历任水电八局漫湾分局助理工程师、二滩联营体责任工程师、资产管理部工程师、设备物资处高级工程师、设备租赁中心部门负责人。长期从事机电技术及设备物资管理工作，主持编写《施工设备技术性能手册》，参编《水利和电力系统安全标准化管理手册》。

茅德山 男，1963年8月生，中共党员。1984年葛洲坝水电工程学院毕业。2007年教授级高级工程师，2019年正高级工程师。先后参加东江、二滩、江口、南水北调等项目建设。历任二分局机电总工程师、水电八局设备物资部副主任、副总工程师，股份公司《机电设备技术与管理》杂志副主编、责任编辑，国家铁路建设工程评标专家库专家。获中国水电优秀安全、设备管理工作者。主持"二滩进口制冷设备技术改造"科研项目。编写《特种设备法律知识问答事故案例分析》。参编电力行业标准《水电水利工程缆索起重机安全操作规程》（DL/T 5266—2011）、《水电水利工程门座起重机安全操作规程》、《水电水利工程门履带重机安全操作规程》。

欧乐洲 男，1968年11月生，中共党员。1992年华东化工学院毕业。2011年教授级高级工程师，2019年正高级工程师。参加湖南石面坦、五强溪、二滩、三峡、深圳地铁7号线、5号线等项目建设。历任项目总工程师、副经理，机电公司副总工程师，水电八局专业总工程师，深圳市建筑业协会专家。参编《三峡坝后电站工程施工技术》，获《蜗壳保温保压安装工法》《蜗壳安装施工工法》集团工法。主持多个科研项目获中国水电科学技术进步奖一等奖。

尚恒 男，1984年8月生，中共党员。2005年河海大学毕业，2017年武汉大学工程硕士。2021年正高级工程师。参加江西廖坊、河南西震院、孟加拉国石卡巴哈、委内瑞拉新中心电厂、马来西亚康诺桥、凯德隆等项目建设。历任项目副经理、总工程师、经理，国别分公司总经理，海外事业部副总经理兼亚太区域部总经理。获9件国家实用新型专利；牵头完成5项科研课题研究，成果被鉴定为国际先进水平。主持完成7项工法，其中2项被认定为中国电建工法。获湖南省优秀质量管理小组4个、电力建设质量管理小组成果三等奖1个。

罗长青 男，1973年12月生，中共党员。1995年湖南水校毕业，2008年贵州大学工商管理硕士。2018年正高级工程师。市政工程、公路工程、铁路工程、水利水电工程、建筑工程注册一级建造师，造价工程师。参加乌江、洪家渡、武都、上尖坡等项目建设。历任施工局局长，项目经理，三分局副局长，三公司、六公司副总经理，水电公司副总经理、安全总监，水电八局安全环保部主任、工程管理部/军民融合管理部主任。获评中国电建优秀项目经理、全国电力建设优秀项目经理、中国电力建设企业协会诚信项目经理。主持完成的大华桥水电站获鲁班奖。主持或参与"碾压混凝土重力坝温控数字化防裂关键技术研究""碾压混凝土大坝快速施工关键技术及应用""全断面胶凝砂砾石料筑坝（堰）技术"多项课题研究获多件专利。主持的"一种大流量高水头新型胶凝砂砾石过水围堰研究与应用"获中国电建科学技术奖二等奖；"狭窄河谷碾压混凝土建设关键技术"获中国电建科学技术奖一等奖；"大坝廊道模板缝'美缝'技术"获全国电力职工技术成果奖二等奖。主持的《两阶段盖模溢流面施工工法》《大体积混凝土通水冷却动态控制施工工法》获得中国电建工法；《溢流台阶模板施工工法》获得中国电力建设企业协会工法；《美缝现浇廊道模板施工工法》获得水利水电工程建设工法。

罗艳 女，1971年7月生，中共党员。1995年湖南省水利水电学校毕业，2008年华北水利水电学院毕业。2019年正高级工程师。注册一级建造师，注册监理工程师。参加三峡、龙滩、小湾、金安桥、龙开口、黄登、大华侨等水电站工程建设。作为主要起草人参编3部行业施工规范、1项国家工法1个、4项省部级工法4个。参与科研技术课题研究13项，获省部级科技奖5项。参编2部著作。

罗继忠 男，1982年8月生，中共党员。2005年西安理工大学毕业。2022年正高级工程师。历任构皮滩八九联营体工程技术管理部副主任、麦特隆大坝项目副经理、国际公司项目管理部副主任、水电八局工程管理部业务主任。参编《麦特隆大坝施工组织设计》《麦特隆大坝碾压混凝土施工工法》《构皮滩双曲拱坝悬臂结构施工模板规划布置》。自主研发"拱坝外支撑装配式桁架悬臂模板""可调节竖井模板""自适应隧洞开挖钻爆台车""简易架桥机"获4件专利。《麦特隆大坝简易架桥机设计与应用》获湖南水力发电优秀论文一等奖，《麦特隆项目FIDIC合同工期索赔》选入改革开放40年大型水电工程建设总承包论文集。"构皮滩双曲拱坝快速施工成套技术"

获中国电力建设科学技术成果奖一等奖。

周功贵 男，1971年8月生，中共党员。1994年湖南省水利水电学校毕业，2016年清华大学工程硕士。2015年教授级高级工程师，2019年正高级工程师。注册一级建造师、一级造价工程师。参加五强溪、洪江、沙牌、三峡、马来西亚巴贡、柬埔寨甘再、沃代、桑河、金边城市中心综合体、金边永旺2等项目建设。历任办事处主任，项目副经理、总经济师、党工委书记、工地经理、经理，中国水电地产（长沙）有限公司党委书记，水电八局海外事业部副总经理兼欧亚区域部总经理、国际公司副总经理兼安全总监。获评华能澜沧江水电建设功臣、中国电建优秀项目经理。主持施工的桑河项目获中国电建优质工程奖、中国电力优质工程奖。主持的"特大型灯泡式机组厂房施工及机组安装关键技术"获电力职工技术创新奖二等奖；"柬埔寨桑河特大型灯泡贯流式机组发电厂房快速施工技术研究"获中国电建科学技术奖三等奖；"柬埔寨桑河二级特大型灯泡式机组厂房施工及机组安装关键技术"获水力发电科学技术奖三等奖。主持的《平原地区特大型分置式浮桥安装施工工法》获评中国电建工法；研制的"一种闸墩牛腿悬挑模板支撑系统"获实用新型专利。

周光荣 男，1968年5月生，中共党员。1993年长沙水利电力师范学院毕业。2009年教授级高级工程师，2019年正高级工程师。2005年湖北五一劳动奖章获得者。参加五强溪、二滩、三峡、溪洛渡等项目建设。历任项目总工程师、经理，分局党委书记兼副局长，机电公司党委书记、总经理，水电八局副总工程师、设备物资部主任、工程管理部主任。获评三峡工程首批机组发电一等奖、三峡工程优秀青年岗位能手、三峡优秀建设者。独立完成"三峡左岸电站所有电气设备以及500千伏六氟化硫开关站的安装技术"，在溪洛渡实现了800兆瓦机组"一年六投"的历史新纪录。"三峡左岸700兆瓦机组安装技术"获中国水电科技进步奖特等奖，参编《水电站施工手册》。

周政国 男，1973年4月生，中共党员。1996年武汉水利电力大学毕业，2012年武汉大学工程硕士。2012年教授级高级工程师，2019年正高级工程师。参加大源渡、红岩子、青居、洪家渡、大花水、构皮滩、溪洛渡及藏木等项目建设，从事质量、技术、党务和管理工作，参与数10个水利水电工程技术咨询、技术鉴定工作。历任施工局总工程师、副局长，水电八局副总工程师。获评中国水电优秀科技工作者、湖南省直优秀共产党员。主持或参与的"构皮滩双曲拱坝快速施工成套技术""构皮滩水电站垂直升船机特高塔体施工关键技术""特高拱坝关键施工技术研究与工程应用""300米级溪洛渡拱坝智能化建设关键技术""高海拔大温差厂房混凝土防裂施工技术研究"获10余项省部级奖励。参与的"300米级高拱坝品牌建设创新与实践"获得全国电力行业企业管理创新成果奖。参与《水电建设发展报告》《电力建设标准责任清单（第三册）〈水电水利工程〉》《水工混凝土温度控制施工技术规范》《水电工程信息采集技术规范》出版。有实用新型专利2件、省部级工法2项、湖南省优秀论文4篇。

周剑桥 男，1972年10月生，中共党员。1994年桂林工学院毕业，2008年国防科技大学工程硕士。2009年教授级高级工程师，2019年正高级工程师。参与五强溪、凌津滩、株树桥抢险加固、荆南长江干堤加固工、汉江遥堤加固工程一标段等项目建设。历任项目总工程师、基础工程分局副总工程师、水电八局专业总工程师。在荆南长江干堤加固工程，引进锯槽和射水法成槽工艺获得成功。《围堰基础防渗项目的方案选择与质量管理研究》获评国防科学技术大学优秀硕士论文。

周 勇 男，1975年9月生，中共党员。1997年湖南水利水电学校毕业，2013年武汉大学工程硕士。2015年教授级高级工程师，2019年正高级工程师。参加汝城外山店江、三峡、溪洛渡、石济铁路、武汉地铁21号线、深圳地铁12号线、佛山北村水系治理等项目建设。历任施工局副总工程师，项目副经理、经理、党工委书记，水电八局二级专家（工程）。获评长江三峡工程劳动竞赛工艺改进及技术革新奖、长江三峡工程劳动竞赛先进个人、深圳地铁集团优秀项目经理。获2件专利成果，《翻模在溪洛渡水电站水垫塘混凝土施工中的应用》获湖南省水力发电工程学会优秀论文三等奖。

周德文 男，1982年3月生，中共党员。2003年长沙理工大学毕业。2020年正高级工程师。2014年四川省五一劳动奖章。参加彭水、银盘、大渡河、大藤峡等项目建设。历任施工局副总工程师，项目总工程师。"大型水电工程堆石混凝土坝设计与施工关键技术"获得中国大坝工程学会科技进步奖一等奖。获6件专利，5项集团工法，1项水利行业工法。

孟 刚 男，1982年1月生，中共党员。2005年湖南农业大学毕业，2017年中南大学工程硕士。2022年正高级工程师。参加构皮滩、南水北调洺河渡槽、长沙地铁4号线、深圳茅洲河流域水环境综合治理等项目建设。历任项目副经理，基础公司副总经理，基础公司、新能源公司党委书记、总经理。参与的"孔内组合式预埋花管灌浆防渗施工技术"获得中国电建科学技术奖三等奖、湖南省水利水电科学技术进步奖三等奖；"水电工程岩溶防渗堵漏关键技术"获得中国大坝工程学会技术发明奖三等奖。《双高压三管法高喷灌浆施工工法》《粉体深层搅拌桩（墙）施工工法》《双高压三管法高喷灌浆施工工法》《复杂地层中大孔径超深灌注桩施工工法》获得中国电建工法，《双高压三管法高喷灌浆施工工法》获得水利水电工程建设工法。"一种易于卸渣的旋挖钻机钻头""钢筋笼加工用定位装置""一种钻孔灌注桩孔口安全防护装置""风机基础环支撑装置""钻孔注浆用孔口封闭装置"获实用新型专利。

赵吉胜 男，1974年2月生，中共党员。1998年武汉水利电力大学毕业，2009年中国科技大学项目管理硕士。2014年教授级高级工程师，2019年正高级工程师。水利水电工程注册一级建造师。参加三峡、糯扎渡、雷打滩，孟加拉国、委内瑞拉、马来西亚、印度尼西亚等国项目建设。历任项目副经理、总工程师、党工委书记，分局副总工程师，国际公司专业总工程师，水电八局专业总工程师。参编重大技术方案30个。"孟加拉国150兆瓦燃气电站EPC项目管理及施工技术研究"获中国水电科技进步奖三等奖、中国电力企业联合会中国电力创新奖三等奖；"康诺桥大型单轴燃气轮机联合循环电站建设关键技术研究"获中国电建科学技术奖三等奖。

赵伟国 男，1977年9月生，中共党员。1996年湖南省水利水电学校毕业，2017年武汉大学工程硕士。2020年正高级工程师，水利水电、市政公用、公路工程注册一级建造师。参加华天大酒店扩建、零陵军民两用机场改扩建、益阳火电厂进场公路、江西九江防洪堤、湘耒高速、龙滩水电站场内公路、水南高速、福建木兰溪防洪、深圳公明供水调蓄、深圳抽蓄、阳江抽蓄等项目建设。历任项目经理，分局副局长，基础设施公司副总经理，华南公司总经理。获评中国水电安全生产优秀项目经理、中国电建优秀项目经理。获评全国优秀质量管理小组、湖南省优秀QC小组。主持的《降低变态混凝土抗压强度标准差》获电力建设QC成果二等奖，《策划先行，利用可持续发展思路实现绿色施工管理》获中国建筑业协会Ⅲ类成果。参与的"一种制冰和输冰系统"获实用新型专利；参与的"潮汐通航河道大跨度稀索斜拉桥水上拆除关键技术"获中国电建科技进步奖一等奖。

胡寿喜 男，1965年12月生，中共党员。1989年陕西机械学院毕业。2005年教授级高级工程师，2019年正高级工程师。参加五强溪、洪江、平班、科研楼等项目建设。历任施工局局长，一分局副局长、局长、党委副书记，水电八局设备物资部副主任、专业总工程师。完成"五强溪山体滑坡损毁的德国PWH公司1000/20型高架缆索起重机拆除方案""五强溪QLP20-900型缆索起重机用于洪江水电站工程的改造工作"科研项目。

胡晓日 男，1963年10月生，中共党员。1987年湖南大学邵阳分校毕业，2002年湖南经济管理干部学院本科毕业。参加五强溪、洪江、索风营、鲁地拉等项目建设。历任联营体副总经理、施工局副局长、水电八局专业总工程师。2013年教授级高级工程师，2019年正高级工程师。完成"五强溪人工砂石系统一次电气设计及拌合楼胶带输送系统的一次、二次电气设计""五强溪进口高架缆索起重机电刷国产化""缓降溜管在思林水电站碾压混凝土垂直运输中的应用""风力自动回砂环保喷砂技术的引进应用"科研项目。

柯珊 女，1966年11月生，中共党员。1989年葛洲坝水电工程学院毕业。2009年教授级高级工程师，2019年正高级工程师。长期致力于门机、塔机、缆机等特种设备的运行与管理，曾任分公司副总工程师、项目总工程师、水电八局专业总工程师。获评湖南省百名优秀女职工。参编中国水电《缆索起重机安全操作规程》《缆索起重机安装、拆除、运行规定》等行业标准。主持"特硬岩地层TBM施工高效掘进关键技术"等课题研究，有效解决了最高318兆帕特硬岩层TBM掘进难题，形成了一套TBM高效掘进施工技术和成套施工工法，研究成果达到国际先进水平，获湖南省水利水电科学进步奖二等奖、中国电建集团科学技术奖三等奖。

钟玉平 男，1969年10月生，中共党员。1992年天津大学毕业，2007年国防科技大学工程硕士。2008年教授级高级工程师，2019年正高级工程师。2019年中央企业劳动模范，是水电八局融入印度尼西亚、实现滚动开发和持续发展的见证者、组织者和实施者，推行区域化管理，实现在建项目逐步增多、经营规模逐年扩大、品牌影响力稳步提升。参加东江、五强溪、巴基斯坦巴罗塔、印度尼西亚齐、东加、庞卡兰苏苏等项目建设。历任项目经理、联营体总经理、印度尼西亚公司总经理，国际公司副总经理、党委书记兼副总经理、党委副书记兼执行总经理，海外事业部常务副总经理，水电八局董事会秘书、办公室主任。获评中国电建优秀共产党员。主持完成"滨海地区火电厂深软基础处理工艺研究""巴罗塔水电站引进国际规范设计接地系统""印度尼西亚齐火电站设计施工技术研究"科研项目。

禹建新 男，1968年12月生，中共党员。1993年富春江水电职工大学专科毕业，2011年湖南城市学院本科毕业。2019年正高级工程师。先后参加京南、南腊河、大朝山、小湾、龙滩等项目建设。历任施工局机电办副主任，联营体机电技术处副处长，水电八局设备物资部业务主任。参编电力行业标准《水电水利工程缆索起重机安全操作规程》《水电水利工程混凝土搅拌楼安全操作规程》。参编全国电力行业特有职业（工种）职业技能鉴定试题题库。

姜命强 男，1970年11月生，中共党员。1994年湘潭矿业学院毕业，2009年国防科技大学工程硕士。2009年教授级高级工程师，2019年正高级工程师。参加二滩、沙牌、山西万家寨引黄、三峡等项目建设。历任基础分局总工程师，基础公司、新能源公司副总经理兼总工程师，水电八局副总工程师。被聘为中国水利学会地基与基础工程专业委员会副主任委员、中国岩石力学与工程学会锚固与注锚分会副理事长。获评中国施工企业管理协会科学技术奖科技创新先进个人、全国施工企业科技精英、湖南省水利卓越工程师。参与集团重点技术攻关项目"大块石架空层土石围堰防渗快速施工技术"；主持完成"高拱坝闸墩U型预应力锚索施工技术研究及应用""水电工程岩溶堵漏防渗处理关键技术""深孔帷幕灌浆新技术综合应用研究"科研项目。主持与厂家合作研发卧式灰罐及成套制浆系统。获省部级、中国电建科技进步奖10余项，发明专利5件，国家级工法1项。

姜清华 见本篇第二章第二节"历任主要领导"。

姚正鸿 男，1966年1月生，中共党员。1985年水利电力部第八工程局技工学校毕业，2012年中南林业科技大学毕业。2012年教授级高级工程师，2019年正高级工程师。全国电力建设优秀中级职业经理人。参加东江、五强溪、乌江渡扩机、溪洛渡等项目建设。历任项目工会主席、经理，分局副局长、局长，铁路公司副总经理、党委书记，水电八局工会副主席、群众工作部主任，中国安装协会专家、科学技术委员会委员。"超高压高精度平面链轮门制造技术研究与应用""特大型贯流式机组座环设备制造技术研究与应用"《水轮发电机转子现场装配工艺导则》（DL/T 5230—2009）"带舌瓣门的超大型弧门制造技术研究与应用""呼和浩特抽水蓄能电站高压钢岔管制造技术研究及应用""特大型复式波纹管伸缩节制造技术研究及应用"获中国水电科技进步奖一等奖，"巨型混流式水轮发电机机组安装标准与工程实践"获国家能源局科学技术进步奖二等奖；"黑麋峰抽水蓄能电站安装与调试技术研究及应用"获中国水电科学技术进步奖二等奖。

姚国虎 男，1976年10月生，中共党员。1999年武汉水利电力大学毕业。2016年教授级高级工程师，2019年正高级工程师。参加大朝山、索风营、构皮滩、京沪高铁、科威特大学城商学院及女子学院、雅万高铁等项目建设。历任项目副总工程师、总工程师、副经理，水电八局土建专业总工程师、二级专家（工程）。获评中国水电先进技术个人。主持的"高速铁路900T预应力混凝土简支箱梁制运架关键技术"获中国水电科技进步奖一等奖；"高速铁路站场地基CFG桩施工技术研究与应用"获中国水电科技进步奖二等奖；参与完成的《构皮滩双曲拱坝快速施工成套技术》获中国水电科技进步奖一等奖。

贺毅 男，1972年12月生，中共党员。1994年湘潭矿业学院毕业。2019年正高级工程师。参加大河口、南腊河、大朝山、小湾、松树岭、思林、溪洛渡等项目建设。历任项目总工程师、副经理、经理，基础分局副局长、新能源公司副总经理。参与的"大块石架空层土石围堰防渗快速施工技术"获中国水电科技进步奖一等奖、中国电力科技进步奖三等奖、中国水力发电科学技术奖三等奖。主持的"深孔帷幕灌浆新技术应用研究""高拱坝闸墩U型预应力锚索施工技术研究及应用""卧式灰罐自动化集中制浆系统研究与应用"获得水力发电科学技术奖三等奖2项，中国电建科学技术奖一等奖1项、二等奖1项，获中国大坝工程学会技术发明奖三等奖1项，获电力建设科学技术进步奖三等奖1项。获湖南省QC小组科技成果一等奖。

秦克红 女，1976年5月生，1998年武汉水利电力大学毕业。2015年教授级高级工程师，2019年正高级工程师。参加大朝山、小湾、溪洛渡水电站等项目。历任水电八局专业总工程师、市场营销管理部副主任，擅长水利水电工程土石方开挖、填筑、大体积混凝土施工等技术。

秦宝和 男，1966年3月生，中共党员。1989年西南交通大学毕业。2009年教授级高级工程师，2019年正高级工程师。参与钱塘江第二大桥、宝中铁路、南昆铁路、甬台温高速、内昆、武广、哈大、京沪、沪昆、青连、石济、雅万高铁、深圳地铁、武汉地铁、云南红河特大悬索桥、贵州西溪河拱桥项目建设。历任项目总工程师、水电八局副总工程师、路桥专业总工程师、总经理助理、首席专家、特级专家（工程）。国家铁路局评标库专家。擅长大跨悬索桥、斜拉桥、拱桥、钢桥、连续梁、大型预制梁场生产许可证取证等各种桥式大型桥梁、长大困难隧道、盾构及TBM掘进施工等技术。获评中国水电优秀党员。获中国水电科技进步奖特等奖1项、一等奖2项，中国铁道学会铁道科技奖三等奖。主编《京沪高铁铁路无砟轨道系统建造》等5本著作。

徐勇 男，1967年1月生，中共党员。1987年贵州大学毕业。2007年教授级高级工程师，2019年正高级工程师。历任水电八局科研设计院副总工程师、院长助理、副院长，水电八局专业总工程师。获中国施工企业管理协会科学技术奖科技创新成果1项；中国水力发电工程学会与水力发电科学技术奖励委员会水力发电科学技术进步奖1项；中国电力建设企业协会电力建设科学技术进步奖

2项；中国电建科学技术进步奖9项。国家实用专利1件，参加规范修订1项。

高庚元 男，1972年10月生，中共党员。1995年长沙铁道学院毕业。2019年正高级工程师。先后任建（个）元高速公路TJ8标项目常务副经理、水电八局副总工程师、铁路公司路桥分公司副总经理。主持的"跨多条高速铁路超宽变幅城市桥梁建造技术""跨多层公路及铁路的城市互通桥梁快速施工技术"获中国中铁科技进步奖二等奖；参与编制《中国中铁建设项目作业指导书》《铁路桥涵工程施工安全技术规程》。

高嵩 男，1972年5月生，中共党员。1994年贵州大学毕业。2019年正高级工程师。主要从事机电安装、电气试验、设备监理、房地产投资运营、工程技术管理工作。历任电气试验、电气监理工程师，地产集团项目总经理、区域副总裁，水电八局二级专家（工程）。推广高层建筑铝模、爬架、全现浇外墙等工业化建造标准化体系。著述《小湾水电站缆机安装和维护运营管理》《高层建筑电梯引起室内噪声的减防措施》等。

郭刚 男，1976年12月生，中共党员。1999年武汉水利电力大学毕业。2019年正高级工程师。参加马来西亚巴贡、加纳布维项目、科威特大学城5A&B基础设施项目、柬埔寨金边城市中心综合体、沙特阿玛德酒店等项目建设。历任项目副总工程师，国际公司技术部副主任，项目总工程师、副经理兼总工程师、党工委书记兼总工程师。主持"中东地区沙性土壤小管径顶管施工工艺研究""高温沙漠地区大型停车场PTFE索膜结构技术研究""超高层建筑屋顶花园和游泳池建设关键技术研究""淤沙地质拉森钢板桩应用研究""海外高质量标准条件下酒店智能化技术研究"科研项目。获实用新型专利4件："电梯井施工防护平台""一种挡土墙模板支撑系统""一种定型模板系统""一种卸料平台"。主编施工工法3项：《悬挑门式脚手架施工工法》《多规格立柱群施工工法》《高边坡挡土墙施工工法》。

郭照辉 男，1971年10月生，中共党员。1993年湖南省水利水电学校专科毕业，2009年华北水利水电学院本科毕业。2021年正高级工程师。参加溪洛渡、锦屏、白鹤滩、青连铁路、长沙地铁4号线、建（个）元高速等项目建设。历任项目副经理，施工局局长助理，白鹤滩施工局局长助理，项目部务副经理、经理、党工委书记，铁路公司副总经理、路桥分公司总经理。获青连铁路指挥部优秀项目经理、中建红河州有限公司优秀项目经理、中电建路桥公司特殊贡献（个人）。主持"山区峡谷公路钢箱梁悬索桥建造综合技术研究"科研项目，《提高索夹安装合格率》获中国建筑业协会工程建设质量管理小组活动质量大赛Ⅰ类成果奖。获省部级工法2项、发明专利3件、实用新型专利5件。

唐先峰 男，1971年10月生，中共党员。1990年成都水力发电学校毕业，2009年河海大学毕业。2015年教授级高级工程师，2021年正高级工程师。注册一级建造师、注册安全工程师。参加五强溪、白石窑、大朝山、三峡、水布垭、构皮滩、武引水库、清原抽蓄等项目建设。历任项目总工程师、项目经理、分局副局长。获评中国水电优秀项目经理、全国电力建设优秀项目经理。获得湖南省优秀QC小组。主持的"乌江构皮滩水电站砂石系统生产技术研究及应用"获贵州省科学技术进步奖三等奖、中国华电集团公司科学技术进步奖二等奖。主持构皮滩电站烂泥沟砂石加工系统研究、创新，采用环保节能型生产技术，被专家评为国内同行业首创，入选中国企业联合会、中国企业家协会新纪录。

唐其林 男，1980年11月生，中共党员。2003年贵州工业大学毕业。2019年正高级工程师。参加向家坝、马来西亚樱花、茅洲河流域水环境综合整治、长沙地铁4号线等项目建设。历任项目总经济师、党工委书记、副经理、经理，铁路公司副总经理，中国电建华中投资公司办公室主任。参与"茅洲河临海淤泥质地层管道沉降因素研究"科研项目。获实用新型专利1件。

唐凯林 男，1977年10月生，中共党员。2002年成都理工大学毕业，2014年中南大学项目管理硕士。2021年正高级工程师。公路工程注册一级建造师。参加南水北调、深圳公明水库、深圳小型水库除险加固、武汉地铁21号线、长沙地铁6号线等项目建设。历任项目工地经理、副经理，基础设施分局技术部副主任，铁路公司市场营销办公室主任副主任，湖南区域营销经理，工程装备公司副总经理。

涂怀健 男，1963年1月生，中共党员。1984年华东水利学院毕业。2010年湖南省劳动模范，2011年国务院政府特殊津贴专家、张光斗首届优秀青年科技奖。1999年教授级高级工程师，2019年正高级工程师。曾任水电分局技术主任、副总工程师，水电八局技术部主任、副总工程师、总工办主任、技术处处长、科研设计院院长，水电八局总工程师。获评中国水电优秀专业技术人员、勤廉兼优先进典型，湖南省直属机关优秀共产党员、十大标兵模范职工。主持或参与"特高拱坝关键施工技术研究及应用""大风环境下特高拱坝施工关键技术研究""BLJ600-40型带式混凝土布料机研制""小湾电站700米高边坡安全施工技术研究""构皮滩双曲拱坝快递施工成套技术""双聚能预裂与光面爆破综合技术""溪洛渡水电站大江截流设计与施工关键技术研究""特大型人工砂石生产技术研究与应用""特高拱坝混凝土温度控制与防裂技术研究及应用""BLJ600-60型自行履带式混凝土布料机""水工碾压混凝土施工规范关键技术研究""高海拔、高温差厂房混凝土防裂施工技术研究""中国电建水利水电工程工法体系研究""陡变河床深水围堰截流施工关键技术研究"等20余项科研项目的研究工作,部分研究成果达到国际领先水平。获省部级科技进步奖51项、专利50件、国家级工法3项、省部级工法14项。

谈海斌 男,1974年9月生,中共党员。1994年湖南省水利水电学校毕业,2021年兰州交通大学工商管理硕士。2015年教授级高级工程师,2019年正高级工程师。参加五强溪、三峡、马来西亚巴贡、莱索托麦特隆、沙特保障房、赣江尾闾等项目建设。历任项目副经理兼总工程师、国际公司专业总工程师。参与的"国际工程水电施工、路桥与港航技术标准应用研究"获中国电建科技奖一等奖。"大坝结构缝止水固定滑升型钢吊架的设计与应用"获实用新型专利。《南部非洲麦特隆大坝碾压混凝土施工综述》《三峡永久船闸第二分流口砼施工》获湖南省水力发电工程学会优秀论文二等奖、三等奖。

黄小松 男,1970年7月生,中共党员。1994年四川联合大学毕业。2012年教授级高级工程师,2019年正高级工程师。参加三峡、江西廖坊、黑麋峰、溪洛渡、乌东德、大华桥、重庆潘龙抽蓄等项目建设。历任项目总工程师、经理,机电公司副总工程师、水电八局副总工程师,中国大坝工程协会专家库专家。参编《水电工程安全施工规范》,参加制定《国内百万机组安装标准》,主持的"黑麋峰抽水蓄能电站可逆式水轮发电机安装技术研究"获中国电建科技进步奖二等奖。主持的"溪洛渡右岸电站800兆瓦级机组优质高效安装技术"获中国水力发电工程学会水力发电科学技术奖三等奖、中国电建科学技术奖一等奖。《水轮机圆筒阀安装工法》获得国家级工法。

黄斌 男,1979年2月生,中共党员。2003年南华大学毕业,2015年武汉大学工程硕士。2020年获评正高级工程师。历任水电八局贵阳机械厂技术办主任、项目经理,制安分局机电专业总工程师,机电公司副总经理、党委书记、执行总经理、党委书记兼总经理。主要参与的"架桥机快速安装漏顶式闸门施工新技术研究与应用""1000兆瓦水轮发电机组蜗壳智能制造关键技术""BIM技术在地铁机电设备安装工程中的二次建模综合技术"获得中国电建科学进步奖二等奖。编写《大型灯泡贯流式水轮发电机组导水机构安装施工工法》《风电塔筒制作工法》《机房焊接管道BIM装配式施工工法》。

常彦博 男,1971年2月生,中共党员。1994年石家庄铁道学院毕业。2015年教授级高级工程师,2019年正高级工程师。参加深圳地铁7号线、长沙地铁7号线、珠江三角洲水资源配置工程等项目建设。历任项目副经理、总工程师、经理,基础设施分局、基础设施部总工程师,水电八局铁道专业总工程师、副总工程师,铁路公司副总经理、总工程师,轨道交通公司副总经理、总工程师。参与的"复杂环境混合地层条件下地铁修建关键技术与应用"获中国电建科技进步奖特等奖、中施企协科技进步奖特等奖;"淤泥黏土层中地铁隧道不影响运行综合纠偏技术研究"获中国电建科技进步奖二等奖、中施企协科技进步奖二等奖;"深厚淤泥地层及复杂环境特大基坑施工技术研究"获中国电建科技进步奖三等奖、全国市政行业科技进步奖三等奖。参编《全断面隧道掘进机岩石隧道掘进机安全要求》《隧道预切槽设备》《建筑施工机械与设备链刀式地下连续墙成墙机》《城市轨道交通运营保护区安全管理技术规范》4项标准。获省部级以上工法8项、专利30余件。

隋勇 男,1977年9月生,中共党员。2000年武汉水利电力大学毕业。2018年正高级工程师。水利水电、建筑注册一级建造师。参加三峡、溪洛渡、台山核电、藏木、湘西经济开发区双河文教卫新区等项目建设。历任项目经理、党工委书记,基础设施分局副局长,土木公司副总经理,基础设施公司副总经理、安全总监、党委副书记兼执行总经理、党委书记兼总经理。获评中国电建集团安全生产优秀项目经理。主持完成"市政道路新型挡墙与地下管廊关键技术研究与应用"。主编《三七八联营总公司管理手册及帷幕灌浆内部施工工法》《溪洛渡大坝混凝土施工工法》。参编《水电八局房屋建筑与市政工程施工安全文明生产标准化手册及图集》。主持完成《高层建筑爬升式脚手架安拆施工工法》(ZGDJGF095—2015)、《BDF带肋钢网镂构件施工工法》(ZGDJGF253—2018)、《综合管廊钢模台车施工工法》(ZGDJGF250—2018)、《泡沫玻璃外墙保湿板施工工法》(ZGDJGF164—2019)、《螺栓球钢网架组合拼装施工工法》(ZGDJGF233—2019)等中国电建工法。

彭光友 男,1969年10月生,中共党员。1990年7月福州大学毕业,1995年天津大学第二学士学位。2005年教授级高级工程师,2019年正高级工程师。参加东江、浙江水电站、二滩、益阳电厂、巴基斯坦巴罗塔、厄瓜多尔美纳斯等项目建设。历任项目副经理、工地经理、经理,国际部副总经理、党委书记兼副总经理,水电八局副总经济师、市场营销部/经营管理部副主任（主任级）、特级专家（政工）。主要参与巴罗塔工程建设，工程如期优质移交，成功扭亏为盈。主持的"500米级深竖井大直径反井钻一次成型关键技术"被评定为国际领先，获中国大坝学会科技进步奖二等奖、中国电建科技进步奖一等奖。

彭运河 男，1968年3月生，中共党员。1990年成都科学与技术大学毕业。2008年教授级高级工程师，2019年正高级工程师。参加东江、白石窑、东洛、巴基斯坦巴罗塔、加纳布维、孟加拉国达吉等项目建设。历任项目总工程师、经理，国际部/国际公司总工程师、副总经理，水电八局副总工程师。主要从事国际工程项目的技术和科管理工作。"500米级深竖井大直径反井钻一次成井关键技术"获中国电建科技进步奖一等奖、中国电力建设企业协会科技进步奖二等奖，拥有实用新型发明专利5件、发明专利1件。

彭湘华 男，1964年4月生，中共党员。1988年河海大学毕业。2005年教授级高级工程师，2019年正高级工程师。参加五强溪、三峡、溪洛渡等项目建设。历任直管项目总工程师、责任方联营体项目总工程师、水电八局副总工程师。"双聚能预裂与光面爆破综合技术"获中国电机工程学会、中国工程爆破协会科技进步奖二等奖，"溪洛渡水电站大坝拱肩槽开挖精细爆破技术研究与应用"获中国工程爆破协会科技进步奖特等奖，"溪洛渡水电站截流设计与施工关键技术研究"获中国水电科学技术进步奖特等奖，"水电工程控制爆破新技术研究与应用"获中国工程爆破协会科技进步奖特等奖，"椭圆双极线性聚能药柱爆破技术研究与应用"获国家能源局科技进步奖一等奖，"白鹤滩水电站高陡边坡快速开挖与支护关键技术研究"获中国电建科学技术进步奖一等奖，"卡鲁玛水电站工程大型浅埋洞室群岩体动态智能监控反馈设计和施工"获中国电建科学技术进步奖二等奖。

蒋正荣 男，1968年7月生，中共党员。1990年中国地质大学毕业。2019年正高级工程师。水利水电、市政公用工程注册一级建造师。参加6座电站、3条高速、6项水利工程建设。历任施工局总工程师、项目副经理、项目经理。在基础处理、路桥施工、水工隧洞、水闸泵站与碾压砼坝工技术等方面积累了丰富的经验。担任项目经理承建的广东省珠海市竹银水源工程被授予"广东省重大建设项目档案金册奖"，贵州省卡河水库大坝及消能工程获中国电建优质工程奖。"用于隧洞开挖支护的自行式钻爆台车"获实用新型专利。

蒋　和 男，1971年8月生，中共党员。1995年中南工业大学毕业，2010年国防科学技术大学工程硕士。2021年正高级工程师。水利水电工程注册一级建造师。参加华天扩建、零陵机场、巴基斯坦巴罗塔、龙滩、光照、孟加拉国达吉、雅万高铁等项目建设。历任项目总工程师、基础分局副总工程师、国际公司技术办副主任，湖南省综合评标专家库评标专家。"电厂循环水管和综合管架的安装结构"获实用新型专利。

蒋和平 男，1978年7月生，中共党员。2001年中国地质大学毕业。2020年正高级工程师。参加三峡、山西引黄、构皮滩、马来西亚沐若等项目建设。历任项目副经理、总工程师、经理，基础分局副局长，基础公司/新能源公司副总经理。主持或参加的"高拱坝闸墩U型预应力锚索施工技术研究""复杂地质条件下的深孔帷幕灌浆新技术综合应用""贵州省构皮滩水电站大坝基础无盖重固结灌浆试验""大渗漏通道及溶洞群堵漏施工技术研究"获中国电建科技进步奖一等奖1项、二等奖1项，水力发电科学技术奖三等奖2项，电力建设科学技术进步奖三等奖1项。参编《拱坝接缝灌浆施工工法》《U型预应力锚索施工工法》《三筋钢筋笼制作施工工法》《锚筋桩施工工法》，获中国电建及行业施工工法。获"可旋转式孔口封闭器""倒垂孔导向扩孔器""用于分束管式U型锚索预埋孔道的钢绞线牵引连接器""一种易于卸渣的旋挖钻机钻头""一种用于钻孔灌注桩钢筋笼的可拆卸吊筋系统""地质钻机用高压旋喷钻头""可旋转式孔口封闭器""用于钻孔和清孔的两用旋挖双底捞砂钻头""一种钻孔灌注桩孔口安全防护装置"实用新型专利9件。

蒋建伟 男，1970年8月生，1990年遵义师范学院毕业。2019年正高级工程师。参加云南漫湾、大朝山、内蒙古三座店、贵州夹岩、浙江仙居抽蓄、辽宁清原抽蓄、广东梅州抽蓄等项目建设。历任项目副总工程师、总工程师，二公司、水电公司、基础设施公司华南区域公司副总工程师。熟悉和掌握部分水工建筑物设计。获国家级、省部级各类工法、软件著作和专利共10余项。

蒋海军 男，1973年11月生，中共党员。1996年武汉水利电力大学毕业。2019年正高级工程师。历任砂石公司党委副书记、执行总经理，水电八局经营管理部主任，电建港航公司副总经理。《工业计算机安装与调试工法》获中国水电工法。参与的"特大型人工砂石系统研究与应用"获中国水电科技进步奖特等奖、国家能源科技进步奖一等奖。参编《水利水电工程施工技术全书（第三卷）〈混凝土工程〉（第三册）〈混凝土骨料生产〉》。参与开发的"棒磨机装棒台车""用于人工砂石的直线振动脱水筛分机"获实用新型专利。

舒春雷 男，1969年2月生，中共党员。1993年毕业于哈尔滨工业大学电子精密机械专业，1999年6月加入中国共产党。曾担任水电八局机电制造安装分局沅水项目部总工程师、糯扎渡机电安装项目部经理、局长助理、机电专业总工程师，机电公司副总经理。2019年获评正高级工程师。

曾凡杜 男，1980年4月生，中共党员。2002年河海大学毕业。2019年正高级工程师。注册一级建造师。历任水电八局工程科技部副主任，湖南省水力发电工程学会常务理事、副秘书长，湖南省建筑与节能科技协会专家，中国施工企业管理协会科技专家。获评中国电建科技管理先进工作者、湖南省建设行业科技创新先进工作者、湖南省水利卓越工程师、湖南省创新达人。获省部级科技进步奖特等奖2项、一等奖3项、二等奖1项、三等奖4项；获国家专利15件，国家级工法1项，省部级工法5项；参编行业标准8部。

曾 辉 男，1962年2月生，中共党员。1984年武汉水利电力学院毕业。1999年教授级高级工程师，2019年正高级工程师。参加东江、五强溪、二滩、三峡等项目建设，积累了较丰富的金属结构制造、安装专业理论知识和实际工作经验。历任机电公司总工程师、水电八局副总工程师。获聘电力行业水电站金属结构及启闭机标准化技术委员会第三届委员会委员、第三届电站焊接标准化委员会委员、中国电力建设专家委员会专家，当选中国工程建设焊接协会第八届常务理事、中国水电技术带头人。主持的"三峡电站特大型埋件全自动焊及现场制造技术研究"获中国电力科学技术奖一等奖、中国水电科技进步奖一等奖，参与的"700兆瓦水轮发电机组安装技术研究"获中国水电科技进步奖特等奖、中国电力科学技术奖二等奖。

曾翼虎 男，1968年9月生，中共党员。1993年陕西机械学院本科毕业，2016年中南大学工程硕士。2008年教授级高级工程师，2019年正高级工程师。参加大朝山、巴基斯坦巴罗塔、印度尼西亚齐、东加、珠江三角洲水资源配置工程等项目建设。历任项目副总工程师、副经理，国际部土建专业总工程师。"复杂环境海堤工程施工关键技术"获评国际领先水平、中国电建科学技术奖特等奖、中国施工企业管理协会工程建设科学技术奖一等奖。主持的"高海浪强震地区土工管袋防波堤工程关键技术"获评国际领先水平、中国施工企业管理协会科学技术奖科技创新成果二等奖、中国水力发电工程学会水力发电科学技术奖二等奖、中国交通运输协会科学技术奖二等奖、中国电建科学技术奖三等奖、中国电力建设企业协会电力建设科学技术进步奖三等奖、中国电力企业联合会中国电力创新奖三等奖。"一种土工管袋防波堤"获得国家实用新型专利，《土工管袋防波堤堤心填筑施工工法》获得中国电力建设企业协会电力建设工法。

谢卫东 男，1971年7月生，中共党员。1993年湖南水利水电学校毕业，2010年中国地质大学工程硕士。2011年教授级高级工程师，2019年正高级工程师。造价工程师、注册一级建造师、注册会计师、爆破工程技术人员。参加五强溪、三峡、溪洛渡、京沪高速、白鹤滩等项目建设。历任施工局副总工程师、副局长、局长、党工委书记，基础设施分局党委书记、副局长，水电八局副总经济师，水电八局党委委员、副总经理。主持的《大吨位压力分散型锚索施工工法》获评中国电建工法，《特高拱坝高陡边坡快速支护施工工法》获评中国电建工法、中电建协会工法。牵头完成"一种钢筋托架""一种锚墩模板组件""移动式物资存储仓库""一种土工膜辅助施工设备""钢结构水上作业平台""钢模板修复平台""边坡支护排架搭设架"7件实用新型专利。作为项目经理参与"白鹤滩陡峭峡谷大流量汛前截流与分流挡渣过水围堰设计及快速施工关键技术研究""白鹤滩水电站左右岸高陡边坡快速开挖与支护关键技术研究"科技攻关项目。

谢长江 男，1982年9月生，中共党员。2004年杨凌职业技术学院毕业。2021年正高级工程师。历任水电八局科研设计院项目副经理、项目经理、监测中心副主任、副总工程师，"谢长江创新工作室"领军人物，中国电建职业技能等级认定试题库编写专家。主持完成"金沙江下游河道水温时空分布对鱼类生存繁衍的影响研究"等20多个科研项目。编写《大坝安全监测自动化实施工法》等5个中国电建工法。参编《土石坝安全监测系统施工技术规范》等5个电力行业规范、国家标准《土石坝安全监测技术规范》《大坝安全监测系统验收规范》。参与电力行业标准《混凝土坝安全监测系统施工技术规范》《土石坝安全监测系统施工技术规范》英文翻译。主持国家标准《混凝土坝安全监测技术标准》英文翻译工作。参与《水电站水工建筑物缺陷管理规范》等7个规范评审工作。取得"一种用于大批量电缆分线的设备"等17件实用新型专利，"一种温度测量元件检定装置及检定方法"等3件发明专利，《大坝安全监测信息管理软件》等4项软件著作权。

谢 勇 男，1969年3月生，中共党员。1992年葛洲坝水利水电工程学院毕业，2008年国防科技大学工程硕士。2009年教授级高级工程师，2019年正高级工程师。参加五强溪、巴基斯坦巴罗塔、洪家渡、锦屏、科威特萨巴赫、大学城等项目建设。历任施工局副局长兼总工程师、分局副局长兼总工程师、国际部副总工程师、项目经理、海外事业部副总经理兼中东公司总经理、国际公司副总经理。主持洪家渡水电站工程厂房及引水隧道标段施工技术工作，"巴罗塔水电站工程堤坝填筑施工技术"获中国水电科技进步奖三等奖。参与"科威特大学城商学院及女子学院项目智能化大楼建筑工艺研究、智能化大楼施工技术研究"等科研项目，参编《大型房屋建筑密肋板泡沫模壳施工工法》。

强嵘 男，1975年9月生，中共党员。1995年中南工业大学毕业，2012年武汉大学工程硕士。2013年教授级高级工程师，2019年正高级工程师。参加华天、南托、长岭、深圳、福州、水南高速、天池山、星城映象、科研楼等项目建设。历任项目总工程师、经理，分局副局长、党委书记，土木公司党委书记兼副总经理，基础设施公司党委书记兼副总经理、党委副书记兼执行总经理、党委书记兼总经理，水电八局党委工作部、巡察工作办公室、党委宣传部、企业文化部主任。获评中国水电优秀项目经理、"十一五"时期质量管理先进个人，湖南省建设施工企业优秀项目经理，全国电力建设优秀项目经理。主持完成的"整体装配式高层剪力墙施工关键技术研究与应用"获中国电建科技进步奖二等奖；主要参与的"装配式建筑全产业链关键技术研究"获中国电建科学技术奖特等奖。

蒯本昭 男，1971年2月生，中共党员。1995年湘潭大学毕业，2007年国防科技大学工程硕士。2020年正高级工程师。长期从事金属结构制造、安装，设备选型设计、制造，火电EPC项目管理。参加印度尼西亚东加、苏苏、明古鲁、北苏三等项目建设。历任常德机械厂副总工程师，国际部技术办副主任，项目部副总工程师、副经理、常务副经理、经理、党工委书记，印度尼西亚分公司副总经理。专业负责研发的BLJ600-40型布料机产品，入选中国机械产品目录，获评中国水电科技进步奖一等奖。主持苏苏滨海地区深软基础处理、泵房及进水明渠深软基础条件下深基坑支护开挖重大技术方案研究与实施。

雷振 男，1973年12月生，中共党员。1997年武汉水利电力大学毕业。2020年正高级工程师。参加大朝山、水南高速、惠州抽蓄、平海、深圳地铁7号线、武汉地铁8号线、深圳地铁10号线、深圳地铁12号线等项目建设。历任项目副经理、总工程师，铁路公司副总工程师，水电八局土建专业总工程师，中电建铁路建设投资集团有限公司南方公司副总工程师。

廖立 男，1966年11月生，中共党员。1989年南京航空学院毕业。2005年教授级高级工程师，2019年正高级工程师。参加东江、五强溪、黑糜峰、柬埔寨甘再、厄瓜多尔美纳斯、梅州抽蓄等项目建设。历任项目总工程师、经理，机电公司工程技术办副主任、副总工程师。参与的"三峡左岸电站700兆瓦水轮发电机组安装技术研究"获中国水电科技进步奖特等奖、中国电力科学技术奖二等奖。参编《水利水电工程施工手册（电气卷）〈水轮发电机定子现场装配工艺导则〉》（DL/T 5420—2009）、《水轮发电机组启动试验规程》（DL/T 507—2014）。

黎正辉 男，1969年7月生，中共党员。1994年湖南大学衡阳分校专科毕业，2007年中共贵州省党委学校本科毕业。2019年正高级工程师。参加五强溪、三峡、彭水、银盘、石济铁路等项目建设。历任施工局副总工程师、质检办主任、总工程师、党工委书记，分局副总工程师、副局长、党委副书记，铁路公司/轨道交通公司设备物资部主任。主持完成银盘电站砂石系统设计。参与"银盘砂石系统湿法生产中石粉回收工艺""两种立式破碎机制砂工艺比较""水利水电工程对生态环境的影响探析""新型复合硅酸铝与聚合氯化铝在黑臭水体治理中的应用比对研究""胶带机清扫器主动清扫设计原理论述"课题研究。参与人工砂石工法编制。获专利2件。

潘斌 男，1972年1月生，中共党员。1995年河海大学毕业。2020年正高级工程师。历任水电八局质量管理部业务主任、工程管理部副主任、专业总工程师。主要参与《竣工资料收集、整编导则》《模板施工工艺标准图册》编写。主要参编的《水电站塔式进水口钢筋混凝土施工工法》获评湖南省工法。参编《水电水利基础处理工程竣工资料整编及验收规范》《水电水利工程导流隧洞及导流底孔封堵施工规范》等省部级规范。《管理的系统方法在施工企业的应用》获评第二十七届中南六省质量管理优秀论文一等奖。组织彭水、布维、沐若、大华桥、科研楼、泛悦城、蓝天保障性住房等工程项目申优，获得国家级优质工程奖。

戴克任 男，1979年1月生，中共党员。2003年长沙理工大学毕业。2019年正高级工程师。注册一级建造师。参加水布垭、大柳塔橡胶坝、南托融和园、南水北调S25标、汶马、垄茶、天津塘承高速、衡阳东山安置房等项目建设。历任项目总工程师、总经济师、项目经理，土木公司副总经理，基础设施公司总经理助理、副总经济师、副总经理、党委副书记兼执行总经理。获评中国电建优秀项目经理、全国电力建设优秀项目经理、全国工程建设优秀项目经理。主持"新型铝塑模板施工技术应用的研究""高层建筑BIM关键技术研究""高层建筑铝合金模板支撑体系技术研究""河边高水位条件下深基坑开挖支护及地基处理关键技术研究""绿化种植屋面的技术研究"等课题研究。"一种建筑隔音保温防震板"获实用新型专利。《超大面积门连窗化学锚栓固定施工工法》《抗浮锚杆施工工法》《铝塑模板施工工法》获中国电建工法。

戴作友 男，1968年4月生，中共党员。1991年长沙水利电力师范学院毕业。2012年教授级高级工程师，2019年正高级工程师。参加东江、五强溪、凌津滩、洪江、越南西山、印度尼西亚齐、苏苏等项目建设。历任项目副总工程师、项目质检工程师、经理、党工委书记，分局副总工程师、专业技术带头人、国际工程办主任，联营体常务副总经理，印度尼西亚分公司副总经理，国际公司机电专业总工程师。参编的《单行车改装吊发电机定子施工工法》获中国电建工法，参与的"节能燃气锅炉"获国家实用新型专利，参加的"苏苏项目200兆瓦超高压燃煤锅炉受热面焊接质量控制"和"BEH型电除尘器阴阳极板安装质量控制"获电力建设质量管理小组成果三等奖、湖南省优秀QC小组。"利用区域化优势强化国际EPC项目管理"获中国建筑业协会建设项目管理Ⅰ类成果，参编《火电项目管理手册》《水利水电工程施工手册》，合著《国际EPC火电项目开发与履约管理》。

戴科夫 男，1963年5月生，中共党员。1985年武汉水利电力学院毕业，2009年中国人民大学经济学硕士。2005年教授级高级工程师，2018年正高级经济师，2019年正高级工程师。注册一级建造师，高级职业经理人。参加三江口、五强溪、凌津滩、二滩、巴基斯坦巴罗塔、水布垭、构皮滩、溪洛渡、赣江尾闾等项目建设。历任施工局局长，联营体总经理，总包部项目经理，水电八局局长助理、副总工程师、副局长、副经理兼总经济师，中国电建高级经济师和正高级经济师评审委员会评委。"溪洛渡水电站拱坝智能化建设关键技术"获国家科技进步奖二等奖。布置取得水电八局市政公用工程、建筑工程总承包特级资质。参与水电八局机构改革。定期组织实施项目经济策划评审和合同变更索赔项目评审制度。曾主持竞争性合同谈判，获湘西文教卫等一批PPP项目。

蹇尚友 男，1972年9月生，中共党员。1995年湖南省水利水电学校毕业，2016年武汉大学工程硕士。2016年教授级高级工程师，2019年正高级工程师。水利水电、市政公用工程注册一级建造师，注册监理工程师。参加三峡、龙滩、萍连高速、雷打滩、淇南水电站引水、金安桥、云南黄登、大华桥等项目建设。历任项目副总工程师、总工程师、经理，施工局副局长，砂石分局副局长，水电八局市场部主任、总经理助理、副经理，中国电建华中投资公司临时党委书记、董事长、法定代表人。获评中国电建优秀项目经理、全国电力建设优秀项目经理。获中国水电科技进步奖特等奖、中国电力科学技术奖一等奖、国家能源科技进步奖一等奖，拥有多件实用新型专利。

二、正高级经济师（15人）

王　谊、朱　枫、朱国强、刘映江、李小亮、杨争权、沈　伟、宋宜军、邵富强、林　华、岳　峰、周国良、郑　英、蔡大为、戴科夫

王　谊 男，1977年3月生，中共党员。2000年湖南城建高等专科学校毕业，2009年湖南城市学院本科毕业。2021年正高级经济师。历任中铁十九局项目总经济师、经理、副指挥长，铁路公司副总经理兼总经济师，水电八局特级专家（经济）。参编2021版湖南省城市轨道交通工程消耗量标准。组织完成《湖南省建设工程造价》第一章土石方、围护结构及地基处理工程，第二章桥梁工程，第三章隧道工程定额测定和评审工作。著有《关于建筑工程项目施工中成本管理（控制）探讨》《关于基础设施建设项目投标报价策略的探讨》等论文。

朱　枫 男，1972年9月生，中共党员。1995年湖南水利水电学校毕业，2009年中国地质大学工程硕士。2021年正高级经济师。参加罗边、华天、1814、耒宜高速、京石6标等项目建设。历任项目总经济师，四分局总经济师、副总经理，基础设施事业部总经理，市场营销管理部主任，水电八局副总经济师、副总经理。获评中国电建优秀共产党员、基础设施业务经营管理标兵。出版《水利水电企业经营管理研究》书籍，著有《洞庭湖烂泥湖水系洪涝灾害风险评估与应对措施》《典型年洪水的洞庭湖槽蓄特征研究》《建筑企业区域化项目管理研究》《建筑企业区域化项目管理研究》《大数据背景下市场营销管理面临的机遇与挑战》《新时期企业经济管理创新策略研究》等论文。

朱国强 男，1962年9月生，中共党员。1982年遵义师范专科学校毕业，2013年清华大学工程硕士。2021年正高级经济师。历任水电八局人事处处长、工会主席、党委副书记兼纪委书记、监事，中国电建集团党委巡视组组长、外部董事。主持的"媒介融合形势下思想政治工作创新研究""探析国企新媒体开发应用及作用发挥"获省部级一等奖。启动南托、贵阳、常德、东江、武汉基地经济适用房投资建设。负责南托基地砂石公司办公楼、教培中心实习车间及实验楼等项目兴建。推行《主辅分离改制分流工作初步方案》，成功改制水电八局中心医院、常德医院和贵阳医院。主持长沙理工大学与水电八局共建"建设工程及投融资法律研究基地"重点课题"新形势下PPP项目发展趋势分析及其法律风险防控研究"。牵头主推水电八局"尚水"文化体系建设。

刘映江 男，1962年1月生，1986年贵州广播电视大学毕业，2003年解放军政治经济学院毕业。2019年正高级经济师。曾任水电八局副总经济师。

李小亮 男，1964年4月生，1986年贵州广播电视大学毕业，2004年中共湖南省委党校毕业。2019年正高级经济师。参加东江、华天、水南高速等项目建设。历任施工局、四分局总经济师，水电八局副总经济师。指导经济活动分析、项目变更索赔工作，主持和参与"计量结算管理程序创新""施工项目变更精益化管理""公路桥梁工程投标报价软件"等管理创新项目。著有《如何做好施工企业分包合同管理》《浅谈梁板桥的加固》等论文。

杨争权 男，1969年12月生，中共党员。1992年贵州大学毕业。2019年正高级经济师。参加漫湾、大朝山、小湾、溪洛渡等项目建设。历任施工局副局长兼总经济师，五公司、水电公司、铁路公司副总经理兼总经济师，水电八局副总经济师。主持开发溪洛渡成本管理系统、变更索赔工作。主持大藤峡水电站左岸大坝、白鹤滩水电站大坝投标并中标。参编砂石料生产企业定额。参编审查中国电建《绿色建材项目投资估算编制导则》《绿色建材项目执行概算编制导则》。

沈伟 男，1972年12月生，中共党员。1992年湘潭县财校大学毕业，2011年湖南城市学院毕业。2020年正高级经济师。参加五强溪、凌津滩、华天扩建、龙滩、衢常铁路、京沪高铁、赣江尾闾等项目建设。历任四分局副总经济师，基础设施分局、土木公司、基础设施公司副总经理兼总经济师，赣江尾闾项目总承包项目部总经济师。主持土木公司装配式建筑消耗量标准基础数据分析，形成《湖南省建筑装配式定额》。主持修订基础设施公司《建设工程分包合同范本》。主持组建并运行基础设施公司造价中心，全面覆盖分公司各项目的投标报价、项目概预算编制及对审、项目预结算等工作。针对赣江尾闾项目模式特点及规模特点，主持实行年度产值责任状考核制，建立项目目标成本考核，调整分包模式严控实施成本。

宋宜军 男，1969年3月生，中共党员。1991年河海大学毕业。2020年正高级经济师。参加二滩、华天、巴基斯坦巴罗塔、加纳布维、莱索托麦特隆、乌干达卡鲁玛等项目建设。历任项目工地副经理、总经济师、经理，国际部/国际公司副总经理兼总经济师，水电八局副总经济师、特级专家（经济）。获湖南省电力行业协会2021年度管理创新一等奖。组织指导巴基斯坦巴罗塔水电站项目索赔变更工作。开启海外第一个EPC+F项目布维水电站合同谈判和项目前期经营工作，南部非洲第一个项目莱索托麦特隆大坝项目的投标、合同谈判和主持项目管理工作，开启东部非洲最大水电站项目乌干达卡鲁玛水电站超14亿美元融资落地和EPC项目管理工作。著有《解决FIDIC国际工程合同争端的程序与技巧》《2017版FIDIC合同体系介绍与中国合同体系比较》《科威特返投资争议案的解决技巧》等论文。

邵富强 男，1973年6月生，中共党员。1993年湖南省水利水电学校毕业，2007年中共贵州省委党校本科毕业。2020年正高级经济师。参加五强溪、江垭、三峡、龙滩、构皮滩、梨园、长峡等项目建设。历任项目副经理、总经济师、经理、党工委书记，砂石公司副经理兼总经济师，投资公司副经理兼总经济师、长峡公司党委书记兼总经理。主持砂石公司经营管理工作，组织开展"提质增效"专项活动。主持投资公司投资业务工作。主持多个项目市场营销，白鹤滩砂石标、大藤峡砂石标、六安叶集PPP、长九、长峡等多个项目成功落地。著有《装配式建筑成本分析及优化研究》《基于PPP模式的海绵城市工程造价管理及研究》《浅析PPP项目全过程造价控制》等论文。

林华 女，1965年2月生，中共党员。1984年7月贵州省商业学校毕业，2000年湖北大学毕业。2019年正高级经济师。历任三峡施工局总经济师，水电八局总经理助理、副总经济师兼经营管理部主任。主持及负责编制会审水电水利规划总院可再生能源定额站《水电建设工程工程量清单计价规范》中的金属结构制造安装和机电设备安装工程部分。参编会审水电水利规划总院《2004年水电建筑工程预算定额》，参与湖南省电力行业协会"湖南省电网工程建设外部环境分析及对策研究"课题研究。组织测定编制湖南省定额站《住宅产业化PC构件安装定额》。"施工项目变更精细化管理"获全国电力行业企业管理创新成果奖二等奖、中国水电首届企业管理创新成果奖二等奖。"计量结算管理程序创新"获中国水电首届企业管理创新成果奖三等奖。

岳峰 男，1974年12月生，中共党员。1995年葛洲坝水利水电工程大学毕业，2016年湖南大学经济学硕士。2020年正高级经济师。参加二滩、巴基斯坦巴罗塔、沙特沙巴等项目建设。历任恒丰投资有限公司总经理，水电八局投资部副主任、国际部副总经济师、国际公司兼总经济师，水电八局副总经济师、一级专家（经济）。负责国际市场开拓、项目经营管理及经营管理制度的建立完善工作。在科威特、沙特、莱索托市场开拓上取得成绩。著有《中国企业海外市场进入模式选择研究》《关于劳动力成本对中国劳务输出的影响》《国际工程项目本土化管理措施研究》等论文。

周国良 男，1970年4月生，中共党员。1993年南昌水利水电高等专科学校毕业，2007年三峡大学毕业。2019年正高级经济师。曾任项目副经理、经理，分局副总经理师、经营办主任，施工局副局长、总经济师，水电八局经营管理部副主任，水电公司副总经理、总经济师。

郑英 女，1973年2月生，1994年西安统计学院毕业。2021年正高级经济师。历任水电八局经营管理部副主任、特级专家（经济），住房和城乡建设部资质评审专家，中国施工企业协会信用企业管理专家，中国电力建设协会统计水电工程专家，长沙市建筑业协会理事，长沙市天心区政协常务委员。参与中国电建"建造合同准则"课题研究及政策制定，建立完善水电八局建造合同三级复核和终审制度。先后将矿山工程、机电工程、电力工程升级至施工总承包壹级资质，建筑工程、市政公用工程施工总承包特级资质，市政行业、建筑行业工程设计甲级资质。制定《水电八局信用风险管理办法》，水电八局多次获评守合同重信用及诚信典型企业。

蔡大为 男，1975年3月生，中共党员。1995年郑州电力高等专科学校毕业，2014年长沙理工大学工商管理硕士。历任水电八局专业总经济师、人力资源部副主任、教培中心副主任，中国电建人力资源信息化特聘专家、劳务实名制专家，中国建筑业协会建筑企业经营和劳务管理分会委员。编写水电八局《人力资源管理分手册》《人力资源总体战略及2017—2020年人力资源规划》。建立水电八局培训体系、培训与开发管理办法。推进经营负责人绩效考核与薪酬办法、总部机关员工绩效工资管理办法等制度改革。推行人力资源共享服务平台，优化人力资源信息管理系统，推进"尚水学堂"线上学习平台。制定农民工管理手册，建立企业级农民工实名制系统。参与中国电建"高技能人才队伍建设研究""建筑行业农民工培训标准化体系研究"。

戴科夫 见本篇第三章第九节"一、正高级工程师"。

三、正高级会计师（8人）

文　亮、冯正文、朱铁钢、李　波、陆书众、高　昱、
唐　明、翟　睿

文亮 男，1969年2月生，中共党员。2014年桂林理工大学毕业。2021年正高级会计师。主要从事财务资金管理、投融资管理、审计管理工作。历任朝阳房地产财务总监，二公司、砂石公司、基础设施公司委派总会计师。获评中国电建清产核资先进个人。2021—2022年连续完成国内首批政府付费类PPP项目资产证券化（ABS）。著有《PPP项目再谈判之财务定位》《ZGDJ建筑施工企业应收账款管理研究》等学术成果，《贵龙纵线PPP项目资产证券化融资应用与实践案例》获中国施工企业管理协会2022年度建筑财务管理典型案例。

冯正文 男，1969年9月生，中共党员。中国人民大学西方经济学专业硕士。2019年正高级会计师。历任洪家渡施工局、国际部总会计师，水电八局总会计师，山东电建三公司总会计师。获评中国水电清产核资先进个人、长沙市经济工作先进个人、湖南省会计学会优秀工作者、湖南省总会计师协会先进工作者。著有省部级学术成果《三供一业分离移交工作报告》，集团级学术成果《售后回租形成融资租赁企业所得税处理浅析》《信息化系统在工程成本控制中的应用》等。推动并保持水电八局AA+主体信用评级。建立投资项目风险管控体系，设计投资收益内部分享机制，合理开展筹划税务。

朱铁钢 男，1965年2月生，中共党员。1984年长沙电力学校毕业，1998年长沙电力学院财务、工商管理双学历毕业。2021年正高级会计师。历任水电八局项目部主任、分行行长、二级单位总会计师、资金管理部副主任、副总会计师。在五强溪推行资金集中管理及内部银行管理，在常德分行实行内部银行区域化管理，在洪江施工局推行目标成本管理，在基础分局推行风险承包管理，在安装分局推进独立法人西昌厂的投资、建设及运行管理。著有《水电工程建安营业税及其附征税费应如何正确计入工程概算》《施工企业资金问题探讨》《从内控谈会计舞弊的防范》《新收入准则对建筑企业财务会计核算的影响及应对策略》《浅谈财务人员违反财经纪律的原因及防范对策》。

李波 男，1972年11月生，中共党员。2004年湖南大学毕业。2020年正高级会计师。从事国内外财务资金、税务筹划、资金运作、审计管理等工作，历任财务负责人、国际公司总会计师、水电八局副总会计师。锁汇创收，降本增效，税筹创效，建章立制，完善内控体系，著述《境外施工项目税务风险及应对策略研究》获省部级特等奖、一等奖，《浅谈国际工程项目税务风险管理——以印尼税务特赦为例》获省部级一等奖，《境外项目税务风险及应对策略》获省部级一等奖并在中税网上作课题讲座。著有《从结构减税中浅谈海外工程项目国际税收问题的处理》《关于境外工程项目资金管理问题的探讨》《从成本管理观念论成本控制与财务管理目标》《国际业务税务管理的思考》。译著《全球税务指南（非洲卷Ⅰ、卷Ⅱ、卷Ⅲ）》。

陆书众 男，1975年3月生，中共党员。1993年湖南省劳动人事学校毕业，2018年湖南大学毕业。2021年正高级会计师。历任项目财务部副主任，水电八局专业总会

计师、财务部副主任，注册税务师、注册会计师。参与乌干达卡鲁玛项目、长九新材料公司等重大项目税务筹划。主编中国水电《会计基础工作规范实施细则》。主持完成"集团公司科研经费管理办法和完善科研收支财务核算体系"课题。参编中国电建《会计基础工作手册》《会计核算办法》。主持水电八局"营改增"工作，制定《企业研发准备金制度》《研究开发费用指导手册》。

高 昱 男，1969年6月生，中共党员，2018年桂林电子科技大学工商管理硕士。2020年正高级会计师。历任水电八局内部银行贵阳分行副行长，小湾施工局总会计师，水电八局资金管理部主任，贵州工程公司总会计师。获评中共电建资金管理先进个人。著有《水电八局资金集约化管理系统》《浅析供应链金融ABS在建筑施工企业的应用》。成功构建水电八局资金集约化管理体系。牵头发行可续期绿色公司债券和应付账款ABS等融资项目。推动PPP项目及绿色建材等投资项目债务融资低成本落地。

唐 明 男，1971年4月生，中共党员。2019年湖南农业大学工商管理硕士。2020年正高级会计师。历任马来西亚沐若项目部总会计师，水电八局资金管理部副主任，财务部主任兼财务共享服务中心主任，水电八局总会计师。获评中国电建全面风险管理与内部控制活动积极分子、湖南省优秀学会工作者。组织编写《水电八局财务管理标准手册》《全面预算管理办法》，著有《浅谈建筑企业财务共享项目实施要点及应对策略》《浅析大数据环境下的财务分析》。主持搭建水电八局财务共享服务中心，连续多年开展高新技术企业申报认定，推动"债转股"、供应链融资、资产证券化（ABS）等各项资产盘活及融资工作。

翟 睿 男，1970年3月生，中共党员。1990年遵义师范专科学校毕业，2014年桂林理工大学工商管理硕士。2021年正高级会计师。历任二级单位总会计师，水电八局副总会计师、审计部主任。主持制定分管单位会计、审计制度。著述《论提升财务分析在企业管理中的应用》《浅析PPP模式对建筑企业SDBJ公司的影响》《浅谈财务分析如何上升为经营分析》等，《建筑施工央企小比例参股PPP项目风险研究》获电力工程行业财务审计与投融资优秀论文二等奖，《国有施工企业财务风险防控探析》获建筑财税优秀论文三等奖。

四、教授级高级工程师（28人）

王　杰、白延庆、宁金华、刘光华、刘秀平、刘　荔、刘海深、孙　红、杨　刚、吴　敏、何庚生、何培章、辛全争、张燕滨、陈义海、陈云峰、陈正平、易佳利、郑智仁、贺立新、高剑锋、郭　峰、黄　敏、龚长清、康忠东、韩红祥、熊明华、蔚文斌

五、高级工程师（976人）

丁一波、丁长青、丁国强、丁国靖、丁　巍、于　磊、才俭峰、万兆欣、万志勇、万忠华、万　勇、万晓林、上官志强、马云刚、马玉安、马利东、马国荣、马　勇、马起荣、马焱鑫、马　懿、王元安、王少文、王中越、王文亮、王文博、王玉利、王玉忻、王玉明、王巧华、王正斌、王东平、王永华、王永红、王发中、王有庆、王　军、王　沁、王志芳、王连光、王岐水、王宏金、王金凤、王　波、王建辉、王绍明、王　政、王秋阳、王俊义、王胜利、王恒涛、王晋升、王晓伟、王　晖、王资一、王　涛、王海东、王维龙、王　琦、王　超、王　森、王　辉、王集中、王勤乐、王新平、王静云、王　磊、王德辉、王　毅、韦　强、车兴良、毛　健、毛昭霞、仇　杰、勾正洪、方卧龙、方　明、方建华、方　科、尹小香、尹光景、尹显胜、孔祥莉、邓　琦、邓小维、邓　文、邓东晓、邓宁宇、邓宇兴、邓志红、邓　芳、邓　凯、邓建峰、邓星余、邓跃斌、邓　敏、邓辉红、甘艳华、艾文武、左广恒、左庭友、左辉斌、石庆能、石金山、龙友洪、龙月林、龙　峰、卢大文、卢红军、卢树良、卢俊文、帅　罗、叶冬冬、叶　青、叶　波、叶秋强、申碧征、田齐峰、田兴安、田　志、田　坤、田明明、田建平、田　亮、田琴丽、田智洪、史永轩、冉光荣、生卫民、付启军、付　昊、付春雨、代艳松、印大秋、包建明、邝任廷、冯　俊、冯银诚、冯　辉、皮丕良、邢焕丽、吉子为、巩炳南、成新文、毕福强、师要刚、吕维祥、朱小林、朱礼金、朱永花、朱永泉、朱红敏、朱孝琴、朱宏伟、朱　兵、朱　宏、朱　枫、朱国强、朱宝锋、朱建生、朱星星、朱贵江、朱贵忠、朱勉红、朱晓春、朱健伟、朱海强、朱靓瑛、伍　洲、伍锡柯、任红专、任　军、任　杰、任季恩、任　俊、任　勇、华　靖、向　戈、向　军、庄作成、庄　琳、刘又仁、刘大庆、刘小康、刘卫星、刘文斌、刘世康、刘艾华、刘仙元、刘必旺、刘　邦、刘光辉、刘　帆、刘　刚、刘伏良、刘旭红、刘旭涛、刘江华、刘安国、刘红沪、刘红英、刘运华、刘志强、刘　灿、刘良雪、刘邵星、刘坤华、刘茂华、刘　松、刘　杰、刘尚珍、刘尚菊、刘昊夫、刘昆亮、刘国虎、刘国忠、刘　欣、刘金平、刘金明、刘金敏、刘朋瑞、刘宗胜、刘建权、刘建程、刘孟辉、刘　春、刘　珍、刘柱平、刘　峥、刘胜杰、刘　亭、刘　洋（1969年生）、

刘　洋（1984年生）、刘　勇、刘艳波、刘振山、刘晓艳、刘晓准、刘　峰、刘爱军、刘润生、刘菊红、刘菊梅、刘常青、刘得田、刘望明、刘清熙、刘　密、刘维新、刘琪璇、刘棉场、刘　锐、刘道旺、刘新松、刘德芝、刘　豫、齐少勇、闫娜娜、闫韶华、关卜川、关　败、关洪华、江　涛、江群德、汤怀亮、安明勇、安海民、许海锋、许德群、许　巍、孙井钟、孙中文、孙术国、孙永卫、孙昌猛、孙淅波、孙智明、苏　可、杜正宏、李小平、李小明、李义君、李卫超、李　元、李太阶、李凤舞、李文革、李平锋、李冬花、李立彬、李必胜、李永成、李发尧、李　刚（1981年生）、李　伟（1977年生）、李　伟（1983年生）、李伟挺、李庆虎、李守峻、李如钢、李进益、李志亮、李连敏、李利军、李　宏、李启阳、李社宏、李武峰、李　坤、李茂勇、李　杰、李雨婷、李　昊、李国良、李国辉、李明星、李　忠（1981年生）、李　忠（1985年生）、李　育、李诗舫、李建伟、李建军、李建峰、李星宁、李俊伟、李俊锋、李彦彪、李洪宇、李洪波、李津科、李　晓、李爱云、李烨宇、李海峰、李海滨、李　润、李润章、李雪江、李彪奇、李清平、李　琦、李　朝、李　斌、李斌奇、李署泽、李锦岚、李　靖、李新江、李福军、李群辉、李　毅、李繁荣、杨卫军、杨　文、杨正康、杨立波、杨亚洲、杨成刚、杨　光、杨会友、杨　江、杨运喜、杨　利、杨秀凯、杨希远、杨　苗、杨林海、杨金庞、杨　波、杨建安、杨建春、杨　柳、杨　俊、杨　津、杨海云、杨海青、杨　猛、杨焕起、杨　森、杨　翔、杨道勇、杨　婷、杨锦明、杨　静、杨　霁、肖万华、肖凤平、肖业平、肖　汉、肖光军、肖　坤、肖　国、肖育斐、肖　科、肖　剑、肖振东、肖尊解、肖　镍、吴久龙、吴东海、吴永明、吴　成、吴　刚、吴名涛、吴志贤、吴志辉、吴林艳、吴春龙、吴晓辉、吴　涛、吴继明、吴　智、吴湘建、吴新红、旷永清、邱　凯、何元志、何中良、何文学、何玉先、何龙成、何　平、何　平（女）、何冬太、何　伟、何　军、何志强、何庚生、何宜波、何庭富、何晓忠、何清华、何　锋、何满福、何　磊、何德强、何　毅、余月田、余邦全、余红松、余金水、余家符、余敏田、余深孜、谷　峰、邹小建、邹元林、邹朝辉、邹　强、汪志琳、汪　洋、汪跃辉、汶宏超、沈正龙、沈有辉、宋　丹、宋来柱、宋建辉、宋智全、宋德伟、张义芳、张　水、张仁祥、张文学、张玉强、张正武、张世卿、张　石、张　汉、张汉龙、张永初、张召法、张有林、张百尧、张光辉、张华平、张华伟、张华南、张会员、张红伟、张红军、张志雄、张志强（1976年生）、张志强（1982年生）、张丽娜、张所倩、张泽远、张治雷、张学忠、张建峰、张秋生、张振关、张捍平、张爱民、张　海（1972年生）、张　海（1986年生）、张宾涛、张培军、张检华、张朝阳、张朝磊、张雄飞、张　锋、张道锦、张　键、张微微、张鹏伟、张腾飞、张　磊、张黎阳、张黎波、张　毅、张　鲲、陈长生、陈　文、陈允兵、陈正宇、陈正新、陈世安、陈东坪、陈　刚、陈名英、陈　军、陈克兵、陈励勇、陈　利、陈应球、陈启旺、陈　杰（1972年生）、陈　杰（1981年生）、陈国能、陈　凯、陈　勋、陈　俐、陈姿霖、陈　勇、陈振山、陈　笠、陈　望、陈　清、陈敬收、陈朝明、陈惠琼、陈善才、陈颖润、陈　歆、陈　瑶、武文斌、武基民、范才飞、范正忠、范　乾、林马亮、林长钦、林玉山、林成华、林希元、林智松、林　新、郁　卿、欧阳习斌、欧阳立文、欧品相、欧胜辉、卓振华、卓　越、尚志华、昌　兵、易龙兵、易永忠、易　伟、易　峻、罗小年、罗飞跃、罗文智、罗代军、罗江波、罗志刚、罗来仙、罗　忠、罗金望、罗　俭、罗清湖、罗强杰、罗意成、罗雍男、季土荣、岳　磊、金元杰、金　龙、金　玲、金鹏飞、周万文、周　子、周子江、周长征、周　为、周　可、周发海、周达康、周志炎、周志辉、周启坤、周国强、周岳望、周树红、周显华、周　星、周洪云、周祝寿、周艳春、周　海、周　敏、周梁旗、周期颐、周景丽、周湘庚、周裕岳、周雍智、周震钧、周黔辉、庞少剑、庞　帅、郑文武、郑顺祥、单　斌、屈登举、孟华庆、孟宪朝、孟祥杰、赵大平、赵广周、赵丰年、赵文成、赵仙龙、赵　刚、赵志红、赵　杰、赵　昂、赵金山、赵泽宏、赵建民、赵建湘、赵晓辉、赵　峻、赵　萃、赵银超、赵　超、赵　斌、赵稚萍、赵　源、胡月路、胡　平、胡军湘、胡良洪、胡金林、胡治河、胡建纯、胡勇峰、胡晓军、胡晓红、胡　航、胡湘乔、胡鹏程、柯建新、柳新建、钟学锋、段小江、段文杰、段善平、皇甫斐杰、禹　艳、侯伏强、侯建军、侯　炼、侯　勇、施广鑫、姜小梅、姜克寒、姜　佳、姜桂军、祝家秀、祝　敏、姚永刚、姚兴隆、姚作武、姚　德、姚　瞻、贺志刚、贺志坚、贺芳明、贺晓锋、贺　彬、贺　磊、贺豫奇、秦民生、秦邦富、秦如霞、秦坤元、敖志勇、袁人贵、袁　凡、袁云刚、袁安疆、袁　异、袁进学、袁　希、袁　怀、袁　野、袁鲁峰、耿石军、耿　李、聂　晟、聂湘沅、莫先汉、莫志兵、贾国安、夏兵兵、夏国文、夏胜波、夏　敏、夏新平、夏　毅、党志超、倪　力、徐大桥、徐仑兴、徐全润、

徐国强、徐宗林、徐建平、徐盛剑、徐鹏程、徐　磊、
殷长城、殷永忠、殷运涛、栾　芳、高长征、高扣娃、
高运涛、高利民、高　速、高　超、高喜财、高瑞民、
郭大军、郭习葵、郭　平、郭国华、郭建刚、郭　亮、
郭　健、郭新瑞、郭　鑫、席　宁、唐小波、唐少华、
唐存军、唐林厚、唐明军、唐政军、唐　标、唐　战、
唐　勇（1968年生）、唐　勇（1983年生）、唐粒钧、
唐寅兵、涂佑洪、涂建湘、涂　亮、涂　勇、谈峰玲、
陶建宁、陶　氢、黄广进、黄仕保、黄乐银、黄有祥、
黄光辉、黄行昆、黄旭文、黄远方、黄　良、黄　松、
黄明强、黄和平、黄　岳、黄荣干、黄荣洲、黄香元、
黄　亮、黄　洁、黄恩福、黄益彬、黄喜文、黄辉中、
黄　靖、黄　颛、黄　巍、梅延伟、曹　成、曹吕兵、
曹泽平、曹勇平、曹振宇、曹哲云、曹瑞东、曹楚良、
曹　毅、戚海超、龚小林、龚小明、龚红伟、龚国群、
龚治国、龚建辉、龚　钺、崔晓乐、康中斌、康　鹏、
章　波（1965年生）、章　波（1981年生）、渠　磊、
梁力平、梁文伟、梁晓亮、梁　浩、梁　超、彭　云、
彭正坤、彭正春、彭　永、彭再朝、彭　冲、彭评华、
彭初开、彭俊燕、彭　勇、彭艳红、彭　颖、董一平、
董　月、董文超、董　红、董金山、董　婷、蒋小平、
蒋　文、蒋发芝、蒋　帆、蒋　华、蒋国文、蒋晓平、
蒋鸿雁、韩　飞、韩可林、韩咏涛、韩雄辉、景　尚、
喻冬科、喻伯良、程　里、程　峰、焦志毛、舒　江、
舒　晖、舒展强、鲁志刚、鲁歆蓉、童优良、曾文专、
曾兆文、曾庆贺、曾宇波、曾　侃、曾欣扬、曾金石、
曾建龙、曾绍军、曾　亮、曾彦林、曾　健、曾爱国、
曾彬峻、曾　淋、曾湖庚、曾　湘、曾　祺、湛应平、
温天贵、温　晓、谢云华、谢世佑、谢东君、谢达良、
谢　华、谢君佐、谢　旺、谢国华、谢凯锋、谢学农、
谢建林、谢显军、谢娜娜、谢铁华、谢清明、谢惠军、
谢　斌、谢渭平、谢新颖、靳自强、楚　贝、楼张根、
赖欢欣、雷大海、雷世清、雷　鸣、訾松伟、路永珍、
路宪波、解　挺、雍婷婷、窦铁林、蔡大为、蔡传忠、
蔡华奇、蔡　明、蔡　秋、蔡胜勇、廖文斌、廖峻峰、
廖　敏、廖超良、廖满军、漆新江、谭　峰、谭成硕、
谭伏龙、谭华文、谭孝源、谭凌云、谭清海、谭腊冰、
熊玉昆、熊　伟、熊全裕、熊淑兰、熊　斌、缪春波、
缪　莹、樊传刚、黎回庭、黎　勇、颜亦荣、颜昌梅、
颜剑秋、颜斌智、潘文智、潘刚毅、潘庆华、潘志坤、
潘岳蕾、潘宪敏、潘德辉、薛　芳、薛继方、戴　勇、
戴恒宜、戴　瑜、魏友健、魏学元、魏　清、魏　毅、
瞿　陵、瞿韶建

六、高级经济师（227人）

丁　江、于　晟、万晓林、马艳珍、王大勇、王小飞、
王中越、王伏叶、王全洪、王　杰、王炎廷、王思慎、
王　晖、王菊新、王　程、王　斌、车向成、毛苏华、
邓世华、邓灵艺、邓　昊、邓星燕、邓　亮、石汉生、
石汉兵、龙际佳、帅明干、叶大章、叶　芳、付　昊、
付维蓉、代东川、匡瑞青、曲晓蕾、朱升华、朱长胜、
朱娜娜、朱雪琴、朱　斌、向　军、向谷香、向陵辉、
刘小春、刘亚琼、刘　伟、刘运华、刘　芸、刘卓人、
刘明慧、刘建国、刘细军、刘品金、刘　峥、刘　洋、
刘　姣、刘爱玲、刘　敏、刘　辉、关惠群、江泽昭、
许小花、孙国韩、孙忠翔、孙学文、苏　燕、李一帆、
李小卫、李长庚、李仁伟、李冬群、李闪莹、李吉广、
李　华、李红军、李志伟、李　芳、李丽洁、李　征、
李育年、李　闻、李振康、李　晖、李爱珍、李烨宇、
李　琨、李　鹏、李　静、杨一心、杨　杨、杨时光、
杨建湘、杨　俊、杨海林、连普选、肖巧茹、肖华刚、
肖　枫、肖琳玉、肖　辉、肖晶晶、肖　锋、何灿勋、
余文彬、邹　强、闵　艳、宋来柱、张小红、张　飞、
张玉强、张可珍、张吉锋、张　红、张连文、张　怀、
张学珍、张春菊、张捍平、张健英、张道明、张慧卿、
张德云、张　曙、陈云桥、陈　宇、陈志旺、陈　芳、
陈芳芳、陈来权、陈学云、陈建平、陈爱喜、陈　娟、
陈　湘、陈　蜀、陈　静、现小强、范学姣、林马亮、
林秀珍、林建刚、林爱珍、林　辉、欧阳克胜、卓武洋、
易仲明、易资云、罗江涛、罗　建、罗剑华、罗景兵、
岳雪垚、周小林、周志武、周贤进、周鹏鹰、赵长明、
赵　明、赵泽宏、赵胜华、赵　静、胡志强、胡　宏、
胡　颖、柏亚琴、禹小鸿、姜大户、姚玉梅、姚　昂、
姚　茸、姚贵平、姚　晔、贺利伟、贺勇人、袁友生、
袁　锦、耿金宝、莫志兵、徐鹏程、殷建新、郭　堃、
郭豫军、资小云、黄礼东、黄　红、黄启斌、黄宝铭、
黄晓波、黄黎明、梅毅鹏、曹　珊、曹　萍、曹瑞东、
戚慧华、龚利华、崔　璨、符　凯、章小明、章建湘、
梁青山、谌哲琴、彭希玲、葛光强、蒋贻亲、韩雪梅、
喻　娟、舒双虎、舒绍谋、鲁　刚、鲁海英、鲁歆蓉、
曾　侃、曾喜华、曾　湘、谢　鹏、谢伟东、谢卫东、
鄢军良、窦强峰、廖美容、谯　陵、熊汉军、熊志平、
黎望萍、颜克朴、潘　利、戴云慧、魏建南

七、高级会计师（120人）

卜海英、于　芬、万小敏、万　晶、丰广明、王发昌、

王伟良、尹　辉、孔德智、邓蓉晖、石　衡、龙燕玲、
田建平、田彩霞、朱　江、朱振峰、伍晓臻、任登富、
刘元珍、刘丹明、刘四萍、刘丽芳、刘建丽、刘　娟、
刘　颖、刘　蔚、齐　臣、汤　庆、汤国良、许启群、
许望球、阳彩华、李　平、李叶帆、李寿峰、李建明、
李　亮、李彦东、李积平、李逢桂、李　雪、李超雄、
李　瑕、杨永琪、杨红卫、杨岗平、杨环宇、杨湘萍、
杨　麟、肖卫伟、肖　明、吴湘华、何　勃、闵淑红、
沈　阳、沈晓红、宋颖萍、张　丁、张人望、张平平、
张米米、张连平、张　妤、张　炼、张　敏、张　霞、
陈宁东、陈劲华、陈　玲、陈　荡、陈晓黎、陈　赟、
林中建、林　琳、欧阳剑炜、罗志刚、罗　彦、金梨平、
周　峰、周　涛、郑　亮、赵　勇、胡业凤、胡佩华、
胡定华、胡　琳、钟　高、姚方庭、姚　晖、贺　青、
秦普高、敖静妮、袁正文、袁江华、袁　美、徐纯军、
徐玺雯、奚　玲、翁长利、高　政、高海林、唐　杨、
唐悦航、涂忠定、曹利彦、曹铁兵、龚玉凤、隋　娜、
彭　玲、彭　敏、蒋胜民、覃轶群、粟晓婵、程　罕、
曾　玲、曾俊华、谢伟雄、雷　飞、虞美新、廉　可

八、高级政工师（124人）

万　强、王友元、王树斌、王洪福、王济林、王雪花、
王喜平、王辉阳、王　新、文正凡、文　林、方国民、
尹建汉、邓闪华、邓　庆、艾佳露、叶永胜、叶　兴、
冯新戈、冯　鹰、全　红、刘石磊、刘技专、刘克兵、
刘丽君、刘玲燕、刘琼莉、刘　皓、刘　静、许卫球、
孙秀兰、苏艳云、李平锋、李永生、李有云、李传军、
李宏金、李建林、李春玲、李　娟、李　群、杨　艺、
杨立平、杨秋玲、杨桂琼、杨维婷、杨　蓉、肖　丹、
肖巧红、吴　婧、邱君生、余政国、余资琦、邹红军、
邹根生、闵淑萍、宋五一、宋志辉、张乃维、张东方、
张芳杰、张欣荣、张学军、张春华、张　珊、张郴芝、
张祥金、张　婷、陈卫红、陈兴吉、陈　丽、陈怡宣、
陈建民、陈看东、陈秋敏、陈资礼、陈益安、陈裕斌、
林咏先、林爱民、易迎辉、罗　新、金　娜、周名志、
周寒梅、郑逢贺、郑海燕、赵　宁、赵清风、胡校程、
钟　艳、侯青培、洪玉莲、贺阳辉、贺澧湘、秦春跃、
夏卫华、夏冠文、殷长城、高晨婷、高　毅、郭爱国、
黄文辉、黄永红、黄启斌、曹春花、曹新礼、曹慧娟、
章建闽、彭志峰、彭静楠、蒋湘明、粟妙春、曾　陵、
曾穗平、游杰平、蔡　茜、谭　霄、潘军辉、潘阳春、
潘德辉、戴伟国、瞿明星、瞿建琴

九、其他高级职称人员（137人）

企业二级法律顾问（2人）：
孙珺涛、周本强
正高级讲师（2人）：
马玉敏、贺　辉
高级讲师（20人）：
丁美利、卜海英、马　佳、文　成、吴　岚、沈　艳、
张建华、陈利华、岳　曙、周伟生、周映霓、周湘华、
郑　兵、袁平华、常　敏、康　蓉、彭玉蓉、彭立梅、
谢新明、雷　震
主任医师（9人）：
申远华、吕志坚、牟道强、陈金东、欧清和、黄清明、
梁智慧、彭树华、蒋　波
副主任医师（42人）：
毛德琼、卢　斌、申远华、吕红英、刘贵湖、刘　渊、
严光炬、杜扩军、李志勤、肖元超、吴　芰、吴　昊、
吴　洲、吴群媛、何四军、宋花圆、张兴华、张军红、
张学文、陈文泉、陈汉辉、陈江海、陈玫玫、陈金东、
陈景莉、罗长河、周　宇、赵玉湘、胡华玲、胡森林、
莫　甦、黄小玲、黄志红、曹　宇、梁智慧、蒋　华、
程　文、曾　颖、蔡　健、谭宏华、戴　琢、魏华玉
副主任护师（17人）：
卢继平、叶娇洋、朱文英、刘月平、刘彩虹、李冬枝、
李亚清、李国林、吴国英、张海英、屈建平、孟　芳、
夏　芳、唐美燕、曾　霞、雷小利、魏　静
副主任药师（4人）：
冯光顺、刘绳武、陆安文、戴　琢
副主任检验师（2人）：
吴厚群、赵南南
副研究馆员（1人）：
朱玉娟
副译审（1人）：
郭　琴
高级技师（37人）：
王东建、王启荣、邓亚平、朱邦民、刘开信、刘坤华、
李明举、杨卫军、杨　英、杨国强、肖维德、吴　成、
何爱平、张丕忠、张苏河、张建群、陈代林、陈剑峰、
范超华、欧东江、罗方春、罗芝鹏、罗守其、罗祥元、
罗教坤、周耀隆、郑劲松、郑晓荆、黄守任、龚光财、
康彦彪、彭跃飞、蒋安平、童中华、曾祥贵、窦志龙、
魏客文

附录一　丹心筑大坝

平生志在治山川，闽粤湘黔不计年。
何惜青春成白发，喜看水电展新篇。
惊涛骇浪犹萦梦，高峡平湖别有天。
四化征途堪再战，丹心捧向红旗前。

这是一位老党员61岁时写下的入党抒怀，表达了这位老党员对党的忠贞与赤诚，他就是中国工程院院士谭靖夷。

谭靖夷先生从参加工作到去世前，参与了大大小小300多个水利水电工程的建设、指导工作。20世纪40年代，谭院士就投身水电建设。那时，中国的水电建设才刚刚起步，几乎就是一张白纸。从中国最早建设的古田水电站到三峡、溪洛渡水电站工程，谭院士参与建设的每一座水电站都堪称中国水电建设与筑坝史上具有一定标志性意义的工程。随着一座座大坝的崛起，中国水电装机突破2亿千瓦，成为世界水电大国、强国。

1946年，25岁的谭靖夷从交通大学唐山工学院（今西南交通大学）土木工程系毕业。满怀报国之志的谭靖夷深受鼓舞，决心投身水电事业，进入当时的资源委员会全国水力发电工程总处工作，并设计了他生平的第一座大坝——上清渊洞水坝，一座坝高15米的浆砌块石坝。

1948年10月，谭靖夷参加福建古田溪一级水电站的筹建工作。谭靖夷和其他技术人员一道，与工人同吃、同住、同劳动，在实践中寻找解决办法。每次钻孔爆破后，他们都钻进隧洞实测具体数据，和工人师傅聚在一起研究，不断修改钻孔和爆破方案。工程进度从初期平均月掘进12米，到1952年9月创造出单向月掘进120米、双向月掘进202米的纪录，受到时任省委书记张鼎丞、省长方毅的嘉奖。

隧洞贯通后，经测量，两头对接处垂直偏差7厘米、水平偏差2至3厘米。误差这么小，这在当时完全靠人工风钻挖掘的条件下，实属奇迹。

1956年5月，35岁的谭靖夷转战岭南，参加广东流溪河水电站建设，并担任了工程建设的总工程师。流溪河水电站大坝坝高78米，是我国第一座自行设计与施工的混凝土双曲拱坝。谭靖夷积极探索，参考国外工程建设经验，在我国首次采用了人工粗骨料、混凝土拌和加冰、坝内埋冷却水管等混凝土施工技术。在引水隧道洞开挖中，率先采用光面爆破技术并创造了隧洞单头月成洞158米的好成绩。建设双曲拱坝技术难度大，质量要求高。谭靖夷十分重视质量，对基建面检查验收，要用手绢抹擦，做到手绢无灰土方可验收。为确保质量，他授权工程质检人员：质量可能出现问题时，可现场下达暂时停工令。流溪河工程从1956年7月开工到1958年8月正式发电，历时仅两年，工程质量优良，施工期全坝无裂缝，坝基灌浆廊道无渗漏。

一位日本水电专家到流溪河水电站参观，他凭经验估计坝内灌浆廊道会有渗漏积水，进廊道前要求换上高筒雨鞋。可是到了廊道里，发现整个廊道是干的，到处寻找，只找到一个灌浆孔孔口稍有湿印，惊讶不已，连连称赞"中国人创造了奇迹！"

1958年5月，谭靖夷调往湖南柘溪水电工地，出任柘溪水电工程局副总工程师。

1969年3月，谭靖夷随施工队伍转战到了贵州，参与贵州乌江渡水电站建设。

由于谭靖夷在水电建设上的建树和丰富的经验，1982年12月，已是61岁的他没能退休，又肩负起建设东江水电站总工程师的重任。东江水电站大坝坝高157米，最大底宽仅35米，顶宽仅7米，是20世纪80年代我国自行设计施工的最高混凝土双曲薄拱坝。对于东江大坝，谭靖夷与时任水电部总工程师的潘家铮有这样一段对话。潘家铮说："作为设计师，我们完全有信心做好双曲拱坝的设计，问题是施工上能不能保证？"谭靖夷坚定地说，"你们能设计出世界一流的双曲拱坝，我们就能建设出一座最漂亮的高质量的双曲拱坝！"为了实现这一郑重的承诺，谭靖夷率领工程技术人员进行一系列的科技攻关。1986年，东江水电站下闸蓄水，东江大坝以其苗条的体形，蓄水81亿立方米，形成了湖南"南洞庭"的美丽风光。

1989年，68岁的谭靖夷虽从中国水电八局总工程师岗位上退了下来，但他退而不休，又开始了新的更重要的工作。从1986年开始，谭靖夷先后受聘担任广州抽水蓄能、福建水口、云南漫湾、广西岩滩、湖北隔河岩等水电站建设的技术顾问或专家组专家。这5个水电站都是中国兴建的装机百万千瓦以上的大型水电工程，号称水电建设的"五朵金花"。金花报春，"五朵金花"怒放，标志着中国迎来了水电开发和建设的春天。谭靖夷为之欢欣鼓舞，充满激情地奔波在祖国的条条江河上，为中国的水电建设出谋划策，排忧解难。

在谭靖夷参与建设的众多水电工程中，三峡水电站自然是他心中最重要、最引以自豪的工程。青年时代，谭靖夷因为修建三峡水电站的梦想而投身水电。1992年，全国人大批准建设；1994年，三峡工程正式开工建设。建设初期，谭靖夷担任长江三峡工程专题论证及质量检查专家组专家，后来，又接任张光斗院士，担任专家组副组长。谭靖夷深感任务光荣，责任重大。三峡无小事，质量要求高。

谭靖夷精益求精，提出了更高的要求：坚持质量第一，永不松懈，永不动摇；强化、深化质量意识，落实全面、全员、全过程质量管理，切实做到不放松任何一个细节，不留下任何隐患，用精细化管理创造精品工程；从正常中找不正常，在长板中找短板，以"吹毛求疵"，实现"无疵可求"。谭靖夷这种"吹毛求疵"，追求完美的理念，深深影响了三峡建设。三峡建设分阶段进行的三期工程，质量一期比一期完美。谭靖夷评价：三峡三期工程达到了"无疵可求"。

谭靖夷不仅参与建设了一个又一个水电站，在大江大河上筑起一座又一座雄伟的大坝，而且以其高尚的品德与人格，筑起了一座人生的大坝。

谭靖夷追求真理，崇尚科学，具有强烈的科学精神。他始终坚持实事求是，坚持务实实干。他投身水电建设事业，从最开始干起，从最基层干起，从最基础的工作干起。他打过风钻、放过炮，做过木工，浇筑过混凝土。他在水电建设和施工方面的建树，离不开他在实干中取得的经验，直到当选院士，90岁高龄的他仍然坚持下工地，看现场，直接与一线技术人员和施工人员交流。他具有强烈的创新意识，他一生的工作，就是不断创新。这种创新，是建立在科学精神与科学态度基础上的，因而能取得成功。

谭靖夷具有崇高的奉献精神，是一个只讲付出、不讲索取的人。他的贡献难以估量，他的生活却简单简朴而有规律。不抽烟，不喝酒，不求奢华。身为院士，却仍然住在单位盖的老式家属楼里，用着几十年的简单家具，安居乐业。院士配有专车，可他出差却把公交车当成最平常的工具，轻车简从，出差始终不接受安排专人陪同。

谭靖夷关心人，尊重人，与人为善，助人为乐，满腔热情。在工作中，他能与工人打成一片，并从工人中吸取实际经验。他被下放做木工，就和木工师傅交朋友。他在工作中，培养了一代又一代技术人员，虽然要求严格，但却不计过，不诿责，赢得了大家的爱戴。

我们永远怀念他！

（赵东风　全　红　庞　卡）

附录二 一个人和80座大坝

他主持了80座大坝的建设，足迹几乎遍及我国每一座大中型水电工程，世界排名前15位的特大型水电站，中国有7座，座座都留下了他的名字；

他是岩溶地区高坝建设的开路人、超级拱坝的大推手、世纪工程三峡大坝的把关人，他是新中国水电建筑施工技术的奠基者和开拓者、当之无愧的筑坝大师；

他是国内水电施工系统唯一的中国工程院院士、中国水利水电第八工程局有限公司（简称"水电八局"）原总工程师——谭靖夷。

2016年11月12日下午，在生命的第95个秋天，谭靖夷远行了。

人们还记得他在90岁的寿宴上说："只要我还能动，就要去工地、去大坝！"在病床上躺了3年之后，现在，他终于摆脱了身体的桎梏，可以与日夜牵挂的大坝为伴了。

一生中成就了80座大坝，谭靖夷以这样的方式告诉人们，他曾经如此爱过这个世界。

筑坝是他爱这个世界的方式

2016年11月6日，是谭靖夷95岁生日，按照他的意愿，妻子为他交了最后一笔党费。病床上已然衰败的肉体里，是一颗滚烫的心，执着如斯，九死未悔。

1921年，谭靖夷出身于湖南衡阳一个殷实开明的乡绅家庭，"靖夷"二字，取平安之意。

19岁，在交通大学唐山工学院，读到孙中山先生的《建国方略》，被书中三峡水力开发的恢宏构想所鼓舞，当大多数同学选择了待遇优厚的铁路行业时，他选择了水利水电工程施工。

28岁，如愿成为新中国第一批工程技术人员，参加福建古田溪水电工程建设。这一年，他递交了入党志愿书，因出身问题未能如愿。之后却被评为了福建省劳模，他喜出望外。

不久，北京水电勘测设计院从古田溪借调技术人员，其中包括他。一年后，其他人全部留在了北京设计院，只有他一人坚持要回到古田溪，因为他喜欢施工现场。自此，再没有离开过施工一线。

45岁，成为湖南省水电建设公司总工程师。"文革"中，在贵州乌江渡大坝工地，他每天被押着批斗，仍不顾亲友劝阻，有时间就到工地指导施工。其间围堰漏水，领导让他想办法，他欣然领命，成功处理隐患。

61岁，花甲之年被批准加入中国共产党。入党当晚，他情不自禁，写下《入党抒怀》："平生志在治山川，闽粤湘黔不计年；何惜青春成白发，喜看水电展新篇。"

62岁，东江大坝出现裂缝，他临危受命。水电总局要求他必须等工程完工才可以退休。他很高兴，觉得"人家看得起我"。

67岁，从水电八局超龄退休。别人退休之后，含饴弄孙、颐养天年，他的退休生活仍旧在施工一线，全国各地的工程，需要他的时候，随叫随到。他喜欢去。

90岁的寿宴，他说："我希望我还有用，只要能动，我就要到工地去。"

90岁之后，他偶尔会跟妻子说，觉得身体开始衰退了。然而，从90岁到92岁，仍然外出工作了118天。

92岁的秋天，原本准备第二天去一个水电大坝工地，却在晨练中意外摔倒，从此，再没能走出医院，再无法踏足大坝。

病床上，念念不忘的是金沙江上最后两个水电大坝。谈到大坝时，双眼仍会放光。筑坝，是他与这个世界相处的方式。

水电施工界最令人仰望与倚重的"高坝"

山高云低，峡谷绵绵。

金沙江下游溪洛渡大峡谷，大坝高耸入云，激流从坝身孔洞中飞泻而下，化作强大的动能，在两岸山体内推动巨大的水轮发电机组高速旋转。水雾升腾，阳光下，幻化成道道彩虹，美得惊心动魄。

这座庄严完美的300米级超级拱坝，是谭靖夷的杰作之一。

谭靖夷在我国水电施工领域是当之无愧的"第一人"：

中国中西部多喀斯特地貌，曾经被世界坝工权威列为筑坝的禁区，他在乌江渡首创了具有中国特色的高压灌浆技术，为我国在岩溶地区建设高坝大库开辟了道路；

拱坝在中国起步很晚，他把中国的混凝土高拱坝的建设，一步一步带到了世界水电施工的最前列，澜沧江小湾水电站、雅砻江锦屏水电站和金沙江溪洛渡水电站，各项技术指标均位居世界前列；

他的足迹几乎遍及我国每一座大中型水电工程，担任过国务院三峡工程专家组副组长、澜沧江流域水电站梯级开发专家组组长、国家南水北调工程专家组成员和中国国际工程咨询公司专家，世界排名前15位的特大型水电站，中国有7座，座座都留下了他的名字……

"水电施工方面的技术问题，没有谭靖夷解决不了的。"在当年的院士评选会上，已故中国工程院院士、原水电部总工程师李鹗鼎这样评价。

作为工程院院士，谭靖夷甚少有论文，他的作品就是那一座座大坝，他的智慧全在每一座大坝的施工总结与指导意见里——

1995年开工的沙牌水库大坝，最初颇有争议，一度停工数月。谭靖夷追溯论证了施工过程的每一个细节，力排众议，做出大坝质量可靠安全的结论。2008年，汶川大地震发生，处在震中位置的沙牌大坝却毫发无损，被誉为汶川地震中的"最牛大坝"。

二滩水电站进水口工程，由于地质原因，存在大面积塌方的危险，原开挖方案受阻。谭靖夷提出边开挖、边支护的重大设计变更建议，攻克了这一"拦路虎"。红水河天生桥水电站，在导流洞施工中，原双洞导流施工方案受阻。谭靖夷另辟蹊径，主张单洞导流，解决了这一重大难题。

构皮滩水电站，是世界喀斯特地貌最高的双曲拱坝，在施工过程中，导流洞出现透水，谭靖夷每天一个电话指导堵漏，亲自计算堵头、模板结构形式，顺利完成了这一工程。

……

从最初在荒芜中摸索建成的小水电站，到后来恢宏无匹的三峡大坝，60多年时间里，谭靖夷参与建设和咨询的中型、大型、特大型水电工程达80座，成为中国水电施工界最令人敬仰与倚重的"高坝"。

大坝背后是如石如金的生命质地

老式的房间格局紧凑，瓷砖、沙发、书桌，一切家具都陈旧而整洁，时光的痕迹让它们看起来像泛着淡黄的光晕，一扇老式的玻璃窗坏了，用铁丝钩住。谭靖夷的家是位于长沙市长岭的水电八局老宿舍，没有电梯，楼道老旧。

然而谭靖夷的妻子徐蓉却说他们夫妻对这所房子无比满意："这房子太好了，南北通透，我们都很喜欢。"

书桌上有谭靖夷亲手抄录的上十本古诗笔记。在一本标着"1975年"的笔记本上，蓝黑墨水记录了上百首诗词，有些模糊不清的地方，过后又用黑色墨水原样重填了一遍。不仅是诗抄，还有他的各种工作笔记、会议报告，见过谭靖夷手书的人，都说那是"印刷体"。报告里一个字错了，一个标点不对，他看到一定会改过来。

妻子徐蓉说得更妙："他的字不是写出来的，是'雕刻'出来的，一笔一画，工工整整。"而他最重要的作品——大坝，每一座都是精雕细刻出来的。与对工程的苛求相比，谭靖夷对于物质简直一无所求。徐蓉说，他不求吃不求穿，不抽烟不喝酒，唯一的爱好就是筑坝，"人家筑坝遇到问题，他随叫随到，多小的水电站也不拒绝，多远的大坝都要去现场，从不问报酬"。

他生活极为朴素，出差坐公交，从不用公司的专车。

他也是会关照人的长者。

水电八局副总工黄盛光记得一件小事。在修建东江大坝的时候，谭靖夷与大家一道去游泳。年轻的黄盛光一时兴起，游到了小东江，爬到一块石头上看别人钓鱼，天黑了才回去。回到下水的地方，发现有个黑黑的人影在等他，原来是谭靖夷。

"那时我只是八局机电处一个普通工程师，他是总工程师，但他竟然留意到了我没回来，一直守在岸边。"黄盛光言及此，眼眶已红。

谭靖夷一贯感情内敛、不苟言笑。摔倒卧床之后，渐渐口不能言，神情木然。然而只要有昔日同事来探望，便情绪激动，常常不可自抑，抱住对方哭泣。

想来他放不下的，还是那些大坝，以及与大坝相关的人事。

大坝，是他给这个世界最好的礼物，也是世界给他最好的回赠。

他已将自己的生命，筑成了一道大坝，质朴如石、精纯如金，光华庄严，仰之弥高。

（周月桂　庞卡）

索 引

0~9

2003—2006年发展规划 255a
 发展规划 255a
 规划指标 255a
2003—2006年改革与发展规划实施成果 256b
 产业结构调整 256b
 生产经营目标 256b
2006—2010年发展规划 255a
 发展规划 255a
 规划指标 255a
2006—2010年改革与发展规划实施成果 257a
 品牌影响力 257a
 双百亿奋斗目标 257a
 业务板块 257a
2011—2013年改革与发展规划 255a
 产业结构调整目标 255b
 规划指标 255b
2011—2015年改革与发展规划实施成果 257b
 企业改革 257b
 指标全面完成 257b
2014—2016年改革与发展规划 255b
 发展规划 255b
 规划指标 255b
2016—2020年改革与发展规划实施成果 257b
 企业改革 257b
 指标全面完成 257b
2017—2020年改革与发展规划 255b
 发展规划 255b
 规划指标 256a
2018—2022年改革与发展规划 256a
 发展规划 256a
 规划指标 256a
2022年总工程师座谈会 396b
500米级深竖井大直径反井钻一次成井施工技术 403a

A~Z

BIM 5D+大数据云平台装配式综合信息管控技术 435a
BIM及实景三维技术学习推广 444b
BIM技术 445、446
 标准化 445a
 开发成果 446b
 应用 445a
BIM奖项 446b
DB模式 282b
EPC模式 283a
EPC+F模式 284a
EPC+O&M模式 283b
GNSS技术应用 443b
https://www.baju.com.cn 227a
PB模式 283a
PC构件厂标准化、规模化生产成套技术 433b
PHC桩施工技术 425b
QC小组活动 322b
TBM 218b、403a
 施工关键技术 403a
 项目选介 218b
XLD—DAM信息管理系统 405a

A

阿尔及利亚东西高速公路砂石系统 123a
阿根廷潭波拉综合水利枢纽工程 108a
阿海水电站 104a、181a
 金属结构设备制安工程 104a

新源沟砂石加工系统工程　181a
埃塞俄比亚阿伊萨Ⅱ期风电项目　108a
埃塞俄比亚吉布Ⅲ水电站机电制安工程　119a
埃塞俄比亚泰克泽机电设备工程检修安装项目　119a
安北第五风电场　194a、199a
　　A区、B区风力发电机塔筒　199a
　　A区风电项目　194a
安化县玉溪新城建设项目　144b
安徽长九新材料股份有限公司生产经营情况（表）　279b
安徽贵池区四好农村路PPP项目　150a
安全管理　314b、319a
　　成效　319a
　　制度　314b
安全技术措施　315b
安全监测　207、423b
　　项目一览（表）　207
安全检查考核　316b
安全教育培训　316a
安全生产　314
安全事故处理　318b
安顺人和苑建设项目　143b
奥园神农养生城项目　144b

B

八局之声　227b、231b
　　专题推送　231b
巴基斯坦巴罗塔水电站　108b
巴基斯坦科哈拉水电站　108b
巴基斯坦马兰坎水电站机电制安工程　119b
巴基斯坦塔贝拉水电站机电安装工程　119b
巴拿马城饮用水管线扩展及蓄水扩容工程　109a
坝基开挖关键技术　402a
白鹤滩施工局　64b
白鹤滩水电站　73a、92a、101b、181a、211a、215a
　　安全监测　211a
　　大坝砂石加工系统建安及运行工程　181a
　　工程　73a
　　基础处理工程　92a
　　机电安装、金结制作工程　101b
　　缆机设备运行监理　215a

办公室　354a
薄层碾压连续上升施工工艺　408a
秘鲁伯埃楚斯水库加固工程　115b
秘鲁帕亚斯卡公路修缮项目　135a
秘鲁乔里约斯水务项目　115b
秘鲁塔拉拉炼油厂扩建项目　135a
秘鲁万卡班巴公路修缮项目　135a
边坡快速开挖与及时支护　401b
变态混凝土施工　408b
标兵　548
　　名录（表）　548
标准　527a
标准化管理　352
病险水库除险加固工程　419b
剥离房产明细（表）　376
剥离土地明细（表）　374
博士后科研工作站　531a
补充医疗保险管理　345a
不同规模、多种料源砂石加工技术　428a

C

财务部　287b
财务共享建设时期　300b
财务管理信息化　350a
财务信息化　300a
　　建设及管理　300a
　　建设时期　300a
财务资金　4b、287
　　管理　287
采购管理　333
采购中心　333b
参股公司　48a
参与联营项目情况（表）　309
仓储封闭结构安装关键技术　430a
仓面成套标准化施工工艺　404b
沧海文化产业园PPP项目沧海生态综合治理工程　86a
草街航电枢纽工程　81b、218a
　　门塔缆机　218a
层间结合与施工缝面处理　408b
产品质量控制技术　428b

产权管理　296a
产业结构　2b
常德基地　369b
常态混凝土坝施工技术　404a
长河坝水电站放空洞防渗及加强固结灌浆工程　91b
长江大保护工程　86b
长江三峡水利枢纽工程　73b、210b
　　　施工期及运行安全监测　210b
长九公司　63b
长距离带式输送机　429
　　　安装及其硫化胶结关键技术　429b
　　　应用典型项目统计（表）　429
长沙保利金香槟项目分期工程　145b
长沙大泽湖生态湿地公园项目　158a
长沙地铁　164、218b
　　　4号线一期工程　164a
　　　6号线中段工程　164a
　　　7号线一期工程　164b
　　　门式起重机　218b
长沙恒大时代广场项目　145a
长沙靳江河南岸防洪整治道路工程　158a
长沙卢浮原著项目　145a
长沙南托融和苑经济适用房项目　145b
长沙市内职工住宅区　373a
长沙湘江航电枢纽机电安装工程　101b
长沙湘熙水郡项目　145b
长沙星城映象住宅小区工程　145a
长沙洋湖片区蓝天保障性住房项目　145b
长沙重型机器厂棚户区改造安置房建设工程　145b
厂务公开　241b
郴州江口风电场项目　194b
城市软基处理工程　166b、167
　　　一览（表）　167
成本管理　296b
成品砂质量控制技术　428b
成人中专　360b
成员单位　48
诚通财富中心（宁波）项目　146b
池州长九（神山）灰岩矿施工总承包　184a
重复灌浆　409b

抽水蓄能工程　186b、187
　　　一览（表）　187
出口卖方信贷+延付模式　284a
储能预制舱成套施工技术　427b
川藏铁路莫朵娃营地房建　173b
传统砂石工程　175
　　　一览（表）　175
创新驱动战略　5a

D

大坝混凝土碾压施工质量GPS监控系统　410b
大坝混凝土温控智能监控系统　410b
大坝面板混凝土浇筑技术　404a
大朝山水电站工程　73a
大处理能力棒磨机制砂设备　428b
大渡河沙坪二级水电站工程　72b
大风天气下混凝土施工技术　405a
大岗山水电站大坝人工骨料加工系统工程　179b
大花水水电站工程　71a
大华桥水电站　73a、92b、104a
　　　大坝基础处理工程　92b
　　　工程　73a
　　　机电设备安装与金属结构制造工程　104a
大跨度筒壳网架结构安装关键技术　430a
大事记　7
大藤峡水利枢纽工程　78a、91a、100a、177a、213a、217a
　　　机电安装、金属结构制作　100a
　　　基础处理工程　91a
　　　门塔缆机　217a
　　　砂石料系统工程　177a
　　　试验检测　213a
大体积混凝土浇筑技术　405b
大兴寨水库工程　79b
大型泵站高效优质施工关键技术　439a
大型锤式破碎机　428b
大型单轴燃气轮机联合循环电站建设关键技术　424b
大型吊装设备　426a
大型多燃料重油发电工程建设关键技术　424b
大型门塔机防碰撞及远程监控技术　405a
大型燃气电站EPC项目管理及施工技术　425a

大型预制梁场建设关键技术　437b
大姚大平地二期100兆瓦光伏项目　202b
大直径拼装型金属波纹管涵技术　430b
大中型水利水电基础处理工程　419b
丹东溪山壹号院住宅小区一期工程　146b
丹心筑大坝　574
单独承揽的特种设备运营项目一览（表）　216
担保管理　292a
党代会　222b~223b
　　第五次党代会　222b
　　第六次党代会　223a
　　第七次党代会　223a
　　第八次党代会　223b
　　第九次党代会　223b
党的建设　5a、221、223、225a、226b
　　活动　225a
　　荣誉　226b
　　引领　5a
党委工作部　223b、227a、229b
党委与党代会　222
党员教育　225b
档案管理　350a、355a
　　系统　350a
倒悬结构部位模板施工技术　404b
道路桥梁施工技术　436a
堤防处理及海堤建造工程　419b
地产　373a
地铁车站下穿地铁运营线遗留换乘节点施工关键技术　439a
地铁无砟轨道防震整体道床快速铺装组织及工艺　440b
地铁站后安装及装饰装修工程　170b
地下厂房开挖关键技术　402b
地下车站工程施工技术　439a
地下洞室　402b、443b
　　精准导向　443b
　　开挖关键技术　402b
滇中引水工程大理Ⅱ段砂石项目工程　182b
电力行业职业技能等级认定及认证级别汇总（表）　366
东莞市疏港大道延长线工程　151a
东江基地　371a
东坪水电站机电设备安装工程　101a

东庄水利枢纽工程　81a、179b
　　砂石料加工系统1建设及运行管理工程　179b
董事会建设　38a
抖音号　227b
都昌县水环境综合治理PPP项目EPC工程总承包　87a
堆积体锚索施工技术　402a
对外担保情况（表）　292a
对外捐赠管理　356b
盾构侧穿350千米/小时高速铁路桥梁桩基综合技术　440b
盾构上跨既有高铁隧道关键技术　440b
盾构施工技术　440a
盾构项目选介　218b

E

厄瓜多尔美纳斯水电站　90a、109a、123a、218b
　　基础处理工程　90a
　　砂石系统　123a
　　隧洞双护盾TBM　218b

F

发展规划　255a、256a
发展资金供应　289b
法律事务管理　302b
　　第一阶段法律事务　302b
　　第二阶段法律事务　302b
　　第三阶段法律事务　302b
法人治理阶段　38a
法治管理　301
法治合规　4b
法治宣传教育　305b
房产　375a
房建工程　139
　　一览，国内（表）　139
房建项目　433a
房屋建筑施工技术　433a
废水处理综合技术　428b
分包管理　269a
分区开挖、渣料分流快速出渣技术　401b
分支机构　48、51、55、56a
　　机构（表）　51、55

　　　　选介　56a
粉尘及噪声综合控制技术　429a
丰满水电站全面治理（重建）工程砂石料加工系统建设及
　　砂石料供应工程　179a
风电工程　192b、193
　　　　一览（表）　193
风电技术　425a
风电设备　196
　　　　制造一览（表）　196
风电塔筒制作一览（表）　198
凤滩水电站工程扩机工程　72a
福州地铁　160a、171a、218a
　　5号线安装、装饰工程　171a
　　5号线项目　160a
　　6号线项目　160a
　　门式起重机　218a
福州绕城公路东南段工程　151a
芙蓉杯竞赛　248b
斧子口水利枢纽工程　78b
副研究馆员　573b
副译审　573b
副主任护师　573b
副主任检验师　573b
副主任药师　573b
副主任医师　573b
复工复产　249b
复合消能爆破技术　402a
复杂地层条件下土压平衡盾构下穿湘江施工技术　440a
复杂条件下地铁车站半盖挖法综合技术　440b
复杂条件下高富水圆砾卵石地层盾构掘进技术　440b
富民赤鹫100兆瓦光伏电站项目　202b

G

改革与战略管理　254
干部队伍　337b、338a
　　结构　337b
　　考核　338a
　　培养　338a
干部管理　337a
干部晋升通道　338a

干部选拔任用　337a
赣江尾闾总包部　65a、174a
　　集装箱式房屋　174a
赣江下游尾闾综合整治工程　169b
赣州新能源汽车科技城PPP项目　146a
钢构件工厂化生产与现场安装技术　430b
钢结构厂房工程一览（表）　173
钢结构桥梁工程一览（表）　173
钢结构自动化生产线　432b
钢筋桁架楼承板应用技术　430b
高边坡开挖关键技术　401b
高级工程师　570b
高级技师　573b
高级讲师　573b
高级经济师　572b
高级会计师　572b
高级政工师　573a
高级职称人员名录　548a
高精度测量机器人　443b
高生水电站工程　71b
高铁架桥项目　219b
高效施工应用技术　429a
高新管理　298b
高压线下有限净空内地连墙关键技术　440a
高液限黏土改良技术　438b
工程采购　335a、336
　　情况（表）　336
工程测绘　207、443a
　　项目一览（表）　207
工程管理部　308a
工程集中采购平台　351a
工程技术　306、308b
　　档案管理　308b
　　管理　306
工程建设　67
工程勘察　442a
工程科技部　307a、319b
　　管理职责　307a
工程设计　442b
工程项目管理　308

工程选介　71a、78a、85a、90a、99a、108a、119a、
　　　123a、126a、130a、142a、150a、156a、160a、168a、
　　　170b、173a、177a、182b、184a、188a、194a、199a、
　　　201a、213a、215a
工程院院士　539a
工程装备公司　60a
工地职工生活　247b
工法　514a
工会财务及经审管理　248a
工会负责人　239a
工会工作　239
工会会员代表大会　241b
工会品牌活动　242b
工会主席　246a
　　　接待日制度　246a
　　　信箱　246a
工会组织建设　239b
工期计划预警系统　351a
工伤保险　343b
工艺流程简单化　428b
工资总额分配改革　343a
工作缝面处理技术　405b
拱坝施工信息数字化管理　405a
共青团活动　250a
共青团荣誉　252
　　　先进个人　252b
　　　先进集体　252b
共青团与青年工作　249
构皮滩水电站　71b、100b、178a、217a
　　　工程　71b
　　　机电安装工程　100b
　　　门塔缆机　217a
　　　右岸烂泥沟砂石系统建设与运行管理工程　178a
股权投资分红　279b
　　　确认情况（表）　279b
顾客满意程度回访调查　322a
瓜州第四风电场项目　194a
挂治水电站工程　72a
关爱与服务员工　246a
官地水电站竹子坝、打保人工骨料系统工程　179b

观音岩水电站　92a、103a
　　　灌浆及排水孔工程　92a
　　　金结制作工程　103a
管道非开挖修复技术　422a
管理　3b、4a、349b
　　　创新　4a
　　　机制　3b
　　　信息化　349b
管理制度　275a、307a、319b、381a
　　　体系　275a
贯通精度保障　443b
光伏工程　201
　　　一览（表）　201
光伏技术　426b
光伏支架及组件安装施工技术　426b
光伏支架微型桩基础施工技术　426b
广东省水资源与水环境系列工程　85a
广元何家山风电场主体工程施工Ⅰ标　195b
广元至巴中高速公路工程　152a
广州番禺区　85a、168a
　　　62条河涌管网完善及农村生活污水查缺补漏工程　85a
　　　南村净水厂三期工程　85a
　　　沙头街禺山大道南侧横江地块一项目桩基、降水、
　　　　基坑支护工程施工　168a
规划实施成果　256b
轨道交通公司　57b
轨道交通工程　159、439a
　　　施工技术　439a
　　　一览（表）　159
桂阳子顶山风电场项目　194b
贵龙纵线干道二期工程　151a
贵阳基地　371b
贵阳中国水电观府壹号项目　143b
贵州观山湖区上枧安置房项目　143b
贵州恒大文化旅游城项目　143b
贵州省建设学校二期建设工程　143b
国际公司　56a
国际合作部　281a
国际火电工程　125
　　　一览（表）　125

国际基础设施工程　128b、129
　　一览（表）　129
国际机电安装工程　117
　　一览（表）　117
国际绿色建材工程　122
　　一览（表）　122
国际市场营销　261b
国际水利电力工程　106
　　一览（表）　106
国际业务　106
国家安全人民防线建设　356a
国家级博士后科研工作站　531a
国家级工法　514
　　汇总（表）　514
国家、省部级科技进步奖项目统计（表）　448
国家、省部级先进个人　542、543
　　名录（表）　543
国家、省部级先进集体　534
　　名录（表）　534
国家装配式建筑产业基地　532b
国内市场营销　260b、261a
　　二级单位/直属区域公司营销阶段　261a
　　总部主导营销阶段　261a

H

海绵城市建设生态透水技术　438b
海南文黎大道项目桥梁工程　151b
海外非传统安全风险　285b
海外合规管理　286a
海外事业部　281a
海外项目经营模式　282a
海外业务　4b、281
　　管理　281
　　战略管理　281a
杭州市第二水源千岛湖配水工程输水隧洞施工Ⅲ标　87b
合规管理　301、305a
合规建设委员会　302a
合同管理　268b
合作金融机构及综合授信额度情况（表）　289b
合作研发成果　400b

河北南水北调中线雄安调蓄库骨料加工系统建设及下库
　一期开挖支护工程　178a
河北省水资源与水环境系列工程　86a
鹤庆均华光伏电站项目　202b
黑麋峰抽水蓄能电站　191b
恒大中心基岩截水帷幕灌浆工程　90b
衡阳市滨江新区东山安置房工程　144b
衡阳市耒水东岸城市防洪风光带片区综合开发建设项目　156b
衡阳县界牌陶瓷工业园基础设施建设及园区配套工程　156b
衡阳至桂阳高速公路工程　151b
洪江水电站工程　72b
红河特大桥　174b、217b
　　门塔缆机　217b
红河州高速公路砂石项目工程　182b
红河州建水至元阳高速公路工程　152b、213b
　　试验检测　213b
红卫桥水电站厂区枢纽工程　103a
后湖泵站三期机组改造及后湖泵站四期工程BT项目　86b
呼和浩特抽水蓄能电站砂石加工系统工程　179b
湖北G346国道大悟县河口至城关段一级公路改扩建工程　151b
湖北公司　63a
湖北省水资源与水环境系列工程　86b
湖南公司　62b
湖南工程技师学院（筹）　65b
湖南省水利水电建设工程学校　65b
湖南省装配式建筑工程技术研究中心　532a
湖南中国水电八局科研综合楼工程　146a
花垣县城乡一体化PPP项目总承包　157a
华北公司　62a
华东公司　62b
华南公司　61b
华容县桃花山风电场塔筒　200a
环保技术应用　428b
黄材水库除险加固、灌区沩丰水闸勘察设计　210a
黄登及大华桥水电站　181a、211b
　　安全监测　211b
　　砂石加工系统工程　181a
黄家湖大道与三环线交会节点区域环境综合整治提升
　工程　156b
会理红旗、三地、长海子风电塔筒　200a

惠州抽水蓄能电站　188b
惠州中洞抽水蓄能电站　188b
混合云建设　352a
混凝土　404a~406a
　　厂房施工技术　406a
　　防腐技术　425b
　　拱坝施工技术　404a
　　进度控制仿真技术　404a
　　快速高效入仓技术　404b
　　温控技术　404b、405b
　　性能控制技术　438b
　　重力坝施工技术　405a
火电技术　424
获奖　447
　　统计　447b

J

基本养老保险　343a
基本医疗　343b
基础处理技术　419b、420a
　　发展　419b
　　成果　420a
基础环吊装技术　425b
基础设施　57a、139、432
　　公司　57a
　　技术　432
　　业务　139
基地　66a、368、373b
　　服务管理中心　66a、368a
　　管理　368b
　　建设　368
　　闲置或待开发土地情况（表）　373b
机电安装　410b、417a
　　技术　410b
机电安装工程及金属结构制作　92b、93
　　工程（国内）一览（表）　93
机电公司　59a
机电制作技术　426a
机构　302a、307a
机械顶管施工技术　422a

机械设备一览（表）　331
机要保密工作　355b
鸡鸠水库工程　79a
集体合同管理　239b
集团公司劳动模范、先进工作者　546、547
　　名录（表）　547
济南高新区创新谷片区河道治理及市政配套PPP项目　87b
技工学校　360a
技能鉴定　364a
技能鉴定和认证人数情况（表）　367
技术标准发布情况（表）　527
技术负责人　306
　　职责　306b
技术年会　393b~396b
　　2004年技术年会　393b
　　2005年技术年会　393b
　　2008年技术年会　394a
　　2009年技术年会　394a
　　2011年技术年会　394b
　　2012年技术年会　394b
　　2013年技术年会　395a
　　2015年技术年会　395a
　　2016年技术年会　395b
　　2017年技术年会　395b
　　2019年技术年会　396a
　　2020年技术年会　396b
技术中心　307a、529a、529b~531a
　　承担股份公司科技项目　530a
　　科技成果鉴定　531a
　　科研项目立项　529b、530a（表）
技校学生情况（表）　362a
纪律监督　233
纪委负责人　233a
加查水电站骨料加工系统及混凝土生产系统工程　180b
加工工艺与生产方式应用　428a
加纳PK输变电工程　109b
加纳阿科松博水电站修复工程　109b
加纳阿克拉—特马高速公路一期项目　130a
加纳布维水电站项目　109b、123a
　　砂石系统　123a

加纳凯蓬大坝修复工程　110a
加纳上东330千伏输变电工程　110a
加纳政府优先基础设施项目　130b
夹岩水利枢纽及黔西北供水工程　79a
监测试验技术　422a
监测项目选介　210b
监督执纪　235a
监理咨询　213b、214
　　项目一览（表）　214
柬埔寨卜哥山大坝及配套工程　110b
柬埔寨额勒赛水电站　110b
柬埔寨甘再水电站　111a、123a
　　砂石系统　123a
柬埔寨金边城市中心综合体项目　131a
柬埔寨金边利登高层公寓项目　131b
柬埔寨金边新国际机场堤防项目　131b
柬埔寨桑河二级水电站　111a、123b
　　砂石系统　123b
柬埔寨上达岱水电站前期道路工程　111a
柬埔寨斯登沃代水电站　111b、123b
　　砂石系统　123b
柬埔寨斯东河流域水利开发工程（一期）　111b
柬埔寨斯伦河流域水利开发工程　112a
　　一期　112a
　　二期　112a
柬埔寨西哈努克港燃煤电站　126a
柬埔寨西哈努克高荣岛公路项目　132a
健康管理　345a
健康体检　345b
建章立制　237b
江景苑（池口安置点）建设项目EPC总承包　142a
江西东城花园拆迁安置房BT项目　146a
江西公司　63a
江西省水资源与水环境系列工程　87a
江西新建区望城镇三联村、四联村市政道路建设工程　158b
江西兴业大道工程　151b
教培中心　65b
教授级高级工程师　570a
教育　235a、360
　　　培训中心　360b

宣传　235a
截流设计与施工技术　403b
结构混凝土浇筑技术　405b
节约能源　314、318b
金觉峰风电场项目　195a
金沙滩水库工程　80b
金属结构制作安装　410b
金属结构制作安装与机电安装技术　410b
锦屏一级水电站缆机运行维护监理　215a
锦屏二级水电站机电安装、金结制作工程　103a
进入资本市场融资情况（表）　290
京沪高铁架桥机　219b
精准扶贫　248b
经济责任制转变　293a
经济指标情况（表）　258
经营采购　4a
经营管理　267
　　计划统计管理　274a
经营管理部　267a、274a
经营性生产项目销售　279a
经营性资产投资项目　275b
经营业绩考核　267b
境内非法人分支机构（表）　51
境外分支机构（表）　55
局长负责制　38a
决算信息质量管理　297b

K

勘察设计　203a、204、442
　　技术　442
　　咨询项目一览（表）　204
抗冲耐磨混凝土浇筑技术　405b
科技创新　5a
科技大会　392、393、447a
　　第六次科技大会　392a
　　第七次科技大会　392b
　　第八次科技大会　393a
　　第九次科技大会　393a
　　科技进步奖项　447a
科技发展规划　5a

科技发展规划（2003—2006年） 384
　　科技工作管理 384a
　　科研课题项目 384b
科技发展规划（2006—2015年） 385
　　科技开发及重点科技攻关方向 385b
　　中长期目标 385a
科技规划 384a
科技进步 384
科技进步奖统计（表） 447
科威特7环公路项目 132a
科威特T-1158基础设施项目 132a
科威特T-1210别墅群项目 132b
科威特大学城 132b、133a
　　5A&B基础设施项目 132b
　　商学院和女子学院 133a
科威特萨巴赫新城项目 133a
科学技术 383
科研成果 384
科研机构 529
科研设计院 60b
肯尼亚输变电土建施工及设备安装工程 112a
控股及参股公司 48a
矿山开拓运输快速施工关键技术 429a
矿山修复技术 429a
困难职工帮扶 246b

L

拉哇水电站格茸沟砂石混凝土系统成品砂石骨料及混凝土
　　供应 180a
莱索托波利哈利水利工程进场公路 112b
莱索托高地水利工程二期 112b
莱索托麦特隆大坝及原水泵站项目 113a
澜沧江特大桥 174b
缆索式照明系统设计与施工 404b
劳动保护安全监督 242a
劳动法律监督 242b
劳动合同管理 341a
劳动竞赛 242b
劳动模范 247b、546、541
　　管理 247b

获得者 541
劳动生产率 343a
劳动争议调解 242b
劳务派遣管理 340a
老挝南俄4水电站 113b、123b
　　砂石系统 123b
老挝南芒1水电站 113b
老挝南涅河一级水电站 119b、124a
　　机电设备安装工程 119b
　　砂石系统 124a
老挝南欧江一级、三级、四级、七级水电站安全监测、
　　试验检测 114a
老挝南欧江二级、五级、六级水电站安全监测 114a
老挝南欧江水电站金结制造工程 120a
老挝南杉3A水电站 114a
老挝南塔河1#水电站 114b、124a
　　砂石系统 124a
老挝色拉龙一级水电站公路工程 114b
梨园水电站砂石加工及混凝土生产系统工程 181b
离退休管理 346
　　服务管理 346a
　　机构 346a
　　制度 346b
离退休人员统计情况（表） 348b
李家坝风电场塔筒 200a
历任工会负责人 239a
历任纪委负责人 233a
历任主要领导 540a
沥青混合料优化设计 438b
沥青混凝土心墙施工技术 404a
立体化明暗结合施工布置技术 401b
联营合作模式 284b
连续梁拱桥施工技术 437b
两河口水电站蜗壳制造工程 103b
林芝尼洋河砂石加工场工程 182b
领导体制 3a、38a
　　改革 38a
浏阳市城镇生活污水处理提质增效PPP项目 157a
六安恒大文化旅游城预制桩工程 168a
六安叶集区东部生态新城PPP项目 143a

六安叶集区广场东苑小区、未名湖畔小区住宅项目 143a
泷悦华筑项目建设工程施工总承包 144a
隆回县宝莲风电场塔架 200a
龙岗河流域、观澜河流域河流水质提升及污水处理提质
　　增效工程 85b
龙开口水电站工程 73a、92a、104b、181b
　　　　机电设备安装与金属结构制作工程 104b
　　　　基础处理工程 92a
　　　　燕子崖砂石加工系统工程 181b
龙滩水电站工程 71a
龙源钩刀咀风电项目 195b
楼村水综合整治工程 85a
鲁地拉水电站工程 73b、104b
　　　　机电安装、金结制作工程 104b
路桥工程 146b、147
　　　　一览，国内（表）147
罗田县生态家园城西新城工程总承包 144a
罗田县乡村振兴工程PPP项目 156b
罗田县引莲入城PPP项目 86b
履职待遇管理 356b
律师事务部 302a
绿色建材 58b、174、427
　　　　公司 58b
　　　　技术 427
　　　　业务 174
绿色矿山工程 183
　　　　一览（表）183
绿色能源业务 186
绿色砂石技术 428a
绿色施工应用技术 430a

M

码头建造关键技术 430a
马来西亚OM铁合金厂项目 133a
马来西亚巴贡水电站 115a
马来西亚班谷供水工程 115a、124a
　　　　砂石系统 124a
马来西亚哥打丁宜料场运行项目 124a
马来西亚景兴纸业热电站 126a
马来西亚凯德隆燃气电厂 126a
马来西亚康诺桥燃气电站 126b
马来西亚沐若水电站 91b、115a、124a
　　　　边坡支护及基础处理工程 91b
　　　　砂石系统 124a
马来西亚诗里阿曼医院项目 133b
马来西亚新山石化土建工程 133b
马来西亚樱花锰铁冶炼厂项目 133b
马岩水库工程 79a
马寨污水处理厂 156a
毛料开采技术 428b
毛滩水电站砂石骨料系统 180a
茅洲河流域水环境综合整治工程 85a
茂名市水东湾城区引罗供水工程 85a
梅州抽水蓄能电站 99a、189a
　　　　机电设备安装工程 99a
门槽一期直埋技术 405a
门式起重机项目选介 218a
门塔缆机项目选介 217a
孟加拉国达吉公路项目 134a
孟加拉国达卡机场 134
　　　　高架快速路项目 134a
　　　　扩建项目 134b
孟加拉国达卡轻轨6号线CP－02标桩基工程 170a
孟加拉国达锡公路第12A标段项目 134b
孟加拉国玛塔巴雷燃煤电站 127a
孟加拉国石卡巴哈燃气电厂 127a
密实混凝土设计技术要求（表）422b
免抹灰现浇空心混凝土外墙关键技术 435a
缅甸道耶坎二级水电站机电安装工程 120a
缅甸密松水电站兰家坡砂石系统 124b
缅甸耶涯水电站机电安装、金结制作工程 120a
民主管理 239b
民主监督 239b、241b
莫朵娃砂石项目工程 183a
模板 409a

N

南昌技术协同创新园（二期）项目 146a
南昌市赣东大堤风光带防洪工程BT项目 158a
南昌市梅湖景区花博园及景区提升改造市政园林

项目　158a
南昌市湾里区岭秀湖市民公园改造工程建设项目工程
　　总承包　158b
南京地铁　165a、218b
　　　5号线工程TA04—1标　165a
　　　11号线一期工程　165a
　　　门式起重机　218b
南京洺悦华府项目　146a
南京市六合区农村污水处理设施全覆盖二期工程
　　（二标段）　87a
南京至句容城际轨道交通工程　165b、171a
　　　DS6—TA01标安装、装饰工程　171a
南拒马河（二期）生态景观提升工程二标段　86b
南宁抽水蓄能电站　190b
南宁天池山小区二期工程　143b
南托基地　370a
内部培训　362b
内部退养机制　339a
内控管理　270b
尼日利亚凯恩吉水电站　120b
　　　机电安装改造项目一　120b
　　　机电安装改造项目二　120b
尼日利亚宗格鲁水电站　116a、124b
　　　砂石系统　124b
碾压混凝土　406~410、423
　　　掺和料研究应用　406b
　　　混凝土坝施工技术　406a
　　　浇筑工艺　408a
　　　配合比研究　406b
　　　生产　407a
　　　试验检测　423a
　　　温控措施　409b
　　　原材料及配合比　406b
　　　运输及入仓方式　407b
　　　智能化管理与数字化施工　410a
碾压监控高精度集成智能技术　403b
农民工管理　339b
糯扎渡水电站机电安装工程　105a
女职工福利待遇　248a

女职工工作　248a

O~P

盘县白云河梁子风电场塔筒　199b
蟠龙抽水蓄能电站机电安装工程　105b
彭水水电站工程　74a、105b
　　　机电安装工程　105b
平班水电站工程　71a
平江抽水蓄能电站　91a、191b、219a
　　　基础处理工程　91a
　　　小直径&可变径斜井TBM　219a
平桥水库枢纽工程　79a
平蓄项目箱式房屋　174a
平寨航电枢纽工程　79a
萍乡市老城区海绵城市建设PPP项目　158b
评级授信　291a
破碎制砂工艺　428a
破碎制砂生产方式　428a
普格海口、甘天地风电项目　200a
普通混凝土试验检测　422b
浦城县国道改造工程　151a
浦城县马莲河两岸基础设施和公建设施项目工程　156a
浦城县五一三路城西段道路及雨污管网改造工程　156a

Q

其他高级职称人员　573b
其他业务　203b
企业报　227a
企业二级法律顾问　573b
企业发展部　254b
企业改革　3a
企业管理　253、353a
　　　标准建设　353a
企业科技研发组织　529b
企业年金管理　345a
企业文化　229b~232a
　　　成果　231a
　　　活动　230a
　　　理念　230b
　　　荣誉　232a

宣传平台　231b
　　载体　231a
　　展馆　231b
　　专栏　231b
企业文化部　229b
企业文化建设　229、231b
　　纵横专栏　231b
企业证照管理　355a
企业自主认定工种及级别汇总（表）　365
气承式膜结构安装关键技术　430a
黔中水利枢纽左岸帷幕灌浆工程　91a
桥梁拆除技术　438a
巧家海坝240兆瓦光伏电站项目　202b
巧家县八棵树70兆瓦光伏发电工程　203b
巧家县羊窝头65兆瓦光伏发电工程　203b
巧家小羊窝50兆瓦光伏电站项目　203a
清产核资工作　293b
清原抽水蓄能电站　192a
青岛至连云港铁路工程　165b
青年工作　249
琼西北供水工程第二标段　79b
区域布局　2b
曲靖市富源西风电基地三期400兆瓦项目塔筒　200b
全盖体地铁场段工程免装饰混凝土绿色建造关键
　　技术　439b
全钢爬架+铝模装配化施工技术　434a
全国行业先进个人　545
　　名录（表）　545
全国行业优秀企业　537
　　名录（表）　537
全国五一劳动奖章获得者　541
　　名录（表）　541
全面风险管理　270b
全面预算管理　297a
全资、控股及参股公司　48a、48（表）
群众性经济技术创新　244b

R

人力资源　350a、337
　　共享平台　350a
　　管理　337
　　人力资源部　337a
人物表　541
人物简介　539
容东片区金湖公园四个专业公园工程　156a
融资方式创新　289b
如东风电系列项目　195b
软件情况　443a
软件著作权　513
　　统计（表）　513

S

三供一业分离移交工作　295a
三河口水利枢纽工程　81a
三峡水利枢纽工程　73b
三峡下岸溪人工砂石加工系统工程　178b
三座店水库工程　80b
桑植县牛洞口水库工程勘察设计　210a
沙牌水电站工程　72b
沙坪水电站门塔缆机　217b
沙特阿拉伯阿玛德商业园酒店公寓项目　135b
沙特阿拉伯达赫兰房建项目　136a
沙特阿拉伯贾富拉工业配套设施项目　135b
沙特阿拉伯萨勒曼国王能源城项目　136b
沙特阿拉伯沙巴机场跑道升级项目　136b
沙特阿拉伯沙巴石油配套设施项目　136b
沙特阿拉伯塔纳吉布道路升级项目　136a
沙沱水电站基础处理、大坝取芯、右岸防渗帷幕灌浆、
　　上游二期围堰防渗闭气工程　91a
砂石加工技术　428a
鄯善风电场一期工程项目　196a
商业保险统保管理　299b
上海临港奉贤园区B17-01地块项目桩基工程　170a
上级党委巡视情况　237a
上尖坡水电站工程　72a
上缴税收情况（表）　299b
上市房产明细（表）　376
上市土地明细（表）　374
尚水文化体系　230b
韶山灌区十四五续建配套与现代化改造工程　79b、210a

项目设计　210a
社会保险管理　343a
社会培训评价组织评价工种及级别汇总（表）　365
社区管理和服务　347a
设备大型化　428b
设备物资采购　333b、335
　　　情况（表）　335
设备物资处　330a
设备物资管理　330、332a
　　　现场管理　332a
设备资产情况　330b
设计项目选介　210a
深槽开挖技术　402b
深厚淤泥地层及复杂环境深基坑施工关键技术　439a
深惠城际铁路项目　160a、174a
　　　1标土建二工区项目营地打包箱　174a
深圳抽水蓄能电站　189b
深圳地铁　160b、161、170b、171、218a
　　　5号线安装、装饰工程　171a
　　　5号线南延线工程　161a
　　　7号线安装、装饰工程　170b
　　　7号线项目　161b
　　　9号线二期南海大道支线工程　161b
　　　10号线项目益田停车场工程　161b
　　　12号线安装、装饰工程　171b
　　　12号线项目　160b
　　　门式起重机　218a
深圳光明洺悦府项目　143a
深圳市2019年龙岗区龙观两河流域消除黑臭及河流水质
　　保障工程　85b
深圳市大空港新城区截流河综合治理工程　85b、168b
　　　基础处理工程　168b
深圳市东部海堤重建工程（三期）Ⅲ标段　85b
深圳市光明区A510—0152宗地项目基坑支护、土石方
　　及桩基础工程　169a
深圳市光明区A515—0099宗地项目基坑支护、土石方
　　及桩基础工程　169a
深圳市前海—南山排水深隧系统工程机电装修工程　171b
深圳盐田二期佳兆业山海苑项目桩基及锚杆工程　169a
审计部　380b

审计工作情况　381b、382
　　　开展情况（表）　382
审计监督　380
升压站一体化电缆沟施工技术　427a
生活基地　369b
生态环境保护　314、318a
生育保险　343b
省部级工法　514a
　　　汇总（表）　514
省部级科技进步奖项目统计（表）　448
省部级劳动模范获得者　541、542
　　　名录（表）　542
省部级五一劳动奖章获得者　542
　　　名录（表）　542
省部级先进个人　542
　　　名录（表）　543
省部级先进集体　534
　　　名录（表）　534
省认定建筑业企业技术中心　529a
失业保险　344a
施工道路填筑技术　426a
施工立体交通综合体系　404b
施工总承包模式　282b
十三五科学与技术发展规划　387b
　　　科技发展目标　387b
　　　重大技术攻关　388a
十四五规划　256
　　　发展规划　256a
　　　规划指标　256b
石坝至纳溪公路工程　152a
石盖塘风电场项目　195a
石济高铁架桥机　220a
石家庄至济南铁路客运专线站前工程　166b
市场开发部　260a
市场营销　4a、260、262a~266a
　　　成果　263a
　　　发展规划和演变　262a
　　　管理　260
　　　管理制度　266a
　　　网络建立和沿革　260b

市政工程　152
　　　　一览，国内（表）　152
市政施工技术　438b
视频号　227b
视频会议系统　352a
试验检测　211、422a、438a、439a、441a
　　　　技术　438a
　　　　项目一览（表）　211
数据分析平台　350b
数字大坝施工管理信息化系统　410a
数字化大坝工程施工　410a
数字水准仪推广　443b
水电八局　2a、6a、38a、222a、231b、548
　　　　标兵　548
　　　　党委　222a
　　　　品牌　6a
　　　　网站企业文化专栏　231b
水电公司　57b
水电工程　68
　　　　一览（表）　68
《水电建设报》企业文化建设纵横专栏　231b
水环境污染控制技术　422a
水环境治理技术　422a
水利电力　68a、400
　　　　技术　400
　　　　业务　68a
水利工程　74
　　　　一览（表）　74
水任—南宁高速公路第九段工程　151a
水生态修复技术　422a
水资源与水环境工程　81b、82
　　　　一览（表）　82
税务保险管理　298b
税务及高新管理　298b
思林水电站工程　72a
思想政治研究　228b
四级配碾压混凝土试验及现场应用技术研究　407a
送温暖活动　246b
穗莞深城际轨道交通深圳机场至前海段工程　162a

T

太澳公路顺德碧江至中山沙溪段工程　151a
摊铺及平仓、碾压工艺　408a
昙华山水园住宅小区项目建设工程　146b
塘承高速公路二期工程　152a
套筒灌浆施工关键技术　435a
特大悬索桥施工技术　436a~437a
　　　　加劲梁施工　437a
　　　　缆索系统施工　437a
　　　　锚碇施工　436b
　　　　主塔施工　436b
特许经营权投资项目　275b
特许经营项目回款　279a
　　　　情况（表）　279a
特种设备运营　215b、216
　　　　项目一览（表）　216
体制演变　38b
天池抽水蓄能电站砂石骨料加工系统及混凝土拌合系统
　　工程建设与生产运行　178b
填筑料爆破粒径控制技术　403b
填筑料规划仿真技术　403b
桐梓白马山风电场塔架　199b
投资公司　58b
投资管理部　275a
投资及产权管理　295a
投资收益　279a
投资完成与收益情况（表）　280
投资项目　275b、276、292b
　　　　融资管理　292b
　　　　一览（表）　276
投资运营　4b、274
　　　　管理　274
土耳其达普娜等3个水电站机电安装工程　121a
土谷塘航电枢纽船闸工程　80b
土石坝施工技术　403b
土石方开挖技术　401b
团代会　250a
团委　249
　　　　机构　249a

托口水电站机电安装工程　101a
椭圆双极线性聚能药柱爆破技术　401b
拓海公司　64a

W

瓦托水电站骨料加工系统及混凝土生产系统工程　180b
外部培训　363a、364
　　服务　363a
　　情况（表）　364
外部融资业务创新　289a
外事管理　286b
网络基础设施　351b
网站　227a
网站群建设　350a
威宁县海拉海元200兆瓦农业光伏电站项目　201a
微信公众号　227b
微信号、视频号八局之声专题推送　231b
围堰填筑及防护技术　426a
委内瑞拉阿里托农业生态园项目　138a
委内瑞拉巴里纳斯重油电厂　127a
委内瑞拉帕里多炼油厂详细设计项目　137a
委内瑞拉圣坎高速公路项目　137a
委内瑞拉维奥高速公路项目　137b
委内瑞拉新中心电厂　127b
尾闾综合整治工程　80b、92b
　　项目基础处理工程　92b
文化体育协会建设　246a
文黎景观大道道路与交通工程　156a
文秘工作　354b
文明施工　314a
文艺宣传队　231b
汶川至马尔康公路改建工程　152a
瓮福磷矿项目　185a
乌东德右岸水电站机电安装、金属结构制作　102a
乌干达布贾卡里机电及金结设备安装　121a
乌干达卡鲁玛水电站　116a、125a
　　砂石系统　125a
吴家渡电航工程　81a
无排架支护技术　402a
无人船应用　444a

无人机应用　444a
无效资产处置抵消　294a
无账房产明细（表）　378
无账土地明细（表）　375
五峰流域综合治理PPP项目　86b
五强溪水电站扩机工程Ⅳ标　72b
五一劳动奖章获得者　541、542
　　名录（表）　541、542
武都引水工程　81a
武冈城际架桥机　219b
武汉地铁　162b、163、170b、218b
　　8号线一期、二期工程　163b
　　11号线安装、装饰工程　170b
　　11号线东段工程　162b
　　21号线土建施工部分BT项目　163a
　　门式起重机　218b
武汉泛悦城二期项目　144a
武汉海赋江城二期建设项目　144a
武汉基地　372b
武汉洺悦府项目　144a、169b
　　基坑支护及土石方、桩基工程施工　169b
武汉水岸华庭经济适用房项目　144b
武隆四眼坪、南川区风吹村风电塔筒　201a
物料运输工艺　428a

X

浠水160兆瓦渔光互补光伏项目　202a
浠水巴河镇乡村振兴农村新社区建设示范点项目
　　总承包　144b
浠水县卧龙庵、马畈矿区建筑用花岗岩、片麻岩矿施工
　　总承包　185b
溪洛渡水电站工程　73b、92b、102b、182a
　　基础处理工程　92b
　　机电设备安装与调试工程　102b
　　中心场人工骨料加工系统工程　182a
西安地铁　165b、218b
　　1号线三期工程　165b
　　门式起重机　218b
西昌市洼垴、黄水、黄联关风电场塔筒　200a
西溪水库工程　81b

西霞院水利枢纽机电安装工程　100b
厦门抽水蓄能电站　188a
先进个人　542、545
先进工作者　546
先进集体　252b、534
先进与劳动模范管理　247b
咸宁核电厂一期砂石场工程　179a
闲置不动产处置　294a
现浇剪力墙+叠合楼盖装配整体式高层结构体系技术　433a
线性工程配套砂石工程　182a
乡村振兴　248b、249a
湘航水电枢纽门塔缆机　217a
湘江长沙综合枢纽工程　80a
湘潭市绿道建设项目　157a
湘西恒大御龙天峰首期项目　144b
湘西经济开发区双河文教卫新区PPP项目　145a、157b
　　二标段　157b
湘西民族文化园景区提质改造项目地下游客通道工程　157b
箱式房屋生产线　432a
箱式集成房屋规格一览（表）　173
箱式营地配置一览（表）　173
祥云县杨家房风电场塔筒　200b
享受国务院政府特殊津贴专家　541
　　名录（表）　541
向家坝水电站　105a、182a、211b
　　大坝内观、水力学专项监测　211b
　　金属结构设备制安工程　105a
　　太平料场和马延坡砂石加工系统工程建设及生产
　　　供应　182a
项目履约　4a
项目生产管理　308b
项目退出处置　280a
项目综合管理系统　350b
小龙门航电枢纽工程　81a
小湾水电站工程　73b、215b
　　缆机运行及相关监理　215b
协同办公应用系统　349b
泄洪深孔钢衬快速施工技术　404b
新的诱导缝、横缝成缝方式　408a
新冠疫情防控　249b

新化县车田江水库除险加固工程勘察设计　210b
新技术推广应用　443b
新加坡地铁汤申线T227标段项目　138a
新疆XE－Ⅵ标开敞式TBM　219b
新能源公司　59b
新能源技术　425
新能源运输设备　428b
新荣水电站机电安装工程　103b
新邵县资江防洪风光带及市政配套设施建设工程　157b、210b
　　PPP项目　157b
　　工程设计　210b
新闻宣传平台　227a
新型多层环保筛分设备　428b
薪酬福利管理　342a
薪酬管理　342a
信息公开管理　356b
信息化安全保障　352b
信息化管理　349、351b
　　系统集成管理　351b
信息化基础建设　351b
信息化建设　4b
信息中心　349a
行政办公管理　354
雄安项目箱式房屋　173a
雄安新区新盖房枢纽改扩建工程二标段　79b
休息休假管理　348b
宣传思想工作　226
学会/协会管理　357b、358
　　情况（表）　358
巡察干部队伍建设　237b
巡察机构　236b
巡视巡察工作　236~238b
　　工作情况　237b
　　实施　238a
　　整改及成效评估　238b

Y

雅万高铁项目　138b、170a、220b
　　二号特大桥桩基工程　170a
　　架桥机　220b

岩基处理工程 88
　　程一览（表） 88
岩溶强发育地质条件下盾构掘进技术 440a
盐边红格大面山风电场塔筒、基础环 200b
盐源银头山风电场塔筒 200b
盐渍土使用技术 438b
阳江抽水蓄能电站 177a、190a
　　成品砂石加工系统工程及砂石料供应 177a
阳西县溪头镇凤凰岭矿区建筑用片麻岩矿施工总承包 184b
姚安宝顶山风电塔筒 200b
姚安尖山梁子风电场塔筒 200b
业务发展 2b
业务信息化 350b
业务支出管理 356b
业务转型 2a
伊拉克示范学校项目 138b
医疗卫生 345a
一个人和80座大坝 576
宜都潘家湾抽水蓄能电站 190b
宜章县城乡供水一体化工程勘察设计 210b
因公出国（境）情况（表） 287b
银盘水电站工程 74b、105b
　　机电安装工程 105b
银盘水电站门塔缆机 218a
银企合作 289a
印度尼西亚阿曼铜冶炼厂项目 139a
印度尼西亚北苏三燃煤电站 127b、424a
印度尼西亚东加燃煤电厂 128a
印度尼西亚明古鲁燃煤电站 128a
印度尼西亚庞卡兰苏苏燃煤电厂 128a
印度尼西亚雅万高铁 56b、61a、138b、159a、170a、
　　220b、265a、399a、441a、441b、530b
　　二号特大桥桩基工程 170a
　　架桥机 220b
印度尼西亚亚齐燃煤电厂 128b
印度竹拉兰水电站机电安装工程及咨询项目 121b
印章管理 354b
应收账款保理业务情况（表） 290a
英坪矿段尾矿充填治理采空区生态修复工程 185a
营业收入 2a

应急管理 356a
硬件情况 443a
用工管理 339a
优秀企业 537
优质工程 323
　　获奖情况（表） 323
淤泥层联络通道冻结法技术 441a
预决算管理 297a
员工创新工作室 244
　　设立情况（表） 244
员工薪酬 342a
院校自主认定工种及级别汇总（表） 365
岳阳市政管廊盾构 219a
岳阳市中心城区污水系统综合治理PPP项目 87a
岳阳自贸片区EOD数字经济产业综合体建设项目箱房 174a
越南班查水电站机电安装工程 121b
越南邦威水电站项目现场施工指导和监理及运行培训 116b
越南波夏河套水电站机电安装咨询项目 121b
越南乐和二期130兆瓦风电项目 116b
越南斯雷伯克机电安装工程 121b
越南松邦4水电站 116b、125a
　　砂石系统 125a
越南西山4水电站机电安装咨询项目 122a
越南宣光水电站机电安装工程 122a
越南中宋水电站机电安装工程 122b
云南TB水电站基础处理工程 92a
运营隧道纠偏技术 441a

Z

藏木水电站 72b、217b
　　工程 72b
　　门塔缆机 217b
责任体系与组织机构 314a
闸墩U型锚索同步张拉技术 405a
闸门及启闭机快速施工技术 405a
债权管理及债权催收 294a
战略与信息化部 353a
张河湾抽水蓄能电站砂石生产运行 178b
整体式施工排架结构研发 401b
正高级工程师 548a

正高级讲师　573b
正高级经济师　567b
正高级会计师　569a
郑州地铁　162a、218a、219a
　　　8号线盾构　219a
　　　8号线一期工程　162a
　　　门式起重机　218a
知识产权　469
执行董事负责制　38a
职工代表大会　240a
职工技能比武大赛　243a
职工技能竞赛　243a
职工培训　362b
职工平均工资水平　343a
职工学校　360a
职工之家创建　246a
职工住宅区　373a
职业技能大赛　243b
职业健康　314、317b
　　　管理　317b
职业教育　361a
制度改革　4a
制度建设　224b、233b
智慧工地建设应用技术　431b
智能化控制管理系统　429a
智能建造技术应用　430b
质量管理　319、321a
质量管理体系　321b、444b
　　　认证活动　321b
中共中国水利水电第八工程局委员会　222a
中共中国水利水电第八工程局有限公司委员会　222a
中国电建　39b
中国水电　39a
中国水利水电第八工程局时期　39~42
　　　机构设置　39a
　　　机构设置（图）　40
　　　历任副职任职情况（表）　40
　　　历任主要领导任职情况（表）　40
　　　领导班子　40
　　　人员编制　42a

　　　人员编制（表）　42
中国水利水电第八工程局有限公司　2a、146a
　　　科研综合楼工程　146a
中国水利水电第八工程局有限公司时期　42~47
　　　机构设置　42a
　　　机构设置（图）　44
　　　历任副职任职情况（表）　45a
　　　历任主要领导任职情况（表）　44a
　　　领导班子　44
　　　人员编制　47a
　　　人员编制（表）　47a
中间业务　292a
中山市翠亨新区项目2~5号楼及对应地下室区域桩基础
　　　工程施工　169a
重要宣传活动　227b
株洲凤凰山风电场工程施工总承包　195a
珠海市香洲区前山河流域综合整治项目　85b
珠江三角洲水资源配置工程A4标　86a、213a
　　　试验检测　213a
竹银水源工程　78a
主（参）编技术标准发布情况（表）　527
主任医师　573b
主要领导　540a
主要设备安装与调试技术　429a
住房公积金管理　344a
柱状节理玄武岩坝基时空一体开挖与支护相互交替
　　　技术　402a
柱状节理玄武岩建基面预留双保护层开挖和固结灌浆
　　　基础处理技术　402a
著作权　513b
专家中心建设　338b
专利　469b、470
　　　项目统计（表）　470
专业分包模式　282a
转型升级　2a
桩基础及地基处理工程　420a
装配式房屋建筑关键技术　433a
装配式钢结构工程　172a
装配式建筑工程一览（表）　172
装配式建筑技术　431b

装配式建筑预制件生产基地　431b、432a
　　科研成果　432a
　　生产工艺技术　432a
　　项目概况　431b
装配式路面应用技术　430a
资产管理　293a、294a
　　经营管理　294a
资金管理　288、291b
　　集约化管理　291b
　　监督与控制　288a
　　全面预算管理　288b
　　信息化建设　288a
资水犬木塘枢纽工程　80a、91b

基础处理工程　91b
资质情况　443a
资质信用管理　272b
自主研发成果　397a
综合后勤管理　357a
总产值完成情况（表）　259
总工程师座谈会　396b
总经理负责制　38a
组织机构　3b、37
　　沿革　37
组织建设　224a

（王彦祥、张若舒　编制）